DICTIONNAIRE ILLUSTRÉ

Anglais-Français
Français-Anglais

EDITIONS FLEURUS

INTENSIVE LANGUAGE SCHOOLS

A PASSION FOR LANGUAGE

Un dictionnaire bilingue ambitieux ne pouvait se faire sans le parrainage
d'un organisme qui, avec ses 450 professeurs et plus de 6 000 étudiants par an,
est l'un des meilleurs spécialistes de l'enseignement des langues.

Dès sa fondation à Oxford en 1973, OISE s'est spécialisé dans l'enseignement de l'anglais.
Les méthodes d'apprentissage, élaborées au fil du temps par des équipes de professeurs de très haut niveau,
sont issues de la tradition universitaire d'Oxford. Le suivi
des études est personnalisé et fondé sur la participation active des étudiants.
Ces méthodes sont aujourd'hui appliquées à d'autres langues (l'allemand, l'espagnol et le français). De son siège
social d'Oxford, OISE dirige à présent des écoles à Oxford, Bristol, Cambridge, Londres, Dublin, Boston, Sydney,
Heidelberg, Madrid et Paris.

Le principe essentiel est d'enseigner la langue dans le pays où celle-ci est parlée,
au cours de stages intensifs complétés par l'utilisation de matériel vidéo
et de laboratoires de langues.

© 2000 Groupe Fleurus-Mame
© 2000 Lucky Comics pour les illustrations Lucky Luke
Dépôt légal : octobre 2000
ISBN : 2 215 05174 4
Loi n° 49-956 du 16 juillet 1949 sur les publications destinées à la jeunesse.

Imprimé en U.E. par *Partenaires - Livres*®
en septembre 2000
1ère édition

AVANT-PROPOS

Ce dictionnaire est destiné avant tout aux élèves du collège. Son contenu, qu'il s'agisse du vocabulaire ou des éléments de grammaire et de civilisation, correspond aux programmes des classes de sixième à la troisième ; mais il s'adresse aussi à tous ceux que l'anglais et la culture anglo-saxonne attirent, et qui ont envie de les aborder dans un contexte attrayant.

Conçu avec rigueur par une équipe de lexicographes et de professeurs, il se veut un dictionnaire de consultation, mais aussi un ouvrage que l'on parcourt pour le plaisir.

Tout en respectant scrupuleusement les usages et les habitudes de la lexicographie traditionnelle, nous avons voulu rendre la consultation la plus aisée possible. Aussi les abréviations et les conventions – que les jeunes lecteurs ignorent souvent et qui empêchent une compréhension immédiate des difficultés de la langue – sont-elles, la plupart du temps, remplacées par des remarques en vert. Ces remarques précisent le sens de certains mots, leur emploi, les accords, l'utilisation des particules…

Quant au plaisir de la lecture, il est parfaitement assuré grâce à l'humour décapant de l'univers de Lucky Luke. Les personnages et les situations créés par Morris sont suffisamment connus pour que l'on puisse s'y référer dans les exemples. Nous avons sélectionné des images drôles et percutantes pour que la langue soit mise en scène avec le plus d'impact possible : en visualisant les mots et les expressions, le lecteur les comprend et les assimile beaucoup mieux.

- **La nomenclature**
  Les 4 000 mots anglais retenus comprennent :
  – Les 2 000 mots répertoriés dans les programmes officiels de l'Éducation nationale.
  – Les mots et expressions du quotidien, indispensables lors de séjours linguistiques.
  – Les mots empruntés à l'anglais, véhiculés par la publicité et les médias, et dont il est utile (ou amusant) de connaître le sens original.
  – Les mots qui correspondent aux préoccupations des lecteurs adolescents.
  – Les américanismes qui émaillent l'anglais britannique d'aujourd'hui.
  Nous avons parfois introduit dans les exemples des mots qui ne font pas l'objet d'une entrée : leur sens est donné par la traduction de l'exemple et leur présence permet d'enrichir encore le vocabulaire présenté.

- **Les traductions**
  Les différents sens des mots sont présentés selon leur fréquence d'usage. De même, la fréquence d'usage a déterminé l'ordre dans lequel sont présentées les différentes catégories grammaticales d'un même mot.

- **Les exemples**
  Replacés dans le contexte de l'univers de Lucky Luke quand cela était possible, les exemples ont toujours été rédigés dans le respect de la réalité de la langue.
  On a employé notamment les formes abrégées des verbes qui correspondent à la fois à l'usage actuel et à la façon dont l'anglais est enseigné aujourd'hui.
  C'est aussi pourquoi certains exemples ne reprennent pas la traduction de tête d'un mot. Le jeune lecteur doit s'habituer au fait que l'anglais traduit souvent nos substantifs par un verbe et que passer d'une langue à l'autre ne se fait pas en juxtaposant des mots : il faut apprendre à les agencer différemment.

- **Les niveaux de langue**
  La langue familière fait partie de l'usage : si nous avons éliminé le vocabulaire argotique ainsi que le vocabulaire littéraire et soutenu, nous avons tenu à présenter les mots et les expressions familières les plus courants.

Pour ses auteurs, ce dictionnaire est un outil d'apprentissage efficace et ludique.
Ils espèrent que leurs lecteurs auront autant de plaisir à le lire qu'ils en ont eu à l'écrire.

CONCEPTION ET RÉALISATION
Hubert Deveaux & Co

DIRECTION D'OUVRAGE
Marie Garagnoux et Hubert Deveaux

CONCEPTION GRAPHIQUE ET DIRECTION ARTISTIQUE
ELSE

RÉDACTION
Laurence Larroche, Maîtrise de LEA Université de Bordeaux III - DESS Paris III - ESIT
Rose Rociola, Maîtrise de LEA Université de Paris III - DESS Paris III - ESIT
David Jones, BA Université de Newcastle
Gearoid Cronin, MA Université de Dublin
Sylvie Jouberton, professeur d'anglais
Cécile Beauvoir, professeur agrégé d'anglais

CONSULTANTS ET RÉVISEURS
Michael Janes, MA Université de Londres - DESS Paris
Madeleine Glorian, lexicographe
Françoise Marchand-Sauvagnargues, traductrice

CONSULTANT AMÉRICAIN
Peter Weisman, PhD Université de Californie, Berkeley

Avec la collaboration de :
Sylvie Bonnet, Léopold Charniot, Sophie Chavignon, Éliane Melloux, Michel Rouby, Rachel Saïdani

ILLUSTRATION
**Tous droits de reproduction et de représentation des illustrations
"Lucky Luke" réservés à LUCKY COMICS**
Illustrations des pages 102, 151, 173 **Tom Sam You**
Illustrations des encadrés de grammaire et de civilisation **Harvey Stevenson**
Vignettes des lettrines et des bas de pages **V. Léonardo**

ÉQUIPE ÉDITORIALE FLEURUS

DIRECTION ÉDITORIALE
Christophe Savouré

ÉDITION
Françoise Ancey, Servane Bayle, Elodie Lépine, Danielle Védrinelle

DIRECTION ARTISTIQUE
Danielle Capellazzi

FABRICATION
Marie-Dominique Boyer

LES SIGNES PHONÉTIQUES

EN FRANÇAIS

Les voyelles
- [i] idée, naïf, petit
- [e] été, année, éviter, chez
- [ɛ] aide, piège, piquet
- [a] absent, chat
- [ɑ] mâle
- [ɔ] bosse, poche
- [o] oser, aussi, bateau
- [u] ouvrir, bouton
- [y] utile, plume
- [ø] eux, affreux
- [œ] heure, œuf
- [ə] le, cheval
- [ɛ̃] peindre, bain, examen
- [ɑ̃] encre, avant, lampe
- [ɔ̃] ombre, savon
- [œ̃] un, parfum

Les semi-voyelles
- [j] payer, cueillir, mieux
- [w] oui, froid
- [ɥ] huit, ruisseau

Les consonnes
- [p] port, apporter
- [b] ballon, abricot
- [t] table, thé, attention
- [d] date, addition
- [k] court, queue
- [g] gare, bague
- [f] phrase, effort
- [v] venir, wagon, rivière
- [s] cerise, sable, façade
- [z] zéro, friser
- [ʃ] chien, shérif
- [ʒ] jaune, bougie
- [m] mère, dame
- [n] neige, banane
- [ɲ] peigne, montagne
- [l] laine, aller
- [r] reine, arc

Le symbole ['] signale le "h" aspiré (exemple : hache [' aʃ]).

EN ANGLAIS

Les voyelles
- [ɪ] big, fish, English
- [e] pen, bed, bread
- [æ] cat, map, bag
- [ʌ] but, cut, sun
- [ɒ] dog, hot, box
- [ʊ] book, good, food
- [ə] along, father, success
- [iː] cheese, cream, she, key
- [ɑː] glass, car, half
- [ɔː] door, fork, awful, court
- [uː] food, new, loose
- [ɛː] girl, her, word, church

Les semi-voyelles
- [j] you, usual
- [w] well, when, one

Les diphtongues
- [eɪ] game, day, steak, main
- [aɪ] nice, kind, sky, night
- [ɔɪ] boy, voice
- [əʊ] go, home, boat, snow
- [aʊ] house, cow, town
- [ɪə] dear, beer, idea
- [eə] hair, wear
- [ʊə] poor, sure

Les consonnes
- [p] pig, potatoe
- [b] butter, battle
- [t] tea, aunt
- [d] dinner, dear
- [k] can, kiss, luck
- [g] garden, guest
- [tʃ] cheese, picture
- [dʒ] June, job, danger
- [f] fine, enough
- [v] veal, of
- [θ] thing, seventh
- [ð] that, they, with
- [s] son, scissors
- [z] zebra, does, hers
- [ʃ] she, shop, machine
- [ʒ] pleasure, casual
- [h] hello, perhaps
- [m] mountain, arm
- [n] name, kitchen
- [ŋ] morning, among
- [l] liberty
- [r] round, break

◆ Le symbole [ʳ] signale que le "r" final d'un mot ne se prononce que s'il forme une liaison avec la voyelle du mot qui le suit.

◆ Le symbole [ˈ] signale l'accent tonique principal, le symbole [ˌ] l'accent secondaire.

◆ Certains mots d'une syllabe ont deux prononciations (*weak form* : forme faible, ou *strong form* : forme pleine) selon que le mot est accentué ou non dans la phrase ; ces deux prononciations sont signalées (exemple : can [kən, kæn]).

◆ Une remarque signale le cas des mots dont la prononciation diffère selon leur catégorie grammaticale.

LES ABRÉVIATIONS

adj : adjectif
adv : adverbe
Am : anglais américain
Br : anglais britannique
compar : comparatif
conj : conjonction
excl : interjection
f : féminin
familier : langage familier
informal : langage familier
inv : invariable
m : masculin
n : nom
num : numéral
pl : pluriel
prep/prép : préposition
pron : pronom
superl : superlatif
vi : verbe intransitif
vpr : verbe pronominal
vt : verbe transitif

Ce dictionnaire étant à l'usage des lecteurs français, le genre des substantifs français n'est pas indiqué du côté anglais-français.

mode d'emploi

Les idiomes sont signalés en rouge (ou en bleu, côté français). Ils sont introduits par la mention *Idiom* côté anglais/français, et *Locution* côté français/anglais. Ils peuvent avoir une traduction comme ici, ou être présentés directement sous forme d'exemple.

Les difficultés particulières et **les remarques grammaticales** sont signalées en vert.

Les américanismes : cet ouvrage est un dictionnaire d'anglais britannique. Nous avons cependant introduit les américanismes que l'on trouve aujourd'hui dans l'anglais qui est parlé dans le monde entier.

Les différents sens du mot sont introduits par un chiffre. Ils sont parfois explicités par une remarque en vert.

Les sous-entrées signalées par une puce (•) sont les mots composés à partir du mot d'entrée et les verbes anglais à particules.

Les entrées sont en rouge côté anglais/français, en bleu côté français/anglais.

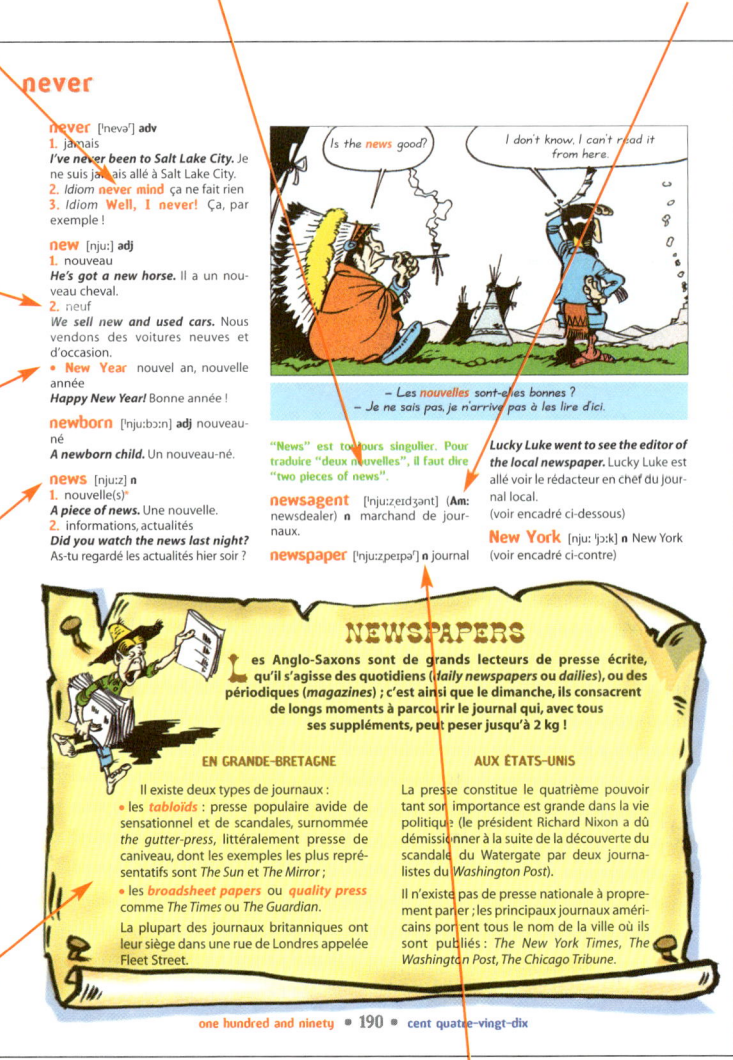

Les aspects les plus marquants de la civilisation anglo-saxonne sont présentés dans des encadrés répartis dans le dictionnaire (voir liste de ces encadrés page suivante).

La catégorie grammaticale du mot est toujours indiquée après la phonétique (voir liste des abréviations page précédente).

mode d'emploi

Le mot illustré est signalé par un astérisque (*).

Les différentes catégories grammaticales d'un même mot sont introduites par le symbole ✪.

La phonétique est donnée systématiquement après chaque entrée (voir les signes phonétiques page précédente).

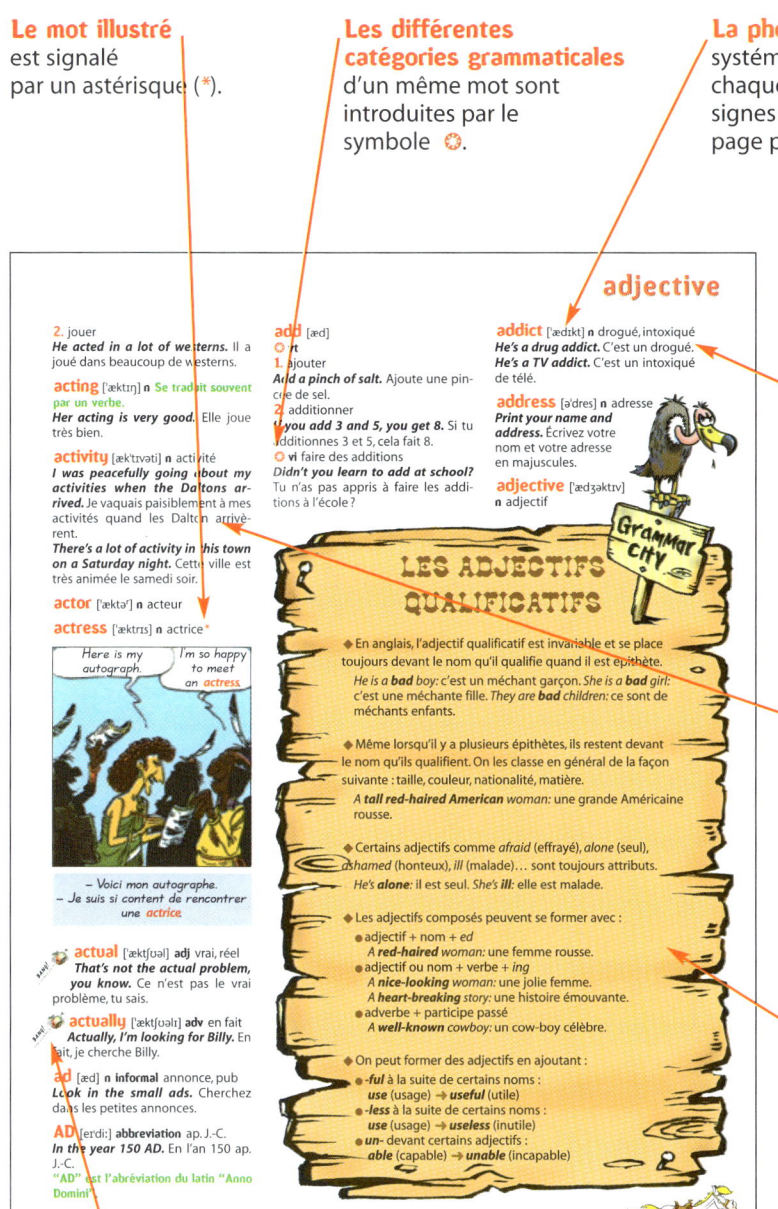

Les traductions suivent la catégorie grammaticale. Certains mots n'ayant pas de traduction directe font l'objet d'une explication ou sont présentés dans un exemple.

Les exemples appartiennent pour la plupart à l'univers de Lucky Luke. Ils mettent en scène les personnages et les situations les plus caractéristiques et les plus connus des meilleurs albums.

Les notions de base de la grammaire anglaise sont développées dans des encadrés répartis dans le dictionnaire (voir liste de ces encadrés page suivante).

Les faux amis sont mis en évidence par un dessin.

Le folio est systématiquement traduit dans les deux langues. Il permet de se familiariser avec les nombres anglais.

Jolly Jumper, qui galope sur un fond rouge côté anglais/français, sur un fond bleu côté français/anglais, permet de repérer la partie du dictionnaire dans laquelle on se trouve.

LA CIVILISATION ANGLO-SAXONNE

Les éléments marquants de la culture et de la civilisation anglo-saxonnes sont répartis dans la partie anglais-français du dictionnaire. Ils apparaissent près d'une entrée en rapport avec le thème traité : les institutions de la Grande-Bretagne après l'entrée *Great Britain*, les horaires de repas après l'entrée *Lunch*, les fêtes traditionnelles après l'entrée *Christmas*, etc. Au fil de la consultation du dictionnaire, on peut ainsi se familiariser avec le monde anglo-saxon. Des renvois en fin d'articles permettent de se reporter à ces encadrés.

Les adresses (**Mail and addresses**)	169
Les capacités (**Weights and liquid measures**)	313
Le Commonwealth (**English language**)	151
La conduite à gauche (**Buses and cars**)	43
La correspondance (**Letters**)	157
Le courrier (**Letters** et **Mail and addresses**)	157 et 169
Les drapeaux (**Flags**)	102
L'école (**School**)	252
Les fêtes traditionnelles (**Christmas and other celebrations**)	54-55
La géographie de la Grande-Bretagne et des États-Unis (**Maps**)	173
L'heure (**Time**)	292
L'histoire de la Grande-Bretagne et des États-Unis (**History**)	126-127
Les institutions américaines (**The United States**)	301
Les institutions britanniques (**Great Britain**)	116
Les jeux (**Games**)	110
La littérature (**Literature**)	161
Londres (**London**)	164
Les longueurs (**Miles and degrees**)	178
Les mesures de longueur (**Miles and degrees**)	178
Les mesures de poids (**Weights and liquid measures**)	313
Les mesures de capacité (**Miles and degrees**)	178
Les mesures de température (**Weights and liquid measures**)	313
La monarchie anglaise (**The Queen**)	232
La monnaie (**Pounds and dollars**)	221
New York (**New York**)	191
La nourriture (**Food**)	105
Les onomatopées (**Ouch !**)	203
Les pays anglophones (**The English language**)	151
Le petit déjeuner (**Breakfast**)	41
Les poids (**Weights and liquid measures**)	313
La presse (**Newspapers**)	190
Les pubs (**Pubs**)	227
La reine d'Angleterre (**The Queen**)	232
Les repas (**Lunch time**)	166
Les rues (**Mail and addresses**)	169
Les salutations et les souhaits (**Manners**)	171
Les sports (**Sports**)	272
Le système scolaire (**School**)	252
La télévision (**Television**)	287
Les températures (**Miles and degrees**)	178
Le thé (**Tea**)	286
Les universités (**University**)	302

LA GRAMMAIRE ANGLAISE

Les notions de base de la grammaire anglaise sont réparties dans la partie anglais-français du dictionnaire près d'une entrée en rapport avec le thème traité : les adjectifs qualificatifs après l'entrée *adjective*, les adjectifs possessifs après l'entrée *my* et les adjectifs démonstratifs après l'entrée *this*. Au fil de la consultation du dictionnaire, on peut ainsi découvrir (ou redécouvrir) ces notions. Des renvois en fin d'articles permettent de se reporter à ces encadrés.

Les adjectifs démonstratifs (***this***)	288
Les adjectifs possessifs (***my***)	186
Les adjectifs qualificatifs (***adjective***)	13
Les adverbes (***adverb***)	14
L'affirmation (***sentence***)	257
Les articles définis, indéfinis, l'article "zéro" (***article***)	23
Les auxiliaires modaux (***must***)	184
Le cas possessif (***possessive***)	220
Le comparatif et le superlatif (***more***)	181
La date (***day***)	71
Les démonstratifs (***this***)	288
L'exclamation (***how***)	129
Le futur (***verb***)	306-307
Le gérondif (***verb***)	306-307
L'impératif (***let***)	156
L'interrogation (***sentence*** et ***what***)	257 et 315
Les jours (***day***)	71
Les modaux (***must***)	185
Les mois (***day***)	71
La négation (***sentence***)	257
Les nombres (***number***)	195
Le passif (***passive***)	209
Le past perfect (***verb***)	306-307
Le pluriel (***plural***)	217
Le present perfect (***verb***)	306-307
Le présent progressif (***verb***)	306-307
Le présent simple (***verb***)	306-307
Le prétérit progressif (***verb***)	306-307
Le prétérit simple (***verb***)	306-307
Les pronoms démonstratifs (***this***)	288
Les pronoms interrogatifs (***what***)	315
Les pronoms personnels (***I***)	131
Les pronoms possessifs (***my***)	186
Les pronoms réfléchis (***yourself***)	325
Les pronoms relatifs (***who***)	317
La prononciation (***pronunciation***)	226
Les quantificateurs (***more***)	181
Les questions-tags (***tag***)	283
Les structures de la phrase (***sentence***)	257
Le superlatif (***more***)	181
Les tags (***tag***)	283
Les temps et les aspects du verbe (***verb***)	306-307
Les verbes irréguliers (***irregular***)	138-139
Les WH-questions (***what***)	315

ET VOICI...

A

a [ə] **art**
Devant une voyelle : an [ən]
1. un, une
Is it an apple or a peach? Est-ce une pomme ou une pêche ?
2. le, la, l'
They cost 20 cents a pound. Ils coûtent 20 cents la livre.
3. *Idiom*
Cowboys earned a dollar a day. Les cow-boys gagnaient un dollar par jour. (voir page 23)

abbreviation [əˌbriːvɪˈeɪʃən] **n** abréviation

ability [əˈbɪlɪtɪ] **n**
1. aptitude, compétence
He shows great ability. Il est très compétent.
2. *Idiom* **to the best of my ability** de mon mieux

able [ˈeɪbl] **adj**
Idiom **to be able to** pouvoir*

— Ne t'inquiète pas, mon ami, nous **pourrons** les battre !

about [əˈbaʊt]
○ **adv**
1. environ*, à peu près

— Attendez-moi ici, je serai de retour dans deux heures **environ** !

2. partout
Don't leave your things lying about! Ne laisse pas traîner tes affaires partout !
3. presque
Don't go without me, I'm about ready. Ne partez pas sans moi, je suis presque prêt.
4. *Idiom* **to be about to** être sur le point de
He was about to catch them. Il était sur le point de les attraper.
○ **prep**
1. au sujet de, sur
A book about the Wild West. Un livre sur le Far West.
What's it about? De quoi s'agit-il ?
2. *Idiom* **What about? How about?**
What about a game of poker? Et si on jouait au poker ?

above [əˈbʌv] **prep**
1. au-dessus de*

— Il y a un lasso **au-dessus de** ma tête !

2. de plus de
Children above the age of seven. Les enfants de plus de sept ans.
3. *Idiom* **above all** surtout
Above all, don't shoot until I give the order! Surtout, ne tirez pas avant que j'en donne l'ordre !

abroad [əˈbrɔːd] **adv** à l'étranger
She's been working abroad. Elle travaille à l'étranger.
A letter from abroad. Une lettre de l'étranger.

absent [ˈæbsənt] **adj** absent
Six pupils were absent yesterday. Six élèves étaient absents hier.

absent-minded [ˈæbsəntˈmaɪndɪd] **adj** distrait

absolutely

absolutely [ˈæbsəluːtlɪ] **adv** absolument
Are you absolutely sure? En êtes-vous absolument sûr ?

accelerate [akˈseləreɪt] **vi** accélérer*

Jolly Jumper has to accelerate to catch up with the train.

Jolly Jumper doit accélérer pour rattraper le train.

accent [ˈæksent] **n**
1. accent
He had a Texan accent. Il avait un accent texan.
2. accent
An acute/a grave/a circumflex accent. Un accent aigu/grave/circonflexe.

accept [əkˈsept] **vt** accepter
I do not accept your apologies. Je n'accepte pas vos excuses.

accident [ˈæksɪdənt] **n** accident*

acclaim [əˈkleɪm] **vt** acclamer

Will Lucky Luke be able to prevent the accident?

Lucky Luke pourra-t-il empêcher l'accident ?

accommodation [əkɒməˈdeɪʃən] **n** logement
Accommodation is more expensive than travel. Le logement revient plus cher que le voyage.

accomplish [əˈkʌmplɪʃ] **vt** accomplir
He'll never be able to accomplish his mission! Il ne réussira jamais à accomplir sa mission !

according to [əˈkɔːdɪŋ] **prep** selon
According to the sheriff, the bandits went that way. Selon le shérif, les bandits sont partis de ce côté.

account [əˈkaʊnt]
✪ **n**
1. compte
A bank account. Un compte en banque.
2. récit
I listened to his account of the hold-up. J'ai écouté son récit du hold-up.
3. *Idiom* **on no account** en aucun cas
• **account for vt**
1. justifier, expliquer
How do you account for their disappearance? Comment expliquez-vous leur disparition ?
2. représenter
Cereals account for 50 % of their exports. Les céréales représentent 50 % de leurs exportations.
"Account for" est inséparable.

accountant [əˈkaʊntənt] **n** comptable

accurate [ˈækjʊrət] **adj** précis, exact
He hit the target with an accurate shot. Il a atteint la cible d'un tir précis.

accuse [əˈkjuːz] **vt** accuser*

I accuse you of doing this to me! I know it was you!

– Je vous accuse de m'avoir fait ça ! Je sais que c'était vous !

accused [əˈkjuːzd] **n** accusé

accustomed [əˈkʌstəmd] **adj**
Idiom **to be accustomed to** avoir l'habitude de
I'm not accustomed to riding for so long. Je n'ai pas l'habitude de rester si longtemps à cheval.

ache [eɪk]
✪ **n** douleur
I've got an ache in my arm. J'ai une douleur dans le bras.
✪ **vi** faire mal
Oh dear, my head really aches. Oh là là, ma tête me fait vraiment mal.

achieve [əˈtʃiːv] **vt** accomplir, réussir
They will do anything to achieve their aims. Ils feront tout pour accomplir leurs desseins.
What did they achieve? Qu'est-ce qu'ils ont réussi à faire ?

acknowledge [əkˈnɒlɪdʒ] **vt** reconnaître
I acknowledge that I was wrong. Je reconnais que j'avais tort.

across [əˈkrɒs] **prep**
1. de l'autre côté de
There's a saloon across the road. Il y a un saloon de l'autre côté de la rue.
2. à travers
We walked across the fields. Nous avons marché à travers champs.

act [ækt] **vi**
1. agir
Jolly Jumper, we have to act fast! Jolly Jumper, il faut agir vite !

adjective

2. jouer
He acted in a lot of westerns. Il a joué dans beaucoup de westerns.

acting ['æktɪŋ] **n** Se traduit souvent par un verbe.
Her acting is very good. Elle joue très bien.

activity [æk'tɪvəti] **n** activité
I was peacefully going about my activities when the Daltons arrived. Je vaquais paisiblement à mes activités quand les Dalton arrivèrent.
There's a lot of activity in this town on a Saturday night. Cette ville est très animée le samedi soir.

actor ['æktər] **n** acteur

actress ['æktrɪs] **n** actrice*

– Voici mon autographe.
– Je suis si content de rencontrer une *actrice*.

actual ['æktʃʊəl] **adj** vrai, réel
That's not the actual problem, you know. Ce n'est pas le vrai problème, tu sais.

actually ['æktʃʊəlɪ] **adv** en fait
Actually, I'm looking for Billy. En fait, je cherche Billy.

ad [æd] **n** informal annonce, pub
Look in the small ads. Cherchez dans les petites annonces.

AD [eɪ'diː] **abbreviation** ap. J.-C.
In the year 150 AD. En l'an 150 ap. J.-C.
"AD" est l'abréviation du latin "Anno Domini".

add [æd]
✱ **vt**
1. ajouter
Add a pinch of salt. Ajoute une pincée de sel.
2. additionner
If you add 3 and 5, you get 8. Si tu additionnes 3 et 5, cela fait 8.
✱ **vi** faire des additions
Didn't you learn to add at school? Tu n'as pas appris à faire les additions à l'école ?

addict ['ædɪkt] **n** drogué, intoxiqué
He's a drug addict. C'est un drogué.
He's a TV addict. C'est un intoxiqué de télé.

address [ə'dres] **n** adresse
Print your name and address. Écrivez votre nom et votre adresse en majuscules.

adjective ['ædʒəktɪv] **n** adjectif

LES ADJECTIFS QUALIFICATIFS

Grammar city

◆ En anglais, l'adjectif qualificatif est invariable et se place toujours devant le nom qu'il qualifie quand il est épithète.
*He is a **bad** boy:* c'est un méchant garçon. *She is a **bad** girl:* c'est une méchante fille. *They are **bad** children:* ce sont de méchants enfants.

◆ Même lorsqu'il y a plusieurs épithètes, ils restent devant le nom qu'ils qualifient. On les classe en général de la façon suivante : taille, couleur, nationalité, matière.
*A **tall red-haired American** woman:* une grande Américaine rousse.

◆ Certains adjectifs comme *afraid* (effrayé), *alone* (seul), *ashamed* (honteux), *ill* (malade)… sont toujours attributs.
*He's **alone**:* il est seul. *She's **ill**:* elle est malade.

◆ Les adjectifs composés peuvent se former avec :
● adjectif + nom + ed
 *A **red-haired** woman:* une femme rousse.
● adjectif ou nom + verbe + ing
 *A **nice-looking** woman:* une jolie femme.
 *A **heart-breaking** story:* une histoire émouvante.
● adverbe + participe passé
 *A **well-known** cowboy:* un cow-boy célèbre.

◆ On peut former des adjectifs en ajoutant :
● **-ful** à la suite de certains noms :
 use (usage) → *useful* (utile)
● **-less** à la suite de certains noms :
 use (usage) → *useless* (inutile)
● **un-** devant certains adjectifs :
 able (capable) → *unable* (incapable)

admire

– Je vous **admire** beaucoup.

admire [əd'maɪəʳ] **vt** admirer*

admit [əd'mɪt] **vt** admettre, avouer
Admit that you stole it, Billy the Kid!
Avoue que tu l'as volé, Billy the Kid !

adopt [ə'dɒpt] **vt** adopter
We want to adopt this little boy. Nous voulons adopter ce petit garçon.

adult [ˈædʌlt] **n** adulte

advantage [əd'vɑːntɪdʒ] **n**
1. avantage
Lucky Luke has an advantage over the Daltons. Lucky Luke a un avantage sur les Dalton.
2. *Idiom* **to take advantage of** profiter de
We took advantage of the good weather to have a picnic. Nous avons profité du beau temps pour faire un pique-nique.

adventure [əd'ventʃəʳ] **n** aventure

adverb [ˈædvɜːb] **n** adverbe

LES ADVERBES

Les adverbes sont des mots invariables qui nous renseignent sur les actions du verbe ou qui déterminent un adjectif. Ils peuvent aussi en modifier le sens.

◆ En anglais, les adverbes de manière se forment à partir d'un adjectif auquel on ajoute **-ly**. Ils se placent en général en fin de phrase.
   slow (lent) ➔ *slow**ly*** (lentement)
   She eats **slowly**: elle mange lentement.

◆ Certains adjectifs comme *fast* (rapide), *late* (tard), *hard* (difficile)… s'utilisent comme adverbes. L'adverbe correspondant à *good* (bon) est **well**.
   The children went to bed **late**: les enfants sont allés se coucher tard.

◆ Les adverbes de fréquence comme *always* (toujours), *often* (souvent), *sometimes* (parfois), *never* (jamais)… sont employés pour parler des habitudes que l'on a ou pas. Ils se placent :
   • avant le verbe s'il n'y a pas d'auxiliaire
      My father **always** goes to work by car: mon père va toujours travailler en voiture.
   • entre l'auxiliaire et le verbe
      I have **never** been to Japan: je ne suis jamais allé(e) au Japon.
   • après le verbe *be*
      I am **sometimes** late for school: je suis parfois en retard à l'école.

◆ Les adverbes de temps comme *now* (maintenant), *then* (puis), *soon* (bientôt)… se placent soit en début, soit en fin de phrase.
   Give it to me **now**: donne-le moi maintenant.
   Then, she left the house: puis, elle quitta la maison.

◆ *Still* (encore, toujours) se place soit avant le verbe, soit entre l'auxiliaire et le verbe, soit après le verbe *be*.
   It is **still** raining: il pleut encore, toujours.
   She **still** loves him: elle l'aime encore, toujours.

◆ *Yet* (encore, déjà) s'utilise dans les phrases interrogatives et négatives. Il se place en fin de phrase.
   He isn't here **yet**: il n'est pas encore là.
   Have they come **yet**? Sont-ils déjà arrivés ?

advert [ˈædvɜːt] **n Br informal** publicité

advertise [ˈædvətaɪz]
✪ **vi** faire de la publicité
✪ **vt** faire de la publicité pour
They don't advertise their products. Ils ne font pas de publicité pour leurs produits.

advertisement [ədˈvɜːtɪsmənt] **n** publicité*

He's putting up an **advertisement** for his pills.

Il affiche une **publicité** pour ses pilules.

advice [ədˈvaɪs] **n** conseil
Take my advice, strangers, get out of town! Un bon conseil, étrangers, quittez cette ville !
Attention, "advice" est toujours suivi d'un verbe au singulier.
Your advice is always helpful. Tes conseils sont toujours utiles.

advise [ədˈvaɪz] **vt** conseiller
I advise you to be careful, gringo! Je te conseille de faire attention, gringo !

aerial [ˈeərɪəl] **n** antenne
A television aerial. Une antenne de télévision.

aeroplane [ˈeərəpleɪn] (**Am:** airplane) **n** avion

affair [əˈfeər] **n**
1. affaire
The affair of the diamonds was never cleared up. L'affaire des diamants n'a jamais été élucidée.
2. liaison
He had an affair with her. Il a eu une liaison avec elle.

afford [əˈfɔːd] **vt**
1. avoir les moyens de s'acheter, pouvoir payer
He can't afford a new saddle. Il n'a pas les moyens de s'acheter une nouvelle selle.
2. se permettre
We can't afford to be late. Nous ne pouvons pas nous permettre d'être en retard.
3. *Idiom*
I can't afford the time. Je n'ai pas le temps.

afraid [əˈfreɪd] **adj**
Idiom **to be afraid**
1. avoir peur*

She's **afraid** of Joe Dalton.

Elle **a peur** de Joe Dalton.

2. regretter
I'm afraid that the stagecoach has already left. Je regrette, la diligence est déjà partie.

Africa [ˈæfrɪkə] **n** Afrique

African [ˈæfrɪkən] **adj, n** africain, africaine, Africain, Africaine
Attention, l'anglais prend toujours une majuscule.

after [ˈɑːftər]
✪ **prep**
1. après*
2. *Idiom* **after all** après tout
3. **to be after somebody**
The sheriff is after him. Le shérif est à ses trousses.
✪ **conj**
They came out after the bandits had left town. Ils sont sortis après que les bandits eurent quitté la ville.

– C'est en haut.
– **Après** vous, monsieur.

✪ **n pl Br informal** dessert
That was nice, what's for afters? C'était bon, qu'est-ce qu'il y a comme dessert ?

afternoon [ˌɑːftəˈnuːn] **n** après-midi
At four in the afternoon. À quatre heures de l'après-midi.

afterward(s) [ˈɑːftəwədz] **adv** après, ensuite
What did the Daltons do afterwards? Qu'ont fait les Dalton après ?

again [əˈgen] **adv**
1. encore*, de nouveau

– **Encore** vous ?!

2. *Idiom* **again and again** maintes et maintes fois
3. *Idiom* **twice as much again** deux fois autant

against

Tout le monde se battait *contre* tout le monde.

against [əˈgenst] **prep** contre*

age [eɪdʒ] **n**
1. âge
When I was your age... Quand j'avais ton âge…
Age group. Tranche d'âge.
2. *Idiom* **for ages** depuis une éternité
I've been waiting here for ages! Ça fait une éternité que j'attends ici !
3. *Idiom* **of age**
He was 18 years of age. Il avait 18 ans.

agency [ˈeɪdʒənsɪ] **n** agence
Travel agency. Agence de voyages.

agent [ˈeɪdʒənt] **n** agent
An estate agent. Un agent immobilier.

aggressive [əˈgresɪv] **adj** agressif
The prisoner was very aggressive. Le prisonnier était très agressif.

ago [əˈgəʊ] **adv** il y a
A few years ago, this was a rich mining town. Il y a quelques années, c'était une riche ville minière.
How long ago did you arrive in Dodge City? Il y a combien de temps que vous êtes arrivé à Dodge City ?

agree [əˈgriː]
● **vi** être d'accord
I agree with you, this looks dangerous! Je suis d'accord avec toi, ceci a l'air dangereux !
I don't agree. Je ne suis pas d'accord.
● **vpr**
1. s'accorder
In French, the adjective agrees with the noun. En français, l'adjectif s'accorde avec le nom.
2. *Idiom*
Beans don't agree with me. Je ne supporte pas les haricots.

agreement [əˈgriːmənt] **n**
1. accord
2. *Idiom* **to come to an agreement** se mettre d'accord

ahead [əˈhed] **adv** devant, en avant
He went on ahead. Il est passé devant.
They arrived ahead of time. Ils sont arrivés avant l'heure.
They were a few hundred yards ahead of us. Ils avaient quelques centaines de mètres d'avance sur nous.

Aids [eɪdz] **n** sida

aim [eɪm]
● **vi** viser
Aim at the centre of the target. Visez le centre de la cible.
● **vt** braquer
Don't aim that revolver at me! Ne braquez pas ce revolver sur moi !
● **n**
1. but
What is your aim in life? Quel est votre but dans la vie ?
2. *Idiom* **to take aim** viser

air [eəʳ] **n**
1. air
The air wasn't polluted in those days. À cette époque, l'air n'était pas pollué.
2. *Idiom* **by air** en avion
Did you come by train or by air? Vous êtes venus en train ou en avion ?
● **air conditioning** climatisation*

– C'est quoi, ça ?
– C'est la *climatisation*, à cause de la chaleur.

● **air hostess** hôtesse de l'air
● **air terminal** aérogare

aircraft [ˈeəkrɑːft] **n** avion, appareil
● **aircraft carrier** porte-avions

airmail [ˈeəmeɪl] **n**
1. poste aérienne

2. *Idiom* **by airmail** par avion

airplane → **aeroplane**

airport [ˈeəpɔːt] **n** aéroport

alarm [əˈlɑːm] **n** alarme
Quick, sound the alarm, the Daltons are coming! Vite, sonnez l'alarme, les Dalton arrivent !
• **alarm clock** réveil*

– Je pense que le *réveil* est en train de sonner.

alcohol [ˈælkəhɒl] **n** alcool
No thank you, I never drink alcohol. Non merci, je ne bois jamais d'alcool.

Algeria [ælˈdʒɪərɪə] **n** Algérie

Algerian [ælˈdʒɪərɪən] **adj, n** algérien, algérienne, Algérien, Algérienne
Attention, l'anglais prend toujours une majuscule.

alien [ˈeɪljən] **n**
1. étranger
They want to expel all illegal aliens. Ils veulent expulser tous les étrangers en situation irrégulière.
2. extraterrestre
He claims that aliens landed in his field. Il prétend que des extraterrestres ont atterri dans son champ.

alike [əˈlaɪk]
1. **adj** semblable, pareil
The two hats are alike. Les deux chapeaux sont pareils.
2. *Idiom* **to look alike** se ressembler

alive [əˈlaɪv] **adj** vivant*

– Il est *vivant*, il s'est juste évanoui.

all [ɔːl]
✪ **adj, pron** tout
The O'Haras have all got big ears. Les O'Hara ont tous de grandes oreilles.
I've been working all day. J'ai travaillé toute la journée.
✪ **adv**
1. tout, tout à fait, complètement
She was all covered with mud. Elle était toute couverte de boue.
I'd forgotten all about our appointment. J'avais complètement oublié notre rendez-vous.
2. partout
The score was 30 all. Le score était de 30 partout.
3. *Idiom* **all right** → **alright**

allow [əˈlaʊ] **vt** permettre
Please allow me to introduce the sheriff. Permettez-moi de vous présenter le shérif.
Smoking is not allowed here. Il est interdit de fumer ici.

almost [ˈɔːlməʊst] **adv** presque
Wait a minute, I've almost finished. Attendez une minute, j'ai presque terminé.

alone [əˈləʊn] **adj** seul*

along [əˈlɒŋ] **prep** le long de
They were walking along the river. Ils se promenaient le long du fleuve.

aloud [əˈlaʊd] **adv** à haute voix
She read the poem aloud. Elle a lu le poème à haute voix.

already [ɔːlˈredɪ] **adv** déjà
It's already ten o'clock. Il est déjà dix heures.

alright [ɔːlˈraɪt]
✪ **adj**
1. bien
You look tired, are you alright? Tu as l'air fatigué, tu te sens bien ?
2. *Idiom* **it's/that's alright** ce n'est pas grave
– *I'm really sorry!* – *That's alright!*
– Je suis vraiment désolé ! – Ce n'est pas grave !
3. **informal** pas mal
– *How was the party?* – *It was alright.* – C'était comment, la fête ? – Pas mal.

– Qu'est-ce que tu fais tout *seul* dans l'enclos ?

also

◉ **adv** d'accord
– *Let's leave tomorrow, alright?*
– *Alright!* – Partons demain, d'accord ?
– D'accord !

also [ˈɔːlsəʊ] **adv** aussi
He's the mayor and also the sheriff. Il est maire et aussi shérif.

although [ɔːlˈðəʊ] **conj** quoique, bien que
He was careful, although there was no one in the saloon. Il faisait attention, bien qu'il n'y eût personne dans le saloon.

altogether [ˌɔːltəˈgeðər] **adv**
1. tout à fait, entièrement
I hadn't altogether finished. Je n'avais pas tout à fait terminé.
2. en tout
That makes two dollars and five cents altogether. Cela fait deux dollars et cinq cents en tout.

always [ˈɔːlweɪz] **adv** toujours*

– Averell a **toujours** été le plus faible mais le plus sage.

am ➔ **be**

a.m. [eɪem] **abbreviation** du matin*
The train leaves at 6 a.m. Le train part à 6 heures du matin.
"a.m." est l'abréviation du latin "ante meridiem".

amazing [əˈmeɪzɪŋ] **adj** étonnant
What an amazing sight! Quel spectacle étonnant !

ambition [æmˈbɪʃn] **n** ambition
His ambition is to become President of the United States. Son ambition est de devenir président des États-Unis.

amenities [əˈmiːnətɪz] **n pl** équipements, aménagements
The hotel offers all the usual amenities. L'hôtel possède tous les équipements habituels.

America [əˈmerɪkə] **n** Amérique
North America. Amérique du Nord.

American [əˈmerɪkn] **adj, n** américain, américaine, Américain, Américaine
Attention, l'anglais prend toujours une majuscule.

among [əˈmʌŋ] **prep** parmi, entre
I found this among his personal belongings. J'ai trouvé ceci parmi ses objets personnels.

amount [əˈmaʊnt]
◉ **n** quantité, montant
There's a vast amount of gold in those hills. Il y a une énorme quantité d'or dans ces collines.
◉ **vi**
1. s'élever
The bill could amount to hundreds of dollars. La facture pourrait s'élever à des centaines de dollars.
2. revenir, équivaloir
Their attitude amounts to a refusal. Leur attitude équivaut à un refus.

amusement [əˈmjuːzmənt] **n**
1. amusement

– Il est 2 heures **du matin**, il devrait déjà être là.

To the cowboys' great amusement, he fell off his horse. Au grand amusement des cow-boys, il est tombé de son cheval.
2. distraction
There aren't many amusements in this town. Il y a peu de distractions dans cette ville.
• **amusement arcade** Br galerie de jeux
• **amusement park** parc d'attractions

amusing [əˈmjuːzɪŋ] **adj** amusant
An amusing book. Un livre amusant.

ancestor [ˈænsestər] **n** ancêtre*

– Jamais mes **ancêtres** ne me pardonneront !

and [ænd] **conj** et
This is a story about Lucky Luke and Jolly Jumper. Ceci est l'histoire de Lucky Luke et de Jolly Jumper.
Two hundred and two. Deux cent deux.
Dans les nombres, "and" ne se traduit pas.

angel [ˈeɪndʒəl] **n** ange

anger [ˈæŋgər] **n** colère
Sometimes he can't control his anger. Parfois il n'arrive pas à maîtriser sa colère.

angling [ˈæŋglɪŋ] **n** pêche (à la ligne)
His favourite hobbies are hunting and angling. Ses passe-temps préférés sont la chasse et la pêche.

angry [ˈæŋgrɪ] **adj** fâché, en colère
Jolly Jumper is very angry with Lucky Luke. Jolly Jumper est très fâché contre Lucky Luke.

animal [ˈænɪml] **n** animal
There are very few animals in the desert. Il y a très peu d'animaux dans le désert.

ankle [ˈæŋkl] **n** cheville

announcement [əˈnaʊnsmənt] **n** annonce
The mayor is going to make an official announcement. Le maire va faire une annonce officielle.

annoyed [əˈnɔɪd] **adj** agacé, énervé

annual [ˈænjʊəl] **adj** annuel

anorak [ˈænəræk] **n** anorak
He was wearing jeans and an anorak. Il portait un jean et un anorak.

another [əˈnʌðəʳ] **adj, pron**
1. un autre, encore un
Would you like another cup of coffee? Voulez-vous une autre tasse de café ?
2. *Idiom* **one another** l'un l'autre

answer [ˈɑːnsəʳ]
◆ **n** réponse
I don't know the answer to that question. Je ne connais pas la réponse à cette question.
◆ **vi** répondre
He called out, but nobody answered. Il a appelé, mais personne n'a répondu.
◆ **vt** répondre à
Let me at least answer your question! Laissez-moi au moins répondre à votre question !
• **answer back vi** répondre
If you answer back again you'll get no pocket money! Si tu réponds encore, tu n'auras pas d'argent de poche !

ant [ænt] **n** fourmi

anthem [ˈæθəm] **n** hymne
National anthem. Hymne national.

antique [ænˈtiːk]
◆ **n** antiquité
An antique shop. Un magasin d'antiquités.
◆ **adj** ancien
An antique table. Une table ancienne.

anxious [ˈæŋkʃəs] **adj**
1. inquiet, anxieux
Don't be anxious, Lucky Luke is on his way. Ne soyez pas inquiet, Lucky Luke arrive.
2. impatient
I'm anxious to see them again. Je suis impatient de les revoir.

any [ˈenɪ]
◆ **adj**
1. n'importe quel, n'importe quelle

LA QUANTITÉ

Pour exprimer une quantité, il faut tenir compte d'une caractéristique des noms communs anglais : ils se divisent en deux catégories.

• Les noms **dénombrables** représentent une chose que l'on peut compter et qui peut se diviser en unités :
glass (verre), *cup* (tasse), *bottle* (bouteille)…
• Les noms **indénombrables** qui ne se divisent pas en unités que l'on peut compter : *water* (eau), *tea* (thé), *coffee* (café)…
Les quantités s'expriment grâce à des outils, les opérateurs de quantification.

◆ **SOME/ANY/NO** s'emploient devant tous les noms (dénombrables et indénombrables) pour dire que les choses, objets ou matières existent en **quantité indéfinie**.
• On emploie en général *some* dans une phrase affirmative.
There is some cheese: il y a du fromage.
There are some sweets: il y a des bonbons.
On utilise également *some* dans des questions, lorsque celles-ci expriment une offre ou une demande polie.
Do you want some coffee? Voulez-vous du café ? (offre)
Can I have some potatoes? Puis-je avoir des pommes de terre ? (demande polie)
• On emploie en général *any* dans des phrases négatives ou interrogatives.
He hasn't got any sweets: il n'a pas de bonbons.
Is there any bread? Y a-t-il du pain ?
• Dans les phrases négatives, ***not… any*** peut parfois se réduire à ***no***.
There aren't any eggs in the fridge → *There are no eggs in the fridge:* il n'y a pas d'œufs dans le réfrigérateur.

◆ **MUCH/MANY**
Pour exprimer une grande quantité de quelque chose, on emploie :
• *much* devant un nom indénombrable
I haven't got much money: je n'ai pas beaucoup d'argent.
On peut remplacer *much* par *a lot of* dans une phrase affirmative :
He drinks a lot of coffee: il boit beaucoup de café.
• *many* devant un nom dénombrable
Many boys like playing football: beaucoup de garçons aiment jouer au football.
On peut remplacer *many* par *a lot of* ou *lots of* dans une phrase affirmative :
Lots of people go shopping on Saturday: beaucoup de gens font leurs courses le samedi.

anybody

You can catch any train, they all stop at Crooked Junction. Vous pouvez prendre n'importe quel train, ils s'arrêtent tous à Crooked Junction.
2. Dans les questions et les phrases conditionnelles : du, de la, des
I'd buy it if I had any money. Je l'achèterais si j'avais de l'argent.
3. Dans les phrases négatives : de, d'*

– Vous voyez, je n'ai pas *d'argent* !

4. Idiom in any case en tout cas
◉ **pron**
1. n'importe lequel, n'importe laquelle
– Which one can I have? – It doesn't matter, take any of them. – Lequel puis-je prendre ? – Ça n'a pas d'importance, prenez n'importe lequel.
2. Idiom
He asked me for money, but I didn't have any. Il m'a demandé de l'argent, mais je n'en avais pas.

◉ **adv**
1. Ne se traduit pas.
It isn't any bigger. Ce n'est pas plus grand.
The horses can't run any faster! Les chevaux ne peuvent pas courir plus vite !
2. Idiom any more, any longer plus
She doesn't live here any longer. Elle n'habite plus ici.

anybody, anyone [ˈenɪbɒdɪ, ˈenɪwʌn] **pron**
1. n'importe qui
It's so easy that anybody can do it. C'est tellement facile que n'importe qui peut le faire.
2. Dans les questions et les phrases au conditionnel : quelqu'un
Is anyone in there? Il y a quelqu'un là-dedans ?
3. Dans les phrases négatives : personne
I can't see anybody. Je ne vois personne.

anything [ˈenɪθɪŋ] **pron**
1. n'importe quoi
They think that horses will eat anything! Ils pensent que les chevaux mangent n'importe quoi !
2. Dans les questions et les phrases au conditionnel : quelque chose
Is there anything I can do? Puis-je faire quelque chose ?
Just ring the bell if you need anything. Sonnez si vous avez besoin de quelque chose.
3. Dans les phrases négatives : rien
Don't touch anything! Ne touchez à rien !

anyway [ˈenɪweɪ] **adv** de toute façon
I've lost it, but I didn't like it anyway. Je l'ai perdu, mais de toute façon je ne l'aimais pas.

anywhere [ˈenɪweəʳ] **adv**
1. n'importe où
He could be anywhere in the forest. Il peut être n'importe où dans la forêt.
2. Dans les questions et les phrases au conditionnel : quelque part, un endroit
Quick, is there anywhere we can hide? Vite, y a-t-il un endroit où nous puissions nous cacher ?
3. Dans les phrases négatives : nulle part
I can't find my revolver anywhere. Je ne trouve mon revolver nulle part.

apart [əˈpɑːt] **adv**
1. à l'écart
He was standing apart from the others. Il se tenait à l'écart des autres.
2. en morceaux
The stagecoach is falling apart. La diligence tombe en morceaux.
● **apart from** sauf, à part
There's nobody here apart from an old man. Il n'y a personne ici sauf un vieillard.

apartheid [əˈpɑːteɪt] **n** apartheid

apartment [əˈpɑːtmənt] **n** appartement*

ape [eɪp] **n** singe

– J'ai fait déménager ces affaires de mon *appartement* de New York.

apologize [əˈpɒlədʒaɪz] **vi** s'excuser
I apologize for being late. Veuillez excuser mon retard.
Go and apologize to them! Va leur présenter tes excuses !
S'écrit aussi "apologise" en anglais britannique.

apology [əˈpɒlədʒɪ] **n** excuse
Please accept my apologies. Veuillez accepter mes excuses.

appalling [əˈpɔːlɪŋ] **adj** affreux, épouvantable
What appalling weather! Quel temps affreux !

apparently [əˈpærəntlɪ] **adv** apparemment*

– Je pensais que tous les chiens savaient nager.
– *Apparemment*, celui-là, non.

appear [əˈpɪər] **vi**
1. apparaître
Suddenly, a group of Indians appeared. Soudain, un groupe d'Indiens apparut.
2. avoir l'air, sembler
The Daltons appear to be plotting something. Les Dalton semblent manigancer quelque chose.

apple [ˈæpl] **n** pomme*
• **apple pie** tarte aux pommes

appliance [əˈplaɪəns] **n** appareil
A kitchen with all sorts of appliances. Une cuisine avec toutes sortes d'appareils ménagers.

applicant [ˈæplɪkənt] **n** candidat
There weren't many applicants for the job of sheriff. Il n'y a pas eu beaucoup de candidats au poste de shérif.

application [æplɪˈkeɪʃn] **n**
1. demande, candidature
His application for the job was turned down. Sa candidature à ce poste a été refusée.
2. usage, application
For external application only. À usage externe uniquement.

apply [əˈplaɪ]
◎ **vi**
1. faire une demande
Students can apply for a grant. Les étudiants peuvent faire une demande de bourse.
Nobody applied for the job. Il n'y a pas eu de candidats pour le poste.
2. s'appliquer
This rule doesn't apply here. Cette règle ne s'applique pas ici.
◎ **vt** appliquer
Apply at least two coats of paint. Appliquez au moins deux couches de peinture.

appointment [əˈpɔɪntmənt] **n**
1. rendez-vous
Do you have an appointment? Vous avez rendez-vous ?
2. nomination
Since his appointment as company chairman. Depuis sa nomination comme président de la société.

appreciate [əˈpriːʃɪeɪt] **vt**
1. apprécier, aimer
I don't appreciate that sort of modern art. Je n'apprécie pas ce genre d'art moderne.
2. comprendre
I don't think you appreciate the real danger. Je crois que tu n'as pas compris qu'il y avait du danger.
3. être reconnaissant de
Thank you for helping me, I really appreciate it. Merci de m'avoir aidé, je vous en suis très reconnaissant.

apprentice [əˈprentɪs] **n** apprenti
He's an apprentice blacksmith. Il est apprenti forgeron.

approach [əˈprəʊtʃ]
◎ **vi** s'approcher
The Indians were approaching slowly. Les Indiens s'approchaient lentement.
◎ **vt**
1. approcher de, s'approcher de
The train was approaching the station. Le train approchait de la gare.
2. aborder
You're not approaching the problem in the right way. Vous n'abordez pas le problème comme il faut.
◎ **n** approche
At the approach of night. À l'approche de la nuit.

approve [əˈpruːv] **vt** approuver
The sheriff approved Lucky Luke's

– J'ai toujours aimé les *pommes*.
– Feu !
– On s'en servira pour faire une tarte aux *pommes*.

apricot

suggestion. Le shérif a approuvé la suggestion de Lucky Luke.
● **approve of** vt
1. approuver
Do you approve of his ideas? Approuvez-vous ses idées?
2. apprécier
Her parents don't approve of her friends. Ses parents n'apprécient pas ses amis.
"Approve of" est inséparable.

apricot [ˈeɪprɪkɒt] **n** abricot

April [ˈeɪprəl] **n** avril
Attention, les noms de mois prennent toujours une majuscule en anglais. (voir page 71)

apron [ˈeɪprən] **n** tablier

Arab [ˈærəb] **adj, n** arabe, Arabe

Arabic [ˈærəbɪk] **adj, n** arabe
Do you speak Arabic? Parlez-vous arabe?
Attention, l'anglais prend toujours une majuscule.

arcade [ɑːˈkeɪd] **n** galerie, passage
A shopping arcade. Une galerie marchande.

are → **be**

area [ˈeərɪə] **n**
1. région
The whole area is uninhabited. Toute la région est inhabitée.
2. quartier, secteur
A residential area. Un quartier résidentiel.

– Je suis sûr que Lucky Luke ne reviendra pas. Attaquons!
– Je ne veux pas me *disputer*.

3. espace
I'm sorry, this is a no smoking area. Je regrette, ceci est un espace non fumeur.

argue [ˈɑːgjuː] **vi**
1. se disputer*
2. argumenter
We argued for hours to convince them. Nous avons argumenté longtemps pour les convaincre.

argument [ˈɑːgjʊmənt] **n**
1. discussion, dispute
He had an argument with the sheriff. Il a eu une discussion avec le shérif.
2. argument
The arguments for and against the new railway. Les arguments pour et contre le nouveau chemin de fer.

arm [ɑːm]
✲ **n**
1. bras
I've hurt my arm. Je me suis fait mal au bras.
2. **n pl** armes
They sold arms and whisky to the Indians. Ils vendaient des armes et du whisky aux Indiens.
✲ **vt** armer
Look out, they're armed! Faites attention, ils sont armés!

armchair [ˈɑːmtʃeər] **n** fauteuil

army [ˈɑːmɪ] **n** armée*
He joined the army when he was 18. Il s'est engagé dans l'armée à l'âge de 18 ans.

around [əˈraʊnd]
✲ **prep**
1. autour de
There's a fence all around the ranch. Il y a une clôture tout autour du ranch.
2. environ, vers
The train arrives around noon. Le train arrive vers midi.
✲ **adv**
1. autour
The town is in a valley, with high mountains all around. La ville est

– Voici une autre paire! Tu pensais peut-être que tu mènerais une vie intéressante à l'*armée*!

dans une vallée, avec de hautes montagnes tout autour.
2. dans les parages
Is Lucky Luke around? Lucky Luke est-il dans les parages ?
3. *Idiom*
He's been around. Il a roulé sa bosse.

arrange [əˈreɪndʒ] vt
1. organiser
He arranged a meeting between the O'Haras and the O'Timminses. Il a organisé une réunion entre les O'Hara et les O'Timmins.
2. ranger, arranger
Four chairs were arranged around the table. Quatre chaises étaient rangées autour de la table.

arrangement [əˈreɪndʒmənt] n
1. préparatif, disposition
Who's going to make the arrangements for the trip? Qui va s'occuper des préparatifs du voyage ?
2. disposition
Somebody had changed the arrangement of the furniture. Quelqu'un avait changé la disposition des meubles.
3. accord, arrangement
Can't we come to an arrangement? Ne pouvons-nous pas arriver à un accord ?

arrest [əˈrest] vt arrêter
I arrest you in the name of the law! Au nom de la loi, je vous arrête !

arrival [əˈraɪvl] n arrivée
Arrivals and departures. Arrivées et départs.

arrive [əˈraɪv] vi arriver
What time does the stagecoach arrive? À quelle heure arrive la diligence ?

art [ɑːt] n art
An exhibition of modern art. Une exposition d'art moderne.

article [ˈɑːtɪkl] n article
Have you read this article in the paper? Avez-vous lu cet article dans le journal ?
All these articles are on sale at our shop. Tous ces articles sont en vente dans notre magasin.
Definite/indefinite article. Article défini/indéfini.

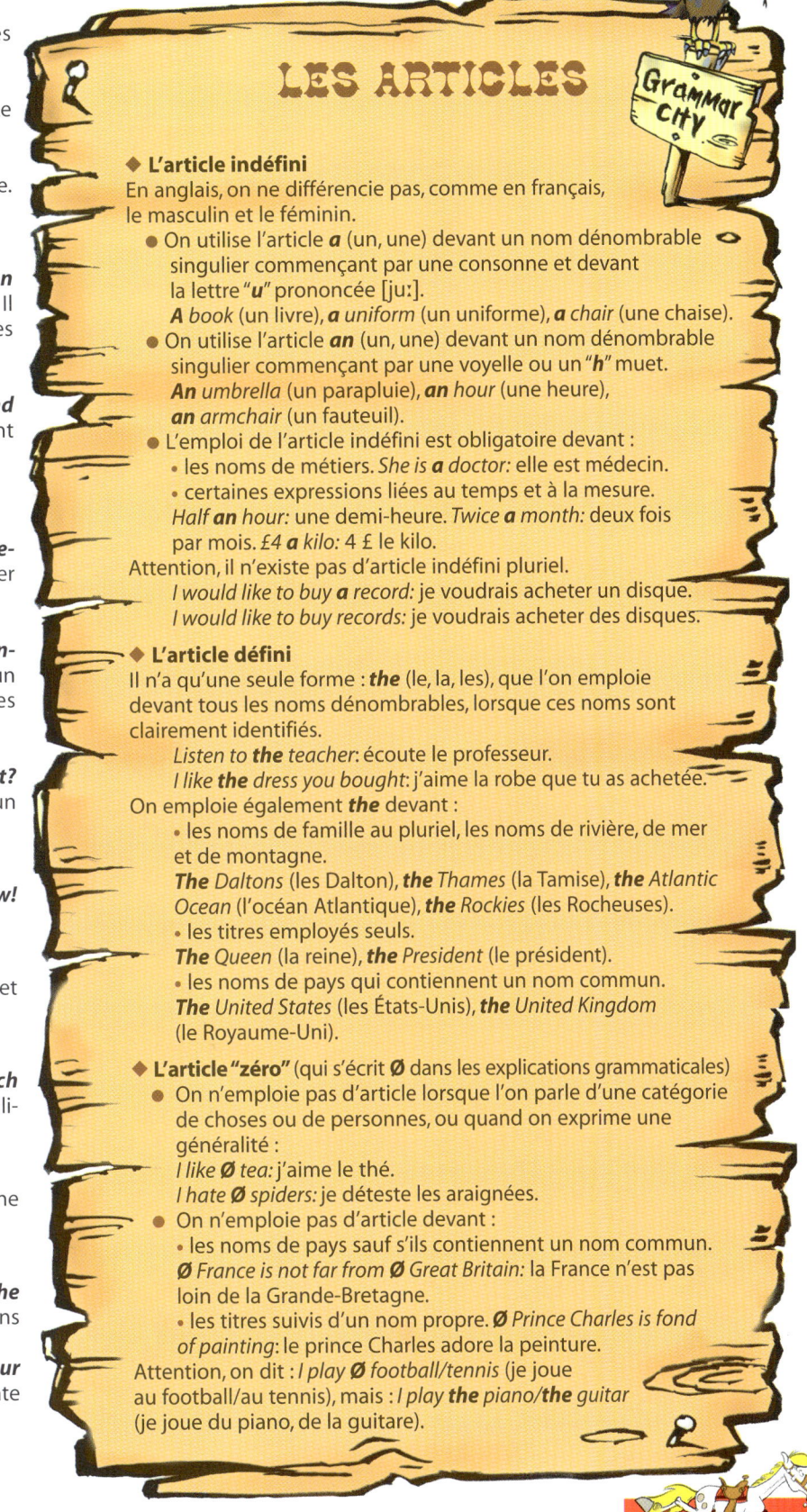

LES ARTICLES

♦ L'article indéfini
En anglais, on ne différencie pas, comme en français, le masculin et le féminin.
● On utilise l'article *a* (un, une) devant un nom dénombrable singulier commençant par une consonne et devant la lettre "*u*" prononcée [juː].
A book (un livre), *a uniform* (un uniforme), *a chair* (une chaise).
● On utilise l'article *an* (un, une) devant un nom dénombrable singulier commençant par une voyelle ou un "*h*" muet.
An umbrella (un parapluie), *an hour* (une heure), *an armchair* (un fauteuil).
● L'emploi de l'article indéfini est obligatoire devant :
• les noms de métiers. *She is a doctor:* elle est médecin.
• certaines expressions liées au temps et à la mesure.
Half an hour: une demi-heure. *Twice a month:* deux fois par mois. *£4 a kilo:* 4 £ le kilo.
Attention, il n'existe pas d'article indéfini pluriel.
I would like to buy a record: je voudrais acheter un disque.
I would like to buy records: je voudrais acheter des disques.

♦ L'article défini
Il n'a qu'une seule forme : *the* (le, la, les), que l'on emploie devant tous les noms dénombrables, lorsque ces noms sont clairement identifiés.
Listen to the teacher: écoute le professeur.
I like the dress you bought: j'aime la robe que tu as achetée.
On emploie également *the* devant :
• les noms de famille au pluriel, les noms de rivière, de mer et de montagne.
The Daltons (les Dalton), *the Thames* (la Tamise), *the Atlantic Ocean* (l'océan Atlantique), *the Rockies* (les Rocheuses).
• les titres employés seuls.
The Queen (la reine), *the President* (le président).
• les noms de pays qui contiennent un nom commun.
The United States (les États-Unis), *the United Kingdom* (le Royaume-Uni).

♦ L'article "zéro" (qui s'écrit Ø dans les explications grammaticales)
● On n'emploie pas d'article lorsque l'on parle d'une catégorie de choses ou de personnes, ou quand on exprime une généralité :
I like Ø tea: j'aime le thé.
I hate Ø spiders: je déteste les araignées.
● On n'emploie pas d'article devant :
• les noms de pays sauf s'ils contiennent un nom commun.
Ø France is not far from Ø Great Britain: la France n'est pas loin de la Grande-Bretagne.
• les titres suivis d'un nom propre. *Ø Prince Charles is fond of painting:* le prince Charles adore la peinture.
Attention, on dit : *I play Ø football/tennis* (je joue au football/au tennis), mais : *I play the piano/the guitar* (je joue du piano, de la guitare).

artist

artist [ˈɑːtɪst] **n** artiste*

He posed for the *artist*.

— Regardez-moi.
Il a posé pour l'*artiste*.

as [əz] **conj**
1. puisque, comme
As you're busy, I'll come back tomorrow. Puisque vous êtes occupé, je reviendrai demain.
2. alors que, comme, lorsque
As he came into the saloon, everybody went quiet. Comme il entrait dans le saloon, tout le monde s'est tu.
3. comme
Do as Lucky Luke says. Faites comme le dit Lucky Luke.
• **as… as** aussi… que
He was running as fast as he could. Il courait aussi vite qu'il pouvait.
• **as for** quant à
As for the Daltons, I'll see to them myself. Quant aux Dalton, je m'en occuperai moi-même.
• **as from** à partir de
As from next week, I'm no longer free. À partir de la semaine prochaine, je ne suis plus disponible.
• **as if, as though** comme si
She was trembling as if she was frightened. Elle tremblait comme si elle avait peur.
It looks as if it's going to rain. On dirait qu'il va pleuvoir.
• **as much as, as many as** autant que
On emploie "as much" s'il n'y a qu'une chose indénombrable (de la soupe). On emploie "as many" s'il y a plusieurs choses (des bonbons, des bandits).

Joe ate as much soup as Averell. Joe a mangé autant de soupe qu'Averell.
I didn't eat as many sweets as my brother. Je n'ai pas mangé autant de bonbons que mon frère.
(voir page 181)

asap [eɪeseɪˈpiː] **informal abbreviation** dès que possible
I'll send it to you asap. Je te l'enverrai dès que possible.
"Asap" est l'abréviation de "as soon as possible".

ash [æʃ] **n**
1. cendre
Don't drop your ash on the floor! Ne laisse pas tomber tes cendres par terre !
2. frêne

ashamed [əˈʃeɪmd] **adj**
Idiom **to be ashamed** avoir honte*

— J'ai été mordu par un homme.
— Tu n'as pas *honte* !

ashtray [ˈæʃtreɪ] **n** cendrier

aside [əˈsaɪd] **adv** de côté
They moved aside to let the horses pass. Ils se sont écartés pour laisser passer les chevaux.

Asia [ˈeɪʃə] **n** Asie

Asian [ˈeɪʃn] **adj, n** asiatique, Asiatique
Attention, l'anglais prend toujours une majuscule.
Au Royaume-Uni, "Asian" désigne avant tout les Indiens et les Pakistanais.

ask [ɑːsk] **vt**
1. demander
2. poser
Don't ask so many questions! Ne pose pas autant de questions !
• **ask for** **vt** demander
He asked the barman for another whisky. Il a demandé un autre whisky au barman.
"Ask for" est séparable.

asleep [əˈsliːp] **adj**
1. *Idiom* **to be asleep** être endormi
I was half asleep. J'étais à moitié endormi.
Are you asleep? Est-ce que tu dors ?
2. *Idiom* **to fall asleep** s'endormir

assume [əˈsjuːm] **vt** présumer, supposer
I assume that you know whom I'm talking about. Je suppose que vous savez de qui je parle.

astonish [əˈstɒnɪʃ] **vt** stupéfier*

He was *astonished* by the news.

La nouvelle l'a *stupéfié*.

astonishment [əˈstɒnɪʃmənt] **n** étonnement
Much to his astonishment, the Indians didn't harm him. À son grand étonnement, les Indiens ne lui ont fait aucun mal.

astronaut [ˈæstrənɔːt] **n** astronaute, spationaute

at [ət, æt] **prep**
1. Indique le lieu : à
This train doesn't stop at Dry Gulch. Ce train ne s'arrête pas à Dry Gulch.

authority

— C'est lui, je le reconnais !
Une fois de plus, Ran Tan Plan a **attaqué** la mauvaise personne.

2. Indique l'heure : à
The stagecoach leaves at noon. La diligence part à midi.
3. Indique une activité : à
They were playing at cowboys. Ils jouaient aux cow-boys.
4. Indique une vitesse : à
At 50 mph. À 80 km/h.
5. Idiom **to be good at** être fort en
6. Idiom **at the butcher's** chez le boucher

ate → **eat**

Atlantic [ət'læntɪk] **adj, n** atlantique, Atlantique
The Atlantic Ocean. L'océan Atlantique.
The Atlantic coast. La côte atlantique.
Attention, l'anglais prend toujours une majuscule.

atom ['ætəm] **n** atome
• **atom bomb** bombe atomique

atomic [ə'tɒmɪk] **adj** atomique

attack [ə'tæk]
✪ **vt** attaquer*
✪ **n** attaque
The town was in ruins after the attack. La ville était en ruines après l'attaque.

attempt [ə'tempt]
✪ **n** tentative
He hit the target with his second attempt. Il a touché la cible à la deuxième tentative.
✪ **vt** essayer, tenter
I'll attempt to reason with them first. Je vais d'abord tenter de les raisonner.

attend [ə'tend] **vt** assister à
The townspeople all attended the meeting. Les gens de la ville ont tous assisté à la réunion.

attention [ə'tenʃn] **n** attention
Pay attention to what he's saying! Faites attention à ce qu'il dit !

attic ['ætɪk] **n** grenier
The attic is full of old furniture. Le grenier est plein de vieux meubles.

attitude ['ætɪtjuːd] **n** attitude
I don't like your attitude, young man! Je n'aime pas votre attitude, jeune homme !

attorney [ə'tɜːnɪ] **n Am** avocat(e)

attractive [ə'træktɪv] **adj**
1. joli, beau*
2. attrayant, attirant
The idea isn't very attractive. L'idée n'est pas très attrayante.

auction ['ɔːkʃn] **n** vente aux enchères
I bought it cheap at an auction. Je l'ai acheté pas cher à une vente aux enchères.

audience ['ɔːdjəns] **n** public, spectateurs
The audience gave her a standing ovation. Le public l'a ovationnée.

August ['ɔːgʌst] **n** août
Attention, les noms de mois prennent une majuscule en anglais.
(voir page 71)

aunt [ɑːnt] **n** tante
He's going to Denver to visit his aunt and uncle. Il va à Denver pour voir sa tante et son oncle.

au pair [əʊ'peər] **n** jeune fille au pair
She worked as an au pair in Switzerland. Elle a travaillé comme jeune fille au pair en Suisse.

Australia [ɒ'streɪljə] **n** Australie

Australian [ɒ'streɪljən] **adj, n** australien, australienne, Australien, Australienne
Attention, l'anglais prend toujours une majuscule.

author ['ɔːθər] **n** auteur
A copy of the book signed by the author. Un exemplaire du livre signé par l'auteur.

authority [ɔː'θɒrətɪ] **n**
1. autorité
The authorities in Washington want to ban it. Les autorités de Washington veulent l'interdire.
2. autorisation
You have to request authority

— Vous êtes si **beau** comme ça !
— Ce n'est pas mon avis.

autograph

from your superiors. Il faut demander l'autorisation à vos supérieurs.

autograph [ˈɔːtəɡrɑːf] **n** autographe
She signed an autograph for him. Elle lui a signé un autographe.

autumn [ˈɔːtəm] **n** automne
The forest is magnificent in autumn. La forêt est magnifique en automne.

available [əˈveɪləbl] **adj** disponible
I'm sorry, we have no horses available. Je regrette, nous n'avons aucun cheval disponible.

average [ˈævərɪdʒ]
✽ **n** moyenne
Last summer, temperatures were well below average. L'été dernier, les températures ont été bien au-dessous de la moyenne.
✽ **adj** moyen
At an average speed of 50 mph. À une vitesse moyenne de 80 km/h.

avoid [əˈvɔɪd] **vt** éviter*

awake [əˈweɪk] **adj** éveillé, réveillé
Rin Tin Can, are you awake? Ran Tan Plan, es-tu réveillé ?
I stayed awake all night. Je n'ai pas dormi de la nuit.

award [əˈwɔːd]
✽ **n** prix
He was nominated for the best actor award. Il a été proposé pour le prix du meilleur acteur.
✽ **vt** décerner
Thank you, Lucky Luke, they should award you a medal. Merci, Lucky Luke, on devrait vous décerner une médaille.

aware [əˈweər] **adj** conscient
I don't think that they're aware of the danger. Je ne pense pas qu'ils soient conscients du danger.

away [əˈweɪ] **adv**
1. absent
I'll only be away for a few hours. Je ne serai absent que quelques heures.
2. loin
It's a long way away. C'est loin d'ici.
The ranch is five miles away. Le ranch est à huit kilomètres.
3. *Idiom* **to go away** s'en aller
4. *Idiom* **to run away** se sauver
5. *Idiom* **to take away** emporter

awful [ˈɔːfʊl] **adj** affreux
What awful weather! Quel temps affreux !

awfully [ˈɔːflɪ] **adv** vraiment
It's awfully hot in here! Il fait vraiment chaud ici !

awkward [ˈɔːkwəd] **adj**
1. maladroit, gauche
An awkward gesture. Un geste maladroit.
2. mal à l'aise, gêné
I always feel awkward with strangers. Je me sens toujours mal à l'aise avec des étrangers.
3. difficile, délicat
We found ourselves in rather an awkward situation. Nous nous sommes trouvés dans une situation assez délicate.
4. peu commode, peu pratique
These old rifles are awkward to load. Ces vieux fusils sont peu commodes à charger.

axe [æks] **n** hache
He chopped the cherry tree down with an axe. Il a abattu le cerisier à coups de hache.

The cart swerved to *avoid* them.
– Attention ! Le char fit une embardée pour les *éviter*.

baby [ˈbeɪbɪ] **n** bébé
When Billy the Kid was still a baby. Quand Billy the Kid était encore bébé.

baby-sit [ˈbeɪbɪsɪt]**, baby-sat** [ˈbeɪbɪsət]**, baby-sat** [ˈbeɪbɪsət] **vi** faire du baby-sitting
She's baby-sitting for the neighbours tonight. Elle fait du baby-sitting pour les voisins ce soir.

bachelor [ˈbætʃələr] **n**
1. célibataire*
2. *Idiom* **bachelor of** licencié ès
Bachelor of Arts/Science Licencié ès lettres/sciences

back [bæk]
✪ **n**
1. dos*

*He turned his **back** on them to take off his tee-shirt.*
*Il leur a tourné le **dos** pour enlever son tee-shirt.*

2. arrière, fond
The children were in the back of the car. Les enfants étaient à l'arrière de la voiture.
They always sit at the back of the class. Ils s'assoient toujours au fond de la classe.
3. arrière
He plays left back. Il joue arrière gauche.
4. *Idiom* **back to front** à l'envers
✪ **adv**
1. en arrière
Take two steps back. Faites deux pas en arrière.
2. de retour
Stay here, I'll be back in an hour. Restez ici, je serai de retour dans une heure.
3. *Idiom* **to go back** retourner
4. *Idiom* **to come back** revenir
5. *Idiom* **to put something back** remettre quelque chose à sa place
6. *Idiom*
I'll call you back. Je te rappellerai.
✪ **adj** arrière, de derrière
The back door. La porte de derrière.

backbone [ˈbækbəʊn] **n** colonne vertébrale

background [ˈbæɡraʊnd] **n**
1. arrière-plan
You can see the Rocky Mountains in the background. On voit les montagnes Rocheuses en arrière-plan.
2. milieu
She comes from a modest background. Elle vient d'un milieu modeste.

*The **bachelor** was very popular...*
I saw him first! He's mine! No, he's mine!
*Le **célibataire** était très courtisé.*
– Je l'ai vu la première ! – Il est pour moi ! – Non, pour moi !

backpack

— Marchons à reculons pour brouiller notre piste.

backpack [ˈbækpæk] **n** sac à dos

backward(s) [ˈbækwəd(z)] **adv**
1. en arrière, à reculons*
2. à l'envers
You've put your hat on backwards. Vous avez mis votre chapeau à l'envers.

bacon [ˈbeɪkən] **n** bacon

bad [bæd] **adj, comp worse** [wɜːs], **superl worst** [wɜːst]
1. mauvais*
2. méchant
Billy the Kid was a very bad man. Billy the Kid était un homme très méchant.
3. Se traduit par une expression.
I've got a bad back. J'ai mal au dos.
4. *Idiom* **not bad!** pas mal !
5. *Idiom* **too bad!** dommage !

badly [ˈbædlɪ] **adv**
1. mal
She behaves very badly in class. Elle se conduit très mal en classe.
2. gravement
He looks badly hurt. On dirait qu'il est gravement blessé.

bad-tempered [ˌbædˈtempəd] **adj**
1. de mauvaise humeur
Why is he so bad-tempered? Pourquoi est-il de si mauvaise humeur ?
2. qui a mauvais caractère
Joe is very bad-tempered. Joe a très mauvais caractère.

bag [bæg]
❂ **n** sac
This bag's heavy. Ce sac est lourd.
❂ **n pl** bagages
Pack your bags, we're leaving this afternoon. Faites vos bagages, nous partons cet après-midi.

baggage [ˈbægɪdʒ] **n** bagages
Only one piece of hand baggage is allowed. Un seul bagage à main est autorisé.
"Baggage" est toujours suivi d'un verbe au singulier.

bagpipes [ˈbægpaɪps] **n pl** cornemuse
Can you play the bagpipes? Savez-vous jouer de la cornemuse ?
"Bagpipes" est toujours suivi d'un verbe au singulier.

bake [beɪk] **vt** faire cuire (au four)*

— Je suis sûr qu'ils vont adorer ce que tu es en train de faire cuire !

Baked potatoes. Pommes de terre en robe de chambre.
Baked beans. Haricots blancs à la sauce tomate.

baker [ˈbeɪkəʳ] **n** boulanger
At the baker's. Chez le boulanger.

bakery [ˈbeɪkərɪ] **n** boulangerie

balance [ˈbæləns] **n** équilibre
He lost his balance and fell. Il a perdu l'équilibre et il est tombé.

bald [bɔːld] **adj** chauve
He went completely bald at the age of thirty. Il est devenu complètement chauve à l'âge de trente ans.

ball [bɔːl] **n**
1. balle
A tennis ball. Une balle de tennis.

— Cette nourriture est très mauvaise... Je comprends maintenant pourquoi tant d'Irlandais ont émigré !

2. ballon
A rugby ball. Un ballon de rugby.
3. boule, pelote
A ball of wool. Une pelote de laine.
4. bal
Are you coming to the ball tonight? Est-ce que tu viens au bal ce soir ?

ballet [ˈbæleɪ] **n** ballet

balloon [bəˈluːn] **n** ballon
Help me blow up these balloons for the party. Aide-moi à gonfler ces ballons pour la fête.

banana [bəˈnɑːnə] **n** banane

band [bænd] **n**
1. orchestre
The band was playing an old tune. L'orchestre jouait un vieil air.
2. bande
Calamity Jane was attacked by a band of desperadoes. Calamity Jane a été attaquée par une bande de desperados.
3. ruban
A black silk band. Un ruban de soie noire.

bandage [ˈbændɪdʒ]
✪ **n** bandage, pansement
He had a bandage on his ear. Il avait un pansement sur l'oreille.
✪ **vt** panser

bandit [ˈbændɪt] **n** bandit
The bank was robbed by bandits. La banque a été dévalisée par des bandits.

bang [bæŋ]
✪ **n**
1. détonation
The birds were scared by a loud bang. Les oiseaux ont été effrayés par une forte détonation.
2. claquement
The door closed with a bang. La porte a claqué.
3. coup (violent)
The bang on the head knocked him out. Le coup sur la tête l'a mis K-O.
✪ **vt** cogner
I banged my head. Je me suis cogné la tête.
✪ **vi**
1. frapper, cogner
The sheriff banged on the door. Le shérif a frappé à la porte.

The Daltons are building a bank!
Les Dalton construisent une banque !

2. claquer
I heard a door bang. J'ai entendu une porte claquer.

bank [bæŋk] **n**
1. banque*
2. rive, bord
On the river bank. Au bord de la rivière
• **bank holiday Br** jour férié

banker [ˈbæŋkə] **n** banquier

banknote [ˈbæŋknəʊt] **n** billet (de banque)

bar [bɑː] **n**
1. barreau
He managed to bend the bars of his cell. Il a réussi à tordre les barreaux de sa cellule.
2. bar*
3. tablette
She ate a whole bar of chocolate. Elle a mangé toute une tablette de chocolat.
A bar of soap. Une savonnette.

– Ne restez pas au *bar* !

bare [beə] **adj** nu
He was bare from the waist up. Il était torse nu.

barbecue [ˈbɑːbɪkjuː]
✪ **n** barbecue
✪ **vt** faire cuire au barbecue
They barbecued a whole ox. Ils ont fait cuire un bœuf entier au barbecue.

bargain [ˈbɑːgɪn] **n** bonne affaire
It's a real bargain. C'est vraiment une bonne affaire.

bark [bɑːk]
✪ **vi** aboyer
Rin Tin Can didn't even bark. Ran Tan Plan n'a même pas aboyé.
✪ **n**
1. aboiement
That dog has got a very irritating bark! L'aboiement de ce chien est très énervant !
2. écorce
The Sioux make a medicine from the bark of this tree. Les Sioux fabriquent un médicament avec l'écorce de cet arbre.

barn [bɑːn] **n** grange
Quick, the barn is on fire! Vite, la grange a pris feu !

barrel [ˈbærəl] **n** tonneau

barrister [ˈbærɪstə] (**Am:** lawyer) **n** avocat(e)

baseball

baseball [ˈbeɪsbɔːl] **n** base-ball
A baseball cap. Une casquette de base-ball.

basement [ˈbeɪsmənt] **n** sous-sol

basin [ˈbeɪsn] **n**
1. lavabo
She washed her hair in the basin. Elle s'est lavé les cheveux dans le lavabo.
2. terrine
Mix all the ingredients together in a basin. Mélangez tous les ingrédients dans une terrine.

basket [ˈbɑːskɪt] **n** panier, corbeille
Shopping basket. Panier à provisions.

basketball [ˈbɑːskɪtbɔːl] **n** basket-ball, basket

bat [bæt] **n**
1. batte
A cricket/baseball bat. Une batte de cricket/base-ball.
2. chauve-souris
The cave was full of bats. La grotte était pleine de chauves-souris.

bath [bɑːθ] **n**
1. baignoire
She filled the bath with hot water. Elle a rempli la baignoire d'eau chaude.
2. bain
He hasn't had a bath for weeks. Cela fait des semaines qu'il n'a pas pris de bain.

bathe [beɪð]
◦ **vi** se baigner
We can't bathe here, it's too dangerous. On ne peut pas se baigner ici, c'est trop dangereux.
◦ **vt** laver*

bathroom [ˈbɑːθrʊm] **n** salle de bains

battery [ˈbætərɪ]
◦ **n** batterie
The car won't start because the battery's flat. La voiture ne démarre pas parce que la batterie est à plat.
◦ **n pl** pile
I need new batteries for my torch. J'ai besoin de nouvelles piles pour ma lampe de poche.

battle [ˈbætl] **n** bataille
A battle was raging between soldiers and Indians. Une bataille faisait rage entre soldats et Indiens.

bay [beɪ] **n**
1. baie
They swam in the calm waters of the bay. Ils se sont baignés dans les eaux calmes de la baie.
2. aire, emplacement
Loading bay. Aire de chargement.
• **bay window** baie vitrée

be [biː]
◦ **v auxiliaire**
1. Pour former les temps continus.
Where are you going like that? Où allez-vous comme ça ?
They'll be arriving tomorrow. Ils arriveront demain.
2. Pour former le passif : être
He was hit in the arm by a bullet. Il a été touché au bras par une balle.
◦ **vi**
1. être
I'd like to be as brave as Lucky Luke. J'aimerais être aussi courageux que Lucky Luke.
2. aller
How are you today? Comment allez-vous aujourd'hui ?
3. avoir
Are you hungry? Avez-vous faim ?
To be hot/cold. Avoir chaud/froid.
4. faire
It's very hot today. Il fait très chaud aujourd'hui.

— Oh, le pauvre petit chien ! Il ne veut pas qu'on le *lave* ? Il sera tout propre après !

Conjugaison de "to be"
Présent : I am, you are, he/she/it is, we are, you are, they are.
Passé : I was, you were, he/she/it was, we were, you were, they were.
Participe passé : been.

Dans le langage courant, les formes de "to be" sont souvent contractées : "I'm, you're, she's", etc. ; à la forme négative : "he isn't, you weren't", etc.

beach [biːtʃ] **n** plage*

Ils sont enfin arrivés à la *plage*.

beak [biːk] **n** bec

beam [biːm] **n**
1. poutre
I hit my head on the beam. Je me suis cogné la tête sur la poutre.
2. rayon
A beam of light. Un rayon de lumière.

bean **n** haricot

bear [beəʳ], **bore** [bɔːʳ], **borne** [bɔːn] **vt** supporter
Stop it! I can't bear that noise any longer! Arrêtez ! Je ne supporte plus ce bruit !

bear [beəʳ] **n** ours
They were attacked by a bear. Ils ont été attaqués par un ours.

beard [bɪəd] **n** barbe
He had a long white beard. Il avait une longue barbe blanche.

beat [biːt], **beat** [biːt], **beaten** [ˈbiːtn]
◦ **vt**

beg

Calamity Jane thought she looked **beautiful**.
Calamity Jane se trouvait **belle**.

1. battre
He was beating the poor horse with a stick. Il battait le pauvre cheval avec un bâton.
2. battre, vaincre
The French team has been beaten again. L'équipe française a encore été battue.
✺ **vi** battre
Her heart began to beat more quickly. Son cœur a commencé à battre plus vite.
• **beat up vt** *informal* tabasser
He was beaten up by hooligans. Il a été tabassé par des voyous.
"Beat up" est séparable.

beautiful [ˈbjuːtɪfʊl] **adj** beau*

beauty [ˈbjuːtɪ] **n** beauté
A woman of great beauty. Une femme d'une grande beauté.
• **beauty parlour** institut de beauté

became ➜ become

because [bɪˈkɒz] **conj** parce que*
• **because of** à cause de
The streets are empty because of the heat. Les rues sont vides à cause de la chaleur.

become [bɪˈkʌm], **became** [bɪˈkeɪm], **become** [bɪˈkʌm] **vi** devenir
Lucky Luke and Jolly Jumper became friends a long time ago. Lucky Luke et Jolly Jumper sont devenus amis il y a très longtemps.

bed [bed] **n**
1. lit
The bed was so uncomfortable that I hardly slept. Le lit était si peu confortable que j'ai à peine dormi.
2. *Idiom* **to go to bed** se coucher
• **bed and breakfast** chambre d'hôte

bedclothes [ˈbedkləʊðz] **n pl** draps et couvertures

bedroom [ˈbedrʊm] **n** chambre (à coucher)

bee [biː] **n** abeille
I got stung by a bee. Je me suis fait piquer par une abeille.

beef [biːf] **n** bœuf
Cowboys ate a lot of beef. Les cowboys mangeaient beaucoup de bœuf.
Attention, on utilise "beef" pour parler de la viande, mais "ox" pour parler de l'animal.

beehive [ˈbiːhaɪv] **n** ruche

been ➜ be

beer [bɪəʳ] **n**
The barman served Lucky Luke a beer. Le barman a servi une bière à Lucky Luke.

beetle [ˈbiːtl] **n** scarabée

before [bɪˈfɔːʳ]
✺ **prep** avant
I'll be back before midday. Je serai de retour avant midi.
✺ **adv** avant, auparavant
I'd already seen him a few days before. Je l'avais vu quelques jours auparavant.
✺ **conj** avant que
Try to warn them before the train arrives. Essayez de les prévenir avant que le train n'arrive.

beg [beg]
✺ **vi** mendier
There were children begging in the streets. Il y avait des enfants qui mendiaient dans les rues.
✺ **vt**
1. prier, supplier*

– Accordez-moi une deuxième chance, je vous en **supplie**, je promets que je ne recommencerai plus jamais...
– Bon, mon garçon, ça suffit !

2. *Idiom*
I beg your pardon? Pardon ?

began ➜ begin

beggar

beggar [ˈbegəʳ] **n** mendiant
She gave the beggar a dollar. Elle a donné un dollar au mendiant.

begin [bɪˈgɪn], **began** [bɪˈgæn], **begun** [bɪˈgʌn] **vt, vi** commencer
It began to rain. Il a commencé à pleuvoir.
We had a mixed salad to begin with. Pour commencer, nous avons mangé une salade composée.

beginner [bɪˈgɪnəʳ] **n** débutant(e)

beginning [bɪˈgɪnɪŋ] **n** début, commencement
In the beginning, it was a small, peaceful town. Au début, c'était une petite ville paisible.

begun → begin

behalf [bɪˈhɑːf] **n**
Idiom **on behalf of** de la part de, au nom de
I'd like to thank you on behalf of everyone in this town. J'aimerais vous remercier au nom de tous les habitants de cette ville.

behave [bɪˈheɪv]
● **vi**
1. se comporter, se conduire
The cattle are behaving strangely this evening. Le bétail se comporte de façon étrange ce soir.
2. bien se tenir
I hope the children behaved. J'espère que les enfants se sont bien tenus.
● **vpr to behave oneself** bien se tenir, être sage
Behave yourselves at your grandma's, children! Soyez bien sages chez votre grand-mère, les enfants !

behaviour [bɪˈheɪvjəʳ] (**Am:** behavior) **n** comportement, conduite
Their behaviour surprised me. Leur comportement m'a surpris.

behind [bɪˈhaɪnd]
● **prep**
1. derrière*
2. en retard sur
The project is behind schedule. Le projet est en retard sur le planning.
● **adv**
1. derrière
One of the riders was far behind the others. Un des cavaliers était loin derrière les autres.
2. en retard
I'm still behind with my work. Je suis encore en retard dans mon travail.

being [ˈbiːɪŋ] **n** être
They're human beings like us. Ce sont des êtres humains comme nous.

Belgian [ˈbeldʒən] **adj, n** belge, Belge
Attention, l'anglais prend toujours une majuscule.

Belgium [ˈbeldʒəm] **n** Belgique

believe [bɪˈliːv] **vi, vt** croire
It's not true! I don't believe you! Ce n'est pas vrai ! Je ne te crois pas !
Do you believe in Father Christmas? Est-ce que tu crois au père Noël ?

bell [bel] **n**
1. sonnette
The bell didn't work, so he knocked. La sonnette ne marchait pas, alors il a frappé.
2. cloche

He jumped **behind** the bar.
Il a sauté *derrière* le bar.

The church bells were ringing. Les cloches de l'église sonnaient.
3. clochette, grelot
The goat had a bell at its neck. La chèvre avait une clochette au cou.

belly [ˈbelɪ] **n** ventre
● **belly button** nombril

belong [bɪˈlɒŋ] **vi**
1. appartenir
Who does this rifle belong to? À qui appartient ce fusil ?
2. être membre
He belongs to several clubs. Il est membre de plusieurs clubs.
3. Se traduit par une expression.
Where do these plates belong? Où se rangent ces assiettes ?

belongings [bɪˈlɒŋɪŋz] **n pl** affaires, objets personnels
They loaded all their belongings onto the cart. Ils ont chargé toutes leurs affaires sur le chariot.

below [bɪˈləʊ]
● **prep** sous, au-dessous de
Temperatures will be below average. Les températures seront au-dessous de la moyenne.
● **adv** en dessous, en bas
There is a wonderful view of the valley below. Il y a une vue magnifique sur la vallée en bas.

belt [belt] **n** ceinture
He always wore a gun at his belt. Il portait toujours un revolver à sa ceinture.

bench [bentʃ] **n**
1. banc*

Lucky Luke attendait sur un *banc*.

2. établi
He put all the tools he needed on the bench. Il a mis tous les outils dont il avait besoin sur l'établi.

bend [bend], **bent** [bent], **bent** [bent]
- vt
1. plier
I can't bend my little finger. Je n'arrive pas à plier le petit doigt.
2. tordre
He managed to bend the bars of his cell. Il a réussi à tordre les barreaux de sa cellule.
- vi
1. se baisser
She bent down to pick up the broken cup. Elle s'est baissée pour ramasser la tasse cassée.
2. tourner
The track bends to the right. Le chemin tourne à droite.
- n virage
Slow down when you come to the bend. Ralentissez quand vous arrivez au virage.

beneath [bɪˈniːθ]
- prep sous, au-dessous de
They camped beneath the trees. Ils ont campé sous les arbres.
- adv en dessous, en bas

bent → bend

beside [bɪˈsaɪd] prep
1. à côté de
Come and sit beside me. Venez vous asseoir à côté de moi.
2. *Idiom* **to be beside oneself with anger** être fou de colère

besides [bɪˈsaɪdz] adv d'ailleurs
It's too far from the ranch, and besides I'm tired. C'est trop loin du ranch, et d'ailleurs je suis fatigué.

best [best]
- n
1. meilleur*
2. mieux
- adj forme superlative de "good" : meilleur
He's the best shot in the West. C'est le meilleur tireur de l'Ouest.
- adv forme superlative de "well" : le mieux
Friday would suit me best. Vendredi me conviendrait mieux.

- **best man** garçon d'honneur

bet [bet], **bet** [bet], **bet** [bet] vt
parier
I bet you fifty dollars that the next card is an ace. Je vous parie cinquante dollars que la prochaine carte est un as.

better [ˈbetər] forme comparative de good
- adj
1. meilleur
She is better at languages than at maths. Elle est meilleure en langues qu'en maths.
The weather is getting better. Le temps s'améliore.
2. Pour parler de la santé : mieux
Are you feeling better today? Est-ce que tu te sens mieux aujourd'hui ?
- adv
1. mieux
I liked it better when it was painted green. J'aimais mieux quand c'était peint en vert.
2. *Idiom*
It's getting late, we'd better leave now. Il se fait tard, nous ferions mieux de partir.

between [bɪˈtwiːn]
- prep
1. entre
The bank is between the saloon and the post office. La banque est entre le saloon et la poste.
2. *Idiom* **between you and me** entre nous
- adv au milieu

– Tais-toi, je suis le *meilleur* !
– Aïe !

beverage [ˈbevərɪdʒ] n boisson
They are not allowed to sell alcoholic beverages. Il n'ont pas le droit de vendre des boissons alcoolisées.

beware [bɪˈweər] vi
1. prendre garde, faire attention
Beware of Indians in the mountains. Prenez garde aux Indiens dans les montagnes.
2. *Idiom* **beware of the dog** chien méchant
"Beware" est utilisé seulement à l'impératif et à l'infinitif.

beyond [bɪˈjɒnd]
- prep au-delà de
The saloon is at the end of the street, beyond the sheriff's office. Le saloon est au bout de la rue, au-delà du bureau du shérif.
- adv au-delà
There's nothing beyond except miles and miles of desert. Il n'y a rien au-delà que des kilomètres et des kilomètres de désert.

biased [ˈbaɪəst] adj partial
They accused the judge of being biased. Ils ont accusé le juge d'être partial.

Bible [ˈbaɪbl] n Bible*

– Et maintenant, mes chers amis, laissez-moi vous lire ce qui est écrit dans la *Bible*.

bicycle [ˈbaɪsɪkl] n bicyclette, vélo
He came from Dodge City by bicycle. Il est venu de Dodge City à bicyclette.

big

big [bɪg] **adj**
1. grand*

The cowboy is as big as the door.

Le cow-boy est aussi grand que la porte.

2. gros
The O'Haras have big noses. Les O'Hara ont de gros nez.

bike [baɪk] **n informal**
1. vélo
2. moto

bill [bɪl] **n**
1. note, facture
Send me the bill for the damages. Envoyez-moi la facture des dégâts.
2. (**Am:** check) addition*

The waiter brought the bill.

Le garçon a apporté l'addition.

3. affiche
Her name is at the top of the bill. Son nom est en haut de l'affiche.
Stick no bills. Défense d'afficher.
4. **Am:** billet (de banque)
A ten-dollar bill. Un billet de dix dollars.
• **bill of rights** garantie des droits des citoyens
(voir page 116)

billion [ˈbɪljən] **n** milliard
There are more than a billion people in China. Il y a plus d'un milliard d'habitants en Chine.
It must have cost billions of dollars. Cela a dû coûter des milliards de dollars.

bin [bɪn] (**Am:** trash can) **n** poubelle
Throw the old newspapers in the bin. Jette les vieux journaux à la poubelle.

bind [baɪnd], **bound** [baʊnd], **bound** [baʊnd] **vt**
1. lier, attacher
She bound their hands behind their backs with a piece of rope. Elle leur attacha les mains derrière le dos avec un bout de corde.
2. relier
A book bound in leather. Un livre relié de cuir.

bingo [ˈbɪŋgəʊ] **n** loto
Le bingo est une forme de loto.
(voir page 110)

biology [baɪˈɒlədʒɪ] **n** biologie*

bird [bɜːd] **n**
1. oiseau
He shot at a bird but he missed it. Il a tiré sur un oiseau mais il l'a raté.
2. **Idiom to kill two birds with one stone** faire d'une pierre deux coups

Biro [ˈbaɪərəʊ] **n Br** stylo bille
"Biro" est un nom déposé.

birth [bɜːθ] **n** naissance
She has given birth to twins. Elle a donné naissance à des jumeaux.
• **birth certificate** acte de naissance
• **birth control** contrôle des naissances

birthday [ˈbɜːθdeɪ] **n** anniversaire
Happy birthday, Lucky Luke! Joyeux anniversaire, Lucky Luke !

biscuit [ˈbɪskɪt] (**Am:** cookie) **n** biscuit
Would you like a biscuit with your tea? Voulez-vous un biscuit avec votre thé ?

bishop [ˈbɪʃəp] **n**
1. évêque
He was baptized by the bishop. Il a été baptisé par l'évêque.
2. Aux échecs : fou

bit [bɪt]
✲ **n**
1. peu
He worked during his holiday to earn a bit of money. Il a travaillé pendant ses vacances pour gagner un peu d'argent.
• **a bit** un peu

One of them specialises in biology.

L'un d'eux est spécialiste de biologie.

I'm feeling a bit tired, can we stop for a while? Je me sens un peu fatigué, pouvons-nous nous arrêter un instant ?
2. morceau, bout
Would you like another bit of cake? Voudriez-vous un autre morceau de gâteau ?
3. mors
He put the bit in the horse's mouth. Il a mis le mors dans la bouche du cheval.
4. *Idiom* **bit by bit** petit à petit
5. *Idiom* **for a bit** pendant quelque temps
✪ **vi, vt** ➜ **bite**

bite [baɪt], **bit** [bɪt], **bitten** [ˈbɪtn]
✪ **vi, vt**
1. mordre*

– Mais il me **mord** !

2. piquer
I've been bitten all over by mosquitos. J'ai été piqué partout par des moustiques.
✪ **n**
1. morsure
You'd better put a plaster on that bite. Tu devrais mettre un pansement sur cette morsure.
2. piqûre
A mosquito bite. Une piqûre de moustique.
3. bouchée
Averell ate it in one bite. Averell l'a avalé en une bouchée.
4. *Idiom* **to have a bite to eat** manger un morceau

bitter [ˈbɪtər] **adj**
1. amer
This coffee tastes more bitter than usual. Ce café a un goût plus amer que d'habitude.
2. glacial
It was another bitter cold day. Ce fut encore une journée glaciale.

black [blæk]
✪ **adj** noir
Whose is that black horse next to Jolly Jumper? À qui est ce cheval noir à côté de Jolly Jumper ?
✪ **n** noir
The undertaker was dressed in black, as usual. Le croque-mort était habillé en noir, comme d'habitude.
• **black eye** œil au beurre noir

blackberry [ˈblækbəri] **n** mûre
This blackberry tart is delicious! Cette tarte aux mûres est délicieuse !

blackbird [ˈblækbɜːd] **n** merle

blackboard [ˈblækbɔːd] **n** tableau (noir)
The teacher wrote on the blackboard. L'institutrice a écrit sur le tableau.

blackcurrant [blækˈkʌrənt] **n** cassis

blackmail [ˈblækmeɪl]
✪ **n** chantage
Pay you 500 dollars? But that's blackmail! Vous payer 500 dollars ? Mais c'est du chantage !
✪ **vt** faire chanter

blame [bleɪm]
✪ **vt** reprocher à
They can't blame the sheriff for resigning. Ils ne peuvent pas reprocher au shérif d'avoir démissionné.
You can't blame the government for all our problems. Vous ne pouvez pas reprocher tous nos problèmes au gouvernement.
I bet the Daltons are to blame again! Je parie que c'est encore la faute des Dalton !
✪ **n** responsabilité, faute
You can't put the blame on me this time! Tu ne peux pas rejeter la faute sur moi cette fois-ci !

blanket [ˈblæŋkɪt] **n** couverture*

– Voulez-vous d'autres **couvertures** ?

Do you want more **blankets**?

blast [blɑːst]
✪ **n** explosion
At least 20 people were injured in the blast. L'explosion a fait au moins 20 blessés.
✪ **excl** *informal* Zut !, Mince !

bleed [bliːd], **bled** [blɛd], **bled** [blɛd] **vi** saigner
Your hand's bleeding, let me bandage it. Votre main saigne, je vais vous faire un pansement.

bless [bles] **vt**
1. bénir
2. *Idiom* **Bless you!** À vos souhaits !

blew ➜ **blow**

blind [blaɪnd]
✪ **adj** aveugle
She helped a blind man across the road. Elle a aidé un aveugle à traverser la rue.
✪ **n** store
Close the blinds, it's getting

blister

dark. Ferme les stores, il commence à faire nuit.
◎ **n pl** les aveugles
◎ **vt** aveugler

blister [ˈblɪstə] **n** ampoule
I've got blisters on my feet. J'ai des ampoules aux pieds.

block [blɒk]
◎ **vt**
1. bloquer
They tried to block the legislation. Ils ont essayé de bloquer le projet de loi.
2. boucher
The pipe seems to be blocked. Le tuyau semble bouché.
◎ **n**
1. bloc
A huge block of ice. Un énorme bloc de glace.
2. Br: immeuble
They're building an office block. Ils construisent un immeuble de bureaux.
3. pâté de maisons
He drove around the block looking for his dog. Il a fait le tour du pâté de maisons à la recherche de son chien.
4. *Idiom* **a mental block** un trou de mémoire
5. *Idiom* **block letters, capitals** majuscules (d'imprimerie)

bloke [bləʊk] **n Br informal** type, mec
He's a nice bloke. C'est un type sympa.

blond [blɒnd] **adj, n** blond*
S'écrit aussi "blonde" et dans ce cas, on l'utilise plutôt lorsque l'on parle des femmes.

blood [blʌd] **n** sang
His face was covered with blood. Il avait le visage couvert de sang.

blouse [blaʊz] **n** chemisier
Calamity Jane wore a white blouse and a blue skirt. Calamity Jane portait un chemisier blanc et une jupe bleue.

blow [bləʊ], **blew** [bluː], **blown** [bləʊn]
◎ **vi** souffler
The wind was blowing hard. Le vent soufflait fort.
◎ **vt**
1. faire voler, envoyer
The wind blew sand into their eyes. Le vent leur envoyait du sable dans les yeux.
2. souffler dans
I blew the trumpet but it made no noise. J'ai soufflé dans la trompette mais je n'en ai pas tiré un son.
The referee blew his whistle. L'arbitre a sifflé.
3. *Idiom* **to blow one's nose** se moucher
● **blow out vt** souffler
She blew the candle out and went to bed. Elle a soufflé la bougie et elle s'est couchée.
"Blow out" est séparable.
● **blow up**
◎ **vt**
1. gonfler
Help me blow up these balloons for the party. Aide-moi à gonfler ces ballons pour la fête.
2. faire sauter
The bandits have blown up the bridge! Les bandits ont fait sauter le pont !
"Blow up" est séparable.
◎ **vi**
sauter, exploser
The car caught fire and blew up. La voiture a pris feu et a explosé.

blue [bluː]
◎ **adj**
1. bleu
The sky was bright blue. Le ciel était tout bleu.
2. *Idiom* **to feel blue** avoir le cafard
I was feeling blue so I invited some friends around. J'avais le cafard, alors j'ai invité des amis chez moi.
3. pornographique
A blue movie. Un film pornographique.
◎ **n**
1. bleu
She was dressed all in blue. Elle était habillée tout en bleu.
2. *Idiom* **to have the blues** avoir le cafard

blueberry [ˈbluːbərɪ] **n** myrtille
I've made blueberry tart for dessert, Averell. J'ai fait une tarte aux myrtilles pour le dessert, Averell.

blunder [ˈblʌndə]
◎ **n** gaffe
Calamity Jane seems to have made a blunder. Calamity Jane semble avoir fait une gaffe.
◎ **vi** faire une gaffe

blush [blʌʃ] **vi** rougir*

— Non je ne **rougis** pas ! C'est juste que… euh… j'ai chaud.

board [bɔːd] **n**
1. planche
Quick, nail these boards across the windows! Vite, clouez ces planches aux fenêtres !
2. panneau
He pinned a notice on the board. Il a punaisé une affiche sur le panneau.
3. tableau (noir)
Write your name on the board. Écris ton nom sur le tableau.

4. tableau (de jeu)
The counters move around the board clockwise. Les jetons se déplacent sur le tableau dans le sens des aiguilles d'une montre.
5. conseil
He is chairman of the board of directors. Il est président du conseil d'administration.
6. pension
Full board. Pension complète.
Half board. Demi-pension.
7. bord
I think there's a stowaway on board! Je crois qu'il y a un passager clandestin à bord !

boarding [ˈbɔːdɪŋ] **n**
1. embarquement
Boarding is at 6 p.m. L'embarquement est à 18 h.
2. pension
● **boarding school** pensionnat
● **boarding card** carte d'embarquement

boat [bəʊt] **n** bateau*

The boat was about to leave.

Le bateau était sur le point de partir.

bobby [ˈbɒbɪ] **n Br informal** agent de police
Terme plutôt gentil (ne traduisez pas par "flic"), désignant un agent en uniforme de la police britannique.

body [ˈbɒdɪ] **n**
1. corps
His body was covered with spots. Son corps était couvert de boutons.
2. cadavre, corps
The police never found the body. La police n'a jamais trouvé le cadavre.
3. organisme
An official body. Un organisme officiel.

boil [bɔɪl]
● **vt** faire bouillir
I'll boil the kettle for a cup of tea. Je vais faire bouillir de l'eau pour le thé.
● **vi** bouillir
The soup's nearly ready, it's been boiling for an hour. La soupe est presque prête, elle bout depuis une heure.
● **n**
1. furoncle
He's got a big boil on his nose. Il a un gros furoncle sur le nez.
2. ébullition
Bring the sauce to the boil slowly. Portez lentement la sauce à ébullition.

boiling [ˈbɔɪlɪŋ] **adj** extrêmement chaud
Open the window, it's boiling in here! Ouvre la fenêtre, il fait extrêmement chaud ici !

bone [bəʊn] **n**
1. os*

Lucky Luke left a bone for Rin Tin Can.

Lucky Luke a laissé un os pour Ran Tan Plan.

2. arête
It's a delicious fish, but it's full of bones. C'est un poisson délicieux, mais il est plein d'arêtes.

bonnet [ˈbɒnɪt] **n**
1. bonnet
The baby was wearing a pink bonnet. Le bébé portait un bonnet rose.
2. Br: capot
Open the bonnet so that I can look at the engine. Ouvre le capot pour que je regarde le moteur.

boo [buː]
● **n** huée
The suggestion was greeted by boos from the audience. La proposition a été accueillie par les huées du public.
● **vi, vt** huer
The audience booed the actors. Le public a hué les acteurs.
● **excl** hou !
Boo! That frightened you, didn't it? Hou ! Je t'ai fait peur, n'est-ce pas ?

book [bʊk]
● **n**
1. livre
Jesse James just wants to read his book in peace. Tout ce que veut Jesse James, c'est lire son livre en paix.
2. carnet
She wrote a note in her little book. Elle a écrit quelque chose dans son petit carnet.
A book of stamps. Un carnet de timbres.
● **vt** réserver
I'd like to book two seats for the concert tonight, please. Je voudrais réserver deux places pour le concert de ce soir, s'il vous plaît.

bookcase [ˈbʊkkeɪs] **n** bibliothèque*

Just a moment, young lady, I'm sure I'll find what you're looking for somewhere in this bookcase.

– Un moment, mademoiselle, je suis sûr que je trouverai ce que vous cherchez dans cette bibliothèque.

booking

booking [ˈbʊkɪŋ] (**Am:** reservation) **n** réservation
We're not taking bookings for the match yet. Nous ne prenons pas encore de réservations pour le match.
• **booking office** bureau de réservation

bookshop [ˈbʊkʃɒp] **n** librairie
On sale at all good bookshops. En vente dans toutes les bonnes librairies.

boom [buːm] **n**
1. forte augmentation
There was a baby boom after the war. Il y a eu une forte augmentation du nombre de naissances après la guerre.
2. grondement
I could hear the boom of artillery. J'entendais le grondement de l'artillerie.

boot [buːt] **n**
1. botte*

— Vos **bottes** sont d'une saleté repoussante !

2. chaussure
Football/walking boots. Chaussures de foot/de marche.
3. (**Am:** trunk) coffre
What I like about this car is the enormous boot. Ce que j'aime dans cette voiture, c'est l'énorme coffre.

border [ˈbɔːdəʳ] **n** frontière
They're driving the cattle down to the Mexican border. Ils conduisent le bétail jusqu'à la frontière mexicaine.

bore [bɔːʳ]
✲ **vt**
1. ennuyer
Stop talking, can't you see that you're boring them? Arrête de parler, tu ne vois pas que tu les ennuies ?
2. percer
He bored a hole in the wall. Il a percé un trou dans le mur.
✲ **n**
1. raseur
I couldn't listen to the old bore a moment longer. Je ne pouvais écouter ce vieux raseur un instant de plus.
2. corvée
I've got to go to my grandma's tomorrow, what a bore! Je dois aller chez ma grand-mère demain, quelle corvée !
✲ **vt** ➡ **bear**

bored [bɔːd] **adj**
• *Idiom* **to be bored** s'ennuyer*

boring [ˈbɔːrɪŋ] **adj** ennuyeux
The mayor gave a long, boring speech. Le maire a fait un long discours ennuyeux.

born [bɔːn] **adj** né
He was born in 1820. Il est né en 1820.
Thousands of babies are born every hour. Des milliers d'enfants naissent toutes les heures.

borne ➡ **bear**

borrow [ˈbɒrəʊ] **vt** emprunter

Wake up, colonel, it's over.
ZZZ... ZZZ...
*He was so **bored** that he fell asleep.*

— Réveillez-vous, mon colonel, c'est terminé.
Il **s'ennuyait** tellement qu'il s'est endormi.

He borrowed a dollar from the barman. Il a emprunté un dollar au barman.

bosom [ˈbʊzəm] **n** poitrine, seins

boss [bɒs] **n** patron, chef
OK, I'll do it, you're the boss! D'accord, je vais le faire, c'est toi le patron !

bossy [ˈbɒsɪ] **adj** autoritaire
His older sister was very bossy. Sa sœur aînée était très autoritaire.

both [bəʊθ]
✲ **adj, pron** les deux, tous les deux*

I'm Ma Dalton.
No you're not, I am! Who are you?
*They **both** claim to be Ma Dalton.*

— Je suis Ma Dalton.
— Non, ce n'est pas vrai, c'est moi ! Qui êtes-vous ?
Elles prétendent toutes **les deux** être Ma Dalton.

We need to stop, both (the) horses are exhausted. Il faut que nous nous arrêtions, nos deux chevaux sont fatigués.
- **adv** à la fois
He's wanted by the police both in Europe and in America. Il est recherché par la police à la fois en Europe et en Amérique.

bother [ˈbɒðəʳ]
- **vt**
1. déranger, embêter
I hope I'm not bothering you. J'espère que je ne vous dérange pas.
2. inquiéter
Don't bother yourself with the details. Ne vous inquiétez pas des détails.
3. *Idiom*
I can't be bothered to do it. J'ai la flemme de le faire.
- **vi**
1. s'inquiéter
Don't bother about me, I'll be all right. Ne vous inquiétez pas pour moi, ça ira.
2. prendre la peine
He didn't even bother to lock the door. Il n'a même pas pris la peine de fermer la porte à clé.

bottle [ˈbɒtl] **n**
1. bouteille*

Il l'a empêché de prendre la bouteille.

2. biberon
Give the baby his bottle. Donne son biberon au bébé.

bottom [ˈbɒtəm]
- **n**

1. fond
At the bottom of the sea. Au fond de la mer.
2. pied
The stagecoach arrived at the bottom of the hill. La diligence est arrivée au pied de la colline.
3. derrière
Rin Tin Can tried to bite his bottom. Ran Tan Plan a essayé de lui mordre le derrière.
- **adj**
1. du bas
It's on the bottom shelf. C'est sur l'étagère du bas.
2. dernier
He was bottom of the class. Il était dernier de la classe.

bought → **buy**

bound [baʊnd]
- **adj** Dans des expressions.
Ask Lucky Luke, he's bound to know. Demandez à Lucky Luke, il saura sûrement.
An accident was bound to happen. Un accident était inévitable.
- **vt** → **bind**

bowl [bəʊl] **n**
1. bol
Would you like a nice bowl of hot soup? Aimerais-tu un bon bol de soupe chaude ?
2. cuvette
Leave the dishes to soak in the bowl. Laisse la vaisselle tremper dans la cuvette.

box [bɒks] **n** boîte
Darling, I've bought you a box of chocolates. Chérie, je t'ai acheté une boîte de chocolats.

boxing [ˈbɒksɪŋ] **n** boxe
There's a boxing match this evening. Il y a un combat de boxe ce soir.

Boxing Day [ˈbɒksɪŋ deɪ] **n Br** le lendemain de Noël
Le lendemain de Noël est férié en Grande-Bretagne.
(voir page 54 et 55)

boy [bɔɪ] **n** garçon
What a lovely baby! Is it a boy or a girl? Quel adorable bébé ! C'est un garçon ou une fille ?

boyfriend [ˈbɔɪfrend] (**f:** girlfriend) **n** petit ami, copain
She went to the ball with her boyfriend. Elle est allée au bal avec son petit ami.

bra [brɑː] **n** soutien-gorge

bracelet [ˈbreɪslɪt] **n** bracelet*

– *Mon bracelet n'est pas en toc !*

bracket [ˈbrækɪt] (**Am:** parenthesis) **n** parenthèse
In brackets. Entre parenthèses.

brain [breɪn]
- **n** cerveau
The human brain. Le cerveau humain.
- **n pl** intelligence
Have you no brains at all? Es-tu complètement stupide ?

brake [breɪk]
- **n** frein
- **vi** freiner
The driver tried to brake, but it was too late. Le conducteur a essayé de freiner, mais c'était trop tard.

branch [brɑːntʃ] **n**
1. branche
They want to hang him from the branch of a tree. Ils veulent le pendre à la branche d'un arbre.
2. agence
Our bank has branches all over the West. Notre banque a des agences partout dans l'Ouest.

brand [brænd] **n** marque
A famous brand of coffee. Une marque de café bien connue.

brand-new [brændˈnjuː] **adj** tout neuf, flambant neuf

brass

He was wearing a brand-new cowboy hat. Il portait un chapeau de cow-boy flambant neuf.

brass [brɑ:s] **n** laiton, cuivre jaune
She put a huge brass kettle on the fire. Elle a mis une énorme bouilloire en laiton sur le feu.

brave [breɪv] **adj** courageux*, brave

He's very brave.
Fire!
— Tirez !
Il est très courageux.

bread [bred] **n** pain
Run to the baker's and get a loaf of bread. Cours chez le boulanger acheter un pain.

break [breɪk], **broke** [brəʊk], **broken** [ˈbrəʊkn]
✹ **n**
1. pause
It's time for our coffee break. C'est l'heure de notre pause-café.
2. (**Am**: recess) récréation
They usually play football at the break. D'habitude, ils jouent au foot à la récréation.
✹ **vt**
1. casser, briser
If he falls off, he could break his neck! S'il tombe, il pourrait se casser le cou !
2. enfreindre
If you break the law, I'll have to arrest you. Si vous enfreignez la loi, je serai obligé de vous arrêter.
3. **Idiom to break a record** battre un record
4. **Idiom to break the news** annoncer la nouvelle

✹ **vi**
1. (se) casser
The vase fell off the table and broke. Le vase est tombé de la table et s'est cassé.
2. **Idiom to break free** s'échapper
• **break down**
✹ **vi**
1. tomber en panne
The train has broken down. Le train est tombé en panne.
2. craquer
He finally broke down and confessed. Il a fini par craquer et il a avoué.
✹ **vt** enfoncer
Let me in or I'll break the door down! Laissez-moi entrer ou j'enfonce la porte !
"Break down" est séparable.
• **break in** **vi**
1. entrer par effraction
The burglars broke in through the window. Les cambrioleurs sont entrés en cassant la fenêtre.
2. interrompre
Excuse me for breaking in. Excusez-moi de vous interrompre.
• **break out** **vi**
1. éclater, se déclarer
An epidemic of flu has broken out. Une épidémie de grippe s'est déclarée.
2. s'échapper
The Daltons have broken out of prison again. Les Dalton se sont encore échappés de prison.
• **break up** **vi**
1. rompre
She's broken up with her fiancé. Elle a rompu avec son fiancé.
2. partir en vacances
When do you break up for the summer? Quand partez-vous en vacances cet été ?

breakdown [ˈbreɪkdaʊn] **n**
1. panne
We had a breakdown on the motorway. Nous sommes tombés en panne sur l'autoroute.
2. dépression (nerveuse)
If it doesn't stop, I'm going to have a breakdown! Si cela ne s'arrête pas, je vais faire une dépression !

breakfast [ˈbrekfəst] **n** petit déjeuner

We had bacon and eggs for breakfast. Nous avons mangé des œufs au bacon au petit déjeuner.

breath [breθ] **n** haleine, souffle
Slow down, I'm out of breath! Ralentis, je suis hors d'haleine !

breathe [bri:ð] **vi** respirer
It's so hot I can hardly breathe. Il fait si chaud que j'ai du mal à respirer.
• **breathe in** **vi** inspirer
• **breathe out** **vi** expirer

breed [bri:d], **bred** [bred], **bred** [bred]
✹ **vt** élever*

He breeds rats.
Il élève des rats.

✹ **n** race, espèce
What breed of horse is that? Quelle race de cheval est-ce ?

breeze [bri:z] **n** brise
A light breeze was blowing. Il soufflait une légère brise.

bribe [braɪb]
✹ **n** pot-de-vin
✹ **vt** soudoyer, acheter
He tried to bribe the jury. Il a essayé d'acheter les jurés.

brick [brɪk] **n** brique
A large brick building. Un grand bâtiment en briques.

bridge [brɪdʒ] **n**
1. pont
The outlaws tried to blow up the bridge. Les hors-la-loi ont essayé de faire sauter le pont.
2. passerelle
He joined the captain on the bridge.

Il a rejoint le capitaine sur la passerelle.

briefcase [ˈbriːfkeɪs] **n** serviette, porte-documents
He was carrying a leather briefcase. Il avait une serviette en cuir.

bright [braɪt] **adj**
1. clair, ensoleillé
It was a bright February day. C'était une journée ensoleillée de février.
2. éclatant
We were blinded by a bright light. Nous avons été aveuglés par une lumière éclatante.
3. vif
She was wearing a bright red hat. Elle portait un chapeau rouge vif.
4. intelligent
Averell's not very bright, but he's his mother's favourite. Averell n'est pas très intelligent, mais il est le préféré de sa mère.

brilliant [ˈbrɪljənt] **adj**
1. brillant
She really is a brilliant girl. C'est vraiment une fille brillante.
2. informal super, génial
I've found this brilliant new game. J'ai trouvé un nouveau jeu génial.

bring [brɪŋ], **brought** [brɔːt], **brought** [brɔːt] **vt**
1. apporter
I've brought some magazines for you. Je vous ai apporté des magazines.
2. amener
Can I bring a friend? Est-ce que je peux amener un ami ?
● **bring up vt**
1. élever
She was brought up by her aunt. Elle a été élevée par sa tante.
2. soulever
I'm glad you brought that question up. Je suis content que vous ayez soulevé cette question.
"Bring up" est séparable.

Britain [ˈbrɪtn] **n** Grande-Bretagne

British [ˈbrɪtɪʃ]
✱ **adj** britannique
I'm not British, I'm Irish! Je ne suis pas britannique, je suis irlandais !
The British Isles. Les îles Britanniques.
Attention, l'anglais prend toujours une majuscule.
✱ **n pl** les Britanniques
(voir page 116)

broad [brɔːd] **adj** large
A broad avenue leads to the city hall. Une large avenue mène à la mairie.

broadcast [ˈbrɔːdkɑːst]
✱ **n** émission
The first radio broadcast. La première émission de radio.
✱ **vt**
1. radiodiffuser
2. téléviser
The match will be broadcast live. Le match sera télévisé en direct.

broke, broken → **break**

BREAKFAST

Le petit déjeuner demeure une grande tradition anglo-saxonne.

Par manque de temps, de nombreux Britanniques se contentent aujourd'hui du **continental breakfast** : c'est-à-dire de thé accompagné de pain grillé (*toast*) et parfois de céréales (*cereals*).
Le véritable **English breakfast** se compose d'œufs, brouillés (*scrambled eggs*) ou au plat (*fried eggs*) avec du bacon, et de haricots blancs à la tomate (*baked beans*) accompagnés de saucisses (*sausages*). Le pain de mie, blanc ou complet (*white/brown bread*), grillé et beurré, tient la vedette. On le tartine de confiture (*jam* ou *preserve*) ou encore de la célèbre *marmalade* (confiture d'oranges ou de citrons). Le tout est invariablement servi avec du thé auquel on ajoute un nuage de lait (*a drop of milk*).

Aux États-Unis, après un jus de fruit, les toasts cèdent souvent la place aux *pancakes* (crêpes) – parfois arrosés de *maple syrup* (sirop d'érable) – tandis que le café instantané (*instant coffee*) prend souvent le pas sur le thé, accompagné d'un *muffin* (petite brioche moelleuse).

Le dimanche, le *breakfast* rejoint parfois l'heure du *lunch* ; on se réunit alors autour d'un *brunch* qui est un mélange de ces deux repas. On s'y régale d'omelettes et d'œufs sous toutes leurs formes, de *breakfast steaks* (petits steaks grillés), ou encore de saucisses, de charcuterie et de salades variées.

broken

broken [ˈbrəʊkn] adj
1. cassé, brisé
He's got a broken arm. Il a le bras cassé.
2. *Idiom* **children from broken homes** enfants de parents divorcés

broom [bruːm] n balai*

> But... But... But...
> I'm going to hit you with this **broom**!

– Mais... Mais... Mais...
– Je vais te frapper avec ce **balai** !

brother [ˈbrʌðəʳ] n frère
Joe is Averell's older brother. Joe est le frère aîné d'Averell.

brother-in-law n beau-frère

brought → bring

brown [braʊn]
✿ adj
1. brun
A tall man with brown hair. Un homme grand aux cheveux bruns.
2. marron
Brown eyes. Des yeux marron.
3. bronzé
You're very brown, have you been on holiday? Tu es très bronzé, est-ce que tu rentres de vacances ?
✿ n marron, brun
She was dressed in brown. Elle était habillée en marron.

bruise [bruːz] n bleu
He's got bruises all over his body. Il a le corps couvert de bleus.

brunch [brʌntʃ] n brunch
"Brunch" est la combinaison de "breakfast" et de "lunch".
(voir page 41)

brush [brʌʃ]
✿ n
1. brosse*

> He sold me these nice **brushes**. I got them cheap!

– Il m'a vendu ces belles **brosses**. Je les ai eues pour pas cher !

2. pinceau
She dipped her brush in the blue paint. Elle a trempé son pinceau dans la peinture bleue.
3. balayette
✿ vt
1. brosser
Brush your hair. Brosse-toi les cheveux.
2. balayer
He brushed the crumbs under the sofa. Il a poussé les miettes sous le canapé d'un coup de balai.

Brussels [ˈbrʌslz] n Bruxelles
● **Brussels sprout** chou de Bruxelles

bubble [ˈbʌbl] n bulle
Soap bubbles. Bulles de savon.

bucket [ˈbʌkɪt] n seau
Fill the bucket with water. Remplis le seau d'eau.

buffalo [ˈbʌfələʊ] n (pl: buffalo ou buffaloes)
1. buffle
2. bison
The Indians used to hunt buffalo. Les Indiens chassaient le bison.

bug [bʌg] n
1. *informal* insecte, bestiole
An enormous bug flew in through the window. Une énorme bestiole est entrée par la fenêtre.
2. *informal* microbe
I've caught a nasty bug. J'ai attrapé un méchant microbe.
3. bogue
This programme's full of bugs! Ce logiciel est truffé de bogues !

build [bɪld], **built** [bɪlt], **built** [bɪlt] vt construire

building [ˈbɪldɪŋ] n
1. bâtiment
That big building is the hospital. Ce grand bâtiment, c'est l'hôpital.
2. immeuble

built → build

bull [bʊl] n taureau

bullet [ˈbʊlɪt] n balle*

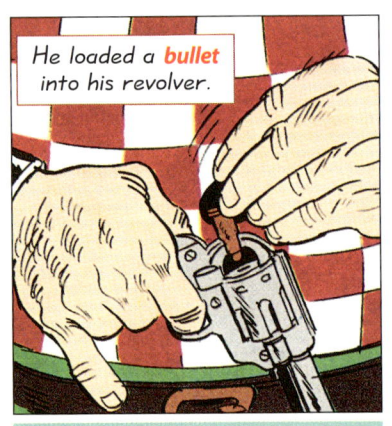

> He loaded a **bullet** into his revolver.

Il mit une **balle** dans son revolver.

bully [ˈbʊlɪ] n tyran, brute
Leave him alone, you big bully! Laisse-le tranquille, espèce de grosse brute !

bump [bʌmp]
✿ n
1. bosse
He had a large bump on his forehead. Il avait une grosse bosse au front.
2. choc
I felt a bump as the boat hit something. J'ai senti un choc quand le bateau a heurté quelque chose.
✿ vt cogner
I bumped my head on the ceiling. Je me suis cogné la tête au plafond.
● **bump into** vt
1. heurter
The car bumped into a lamppost. La voiture a heurté un réverbère.

2. rencontrer (par hasard)
Guess who I bumped into yesterday? Devine qui j'ai rencontré hier ?
"Bump into" est inséparable.

burger [ˈbɜːgəʳ] **n** hamburger

burglar [ˈbɜːgləʳ] **n** cambrioleur

burn [bɜːn] **vt, vi** brûler*
Le verbe "to burn" peut être soit régulier : burn, burned, burned ; soit irrégulier : burnt [bɜːnt], burnt [bɜːnt].

burst [bɜːst], **burst** [bɜːst], **burst** [bɜːst]
○ **vi** éclater
The bubble burst. La bulle a éclaté.
She burst into tears. Elle a éclaté en sanglots.
○ **vt** faire éclater, crever
He burst the balloon with a pin. Il a crevé le ballon avec une épingle.

Oh dear, my cakes will be burnt!

— Mince, mes gâteaux vont être brûlés !

bury [ˈberɪ] **vt** enterrer
Rin Tin Can has forgotten where he buried the bone. Ran Tan Plan a oublié où il a enterré l'os.

bus [bʌs] **n** bus, autobus
We caught the bus into town. Nous avons pris le bus pour aller en ville.
• **bus driver** conducteur d'autobus
• **bus stop** arrêt de bus

bush [bʊʃ] **n** buisson
I hope I'm well hidden behind this bush. J'espère que je suis bien caché derrière ce buisson.

business [ˈbɪznɪs] **n**
1. affaires
I'm here on business, not for pleasure. Je suis là pour affaires, pas pour le plaisir.
2. affaire, société
He's the boss of a multinational business. C'est le patron d'une société multinationale.
3. *Idiom* **Mind your own business!** Occupe-toi de tes affaires !
• **businessman** (**pl**: businessmen) homme d'affaires
• **businesswoman** (**pl**: businesswomen) femme d'affaires

busy [ˈbɪzɪ] **adj**
1. occupé
Leave me alone, I'm busy. Laisse-moi tranquille, je suis occupé.
2. chargé
I've got a very busy day tomorrow. J'ai une journée très chargée demain.

but [bʌt]
○ **conj** mais
I'm making some coffee but it's not ready yet. Je suis en train de faire du café, mais il n'est pas encore prêt.

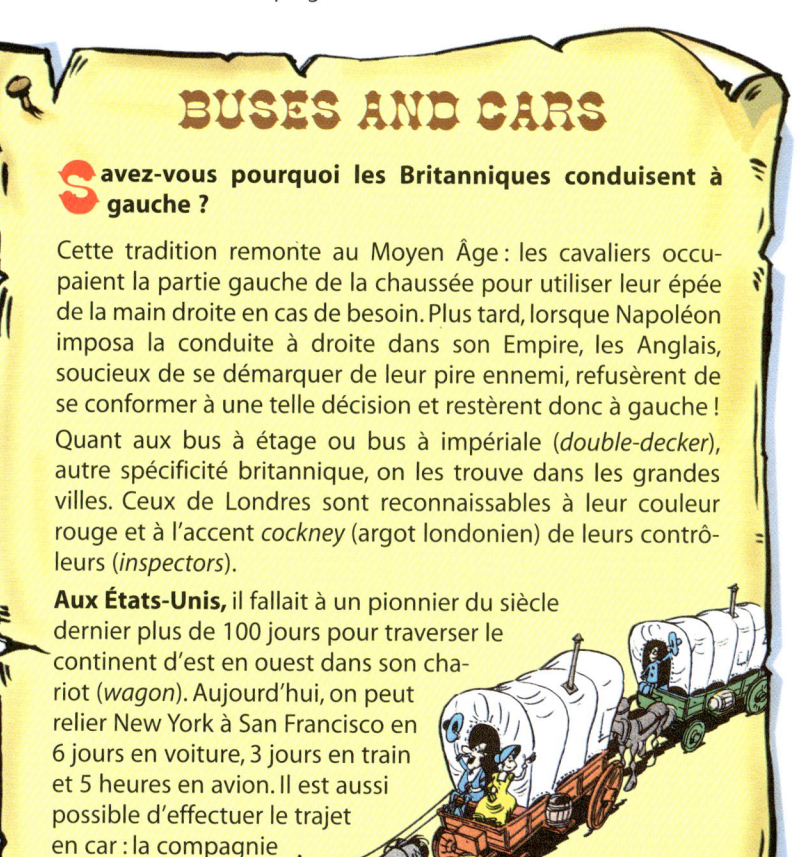

BUSES AND CARS

Savez-vous pourquoi les Britanniques conduisent à gauche ?

Cette tradition remonte au Moyen Âge : les cavaliers occupaient la partie gauche de la chaussée pour utiliser leur épée de la main droite en cas de besoin. Plus tard, lorsque Napoléon imposa la conduite à droite dans son Empire, les Anglais, soucieux de se démarquer de leur pire ennemi, refusèrent de se conformer à une telle décision et restèrent donc à gauche !

Quant aux bus à étage ou bus à impériale (*double-decker*), autre spécificité britannique, on les trouve dans les grandes villes. Ceux de Londres sont reconnaissables à leur couleur rouge et à l'accent *cockney* (argot londonien) de leurs contrôleurs (*inspectors*).

Aux États-Unis, il fallait à un pionnier du siècle dernier plus de 100 jours pour traverser le continent d'est en ouest dans son chariot (*wagon*). Aujourd'hui, on peut relier New York à San Francisco en 6 jours en voiture, 3 jours en train et 5 heures en avion. Il est aussi possible d'effectuer le trajet en car : la compagnie de cars *Greyhound* couvre tout le territoire américain.

butcher

prep sauf
Everybody but Lucky Luke ran out of the saloon. Tout le monde sauf Lucky Luke est sorti du saloon en courant.

butcher [ˈbʊtʃər] **n** boucher*
At the butcher's. Chez le boucher.

Jesse James has made the butcher angry.

Jesse James a provoqué la colère du boucher.

butter [ˈbʌtər] **n** beurre
Pass the butter, please. Passe-moi le beurre, s'il te plaît.

butterfly [ˈbʌtəflaɪ] **n** papillon

button [ˈbʌtn] **n**
1. bouton
I've lost two buttons from my shirt. Il manque deux boutons à ma chemise.
2. (**Am:** badge) pin's
She collects buttons. Elle collectionne les pin's.

buy [baɪ], **bought** [bɔːt], **bought** [bɔːt] **vt** acheter*

Thank you for buying so many things!

– Merci d'avoir acheté tant de choses !

buzz [bʌz]
vi bourdonner
The birds were singing and the bees were buzzing. Les oiseaux chantaient et les abeilles bourdonnaient.
n informal coup de fil
I'll give you a buzz tomorrow. Je te passerai un coup de fil demain.

by [baɪ] **prep**
1. Indique la cause, la responsabilité : par
He was hit by an arrow. Il a été atteint par une flèche.
2. Indique la manière : par
I found it by chance. Je l'ai trouvé par hasard.
3. Indique le moyen : en*
4. Indique l'auteur, le créateur : de
A play by Shakespeare. Une pièce de Shakespeare.
5. Indique la proximité : à côté de
Come and sit by the fire. Viens t'asseoir à côté du feu.
A horse trotted by the saloon. Un cheval est passé devant le saloon en trottinant.
6. Indique un délai : avant
They'll have left town by tomorrow morning. Ils auront quitté la ville avant demain matin.
7. Idiom **by all means** bien sûr
8. Idiom **(all) by oneself** tout seul
9. Idiom **by the way** à propos

bye, bye-bye [baɪ] **excl informal** au revoir !, salut !
Bye-bye, see you tomorrow! Au revoir, à demain !

– J'aurais préféré y aller à pied.
– Non, nous y allons en train.

C

cab [kæb] **n** taxi

cabbage [ˈkæbɪdʒ] **n** chou
We had pork with cabbage for dinner. Nous avons mangé du porc au chou pour le dîner.

cabin [ˈkæbɪn] **n**
1. cabine
She left her cabin and went up onto the deck. Elle quitta sa cabine et monta sur le pont.
2. cabane
They built a log cabin. Ils ont construit une cabane en rondins.

cabinet [ˈkæbɪnɪt] **n**
1. placard
Put the dishes in the cabinet. Range la vaisselle dans le placard.
2. conseil des ministres
She interviewed the prime minister as he came out of the cabinet meeting. Elle a interviewé le premier ministre à sa sortie du Conseil des ministres.

café [ˈkæfeɪ] **n** café
We stopped in a café to drink a cup of tea. Nous nous sommes arrêtés dans un café pour boire un thé.

cage [keɪdʒ] **n** cage*

cake [keɪk] **n** gâteau*

calculator [ˈkælkjʊleɪtəʳ] **n** calculatrice
A pocket calculator. Une calculatrice de poche, une calculette.

— *Pourquoi sont-ils dans une cage ?*

— *Youpi ! Quel étrange gâteau !*

calendar [ˈkælɪndəʳ] **n** calendrier
I marked the date on the calendar. J'ai coché la date sur le calendrier.

calf [kɑːf] (**pl**: calves) **n**
1. veau
They're taking the calves to the market. Ils conduisent les veaux au marché.
2. mollet
I've got a cramp in my calf. J'ai une crampe au mollet.

call [kɔːl]
◆ **n**
1. appel, cri
I heard the call of a coyote. J'ai entendu le cri d'un coyote.
2. appel (téléphonique)
I'm sorry, she's in a meeting,

calm

she's taking no calls. Je suis désolé, elle est en réunion, elle ne prend pas d'appels.
3. visite
I'll pay a call on the sheriff. J'irai rendre visite au shérif.
✺ **vt**
1. appeler
They decided to call the kitten Tom. Ils ont décidé d'appeler le chaton Tom.
That's a nice dog, what's it called? C'est un beau chien, comment s'appelle-t-il ?
2. appeler*

— *Appelez* le shérif !

3. traiter
Are you calling me a cheat? Est-ce que vous me traitez de tricheur ?
✺ **vi** appeler, téléphoner
• **call back** **vt** rappeler
Can you call me back tomorrow, please? Pouvez-vous me rappeler demain, s'il vous plaît ?
"Call back" est séparable.
• **call for** **vt**
1. passer prendre
I'll call for you at five o'clock. Je passerai te prendre à cinq heures.
2. demander
They're calling for an independent enquiry. Ils demandent une enquête indépendante.
"Call for" est inséparable.
• **call on** **vt** rendre visite à
I'll call on Ma Dalton. Je vais rendre visite à Ma Dalton.
"Call on" est inséparable.
• **call off** **vt** annuler

The match has been called off. Le match a été annulé.
He called the meeting off. Il a annulé le rendez-vous.
"Call off" est séparable.
• **call round** **vi** **Br** passer
Can I call round tomorrow? Est-ce que je peux passer demain ?
• **call up** **vt** appeler
She called up all her friends to tell them the news. Elle a appelé tous ses amis pour leur annoncer la nouvelle.
I'll call you up tomorrow. Je t'appellerai demain.
"Call up" est séparable.

calm [kɑːm]
✺ **adj** calme
It's so calm here by the river! C'est tellement calme ici au bord de la rivière !
✺ **vt** calmer
The sheriff tried to calm them. Le shérif a essayé de les calmer.
• **calm down** **vi** se calmer
Calm down, Joe, Averell didn't do it on purpose! Calme-toi, Joe, Averell ne l'a pas fait exprès !

came → **come**

camel [ˈkæml] **n** chameau

camera [ˈkæmərə] **n**
1. appareil photo
Look at the camera! Regardez l'appareil photo !
2. caméra
They used three cameras to film the scene. Ils ont utilisé trois caméras pour filmer la scène.

camp [kæmp]
✺ **n** camp, campement
They arrived at the Indian camp. Ils sont arrivés au camp indien.
They set up camp in the woods. Ils ont installé leur campement dans les bois.
✺ **vi** camper
Ask the farmer if we can camp here. Demande au fermier si nous pouvons camper ici.

campsite [ˈkæmpsaɪt] **n** camping

can [kæn] **n** boîte
A can of beans. Une boîte de haricots.

can [kən, kæn] **v auxiliaire**
1. pouvoir
I bet you can't hit the target from here. Je parie que tu ne peux pas atteindre la cible d'ici.
I can't hear you. Je ne t'entends pas.
Can you see the stagecoach yet? Est-ce que tu vois la diligence ?
2. savoir*
Voir aussi le commentaire à "could" et la page 184.

— Très bien, je vois que tu *sais* nager !

Canada [ˈkænədə] **n** Canada

Canadian [kəˈneɪdjən] **adj, n** canadien, canadienne, Canadien, Canadienne
Attention, l'anglais prend toujours une majuscule.

cancel [ˈkænsl] **vt** annuler
The match has been cancelled owing to bad weather. Le match a été annulé à cause du mauvais temps.

candle [ˈkændl] **n** bougie
The draught blew the candle out. Le courant d'air a éteint la bougie.

candy → **sweet**

cannot, can't → **can**

canoe [kəˈnuː] **n** canoë
They went down the river by canoe. Ils ont descendu la rivière en canoë.

cap [kæp] **n**
1. casquette
He was wearing a baseball cap. Il portait une casquette de base-ball.

2. capsule
I can't get the cap off this bottle. Je n'arrive pas à décapsuler cette bouteille.
3. amorce
It's only a cap gun. Ce n'est qu'un pistolet à amorces.

capital [ˈkæpɪtl] **n**
1. capitale
What's the capital of the United States? Quelle est la capitale des États-Unis ?
2. majuscule
Write your name in capitals. Écrivez votre nom en majuscules.

captain [ˈkæptɪn] **n** capitaine*

car [kɑːʳ] **n**
1. voiture, automobile
Did you come by car or by train? Est-ce que vous êtes venus en voiture ou en train ?
2. voiture, wagon
The restaurant car is at the back of the train. La voiture-restaurant est à l'arrière du train.
- **car ferry** ferry
- **car park Br** parking

carbon dioxyde [ˈkɑːbən daɪˈɒksaɪd] **n** gaz carbonique

card [kɑːd] **n** carte*
He left his visiting card. Il a laissé sa carte de visite.

cardboard [ˈkɑːdbɔːd] **n** carton
The scenery for the play is made of cardboard. Les décors de la pièce sont en carton.

There seem to be too many aces in this pack of cards!

— On dirait qu'il y a trop d'as dans ce jeu de cartes !

- **cardboard box** boîte en carton, carton

cardigan [ˈkɑːdɪgən] **n** gilet (de laine)
Button your cardigan, it's cold. Boutonne ton gilet, il fait froid.

care [keəʳ]
✱ **n**
1. soin, attention
She worked with great care. Elle a travaillé avec grand soin.
Take care (of yourself)! Prends bien soin de toi !
2. souci
Just relax and forget your cares. Détendez-vous et oubliez vos soucis.
3. *Idiom* **to take care of** s'occuper de
I'll take care of Billy the Kid. Je m'occuperai de Billy the Kid.
4. *Idiom* **care of** chez
Miss Chantal Duval, care of Mr and Mrs Williams. Mlle Chantal Duval, chez M. et Mme Williams.
✱ **vi**
1. se soucier
He doesn't care about what other people think. Il ne se soucie pas de ce que pensent les autres.
2. Dans des expressions.
I don't care! Je m'en moque !
I couldn't care less! Ça m'est complètement égal !
Who cares? Qu'est-ce que ça peut faire ?
- **care for vt**
1. s'occuper de

Hello, I'm the captain of the ship!

Hello, captain!!!

— Bonjour, je suis le capitaine du bateau !
— Bonjour capitaine !

career

Don't worry, she'll be well cared for in hospital. Ne vous inquiétez pas, on s'occupera bien d'elle à l'hôpital.
2. aimer, apprécier
I don't much care for his friends. Je n'aime pas beaucoup ses amis.
"Care for" est inséparable.

career [kəˈrɪəʳ] **n** carrière
A career in advertising. Une carrière dans la publicité.

careful adj [ˈkeəfʊl]
1. prudent
Be careful, there are Indians in the mountains. Soyez prudents, il y a des Indiens dans les montagnes.
Be careful with that vase! Fais attention à ce vase !
2. méticuleux
She's a very careful worker. C'est une employée très méticuleuse.

carefully [ˈkeəflɪ]
1. prudemment
He drew his gun and went carefully into the barn. Il sortit son pistolet et entra prudemment dans la grange.
2. avec soin, soigneusement
He carefully cut the picture out. Il a découpé l'image avec beaucoup de soin.

careless [ˈkeəlɪs] **adj** négligent
He's a careless worker. Il est négligent dans son travail.

carpenter [ˈkɑːpəntəʳ] **n** menuisier

carpet [ˈkɑːpɪt] **n**
1. tapis*
2. moquette

By the way, you wouldn't want to buy this magnificent carpet, would you?

– À propos, vous ne voudriez pas acheter ce magnifique tapis ?

Don't you like carrots?
Yes, but I don't trust this guy.

– Tu n'aimes pas les carottes ?
– Si, mais je me méfie de ce type.

carriage [ˈkærɪdʒ] **n** voiture, équipage
He hitched the horses to the carriage. Il a attaché les chevaux à la voiture.

carrot [ˈkærət] **n** carotte*

carry [ˈkærɪ] **vt**
1. porter
This case is too heavy to carry. Cette valise est trop lourde à porter.
2. transporter
The train is carrying gold today. Le train transporte de l'or aujourd'hui.
• **carry on** **vi** continuer
I can't go any further, carry on without me. Je ne peux pas aller plus loin, continuez sans moi.
• **carry out** **vt** exécuter, accomplir
He carried out the captain's orders. Il a exécuté les ordres du capitaine.
It was a difficult task, but they carried it out rapidly. C'était une tâche difficile, mais ils l'ont exécutée rapidement.
"Carry out" est séparable.

cartoon [kɑːˈtuːn] **n**
1. caricature
He drew a cartoon of the sheriff. Il a fait une caricature du shérif.
2. dessin humoristique
3. bande dessinée
A cartoon album. Un album de bandes dessinées.
4. dessin animé
You watch too many cartoons! Tu regardes trop de dessins animés !

cartridge [ˈkɑːtrɪdʒ] **n** cartouche
Look, there's a rifle cartridge on the floor! Regardez, il y a une cartouche de fusil par terre !

case [keɪs] **n**
1. valise
She packed so many clothes that she couldn't close her case. Elle a mis tellement de vêtements dans sa valise qu'elle n'arrivait plus à la fermer.
2. étui
A glasses case. Un étui à lunettes.
3. cas
In that case, we'd better warn the sheriff. Dans ce cas, nous devrions prévenir le shérif.
There have been several cases of typhoid recently. Il y a eu plusieurs cas de typhoïde récemment.
4. *Idiom* **in any case** en tout cas
5. *Idiom* **in case** au cas où
Take your revolver in case there's trouble. Prends ton revolver au cas où il y aurait de la bagarre.

cash [kæʃ] **n**
1. espèces
To pay cash. Payer en espèces.
2. *informal* fric
Quick, hand over all the cash, or else... Vite, passez-moi tout le fric, sinon...

cashier [kæˈʃɪəʳ] **n** caissier
He's the cashier of the bank. C'est le caissier de la banque.

cast [kɑːst], **cast** [kɑːst], **cast** [kɑːst]
✺ n
1. distribution
Se traduit souvent par un verbe.
She was in the cast of **Hamlet**. Elle a joué dans *Hamlet*.
2. plâtre
His leg was in a (plaster) cast. Il avait la jambe dans le plâtre.
✺ vt
1. donner un rôle à
I wouldn't have cast him as Cyrano. Je ne lui aurais pas donné le rôle de Cyrano.
2. jeter
He cast it over his shoulder. Il l'a jeté par-dessus son épaule.
3. *Idiom* **to cast one's vote** voter

castle [ˈkɑːsl] **n** château*

– Non, je ne bougerai pas ! Je suis devant mon **château** et j'y reste !

casual [ˈkæʒʊəl] **adj**
1. désinvolte
He dismissed us with a casual gesture. Il nous a congédiés d'un geste désinvolte.
2. fortuit
A casual encounter. Une rencontre fortuite.
3. sport
They were dressed in casual clothes. Ils portaient des vêtements de sport.

cat [kæt] **n** chat

catch [kætʃ], **caught** [kɔːt], **caught** [kɔːt]
✺ vt
1. attraper
Lucky Luke will catch the culprits. Lucky Luke va attraper les coupables.
2. surprendre
I caught him stealing sweets. Je l'ai surpris à voler des bonbons.
3. saisir, comprendre
I didn't catch everything she said. Je n'ai pas compris tout ce qu'elle a dit.
4. coincer
I caught my finger in the door. Je me suis coincé le doigt dans la porte.
✺ vi
1. s'accrocher
Her dress caught on a thorn. Sa robe s'est accrochée à une épine.
2. prendre
The fire won't catch. Le feu ne prend pas.
✺ n
1. prise
The angler showed us his catch. Le pêcheur nous a montré sa prise.
2. fermoir
He pressed the catch to open the box. Il appuya sur le fermoir pour ouvrir la boîte.
• **catch up** **vt** rattraper
You go on ahead, I'll catch you up before you get to the ranch. Partez en avant, je vous rattraperai avant que vous n'arriviez au ranch.
"Catch up" est séparable.
• **catch up with** **vt** rattraper
Quick, the Indians are catching up with us! Vite, les Indiens nous rattrapent !
"Catch up with" est inséparable.

caterpillar [ˈkætəpɪləʳ] **n** chenille

cathedral [kəˈθiːdrəl] **n** cathédrale

cattle [ˈkætl] **n pl** bétail
The cowboys are driving the cattle. Les cow-boys font avancer le bétail.
What are these cattle doing in my garden? Que fait ce bétail dans mon jardin ?
Attention, "cattle" est toujours suivi d'un verbe au pluriel.

caught → **catch**

cauliflower [ˈkɒlɪflaʊəʳ] **n** chou-fleur

caution [ˈkɔːʃn] **n** précaution, prudence
I advise you to proceed with great caution. Je vous conseille d'agir avec beaucoup de prudence.
"Caution, dangerous bend". "Attention, virage dangereux".

cave [keɪv] **n** caverne, grotte
They spent the night in a damp cave. Ils ont passé la nuit dans une grotte humide.

CD [siːdiː] **n** CD
I've got all his CDs. J'ai tous ses CD.

ceiling [ˈsiːlɪŋ] **n** plafond*

There's nothing to stop me firing at the **ceiling**!

Bang! Bang! Bang! Bang!

– Rien ne m'empêchera de tirer dans le **plafond** !

celebrate [ˈselɪbreɪt]
✺ vt célébrer, fêter
He celebrated his ninetieth birthday last week. Il a fêté son quatre-vingt-dixième anniversaire la semaine dernière.
✺ vi faire la fête
Cowboys were fond of celebrating. Les cow-boys aimaient bien faire la fête.

cellar [ˈseləʳ] **n** cave
They hid in the cellar when the Indians came. Ils se sont cachés dans la cave quand les Indiens sont arrivés.

cement [sɪˈment] **n** ciment

cent [sent] **n** cent
That'll be nine dollars and ten cents. Cela fait neuf dollars et dix cents.

center → **centre**

central

central [ˈsentrəl] **adj** central
We'll have to consult the central committee. Il faudra que nous consultions le comité central.
• **central heating** n chauffage central

centre [ˈsentər] (**Am:** center) **n** centre
They live near the town centre. Ils habitent près du centre-ville.

century [ˈsentʃʊrɪ] **n** siècle
The nineteenth century. Le dix-neuvième siècle.

cereal [ˈsɪərɪəl] **n** céréale
Do you want cereal for breakfast? Veux-tu des céréales pour le petit déjeuner ?
Wheat and other cereals. Le blé et d'autres céréales.

certain [ˈsɜːtn] **adj**
1. certain*, sûr

We are certain that his ancestors are the O'Timminses with their big noses and the O'Haras with their big ears.

Nous sommes certains que ses ancêtres sont les O'Timmins au grand nez et les O'Hara aux grandes oreilles.

Are you certain it's Lucky Luke? Êtes-vous sûr que ce soit Lucky Luke ?
2. certain
To a certain extent. Jusqu'à un certain point.

certainly [ˈsɜːtnlɪ] **adv** certainement, bien sûr
– You're not coming, are you? – I certainly am! – Tu ne viens pas, n'est-ce pas ? – Bien sûr que si !

chain [tʃeɪn] **n** chaîne
A chain of mountains. Une chaîne de montagnes.

chair [tʃeər] **n** chaise
Pull up a chair and sit down with us. Approche une chaise et assieds-toi avec nous.

chairman [ˈtʃeəmən] **n** président
He's chairman of the board of directors. Il est président du conseil d'administration.

chalk [tʃɔːk] **n** craie

championship [ˈtʃæmpjənʃɪp] **n** championnat

chance [tʃɑːns] **n**
1. hasard
I found them by chance. Je les ai trouvés par hasard.
2. chance
I warn you, Lucky Luke, this is your last chance! Je vous préviens, Lucky Luke, ceci est votre dernière chance !

change [tʃeɪndʒ]
✪ **n**
1. changement
There have been a lot of changes since the last time I came to Denver. Il y a eu beaucoup de changements depuis ma dernière visite à Denver.
Have you brought a change of clothes? As-tu apporté des vêtements de rechange ?
2. monnaie
Don't forget your change. N'oubliez pas votre monnaie.
3. *Idiom* **for a change** pour changer
Let's go out for dinner, for a change. Allons dîner au restaurant, pour changer.
✪ **vt** changer
They changed horses at Dry Gulch. Ils ont changé de chevaux à Dry Gulch.
✪ **vi**
1. changer
Calamity Jane will never change. Calamity Jane ne changera jamais.
2. se changer
She went into her bedroom to change. Elle est allée dans sa chambre pour se changer.

channel [ˈtʃænl] **n**
1. chaîne
They're arguing over which channel to watch. Ils se disputent pour savoir quelle chaîne regarder.
2. chenal, bras de mer
There's a narrow channel between the two islands. Il y a un étroit bras de mer entre les deux îles.
3. **the (English) Channel** la Manche
4. **the Channel tunnel** le tunnel sous la Manche
5. **the Channel Islands** les îles Anglo-Normandes

chap [tʃæp] **n Br** *informal* type
He's a nice enough chap. C'est un type assez sympa.

chapter [ˈtʃæptər] **n** chapitre

character [ˈkærəktər] **n**
1. caractère, personnalité
She's a woman with a very strong character. C'est une femme qui a une très forte personnalité.
2. personnage*

Don't laugh! I'm supposed to be a serious character...

Ha! Ha!

– Ne riez pas ! Je suis censé être un personnage sérieux...

charge [tʃɑːdʒ]
✪ **vt**
1. faire payer
He didn't charge us. Il ne nous a pas fait payer.
2. accuser, inculper
Billy the Kid was charged with armed robbery. Billy the Kid a été inculpé de vol à main armée.
✪ **vi**
1. charger
The cavalry charged. La cavalerie a chargé.
2. se précipiter

They all charged out of the room. Ils se sont tous précipités hors de la pièce.

◎ **n**
1. paiement, somme
For a small charge. Pour une somme dérisoire.
• **without charge** gratuit
2. accusation, inculpation
What is the charge against the accused? Quelle est l'inculpation contre l'accusé ?
3. *Idiom* **to be in charge** être responsable
Who's in charge here? Qui est le responsable ici ?
4. *Idiom* **to be in charge of** s'occuper de
I left my brother in charge of the shop. J'ai laissé mon frère s'occuper du magasin.
5. charge
A cavalry charge. Une charge de cavalerie.

charity ['tʃærətɪ] **n**
1. charité
He helps them out of charity. Il les aide par charité.
2. association caritative
She does voluntary work for a charity. Elle travaille comme bénévole pour une association caritative.

charming ['tʃɑːmɪŋ] **adj** charmant
What a charming old town! Quelle vieille ville charmante !

chase [tʃeɪs] **vt** poursuivre*

The Indian was chasing Jasper with a big knife.

L'Indien poursuivait Jasper avec un grand couteau.

chat [tʃæt]
◎ **vi** causer, bavarder
She was always chatting with the neighbours. Elle bavardait sans arrêt avec les voisins.
◎ **n** causerie, conversation
Do you remember the chat we had last week? Tu te souviens de notre conversation de la semaine dernière ?

cheap [tʃiːp] **adj** pas cher, bon marché
This is the cheapest hotel in town. C'est l'hôtel le moins cher de la ville.

cheat [tʃiːt]
◎ **vi** tricher
He accused them of cheating at poker. Il les a accusés de tricher au poker.
◎ **n** tricheur

check [tʃek]
◎ **n**
1. contrôle, vérification
The food goes through numerous checks. La nourriture est soumise à de nombreux contrôles.
2. carreau
A check jacket. Une veste à carreaux.
3. **Am:** addition
Waiter, the check, please! Garçon, l'addition, s'il vous plaît !
4. **Am:** chèque
◎ **vt**
1. vérifier, contrôler
The driver checked the brakes. Le conducteur a vérifié les freins.
2. arrêter, freiner
The cavalry managed to check their advance. La cavalerie a réussi à freiner leur avance.
• **check in vi**
1. se présenter à l'enregistrement.
Passengers on flight AF 210 are requested to check in immediately. Les passagers du vol AF 210 sont invités à se présenter immédiatement à l'enregistrement.
2. signer le registre
There was a queue at the hotel reception desk to check in. On faisait la queue à l'accueil de l'hôtel pour signer le registre.
• **check out vi** régler la note
He checked out of the hotel at noon. Il a réglé sa note d'hôtel à midi.

cheek [tʃiːk] **n**
1. joue*

I think he finds me attractive despite my round cheeks!

— On dirait qu'il me trouve séduisante malgré mes joues rondes !

2. culot
And he wants his money back! What a cheek! Et il veut se faire rembourser ! Quel culot !

cheeky ['tʃiːkɪ] **adj** insolent
Don't be cheeky to your teacher! Ne sois pas insolent avec ton instituteur !

cheer [tʃɪəʳ]
◎ **n** acclamation
A loud cheer greeted their arrival. Une immense acclamation accueillit leur arrivée.
◎ **vt** acclamer
The townspeople cheered Lucky Luke. Les gens de la ville ont acclamé Lucky Luke.
◎ **vi** applaudir
The audience cheered at the end. Le public a applaudi à la fin.
• **cheer up**
◎ **vt** remonter le moral à
Have a nice cup of tea, it will cheer you up. Prends une bonne tasse de thé, ça te remontera le moral.
"Cheer up" est séparable.
◎ **vi** Se traduit différemment selon le contexte.
Everyone cheered up when the undertaker left the bar. Tout le monde s'est réjoui quand le croque-mort a quitté le bar.
Cheer up, she'll be back soon! Courage, elle sera bientôt de retour !

cheerful

cheerful [ˈtʃɪəfʊl] **adj** gai, joyeux
Why are you so cheerful this morning, Lucky Luke? Pourquoi es-tu si gai ce matin, Lucky Luke ?

cheerio [ˌtʃɪərɪˈəʊ] **excl Br** au revoir ! salut !
Cheerio, see you tomorrow! Salut ! À demain !

cheers [tʃɪəz] **excl** santé ! à la vôtre !
Cheers, barman! À la vôtre, barman !

cheese [tʃiːz] **n** fromage

cheetah [ˈtʃiːtə] **n** guépard

chef [ʃef] **n** chef (cuisinier)
He's a very famous chef from France. C'est un chef très célèbre venu de France.

chemical [ˈkemɪkl]
✪ **adj** chimique
With no chemical additives. Sans additifs chimiques.
✪ **n** produit chimique
The river is polluted by chemicals. La rivière est polluée par des produits chimiques.

chemist [ˈkemɪst] **n**
1. (**Am:** pharmacist) pharmacien
Run to the chemist's and buy some aspirin. Cours à la pharmacie acheter de l'aspirine.
2. chimiste
He works as a chemist in a research laboratory. Il travaille comme chimiste dans un laboratoire de recherche.

chemistry [ˈkemɪstrɪ] **n** chimie

cheque [tʃek] (**Am:** check) **n** chèque
Can I pay by cheque? Est-ce que je peux payer par chèque ?

cherry [ˈtʃerɪ] **n** cerise

chess [tʃes] **n** échecs*
Attention, "chess" est toujours suivi d'un verbe au singulier.

chest [tʃest] **n** poitrine
He's been shot in the chest. Il a reçu une balle dans la poitrine.

chew [tʃuː] **vt** mâcher, mastiquer*

chewing gum [ˈtʃuːɪŋɡʌm] **n** chewing-gum

They've not got many teeth left to chew their cakes.

Il ne leur reste plus beaucoup de dents pour mâcher leurs gâteaux.

chicken [ˈtʃɪkɪn] **n** poulet

chickenpox [ˈtʃɪkɪnpɒks] **n** varicelle

chief [tʃiːf]
✪ **n** chef
The Indian chief wants to see you. Le chef indien veut vous voir.
✪ **adj** principal
The chief reason I wanted to see you. La principale raison pour laquelle je voulais vous voir.
Chief executive officer. Directeur général.

child [tʃaɪld] (**pl:** children) **n** enfant
They've got three children. Ils ont trois enfants.

childhood [ˈtʃaɪldhʊd] **n** enfance
He spent his childhood in Europe. Il a passé son enfance en Europe.

childless [ˈtʃaɪldlɪs] **adj** sans enfants

Lucky Luke and Jolly Jumper often played chess.

Lucky Luke et Jolly Jumper jouaient souvent aux échecs.

children → **child**

chilly [ˈtʃɪlɪ] **adj** froid, frais
It's a bit chilly out today. Il fait un peu frais dehors aujourd'hui.

chimney [ˈtʃɪmnɪ] **n** cheminée
They must be in, there's smoke coming out of the chimney. Ils doivent être chez eux, il y a de la fumée qui sort de la cheminée.

chimpanzee [ˌtʃɪmpənˈziː] **n** chimpanzé

chin [tʃɪn] **n** menton
I cut my chin shaving. Je me suis coupé le menton en me rasant.

China [ˈtʃaɪnə] **n** Chine*

I'm from China.

– Je viens de Chine.

china [ˈtʃaɪnə] **n** porcelaine
She served the coffee in china cups. Elle a servi le café dans des tasses en porcelaine.

Chinese [tʃaɪˈniːz] **adj, n** chinois, chinoise, Chinois, Chinoise
Attention, l'anglais prend toujours une majuscule.

chip [tʃɪp]
✪ **n**
1. ébréchure
There's a chip in this glass. Ce verre est ébréché.
2. puce
They manufacture computer chips. Ils fabriquent des puces d'ordinateurs.
✪ **n pl**
1. **Br:** frites
I had steak and chips for lunch. J'ai mangé un steak frites à midi.
2. **Am:** chips

clash

chocolate [ˈtʃɒkələt] **n** chocolat
Calamity Jane can't make chocolate cake. Calamity Jane ne sait pas faire les gâteaux au chocolat.

choice [ˈtʃɔɪs] **n** choix
We have no choice but to accept their demands. Nous n'avons pas le choix, il faut accepter leurs revendications.

choose [tʃuːz], **chose** [tʃəʊz], **chosen** [ˈtʃəʊzn] **vt** choisir
Choose your weapon. Choisissez votre arme.

chop [tʃɒp]
✪ **n** côte, côtelette
A pork/lamb chop. Une côte de porc/une côtelette d'agneau.
✪ **vt**
1. couper
He's chopping wood in the garden. Il coupe du bois dans le jardin.
2. hacher
Chop the vegetables finely. Hachez finement les légumes.
● **chop down vt** abattre
Sorry, we'll have to chop all these trees down. Désolé, il faudra abattre tous ces arbres.
"Chop down" est séparable.

chore [tʃɔːʳ] **n** corvée
Fetching water from the well is a real chore. Aller chercher de l'eau au puits est une vraie corvée.

chose, chosen → **choose**

Christ [kraɪst] **n** Christ

Christian [ˈkrɪstʃən] **adj, n** chrétien, chrétienne, Chrétien, Chrétienne
● **Christian name** prénom
"Averell" is an unusual Christian name! "Averell" est un prénom peu courant.
Attention, l'anglais prend toujours une majuscule.

Christmas [ˈkrɪsməs] **n** Noël
Happy Christmas! Joyeux Noël !
● **Christmas card n** carte de Noël
● **Christmas carol n** chant de Noël
● **Christmas tree n** arbre de Noël
(voir double page suivante)

church [tʃɜːtʃ] **n** église
They go to church every Sunday. Ils vont à l'église tous les dimanches.

churchyard [ˈtʃɜːtʃjɑːd] **n** cimetière

cider [ˈsaɪdəʳ] **n** cidre

cigar [sɪˈɡɑːʳ] **n** cigare*

I smoke cigars. Does anyone have any objections?

– Je fume des cigares. Est-ce que ça gêne quelqu'un ?

cigarette [ˌsɪɡəˈret] **n** cigarette

cinema [ˈsɪnəmə] (**Am:** movies) **n** cinéma
What's on at the cinema tonight? Qu'est-ce qui passe au cinéma ce soir ?

circle [ˈsɜːkl] **n** cercle
The teacher drew a circle on the blackboard. L'instituteur a dessiné un cercle sur le tableau.

circus [ˈsɜːkəs] **n** cirque
Hurray! The circus has come to town! Hourra ! Le cirque est arrivé !

citizen [ˈsɪtɪzn] **n** citoyen
He was born in Ireland, but he's an American citizen. Il est né en Irlande, mais il est citoyen américain.

city [ˈsɪtɪ] **n** ville
San Francisco grew into a big city. San Francisco est devenu une grande ville.

civil servant [ˈsɪvlsɜːvənt] **n** fonctionnaire

claim [kleɪm]
✪ **n**
1. revendication
They are on strike to back their wage claims. Ils sont en grève pour appuyer leurs revendications salariales.
2. demande
You must fill out an expenses claim. Il faut remplir une demande de remboursement de frais.
3. affirmation
His claims are very often false. Ses affirmations sont souvent fausses.
✪ **vt**
1. revendiquer, réclamer
The Manchester players claimed a penalty. Les joueurs de Manchester ont réclamé un penalty.
2. prétendre
Billy the Kid claims that he's a better shot than Lucky Luke. Billy the Kid prétend être meilleur tireur que Lucky Luke.

clap [klæp] **vi** applaudir*, taper des mains

He made them clap.
CLAP CLAP CLAP CLAP CLAP CLAP CLAP

Il les a obligés à applaudir.

clash [klæʃ]
✪ **n** heurt, conflit
There were clashes between demonstrators and the police. Il y a eu des heurts entre manifestants et policiers.
✪ **vi**
1. se heurter
The settlers often clashed with Indians. Les colons se heurtaient souvent aux Indiens.
2. jurer
The Queen's pink hat clashes with her orange coat. Le chapeau rose de la reine jure avec son manteau orange.
3. se passer en même temps
The meeting was postponed because it clashed with the cup final. La réunion a été repoussée parce qu'elle se passait en même temps que la finale de la coupe.

CHRISTMAS AND OTHER

Dans les pays anglo-saxons, Noël se prépare très longtemps à l'avance : les rues sont décorées et on y croise des groupes d'enfants ou d'adultes chantant des chants de Noël (*Christmas carols*) afin de récolter de l'argent pour des associations caritatives (*to raise money for charities*).

Dans les maisons britanniques et américaines, toutes les cartes de Noël (*Christmas greeting cards*) reçues par la famille trônent sur la cheminée, et les grandes chaussettes (*Christmas stockings*) attendent d'être remplies de cadeaux (*Christmas gifts/presents*).

Le jour de Noël, coiffé de la couronne de papier trouvée dans les *Christmas crackers*, on déguste la dinde rôtie (*roast turkey*) et les marrons (*chestnuts*). Le fameux *Christmas pudding* est confectionné dès le début de l'automne ; on le réchauffe le jour de Noël pendant plus de deux heures.

AUTRES FÊTES TRADITIONNELLES EN GRANDE-BRETAGNE

• Boxing Day

Le lendemain de Noël est un jour férié et doit son nom à la tradition, instaurée par la reine Victoria, de remplir des boîtes (*boxes*) de menus présents pour les nécessiteux. Au Moyen Âge, les églises ouvraient les troncs destinés aux pauvres et leur en distribuaient le contenu. Aujourd'hui, on offre des étrennes (*Christmas box*) au facteur par exemple.

• Guy Fawkes Day

Le 5 novembre, les Britanniques célèbrent *Guy Fawkes Day* ou *Bonfire Night* avec des feux d'artifice (*fireworks*) et des feux de joie (*bonfires*).
Cette coutume a pour origine la Conspiration des poudres (*the Gunpowder Plot*) fomentée en 1605 par un groupe de catholiques. Ce complot visait à détruire le Parlement anglais (*Houses of Parliament*) et à tuer le roi protestant, Jacques Ier (*James I*). Les conspirateurs réussirent à placer 36 barils de poudre sous le bâtiment, mais leur secret fut éventé et leur défaite devint le symbole de la victoire du protestantisme sur le papisme. Chaque année, l'événement est commémoré joyeusement et des effigies de l'un des conspirateurs, Guy Fawkes, sont brûlées.

• The Queen's Official Birthday

Le deuxième samedi de juin, la reine passe sa garde en revue pour fêter dignement son anniversaire : c'est le *trooping of the colours*.

• Saint Patrick's Day

Jour férié en Irlande, le 17 mars est la date anniversaire de la mort de saint Patrick qui convertit le pays au christianisme au Ve siècle. Le symbole de cette journée est le trèfle (*the shamrock*) que saint Patrick utili-

CELEBRATIONS

sait pour expliquer la sainte Trinité. Une messe est célébrée le matin, et durant toute la journée se déroulent des festivités (parades, musique, théâtre). Aux États-Unis, les Américains d'origine irlandaise défilent vêtus de vert.

AUX ÉTATS-UNIS

- **Martin Luther King Day**

Le troisième lundi de janvier, des marches silencieuses et des manifestations dans toutes les villes des États-Unis rappellent l'assassinat de ce pasteur noir qui lutta contre la ségrégation raciale.

- **Lincoln's Birthday**

Le 12 février, les Américains honorent la mémoire d'Abraham Lincoln, président républicain qui fut assassiné en 1865.

- **Washington's Birthday**

Le troisième lundi de février, les Américains célèbrent l'anniversaire de George Washington, le premier président des États-Unis. Cette fête est aussi appelée *Presidents' Day*.

- **Fourth of July**

Le 4 juillet ou *Independence Day* est la fête nationale américaine : le 4 juillet 1776, l'Amérique, jusque-là colonie britannique, déclara son indépendance. À cette occasion, les Américains sortent drapeaux et feux d'artifice.

- **Halloween**

Le 31 octobre, veille de la Toussaint, *Allhallows Eve* était à l'origine une coutume celte célébrant le début de l'hiver, la fin des récoltes et le début de la nouvelle année celte. Cette date était aussi réputée pour être la période de l'année où les esprits des morts pouvaient entrer en communication avec les vivants. Introduite aux États-Unis par les Irlandais, cette fête y est extrêmement populaire : les enfants se déguisent en fantômes (*ghosts*) ou en sorcières (*witches*) et passent dans les maisons pour demander : "Une farce ou un cadeau ?" (*Trick or treat?*). On leur donne des friandises et ils poursuivent leur promenade. Ils découpent aussi des citrouilles (*pumpkins*) à l'intérieur desquelles ils placent une bougie : il s'agit de *Jack-o'-lanterns*. La légende veut qu'un fameux Jack ait enfermé le diable en personne à l'intérieur d'une pomme ! Cette coutume s'étend aujourd'hui à la Grande-Bretagne, voire à toute l'Europe.

- **Thanksgiving**

Le quatrième jeudi de novembre, les Américains célèbrent *Thanksgiving* (action de grâces) autour de la fameuse dinde, en souvenir des premiers immigrants : les Pères pèlerins. Ceux-ci, partis d'Europe pour l'Amérique, remercièrent Dieu pour leurs récoltes et partagèrent ce repas d'action de grâces avec les Indiens qui les avaient aidés.

class

class [klɑːs] n
1. classe*
2. classe, catégorie
They can be divided into various classes. On peut les diviser en plusieurs catégories.
3. classe
I'd like a second-class ticket to Dalton City, please. Je voudrais un billet en deuxième classe pour Dalton City, s'il vous plaît.

classical [ˈklæsɪkl] adj classique
Do you like classical music? Aimez-vous la musique classique ?

classroom [ˈklɑːsrʊm] n classe, salle de classe

claw [klɔː] n griffe
Cheetahs have long claws. Les guépards ont de longues griffes.

clay [kleɪ] n
1. argile
He made a teapot out of clay. Il a fait une théière en argile.
2. terre battue
A clay court. Un court en terre battue.

clean [kliːn]
◉ adj propre*

— Je veux que la maison reste propre.

◉ vt
1. nettoyer
She helped me clean the house. Elle m'a aidé à nettoyer la maison.
2. laver
To clean one's teeth. Se laver les dents.

— Que font ces garçons ?
— Ils sont punis pour s'être mal conduits en classe.

clear [klɪəʳ]
◉ adj
1. transparent, clair
They swam in the clear water of the lake. Ils se sont baignés dans les eaux claires du lac.
2. clair, évident
It's clear that Billy the Kid is guilty. Il est clair que Billy the Kid est coupable.
3. dégagé
The sky was very clear. Le ciel était très dégagé.
◉ vt
1. dégager, débarrasser
They cleared the snow from in front of the houses. Ils ont dégagé la neige devant les maisons.
2. innocenter
Joe Dalton was cleared of all the charges. Joe Dalton a été totalement innocenté.
◉ vi se dissiper
When the smoke cleared, they saw the damage caused by the explosion. Quand la fumée s'est dissipée, ils ont vu les dégâts causés par l'explosion.
• **clear off** vi informal dégager, filer
Clear off, I'm busy! Dégage, je suis occupé !
• **clear up**
◉ vt
1. ranger
Who's going to clear up all this mess? Qui va ranger tout ce désordre ?
2. éclaircir, élucider
The mystery was never cleared up. Le mystère n'a jamais été élucidé.
Lucky Luke will help us to clear it up. Lucky Luke nous aidera à l'élucider.
"Clear up" est séparable.
◉ vi
1. ranger, faire le rangement
She helped me clear up after the party. Elle m'a aidé à ranger après la fête.
2. s'éclaircir
The weather will clear up tomorrow. Le temps s'éclaircira demain.

clearly [ˈklɪəlɪ] adv
1. clairement
I can hear you clearly. Je vous entends clairement.
2. manifestement
They're clearly afraid to act. Ils ont manifestement peur d'agir.

clergyman [ˈklɜːdʒɪmən] n pasteur
The clergyman was reading his Bible. Le pasteur lisait sa Bible.

clerk [klɑːk] n employé (de bureau)
He found a job as a bank clerk. Il a trouvé un travail d'employé de banque.

clever [ˈklevəʳ] n
1. intelligent
Jolly Jumper is a very clever horse. Jolly Jumper est un cheval très intelligent.

2. habile
She's very clever with her hands. Elle est très habile de ses mains.

click [klɪk]
vt faire claquer
He clicked his fingers. Il a fait claquer ses doigts.
vi
1. claquer
Her heels clicked on the wooden floor. Ses talons claquaient sur le parquet.
2. cliquer
Click on the program icon. Cliquez sur l'icône du programme.

client ['klaɪənt] n client
The clients were queuing outside the bank. Les clients faisaient la queue devant la banque.

cliff [klɪf] n falaise
They camped at the bottom of a steep cliff. Ils ont campé au pied d'une falaise abrupte.

climb [klaɪm]
vt
1. monter, gravir
He climbed the stairs slowly. Il a monté l'escalier lentement.
2. escalader, grimper
Joe climbed the prison wall. Joe a escaladé le mur de la prison.
vi
1. monter, grimper
The road climbs to an altitude of 2,000 metres. La route grimpe jusqu'à 2 000 mètres.
2. augmenter, grimper
Prices continued to climb. Les prix ont continué à grimper.
• **climb down vt** descendre
To climb down a ladder. Descendre une échelle.
"Climb down" est inséparable.

cling [klɪŋ], clung [klʌŋ], clung [klʌŋ] vi s'accrocher
He was clinging to a branch. Il s'accrochait à une branche.

cloakroom ['kləʊkrʊm] n
1. vestiaire
Leave your coats in the cloakroom. Laissez vos manteaux au vestiaire.
2. Br: toilettes
Where is the cloakroom, please? Où sont les toilettes, s'il vous plaît ?

clock [klɒk] n horloge*

DINNNG! DONNNG
I'm late! The clock's striking already!

— *Je suis en retard ! L'horloge sonne déjà l'heure !*

close [kləʊz] vt fermer*

Closed owing to measles.

Fermé pour cause de rougeole.

close [kləʊs] adj
1. près, proche
Stay close to Lucky Luke. Restez près de Lucky Luke.
He's a very close friend. C'est un ami très proche.
2. lourd
It's a very close day. Il fait très lourd aujourd'hui.
3. serré
It was a very close match. C'était un match très serré.

clothes [kləʊðz] n pl vêtements
My clothes are all wet. Mes vêtements sont tout mouillés.

clothing ['kləʊðɪŋ] n vêtements
A clothing manufacturer. Un fabricant de vêtements.

cloud [klaʊd] n nuage

cloudy ['klaʊdɪ] adj
1. nuageux, couvert
The weather will be cloudy in the north. Le temps sera couvert au nord.
2. trouble
The water was very cloudy. L'eau était très trouble.

club [klʌb] n
1. club*

If the other members of my club saw me now!

— *Si les autres membres de mon club me voyaient en ce moment !*

2. massue
They attacked him with clubs. Ils l'ont attaqué à coups de massue.
3. club
A set of golf clubs. Un jeu de clubs de golf.

clue [kluː] n
1. indice
The Painful Gulch police have found several clues. La police de Painful Gulch a trouvé plusieurs indices.
2. idée
How did they get out? I haven't a clue! Comment ont-ils fait pour sortir ? Je n'en ai aucune idée !

clumsy ['klʌmzɪ] adj maladroit
You've broken it, Averell! Why are you so clumsy? Tu l'as cassé, Averell ! Pourquoi es-tu si maladroit ?

coach

clung → **cling**

coach [kəʊtʃ] **n**
1. Br: voiture
Our coach is at the front of the train. Notre voiture est en tête du train.
2. car, autocar
They went from London to Edinburgh by coach. Ils sont allés de Londres à Édimbourg en car.
3. carrosse
He hitched both the horses to the coach. Il a attelé les deux chevaux au carrosse.
4. entraîneur
He's the French team coach. C'est l'entraîneur de l'équipe de France.
- **coach station** Br gare routière

coal [kəʊl] **n** charbon*

Stop! Stop!
Boo!
Boo!
The audience started throwing coal at him.

– Arrêtez ! Arrêtez !
– Hou ! – Hou !
Le public a commencé à lui jeter du charbon.

coast [kəʊst] **n** côte
They were the first pioneers to arrive at the Pacific coast. Ils étaient les premiers pionniers à arriver sur la côte pacifique.

coat [kəʊt]
✲ **n**
1. manteau
Take your coat off and come in. Enlevez votre manteau et entrez.
2. couche
Apply at least two coats of paint. Appliquez au moins deux couches de peinture.
3. pelage
Its winter coat is white. Son pelage d'hiver est blanc.
✲ **vt** recouvrir
The biscuits are coated with chocolate. Les biscuits sont recouverts de chocolat.
- **coat hanger** cintre

cobweb [ˈkɒbweb] **n** toile d'araignée

cock [kɒk] **n** coq
The cock crows every morning. Le coq chante tous les matins.

Cockney [ˈkɒknɪ] **adj, n** cockney
Terme qui s'applique en général aux Londoniens, et particulièrement aux personnes originaires des quartiers populaires de l'est de Londres. Attention, l'anglais prend toujours une majuscule.

cockroach [ˈkɒkrəʊtʃ] **n** cafard

cocoa [ˈkəʊkəʊ] **n**
1. cacao
2. chocolat chaud
Would you like a nice cup of cocoa? Veux-tu une bonne tasse de chocolat chaud ?

coconut [ˈkəʊkənʌt] **n** noix de coco

coffee [ˈkɒfɪ] **n** café
- **coffee break** pause-café
- **coffee pot** cafetière

coffin [ˈkɒfɪn] **n** cercueil
The undertaker ordered a lot of coffins. Le croque-mort a commandé beaucoup de cercueils.

coin [kɔɪn] **n** pièce (de monnaie)
She gave the beggar a few coins. Elle a donné quelques pièces au mendiant.

cold [kəʊld]
✲ **adj** froid*
It's very cold out today. Il fait très froid dehors aujourd'hui.
✲ **n**
1. rhume
To catch a cold. Attraper un rhume, s'enrhumer.
2. froid
I don't want to go out into the cold. Je ne veux pas sortir dans le froid.

collapse [kəˈlæps]
✲ **vi** s'effondrer, s'écrouler
There was a loud explosion and the building collapsed. Il y a eu une forte détonation et le bâtiment s'est effondré.
✲ **n** effondrement
It could cause an economic collapse. Cela pourrait provoquer un effondrement économique.

collar [ˈkɒləʳ] **n**
1. col
A blue shirt with a white collar. Une chemise bleue avec un col blanc.
2. collier
Rin Tin Can has lost his collar. Ran Tan Plan a perdu son collier.

collect [kəˈlekt] **vt**
1. rassembler, recueillir
She collected all her belongings together. Elle a rassemblé toutes ses affaires.
2. collectionner
He collects stamps. Il collectionne les timbres.
3. passer prendre
I'll collect you from the station. Je passerai vous prendre à la gare.

college [ˈkɒlɪdʒ] **n**
1. établissement d'enseignement supérieur
He left school to study technology at college. Il a quitté le collège pour faire des études de technologie dans un établissement d'enseignement supérieur.
2. section d'université
Certaines universités britanniques, en particulier Oxford et Cambridge, sont divisées en "colleges".
(voir page 252)

They look cold.
Ils ont l'air d'avoir froid.

colony [ˈkɒlənɪ] **n** colonie
When North America was a British colony. Quand l'Amérique du Nord était une colonie britannique.

colour [ˈkʌləʳ] (**Am:** color)
✪ **n** couleur*

You would have preferred another colour?
Yes! I hate yellow!

– Tu aurais préféré une autre *couleur* ?
– Oui ! Je déteste le jaune !

A colour television. Une télévision couleur.
✪ **vt** colorer

comb [kəʊm]
✪ **n** peigne
✪ **vt** peigner
He washed his face and combed his hair. Il s'est lavé le visage et s'est peigné.

combination [kɒmbɪˈneɪʃn] **n** combinaison
It's a combination lock. C'est une serrure à combinaison.

come [kʌm], **came** [keɪm], **come** [kʌm] **vi** venir
His parents came to America forty years ago. Ses parents sont venus en Amérique il y a quarante ans.
• **come along** **vi**
1. venir
You can come along with us if you like. Tu peux venir avec nous si tu veux.
2. se dépêcher
Come along, it's getting late! Dépêchez-vous, il est tard !
• **come back** **vi** revenir
The stagecoach came back empty. La diligence est revenue vide.
• **come in** **vi** entrer
Come in and make yourselves at home. Entrez, faites comme chez vous.
• **come off** **vi** se détacher
One of my buttons has come off. Un de mes boutons s'est détaché.
• **come on** **vi**
1. se dépêcher
Come on, we're going to be late! Dépêchez-vous, on va être en retard !
2. s'allumer
A light came on upstairs. Une lumière s'est allumée à l'étage.
3. *Idiom* **Come on!** Allons !
Come on, I was only joking! Allons, je plaisantais !
• **come out** **vi**
1. sortir
Come out, Joe Dalton, I know you're in there! Sors, Joe Dalton, je sais que tu es là !
2. sortir
The film comes out in France next week. Le film sort en France la semaine prochaine.
• **come round** (**Am:** come around) **vi**
1. venir, passer
You must come round for dinner some time. Il faut que tu viennes dîner à la maison un de ces soirs.
2. reprendre connaissance
A bucket of cold water will help him come round. Un seau d'eau froide l'aidera à reprendre connaissance.

comfort [ˈkʌmfət]
✪ **n**
1. confort
The Daltons like their comfort. Les Dalton aiment le confort.
2. réconfort, consolation

This looks like a pretty comfortable cell!

– Cette cellule a l'air très *confortable* !

She was a great comfort to me. Elle a été d'un grand réconfort pour moi.
✪ **vt** réconforter, consoler
She sang to the children to comfort them. Elle a chanté pour consoler les enfants.

comfortable [ˈkʌmftəbl] **adj**
1. confortable*
2. à l'aise
I don't feel very comfortable in their presence. Je ne me sens pas très à l'aise en leur présence.

comic [ˈkɒmɪk]
✪ **n**
1. bande dessinée
You read too many comics! Tu lis trop de bandes dessinées !
2. (acteur) comique
He's supposed to be a comic, but he doesn't make me laugh. C'est censé être un comique, mais il ne me fait pas rire.
✪ **adj** comique

comment [ˈkɒment]
✪ **vi** faire des commentaires
I'm afraid I cannot comment on that issue. Je regrette, mais je ne peux faire aucun commentaire à ce sujet.
✪ **n** commentaire
No comment. Sans commentaire.

commit [kəˈmɪt] **vt**
1. commettre
How many crimes has he committed? Combien de crimes a-t-il commis ?
2. engager

commitment

I committed myself to helping them. Je me suis engagé à les aider.
3. *Idiom* **to commit suicide** se suicider

commitment [kəˈmɪtmənt] **n** engagement
I don't have any commitments next week. Je n'ai pris aucun engagement pour la semaine prochaine.
She shows great commitment to her work. Elle s'implique beaucoup dans son travail.

common [ˈkɒmən]
✺ **adj**
1. commun, courant
It's a very common species of bird in the West. C'est une espèce d'oiseau très commune dans l'Ouest.
2. commun
They share a common goal. Ils ont un but commun.
3. vulgaire
Don't be so common! Ne sois pas si vulgaire !
4. *Idiom* **in common** en commun
✺ **n pl** **the Commons** les Communes
• **the House of Commons** les Communes, la Chambre des Communes (voir page 116)

Commonwealth [ˈkɒmənwelθ] **n** Commonwealth
Groupement de pays indépendants, anciennes colonies britanniques. (voir page 151)

communicate [kəˈmjuːnɪkeɪt] **vi** communiquer
They communicate by sign language. Ils communiquent par signes.

community [kəˈmjuːnətɪ] **n** communauté
But he's a pillar of our community! Mais c'est un pilier de notre communauté !

commute [kəˈmjuːt] **vi** faire la navette entre son domicile et son lieu de travail
He commutes to London by train every day. Il prend le train pour aller travailler à Londres tous les jours.

commuter [kəˈmjuːtər] **n** banlieusard

company [ˈkʌmpənɪ] **n**
1. société, compagnie
They work for the railroad company. Ils travaillent pour la compagnie des chemins de fer.
2. compagnie
Stay here with me to keep me company. Reste ici pour me tenir compagnie.

compare [kəmˈpeər] **vt** comparer
You can't compare him with Lucky Luke. On ne peut pas le comparer à Lucky Luke.

comparison [kəmˈpærɪsn] **n** comparaison
He's the best shot, there's no comparison! C'est le meilleur tireur, c'est sans comparaison !

compel [kəmˈpel] **vt** contraindre, obliger
He compelled the bank clerk to open the safe. Il a obligé l'employé de la banque à ouvrir le coffre.

competition [kɒmpɪˈtɪʃn] **n**
1. concours, compétition*
2. concurrence
We have to stay ahead of the competition in this business. Il faut rester en avance sur la concurrence dans ce domaine.

complain [kəmˈpleɪn] **vi** se plaindre
The farmers decided to complain to the sheriff. Les fermiers ont décidé de se plaindre au shérif.

complaint [kəmˈpleɪnt] **n** réclamation, plainte
If you have a complaint you should see the manager. Si vous avez une réclamation, adressez-vous au directeur.

complete [kəmˈpliːt]
✺ **adj**
1. complet
The complete works of Shakespeare. L'œuvre complète de Shakespeare.
You're a complete idiot! Tu es complètement idiot !
2. achevé
When the building work is complete. Quand les travaux de construction seront achevés.
✺ **vt**
1. achever, terminer, finir
Have you completed your homework? As-tu fini tes devoirs ?
2. compléter
He just needs one picture to complete his collection. Il ne lui manque qu'une image pour compléter sa collection.

completely [kəmˈpliːtlɪ] **adv** complètement
I'm completely exhausted! Je suis complètement épuisé !

complexion [kəmˈplekʃn] **n** teint
She has a very fair complexion. Elle a le teint très clair.

I'm going to win the competition.

Yippee!

— Youpi !
— C'est moi qui vais gagner la compétition.

compose [kəmˈpəʊz] **vt** composer*

He had composed a ballad for the Daisy Town ball.

Il avait **composé** une ballade pour le bal de Daisy Town.

composer [kəmˈpəʊzəʳ] **n** compositeur

compulsory [kəmˈpʌlsərɪ] **adj** obligatoire
Is military service compulsory in your country? Le service militaire est-il obligatoire dans votre pays ?

computer [kəmˈpjuːtəʳ] **n** ordinateur

concentrate [ˈkɒnsəntreɪt] **vi** se concentrer*

Let's see... I need to concentrate.

– Voyons... Il faut que je me **concentre**.

Concentrate on what you're doing. Concentre-toi sur ce que tu fais.

concern [kənˈsɜːn]
✪ **vt**
1. inquiéter
I'm a bit concerned about my brother's health. La santé de mon frère m'inquiète un peu.
2. concerner
I'm sorry, this problem doesn't concern us. Désolé, ce problème ne nous concerne pas.
As far as I'm concerned. En ce qui me concerne.
✪ **n** souci
The farmers' main concern at the moment is the drought. Le principal souci des fermiers en ce moment est la sécheresse.

concerning [kənˈsɜːnɪŋ] **prep** à propos de, concernant
Are there any questions concerning what we've discussed so far? Y a-t-il des questions à propos de ce dont nous avons discuté jusqu'ici ?

concert [ˈkɒnsət] **n** concert
I've booked two seats for the concert tonight. J'ai réservé deux places pour le concert de ce soir.

conclusion [kənˈkluːʒn] **n** conclusion
In conclusion, I'd like once again to thank Lucky Luke for helping us. En conclusion, j'aimerais encore une fois remercier Lucky Luke de nous avoir aidés.

concrete [ˈkɒŋkriːt] **n** béton
Reinforced concrete. Béton armé.

condition [kənˈdɪʃn] **n**
1. condition
I'll help you, but on one condition... Je vais vous aider, mais à une condition...
2. état
The patient's condition is stable. L'état du malade est stationnaire.

confidence [ˈkɒnfɪdəns] **n**
1. confiance
I have total confidence in Lucky Luke. J'ai totalement confiance en Lucky Luke.
2. confidence
Let me tell you something in confidence. Laissez-moi vous faire une confidence.

conflict
Attention, le nom se prononce [ˈkɒnflɪkt], le verbe se prononce [kənˈflɪkt].
✪ **n** conflit
Two settlers were hurt in the conflict. Deux colons ont été blessés lors du conflit.
✪ **vi** être en conflit
All his ideas conflict with mine. Toutes ses idées sont en conflit avec les miennes.

confuse [kənˈfjuːz] **vt**
1. confondre
I always confuse William Dalton with his brother Jack. Je confonds toujours William Dalton avec son frère Jack.
2. brouiller, embrouiller
You're deliberately confusing the issue. Tu fais exprès d'embrouiller la conversation.

confused [kənˈfjuːzd] **adj**
1. désorienté*, dérouté

What's happening? What's happening? I'm confused!

– Que se passe-t-il ? Que se passe-t-il ? Je suis **désorienté** !

2. confus, compliqué
A confused explanation. Une explication confuse.

confusing [kənˈfjuːzɪŋ] **adj** pas clair, qui désoriente
His instructions were confusing. Ses instructions n'étaient pas claires.

congratulate [kənˈgrætʃʊleɪt] **vt** féliciter
They all congratulated Lucky Luke for finding the culprit. Ils ont tous félicité Lucky Luke d'avoir trouvé le coupable.

congratulations

*On behalf of the American government, I offer you my **congratulations**.*

— Au nom du gouvernement américain, je vous présente mes **félicitations**.

congratulations [kənˌgrætʃʊ-ˈleɪʃns] **n pl** félicitations*

Congress [ˈkɒŋgres] **n Am** Congrès
Congress is meeting tomorrow. Le Congrès se réunit demain.
Le Congrès est le parlement américain, composé de la Chambre des représentants (House of Representatives) et du Sénat (Senate).
(voir page 301)

connection [kəˈnekʃn] **n**
1. rapport, lien, relation
What is your connection with the accused? Quels sont vos liens avec l'accusé ?
2. correspondance
The train arrived late and I missed my connection. Le train est arrivé en retard et j'ai manqué ma correspondance.
3. branchement, raccord
He checked the connections and switched the electricity back on. Il vérifia les branchements et ralluma l'électricité.

conscious [ˈkɒnʃəs] **adj** conscient
Are you conscious of what you did? Êtes-vous conscient de ce que vous avez fait ?

consent [kənˈsent]
◉ **vi** consentir
Lucky Luke finally consented to help them. Lucky Luke a finalement consenti à les aider.
◉ **n** consentement, accord

conservative [kənˈsɜːvətɪv] **adj** conservateur
The Conservative Party. Le parti conservateur.

consist of [kənˈsɪst] **vt** consister
What exactly does your work consist of? En quoi consiste exactement votre travail ?
"Consist of" est inséparable.

constable [ˈkʌnstəbl] **n Br** agent de police

constitution [kɒnstɪˈtjuːʃn] **n** constitution

consumer [kənˈsjuːmər] **n** consommateur
A consumers' association. Une association de consommateurs.

contain [kənˈteɪn] **vt** contenir*

*This medicine **contains** ingredients that cure all known diseases.*

— Ce médicament **contient** des ingrédients qui guérissent toutes les maladies connues.

content [ˈkɒntent]
◉ **n** teneur
A high alcohol content. Une forte teneur en alcool.
◉ **n pl**
1. contenu
She emptied the contents of her bag onto the table. Elle a vidé le contenu de son sac sur la table.
2. table des matières
The contents are at the end of the book. La table des matières est à la fin du livre.

contest [ˈkɒntest] **n** concours
A beauty contest. Un concours de beauté.

continent [ˈkɒntɪnənt] **n**
1. continent
The five continents. Les cinq continents.
2. **Br: the Continent** l'Europe continentale
They always go on holiday to the Continent. Ils vont toujours en vacances en Europe continentale.

continental [kɒntɪˈnentl] **adj** continental
• **continental breakfast n** petit déjeuner à l'européenne
(voir page 41)

continue [kənˈtɪnjuː] **vi, vt** continuer
The mayor continued his speech. Le maire continua son discours.

contractor [kənˈtræktər] **n** entrepreneur

contrary [ˈkɒntrərɪ]
◉ **adj** contraire
This is contrary to all their beliefs. Ceci est contraire à toutes leurs convictions.
◉ **n** contraire
On the contrary. Au contraire.

control [kənˈtrəʊl]
◉ **n**
1. contrôle, maîtrise
He lost control of his vehicle. Il a perdu le contrôle de son véhicule.
The sheriff has the situation under control. Le shérif a la situation bien en main.
2. autorité
He has no control over his pupils. Il n'a aucune autorité sur ses élèves.

3. commande
At the controls of the aircraft. Aux commandes de l'avion.

vt
1. maîtriser, contenir
They managed to control the frightened cattle. Ils ont réussi à maîtriser le bétail apeuré.
2. faire fonctionner
These switches control the lighting. Ces interrupteurs font fonctionner l'éclairage.
3. contrôler
The government controls public-sector wages. Le gouvernement contrôle les salaires du secteur public.

convenient [kən'vi:njənt] **adj**
1. commode, pratique
It's a very convenient tool. C'est un outil très pratique.
2. qui convient
I'll call by tomorrow if that's convenient for you. Je passerai demain si cela vous convient.
3. bien situé
The flat is very convenient for public transport. L'appartement est très bien situé pour les transports en commun.

convince [kən'vɪns] **vt** convaincre*

– Je sais que j'arriverai à vous *convaincre*.

cook [kʊk]
vt
1. (faire) cuire
I haven't cooked the vegetables yet. Je n'ai pas encore fait cuire les légumes.
2. préparer
She cooked dinner for them. Elle leur a préparé à dîner.

vi
1. cuire
The chicken's cooking in the oven. Le poulet est en train de cuire au four.
2. faire la cuisine*

I love *cooking*!
I love Averell, especially when he cooks for me!

– J'adore faire la *cuisine* !
– J'adore Averell, surtout quand il fait la cuisine pour moi !

n cuisinier
The cook called the cowboys to dinner. Le cuisinier a appelé les cowboys pour le dîner.

cooker ['kʊkəʳ] **n** cuisinière
A gas cooker. Une cuisinière à gaz.

cookie → biscuit

cooking ['kʊkɪŋ] (**Am:** stove) **n** cuisine
I prefer English cooking. Je préfère la cuisine anglaise.

cool [kuːl]
adj
1. frais
It's cooler out today. Il fait plus frais aujourd'hui.
2. léger
She was wearing a cool dress. Elle portait une robe légère.
3. froid
I found they were very cool towards me. J'ai trouvé qu'ils étaient très froids avec moi.

vi refroidir
Leave the cake to cool for ten minutes. Laissez refroidir le gâteau dix minutes.

• **cool down vi**
1. refroidir
Has the engine cooled down? Est-ce que le moteur a refroidi ?
2. se rafraîchir
I need a drink to cool down. J'ai besoin de boire quelque chose pour me rafraîchir.
3. se calmer
I'm not going to talk to Joe until he cools down a bit. Je ne parlerai pas à Joe tant qu'il ne se sera pas calmé un peu.

cop [kɒp] **n informal** flic

cope [kəʊp] **vi** se débrouiller
Will you be able to cope all by yourself? Est-ce que tu sauras te débrouiller tout seul ?

cope with vt faire face à
The sheriff had never had to cope with such a difficult situation. Le shérif n'avait jamais eu à faire face à une situation aussi difficile.
"Cope with" est inséparable.

copy ['kɒpɪ]
vt copier
She copies everything I do! Elle copie tout ce que je fais !
n
1. copie
He made two copies of the letter. Il a fait deux copies de la lettre.
2. exemplaire
Two thousand copies of the book were printed. Deux mille exemplaires du livre ont été imprimés.

cork [kɔːk] **n**
1. bouchon
The cork is stuck in the bottle. Le bouchon est coincé dans la bouteille.
2. liège
A cork tablemat. Un dessous-de-plat en liège.

corkscrew ['kɔːkskruː] **n** tire-bouchon

corn [kɔːn] **n**
1. Br: céréale
They grow corn. Ils cultivent des céréales.
2. Am: maïs

cornflakes ['kɔːnfleɪks] **n pl** corn flakes, flocons de maïs

corner

corner [ˈkɔːnər] **n**
1. coin*, angle

Joe is furious at having to stand in the corner.
Joe est furieux d'être obligé de rester au coin.

2. virage
He took the corner too fast. Il a pris le virage trop vite.
3. corner
To take a corner. Tirer un corner.

correct [kəˈrekt]
● **adj** correct
All your answers are correct. Toutes vos réponses sont correctes.
● **vt** corriger
I haven't had time to correct your homework. Je n'ai pas eu le temps de corriger vos devoirs.

corridor [ˈkɒrɪdɔː] **n** couloir

cosmetics [kɒzˈmetɪks] **n pl** produits de beauté

cost [kɒst], **cost** [kɒst], **cost** [kɒst]
● **vt** coûter
How much does it cost? Combien ça coûte ?
● **n**
1. coût
The cost of living. Le coût de la vie.
2. Idiom **at all costs** à tout prix

cosy [ˈkəʊzɪ] **adj**
1. douillet
A cosy little bedroom. Une petite chambre douillette.
2. bien au chaud
But I was really cosy by the fire! Mais j'étais bien au chaud près du feu !

cottage [ˈkɒtɪdʒ] **n** petite maison (à la campagne)
Thatched cottage. Chaumière.

cotton [ˈkɒtn] **n** coton
A cotton dress. Une robe en coton.

cough [kɒf]
● **n** toux
● **vi** tousser*

I don't like cigars, they make me cough.
– Je n'aime pas les cigares, ils me font tousser.

could **v** auxiliaire
1. Passé de can.
They couldn't stay for lunch. Ils ne pouvaient pas rester déjeuner.
It was so dark that I could hardly see. Il faisait si sombre que je voyais à peine.
2. Pour indiquer une éventualité.
He could arrive at any moment. Il pourrait arriver d'un moment à l'autre.
They could have forgotten. Ils ont peut-être oublié.
3. Pour exprimer une demande.
Could you close the window, please? Pourriez-vous fermer la fenêtre, s'il vous plaît ?
"Can" et "could" s'utilisent tous les deux pour exprimer une demande, mais l'utilisation de "could" est plus polie.
(voir page 185)

count [kaʊnt]
● **vt** compter
The cowboys counted the cattle. Les cow-boys ont compté le bétail.
● **vi** compter
Count up to ten. Compte jusqu'à dix.
● **count on vt** compter sur
I'm counting on you, Jolly Jumper! Je compte sur toi, Jolly Jumper !
"Count on" est inséparable.

counter [ˈkaʊtər] **n**
1. comptoir
The shopkeeper came out from behind the counter. Le commerçant est sorti de derrière le comptoir.
2. pion, jeton
Each player starts the game with four counters. Chaque joueur commence la partie avec quatre pions.

country [ˈkʌntrɪ] **n**
1. pays
They left their home country to come to America. Ils ont quitté leur pays natal pour venir en Amérique.
2. campagne
Do you live in town or in the country? Habitez-vous en ville ou à la campagne ?
3. région
The country beyond the Black Hills is unexplored. La région au-delà des Collines noires est inexplorée.

county [ˈkaʊntɪ] **n** comté
US states are divided into counties. Les États des États-Unis sont divisés en comtés.

couple [ˈkʌpl] **n**
1. couple*

Another couple arrived.
Un nouveau couple est arrivé.

2. Idiom **a couple of** quelques, deux ou trois

I've been to Dodge City a couple of times. Je suis allé deux ou trois fois à Dodge City.

courage [ˈkʌrɪdʒ] **n** courage
Nobody except Lucky Luke had the courage to protest. Personne à part Lucky Luke n'a eu le courage de protester.

course [kɔːs] **n**
1. cours
She took a course in accounting. Elle a suivi des cours de comptabilité.
2. cours
In the course of our conversation. Au cours de notre conversation.
3. route, itinéraire
If you're going to Dry Gulch you're off course. Si vous allez à Dry Gulch, vous êtes sur la mauvaise route.
4. plat
A five course meal. Un repas composé de cinq plats.
5. terrain
A golf course. Un terrain de golf.
• **of course** bien sûr, évidemment
– Can I leave my horse here? – Of course! – Est-ce que je peux laisser mon cheval ici ? – Bien sûr !

court [kɔːt] **n**
1. cour, tribunal
The court found Billy the Kid guilty. La cour a déclaré Billy the Kid coupable.
2. court
A tennis court. Un court de tennis.
3. terrain
A basketball court. Un terrain de basket.

courtyard [ˈkɔːtjɑːd] **n** cour
There's a shady courtyard behind the house. Il y a une cour ombragée derrière la maison.

cousin [ˈkʌzn] **n** cousin, cousine
She's my cousin. C'est ma cousine.

cover [ˈkʌvə]
◦ **n**
1. housse
A duvet cover. Une housse de couette.
2. couverture
Her photo was on the cover of the magazine. Sa photo était sur la couverture du magazine.
3. abri

Quick, take cover, the Indians are coming! Vite, mettez-vous à l'abri, les Indiens arrivent !
◦ **vt** couvrir
He covered his face with a mask. Il s'est couvert le visage avec un masque.

cow [kaʊ] **n** vache
The farmer was milking the cow. Le fermier était en train de traire la vache.

coward [ˈkaʊəd] **n** lâche
Come out and fight, you cowards! Venez vous battre, espèces de lâches !

cowboy [ˈkaʊbɔɪ] **n** cow-boy
I'm a poor lonesome cowboy... Je suis un pauvre cow-boy solitaire...

crack [kræk]
◦ **n**
1. fêlure, fissure
There's a long crack in the wall. Il y a une longue fissure dans le mur.
2. entrebâillement
He was watching them through the crack in the door. Il les observait par l'entrebâillement de la porte.
3. claquement
I heard the crack of a whip. J'ai entendu le claquement d'un fouet.
◦ **vt**
1. fêler, fissurer
The bullet cracked the glass. La balle a fêlé le verre.
2. casser
Crack the eggs into a bowl. Casser les œufs dans un saladier.
3. faire claquer
The stagecoach driver cracked his whip. Le conducteur de la diligence a fait claquer son fouet.
4. résoudre
We've got the problem cracked. Nous avons résolu le problème.
◦ **vi**
1. se fêler, se fissurer
The mirror cracked. Le miroir se fêla.
2. craquer
He finally cracked under the strain. Il a fini par craquer sous la pression.

cradle [ˈkreɪdl] **n** berceau
She put the baby in its cradle. Elle a mis le bébé dans son berceau.

craftsman [ˈkrɑːftsmən] (**pl**: craftsmen) **n** artisan

crane [kreɪn] **n** grue
They lifted the vehicle out of the ditch with a crane. Ils ont sorti le véhicule du fossé avec une grue.

crash [kræʃ]
◦ **n**
1. accident
His parents were injured in a car crash. Ses parents ont été blessés dans un accident de voiture.
2. fracas
The tray of drinks fell to the ground with a crash. Le plateau de boissons est tombé par terre avec fracas.
◦ **vi**
1. s'écraser
The pilot bailed out before the plane crashed. Le pilote a sauté en parachute avant que l'avion ne s'écrase.
2. se percuter
Does anybody know why the trains crashed? Quelqu'un sait-il pourquoi les trains se sont percutés ?
3. s'effondrer
The stock market crashed. Le marché boursier s'est effondré.

crawl [krɔːl] **vi**
1. ramper
He managed to crawl under the table. Il a réussi à ramper sous la table.
2. grouiller
Let's get out of here, it's crawling with bugs! Sortons d'ici, ça grouille de bestioles !

crazy [ˈkreɪzɪ] **adj** fou*

– *You are completely crazy.*

– *Vous êtes complètement fou.*

cream

cream [kri:m] **n** crème*

This cream cake looks delicious!
– Ce gâteau à la crème a l'air délicieux !

Strawberries and cream. Des fraises à la crème.
• **cream tea** **Br**
Goûter où l'on sert des scones avec de la crème fraîche.
(voir page 166)

create [kriːˈeɪt] **vt**
1. créer
He created a new musical. Il a créé une nouvelle comédie musicale.
2. faire
There's no need to create such a fuss! Ce n'est pas la peine de faire tant d'histoires !

credit [ˈkredɪt] **n** crédit
• **credit card** carte de crédit

creep [kriːp], **crept** [krept], **crept** [krept]
❂ **vi**
1. se glisser
He crept into the room without anybody noticing him. Il s'est glissé dans la pièce sans que personne ne le remarque.
2. avancer lentement
The cars crept along behind the tractor. Les voitures avançaient lentement derrière le tracteur.
❂ **n informal** sale type

crew [kruː] **n** équipage

cricket [ˈkrɪkɪt] **n**
1. cricket
A game of cricket. Une partie de cricket.
2. grillon
Crickets were chirping. Les grillons chantaient.

crime [kraɪm] **n**
1. crime, délit
He's wanted for crimes he committed in Texas. Il est recherché pour des crimes qu'il a commis au Texas.
2. criminalité
Crime is on the increase. Il y a un accroissement de la criminalité.

crisis [ˈkraɪsɪs] **n** crise
Lucky Luke is always calm in times of crisis. Lucky Luke reste toujours calme en situation de crise.

crisp [krɪsp]
❂ **adj** croquant
❂ **n pl Br** chips
A packet of bacon-flavoured crisps. Un paquet de chips au bacon.

criticize [ˈkrɪtɪsaɪz]
vt critiquer
Why do you criticize everything I do? Pourquoi critiques-tu tout ce que je fais ?
S'écrit aussi "criticise" en anglais britannique.

crocodile [ˈkrɒkədaɪl] **n** crocodile

crop [krɒp] **n**
1. culture
Wheat is the main crop in this region. Le blé est la principale culture dans cette région.
2. récolte
This year's potato crop. La récolte de pommes de terre de cette année.

cross [krɒs]
❂ **vt**
1. traverser
Be careful crossing the road. Fais attention en traversant la route.
2. croiser
Let's keep our fingers crossed! Croisons les doigts !
❂ **n**
1. croix
The place is marked with a cross on the map. L'endroit est marqué d'une croix sur la carte.
2. croisement, hybride
It's a cross between a labrador and a poodle. C'est un croisement entre un labrador et un caniche.
❂ **adj** fâché
Joe will be very cross if I tell him. Joe sera très fâché si je le lui dis.
• **cross out vt** barrer, rayer
He crossed out what he had written. Il a barré ce qu'il avait écrit.
She crossed his name out. Elle a barré son nom.
"Cross out" est séparable.

crossing [ˈkrɒsɪŋ] **n**
1. traversée
The crossing between Calais and Dover was very rough. La traversée entre Calais et Douvres a été pénible.
2. passage
Level crossing (**Am**: grade crossing). Passage à niveau.
Pedestrian crossing (**Am**: crosswalk). Passage clouté.

crossroads [ˈkrɒsrəʊdz] (**Am**: intersection) **n** carrefour*

Crossroads were dangerous at the time.
Les carrefours étaient dangereux à l'époque.

Slow down as you come to the crossroads. Ralentissez en arrivant au carrefour.
Attention, "crossroads" prend toujours un "s", même au singulier.

crow [krəʊ]
❂ **n** corbeau
❂ **vi** chanter
The cock crowed at dawn. Le coq a chanté à l'aube.

crowd [kraʊd] **n** foule
A large crowd had gathered to welcome Lucky Luke. Une foule importante s'était assemblée pour souhaiter la bienvenue à Lucky Luke.

crowded [ˈkraʊdɪd] **adj** bondé

The saloon is always crowded on Saturday nights. Le saloon est toujours bondé le samedi soir.

crown [kraʊn] **n** couronne

cruel [kruəl] **adj** cruel*

– Comme c'est **cruel** d'avoir fait ça !

What a **cruel** thing to do!

Stop being cruel to that horse! Arrête de maltraiter ce cheval !

cruise [kru:z] **n** croisière
They went on a Caribbean cruise. Ils ont fait une croisière aux Caraïbes.

crumb [ˈkrʌm] **n** miette
The table was covered with crumbs. La table était couverte de miettes.

crush [krʌʃ]
● **vt**
1. écraser
The car was crushed by the steamroller. La voiture a été écrasée par le rouleau compresseur.
2. entasser
Hundreds of people were crushed into the train. Des centaines de personnes étaient entassées dans le train.
● **n**
1. cohue
We were separated in the crush. Nous avons été séparés dans la cohue.
2. *Idiom* **informal to have a crush on** avoir le béguin pour

cry [kraɪ]
● **vi**
1. pleurer
Don't cry, darling, everything will be all right. Ne pleure pas, ma chérie, tout ira bien.
2. crier
"Help", he cried as he fell into the river. "Au secours", cria-t-il en tombant dans la rivière.
● **n** cri
The cry of the owl. Le cri du hibou.
• **cry out vi** pousser un cri
He cried out in pain. Il a poussé un cri de douleur.

cucumber [ˈkjuːkʌmbəʳ] **n** concombre

culture [ˈkʌltʃəʳ] **n** culture
He's here to study the culture of the Cheyennes. Il est là pour étudier la culture des Cheyennes.

cunning [ˈkʌnɪŋ] **adj** rusé, malin
Be careful, Lucky Luke, he's very cunning. Faites attention, Lucky Luke, il est très rusé.

cup [kʌp] **n**
1. tasse
Would you like a cup of tea? Voulez-vous une tasse de thé ?
2. coupe
The World Cup. La Coupe du monde.

cupboard [ˈkʌbəd] **n** placard
She put the dishes away in the cupboard. Elle a rangé la vaisselle dans le placard.

cure [kjʊəʳ]
● **vt** guérir*

Take this medicine, it'll **cure** your cough.

– Prenez ce médicament, il **guérira** votre toux.

● **n** remède
There is still no cure for the common cold. Il n'existe toujours pas de remède contre le rhume.

curious [ˈkjʊərɪəs] **adj**
1. curieux
I'm curious to know what happened next. Je suis curieux de savoir ce qui s'est passé ensuite.
2. bizarre, curieux
There's something curious going on in this town. Il se passe quelque chose de bizarre dans cette ville.
The Queen was wearing a curious orange hat. La reine portait un curieux chapeau orange.

curly [ˈkɜːlɪ] **adj** bouclé
She had long curly hair. Elle avait de longs cheveux bouclés.

currency [ˈkʌrənsɪ] **n** monnaie, devise
Do you accept foreign currency? Acceptez-vous les devises étrangères ?

current [ˈkʌrənt]
● **adj**
1. actuel
The current sheriff refuses all responsibility. Le shérif actuel refuse toute responsabilité.
2. courant
Such beliefs were still current in the last century. De telles croyances étaient encore courantes au siècle dernier.
● **n** courant
They were paddling against the current. Ils pagayaient contre le courant.

currently [ˈkʌrəntlɪ] **adv** actuellement
My brother is currently working in New York. Mon frère travaille actuellement à New York.

curriculum [kəˈrɪkjələm] **n** programme (d'études)
That subject's not on the curriculum this year. Cette matière n'est pas au programme cette année.

curtain [ˈkɜːtn] **n** rideau
Draw the curtains, it's getting dark. Tire les rideaux, il commence à faire nuit.

cushion

cushion [ˈkʊʃn] **n** coussin*

A cautious competitor who came with a cushion.

– Un concurrent prudent venu avec un **coussin**.

custard [ˈkʌstəd] **n**
Sorte de crème anglaise servie chaude avec certains desserts en Grande-Bretagne.

custom [ˈkʌstəm]
✱ **n** coutume
It's an old Indian custom. C'est une vieille coutume indienne.
✱ **n pl** douane
He was stopped and searched by customs. Il a été arrêté et fouillé à la douane.

customer [ˈkʌstəməʳ] **n** client
The customer is always right. Le client a toujours raison.

cut [kʌt], **cut** [kʌt], **cut** [kʌt]
✱ **vt**
1. couper*
Have you had your hair cut? Tu t'es fait couper les cheveux ?
2. réduire
We must cut our expenses. Nous devons réduire nos dépenses.
✱ **n**
1. coupure
You should put a plaster on that cut. Tu devrais mettre un pansement sur cette coupure.
2. réduction, coupe
They are planning new budget cuts. Ils projettent de nouvelles réductions budgétaires.

• **cut down** **vt**
1. abattre
They've cut down all the trees. Ils ont abattu tous les arbres.
I cut the tree down with an axe. J'ai abattu l'arbre avec une hache.
2. réduire
How can we cut down our expenses? Comment pouvons-nous réduire nos dépenses ?
"Cut down" est séparable.

Who cuts the wire?

Qui coupe le fil ?

• **cut off** **vt**
1. couper
He almost cut his finger off. Il a failli se couper un doigt.
The power has been cut off. L'électricité a été coupée.
He threatened him to cut his hair off. Il l'a menacé de lui couper les cheveux.
2. couper, isoler
They're cut off from the rest of the world. Ils sont coupés du reste du monde.
"Cut off" est séparable.

• **cut out** **vt**
1. découper
He showed me a photograph cut out of a newspaper. Il m'a montré une photo découpée dans un journal.
2. arrêter
The doctor told him to cut out smoking. Le médecin lui a dit d'arrêter de fumer.
"Cut out" est séparable.

cute [kjuːt] **adj** mignon
What a cute little kitten! Qu'il est mignon, ce chaton !

cycle [ˈsaɪkl]
✱ **vi** faire de la bicyclette
Do you cycle often? Faites-vous souvent de la bicyclette ?
He cycles to work. Il va à son travail à bicyclette.
✱ **n**
1. bicyclette
2. cycle
The economic cycle. Le cycle économique.

cycling [ˈsaɪklɪŋ] **n** cyclisme
• **cycling track** **n** piste cyclable

D

dad [dæd], **daddy** [ˈdædɪ] **n** papa

daffodil [ˈdæfədɪl] **n** jonquille

daily [ˈdeɪlɪ]
- **adj** quotidien
He did his daily exercises. Il a fait sa gymnastique quotidienne.
- **adv** quotidiennement
- **n** quotidien
This newspaper is a daily. Ce journal est un quotidien.

dairy [ˈdeərɪ]
- **n**
1. crémerie
Run to the dairy and buy some butter. Cours à la crémerie acheter du beurre.
2. laiterie
The farm has a small dairy. La ferme a une petite laiterie.
- **adj** laitier
Dairy products. Produits laitiers.

daisy [ˈdeɪzɪ] **n** marguerite, pâquerette

damage [ˈdæmɪdʒ]
- **n**
1. dégâts, dommages
He offered to pay for the damage to the saloon. Il a offert de payer les dégâts causés dans le saloon.
2. tort
Aren't you worried about the damage to your reputation? Vous ne vous inquiétez pas du tort fait à votre réputation ?
Attention, dans ces deux sens, "damage" est toujours au singulier.
- **vt**
1. endommager
The stagecoach was badly damaged in the accident. La diligence a été très fortement endommagée dans l'accident.
2. nuire à
The scandal hardly damaged his reputation. Le scandale a à peine nui à sa réputation.

dance [dɑːns]
- **vi, vt** danser*

— Allez, *danse*! *Danse*! *Danse*!

- **n** danse
She's learnt a new dance. Elle a appris une nouvelle danse.

dandelion [ˈdændɪlaɪən] **n** pissenlit

danger [ˈdeɪndʒəʳ] **n** danger
Lucky Luke thinks that the settlers are in danger. Lucky Luke pense que les colons sont en danger.

dangerous [ˈdeɪndʒərəs] **adj** dangereux
This used to be a very dangerous town for travellers. Avant, c'était une ville très dangereuse pour les voyageurs.

Danish [ˈdeɪnɪʃ] **adj, n** danois, danoise, Danois, Danoise
Attention, l'anglais prend toujours une majuscule.

dare [deəʳ] **vi, vt** oser*

Il a *osé* le faire !

dark

dark [dɑːk]
- adj
1. sombre, noir
He crept along the dark corridor. Il avança sans bruit dans le couloir sombre.
2. foncé
He was wearing a dark blue suit. Il portait un costume bleu foncé.
3. brun
One sister is fair and the other one is dark. Une des sœurs est blonde et l'autre est brune.
4. Idiom **to be dark** faire nuit
Is it dark outside? Est-ce qu'il fait nuit dehors ?
- n obscurité, noir
I'm not afraid of the dark! Je n'ai pas peur du noir !
• **after dark** après la tombée de la nuit

darkness [ˈdɑːknɪs] n obscurité
The saloon was plunged into darkness. Le saloon a été plongé dans l'obscurité.

darling [ˈdɑːlɪŋ] n chéri(e)
Look, darling, what lovely hats they've got in that shop! Regarde, chéri, quels jolis chapeaux ils ont dans ce magasin !

dart [dɑːt] n fléchette
Let's have a game of darts. Faisons une partie de fléchettes.

dash [dæʃ]
- vi se précipiter, courir*

Where's he dashing to like that?

Mais où court-il comme ça ?

- n
1. ruée
There was a dash for the door of the saloon. Ce fut la ruée vers la porte du saloon.
2. tiret
A dash should be longer than a hyphen. Un tiret devrait être plus long qu'un trait d'union.
3. petite quantité, soupçon
Add a dash of lemon. Ajouter un soupçon de citron.

data [ˈdeɪtə] n données
I think their data is wrong. Je pense que leurs données sont erronées.
Pluriel à l'origine, le mot "data" est couramment utilisé au singulier aujourd'hui.

database [ˈdeɪtəbeɪs] n base de données

date [deɪt]
- n
1. date
They've changed the date of the meeting. Ils ont changé la date de la réunion.
What's the date today? Quel jour sommes-nous ?
2. rendez-vous
I've got a date tonight. J'ai un rendez-vous ce soir.
3. Idiom **out of date** démodé
His clothes are out of date. Ses vêtements sont démodés.
4. Idiom **up to date** moderne
Their computer system isn't very up to date. Leur système informatique n'est pas très moderne.
5. Idiom **to date** à ce jour
We've received twenty replies to date. Nous avons reçu vingt réponses à ce jour.
- vt
1. dater
The letter isn't dated. La lettre n'est pas datée.
2. sortir avec
He's dating the girl next door. Il sort avec la fille d'à côté.
- vi sortir ensemble
They've been dating for months. Cela fait des mois qu'ils sortent ensemble.
(voir page suivante)

daughter [ˈdɔːtə] n fille*

He looked at the photo of his daughter.

Il a regardé la photo de sa fille.

day [deɪ] n
1. jour
Three days later. Trois jours plus tard.
2. journée
They spent the whole day on horseback. Ils ont passé toute la journée à cheval.
3. Idiom **the day after** le lendemain
4. Idiom **the day before** la veille
5. Idiom **day off** jour de congé

dead [ded] adj
1. mort
– Is he dead? – No, he's still breathing. – Est-il mort ? – Non, il respire encore.
2. engourdi
My leg was dead from sitting in the same position for so long. J'avais la jambe engourdie à force d'être assis si longtemps dans la même position.

deaf [def] adj sourd
Could you speak up please, I'm a bit deaf! Pourriez-vous parler plus fort, s'il vous plaît, je suis un peu sourd !

deal [diːl], **dealt** [delt], **dealt** [delt]
- n
1. affaire, marché
You got a good deal there. Tu as fait une bonne affaire.
2. Idiom **a good deal, a great deal** beaucoup
You need a great deal of practice to shoot like Lucky Luke. Il faut beaucoup d'entraînement pour tirer comme Lucky Luke.

decent

○ **vi** donner, distribuer
Whose turn is it to deal? C'est à qui de donner ?
○ **vt** donner, distribuer
Deal five cards to each player. Distribuez cinq cartes à chaque joueur.
• **deal with** **vt**
1. s'occuper de
Nobody wants to deal with the problem. Personne ne veut s'occuper du problème.
2. traiter de
The chapter that deals with the Civil War. Le chapitre qui traite de la guerre de Sécession.
3. avoir affaire à
Who do you usually deal with at the bank? À qui avez-vous généralement affaire à la banque ?
"Deal with" est inséparable.
• **deal in** **vt** faire le commerce de
They deal in building materials. Ils font le commerce de matériaux de construction.
He's accused of dealing in drugs. Il est accusé de trafic de drogue.
"Deal in" est inséparable.

dealer [ˈdiːləʳ] **n**
1. négociant, marchand
He's a dealer in building materials. C'est un marchand de matériaux de construction.
2. trafiquant
A drug dealer. Un trafiquant de drogue.

dear [dɪəʳ]
○ **adj**
1. cher
She's a very dear friend of Ma Dalton. C'est une amie très chère de Ma Dalton.
Dear Sir… Cher Monsieur…
2. cher, onéreux
Twenty dollars? That's too dear! Vingt dollars ? C'est trop cher !
○ **n** chéri
Happy birthday, dear! Bon anniversaire, chéri !
○ **excl** **oh dear!** mon Dieu !

death [deθ] **n**
1. mort*
2. *Idiom* **to be scared to death** avoir une peur bleue

Death is always present in the desert.

La **mort** est toujours présente dans le désert.

December [dɪˈsembəʳ] **n** décembre
Attention, les noms de mois prennent toujours une majuscule en anglais. (voir ci-dessous)

decent [ˈdiːsnt] **adj**
1. décent
This dress is hardly decent. Cette robe est à peine décente.

LA DATE

◆ Il existe différentes façons d'écrire la date en anglais : *December 12, December 12th, 12 December* ou *12th December*. On prononce : **December the twelfth** ou **the twelfth of December** car il s'agit du 12ᵉ jour du mois. Les Américains prononcent aussi *December* **twelve**. On peut écrire : *14 April 2000* ou *14th April 2000* lorsque l'on envoie une lettre. S'il est inutile de préciser l'année, on écrit : *Thursday, August 5th*.

◆ Les noms des jours et des mois commencent toujours par une majuscule : *Tuesday, June 10th; Monday, 2nd May*.

◆ La prononciation des années :
  • 1987 → **nineteen eighty-seven**
  • l'an 2000 → **the year two thousand**
  • les années 30 → **the 30s (the thirties)**

◆ Quelques exemples d'emploi :
  • le début des années 20 → **the early twenties** (1920-1925)
  • la fin des années 20 → **the late twenties** (1925-1929)
  • à dimanche ! → *see you* **on** *Sunday!*
  • en janvier → **in** *January*
  • le 18 avril → **on** *April the eighteenth*
  • elle arrive mercredi → *she is coming* **on** *Wednesday*
  • le samedi, je fais mes courses → *I go shopping* **on** *Saturdays/***every** *Saturday*

decide

2. correct
I like him, he's a really decent fellow. Je l'aime bien, c'est un type très correct.

decide [dɪˈsaɪd] **vt, vi** décider*

– Ça suffit! Taisez-vous! C'est moi qui **décide** ici!

deck [dek] **n**
1. pont
All the passengers were on the deck. Tous les passagers étaient sur le pont.
2. étage
Smoking is not allowed on the bottom deck of the bus. Il est interdit de fumer à l'étage inférieur de l'autobus.
3. Am: jeu
A deck of cards. Un jeu de cartes.

declare [dɪˈkleəʳ] **vt** déclarer
Do you have anything to declare? Avez-vous quelque chose à déclarer?

deep [diːp]
○ **adj** profond*
It's about ten metres deep. Ça fait à peu près dix mètres de profondeur.
○ **adv** profondément
They went deep into the forest. Ils ont pénétré profondément dans la forêt.
• **deep freeze n** congélateur

deer [dɪəʳ] (**pl:** deer) **n** cerf, daim

defeat [dɪˈfiːt]
○ **n** défaite
○ **vt** vaincre, battre
They defeated the Indians at El Plomo. Ils ont battu les Indiens à El Plomo.

defective [dɪˈfektɪv] **adj** défectueux
The brakes are defective. Les freins sont défectueux.

defend [dɪˈfend] **vt** défendre
How can we defend ourselves against the desperadoes? Comment pouvons-nous nous défendre contre les desperados?

definite [ˈdefɪnɪt] **adj**
1. clair, catégorique
We need a definite answer by tomorrow. Il nous faut une réponse claire d'ici demain.
2. sûr, certain
Are you definite about that? Êtes-vous sûr de cela?
3. défini
The definite article. L'article défini.
4. définitif
We haven't fixed a definite date yet. Nous n'avons pas encore fixé de date définitive.

definitely [ˈdefɪnɪtlɪ] **adv**
1. sans aucun doute, certainement
They'll definitely never dare to come back to this town! Ils n'oseront certainement jamais revenir dans cette ville!
2. définitivement
The date hasn't been definitely fixed yet. La date n'a pas encore été définitivement fixée.

– Come on Jolly Jumper, we've got to get out of here!
– But it's too **deep**, I'm out of my depth!
– Allez, Jolly Jumper, il faut qu'on sorte d'ici!
– Mais c'est trop **profond**, je n'ai pas pied!

degree [dɪˈgriː] **n**
1. degré
It must be at least forty degrees outside. Il doit faire au moins quarante degrés dehors.
2. degré, mesure
To a certain degree. Dans une certaine mesure.
3. licence
She's got a degree in biology. Elle a une licence en biologie.
(voir page 178)

delay [dɪˈleɪ]
○ **vt** retarder
The train was delayed. Le train a été retardé.
○ **n**
1. retard
The stagecoach driver apologized for the delay. Le conducteur de la diligence s'est excusé pour le retard.
2. *Idiom* **without delay** sans tarder

delete [dɪˈliːt] **vt** effacer, supprimer
Do you really want to delete this file? Voulez-vous vraiment supprimer ce fichier?

delicious [dɪˈlɪʃəs] **adj** délicieux*

Yum, yum! Yum, yum! That soap was **delicious**!

– Miam, miam! Miam, miam! Ce savon était **délicieux**!

delighted [dɪˈlaɪtɪd] **adj** ravi, enchanté
I'm delighted to meet you, Calamity Jane. Je suis ravi de vous rencontrer, Calamity Jane.

delightful [dɪˈlaɪtfʊl] **adj** ravissant

desert

What a delightful little town! Quelle ravissante petite ville !

deliver [dɪˈlɪvəʳ] **vt**
1. livrer*

He delivered the rats that he had caught.

Il a livré les rats qu'il avait attrapés.

2. prononcer
The mayor delivered a speech. Le maire a prononcé un discours.

demand [dɪˈmɑːnd]
✺ **vt** exiger
I demand an explanation! J'exige une explication !
✺ **n**
1. exigence, revendication
I think that the Indians' demands are perfectly acceptable. Je trouve que les exigences des Indiens sont parfaitement acceptables.
2. demande
The laws of supply and demand. La loi de l'offre et de la demande.
There's not much demand for lemonade in this saloon. Il n'y a pas beaucoup de demande de limonade dans ce saloon.

democratic [deməˈkrætɪk] **adj**
1. démocratique
A democratic political system. Un système politique démocratique.
2. **Am:** démocrate
The Democratic Party. Le parti démocrate.

demonstrate [ˈdemənstreɪt]
✺ **vt**
1. démontrer, prouver
It's easy to demonstrate that they're wrong. Il est facile de démontrer qu'ils ont tort.
2. faire une démonstration de
The shopkeeper demonstrated the new household appliances. Le commerçant a fait une démonstration des nouveaux appareils ménagers.
✺ **vi** manifester
They're demonstrating against the government. Ils manifestent contre le gouvernement.

demonstration [demənˈstreɪʃn] **n**
1. démonstration
A demonstration of his skill with a gun. Une démonstration de son habileté au tir.
2. manifestation
She went on a demonstration against the war. Elle est allée à une manifestation contre la guerre.

Denmark [ˈdenmɑːk] **n** Danemark

dentist [ˈdentɪst] **n** dentiste*

When you're ready, Doc. Go ahead!

Dentists in the West used rather primitive methods...

– Quand tu veux, Doc.
– Vas-y !
Les dentistes de l'Ouest avaient des méthodes plutôt primitives...

department [dɪˈpɑːtmənt] **n**
1. service
You'll have to see our complaints department. Il faudra que vous vous adressiez à notre service de réclamations.
2. rayon
Excuse me, where's the shoe department? Excusez-moi, où se trouve le rayon chaussures ?
• **department store** grand magasin

departure [dɪˈpɑːtʃəʳ] **n** départ
The train's departure has been delayed. Le départ du train a été retardé.

depend on [dɪˈpend] **vi** dépendre de
– *Are you coming tomorrow? – It depends on the weather.* – Tu viens demain ? – Ça dépend du temps qu'il fera.

deposit [dɪˈpɒzɪt] **n**
1. acompte
You pay a ten-dollar deposit now and the rest on delivery. Vous payez un acompte de dix dollars maintenant et le solde à la livraison.
2. caution
They require one month's rent as a deposit. Ils exigent un mois de loyer comme caution.
3. dépôt
She made a deposit at the bank. Elle a fait un dépôt à la banque.

depth [depθ] **n**
1. profondeur
They measured the depth of the lake. Ils ont mesuré la profondeur du lac.
2. *Idiom* **in the depths of the forest** au plus profond de la forêt
3. *Idiom* **to be out of one's depth** ne plus avoir pied

deputy [ˈdepjʊtɪ] **adj, n** adjoint
He was appointed deputy sheriff. Il a été nommé shérif adjoint.

describe [dɪˈskraɪb] **vt** décrire
Can you describe the robbers? Pouvez-vous décrire les voleurs ?

description [dɪˈskrɪpʃn] **n** description
There's a description of the suspect in the paper. Il y a une description du suspect dans le journal.

desert
Attention, le nom se prononce [ˈdezət], le verbe [dɪˈzɜːt]
✺ **n** désert
The settlers got lost in the desert. Les colons se sont perdus dans le désert.
✺ **vt, vi** déserter
Some of the soldiers deserted. Quelques-uns des soldats ont déserté.
• **desert island** île déserte

deserve

deserve [dɪˈzɜːv] **vt** mériter
Billy the Kid deserves a good hiding! Billy the Kid mérite une bonne correction !

design [dɪˈzaɪn]
○ **vt** concevoir, créer
All these dresses are designed and made in Paris. Toutes ces robes sont créées et fabriquées à Paris.
○ **n**
1. forme, style
I really don't like the design of that car. Je n'aime vraiment pas la forme de cette voiture.
2. plan, dessin
Have you seen the designs for the new town hall? Avez-vous vu les plans de la nouvelle mairie ?
3. design
She works in the design department of an advertising company. Elle travaille au service design d'une agence de publicité.

desk [desk] **n**
1. bureau
Go back to your desks, children. Retournez à vos bureaux, les enfants.
You'll find some paper in the desk drawer. Vous trouverez du papier dans le tiroir du bureau.
2. réception
He left his key at the desk. Il laissa sa clé à la réception.

dessert [dɪˈzɜːt] **n** dessert
Averell asked for more dessert. Averell a redemandé du dessert.

destroy [dɪˈstrɔɪ] **vt** détruire
The saloon was destroyed by the explosion. Le saloon a été détruit par l'explosion.

detached house [dɪˈtætʃt haʊs] **n Br** maison individuelle

detail [ˈdiːteɪl] **n** détail
Calamity Jane described the ranch in great detail. Calamity Jane a décrit le ranch en détail.

detective [dɪˈtektɪv] **n**
1. agent de police, policier
A man has been arrested and is being questioned by detectives. Un homme a été arrêté et des policiers sont en train de l'interroger.
2. détective
A private detective. Un détective privé.

determine [dɪˈtɜːmɪn] **vt** déterminer
The sheriff is trying to determine the cause of the fire. Le shérif essaie de déterminer la cause de l'incendie.

develop [dɪˈveləp]
○ **vi**
1. se développer
How is our plan developing? Comment se développe notre projet ?
2. survenir, se déclarer
A real problem could develop here. Un vrai problème pourrait survenir ici.
○ **vt**
1. développer
I haven't had the film developed yet. Je n'ai pas encore fait développer la pellicule.
This land will be developed soon. Ce terrain sera bientôt exploité.
2. attraper, contracter
She developed pneumonia. Elle a contracté une pneumonie.
• **develop into vt** devenir
She's developed into a pretty girl. Elle est devenue une jolie jeune fille.
"Develop into" est inséparable.

device [dɪˈvaɪs] **n** appareil
It's a device for removing stones from horses' hooves. C'est un appareil qui sert à enlever les cailloux des sabots d'un cheval.

devil [ˈdevl] **n** diable
Come back here, you little devil! Reviens ici, petit diable !
The Devil. Le Diable.

dial [ˈdaɪəl]
○ **vt** composer
He dialled the number slowly. Il composa le numéro lentement.
○ **n** cadran

diamond [ˈdaɪəmənd] **n** diamant*

diary [ˈdaɪərɪ] **n**
1. agenda
He wrote the date in his diary. Il nota la date sur son agenda.
2. journal (intime)
She used to keep a diary as a young girl. Elle tenait un journal quand elle était jeune.

dice [daɪs] (**pl**: dice) **n** dé
He's playing dice in the saloon. Il joue aux dés au saloon.

dictation [dɪkˈteɪʃn] **n** dictée

dictionary [ˈdɪkʃənrɪ] **n** dictionnaire
If you don't know what it means, look it up in the dictionary. Si tu ne sais pas ce que cela veut dire, cherche dans le dictionnaire.

did → do

die [daɪ] **vi**
1. mourir
You'd better get out of town, stranger, if you don't want to die! Tu ferais mieux de quitter cette ville, étranger, si tu ne veux pas mourir !
2. *Idiom* **informal to be dying to** mourir d'envie de
I'm dying to see him again! Je meurs d'envie de le revoir !
3. *Idiom* **informal to be dying for** avoir une envie folle de
He was dying for a drink. Il avait une envie folle de boire.

diet [ˈdaɪət] **n**
1. régime
No thank you, I'm on a diet. Non merci, je suis au régime.
2. alimentation
They don't have a very healthy diet. Leur alimentation n'est pas très saine.

He had a diamond tooth.

Il avait une dent en diamant.

difference [ˈdɪfrəns] **n**
1. différence
Don't you know the difference between a pistol and a revolver? Tu ne connais pas la différence entre un pistolet et un revolver ?
2. *Idiom* **it makes no difference** cela ne change rien
3. *Idiom* **what difference does it make?** qu'est-ce que ça change ?

different [ˈdɪfrənt] **adj**
He's not very different from his brother. Il n'est pas très différent de son frère.

difficult [ˈdɪfɪkəlt] **adj** difficile*

difficulty [ˈdɪfɪkəltɪ] **n** difficulté
Lucky Luke had no difficulty in following the Daltons' trail. Lucky Luke n'a eu aucune difficulté à suivre la piste des Dalton.

dig [dɪg], **dug** [dʌg], **dug** [dʌg]
❂ **vt**
1. creuser*
2. bêcher
She decided to dig the garden. Elle a décidé de bêcher le jardin.
3. enfoncer
He dug his finger into the soil. Il enfonça le doigt dans la terre.
❂ **vi** s'enfoncer
Lucky Luke felt something hard dig into his back. Lucky Luke a senti quelque chose de dur s'enfoncer dans son dos.

• **dig up vt** déterrer
Rin Tin Can has dug a bone up. Ran Tan Plan a déterré un os.
"Dig up" est séparable.

digital [ˈdɪdʒɪtl] **adj** numérique
Digital music. Musique numérique.

dining room [ˈdaɪnɪŋ ruːm] **n**
1. salle à manger
There are three bedrooms, a living room and a dining room. Il y a trois chambres, un salon et une salle à manger.
2. salle de restaurant
The hotel has two dining rooms. L'hôtel a deux salles de restaurant.

dinner [ˈdɪnəʳ] **n** dîner*
What did you have for dinner? Qu'est-ce que vous avez mangé au dîner ?

dinosaur [ˈdaɪnəsɔːʳ] **n** dinosaure

dip [dɪp]
❂ **vt**
1. tremper
He dipped his bread into his coffee. Il a trempé sa tartine dans son café.
2. *Idiom* **Br to dip one's headlamps** allumer ses feux de croisement
❂ **vi**
1. descendre
The path dips down to the river. Le chemin descend jusqu'à la rivière.
2. baisser
Temperatures will dip tomorrow. Les températures baisseront demain.
❂ **n**
1. descente
When you come to a dip in the road, turn right. Quand vous arrivez à une descente, tournez à droite.
2. baignade
Does anyone want to come for a quick dip with me? Quelqu'un veut-il venir faire une petite baignade avec moi ?
3. Sauce dans laquelle on trempe des légumes crus.

direct [dɪˈrekt]
❂ **adj** direct
What's the most direct route to Paris? Quel est l'itinéraire le plus direct pour aller à Paris ?

direction

vt
1. diriger
Direct the torch towards the ceiling. Dirigez la lampe vers le plafond.
Not many women direct multinational companies. Peu de femmes dirigent des sociétés multinationales.
2. mettre en scène
He has directed at least 30 films. Il a mis en scène au moins 30 films.
3. indiquer le chemin de
Could you direct me to the sheriff's office? Pourriez-vous m'indiquer le chemin du bureau du shérif ?

direction [dɪˈrekʃn] **n**
1. direction, sens
Which direction did the Indians go? Dans quelle direction les Indiens sont-ils partis ?
2. direction
Under the direction of the sheriff. Sous la direction du shérif.
3. indication
I followed Lucky Luke's directions and found the ranch easily. J'ai suivi les indications de Lucky Luke et j'ai trouvé le ranch facilement.

directly [dɪˈrektlɪ] **adv**
1. directement
Go directly to jail. Va directement à la prison.
2. tout de suite, immédiatement
Directly after Lucky Luke left. Tout de suite après le départ de Lucky Luke.

director [dɪˈrektər] **n**
1. directeur
The managing director of the railroad company. Le directeur général de la compagnie de chemins de fer.
2. metteur en scène, réalisateur
A famous film director. Un réalisateur de cinéma célèbre.

directory [dɪˈrektərɪ] **n** annuaire
I looked up her name in the telephone directory. J'ai cherché son nom dans l'annuaire téléphonique.

dirty [ˈdɜːtɪ] **adj**
1. sale
Don't come in here with your dirty boots. N'entrez pas ici avec vos bottes sales.
2. grossier, cochon
I won't stand dirty language in my class! Je ne tolèrerai pas de grossièretés dans ma classe !
This is a dirty story. C'est une histoire cochonne.

disadvantage [dɪsədˈvɑːntɪdʒ] **n**
1. désavantage, inconvénient
The disadvantages of living next to a saloon. Les inconvénients d'habiter à côté d'un saloon.
2. *Idiom* **to be at a disadvantage** être désavantagé

disagree [dɪsəˈgriː] **vi**
1. ne pas être d'accord
I disagree with the sheriff. Je ne suis pas d'accord avec le shérif.
2. *Idiom*
Cabbage disagrees with me. Je ne supporte pas le chou.

disappear [dɪsəˈpɪər] **vi** disparaître
When he came out, his horse had disappeared. Quand il est sorti, son cheval avait disparu.

disappointed [dɪsəˈpɔɪntɪd] **adj** déçu
I was disappointed with the result. J'ai été déçu par le résultat.

disaster [dɪˈzɑːstər] **n** désastre*

discover [dɪˈskʌvər] **vt** découvrir
The sheriff discovered where they had hidden the money. Le shérif a découvert où ils avaient caché l'argent.

discuss [dɪˈskʌs] **vt, vi** discuter
The sheriff discussed the problem with Lucky Luke. Le shérif a discuté du problème avec Lucky Luke.

disease [dɪˈziːz] **n** maladie*

— Nous avons attrapé une *maladie*.

disgusting [dɪsˈgʌstɪŋ] **adj** dégoûtant
This coffee is disgusting! Ce café est dégoûtant !

It's a real *disaster*!

C'est un véritable *désastre* !

dish [dɪʃ]
✪ **n** plat*

— J'espère qu'ils apprécieront ce **plat** que je leur ai préparé !

✪ **n pl** vaisselle
It's your turn to wash the dishes. C'est ton tour de faire la vaisselle.

dishwasher [ˈdɪʃwɒʃəʳ] **n** lave-vaisselle

disk [dɪsk] **n**
1. disque
My hard disk is almost full. Mon disque dur est presque plein.
2. disquette
Didn't you save it on a floppy disk? Tu ne l'as pas sauvegardé sur disquette ?

dismiss [dɪsˈmɪs] **vt**
1. congédier, renvoyer
He dismissed them with a casual gesture. Il les a congédiés d'un geste désinvolte.
2. écarter, rejeter
I don't dismiss the idea entirely. Je n'écarte pas totalement cette idée.

dispatch [dɪˈspætʃ] **vt** envoyer, expédier
Troops were dispatched to the town to keep order. Des troupes ont été envoyées à la ville pour maintenir l'ordre.

display [dɪˈspleɪ]
✪ **vt**
1. exposer
The goods were displayed in the shop window. Les marchandises étaient exposées dans la vitrine du magasin.
2. montrer
He didn't display any emotion. Il n'a montré aucune émotion.
3. afficher
The icons displayed on the screen. Les icônes affichées à l'écran.
✪ **n**
1. exposition
A display of photographs. Une exposition de photographies.
2. spectacle
There's a sound-and-light display tonight. Il y a un spectacle son et lumière ce soir.

distance [ˈdɪstəns] **n**
1. distance
I don't know the distance between the two towns. Je ne connais pas la distance entre les deux villes.
2. *Idiom* **in the distance** au loin
You can see the Rocky Mountains in the distance. On voit les montagnes Rocheuses au loin.

distant [ˈdɪstənt] **adj**
1. lointain, éloigné
In the distant past. Dans un passé lointain.
2. éloigné
She's a distant cousin. C'est une cousine éloignée.
3. distant, froid
He was very distant with us. Il a été très distant avec nous.

district [ˈdɪstrɪkt] **n**
1. région
There are a lot of Indians in the district. Il y a beaucoup d'Indiens dans la région.
2. quartier
It's a very lively district of New Orleans. C'est un quartier très animé de la Nouvelle-Orléans.

disturb [dɪˈstɜːb] **vt**
1. déranger*
2. troubler, inquiéter
It disturbs me to think that they're all alone in the desert. Cela m'inquiète de penser qu'ils sont tout seuls dans le désert.

dive [daɪv] **vi** plonger
He dived into the lake. Il a plongé dans le lac.
"To dive" est régulier en anglais britannique (dive, dived, dived), mais en américain le prétérit est soit "dove" [dəʊv] soit "dived".

diversion [daɪˈvɜːʃn] **n**
1. **Br:** déviation
There's a diversion because of roadworks. Il y a une déviation à cause des travaux sur la route.
2. **Am:** détour

divide [dɪˈvaɪd] **vt**
1. diviser
This country is divided into several provinces. Ce pays est divisé en plusieurs provinces.
2. séparer
The Rio Grande is the river that divides the United States from Mexico. Le Rio Grande est le fleuve qui sépare les États-Unis du Mexique.

divorce [dɪˈvɔːs]
✪ **n** divorce
She asked for a divorce. Elle a demandé le divorce.
✪ **vi, vt** divorcer
If you do that, I'll divorce you! Si tu fais ça, je divorce !

divorced [dɪˈvɔːst] **adj** divorcé
His parents are divorced. Ses parents sont divorcés.

dizzy [ˈdɪzɪ] **adj**
Se traduit par une expression.
I'm dizzy. J'ai la tête qui tourne.
That roundabout ride has made me dizzy. Ce tour de manège m'a fait tourner la tête.

— J'espère…
— … que personne…
— … ne viendra nous **déranger** !

do

do [duː], **did** [dɪd], **done** [dʌn]
- **v auxiliaire**

1. S'utilise pour former des questions aux temps simples.
Does she speak English? Parle-t-elle anglais ?
Did the stagecoach arrive on time? Est-ce que la diligence est arrivée à l'heure ?

2. S'utilise pour former le négatif aux temps simples.
The sheriff doesn't want any trouble. Le shérif ne veut pas d'histoires.
They didn't see any Indians. Ils n'ont pas vu d'Indiens.

3. S'utilise pour insister sur ce que l'on dit.
I do like her, but she's so clumsy! Je l'aime bien, mais elle est tellement maladroite !
Do have another sandwich. Prenez donc un autre sandwich.

4. S'utilise pour remplacer un verbe utilisé précédemment.
You know Lucky Luke, don't you? Vous connaissez Lucky Luke, n'est-ce pas ?
He pretends not to understand, but he does. Il fait semblant de ne pas comprendre, mais en fait il comprend.
She lives in Dodge City, and so does her sister. Elle habite à Dodge City, et sa sœur aussi.

- **vt** faire

What are you doing, Averell? Be careful! Qu'est-ce que tu fais, Averell ? Fais attention !
The car was doing at least 100 miles an hour. La voiture faisait au moins du 160 km à l'heure.

- **vi**

1. faire
Do as I tell you. Fais ce que je te dis.
2. marcher, aller
His company was doing badly. Son entreprise marchait mal.
Hi, how are you doing? Salut, comment ça va ?
3. suffire, aller
I've only got four dollars, will that do? Je n'ai que quatre dollars, est-ce que ça suffira ?
Right, children, that will do! Bon, les enfants, ça suffit !

- **do up vt**

1. attacher, boutonner
He did his shirt up. Il a boutonné sa chemise.
2. refaire, retaper
They're doing up an old farmhouse. Ils retapent une vieille ferme.
"Do up" est séparable.

- **do with vt**

1. avoir besoin de
We could do with more citizens like Lucky Luke. Nous avons besoin de plus de citoyens comme Lucky Luke.
2. *Idioms*
That's nothing to do with us. Cela ne nous concerne pas.
The problem has something to do with money. C'est une question d'argent.
"Do with" est inséparable.

- **do without vt** se passer de
We'll have to do without bread at lunch. Il faut que nous nous passions de pain à midi.
"Do without" est inséparable.
(voir page 257)

dock [dɒk] **n** dock
The dock area is very lively. Le quartier des docks est très animé.

doctor [ˈdɒktər] **n**
1. docteur, médecin*

Quick, call a doctor!
– Vite, appelez un médecin !

2. docteur
He's a doctor of law. C'est un docteur en droit.

document [ˈdɒkjʊmənt] **n** document
This document proves that they are selling arms to the Indians. Ce document prouve qu'ils vendent des armes aux Indiens.

documentary [dɒkjʊˈmentərɪ] **n** documentaire
I saw a documentary about whales last night. J'ai vu un documentaire sur les baleines hier soir.

does → do

dog [dɒg] **n** chien
I've never seen such a stupid dog as Rin Tin Can. Je n'ai jamais vu un chien aussi bête que Ran Tan Plan.

do-it-yourself [duːɪtjɔːˈself] **n** bricolage
He's a do-it-yourself enthusiast. C'est un amateur de bricolage.

dole [dəʊl] **n Br** informal chômage
He's been on the dole for a year. Il est au chômage depuis un an.

doll [dɒl] **n** poupée
She's playing with her dolls. Elle joue avec ses poupées.

dollar [ˈdɒlər] **n** dollar*

Here's five dollars to buy yourself some hay!
– Voici cinq dollars pour t'acheter du foin !

– How much is that? – Two dollars and ten cents. – Cela fait combien ? – Deux dollars et dix cents.
(voir page 221)

done → do

donkey [ˈdɒŋkɪ] **n** âne
He arrived with his donkey. Il arriva avec son âne.

downward

door [dɔːʳ] **n** porte*

Open the door! Open the door! I want to go to prison too!
– Ouvrez la porte ! Ouvrez la porte ! Moi aussi je veux aller en prison !

Close the door, there's a draught. Ferme la porte, il y a un courant d'air.

doorbell [ˈdɔːbel] **n** sonnette
She rang the doorbell. Elle a sonné à la porte.

doorstep [ˈdɔːstep] **n** seuil, pas de la porte
He was waiting on the doorstep. Il attendait sur le pas de la porte.

double [ˈdʌbl]
◎ **adj**
1. double
A fat man with a double chin. Un gros homme avec un double menton.
2. deux
It's spelt with a double t. Cela s'écrit avec deux t.
3. pour deux personnes
We'd like a double room, please. Nous voudrions une chambre pour deux personnes, s'il vous plaît.
◎ **adv**
1. le double, deux fois plus
We charge just one dollar. Why pay double? Nous faisons payer juste un dollar. Pourquoi payer le double ?
2. en deux
He bent double to get under the branch. Il s'est plié en deux pour passer sous la branche.
◎ **n** sosie
If it's not Jesse James it must be his double! Si ce n'est pas Jesse James, ça doit être son sosie !

◎ **n pl** double
Who won the mixed doubles? Qui a gagné le double mixte ?
◎ **vi, vt** doubler
I'll double any sum they offer you. Je doublerai la somme qu'ils vous offriront, quelle qu'elle soit.

double-decker [ˈdʌblˈdekəʳ] **n Br** autobus à impériale

doubt [daʊt]
◎ **n** doute
Lucky Luke is without any doubt the best shot in the West. Lucky Luke est sans aucun doute le meilleur tireur de l'Ouest.
◎ **vt**
1. douter de
I don't doubt his courage. Je ne doute pas de son courage.
2. douter
I doubt very much if the stagecoach will be on time. Je doute fort que la diligence soit à l'heure.

doughnut [ˈdəʊnʌt] **n** beignet

down [daʊn]
◎ **prep**
1. en bas de
Wait for me down the street. Attends-moi en bas de la rue.
2. Se traduit souvent par des verbes de mouvement*.
They walked down the street hand in hand. Ils descendirent la rue main dans la main.
She ran down the slope. Elle a descendu la pente en courant.

I almost fell down the cliff. J'ai failli tomber en bas de la falaise.
◎ **adv**
1. en bas, vers le bas
Don't look down! Ne regarde pas en bas !
2. Se traduit souvent par des verbes de mouvement.
Prices have come down. Les prix ont baissé.
Put that vase down! Pose ce vase !
3. *Idiom* **down with** à bas
Down with the sheriff! À bas le shérif !

downstairs [ˌdaʊnˈsteəz] **adv**
1. à l'étage en-dessous
The Johnson family lives downstairs. La famille Johnson habite à l'étage en-dessous.
2. Se traduit souvent par des verbes de mouvement.
To come/go downstairs. Descendre l'escalier.
He got dressed and ran downstairs. Il s'est habillé et a descendu l'escalier en courant.

downtown [daʊnˈtaʊn]
◎ **adv** au centre-ville, dans le centre (ville)
I'd prefer to live downtown. Je préférerais habiter dans le centre.
◎ **adj**
In downtown London. Dans le centre de Londres.

downward [ˈdaʊnwəd]
◎ **adj** descendant, vers le bas

Calm down!
– Calmez-vous !

downwards

A downward movement. Un mouvement descendant.
○ adv → **downwards**

downwards [ˈdaʊnwədz] **adv**
vers le bas
She looked downwards. Elle a regardé vers le bas.

dozen [ˈdʌzn] **n** douzaine
I'd like a dozen eggs, please. Je voudrais une douzaine d'œufs, s'il vous plaît.

draft [drɑːft] **n**
1. ébauche, brouillon
The journalist showed Lucky Luke the first draft of his article. Le journaliste a montré à Lucky Luke la première ébauche de son article.
2. **Am:** conscription
He went to Europe to avoid the draft. Il est allé en Europe pour éviter la conscription.
3. **Am** → **draught**

drank → **drink**

draught [drɑːft] (**Am:** draft)
○ **n**
1. courant d'air
Close the door, there's a draught! Ferme la porte, il y a un courant d'air !
2. pression
Beer on draught. Bière à la pression.
○ **n pl Br** dames
How about a game of draughts? Si on jouait aux dames ?

draw [drɔː], **drew** [druː], **drawn** [drɔːn]
○ **vt**
1. dessiner
Draw me a picture of a cowboy. Dessine-moi un cow-boy.
2. tirer
Draw the curtains, it's getting dark. Tire les rideaux, il commence à faire nuit.
What conclusions may we draw? Quelles conclusions pouvons-nous tirer ?
3. dégainer
Lucky Luke had drawn his revolver before they could move. Lucky Luke avait dégainé son revolver avant qu'ils aient pu faire un geste.
4. attirer
Lulu is obviously drawn to dark-haired men. Il est évident que Lulu est attirée par les hommes bruns.

Lucky Luke tried to draw their attention. Lucky Luke a essayé d'attirer leur attention.
○ **vi**
1. dessiner
Where did you learn to draw? Où as-tu appris à dessiner ?
2. faire match nul
They managed to draw against Wales. Ils ont réussi à faire match nul contre le pays de Galles.
○ **n**
1. tirage
He won the first prize in the draw. Il a gagné le premier prix au tirage.
2. match nul
They've had five wins and two draws this season. Ils ont aligné cinq victoires et deux matches nuls cette saison.

• **draw up**
○ **vi** s'arrêter
The stagecoach drew up outside the saloon. La diligence s'arrêta devant le saloon.
○ **vt** dresser, établir
The sheriff drew up a list of suspects. Le shérif a dressé une liste de suspects.
Who drew this plan up? Qui a établi ce plan ?
"Draw up" est séparable.

drawback [ˈdrɔːbæk] **n** inconvénient
Living in the country has its advantages and its drawbacks. Vivre à la campagne a ses avantages et ses inconvénients.

drawer [drɔːʳ] **n** tiroir*

What's he looking for in the **drawer**?

Que cherche-t-il dans le **tiroir** ?

drawing [ˈdrɔːɪŋ] **n** dessin
He showed them a drawing of the wanted man. Il leur a montré un dessin de l'homme recherché.

drawn → **draw**

dreadful [ˈdredfʊl] **adj** affreux, épouvantable
What dreadful weather! Quel temps affreux !

dream [driːm]
Le verbe "to dream" peut être soit régulier : dream, dreamed, dreamed ; soit irrégulier : dream, dreamt [dremt], dreamt [dremt].
○ **vi, vt**
1. rêver*

He was **dreaming** that he'd found gold.

Il **rêvait** qu'il avait trouvé de l'or.

eighty • 80 • quatre-vingts

driver

2. *Idiom*
I wouldn't dream of it. Cela ne me viendrait même pas à l'esprit.
⚬ **n** rêve
I had a strange dream last night. J'ai fait un drôle de rêve cette nuit.

dress [dres]
⚬ **n**
1. robe
She was wearing a long red dress. Elle portait une longue robe rouge.
2. tenue, costume
The Indians were in traditional dress. Les Indiens étaient en costume traditionnel.
⚬ **vt**
1. habiller
As usual, the undertaker was dressed all in black. Comme d'habitude, le croque-mort était habillé tout en noir.
2. *Idiom* **to get dressed** s'habiller
I woke up late and got dressed in a hurry. Je me suis réveillé en retard et je me suis habillé à la hâte.
⚬ **vi** s'habiller
She always dresses very smartly. Elle s'habille toujours très élégamment.

• **dress up vi**
1. se déguiser
The children all dressed up as Indians. Les enfants se sont tous déguisés en Indiens.
2. se mettre sur son trente et un
She always dresses up to go to church. Elle se met toujours sur son trente et un pour aller à l'église.

drew → **draw**

drink [drɪŋk], **drank** [dræŋk], **drunk** [drʌŋk]
⚬ **vt, vi** boire*
He drank straight out of the bottle. Il a bu à même la bouteille.
⚬ **n**
1. boisson
We only sell soft drinks. Nous ne vendons que des boissons non alcoolisées.
2. Se traduit souvent par le verbe "boire".
Would you like a drink? Tu veux boire quelque chose ?
They invited us round for drinks. Ils nous ont invités à boire un verre chez eux.

*I'm not exactly the best **driver** in the West.*

– Je ne suis pas vraiment le meilleur **conducteur** de l'Ouest.

drive [draɪv], **drove** [drəʊv], **driven** [ˈdrɪvn]
⚬ **vt**
1. conduire
He refused to drive the stagecoach. Il a refusé de conduire la diligence.
2. conduire, accompagner (en voiture)
I'll drive you to the station. Je vous conduirai à la gare.
3. pousser
Poverty drove them to emigrate. La pauvreté les a poussés à émigrer.
4. actionner
The belt drives this wheel. La courroie actionne cette roue.
5. *Idiom*
It drives me mad. Cela me rend fou.
⚬ **vi**

Moo! Moo!

*They started to **drink**.*

– Meuh ! Meuh !
Ils se sont mis à **boire**.

1. conduire
Are you old enough to drive? Est-ce que tu as l'âge de conduire ?
2. aller en voiture
We'll drive to their home. Nous irons chez eux en voiture.
⚬ **n**
1. trajet (en voiture)
It's a long drive from New York to the West Coast. Le trajet entre New York et la côte ouest est long.
2. promenade en voiture
It's a lovely day, let's go for a drive. Il fait un temps magnifique, allons faire une promenade en voiture.
3. conduite
Right-hand drive. Conduite à droite.
4. traction
Rear-wheel drive. Traction arrière.
5. allée
A long drive leads to the house. Une longue allée mène à la maison.
6. dynamisme, entrain
He's a clever boy but he lacks drive. C'est un garçon intelligent mais il manque d'entrain.
7. campagne
A new government drive against unemployment. Une nouvelle campagne gouvernementale contre le chômage.
8. lecteur
A disk drive. Un lecteur de disquettes.

driven → **drive**

driver [ˈdraɪvəʳ] **n** conducteur*, chauffeur

driving licence

driving licence [ˈdraɪvɪŋ ˈlaɪsəns] (**Am:** driver's license) **n** permis de conduire

drop [drɒp]
- **n**
1. goutte*

*— Just a **drop** of milk, please.*

*— Juste une **goutte** de lait, s'il vous plaît.*

2. baisse
There's been a sharp drop in prices. Il y a eu une forte baisse des prix.
3. dénivellation
A drop of ten meters. Une dénivellation de dix mètres.
4. bonbon
Chocolate drops. Des bonbons au chocolat.
- **vt**
1. laisser tomber
Be careful not to drop that vase, Averell! Fais attention de ne pas laisser tomber ce vase, Averell !
2. baisser
He dropped his voice. Il baissa la voix.
3. abandonner, laisser tomber
I can't just drop everything and leave! Je ne peux pas tout abandonner comme ça et partir !
4. déposer
I'll drop you at the bus stop. Je te déposerai à l'arrêt de bus.
5. *Idiom*
I'll drop you a line. Je t'écrirai.
- **vi**
1. tomber
His revolver dropped to the floor. Son revolver est tombé par terre.
2. baisser, tomber
The wind suddenly dropped. Le vent tomba tout d'un coup.

• **drop in vi** passer
I just dropped in to say hello. Je suis juste passé dire bonjour.
• **drop out vi** abandonner, décrocher
He dropped out of university. Il a abandonné ses études à la fac.

drove → drive

drown [draʊn]
- **vi** se noyer*
- **vt** noyer

Gloop!

*They're **drowning**!*

*— Gloup! Ils sont en train de **se noyer** !*

drug [drʌg] **n**
1. médicament
She bought the drugs prescribed by her doctor. Elle a acheté les médicaments prescrits par son médecin.
2. drogue
He's suspected of drug dealing. Il est soupçonné de trafic de drogue.

druggist → chemist

drum [drʌm]
- **n**
1. tambour
He plays the drum in the regimental band. Il joue du tambour dans la fanfare du régiment.
2. bidon
An oil drum. Un bidon d'huile.
- **n pl** batterie
On bass guitar and drums, the Martin brothers! À la guitare basse et à la batterie, les frères Martin !
- **vi, vt** tambouriner
He drummed his fingers on the table. Il tambourina avec ses doigts sur la table.

drunk [drʌŋk] **adj**
1. soûl, ivre
The barman wouldn't serve him because he was drunk. Le barman n'a pas voulu le servir parce qu'il était soûl.
2. *Idiom* **to get drunk** se soûler
3. → **drink**

dry [draɪ]
- **adj**
1. sec
Are your clothes dry yet? Vos vêtements sont-ils déjà secs ?
2. sans pluie
Tomorrow should be another dry day. Demain devrait être encore un jour sans pluie.
- **vi, vt** sécher
She put the washing out to dry. Elle a mis le linge à sécher.
• **dry up vi**
1. s'assécher
The lake has dried up. Le lac s'est asséché.
2. essuyer (la vaisselle)
You wash and I'll dry up. Lave la vaisselle et moi j'essuierai.

duck [dʌk]
- **n** canard
- **vt** baisser
He ducked his head as he came through the door. Il a baissé la tête en passant la porte.
- **vi** se baisser
He ducked just in time and the arrow went over his head. Il s'est baissé juste à temps et la flèche est passée par-dessus sa tête.

due [djuː]
- **adj**
1. Se traduit par une expression utilisant le verbe "devoir".
What time is the stagecoach due to arrive? À quelle heure la diligence doit-elle arriver ?
I'm worried, they were due back an hour ago. Je suis inquiet, ça fait une heure qu'ils auraient dû revenir.
With all due respect. Avec tout le respect que je vous dois.
2. dû
The money due to me. L'argent qui m'est dû.
- **adv** droit
They went due south. Ils sont partis droit vers le sud.

- **due to** dû à
The accident was due to the carelessness of the driver. L'accident était dû à la négligence du conducteur.

dug → dig

dull [dʌl] adj
1. borné, inintelligent
He was a rather dull pupil. C'était un élève un peu borné.
2. ennuyeux
The mayor gave a long dull speech. Le maire a fait un long discours ennuyeux.
3. terne
The houses are all painted in dull colours. Les maisons sont toutes peintes en couleurs ternes.
4. couvert, maussade
I hate this dull weather. Je déteste ce temps maussade.
5. sourd
It fell to the ground with a dull thud. Il est tombé par terre avec un bruit sourd.

dumb [dʌm] adj
1. muet
He's deaf and dumb. Il est sourd-muet.
2. **informal** bête*

during [ˈdjʊərɪŋ] prep pendant
He was a soldier during the Civil War. Il était soldat pendant la guerre de Sécession.

dust [dʌst] n poussière*

Oh dear, I'm covered in dust!

– Mon Dieu, je suis couvert de **poussière**!

dustbin [ˈdʌstbɪn] (Am: trash can) n poubelle

Dutch [dʌtʃ] adj, n néerlandais, néerlandaise, Néerlandais, Néerlandaise, hollandais, hollandaise, Hollandais, Hollandaise.
Attention, l'anglais prend toujours une majuscule.

duty [ˈdjuːtɪ] n
1. devoir*
I only did my duty. Je n'ai fait que mon devoir.
2. service
Are you on duty tomorrow? Est-ce que tu es de service demain?
The sheriff is off duty today. Le shérif n'est pas de service aujourd'hui.
3. droits (de douane), taxe
You have to pay duty on those goods. Il faut payer des droits de douane sur ces marchandises.

My duty is to see that criminals are punished.

– Mon **devoir** est de faire en sorte que les criminels soient punis.

duty-free [ˈdjuːtɪfriː] adj hors taxe, détaxé
I bought them in a duty-free shop. Je les ai achetés dans une boutique de produits détaxés.

dwarf [dwɔːf] (pl: dwarves, dwarfs) n nain

dwell [dwel] vi
Le verbe "to dwell" peut être soit régulier : dwell, dwelled, dwelled ; soit irrégulier : dwell, dwelt [dwelt], dwelt [dwelt].
1. s'étendre
I won't dwell any more on this point. Je ne m'étendrai pas davantage sur ce point.
2. vivre, résider
The animals that dwell in the forest. Les animaux qui vivent dans la forêt.

dye [daɪ]
❂ n teinture
❂ vt teindre
She dyed her hair blond. Elle s'est teint les cheveux en blond.

He found the key to the handcuffs!

He's not so dumb after all!

– Il a trouvé la clef des menottes !
– Il n'est pas si **bête** que ça, finalement !

each [iːtʃ]
✿ **adj** chaque
Each time that I go to New Orleans. Chaque fois que je vais à la Nouvelle-Orléans.
✿ **pron** chacun, la pièce
Each of the Daltons fired in turn. Chacun des Dalton a tiré à son tour.
The oranges are ten cents each. Les oranges coûtent 10 cents chacune/10 cents pièce.
• **each other** se, l'un l'autre
They write to each other every week. Ils s'écrivent toutes les semaines.
The O'Haras and the O'Timminses were always shooting at each other. Les O'Hara et les O'Timmins se tiraient toujours les uns sur les autres.

eager [ˈiːgər] adj
1. avide, désireux
He's always eager to help. Il est toujours désireux d'aider.
2. impatient
I'm so eager to meet Lucky Luke! Je suis tellement impatient de rencontrer Lucky Luke !

eagle [ˈiːgl] n aigle

ear [ɪər] n oreille*

early [ˈɜːlɪ]
✿ **adv**
1. en avance
The train arrived early for a change. Le train est arrivé en avance pour une fois.
2. tôt, de bonne heure
I've got to get up early tomorrow. Il faut que je me lève tôt demain.
3. Idiom **as early as** dès
They hope to have finished as early as next week. Ils espèrent avoir terminé dès la semaine prochaine.
✿ **adj**
1. anticipé, précoce
What was the reason for their early departure? Quelle était la raison de leur départ anticipé ?
2. Idiom
In the early morning. De bonne heure le matin.
In early March. Au début du mois de mars.
The early 20th century was a difficult time for them. Le début du XXe siècle a été une époque difficile pour eux.

earn [ɜːn] vt
Le verbe "to earn" peut être soit régulier : earn, earned, earned ; soit irrégulier : earn, earnt [ɜːnt], earnt [ɜːnt].
1. gagner
Some of the cowboys spend all the money they earn in the saloon. Certains des cow-boys dépensent tout l'argent qu'ils gagnent au saloon.
2. mériter, gagner
Lucky Luke has earned a reputation for being honest. Lucky Luke a acquis une réputation d'homme honnête.

earring [ˈɪərɪŋ] n boucle d'oreille
She was wearing beautiful gold earrings. Elle portait des boucles d'oreille en or magnifiques.

earth [ɜːθ] n
1. Terre
The earth moves around the sun. La Terre tourne autour du Soleil.
"Earth" peut également s'écrire avec une majuscule dans ce sens.
2. terre
Not much will grow in this poor earth. Peu de choses poussent dans cette terre pauvre.
3. Idiom **how/why/where/who on earth** mais comment/pourquoi/où/qui donc
How on earth did that dog get here? Mais comment donc ce chien est-il arrivé ici ?

The bullet almost hit him on the ear.
La balle a failli le toucher à l'oreille.

earthquake [ˈɜːθkweɪk] **n** tremblement de terre
The entire town was destroyed by an earthquake. La ville entière a été détruite par un tremblement de terre.

ease [iːz]
✱ **n**
1. facilité, aisance
Jolly Jumper jumped the fence with ease. Jolly Jumper a franchi la clôture avec aisance.
2. aise
I don't feel at ease with them. Je ne me sens pas à l'aise avec eux.
They live a life of ease. Ils ont une vie aisée.
✱ **vt**
1. calmer
Take this pill, it'll ease the pain. Prends ce cachet, ça calmera la douleur.
2. Peut se traduire par un verbe suivi de "délicatement".
She eased the lid off. Elle a enlevé le couvercle délicatement.
He tried to ease the wires apart. Il a essayé de séparer délicatement les fils.

east [iːst]
✱ **adj**
1. est, oriental
The east coast. La côte est.
2. d'est
An east wind was blowing. Il soufflait un vent d'est.
✱ **adv** à l'est, vers l'est
The Indians were heading east. Les Indiens allaient vers l'est.
✱ **n**
1. est
The sun rises in the east. Le Soleil se lève à l'est.
2. **the East** l'Est, l'Orient
These goods are imported from the East. Ces marchandises sont importées d'Orient.

Easter [ˈiːstər] **n** Pâques
Easter Monday is a bank holiday. Le lundi de Pâques est férié.

eastern [ˈiːstən] **adj** de l'est, oriental
Eastern Europe. L'Europe de l'Est.
They live in eastern France. Ils habitent dans l'est de la France.

easy [ˈiːzɪ]
✱ **adj** facile*

– Pourquoi casser la vitre quand il est si *facile* d'ouvrir la fenêtre ?

✱ **adv** *Idiom*
Take it easy! Repose-toi !

eat [iːt], **ate** [eɪt], **eaten** [ˈiːtn] **vt, vi** manger*
All Averell thinks about is eating. Averell ne pense qu'à manger.

ecology [ɪˈkɒlədʒɪ] **n** écologie

economic [iːkəˈnɒmɪk] **adj** économique
An economic crisis. Une crise économique.

economics [iːkəˈnɒmɪks] **n**
1. sciences économiques
She has a degree in economics. Elle a une licence en sciences économiques.
Dans ce sens, "economics" est toujours suivi d'un verbe au singulier.
2. aspects financiers
I haven't gone into the economics of their proposal. Je ne me suis pas occupé des aspects financiers de leur proposition.
Dans ce sens, "economics" est toujours suivi d'un verbe au pluriel.

economy [ɪˈkɒnəmɪ] **n** économie
The country's economy is in a bad way. L'économie du pays est en mauvais état.
We need to make more economies. Il faut que nous fassions davantage d'économies.
• **economy class** classe touriste

edge [edʒ]
✱ **n**
1. bord*

Il était debout au *bord* de la table.

– Vous voulez *manger* ?

edible

2. tranchant
The edge of a knife. Le tranchant d'un couteau.
3. avantage
He has a slight edge over the other competitors. Il a un léger avantage sur les autres concurrents.
4. *Idiom* **to be on the edge of** être à deux doigts de
I was on the edge of dropping everything. J'étais à deux doigts de tout laisser tomber.
5. *Idiom* **on edge** tendu
She was on edge before the interview. Elle était tendue avant l'entretien.
◉ **vi** se glisser, se faufiler
I edged through the crowd. Je me suis faufilé à travers la foule.
He edged closer to her. Il s'est approché d'elle furtivement.

edible [ˈedɪbl] **adj** comestible
Are those mushrooms edible? Ces champignons sont-ils comestibles ?

editor [ˈedɪtəʳ] **n** rédacteur (en chef)
He's the editor of the local paper. C'est le rédacteur en chef du journal local.
Sports editor. Rédacteur sportif.

educate [ˈedʒʊkeɪt] **vt**
1. instruire
Our job is to educate young children. Notre métier est d'instruire les jeunes enfants.
He was educated at Eton and Oxford. Il a fait ses études à Eton et Oxford.
2. éduquer, informer
People today are better educated about the environment. Aujourd'hui, les gens sont mieux informés sur l'environnement.

education [ˌedʒʊˈkeɪʃn] **n** éducation, enseignement, instruction
The Ministry of Education. Le ministère de l'Éducation.
She has a university education. Elle a fait des études universitaires.

effect [ɪˈfekt] **n** effet
The alcohol seemed to have no effect on him. L'alcool semblait n'avoir aucun effet sur lui.

efficient [ɪˈfɪʃənt] **adj** efficace

There must be a more efficient way of doing this. Il doit y avoir un moyen plus efficace de faire ça.

effort [ˈefət] **n** effort
He was perspiring with the effort. L'effort le faisait transpirer.

egg [eg] **n** œuf*

That will be one chicken and one egg.

— Cela nous fait une poule et un œuf.

eight [eɪt] **adj num, n** huit (voir page 195)

eighteen [eɪˈtiːn] **adj num, n** dix-huit (voir page 195)

eighty [ˈeɪtɪ] **adj num, n** quatre-vingt(s)* (voir page 195)

I'm eighty, but I can still go fast!

— J'ai quatre-vingts ans mais je peux quand même aller vite !

Eire [ˈeərə] **n** République d'Irlande

either [ˈaɪðəʳ]
◉ **conj** soit
It's either Joe or one of his brothers who stole it. C'est soit Joe, soit l'un de ses frères qui l'a volé.
◉ **pron** l'un ou l'autre
You can take either of the horses. Vous pouvez prendre l'un ou l'autre des chevaux.
◉ **adj**
1. l'un ou l'autre
Lucky Luke can shoot with either hand. Lucky Luke sait tirer de l'une ou l'autre main.
2. chaque
They were waiting on either side of the road. Ils attendaient de chaque côté de la route.
◉ **adv**
Dans les phrases négatives : non plus
I haven't seen them either. Je ne les ai pas vus non plus.

elbow [ˈelbəʊ] **n** coude
Take your elbows off the table! Enlève tes coudes de la table !

elder [ˈeldəʳ] **adj** aîné
Is Joe Averell's elder brother? Est-ce que Joe est le frère aîné d'Averell ?

elderly [ˈeldəlɪ]
◉ **adj** âgé
There were just two elderly men in the saloon. Il n'y avait que deux hommes âgés dans le saloon.
◉ **n pl** **the elderly** les personnes âgées*

There you are, Madam.

He was always very kind to the elderly.

— Voilà, Madame. Il était toujours très aimable avec les personnes âgées.

That's how the Daltons were preparing for the elections.

"VOTEZ JACK"
C'est ainsi que les Dalton préparaient les élections.

elders [ˈeldəʳs] **n pl** aînés
Be polite to your elders! Sois poli avec tes aînés !

elect [ɪˈlekt] **vt** élire
He was elected mayor last year. Il a été élu maire l'année dernière.

election [ɪˈlekʃn] **n** élection*
They decided to hold an election. Ils ont décidé de procéder à une élection.

electric [ɪˈlektrɪk] **adj** électrique
Be careful, you'll get an electric shock! Fais attention, tu vas prendre une décharge électrique !

electrician [ɪlekˈtrɪʃn] **n** électricien

electricity [ɪlekˈtrɪsətɪ] **n** électricité
It works by electricity. Ça marche à l'électricité.

electronic [ɪlekˈtrɒnɪk] **adj** électronique
Electronic mail. Courrier électronique.

elegant [ˈelɪgənt] **adj** élégant
My, you look very elegant, Calamity! Ma foi, vous êtes très élégante, Calamity !

elephant [ˈelɪfənt] **n** éléphant

elevator → **lift**

eleven [ɪˈlevn] **adj num, n** onze (voir page 195)

else [els] **adv**
1. (d')autre
There's nothing else to eat. Il n'y a rien d'autre à manger.
Who else was there apart from Lucky Luke? Qui d'autre était là à part Lucky Luke ?
Everybody else had left town. Tous les autres avaient quitté la ville.
2. *Idiom* **or else** ou bien, sinon
Hurry up or else you'll miss the train. Dépêche-toi, sinon tu vas rater le train.

elsewhere [elsˈweəʳ] **adv** ailleurs
Jesse James and his gang decided to move elsewhere. Jesse James et sa bande ont décidé d'aller ailleurs.

e-mail [ˈiːmeɪl]
✲ **n** courrier électronique
I'll send you an e-mail. Je t'enverrai un courrier électronique.
✲ **vt**
1. envoyer un courrier électronique à
E-mail me as soon as you arrive. Envoie-moi un courrier électronique dès que tu seras arrivé.
2. envoyer par courrier électronique
He e-mailed us the details. Il nous a envoyé les détails par courrier électronique.
S'écrit aussi "email".

embankment [ɪmˈbæŋkmənt] **n** berge
They walked along the embankment. Ils se sont promenés sur la berge du fleuve.

embarrassed [ɪmˈbærəs] **adj** embarrassé, gêné
The townspeople were too embarrassed to ask Lucky Luke to help them. Cela gênait beaucoup les gens de la ville de demander à Lucky Luke de les aider.

embassy [ˈembəsɪ] **n** ambassade
The American embassy. L'ambassade américaine.

emergency [ɪˈmɜːdʒənsɪ]
✲ **n** urgence
Quick, there's an emergency! Call the doctor! Vite, il y a une urgence ! Appelez le médecin !
✲ **adj** d'urgence
We'll have to take emergency measures. Il faudra prendre des mesures d'urgence.
• **emergency exit** sortie de secours

emigrate [ˈemɪgreɪt] **vi** émigrer
They emigrated to America from Europe. Ils ont émigré d'Europe en Amérique.

emigration [ˌemɪˈgreɪʃn] **n** émigration

emperor [ˈempərəʳ] **n** empereur*

I am your emperor.

– Je suis votre empereur.

empire [ˈempaɪəʳ] **n** empire
When Britain still had an empire. Quand la Grande-Bretagne possédait encore un empire.

employee [ɪmˈplɔɪiː] **n** employé
They are employees of the railway company. Ce sont des employés de la société de chemins de fer.

employer

employer [ɪmˈplɔɪəʳ] **n** employeur
His employer owns a large ranch. Son employeur possède un grand ranch.

empress [ˈemprɪs] **n** impératrice

empty [ˈemptɪ]
○ **adj** vide*

— Mais cette caisse est vide !
(But this crate's **empty**!)

○ **vt** vider
He emptied the bottle of milk onto the floor. Il a vidé la bouteille de lait par terre.

enclose [ɪnˈkləʊz] **vt**
1. entourer
The farmer's field is enclosed with barbed wire. Le champ du fermier est entouré de barbelés.
2. joindre
Please find enclosed a cheque for ten pounds. Veuillez trouver ci-joint un chèque de dix livres.

encourage [ɪnˈkʌrɪdʒ] **vt** encourager
He encouraged Jolly Jumper to go faster. Il a encouragé Jolly Jumper à aller plus vite.

encyclopedia [ɪnˌsaɪkləˈpiːdjə] **n** encyclopédie
If you don't know, look it up in the encyclopedia. Si tu ne sais pas, cherche-le dans l'encyclopédie.
Peut aussi s'écrire "encyclopaedia" en anglais britannique.

end [end]
○ **n**
1. fin
I missed the end of the film. J'ai manqué la fin du film.
2. bout
He sharpened the end of the stick. Il a taillé le bout du bâton en pointe.
3. *Idiom* **in the end** finalement
In the end he decided to leave the ranch. Il a finalement décidé de quitter le ranch.
4. *Idiom* **on end** d'affilée
They walked for hours on end. Ils ont marché des heures d'affilée.
○ **vi** se terminer, finir
How does the story end? Comment se termine l'histoire ?
○ **vt**
1. mettre fin à
The judge decided to end the discussion. Le juge a décidé de mettre fin à la discussion.
2. finir
He wants to end his days in San Francisco. Il veut finir ses jours à San Francisco.
• **end up vi** finir, se retrouver
How did you end up in Dry Gulch? Comment vous êtes-vous retrouvés à Dry Gulch ?

enemy [ˈenɪmɪ] **n** ennemi*

— Les O'Timmins ont toujours été nos ennemis.
(The O'Timminses have always been our **enemies**.)

energy [ˈenədʒɪ] **n** énergie
Lucky Luke has a lot of energy. Lucky Luke a beaucoup d'énergie.
Turn off the heater, we need to save energy. Éteins le chauffage, il faut que nous fassions des économies d'énergie.

enforce [ɪnˈfɔːs] **vt** faire respecter
They tried to enforce the law in Dry Gulch. Ils essaient de faire respecter la loi à Dry Gulch.

engaged [ɪnˈgeɪdʒd] **adj**
1. fiancé
She's engaged to a cowboy. Elle est fiancée à un cow-boy.
2. (**Am** : busy) occupé
All the telephone lines seem to be engaged. Toutes les lignes téléphoniques semblent occupées.
3. *Idiom* **to get engaged** se fiancer

engagement [ɪnˈgeɪdʒmənt] **n**
1. fiançailles
They broke off their engagement. Ils ont rompu leurs fiançailles.
2. rendez-vous
I have no engagements next week. Je n'ai pas de rendez-vous la semaine prochaine.
• **engagement ring** bague de fiançailles

engine [ˈendʒɪn] **n**
1. moteur
She lifted the bonnet to look at the engine. Elle a soulevé le capot pour vérifier le moteur.
2. locomotive
A train drawn by a steam engine. Un train tiré par une locomotive à vapeur.
• **engine driver** conducteur de train

engineer [ˌendʒɪˈnɪəʳ] **n**
1. ingénieur
The engineers who designed the bridge. Les ingénieurs qui ont conçu le pont.
2. technicien, mécanicien
He's a maintenance engineer. Il est technicien de maintenance.

England [ˈɪŋglənd] **n** Angleterre (voir page 102 et page 116)

English [ˈɪŋglɪʃ]
○ **adj** anglais, anglaise
Do you speak English? Parlez-vous anglais ?
○ **n pl** les Anglais
The English drink a lot of tea. Les Anglais boivent beaucoup de thé.
Attention, l'anglais prend toujours une majuscule.

Englishman [ˈɪŋglɪʃmən] (**pl** : Englishmen) **n** Anglais

environment

Come on, sing, dance, enjoy yourselves!

— Allez, chantez, dansez, amusez-vous !

Englishwoman [ˈɪŋglɪʃwʊmən] (**pl:** Englishwomen) **n** Anglaise

enjoy [ɪnˈdʒɔɪ] **vt**
1. aimer
Did they enjoy the meal? Est-ce qu'ils ont aimé le repas ?
Enjoy your stay! Faites un bon séjour !
2. *Idiom* **to enjoy oneself** s'amuser*

enormous [ɪˈnɔːməs] **adj** énorme*

Do you think your enormous stomach impresses me? Do what I tell you!
All right, all right!

— Tu crois que ton énorme estomac m'impressionne ? Fais ce que je te dis !
— D'accord, d'accord !

enough [ɪˈnʌf]
◉ **adv** assez
He's not strong enough to lift it. Il n'est pas assez fort pour le soulever.
◉ **adj** assez de
Have you got enough money? Avez-vous assez d'argent ?
◉ **pron** assez
The townspeople have had enough of Billy the Kid. Les gens de la ville en ont assez de Billy the Kid.

enquire → **inquire**

enter [ˈəntəʳ]
◉ **vt**
1. entrer dans
Everybody went quiet when he entered the saloon. Tout le monde s'est tu quand il est entré dans le saloon.
2. taper, saisir, composer
Enter your name and your e-mail address. Tapez votre nom et votre adresse électronique.
◉ **vi**
1. entrer
He waited on the doorstep until she invited him to enter. Il a attendu sur le pas de la porte jusqu'à ce qu'elle l'invite à entrer.
2. s'inscrire, se présenter
Have you entered for the rodeo tomorrow? Est-ce que tu t'es inscrit pour le rodéo demain ?
• **enter key** touche entrée
Click on an icon and press the enter key. Cliquez sur une icône et appuyez sur la touche entrée.

enterprise [ˈentəpraɪz] **n** entreprise
He started up a small enterprise. Il a démarré une petite entreprise.
They have no spirit of enterprise! Ils n'ont aucun esprit d'entreprise !

enterprising [ˈentəpraɪzɪŋ] **adj** entreprenant
He was more enterprising at the start of his career. Il était plus entreprenant au début de sa carrière.

entertain [ˌentəˈteɪn] **vt**
1. divertir, amuser
They entertained themselves by singing songs around the campfire. Ils se sont divertis en chantant des chansons autour du feu de camp.
2. recevoir
We don't entertain guests very often. Nous ne recevons pas très souvent (des invités).

entertainment [entəˈteɪnmənt] **n** divertissement, distraction
What do you do for entertainment in this town? Qu'y a-t-il comme distractions dans cette ville ?

enthusiastic [ɪnˌθjuːzɪˈæstɪk] **adj** enthousiaste
The townspeople agreed to help him, but they weren't very enthusiastic. Les gens de la ville ont accepté de l'aider, mais ils n'étaient pas très enthousiastes.

entire [ɪnˈtaɪəʳ] **adj** entier
Averell ate the entire cake. Averell a mangé le gâteau tout entier.

entirely [ɪnˈtaɪəlɪ] **adv** entièrement
I'm not entirely certain that they're guilty. Je ne suis pas entièrement sûr qu'ils soient coupables.

entrance [ˈentrəns] **n** entrée
He was waiting at the entrance to the old mine. Il attendait à l'entrée de l'ancienne mine.
I can't find the entrance. Je ne trouve pas l'entrée.

envelope [ˈenvələp] **n** enveloppe
There was no address on the envelope. Il n'y avait pas d'adresse sur l'enveloppe.

environment [ɪnˈvaɪərənmənt] **n**
1. environnement
We must stop polluting the environment. Il faut que nous arrêtions de polluer l'environnement.

equal

2. milieu, cadre
A mixture of people from different environments. Un mélange de gens issus de milieux différents.

equal [ˈiːkwəl]
◉ **adj** égal
An equal number of cowboys and Indians. Un nombre égal de cowboys et d'Indiens.
They are demanding equal rights. Ils revendiquent l'égalité des droits.
◉ **n** égal
Lucky Luke has no equal with a revolver. Lucky Luke n'a pas d'égal au revolver.
◉ **vt** égaler
Seven and five equals twelve. Sept plus cinq égalent douze.

eraser [ɪˈreɪəʳ] **n** gomme

escape [ɪˈskeɪp]
◉ **vi**
1. s'échapper, s'évader
The Daltons have escaped again. Les Dalton se sont encore évadés.
2. s'en tirer
I was lucky to escape with my life. J'ai eu de la chance de m'en tirer vivant.
◉ **vt** échapper à
We can't let those outlaws escape justice! Nous ne pouvons pas laisser ces hors-la-loi échapper à la justice !
◉ **n**
1. évasion, fuite
That's the third escape from this jail in two days. C'est la troisième évasion de cette prison en deux jours.
2. *Idiom* **to have a lucky escape** l'échapper belle

especially [ɪˈspeʃəlɪ] **adv** surtout, particulièrement
Ma Dalton is especially fond of Averell. Ma Dalton est particulièrement attachée à Averell.

estate [ɪˈsteɪt] **n**
1. domaine, propriété
The manor house is surrounded by a large estate. Le manoir est entouré d'une grande propriété.
2. **Br:** cité
We should be proud of living on this estate. Nous devrions être fiers d'habiter cette cité.
• **estate agent Br** agent immobilier
• **estate car Br** break

ethnic [ˈeθnɪk] **adj** ethnique
An ethnic minority. Une minorité ethnique.
There are lots of ethnic restaurants in this part of town. Il y beaucoup de restaurants exotiques dans ce quartier.
Ethnic Albanians/Germans. Les populations de souche albanaise/allemande.

euro [ˈjʊərəʊ] **n** euro
Seven euros? How much is that in dollars? Sept euros ? Combien ça fait en dollars ?

Europe [ˈjʊərəp] **n** Europe

European [jʊərəˈpiːən] **adj, n** européen, européenne, Européen, Européenne
The European Union. L'Union européenne.

Attention, l'anglais prend toujours une majuscule.

even [ˈiːvn]
◉ **adv**
1. même*
I didn't even see Lucky Luke move. Je n'ai même pas vu Lucky Luke bouger.
I'll finish it, even if it takes me all day. Je le terminerai, même si cela me prend toute la journée.
2. encore
He's even more stupid than his brothers. Il est encore plus bête que ses frères.
◉ **adj**
1. pair
An even number. Un nombre pair.
2. régulier
His breathing became more even. Sa respiration est devenue plus régulière.
3. plat
The ground is even. Le terrain est plat.
4. égal
She cut the cake into six even

Hands up! This is a holdup!
Yes, Mister Billy!

Even when he didn't threaten them, people were terrified of Billy.

– Haut les mains ! Ceci est un hold-up !
– Oui, Monsieur Billy !
Même quand il ne les menaçait pas, Billy terrorisait les gens.

pieces. Elle a coupé le gâteau en six parts égales.
5. équilibré
It was a very even match. Ce fut un match très équilibré.
6. *Idiom* **to get even with** se venger de
He swore to get even with Joe. Il a juré de se venger de Joe.

evening [ˈiːvnɪŋ] **n** soir, soirée*
• **evening dress** tenue de soirée

They were having a nice evening.

Elles passaient une bonne soirée.

event [ɪˈvent] **n**
1. événement*

A really important event is going to take place soon.

– Un événement de la plus haute importance va bientôt avoir lieu.

2. épreuve
She has won gold medals for three different events. Elle a gagné la médaille d'or dans trois épreuves différentes.
3. *Idiom* **in the event of** en cas de

eventually [ɪˈventʃʊəlɪ] **adv** à terme, finalement
The railway will eventually run to El Plomo. À terme, le chemin de fer ira jusqu'à El Plomo.
They eventually decided to drop the charges. Finalement, ils ont décidé de retirer leur plainte.

ever [ˈevəʳ] **adj**
1. Dans les phrases négatives et conditionnelles : jamais
Nobody ever admitted to the horrible crime. Personne n'a jamais avoué ce crime horrible.
If he ever comes back to this town… Si jamais il revient dans cette ville…
2. Dans les questions : déjà, jamais
Have you ever ridden a horse? Êtes-vous déjà monté à cheval ?
3. toujours
All he ever does is complain. Il est toujours à se plaindre.
4. *Idiom* **ever since** depuis
The town has been a lot quieter ever since Lucky Luke arrived. La ville est beaucoup plus calme depuis l'arrivée de Lucky Luke.
5. *Idiom* **for ever** pour toujours
He's gone away for ever. Il est parti pour toujours.
6. *Idiom* **why/how/who ever** mais pourquoi/comment/qui donc
Why ever didn't you tell the sheriff? Mais pourquoi donc ne l'avez-vous pas dit au shérif ?
7. *Idiom* **ever so** vraiment, tellement
I'm ever so sorry. Je suis vraiment désolé.
8. *Idiom* **Br ever such** vraiment, tellement
He's ever such a good shot! Il tire tellement bien !

every [ˈevrɪ] **adj** chaque
Every time the Daltons escape, the prison governor calls for Lucky Luke. Chaque fois que les Dalton s'échappent, le directeur de la prison fait appel à Lucky Luke.

everybody [ˈevrɪbɒdɪ], **everyone** [ˈevrɪwʌn] **pron** tout le monde*

everything [ˈevrɪθɪŋ] **pron** tout
The settlers have lost everything they owned. Les colons ont perdu tout ce qu'ils possédaient.

everywhere [ˈevrɪweəʳ] **adv** partout
I've looked everywhere for my revolver. J'ai cherché mon revolver partout.

evidence [ˈevɪdəns] **n**
1. preuve
There's no evidence that the Daltons did it. Il n'y a pas de preuve que les Dalton soient coupables.
2. témoignage
His evidence did not convince the jury. Son témoignage n'a pas convaincu le jury.

evil [ˈiːvl]
● **adj** mauvais, malveillant
He's an evil influence over his brothers. Il a une mauvaise influence sur ses frères.
● **n** mal
She chose the lesser of the two evils. Des deux maux, elle a choisi le moindre.

exact [ɪgˈzækt] **adj** exact, précis
It happened in Texas, in El Plomo to be exact. Cela s'est passé au Texas, à El Plomo pour être précis.

exactly [ɪgˈzæktlɪ]
● **adv** exactement, précisément
The stagecoach arrived exactly on time. La diligence est arrivée exactement à l'heure.
● **excl** parfaitement
– So you intend to shoot him?
– Exactly! – Donc vous avez l'intention de l'abattre ? – Parfaitement !

I want everybody to listen to me!

– Je veux que tout le monde m'écoute !

examination

examination [ɪgˌzæmɪˈneɪʃn] **n**
1. examen, épreuve
Dans ce sens, "examination" est très souvent abrégé en "exam".
She passed her English exam. Elle a réussi son épreuve d'anglais.
2. contrôle, inspection, examen*

> Hurry up, everybody's waiting for the results of our **examination**!
> Let's see, this one isn't too bad...
> Nor is this one...

— Dépêchez-vous, tout le monde attend le résultat de notre **examen** !
— Voyons, celui-ci n'est pas trop mauvais...
— Celui-ci non plus...

3. visite
They have to take a medical examination every six months. Ils doivent passer une visite médicale tous les six mois.

examine [ɪgˈzæmɪn] **vt**
1. examiner, contrôler
The sheriff examined the papers that Lucky Luke had brought. Le shérif examina les papiers que Lucky Luke avait apportés.
2. interroger
They are examined in all the main subjects every term. On les interroge dans toutes les matières principales chaque trimestre.

example [ɪgˈzɑːmpl]
1. n exemple
Lucky Luke is an example for us all. Lucky Luke est un exemple pour nous tous.
2. *Idiom* **for example** par exemple
We could go to Denver, for example. Nous pourrions aller à Denver, par exemple.

excellent [ˈeksələnt] **adj** excellent*

> What did you say, Averell?
> That this soup is really **excellent**!

— Qu'est-ce que tu as dit, Averell ?
— Que cette soupe est vraiment **excellente** !

except [ɪkˈsept] **prep, conj** sauf, à part
Everybody ran away except Lucky Luke. Tout le monde s'est sauvé sauf Lucky Luke.

exchange [ɪksˈtʃeɪndʒ]
✪ **vt** échanger
They exchanged fire in the main street. Ils ont échangé des coups de feu dans la grand-rue.
✪ **n** échange
They're demanding money in exchange for the hostages. Ils réclament de l'argent en échange des otages.
• **exchange rate** taux de change

exciting [ɪkˈsaɪtɪŋ] **adj** excitant, passionnant
Nothing exciting ever happens in this town. Il ne se passe jamais rien d'excitant dans cette ville.

excuse
Le verbe se prononce [ɪkˈskjuːz]*, le nom se prononce* [ɪkˈskjuːs]*.*
✪ **vt**
1. excuser
Excuse me, could you tell me the way to the sheriff's office? Excusez-moi, pourriez-vous m'indiquer le chemin du bureau du shérif ?
2. dispenser
He's excused from gym lessons. Il est dispensé de cours de gym.

✪ **n** excuse
Can't you find a better excuse than that? Tu ne peux pas trouver une meilleure excuse que ça ?

exercise [ˈeksəsaɪz]
✪ **n** exercice
They don't get enough exercise. Ils ne font pas assez d'exercice.
✪ **vt** exercer, user de
The sheriff should exercise his authority. Le shérif devrait exercer son autorité.
✪ **vi** faire de l'exercice
I try to exercise three or four times a week. J'essaie de faire de l'exercice trois ou quatre fois par semaine.
• **exercise book** cahier (d'exercices)

exhausted [ɪgˈzɔːstɪd] **adj** épuisé*

> I'm **exhausted**, I must go to bed.

— Je suis **épuisé**, il faut que je me couche.

exhausting [ɪgˈzɔːstɪŋ] **adj** épuisant
The trip across the mountains will be exhausting. La traversée des montagnes sera épuisante.

exhibition [ˌeksɪˈbɪʃn] **n**
1. exposition
An exhibition of modern art. Une exposition d'art moderne.
2. *Idiom* **to make an exhibition of oneself** se donner en spectacle

exit [ˈeksɪt] **n** sortie
There's an emergency exit at the back of the saloon. Il y a une sortie de secours à l'arrière du saloon.

expect [ɪkˈspekt] **vt**
1. s'attendre à

extension

I didn't expect the stagecoach to be late. Je ne m'attendais pas à ce que la diligence arrive en retard.
2. attendre
I'm expecting a letter from him this week. J'attends une lettre de lui cette semaine.
She was expecting her second baby. Elle attendait son deuxième enfant.
3. supposer
I expect that they've all left town. Je suppose qu'ils ont tous quitté la ville.

expectant [ɪkˈspektənt] **adj** qui attend
• **an expectant mother** une femme enceinte
• **an expectant father** un homme dont la femme attend un enfant

expensive [ɪkˈspensɪv] **adj** cher, coûteux
She bought lots of expensive clothes. Elle a acheté beaucoup de vêtements coûteux.

experience [ɪkˈspɪərɪəns]
✺ **n** expérience
These cowboys don't have much experience. Ces cow-boys n'ont pas beaucoup d'expérience.
✺ **vt** connaître, éprouver
I had never experienced such pain. Je n'avais jamais éprouvé une telle douleur.

experiment [ɪkˈsperɪmənt]
✺ **n** expérience
Scientists have carried out a series of experiments. Des scientifiques ont procédé à une série d'expériences.
✺ **vi** faire des expériences, expérimenter
He almost killed himself experimenting with dynamite. Il a failli se tuer en faisant des expériences avec de la dynamite.

explain [ɪkˈspleɪn]
✺ **vt** expliquer
He explained his plan to the sheriff. Il a expliqué son projet au shérif.
✺ **vi** s'expliquer
No, you don't understand, let me explain. Non, vous ne comprenez pas, laissez-moi m'expliquer.

explanation [ˌekspləˈneɪʃn] **n** explication
There must be an explanation for their disappearance. Il doit y avoir une explication à leur disparition.

explode [ɪkˈspləʊd]
✺ **vi** exploser*
✺ **vt** faire exploser
The police exploded the bomb. La police a fait exploser la bombe.

explore [ɪkˈsplɔːʳ] **vt, vi** explorer
Lucky Luke decided to explore the old mine. Lucky Luke a décidé d'explorer la vieille mine.

explosion [ɪkˈspləʊʒn] **n** explosion
The explosion woke the whole town. L'explosion a réveillé toute la ville.

extension [ɪkˈstenʃn] **n**
1. annexe
The hotel is full, but you can sleep in the extension. L'hôtel est plein, mais vous pouvez dormir à l'annexe.
2. prolongation
He was granted a three-week extension. On lui a accordé une prolongation de trois semaines.
3. prolongement
The extension of the railway to Dry Gulch. Le prolongement du chemin de fer jusqu'à Dry Gulch.
4. rallonge
Plug it into the extension. Branchez-le sur la rallonge.
5. poste
Give me extension 4434, please. Je voudrais le poste 4434, s'il vous plaît.

The bridge exploded.

Le pont a explosé.

extra

extra [ˈekstrə]
- *adj*
1. supplémentaire*, de plus, en plus

I've had an extra delivery of apples.
– J'ai reçu une livraison **supplémentaire** de pommes.

2. de trop, en trop
I've got an extra ticket for the match. J'ai une place en trop pour le match.
- *adv*
1. exceptionnellement, particulièrement
We all worked extra hard to finish on time. Nous avons tous travaillé particulièrement dur pour finir dans les délais.
2. en plus, davantage
If you want a bigger room, you'll have to pay extra. Si vous voulez une plus grande chambre, il va falloir payer davantage.

- *n*
1. supplément, extra
The menu is cheap but you have to add extras like coffee. Le menu n'est pas cher, mais il faut ajouter les suppléments comme le café.
2. figurant
He's working as an extra in a cowboy film. Il travaille comme figurant dans un western.

extraordinary [ɪkˈstrɔːdnrɪ] *adj* extraordinaire
An extraordinary thing happened during their stagecoach trip. Il s'est passé quelque chose d'extraordinaire pendant leur voyage en diligence.

extremely [ɪkˈstriːmlɪ] *adv* extrêmement*

eye [aɪ] *n*
1. œil
He has blue eyes. Il a les yeux bleus.
2. *Idiom* **to have one's eye on** viser
He has his eye on the sheriff's job. Il vise le poste de shérif.
3. *Idiom* **to keep an eye on** surveiller
Keep an eye on the kids! Surveille les enfants !
4. *Idiom* **to keep one's eyes open for** guetter
Keep your eyes open for the Daltons! Guette les Dalton !
5. *Idiom* **to catch somebody's eye** attirer l'attention de quelqu'un
A poster caught his eye. Une affiche a attiré son attention.

eyebrow [ˈaɪbraʊ] *n* sourcil

eyelash [ˈaɪlæʃ] *n* cil

eyelid [ˈaɪlɪd] *n* paupière

eyesight [ˈaɪsaɪt] *n* vue
My eyesight is getting worse. Ma vue baisse.

– Ça suffit ! Je suis **extrêmement** mécontent !

F

fabric [ˈfæbrɪk] **n** tissu
A shop that sells fabrics. Un magasin qui vend des tissus.

face [feɪs] **n** visage, figure*
He has a handsome face. Il a un beau visage.

The till hit him in the face.

Il a reçu la caisse en pleine figure.

facilities [fəˈsɪlɪtɪz] **n pl**
1. équipements
Sports facilities. Équipements sportifs.
She wasn't too happy about the lack of cooking facilities in the house. Elle était mécontente parce que la maison n'était pas équipée pour faire la cuisine.
2. Lorsqu'on parle des transports.
Transport facilities. Moyens de transport.
3. Lorsqu'on parle d'un endroit ou d'un local réservé à un certain usage.
Changing facilities. Vestiaire.
There are no parking facilities. Il n'y a pas d'endroit pour se garer.

fact [fækt] **n**
1. fait, réalité
This story is based on fact. Cette histoire est fondée sur la réalité.
2. *Idiom* **in fact** en fait
Joe wasn't in the jail. In fact, he had escaped. Joe n'était pas en prison. En fait, il s'était évadé.
3. *Idiom*
– One of the Dalton brothers got shot! – Is that a fact? – On a tiré sur un des frères Dalton ! – Vraiment ?
4. *Idiom* **the fact remains that** toujours est-il que
The fact remains that he is a dangerous criminal. Toujours est-il que c'est un dangereux criminel.

factory [ˈfæktərɪ] **n** usine

fade [feɪd] **vi**
1. passer
These colours have faded. Ces couleurs ont passé.
2. baisser
The light was fading. Le jour baissait.
3. s'estomper, s'effacer
My childhood memories are fading. Mes souvenirs d'enfance s'effacent peu à peu.

faded [ˈfeɪdɪd] **adj** décoloré, délavé
Lucky Luke was wearing a pair of faded blue jeans. Lucky Luke portait un jean délavé.

Fahrenheit [ˈfærənhaɪt] **n** Fahrenheit
(voir page 178)

fail [feɪl]
✪ **vt**
1. échouer à
To fail an exam. Échouer à un examen.
2. *Idiom* **to fail to do something** omettre de faire quelque chose
✪ **vi**
1. échouer*

We'll put her to the test and if she fails, we'll chase her out of town!

– Nous allons la mettre à l'épreuve et si elle échoue, nous la chasserons de la ville !

2. Lorsqu'on parle de la santé de quelqu'un : baisser, faiblir
My grandma's eyesight is failing. La vue de ma grand-mère baisse.
3. tomber en panne
The engine failed. Le moteur est tombé en panne.
The brakes failed. Les freins ont lâché.

faint

faint [feɪnt]
● **adj** léger
There was a faint smell of petrol. Il y avait une légère odeur d'essence.
● **vi** s'évanouir
She fainted when she heard the news. Elle s'est évanouie en apprenant la nouvelle.

fair [feəʳ]
● **adj**
1. juste
He can't keep all the money, it isn't fair! Il ne peut pas garder tout l'argent, ce n'est pas juste!
2. blond
He has fair hair. Il a les cheveux blonds.
3. clair
To have fair skin, to be fair-skinned. Avoir le teint clair.
4. beau
The weather was fair. Il faisait beau.
● **n**
1. foire
They're taking their cattle to the fair. Ils emmènent leur bétail à la foire.
2. (**Am:** amusement park) fête foraine
There are a lot of roundabouts at this fair. Il y a beaucoup de manèges dans cette fête foraine.

fairly [ˈfeəlɪ] **adv**
1. assez
It's a fairly big town. C'est une assez grande ville.
2. équitablement
The sheriff treated them fairly. Le shérif les a traités équitablement.

fairy [ˈfeərɪ] **n** fée
● **fairy tale** conte de fées

faith [feɪθ] **n**
1. confiance
She has no faith in the Daltons. Elle n'a aucune confiance en la famille Dalton.
2. foi, croyance
The tribes have different religious faiths. Les tribus ont des croyances différentes.

faithfully [ˈfeɪθfʊlɪ] **adv**
1. fidèlement
Jasper served him faithfully for many years. Jasper l'a servi fidèlement pendant de longues années.

2. Pour terminer une lettre.
Yours faithfully. Veuillez agréer, Monsieur/Madame, l'expression de mes sentiments distingués.

fake [feɪk]
● **adj** faux
A fake certificate. Un faux certificat.
● **n**
1. faux
There's a fake among these paintings. Il y a un faux parmi ces tableaux.
2. imposteur
He's a fake. C'est un imposteur.

fall [fɔːl], **fell** [fel], **fallen** [ˈfɔːlən]
● **n**
1. chute
She had a fall. Elle a fait une chute.
2. baisse
The fall in prices. La baisse des prix.
3. chute(s)
There had been a heavy fall of snow. Il y avait eu de fortes chutes de neige.
● **n pl** chutes
The Niagara falls. Les chutes du Niagara.
● **vi**
1. tomber
She slipped on the ice and fell. Elle a glissé sur la glace et elle est tombée.
2. baisser
Prices fell last summer. Les prix ont baissé l'été dernier.

3. *Idiom* **to fall in love** tomber amoureux
Joe Dalton fell in love with Lulu Carabine. Joe Dalton est tombé amoureux de Lulu Carabine.
● **fall down vt** tomber
She fell down. Elle est tombée.
● **fall off**
● **vi** tomber*
● **vt** tomber de
He fell off his bicycle. Il est tombé de son vélo.
"Fall off" est inséparable.
● **fall out vi** tomber
The apples fell out of the basket. Les pommes sont tombées du panier.
His hair is falling out. Il perd ses cheveux.
● **fall over**
● **vi** tomber
He slipped and fell over. Il a glissé et il est tombé.
● **vt** trébucher sur
He fell over the stool. Il a trébuché sur le tabouret.
"Fall over" est inséparable.

fallout [ˈfɔːlaʊt] **n** retombées
Nuclear fallout. Retombées nucléaires.

false [fɔːls] **adj** faux
A false rumour. Une fausse rumeur.
A false alarm. Une fausse alerte.

*The old lady who was sitting there has **fallen off**!*

– *La vieille dame qui était là est **tombée**!*

farm

Lucky Luke, allow me to introduce my family.
Nice to meet you!

— Lucky Luke, je vous présente ma **famille**.
— Enchanté !

fame [feɪm] **n** célébrité
family [ˈfæmlɪ] **n** famille*
famous [ˈfeɪməs] **adj** célèbre*

So you're the famous Jolly Jumper?
Yes, that's right!

— Alors, vous êtes le **célèbre** Jolly Jumper ?
— Oui, c'est exact !

fancy [ˈfænsɪ]
◎ **adj**
1. chic, élégant
She was wearing a fancy hat. Elle portait un chapeau élégant.
2. de luxe
A fancy car. Une voiture de luxe.
◎ **n**
Idiom
Calamity Jane took a fancy to a dress. Calamity Jane a vu une robe qui lui a beaucoup plu.

◎ **vt** informal
1. avoir envie de, vouloir
I fancy an ice cream. J'ai envie d'une glace.
Do you fancy going to the cinema? Ça te dirait d'aller au cinéma ?
2. *Idiom* Br **to fancy someone** s'enticher de quelqu'un
He fancies his best friend's sister. Il s'est entiché de la sœur de son meilleur copain.
3. *Idiom* **Fancy that!** Tiens ! tiens !
• **fancy dress** déguisement
She was in fancy dress. Elle était déguisée.
• **fancy-dress party** soirée costumée

fantastic [fænˈtæstɪk] **adj**
1. **informal** formidable
I had a fantastic holiday. J'ai passé des vacances formidables.
2. incroyable
He earned fantastic amounts of money. Il a gagné des sommes d'argent incroyables.

far [fɑːʳ]
◎ **adv**
1. loin
It's very far away. C'est très loin.
How far is it to the nearest town? La ville la plus proche est à combien de kilomètres d'ici ?
2. beaucoup
Far too much food. Beaucoup trop de nourriture.
Averell's had far too much to eat. Averell a beaucoup trop mangé.

3. *Idiom* **to go too far** aller trop loin
This time, the Daltons had really gone too far! Cette fois-ci, les Dalton étaient vraiment allés trop loin !
4. *Idiom* **by far** de loin
It's by far the biggest. C'est de loin le plus grand.
5. *Idiom* **so far** jusqu'à maintenant, jusqu'ici
There has been no news so far. Jusqu'ici il n'y a pas de nouvelles.
◎ **adj**
1. extrême
A town in the far north of the country. Une ville à l'extrême nord du pays.
At the far end of the street. À l'autre bout de la rue.
2. *Idiom*
Jolly Jumper was far from happy. Jolly Jumper était loin d'être content.
Le comparatif est soit "farther", soit "further", le superlatif est soit "farthest", soit "furthest".

faraway [ˈfɑːrəweɪ] **adj** lointain
He travelled in faraway countries. Il a voyagé dans des pays lointains.

fare [feəʳ] **n** prix du billet
The plane fare to New York. Le prix d'un billet d'avion pour New York.
Have you got the bus fare? Est-ce que tu as de l'argent pour le bus ?

Far East [fɑːʳ iːst] **n** Extrême-Orient

farm [fɑːm] **n** ferme*
On the farm. À la ferme.

This is where we'll set up our farm.

— C'est ici que nous allons installer notre **ferme**.

farmer

farmer [ˈfɑːməʳ] **n** fermier

farther [ˈfɑːðəʳ]
adv plus loin
His house is farther away than mine. Sa maison est plus loin que la mienne.
"Farther" est le comparatif de "far".

farthest [ˈfɑːðɪst]
○ **adj** le plus éloigné
The farthest town. La ville la plus éloignée.
○ **adv** le plus loin
He walked the farthest. C'est lui qui a marché le plus loin.
"Farthest" est le superlatif de "far".

fascinating [ˈfæsɪneɪtɪŋ] **adj** fascinant

fashion [ˈfæʃn] **n**
1. mode
The latest fashion. La dernière mode.
2. manière
A meal cooked in the Japanese fashion. Un repas à la japonaise.
3. *Idiom* **to be in fashion** être à la mode
4. *Idiom* **to go out of fashion** passer de mode, se démoder

fashionable [ˈfæʃnəbl] **adj** chic, à la mode
Calamity Jane likes wearing fashionable clothes. Calamity Jane aime bien porter des vêtements à la mode.

fast [fɑːst]
○ **adj**
1. rapide
A fast car. Une voiture rapide.
2. qui avance
His watch was five minutes fast. Sa montre avançait de cinq minutes.
○ **adv**
1. vite*, rapidement
2. *Idiom* **to be fast asleep** dormir à poings fermés

fasten [ˈfɑːsn]
○ **vt** attacher
He fastened his belt. Il a attaché sa ceinture.
○ **vi** s'attacher
This dress fastens at the back. Cette robe s'attache par-derrière.

fat [fæt]
○ **adj** gros*

They're going to notice me... I'm the only one who isn't fat.
– Ils vont me repérer... Je suis le seul à ne pas être **gros**.

○ **n** graisse
He melted the fat in the frying pan. Il fit fondre la graisse dans la poêle.

father [ˈfɑːðəʳ] **n** père

father-in-law [ˈfɑːðəʳɪnlɔː] **n** beau-père
Attention, "father-in-law" désigne le père du conjoint, tandis que "stepfather" désigne le mari de la mère.

fault [fɔːlt] **n**
1. défaut
A fault in the design. Un défaut de conception.
2. faute
It's my own fault. C'est de ma faute.
It's all the Daltons' fault! Tout ça, c'est la faute des Dalton !

Light the fuse! *Move out of the way fast!*
– Allumez la mèche !
– Éloignez-vous **vite** !

favour [ˈfeɪvəʳ] (**Am**: favor) **n**
1. service
Lucky Luke did him a favour. Lucky Luke lui a rendu service.
2. *Idiom* **to be in favour of** être pour
I'm in favour of a change in the law. Je suis pour un changement dans la loi.

favourite [ˈfeɪvrɪt] (**Am**: favorite)
○ **adj** préféré
What's your favourite football team? Quelle est ton équipe de foot préférée ?
○ **n** préféré(e)*

My hands are clean, mummy! *That's good, my darling.*
Averell has always been her favourite!
– J'ai les mains propres, maman !
– C'est bien, mon chéri.
Averell a toujours été son **préféré** !

fear [fɪəʳ]
○ **vt** craindre, avoir peur de
The local people feared the Daltons. Les gens du coin craignaient les Dalton.
○ **n** peur
Have no fear, Lucky Luke is here! N'aie pas peur, Lucky Luke est là !

feather [ˈfeðəʳ] **n** plume

feature [ˈfiːtʃəʳ]
○ **n**
1. trait
A man with angular features. Un homme aux traits anguleux.
2. caractéristique
This monument is the main feature of the town. Ce monument est la principale caractéristique de la ville.
○ **vi** figurer

February [ˈfebrʊərɪ] **n** février
Attention, les noms de mois prennent toujours une majuscule en anglais. (voir page 71)

fed → **feed**

fed up [fed ʌp] **adj** *informal*
To be fed up. En avoir marre.
Lucky Luke was fed up with the Daltons. Lucky Luke en avait marre des Dalton.

federal [ˈfedrəl] **adj** fédéral

fee [fiː]
◎ **n**
1. droit d'entrée
You have to pay a fee to get into the club. Il faut payer un droit d'entrée pour être admis au club.
2. cotisation
To pay a membership fee. Payer une cotisation.
◎ **n pl** frais
School fees. Frais de scolarité.

feed [fiːd], **fed** [fed], **fed** [fed] **vt** nourrir*

feel [fiːl], **felt** [felt], **felt** [felt] **vi**
1. se sentir*
To feel ill. Se sentir malade.
2. *Idiom* **to feel hot/cold** avoir chaud/froid
3. *Idiom* **to feel like doing something** avoir envie de faire quelque chose
I feel like going out to a restaurant. J'ai envie d'aller manger au restaurant.
4. *Idiom* **to feel at home** se sentir à l'aise

— Comment vous **sentez**-vous ?
— Pas très bien !

She didn't feel at home in the saloon. Elle ne se sentait pas à l'aise dans le saloon.

feeling [ˈfiːlɪŋ] **n** sentiment
A feeling of disappointment. Un sentiment de déception.

feet → **foot**

fell → **fall**

fellow [ˈfeləʊ] **n** garçon, type
Lucky Luke is a nice fellow. Lucky Luke est un brave type.

felt → **feel**

female [ˈfiːmeɪl]
◎ **n** femelle
◎ **adj** femelle
A female cat. Une chatte.

— J'en ai assez de vous **nourrir** pour rien ! Partez maintenant !
— Oui, mais laissez-nous d'abord finir notre dîner.

feminine [ˈfemɪnɪn] **adj, n** féminin

fence [fens] **n** barrière
He built a fence around his house. Il a construit une barrière autour de sa maison.

fencing [ˈfensɪŋ] **n** escrime

ferry [ˈferɪ] **n** ferry

ferryboat [ˈferɪbəʊt] **n** ferry

fertilizer [ˈfɜːtɪlaɪzəʳ] **n** engrais

festival [ˈfestəvl] **n**
1. festival
There are a lot of music festivals in the south of France during the summer. Il y a beaucoup de festivals de musique en été dans le midi de la France.
2. fête
Christmas is an important religious festival. Noël est une importante fête religieuse.

fetch [fetʃ] **vt**
1. aller chercher
Rin Tin Can went to fetch his bone. Ran Tan Plan est allé chercher son os.
2. rapporter
To fetch a good price. Rapporter un bon prix.

fever [ˈfiːvəʳ] **n** fièvre
To have a fever. Avoir de la fièvre.

few [fjuː] **adj**
1. peu de
There were few towns in this region. Il y avait peu de villes dans cette région.
2. *Idiom* **a few** quelques
A few people came. Quelques personnes sont venues.
Attention, on utilise "little" avec un nom indénombrable (de la soupe, de la délinquance), et "few" avec un nom au pluriel (des haricots, des bandits).

fiction [ˈfɪkʃn] **n** fiction
To read fiction. Lire des romans.

field [fiːld] **n**
1. champ
The farmer was working in the fields. Le fermier travaillait dans les champs.
2. terrain
Football field. Terrain de football.

fierce

3. domaine
He is a specialist in that field. Il est spécialiste dans ce domaine.

fierce [fɪəs] **adj**
1. féroce
That animal looks fierce! Comme cet animal a l'air féroce !
2. violent
A fierce storm. Une tempête violente.

fifteen [fɪfˈtiːn] **adj num, n** quinze (voir page 195)

fifth [fɪfθ] **adj num, n** cinquième (voir page 195)

fifty [ˈfɪftɪ] **adj num, n** cinquante (voir page 195)

fight [faɪt], **fought** [fɔːt], **fought** [fɔːt]
✪ **vt** combattre, se battre avec
The cowboys were fighting the Indians. Les cow-boys combattaient les Indiens.
✪ **vi**
1. se battre*

– Mais pourquoi on *se bat* ?
– Je ne sais pas !

2. se disputer
The children are always fighting. Les enfants sont toujours en train de se disputer.
✪ **n** bagarre, combat

figure [ˈfɪgəʳ] **n**
1. chiffre
The figure 8. Le chiffre 8.
2. personnage
He was a well-known figure in Dalton City. C'était un personnage connu à Dalton City.
3. Idiom **to have a nice figure** être bien fait

file [faɪl] **n**
1. dossier
The drawers of his desk were full of files. Les tiroirs de son bureau étaient remplis de dossiers.
2. Idiom **in single file** en file indienne
The Daltons marched into the bank in single file. Les Dalton sont entrés dans la banque en file indienne.

fill [fɪl] **vt** remplir
Calamity Jane filled the bucket with water. Calamity Jane a rempli le seau d'eau.

filling station [ˈfɪlɪŋ ˈsteɪʃn] (**Am**: gas station) **n** station-service

film [fɪlm] **n**
1. film
The only films he likes are westerns. Les seuls films qu'il aime sont les westerns.
2. pellicule
She bought a film for her camera. Elle a acheté une pellicule pour son appareil photo.

filthy [ˈfɪlθɪ] **adj** sale
Averell Dalton's hands were filthy. Les mains d'Averell Dalton étaient sales.

final [ˈfaɪnl] **adj** dernier

finally [ˈfaɪnəlɪ] **adv** finalement

find [faɪnd], **found** [faʊnd], **found** [faʊnd] **vt** trouver*
• **find out**
✪ **vt** découvrir
Lucky Luke was determined to find out the truth. Lucky Luke était décidé à découvrir la vérité.
"Find out" est séparable.
✪ **vi**
1. se renseigner
I'll go and find out. Je vais aller me renseigner.
If your mother finds out she'll be very cross! Si ta mère l'apprend, elle sera fâchée !
2. Idiom **to find out about something** découvrir quelque chose

fine [faɪn]
✪ **adj**
1. beau
The weather is fine. Il fait beau.
2. bien
I'm fine! Je vais très bien !
✪ **adv** d'accord, très bien
✪ **n**
1. amende
He paid a hundred-dollar fine for being rude to the judge. Il a payé une amende de 100 dollars pour avoir été grossier avec le juge.
2. contravention
He got another fine for speeding. Il a encore eu une contravention pour excès de vitesse.
✪ **vt**
1. condamner à une amende
Billy was fined 5 dollars. Billy a été condamné à une amende de 5 dollars.
2. donner une contravention à
He was fined for speeding. Il a eu une contravention pour excès de vitesse.

finger [ˈfɪŋgəʳ] **n** doigt

fingerprint [ˈfɪŋgəprɪnt] **n** empreinte digitale

finish [ˈfɪnɪʃ]
✪ **vt** finir
He finished writing the letter. Il a fini d'écrire la lettre./Il a terminé la lettre.
✪ **vi** finir, se terminer
The film finished at 10 o'clock. Le film a fini à 10 heures.
✪ **n** fin
From start to finish. Du début à la fin.

– Qui a volé ma dent ?
– Arrêtez de crier, je l'ai *trouvée* !

fit

We're nice and cosy here beside the fire.
You're right, dear, we're very cosy.

— On est vraiment très bien près de ce feu.
— Vous avez raison, ma chère, on est vraiment très bien.

Finland [ˈfɪnlənd] **n** Finlande

Finn [fɪn] **n** Finlandais, Finlandaise

Finnish [ˈfɪnɪʃ]
✲ **adj** finlandais, finlandaise
Do you like Finnish cooking? Aimez-vous la cuisine finlandaise ?
✲ **n** finnois
He speaks fluent Finnish. Il parle le finnois couramment.
Attention, l'anglais prend toujours une majuscule.

fire [ˈfaɪəʳ]
✲ **n**
1. feu*
2. incendie
The fire broke out in the cellar. L'incendie s'est déclaré dans la cave.
✲ **vt**
1. tirer
To fire a gun. Tirer un coup de fusil.
2. renvoyer
His boss fired him. Son patron l'a renvoyé.

fire brigade [ˈfaɪəʳ brɪˈɡeɪd] (**Am:** fire department) **n**
The fire brigade. Les pompiers.

fire engine [ˈfaɪəʳ ˈendʒɪn] **n** voiture de pompiers

fireman [ˈfaɪəʳmæn] **n** pompier

fireplace [ˈfaɪəʳpleɪs] **n** cheminée

fireworks [ˈfaɪəʳwɜːks] **n pl** feu d'artifice
The fireworks were magnificent. Le feu d'artifice était superbe.
Attention, "fireworks" est toujours suivi d'un verbe au pluriel.

firm [fɜːm]
✲ **n** entreprise
✲ **adj** ferme
A firm mattress. Un matelas ferme.

first [fɜːst] **adj, n** premier
The first of May is a holiday. Le 1er Mai est férié.

fish [fɪʃ]
✲ **n** poisson
✲ **vi** pêcher

fish-and-chip shop [fɪʃənd ˈtʃɪpʃɒp] **n Br** Magasin où l'on vend des frites et du poisson frit.
(voir page 105)

fishing [ˈfɪʃɪŋ] **n** pêche
To go fishing. Aller à la pêche.

fishmonger [ˈfɪʃˌmʌŋɡəʳ] **n** poissonnier

fist [fɪst] **n** poing
Averell shook his fist at Lucky Luke. Averell a menacé Lucky Luke du poing.

fit [fɪt]
✲ **vt** Pour dire que quelque chose vous va bien.*
The coat doesn't fit me. Le manteau ne me va pas./Le manteau n'est pas à ma taille.
✲ **vi** être à la bonne taille
1. *I don't think these shoes fit.* Je ne pense pas que ces chaussures soient à la bonne taille.
2. rentrer
The wardrobe won't fit into that corner. L'armoire ne rentrera pas dans ce coin.
✲ **adj**
1. en forme
2. *Idiom* **to keep fit** garder la forme
✲ **n**
1. accès
In a fit of rage. Dans un accès de colère.
2. *Idiom* **to have a fit** piquer une crise

Your horse is fussy, he can't make up his mind.
No, no, these fit me.

— Il est difficile, votre cheval, il a du mal à faire son choix.
— Non, non, ceux-ci me vont bien.

FLAGS

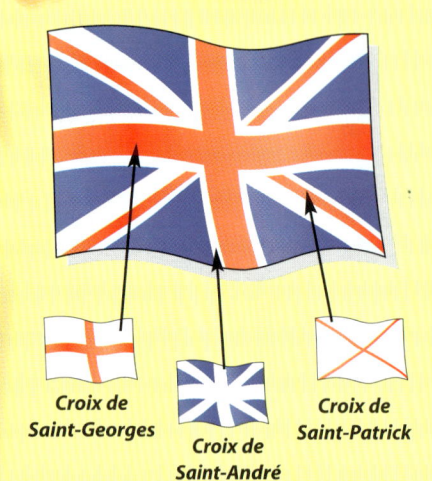

The *Union Jack* est le drapeau du Royaume-Uni (*The United Kingdom*).

Le Royaume-Uni est constitué de la Grande-Bretagne (**Great Britain**) et de l'Irlande du Nord (**Ulster**).

La Grande-Bretagne elle-même comprend l'Angleterre (**England**), l'Écosse (**Scotland**) et le pays de Galles (**Wales**).

La version actuelle du drapeau fut adoptée en 1801, après l'union avec l'Irlande : il regroupe la **Croix de Saint-Georges** (symbole de l'Angleterre dès le XIIIe siècle), la **Croix de Saint-André** (qui représente l'Écosse) et la **Croix de Saint-Patrick** (emblème de la famille des Fitzgerald, chargée par le roi Henri II de soumettre l'Irlande au XIIe siècle).

Croix de Saint-Georges
Croix de Saint-André
Croix de Saint-Patrick

Le pays de Galles a son propre drapeau illustré d'un dragon rouge. Les Gallois et les Écossais tiennent beaucoup à leurs particularités régionales : vous ne devez pas leur dire qu'ils sont anglais, mais britanniques !

Outre le drapeau national, l'Angleterre a pour emblème la rose, le pays de Galles, le poireau (*leek*), l'Écosse, le chardon (*thistle*) et l'Irlande du Nord, le trèfle (*shamrock*).

rose — leek — thistle — shamrock

The *Star-Spangled Banner* est le drapeau des États-Unis d'Amérique.

Appelé aussi **Stars and Stripes**, le drapeau américain fut adopté en 1776, lorsque les colonies britanniques déclarèrent leur indépendance : il comprenait alors treize bandes horizontales (*stripes*) rouges et blanches, ainsi que treize étoiles (*stars*) blanches, correspondant aux treize premiers États américains. Il y a aujourd'hui cinquante étoiles figurant les cinquante États des États-Unis.

Il est le symbole de l'unité du pays et toute personne désirant la citoyenneté (*citizenship*) américaine doit prêter serment (*The Pledge of Allegiance*) au drapeau, la main droite sur le cœur, en disant : "*I pledge allegiance to the flag of the United States of America and to the Republic for which it stands, one nation under God, indivisible, with liberty and justice for all.*" (Je prête serment d'allégeance au drapeau des États-Unis d'Amérique et à la République qu'il représente, une nation sous la protection de Dieu, indivisible, avec la liberté et la justice pour tous).

five [faɪv] **adj num, n** cinq
(voir page 195)

fix [fɪks] **vt**
1. réparer
He fixed the engine. Il a réparé le moteur.
2. fixer
To fix a date. Fixer une date.

fizzy [ˈfɪzɪ ˈwɔːtər] **adj** gazeux
A fizzy drink. Une boisson gazeuse.

flag [flæg] **n** drapeau
(voir ci-contre)

flame [fleɪm] **n** flamme*

– Ces **flammes** vont attirer les Indiens !

flash [flæʃ] **n** éclair
A flash of lightning. Un éclair.

flat [flæt]
✪ **adj**
1. plat
A flat surface. Une surface plate.
2. à plat
To have a flat tyre. Avoir un pneu à plat.
✪ **n Br** appartement
He's got a nice flat. Il a un bel appartement.

flatten [ˈflætn] **vt** aplatir

flavour [ˈfleɪvər] (**Am:** flavor) **n** goût
He liked the flavour of the meat. Il trouva que la viande avait bon goût.

Flemish [ˈflemɪʃ] **adj, n** flamand, flamande, Flamand, Flamande
Attention, l'anglais prend toujours une majuscule.

flew → fly

flight [flaɪt] **n**
1. vol
A flight from Paris to New York. Un vol Paris-New York.
2. fuite
To take flight. Prendre la fuite.

flipper [ˈflɪpər] **n** nageoire

float [fləʊt] **vi** flotter
Do you think that boat will float? Vous pensez que ce bateau va flotter ?

flock [flɒk] **n** troupeau
A flock of sheep. Un troupeau de moutons.

flood [flʌd]
✪ **n** inondation*

Il y avait une **inondation**.

✪ **vt** inonder
Once again, the area was flooded. La région a été inondée une fois de plus.
✪ **vi**
1. déborder
The Mississippi floods very often. Le Mississippi déborde très souvent.
2. *Idiom* **to be flooded** être inondé

floor [flɔːr] **n**
1. plancher*, sol
2. étage
The second floor of the house. Le deuxième étage de la maison.
Attention, aux États-Unis, le "first floor" est le rez-de-chaussée ; le premier étage est donc le "second floor".

3. *Idiom* **to fall on the floor** tomber par terre

flour [ˈflaʊər] **n** farine
Add a bit of flour. Ajouter un peu de farine.

flow [fləʊ] **vi** couler
The Thames flows from the West of England to the North Sea. La Tamise coule de l'Ouest de l'Angleterre à la mer du Nord.

flower [ˈflaʊər] **n** fleur
Lucky Luke gave Calamity Jane a flower. Lucky Luke a donné une fleur à Calamity Jane.

flown → fly

flu [fluː] **n** grippe
To have the flu. Avoir la grippe.

fluent [ˈfluːənt] **adj**
Se traduit souvent par un adverbe.
He speaks fluent Spanish. Il parle l'espagnol couramment.

fluently [ˈfluːəntlɪ] **adv** couramment

fluffy [ˈflʌfɪ] **adj** doux, duveteux
A fluffy kitten. Un chaton tout doux.

fly [flaɪ], **flew** [fluː], **flown** [fləʊn]
✪ **vi**
1. voler
Birds can fly. Les oiseaux volent.
To fly away. S'envoler.

– Faire la cuisine, balayer le **plancher**, quelle vie !

flying saucer

2. prendre l'avion
He flew from New York to Dallas. Il a pris l'avion de New York à Dallas.
✪ **vt**
1. piloter
To fly a plane. Piloter un avion.
2. emmener par avion
They were flown to Texas. On les a emmenés au Texas par avion.
✪ **n** mouche
He uses flies as bait when he's fishing. Il se sert de mouches comme appât quand il va à la pêche.

flying saucer [ˈflaɪɪŋ ˈsɔːsəʳ] **n** soucoupe volante

fog [fɒg] **n** brouillard

fold [fəʊld] **vt** plier

folk [fəʊk]
✪ **n** gens
They are country folk. Ce sont des gens de la campagne.
Attention, "folk" est toujours suivi d'un verbe au pluriel.
✪ **n pl informal** parents
My folks don't allow me to go there. Mes parents ne m'autorisent pas à y aller.

follow [ˈfɒləʊ]
✪ **vt** suivre*

They're over there, come on, follow me!

– Ils sont par là, venez, suivez-moi !

The Indians had been following the convoy for hours. Cela faisait des heures que les Indiens suivaient le convoi.
✪ **vi**
1. suivre

2. *Idiom* **as follows** comme suit
The questions are as follows. Les questions sont les suivantes.

following [ˈfɒləʊɪŋ] **adj**
1. suivant
2. *Idiom* **the following day** le lendemain

fond [fɒnd] **adj**
Idiom **to be fond of something/somebody** aimer quelque chose/quelqu'un
Jolly Jumper was very fond of oats. Jolly Jumper aimait beaucoup l'avoine.

food [fuːd] **n** nourriture*
(voir ci-contre)
The food in this restaurant is very good. On mange très bien dans ce restaurant.

fool [fuːl] **n** idiot

foot [fʊt] (**pl:** feet) **n**
1. pied
He hurt his foot. Il s'est fait mal au pied.
2. pied
At the foot of the bed. Au pied du lit.
3. bas
At the foot of the page. En bas de la page.
4. *Idiom informal* **to put one's foot in it** faire une gaffe

football [ˈfʊtbɔːl] **n** football, foot
To play football. Jouer au foot.
• **football ground** terrain de football

Averell liked Indian food.

Averell appréciait la nourriture indienne.

footpath [ˈfʊtpɑːθ] **n** sentier

footstep [ˈfʊtstep] **n** pas
Lucky Luke heard footsteps. Lucky Luke a entendu des pas.

for [fɔːʳ] **prep**
1. pour
He bought a present for his wife. Il a acheté un cadeau pour sa femme.
He bought a gun for ten dollars. Il a acheté un fusil pour dix dollars.
2. Pour exprimer la durée.
They've been waiting for two hours. Ça fait deux heures qu'ils attendent.
The Daltons had been living in the town for five years. Les Dalton habitaient la ville depuis cinq ans.
3. Pour exprimer la distance.
Lucky Luke rode for about twenty kilometres. Lucky Luke a fait environ vingt kilomètres à cheval.
4. Lorsqu'on épelle : comme
R for Robert. R comme Robert.
5. *Idiom* **for instance** par exemple
Some horses are very intelligent: Jolly Jumper, for instance! Il y a des chevaux qui sont très intelligents : Jolly Jumper, par exemple !
6. *Idiom* **what is it for?** ça sert à quoi ?

forbid [fəˈbɪd], **forbade** [fəˈbeɪd], **forbidden** [fəˈbɪdn] **vt** interdire
I forbid you to come in with your dirty shoes! Je vous interdis d'entrer avec vos chaussures sales.

FOOD

En Grande-Bretagne

C'est sans conteste dans les *pubs* (voir page 227) que se dégustent les meilleures spécialités de la cuisine britannique, souvent décriée – à tort – pour ses associations sucré/salé (*sweet and savoury*). Comment ne pas être tenté par les nombreuses variétés de *pies* (plats cuits au four recouverts d'une pâte croustillante) : *shepherd's pie* (pommes de terre en purée et viande de bœuf hachée), *steak and kidney pie* (bœuf et rognons en sauce), *pork pie* (pâté en croûte)… Les assiettes sont riches en couleurs : incroyables *peas* (petits pois d'un vert éclatant), *carrots* brillantes et sucrées, *roast potatoes* (pommes de terre rissolées), *mushrooms* (champignons)… Quant à la viande rôtie que l'on mange à la maison lors du repas dominical (*Sunday roast*), elle est généralement servie avec le traditionnel *Yorkshire pudding* (petits soufflés individuels). La célèbre *mint sauce* (sauce à la menthe) relève le goût du mouton (*lamb*).

Le *fish and chips* reste un grand classique lorsque l'on mange à l'extérieur : on déguste alors le cabillaud frit, directement dans son emballage de papier, avec de grosses frites dorées : les *French fries* sont plus fines, on les trouve dans les *fast foods*. Les *crisps* (chips) sont aromatisées au vinaigre ou au bacon.

Les gourmets téméraires tenteront le *haggis* (panse de brebis farcie) écossais.

Les amateurs d'exotisme choisissent les nombreux restaurants indiens ou pakistanais, héritages du passé colonial. On y apprécie les poulets tandoori et les currys accompagnés de *chutneys* (condiments épicés à base de fruits).

Enfin, les gourmands goûteront les desserts (*puddings*) : la célèbre *custard*, crème anglaise servie froide ou chaude avec l'*apple pie* ou le *crumble* aux pommes ou aux fruits rouges, et la *jelly*, gelée verte, jaune ou rouge, qui peut surprendre lorsqu'elle arrive encore tremblante dans le saladier !

Sachez que le fromage se prend à la fin du repas avec des *crackers*, du raisin (*grapes*) ou des figues (*figs*) et parfois un verre de porto (*port*).

Aux États-Unis

La cuisine ne se limite pas aux *hamburgers* et aux *hot dogs*. Les traditions culinaires des colons anglais se sont enrichies des habitudes alimentaires de tous les habitants du continent : la cuisine *Tex Mex* de Californie côtoie la cuisine créole *Cajun* de Louisiane et les épis de maïs (*corn on the cob*) que l'on mange grillés.

Quant à la dinde, farcie et rôtie, elle est la vedette du repas de Thanksgiving (voir pages 54-55). Elle est servie avec des patates douces et une sauce à la canneberge (petites baies appelées *atocas* au Québec et *cranberries* aux États-Unis), suivie d'une tarte au potiron (*pumpkin pie*). Enfin, il ne faut pas oublier la *fusion food* ou *California nouvelle* qui combine plats et préparations de toute la planète.

forbidden

forbidden [fəˈbɪdn] **adj** interdit
It's forbidden to smoke. Il est interdit de fumer.

force [fɔːs]
✹ **n** force
He threatened to remove the Daltons by force. Il a menacé d'emmener les Dalton par la force.
✹ **vt**
1. forcer
He forced them to obey the sheriff. Il les a forcés à obéir au shérif.
2. *Idiom* **to force one's way through a crowd** se frayer un chemin à travers la foule

forecast [ˈfɔːkɑːst]
✹ **n** prévisions
Weather forecast. Prévisions météorologiques.
Attention, dans ce sens "forecast" n'est jamais au pluriel.
✹ **vt** prévoir

foreground [ˈfɔːɡraʊnd] **n** premier plan
In the foreground of the picture. Au premier plan de l'image.

forehead [ˈfɔːhed] **n** front
Lucky Luke wiped the sweat from his forehead. Lucky Luke a essuyé la sueur qui coulait sur son front.

foreign [ˈfɒrən] **adj** étranger
She can speak three foreign languages. Elle sait parler trois langues étrangères.

foreigner [ˈfɒrənəʳ] **n** étranger*

foreman [ˈfɔːmən] **n** contremaître

forest [ˈfɒrɪst] **n** forêt

— Il dit que nous sommes des étrangers.

forever [fəˈrevəʳ] **adv** pour toujours
The townspeople hoped that the Daltons weren't going to stay around forever. Les habitants de la ville espéraient que les Dalton n'allaient pas rester là pour toujours.

forgave → **forgive**

forget [fəˈɡet], **forgot** [fəˈɡɒt], **forgotten** [fəˈɡɒtn] **vt, vi** oublier*

My cakes! I forgot that I had cakes baking in the oven!

— Mes gâteaux ! J'ai oublié que j'avais des gâteaux dans le four !

forgive [fəˈɡɪv], **forgave** [fəˈɡeɪv], **forgiven** [fəˈɡɪvən] **vt** pardonner

forgot, forgotten → **forget**

fork [fɔːk] **n** fourchette

form [fɔːm]
✹ **n**
1. formulaire
To fill in a form. Remplir un formulaire.
2. forme
In the form of banknotes. Sous forme de billets.
3. **Br** classe (**Am**: class, year)
He's in the sixth form. Il est en première.
4. *Idiom* **to be in good form** avoir la forme
✹ **vt** former
To form a circle. Former un cercle.

former [ˈfɔːməʳ] **adj** ancien
He was the former sheriff of Daisy Town. C'était l'ancien shérif de Daisy Town.

formerly [ˈfɔːməlɪ] **adv** autrefois
Formerly this was the sheriff's office. Autrefois, ceci était le bureau du shérif.

fortnight [ˈfɔːtnaɪt] **n Br** quinzaine de jours
A fortnight ago. Il y a une quinzaine de jours.

Fortunately, there was a tree stump!

Heureusement, il y avait une souche !

fortunately [ˈfɔːtʃənətlɪ] **adv** heureusement*

fortune [ˈfɔːtʃuːn] **n** fortune

forty [ˈfɔːtɪ] **adj num, n** quarante (voir page 195)

forward [ˈfɔːwəd] **vt** faire suivre, réexpédier
To forward somebody's mail. Faire suivre le courrier de quelqu'un.

forward(s) [ˈfɔːwəd(z)] **adv** en avant
To step forward. Faire un pas en avant.

fought → fight

found → find

four [fɔːʳ] **adj num, n** quatre
(voir page 195)

fourteen [fɔːˈtiːn] **adj num, n** quatorze
(voir page 195)

Fourth of July [fɔːθ ɒf dʒuːˈlaɪ] **n Am** le 4 juillet
Aux États-Unis, le 4 juillet est la fête nationale.
(voir page 54-55)

frame [freɪm]
✪ **n** cadre
✪ **n pl** monture
Spectacle frames. Monture de lunettes.
✪ **vt** encadrer
To frame a picture. Encadrer un tableau.

France [frɑːns] **n** France

freckle [ˈfrekl] **n** tache de rousseur

free [friː]
✪ **adj**
1. libre*

– Eh bien, merci, merci beaucoup !
– Oui, vous voilà **libre** à présent.

2. gratuit
The barman gave Lucky Luke a free drink. Le barman a servi une boisson gratuite à Lucky Luke.
✪ **vt** libérer
He freed the captives. Il a libéré les prisonniers.

freedom [ˈfriːdəm] **n** liberté

freeway → motorway

freeze [friːz], **froze** [frəʊz], **frozen** [frəʊzn]
✪ **vi** geler
It's freezing today. Il gèle aujourd'hui.
✪ **vt**
1. congeler
To freeze vegetables. Congeler des légumes.
2. geler
The cold had frozen the crops. Le froid avait gelé les cultures.

freezer [ˈfriːzəʳ] **n** congélateur

French [frentʃ] **adj, n** français, française, Français, Française
Attention, l'anglais prend toujours une majuscule.

French bean [frentʃ biːn] **n Br** haricot vert

French fries [frentʃ fraɪz] **n pl Am** frites

Frenchman [ˈfrentʃmən] **n** Français (**f:** Frenchwoman)

fresh [freʃ] **adj**
1. frais*

– Je prends un peu d'air **frais**.

2. *Idiom* **to make a fresh start** prendre un nouveau départ

Friday [ˈfraɪdɪ] **n** vendredi
Attention, les noms de jour prennent toujours une majuscule en anglais.
(voir page 71)

fridge [frɪdʒ] **n Br** réfrigérateur

fried [fraɪd] **adj** frit
• **fried egg** œuf sur le plat

friend [frend] **n** ami
To make friends. Se faire des amis.

friendly [ˈfrendlɪ] **adj** gentil, sympathique
He didn't find the Daltons very friendly. Il trouvait que les Dalton n'étaient pas très sympathiques.

friendship [ˈfrendʃɪp] **n** amitié

fries [fraɪz] **n pl Am** frites

frighten [ˈfraɪtn] **vt** effrayer, faire peur à

frightened [ˈfraɪtnd] **adj** effrayé
They are frightened. Ils sont effrayés.

frightening [ˈfraɪtnɪŋ] **adj** effrayant

frog [frɒg] **n** grenouille

from [frəm, frɒm] **prep** de
Where are you from? D'où venez-vous ?
The Daltons come from that town. Les Dalton viennent de cette ville.
The sheriff hadn't come back from work yet. Le shérif n'était pas encore rentré du travail.
From morning until night. Du matin au soir.
10 years from now. Dans 10 ans.
A week from now. D'ici huit jours. /Dans une semaine.
From today onwards. À partir d'aujourd'hui.

front [frʌnt]
✪ **n**
1. façade
The front of the hotel. La façade de l'hôtel.
2. avant
She sat in the front of the car. Elle était assise à l'avant de la voiture.
3. *Idiom* **in front of** devant
✪ **adj**
1. de devant
Rin Tin Can hurt his front legs. Ran Tan Plan s'est fait mal aux pattes de devant.
2. *Idiom*
The front page of the newspaper. La une du journal.

front door [frʌnt dɔːʳ] **n** porte d'entrée

frost

*– Je vois que tu trouves cela **drôle**! Eh bien, pas moi!*

frost [frɒst] **n** givre, gelée

froze, frozen → freeze

fruit [fruːt] **n** fruit
Attention, "fruit" ne prend pas de "s" et est suivi d'un verbe au singulier.
He likes fruit. Il aime les fruits.
A piece of fruit. Un fruit.
Fruit is expensive. Les fruits sont chers.

fruit juice [fruːt dʒuːs] **n** jus de fruit

fry [fraɪ] **vt** faire frire
• **to fry eggs** faire des œufs sur le plat

fuel [ˈfjʊəl] **n**
1. combustible
Coal is used as a fuel. On se sert du charbon comme combustible.
2. Pour une voiture ou un avion : carburant

full [fʊl] **adj**
1. plein
His glass was full. Son verre était plein.
2. complet
The hotel is full. L'hôtel est complet.

full stop [fʊl stɒp] (**Am**: period) **n** point
Put a full stop at the end of the sentence. Mets un point à la fin de la phrase.

full-time [fʊl taɪm] **adj** à plein temps
Being a sheriff is a full-time job. Être shérif est un travail à plein temps.

fully [ˈfʊlɪ] **adv** complètement, entièrement

fun [fʌn] **n**
Idiom **to have fun** s'amuser
They had great fun on holiday. Ils se sont beaucoup amusés en vacances.

funeral [ˈfjuːnərəl] **n** enterrement, obsèques

funny [ˈfʌnɪ] **adj** drôle, amusant*

fur [fɜːʳ]
⊛ **n** fourrure
⊛ **adj** de fourrure
A fur coat. Un manteau de fourrure.

furious [ˈfjʊərɪəs] **adj** furieux*

*Il est **furieux** !*

furnish [ˈfɜːnɪʃ] **vt** meubler

furniture [ˈfɜːnɪtʃəʳ] **n** meubles, mobilier
They put all their furniture on a cart. Ils ont mis tous leurs meubles sur un chariot.
The furniture in his house is very modern. Le mobilier de sa maison est très moderne.
Attention, "furniture" est toujours suivi d'un verbe au singulier.

further [ˈfɜːðəʳ]
⊛ **adv** plus loin
Lucky Luke walked further than anyone else. Lucky Luke a marché plus loin que tous les autres.
⊛ **adj** Se traduit différemment selon le contexte.
Do you have any further questions? Avez-vous d'autres questions ?
Further details can be obtained by phoning this number. Pour avoir plus de renseignements, veuillez appeler ce numéro.
"Further" est le comparatif de "far".

furthest [ˈfɜːðɪst]
⊛ **adj** le plus éloigné
The furthest town. La ville la plus éloignée.
⊛ **adv** le plus loin
He walked furthest. C'est lui qui a marché le plus loin.
"Furthest" est le superlatif de "far".

fuss [fʌs] **n**
1. histoires
To make a fuss. Faire des histoires.
2. *Idiom* **to make a fuss of somebody** être aux petits soins pour quelqu'un
Ma Dalton always made a fuss of Averell. Ma Dalton était toujours aux petits soins pour Averell.

future [ˈfjuːtʃəʳ] **n**
1. avenir
Who knows what the future will bring? Qui sait ce que l'avenir nous réserve ?
2. *Idiom* **in future** désormais
In future Rin Tin Can would have to be more careful! Désormais il faudrait que Ran Tan Plan fasse plus attention !

G

gadget [ˈgædʒɪt] **n**
1. gadget
Their kitchen is full of gadgets. Leur cuisine est pleine de gadgets.
2. informal truc
What's this gadget for? À quoi sert ce truc ?

gale [geɪl] **n** grand vent
It was blowing a gale. Le vent soufflait très fort.

gallery [ˈgælərɪ] **n**
1. galerie
I bought a painting from a gallery. J'ai acheté un tableau dans une galerie.
2. musée
The Louvre is an art gallery. Le Louvre est un musée d'art.

gallon [ˈgælən] **n** Mesure qui correspond à 4,54 litres en Grande-Bretagne et à 3,78 litres aux États-Unis.
(voir page 313)

gallop [ˈgæləp]
✪ **vi** galoper
Jolly Jumper was galloping along the beach. Jolly Jumper galopait sur la plage.
✪ **n** galop

gamble [ˈgæmbl] **vi**
1. Lorsqu'il s'agit des jeux de cartes ou des casinos : jouer (pour de l'argent)
To gamble at cards. Jouer de l'argent aux cartes.
2. Lorsqu'il s'agit des courses de chevaux : parier
Lucky Luke liked gambling on horses. Lucky Luke aimait parier sur les chevaux.

gambling [ˈgæmblɪŋ] **n** jeux d'argent
The sheriff disapproved of gambling. Le shérif était contre les jeux d'argent.

game [geɪm]
✪ **n**
1. jeu
What's your favourite game? Quel est ton jeu favori ?
(voir page 110)
2. match
A game of football. Un match de football.
3. partie
A game of poker. Une partie de poker.

✪ **n pl** sport
At school he didn't like games. À l'école, il n'aimait pas le sport.

game [geɪm] **n** gibier

gang [gæŋ] **n** bande*

gap [gæp] **n**
1. trou
Rin Tin Can got out through a gap in the fence. Ran Tan Plan est sorti par un trou du grillage.
2. espace
There was a gap between the two houses. Il y avait un espace entre les deux maisons.
3. lacune
There were large gaps in Averell's knowledge. Il y avait de grosses lacunes dans les connaissances d'Averell.

*Here is the Dalton **gang**, back from fishing.*

Voici la **bande** des Dalton qui revient de la pêche.

garage

GAMES

Les Britanniques

Ils aiment jouer… C'est pourquoi, depuis sa création en 1994, *The National Lottery* (l'équivalent de notre loto national) bat des records de popularité. Devant les guichets, tout le monde se presse dans l'espoir de décrocher enfin le **jackpot** : aujourd'hui, environ 30 millions de Britanniques (soit 68 % de la population !) s'adonnent à ce jeu qui a détrôné le célèbre **bingo**. Dans les **bingo clubs** (clubs de bingo), les joueurs attendent que le *speaker* annonce les numéros, espérant les avoir tous sur leur grille. Les moins chanceux se consolent avec les **slot machines** ou **jackpot machines** (machines à sous) que l'on trouve partout, notamment dans les pubs.

Enfin, les Britanniques adorent parier, qu'il s'agisse de courses de lévriers, de matchs de football ou encore du sexe du bébé attendu par l'épouse du Premier ministre…

Les Américains

Ils ne sont pas en reste. Ils ont édifié dans le Nevada une ville entièrement dédiée au jeu : **Las Vegas**, construite au beau milieu d'un désert, attire plus de 30 millions de visiteurs par an dans ses hôtels démesurés et ses casinos rutilants.

---

4. écart, différence
There is a four-year age gap between Joe and his brother Averell. Il y a une différence d'âge de quatre ans entre Joe et son frère Averell.

garage [ˈgæraːʒ] **n** garage

garbage [ˈgɑːbɪdʒ] **n** ordures
The garbage smells really awful. Les ordures sentent vraiment mauvais.
Attention, "garbage" est toujours suivi d'un verbe au singulier.

garden [ˈgɑːdn] **n** jardin

gardening [ˈgɑːdnɪŋ] **n** jardinage
Ma Dalton has never been fond of gardening. Ma Dalton n'a jamais aimé le jardinage.

gas [gæs] **n**
1. gaz
To light the gas. Allumer le gaz.
2. Am: essence
Cars run on gas. Les voitures roulent à l'essence.

gas station → **petrol station**

gate [geɪt] **n**
1. grille*

*They arrived at the **gate**.*

Ils arrivèrent devant la **grille**.

2. barrière
The bull had broken the gate in the farmer's field. Le taureau avait cassé la barrière du champ du fermier.

gather [ˈgæðəʳ]
○ **vt**
1. ramasser

Enough! Enough!
Enough! Enough!
Calm down, my friends.

The inhabitants had **gathered** outside the mayor's office.

– Ça suffit ! Ça suffit !
– Calmez-vous, mes amis.
Les habitants **s'**étaient **rassemblés** devant le bureau du maire.

They were gathering wood in the forest. Ils ramassaient du bois dans la forêt.
2. cueillir
The children were gathering blackberries. Les enfants cueillaient des mûres.
✪ **vi** se rassembler*

gave → **give**

gaze [geɪz] **vi**
Idiom **to gaze at something** regarder quelque chose

gear [gɪər] **n**
1. vitesse
First gear. Première vitesse.
To be in third gear. Être en troisième.
2. affaires, matériel
Tennis gear. Affaires de tennis.
Attention, dans le sens 2, "gear" est toujours suivi d'un verbe au singulier.

geese → **goose**

general ['dʒenərəl] **n**
1. général
His father is a general. Son père est général.
2. *Idiom* **in general** en général

generally ['dʒenərəlɪ] **adv** généralement, en général

generous ['dʒenərəs] **adj**
1. généreux
He wasn't very generous with his children. Il n'a pas été très généreux envers ses enfants.
2. bon, gros

Ma Dalton gave Averell a generous helping of apple pie. Ma Dalton a donné à Averell une grosse portion de tarte aux pommes.

gentle ['dʒentəl] **adj**
1. doux
2. *Idiom* **as gentle as a lamb** doux comme un agneau

gentleman ['dʒentlmən] (**pl:** gentlemen) **n** gentleman

gently ['dʒentlɪ] **adv** doucement

genuine ['dʒenjʊɪn] **adj**
1. vrai
A genuine diamond. Un vrai diamant.
2. authentique, vrai
The picture was a genuine Rembrandt! Le tableau était un authentique Rembrandt !
3. sincère
Calamity Jane is a very genuine person. Calamity Jane est quelqu'un de très sincère.

geography [dʒɪˈɒgrəfɪ] **n** géographie

German ['dʒɜːmən] **adj, n** allemand, allemande, Allemand, Allemande
Attention, l'anglais prend toujours une majuscule.

Germany ['dʒɜːmənɪ] **n** Allemagne

gesture ['dʒestʃər] **n** geste

get [get], **got** [gɒt], **got** [gɒt]

Attention, en américain le participe passé est "gotten" ['gɒtn].
✪ **vi**
1. Lorsque "get" indique un processus, la traduction est différente suivant les contextes.
He is getting old. Il vieillit.
It was getting dark. La nuit tombait.
The dog was getting hungry. Le chien commençait à avoir faim.
He got angry. Il s'est mis en colère.
Ce sens de "get" se traduit parfois en utilisant des verbes pronominaux.
To get cold. Se refroidir.
To get hurt. Se blesser.
To get married. Se marier.
To get killed. Se faire tuer.
Ma Dalton was beginning to get worried. Ma Dalton commençait à s'inquiéter.
2. arriver
What time did he get here? À quelle heure est-il arrivé ?
3. aller
How did you get there? Comment avez-vous fait pour y aller ?
✪ **vt**
1. attraper*

I feel so cold...
*I'm sure we'll **get** the flu in this weather.*

– Comme j'ai froid...
– Je suis sûr qu'on va **attraper** la grippe par ce temps.

2. recevoir
To get a present. Recevoir un cadeau.
He got a letter from his bank. Il a reçu une lettre de sa banque.
Dans ce sens, "get" se traduit aussi de façon différente selon les contextes.
I phoned her but I got no answer. Je l'ai appelée mais ça n'a pas répondu.
To get paid. Être payé.

ghost

3. prendre
To get the bus/the train. Prendre le bus/le train.
4. Lorsque "get" sert à montrer qu'on demande à quelqu'un de faire quelque chose, la traduction est "faire" + l'infinitif.
To get someone to do something. Faire faire quelque chose à quelqu'un.
I got him to do the housework. Je lui ai fait faire le ménage.
Averell got his hair cut. Averell s'est fait couper les cheveux.
Ma Dalton used the money to get the house redecorated. Ma Dalton s'est servie de l'argent pour faire repeindre la maison.
To get the dinner ready. Préparer le dîner.

- **get away** vi
1. s'échapper
2. *Idiom*
Lucky Luke wasn't going to let Joe get away with it this time! Lucky Luke n'avait pas l'intention de laisser Joe s'en tirer comme ça cette fois-ci !

- **get back**
○ **vi** revenir
Wait until the sheriff gets back. Attendez que le shérif revienne.
○ **vt** récupérer
He got his money back. Il a récupéré son argent.
She lost her suitcase but then she got it back. Elle a perdu sa valise, puis elle l'a retrouvée.
"Get back" est séparable.

- **get down** vi descendre
The cat was unable to get down from the tree. Le chat n'arrivait pas à descendre de l'arbre.

- **get in**
○ **vi** entrer
The robbers got in through a window. Les voleurs sont entrés par une fenêtre.
○ **vt** monter dans
He got in his car. Il est monté dans sa voiture.
"Get in" est inséparable.

- **get off**
○ **vt** descendre de
They got off the train at Chicago. Ils sont descendus du train à Chicago.
"Get off" est inséparable.
○ **vi** descendre*

- **get on**
○ **vt** monter dans
They got on the train at Denver. Ils sont montés dans le train à Denver.
"Get on" est inséparable.
○ **vi**
1. s'entendre
Lucky Luke and the sheriff get on well together. Lucky Luke et le shérif s'entendent bien.
2. *Idiom* **How did you get on?** Comment ça s'est passé ?

- **get out** vi sortir
Let's get out of here! Sortons d'ici !

- **get through** vi
Idiom **to get through to someone** joindre quelqu'un
I can't get through to him. Je n'arrive pas à le joindre.

- **get up** vi se lever
Lucky Luke got up at dawn. Lucky Luke s'est levé à l'aube.
The Daltons always got up late. Les Dalton se levaient toujours tard.

ghost [gəʊst] **n** fantôme

giant [ˈdʒaɪənt] **n** géant

gift [gɪft] **n** cadeau

gifted [ˈgɪftɪd] **adj** doué
Ma Dalton thought Averell was the most gifted of her children. Ma Dalton pensait qu'Averell était le plus doué de ses enfants.

gipsy [ˈdʒɪpsɪ] (**pl**: gipsies; **Am**: gypsy) **n** gitan(e)

giraffe [dʒɪˈrɑːf] **n** girafe

— Come on, *get off* quick!
— Alright, alright!
— Allez, *descendez* vite !
— D'accord, d'accord !

girl [gɜːl] **n** fille

girlfriend [ˈgɜːlfrend] **n** petite amie*, copine

Had Lucky Luke found a **girlfriend**?

Lucky Luke avait-il trouvé une **petite amie** ?

give [gɪv], **gave** [geɪv], **given** [ˈgɪvn] **vt**
1. donner
He gave them some money. Il leur a donné de l'argent.
2. offrir
To give someone a present. Offrir un cadeau à quelqu'un.
3. *Idiom* **to give somebody a smile** faire un sourire à quelqu'un
She gave him a smile. Elle lui a souri.
4. *Idiom* **to give way** céder
He refused to give way to the Daltons' demands. Il a refusé de céder aux exigences des Dalton.

- **give up**
○ **vt**
1. abandonner, renoncer à
To give up a bad habit. Renoncer à une mauvaise habitude.
He has given up his job. Il a quitté son travail.
2. *Idiom* **to give up doing something** arrêter de faire quelque chose
He gave up smoking. Il a arrêté de fumer.
"Give up" est séparable.
○ **vi** abandonner
I give up! J'abandonne !

glad [glæd] **adj** heureux
Glad to meet you! Heureux de faire votre connaissance !

go

glance [glɑːns]
- **vi** jeter un coup d'œil

The girl in the saloon glanced at Lucky Luke. Dans le saloon, la fille a jeté un coup d'œil à Lucky Luke.
- **n** coup d'œil

glass [glɑːs] **n** verre
Give me a glass of water. Donne-moi un verre d'eau.

glasses ['glɑːsɪz] **n pl** lunettes
She was wearing glasses. Elle portait des lunettes.

glitter ['glɪtəʳ] **vi** scintiller

gloomy ['gluːmɪ] **adj** lugubre
A gloomy old house. Une vieille maison lugubre.

glove [glʌv] **n** gant*

He slapped him in the face with his glove.
Il le frappa au visage avec son gant.

glow [gləʊ]
- **n** lueur, flamboiement

The Indians were guided by the glow of the campfire. Les Indiens ont été guidés par la lueur du feu de camp.
Lucky Luke disappears into the glow of the setting sun. Lucky Luke disparaît dans le flamboiement du soleil couchant.
- **vi**

1. rougeoyer
The cowboys' campfire was glowing in the dark. Le feu de camp des cow-boys rougeoyait dans l'obscurité.

2. flamboyer
The sun was glowing on the horizon. Le soleil flamboyait à l'horizon.

3. briller
Se traduit différemment selon les contextes.
Her skin glows. Elle a un teint éclatant.
She was glowing with happiness. Elle rayonnait de bonheur.

glue [gluː]
- **n** colle
- **vt**

1. coller
He glued the pieces of wood together to make a frame. Il a collé les morceaux de bois pour faire un cadre.

2. *Idiom* **informal to be glued to the television** être scotché devant la télévision

go [gəʊ], **went** [went], **gone** [gɒn]
- **n**

1. tour
It's your go. C'est ton tour.

2. *Idiom* **to have a go at something** essayer de faire quelque chose
The Daltons had a go at opening the safe. Les Dalton ont essayé d'ouvrir le coffre-fort.
- **excl** partez!*
- **vi**

1. aller
Let's go! Allons-y!
Do you like going to the cinema? Tu aimes aller au cinéma?
They went for a walk. Ils sont allés se promener.

2. partir
Our guests have gone. Nos invités sont partis.
When did they go? Quand est-ce qu'ils sont partis?

3. devenir
To go blind. Devenir aveugle.
He went red. Il est devenu tout rouge./Il a rougi.

4. passer
The time went very quickly. Le temps a passé très vite.

5. se passer
Did your exam go well? Est-ce que ton examen s'est bien passé?

— *Partez!* — Vas-y Sam! — Vas-y Sam!

goal

6. aller
Her hat doesn't go with her coat. Son chapeau ne va pas avec son manteau.
7. *"To be going to" sert à traduire la construction "aller" + infinitif.*
To be going to do something. Aller faire quelque chose.
It's going to rain. Il va pleuvoir.

• **go ahead** vi
1. avoir lieu
The match went ahead despite the bad weather. Le match a eu lieu malgré le mauvais temps.
2. *Idiom* **Go ahead!** Allez-y !

• **go away** vi partir
She went away without leaving her address. Elle est partie sans laisser d'adresse.

• **go in** vi entrer
Lucky Luke opened the door and went in. Lucky Luke a ouvert la porte et est entré.

• **go off** vi
1. sonner
The alarm clock went off at 8 o'clock. Le réveil a sonné à 8 heures.
2. exploser
The bomb went off. La bombe a explosé.
3. tourner
The milk went off. Le lait a tourné.

• **go on** vi
1. continuer
Rin Tin Can went on barking. Ran Tan Plan a continué à aboyer.
2. se passer
What's going on in front of the town hall? Qu'est-ce qui se passe devant la mairie ?

• **go out** vi sortir
Don't go out in the rain! Ne sortez pas sous la pluie !

• **go out with** vt sortir avec
Ma Dalton had gone out with a gangster in her youth. Ma Dalton était sortie avec un gangster dans sa jeunesse.
"Go out with" est inséparable.

• **go through** vt
1. subir
To go through an ordeal. Subir une épreuve.
Lucky Luke went through some hard times. Lucky Luke a connu des moments difficiles.
2. fouiller
The robbers went through their luggage. Les voleurs ont fouillé leurs bagages.
"Go through" est inséparable.

• **go without**
✪ vi se passer de
We can't afford it, we'll have to go without! Nous n'avons pas les moyens d'acheter cela, il va falloir nous en passer !
✪ vt se priver de
To go without food. Se priver de nourriture.
"Go without" est inséparable.

goal [gəʊl] **n** but
To score a goal. Marquer un but.

goalkeeper [gəʊlkiːpə] **n** gardien de but

goat [gəʊt] **n** chèvre

God [gɒd] **n**
1. Dieu
2. *Idiom* **My God!** Mon Dieu !

goddaughter ['gɒddɔːtəʳ] **n** filleule

goddess ['gɒdɪs] **n** déesse

godfather ['gɒdfɑːðəʳ] **n** parrain

godmother ['gɒdmʌðəʳ] **n** marraine

godson ['gɒdsʌn] **n** filleul

gold [gəʊld] **n** or*

golden ['gəʊldən] **adj** doré

goldfish ['gəʊldfɪʃ] (**pl**: goldfish, goldfishes) **n** poisson rouge

— Que se passe-t-il ? — Ils ont dû trouver de l'**or** quelque part !
— De l'**or** ? — De l'**or** à la mine !
— De l'**or**, ils ont trouvé de l'**or** à la mine !
— C'est dans le journal, ils ont trouvé de l'**or** à la mine !

grant

So, is this more fun than playing golf?

— Alors, est-ce que c'est plus amusant que de jouer au golf ?

golf [gɒlf] **n** golf*

gone → **go**

good [gʊd], **compar** better, **superl** best
- **adj**
1. bon
A good film. Un bon film.
Those are the bad guys and these are the good guys! Voilà les méchants et voici les bons !
2. sage
He's a good little boy. C'est un petit garçon sage.
3. bon
He's good at maths. Il est bon en maths.
4. **Idiom to be good for someone** être bon pour la santé de quelqu'un
Milk is good for you. Le lait est bon pour la santé.
5. **Dans les souhaits.**
Good afternoon. Bonjour.
Good evening. Bonsoir.
Good luck! Bonne chance !
Good morning. Bonjour.
Goodnight. Bonne nuit.
- **n**
1. bien
It's for your own good! C'est pour ton bien !
2. **Idiom to be up to no good** préparer un mauvais coup
As usual, the Dalton brothers were up to no good. Comme d'habitude, les frères Dalton préparaient un mauvais coup.
- **n pl** marchandises

To buy goods. Acheter des marchandises.
- **excl** bon !, très bien !

goodbye [gʊd'baɪ] **excl** au revoir !

good-looking [ˌgʊd'lʊkɪŋ] **adj** beau
She's a good-looking girl. C'est une belle fille.

goose [guːs] (**pl:** geese) **n** oie

gorgeous [ˈgɔːdʒəs] **adj** très beau, magnifique
She was wearing a gorgeous dress. Elle portait une robe magnifique.

gorilla [gəˈrɪlə] **n** gorille

gossip [ˈgɒsɪp]
- **n** bavardages, commérages
Attention, "gossip" est toujours suivi d'un verbe au singulier.
- **vi** bavarder

got, gotten → **get**

govern [ˈgʌvən] **vt, vi** gouverner

government [ˈgʌvənmənt] **n** gouvernement

grade [greɪd] **n** note
I got very good grades in French. J'ai eu de très bonnes notes en français.

grade school → **primary school**

gradually [ˈgrædjʊəlɪ] **adv** progressivement, peu à peu

graduate
Le nom se prononce [ˈgrædjʊət], le verbe se prononce [ˈgrædjʊeɪt].
- **n** diplômé(e)
University graduates. Des diplômés de l'université.
- **vi** obtenir son diplôme

grammar [ˈgræmər] **n** grammaire

grandchild [ˈgræntʃaɪld] **n** (**pl:** grandchildren) petit-fils, petite-fille
Mrs O'Hara has two grandchildren. Mrs O'Hara a deux petits-enfants.

granddad [ˈgrændæd] **n informal** papi, pépé

granddaughter [ˈgrændˌdɔːtər] **n** petite-fille

grandfather [ˈgrændˌfɑːðər] **n** grand-père*

Grandfather, grandfather, wait for us!

— Grand-père, grand-père, attendez-nous !

grandmother [ˈgrændˌmʌðər] **n** grand-mère

grandparents [ˈgrændˌpeərənts] **n pl** grands-parents

grandson [ˈgrændsʌn] **n** petit-fils

granny [ˈgrænɪ] **n informal** mamie, mémé

grant [grɑːnt]
- **n** subvention
- **vt** accorder
The mayor granted us permission to hold a concert. Le maire nous a accordé la permission d'organiser un concert.

grape

grape [greɪp]
- n grain de raisin
- n pl raisin

Averell ate a kilo of grapes. Averell a mangé un kilo de raisin.

grass [grɑːs] n herbe
The cows liked the grass that grew in the meadow. Les vaches aimaient l'herbe de la prairie.

grasshopper ['grɑːʃɒpər] n sauterelle

grateful ['greɪtfʊl] adj reconnaissant
The sheriff was very grateful to Lucky Luke. Le shérif était très reconnaissant envers Lucky Luke.

grave [greɪv] n tombe

graveyard ['greɪvjɑːd] n cimetière

grease [griːs] n graisse*

> He should never have put so much grease on his revolver.

Il n'aurait jamais dû mettre autant de graisse sur son revolver.

great [greɪt] adj
1. grand
A great empire. Un grand empire.
2. Lorsqu'on décrit une quantité.
A great deal of money. Beaucoup d'argent.
A great many people. Beaucoup de gens.
3. informal formidable, génial

Great Britain [greɪt 'brɪtən] n Grande-Bretagne
(voir encadré ci-contre)

GREAT BRITAIN

Les institutions de la Grande-Bretagne ne sont pas régies par une constitution écrite, mais par quelques textes – la Grande Charte (*Magna Carta*) de 1215 et la Déclaration des droits (*Bill of Rights*) de 1689 – ainsi que par un ensemble de coutumes réglant le fonctionnement de la vie politique.

Une monarchie parlementaire

Le monarque est chef de l'exécutif, chef du pouvoir judiciaire, commandant en chef de l'armée et gouverneur de l'Église d'Angleterre. Son rôle politique est très réduit. Il nomme le Premier ministre (*Prime Minister*) mais le choisit toujours dans le parti de la majorité.

Le Parlement se compose de la Chambre des communes (*The House of Commons*) et de la Chambre des lords (*The House of Lords*).

- **The House of Commons** : les députés (*MPs* ou *Members of Parliament*) y sont élus au suffrage universel pour cinq ans. Lors des séances à la Chambre, les députés se font face et le *speaker* leur donne la parole. Les membres du gouvernement en place occupent un côté tandis que de l'autre, les membres du "gouvernement fantôme" (*shadow cabinet*), constitué par le parti d'opposition, les invectivent de façon toujours très *fair play*. C'est cette Chambre qui vote les lois.

- **The House of Lords** : les lords ne sont pas élus. "Lord" est un titre héréditaire qui se transmet de père en fils aîné, mais le roi peut aussi nommer de nouveaux lords. Leur rôle est de débattre des décisions prises par la Chambre des communes, mais leur pouvoir est très limité. La Chambre des Lords est aussi un tribunal de dernière instance : le *Lord Chancellor* juge alors l'affaire avec les *Law Lords*.

Les partis politiques

Il y a deux partis principaux en Grande-Bretagne, "*Labour*" (les travaillistes) et "*Tory*" (les conservateurs). Le chef du parti vainqueur aux élections est nommé Premier ministre par le souverain.

Greece [gri:s] **n** Grèce

greedy ['gri:dɪ] **adj** gourmand
Don't be so greedy! Ne sois pas si gourmand !

Greek [gri:k] **adj, n** grec, grecque, Grec, Grecque
Attention, l'anglais prend toujours une majuscule.

green [gri:n]
✱ **adj** vert
✱ **n pl Br** légumes verts
Greens are good for your health. Les légumes verts sont bons pour la santé.
• **green beans** haricots verts

greengrocer ['gri:n,grəʊsər] **n Br** marchand de légumes*

– *J'aime aller chez le marchand de légumes.*

greenhouse ['gri:nhaʊs] **n** serre
• **greenhouse effect** effet de serre

Greens [gri:nz] **n pl** Verts
The Greens. Les Verts, les écologistes.

greet [gri:t] **vt**
1. saluer
The barman greeted him when he entered the saloon. Le barman l'a salué quand il est entré dans le saloon.
2. accueillir
The whole town was there to greet Lucky Luke. La ville tout entière était là pour accueillir Lucky Luke.

greeting ['gri:tɪŋ] **n** salutation

grew → **grow**

grey [greɪ] (**Am:** gray) **adj, n** gris

grim [grɪm] **adj**
1. sombre
The prospects are grim for small farmers. L'avenir est sombre pour les petits fermiers.
2. sinistre
He told us a grim murder story. Il nous a raconté une sinistre histoire de meurtre.

grind [graɪnd], **ground** [graʊnd], **ground** [graʊnd]
✱ **vt**
1. moudre
To grind coffee beans. Moudre du café.
2. *Idiom* **to grind one's teeth** grincer des dents
✱ **vi** grincer
The train ground to a halt. Le train s'arrêta en grinçant.

grip [grɪp]
✱ **n** prise
He tightened his grip on her arm. Il serra son bras plus fort.
✱ **vt** saisir, serrer
He gripped her arm. Il lui a saisi le bras.

grocer ['grəʊsər] **n** épicier
Lucky Luke bought some beans at the grocer's. Lucky Luke a acheté des haricots chez l'épicier.

ground [graʊnd]
✱ **n**
1. sol, terre
2. *Idiom* **on/to the ground** par terre
You shouldn't throw papers on the ground! Vous ne devriez pas jeter de papiers par terre !
To fall to the ground. Tomber par terre.
✱ **n pl** parc, jardins
They went for a walk in the grounds of the hotel. Ils se sont promenés dans le parc de l'hôtel.

ground → **grind**

ground floor [graʊnd 'flɔ:r] (**Am:** first floor) **n** rez-de-chaussée
They live on the ground floor. Ils habitent au rez-de-chaussée.

grow

group [gru:p] **n** groupe
A group of Indians. Un groupe d'Indiens.
What's your favourite pop group? Quel est ton groupe pop préféré ?

grow [grəʊ], **grew** [gru:], **grown** [grəʊn]
✱ **vi**
1. pousser*

If we water it well, this plant will grow quickly.

– *Si nous l'arrosons bien, cette plante va pousser très vite.*

2. grandir
Ma Dalton told the boys that if they didn't eat their vegetables, they wouldn't grow. Ma Dalton a dit aux garçons que s'ils ne mangeaient pas leurs légumes, ils ne grandiraient pas.
3. Se traduit différemment selon les contextes.
It's grown colder/hotter. Il fait plus froid/plus chaud.
He has grown old. Il a vieilli.
It was growing dark. La nuit tombait.
4. augmenter
The population of the town had grown. La population de la ville avait augmenté.
✱ **vt**
1. cultiver
To grow vegetables. Cultiver des légumes.
2. laisser pousser
He's grown a beard. Il s'est laissé pousser la barbe.
She wants to grow her hair long.

grown-up

*Ah, here are our **guests**!*

– Ah, voilà nos **invités** !

Elle a envie de se laisser pousser les cheveux.
- **grow up** vi grandir
He wants to be a pilot when he grows up. Il a envie d'être pilote quand il sera grand.

grown-up [ˈgrəʊnʌp] n adulte, grande personne
The children go to bed before the grown-ups. Les enfants vont se coucher avant les grandes personnes.

growth [grəʊθ] n croissance
European economic growth. La croissance économique européenne.

grumble [ˈgrʌmbl] vi ronchonner, se plaindre
Ma Dalton was always grumbling. Ma Dalton était toujours en train de ronchonner.

guarantee [gærənˈtiː]
✽ n garantie
✽ vt garantir
I can't guarantee that I'll be on time. Je ne peux pas vous garantir que je serai à l'heure.

guard [gɑːd] n
1. gardien
2. *Idiom* **to be on guard** monter la garde

Rin Tin Can was on guard. Ran Tan Plan montait la garde.

guess [ges]
✽ vt
1. deviner
Guess who's here! Devinez qui est là !
2. *Idiom* **I guess** je suppose
– *We'll have to tell Lucky Luke.*
– *Yes, I guess so.* – Il va falloir que l'on en parle à Lucky Luke. – Oui, je suppose.
✽ vi deviner

guest [gest] n invité*

guide [gaɪd]
✽ n guide
The cowboys took an Indian with them as their guide. Les cow-boys ont pris un Indien comme guide.
✽ vt guider

guide book [gaɪd bʊk] n guide, plan
A guide book to New York. Un guide de New York.

guilty [ˈgɪltɪ] adj coupable

guinea pig [ˈgɪnɪ pɪg] n cobaye, cochon d'Inde

guitar [gɪˈtɑːʳ] n guitare
To play the guitar. Jouer de la guitare.

gun [gʌn] n
1. fusil
That gun looks brand-new! On dirait que ce fusil est tout neuf !
2. revolver

gutter [ˈgʌtər] n caniveau

guy [gaɪ] n informal
1. mec, type
He's a nice guy. C'est un brave type.
2. *Idiom* **the good guys and the bad guys** les bons et les méchants

Guy Fawkes' night [gaɪ ˈfɔːks naɪt] n Br Fête traditionnelle en Grande-Bretagne, le 5 novembre. (voir page 54)

gym [dʒɪm] n informal
1. gym
We have a gym lesson at 3 o'clock. Nous avons un cours de gym à 3 heures.
2. club de gym
He goes to the gym twice a week. Il va au club de gym deux fois par semaine.

gymnasium [dʒɪmˈneɪzjəm] n gymnase

gymnastics [dʒɪmˈnæstɪks] n gymnastique, gym*

gypsy → gipsy

*I love doing **gymnastics**!*

– J'adore la **gym** !

habit [ˈhæbɪt] **n** habitude
Averell had lots of bad habits. Averell avait beaucoup de mauvaises habitudes.
The sheriff was in the habit of going for a walk every morning. Le shérif avait l'habitude d'aller se promener tous les matins.

hacker [ˈhækər] **n** pirate informatique.
He's a (computer) hacker. C'est un pirate informatique.

had → **have**

hail [heɪl]
❂ **n**
1. grêle
2. pluie
A hail of bullets. Une pluie de balles.
❂ **vi** grêler

hair [heər] **n**
1. cheveux
He has black hair. Il a les cheveux noirs.
Attention, "hair" dans ce sens est toujours suivi d'un verbe au singulier.
2. poil
He had hairs on his arms. Il avait des poils aux bras.
The cat had left its hairs all over the sofa. Le chat avait laissé ses poils partout sur le canapé.
3. *Idiom* **to get one's hair done** se faire coiffer, aller chez le coiffeur
Pamela got her hair done every Saturday. Pamela allait chez le coiffeur tous les samedis.

haircut [ˈheəkʌt] **n** coupe de cheveux*

hairdresser [ˈheəˌdresər] **n** coiffeur(euse)

half [hɑːf] (**pl:** halves)
❂ **n**
1. moitié
A half of an apple, half an apple. La moitié d'une pomme.
He cut the apple in half. Il a coupé la pomme en deux.
2. demi
Half an hour. Une demi-heure.
An hour and a half. Une heure et demie.
❂ **adv**
1. à moitié
He was half asleep. Il était à moitié endormi.
2. *Idiom*
He's half American, half French. Il est mi-américain, mi-français.

half term [hɑːf tɜːrm] **n Br** vacances de la mi-trimestre, petites vacances

half-time [hɑːf taɪm] **n** mi-temps
The score at half-time. Le score à la mi-temps.

hall [hɔːl] **n**
1. entrée, vestibule
The governor had him wait in the hall. Le gouverneur l'a fait attendre dans le vestibule.
2. salle

— Alors, les gars...
— ... vous voulez une *coupe de cheveux* ?

So, you guys... ... do you want a *haircut*?

hallo

The mayor wants to build a concert hall in Nothing Gulch. Le maire veut faire construire une salle de concerts à Nothing Gulch.

hallo [həˈləʊ] **excl Br** bonjour !

Halloween [ˌhæləʊˈiːn] **n** Fête traditionnelle originaire des pays anglophones, qui a lieu dans la nuit du 31 octobre.
(voir pages 54 et 55)

ham [hæm] **n** jambon
A ham sandwich. Un sandwich au jambon.

hammer [ˈhæmə] **n** marteau*

– J'ai un *marteau*, mais pas de clous !

hand [hænd] **n**
1. main
He had a gun in his hand. Il avait un revolver à la main.
They were holding hands. Ils se tenaient par la main.
Put your hands up, everybody! Haut les mains, tout le monde !
2. aiguille
The hands of a watch. Les aiguilles d'une montre.
3. *Idiom* **to give someone a hand** donner un coup de main à quelqu'un
4. *Idiom* **on the one hand... on the other hand** d'un côté... d'un autre côté
On the one hand it would be nice, but on the other hand it would be expensive. D'un côté ce serait agréable, mais d'un autre côté ce serait cher.
• **hand over vt** remettre
Ma Dalton made all the customers hand their money over. Ma Dalton a obligé tous les clients à lui remettre leur argent.
"Hand over" est séparable.

handbag [ˈhændbæg] **n** sac à main*

She thought it would make a nice *handbag*.

Elle se disait que ça ferait un beau *sac à main*.

handbook [ˈhændbʊk] **n** manuel

handcuffs [ˈhændkʌfs] **n pl** menottes
He was in handcuffs. Il avait des menottes aux poignets.

handkerchief [ˈhæŋkətʃɪf] **n** mouchoir

handle [ˈhændəl]
✪ **n**
1. poignée
The handle of the door, the door handle. La poignée de la porte.
2. manche
The handle of the saucepan. Le manche de la casserole.
✪ **vt**
1. manier
He knew how to handle a gun. Il savait manier le fusil.
2. s'y prendre avec
Lucky Luke knew how to handle the Daltons. Lucky Luke savait s'y prendre avec les Dalton.

handshake [ˈhændʃeɪk] **n** poignée de main*

handsome [ˈhænsəm] **adj** beau
Ma Dalton thought Averell was the most handsome of her sons. Ma Dalton trouvait qu'Averell était le plus beau de ses fils.

hang [hæŋ] **vt**
Le verbe "to hang" est irrégulier : hang, hung [hʌŋ], hung [hʌŋ], sauf lorsqu'on parle de pendre une personne : hang, hanged, hanged.
1. suspendre
They're hanging Christmas decorations all over the house. Ils suspendent des décorations de Noël dans toute la maison.
2. accrocher
He hung a picture on a wall. Il a accroché un tableau au mur.
3. pendre
The criminals were hanged. Les criminels ont été pendus.
• **hang around vi**
To hang around with someone. Fréquenter quelqu'un.
• **hang on vi**
1. attendre
Hang on until he returns! Attendez jusqu'à ce qu'il revienne !
2. *Idiom* **to hang on to something** s'accrocher à quelque chose
He hung on to the branch of a tree. Il s'est accroché à la branche d'un arbre.
• **hang up vt**
1. suspendre
He hung his jacket up in the wardrobe. Il a suspendu sa veste dans l'armoire.
2. accrocher
To hang up a picture. Accrocher un tableau.
"Hang up" est séparable.

hanky [ˈhæŋkɪ] **n informal** mouchoir

That's what I call a real *handshake*!

– Ça c'est une vraie *poignée de main*, non ?

have

> My friend!
> I'm so **happy** to see you again!
>
> – Mon ami !
> – Je suis tellement **heureux** de te revoir !

happen ['hæpən] **vi**
1. arriver, se passer
What's happening? Qu'est-ce qui se passe ?
2. arriver
She was afraid something might happen to them. Elle avait peur que quelque chose ne leur arrive.
3. Lorsqu'on parle de quelque chose qui se produit par hasard.
He happened to meet Ma Dalton yesterday. Il a rencontré Ma Dalton hier par hasard.
It so happened that the sheriff was away that day. Il se trouvait que le shérif n'était pas là ce jour-là.

happiness ['hæpɪnɪs] **n** bonheur

happy ['hæpɪ] **adj**
1. heureux*
2. Dans les souhaits.
Happy birthday! Bon anniversaire !
Happy New Year! Bonne année !
Happy Christmas! Joyeux Noël !

harbour ['hɑːbəʳ] (**Am:** harbor) **n** port

hard [hɑːd]
✪ **adj**
1. dur
The ground was hard. Le sol était dur.
2. difficile
The exam was very hard. L'examen était très difficile.
3. *Idiom* **to be hard on someone** être dur avec quelqu'un
The manager is very hard on his staff. Le directeur est très dur avec ses employés.
4. *Idiom* **to give somebody a hard time** mener la vie dure à quelqu'un
The Daltons were giving the sheriff a hard time. Les Dalton menaient la vie dure au shérif.
✪ **adv** dur
To work hard. Travailler dur.

hardly ['hɑːdlɪ] **adv** à peine
He hardly knows her. Il la connaît à peine.

hardworking ['hɑːd'wɜːkɪŋ] **adj** travailleur
The Daltons were not very hardworking. Les Dalton n'étaient pas très travailleurs.

harm [hɑːm]
✪ **n** mal
To cause harm to somebody. Faire du mal à quelqu'un.
Luckily, he came to no harm. Heureusement, il ne lui est rien arrivé.
✪ **vt** faire du mal à
Rin Tin Can hoped that the Indians weren't going to harm his master. Ran Tan Plan espérait que les Indiens n'allaient pas faire de mal à son maître.

harmful ['hɑːmfʊl] **adj** nocif

harsh [hɑːʃ] **adj** sévère, dur

harvest ['hɑːvɪst] **n** récolte, moisson

has → **have**

hat [hæt] **n** chapeau
What a funny hat. Quel drôle de chapeau !

hate [heɪt] **vt** haïr, détester
Joe hates Lucky Luke. Joe hait Lucky Luke.

hatred ['heɪtrɪd] **n** haine

haunt [hɔːnt] **vt** hanter

haunted ['hɔːntɪd] **adj** hanté
A haunted house. Une maison hantée.

have [hæv], **had** [hæd], **had** [hæd]
✪ **verbe auxiliaire**
1. avoir
He has seen the film. Il a vu le film.
2. être
He has gone. Il est parti.
She has returned. Elle est revenue.
She has brushed her teeth. Elle s'est brossé les dents.
She had fallen asleep. Elle s'était endormie.
✪ **vt**
1. avoir
He has a lot of money. Il a beaucoup d'argent.
To have the flu. Avoir la grippe.
Lucky Luke has a good memory. Lucky Luke a une bonne mémoire.
Ma Dalton has four sons. Ma Dalton a quatre fils.
Attention, dans ce sens on utilise aussi "have got"*.

> Look, Jolly Jumper, here's a new saddle!
> But I'**ve** already **got** one!
>
> – Tiens, Jolly Jumper, voici une nouvelle selle !
> – Mais j'en **ai** déjà une !

hawk

2. recevoir
The Daltons had a letter from the sheriff. Les Dalton ont reçu une lettre du shérif.
3. tenir, faire
To have a meeting. Tenir une réunion.
To have a party. Faire une fête.
4. Lorsque "have" signifie "consommer", la traduction est différente selon les contextes.
To have a beer. Boire une bière.
To have a cigarette. Fumer une cigarette.
To have breakfast. Prendre le petit déjeuner.
To have dinner. Dîner.
5. Pour indiquer que l'on fait effectuer une action à quelqu'un : "faire + infinitif".
To have one's hair cut. Se faire couper les cheveux.
She had the new furniture delivered to the house. Elle a fait livrer les nouveaux meubles à la maison.
✪ verbe modal
La construction "to have (got) to" exprime l'obligation.
I have to leave, I have got to leave. Je dois partir, il faut que je parte.
You don't have to tell her. Tu n'es pas obligé de lui dire.

Conjugaison de "to have"
Présent : **I have, you have, he/she/it has, we have, you have, they have.**
Prétérit : **I had, you had, he/she/it had, we had, you had, they had.**
Participe passé : **had**.
(voir pages 306-307)

hawk [hɔːk] **n** faucon

hay [heɪ] **n** foin

hazard ['hæzəd] **n** risque, danger

hazardous ['hæzədəs] **adj** dangereux, périlleux

he [hiː] **pron**
Désigne les personnes et les animaux familiers de sexe masculin.
1. il
He said it to me. Il me l'a dit.
He's a doctor. Il est médecin.
He's a dangerous man. C'est un homme dangereux.

2. lui
He and I went for a walk. Lui et moi sommes allés nous promener.
(voir page 131)

head [hed] **n**
1. tête
Ma Dalton hit him over the head with the frying pan. Ma Dalton l'a frappé à la tête avec la poêle.
2. chef
The head of the human resources department. Le chef du service des ressources humaines.
• **head for vt** se diriger vers
The train was heading for Oklahoma. Le train se dirigeait vers l'Oklahoma.
"Head for" est inséparable.

headache ['hedeɪk] **n** mal de tête
Calamity Jane had a bad headache. Calamity Jane avait très mal à la tête.

headlamp ['hedlæmp], **headlight** ['hedlaɪt] **n** phare
He switched on the headlights. Il a allumé les phares.

headmaster [hed'mɑːstər] **n** directeur d'école

headmistress [hed'mɪstrɪs] **n** directrice d'école

headphones ['hedfəʊnz] **n pl** casque
He put the headphones on to listen to the music. Il a mis le casque pour écouter la musique.

heal [hiːl] **vt** guérir

health [helθ] **n** santé
To be in good health. Être en bonne santé.

healthy ['helθɪ] **adj** en bonne santé*

heap [hiːp] **n** tas
A heap of rubbish. Un tas d'ordures.

hear [hɪər], **heard** [hɜːd], **heard** [hɜːd]

The people in this town don't look too healthy!

Les gens n'ont vraiment pas l'air **en bonne santé** dans cette ville !

help

*Rin Tin Can thought he was in **heaven**.*

*Ran Tan Plan se croyait au **paradis**.*

◉ **vt**
1. entendre
Lucky Luke heard the Indians' drums. Lucky Luke entendait les tambours des Indiens.
2. apprendre
Have you heard the news? Avez-vous appris la nouvelle ?
◉ **vi** entendre
I can't hear! Je n'entends rien !
• **hear of vt** entendre parler de
I've never heard of him! Je n'ai jamais entendu parler de lui !
"Hear of" est inséparable.

heart [hɑːt] **n**
1. cœur
2. *Idiom* **by heart** par cœur
To learn something by heart. Apprendre quelque chose par cœur.
3. *Idiom* **in the heart of** au milieu de, en plein
In the heart of the countryside. En pleine campagne.

heart attack [hɑːt əˈtæk] **n** crise cardiaque

heat [hiːt]
◉ **n** chaleur
◉ **vt**
1. chauffer
The house wasn't heated! La maison n'était pas chauffée !
2. faire chauffer
They heated some beans over the fire. Ils ont fait chauffer des haricots sur le feu.

heating [ˈhiːtɪŋ] **n** chauffage

heaven [ˈhevn] **n** paradis*
To go to heaven. Aller au paradis.

heavy [ˈhevɪ] **adj**
1. lourd
Jolly Jumper is glad that Lucky Luke isn't too heavy to carry. Jolly Jumper est content que Lucky Luke ne soit pas trop lourd à porter.
2. gros
To have a heavy cold. Avoir un gros rhume.
They caused heavy damage in the saloon. Ils ont causé de gros dégâts dans le saloon.
3. dense
Heavy traffic. Circulation dense.

hedge [hedʒ] **n** haie
Rin Tin Can had buried his bone under the hedge. Ran Tan Plan avait enterré son os sous la haie.

heel [hiːl] **n** talon

height [haɪt] **n**
1. hauteur
The height of this mountain is difficult to judge. La hauteur de cette montagne est difficile à évaluer.
2. taille
The Dalton brothers are of different heights. Les frères Dalton sont de tailles différentes.

held → **hold**

helicopter [ˈhelɪkɒptər] **n** hélicoptère

*Rin Tin Can thought he was in **hell**.*

*Ran Tan Plan se croyait en **enfer**.*

hell [hel] **n** enfer*

hello [həˈləʊ] **excl** bonjour !

helmet [ˈhelmɪt] **n** casque
The soldiers wore helmets. Les soldats portaient des casques.

help [help]
◉ **n**
1. aide
To ask somebody for help. Demander de l'aide à quelqu'un.
2. secours
He was calling for help. Il appelait au secours.
◉ **vt**
1. aider*
2. *Idiom*
I can't help it! Je n'y peux rien !

*They'd invented machines that **helped** her cook.*

*Ils avaient inventé des machines qui l'**aidaient** à faire la cuisine.*

one hundred and twenty-three • 123 • cent vingt-trois

helpful

3. *Idiom* **to help oneself (to something)** se servir (de quelque chose)
Help yourselves! There's plenty of beer for everybody! Servez-vous ! Il y a assez de bière pour tout le monde !
Averell helped himself to some more cake. Averell a repris du gâteau.
✲ **excl** au secours !

helpful [ˈhelpʊl] **adj** aimable
Thank you, you're most helpful! Merci, vous êtes très aimable !

helping [ˈhelpɪŋ] **n** portion
A big helping of cake. Une grosse portion de gâteau.

helpless [ˈhelplɪs] **adj** sans défense

hen [hen] **n** poule
He was feeding the hens. Il donnait à manger aux poules.

her [hɜːʳ]
✲ **adj** sa, son, ses
Her sister. Sa sœur.
Her brother. Son frère.
Her parents. Ses parents.
Attention, en anglais l'adjectif possessif s'accorde avec le possesseur et non avec ce qui est possédé.
✲ **pron**
1. Lorsque "her" est complément d'objet direct : la, l'
Find her! Trouvez-la !
I saw her. Je l'ai vue.
2. Lorsque "her" est complément d'objet indirect : lui
He gave her the money. Il lui a donné l'argent.
3. Après une préposition ou un verbe : elle
I'm going with her. J'y vais avec elle.
(voir page 186 et page 131)

here [hɪəʳ] **adv**
1. ici
I live here. J'habite ici.
He isn't here. Il n'est pas là.
2. voici
Here is your wallet. Voici votre portefeuille.
3. voilà
Here come the Daltons! Voilà les Dalton !

hero [ˈhɪərəʊ] (**pl:** heroes) **n** héros

hers [hɜːz] **pron**
1. le sien, la sienne, les siens, les siennes
Mine is fast, but hers is even faster. Le mien est rapide, mais le sien est encore plus rapide.
2. à elle
Those flowers are hers. Ces fleurs sont à elle.
A friend of hers. Un ami à elle, un de ses amis.
Attention, en anglais le pronom possessif s'accorde avec le possesseur et non avec ce qui est possédé.
(voir page 186)

herself [hɜːˈself] **pron**
1. elle-même
She did it herself. Elle l'a fait elle-même.
2. se, s'
She washed herself. Elle s'est lavée.
She enjoyed herself at the circus. Elle s'est bien amusée au cirque.
(voir page 325)

hesitate [ˈhezɪteɪt] **vi** hésiter

hi [haɪ] **excl** salut !

hide [haɪd], **hid** [hɪd], **hidden** [ˈhɪdən]
✲ **vt** cacher
The Daltons hid the money under the mattress. Les Dalton ont caché l'argent sous le matelas.
✲ **vi** se cacher
Hide here! Cache-toi ici !

high [haɪ] **adj**
1. haut*
2. élevé
High prices. Des prix élevés.
3. aigu
A high voice. Une voix aiguë.

high school [haɪ skuːl] **n Am** lycée

high street [haɪ striːt] **n Br** rue principale, grand-rue*

I know, it's very high, but we've got to climb it!

— Je sais, c'est très **haut**, mais il va falloir l'escalader !

high-tech [ˈhaɪtek] **adj** de pointe
High-tech industries. Les industries de pointe.

highway → motorway

hijack [ˈhaɪdʒæk] **vt** détourner
To hijack a plane. Détourner un avion.

hijacker [ˈhaɪdʒækəʳ] **n** pirate de l'air

Lucky Luke arrived in the **high street**.

Lucky Luke arriva dans la **rue principale**.

hiker [ˈhaɪkər] **n** randonneur

hiking [ˈhaɪkɪŋ] **n** randonnée
To go hiking. Faire de la randonnée.

hill [hɪl] **n** colline
Their house was at the top of a hill. Leur maison était en haut d'une colline.

him [hɪm] **pron**
1. Lorsque "him" est complément d'objet direct : le, l'
Find him! Trouvez-le !
I saw him. Je l'ai vu.
2. Lorsque "him" est complément d'objet indirect : lui
This is for him. C'est pour lui.
She gave him the money. Elle lui a donné l'argent.
3. Après une préposition ou un verbe : lui
It's him! C'est lui !
(voir page 131)

himself [hɪmˈself] **pron**
1. lui-même
He did it himself. Il l'a fait lui-même.
2. se, s'
He washed himself. Il s'est lavé.
He enjoyed himself at the circus. Il s'est bien amusé au cirque.
(voir page 325)

hippopotamus [hɪpəˈpɒtəməs] **n** hippopotame

hire [ˈhaɪər] (**Am:** rent) **vt** louer
They hired a car. Ils ont loué une voiture.

his [hɪz]
✪ **adj** sa, son, ses
His sister. Sa sœur.
His brother. Son frère.
His parents. Ses parents.
Attention, en anglais l'adjectif possessif s'accorde avec le possesseur et non avec ce qui est possédé.
✪ **pron**
1. le sien, la sienne, les siens, les siennes
Ours are big, but his are nicer. Les nôtres sont grands, mais les siens sont plus beaux.
2. à lui
Those hats are his. Ces chapeaux sont à lui.
A friend of his. Un ami à lui, un de ses amis.

Attention, en anglais le pronom possessif s'accorde avec le possesseur et non avec ce qui est possédé.
(voir page 186)

history [ˈhɪstərɪ] **n** histoire
Averell had never liked studying history. Averell n'avait jamais aimé étudier l'histoire.
(voir pages 126-127)

hit [hɪt], **hit** [hɪt], **hit** [hɪt] **vt**
1. frapper*

He hit him as hard as he could.

Vlan! Il le frappa de toutes ses forces.

2. heurter
The car hit a lamppost. La voiture a heurté un réverbère.
3. renverser
He was hit by a car. Il a été renversé par une voiture.
4. *Idiom* **to hit one's arm/leg/head** se cogner le bras/la jambe/la tête
She hit her knee on the chair. Elle s'est cogné le genou contre la chaise.

hitchhike [ˈhɪtʃhaɪk] **vi** faire de l'auto-stop
They hitchhiked as far as Kansas. Ils sont allés jusqu'au Kansas en auto-stop.

hitchhiker [ˈhɪtʃhaɪkər] **n** auto-stoppeur

hi-tech → **high-tech**

hobby [ˈhɒbɪ] **n** passe-temps

hold [həʊld], **held** [held], **held** [held] **vt**
1. tenir
She held the children by the hand. Elle tenait les enfants par la main.
2. maintenir
The glue held the pieces together. La colle maintenait les pièces en place.
3. organiser
They decided to hold a meeting at the town hall. Ils ont décidé d'organiser une réunion à l'hôtel de ville.
4. détenir
He holds the world record for the high jump. Il détient le record mondial du saut en hauteur.
5. Lorsqu'on parle au téléphone.
Hold the line, please. Ne quittez pas, s'il vous plaît.

• **hold on vi** attendre
Hold on while I go and get some help! Attends, je vais aller chercher de l'aide !

• **hold up vt**
1. lever
He held up his hand. Il a levé la main.
2. attaquer
Ma Dalton had decided to hold up the bank. Ma Dalton avait décidé d'attaquer la banque.
3. retarder
He was held up in the traffic. Il a été retardé à cause de la circulation.
"Hold up" est séparable.

holdup [ˈhəʊldʌp] **n** attaque à main armée, hold-up

hole [həʊl] **n** trou*

As soon as he dug a hole, oil came out.

Dès qu'il creusait un trou, le pétrole jaillissait.

HISTORY

Quelques repères pour l'histoire de la Grande-Bretagne...

• La naissance de l'Angleterre

Les Celtes débarquent en Angleterre vers 500 av. J.-C. Ils repoussent la première expédition romaine menée par César en 55 av. J.-C., mais les Romains s'implantent ensuite jusqu'au **mur d'Hadrien**.
Les Saxons, les Angles et les Jutes s'installent entre 300 et 1020, malgré la résistance des Celtes, illustrée par la **légende du roi Arthur**.

• Le Moyen Âge (the Middle Ages)

C'est la conquête de l'Angleterre par les Normands, symbolisée par la victoire à **Hastings** en 1066 de **Guillaume le Conquérant**. En 1215, les barons anglais imposent à leur roi une affirmation des libertés individuelles, dans la **Grande Charte** (*Magna Carta*). De 1337 à 1453, la France et l'Angleterre s'affrontent pendant la guerre de Cent Ans. La **guerre des Deux-Roses** (1455-1485) oppose la maison d'York à la maison de Lancastre ; c'est une période d'anarchie sanglante.

• XVIe – XVIIe siècles

Le roi **Henri VIII** rompt avec Rome et prend la tête de l'Église d'Angleterre en 1534.
La reine **Élisabeth Ire** affirme la puissance de l'Angleterre et en fait une nation forte et unie pendant son long règne (1558-1603).
Au XVIIe siècle, la guerre civile déchire le pays entre les royalistes (*The Cavaliers*) et les parlementaires (*The Roundheads*). **Cromwell** fait exécuter le roi **Charles Ier** en 1649 et l'Angleterre est déclarée "**Commonwealth**" (sans monarque) jusqu'en 1660.

• XVIIIe – XIXe siècles

Avec la **révolution industrielle**, la production est multipliée par trois et la Grande-Bretagne devient un modèle pour les autres pays européens.
Les guerres avec la France s'intensifient : l'ennemi est symbolisé par la figure de Napoléon et les tensions s'achèvent par les victoires anglaises de **Nelson** à **Trafalgar** (1805) et de **Wellington** à **Waterloo** (1815).
La grande famine irlandaise (*the Potato Famine*) pousse de nombreux Irlandais à émigrer vers l'Amérique.
Le règne de la reine **Victoria** (1837-1901) marque la suprématie anglaise à l'étranger : *The British Empire* possède de très nombreuses colonies.

• XXe siècle

La Première Guerre mondiale (*World War One*) affecte profondément les Britanniques, qui perdent plus d'un million de soldats sur les champs de bataille français.
La Seconde Guerre mondiale (*World War Two*) touche très durement la capitale lors du "Blitz" (en 1940, 500 tonnes de bombes tombent sur Londres en une nuit). **Sir Winston Churchill**, Premier ministre, devient l'un des protagonistes de la victoire des Alliés.
Le Premier ministre **Margaret Thatcher**, justement surnommée la "Dame de fer", mène une politique sévère de 1979 à 1990.

Henry VIII (1491-1547) : grand monarque de la Renaissance. Il établit l'Acte de Suprématie en 1534, quand le pape refusa d'annuler son mariage avec Catherine d'Aragon, et devint ainsi chef suprême de l'Église d'Angleterre. Il eut six épouses.
Élisabeth Ire (1533-1603) : fille d'Henry VIII et d'Anne Boleyn. Elle consolida la religion anglicane et son règne vit l'avènement de la puissance maritime et économique du pays. Elle doit son surnom de "Reine vierge" au fait qu'elle ne s'est jamais mariée et n'eut pas d'enfant. L'ère élisabéthaine fut aussi une période de grande créativité littéraire.
Victoria (1819-1901) : symbole d'une Angleterre conservatrice et rigide. Son règne vit triompher la puissance mondiale de la Grande-Bretagne.
Sir Winston Churchill (1874-1965) : Premier ministre en 1940. Il se révéla un chef de guerre hors du commun, tout entier dévoué à la victoire.

HISTORY

Quelques repères pour l'histoire des États-Unis...

• L'Amérique, un Nouveau Monde

Christophe Colomb découvre l'Amérique en 1492.

La première colonie anglaise s'établit à Jamestown en 1607, puis en 1620, les Pères Pèlerins (*Pilgrim Fathers/Pilgrims*) débarquent à Plymouth à bord du **Mayflower**, fuyant les persécutions religieuses.

De nombreux Européens traversent l'Atlantique, à la recherche de liberté religieuse ou politique.

• L'Amérique indépendante

Le 4 juillet 1776, les treize colonies se libèrent de la tutelle anglaise et adoptent "*The Declaration of Independence*".

• Une terre à explorer

Au XIXe siècle, des pionniers américains partent à la conquête de l'Ouest (*the Far West*) et peu à peu, l'Est "civilisé" finit par rejoindre l'Ouest sauvage (*the Wild West*).

De 1848 à 1852 : c'est la Ruée vers l'or (*the Gold Rush*) en Californie, et en 1862, le premier chemin de fer (*the first transcontinental railroad*) est achevé.

• L'Amérique divisée

Les États du Sud font **sécession** et la guerre civile (*the Civil War*) éclate entre le Sud, esclavagiste, et le Nord, abolitionniste, en 1861.

Le président **Lincoln** abolit l'esclavage en 1863. Les armées sudistes, menées par le général Lee, sont battues par les armées nordistes, conduites par le général Grant, à **Appomattox**, Virginie, en 1865.

• L'entrée des États-Unis dans le XIXe siècle

La production industrielle connaît un développement extraordinaire et les États-Unis deviennent la première puissance économique mondiale.

En 1917, les Américains rejoignent la France et le Royaume-Uni dans la guerre contre l'Allemagne.

Le 29 octobre 1929 ("Jeudi noir"), le krach boursier de Wall Street marque le début de la **Grande Dépression**. Le **New Deal** lancé en 1933 par le président F. D. Roosevelt permet de résoudre la crise économique.

Le 7 décembre 1941, les Japonais attaquent la flotte américaine à **Pearl Harbor**, précipitant l'entrée en guerre des États-Unis aux côtés de la France et du Royaume-Uni.

Les 6 et 9 août 1945, les Américains lancent la bombe atomique sur Hiroshima et Nagasaki.

• L'Amérique contemporaine

L'assassinat du président **J. F. Kennedy** en novembre 1963 choque le monde entier.

La ségrégation raciale est abolie, grâce aux efforts du pasteur **Martin Luther King**, en 1964.

De 1964 à 1973, la **guerre du Viêtnam** déchire l'opinion américaine et le pays perd plus de deux millions de soldats.

Le scandale du **Watergate** (1974) pousse le président **Richard Nixon** à démissionner.

À partir de 1980, les États-Unis deviennent les "gendarmes du monde" et interviennent dans de nombreux conflits mondiaux.

Benjamin Franklin (1706-1790) : créateur de la Société philosophique américaine. Il collabora avec Jefferson à la Déclaration d'indépendance.

George Washington (1732-1799) : premier président des États-Unis. Il dirigea l'insurrection contre l'Angleterre lors de la guerre d'Indépendance.

Thomas Jefferson (1743-1826) : président des États-Unis de 1801 à 1809. Il rédigea la Déclaration d'indépendance en 1776. Ses idées eurent une influence majeure sur le pays.

Abraham Lincoln (1809-1865) : élu président des États-Unis en 1860. Il fut assassiné deux ans après avoir aboli l'esclavage.

Martin Luther King (1929-1968) : pasteur noir américain. Il dirigea le Mouvement des droits civiques contre la ségrégation raciale. Il fut assassiné à Memphis.

holiday

holiday [ˈhɒlɪdeɪ] (**Am:** vacation) **n** vacances
We're going on holiday. Nous partons en vacances.
During the summer holidays. Pendant les vacances d'été.

hollow [ˈhɒləʊ] **adj** creux

holy [ˈhəʊlɪ] **adj** saint
• **holy water** eau bénite

home [həʊm]
✪ **n** maison, domicile
She was very proud of her new home. Elle était très fière de sa nouvelle maison.
✪ **adv**
1. chez soi
To go home. Rentrer chez soi.
Wait until your father gets home. Attends que ton père soit rentré.
He took me home in his car. Il m'a ramené chez moi dans sa voiture.
He stayed at home all day. Il est resté chez lui toute la journée.
2. *Idiom* **on the way home** sur le chemin du retour
Lucky Luke met the Daltons on the way home. Lucky Luke a rencontré les Dalton sur le chemin du retour.
3. *Idiom* **Make yourself at home!** Fais comme chez toi !

homeless [ˈhəʊmləs]
✪ **adj** sans abri
✪ **npl** les sans-abri

home-made [ˌhəʊmˈmeɪd] **adj** (fait) maison*

Here's a lovely home-made tart!

– Voilà une superbe tarte maison !

homesick [ˈhəʊmsɪk] **adj**
To feel homesick. Avoir le mal du pays.

homework [ˈhəʊmwɜːk] **n** devoirs
He had forgotten to do his homework. Il avait oublié de faire ses devoirs.
My homework is so hard! Mes devoirs sont vraiment difficiles !
Attention, "homework" est toujours suivi d'un verbe au singulier.

honest [ˈɒnɪst] **adj**
1. honnête
An honest man. Un homme honnête.
2. *Idiom* **to be honest** à dire vrai
To be honest, I think he's a crook! À dire vrai, je pense que c'est un escroc !

honey [ˈhʌnɪ] **n** miel*

The ants are going to come and eat the honey!

– Les fourmis vont arriver pour manger le miel !

hood [hʊd] **n**
1. capuchon, cagoule
They were wearing hoods so as not to be recognized. Ils portaient des cagoules pour ne pas être reconnus.
2. **Am:** capot
He opened the hood to look at the engine. Il souleva le capot pour regarder le moteur.

hop [hɒp]
✪ **vi** sauter
The rabbits hopped over the ditch. Les lapins ont sauté par-dessus le fossé.
✪ **n** saut, bond

hope [həʊp]
✪ **n** espoir
They had given up all hope of finding him. Ils avaient abandonné tout espoir de le retrouver.
✪ **vt** espérer
Lucky Luke hoped that the Indians wouldn't see him. Lucky Luke espérait que les Indiens ne le verraient pas.

hopeful [ˈhəʊpfʊl] **adj** plein d'espoir, optimiste

hopefully [ˈhəʊpfəlɪ] **adv** avec un peu de chance
Hopefully, the Indians won't find him. Avec un peu de chance, les Indiens ne le retrouveront pas.

hopeless [ˈhəʊpləs] **adj**
1. désespéré
A hopeless case. Un cas désespéré.
2. nul
Calamity Jane was hopeless at cooking. Calamity Jane était nulle en cuisine.

horn [hɔːn] **n**
1. klaxon
The driver honked his horn. Le conducteur a klaxonné.
2. corne
The bull had big horns. Le taureau avait de grandes cornes.

horrible [ˈhɒrəbl] **adj** horrible*, affreux

It tasted horrible!

Ça avait un goût horrible !

horrid [ˈhɒrɪd] **adj** affreux

horse [hɔːs] **n** cheval
Jolly Jumper is no ordinary horse. Jolly Jumper n'est pas un cheval comme les autres.

hospital [ˈhɒspɪtl] **n** hôpital
My brother has been taken to hospital. On a emmené mon frère à l'hôpital.

host [həʊst] **n** hôte
The host welcomed his guests. L'hôte a accueilli ses invités.

hostess [ˈhəʊstes] **n** hôtesse

hot [hɒt] **adj**
1. chaud*

Il faisait vraiment très chaud.

To feel hot. Avoir chaud.
It was very hot. Il faisait très chaud.
Attention, "warm" désigne une chaleur agréable, et "hot" s'utilise lorsque la chaleur est plus forte.
2. épicé
Lucky Luke's curry was too hot. Le curry de Lucky Luke était trop épicé.

hotel [həʊˈtel] **n** hôtel

hour [ˈaʊəʳ] **n** heure
She got paid 5 dollars an hour. Elle était payée 5 dollars de l'heure.

house [haʊs] **n** maison
The sheriff invited them all to his house. Le shérif les a tous invités chez lui.
On trouve trois types de maisons au Royaume-Uni : les "semi-detached houses" qui sont mitoyennes avec une autre maison identique, les "terraced houses" qui sont des maisons identiques collées les unes aux autres en rangées continues, et les "detached houses" qui sont des maisons individuelles.

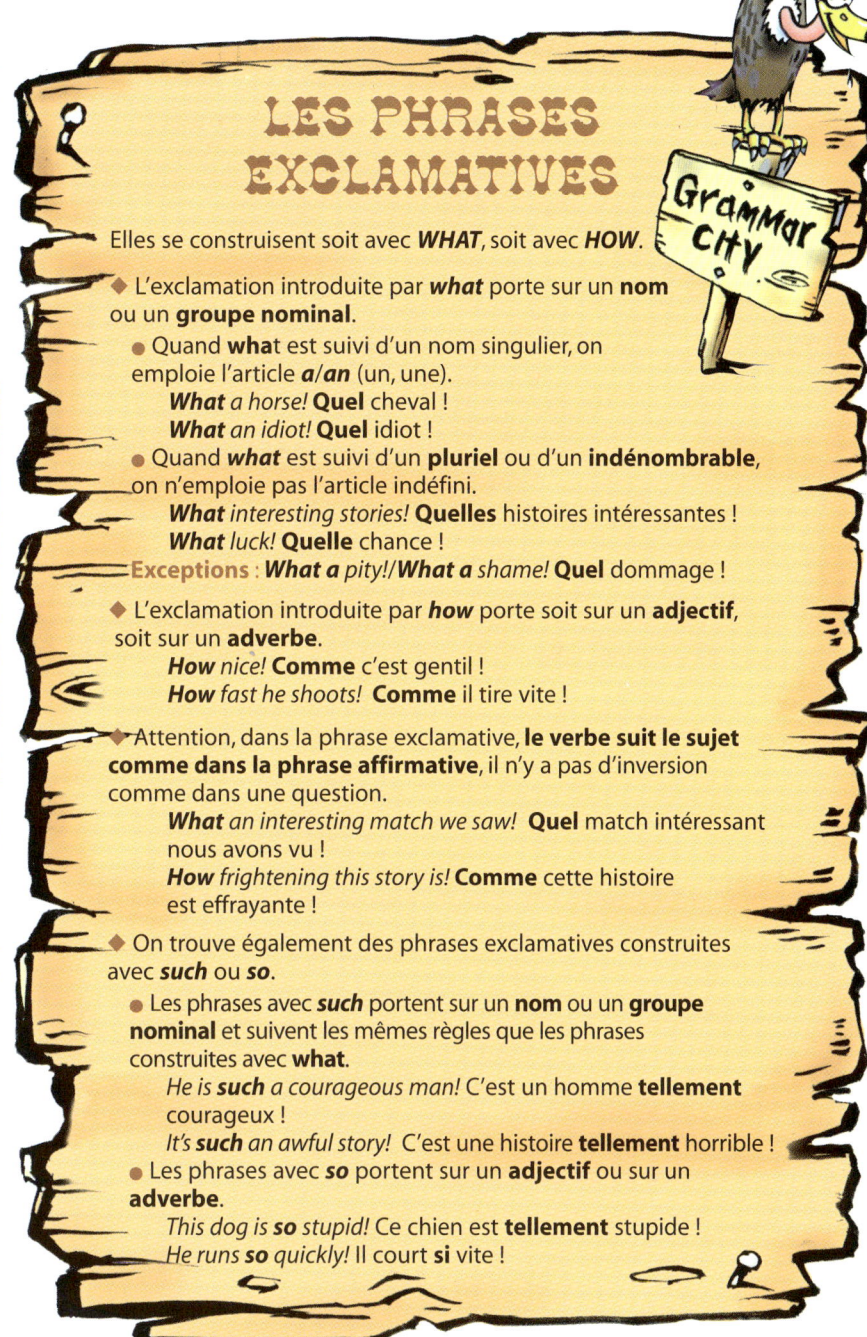

LES PHRASES EXCLAMATIVES

Elles se construisent soit avec **WHAT**, soit avec **HOW**.

◆ L'exclamation introduite par *what* porte sur un **nom** ou un **groupe nominal**.
 • Quand *what* est suivi d'un nom singulier, on emploie l'article *a/an* (un, une).
  What a horse! **Quel** cheval !
  What an idiot! **Quel** idiot !
 • Quand *what* est suivi d'un **pluriel** ou d'un **indénombrable**, on n'emploie pas l'article indéfini.
  What interesting stories! **Quelles** histoires intéressantes !
  What luck! **Quelle** chance !
 Exceptions : *What a pity!/What a shame!* **Quel** dommage !

◆ L'exclamation introduite par *how* porte soit sur un **adjectif**, soit sur un **adverbe**.
  How nice! **Comme** c'est gentil !
  How fast he shoots! **Comme** il tire vite !

◆ Attention, dans la phrase exclamative, **le verbe suit le sujet comme dans la phrase affirmative**, il n'y a pas d'inversion comme dans une question.
  What an interesting match we saw! **Quel** match intéressant nous avons vu !
  How frightening this story is! **Comme** cette histoire est effrayante !

◆ On trouve également des phrases exclamatives construites avec *such* ou *so*.
 • Les phrases avec *such* portent sur un **nom** ou un **groupe nominal** et suivent les mêmes règles que les phrases construites avec *what*.
  He is such a courageous man! C'est un homme **tellement** courageux !
  It's such an awful story! C'est une histoire **tellement** horrible !
 • Les phrases avec *so* portent sur un **adjectif** ou sur un **adverbe**.
  This dog is so stupid! Ce chien est **tellement** stupide !
  He runs so quickly! Il court **si** vite !

how [haʊ] **adv**
1. comment
How did the sheriff manage to catch them? Comment le shérif a-t-il réussi à les attraper ?
2. Se traduit par "combien" lorsqu'on pose certaines questions précises.
How long will it take? Combien de temps cela prendra-t-il ?
How much money does he earn? Combien d'argent gagne-t-il ?
How many kilometres is it from here? C'est à combien de kilomètres d'ici ?
3. Se traduit par "quel" dans certaines autres questions.
How old are you? Quel âge as-tu ?
How far is it to Chicago? Chicago est à quelle distance d'ici ?

however

Easy, easy...
What a huge animal!

— Doucement, doucement...
Quel **énorme** animal !

4. Dans les exclamations.
How beautiful she is! Comme elle est belle !
(voir page 129)
5. *Idiom*
— How are you? — Very well, thank you! — Comment allez-vous ? — Très bien, merci !
6. *Idiom* **to know how to do something** savoir faire quelque chose
He knows how to swim. Il sait nager.

however [haʊˈevər]
- **conj** cependant, pourtant
- **adv**
1. Dans les constructions "however + much/long" : quel que soit
However much it costs. Quel que soit le prix.
However long it takes. Quel que soit le temps que ça prend.
2. *Idiom*
However hard he tried, he could not open the safe. Il avait beau essayer, il n'arrivait pas à ouvrir le coffre-fort.

hug [hʌg]
- **vt** serrer dans ses bras
Ma Dalton hugged Averell. Ma Dalton a serré Averell dans ses bras.
- **n** étreinte
To give somebody a hug. Serrer quelqu'un dans ses bras.

huge [hjuːdʒ] **adj** énorme*

hullo → **hello**

hum [hʌm]
- **vt** fredonner

Lucky Luke was humming a tune. Lucky Luke fredonnait un air.
- **vi** fredonner

human [ˈhjuːmən] **adj, n** humain
• **human being** être humain

humour [ˈhjuːmər] (**Am:** humor) **n** humour
To have a sense of humour. Avoir le sens de l'humour.

hundred [ˈhʌndrəd] **n** cent
A hundred people. Cent personnes.
(voir page 195)

hung → **hang**

hunger [ˈhʌŋgər] **n** faim

hungry [ˈhʌŋgrɪ] **adj**
To be hungry. Avoir faim.

hunt [hʌnt]
- **vt** chasser
The Daltons were going hunting. Les Dalton partaient à la chasse.
- **n** chasse
The Indians had gone on a buffalo hunt. Les Indiens étaient partis chasser le bison.

hunter [ˈhʌntər] **n** chasseur

hurry [ˈhʌrɪ]
- **n**
To be in a hurry. Être pressé.
- **vi** se dépêcher
• **hurry up** **vi** se dépêcher*

hurt [hɜːt], **hurt** [hɜːt], **hurt** [hɜːt]
- **vt**

1. faire du mal à, blesser
Don't hurt him! Ne lui fais pas de mal !
2. faire de la peine à
I'm sure you don't want to hurt her! Je suis sûr que vous ne voulez pas lui faire de peine.
3. *Idiom* **to hurt one's arm/leg/head** se faire mal au bras/à la jambe/à la tête
He hurt his head. Il s'est fait mal à la tête.
- **vi** faire mal
It hurts! Ça fait mal !
- **adj** blessé
To get hurt. Être blessé.
He was hurt because he hadn't been invited. Il était blessé parce qu'on ne l'avait pas invité.

husband [ˈhʌsbənd] **n** mari*

So you're going to be my husband?
Yes, yes!

— C'est vous qui allez être mon **mari** ?
— Oui, oui !

Hurry up, Jolly Jumper!
???

— Dépêche-toi, Jolly Jumper !

I

I [aɪ] **pron**
1. je, j'*
Can I come with you? Puis-je venir avec vous ?
I live in Dry Gulch. J'habite à Dry Gulch.

I'm Calamity Jane. I was born in Missouri.

– Je suis Calamity Jane. Je suis née dans le Missouri.

2. moi
Averell and I have decided to stay here. Averell et moi avons décidé de rester ici.
(voir encadré ci-contre)

ice [aɪs] **n**
1. glace
She scraped the ice off the windows. Elle a raclé la glace sur les vitres.
2. verglas
The car skidded on a patch of ice. La voiture a dérapé sur une plaque de verglas.

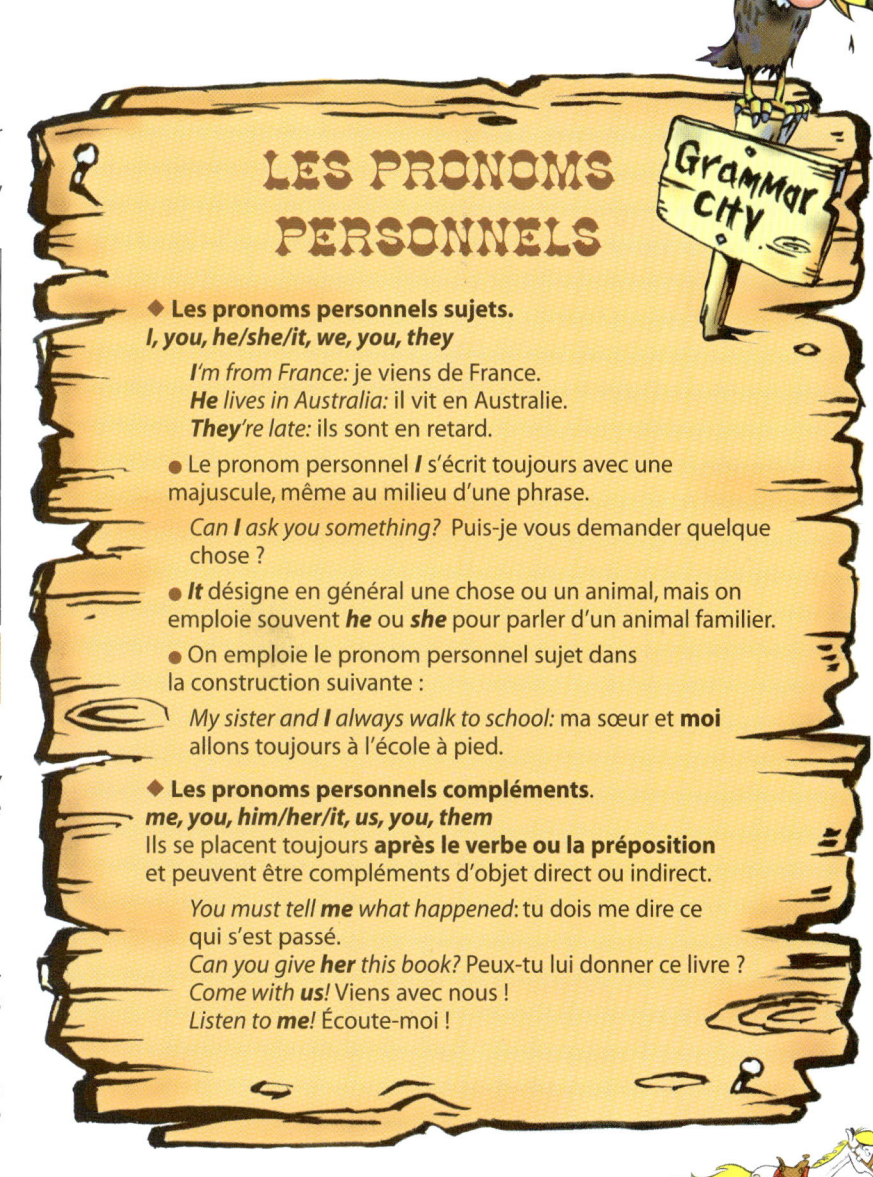

LES PRONOMS PERSONNELS

Grammar City

◆ **Les pronoms personnels sujets.**
I, you, he/she/it, we, you, they

> *He* **I**'m from France: je viens de France.
> *He* lives in Australia: il vit en Australie.
> *They*'re late: ils sont en retard.

● Le pronom personnel **I** s'écrit toujours avec une majuscule, même au milieu d'une phrase.

> Can **I** ask you something? Puis-je vous demander quelque chose ?

● **It** désigne en général une chose ou un animal, mais on emploie souvent **he** ou **she** pour parler d'un animal familier.

● On emploie le pronom personnel sujet dans la construction suivante :

> My sister and **I** always walk to school: ma sœur et **moi** allons toujours à l'école à pied.

◆ **Les pronoms personnels compléments.**
me, you, him/her/it, us, you, them
Ils se placent toujours **après le verbe ou la préposition** et peuvent être compléments d'objet direct ou indirect.

> You must tell **me** what happened: tu dois me dire ce qui s'est passé.
> Can you give **her** this book? Peux-tu lui donner ce livre ?
> Come with **us**! Viens avec nous !
> Listen to **me**! Écoute-moi !

ice-skate

3. glaçons
Do you want ice in your lemonade? Voulez-vous des glaçons dans votre limonade ?
• **ice cream** glace
Strawberry ice cream. De la glace à la fraise.
• **ice cube** glaçon

ice-skate [ˈaɪsskeɪt]
◉ **n** patin à glace
◉ **vi** faire du patin à glace
We went ice-skating last weekend. Nous avons fait du patin à glace le week-end dernier.

icy [ˈaɪsɪ] **adj**
1. glacial
The weather was icy. Il faisait un temps glacial.
2. verglacé
Be careful, the roads are icy this morning. Fais attention, les routes sont verglacées ce matin.

idea [aɪˈdɪə] **n** idée
Suddenly, he had an idea. Soudain, il a eu une idée.
– What's that? – I have no idea! – Qu'est-ce que c'est que ça ? – Je n'en ai aucune idée !

idle [ˈaɪdl] **adj**
1. paresseux
Come on, get up, you idle lot! Allez, levez-vous, bande de paresseux !
2. désœuvré
During an idle moment. Pendant un moment de désœuvrement.

3. au chômage
The workers have been idle for a month. Les ouvriers sont au chômage depuis un mois.
4. oiseux, vain
They waste their time in idle talk. Ils perdent leur temps en discussions oiseuses.

i.e. [ˌaɪˈiː] **abbreviation** c'est-à-dire
The four Dalton brothers, i.e. Joe, William, Jack and Averell. Les quatre frères Dalton, c'est-à-dire Joe, William, Jack et Averell.
"i.e." est l'abréviation du latin id est.

if [ɪf] **conj** si*
What will you do if the Indians attack? Que ferez-vous si les Indiens attaquent ?
If I were you… Si j'étais toi…/À ta place…
There were hundreds of them, if not thousands. Ils étaient des centaines, sinon des milliers.

ill [ɪl]
◉ **adj**
1. malade
Is he seriously ill, doctor? Est-il gravement malade, docteur ?
2. mauvais
Ill fortune. Mauvaise fortune.
They believe that it brings ill luck. Ils croient que cela porte malheur.
◉ **adv** mal
The townspeople spoke ill of them. Les gens de la ville disaient du mal d'eux.

– Look, it's burning! *If* only they had our river!

– Regardez, ça brûle ! *Si* seulement ils avaient notre rivière !

illness [ˈɪlnɪs] **n** maladie*

This potion cures all known *illnesses*.

– Ce breuvage guérit toutes les *maladies* connues.

illustrate [ˈɪləstreɪt] **vt** illustrer
An illustrated dictionary. Un dictionnaire illustré.

imagine [ɪˈmædʒɪn] **vt**
1. imaginer*

He was so hungry that he *imagined* it already cooked.

Il avait tellement faim qu'il l'*imaginait* déjà cuit.

2. supposer, imaginer
I imagine that it was very difficult for you. Je suppose que c'était très difficile pour vous.

immediately [ɪˈmiːdjətlɪ] **adv** immédiatement, tout de suite
Lucky Luke decided to leave immediately. Lucky Luke a décidé de partir tout de suite.

immigrant [ˈɪmɪgrənt] **n** immigré

Immigrants arrived from all over Europe. Des immigrés sont arrivés de toute l'Europe.

immigrate [ˈɪmɪgreɪt] **vi** immigrer

immigration [ɪmɪˈgreɪʃn] **n** immigration

impatient [ɪmˈpeɪʃnt] **adj** impatient
Don't be impatient, the stagecoach will be here soon. Ne soyez pas impatient, la diligence sera bientôt là.

important [ɪmˈpɔːtnt] **adj** important*

*An **important** message for Mr Lucky Luke!*

– *Un message **important** pour monsieur Lucky Luke !*

impossible [ɪmˈpɒsəbl] **adj**
– *He can shoot faster than Lucky Luke.* – *That's impossible!* – Il tire plus vite que Lucky Luke. – C'est impossible !

impressive [ɪmˈpresɪv] **adj** impressionnant
The scenery in the mountains is impressive. Les paysages de montagne sont impressionnants.

improve [ɪmˈpruːv]
✪ **vi** s'améliorer
The patient's condition is improving. L'état du malade s'améliore.
✪ **vt** améliorer
How can I improve my English? Comment puis-je améliorer mon anglais ?

improvement [ɪmˈpruːvmənt] **n** amélioration

You're not very talkative today, gentlemen. Aren't you happy to be back in prison?

– *Vous n'êtes pas très causants aujourd'hui, messieurs. Vous n'êtes pas contents d'être de retour en prison ?*

It was an improvement on last week's performance. C'était une amélioration par rapport aux résultats de la semaine précédente.

in [ɪn]
✪ **prep**
1. À l'intérieur de : dans, en*
There was nothing in the barrels. Il n'y avait rien dans les fûts.
2. Indique l'endroit géographique : en, à
They live in England. Ils habitent en Angleterre.
In New York. À New York.
In Canada. Au Canada.
3. Indique l'époque : en
His grandfather came to America in 1848. Son grand-père est arrivé en Amérique en 1848.
In September/summer. En septembre/été.
4. Indique la durée : en, dans
Learn English in three months! Apprenez l'anglais en trois mois !
I'll be back in half an hour. Je serai de retour dans une demi-heure.
5. Indique une proportion : sur
Only one pupil in ten passed the exam. Seulement un élève sur dix a réussi l'examen.
6. Après un superlatif : de
The best shot in the West. Le meilleur tireur de l'Ouest.
7. Indique la manière, les circonstances, etc. : en, de, à
He spoke to me in German. Il m'a parlé en allemand.
The undertaker was dressed in black, as usual. Le croque-mort était habillé de noir, comme d'habitude.
They were talking in low voices. Ils parlaient à voix basse.
✪ **adv**
1. à l'intérieur, dedans
As he was passing the saloon he glanced in. En passant devant le saloon, il a jeté un coup d'œil à l'intérieur.
2. là, à la maison
Hello, Mrs Smith, is Simon in? Bonjour, madame Smith, Simon est-il là ?
We decided to stay in last night. Nous avons décidé de rester à la maison hier soir.
3. informal à la mode
Long hair wasn't in at the time. Les cheveux longs n'étaient pas à la mode à cette époque.
4. haut
The tide is in. La marée est haute.
5. Idiom **to run/stagger/hop in** entrer en courant/en titubant/en sautillant

inch [ɪntʃ] **n** pouce (2,54 cm)
A 17-inch screen. Un écran de 17 pouces.
It's about six inches long. Ça fait environ 15 centimètres de long.
(voir page 178)

including [ɪnˈkluːdɪŋ] **prep** y compris
Be quiet all of you, including you, Averell! Taisez-vous tous, y compris toi, Averell !

income

*Lucky Luke, it's fantastic, our sales have **increased** again!*

– Lucky Luke, c'est fantastique, nos ventes ont encore **augmenté** !

income [ˈɪnkʌm] **n** revenu
- **income tax** impôt sur le revenu

increase [ɪnˈkriːs]
- **vi, vt** augmenter*
- **n** augmentation

An increase in the number of accidents. Une augmentation du nombre d'accidents.

incredible [ɪnˈkredəbl] **adj** incroyable
An incredible thing happened to us in the train. Il nous est arrivé une chose incroyable dans le train.

indeed [ɪnˈdiːd] **adv**
1. certainement, bien sûr
– Would you like to come with us? – Indeed I would! – Voudriez-vous venir avec nous ? – Bien sûr que oui !
2. vraiment
The Dalton brothers will be very disappointed indeed. Les frères Dalton seront vraiment très déçus.
3. en effet
It was a very hard race; indeed, more than half of the participants dropped out. C'était une course très dure ; en effet, plus de la moitié des participants ont abandonné.

independence [ˌɪndɪˈpendəns] **n** indépendance
The American War of Independence. La guerre d'Indépendance américaine.

Independence Day Fête de l'Indépendance américaine, le 4 juillet. (voir pages 54-55)

India [ˈɪndjə] **n** Inde

Indian [ˈɪndjən] **adj, n** indien, indienne, Indien, Indienne
Comme en français, le mot "Indian" s'applique aussi bien aux habitants d'Inde qu'aux autochtones des Amériques.
Attention, l'anglais prend toujours une majuscule.

indoor [ˈɪndɔːr] **adj**
1. intérieur, à l'intérieur
They have an indoor television aerial. Ils ont une antenne de télévision intérieure.
2. couvert
An indoor swimming pool. Une piscine couverte.

indoors [ɪnˈdɔːz] **adv** à l'intérieur
Stay indoors, children, it's cold outside. Restez à l'intérieur, les enfants, il fait froid dehors.

industry [ˈɪndʌstrɪ] **n** industrie

influence [ˈɪnfluəns]
- **n** influence
He is a bad influence over his brothers. Il a une mauvaise influence sur ses frères.
- **vt** influencer
It's no good trying to influence her. Cela ne sert à rien d'essayer de l'influencer.

inform [ɪnˈfɔːm] **vt** informer*, renseigner

information [ˌɪnfəˈmeɪʃn] **n** informations, renseignements

For further information, contact the sheriff. Pour de plus amples informations, contactez le shérif.

inhabitant [ɪnˈhæbɪtənt] **n** habitant*

*It looks like they count the **inhabitants** every day!*

*Number of **inhabitants** today : 225*
LANGTRY

– On dirait qu'ils comptent les **habitants** tous les jours !
Nombre d'**habitants** aujourd'hui : 225

injure [ˈɪndʒər] **vt** blesser
He fell off his horse and injured his back. Il est tombé de cheval et s'est blessé au dos.

injured [ˈɪndʒəd] **adj** blessé
She bandaged his injured arm. Elle a pansé son bras blessé.

injury [ˈɪndʒərɪ] **n** blessure
They were taken to hospital to

*I wanted to **inform** you that they went that way.*

– Je voulais vous **informer** qu'ils sont partis par là.

interest

> He's **innocent**, I tell you! **Innocent**!
>
> Yes, dear...

— Mais il est **innocent**, je te dis ! **Innocent** !
— Oui, ma chérie...

have their injuries treated. On les a emmenés à l'hôpital pour y faire soigner leurs blessures.

ink [ɪŋk] **n** encre
You've got ink all over your fingers! Tu as de l'encre plein les doigts !

in-laws [ˈɪnlɔːz] **n pl** beaux-parents, belle-famille
My in-laws are coming for the week-end. Mes beaux-parents viennent pour le week-end.

inn [ɪn] **n** auberge
They spent the night at an inn. Ils ont passé la nuit dans une auberge.

innocent [ˈɪnəsənt] **adj** innocent*, non coupable
The court found Billy the Kid innocent. Le tribunal a déclaré Billy the Kid non coupable.

inquire [ɪnˈkwaɪər]
vi se renseigner, s'informer
Inquire at the reception desk. Renseignez-vous à l'accueil.

inquiry [ɪnˈkwaɪərɪ] **n**
1. demande (de renseignements)
All inquiries should be addressed to the mayor. Toute demande de renseignements doit être adressée au maire.
2. enquête
The sheriff will be making inquiries. Le shérif procédera à une enquête.

insect [ˈɪnsekt] **n** insecte

inside [ɪnˈsaɪd]
✺ **adv** à l'intérieur, dedans
It was even cold inside. Il faisait froid même à l'intérieur.
✺ **prep**
1. à l'intérieur de, dans
She hid inside the cake to surprise them. Elle s'est cachée à l'intérieur du gâteau pour leur faire une surprise.
2. dans moins de
He'll be back inside an hour. Il sera de retour dans moins d'une heure.
✺ **n**
1. intérieur
The inside of the house is filthy. L'intérieur de la maison est très sale.
2. *Idiom* **inside out** à l'envers
✺ **adj** intérieur
He glanced at the inside pages of the paper. Il jeta un coup d'œil sur les pages intérieures du journal.

insist [ɪnˈsɪst] **vi, vt** insister
She insisted on my going with her. Elle a insisté pour que je vienne avec elle.

instead [ɪnˈsted] **adv** à la place, plutôt
The train was cancelled so we took the stagecoach instead. Le train a été supprimé, alors nous avons pris la diligence à la place.
• **instead of** au lieu de, à la place de
Lucky Luke took my horse instead of his own. Lucky Luke a pris mon cheval au lieu du sien.

instructor [ɪnˈstrʌktər] **n** moniteur
My brother is a skiing instructor. Mon frère est moniteur de ski.

instrument [ˈɪnstrʊmənt] **n** instrument
Do you play a musical instrument? Jouez-vous d'un instrument de musique ?

insurance [ɪnˈʃɔːrəns] **n** assurance
I can't find my insurance policy. Je ne trouve pas ma police d'assurance.

intelligent [ɪnˈtelɪdʒənt] **adj** intelligent*

> Yes, I'm more **intelligent** than other horses.

— Oui, je suis plus **intelligent** que les autres chevaux.

intend [ɪnˈtend] **vt**
1. avoir l'intention de
I intended to go to El Plomo. J'avais l'intention d'aller à El Plomo.
2. *Idiom* **to be intended for** être destiné à
That bullet was intended for you. Cette balle vous était destinée.

interest [ˈɪntrəst]
✺ **n**
1. intérêt
He was watching the poker game with interest. Il regardait la partie de poker avec intérêt.
2. intérêt
The interest rate is 5 per cent. Le taux d'intérêt est de 5 pour cent.

interested

3. *Idiom* **to take/to show an interest in** s'intéresser à
You've never taken an interest in what I do. Tu ne t'es jamais intéressé à ce que je fais.
4. *Idiom* **to lose interest** se désintéresser
○ **vt** intéresser
When he spoke about the gold, his story began to interest them. Lorsqu'il a parlé de l'or, son histoire a commencé à les intéresser.

interested [ˈɪntrəstɪd] **adj** intéressé
The audience didn't seem very interested. Le public ne semblait pas très intéressé.
Would you be interested in coming with us? Cela vous intéresserait-il de venir avec nous ?

interesting [ˈɪntrəstɪŋ] **adj** intéressant
Calamity Jane led a very interesting life. Calamity Jane a mené une vie très intéressante.

international [ˌɪntəˈnæʃənəl] **adj** international

interview [ˈɪntəvjuː]
○ **n**
1. entretien
I've got a job interview tomorrow. J'ai un entretien d'embauche demain.
2. interview*

Do you think it's the right time for an interview?

— Vous croyez que c'est le bon moment pour une interview ?

○ **vt**
1. faire passer un entretien à
He's interviewing two more applicants tomorrow. Il va faire passer des entretiens à deux autres candidats demain.
2. interviewer
She was interviewed on television. Elle a été interviewée à la télévision.

into [ˈɪntʊ] **prep**
1. dans, en
He came slowly into the saloon. Il est entré lentement dans le saloon.
Are you going into town today? Est-ce que tu vas en ville aujourd'hui ?
2. en
Translate this passage into German. Traduisez ce passage en allemand.
3. contre
The car crashed into a lamppost. La voiture s'est écrasée contre un réverbère.

introduce [ˌɪntrəˈdjuːs] **vt**
1. présenter
Let me introduce you to Lucky Luke. Laissez-moi vous présenter Lucky Luke.
2. introduire
Rabbits were introduced into Australia by settlers. Les lapins ont été introduits en Australie par des colons.
3. initier
It was his brother who introduced him to crime. C'est son frère qui l'a initié à la délinquance.

I've brought a few of my inventions. Let me show you!

— J'ai apporté quelques-unes de mes inventions. Laissez-moi vous les montrer !

introduction [ˌɪntrəˈdʌkʃn] **n**
1. introduction
She didn't read the introduction to the book. Elle n'a pas lu l'introduction du livre.
2. présentation
When the introductions were over they all sat down. Quand les présentations ont été terminées, ils se sont tous assis.

invent [ɪnˈvent] **vt** inventer
He invented a new type of rifle. Il a inventé un nouveau type de fusil.

invention [ɪnˈvenʃn] **n** invention*

investigate [ɪnˈvestɪgeɪt] **vt** enquêter sur
The sheriff asked Lucky Luke to investigate the robberies. Le shérif a demandé à Lucky Luke d'enquêter sur les vols.

invite [ɪnˈvaɪt] **vt** inviter
Have you been invited to the party tonight? As-tu été invité à la fête de ce soir ?

invoice [ˈɪnvɔɪs]
○ **n** facture
○ **vt** facturer

involve [ɪnˈvɒlv] **vt**
1. nécessiter, entraîner
This job involves a lot of travel. Ce travail entraîne beaucoup de déplacements.
2. impliquer
I'm sure that the Daltons are

involved in this! Je suis sûr que les Dalton sont impliqués là-dedans !
3. concerner, toucher
It's a problem involving thousands of farmers. C'est un problème qui concerne des milliers de fermiers.

involvement [ɪnˈvɒlvmənt] **n**
1. participation
We have no proof of their involvement in the robbery. Nous n'avons aucune preuve de leur participation au vol.
2. engagement
I've never encouraged her involvement in politics. Je n'ai jamais encouragé son engagement politique.

Ireland [ˈaɪələnd] **n** Irlande
Have you ever been to Ireland? Es-tu déjà allé en Irlande ?

Irish [ˈaɪrɪʃ] **adj, n** irlandais, irlandaise, Irlandais, Irlandaise
Attention, l'anglais prend toujours une majuscule.

iron [ˈaɪən]
❂ **n**
1. fer
They built an iron bridge across the canyon. Ils ont construit un pont en fer au-dessus du canyon.
2. fer (à repasser)
The iron is too hot. Le fer à repasser est trop chaud.
❂ **vt** repasser*

– Vous venez avec moi ?
– Non, j'ai encore plusieurs chemises à **repasser**.

– Tiens, passe cette information dans le prochain **numéro**.
– D'accord, patron !

irregular [ɪˈregjʊlər] **adj** irrégulier
Irregular verbs. Verbes irréguliers.
(voir page 138-139)

is → **be**

island [ˈaɪlənd] **n** île
He swam to the island in the middle of the lake. Il a nagé jusqu'à l'île au milieu du lac.

Israel [ˈɪzreɪəl] **n** Israël

Israeli [ɪzˈreɪli] **adj, n** israélien, israélienne, Israélien, Israélienne
Attention, l'anglais prend toujours une majuscule.

issue [ˈɪʃuː]
❂ **n**
1. sujet, question, problème
The issue of cattle rustling came up in their conversation. Le problème du vol de bétail a été soulevé dans leur conversation.
2. numéro*
Do you keep back issues of the newspaper? Gardez-vous les anciens numéros du journal ?
3. *Idiom* **to make an issue of** faire toute une affaire de
❂ **vt**
1. émettre
Only the central bank can issue banknotes. Seule la banque centrale peut émettre des billets.
2. publier, lancer
The government has issued a denial. Le gouvernement a publié un démenti.

To issue a warning. Lancer un avertissement.
3. distribuer
You will be issued with rations tomorrow. Des rations vous seront distribuées demain.

it [ɪt] **pron**
1. Désignant une chose ou un animal sujet : il, elle
– **Where's the saloon? – It's at the end of the street, opposite the bank.** – Où est le saloon ? – Il est au bout de la rue, en face de la banque.
Look at that cow, it's hurt its leg. Regarde cette vache, elle s'est fait mal à la patte.
2. Désignant une chose ou un animal complément d'objet direct : le, la, l'
He dropped his revolver and bent to pick it up. Il a laissé tomber son revolver et s'est baissé pour le ramasser.
3. Désignant une chose ou un animal complément d'objet indirect : lui
The dog looked very hungry, so I gave it two bones. Le chien avait l'air d'avoir très faim, alors je lui ai donné deux os.
4. Sujet d'un verbe impersonnel : ce, il
It isn't worth trying to reason with the Daltons. Ce n'est pas la peine d'essayer de raisonner les Dalton.
It's very hot today. Il fait très chaud aujourd'hui.
What time is it now? Quelle heure est-il maintenant ?
(voir page 131)

LES VERBES

be	was, were	been	être
bear	bore	borne	supporter
beat	beat	beaten	battre
become	became	become	devenir
begin	began	begun	commencer
bend	bent	bent	plier, se baisser
bet	bet	bet	parier
bind	bound	bound	lier, attacher
bite	bit	bitten	mordre
bleed	bled	bled	saigner
blow	blew	blown	souffler
break	broke	broken	casser
bring	brought	brought	apporter, amener
broadcast	broadcast	broadcast	radiodiffuser, téléviser
build	built	built	construire
burn	burnt (burned)	burnt (burned)	brûler
burst	burst	burst	éclater
buy	bought	bought	acheter
cast	cast	cast	jeter, lancer
catch	caught	caught	attraper
choose	chose	chosen	choisir
cling	clung	clung	s'accrocher
come	came	come	venir
cost	cost	cost	coûter
creep	crept	crept	se glisser
cut	cut	cut	couper
deal	dealt	dealt	s'occuper de
dig	dug	dug	creuser
do	did	done	faire
draw	drew	drawn	tirer, dessiner
dream	dreamt (dreamed)	dreamt (dreamed)	rêver
drink	drank	drunk	boire
drive	drove	driven	conduire
dwell	dewlt (dwelled)	dwelt (dwelled)	résider
eat	ate	eaten	manger
fall	fell	fallen	tomber
feed	fed	fed	nourrir
feel	felt	felt	(se) sentir, ressentir
fight	fought	fought	combattre, se battre
find	found	found	trouver
fly	flew	flown	voler
forbid	forbade	forbidden	interdire
forget	forgot	forgotten	oublier
forgive	forgave	forgiven	pardonner
freeze	froze	frozen	geler
get	got	got (**Am:** gotten)	devenir, obtenir
give	gave	given	donner
go	went	gone	aller
grind	ground	ground	moudre, grincer
grow	grew	grown	grandir
hang	hung (hanged)	hung (hanged)	pendre, accrocher
have	had	had	avoir
hear	heard	heard	entendre
hide	hid	hidden	(se) cacher
hit	hit	hit	frapper, heurter
hold	held	held	tenir
hurt	hurt	hurt	faire mal, blesser
keep	kept	kept	garder
kneel	knelt (kneeled)	knelt (kneeled)	s'agenouiller
know	knew	known	savoir, connaître
lay	laid	laid	pondre, poser
lead	led	led	conduire, mener
lean	leant (leaned)	leant (leaned)	s'appuyer, se pencher
leap	leapt (leaped)	leapt (leaped)	bondir
learn	learnt (learned)	learnt (learned)	apprendre
leave	left	left	laisser, quitter, partir
lend	lent	lent	prêter
let	let	let	laisser
lie*	lay	lain	se coucher

*Lorsque "to lie" signifie mentir, il est régulier

IRRÉGULIERS

light	lit (lighted)	lit (lighted)	allumer
lose	lost	lost	perdre
make	made	made	fabriquer, faire
mean	meant	meant	signifier, vouloir dire
meet	met	met	rencontrer
pay	paid	paid	payer
put	put	put	mettre, poser
read	read	read	lire
rid	rid (ridded)	rid (ridded)	se débarrasser
ride	rode	ridden	faire (cheval, vélo)
ring	rang	rung	sonner
rise	rose	risen	s'élever, monter
run	ran	run	courir
saw	sawed	sawn (sawed)	scier
say	said	said	dire
see	saw	seen	voir
seek	sought	sought	chercher
sell	sold	sold	vendre
send	sent	sent	envoyer
set	set	set	mettre, poser
sew	sewed	sewn (sewed)	coudre
shake	shook	shaken	secouer
shine	shone	shone	briller
shoot	shot	shot	tirer
show	showed	shown	montrer
shrink	shrank (shrunk)	shrunk	rétrécir
shut	shut	shut	fermer
sing	sang	sung	chanter
sink	sank	sunk	couler, baisser
sit	sat	sat	s'asseoir
sleep	slept	slept	dormir
slide	slid	slid	glisser
smell	smelt (smelled)	smelt (smelled)	sentir (odeurs)
sow	sowed	sown	semer
speak	spoke	spoken	parler
speed	sped (speeded)	sped (speeded)	aller à toute allure
spell	spelt (spelled)	spelt (spelled)	épeler
spend	spent	spent	dépenser, passer
spill	spilt (spilled)	spilt (spilled)	renverser
spit	spat	spat	cracher
spoil	spoilt (spoiled)	spoilt (spoiled)	abîmer, gâter, gâcher
spread	spread	spread	répandre, étaler
spring	sprang	sprung	bondir
stand	stood	stood	se tenir debout, marcher
steal	stole	stolen	voler (dérober)
stick	stuck	stuck	coller
sting	stung	stung	piquer
stink	stank	stunk	puer
strike	struck	struck (stricken)	frapper
swear	swore	sworn	jurer
sweep	swept	swept	balayer
swell	swelled	swollen (swelled)	se gonfler, enfler
swim	swam	swum	nager
swing	swung	swung	se balancer
take	took	taken	prendre
teach	taught	taught	enseigner
tear	tore	torn	déchirer
tell	told	told	dire, raconter
think	thought	thought	penser, croire
throw	threw	thrown	jeter, lancer
understand	understood	understood	comprendre
wake	woke (waked)	woken (waked)	(se) réveiller
wear	wore	worn	porter (un vêtement)
weave	wove	woven	tisser
weep	wept	wept	pleurer
win	won	won	gagner
wind	wound	wound	serpenter
withdraw	withdrew	withdrawn	sortir, retirer
write	wrote	written	écrire

Italian

Italian flags were waving all over the town.

Des drapeaux **italiens** flottaient sur toute la ville.

Italian [ɪˈtæljən] **adj, n** italien*, italienne, Italien, Italienne
Attention, l'anglais prend toujours une majuscule.

Italy [ˈɪtəlɪ] **n** Italie

itch [ɪtʃ]
❂ **n** démangeaison
I've got an itch in my back. J'ai une démangeaison dans le dos.
❂ **vi**
1. démanger
My leg was itching. La jambe me démangeait.
2. *Idiom* **to be itching to** mourir d'envie de
She was itching to tell the neighbours all about it. Elle mourait d'envie de tout raconter aux voisins.

its [ɪts] **adj** son, sa, ses
Put the violin back in its case. Remets le violon dans son étui.
Attention, ne pas faire la faute très courante de confondre "its" avec "it's", qui est la forme contractée de "it is".
(voir page 186)

itself [ɪtˈself] **pron**
1. se, s'
One of the cows has injured itself. Une des vaches s'est blessée.
2. lui-même, elle-même
The house itself hasn't suffered any damage. La maison elle-même n'a pas subi de dégâts.
3. *Idiom* **(all) by itself** tout seul
The dog was all by itself. Le chien était tout seul.
(voir page 325)

ivy [ˈaɪvɪ] **n** lierre

jacket [ˈdʒækɪt] **n**
1. veste, blouson
He was wearing a tweed/leather jacket. Il portait une veste en tweed/un blouson en cuir.
2. jaquette
He took the jacket off the book. Il a enlevé la jaquette du livre.
3. *Idiom* **potatoes in their jackets, jacket potatoes** pommes de terre en robe de chambre

jail [dʒeɪl]
✺ **n** prison*

Please let me out! I don't want to stay in jail!

– Laissez-moi sortir, je vous en prie ! Je ne veux pas rester en prison !

✺ **vt** emprisonner
He was jailed for six months. Il a été emprisonné pendant six mois.

jam [dʒæm]
✺ **n**
1. (**Am:** jelly) confiture
Would you like some strawberry jam with your toast? Veux-tu de la confiture de fraises avec ton pain grillé ?
2. bouchon, embouteillage
We got stuck in a traffic jam. Nous nous sommes trouvés bloqués dans un embouteillage.
3. *Idiom* **informal to be in a jam** être dans le pétrin
I'm in a bit of a jam. Je suis un peu dans le pétrin.
✺ **vt**
1. coincer, bloquer
The door's jammed, help me break it down. La porte est coincée, aidez-moi à l'enfoncer.
2. enfoncer, fourrer
He jammed his revolver into my back. Il m'a enfoncé son revolver dans le dos.
3. entasser*
✺ **vi**
1. se coincer, se bloquer
What will I do if the window jams? Qu'est-ce que je vais faire si la fenêtre se bloque ?
2. s'enrayer
He fired and then his rifle jammed. Il a tiré et son fusil s'est enrayé.

January [ˈdʒænjʊərɪ] **n** janvier
Attention, les noms de mois prennent toujours une majuscule en anglais. (voir page 71)

Japan [dʒəˈpæn] **n** Japon

They were jammed in the cell.

Ils étaient entassés dans la cellule.

Japanese [dʒæpəˈniːz] **adj, n** japonais, japonaise, Japonais, Japonaise
Attention, l'anglais prend toujours une majuscule.

jar [dʒɑːʳ] **n** pot, bocal
Averell ate a whole jar of jam. Averell a mangé un pot entier de confiture.

jaw [dʒɔː] **n** mâchoire
He knocked him out with a blow to the jaw. Il l'a mis K.-O. d'un coup à la mâchoire.

jealous

jealous [ˈdʒeləs] **adj** jaloux*

jeans [dʒiːnz] **n pl** jean
Give me your jeans to wash, they're really dirty. Donne-moi ton jean à laver, il est vraiment sale.
Two pairs of jeans. Deux jeans.
Attention, "jeans" est toujours suivi d'un verbe au pluriel.

jelly [ˈdʒelɪ] **n**
1. gelée
Cold beef in jelly. Du bœuf froid en gelée.
2. **Am:** confiture
La "jelly" est aussi un dessert. (voir page 105)

jersey [ˈdʒɜːzɪ] **n** pull
Put your jersey on, it's cold outside. Mets ton pull, il fait froid dehors.

jet [dʒet] **n** avion à réaction, jet
• **jet lag** fatigue due au décalage horaire

Jew [dʒuː] **n** Juif, Juive

jewel [ˈdʒuːəl] **n** bijou
He stole all their money and jewels. Il a volé tout leur argent et tous leurs bijoux.

jewellery [ˈdʒuːəlrɪ] (**Am:** jewelry) **n** bijoux
She was wearing her best jewellery. Elle portait ses plus beaux bijoux.

Jewish [ˈdʒuːɪʃ] **adj** juif, juive
Attention, l'anglais prend toujours une majuscule.

job [dʒɒb] **n**
1. emploi, poste
He got a job as a cowboy. Il a trouvé un emploi de cow-boy.
2. tâche, travail*
3. difficulté, mal
You'll have a job persuading them to leave the farm. Vous aurez du mal à les convaincre de quitter la ferme.
4. Idiom
That's just the job! C'est exactement ce qu'il fallait !

jobless [ˈdʒɒblɪs]
✪ **adj** au chômage, sans emploi
✪ **n pl** chômeurs, sans-emploi
The number of jobless is rising. Le nombre de chômeurs augmente.

— Thanks, big boy!
— Joe is *jealous*!
— Merci, mon grand ! Joe est *jaloux* !

— Congratulations! You've done a good *job*!
— Félicitations ! Vous avez fait du bon *travail* !

— Do you want to *join* us, Lucky Luke?
— With pleasure. I need a pick-me-up.
— Voulez-vous *vous joindre à* nous, Lucky Luke ?
— Avec plaisir, j'ai bien besoin d'un remontant.

join [dʒɔɪn]
✪ **vt**
1. rejoindre
Go on ahead and I'll join you at the ranch. Allez devant et je vous rejoindrai au ranch.
The path joins the main road before the river. Le chemin rejoint la route principale avant la rivière.
2. se joindre à*
3. entrer dans
She joined the company 20 years ago. Elle est entrée dans la société il y a 20 ans.
4. s'engager dans
To join the army. S'engager dans l'armée.
5. devenir membre de, adhérer à

June

Would you like to join the El Plomo ladies' guild? Voudriez-vous devenir membre de l'association des femmes d'El Plomo ?
6. joindre, attacher
The parts are joined with screws. Les pièces sont attachées avec des vis.
7. relier
One day the railway will join Dry Gulch with Denver. Un jour, le chemin de fer reliera Dry Gulch à Denver.
✱ **n** joint, raccord
It's so well assembled that you can hardly see the joins. C'est tellement bien assemblé qu'on voit à peine les raccords.
• **join in**
✱ **vi** participer
Can I join in? Est-ce que je peux participer ?
✱ **vt** participer à, se mêler à
I didn't join in the conversation. Je ne me suis pas mêlé à la conversation.
"Join in" est inséparable.

joiner [ˈdʒɔɪnəʳ] (**Am**: carpenter) **n** menuisier

joint [dʒɔɪnt]
✱ **n**
1. joint, raccord
The joints are soldered. Les joints sont soudés.
2. (**Am**: roast) rôti
We always have a joint for Sunday lunch. Nous mangeons toujours un rôti le dimanche au déjeuner.
3. articulation
This wet weather makes my joints ache. Avec ce temps humide, j'ai des douleurs aux articulations.
✱ **adj**
1. conjugué
Thanks to our joint efforts. Grâce à nos efforts conjugués.
2. joint
They have a joint account. Ils ont un compte joint.

joke [dʒəʊk]
✱ **n** blague, plaisanterie*
They decided to play a joke on Joe. Ils ont décidé de faire une blague à Joe.
✱ **vi** plaisanter, blaguer
Don't get upset, I was only joking! Ne te vexe pas, je plaisantais !

jolly [ˈdʒɒlɪ]
✱ **adj**
1. joyeux, jovial
You're looking very jolly this morning. Tu as l'air très joyeux ce matin.
2. agréable
We spent a jolly evening with the neighbours. Nous avons passé une soirée agréable avec les voisins.
✱ **adv Br** drôlement
It's jolly cold outside! Il fait drôlement froid dehors !

journalist [ˈdʒɜːnəlɪst] **n** journaliste

journey [ˈdʒɜːnɪ] **n** voyage
Did you have a good journey? Avez-vous fait bon voyage ?

judge [dʒʌdʒ]
✱ **n** juge*
✱ **vt** juger, arbitrer
They asked Lucky Luke to judge the competition. Ils ont demandé à Lucky Luke d'arbitrer le concours.

juice [dʒuːs] **n** jus
A glass of orange juice. Un verre de jus d'orange.

July [dʒuːˈlaɪ] **n** juillet
Attention, les noms de mois prennent toujours une majuscule en anglais.
(voir page 71)

jump [dʒʌmp]
✱ **vi**
1. sauter, bondir
Jolly Jumper jumped over the stream. Jolly Jumper a sauté par-dessus le ruisseau.
2. sursauter
The shot made me jump. Le coup de feu m'a fait sursauter.
✱ **vt**
1. sauter, franchir
The horses jumped the fence with ease. Les chevaux ont franchi la clôture facilement.
2. *Idiom* **Br to jump the queue** passer avant son tour
✱ **n**
1. bond, saut
He was across the room in one jump. Il a traversé la pièce d'un seul bond.
The long/high jump. Le saut en longueur/en hauteur.
2. obstacle
His horse fell at the last jump. Son cheval est tombé au dernier obstacle.

jumper [ˈdʒʌmpəʳ] **n** (**Am**: sweater) pull
She was wearing a mohair jumper. Elle portait un pull en mohair.

junction [ˈdʒʌŋkʃən] **n**
1. carrefour
Slow down as you come to the junction. Ralentissez en approchant du carrefour.
2. embranchement
They attacked the train at the junction. Ils ont attaqué le train à l'embranchement.

June [dʒuːn] **n** juin
Attention, les noms de mois prennent toujours une majuscule en anglais.
(voir page 71)

junior

> It's an O'Hara!
> Get ready to fire!
> Even little William O'Timmins Junior was ready to fight the O'Haras.

– C'est un O'Hara ! – Soyez prêts à tirer !
Même le petit William O'Timmins junior était prêt à se battre contre les O'Hara.

junior ['dʒu:njəʳ]
● **adj**
1. subalterne
Junior employees. Employés subalternes.
2. junior*
● **n**
1. cadet
He's my junior by several years. Il est mon cadet de plusieurs années.
2. subalterne
This sort of work could be done by juniors. Ce genre de travail pourrait être fait par des subalternes.

junk [dʒʌŋk] **n**
1. bric-à-brac, brocante
She loves bargain-hunting in junk shops. Elle adore chiner dans les brocantes.
2. vieilleries, pacotille
You should throw out all this old junk! Tu devrais jeter toutes ces vieilleries !
• **junk food** aliments de mauvaise qualité, cochonneries
They only eat junk food. Ils ne mangent que des cochonneries.
The problem of junk food. Le problème de la "mal-bouffe."

just [dʒʌst]
● **adv**
1. juste
Calamity Jane and Lucky Luke have just left. Calamity Jane et Lucky Luke viennent juste de sortir.
2. juste, de justesse
There's just enough soup for everyone. Il y a juste assez de soupe pour tout le monde.
He just caught the train. Il a attrapé le train de justesse.
3. juste, seulement
He's just seven years old. Il a seulement sept ans.
4. exactement, tout à fait
It's just what I was looking for! C'est exactement ce que je cherchais !
5. *Idiom* **just about** presque
The dinner is just about ready. Le dîner est presque prêt.
6. *Idiom* **just a minute** un instant
● **adj** juste, équitable
It was a just decision. C'était une décision juste.

justice ['dʒʌstɪs] **n** justice*

> Silence in court! I'm the representative of justice here!

– Silence ! C'est moi qui représente la justice ici !

K

kangaroo [ˈkæŋgəˈruː] **n** kangourou

keen [kiːn] **adj**
1. enthousiaste, féru
He's a keen photographer. Il est féru de photographie.
2. impatient
I'm very keen to meet your parents. Je suis très impatient de rencontrer tes parents.
3. fin
Dogs are supposed to have a keen sense of smell. Les chiens sont censés avoir l'odorat fin.
4. *Idiom* **to be keen on** aimer
I'm not very keen on horse riding. Je n'aime pas beaucoup monter à cheval.

keep [kiːp], **kept** [kept], **kept** [kept]
✲ **vt**
1. garder*
2. tenir
She used to keep a diary as a young girl. Jeune fille, elle tenait un journal.
3. retenir
I won't keep you for long. Je ne vous retiendrai pas longtemps.
4. *Idiom* **to keep someone waiting** faire attendre quelqu'un
5. élever
They keep chickens and a few goats. Ils élèvent des poulets et quelques chèvres.
6. empêcher
He couldn't keep them from setting the prisoner free. Il n'a pas pu les empêcher de libérer le prisonnier.

✲ **vi**
1. rester
Lucky Luke told them to keep calm. Lucky Luke leur a dit de rester calmes.
To keep fit. Se maintenir en forme.
2. continuer
They kept talking. Ils ont continué à parler.
3. ne pas arrêter
The Indians keep attacking isolated farms. Les Indiens n'arrêtent pas d'attaquer des fermes isolées.
4. se conserver
It keeps for a week in the refrigerator. Cela se conserve une semaine au réfrigérateur.
5. aller
Hello, how are you keeping? Bonjour, comment vas-tu ?
6. *Idiom*
Keep in touch! Écris-nous de temps en temps !

• **keep off** **vt**
1. rester à l'écart de
2. *Idiom* **Keep off the grass.** Pelouse interdite.
"Keep off" est inséparable.

• **keep out**
✲ **vt** empêcher d'entrer
He tried to keep them out of the sheriff's office. Il a essayé de les empêcher d'entrer dans le bureau du shérif.
"Keep out" est séparable.
✲ **vi** ne pas entrer
"Private Property. Keep out." "Propriété privée. Défense d'entrer."

– On ne peut pas les *garder* ? On vient de les astiquer.
– Tais-toi, Averell ! – Tais-toi, Averell ! – Tais-toi, Averell !
– Allez, montez !

kennel

- **keep up**
- **vi** suivre

Slow down a bit, I can't keep up with you! Ralentissez un peu, je n'arrive pas à vous suivre !
- **vt** continuer, maintenir

I'll never be able to keep up this pace all day. Je n'arriverai jamais à maintenir ce rythme toute la journée.
You're doing an excellent job, keep it up! Vous faites un excellent travail, continuez !
"Keep up" est séparable.

kennel ['kenəl] **n**
1. (**Am**: doghouse) niche
Rin Tin Can won't come out of his kennel. Ran Tan Plan ne veut pas sortir de sa niche.
2. chenil
We'll have to leave the dog at a kennel while we're away. Il faudra que nous laissions le chien dans un chenil pendant notre absence.

kept → **keep**

ketchup ['ketʃəp] **n** ketchup

kettle ['ketl] **n**
1. bouilloire
2. *Idiom* **to put the kettle on** mettre de l'eau à chauffer (dans la bouilloire)

key [kiː]
- **n**
1. clé*, clef
2. touche
Press the enter key. Appuyez sur la touche entrée.

– Voici la **clé** de votre chambre.
– Merci. Pourrais-je avoir la note tout de suite ?

- **adj** clé
Lucky Luke played a key role in their arrest. Lucky Luke a joué un rôle clé dans leur arrestation.

keyboard ['kiːbɔːd] **n** clavier

kick [kɪk]
- **vt**
1. donner un coup de pied à
She kicked me on the shin. Elle m'a donné un coup de pied dans le tibia.
2. botter
He kicked the ball into touch. Il a botté en touche.
3. *Idiom*
I could have kicked myself! Je me serais donné des gifles !
- **vi**
1. donner des coups de pied
When the sheriff approached him, he started to kick. Quand le shérif s'est approché de lui, il a commencé à donner des coups de pied.
2. ruer
Be careful, that mule kicks. Faites attention, ce mulet rue.
- **n**
1. coup de pied
I got a nasty kick on the shin during the game. J'ai reçu un grand coup de pied au tibia pendant le match.
2. *Idiom* **to get one's kicks from doing something** prendre plaisir à faire quelque chose
He gets his kicks from hurting people. Il prend plaisir à faire du mal.
- **kick off vi** donner le coup d'envoi
The centre forward kicked off. L'avant-centre a donné le coup d'envoi.
- **kick out vt** *informal* virer
The barman kicked him out of the saloon. Le barman l'a viré du saloon.
"Kick out" est séparable.

kid [kɪd]
- **n**
1. gosse, gamin*
2. chevreau
She was wearing kid gloves. Elle portait des gants en chevreau.
- **adj kid brother/kid sister** petit frère/petite sœur
- **vi** plaisanter
Ten dollars for that? You're kidding! Dix dollars pour ça ? Vous plaisantez !
- **vt**
1. faire marcher

The **kid** ran to warn Lucky Luke.

Le **gamin** a couru prévenir Lucky Luke.

Don't be silly, they were kidding you! Ne sois pas bête, ils te faisaient marcher !
2. *Idiom* **to kid oneself** se faire des illusions

kidney ['kɪdnɪ] **n**
1. rein
He has a kidney disease. Il a une maladie des reins.
2. rognon
Steak and kidney pie. Tourte au bœuf et aux rognons.

kill [kɪl] **vt**
1. tuer
Billy the Kid threatened to kill them. Billy the Kid a menacé de les tuer.
2. supprimer
Take these tablets to kill the pain. Prenez ces cachets pour supprimer la douleur.

kilometre ['kɪləˌmiːtəʳ] (**Am**: kilometer) **n** kilomètre

kind [kaɪnd]
- **adj** gentil, aimable
Thank you for helping us, it was very kind of you. Merci de nous avoir aidés, c'était très gentil de votre part.
- **n** genre, sorte, espèce
What kind of dog is that? Quel genre de chien est-ce ?

kindergarten ['kɪndəɡɑːtən] **n** jardin d'enfants, école maternelle

kindness ['kaɪndnəs] **n** gentillesse*

king [kɪŋ] **n** roi
He's the future king of England. C'est le futur roi d'Angleterre.

kingdom ['kɪŋdəm] **n**
1. royaume
My kingdom for a horse! Mon royaume pour un cheval !
2. règne
The animal/vegetable kingdom. Le règne animal/végétal.

kiss [kɪs]
● **vt**
1. embrasser
He kissed her on the cheek. Il l'a embrassée sur la joue.
2. baiser*

● **vi** s'embrasser
They kissed tenderly. Ils se sont embrassés tendrement.
● **n** baiser
Give me a kiss. Donne-moi un baiser.
● **kiss of life Br** bouche-à-bouche

kit [kɪt] **n**
1. kit
Their furniture is sold in kit form. Leurs meubles sont vendus en kit.
2. **Br:** affaires
I left my football kit in the changing room. J'ai laissé mes affaires de football au vestiaire.
3. trousse
Have you got a tool kit in your car? Est-ce que tu as une trousse à outils dans ta voiture ?

kite [kaɪt] **n** cerf-volant

Goodbye, and thank you for coming to visit us.

Not at all, thank you for your **kindness**!

— Au revoir, et merci de votre visite.
— Je vous en prie, merci de votre **gentillesse**.

kitchen ['kɪtʃɪn] **n** cuisine
Calamity doesn't spend much time in the kitchen. Calamity passe peu de temps dans la cuisine.

kitten ['kɪtn] **n** chaton
What a sweet little kitten! Quel adorable petit chaton !

knee [niː] **n** genou
He was up to his knees in water. L'eau lui arrivait jusqu'aux genoux.

kneel [niːl] **vi** s'agenouiller*, se mettre à genoux
Le verbe "to kneel" peut être soit régulier : kneel, kneeled, kneeled ; soit irrégulier : kneel [niːl], knelt [nelt], knelt [nelt].

He **knelt** at the top of the cliff.

Il s'est **agenouillé** en haut de la falaise.

knew → **know**

knickers ['nɪkəz] **n pl Br** culotte
Her knickers were drying on the line. Sa culotte séchait sur un fil.
Attention, "knickers" est toujours suivi d'un verbe au pluriel.

knife [naɪf] (**pl**: knives) **n** couteau*
I need a sharp knife. J'ai besoin d'un couteau qui coupe bien.

This **knife** has already been used to take scalps!

— Ce **couteau** a déjà servi à scalper !

knight [naɪt]
● **n** chevalier
● **vt** faire chevalier
He was knighted by Queen Victoria. Il a été fait chevalier par la reine Victoria.

He **kissed** her hand.

Il lui **baisa** la main.

knit

knit [nɪt] **vi, vt** tricoter*

– Are you bored?
– Not at all, I love **knitting**!

– Vous vous ennuyez ?
– Pas du tout, j'adore **tricoter** !

knives → **knife**

knock [nɒk]
- **vt** cogner*, frapper
- **vi** frapper

He knocked at the door. Il a frappé à la porte.
- **n** coup

He got a nasty knock on the head. Il a reçu un méchant coup à la tête.

Oh, you've **knocked** your head!
What an idiot!

– Oh, tu t'es **cogné** la tête !
– Quel idiot !

- **knock down vt**
1. renverser
She was almost knocked down by the stagecoach. Elle a failli se faire renverser par la diligence.
2. démolir
They've knocked all the old buildings down. Ils ont démoli tous les vieux bâtiments.
"Knock down" est séparable.

- **knock out vt**
1. assommer, mettre K.-O.
Lucky Luke knocked him out with a blow to the chin. Lucky Luke l'a assommé d'un coup au menton.
2. éliminer
They were knocked out by the French team in the second round. Ils ont été éliminés par l'équipe française au deuxième tour.
"Knock out" est séparable.

- **knock over vt** renverser
Averell knocked Ma Dalton's favourite vase over. Averell a renversé le vase préféré de Ma Dalton.
"Knock over" est séparable.

knot [nɒt] **n** nœud
He tied a knot in the end of the string. Il a fait un nœud au bout de la ficelle.

know [nəʊ], **knew** [njuː], **known** [nəʊn]
- **vt**
1. savoir*

Who are you talking about? I don't **know** who you're talking about!

– De qui parlez-vous ?
Je ne **sais** pas de qui vous parlez !

2. connaître
Do you know Lucky Luke? Est-ce que vous connaissez Lucky Luke ?
- **vi** savoir
Idiom
Not that I know of. Pas que je sache.
- **know about vt** être au courant de
Lucky Luke knew about their plans. Lucky Luke était au courant de leurs projets.
"Know about" est inséparable.

know-how ['nəʊhaʊ] **n** savoir-faire
They haven't got the know-how to do the job properly. Il n'ont pas le savoir-faire pour effectuer ce travail comme il faut.

knowledge ['nɒlɪdʒ] **n** connaissance(s)
The job requires knowledge of at least one foreign language. Le poste nécessite la connaissance d'au moins une langue étrangère.

Koran [kɒˈrɑːn] **n**
The Koran. Le Coran.

L

label [ˈleɪbəl]
- **n** étiquette
According to the label, the crate contains dynamite. Selon l'étiquette, la caisse contient de la dynamite.
- **vt** étiqueter

labour [ˈleɪbəʳ] (**Am:** labor)
- **n**
1. travail
The Daltons were sentenced to five years hard labour. Les Dalton ont été condamnés à cinq ans de travaux forcés.
2. main-d'œuvre
There's a shortage of skilled labour. Il y a un manque de main-d'œuvre qualifiée.
- **adj** travailliste
The Labour Party. Le parti travailliste.
- **vi** travailler dur, peiner
I've been labouring over this translation for hours. Je peine sur cette traduction depuis des heures.
- **Labor Day Am** fête du Travail (voir page 54-55)

lace [leɪs]
- **n**
1. lacet
Your laces are undone. Tes lacets sont défaits.
2. dentelle*
- **vt** lacer
He stopped to lace his shoe. Il s'est arrêté pour lacer sa chaussure.

lack [læk]
- **n** manque
They failed through lack of experience. Ils ont échoué par manque d'expérience.
- **vt** manquer de
We lack good horses here. Nous manquons de bons chevaux ici.
- **vi** manquer
Good restaurants are sadly lacking in this town. Ce qui manque dans cette ville, ce sont les bons restaurants.

ladder [ˈlædəʳ] **n**
1. échelle
The Daltons climbed the ladder to get through the window. Les Dalton ont grimpé à l'échelle pour passer par la fenêtre.
2. maille filée
You've got a ladder in your tights. Ton collant est filé.

— Look what's happened to my *lace* dress!
— Don't worry, Calamity! Don't worry!
— Regardez ce qui est arrivé à ma robe en *dentelle* !
— Ne vous inquiétez pas, Calamity ! Ne vous inquiétez pas !

lady [ˈleɪdɪ] (**pl:** ladies) **n**
1. dame*

I've been told how *ladies* ought to behave but I don't remember.
— On m'a dit comment les *dames* doivent se comporter, mais je ne m'en souviens plus.

Don't use that language in front of a lady! N'utilisez pas ce langage devant une dame !
2. *Idiom* **the ladies** (**Am:** the ladies' room) les toilettes pour dames
Excuse me, where's the ladies, please? Excusez-moi, où sont les toilettes pour dames, s'il vous plaît ?

laid → lay

lain → lie

lake [leɪk] **n** lac
Lucky Luke was attacked by Indians while swimming in a lake. Lucky Luke a été attaqué par des Indiens pendant qu'il se baignait dans un lac.

lamb

lamb [læm] **n** agneau
We had roast lamb for lunch. Nous avons mangé de l'agneau rôti au déjeuner.

lamp [læmp] **n** lampe
He lit the paraffin lamp. Il a allumé la lampe à pétrole.

lamppost ['læmppəʊst] **n** réverbère*

> They used **lampposts** and totem poles to attach the telegraph wires.

> Ils ont utilisé des **réverbères** et des totems pour accrocher le fil du télégraphe.

land [lænd]
✲ **n**
1. terre
It's a relief to be back on dry land! C'est un soulagement d'être de retour sur la terre ferme !
2. terres, terrain
All this land belongs to the same ranch. Toutes ces terres appartiennent au même ranch.
3. pays
Visitors from foreign lands. Des visiteurs venus de pays étrangers.
✲ **vi**
1. atterrir
The plane landed two hours late. L'avion a atterri avec deux heures de retard.
2. tomber
The apple landed on his head. La pomme lui est tombée sur la tête.
• **land up vi** finir, atterrir
How did you land up in Dry Gulch? Comment avez-vous atterri à Dry Gulch ?

landing ['lændɪŋ] **n**
1. palier
The bathroom is on the landing. La salle de bains donne sur le palier.
2. débarquement
The Normandy Landings. Le débarquement de Normandie.
3. atterrissage
The pilot was preparing for landing. Le pilote préparait l'atterrissage.
• **landing card** carte de débarquement

landlady ['lænd‚leɪdɪ] **nf**
1. propriétaire
She's a pub landlady. Elle est propriétaire d'un pub.
2. logeuse
His landlady cooks for him. Sa logeuse lui fait la cuisine.

landlord ['lændlɔːd] **nm** propriétaire
The landlord came to collect the rent. Le propriétaire est venu chercher le loyer.

landscape ['lændskeɪp] **n** paysage
The landscape around here is magnificent! Le paysage par ici est magnifique !

lane [leɪn] **n**
1. chemin
A narrow lane leads to the farm. Un chemin étroit mène à la ferme.
2. voie, file
Stay in the right-hand lane. Restez sur la file de droite.

language ['læŋgwɪdʒ] **n**
1. langue
She has a degree in modern languages. Elle a une licence en langues vivantes.
2. langage*
(voir encadré ci-contre)

large [lɑːdʒ] **adj**
1. grand
They work on a large ranch near here. Ils travaillent dans un grand ranch près d'ici.
2. gros
He was smoking a large cigar. Il fumait un gros cigare.
• **at large**
1. dans son ensemble
The population at large is in favour of the measures. La population dans son ensemble est favorable aux mesures.
2. en liberté
I don't feel safe with the Daltons at large. Je ne me sens pas en sécurité en sachant les Dalton en liberté.
• **by and large** dans l'ensemble

lark [lɑːk] **n**
1. alouette
2. **informal** blague, (partie de) rigolade
They dressed up as Indians for a lark. Ils se sont déguisés en Indiens pour rigoler.

last [lɑːst]
✲ **adj** dernier
This is the last inn before the Black Mountains. Ceci est la dernière auberge avant les montagnes Noires.
They left last month/last year. Ils sont partis le mois dernier/l'année dernière.
✲ **adv**
1. pour la dernière fois
When did you last see the Daltons? Quand avez-vous vu les Dalton pour la dernière fois ?
2. (en) dernier
The horse that arrived last. Le cheval qui est arrivé dernier.
✲ **pron**
1. dernier
As usual, the last to arrive was Rin Tin Can. Comme d'habitude, le dernier arrivé était Ran Tan Plan.

> And every time you use such **language**, I'll wash your mouth out with soap and water!

> – Et chaque fois que tu utiliseras un **langage** pareil, je te laverai la bouche avec du savon !

later

2. *Idiom* **the month/the year before last** il y a deux mois/ans
3. *Idiom* **at last** enfin
The cavalry arrived at last. La cavalerie est enfin arrivée.
◎ **vi**
1. durer
The meeting lasted for three hours. La réunion a duré trois heures.
2. se conserver
It'll last for a week in the refrigerator. Cela se conservera une semaine au réfrigérateur.
• **last name** nom de famille

late [leɪt]
◎ **adj**
1. en retard
Quick, you'll be late for school! Vite, tu vas être en retard à l'école !
2. tard*
It's getting late, I'd better be off. Il se fait tard, il vaut mieux que je m'en aille.
In the late evening. Tard dans la soirée.

In the late 1990s. À la fin des années 1990.
3. dernier
We caught the late train. Nous avons pris le dernier train.
4. feu, défunt
Her late husband. Son défunt mari.
◎ **adv**
1. en retard
The postman came late this morning. Le facteur est passé en retard ce matin.
The train arrived one hour late. Le train est arrivé avec une heure de retard.
2. tard
We usually get up late on Sundays. Nous nous levons tard le dimanche.

lately [ˈleɪtlɪ] adv récemment, dernièrement
Have you seen Pamela lately? As-tu vu Pamela récemment ?

later [ˈleɪtəʳ]
◎ **adj** ultérieur, postérieur

The mistake was corrected in later editions. L'erreur a été corrigée dans les éditions ultérieures.
◎ **adv** plus tard
See you later! À plus tard !
• **later on** plus tard

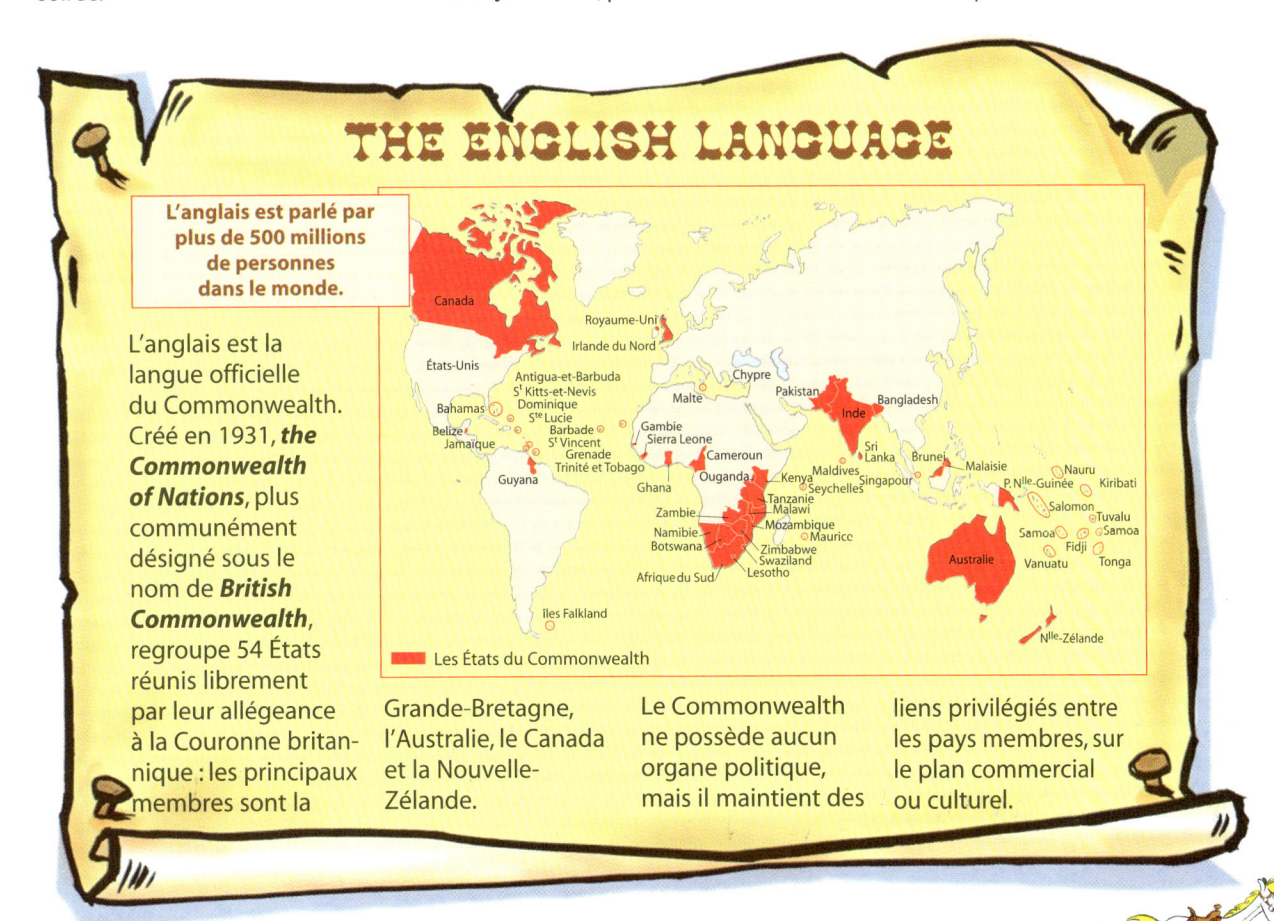

THE ENGLISH LANGUAGE

L'anglais est parlé par plus de 500 millions de personnes dans le monde.

L'anglais est la langue officielle du Commonwealth. Créé en 1931, **the Commonwealth of Nations**, plus communément désigné sous le nom de **British Commonwealth**, regroupe 54 États réunis librement par leur allégeance à la Couronne britannique : les principaux membres sont la Grande-Bretagne, l'Australie, le Canada et la Nouvelle-Zélande. Le Commonwealth ne possède aucun organe politique, mais il maintient des liens privilégiés entre les pays membres, sur le plan commercial ou culturel.

latest

We'll discuss that later on. Nous en discuterons plus tard.

latest [ˈleɪtɪst] **adj**
1. dernier
Have you seen the latest edition of the paper? Avez-vous vu la dernière édition du journal ?
2. *Idiom* **at the latest** au plus tard

Latin [ˈlætɪn] **adj, n** latin
Attention, l'anglais prend toujours une majuscule.

laugh [lɑːf]
✪ **vi** rire*

What could have made them laugh like that?
Qu'est-ce qui a bien pu les faire *rire* comme cela ?

Everybody in the saloon burst out laughing. Tout le monde dans le saloon a éclaté de rire.
✪ **n**
1. rire
She has a wonderful laugh. Elle a un très joli rire.
2. *Idiom* **for a laugh** pour rire
We did it for a laugh. Nous l'avons fait pour rire.
• **laugh at vt** se moquer de
They laughed at Rin Tin Can. Ils se sont moqués de Ran Tan Plan.
"Laugh at" est inséparable.

laughter [ˈlɑːftəʳ] **n** rire(s)
He heard laughter coming from the saloon. Il a entendu des rires qui venaient du saloon.

launch [lɔːntʃ]
✪ **vt** lancer
The satellite was launched yesterday. Le satellite a été lancé hier.
✪ **n** lancement
The launch of a new perfume. Le lancement d'un nouveau parfum.

launderette [lɔːndəˈret] **n** laverie automatique

laundry [ˈlɔːndrɪ] **n**
1. blanchisserie
2. linge
He's doing his laundry. Il lave son linge.

law [lɔː] **n**
1. loi
Too many people in this town break the law. Trop de gens dans cette ville enfreignent la loi.
2. droit
She studied law at university. Elle a fait des études de droit à la fac.
3. *Idiom* **law and order** l'ordre public

lawn [lɔːn] **n** gazon
I should mow the lawn. Je devrais tondre le gazon.
• **lawn tennis** tennis sur gazon

lawyer [ˈlɔːjəʳ] **n** avocat

lay [leɪ], **laid** [leɪd], **laid** [leɪd] **vt**
1. pondre
The hens have laid three eggs. Les poules ont pondu trois œufs.
2. mettre, poser
She laid her hand on mine. Elle a posé sa main sur la mienne.
To lay the table. Mettre la table.
• **lay down vt**
1. déposer
He laid his revolver down on the table. Il a déposé son revolver sur la table.
2. imposer, stipuler
It's laid down in the rules that you can't do that. Le règlement stipule qu'on ne peut pas faire cela.
"Lay down" est séparable.
• **lay off vt** licencier
The boss had to lay off half his staff. Le patron a été obligé de licencier la moitié de ses employés.
"Lay off" est séparable.
• **lay on vt Br** organiser*
"Lay on" est séparable.

They laid a big feast on for Lucky Luke.
Ils ont *organisé* un grand festin pour Lucky Luke.

lean

It was not a job for lazy people.

Ce n'était pas un travail pour les paresseux.

• **lay out** **vt** disposer
He laid his tools out on the bench. Il a disposé ses outils sur l'établi.
"Lay out" est séparable.

lazy [ˈleɪzɪ] **adj** paresseux*

lead [liːd], **led** [led], **led** [led]
✺ **vt**
1. mener, conduire
I'll lead you to your rooms. Je vais vous conduire à vos chambres.
2. mener, être à la tête de
Jolly Jumper was easily leading the other horses. Jolly Jumper menait facilement les autres chevaux.
3. diriger, être à la tête de
At the time, it was the only political party led by a woman. À l'époque, c'était le seul parti politique dirigé par une femme.
4. pousser, inciter
What leads you to think that the Daltons are involved? Qu'est-ce qui vous incite à penser que les Dalton sont impliqués ?
5. mener, vivre
He led an adventurous life. Il a mené une vie pleine d'aventures.
✺ **vi**
1. mener, conduire
This path leads to the ranch. Ce chemin mène au ranch.
2. mener, être en tête
We're leading by three goals to two. Nous menons par trois buts à deux.
3. aboutir, mener
Such a policy is bound to lead to defeat. Une telle politique aboutira sûrement à la défaite.
✺ **n**
1. avance
He had a lead of more than 30 seconds over the other runners. Il avait une avance de plus de 30 secondes sur les autres coureurs.
2. *Idiom* **to take the lead** prendre l'initiative
3. *Idiom* **to be in the lead** être en tête
Jolly Jumper is still in the lead. Jolly Jumper est toujours en tête.
4. piste
The police have no leads. La police n'a aucune piste.
5. (**Am:** leash) laisse
Dogs must be kept on a lead. Les chiens doivent être tenus en laisse.

lead [led] **n**
1. plomb
Lead-free petrol. Essence sans plomb.
2. mine
He broke the lead of his pencil. Il a cassé la mine de son crayon.

leader [ˈliːdəʳ] **n**
1. chef, dirigeant(e), leader
The leader of the Socialist Party. Le leader du parti socialiste.
2. premier(ère)
He was still among the leaders at the start of the last lap. Il figurait toujours parmi les premiers au début du dernier tour.

leadership [ˈliːdəʃɪp] **n**
1. direction, dirigeants
His nomination to the leadership of the party. Sa nomination à la direction du parti.
The rank and file are in disagreement with the leadership. La base est en désaccord avec les dirigeants.
2. qualités de chef/de leader
We arrived safely thanks to the leadership of Lucky Luke. Nous sommes arrivés sains et saufs grâce aux qualités de chef de Lucky Luke.

leaf [liːf] (**pl:** leaves) **n**
1. feuille
It's a large plant with bright red leaves. C'est une grande plante avec des feuilles rouge vif.
2. feuille, page
She tore a leaf out of her notebook. Elle arracha une feuille de son carnet.

leaflet [ˈliːflɪt] **n** prospectus
Doctor Doxey handed out leaflets advertising his medicine. Le docteur Doxey a distribué des prospectus vantant son médicament.

leak [liːk]
✺ **vi** fuir*
✺ **n** fuite

– Oh non, ça fuit !

lean [liːn]
Le verbe "to lean" peut être soit régulier : lean, leaned, leaned ; soit irrégulier : lean, leant [lent], leant [lent].
✺ **vi**
1. s'appuyer
I found Calamity Jane in the saloon, leaning on the bar. J'ai trouvé Calamity Jane au saloon, appuyée contre le comptoir.

leap

2. se pencher
She leant out of the window. Elle s'est penchée par la fenêtre.
● **vt** appuyer
He leaned his bike against the wall. Il appuya son vélo contre le mur.
● **adj**
1. mince
He's tall and lean. Il est grand et mince.
2. maigre
This is nice lean meat. C'est de la viande bien maigre.
3. difficile, mauvais
The farmers had a lean year. Les fermiers ont passé une année difficile.

leap [liːp]
Le verbe "to leap" peut être soit régulier : leap, leaped, leaped ; soit irrégulier : leap, leapt [lept], leapt [lept].
● **vi** bondir
She leapt through the window. Elle a bondi par la fenêtre.
● **n** bond
He was across the room in one leap. Il a traversé la pièce d'un seul bond.
• **leap year** année bissextile

learn [lɜːn] **vt** apprendre*
Le verbe "to learn" peut être soit régulier : learn, learned, learned ; soit irrégulier : learn, learnt [lɜːnt], learnt [lɜːnt].

least [liːst]
● **adj** moindre
I haven't the least idea. Je n'en ai pas la moindre idée.
● **adv** le moins
It's the least interesting book I've read in years. C'est le livre le moins intéressant que j'aie lu depuis des années.
● **pron**
1. moins
Joe ate the least. C'est Joe qui a le moins mangé.
2. moindre
The Indians are the least of our worries. Les Indiens sont le moindre de nos soucis.
3. *Idiom* **not in the least** pas du tout

leather [ˈleðəʳ] **n** cuir
He was wearing a leather jacket. Il portait un blouson de cuir.

leave [liːv], **left** [left], **left** [left]
● **vt**
1. laisser*
He left the barman a tip. Il a laissé un pourboire au barman.
2. quitter
His wife has left him. Sa femme l'a quitté.
3. laisser, léguer
She left all her money to her niece. Elle a légué tout son argent à sa nièce.
● **vi** partir
The stagecoach leaves at noon. La diligence part à midi.
● **n**
1. congé
She's on maternity leave. Elle est en congé de maternité.
2. permission
The corporal is on leave. Le caporal est en permission.
• **leave behind vt**
1. laisser, abandonner
He didn't want to leave his wife and children behind. Il ne voulait pas abandonner sa femme et ses enfants.
2. laisser, oublier
I left my umbrella behind at the office. J'ai oublié mon parapluie au bureau.
"Leave behind" est séparable.
• **leave out vt** omettre, sauter
You've left a word out. Tu as sauté un mot.
"Leave out" est séparable.

lecture [ˈlektʃəʳ] **n**
1. conférence
She will be giving a lecture on the wild flowers of the West. Elle va donner une conférence sur les fleurs sauvages de l'Ouest.
2. cours (d'université)
I missed my French history lecture. J'ai manqué le cours d'histoire de France.

led → **lead**

leek [liːk] **n** poireau

left [left]
● → **leave**
● **adj**

— *Leave him alone, he's very irritable!*
— *Laisse-le tranquille, il est très irritable !*

— *Hey, you learn fast!*
— *Do you think so?*
— *Dites donc, vous apprenez vite !*
— *Vous trouvez ?*

less

That way!
You stupid fool, I said left!
That way!

– Par là !
– Espèce d'idiot, j'ai dit **à gauche** ! – Par là !

1. gauche
He fired with his left hand. Il a tiré de la main gauche.
2. qui reste
Is there any cake left? Est-ce qu'il reste du gâteau ?
○ **adv** à gauche*
Turn left at the end of the main street. Tournez à gauche au bout de la rue principale.
○ **n** gauche
The sheriff's office is on your left. Le bureau du shérif est sur votre gauche.
• **left luggage Br** consigne

left-hand [ˌleftˈhænd] **adj** gauche, de gauche
Keep to the left-hand side of the road. Restez sur le côté gauche de la route.

left-handed [ˌleftˈhændɪd] **adj** gaucher

leg [leg] **n**
1. jambe*
The bullet hit him in the leg. La balle l'a atteint à la jambe.
2. patte
Rin Tin Can hurt his leg. Ran Tan Plan s'est blessé à la patte.
3. pied
He sawed the table legs in half. Il a scié en deux les pieds de la table.
4. gigot, cuisse

Leg of lamb. Gigot d'agneau.
Chicken legs. Cuisses de poulet.

legend [ˈledʒənd] **n** légende

leisure [ˈleʒəʳ] **n** loisir
What do you do in your leisure time? Que faites-vous pendant vos loisirs ?

lemon [ˈlemən] **n** citron
Add a dash of lemon juice. Ajouter un filet de citron.

lemonade [leməˈneɪd] **n** limonade

But there's no room for my legs!
???

– Mais il n'y a pas de place pour mes **jambes** !

lend [lend], **lent** [lent], **lent** [lent] **vt**
1. prêter*

Lend me your revolver!

– **Prêtez**-moi votre revolver !

2. *Idiom* **to lend somebody a hand** donner un coup de main à quelqu'un

length [leŋθ] **n**
1. longueur
What is the length of the room? Quelle est la longueur de la pièce ?
It's about two metres in length. Ça fait à peu près deux mètres de long.
2. durée
She never stopped complaining during the entire length of the journey. Elle n'a pas arrêté de se plaindre pendant toute la durée du voyage.

lens [lenz] **n**
1. objectif
The picture was taken with a telephoto lens. La photo a été prise au téléobjectif.
2. verre
He wears glasses with thick lenses. Il porte des lunettes aux verres épais.
3. lentille
Contact lenses. Lentilles de contact.

lent → **lend**

leopard [ˈlepəd] **n** léopard

less [les]
○ **adj** moins de
They earn less money than before. Ils gagnent moins d'argent qu'avant.
○ **pron** moins
I'll be back in less than half an hour. Je serai de retour dans moins d'une demi-heure.

lesson

✪ **adv** moins
I haven't got time for less important problems. Je n'ai pas le temps de m'occuper de problèmes moins importants.

lesson [ˈlesn] **n**
1. cours
He missed the geography lesson. Il a manqué le cours de géographie.
2. leçon
Let that be a lesson to you, Joe Dalton! Que cela te serve de leçon, Joe Dalton !

let [let], **let** [let], **let** [let]
✪ **vt**
1. laisser
Let me carry that bag for you. Laissez-moi porter votre sac.
The sheriff had to let them go. Le shérif a dû les laisser partir.
2. louer
Rooms to let. Chambres à louer.
3. *Idiom* **to let go of** lâcher
Let go of my leg! Lâche ma jambe !
✪ **v auxiliaire**
"Let's" sert à former l'impératif à la première personne du pluriel*.
Let's have a game of poker. Faisons une partie de poker.
Don't let's stay here too long. Ne restons pas trop longtemps ici.
(voir encadré ci-contre)

• **let down** **vt** laisser tomber
He let me down at the last minute. Il m'a laissé tomber à la dernière minute.
"Let down" est séparable.

• **let in** **vt** laisser entrer
She opened the door to let them in. Elle a ouvert la porte pour les laisser entrer.
"Let in" est séparable.

• **let off** **vt**
1. dispenser de
Our teacher let us off homework for once. Pour une fois, notre professeur nous a dispensés de devoirs.
2. ne pas punir
The judge decided to let him off since it was his first offence. Le juge a décidé de ne pas le punir, étant donné que c'était son premier délit.
3. tirer des coups de
The desperados came into town letting off their rifles. Les desperados sont entrés en ville en tirant des coups de fusil.
"Let off" est séparable.

• **let out** **vt**
1. laisser sortir
Who let the cat out? Qui a laissé sortir le chat ?
2. laisser échapper
She let out a scream. Elle a laissé échapper un cri.
"Let out" est séparable.

LES PHRASES IMPÉRATIVES

◆ À la deuxième personne du singulier et du pluriel, on forme l'impératif avec **le verbe à l'infinitif sans *to***.

• **Forme affirmative** :
Give me the key: donne(z)-moi la clé.
Close the door: ferme(z) la porte.

• **Forme négative** : le verbe à l'infinitif est alors précédé de ***don't***.
Don't move: ne bouge(z) pas.
Don't walk on the grass: ne marche(z) pas sur l'herbe.

◆ À la première personne du pluriel, l'impératif se construit avec ***let* + *us*** (souvent contracté en ***let's***) **+ infinitif sans *to***.
Let's go now: allons-y maintenant.
Let's sit down: asseyons-nous.

Les phrases avec ***let*** n'expriment pas vraiment des ordres, mais plutôt des suggestions ou des propositions.

Let's get ready for the train robbery while Lucky Luke cooks lunch.

— *Préparons-nous* pour l'attaque du train pendant que Lucky Luke fait le déjeuner.

letterbox

letter [ˈletər] n
1. lettre*
There are 26 letters in the alphabet.
Il y a 26 lettres dans l'alphabet.

2. lettre (voir encadré ci-dessous)

letterbox [ˈletərbɒks] (**Am:** mailbox) n boîte aux lettres

– C'est quoi cette **lettre** ?
– C'est un G...

– Je vous em**g**rasse **g**ien fort.
– Tu es sûr que c'est un **G** ?

LETTERS

◆ Dans les lettres officielles.

- Quand on connaît le nom du destinataire, on le mentionne :
  Dear Mr Dalton
- Si on ne connaît pas le nom du destinataire, on écrit :
  Dear Sir ou Dear Madam
- La formule française "**Dans l'attente de vous lire**" s'écrit en anglais :
  I look forward to hearing from you
- La formule finale française "**Je vous prie d'agréer, Monsieur, Madame, mes salutations distinguées**" se traduit par :
  Yours faithfully ou Yours sincerely

◆ Dans les lettres aux amis.

- On peut commencer par :
  Cher Joe : Dear Joe
  Mon très cher Joe : Dearest Joe
  Mon Joe chéri : My darling Joe
- On peut terminer par :
  À bientôt : Keep in touch and take care
  Amicalement : Best wishes
  Amitiés : All the best
  Je t'embrasse : Love from/With love from
  Grosses bises : Love

Mr Dalton
114 Main Street
Daisy Town, USA
20th November 1960

Dear Mr Dalton,
I just wanted to tell you that you will soon be in prison.
Yours faithfully,
The sheriff

Joe Dalton
Daisy Town Prison,
USA
20th December 1960

My darling Joe,
When are you coming back from prison?
Love from
Lulu

lettuce

lettuce [ˈletɪs] **n** laitue, salade

level [ˈlevəl]
- **n** niveau*

That way, even if the water level rises...

— Comme ça, même si le **niveau** de l'eau monte...

We have courses at all levels. Nous avons des cours de tous niveaux.
- **adj**
1. plat
The floor isn't level. Le plancher n'est pas plat.
2. à la même hauteur
The top of the box was about level with my shoulders. Le haut de la boîte était à peu près à la même hauteur que mes épaules.
3. à égalité
The two teams were level at half time. Les deux équipes étaient à égalité à la mi-temps.
• **level crossing** passage à niveau

liar [ˈlaɪəʳ] **n** menteur
He called Lucky Luke a liar. Il a traité Lucky Luke de menteur.

library [ˈlaɪbrərɪ] **n** bibliothèque
I borrowed two books from the library. J'ai emprunté deux livres à la bibliothèque.

licence [ˈlaɪsəns] (**Am:** license) **n** permis
Can I see your driving licence? Puis-je voir votre permis de conduire ?

lick [lɪk] **vt** lécher
Rin Tin Can licked his hand. Ran Tan Plan lui a léché la main.

lid [lɪd] **n** couvercle
Put the lid back on the saucepan. Remets le couvercle sur la casserole.

lie [laɪ]
Le verbe "to lie" est régulier dans le sens 3 (mentir) : lie, lied, lied. Dans les autres sens (se coucher, se trouver), il est irrégulier : lie, lay [leɪ], lain [leɪn].
- **vi**
1. se coucher, s'allonger
He lay on the sofa. Il s'est couché sur le canapé.
2. se trouver
The town lies in a valley. La ville se trouve dans une vallée.
3. mentir
You're lying, Billy the Kid, I saw you steal it! Tu mens, Billy the Kid, je t'ai vu le voler !
- **n** mensonge
You shouldn't tell lies. Tu ne devrais pas dire de mensonges.
• **lie down** **vi** se coucher, s'allonger
I think I'll go and lie down for a while. Je pense que je vais aller m'allonger un moment.

life [laɪf] (**pl:** lives) **n** vie*

I've never seen such a fine specimen in my life!

— Je n'ai jamais vu un aussi beau spécimen de ma **vie** !

Thank you, Lucky Luke, you saved our lives! Merci, Lucky Luke, vous nous avez sauvé la vie !
I don't want to stay in this town for life. Je ne veux pas passer toute ma vie dans cette ville.

lifebelt [ˈlaɪfbelt] **n** gilet de sauvetage

lift [lɪft]
- **n**
1. (**Am:** elevator) ascenseur
We took the lift up to the top floor. Nous avons pris l'ascenseur jusqu'au dernier étage.
2. (**Am:** ride) Se traduit par une expression.
He gave me a lift to the station. Il m'a amené à la gare en voiture.
Can I give you a lift? Est-ce que je peux vous déposer quelque part ?
He hitched a lift to Denver. Il est allé en auto-stop à Denver.
- **vt** soulever, lever
Help me to lift this crate. Aidez-moi à soulever cette caisse.
- **vi** se lever
The fog began to lift. Le brouillard a commencé à se lever.

light [laɪt]
- **adj**
1. clair
She's the one in the light blue dress. C'est celle qui porte une robe bleu clair.
What time does it get light? À quelle heure est-ce qu'il fait jour ?
2. léger
Her suitcase was not very light. Sa valise n'était pas très légère.
They ate a light meal. Ils ont pris un repas léger.
- **n**
1. lumière
There was just enough light to read by. Il y avait juste assez de lumière pour lire.
Look, there's a light on in there! Regarde, il y a une lumière allumée à l'intérieur !
2. lampe
A neon light. Une lampe au néon.
3. feu
Have you got a light? Avez-vous du feu ?
- **vt**
Le verbe "to light" peut être soit régulier : light, lighted, lighted ; soit irrégulier : light, lit [lɪt], lit [lɪt]. Toutefois, la forme irrégulière est la plus courante.
1. allumer
The Indians have lit a fire. Les Indiens ont allumé un feu.
2. éclairer
The saloon was lit by paraffin

lamps. Le saloon était éclairé par des lampes à pétrole.
- **light up vi** s'éclairer
Her face lit up when she saw Lucky Luke. Son visage s'est éclairé quand elle a vu Lucky Luke.

lighthouse [ˈlaɪthaʊs] **n** phare
There's a lighthouse at the entrance to the bay. Il y a un phare à l'entrée de la baie.

lighter [ˈlaɪtəʳ] **n** briquet

lightning [ˈlaɪtnɪŋ] **n** éclair
There was a flash of lightning. Il y a eu un éclair.

like [laɪk]
✲ **vt**
1. aimer
Do you like my new hat? Est-ce que tu aimes mon nouveau chapeau ?
2. Dans les phrases conditionnelles qui expriment un souhait : vouloir
Would you like another cup of coffee? Voudriez-vous une autre tasse de café ?
I'd like a ticket to London. Je voudrais un billet pour Londres.
✲ **prep**
1. comme
We're not afraid of desperados like them! On n'a pas peur de desperados comme eux !
2. Se traduit par une expression.
She looks like her sister. Elle ressemble à sa sœur.
– Who's that? – It looks like Averell. – Qui est-ce ? – On dirait Averell.

It smells like fish. À l'odeur, on dirait du poisson.

likely [ˈlaɪklɪ] **adj**
1. probable
The likely outcome of the duel. Le résultat probable du duel.
The stagecoach is likely to be late. La diligence sera probablement en retard.
2. prometteur
She's the most likely candidate. C'est la candidate la plus prometteuse.
3. *Idiom* **a likely story!** à d'autres !

lilac [ˈlaɪlək] **n** lilas

lily [ˈlɪlɪ] **n** lis
- **lily of the valley** muguet

lime [laɪm] **n**
1. citron vert
Add a dash of lime. Ajoutez un filet de citron vert.
2. tilleul
The avenue is lined with limes. L'avenue est bordée de tilleuls.

limit [ˈlɪmɪt]
✲ **n**
1. limite
The limits of the Indian territory. Les limites du territoire indien.
2. limitation
Speed limit. Limitation de vitesse.
✲ **vt** limiter

limited [ˈlɪmɪtɪd] **adj** limité, restreint

There are only a limited number of things to do in this town. Il n'y a pas grand-chose à faire dans cette ville.
- **limited company Br** société anonyme

line [laɪn]
✲ **n**
1. ligne, trait
Use your rules to draw a nice straight line. Utilise ta règle pour tirer une ligne bien droite.
2. ligne
A telephone/railway line. Une ligne téléphonique/de chemin de fer.
Hold the line. Ne quittez pas.
3. file, queue*
4. vers
The first line of the poem. Le premier vers du poème.
5. (petit) mot
I'll drop you a line. Je vous écrirai un petit mot.
6. fil, corde
She hung the washing on the line. Elle a accroché le linge sur la corde.
7. ride
He has deep lines on his face. Son visage est creusé de rides profondes.
8. gamme, ligne
A new line of menswear. Une nouvelle ligne de vêtements pour hommes.
✲ **vt**
1. doubler
Her coat is lined with satin. Son manteau est doublé de satin.

There was a long line.
Take your turn, there'll be enough for everybody!

La **queue** était longue.
– Chacun son tour, il y en aura pour tout le monde !

linen

2. border
An avenue lined with pine trees. Une avenue bordée de pins.
• **line up** vi s'aligner, se mettre en ligne
They all lined up behind him. Ils se sont tous alignés derrière lui.

linen [ˈlɪnɪn] n
1. linge
Put it in the linen cupboard. Mettez-le dans l'armoire à linge.
2. lin
He was wearing a linen suit. Il portait un costume en lin.

link [lɪŋk]
✪ n
1. maillon
The links of a chain. Les maillons d'une chaîne.
2. lien
I'm sure that there's a link between these robberies. Je suis sûr qu'il y a un lien entre ces vols.
✪ vt relier
The town will soon be linked with Denver by rail. La ville sera bientôt reliée à Denver par le chemin de fer.

lion [ˈlaɪən] n lion*

– Viens avec moi ! Les gens ont toujours peur des **lions**, tu sais.

lip [lɪp] n lèvre
She kissed him on the lips. Elle l'a embrassé sur les lèvres.

lipstick [ˈlɪpstɪk] n rouge à lèvres

list [lɪst]
✪ n liste
Your name's not on the list. Votre nom n'est pas sur la liste.
✪ vt énumérer
The judge listed their crimes. Le juge a énuméré leurs délits.

listen [ˈlɪsn] vi écouter*

– Et maintenant, **écoutez**-moi !

lit → light

liter → litre

literature [ˈlɪtərɪtʃər] n littérature
(voir page ci-contre)

litre [ˈliːtər] (Am: liter) n litre
Add two litres of water. Ajoutez deux litres d'eau.

litter [ˈlɪtər] n
1. détritus, ordures
The streets are full of litter. Les rues sont pleines de détritus.
The litter was scattered all over the street. Les ordures étaient répandues dans la rue.
Dans ce sens, "litter" est toujours suivi d'un verbe au singulier.
2. portée
A litter of six puppies. Une portée de six chiots.
• **litter bin** Br poubelle

little [ˈlɪtl]
✪ adj
1. petit*
2. peu de
I have little time. J'ai peu de temps.
I have a little time. J'ai un peu de temps.
✪ pron peu
I see very little of him. Je le vois très peu.
– Would you like some more coffee? – Just a little. – Voudriez-vous encore du café ? – Juste un peu.
✪ adv peu, pas beaucoup
She eats very little. Elle mange très peu.
• **a little** un peu
Jolly Jumper was a little tired. Jolly Jumper était un peu fatigué.

live
Le verbe se prononce [lɪv], l'adjectif [laɪv].
✪ vi
1. vivre
He lived more than three centuries ago. Il a vécu il y a plus de trois siècles.
2. habiter, vivre
How long have you lived in Dry Gulch? Depuis combien de temps habitez-vous à Dry Gulch ?
✪ vt vivre, mener
He certainly doesn't live a boring life! Il est certain qu'il ne mène pas une vie ennuyeuse !
✪ adj
1. vivant
A live lobster. Un homard vivant.
2. en direct
There's a live concert on television tonight. Il y a un concert en direct à la télévision ce soir.
3. public
They played a live concert in London. Ils ont donné un concert public à Londres.
4. sous tension
Be careful, those wires could be live. Fais attention, ces fils pourraient être sous tension.

– Mais Elliott, mais…
– Tais-toi !
C'était le **petit** garçon le plus méchant de la ville.

BRITISH AND AMERICAN LITERATURE

Petite promenade au cœur de la littérature anglaise (en rouge) et américaine (en vert)...

- Voyagez à Lilliput avec le *Gulliver* de **Jonathan Swift** (1667-1745), visitez l'île de *Robinson Crusoé* avec **Daniel Defoe** (1660-1731), explorez *Le Livre de la jungle* en compagnie de **Rudyard Kipling** (1865-1936) ou encore le monde enchanté d'*Alice au pays des merveilles* de **Lewis Carroll** (1832-1898). Chassez aussi la baleine avec *Moby Dick* d'**Herman Melville** (1819-1891) et voguez avec *Le Vieil Homme et la mer* d'**Ernest Hemingway** (1899-1961).

- Si vous préférez les monstres : *Dr Jekyll & Mr Hyde*, de **Stevenson** (1850-1894), vous fera frémir, tout comme le *Frankenstein* de **Mary Shelley** (1797-1851) ; quant au gentil *Bilbo le Hobbit* de **Tolkien** (1892-1973), il vous ouvrira les portes d'un autre univers, avant que vous ne soyez entraîné dans l'épopée fantastique du même auteur : *Le Seigneur des anneaux*.

- Les amateurs de science-fiction apprécieront *Le Meilleur des mondes* d'**Aldous Huxley** (1894-1963), ou *1984* de **George Orwell** (1903-1950).

- *Tom Sawyer* et *Huckleberry Finn*, de **Mark Twain** (1835-1910), vous feront découvrir l'Amérique, tout comme *La Case de l'oncle Tom* d'**Harriet Beecher-Stowe** (1811-1896).

- Laissez-vous transporter dans l'Angleterre du XIXᵉ siècle avec *David Copperfield* et *Oliver Twist* de **Charles Dickens** (1812-1870) ; rêvez d'histoire avec *Ivanhoé* de **Walter Scott** (1771-1832), et de sentiments avec *Jane Eyre* de **Charlotte Brontë** (1816-1855) ou *Les Hauts de Hurlevent* de sa sœur **Emily** (1818-1848). À moins que vous ne préfériez jouer les détectives comme l'Hercule Poirot d'**Agatha Christie** (1890-1976), ou le grand Sherlock Holmes d'**Arthur Conan Doyle** (1859-1930).

- Mais surtout, n'oubliez pas **William Shakespeare** (1564-1616), le maître incontesté. *Hamlet, Macbeth, Othello, Roméo et Juliette, Beaucoup de bruit pour rien*... Tragédies ou comédies, ses pièces de théâtre sont jouées dans le monde entier et vous ne pouvez ignorer les plus célèbres des citations extraites de ses œuvres.

"To be or not to be, that is the question."
Être ou ne pas être, là est la question.
Hamlet.

"My kingdom for a horse."
Mon royaume pour un cheval.   *Richard III.*

"We are such stuff as dreams are made on and our little life is rounded with a sleep."
Nous sommes de la même étoffe que les songes
Et notre vie intime est cernée de sommeil.
La Tempête.

*"[Life] is a tale
Told by an idiot,
full of sound and fury,
Signifying nothing."*
[La vie] est une histoire
dite par un idiot,
pleine de bruit
et de fureur,
et qui ne veut
rien dire.
Macbeth.

lively

- **live on** vt
1. vivre de
They live on fruit and fish. Ils vivent de fruits et de poissons.
2. vivre avec
I can't live on a salary like that. Je ne peux pas vivre avec un salaire comme ça.
"Live on" est inséparable.

lively [ˈlaɪvlɪ] adj
1. vif, plein de vie
He was a very lively child. C'était un enfant plein de vie.
2. animé
The town is very lively at night. La ville est très animée le soir.

liver [ˈlɪvər] n foie

lives → life

living [ˈlɪvɪŋ]
✪ n vie
I only do it to earn a living. Je le fais seulement pour gagner ma vie.
What do you do for a living? Que faites-vous dans la vie ?
✪ adj vivant
The greatest living composer. Le plus grand compositeur vivant.
- **living room** séjour, salon*

lizard [ˈlɪzəd] n lézard

load [ləʊd]
✪ n
1. chargement, charge
The train arrived with its load of gold. Le train est arrivé avec son chargement d'or.
2. *Idiom* informal **loads of** plein de
She's always got loads of things to do. Elle a toujours plein de choses à faire.
Loads of money. Plein d'argent.
✪ vt charger
They loaded their luggage onto the mules. Ils ont chargé leurs bagages sur les mulets.

loaf [ləʊf] (pl: loaves) n pain
Buy at least two loaves of bread. Achète au moins deux pains.

loan [ləʊn]
✪ n prêt
What interest rate do you pay on the loan? Quel taux d'intérêt payez-vous sur le prêt ?
✪ vt prêter
He loaned me his horse. Il m'a prêté son cheval.

loathe [ləʊð] vt détester, haïr
I loathe beans! Je déteste les haricots !

lobster [ˈlɒbstər] n homard

local [ˈləʊkəl] adj local*, du coin
He's the local undertaker. C'est le croque-mort du coin.

locate [ləˈkeɪt] vt
1. localiser, repérer
He's trying to locate the Daltons. Il essaie de localiser les Dalton.
2. situer
Where is the town located? Où est située la ville ?

lock [lɒk]
✪ n
1. serrure
She turned the key in the lock. Elle a tourné la clé dans la serrure.
2. écluse
The barge was waiting at the lock gate. La péniche attendait devant la porte de l'écluse.
3. mèche
He keeps a lock of her hair. Il garde une mèche de ses cheveux.
✪ vt, vi fermer à clé
He forgot to lock the safe. Il a oublié de fermer le coffre-fort à clé.
The door doesn't lock. La porte ne ferme pas à clé.

— Avez-vous lu le journal *local* ?

(Have you read the *local* paper?)

— Que pensez-vous de ce *salon* ?
— Disons qu'il a un charme... rustique.

(What do you think of this *living room*? / Let's say it has a certain... rustic charm.)

look

Grrrr!

*You don't seem to like being **locked** in!*

— On dirait que ça ne te plaît pas d'être **enfermé**!

• **lock in** vt enfermer (à clé)*
She forgot I was there and locked me in. Elle a oublié que j'étais là et elle m'a enfermé à clé.
"Lock in" est séparable.

• **lock out** vt enfermer dehors
I left my keys inside and locked myself out. J'ai laissé mes clés à l'intérieur et je me suis enfermé dehors.
"Lock out" est séparable.

• **lock up** vt
1. mettre sous clé
Don't forget to lock your valuables up when you go on holiday. N'oublie pas de mettre sous clé tes objets de valeur quand tu partiras en vacances.
2. enfermer, mettre sous les verrous
The Daltons should be locked up. On devrait mettre les Dalton sous les verrous.
"Lock up" est séparable.

locksmith [ˈlɒksmɪθ] n serrurier

log [lɒg] n bûche
Lucky Luke put a log on fire. Lucky Luke a mis une bûche dans le feu.

logo [ˈləʊgəʊ] n logo
They've changed the company logo. Ils ont changé le logo de la société.

London [ˈlʌndən] n Londres
Have you ever been to London? Es-tu déjà allé à Londres?
(voir page 164)

Londoner [ˈlʌndənər] n Londonien, Londonienne

lonely [ˈləʊnlɪ] adj
1. seul
If ever you feel lonely, give me a call. Appelle-moi si jamais tu te sens seul.
2. solitaire
A lonely horseman appeared on the horizon. Un cavalier solitaire apparut à l'horizon.
3. isolé
The village is very lonely in winter. Le village est très isolé en hiver.

lonesome [ˈləʊnsəm] adj Am
1. seul
Don't you ever get lonesome in the evenings? Tu ne te sens pas seul le soir?
2. solitaire*

*I'm a poor **lonesome** cowboy...*

— Je suis un pauvre cow-boy **solitaire**...

long [lɒŋ]
✪ adj
1. long
The main street is only a few hundred yards long. La rue principale ne fait que quelques centaines de mètres de long.
2. Idiom **it's a long way** c'est loin
✪ adv
1. longtemps
Stay here, I won't be long. Restez ici, je n'en ai pas pour longtemps.
Long ago, the only inhabitants here were Indians. Il y a longtemps, les seuls habitants ici étaient des Indiens.
2. "How long" se traduit par "combien de temps" ou "depuis combien de temps" selon le contexte.
How long have you lived in El Plomo? Depuis combien de temps habitez-vous à El Plomo?
How long did the fight last? Combien de temps la bagarre a-t-elle duré?
3. Idiom **as long as, so long as** pourvu que
You can come as long as you don't bring Rin Tin Can. Tu peux venir, pourvu que tu n'amènes pas Ran Tan Plan.
4. Idiom **So long!** Au revoir!
5. Idiom **no longer, not any longer** ne… plus
Be quiet, Averell! I can't stand it any longer! Tais-toi, Averell! Je n'en peux plus!
6. Idiom **before long** sous peu
✪ vi avoir très envie, mourir d'envie
I was longing for a nice cup of tea. Je mourais d'envie de boire une bonne tasse de thé.

• **long jump** saut en longueur

look [lʊk]
✪ n
1. regard
She gave me a curious look. Elle m'a lancé un regard curieux.
2. air
He didn't have the look of an outlaw. Il n'avait pas l'air d'un hors-la-loi.
3. Idiom **to have/to take a look at** regarder
✪ n pl beauté
She hasn't lost her looks. Elle n'a pas perdu sa beauté.

look

○ **vi**
1. regarder
Look, somebody's coming! Regardez, il y a quelqu'un qui arrive !
2. chercher
I can't find my revolver, I've looked everywhere. Je ne trouve pas mon revolver, j'ai cherché partout.
3. avoir l'air
He looks ill. Il a l'air malade.

• **look after** **vt** s'occuper de
I'll look after the dog while you're away. Je m'occuperai du chien pendant ton absence.
"Look after" est inséparable.

• **look at** **vt** regarder
What are they looking at? Qu'est-ce qu'ils regardent tous ?
"Look at" est inséparable.

• **look for** **vt** chercher
There you are! I've been looking for you for hours! Vous voilà ! Ça fait des heures que je vous cherche !
"Look for" est inséparable.

• **look forward to** **vt** attendre avec impatience
We're looking forward to the holidays. Nous attendons les vacances avec impatience.
"Look forward to" est inséparable.

• **look out** **vi**
1. faire attention
Look out, the Indians are coming back! Attention, les Indiens reviennent !
2. être à l'affût/à la recherche

LONDON

Installé dans un taxi noir, dont la taille fut étudiée pour qu'un gentleman puisse s'y asseoir sans ôter son haut-de-forme, la visite de Londres peut commencer.

La Tour de Londres (**the Tower of London**) est une forteresse qui servit de prison et qui renferme les joyaux de la couronne (**the Crown Jewels**). Bâtie près de la Tamise (**the Thames**) et de **Tower Bridge**, le pont célèbre qui se relève pour laisser passer les navires, elle est proche de la **City**, quartier des affaires où se dresse la monumentale cathédrale Saint-Paul.

En longeant la Tamise, on arrive aux **Houses of Parliament** (siège du parlement britannique) flanquées de la plus fameuse horloge du monde : **Big Ben** ; puis c'est **Westminster Abbey**, où tous les souverains anglais ont été couronnés depuis Guillaume le Conquérant.

Non loin, se trouve la résidence du Premier ministre au **10, Downing Street**, dans le quartier des ministères.

En empruntant **Pall Mall** (promenade qui doit son nom à une sorte de croquet qui était le jeu de prédilection du roi Charles II et de sa cour), il faut arriver à **Buckingham Palace** (le palais royal) au moment de la relève de la garde. Celle-ci a lieu tous les jours entre 11 heures et midi. Les sentinelles jusqu'alors impassibles sous leurs bonnets à poil présentent les armes et effectuent cette relève au pas cadencé.

Tout près, **Hyde Park** étend sa pelouse si chère aux Londoniens qui aiment s'y promener ou s'y reposer. Cet immense parc est traversé par la **Serpentine**, une rivière sur laquelle évoluent des cygnes que les citadins viennent nourrir à l'heure du lunch.

Retour au cœur de la ville par **Piccadilly Circus**, ses magasins, ses restaurants et ses enseignes lumineuses que domine la statue d'Eros. Non loin, l'amiral Nelson surplombe **Trafalgar Square** où la **National Gallery** offre une vaste collection d'œuvres d'art.

He was looking out for a place to camp. Il était à la recherche d'un endroit pour camper.
- **look round** (**Am:** look around)
○ **vi**
1. se retourner
She looked round when he called her name. Elle s'est retournée quand il a dit son nom.
2. regarder
– Can I help you? – No thanks, I'm just looking round. – Est-ce que je peux vous aider ? – Non merci, je regarde seulement.
○ **vt** faire le tour de
Do you want to look round the house? Voulez-vous faire le tour de la maison ?
"Look round" est inséparable.
- **look up**
○ **vt** chercher
Look it up in the dictionary. Cherche-le dans le dictionnaire.
"Look up" est séparable.
○ **vi**
1. lever les yeux
She didn't look up from her book. Elle n'a pas levé les yeux de son livre.
2. s'améliorer, aller mieux
Business is looking up. Les affaires vont mieux.

loose [luːs] **adj**
1. desserré
All the screws are loose. Toutes les vis sont desserrées.
2. branlant, qui bouge
I've got a loose tooth. J'ai une dent qui bouge.
3. défait
Your shoelaces are loose. Tes lacets sont défaits.
4. ample, flottant
She wore a loose dress. Elle portait une robe ample.
5. en liberté
The horses are loose on the prairie. Les chevaux sont en liberté dans la prairie.
6. approximatif
A loose translation. Une traduction approximative.
7. *Idiom* **to be at a loose end** être désœuvré
- **loose change** petite monnaie

lord [lɔːd] **n**
1. seigneur
He thinks he's our lord and master! Il se prend pour notre seigneur et maître !
2. lord
The House of Lords. La chambre des Lords.
(voir page 116)

lorry [ˈlɒrɪ] (**Am:** truck) **n** camion
- **lorry driver** camionneur, routier

lose [luːz], **lost** [lɒst], **lost** [lɒst]
○ **vt**
1. perdre*
I've lost my revolver. J'ai perdu mon revolver.
It's easy to get lost in the desert. C'est facile de se perdre dans le désert.
2. semer
Faster, Jolly Jumper! Let's try to lose them. Plus vite, Jolly Jumper ! Essayons de les semer.
○ **vi** perdre
They lost by two goals to nil. Ils ont perdu deux buts à zéro.

loser [ˈluːzər] **n**
1. perdant(e)
He's a bad loser. Il est mauvais perdant.
2. *informal* raté(e)
Why do you hang around with that bunch of losers? Pourquoi est-ce que tu traînes avec cette bande de ratés ?

loss [lɒs] **n**
1. perte
It's no great loss! Ce n'est pas une grosse perte !

– *Il faudrait vraiment que tu **perdes** du poids !*

2. *Idiom* **to be at a loss** être perplexe

lost → **lose**

lot [lɒt] **n**
1. a lot beaucoup
Do you go out a lot? Est-ce que vous sortez beaucoup ?
We haven't got a lot of ammunition left. Il ne nous reste plus beaucoup de munitions.
2. lots *informal* beaucoup, plein
They've got lots of money. Ils ont plein d'argent.
3. *Idiom* **the lot** (le) tout
Ma Dalton made a stew and Averell ate the lot. Ma Dalton a fait un ragoût et Averell a tout mangé.
4. *Idiom* **to draw lots** tirer au sort
The Daltons drew lots to see who should go into the bank first. Les Dalton ont tiré au sort pour voir qui devait entrer le premier dans la banque.

loud [laʊd]
○ **adj** fort
A loud explosion shook the town. Une forte détonation a secoué la ville.
○ **adv**
1. fort
Don't talk so loud! Ne parlez pas si fort !
2. *Idiom* **out loud** à voix haute

lounge [laʊndʒ] (**Am:** living room) **n** salon
Come and sit in the lounge, Lucky Luke. Venez vous asseoir dans le salon, Lucky Luke.

LUNCH TIME

Bien que les habitudes alimentaires tendent à s'uniformiser, le rythme des repas dans les pays anglo-saxons reste encore très différent du nôtre.

EN GRANDE-BRETAGNE

• Breakfast

Avant de se lever, les Anglo-Saxons aiment prendre une tasse de thé au lit : c'est le *early morning tea*.

Ensuite, la famille se retrouve autour du petit déjeuner en lisant le journal distribué chaque matin de bonne heure avec le courrier. Le laitier (*milkman*) livre encore le lait dans sa petite camionnette, mais c'est une habitude qui se perd (de nombreuses ménagères congèlent le lait).

• Lunch

La pause du déjeuner se limite souvent à quelques sandwichs (triangulaires, toujours !) dont les Anglo-Saxons se sont fait une spécialité (on en trouve de toutes sortes) ; à des chips (*crisps*) et à des barres chocolatées (*chocolate bars*). Même les écoliers déjeunent rapidement et légèrement car ils n'ont qu'une courte pause – leurs cours finissent généralement à 15 ou à 16 heures.

En revanche, le repas familial du dimanche est sacré et l'on s'attarde autour de la table.

• Five o'clock tea

La plupart des bureaux et des magasins ferment à 17 heures : c'est le moment où le sujet de Sa Majesté, tout à la joie de retrouver son foyer (*home, sweet home*), apprécie un thé avec quelques biscuits ou sablés (*shortbread*).

Le traditionnel *five o'clock tea* ou *cream tea* réunissait la famille autour de petits sandwichs ou de *scones* (petits gâteaux épais que l'on tranche et tartine de beurre, de confiture ou encore de crème fraîche épaisse : *clotted cream*). Aujourd'hui, on le consomme surtout dans les salons de thé.

• Dinner

Il est d'usage de dîner assez tôt en Grande-Bretagne. Ce dîner est quelquefois un repas complet avec entrée (*first course*), plat principal (*main course*) et dessert (*sweet/dessert*), mais il peut aussi ne comporter qu'un plat suivi de fromages ou d'un dessert. Le *supper* est un repas léger qui est servi tard.

AUX ÉTATS-UNIS

La journée est ponctuée de nombreux en-cas (*snacks*) : l'énorme réfrigérateur dont disposent la plupart des familles constitue un véritable garde-manger où chacun se sert au gré de ses envies et de son appétit. Le dîner traditionnel est le plus souvent servi vers 18 heures.

(voir aussi pages 41, 105, 227 et 286)

luxury

lousy [ˈlaʊzɪ] **adj** informal
1. nul, minable
I'm lousy at maths. Je suis nul en maths.
2. pourri, infect
What lousy weather! Quel temps pourri !

love [lʌv]
✪ **vt** aimer
Don't cry, your mummy loves you! Ne pleure pas, ta maman t'aime !
✪ **n**
1. amour*

That's how the love story began.
C'est ainsi que commença l'histoire d'amour.

2. *Idiom* **to be in love with** être amoureux de
3. *Idiom*
Love from John. Grosses bises, John.
4. *Idiom*
Give my love to your parents. Embrasse tes parents pour moi.

lovely [ˈlʌvlɪ] **adj** adorable
What a lovely dog! Quel chien adorable !

lover [ˈlʌvəʳ] **n**
1. amant, maîtresse
I think she has a lover. Je pense qu'elle a un amant.
2. amateur, passionné
She's an opera lover. C'est une passionnée d'opéra.
Film lovers. Cinéphiles.

low [ləʊ] **adj**
1. bas, peu élevé

A low hedge surrounds the ranch. Une haie basse entoure le ranch.
2. bas, peu fort
In a low voice. À voix basse.

luck [lʌk] **n** chance
With a bit of luck, we'll be there before nightfall. Avec un peu de chance, nous y serons avant la tombée de la nuit.

lucky [ˈlʌkɪ] **adj** chanceux
He's always lucky at poker. Il a toujours de la chance au poker.

luckily [ˈlʌkɪlɪ] **adv** heureusement
Luckily, the Daltons arrived late. Heureusement, les Dalton sont arrivés en retard.

luggage [ˈlʌgɪdʒ] **n** bagages
His luggage won't fit in the stagecoach. Ses bagages ne rentrent pas dans la diligence.
Attention, "luggage" est toujours suivi d'un verbe au singulier.
• **luggage rack** porte-bagages

lullaby [ˈlʌləbaɪ] **n** berceuse*

lump [lʌmp] **n**
1. morceau
Sugar? How many lumps? Du sucre ? Combien de morceaux ?
2. grumeau
This sauce is full of lumps! Cette sauce est pleine de grumeaux !

3. bosse
He's got a big lump on his forehead. Il a une grosse bosse sur le front.

lunch [lʌntʃ] **n** déjeuner
What's for lunch? Qu'est-ce qu'on mange au déjeuner ?
(voir page ci-contre)

lung [lʌŋ] **n** poumon

Luxembourg [ˈlʌksəmbɜːg] **n** Luxembourg

luxurious [lʌgˈʒʊərɪəs] **adj** luxueux

luxury [ˈlʌkʃərɪ] **n** luxe*
A luxury car. Une voiture de luxe.

Billy the Kid didn't like lullabies!
Billy the Kid n'aimait pas les berceuses !

As you see, Lucky Luke, we like to live in luxury.
— Comme vous le voyez, Lucky Luke, nous aimons vivre dans le luxe.

M

mac [mæk] **n Br informal** imper
Put your mac on, it's raining. Mets ton imper, il pleut.
"Mac" est l'abréviation de mackintosh.

machine [məˈʃiːn] **n** machine*
A washing machine. Une machine à laver.

mackintosh [ˈmækɪntɒʃ] **n Br** imperméable
The sheriff was wearing a green mackintosh. Le shérif portait un imperméable vert.

mad [mæd] **adj**
1. fou
Joe thinks Averell is mad. Joe pense que Averell est fou.
2. furieux
Joe is mad at Averell again. Joe est encore furieux contre Averell.
3. passionné
He's mad about Westerns. C'est un passionné de westerns.

madam [ˈmædəm] **n** madame
Can I help you, Madam? Puis-je vous aider, madame ?

made → **make**

magazine [ˌmæɡəˈziːn] **n** magazine, revue
A woman's magazine. Un magazine féminin.

maid [meɪd] **n** domestique, bonne
The maid took their coats. La domestique a pris leurs manteaux.

maiden name [ˈmeɪdən neɪm] **n** nom de jeune fille

mail [meɪl]
✪ **n**
1. courrier*

– Votre *courrier* est arrivé, monsieur.

2. poste
I received the cheque by mail. J'ai reçu le chèque par la poste.
✪ **vt** poster
I'll mail it to you tomorrow. Je vous le posterai demain.
(voir encadré ci-contre)

mailbox → **letterbox**

main [meɪn] **adj** principal
The saloon is on the main street. Le saloon est sur la rue principale.

– Qu'est-ce que c'est que ça ?
– Que pensez-vous de cette *machine* que j'ai inventée pour serrer la main ?

majority [məˈdʒɒrɪtɪ] **n** majorité*

Who won?
*The **majority** declares Pamela to be the winner!*

– Qui a gagné ?
– Nous déclarons Pamela vainqueur à la **majorité** !

The majority of the townspeople are in favour of this decision. La majorité des habitants de la ville est favorable à cette décision.

make [meɪk], **made** [meɪd], **made** [meɪd]
◊ **vt**
1. fabriquer, faire
She makes all her own clothes. Elle fait tous ses vêtements elle-même.
These bowls are made in China. Ces bols sont fabriqués en Chine.
2. faire*
You're making a big mistake, Lucky Luke! Vous faites une grosse erreur, Lucky Luke !

*He **makes** me laugh!*

– Il me **fait** rire !

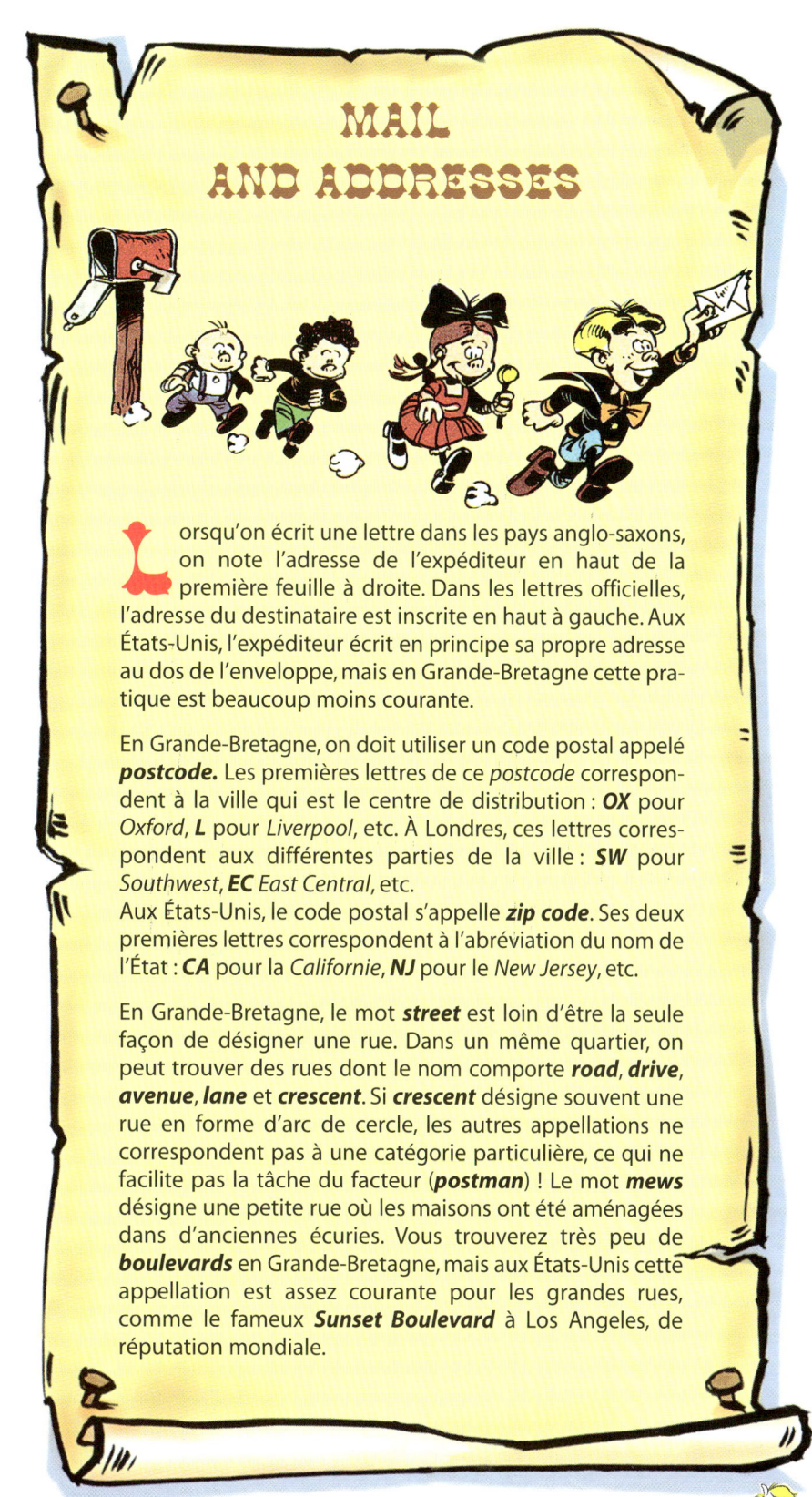

MAIL AND ADDRESSES

Lorsqu'on écrit une lettre dans les pays anglo-saxons, on note l'adresse de l'expéditeur en haut de la première feuille à droite. Dans les lettres officielles, l'adresse du destinataire est inscrite en haut à gauche. Aux États-Unis, l'expéditeur écrit en principe sa propre adresse au dos de l'enveloppe, mais en Grande-Bretagne cette pratique est beaucoup moins courante.

En Grande-Bretagne, on doit utiliser un code postal appelé **postcode**. Les premières lettres de ce *postcode* correspondent à la ville qui est le centre de distribution : **OX** pour *Oxford*, **L** pour *Liverpool*, etc. À Londres, ces lettres correspondent aux différentes parties de la ville : **SW** pour *Southwest*, **EC** *East Central*, etc.
Aux États-Unis, le code postal s'appelle **zip code**. Ses deux premières lettres correspondent à l'abréviation du nom de l'État : **CA** pour la *Californie*, **NJ** pour le *New Jersey*, etc.

En Grande-Bretagne, le mot **street** est loin d'être la seule façon de désigner une rue. Dans un même quartier, on peut trouver des rues dont le nom comporte **road**, **drive**, **avenue**, **lane** et **crescent**. Si *crescent* désigne souvent une rue en forme d'arc de cercle, les autres appellations ne correspondent pas à une catégorie particulière, ce qui ne facilite pas la tâche du facteur (**postman**) ! Le mot **mews** désigne une petite rue où les maisons ont été aménagées dans d'anciennes écuries. Vous trouverez très peu de **boulevards** en Grande-Bretagne, mais aux États-Unis cette appellation est assez courante pour les grandes rues, comme le fameux **Sunset Boulevard** à Los Angeles, de réputation mondiale.

make-up

3. rendre
His arrival made them more cheerful. Son arrivée les a rendus plus gais.
4. obliger*, faire

> Joe **made** the blacksmith cut his chain.

*Joe **a obligé** le forgeron à couper sa chaîne.*

He made them get out of the saloon. Il les a fait sortir du saloon.
5. faire
Two and seven make nine. Deux et sept font neuf.
6. gagner
How much do they make a week? Combien gagnent-ils par semaine ?
7. se faire
He made lots of enemies in Texas. Il s'est fait beaucoup d'ennemis au Texas.
8. arriver à
We'll never make Dallas before nightfall. Nous n'arriverons jamais à Dallas avant la tombée de la nuit.
9. *Idiom* **made of** en
Toys made of wood. Des jouets en bois.
What's it made of? C'est fait en quoi ?
10. *Idiom*
What time do you make it? Quelle heure avez-vous ?
11. *Idiom*
Make yourselves at home! Faites comme chez vous !/Mettez-vous à l'aise !
12. *Idiom* **to make sure that** s'assurer que
Make sure that they're unarmed. Assurez-vous qu'ils ne sont pas armés.

13. *Idiom* **to make do with** se contenter de
✪ **n** marque
What make of car is that? Quelle est la marque de cette voiture ?
• **make for** **vt** se diriger vers
Calamity Jane made for the saloon door. Calamity Jane s'est dirigée vers la porte du saloon.
"Make for" est inséparable.
• **make out** **vt**
1. discerner
He could just make out a figure on the horizon. Il arrivait tout juste à discerner une silhouette à l'horizon.
2. comprendre
I couldn't make out what he was saying. Je n'arrivais pas à comprendre ce qu'il disait.
3. *Idiom* **to make out a cheque** remplir un chèque
"Make out" est séparable.
• **make up**
✪ **vt**

1. inventer
I think they made the whole story up! Je pense qu'ils ont inventé toute cette histoire !
2. composer*, constituer
3. *Idiom* **to make up one's mind** se décider
"Make up" est séparable.
✪ **vi** se réconcilier
They argued last week and haven't made up yet. Ils se sont disputés la semaine dernière et ils ne se sont pas encore réconciliés.

make-up ['meɪkʌp] **n** maquillage
Lulu went to buy some make-up. Lulu est allée acheter du maquillage.

male [meɪl] **adj, n** mâle
A male rabbit. Un lapin mâle.

mall [mɔːl] **n** centre commercial

mammal ['mæməl] **n** mammifère

> SILENCE!
> Silence in court! Let me remind you that the jury is **made up** of townspeople and...

*– SILENCE ! Silence dans le tribunal ! Je vous rappelle que le jury est **composé** de gens de la ville et...*

many

man [mæn] (**pl**: men) **n**
1. homme*

Arrest this man! He's too thin! He must be a spy!

— Arrêtez cet homme ! Il est trop maigre ! C'est sûrement un espion !

Three men came into the saloon. Trois hommes sont entrés dans le saloon.
2. informal mon vieux
Take it easy, man! Du calme, mon vieux !

manage [ˈmænɪdʒ]
✪ **vt**
1. gérer, diriger
He manages a small firm. Il dirige une petite entreprise.
2. arriver
Lucky Luke managed to stop them. Lucky Luke est arrivé à les arrêter.
✪ **vi** y arriver, s'en sortir
Will you be able to manage on your own? Est-ce que tu t'en sortiras tout seul ?

management [ˈmænɪdʒmənt] **n**
1. gestion
Management school. École de gestion.
2. direction
The management refused to give them a rise. La direction leur a refusé une augmentation.

manager [ˈmænɪdʒər] **n** directeur(trice), gérant(e)
He took the bank manager hostage. Il a pris en otage le directeur de la banque.

mankind [mænˈkaɪnd] **n** humanité
At the dawn of mankind. À l'aube de l'humanité.

manner [ˈmænər]
✪ **n** manière, façon
The manner in which he shoots. La manière dont il tire.
✪ **n pl** manières
Mind your manners, Averell! Attention à tes manières, Averell ! (voir encadré ci-dessous)

manor [ˈmænər] **n** manoir

mansion [ˈmænʃən] **n** hôtel particulier, (petit) château

many [ˈmenɪ] **compar** more, **superl** most
✪ **adj**
1. beaucoup de

MANNERS

◆ Pour saluer.
• Lorsque vous rencontrez quelqu'un pour la première fois, on vous présente en disant : **Let me introduce you to Mr Dalton.** Je vous présente M. Dalton, ou **I'd like you to meet Pamela.** J'aimerais vous présenter Pamela.
Vous répondez : **How do you do?** Comment allez-vous ? ou **Pleased to meet you!** Enchanté !
On ne serre pas la main, on se contente d'un salut de la tête.
• Lorsque vous rencontrez quelqu'un que vous connaissez, on vous dit : **How are you?/How are things?/How's it going?/How's everything?** Comment allez-vous ?/Comment ça va ?
Vous répondez : **(I'm) fine, thank you/thanks** ou **(I'm) all right, thank you/thanks.** Bien, merci.

◆ Pour remercier.
• On dit : **Thank you (very much)** ou **Thanks (a lot).** Merci (beaucoup).
• On répond : **My pleasure.** De rien, ou **You're welcome.** Je vous en prie, ou **Not at all.** De rien.

◆ Pour s'excuser.
• On dit : **I'm sorry/I'm terribly sorry for…** Je suis désolé/vraiment désolé de…
• On peut aussi dire **Sorry?** pour faire répéter ce que l'on n'a pas compris, ou **I beg your pardon?**, ou **Pardon?**

map

I haven't got many bullets left. Il ne me reste pas beaucoup de balles.
2. Idiom how many combien de
How many lumps of sugar would you like? Combien de morceaux de sucre voulez-vous ?
3. Idiom too many trop de
You made too many mistakes. Tu as fait trop d'erreurs.
4. Idiom as many autant de
I didn't see as many Indians as the last time. Je n'ai pas vu autant d'Indiens que la dernière fois.
✪ **pron**
1. beaucoup
– *Can I have another biscuit?* – *There aren't many left.* – Puis-je avoir un autre biscuit ? – Il n'en reste plus beaucoup.
2. Idiom too many trop
3. Idiom as many autant
En anglais courant (sauf dans des locutions telles que "too many"), "many" s'utilise surtout dans les questions et les phrases négatives. Ailleurs, on préfère en général "a lot (of)".
(voir page 181)

map [mæp] **n** carte
I can't find Dry Gulch on the map. Je ne trouve pas Dry Gulch sur la carte.
(voir encadré ci-contre)

maple ['meɪpəl] **n** érable
Maple syrup. Sirop d'érable.

March [mɑːtʃ] **n** mars
Attention, les noms de mois prennent toujours une majuscule en anglais.
(voir page 71)

mare [meəʳ] **n** jument*

– *Could he be in love with the mare?*

– *Serait-il amoureux de la jument ?*

– *Cluck, cluck cluck, cluck! Quack quack! Gobble gobble!*
– *Look what I've brought back from the market!*
– *But listen to the noise they make, you idiot!*

– *Cot cot codek, cot cot codek ! Coin, coin !*
– *Regardez ce que j'ai ramené du marché !*
– *Mais écoute le bruit qu'ils font, imbécile !*

mark [mɑːk]
✪ **n**
1. tache
His shirt was covered with grease marks. Sa chemise était couverte de taches de graisse.
2. marque, signe
The Indian chief drew marks in the sand. Le chef indien dessina des signes dans le sable.
3. (**Am:** grade) note
She got top marks in the exam. Elle a eu la note maximale à l'examen.
✪ **vt**
1. tacher
His sleeve was marked with ink. Sa manche était tachée d'encre.
2. marquer
The sheriff marked the spot on the map with a cross. Le shérif a marqué l'endroit d'une croix sur la carte.
3. (**Am:** grade) corriger
I've got 35 essays to mark tonight. J'ai 35 rédactions à corriger ce soir.

market ['mɑːkɪt] **n** marché*

marmalade ['mɑːməleɪd] **n** confiture
Attention, "marmalade" s'utilise seulement pour les confitures d'agrumes (oranges, pamplemousses...). Sinon, confiture se dit "jam" en anglais britannique et "jelly" en américain.

maroon [məˈruːn] **adj** bordeaux
They wore maroon blazers. Ils portaient des blazers bordeaux.

marriage ['mærɪdʒ] **n** mariage
This is her third marriage. C'est son troisième mariage.

marry ['mærɪ]
✪ **vt**
1. épouser, se marier avec*

– *Nobody wants to marry me!*

– *Personne ne veut m'épouser !*

Will you marry me? Veux-tu m'épouser ?
2. Idiom to get married se marier
✪ **vi** se marier
He never married. Il ne s'est jamais marié.

marvellous ['mɑːvələs] (**Am:** marvelous) **adj** merveilleux
What marvellous scenery! Quel merveilleux paysage !

MAPS
Quelques repères géographiques…

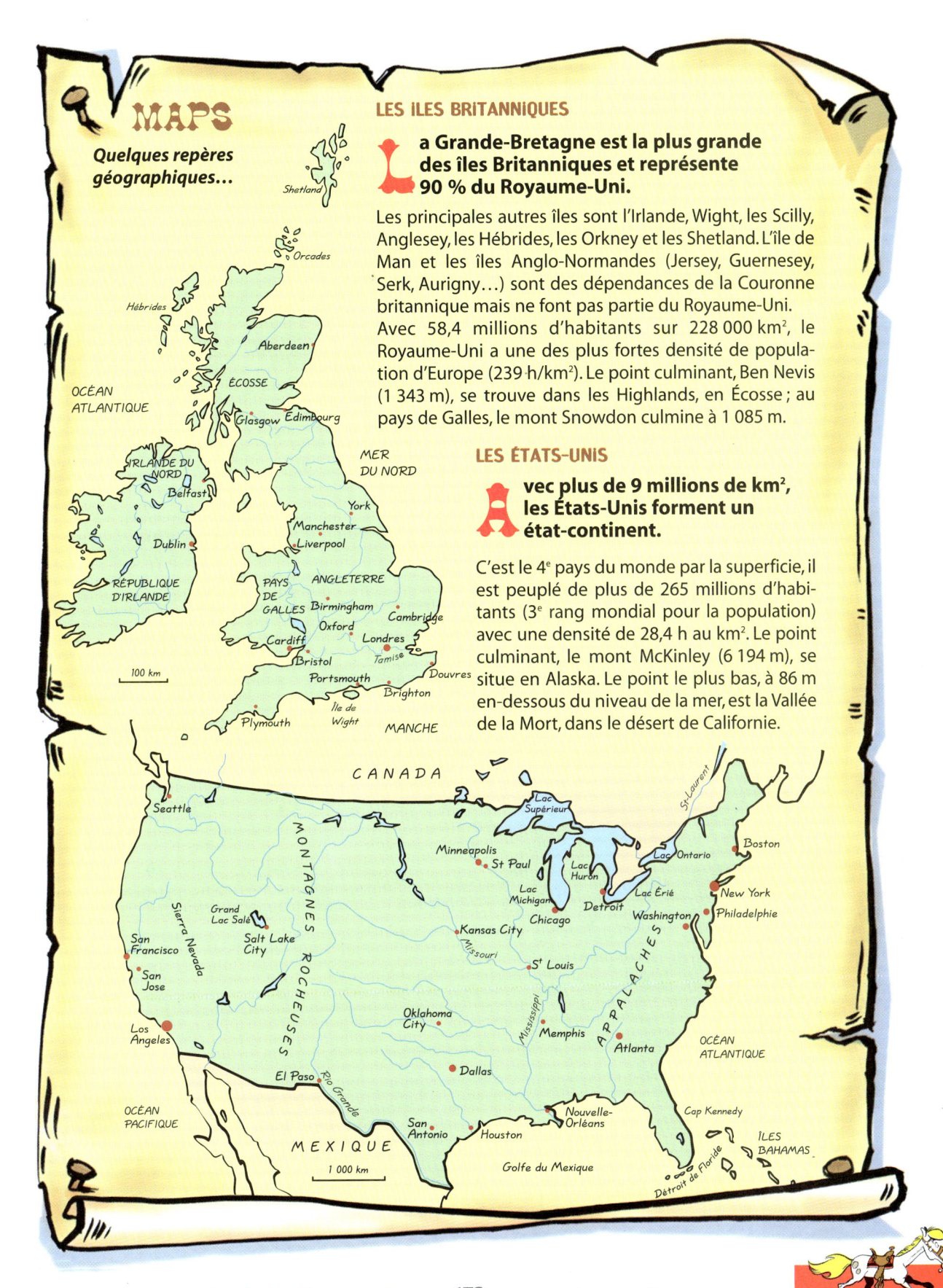

LES ÎLES BRITANNIQUES

La Grande-Bretagne est la plus grande des îles Britanniques et représente 90 % du Royaume-Uni.

Les principales autres îles sont l'Irlande, Wight, les Scilly, Anglesey, les Hébrides, les Orkney et les Shetland. L'île de Man et les îles Anglo-Normandes (Jersey, Guernesey, Serk, Aurigny…) sont des dépendances de la Couronne britannique mais ne font pas partie du Royaume-Uni. Avec 58,4 millions d'habitants sur 228 000 km², le Royaume-Uni a une des plus fortes densité de population d'Europe (239 h/km²). Le point culminant, Ben Nevis (1 343 m), se trouve dans les Highlands, en Écosse ; au pays de Galles, le mont Snowdon culmine à 1 085 m.

LES ÉTATS-UNIS

Avec plus de 9 millions de km², les États-Unis forment un état-continent.

C'est le 4e pays du monde par la superficie, il est peuplé de plus de 265 millions d'habitants (3e rang mondial pour la population) avec une densité de 28,4 h au km². Le point culminant, le mont McKinley (6 194 m), se situe en Alaska. Le point le plus bas, à 86 m en-dessous du niveau de la mer, est la Vallée de la Mort, dans le désert de Californie.

mash

mash [mæʃ] **vt** écraser, réduire en purée

mashed potatoes [mæʃt pəˈteɪtəʊz] **n pl** purée de pommes de terre

mass [mæs]
◎ **n**
1. masse
A huge mass of rock fell from the cliff. Une énorme masse de rochers s'est détachée de la falaise.
2. Avec une majuscule : messe
Calamity doesn't go to Mass every Sunday. Calamity ne va pas à la messe tous les dimanches.
◎ **n pl informal** tas
My neighbours have got masses of friends. Mes voisins ont des tas d'amis.

master [ˈmɑːstər] **n**
1. maître
Who is Rin Tin Can's master? Qui est le maître de Ran Tan Plan ?
2. **Br**: maître, instituteur, professeur
He's our physics master. C'est notre professeur de physique.
• **Master of Arts/Science**
1. maîtrise ès lettres/sciences
2. titulaire d'une maîtrise ès lettres/sciences
(voir page 302)

match [mætʃ]
◎ **n**
1. match*

I'm telling you I'll win this match.

– Je te dis que je vais gagner ce match.

2. allumette
The matches are damp. Les allumettes sont humides.

◎ **vt** aller avec, s'accorder avec
That tie doesn't exactly match your shirt. Cette cravate ne va pas très bien avec ta chemise.
◎ **vi** aller ensemble
That tie and that shirt don't match. Cette cravate et cette chemise ne vont pas ensemble.

matchbox [ˈmætʃbɒks] **n** boîte d'allumettes

mate [meɪt] **n Br informal** copain
He's out with his mates. Il est sorti avec ses copains.

material [məˈtɪərɪəl] **n**
1. tissu, étoffe
She bought some material to make a dress. Elle a acheté du tissu pour faire une robe.
2. matière
They export raw materials. Ils exportent des matières premières.
3. matériau
Building materials. Matériaux de construction.
The cleaning materials are under the sink. Les produits de nettoyage sont sous l'évier.

mathematics [mæθəˈmætɪks] **n** mathématiques
Attention, "mathematics" est toujours suivi d'un verbe au singulier.

maths [mæθs] (**Am**: math) **n** maths
Maths has never been my favourite subject. Les maths n'ont jamais été ma matière préférée.
Attention, "maths" est toujours suivi d'un verbe au singulier.

He didn't think that they'd bring their mattresses too.

Il ne pensait pas qu'ils prendraient aussi leurs matelas.

matter [ˈmætər]
◎ **n**
1. question, affaire
That's a matter of opinion. C'est une question d'opinion.
Lucky Luke and the sheriff were discussing the matter of the bank robberies. Lucky Luke et le shérif discutaient de l'affaire des attaques de banques.
2. Pour parler d'un problème, se traduit différemment selon les contextes.
There's something the matter with the wheels of the car. Il y a un problème avec les roues de la voiture.
What's the matter? Qu'est-ce qu'il y a ?
What's the matter with her? Qu'est-ce qu'elle a ?
There's nothing the matter with her. Elle n'a rien.
3. *Idiom* **as a matter of fact** à vrai dire
◎ **vi** avoir de l'importance
– What did you say? – It doesn't matter. – Qu'est-ce que tu as dit ? – Ça n'a pas d'importance.

mattress [ˈmætrɪs] **n** matelas*

May [meɪ] **n** mai
• **May Day** le 1er Mai
Attention, les noms de mois prennent toujours une majuscule en anglais.
(voir page 71)

may [meɪ] **v auxiliaire**
1. Pour exprimer une éventualité, une possibilité: pouvoir

I may be back late. Il se peut que je revienne tard.
They may have forgotten. Ils ont peut-être oublié.
2. Pour exprimer la permission : pouvoir
You may leave the table. Vous pouvez sortir de table.
May I ask a question? Puis-je poser une question ?
May I? Vous permettez ?
Dans les propositions subordonnées, le passé de "may" est "might".
He thinks they may be on holiday. Il pense qu'ils sont peut-être en vacances.
He thought they might be on holiday. Il pensait qu'ils étaient peut-être en vacances.
(voir aussi "might" et la page 185)

maybe ['meɪbiː] **adv** peut-être
Maybe they've been attacked by Indians. Ils ont peut-être été attaqués par des Indiens.

mayor [meəʳ] **n** maire*

– Mesdames et messieurs, en tant que **maire** d'Omaha…

– Mesdames et messieurs, en tant que **maire** de Carson City…

me [miː] **pron**
1. me, m'
My sons never write to me. Mes fils ne m'écrivent jamais.
2. moi
Listen to me, Averell… Écoute-moi, Averell…
– Who's there? – It's me! – Qui est là ? – C'est moi !
(voir page 131)

meadow ['medəʊ] **n** pré, prairie

meal [miːl] **n**
1. repas
She cooked a huge meal. Elle a préparé un énorme repas.
2. *Idiom*
Have a nice meal! Bon appétit !

mean [miːn], **meant** [ment], **meant** [ment]
✪ **vt**
1. signifier*, vouloir dire

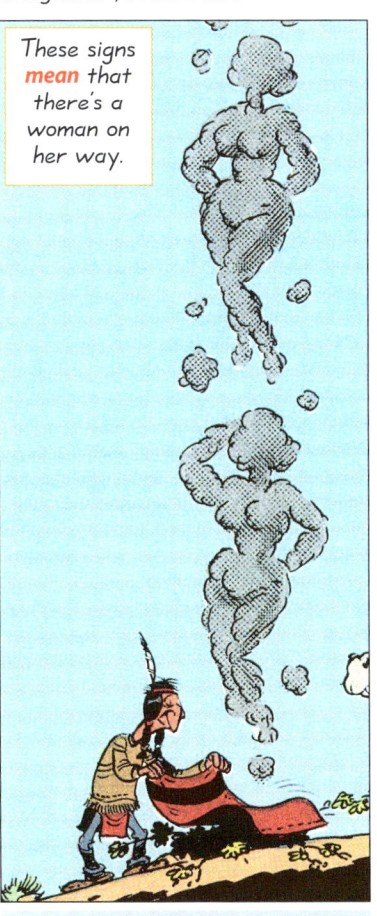

These signs mean that there's a woman on her way.

Ces signaux signifient qu'il y a une femme qui arrive.

I don't know what this word means. Je ne sais pas ce que signifie ce mot.
Do you know what I mean? Vous voyez ce que je veux dire ?
2. avoir l'intention de, vouloir
He means to catch up with them before nightfall. Il a l'intention de les rattraper avant la tombée de la nuit.
I didn't mean to hurt him. Je ne voulais pas lui faire mal.
3. *Idiom* **to be meant for** être destiné à
Her smile was meant for Lucky Luke. Son sourire était destiné à Lucky Luke.
4. *Idiom* **to be meant to** être censé
I'm meant to be at work. Je suis censé être au travail.
✪ **adj**
1. avare
He's too mean to buy new clothes. Il est trop avare pour acheter des vêtements neufs.
2. méchant
You mustn't be mean to Averell, Joe! Il ne faut pas être méchant avec Averell, Joe !

meaning ['miːnɪŋ] **n** sens, signification
What is the meaning of this word? Quel est le sens de ce mot ?

means [miːnz] **n inv**
1. moyen
Means of transport. Moyen de transport.
2. *Idiom* **by all means** mais certainement
3. *Idiom* **by no means** en aucune façon

meant → **mean**

meanwhile ['miːnwaɪl] **adv** pendant ce temps
Meanwhile, the Daltons were planning their escape. Pendant ce temps, les Dalton préparaient leur évasion.

measles ['miːzəlz] **n** rougeole
Attention, "measles" est toujours suivi d'un verbe au singulier.

measure ['meʒəʳ]
✪ **vi, vt** mesurer
It measures 100 metres by 50. Ça mesure 100 mètres sur 50.

meat

He measured his field. Il a mesuré son champ.
n mesure
The pint is a measure of volume. La pinte est une mesure de volume.

meat [miːt] **n** viande*

Like all cattle breeders, he loved meat.
Comme tous les éleveurs de bétail, il adorait la viande.

mechanic [mɪˈkænɪk] **n** mécanicien(enne)

medal [ˈmedl] **n** médaille
He won the gold medal. Il a gagné la médaille d'or.

medicine [ˈmedsɪn] **n**
1. médicament
Have you taken your medicine? As-tu pris ton médicament ?
2. médecine
She's studying medicine. Elle fait des études de médecine.

meet [miːt], **met** [met], **met** [met]
vt
1. rencontrer
Guess who I met on my way into town! Devine qui j'ai rencontré en allant en ville !
2. retrouver
He was supposed to meet me at the sheriff's office. Il était censé me retrouver au bureau du shérif.
3. chercher
Will you come and meet me at the station? Est-ce que tu viendras me chercher à la gare ?
4. rencontrer, faire la connaissance de
When did you first meet Calamity Jane? Quand avez-vous rencontré Calamity Jane pour la première fois ?
Pleased to meet you, Lucky Luke! Ravi de faire votre connaissance, Lucky Luke !
5. répondre à
This new service meets a real need. Ce nouveau service répond à un vrai besoin.
vi
1. se rencontrer
They met in the street. Ils se sont rencontrés dans la rue.
2. se retrouver
The sheriff and Lucky Luke arranged to meet at the saloon. Le shérif et Lucky Luke ont convenu de se retrouver au saloon.
3. se rencontrer, se connaître
Lucky Luke and his horse Jolly Jumper first met when they were very young. Lucky Luke et son cheval Jolly Jumper se sont connus quand ils étaient très jeunes.
4. se rejoindre
There's a small town where the roads meet. Il y a une petite ville à l'endroit où les routes se rejoignent.
• **meet up vi** se retrouver
We all met up at the ranch. Nous nous sommes tous retrouvés au ranch.
• **meet with vt**
1. rencontrer
We could meet with difficulties in the mountains. Nous pourrions rencontrer des difficultés dans la montagne.
2. remporter, essuyer
His efforts met with great success. Ses efforts ont remporté un vif succès.
To meet with failure. Essuyer un échec.
3. **Am:** retrouver
I'm meeting with him tonight. Je le retrouve ce soir.
"Meet with" est inséparable.

meeting [ˈmiːtɪŋ] **n**
1. réunion
The sheriff called all the townspeople to a meeting. Le shérif a convoqué tous les habitants de la ville à une réunion.
2. rencontre
I can't remember our first meeting. Je ne me souviens pas de notre première rencontre.

melt [melt]
vt faire fondre
The sun melted the ice. Le soleil a fait fondre la glace.
vi fondre
Eat your ice cream before it melts! Mange ta glace avant qu'elle ne fonde !

member [ˈmembər] **n** membre*, adhérent

We'd be delighted to have you as a member of our society.
– Nous serions ravies de vous compter parmi les membres de notre association.

• **Member of Parliament Br** député(e)

membership [ˈmembəʃɪp] **n**
1. adhésion
I forgot to renew my club membership. J'ai oublié de renouveler mon adhésion au club.
2. nombre de membres, nombre d'adhérents
Party membership is declining. Le nombre de membres du parti diminue.

memory [ˈmemərɪ] **n**
1. mémoire
I must be losing my memory. Je dois être en train de perdre la mémoire.
Your computer hasn't got enough memory. Ton ordinateur n'a pas assez de mémoire.
2. souvenir
My memories of the event are confused. Mes souvenirs de l'événement sont confus.

men → man

millimetre

mend [mend] (**Am:** repair) **vt** réparer*

Could you help us to mend this wheel?
– Vous voulez bien nous aider à **réparer** cette roue ?

mention ['menʃən] **vt**
1. mentionner
I believe that she mentioned your name. Je crois qu'elle a mentionné ton nom.
2. *Idiom* **not to mention** sans parler de
Congratulations to Lucky Luke, not to mention his horse Jolly Jumper! Félicitations à Lucky Luke, sans parler de son cheval Jolly Jumper !

menu ['menju:] **n** menu, carte
What's on the menu tonight? Qu'y a-t-il au menu ce soir ?

merry ['merɪ] **adj** joyeux
Merry Christmas! Joyeux Noël !

merry-go-round ['merɪgəʊraʊnd] **n** manège

mess [mes]
✪ **n**
1. désordre, pagaille
Tidy this mess up at once! Range-moi cette pagaille tout de suite !
2. *Idiom* **to make a mess of** gâcher
I made a mess of the stew. J'ai gâché le ragoût.
• **mess around vi** gaspiller son temps
Stop messing around and get on with your work! Arrête de gaspiller ton temps et mets-toi au travail !
• **mess up vt** *informal*
1. mettre en désordre
The wind had messed her hair up. Le vent avait mis ses cheveux en désordre.
2. gâcher
They've messed up all my plans. Ils ont gâché tous mes projets.
"Mess up" est séparable.

message ['mesɪdʒ] **n** message
A message for you from Lucky Luke! Un message pour vous de la part de Lucky Luke !

met → **meet**

metal ['metl] **n** métal
The wheels are made of metal. Les roues sont en métal.

meter ['mi:tə'] **n** compteur
He's come to read the meter. Il est venu relever le compteur.

metre ['mi:tə'] (**Am:** meter) **n** mètre
It's about five metres long. Cela fait à peu près cinq mètres de long.

miaow [mjaʊ] **vi** miauler
I thought I heard a cat miaow. J'ai cru entendre un chat miauler.

microwave oven ['maɪkrəʊweɪv ˌʌvn] **n** four à micro-ondes

midday ['mɪd'deɪ] **n** midi
The stagecoach arrives at midday. La diligence arrive à midi.

middle ['mɪdl] **n** milieu*

The train's coming! Is it a good idea to stay in the middle like this?
– Le train arrive !
– Tu es sûr que c'est une bonne idée de rester au **milieu** comme ça ?

• **the Middle Ages** le Moyen Âge
• **the Middle East** le Moyen-Orient

middle-aged ['mɪdəl'eɪdʒd] **adj** d'un certain âge, d'une cinquantaine d'années

middle-class ['mɪdlklɑ:s] **adj** bourgeois
She comes from a middle-class family. Elle est issue d'une famille bourgeoise.

midnight ['mɪdnaɪt] **n** minuit
Go to bed, it's past midnight! Va te coucher, il est minuit passé !

might [maɪt] **v auxiliaire**
1. Passé de "may".
2. Pour indiquer une éventualité, une possibilité : pouvoir
I might be back late. Il se peut que je revienne tard.
They might have forgotten. Ils ont peut-être oublié.
3. *Idiom*
I might have known! J'aurais dû m'en douter !
"Might" et "may" peuvent servir tous les deux à indiquer une éventualité, mais "might" exprime une plus grande incertitude.
(voir page 185)

mile [maɪl] **n** mile (1609 mètres)
It's 50 miles away. C'est à 80 kilomètres d'ici.
(voir page 178)

milk [mɪlk]
✪ **n** lait
Would you like milk in your tea, Calamity? Voulez-vous du lait dans votre thé, Calamity ?
✪ **vt** traire
It's time to milk the cows. C'est l'heure de traire les vaches.

milkman ['mɪlkmən] (**pl:** milkmen) **n** laitier
(voir page 166)

mill [mɪl] **n**
1. moulin
They live in an old mill. Ils habitent un vieux moulin.
Pepper mill. Moulin à poivre.
2. usine
She works at the cotton mill. Elle travaille à l'usine de coton.

millimetre ['mɪlɪˌmi:tə'] (**Am:** millimeter) **n** millimètre

MILES AND DEGREES

LES LONGUEURS

◆ Bien que la Grande-Bretagne ait adopté officiellement le système métrique, les mesures de longueur traditionnelles sont encore en usage.

- *1 inch* (pouce) = 2,54 centimètres
- *1 foot* (pied) = 30,48 centimètres
- *1 yard* (yard) = 91,44 centimètres
- *1 mile* (mile) = 1 609,3 mètres

1 foot (1ft) = 12 inches (12 in)
1 yard (1yd) = 36 inches ou 3 feet
1 mile = 1 760 yards

LES TEMPÉRATURES

◆ La température également se mesure différemment dans les pays anglo-saxons où les degrés Fahrenheit (*degrees Fahrenheit* ou *°F*) remplacent les degrés Celsius (°C).

Ainsi l'eau gèle à 32 °F et bout à 212 °F et si on vous annonce que votre température est de 98,6 °F, ne vous affolez pas, vous êtes en parfaite santé avec 37 °C.

Pour transformer des degrés Fahrenheit en degrés Celsius, il suffit de faire l'opération suivante :

température en °F =
1,8 x (température en °C) + 32

Now, now, calm down, Joe!
Mind *your own business!*

– Allons, Joe, du calme !
– **Occupez-vous** de ce qui vous regarde !

---

million [ˈmɪljən] **n** million
(voir page 195)

mind [maɪnd]
✪ **n**
1. esprit
It crossed my mind that they might have forgotten. Cela m'a traversé l'esprit qu'ils auraient pu avoir oublié.
The stagecoach driver showed great presence of mind today. Le conducteur de la diligence a fait preuve d'une grande présence d'esprit aujourd'hui.
2. *Idiom* **to change one's mind** changer d'avis
3. cerveau
One of the greatest minds of the century. Un des plus grands cerveaux du siècle.
4. *Idiom*
What's on your mind? Qu'est-ce qui vous préoccupe ?
5. *Idiom*
What do you have in mind? À quoi pensez-vous ?
6. *Idiom* **to make up one's mind** se décider
7. *Idiom*
Are you out of your mind? Avez-vous perdu la tête ?
✪ **vt**
1. faire attention à
Mind the step! Faites attention à la marche !
2. garder, surveiller, s'occuper de*
Could you mind the shop while I'm out? Pourriez-vous surveiller la boutique pendant mon absence ?
3. *Idiom*
Do you mind if I smoke? Est-ce que cela vous dérange si je fume ?
I don't mind if they bring the children. Cela ne me dérange pas qu'ils amènent les enfants.
4. Pour exprimer l'indifférence, se traduit différemment selon les contextes.
– *Which one do you want? – I don't mind.* – Lequel veux-tu ? – Cela m'est égal.
Never mind! Ça ne fait rien !
5. *Idiom* **mind you** remarquez
Mind you, I wouldn't do it again in a hurry! Remarquez, je ne suis pas pressé de recommencer !
• **mind out vi Br** faire attention
Mind out, that pistol's loaded! Faites attention, ce pistolet est chargé !

mine [maɪn] **n** mine
They hid the rifles in an old gold mine. Ils ont caché les fusils dans une vieille mine d'or.

mine [maɪn] **pron**
1. le mien, la mienne, les miens, les miennes
Your horse is tired, take mine. Votre cheval est fatigué, prenez le mien.
2. à moi
Don't touch that revolver, it's mine! Ne touchez pas à ce revolver, il est à moi !
3. *Idiom* **a friend of mine** un de mes amis
(voir page 186)

minister [ˈmɪnɪstər] **n**
1. ministre

The Health Minister. Le ministre de la Santé.
2. pasteur
The minister read a passage from the Bible. Le pasteur a lu un passage de la Bible.

mink [mɪŋk] **n** vison
A mink coat. Un manteau de vison.

minority [maɪˈnɒrɪtɪ] **n** minorité
The opponents of the plan found themselves in a minority. Les opposants du projet se sont trouvés en minorité.

mint [mɪnt] **n**
1. menthe
Would you like some mint sauce with your lamb? Voulez-vous de la sauce à la menthe avec votre agneau ?
2. bonbon à la menthe
He was sucking a mint. Il suçait un bonbon à la menthe.

minus [ˈmaɪnəs] **prep** moins
Joe? How much is nine minus six? Joe ? Combien font neuf moins six ?

minute [ˈmɪnɪt] **n**
1. minute
It's seven minutes past ten. Il est dix heures et sept minutes.
2. instant, moment, minute
Just a minute! Un petit instant !
The stagecoach should be here any minute. La diligence devrait être là d'un moment à l'autre.

mirror [ˈmɪrəʳ] **n** miroir*, glace
She looked at herself in the mirror. Elle s'est regardée dans la glace.

And the mirror was smashed to pieces.
Well done!
– Bravo ! Et le miroir vola en éclats.

misbehave [mɪsbɪˈheɪv] **vi** se conduire mal
He's being punished for misbehaving. Il est puni pour s'être mal conduit.

miscellaneous [mɪsəˈleɪnɪəs] **adj** divers
The cellar contained miscellaneous objects. La cave contenait des objets divers.

miserable [ˈmɪzrəbl] **adj** triste
Why are they all looking so miserable? Pourquoi ont-ils tous l'air si triste ?
What miserable weather! Quel mauvais temps !

Miss [mɪs] **n** mademoiselle
Would you like to dance, Miss? Voulez-vous danser, mademoiselle ?

miss [mɪs]
✪ **vt**
1. manquer, rater
He missed the target. Il a raté la cible.
2. Pour exprimer la nostalgie.
I miss you. Tu me manques.
I think he misses his parents. Je crois que ses parents lui manquent.
✪ **vi** rater, échouer
Lucky Luke never misses. Lucky Luke n'échoue jamais.
• **miss out vt Br** omettre, sauter
He missed my name out. Il a omis mon nom.
"Miss out" est séparable.

mist [mɪst] **n**
1. brume
Morning mists. Brumes matinales.
2. buée
She wiped the mist off the window. Elle a essuyé la buée sur la vitre.

mistake [mɪˈsteɪk], **mistook** [mɪˈstʊk], **mistaken** [mɪˈsteɪkən]
✪ **n** erreur, faute*
He took the wrong horse by mistake. Il a pris le mauvais cheval par erreur.
✪ **vt**
1. se méprendre sur
I think you're mistaking their intentions. Je crois que vous vous méprenez sur leurs intentions.
2. confondre
I mistook him for his brother. Je l'ai confondu avec son frère.

misty [ˈmɪstɪ] **adj**
1. brumeux
Tomorrow morning will be misty. Demain matin le temps sera brumeux.
2. embué
My glasses are misty. Mes lunettes sont embuées.

mix [mɪks]
✪ **vt**
1. mélanger
Mix all the ingredients together, Calamity! Mélangez tous les ingrédients, Calamity !
2. préparer
I'll mix you your favourite cocktail. Je vais te préparer ton cocktail préféré.
✪ **vi**
1. se mélanger
It mixes easily with water. Cela se mélange facilement avec l'eau.
2. se fréquenter
The O'Timmines and the O'Haras never mixed. Les O'Timmins et les O'Hara ne se fréquentaient jamais.
My sister doesn't mix with children her own age. Ma sœur ne fréquente pas les enfants de son âge.
• **mix up vt**
1. confondre
Rin Tin Can always mixes Averell up with his brother. Ran Tan Plan confond toujours Averell avec son frère.
2. mélanger

Horace is the only one to have made no mistakes in his homework.
– Horace est le seul à n'avoir pas fait de fautes dans son devoir.

mixed

*They paraded like **models**.*

*Elles défilaient comme des **mannequins**.*

All our clothes had got mixed up. Tous nos vêtements étaient mélangés.
"Mix up" est séparable.

mixed [mɪkst] **adj**
1. assorti
A tin of mixed biscuits. Une boîte de biscuits assortis.
2. mixte
A mixed school. Un établissement scolaire mixte.
• **mixed grill** assortiment de viandes grillées

mixture [ˈmɪkstʃəʳ] **n** mélange
They speak a mixture of English and Spanish. Ils parlent un mélange d'anglais et d'espagnol.

model [ˈmɒdl]
✪ **n**
1. modèle
His speech was a model of clarity. Son discours était un modèle de clarté.
He's changed his car for a new model. Il a changé sa voiture pour un nouveau modèle.
2. modèle réduit, maquette
Models of steam trains. Des maquettes de trains à vapeur.

3. mannequin*
She dreams of becoming a model. Elle rêve de devenir mannequin.
✪ **adj**
1. modèle
He's a model pupil. C'est un élève modèle.
2. en modèle réduit
A model railway. Un chemin de fer en modèle réduit.
She makes model aircraft. Elle fait des maquettes d'avions.

modern [ˈmɒdən] **adj** moderne
The hotel has all modern facilities. L'hôtel possède tout le confort moderne.
• **modern languages** langues vivantes

moment [ˈməʊmənt] **n** moment, instant
I'm sorry, I'm very busy at the moment. Désolé, je suis très occupé en ce moment.

monarchy [ˈmɒnəkɪ] **n** monarchie

Monday [ˈmʌndɪ] **n** lundi
Attention, le nom des jours prend toujours une majuscule en anglais. (voir page 71)

money [ˈmʌnɪ] **n** argent*

— Mais... Mais...
*— Donnez-moi tout votre **argent**! Vite!*

monk [mʌŋk] **n** moine

monkey [ˈmʌŋkɪ] **n** singe
My neighbours have got a pet monkey. Mes voisins ont un singe apprivoisé.

monster [ˈmɒnstəʳ] **n** monstre
Come here right now, you little monster! Viens ici tout de suite, espèce de petit monstre!

one hundred and eighty • 180 • cent quatre-vingts

month [mʌnθ] **n** mois
The train only comes twice a month. Le train ne passe que deux fois par mois.
(voir page 71)

monument [ˈmɒnjʊmənt] **n** monument
A monument to the heroes of the Wild West. Un monument aux héros du Far West.

mood [muːd] **n** humeur
She's in a good mood today. Elle est de bonne humeur aujourd'hui.

moon [muːn] **n** lune
There was a full moon. La lune était pleine.

moor [mʊər] **n** lande
We went hiking on the moor. Nous avons fait de la randonnée sur la lande.

moped [ˈməʊped] **n** vélomoteur

more [mɔːʳ]
✪ **adv**
1. plus
The town was even more dangerous than he thought. La ville était encore plus dangereuse qu'il ne le pensait.
2. plus, davantage
I should read more, but I don't have the time. Je devrais lire davantage, mais je n'ai pas le temps.
3. encore, de plus
I'll try once more. Je vais essayer encore une fois.
4. *Idiom* **more and more** de plus en plus
The trail was getting more and more difficult to follow. La piste devenait de plus en plus difficile à suivre.
5. *Idiom* **more or less** environ
The ranch is more or less five miles from here. Le ranch est à environ huit kilomètres d'ici.
✪ **adj**
1. plus de, davantage de
I should have put more sugar in. J'aurais dû mettre davantage de sucre.
2. encore (de), autre
Would you like some more cake? Veux-tu encore du gâteau ?
Two more cowboys came into the

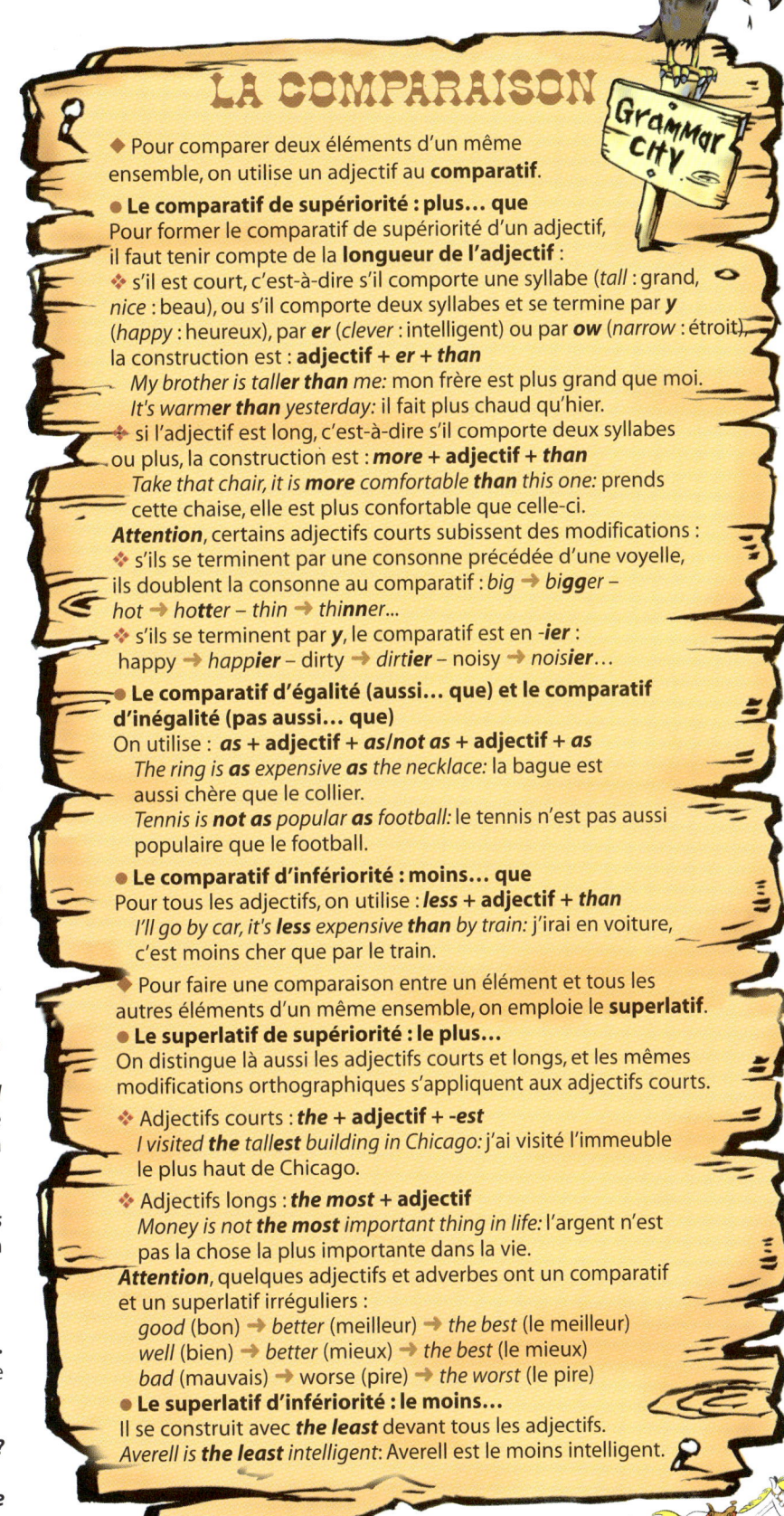

LA COMPARAISON

◆ Pour comparer deux éléments d'un même ensemble, on utilise un adjectif au **comparatif**.

● **Le comparatif de supériorité : plus… que**
Pour former le comparatif de supériorité d'un adjectif, il faut tenir compte de la **longueur de l'adjectif** :
❖ s'il est court, c'est-à-dire s'il comporte une syllabe (*tall* : grand, *nice* : beau), ou s'il comporte deux syllabes et se termine par ***y*** (*happy* : heureux), par ***er*** (*clever* : intelligent) ou par ***ow*** (*narrow* : étroit), la construction est : **adjectif + *er* + *than***
  *My brother is tall**er than** me:* mon frère est plus grand que moi.
  *It's warm**er than** yesterday:* il fait plus chaud qu'hier.
❖ si l'adjectif est long, c'est-à-dire s'il comporte deux syllabes ou plus, la construction est : ***more* + adjectif + *than***
  *Take that chair, it is **more** comfortable **than** this one:* prends cette chaise, elle est plus confortable que celle-ci.
Attention, certains adjectifs courts subissent des modifications :
❖ s'ils se terminent par une consonne précédée d'une voyelle, ils doublent la consonne au comparatif : *big* ➔ *bi**gg**er* – *hot* ➔ *ho**tt**er* – *thin* ➔ *thi**nn**er*…
❖ s'ils se terminent par ***y***, le comparatif est en *-ier* :
  happy ➔ *happ**ier*** – *dirty* ➔ *dirt**ier*** – *noisy* ➔ *nois**ier***…

● **Le comparatif d'égalité (aussi… que) et le comparatif d'inégalité (pas aussi… que)**
On utilise : ***as* + adjectif + *as*/*not as* + adjectif + *as***
  *The ring is **as** expensive **as** the necklace:* la bague est aussi chère que le collier.
  *Tennis is **not as** popular **as** football:* le tennis n'est pas aussi populaire que le football.

● **Le comparatif d'infériorité : moins… que**
Pour tous les adjectifs, on utilise : ***less* + adjectif + *than***
  *I'll go by car, it's **less** expensive **than** by train:* j'irai en voiture, c'est moins cher que par le train.

◆ Pour faire une comparaison entre un élément et tous les autres éléments d'un même ensemble, on emploie le **superlatif**.

● **Le superlatif de supériorité : le plus…**
On distingue là aussi les adjectifs courts et longs, et les mêmes modifications orthographiques s'appliquent aux adjectifs courts.
❖ Adjectifs courts : ***the* + adjectif + *-est***
  *I visited **the** tall**est** building in Chicago:* j'ai visité l'immeuble le plus haut de Chicago.
❖ Adjectifs longs : ***the most* + adjectif**
  *Money is not **the most** important thing in life:* l'argent n'est pas la chose la plus importante dans la vie.
Attention, quelques adjectifs et adverbes ont un comparatif et un superlatif irréguliers :
  good (bon) ➔ *better* (meilleur) ➔ *the best* (le meilleur)
  well (bien) ➔ *better* (mieux) ➔ *the best* (le mieux)
  bad (mauvais) ➔ *worse* (pire) ➔ *the worst* (le pire)

● **Le superlatif d'infériorité : le moins…**
Il se construit avec ***the least*** devant tous les adjectifs.
  *Averell is **the least** intelligent*: Averell est le moins intelligent.

morning

saloon. Deux autres cow-boys sont entrés dans le saloon.
- **pron**
1. plus, davantage
I've got more to do than yesterday. J'ai davantage de choses à faire qu'hier.
2. encore
This cake is delicious, can I have some more? Ce gâteau est délicieux, puis-je en reprendre ?
(voir page 181)

morning [ˈmɔːnɪŋ] **n**
1. matin
The stagecoach leaves early in the morning. La diligence part tôt le matin.
2. matinée
She spent all morning cleaning the house. Elle a passé toute la matinée à nettoyer la maison.

Moroccan [məˈrɒkən] **adj, n** marocain, marocaine, Marocain, Marocaine

Attention, l'anglais prend toujours une majuscule.

Morocco [məˈrɒkəʊ] **n** Maroc

mosquito [məˈskiːtəʊ] (**pl:** mosquitos ou mosquitoes) **n** moustique
I've been bitten all over by mosquitos. J'ai été piqué partout par des moustiques.

most [məʊst]
- **adv**
1. le plus*
2. très, fort
A most entertaining evening. Une soirée fort divertissante.
- **adj**
1. le plus de
Who's got the most money? Qui a le plus d'argent ?
2. la plupart de
He can usually beat most poker players. D'habitude, il est capable de battre la plupart des joueurs de poker.
- **pron**
1. le plus
Averell ate the most, as usual. C'est Averell qui a mangé le plus, comme d'habitude.
2. la plupart
Most of the men in the saloon were cowboys. La plupart des hommes dans le saloon étaient des cow-boys.
3. Idiom **at the most** tout au plus, au maximum
4. Idiom **to make the most of** profiter au maximum de
Let's make the most of the good weather. Profitons au maximum du beau temps.
(voir page 181)

mother [ˈmʌðəʳ] **n** mère*

– Je suis ta mère et tu dois m'obéir !

mother-in-law [ˈmʌðəʳɪnlɔː] (**pl:** mothers-in-law) **n** belle-mère
Attention, "mother-in-law" désigne la mère du conjoint, tandis que "stepmother" désigne la femme du père.

motion [ˈməʊʃən] **n**
1. mouvement
The motion of the boat was making him sick. Le mouvement du bateau le rendait malade.
2. motion
The motion was passed by 15 votes to 5. La motion a été adoptée par 15 voix contre 5.

motor [ˈməʊtəʳ]
- **n** moteur
An electric motor. Un moteur électrique.

– Mais je suis un dangereux bandit ! Je suis le bandit **le plus** dangereux de l'Ouest !

movie

adj (**Am:** automobile) automobile
The motor industry. L'industrie automobile.

motorbike [ˈməʊtəbaɪk], **motorcycle** [ˈməʊtəˌsaɪkəl] **n** moto

motorist [ˈməʊtərɪst] **n** automobiliste

motorway [ˈməʊtəweɪ] (**Am:** freeway) **n** autoroute
We ate in a motorway café. Nous avons mangé dans un restaurant d'autoroute.

mount [maʊnt]
vt
1. monter sur
He mounted his horse and galloped away. Il monta sur son cheval et partit au galop.
2. monter
They mounted a campaign against the sheriff. Ils ont monté une campagne contre le shérif.
vi monter, augmenter
Pressure on the government is mounting. La pression sur le gouvernement augmente.
n mont
Mount McKinley. Le mont McKinley.

mountain [ˈmaʊntɪn] **n** montagne
They went hiking in the mountains. Ils sont allés faire de la randonnée en montagne.
• **mountain bike** VTT

mouse [maʊs] (**pl:** mice) **n** souris*

moustache [məsˈtɑːʃ] (**Am:** mustache) **n** moustache

mouth [maʊθ] **n**
1. bouche
Don't talk with your mouth full! Ne parle pas la bouche pleine !
2. gueule
He put his head in the lion's mouth. Il a mis sa tête dans la gueule du lion.
3. embouchure
The mouth of the Mississippi. L'embouchure du Mississippi.

move [muːv]
vt
1. bouger, déplacer
Help me to move the table. Aide-moi à déplacer la table.
2. émouvoir
Her story moved them to tears. Son histoire les a émus aux larmes.
3. *Idiom* **to move house** Br déménager
vi
1. bouger
Hands up! Nobody move! Les mains en l'air ! Que personne ne bouge !
2. agir
We'll have to move fast if we want to catch them. Nous devrons agir vite si nous voulons les attraper.
3. déménager
They moved from Dallas to Dry Gulch. Ils ont déménagé de Dallas à Dry Gulch.
n
1. mouvement

He drew his pistol and fired in one move. Il dégaina son pistolet et tira d'un seul mouvement.
2. déménagement
I lost a box of books during the move. J'ai perdu un carton de livres pendant le déménagement.
3. Quand il s'agit d'échecs.
White can win in three moves. Les blancs peuvent gagner en trois coups.
4. tour
Whose move is it? À qui le tour ? C'est à qui de jouer ?
5. *Idiom* **to get a move on** se dépêcher
• **move in vi** emménager
The new neighbours have moved in. Les nouveaux voisins ont emménagé.
• **move out vi** déménager
They moved out without leaving a forwarding address. Ils ont déménagé sans laisser d'adresse où faire suivre leur courrier.
• **move up vi** se déplacer, se pousser
Move up, there's room for two! Pousse-toi, il y a de la place pour deux !

movie [ˈmuːvɪ] **n**
1. film
Have you seen his new movie? As-tu vu son nouveau film ?
2. *Idiom* **to go to the movies** aller au cinéma
• **movie camera** caméra

– Une *souris* ! – Une *souris* ! – Une *souris* ! – Une *souris* ! – Faites quelque chose !

mow

> **You've made *too much*!**
> **But you have to taste my specialities!**

— Vous en avez fait *trop* !
— Mais il faut que vous goûtiez à mes spécialités !

mow [məʊ] **vt** tondre
Have you mown the lawn? As-tu tondu le gazon ?
Le participe passé peut être soit "mown" [məʊn], soit "mowed" ; le prétérit est toujours "mowed".

Mr [ˈmɪstər] **n** monsieur, M.
Pleased to meet you, Mr Luke. Ravi de vous rencontrer, monsieur Luke.

Mrs [ˈmɪsɪz] **n** madame, Mme
Do you know Mrs Brown? Connais-tu madame Brown ?

Ms [mɪz] **n** Forme utilisée quand on ne veut pas faire la distinction entre "Mrs" (madame) et "Miss" (mademoiselle).

much [mʌtʃ] **comp** more [mɔːr], **superl** most [məʊst]
○ **adj**
1. beaucoup de
I haven't got much money left. Il ne me reste pas beaucoup d'argent.
2. *Idiom* **how much** combien de
How much money did you spend? Combien (d'argent) as-tu dépensé ?
3. *Idiom* **too much** trop de
I think I put too much pepper in. Je crois que j'ai mis trop de poivre.
4. *Idiom* **as much** autant de
They didn't make as much noise as usual. Ils n'ont pas fait autant de bruit que d'habitude.
○ **pron**
1. beaucoup
You haven't written much in your diary. Tu n'as pas beaucoup écrit dans ton journal.
2. *Idiom* **how much** combien
3. *Idiom* **too much** trop*
4. *Idiom* **as much** autant
5. *Idiom* **so much** tellement
○ **adv** beaucoup
It's much warmer today. Il fait beaucoup plus chaud aujourd'hui.
Thank you very much. Merci beaucoup.
En anglais courant (à part dans des locutions telles que "too much"), "much" s'utilise surtout dans les questions et les phrases négatives. Ailleurs, on préfère en général "a lot (of)".
(voir page 19)

mud [mʌd] **n** boue
The stagecoach got stuck in the mud. La diligence s'est enlisée dans la boue.

muffin [ˈmʌfɪn] **n** muffin
Petit pain servi avec le thé.

mug [mʌg]
○ **n** (grande) tasse
Another mug of coffee? Encore une tasse de café ?
○ **vt** agresser
He was mugged last night. Il a été agressé la nuit dernière.

mum, mummy [mʌm, ˈmʌmɪ] (**Am:** mom, mommy) **n** maman*
What's for lunch, Mum? Qu'est-ce qu'il y a pour le déjeuner, maman ?

murder [ˈmɜːdər]
○ **n** meurtre
He is accused of murder. Il est accusé de meurtre.
○ **vt** assassiner
They tried to murder the sheriff. Ils ont essayé d'assassiner le shérif.

museum [mjuːˈziːəm] **n** musée

mushroom [ˈmʌʃrʊm] **n** champignon

music [ˈmjuːzɪk] **n** musique
I heard music coming from the saloon. J'ai entendu de la musique qui venait du saloon.

musical [ˈmjuːzɪkl]
○ **adj**
1. musical
The ladies of El Plomo have organised a musical evening. Les dames d'El Plomo ont organisé une soirée musicale.
2. doué pour la musique

> **Don't cry, my little one!**
> **Oh, *Mummy*!**

— Ne pleure pas, mon petit !
— Oh, *maman* !

LES AUXILIAIRES MODAUX

Ce sont des outils qui permettent d'exprimer des notions de **capacité**, de **permission**, d'**obligation**, de **probabilité**, ainsi que l'idée de **futur**.
Ce ne sont pas des verbes. Ils n'ont pas d'infinitif. Ils ont la même forme à toutes les personnes et sont toujours suivis de la base verbale. Ils ne peuvent pas être précédés d'un autre auxiliaire, ni être suivis d'un verbe en *ing*.

CAN

◆ Permet de dire ce que l'on peut faire physiquement, ou ce que l'on sait faire. En français, on le traduit soit par *pouvoir*, soit par *savoir*.
  *I **can** lift that box*: je peux soulever cette boîte.
  *I **can** play the guitar*: je sais jouer de la guitare.
  ***Can** you speak French?* Parlez-vous français ?

◆ Exprime une permission ou un refus de permission.
  Can** I borrow your car? No, you **can't: puis-je emprunter ta voiture ? Non.

◆ Exprime une demande polie.
  ***Can** you help me?* Pouvez-vous m'aider ?

◆ La forme **could** correspond au passé de **can**.
  *When I was young, I **could** run faster*: quand j'étais jeune, je pouvais courir plus vite.

◆ La forme négative de **can** est **can't** ou **cannot** que l'on rencontre plus rarement.
  *I **can't** run very fast*: je ne peux pas courir très vite.

MAY

◆ Exprime une probabilité.
  *There's a lot of traffic, he **may** be late* : il y a beaucoup de circulation, il se peut qu'il soit en retard.

◆ Dans une question, on emploie **may** pour demander la permission de faire quelque chose.
  ***May** I stay a little longer?* Est-ce que je peux rester un peu plus longtemps ?

MUST

◆ Exprime une obligation ou une contrainte.
  *You **must** arrive by 8 o'clock*: vous devez arriver à 8 h.
  *Pupils **must** listen to the teacher*: les élèves doivent écouter le professeur.

◆ Exprime une déduction ou une quasi-certitude.
  *Sarah isn't at school, she **must** be ill*: Sarah n'est pas à l'école, elle doit être malade.

◆ La forme négative **mustn't** exprime une interdiction.
  *Children **mustn't** play with matches*: les enfants ne doivent pas jouer avec les allumettes.

SHOULD

◆ Il sert à exprimer le conseil.
  *You look tired, you **should** see a doctor*: tu as l'air fatigué, tu devrais voir un médecin.

◆ Sa forme négative est **shouldn't**.
  *She **shouldn't** eat sweet things, they're fattening*: elle ne devrait pas manger de sucreries, ça fait grossir.

WILL

◆ Il sert à exprimer l'idée de futur. On l'emploie souvent dans sa forme contractée : **'ll**.
  *We**'ll** visit Italy soon*: nous visiterons l'Italie bientôt.

◆ Sa forme négative est **will not** (**won't** à la forme contractée).
  *I **won't** go there*: je n'irai pas.

◆ **Attention**, les auxiliaires modaux ne peuvent pas être conjugués comme des verbes, il faut donc utiliser leurs équivalents pour les employer aux temps qui leur manquent.
❖ **Can** a comme équivalent **be able to**.
  *Will you **be able to** walk back home?* Pourras-tu (seras-tu capable de) rentrer à pied à la maison ?
❖ **Must** a comme équivalent **have to**.
  *When I was younger, I **had to** walk to school*: quand j'étais plus jeune, j'étais obligé d'aller à l'école à pied.
❖ **May** a comme équivalent **be allowed to**.
  *Children weren't **allowed to** go into the saloon*: on n'autorisait pas les enfants à entrer dans les saloons.

musician

The Daltons are not very musical. Les Dalton ne sont pas très doués pour la musique.
✪ **n** comédie musicale

musician [mjuːˈzɪʃən] **n** musicien(enne)

Muslim [ˈmʊslɪm] **adj, n** musulman, musulmane, Musulman, Musulmane
Attention, l'anglais prend toujours une majuscule.

must [mʌst] **v auxiliaire** devoir
It's getting late, I must go. Il se fait tard, je dois partir.
The stagecoach must have been delayed. La diligence a dû être retardée.
(voir page 185)

mustache → moustache

mustard [ˈmʌstəd] **n** moutarde

mutton [ˈmʌtn] **n** mouton
Leg of mutton. Gigot de mouton.

my [maɪ] **adj** mon, ma, mes
I've lost my revolver. J'ai perdu mon revolver.
(voir encadré ci-contre)

myself [maɪˈself] **pron**
1. me
I'll try to behave myself. J'essaierai de bien me tenir.
2. moi, moi-même
I think I'll keep this one for myself. Je crois que je vais garder celui-ci pour moi.
3. *Idiom* **(all) by myself** tout seul
(voir page 325)

mysterious [mɪˈstɪərɪəs] **adj** mystérieux
A mysterious stranger came to town. Un mystérieux étranger est arrivé dans la ville.

mystery [ˈmɪstərɪ] **n** mystère
They asked Lucky Luke to help them clear up the mystery. Ils ont demandé à Lucky Luke de les aider à éclaircir le mystère.

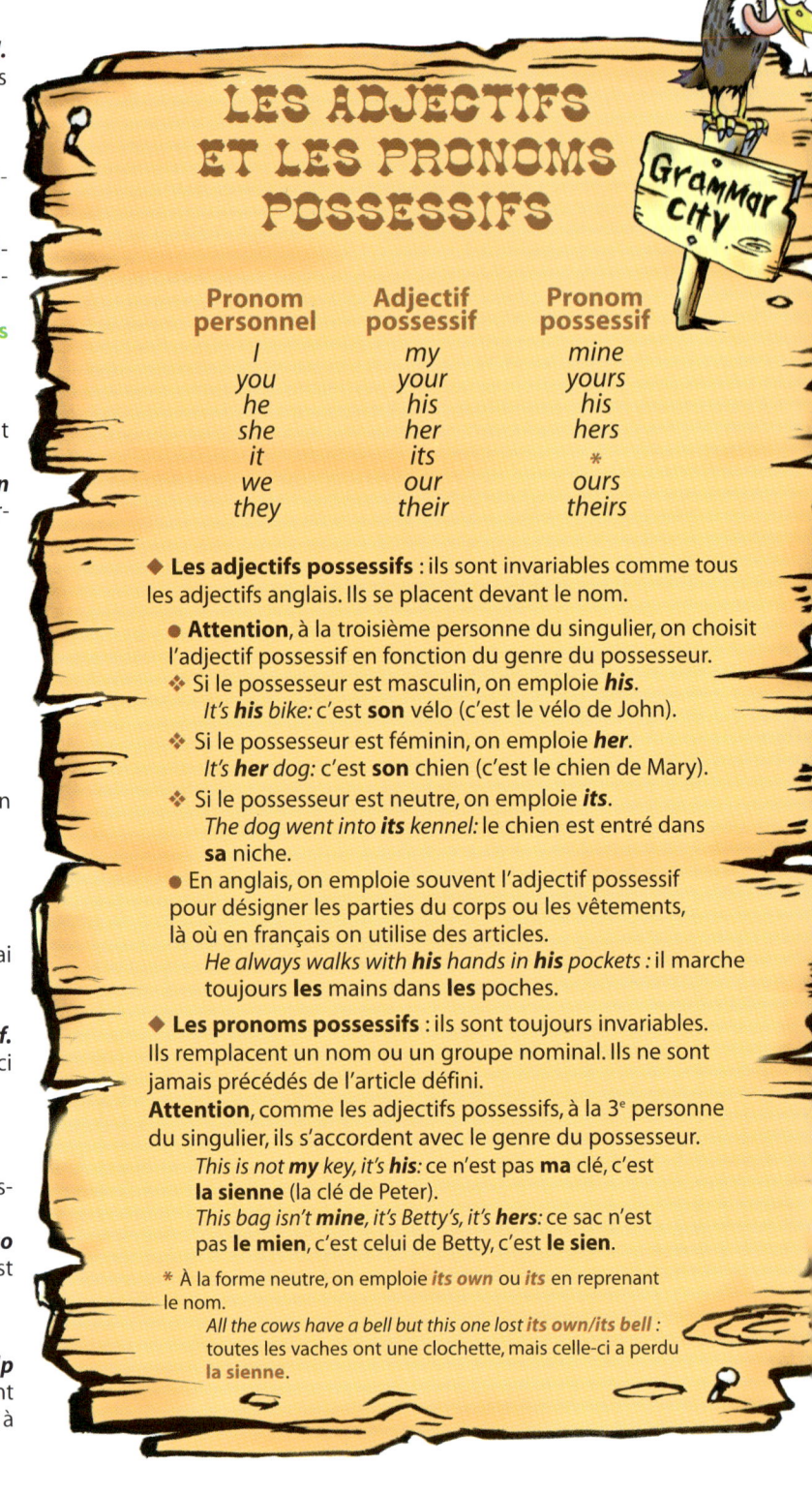

LES ADJECTIFS ET LES PRONOMS POSSESSIFS

Grammar City

Pronom personnel	Adjectif possessif	Pronom possessif
I	my	mine
you	your	yours
he	his	his
she	her	hers
it	its	*
we	our	ours
they	their	theirs

◆ **Les adjectifs possessifs** : ils sont invariables comme tous les adjectifs anglais. Ils se placent devant le nom.

● **Attention**, à la troisième personne du singulier, on choisit l'adjectif possessif en fonction du genre du possesseur.
❖ Si le possesseur est masculin, on emploie **his**.
It's **his** bike: c'est **son** vélo (c'est le vélo de John).
❖ Si le possesseur est féminin, on emploie **her**.
It's **her** dog: c'est **son** chien (c'est le chien de Mary).
❖ Si le possesseur est neutre, on emploie **its**.
The dog went into **its** kennel: le chien est entré dans **sa** niche.
● En anglais, on emploie souvent l'adjectif possessif pour désigner les parties du corps ou les vêtements, là où en français on utilise des articles.
He always walks with **his** hands in **his** pockets : il marche toujours **les** mains dans **les** poches.

◆ **Les pronoms possessifs** : ils sont toujours invariables. Ils remplacent un nom ou un groupe nominal. Ils ne sont jamais précédés de l'article défini.
Attention, comme les adjectifs possessifs, à la 3ᵉ personne du singulier, ils s'accordent avec le genre du possesseur.
This is not **my** key, it's **his**: ce n'est pas **ma** clé, c'est **la sienne** (la clé de Peter).
This bag isn't **mine**, it's Betty's, it's **hers**: ce sac n'est pas **le mien**, c'est celui de Betty, c'est **le sien**.

* À la forme neutre, on emploie *its own* ou *its* en reprenant le nom.
All the cows have a bell but this one lost *its own/its* bell : toutes les vaches ont une clochette, mais celle-ci a perdu **la sienne**.

N

nail [neɪl]
◎ **n**
1. clou*

I just take this nail out...

– Je fais simplement sauter ce clou...

2. ongle
Your nails are too long. Tes ongles sont trop longs.
◎ **vt** clouer
He nailed the sign to the wall. Il a cloué la pancarte au mur.
• **nail polish** vernis à ongles

naked [ˈneɪkɪd] **adj** nu
With the naked eye. À l'œil nu.

name [neɪm] **n** nom*
What's your name? Comment vous appelez-vous ?

napkin [ˈnæpkɪn] **n** serviette (de table)

nappy [ˈnæpɪ] (**Am:** diaper) **n** couche
He changed the baby's nappy. Il a changé la couche du bébé.

narrow [ˈnærəʊ] **adj** étroit
They entered a narrow gorge. Ils sont entrés dans un étroit défilé.

narrow-minded [ˌnærəʊˈmaɪndɪd] **adj** borné
The people of this town are so narrow-minded! Les habitants de cette ville sont vraiment bornés !

nasty [ˈnɑːstɪ] **adj**
1. méchant, vilain
Don't be nasty to your brother! Ne sois pas méchant avec ton frère !
I've got a nasty cold. J'ai un vilain rhume.
2. mauvais, désagréable
What's that nasty smell? Quelle est cette mauvaise odeur ?

national [ˈnæʃənl]
◎ **adj** national
They sang the national anthem. Ils ont chanté l'hymne national.
◎ **n** ressortissant(e)
French nationals. Les ressortissants français.

nationality [ˌnæʃəˈnælətɪ] **n** nationalité

native [ˈneɪtɪv]
◎ **adj**
1. natal
Her native country. Son pays natal.
2. maternel
His native language is Spanish. Sa langue maternelle est l'espagnol.

The Da... The DaDa... The Daltons!

Their name was enough to spread terror.

– Les Da... Les DaDa... Les Dalton ! Leur nom suffisait à semer la terreur.

natural

3. indigène
He is studying native customs. Il étudie les coutumes indigènes.
● **n** autochtone, indigène

natural [ˈnætʃrəl] **adj**
1. naturel
The region has many natural resources. La région a de nombreuses ressources naturelles.
2. inné
She has a natural gift for music. Elle a un talent inné pour la musique.

naturally [ˈnætʃrəli] **adv**
1. naturellement
Naturally, Lucky Luke was the first. Naturellement, Lucky Luke a été le premier.
2. de nature
They are naturally generous. Ils sont généreux de nature.

nature [ˈneɪtʃər] **n** nature
I'm not a great nature lover. Je ne suis pas un grand amoureux de la nature.
He's lazy by nature. Il est paresseux de nature.

naughty [ˈnɔːti] **adj** méchant, vilain
Stop that at once, you naughty boy! Arrête ça tout de suite, vilain garçon !

navy [ˈneɪvi]
● **n** marine
He joined the navy at sixteen. Il s'est engagé dans la marine à l'âge de 16 ans.
● **adj** bleu marine
She wore a navy sweater. Elle portait un pull bleu marine.
• **navy blue** bleu marine

near [nɪər]
● **prep** près de
He has a large ranch near Dry Gulch. Il a un grand ranch près de Dry Gulch.
● **adv** près*
Near to town. Près de la ville.
● **adj**
1. proche
He went to the nearest saloon. Il est allé au saloon le plus proche.
In the near future. Dans un proche avenir.
2. Idiom
That was a near thing! Nous l'avons échappé belle !

nearly [ˈnɪəli] **adv**
1. presque
Just a minute, I'm nearly ready! Un instant, je suis presque prêt !
2. Idiom
He's not nearly as good a shot as Lucky Luke. Il est loin d'être aussi bon tireur que Lucky Luke.
3. Idiom
You nearly killed me! Tu as failli me tuer !

neat [niːt] **adj**
1. bien rangé, bien tenu
His room is always very neat. Sa chambre est toujours très bien rangée.
2. soigné, net
A neat appearance is important. Il est important d'avoir une apparence soignée.
3. habile, ingénieux
The sheriff found a very neat solution to the problem. Le shérif a trouvé une solution très habile au problème.

neatly [ˈniːtli] **adv**
1. avec soin
She always dresses neatly. Elle s'habille toujours avec soin.
2. habilement
I think you handled the situation very neatly. Je trouve que tu as fait face à la situation très habilement.

necessary [ˈnesəsri] **adj** nécessaire
Don't bring more luggage than absolutely necessary. N'apportez pas plus de bagages que le strict nécessaire.

neck [nek] **n**
1. cou*

> The rope is frozen!
> It will thaw when we put it round his **neck**!
>
> – La corde est gelée !
> – Elle se dégèlera quand nous la mettrons autour de son *cou* !

2. goulot
The neck of the bottle. Le goulot de la bouteille.

necklace [ˈneklɪs] **n** collier
Sarah Bernhardt wore a pearl necklace. Sarah Bernhardt portait un collier de perles.

need [niːd]
● **n**
1. besoin
Too many people live in need. Trop de personnes vivent dans le besoin.
2. Idiom **there's no need to...** ce n'est pas la peine de...
There's no need to hurry. Ce n'est pas la peine de se dépêcher.

> A little *nearer*...
>
> – Un peu plus *près*...

neutral

v auxiliaire être obligé de, falloir
Need we leave already? Faut-il que nous partions déjà ?

vt

Good morning, I need a cookery book.

— Bonjour, j'ai besoin d'un livre de cuisine.

1. avoir besoin de*
2. être obligé de, falloir
Do we need to leave already? Faut-il que nous partions déjà ?

needle [ˈniːdl] **n** aiguille*

neigh [neɪ] **vi** hennir
I thought I heard Jolly Jumper neigh. J'ai cru entendre Jolly Jumper hennir.

neighbour [ˈneɪbə] (**Am:** neighbor) **n** voisin(e)
She loves gossiping with the neighbours. Elle adore papoter avec les voisins.

They stole all my needles.

— Ils ont volé toutes mes aiguilles.

neighbourhood [ˈneɪbəhʊd] (**Am:** neighborhood) **n** voisinage, quartier
There are lots of shops in the neighbourhood. Il y a beaucoup de magasins dans le quartier.

neither [ˈnaɪðə]
adv ni
It's neither in Arkansas nor in Texas. Ce n'est ni dans l'Arkansas, ni dans le Texas.
pron, adj ni l'un ni l'autre, aucun (des deux)
Neither of them would admit to stealing it. Ni l'un ni l'autre n'a voulu avouer l'avoir volé.
conj non plus
Neither do I. Moi non plus.
*— **We can't go on any longer!** — **Neither can we!*** — Nous ne pouvons plus continuer ! — Nous non plus !

nephew [ˈnefjuː] **n** neveu

nerve [nɜːv] **n**
1. nerf
Don't watch, darling, it's not good for your nerves. Ne regarde pas, chéri, ce n'est pas bon pour tes nerfs.
2. courage
They didn't have the nerve to stand up to Billy the Kid. Ils n'ont pas eu le courage de tenir tête à Billy the Kid.
3. culot
And he had the nerve to refuse! Et il a eu le culot de refuser !
4. Idiom **to lose one's nerve** se dégonfler
5. Idiom
It gets on my nerves. Ça m'énerve.

nervous [ˈnɜːvəs] **adj** nerveux*
• **nervous breakdown** dépression nerveuse

I think he's a bit nervous, we ought to stop.

— Je crois qu'il est un peu nerveux, nous devrions arrêter.

nest [nest]
n nid
A swallow's nest. Un nid d'hirondelles.
vi faire son nid, nicher
Birds had nested in the chimney. Des oiseaux avaient fait leur nid dans la cheminée.

net [net]
n
1. filet
He cast his net into the lake. Il jeta son filet dans le lac.
2. Net, Toile
To surf the net. Surfer sur le Net.
adj net
Net weight/profit. Poids/bénéfice net.

Netherlands [ˈneðələndz] **n pl** Pays-Bas

nettle [ˈnetəl] **n** ortie

network [ˈnetwɜːk] **n** réseau
The road network. Le réseau routier.

neutral [ˈnjuːtrəl]
adj neutre
A judge should be neutral. Les juges devraient être neutres.
n point mort
Put the car in neutral. Passez au point mort.

never

never [ˈnevəʳ] **adv**
1. jamais
I've never been to Salt Lake City. Je ne suis jamais allé à Salt Lake City.
2. *Idiom* **never mind** ça ne fait rien
3. *Idiom* **Well, I never!** Ça, par exemple !

new [njuː] **adj**
1. nouveau
He's got a new horse. Il a un nouveau cheval.
2. neuf
We sell new and used cars. Nous vendons des voitures neuves et d'occasion.
• **New Year** nouvel an, nouvelle année
Happy New Year! Bonne année !

newborn [ˈnjuːbɔːn] **adj** nouveau-né
A newborn child. Un nouveau-né.

news [njuːz] **n**
1. nouvelle(s)*
A piece of news. Une nouvelle.
2. informations, actualités
Did you watch the news last night? As-tu regardé les actualités hier soir ?

— Is the news good?
— I don't know, I can't read it from here.

— Les nouvelles sont-elles bonnes ?
— Je ne sais pas, je n'arrive pas à les lire d'ici.

"News" est toujours singulier. Pour traduire "deux nouvelles", il faut dire "two pieces of news".

newsagent [ˈnjuːzeɪdʒənt] (**Am:** newsdealer) **n** marchand de journaux.

newspaper [ˈnjuːzpeɪpəʳ] **n** journal

Lucky Luke went to see the editor of the local newspaper. Lucky Luke est allé voir le rédacteur en chef du journal local.
(voir encadré ci-dessous)

New York [njuː ˈjɔːk] **n** New York
(voir encadré ci-contre)

NEWSPAPERS

Les Anglo-Saxons sont de grands lecteurs de presse écrite, qu'il s'agisse des quotidiens (*daily newspapers* ou *dailies*), ou des périodiques (*magazines*) ; c'est ainsi que le dimanche, ils consacrent de longs moments à parcourir le journal qui, avec tous ses suppléments, peut peser jusqu'à 2 kg !

EN GRANDE-BRETAGNE

Il existe deux types de journaux :
• les **tabloïds** : presse populaire avide de sensationnel et de scandales, surnommée *the gutter-press*, littéralement presse de caniveau, dont les exemples les plus représentatifs sont *The Sun* et *The Mirror* ;
• les **broadsheet papers** ou **quality press** comme *The Times* ou *The Guardian*.
La plupart des journaux britanniques ont leur siège dans une rue de Londres appelée Fleet Street.

AUX ÉTATS-UNIS

La presse constitue le quatrième pouvoir tant son importance est grande dans la vie politique (le président Richard Nixon a dû démissionner à la suite de la découverte du scandale du Watergate par deux journalistes du *Washington Post*).

Il n'existe pas de presse nationale à proprement parler ; les principaux journaux américains portent tous le nom de la ville où ils sont publiés : *The New York Times*, *The Washington Post*, *The Chicago Tribune*.

next

New Zealand [nju:ˈzi:lənd] **n** Nouvelle-Zélande

New Zealander [nju:ˈzi:ləndəʳ] **adj, n** néo-zélandais, néo-zélandaise, Néo-Zélandais, Néo-Zélandaise
Attention, l'anglais prend toujours une majuscule.

next [nekst]
✿ **adj**
1. prochain*
2. suivant
I'll take the next bus. Je prendrai le bus suivant.
3. d'à côté
I heard a noise in the next room. J'ai entendu un bruit dans la pièce d'à côté.
4. *Idiom* **the next day** le lendemain
5. *Idiom* **the week/month after next** dans deux semaines/mois
Attention, il faut faire la différence entre "next month" = le mois prochain et "the next month" = le mois d'après, le mois suivant.

✿ **adv**
1. ensuite, après
What happened next? Qu'est-ce qui s'est passé ensuite ?
2. la prochaine fois
Will you buy me some material when you next go into town? Pourras-tu m'acheter du tissu la prochaine fois que tu iras en ville ?

• **next door** à côté
They used to live next door. C'étaient nos voisins d'à côté.
• **next of kin** plus proche parent
• **next to**

NEW YORK

New York, que ses habitants surnomment *The Big Apple* (la grosse pomme), peut se visiter à bord d'un *yellow cab*, l'un de ces taxis jaunes qui sillonnent la ville. Manhattan a son quartier d'affaires, le *Financial District*, où s'élève le **World Trade Center** et ses *twin towers* (tours jumelles), d'où l'on aperçoit la Statue de la Liberté. La Cinquième Avenue (**Fifth Avenue**) est caractéristique de l'activité new-yorkaise avec ses gratte-ciel (*skyscrapers*) à vous couper le souffle. Du 102ᵉ étage de l'**Empire State Building**, on admire la ville et son "poumon" : **Central Park**, un parc immense, où se croisent les New-Yorkais en roller, les familles, les musiciens qui répètent... **Times Square** et les théâtres le long de **Broadway** attirent de nombreux spectateurs. **Soho** (*South of Houston Street*) a longtemps été le rendez-vous des peintres et sculpteurs, tout comme **Tribeca** (*Triangle Below Canal Street*) ou **Greenwich Village**.

Les différentes communautés ethniques qui peuplent New York se regroupent par quartiers : **Chinatown**, qui abrite la communauté chinoise, ou encore **Little Italy** ; à **Brooklyn** se côtoient Russes, Antillais, Polonais, Portoricains, etc. **Harlem**, à grande majorité noire, fut longtemps décrié pour sa violence mais est en train de renaître, tout comme le **Queens** où vécurent des jazzmen célèbres ; le **Bronx** a toujours la réputation d'être assez dangereux. Enfin, le **MOMA** (*Museum of Modern Art*) et le **Guggenheim Museum** comptent parmi les plus beaux musées d'art moderne du pays et le **Met** (*Metropolitan Museum of Art*) propose une collection d'art grandiose.

— Encore un hold-up ! — Cela devient lassant. — Oui, cela devient lassant ! La *prochaine* fois, je me fâche !

next-door

1. à côté de
The undertakers' is next to the saloon. Les pompes funèbres sont à côté du saloon.
2. *Idiom* **next to nothing** presque rien

next-door ['nekst'dɔ:r] **adj** d'à côté
He married his next-door neighbour. Il a épousé sa voisine d'à côté.

nice [naɪs] **adj**
1. sympathique, gentil, aimable
Billy the Kid was not a nice child. Billy the Kid n'était pas un enfant gentil.
2. bon*
3. joli, beau
The weather will be nice tomorrow. Demain, nous aurons du beau temps.

nickname ['nɪkneɪm] **n** surnom
His nickname was Billy the Kid. Son surnom était Billy the Kid.

niece [ni:s] **n** nièce

night [naɪt] **n**
1. nuit
He was woken in the middle of the night. Il a été réveillé en pleine nuit.
2. soir
Did you go to the saloon last night? Es-tu allé au saloon hier soir ?
3. *Idiom* **to have an early/late night** se coucher tôt/tard

nightdress ['naɪtdres] **n** chemise de nuit*

nightgown ['naɪtgaʊn] **n** chemise de nuit
"Nightdress" désigne une chemise de nuit de femme, tandis que "nightgown" désigne un vêtement pour homme ou femme.

nightingale ['naɪtɪŋgeɪl] **n** rossignol

nightmare ['naɪtmeə'] **n** cauchemar
I had a terrible nightmare last night. J'ai fait un cauchemar affreux cette nuit.

nil [nɪl] (**Am:** nothing) **n** zéro
We won three nil. Nous avons gagné trois à zéro.
(voir page 195)

nine [naɪn] **adj num, n** neuf
(voir page 195)

– Et en plus vous m'avez obligée à sortir en *chemise de nuit* !

– Thanks again for that *nice* meal.
– And here's a *nice* cup of coffee.
– Merci encore pour ce *bon* repas.
– Et voici une *bonne* tasse de café.

And what's more you made me come out in my *nightdress*!

nineteen [naɪn'ti:n] **adj num, n** dix-neuf
(voir page 195)

ninety ['naɪntɪ] **adj num, n** quatre-vingt-dix
(voir page 195)

no [nəʊ]
● **adv**
1. non
– **Shall we take the dog? – No!** – On emmène le chien ? – Non !
2. pas
It's no more difficult than I thought. Ce n'est pas plus difficile que je pensais.
● **adj** aucun, pas de
He had no friends. Il n'avait pas d'amis.

nobility [nəʊ'bɪlɪtɪ] **n** noblesse

noble ['nəʊbəl] **adj, n** noble
She's from a noble family. Elle est d'une famille noble.

nobody, no one ['nəʊbədɪ, 'nəʊ wʌn] **pron** personne
Nobody dared to challenge Billy the Kid. Personne n'osait défier Billy the Kid.
There's no one in. Il n'y a personne à la maison.

nod [nɒd]
● **vi**
1. hocher la tête affirmativement, faire signe que oui
When I asked him if he was ready, he nodded. Quand je lui ai demandé s'il était prêt, il a fait signe que oui.
2. faire un signe de tête
He nodded to me across the room. Il m'a salué de la tête de l'autre bout de la pièce.
● **vt**
Idiom **to nod one's head** hocher la tête, faire un signe de tête
● **nod off vi** s'assoupir
You're nodding off, go to bed. Tu t'assoupis, va te coucher.

noise [nɔɪz] **n** bruit
Stop that dreadful noise at once! Arrêtez tout de suite ce bruit affreux !

noisy ['nɔɪzɪ] **adj** bruyant
The engine is very noisy. Le moteur est très bruyant.

not

none [nʌn]
- **pron**
1. aucun
None of the Daltons can shoot better than Lucky Luke. Aucun des Dalton ne tire mieux que Lucky Luke.
2. *Pour parler de quelque chose d'indénombrable.*
I asked for some more water, but there was none left. J'ai demandé de l'eau, mais il n'y en avait plus.
- **adv** pas
We are none the wiser for it. Nous ne sommes pas plus avancés pour autant.

nonsense [ˈnɒnsəns]
- **n**
1. charabia
I can't understand this message, it's just nonsense. Je ne comprends pas ce message, c'est du charabia.
2. bêtises, sottises
You're talking nonsense! Tu racontes des bêtises !

- **excl** n'importe quoi
– I say we should hang them! – Nonsense! – Moi je dis qu'on devrait les pendre ! – N'importe quoi !

noodles [ˈnuːdəl] **n pl** nouilles
Chicken and noodles. Poulet aux nouilles.

noon [nuːn] **n** midi*
The stagecoach arrives at noon. La diligence arrive à midi.

no one → nobody

nor [nɔːr] **conj**
1. ni
It's neither in Arkansas nor in Texas. Ce n'est ni dans l'Arkansas, ni dans le Texas.
2. non plus
Nor do I. Moi non plus.
– We can't go on any longer! – Nor can we! – Nous ne pouvons plus continuer ! – Nous non plus !

normal [ˈnɔːməl] **adj** normal
Temperatures will be normal for the time of the year. Les températures seront normales pour la saison.

normally [ˈnɔːməlɪ] **adv** normalement
The Daltons aren't never normally so calm. Normalement, les Dalton ne sont jamais aussi calmes.

north [nɔːθ]
- **n** nord, Nord
The Indians came from the north. Les Indiens sont venus du nord.
The North of England. Le Nord de l'Angleterre.
- **adj**
1. nord
On the north bank of the river. Sur la rive nord du fleuve.
2. du nord
A north wind was blowing. Il soufflait un vent du nord.
North Africa/America. L'Afrique/L'Amérique du Nord.
- **adv** au nord, vers le nord
All the riders headed north. Tous les cavaliers se sont dirigés vers le nord.

northern [ˈnɔːðən] **adj** du nord
Northern Ireland. L'Irlande du Nord.

Norway [ˈnɔːweɪ] **n** Norvège

Norwegian [nɔːˈwiːdʒən] **adj, n** norvégien, norvégienne, Norvégien, Norvégienne
Attention, l'anglais prend toujours une majuscule.

nose [nəʊz] **n**
1. nez
The O'Timminses have all got big noses. Les O'Timmins ont tous de gros nez.
2. *Idiom*
Keep your nose out of my business! Ne te mêle pas de mes affaires !

nostril [ˈnɒstrɪl] **n** narine

nosy [ˈnəʊzɪ] **adj** fouineur, indiscret
I don't want nosy neighbours in here. Je ne veux pas que des voisins indiscrets viennent ici.

not [nɒt] **adv** pas
The stagecoach has not arrived yet. La diligence n'est pas encore arrivée.
– Am I disturbing you? – No, not at all. – Je vous dérange ? – Non, pas du tout.
Dans le langage courant,

– Je crois qu'on devrait s'arrêter, il est presque *midi*.
– Il faut que je retrouve ma pièce…
– J'ai percé toutes mes pièces, donne-m'en une autre.
– Non ! Il est *midi*, nous allons déjeuner !

one hundred and ninety-three • 193 • cent quatre-vingt-treize

note

"not" après un auxiliaire ou un modal est souvent abrégé en "n't" : do not cry = don't cry ; I did not see him = I didn't see him.

note [nəʊt]
❂ n
1. note
He took notes at the meeting. Il a pris des notes à la réunion.
2. mot
She wrote a short note to her mother. Elle a écrit un petit mot à sa mère.
3. billet
I found a five pound note. J'ai trouvé un billet de cinq livres.
4. note
The pianist played a wrong note. Le pianiste a joué une fausse note.
❂ vt remarquer, noter
Please note that the bank will be closed all next week. Veuillez noter que la banque sera fermée toute la semaine prochaine.
• **note down** vt noter
The sheriff noted their names down. Le shérif a noté leurs noms.
"Note down" est séparable.

notebook [ˈnəʊtbʊk] n carnet, calepin

nothing [ˈnʌθɪŋ] pron
1. rien*
There was nothing in the crate. Il n'y avait rien dans la caisse.
2. Idiom
She's nothing like ready. Elle est loin d'être prête.

notice [ˈnəʊtɪs]
❂ n
1. affiche
Notices with his picture on them were put up all over the country. Des affiches à son image étaient placardées dans tout le pays.
2. attention
They took no notice of what Lucky Luke told them. Ils n'ont prêté aucune attention à ce que leur a dit Lucky Luke.
3. préavis
You have to give a month's notice. Il faut donner un préavis d'un mois.
4. Idiom **until further notice** jusqu'à nouvel ordre
❂ vt remarquer
He didn't notice Jolly Jumper outside the saloon. Il n'a pas remarqué Jolly Jumper devant le saloon.
• **notice board** Br panneau d'affichage

nought [nɔːt] (Am: zero) n zéro
I got nought out of twenty! J'ai eu zéro sur vingt !
(voir encadré ci-contre)

noun [naʊn] n nom, substantif
A proper/common noun. Un nom propre/commun.

novel [ˈnɒvəl] n roman
I haven't read her latest novel. Je n'ai pas lu son dernier roman.

November [nəˈvembər] n novembre
Attention, les noms de mois prennent toujours une majuscule en anglais.
(voir page 71)

now [naʊ]
❂ adv
1. maintenant
What's that stupid dog doing now? Que fait cet idiot de chien maintenant ?
2. bon, alors
Now, let's try and concentrate. Bon, essayons de nous concentrer.

– Rien ! – Rien ! – Rien ! – Rien ! – Rien ! – Rien !

NUMBERS

LES NOMBRES CARDINAUX

◆ **De 1 à 19 :**

1	one
2	two
3	three
4	four
5	five
6	six
7	seven
8	eight
9	nine
10	ten
11	eleven
12	twelve
13	thirteen
14	fourteen
15	fifteen
16	sixteen
17	seventeen
18	eighteen
19	nineteen

◆ **Les dizaines :**

20	twenty
30	thirty
40	forty
50	fifty
60	sixty
70	seventy
80	eighty
90	ninety

◆ **Les nombres composés :**

21	twenty-one
43	forty-three
65	sixty-five
89	eighty-nine
100	a hundred
300	three hundred
652	six hundred and fifty-two
1,000	a thousand
3,260	three thousand two hundred and sixty
5,000	five thousand

◆ **Attention, en anglais, la virgule indique les milliers ; c'est un point qui marque les décimales.**

2,5 = 2.5 (*two point five*)

◆ **Les nombres cardinaux sont invariables.**

Two **hundred** children : deux cents enfants.
Five **thousand** students : cinq mille étudiants.

Attention, **hundred**, **thousand**, **million** se mettent au pluriel et sont suivis de **of** quand ils sont employés comme noms et désignent un nombre approximatif :

Hundred**s** *of* horses : des centaines de chevaux.
Million**s** *of* tourists : des millions de touristes.

LES NOMBRES ORDINAUX

Ils sont toujours précédés de l'article *the*. On les forme en ajoutant **th** aux nombres cardinaux.
Attention, *one, two, three* et leurs composés sont irréguliers.

◆ **De 1 à 19 :**

1st	the first
2nd	the second
3rd	the third
4th	the fourth
5th	the fifth
6th	the sixth
7th	the seventh
8th	the eighth
9th	the ninth
10th	the tenth
11th	the eleventh
12th	the twelfth
13th	the thirteenth
14th	the fourteenth
15th	the fifteenth
16th	the sixteenth
17th	the seventeenth
18th	the eighteenth
19th	the nineteenth

◆ **Les dizaines :**
La terminaison en **-ty** se transforme en **-tieth**.

20th	the twentieth
30th	the thirtieth
40th	the fortieth
50th	the fiftieth
60th	the sixtieth
70th	the seventieth
80th	the eightieth
90th	the ninetieth

◆ On emploie les nombres ordinaux pour donner une date, pour les noms des souverains ou pour lire les fractions.
2 mai : May 2nd (*May the second*)
Henry V : Henry V (*Henry the fifth*)
Un tiers : 1/3 (*one third*)

LE ZÉRO

Il se traduit de différentes façons.

◆ En chiffre seul, il se dit **nought** en anglais et **zero** en américain.

◆ Dans un numéro de téléphone, un code, etc. on le prononce [əʊ], et on énonce les chiffres les uns après les autres : *041 5863* = [əʊ] *four one, five eight six three.*

◆ Pour des mesures de température, on dit **zero** : *In winter, the temperature falls below **zero*** : en hiver la température chute en dessous de zéro.

◆ Enfin pour des résultats sportifs, on dit **nil** dans la plupart des sports, **love** au tennis et au ping-pong.

nowadays

3. *Idiom* **now and then, now and again** de temps en temps
4. *Idiom* **by now** à l'heure qu'il est
The stagecoach should have arrived by now. La diligence devrait être arrivée à l'heure qu'il est.
5. *Idiom* **for now** pour le moment
6. *Idiom* **in a year from now** dans un an, d'ici un an
7. *Idiom* **until now** jusqu'à maintenant
8. *Idiom* **up till now** jusqu'ici
❂ **conj** maintenant que
What shall we do now Lucky Luke has gone? Qu'allons-nous faire maintenant que Lucky Luke est parti ?

nowadays [ˈnaʊədeɪz] **adv** aujourd'hui, de nos jours
We see fewer Indians nowadays. On voit moins d'Indiens de nos jours.

nowhere [ˈnəʊweəʳ] **adv**
1. nulle part
– *Where did you go? – Nowhere.*
– Où es-tu allé ? – Nulle part.
2. *Idiom*
I'm nowhere near finished. Je suis loin d'avoir terminé.

nuclear [ˈnjuːklɪəʳ] **adj** nucléaire
A nuclear bomb/power plant. Une bombe/centrale nucléaire.
Nuclear waste. Déchets nucléaires.

nugget [ˈnʌgɪt] **n** pépite*

nuisance [ˈnjuːsəns] **n**
1. *Se traduit souvent par un adjectif.*
It's a nuisance that the bank is so far away. C'est embêtant que la banque soit si loin.
The stagecoach is late, what a nuisance! La diligence est en retard, c'est ennuyeux !
2. plaie, peste
His little sister is a real nuisance. Sa petite sœur est une vraie peste.

number [ˈnʌmbəʳ]
❂ **n**
1. nombre
The number of bisons is diminishing. Le nombre de bisons diminue.
2. numéro
Give me your telephone number. Donnez-moi votre numéro de téléphone.
3. chanson
I only like two numbers on the album. Je n'aime que deux chansons sur l'album.
❂ **vt**
1. numéroter
The pages aren't numbered. Les pages ne sont pas numérotées.
2. compter
Your days are numbered, Lucky Luke! Tes jours sont comptés, Lucky Luke !
(voir page 195)

numeral [ˈnjuːmərəl] **n** chiffre
The date is written in Roman numerals. La date est écrite en chiffres romains.

nun [nʌn] **n** religieuse, (bonne) sœur
She disguised herself as nun. Elle s'est déguisée en bonne sœur.

A gold nugget! I've found a gold nugget!

– Une **pépite** d'or ! J'ai trouvé une **pépite** d'or !

nurse [nɜːs]
❂ **n** infirmière
Male nurse. Infirmier.
❂ **vt**
1. soigner
She nursed me when I was sick. Elle m'a soigné quand j'étais malade.
2. allaiter
She's nursing her baby. Elle allaite son enfant.

nursery [ˈnɜːsərɪ] **n** garderie
He fetched the children from the nursery. Il est allé chercher les enfants à la garderie.
• **nursery school** école maternelle*
(voir page 252)

If you attack any more stagecoaches, I'm going to send you back to nursery school!
Waaaah!

– Si tu continues à attaquer des diligences, je vais te remettre à l'**école maternelle** !

nut [nʌt] **n**
1. "Nut" est un terme générique désignant les fruits à coquille, telles les noix, les noisettes, les cacahuètes, etc.
2. écrou
The nuts have come loose. Les écrous se sont desserrés.
3. *informal* dingue, cinglé
Stop calling me a nut! Arrêtez de me traiter de dingue !

nylon [ˈnaɪlɒn] **n** Nylon
He was wearing a nylon shirt. Il portait une chemise en Nylon.
"Nylon" est un nom déposé en français.

O

oak [əʊk] **n** chêne
Oak furniture. Meubles en chêne.

oats [əʊts] **n pl** avoine
Jolly Jumper hasn't eaten his oats. Jolly Jumper n'a pas mangé son avoine.

obey [ə'beɪ]
✿ **vt** obéir à*

— *Tu vas m'obéir, oui ou non ? — Non !*

✿ **vi** obéir

object
Le nom se prononce ['ɒbdʒekt], le verbe se prononce [əb'dʒekt].
✿ **n**
1. objet
He could just make out an object on the table. Il arrivait tout juste à distinguer un objet sur la table.
2. objectif, but
What is your object in life? Quel est votre but dans la vie ?
3. complément d'objet
Direct/indirect object. Complément d'objet direct/indirect.
✿ **vt** objecter
The sheriff objected that it was too far. Le shérif a objecté que c'était trop loin.
✿ **vi** faire objection, s'opposer
Nobody objected to my plan. Personne ne s'est opposé à mon projet.

oblige [ə'blaɪdʒ] **vt**
1. obliger, forcer
You can't oblige them to leave. Vous ne pouvez pas les obliger à partir.
2. rendre service à
I'd be happy to oblige you, but… Je serais heureux de te rendre service, mais…

obvious ['ɒbvɪəs] **adj** évident, manifeste
It's obvious that Billy the Kid stole it. C'est évident que c'est Billy the Kid qui l'a volé.

obviously ['ɒbvɪəslɪ] **adv**
1. bien sûr, évidemment
I obviously don't need to tell you how important this is. Je n'ai pas besoin, bien sûr, de vous dire à quel point ceci est important.
2. manifestement*, de toute évidence

occur [ə'kɜːʳ] **vi**
1. se passer, arriver, avoir lieu
When did the holdup occur? Quand le hold-up a-t-il eu lieu ?
2. Idiom

What happened? He obviously didn't like the article I published about him!

— *Que s'est-il passé ? — Manifestement, il n'a pas aimé l'article que j'ai publié sur lui !*

ocean

And when you are on the other side of the ocean, I sincerely hope that blah blah blah...

— Et quand vous serez de l'autre côté de l'océan, j'espère sincèrement que bla bla bla...

It occurred to me that they might be lying. Il m'est venu à l'esprit qu'ils pourraient mentir.

ocean [ˈəʊʃn] **n** océan*

o'clock [əˈklɒk] **adv**
It's six o'clock. Il est six heures.
(voir page 292)

October [ɒkˈtəʊbəʳ] **n** octobre
Attention, les noms de mois prennent toujours une majuscule en anglais.
(voir page 71)

octopus [ˈɒktəpəs] **n** poulpe, pieuvre

odd [ɒd] **adj**
1. bizarre, étrange
Something odd is happening here. Il se passe quelque chose de bizarre ici.
2. dépareillé
He was wearing odd socks. Il portait des chaussettes dépareillées.
3. impair
An odd number. Un nombre impair.
4. Idiom **odd jobs** petits travaux

of [əv, ɒv] **prep**
1. de*
He was watching from the top of the hill. Il faisait le guet du haut de la colline.
Not many men die of old age in this town. Peu d'hommes meurent de vieillesse dans cette ville.
Another cup of coffee? Une autre tasse de café ?
2. Dans les dates.
The third of March. Le trois mars.

off [ɒf]
✱ **adv**
1. Pour exprimer la distance.
The ranch is still five miles off. Le ranch est encore à huit kilomètres.
Is it far off? Est-ce loin ?
2. Pour exprimer l'idée de départ.
They're off to Denver tomorrow. Ils partent pour Denver demain.
3. Pour exprimer l'idée de séparation, le fait d'enlever.
I can't get the lid off. Je n'arrive pas à enlever le couvercle.
Come in and take your coat off. Entrez et enlevez votre manteau.
He shaved his moustache off. Il s'est rasé la moustache.
4. Pour exprimer l'idée de congé.
I took a day off. J'ai pris un jour de congé.
5. Pour exprimer l'idée de réduction.
All these items are 5% off. Il y a 5 % de réduction sur tous ces articles.
6. Pour exprimer l'idée d'éteindre, d'arrêter.
Did you switch the television off? As-tu éteint la télévision ?
Turn the tap off. Ferme le robinet.
✱ **prep**
1. de
He fell off his horse. Il est tombé de cheval.
2. absent de
Ten pupils are off school with flu. Dix élèves sont absents de l'école à cause de la grippe.
3. à deux pas de
Just off the main street. À deux pas de la rue principale.
4. Idiom **Br**
He's off his food. Il a perdu l'appétit.
5. Idiom
She's off duty tonight. Elle n'est pas de service ce soir.
✱ **adj**
1. absent
Ten pupils were off yesterday. Dix élèves étaient absents hier.
2. éteint, fermé
All the lights were off. Toutes les lumières étaient éteintes.
Are the taps off? Les robinets sont-ils fermés ?
3. Br: avarié, gâté
This meat's off! Cette viande est avariée !
4. annulé
I'm afraid the meeting's off. Je regrette, la réunion est annulée.

So, which of you four had this excellent idea?
It wasn't me, Ma!

— Alors, lequel de vous quatre a eu cette excellente idée ?
— Ce n'est pas moi, Ma !

offer [ˈɒfəʳ]
✱ n
1. offre
They accepted his offer. Ils ont accepté son offre.
2. promotion
Cut-price offers. Promotions à prix sacrifiés.
✱ vt proposer*

Thank you for offering to make me chairman.
– Merci de m'avoir proposé d'être président.

office [ˈɒfɪs] n
1. bureau
She works in an office. Elle travaille dans un bureau.
2. fonction, poste
The sheriff has been in office for more than ten years. Le shérif est en fonction depuis plus de dix ans.

Do you miss often?
No, not too often!
– Vous ratez souvent ?
– Non, pas trop souvent !

officer [ˈɒfɪsəʳ] n officier
I'm an officer in the American army. Je suis officier de l'armée américaine.

often [ˈɒfn, ˈɒftn] adv
1. souvent*
2. *Idiom* **how often** tous les combien
How often does the train stop here? Le train s'arrête ici tous les combien ?
3. *Idiom* **every so often** de temps en temps

oh [əʊ] excl oh
Oh look, a bear! Oh, regardez, un ours !

oil [ɔɪl]
✱ n
1. huile
Olive oil. Huile d'olive.
2. pétrole
We've struck oil! Nous avons découvert du pétrole !
An oil lamp. Une lampe à pétrole.
3. mazout
The central heating runs on oil. Le chauffage central fonctionne au mazout.
✱ vt graisser, lubrifier
The wheels need oiling. Les roues ont besoin d'être lubrifiées.
• **oil slick, oil spill** marée noire

OK, okay [ˈəʊˈkeɪ]
✱ excl d'accord, O.K.
– Can I come with you? – OK. – Je peux venir avec vous ? – D'accord.
✱ adj Se traduit par une expression.
Are you OK, Lucky Luke? Est-ce que ça va, Lucky Luke ?
His new record's okay, but it's not as good as his first. Son nouveau disque n'est pas mal, mais moins bien que son premier.
Is it okay to bring my little brother? Est-ce que je peux amener mon petit frère ?

old [əʊld]
✱ adj
1. vieux, âgé
He's too old to compete in the rodeo. Il est trop vieux pour participer au rodéo.
2. ancien
Her old job in the saloon. Son ancien travail dans le saloon.
3. Pour parler de l'âge.
How old are you? Quel âge avez-vous ?
She's ten years old. Elle a dix ans.
A twenty-year-old man. Un homme de vingt ans.
✱ n pl
The old. Les personnes âgées.
• **old age pensioner** retraité(e)

old-fashioned [əʊldˈfæʃnd] adj
1. démodé, passé de mode
He always wears such old-fashioned clothes! Il porte toujours des vêtements vraiment démodés !
2. vieux jeu
My parents are very old-fashioned. Mes parents sont très vieux jeu.

Olympic [əˈlɪmpɪk] adj olympique
The Olympic Games. Les Jeux olympiques.

on [ɒn]
✱ prep
1. Se traduit en général par : sur
He put his revolver on the table. Il a posé son revolver sur la table.
A book on the Wild West. Un livre sur le Far West.
He's a bad influence on them. Il a une mauvaise influence sur eux.
2. Pour indiquer le jour, la date.
On the fifth of May. Le cinq mai.
I'll be back on Tuesday. Je serai de retour mardi.
The train only stops here on Tuesdays. Le train ne s'arrête ici que le mardi.

once

3. Pour indiquer la manière, le moyen : **à**
They finished the journey on foot. Ils ont terminé le voyage à pied.
On television. À la télévision.
He played a tune on the piano. Il a joué un air au piano.
4. *Idiom* **on business** pour affaires
5. *Idiom* **on holiday** **Br** en vacances
6. *Idiom* **on duty** de service
✲ **adv**
1. Pour indiquer l'idée de couvrir, de revêtir.
Put the lid back on. Remets le couvercle.
Put your coat on. Mets ton manteau.
She had a hat on. Elle portait un chapeau.
2. Pour indiquer qu'on met quelque chose en marche.
Switch the radio on. Allume la radio.
She turned the hot tap on. Elle a ouvert le robinet d'eau chaude.
3. Pour indiquer que quelque chose se passe.
What's on at the local cinema tonight? Qu'est-ce qu'il y a au cinéma du coin ce soir ?
Is the meeting still on? Est-ce que la réunion va avoir lieu ?
4. Pour indiquer la continuation.
They walked on. Ils ont continué à marcher.
✲ **adj** allumé, ouvert
All the lights were on. Toutes les lumières étaient allumées.
• **on to** → **onto**

once [wʌns]
✲ **adv**
1. une fois
I have only been to Dallas once. Je ne suis allé qu'une fois à Dallas.
The train stops here once a week. Le train s'arrête ici une fois par semaine.
2. autrefois, jadis
This rifle once belonged to my grandfather. Ce fusil appartenait jadis à mon grand-père.
3. *Idiom* **once upon a time** il était une fois
4. *Idiom* **once in a while** de temps en temps
5. "At once" se traduit soit par "tout de suite", soit par "à la fois", selon le contexte.
Rin Tin Can, go and fetch that stick at once! Ran Tan Plan, va tout de suite chercher ce bâton !

They didn't even realise that one hole would have been enough!
Nor did I!

– Ils ne se sont même pas rendu compte qu'un trou aurait suffi !
– Moi non plus !

6. *Idiom* **at once** à la fois
Don't all talk at once! Ne parlez pas tous à la fois !
✲ **conj** une fois que
We can start once all of the guests have arrived. Nous pourrons commencer une fois que tous les invités seront arrivés.

one [wʌn]
✲ **adj num, n** un*
One of the Daltons. Un des Dalton. (voir page 195)
✲ **adj** seul
It's the one idea he has in his head. C'est la seule idée qu'il a en tête.
✲ **pron**
1. Pour désigner un objet particulier ou une personne particulière.
Which one is your horse? Lequel est votre cheval ?
Do you want this one or the other one? Voulez-vous celui-ci ou l'autre ?
2. Pronom indéfini : **on**
One has to be careful. On doit faire attention.
It's important to keep one's promises. Il est important de tenir ses promesses.
• **one another** l'un l'autre (voir page 325)

oneself [wʌn'self] **pron**
1. se
It's easy to hurt oneself. Il est facile de se faire mal.
2. soi-même
It's something that one can do oneself. C'est quelque chose que l'on peut faire soi-même.
3. *Idiom* **(all) by oneself** tout seul (voir page 325)

one-way [wʌn'weɪ] **adj**
1. à sens unique
A one-way street. Une rue à sens unique.
2. simple
He bought a one-way ticket to San Francisco. Il a acheté un aller simple pour San Francisco.

onion [ˈʌnjən] **n** oignon
Onion soup. Soupe à l'oignon.

only [ˈəʊnlɪ]
✲ **adv**
1. seulement*, ne… que
He only had one bullet left. Il ne lui restait qu'une balle.

What are you doing here?
I only wanted to look in the chest.

– Qu'est-ce que vous faites là ?
– Je voulais **seulement** regarder dans le coffre.

2. *Idiom* **only just** tout juste, de justesse
I only just caught the train. J'ai eu le train de justesse.
✲ **adj** seul, unique

order

The only time I went to Chicago. La seule fois où je suis allé à Chicago.
She's an only child. Elle est fille unique.

onto, on to [ˈɒntʊ] **prep** sur
He got on to his horse. Il est monté sur son cheval.
The window looks onto the main street. La fenêtre donne sur la rue principale.

open [ˈəʊpən]
✿ **adj**
1. ouvert
The door was open. La porte était ouverte.
The people here are not very open to new ideas. Les gens d'ici ne sont pas très ouverts aux idées nouvelles.
2. dégagé
The wide open spaces of the Wild West. Les grands espaces dégagés du Far West.
✿ **vt** ouvrir*

Will he manage to open the drawer?

Va-t-il réussir à ouvrir le tiroir ?

✿ **vi**
1. s'ouvrir
The door opened and Lucky Luke came in. La porte s'est ouverte et Lucky Luke est entré.
2. ouvrir
What time does the shop open? À quelle heure ouvre le magasin ?
✿ **n**
Idiom **to sleep in the open** dormir à la belle étoile

opera [ˈɒpərə] **n** opéra

operation [ˌɒpəˈreɪʃən] **n**
1. opération
A military operation. Une opération militaire.
2. marche, fonctionnement
Do not use these controls when the machine is in operation. Ne pas utiliser ces commandes quand la machine est en marche.
3. *Idiom* **to have an operation** se faire opérer
She had an operation on her hip. Elle s'est fait opérer de la hanche.

opinion [əˈpɪnjən] **n** opinion, avis
What's your opinion of the new sheriff? Que pensez-vous du nouveau shérif ?

opponent [əˈpəʊnənt] **n** adversaire
His opponent is much bigger than him. Son adversaire est beaucoup plus grand que lui.

opportunity [ˌɒpəˈtjuːnɪtɪ] **n** occasion
He took the opportunity to visit his cousins. Il a profité de l'occasion pour rendre visite à ses cousins.

opposite [ˈɒpəzɪt]
✿ **prep** en face de
The prison is opposite the saloon. La prison est en face du saloon.
✿ **adj**
1. opposé
Another train was coming in the opposite direction. Un autre train arrivait dans la direction opposée.
2. d'en face
They live in the house opposite. Ils habitent la maison d'en face.
3. autre
On the opposite side of the road. De l'autre côté de la route.

✿ **n** contraire
Every time I tell him to do something, he does the opposite! Chaque fois que je lui dis de faire quelque chose, il fait le contraire !

optimistic [ˌɒptɪˈmɪstɪk] **adj** optimiste

or [ɔːʳ] **conj**
1. ou
Is it a horse or a cow? Est-ce un cheval ou une vache ?
2. sinon
You'd better leave now or you'll miss your train. Tu ferais mieux de partir maintenant, sinon tu vas rater ton train.
3. ni
He didn't have a gun or even a knife. Il n'avait pas d'arme à feu, ni même un couteau.

orange [ˈɒrɪndʒ]
✿ **n** orange*
✿ **adj** orange
The queen wore a pink coat and an orange hat. La reine portait un manteau rose et un chapeau orange.

orchard [ˈɔːtʃəd] **n** verger

orchestra [ˈɔːkɪstrə] **n** orchestre

order [ˈɔːdəʳ]
✿ **n**
1. ordre
Wait until I give the order to fire. Attendez que je donne l'ordre de tirer.
In alphabetical order. Par ordre alphabétique.

— Qu'est-ce que vous prenez ?
— Un chocolat chaud. — Un thé citron. — Un jus d'orange.
— Un café crème, ce sera parfait.

ordinary

2. commande
The waiter took their order. Le garçon a pris leur commande.
3. *Idiom* **in working order** en état de marche
4. *Idiom* **out of order** en panne
✪ **vt**
1. ordonner
The colonel ordered them to attack. Le colonel leur a ordonné d'attaquer.
2. commander*

> *Order* two pints of beer, Jasper!

— **Commandez** deux pintes de bière, Jasper !

• **in order to** pour, afin de
He climbed the hill in order to have a better view. Il est monté sur la colline pour avoir une meilleure vue.

ordinary [ˈɔːdɪnrɪ]
✪ **adj** ordinaire
Jolly Jumper is no ordinary horse. Jolly Jumper n'est pas un cheval ordinaire.
✪ **n** *Idiom* **out of the ordinary** exceptionnel

organization [ˌɔːɡənaɪˈzeɪʃn] **n** organisation
S'écrit aussi "organisation" en anglais britannique.

organize [ˈɔːɡənaɪz] **vt** organiser
They organized a farewell party for Lucky Luke. Ils ont organisé une fête d'adieu pour Lucky Luke.
S'écrit aussi "organise" en anglais britannique.

original [əˈrɪdʒɪnəl]
✪ **adj**
1. original
She has some very original ideas. Elle a des idées très originales.

2. premier, d'origine
They decided to revert to their original plan. Ils ont décidé de revenir à leur projet d'origine.
✪ **n** original
Are these paintings originals? Ces tableaux sont-ils des originaux ?

orphan [ˈɔːfn] **n** orphelin(e)

ostrich [ˈɒstrɪtʃ] **n** autruche

other [ˈʌðər]
✪ **adj** autre*
✪ **pron** autre
He said he'd meet the others at the ranch. Il a dit qu'il retrouverait les autres au ranch.

otherwise [ˈʌðəwaɪz]
✪ **adv**
1. autrement
I couldn't have done otherwise! Je n'aurais pas pu faire autrement !
2. *Idiom* **or otherwise** ou non
All the men of the town, whether fit or otherwise. Tous les hommes de la ville, en bonne santé ou non.
✪ **conj** sinon
Hurry up, otherwise you'll be late! Dépêche-toi, sinon tu seras en retard !

ouch [aʊtʃ] **excl** aïe
(voir encadré ci-contre)

ought [ɔːt] **v auxiliaire**
Se traduit par le conditionnel du verbe "devoir".
You ought to be more careful. Tu devrais faire plus attention.
You ought to have been more careful. Tu aurais dû faire plus attention.

We oughtn't to have held up that bank. Nous n'aurions pas dû attaquer cette banque.

ounce [aʊns] **n** once (28,35 g)
Add four ounces of butter. Ajoutez 100 grammes de beurre.
L'abréviation de "ounce" est "oz".
(voir page 313)

our [ˈaʊər] **adj** notre, nos
We cleaned our teeth. Nous nous sommes lavé les dents.
(voir page 186)

ours [ˈaʊəz] **pron**
1. le nôtre
Their ranch is bigger than ours. Leur ranch est plus grand que le nôtre.
2. à nous
This money is ours now! Cet argent est à nous maintenant !
3. *Idiom* **a friend of ours** un de nos amis
(voir page 186)

ourselves [aʊəˈselvz] **pron**
1. nous
We'll try to behave ourselves. Nous essaierons de bien nous tenir.
2. nous-mêmes
Let's do it ourselves. Faisons-le nous-mêmes.
3. *Idiom* **(all) by ourselves** tout seuls
(voir page 325)

out [aʊt] **adv**
1. dehors
Is it cold out? Est-ce qu'il fait froid dehors ?
2. absent, pas là

> Idiot! You should have held up the *other* bank!
> Who said that? What *other* bank?
> ???

— Imbécile ! Tu devais attaquer l'*autre* banque !
— Qui a dit ça ? Quelle *autre* banque ?

outstanding

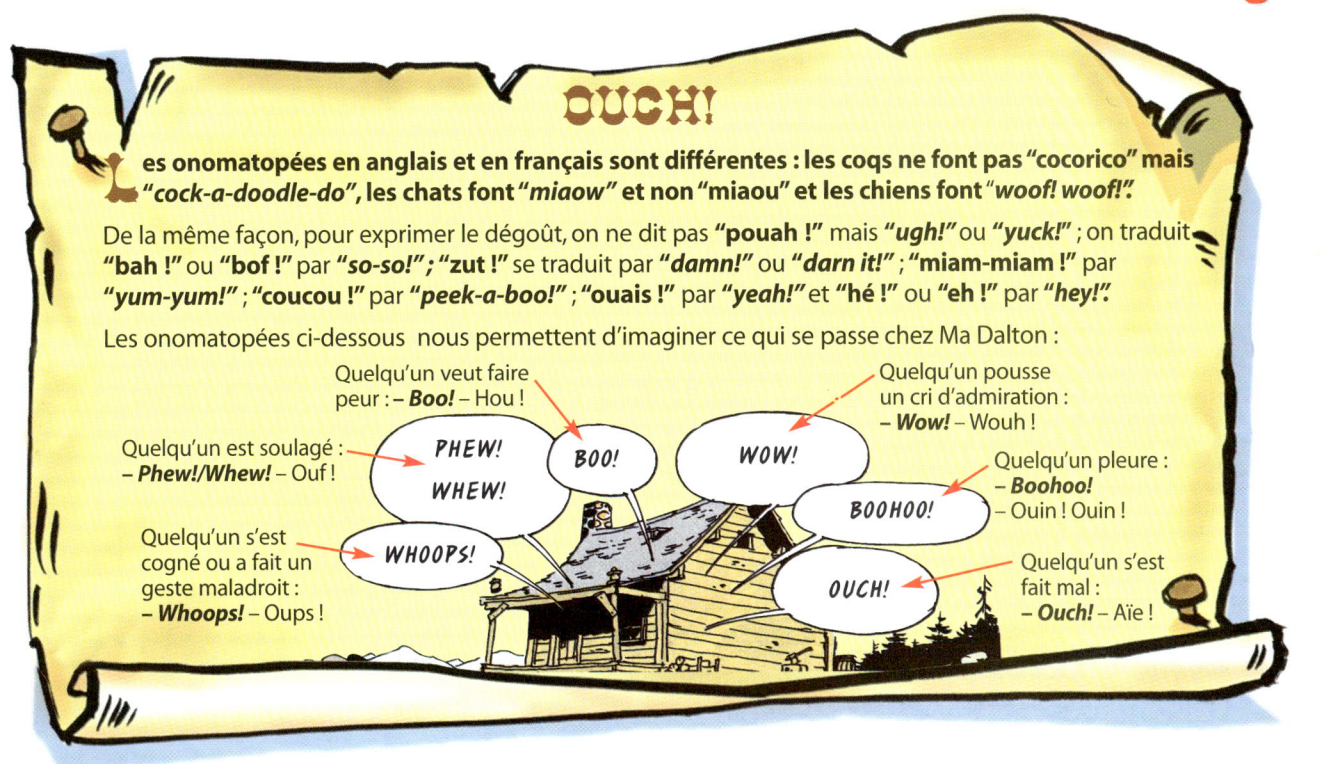

OUCH!

Les onomatopées en anglais et en français sont différentes : les coqs ne font pas "cocorico" mais "*cock-a-doodle-do*", les chats font "*miaow*" et non "miaou" et les chiens font "*woof! woof!*".

De la même façon, pour exprimer le dégoût, on ne dit pas "pouah !" mais "*ugh!*" ou "*yuck!*" ; on traduit "bah !" ou "bof !" par "*so-so!*" ; "zut !" se traduit par "*damn!*" ou "*darn it!*" ; "miam-miam !" par "*yum-yum!*" ; "coucou !" par "*peek-a-boo!*" ; "ouais !" par "*yeah!*" et "hé !" ou "eh !" par "*hey!*".

Les onomatopées ci-dessous nous permettent d'imaginer ce qui se passe chez Ma Dalton :

- Quelqu'un veut faire peur : – **Boo!** – Hou !
- Quelqu'un est soulagé : – **Phew!/Whew!** – Ouf !
- Quelqu'un s'est cogné ou a fait un geste maladroit : – **Whoops!** – Oups !
- Quelqu'un pousse un cri d'admiration : – **Wow!** – Wouh !
- Quelqu'un pleure : – **Boohoo!** – Ouin ! Ouin !
- Quelqu'un s'est fait mal : – **Ouch!** – Aïe !

Mr Smith is out, would you like to speak to his secretary? M. Smith n'est pas là, voudriez-vous parler à sa secrétaire ?
3. éteint
Are all the lights out? Toutes les lumières sont-elles éteintes ?
4. bas
The tide was out. La marée était basse.
5. démodé, plus à la mode
Pastel colours are out this year. Les couleurs pastel ne sont plus à la mode cette année.
6. Avec des verbes de mouvement.
To go out. Sortir.
To run/hop out. Sortir en courant/en sautillant.
7. *Idiom* **a day out** une excursion d'une journée
We decided to have a day out in the country. Nous avons décidé de passer la journée à la campagne.
• **out of**
1. en dehors de, hors de
They all rushed out of the saloon. Ils se sont tous précipités hors du saloon.
Is he out of danger, doctor? Est-il hors de danger, docteur ?
2. dans
He drank out of a china cup. Il a bu dans une tasse en porcelaine.

3. par
Rin Tin Can followed them out of curiosity. Ran Tan Plan les a suivis par curiosité.
4. à court de
We'll soon be out of ammunition! Nous allons bientôt être à court de munitions !
5. sans
He's been out of work for six months. Il est sans emploi depuis six mois.
6. sur
Averell gets it wrong nine times out of ten. Averell se trompe neuf fois sur dix.
7. *Idiom* **out of order** en panne

outdoor [ˈaʊtdɔːʳ] **adj**
1. en plein air
An outdoor swimming pool. Une piscine en plein air.
2. d'extérieur, de plein air
Outdoor clothes. Vêtements de plein air.

outdoors [aʊtˈdɔːrz] **adv** dehors, à l'extérieur
We had lunch outdoors. Nous avons déjeuné dehors.

outside [aʊtˈsaɪd]
✹ **adv** dehors, à l'extérieur
I'll wait for you outside. Je t'attends dehors.
✹ **prep** en dehors de, à l'extérieur de
They were fighting outside the saloon. Ils se battaient à l'extérieur du saloon.
Outside normal opening hours. En dehors des heures normales d'ouverture.
✹ **adj**
1. extérieur
They know very little of the outside world. Ils connaissent très peu le monde extérieur.
2. indépendant
I think we need an outside opinion. Je pense que nous avons besoin d'un avis indépendant.
3. faible
They have only an outside chance of winning. Ils n'ont qu'une très faible chance de gagner.
✹ **n** extérieur
From the outside, the house looked empty. De l'extérieur, la maison avait l'air vide.

outstanding [aʊtˈstændɪŋ] **adj**
1. remarquable, exceptionnel
She's always been an outstanding pupil. Elle a toujours été une élève exceptionnelle.

oven

2. en suspens
Are there any outstanding questions from the last meeting? Y a-t-il des questions en suspens depuis la dernière réunion ?

oven [ˈʌvn] **n** four
Bake for two hours in a hot oven. Faites cuire deux heures à four chaud.

over [ˈəʊvəʳ]
❂ **prep**
1. au-dessus de
A rifle hung over the fireplace. Un fusil était accroché au-dessus de la cheminée.
2. par-dessus
The bullet went over his head. La balle lui est passée par-dessus la tête.
3. sur
She laid her hand over mine. Elle posa sa main sur la mienne.
4. plus de
He must be over eighty! Il doit avoir plus de quatre-vingts ans !
5. à propos de
They had an argument over money. Ils se sont disputés à propos d'argent.
6. de l'autre côté de
The house over the road. La maison de l'autre côté de la rue.
They will be over the border very soon. Ils seront très bientôt de l'autre côté de la frontière.
7. pendant
What did you do over the summer? Qu'est-ce que vous avez fait pendant l'été ?
8. *Idiom* **all over** partout dans
I've looked all over the house for my revolver. J'ai cherché mon revolver partout dans la maison.
❂ **adv**
1. Avec des verbes.
He knocked his glass over. Il a fait tomber son verre.
She fell over. Elle est tombée.
You must come over for dinner. Il faut que vous veniez dîner à la maison.
He went over to the enemy. Il est passé à l'ennemi.
2. plus
Children of eight and over. Les enfants âgés de huit ans et plus.
3. *Idiom* **over here** par ici
4. *Idiom* **over there** là-bas

5. *Idiom* **all over** partout
I'm aching all over. J'ai mal partout.
6. *Idiom* **over and over again** encore et encore
❂ **adj** fini, terminé
The fight was over when the sheriff arrived. La bagarre était terminée quand le shérif est arrivé.
It's all over between them. Tout est fini entre eux.

overalls [ˈəʊvərɔːls] **n pl** bleu de travail
He was wearing dirty overalls. Il portait un bleu de travail sale.

overcrowded [ˌəʊvəˈkraʊdɪd] **adj** bondé, surchargé
The train was overcrowded. Le train était bondé.

overseas [ˌəʊvəˈsiːz]
❂ **adj**
1. étranger
We don't see a lot of overseas tourists here. Nous ne voyons pas beaucoup de touristes étrangers ici.
2. extérieur, à l'étranger
Overseas trade. Commerce extérieur.
❂ **adv** à l'étranger
I've never been overseas. Je ne suis jamais allé à l'étranger.

overtake [ˌəʊvəˈteɪk], **overtook** [ˌəʊvəˈtʊk], **overtaken** [ˌəʊvəˈteɪkən] (**Am:** to pass) **vt, vi** doubler, dépasser
You must never overtake on a bend. On ne doit jamais doubler dans les virages.

owe [əʊ] **vt** devoir
Ace of spades! You owe me ten dollars. As de pique ! Vous me devez dix dollars.

owing to [ˈəʊɪŋ tuː] **prep** à cause de, en raison de
The train is late owing to bad weather. Le train est en retard à cause des intempéries.

owl [aʊl] **n** hibou

own [əʊn]
❂ **adj** propre
You're not old enough to have your own revolver. Tu n'es pas assez vieux pour avoir ton propre revolver.
❂ **pron**
1. à moi/toi/lui/elle/nous/vous/eux/elles
She wants a home of her own. Elle veut une maison à elle.
2. *Idiom* **on one's own** tout seul
Averell decided to do it on his own. Averell a décidé de le faire tout seul.
3. *Idiom* **to get one's own back** prendre sa revanche
❂ **vt** posséder
How many horses do you own? Combien de chevaux possédez-vous ?

owner [ˈəʊnəʳ] **n** propriétaire*

ox [ɒks] (**pl:** oxen) **n** bœuf
The cart was pulled by four oxen. La charrette était tirée par quatre bœufs.

oyster [ˈɔɪstəʳ] **n** huître

oz → **ounce**

ozone [ˈəʊzəʊn] **n** ozone
The ozone layer. La couche d'ozone.

*Three cheers for the new saloon **owner**!*

– Vive la nouvelle **propriétaire** du saloon !

Pacific [pəˈsɪfɪk] **adj, n** pacifique, Pacifique
The Pacific Ocean. L'océan Pacifique.
The Pacific coast. La côte pacifique.
Attention, l'anglais prend toujours une majuscule.

pack [pæk]
○ **vt**
1. emballer, empaqueter
All the fruit is now packed by machines. Tous les fruits sont désormais emballés par des machines.
2. mettre dans sa valise, apporter
She forgot to pack her toothbrush. Elle a oublié d'apporter sa brosse à dents.
3. faire
It's 8 o'clock and she's still packing her bags. Il est 8 heures et elle est encore en train de faire ses valises.
4. entasser
There were at least ten people packed into the stagecoach. Il y avait au moins dix personnes entassées dans la diligence.
○ **vi**
1. faire ses valises
We can't go yet, I haven't finished packing! On ne peut pas encore partir, je n'ai pas fini de faire mes valises !
2. s'entasser
All the cowboys packed into the saloon. Tous les cow-boys se sont entassés dans le saloon.
○ **n**
1. sac, ballot
They loaded the packs onto the mules. Ils ont chargé les ballots sur les mulets.
2. paquet
A pack of cigarettes. Un paquet de cigarettes.
3. jeu
He took out a pack of cards. Il a sorti un jeu de cartes.

packet [ˈpækɪt] **n** paquet
A packet of biscuits. Un paquet de biscuits.

page [peɪdʒ] **n** page, feuille
She tore a page out of her notebook. Elle arracha une feuille de son calepin.

paid → **pay**

pain [peɪn] **n** douleur
She could hardly bear the pain. Elle pouvait à peine supporter la douleur.
I have a pain in my back. J'ai mal au dos.
Are you in pain? Est-ce que vous souffrez ?

painful [ˈpeɪnfʊl] **adj**
1. douloureux
It's not a painful operation. Ce n'est pas une opération douloureuse.
2. pénible
Those are very painful memories for me. Ces souvenirs me sont très pénibles.

paint [peɪnt]
○ **vt, vi** peindre*

– Ça avance ?
– Eh bien, cela fait deux heures que nous *peignons* et...

painter

n peinture
A can of paint. Un pot de peinture.

painter [ˈpeɪntəʳ] **n** peintre

painting [ˈpeɪntɪŋ] **n** tableau
There are paintings hanging on the wall. Des tableaux sont accrochés au mur.

pair [peəʳ] **n**
1. paire*

— *Mettez cette jolie paire de pantoufles pendant que je cire vos bottes !*

Put this nice pair of slippers on while I polish your boots!

2. couple
They are a happy pair. C'est un couple heureux.
3. *Idiom* **a pair of jeans** un jean

pajamas → **pyjamas**

Pakistan [pɑːkɪˈstɑːn] **n** Pakistan

Pakistani [ˌpɑːkɪˈstɑːnɪ] **adj, n** pakistanais, pakistanaise, Pakistanais, Pakistanaise
Attention, l'anglais prend toujours une majuscule.

pal [pæl] **n** *informal*
1. copain
He's out with his pals. Il est sorti avec ses copains.
2. mon vieux
Listen, pal, there's no need to get angry. Écoute, mon vieux, ce n'est pas la peine de te fâcher.

pale [peɪl] **adj** pâle*

palm [pɑːm] **n**
1. paume
Show me the palms of your hands. Montre-moi la paume de tes mains.
2. palmier
Palms grow in hot countries. Les palmiers poussent dans les pays chauds.

pan [pæn] **n** casserole
The cook made a huge pan of pork and beans. Le cuisinier a fait une énorme casserole de porc aux haricots.

pancake [ˈpæŋkeɪk] **n** crêpe

panic [ˈpænɪk]
n panique, affolement
Screams of panic came from the burning saloon. Des cris de panique venaient du saloon en feu.
vi paniquer, s'affoler
Keep calm! Don't panic! Restez calmes ! Ne vous affolez pas !
Attention, comme pour tous les verbes qui se terminent en "-ic", on ajoute un "k" avant les terminaisons "-ing" et "-ed" : "panicking", "panicked".

panic-stricken [ˈpænɪkˌstrɪkən] **adj** affolé
The streets were full of panic-stricken cattle. Les rues étaient pleines de bétail affolé.

panther [ˈpænθəʳ] **n** panthère

pants [pænts] **n pl**
1. (**Am:** underpants) slip
Two pairs of pants. Deux slips.

I don't feel very well.
It's true that you're very pale.

— *Je ne me sens pas très bien.*
— *C'est vrai que vous êtes toute pâle.*

2. **Am:** pantalon
These pants are too tight. Ce pantalon est trop étroit.
Attention, "pants" est toujours suivi d'un verbe au pluriel.

pantyhose → **tights**

paper [ˈpeɪpəʳ]
n
1. papier
He wrote his address on a piece of paper. Il a écrit son adresse sur un bout de papier.
The policeman asked for their papers. L'agent leur a demandé leurs papiers.
2. journal
Have you seen today's paper? As-tu vu le journal d'aujourd'hui ?
3. épreuve
She's revising for her history paper. Elle révise pour son épreuve d'histoire.
adj en papier
A paper handkerchief. Un mouchoir en papier.

paperback [ˈpeɪpəbæk] **n** livre de poche

paragraph [ˈpærəgrɑːf] **n** paragraphe

parcel [ˈpɑːsl] **n** colis, paquet
A parcel for you, Mr Luke. Un colis pour vous, M. Luke.

pardon [ˈpɑːdn]
n
1. pardon
– *It's the Daltons. – I beg your pardon? – I said, it's the Daltons!* – C'est les Dalton. – Pardon ? – J'ai dit, c'est les Dalton !
2. grâce
He was granted a presidential pardon. Il a bénéficié d'une grâce présidentielle.
vt
1. pardonner, excuser
I'll never pardon them for what they did. Je ne leur pardonnerai jamais ce qu'ils ont fait.
Pardon me, is this seat free? Excusez-moi, est-ce que cette place est libre ?
2. gracier
The condemned man was pardoned. Le condamné a été gracié.

party

*They're not my **parents**! Help!*
Now now, be quiet.

– Ce ne sont pas mes **parents** ! Au secours !
– Allons, tais-toi !

❂ **excl** pardon
– *It's Joe.* – *Pardon?* – *I said, it's Joe!*
– C'est Joe. – Pardon ? – J'ai dit, c'est Joe !

parents ['peərənts] **n pl** parents*

park [pɑːk]
❂ **n** parc
We went for a walk in the park. Nous sommes allés nous promener dans le parc.
❂ **vt** garer
Where did you park the car? Où as-tu garé la voiture ?
❂ **vi** se garer
He's looking for a place to park. Il cherche à se garer.

parking ['pɑːkɪŋ] **n** stationnement
No parking. Stationnement interdit.
• **parking lot** ➔ **car park**
• **parking meter** parcmètre

parliament ['pɑːləmənt] **n** parlement
The parliament is elected by universal suffrage. Le parlement est élu au suffrage universel.

parrot ['pærət] **n** perroquet*

part [pɑːt]
❂ **n**
1. partie
We had to walk part of the way. Nous avons dû faire une partie du chemin à pied.
2. pièce
They sell spare parts. Ils vendent des pièces détachées.
3. rôle
What part do you play in the show? Quel rôle joues-tu dans le spectacle ?
4. épisode
Don't miss part two at the same time next week! Ne manquez pas le deuxième épisode à la même heure la semaine prochaine !
5. *Idiom* **to take part in** participer à
6. *Idiom* **for my part** en ce qui me concerne
❂ **n pl** région
Are there a lot of Indians in these parts? Est-ce qu'il y a beaucoup d'Indiens dans cette région ?
❂ **vi**
1. se quitter, se séparer
They parted good friends. Ils se sont quittés bons amis.
2. s'écarter
The curtains parted. Les rideaux se sont écartés.

Pspspspspspss.
*Wait, what's my **parrot** saying to me?*

– Attendez, que me dit mon **perroquet** ?
– Psspsspsspsspss.

❂ **vt**
1. écarter
He parted the curtains. Il a écarté les rideaux.
2. *Idiom* **to part one's hair** se faire une raie
• **part with vt**
1. se séparer de
We had to part with several valuable objects. Nous avons dû nous séparer de plusieurs objets de valeur.
2. dépenser, débourser
He doesn't like parting with his money. Il n'aime pas dépenser son argent.
"Part with" est inséparable.

part-time ['pɑːttaɪm] **adj, adv** à temps partiel
I'd like to work part-time. J'aimerais travailler à temps partiel.

particular [pə'tɪkjʊləʳ] **adj**
1. particulier
Did you notice anything particular about them? Avez-vous remarqué quelque chose de particulier à leur sujet ?
2. pointilleux, exigeant
She's very particular about cleanliness. Elle est très pointilleuse sur la propreté.
3. *Idiom* **in particular** en particulier

particularly [pə'tɪkjʊləlɪ] **adv** particulièrement
This part of the journey is particularly dangerous. Cette partie du voyage est particulièrement dangereuse.

partner ['pɑːtnəʳ] **n**
1. partenaire
His usual bridge partner. Son partenaire habituel au bridge.
2. cavalier
Will you be my partner at the dance? Voulez-vous être mon cavalier au bal ?
3. associé
He has two partners in the business. Il a deux associés dans l'affaire.

party ['pɑːtɪ] **n**
1. fête, soirée
She invited me to her birthday party. Elle m'a invité à sa fête d'anniversaire.

two hundred and seven • 207 • deux cent sept

pass

2. groupe
A party of tourists. Un groupe de touristes.
3. parti
The Conservative/Republican Party. Le parti conservateur/républicain.

pass [pɑːs]
✺ **vt**
1. passer devant
They came out to watch the parade pass the saloon. Ils sont sortis regarder le défilé qui passait devant le saloon.
2. croiser
I passed Lucky Luke on my way into town. J'ai croisé Lucky Luke en allant en ville.
3. doubler, dépasser
Jolly Jumper managed to pass the train. Jolly Jumper a réussi à dépasser le train.
4. passer
Pass the salt, please. Passe-moi le sel, s'il te plaît.
5. passer le temps
To pass the time, they played cards. Pour passer le temps, ils jouaient aux cartes.
6. réussir (à)
She passed all her exams. Elle a réussi tous ses examens.
7. voter
The motion was passed unanimously. La motion a été votée à l'unanimité.
8. prononcer
To pass judgement. Prononcer un jugement.
✺ **vi**
1. passer
The crowd parted to let the sheriff pass. La foule s'est écartée pour laisser passer le shérif.
2. passer
Time seems to have passed so quickly! Le temps semble être passé si vite !
3. réussir, être reçu
Only three candidates passed. Seuls trois candidats ont été reçus.
✺ **n**
1. passe
A long pass to the centre forward. Une longue passe à l'avant-centre.
2. laissez-passer
You have to show your pass at the entrance. Il faut montrer son laissez-passer à l'entrée.
3. carte d'abonnement
This pass is valid on all local buses. Cette carte d'abonnement est valable sur tous les autobus locaux.
4. col
They climbed slowly up towards the pass. Ils grimpèrent lentement vers le col.
• **pass away** vi disparaître, décéder
Her husband passed away last year. Son mari est décédé l'année dernière.
• **pass on** vt transmettre
They passed the tradition on from generation to generation. Ils se sont transmis la tradition de génération en génération.
"Pass on" est séparable.
• **pass out** vi s'évanouir
I nearly passed out when I saw him! J'ai failli m'évanouir quand je l'ai vu !
• **pass up** vt laisser passer
We can't pass this opportunity up. Nous ne pouvons pas laisser passer cette occasion.
"Pass up" est séparable.

passenger [ˈpæsɪndʒəʳ] n passager(ère)*

passive [ˈpæsɪv] adj, n passif
He did not like their passive attitude. Il n'aimait pas leur attitude passive.
Put the sentence into the passive. Mettez la phrase au passif.
(voir encadré ci-contre)

passport [ˈpɑːspɔːt] n passeport

past [pɑːst]
✺ **n**
1. passé
Calamity Jane never speaks about her past. Calamity Jane ne parle jamais de son passé.
2. *Idiom* **in the past** dans le temps, autrefois
✺ **adj**
1. passé
What's the good of regretting past times? À quoi bon regretter le temps passé ?
Past participle. Participe passé.
The past tense. Le passé.
2. dernier
He's been away from the ranch for the past two months. Il a été absent du ranch ces deux derniers mois.
3. fini, révolu
The era of the cowboys is past. L'époque des cow-boys est révolue.
✺ **adv**
1. Se traduit par une expression.
They ran past. Ils sont passés en courant.
To drive past. Passer en voiture.
2. Pour dire l'heure.
It's half past. Il est la demie.
✺ **prep**
1. devant
They went past the saloon. Ils sont passés devant le saloon.
2. au-delà de, après
He lives at the end of the street, past the sheriff's office. Il habite au bout de la rue, après le bureau du shérif.

*— Faites embarquer les **passagers**, vite !*

*Get the **passengers** on board, quickly!*

LE PASSIF

Pour raconter ou décrire une action, la personne qui parle a le choix entre deux solutions :
- attirer l'attention sur la personne ou la chose **qui a fait l'action**, c'est la forme active.
    The sheriff arrested the Daltons: le shérif a arrêté les Dalton.
- attirer l'attention sur celui ou celle **qui a subi l'action**, c'est la forme passive.
    The Daltons were arrested by the sheriff: les Dalton ont été arrêtés par le shérif.

◆ Le sujet de la phrase passive subit l'action.

◆ Le groupe verbal se forme avec l'auxiliaire **be** suivi du participe passé du verbe.

◆ L'agent (celui qui a fait ou provoqué l'action) est introduit par la préposition **by**.
    He was bitten by a dog yersterday: il a été mordu par un chien hier.
    The telephone was invented by Bell: le téléphone a été inventé par Bell.

● C'est l'auxiliaire **be** qui indique le temps de la phrase.

● Souvent, l'agent n'est pas exprimé, soit parce qu'on ne veut pas le mentionner, soit parce qu'on ne le connaît pas.
    The office is cleaned every day: le bureau est nettoyé tous les jours.
    This house was built in 1930: cette maison a été construite en 1930.
    Glass is made from sand: le verre est fabriqué à partir de sable.

● La forme passive se traduit souvent par **on** en français.
    English is spoken here: ici **on** parle anglais.
    My cases were stolen last week: **on** m'a volé mes valises la semaine dernière.

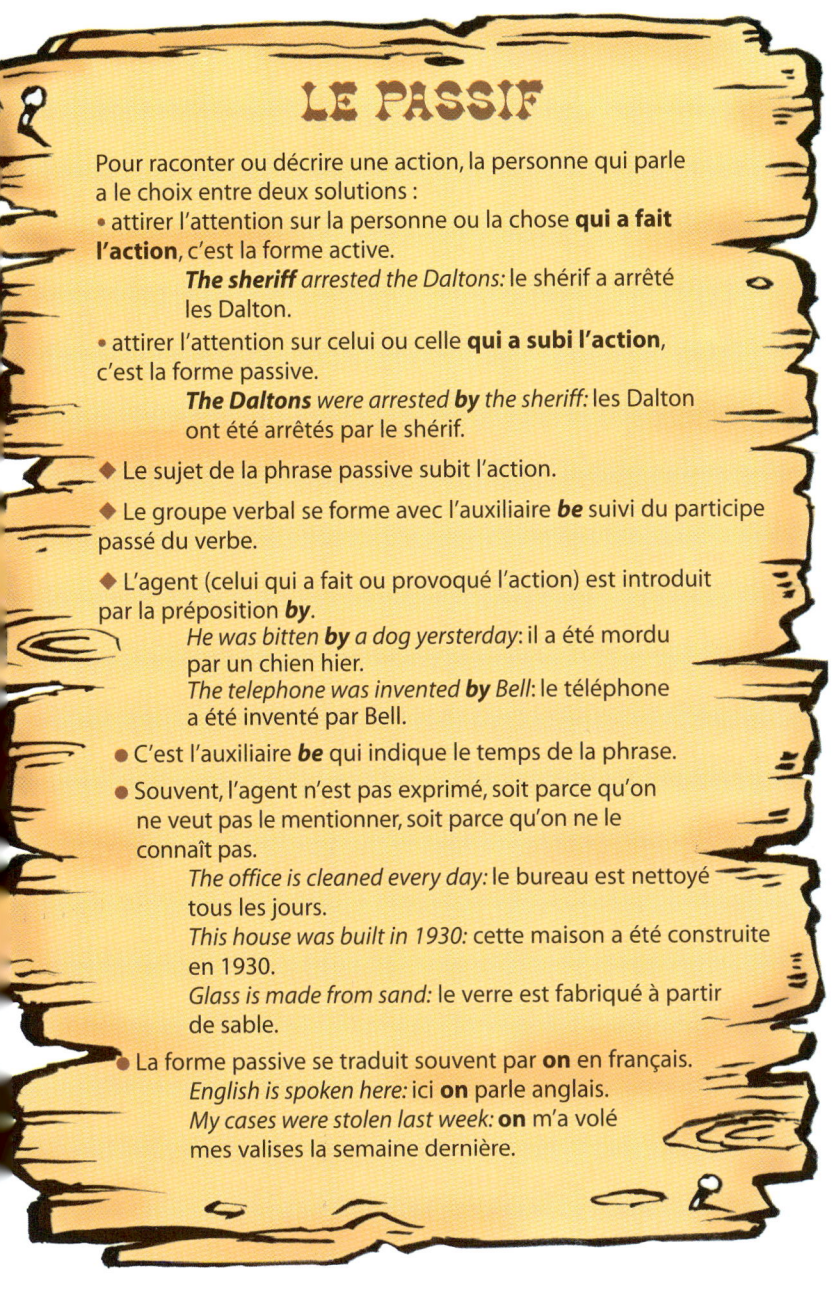

3. Pour dire l'heure.
It's twenty past six. Il est six heures vingt.
It's past midnight. Il est minuit passé.
(voir page 292)

pasta [ˈpæstə] **n** pâtes
Real Italian pasta. De vraies pâtes italiennes.
That pasta was delicious. Ces pâtes étaient délicieuses.

Attention, "pasta" est toujours suivi d'un verbe au singulier.

pastry [ˈpeɪstrɪ] **n**
1. pâte
She's making pastry for an apple tart. Elle prépare de la pâte pour une tarte aux pommes.
2. pâtisserie*

patch [pætʃ]
✲ **n**
1. pièce
He wore a jacket with leather patches on the elbows. Il portait une veste avec des pièces de cuir aux coudes.
2. bandeau
He's the one with the patch on his eye. C'est celui qui a un bandeau sur l'œil.
3. plaque
She skidded on a patch of ice. Elle a dérapé sur une plaque de verglas.
4. lopin
They farm a small patch of land. Ils cultivent un petit lopin de terre.
✲ **vt** rapiécer
The cowboy wore patched jeans. Le cow-boy portait un jean rapiécé.

path [pɑːθ] **n**
1. chemin, sentier
Jolly Jumper followed the narrow path up to the top of the hill. Jolly Jumper a suivi l'étroit sentier jusqu'en haut de la colline.
2. voie, chemin
A group of Indians blocked their path. Un groupe d'Indiens leur barrait le chemin.
3. trajectoire
The path of the bullet. La trajectoire de la balle.

patient [ˈpeɪʃnt]
✲ **adj** patient
Joe isn't very patient with Averell. Joe n'est pas très patient avec Averell.

I love hot chocolate and pastries, don't you?

– J'adore le chocolat chaud et les *pâtisseries*, pas vous ?

pattern

The patients were waiting in line.

Les patients faisaient la queue.

✻ n patient*, malade

pattern ['pætən] **n**
1. dessin, motif
I love the pattern on that material. J'adore le motif de ce tissu.
2. schéma
All the bank robberies follow the same pattern. Toutes les attaques de banque suivent le même schéma.
3. patron
She has a lot of sewing patterns. Elle a beaucoup de patrons de couture.

pavement ['peɪvmənt] (**Am:** sidewalk) **n** trottoir

paw [pɔː] **n** patte
The cat has got white paws. Les pattes du chat sont blanches.

pay [peɪ], **paid** [peɪd], **paid** [peɪd]
✻ vt
1. payer*
2. déposer, verser
He went to pay the money into the bank. Il est allé déposer l'argent à la banque.
3. *Idiom* **to pay attention to** faire attention à
They paid no attention to what the sheriff told them. Ils n'ont pas fait attention à ce que leur a dit le shérif.
4. *Idiom* **to pay somebody a visit** rendre visite à quelqu'un
✻ vi payer
Crime doesn't pay. Le crime ne paie pas.
You'll pay for this, Lucky Luke! Tu vas me payer ça, Lucky Luke !

✻ n salaire, paie
A lot of cowboys spend all their pay in the saloon. Beaucoup de cow-boys dépensent toute leur paie au saloon.
• **pay back vt**
1. rembourser
I'll pay you the money back next week. Je vous rembourserai l'argent la semaine prochaine.
2. revaloir
I'll pay you back for that, Lucky Luke! Je te revaudrai ça, Lucky Luke !
"Pay back" est séparable.
• **pay off vt**
1. régler, rembourser
He paid off all his debts. Il a remboursé toutes ses dettes.
2. soudoyer, acheter

I've come to pay you. *Good, very good...*

– Je suis venu vous payer.
– Bien, très bien...

I'm sure they paid the sheriff off! Je suis sûr qu'ils ont soudoyé le shérif !
"Pay off" est séparable.

pea [piː] **n** petit pois

peace [piːs] **n** paix*

I have come to make peace.

– Je suis venu faire la paix.

peaceful ['piːsfʊl] **adj**
1. paisible
It was a peaceful little town compared to El Paso. C'était une petite ville paisible comparée à El Paso.
2. pacifique
I thought the Indians here were peaceful! Je croyais que les Indiens étaient pacifiques ici !

peacefully ['piːsfʊlɪ] **adv**
1. paisiblement
I was sleeping peacefully. Je dormais paisiblement.
2. pacifiquement
The settlers and the Indians have been living together peacefully for years. Les colons et les Indiens cohabitent pacifiquement depuis des années.

peach [piːtʃ] **n** pêche

peanut ['piːnʌt] **n** cacahuète
• **peanut butter** beurre de cacahuète

pear [peəʳ] **n** poire

pearl [pɜːl] **n** perle
They stole her pearl necklace. Ils lui ont volé son collier de perles.

peculiar [pɪ'kjuːlɪəʳ] **adj**
1. bizarre
There's something peculiar going on in this town! Il se passe quelque chose de bizarre dans cette ville !
2. drôle
I feel peculiar. Je me sens tout drôle.

pepper

*It's not a holdup! It's just a **pedestrian crossing**!*

*– Ce n'est pas un hold-up ! C'est juste un **passage pour piétons** !*

pedestrian [pɪˈdestrɪən] **n** piéton
• **pedestrian crossing** (**Am**: crosswalk) passage pour piétons*
• **pedestrian precinct** (**Am**: pedestrian zone) zone piétonne

peel [piːl]
✲ **n**
1. peau, écorce
Add some grated lemon peel. Ajoutez de l'écorce de citron râpée.
2. pelures, épluchures
Put the potato peel on the compost heap. Mettez les épluchures de pommes de terre sur le compost.
Attention, dans ce sens, "peel" est toujours suivi d'un verbe au singulier.
✲ **vt** peler, éplucher
Help me peel the onions. Aide-moi à peler les oignons.

peep [piːp]
✲ **vi** jeter un coup d'œil
He peeped behind the curtain. Il jeta un coup d'œil derrière le rideau.
✲ **n** coup d'œil
– I'll just have a peep at what's going on. – All right! – Je vais juste jeter un coup d'œil sur ce qui se passe. – D'accord !

peg [peg] **n**
1. (**Am**: clothespin) pince (à linge)
Have you enough pegs to hang up the washing? As-tu assez de pinces pour suspendre le linge ?
2. cheville, crochet
He hung his hat on a peg. Il accrocha son chapeau à un crochet.
3. piquet

We forgot to pack the tent pegs. Nous avons oublié d'apporter les piquets de tente.

pen [pen] **n**
1. stylo
Lend me your pen, mine's run out of ink. Prête-moi ton stylo, il n'y a plus d'encre dans le mien.
2. enclos, parc
A sheep pen. Un parc à moutons.
• **pen pal** ➜ **pen-friend**

pence ➜ **penny**

pencil [ˈpensl] **n** crayon
A note written in pencil. Un mot écrit au crayon.
• **pencil case** *trousse*

pen-friend [ˈpenˌfrend] (**Am**: pen pal) **n** correspondant(e)
He has a French pen-friend. Il a un correspondant français.

penguin [ˈpeŋgwɪn] **n** manchot*

penny [ˈpenɪ] **n**
1. penny
I only had a few pennies in my pocket. Je n'avais que quelques pennies dans ma poche.
It only costs 50 pence. Cela ne coûte que 50 pence.
Le pluriel de "penny" est "pennies" quand on parle de pièces et "pence" quand on parle de coût ou de valeur.
2. Am: cent
(voir page 221)

pensioner [ˈpenʃənər] **n** retraité(e)

people [ˈpiːpl]
✲ **n pl** personnes, gens, monde
Three people got out of the stagecoach. Trois personnes sont descendues de la diligence.
The people of the town all came out to welcome them. Les habitants de la ville sont tous sortis pour les accueillir.
There are a lot of people in the saloon. Il y a beaucoup de monde dans le saloon.
Dans ce sens, "people" est le pluriel de "person".
✲ **n** peuple
The Sioux are a proud people. Les Sioux sont un peuple fier.

pepper [ˈpepər] **n**
1. poivre
Pass the pepper, please. Passe-moi le poivre, s'il te plaît.

*Well, I never! A **penguin**!*

*– Ça, par exemple ! Un **manchot** !*

two hundred and eleven • **211** • deux cent onze

per cent

2. poivron
Green/red peppers. Poivrons verts/rouges.
3. piment
I put one hot pepper in. J'ai mis un piment fort.

per cent [pə'sent] **adv** pour cent
We all get 10 per cent of the profits. Nous touchons tous 10 pour cent des bénéfices.

perfect ['pɜːfɪkt]
✴ **adj**
1. parfait
What a perfect day! Quelle journée parfaite !
Averell is a perfect idiot! Averell est un parfait imbécile !
2. *Idiom* **the perfect tense** le parfait
✴ **n** parfait
This verb is in the perfect. Ce verbe est au parfait.

perfectly ['pɜːfɪktlɪ] **n** parfaitement
I'm perfectly sure that the Daltons are to blame. Je suis parfaitement convaincu que ce sont les Dalton les responsables.

perform [pə'fɔːm]
✴ **vt**
1. exécuter, accomplir
He performed the task with ease. Il a accompli la tâche avec facilité.
2. jouer
He performed the role of Macbeth. Il a joué le rôle de Macbeth.
✴ **vi**
1. fonctionner, marcher
This car performs marvellously. Cette voiture fonctionne à merveille.
2. jouer
Have you ever performed on stage? Avez-vous déjà joué sur scène ?

performance [pə'fɔːməns] **n**
1. exécution
In the performance of his duties. Dans l'exécution de ses fonctions.
2. interprétation
I didn't like his performance of Hamlet. Je n'ai pas aimé son interprétation de Hamlet.
3. représentation, spectacle
They're putting on a special performance tonight. Ils donnent une représentation spéciale ce soir.

4. performances
I was impressed by the car's performance. J'étais impressionné par les performances de la voiture.
Attention, dans ce sens, "performance" est toujours suivi d'un verbe au singulier.

perfume ['pɜːfjuːm] **n** parfum*

– Don't drink that, it's *perfume!*
– Really?

– Ne buvez pas ça, c'est du *parfum* !
– Ah bon ?

perhaps [pə'hæps] **adv** peut-être
Perhaps they've been attacked by Indians. Peut-être ont-ils été attaqués par des Indiens.

period ['pɪərɪəd] **n**
1. période
For a long period the town was uninhabited. Pendant une longue période, la ville a été inhabitée.
2. cours, leçon
At the end of the geography period. À la fin du cours de géographie.
3. règles
She has her period. Elle a ses règles.
Attention, dans ce sens, "period" est toujours suivi d'un verbe au singulier.
4. Am: point
Put a period at the end of the line. Mettez un point à la fin de la ligne.

permit
Le verbe se prononce [pə'mɪt], le nom ['pɜːmɪt].
✴ **vt** permettre, autoriser
Her parents won't permit her to go out alone. Ses parents ne lui permettent pas de sortir seule.
✴ **n** permis
Work permit. Permis de travail.

person ['pɜːsn] **n** personne
How many people were there in the stagecoach? Combien y avait-il de personnes dans la diligence ?
Le pluriel habituel de "person" est "people". Dans le langage formel ou administratif, le pluriel "persons" peut être employé.

personal ['pɜːsənəl] **adj** personnel
Just bring a few personal belongings. Apportez juste quelques affaires personnelles.

personally ['pɜːsnəlɪ] **adv** personnellement
I don't know her personally. Je ne la connais pas personnellement.

persuade [pə'sweɪd] **vt** persuader, convaincre
The sheriff persuaded them all to go home. Le shérif les a tous persuadés de rentrer chez eux.

pessimistic [ˌpesɪ'mɪstɪk] **adj** pessimiste*

I don't want to appear pessimistic, but I think that I ought to take your measurements...

– Je ne veux pas avoir l'air *pessimiste*, mais je pense que je devrais prendre vos mesures...

pet [pet] **n**
1. animal familier
We have two pets, a cat and a dog. Nous avons deux animaux familiers, un chat et un chien.
2. chouchou
He's the teacher's pet! C'est le chouchou du prof !
• **pet shop** animalerie

petrol ['petrəl] (**Am:** gas) **n** essence

picture

This used to be a piano.

Ceci était un piano.

- **petrol station** station-service

phone [fəʊn]
- **n** téléphone
She's on the phone. Elle est au téléphone.
- **vt** téléphoner à, appeler
I'll phone you. Je t'appellerai.
- **vi** téléphoner, appeler
Your mother phoned while you were out. Ta mère a appelé pendant que tu étais sorti.
- **phone booth, phone box** cabine téléphonique
- **phone call** coup de téléphone
- **phone number** numéro de téléphone

photo [ˈfəʊtəʊ] **n** photo
Let me take a photo of you. Laissez-moi vous prendre en photo.

photograph [ˈfəʊtəgrɑːf]
- **n** photographie, photo
He took a photograph of the Dalton brothers. Il a pris les Dalton en photo.
- **vt** photographier

photographer [fəˈtɒgrəfəʳ] **n** photographe

physician [fɪˈzɪʃən] **n** médecin

physics [ˈfɪzɪks] **n** physique
Physics is her best subject. C'est en physique qu'elle est la meilleure.

Attention, "physics" est toujours suivi d'un verbe au singulier.

piano [pɪˈænəʊ] **n** piano*

pick [pɪk]
- **vt**
1. choisir
I don't know which horse to pick. Je ne sais pas quel cheval choisir.
2. cueillir
She is in the garden, picking flowers. Elle est en train de cueillir des fleurs dans le jardin.
3. *Idiom* **to pick a fight with somebody** chercher querelle à quelqu'un
4. *Idiom* **to pick one's nose** se curer le nez
- **n**
1. pioche, pic
The miners dug a hole with their picks. Les mineurs ont creusé un trou avec leurs pioches.
2. choix
– Which one can I have? – Take your pick. – Lequel puis-je prendre ? – Faites votre choix.
3. meilleur, crème
The pick of the town's young men. La crème des jeunes hommes de la ville.
- **pick on vt** s'en prendre à
Why is Joe always picking on me? Pourquoi Joe s'en prend-il toujours à moi ?
"Pick on" est inséparable.

- **pick out vt**
1. choisir, sélectionner
The shopkeeper picked out a shirt for him. Le commerçant lui a choisi une chemise.
2. reconnaître, repérer
She couldn't pick him out in the crowd. Elle n'arrivait pas à le repérer au milieu de la foule.
"Pick out" est séparable.
- **pick up**
- **vt**
1. ramasser
He dropped a coin and bent to pick it up. Il a laissé tomber une pièce et s'est penché pour la ramasser.
2. chercher, prendre
I'll pick you up at the station. J'irai te chercher à la gare.
He picked up a hitch-hiker. Il a pris un auto-stoppeur.
3. prendre
To pick up speed. Prendre de la vitesse.
4. **informal** draguer
He picked her up in a bar. Il l'a draguée dans un bar.
5. capter
Can you pick up the BBC here? Vous arrivez à capter la BBC ici ?
"Pick up" est séparable.
- **vi** reprendre
Business is picking up. Les affaires reprennent.

picnic [ˈpɪknɪk] **n** pique-nique

picture [ˈpɪktʃəʳ]
- **n**
1. tableau*, peinture

This picture hung over the fireplace.

Ce tableau était accroché au-dessus de la cheminée.

pie

2. dessin
He drew a picture in the sand. Il a fait un dessin dans le sable.
3. photo
Her picture was on the front page of the paper. Sa photo était à la une du journal.
4. image
It's an old television but the picture's very good. C'est un vieux téléviseur mais l'image est très bonne.
5. film
To go to the pictures. Aller au cinéma.
6. *Idiom* informal **to get the picture** saisir, piger
◉ **vt** imaginer, s'imaginer
I can't picture Lucky Luke in a suit. Je n'arrive pas à m'imaginer Lucky Luke en costume.

pie [paɪ] **n**
1. tarte
I've made apple pie for pudding. J'ai fait une tarte aux pommes pour le dessert.
2. tourte
Cheese pie. Tourte au fromage.

piece [piːs] **n**
1. morceau
The mirror was smashed to pieces. Le miroir a été mis en morceaux.
2. part
Another piece of cake? Une autre part de gâteau ?
3. pièce
A ten-pence piece. Une pièce de dix pence.
4. Avec les noms indénombrables.
A piece of news. Une nouvelle.
A piece of advice. Un conseil.
A piece of furniture. Un meuble.

pig [pɪg] **n**
1. porc, cochon
They keep hens and a few pigs. Ils élèvent des poules et quelques cochons.
2. informal goinfre
You've eaten it all, Averell, you greedy pig! Tu as tout mangé, Averell, espèce de goinfre !

pigeon ['pɪdʒɪn] **n** pigeon

pile [paɪl]
◉ **n**
1. tas
There was a pile of rubbish in the yard. Il y avait un tas de détritus dans la cour.
2. pile
He knocked over the pile of books. Il a renversé la pile de livres.
◉ **vt** empiler
He piled the plates on top of each other. Il a empilé les assiettes les unes sur les autres.
◉ **vi** s'entasser
They all piled into the stagecoach. Ils se sont tous entassés dans la diligence.
• **pile up vi**
1. s'entasser, s'empiler
Dirty plates piled up in the sink. Des assiettes sales s'entassaient dans l'évier.
2. s'accumuler
The work is piling up. Le travail s'accumule.

pill [pɪl] **n** pilule
Have you taken your pills this morning? As-tu pris tes pilules ce matin ?
She's on the pill. Elle prend la pilule.

pillar box ['pɪləʳ bɒks] **n Br** boîte aux lettres

pillow ['pɪləʊ] **n** oreiller*

pilot ['paɪlət] **n** pilote

pin [pɪn]
◉ **n**
1. épingle*
2. punaise
He fixed it to the wall with pins. Il le fixa au mur avec des punaises.
3. *Idiom* **to have pins and needles** avoir des fourmis dans les jambes
◉ **vt**
1. épingler
The general pinned the medal to his shirt. Le général a épinglé la médaille à sa chemise.
2. punaiser
There was a poster pinned to the wall. Il y avait une affiche punaisée au mur.
3. coincer, immobiliser
He was pinned under the broken beam. Il était coincé sous la poutre cassée.

Do you like it too?
What a nice tie pin you've got!

– Quelle jolie **épingle** de cravate vous avez là !
– Elle vous plaît aussi ?

Lie down and put your head on this nice pillow!
But... But...

– Allongez-vous et posez votre tête sur ce bel **oreiller** !
– Mais... Mais...

plain

pinch [pɪntʃ]
◉ **vt**
1. pincer
She pinched his arm. Elle lui a pincé le bras.
2. serrer
These shoes pinch my feet. Ces chaussures me serrent les pieds.
3. **Br** *informal* piquer
Who's pinched my biscuits? Qui a piqué mes biscuits ?
◉ **n**
1. *Idiom* **at a pinch** (**Am:** in a pinch) à la rigueur
2. pincée
Add a pinch of salt. Ajoutez une pincée de sel.

pine [paɪn] **n** pin

pineapple [ˈpaɪnæpəl] **n** ananas

pink [pɪŋk] **adj, n** rose*

That pink dress goes so well with your earrings!
Oh no! He's going to steal her earrings!

– Cette robe rose va si bien avec vos boucles d'oreilles !
– Oh non ! Il va lui voler ses boucles d'oreilles !

pint [paɪnt] **n**
1. pinte
He drank a pint of milk. Il a bu une pinte de lait.
2. **Br** bière
The cowboys went out for a few pints. Les cow-boys sont sortis boire quelques bières.
(voir page 313)

pioneer [paɪəˈnɪəʳ] **n** pionnier
The first pioneers to reach Alaska. Les premiers pionniers à atteindre l'Alaska.

pipe [paɪp] **n**
1. tuyau
The pipes have frozen. Les tuyaux ont gelé.
2. pipe*

He had a habit of cleaning his pipe with his revolver.
Il avait l'habitude de nettoyer sa pipe avec son revolver.

pit [pɪt] **n**
1. trou, fosse
They dug a deep pit. Ils ont creusé un trou profond.
2. mine
Most of the pits have closed. La plupart des mines ont fermé.

pitch [pɪtʃ]
◉ **n Br** terrain
A football pitch. Un terrain de football.
◉ **vt**
1. monter
Help me pitch the tent. Aide-moi à monter la tente.
2. établir
We decided to pitch camp near the river. Nous avons décidé d'établir notre camp près de la rivière.
3. lancer
He pitched the ball. Il a lancé la balle.

pity [ˈpɪtɪ]
◉ **n**
1. pitié
He took pity on them. Il a eu pitié d'eux.
2. dommage
What a pity they can't come with us! Quel dommage qu'ils ne puissent pas venir avec nous !
◉ **vt** plaindre
I pity those poor people. Je plains ces pauvres gens.

pizza [ˈpiːtsə] **n** pizza

place [pleɪs]
◉ **n**
1. endroit, lieu
They started to look for a place to camp. Ils ont commencé à chercher un endroit où camper.
2. place
He put the book back in its place. Il a remis le livre à sa place.
They've built a prison in place of the saloon. Ils ont construit une prison à la place du saloon.
3. maison, appartement
My uncle's got a big place in the country. Mon oncle a une grande maison à la campagne.
She invited us all to her place. Elle nous a tous invités chez elle.
4. *Idiom* **all over the place** partout
5. *Idiom* **to take place** avoir lieu
When did the robbery take place? Quand le vol a-t-il eu lieu ?
◉ **vt**
1. placer, mettre
He placed a pack of cards on the table. Il a mis un jeu de cartes sur la table.
2. remettre, reconnaître
I know his face, but I can't place him. Je connais son visage, mais je ne le remets pas.
3. passer
I placed an order with your company last week. J'ai passé une commande à votre société la semaine dernière.

placement [ˈpleɪsmənt] **n Br** stage en entreprise
She's looking for a placement during the summer holidays. Elle cherche un stage en entreprise pendant les vacances d'été.

plain [pleɪn]
◉ **adj**
1. uni
Curtains made of plain red material. Des rideaux en tissu rouge uni.
2. simple
They always wear very plain clothes. Ils portent toujours des vêtements très simples.
3. clair, évident
It's plain that the sheriff has no authority. Il est clair que le shérif n'a aucune autorité.

two hundred and fifteen • 215 • deux cent quinze

plan

4. franc
I'll be perfectly plain with you. Je serai parfaitement franc avec vous.
5. quelconque
She's such a plain girl, while her sister's so pretty! Elle est vraiment quelconque, alors que sa sœur est si jolie !
○ **n** plaine
The vast plains of the Midwest. Les vastes plaines du Midwest.
• **plain chocolate** chocolat noir

plan [plæn]
○ **n**
1. projet, plan
Do you have any plans for the summer? Est-ce que vous avez des projets pour cet été ?
2. plan
Joe Dalton had a plan of the bank. Joe Dalton avait un plan de la banque.
○ **vt**
1. préparer, organiser
They planned the holdup carefully. Ils ont soigneusement préparé le hold-up.
2. projeter
What are you planning to do next week? Qu'est-ce que vous projetez de faire la semaine prochaine ?
3. concevoir
A well-planned garden. Un jardin bien conçu.

plane [pleɪn] n
1. avion
Did you come by train or by plane? Êtes-vous venus en train ou en avion ?
2. platane

plant [plɑːnt]
○ **n**
1. plante
She watered the plants. Elle a arrosé les plantes.
2. usine
They work at the car plant. Ils travaillent à l'usine automobile.
○ **vt** planter
He planted lettuces and carrots. Il a planté des laitues et des carottes.

plaster [ˈplɑːstər] n
1. plâtre
His leg is in plaster. Il a la jambe dans le plâtre.
2. Br pansement
You should put a plaster on that cut. Tu devrais mettre un pansement sur cette coupure.

plastic [ˈplæstɪk]
○ **n** plastique, matière plastique
That bottle is made of biodegradable plastic. Cette bouteille est en plastique biodégradable.
○ **adj** en plastique
A plastic bag. Un sac en plastique.
• **plastic surgery** chirurgie esthétique

plate [pleɪt] n
1. assiette*

A plate for Averell, a plate for Joe, a plate for...

– Une assiette pour Averell, une assiette pour Joe, une assiette pour...

2. plaque
A metal plate. Une plaque de métal.

platform [ˈplætfɔːm] n
1. estrade*, tribune
2. quai
Which platform does the Denver train leave from? De quel quai part le train pour Denver ?
3. plate-forme
He works on an oil platform. Il travaille sur une plate-forme pétrolière.

play [pleɪ]
○ **vt**
1. jouer
What role is she playing? Quel rôle joue-t-elle ?
2. jouer à
Lucky Luke sometimes plays chess with Jolly Jumper. Lucky Luke joue parfois aux échecs avec Jolly Jumper.
3. jouer de
Do you play the piano? Est-ce que vous jouez du piano ?
4. jouer contre
The team that we played in the final. L'équipe contre laquelle nous avons joué en finale.
5. *Idiom* **to play a joke on someone** faire une farce à quelqu'un
○ **vi** jouer
Children were playing in the street. Des enfants jouaient dans la rue.
Come and play with us! Viens jouer avec nous !
○ **n**
1. jeu
The dog bit him in play. Le chien l'a mordu par jeu.
A play on words. Un jeu de mots.
2. pièce (de théâtre)
They're putting on a play in the saloon. Ils montent une pièce dans le saloon.

They were too heavy for the platform.

Ils étaient trop lourds pour l'estrade.

player [ˈpleɪəʳ] **n** joueur(euse)

playground [ˈpleɪgraʊnd] **n** cour de récréation

playing field [ˈpleɪɪŋ fiːld] **n** terrain de sport

playmate [ˈpleɪmeɪt] **n** camarade (de jeux)
Her playmates at the nursery. Ses petits camarades de la garderie.

pleasant [ˈpleznt] **adj** agréable
Thank you for a very pleasant evening. Merci pour cette soirée fort agréable.

please [pliːz]
● **adv** s'il vous plaît, s'il te plaît
Please come in! Entrez, s'il vous plaît !
Please insert your card. Veuillez insérer votre carte.
● **vt**
1. faire plaisir à
He's always trying to please the teacher. Il veut tout le temps faire plaisir à l'instituteur.
She's difficult to please. Elle est difficile à contenter.
2. *Idiom* **Please yourself!** C'est comme vous voulez !
● **vi** *Idiom*
They are allowed to do as they please. On les laisse faire ce qui leur plaît.

pleased [pliːzd] **adj**
1. content, heureux
Was he pleased with the present? Est-ce qu'il était content du cadeau ?
2. *Idiom* **Pleased to meet you!** Enchanté (de faire votre connaissance) !

pleasure [ˈpleʒəʳ] **n**
1. plaisir
It's a pleasure to see you again! Quel plaisir de vous revoir !
2. *Idiom* **my pleasure** je vous en prie

plenty [ˈplentɪ] **pron** beaucoup, largement assez
They've got plenty of money. Ils ont beaucoup d'argent.
Two hours will be plenty. Deux heures suffiront largement.

plot [plɒt]
● **n**
1. conspiration, complot
Lucky Luke discovered their plot. Lucky Luke a découvert leur complot.
2. intrigue
The plot of the film is really complicated. L'intrigue du film est vraiment compliquée.
3. lopin, terrain
They farm a small plot of land. Ils cultivent un petit lopin de terre.
● **vt, vi** comploter
I'm sure the Daltons are plotting something. Je suis sûr que les Dalton complotent quelque chose.

ploughman's lunch [ˈplaʊmənz lʌntʃ] **n Br**
Déjeuner servi dans les pubs britanniques.
(voir page 227)

plug [plʌg] **n**
1. prise (de courant)
British plugs are different from French ones. Les prises britanniques sont différentes des prises françaises.
2. bonde
The sink had no plug. L'évier n'avait pas de bonde.
● **plug in vt** brancher
He plugged the toaster in. Il a branché le grille-pain.
"Plug in" est séparable.

plum [plʌm] **n** prune

plumber [ˈplʌməʳ] **n** plombier

plural [ˈplʊərəl] **adj, n** pluriel
In the plural. Au pluriel.

plus [plʌs] **prep** plus
Joe, what does fifteen plus seven make? Joe, que font quinze plus sept ?

LE PLURIEL

◆ La majorité des noms communs anglais font leur pluriel en ajoutant un **s** final.
   book → book**s** – girl → girl**s** – cat → cat**s**

◆ Certains noms subissent des modifications orthographiques.
   ● Les noms terminés par : **ss**, **sh**, **ch**, **x**, **z** et **o** font leur pluriel en **-es**.
      glass → glass**es** – brush → brush**es** – church → church**es** – box → box**es** – tomato → tomato**es**
   ● Les noms terminés en **y** font leur pluriel en **-ies**.
      country → countr**ies** – city → cit**ies** – hobby → hobb**ies**
      Attention : exception pour les noms en **ay**, **ey**, **oy**.
      day → day**s** – monkey → monkey**s** – boy → boy**s**
   ● Les noms terminés en **f** ou **fe** font leur pluriel en **-ves**.
      life → li**ves** – knife → kni**ves** – shelf → shel**ves**

◆ D'autres noms ne suivent aucune règle et sont considérés comme des pluriels irréguliers.
   man → **men** – tooth → **teeth** – mouse → **mice**

◆ Remarques
   ● Certains noms désignant des objets composés de deux parties sont toujours au pluriel : **glasses** (lunettes), **scissors** (ciseaux), **trousers** (pantalon).
   ● Quelques noms, même lorsqu'ils ne portent pas la marque du pluriel, sont considérés comme pluriel. Ils sont toujours suivis d'un verbe au pluriel.
      *The police **are** looking for the stolen car*: la police recherche la voiture volée.

p.m.

p.m. [ˈpiːem] **abbreviation** de l'après-midi, du soir
The train leaves at 6 p.m. Le train part à 6 heures du soir.
"p.m." est l'abréviation du latin "post meridiem".

pocket [ˈpɒkɪt]
✺ **n** poche*

> Hand over your money!
> But my **pockets** are empty, this train's already been robbed!
>
> – Donnez-moi votre argent !
> – Mais mes **poches** sont vides, ce train a déjà été attaqué !

✺ **adj** de poche
He took out his pocket knife. Il a sorti son couteau de poche.
✺ **vt** empocher
He pocketed the money and left the saloon. Il empocha l'argent et quitta le saloon.
• **pocket money** argent de poche

poem [ˈpəʊəm] **n** poème
Shall I read you one of my poems? Voulez-vous que je vous lise un de mes poèmes ?

poetry [ˈpəʊtrɪ] **n** poésie
A poetry book. Un livre de poésie.

point [pɔːnt]
✺ **n**
1. question, remarque, point
That's not the point! Ce n'est pas la question !
That's a good point! C'est une bonne remarque !
I don't need to insist on this point. Je n'ai pas besoin d'insister sur ce point.
2. pointe
The arrows had sharp points. Les pointes des flèches étaient aiguisées.
3. endroit, point
He showed them the point on the map. Il leur a montré l'endroit sur la carte.
4. moment, point
At that point, Lucky Luke came in. À ce moment-là, Lucky Luke est entré.
5. intérêt
I don't see the point in this game. Je ne vois pas l'intérêt de ce jeu.
There's no point in hurrying. Cela ne sert à rien de se dépêcher.
6. point
The French team scored three more points. L'équipe française a marqué trois points de plus.
7. virgule
One point two. Un virgule deux.
Attention, en anglais les décimales sont indiquées par un point et non par une virgule : 8.2 = 8,2.
8. Idiom **on the point of** sur le point de
9. Idiom **up to a point** jusqu'à un certain point
10. Idiom **to come to the point** en venir à l'essentiel
11. Idiom
I'll make a point of speaking to him about it. Je ne manquerai pas de lui en parler.
✺ **vi**
1. montrer du doigt
He pointed at the distant mountains. Il montra du doigt les montagnes au loin.
2. indiquer, laisser supposer
Everything points to Billy as the culprit. Tout semble indiquer que le coupable est Billy.
✺ **vt** pointer, braquer
Don't point that rifle at me! Ne braque pas ce fusil sur moi !
• **point out**
1. montrer*, désigner
2. signaler, faire remarquer
I didn't notice the mistake until she pointed it out. Je n'avais pas remarqué l'erreur jusqu'à ce qu'elle la signale.
"Point out" est séparable.

poison [ˈpɔɪzən]
✺ **n** poison
✺ **vt** empoisonner
Sometimes I'd like to poison that dog! Parfois, j'aimerais empoisonner ce chien !

police [pəˈliːs] **n pl**
1. police
2. agents de police, policiers
There were a lot of police on the scene. Il y avait beaucoup d'agents de police sur les lieux.
Attention, "police" est toujours suivi d'un verbe au pluriel.
• **police car** voiture de police
• **police station** commissariat*

> Come to the **police station**!
> OK! OK!
>
> – Venez au **commissariat** !
> – D'accord ! D'accord !

policeman [pəˈliːsmən] (**pl**: policemen) **n** agent de police, policier

polish [ˈpɒlɪʃ]
✺ **n** cire, cirage, encaustique
A tin of black shoe polish. Une boîte de cirage noir.
✺ **vt**
1. cirer, encaustiquer
He polished the floor. Il a ciré le parquet.

> Let me **point out** the exact spot to you...
> TEXAS
>
> – Laissez-moi vous **montrer** l'endroit exact...

two hundred and eighteen • 218 • deux cent dix-huit

2. astiquer, faire briller
The barman was polishing glasses. Le barman astiquait les verres.

polite [pəˈlaɪt] **adj** poli
You should be polite to your elders. Tu devrais être poli avec tes aînés.

political [pəˈlɪtɪkl] **adj** politique
They asked for political asylum. Ils ont demandé l'asile politique.

politician [pɒlɪˈtɪʃn] **n** homme/femme politique

politics [ˈpɒlətɪks] **n pl** politique*
Attention, "politics" est toujours suivi d'un verbe au singulier.

– La politique vous ennuie, monsieur ?

poll [pəʊl] **n**
1. sondage
A recent poll showed that the Prime Minister's popularity is declining. Un sondage récent a montré que la popularité du Premier ministre est en baisse.
2. élection, scrutin
On the eve of the poll. La veille du scrutin.
3. *Idiom* **to go to the polls** aller aux urnes

pollute [pəˈluːt] **vt** polluer
We must stop polluting our environment. Il faut que nous arrêtions de polluer l'environnement.

polluted [pəˈluːtəd] **adj** pollué*

pollution [pəˈluːʃn] **n** pollution
In those days there was no pollution. À cette époque, il n'y avait pas de pollution.

pond [pɒnd] **n** mare
A few ducks were splashing about in the pond. Quelques canards barbotaient dans la mare.

pool [puːl] **n**
1. piscine
They have an indoor pool. Ils ont une piscine couverte.
2. mare, bassin
There are goldfish in the pool. Il y a des poissons rouges dans le bassin.
3. flaque, mare
A pool of blood. Une flaque de sang.

poor [pʊəʳ]
✪ **adj**
1. pauvre
Her family was very poor. Sa famille était très pauvre.
Poor little boy! Pauvre petit !
2. médiocre
I'm a very poor shot. Je suis très médiocre au tir.
✪ **n pl pauvres**
He stole from the rich to give to the poor. Il volait les riches pour donner aux pauvres.

pop [pɒp]
✪ **n**
1. (musique) pop
He only listens to pop. Il n'écoute que de la musique pop.
2. *informal* soda
A bottle of pop. Une bouteille de soda.
3. bruit sec, pan
The cork came out with a pop. Le bouchon a fait un bruit sec.

– Cette rivière est vraiment polluée !

4. *informal* papa
Can I borrow your car, Pop? Est-ce que je peux emprunter ta voiture, papa ?
✪ **vi**
1. éclater
The balloon popped. Le ballon a éclaté.
2. faire un saut
I'll just pop down to the butcher's. Je vais faire un saut chez le boucher.

pope [pəʊp] **n** pape

poppy [ˈpɒpɪ] **n** coquelicot, pavot

popular [ˈpɒpjʊləʳ] **adj**
1. populaire
The sheriff isn't the most popular man in town. Le shérif n'est pas l'homme le plus populaire de la ville.
2. à la mode
It was a very popular name in the nineties. C'était un prénom très à la mode dans les années quatre-vingt dix.

pork [pɔːk] **n** porc
• **pork pie** pâté de porc en croûte

port [pɔːt] **n**
1. port
They sailed from the port of Liverpool. Ils sont partis du port de Liverpool.
Port authorities. Autorités portuaires.
2. porto
He likes a glass of port after dinner. Il aime bien boire un verre de porto après le dîner.

Portugal [ˈpɔːtʃʊgl] **n** Portugal

Portuguese [pɔːtʃʊˈgiːz] **adj, n** portugais, portugaise, Portugais, Portugaise
Attention, l'anglais prend toujours une majuscule.

position [pəˈzɪʃən] **n**
1. position
I'd been sitting in the same position for too long. Cela faisait trop longtemps que j'étais assis dans la même position.
2. emplacement, place
It's an ideal position for a saloon. C'est un emplacement idéal pour un saloon.

positive

3. poste, emploi
She'll have to find another position. Il faudra qu'elle trouve un autre emploi.
4. situation
Lucky Luke found himself in a very difficult position. Lucky Luke s'est trouvé dans une situation très difficile.

positive [ˈpɒzətɪv] **adj**
1. positif
We need a positive answer before tomorrow. Il nous faut une réponse positive avant demain.
2. positif, optimiste
You should be more positive about your future. Tu devrais être plus optimiste pour ton avenir.
3. sûr, certain
Are you positive that it was the Daltons? Êtes-vous sûr que c'étaient les Dalton ?
4. véritable, vrai
That dog is a positive nuisance! Ce chien est une vraie plaie !

possessive [pəˈzesɪv] **adj, n** possessif
Ma Dalton is very possessive towards Averell. Ma Dalton est très possessive avec Averell.
Possessive pronoun. Pronom possessif.
(voir encadré ci-contre)

possible [ˈpɒsəbl] **adj** possible
Jolly Jumper was galloping as fast as possible. Jolly Jumper galopait aussi vite que possible.

possibly [ˈpɒsɪblɪ] **adv**
1. peut-être
– Do you think they've gone to Mexico? – Possibly. – Pensez-vous qu'ils sont allés au Mexique ? – Peut-être.
2. Se traduit par une expression.
How can they possibly drink such strong coffee? Mais comment font-ils pour boire du café aussi fort ?
The sheriff did all he possibly could. Le shérif a fait tout son possible.

post [pəʊst]
◆ **n**
1. (**Am:** mail) poste
Send it by post. Envoyez-le par la poste.

2. (**Am:** mail) courrier
Is there any post this morning? Est-ce qu'il y a du courrier ce matin ?
3. poste
He resigned his post as deputy mayor. Il a démissionné de son poste d'adjoint au maire.
4. poteau, pieu
There was a sign nailed to a post. Il y avait un panneau cloué à un poteau.
◆ **vt** (**Am:** mail) poster
I forgot to post the letter again. J'ai encore oublié de poster la lettre.
• **post office** poste, bureau de poste
I took the parcel to the post office. J'ai apporté le colis à la poste.

postbox [ˈpəʊstbɒks] (**Am:** mailbox) **n** boîte aux lettres

postcard [ˈpəʊstkɑːd] **n** carte postale
Send us a postcard! Envoyez-nous une carte postale !

postcode [ˈpəʊstkəʊd] (**Am:** zip code) **n** code postal

poster [ˈpəʊstəʳ] **n** affiche, poster
They put up posters of the wanted man all over the state of Texas. Ils ont mis des affiches montrant l'homme recherché dans tout l'État du Texas.

LE CAS POSSESSIF — Grammar City

◆ Le cas possessif, appelé aussi génitif, s'emploie pour exprimer la possession.
En général, il ne s'utilise qu'avec les noms de personnes ou d'animaux.

◆ Il se forme en plaçant le nom du possesseur suivi de **'s**, devant l'objet possédé sans article.
Attention, l'ordre des mots est donc l'inverse du français.
Averell is Joe's brother: Averell est le frère de Joe.

• Si le possesseur est au pluriel, on ajoute seulement l'apostrophe.
My parents' car is new: la voiture de mes parents est neuve.

• Quand il s'agit d'un pluriel irrégulier, on garde **'s**.
The children's school is not far: l'école des enfants n'est pas loin.

◆ **Cas particuliers**

• Pour traduire l'expression **chez**, on utilise le cas possessif. Les mots *shop* ou *house* sont sous-entendus.
I met her at the grocer's: je l'ai rencontrée chez l'épicier.
We went to Mr Baxter's yesterday: nous sommes allés chez M. Baxter hier.

• Lorsque l'on ne veut pas répéter le nom de l'objet, il est alors sous-entendu et seul le possesseur est exprimé :
– Whose horse is it? – À qui est ce cheval ?
– It's Lucky Luke's. – C'est celui de Lucky Luke.

postman [ˈpəʊstmən] (**Am:** mailman) **n** facteur, postier

postpone [pəʊstˈpəʊn] **vt** reporter
The match has been postponed. Le match a été reporté.

potato [pəˈteɪtəʊ] **n** pomme de terre*

Wait until I've finished peeling the potatoes.

– *Attendez que j'aie fini d'éplucher les pommes de terre.*

poultry [ˈpəʊltrɪ] **n** volaille
They breed poultry. Ils élèvent des volailles.
Attention, "poultry" est toujours invariable et suivi d'un verbe au singulier.

pound [paʊnd] **n**
1. livre (= 0,454 kg)
A pound of flour. Une livre de farine.
2. livre (sterling)
It must cost at least a thousand pounds. Ça doit coûter au moins mille livres.
(voir encadré ci-contre)

pour [pɔːʳ]
◆ **vt** verser
He poured himself a cup of coffee. Il s'est versé une tasse de café.
◆ **vi**
1. couler à flots
Water was pouring down the stairs. De l'eau coulait à flots dans l'escalier.
2. pleuvoir à verse
Take your umbrella, it's pouring! Prends ton parapluie, il pleut à verse !
3. affluer

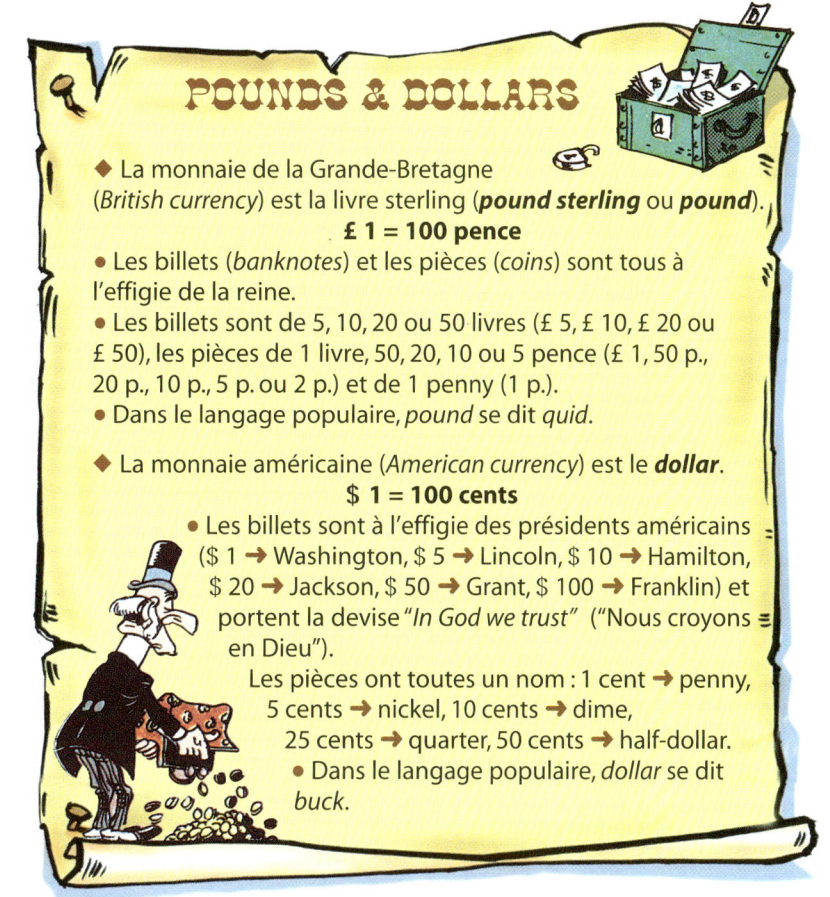

POUNDS & DOLLARS

◆ La monnaie de la Grande-Bretagne (*British currency*) est la livre sterling (**pound sterling** ou **pound**).
£ 1 = 100 pence
• Les billets (*banknotes*) et les pièces (*coins*) sont tous à l'effigie de la reine.
• Les billets sont de 5, 10, 20 ou 50 livres (£ 5, £ 10, £ 20 ou £ 50), les pièces de 1 livre, 50, 20, 10 ou 5 pence (£ 1, 50 p., 20 p., 10 p., 5 p. ou 2 p.) et de 1 penny (1 p.).
• Dans le langage populaire, *pound* se dit *quid*.

◆ La monnaie américaine (*American currency*) est le **dollar**.
$ 1 = 100 cents
• Les billets sont à l'effigie des présidents américains ($ 1 → Washington, $ 5 → Lincoln, $ 10 → Hamilton, $ 20 → Jackson, $ 50 → Grant, $ 100 → Franklin) et portent la devise "*In God we trust*" ("Nous croyons en Dieu").
Les pièces ont toutes un nom : 1 cent → penny, 5 cents → nickel, 10 cents → dime, 25 cents → quarter, 50 cents → half-dollar.
• Dans le langage populaire, *dollar* se dit *buck*.

Offers of help poured in from all sides. Des offres d'aide affluaient de tous côtés.
• **pour down vi** pleuvoir à verse
It poured down all week. Il a plu à verse toute la semaine.

poverty [ˈpɒvətɪ] **n** pauvreté
Too many people live in poverty in this country. Trop de gens vivent dans la pauvreté dans ce pays.

powder [ˈpaʊdəʳ] **n** poudre*

But where do they get the powder to blow up all these buildings?

– *Mais où trouvent-ils la poudre pour faire sauter tous ces bâtiments ?*

power

power [ˈpaʊəʳ] **n**
1. pouvoir
He came to power in 1960. Il accéda au pouvoir en 1960.
2. puissance
There's no power in the engine. Le moteur manque de puissance.
3. énergie
It works on solar power. Ça marche à l'énergie solaire.
4. courant
We had a power cut last night. Nous avons eu une coupure de courant cette nuit.
• **power station** centrale électrique

powerful [ˈpaʊəfʊl] **adj** puissant
The cattle breeders are very powerful in these parts. Les éleveurs de bétail sont très puissants dans cette région.

practice [ˈpræktɪs] **n**
1. entraînement
I wasn't very good, I'm out of practice. Je n'ai pas été très bon, je manque d'entraînement.
2. exercices
It's time for your piano practice. C'est l'heure de tes exercices de piano.
3. pratique
How do they intend to put their ideas into practice? Comment ont-ils l'intention de mettre leurs idées en pratique ?
4. exercice
The practice of medecine. L'exercice de la médecine.

practise [ˈpræktɪs] (**Am:** practice)
✪ **vt**
1. s'entraîner à, s'exercer à
He was practising kicking penalties. Il s'entraînait à tirer des penalties.
2. pratiquer
A practising Catholic. Un catholique pratiquant.
3. exercer
He isn't qualified to practise medicine. Il n'est pas qualifié pour exercer la médecine.
✪ **vi**
1. s'entraîner, s'exercer
The team practises twice a week. L'équipe s'entraîne deux fois par semaine.
2. exercer

He's qualified as a doctor but he's never practised. Il a un diplôme de médecin mais il n'a jamais exercé.

pram [præm] (**Am:** baby carriage) **n** landau
He put the baby in the pram. Il a mis le bébé dans le landau.

prawn [prɔːn] **n** crevette

pray [preɪ] **vi** prier
She went to church to pray. Elle est allée prier à l'église.

prayer [preəʳ] **n** prière*

precious [ˈpreʃəs] **adj**
1. précieux
Precious stones. Pierres précieuses.
2. *Idiom*
They are very precious to me. Je tiens beaucoup à eux.

prefer [prɪˈfɜːʳ] **vt** préférer
She prefers Averell to his brothers. Elle préfère Averell à ses frères.

pregnant [ˈpregnənt] **adj** enceinte
His wife is pregnant. Sa femme est enceinte.

prejudice [ˈpredʒʊdɪs] **n** préjugé
I think the judge has a prejudice against me. Je crois que le juge a un préjugé contre moi.

prejudiced [ˈpredʒʊdɪst] **adj**
Se traduit par une expression.
They are prejudiced against us. Ils ont des préjugés contre nous.
Racially prejudiced. Raciste.

prepare [prɪˈpeəʳ]
✪ **vt** préparer*

✪ **vi** se préparer
The Dalton brothers were preparing to leave. Les frères Dalton se préparaient à partir.

prescription [prɪˈskrɪpʃən] **n** ordonnance
This drug is sold only on prescription. Ce médicament n'est vendu que sur ordonnance.

present
L'adjectif et le nom se prononcent [ˈprezənt], le verbe [prɪˈzənt].
✪ **n**

1. cadeau*
2. présent
They only think of the present. Ils ne songent qu'au présent.
This verb should be in the present. Ce verbe devrait être au présent.
3. *Idiom* **at present** actuellement, en ce moment
◎ **adj**
1. actuel
The present sheriff has been here for six months. Le shérif actuel est là depuis six mois.
2. présent
Do you know how many people were present at the meeting? Sais-tu combien de personnes étaient présentes à la réunion ?
3. *Idiom* **the present tense** le présent
◎ **vt**
1. présenter
He presented his work to the committee. Il a présenté ses travaux au comité.
2. remettre, donner
They wanted to present Lucky Luke with a medal. Ils ont voulu remettre une médaille à Lucky Luke.

presently [ˈprezəntlɪ] **adv**
1. **Br:** tout à l'heure, bientôt
Doctor Doxey will see you presently. Le docteur Doxey vous verra tout à l'heure.
2. **Am:** actuellement, en ce moment
He's in San Francisco presently. Il est actuellement à San Francisco.

president [ˈprezɪdənt] **n** président(e)
He was elected President of the United States. Il a été élu président des États-Unis.

press [pres]
◎ **vt**
1. appuyer sur
Press the enter key. Appuyez sur la touche entrée.
I pressed all the buttons but nothing happened. J'ai appuyé sur tous les boutons mais il ne s'est rien passé.
2. repasser
My suit needs pressing. Mon costume a besoin d'être repassé.
3. forcer, obliger
They pressed him into helping them. Ils l'ont forcé à les aider.

It's a **present** for you, Mum!

— C'est un **cadeau** pour toi, maman !

◎ **vi**
1. appuyer
He pressed hard on the accelerator. Il appuya fort sur l'accélérateur.
2. s'entasser
Everyone pressed into the kitchen. Tout le monde s'est entassé dans la cuisine.
◎ **n**
1. pression
Programme your video at the press of a button! Programmez votre magnétoscope d'une simple pression sur un bouton !
2. presse
The press coverage of the trial was biased. La couverture du procès par la presse était partiale.
3. pressoir
A cider press. Un pressoir à cidre.

pressure [ˈpreʃər] **n** pression
They put pressure on the sheriff to release Billy the Kid. Ils ont fait pression sur le shérif pour qu'il relâche Billy the Kid.
• **pressure cooker** autocuiseur

pretend [prɪˈtend] **vi** faire semblant
He pretended to be asleep. Il a fait semblant de dormir.

pretty [ˈprɪtɪ]
◎ **adj** joli, mignon
Jolly Jumper fell in love with a pretty mare. Jolly Jumper est tombé amoureux d'une jolie jument.
◎ **adv** plutôt
He's a pretty good shot. Il est plutôt bon tireur.

prevent [prɪˈvent] **vt** empêcher
He prevented them from shooting Joe. Il les a empêchés de tirer sur Joe.

previous [ˈpriːvjəs] **adj** précédent, antérieur
The previous train was attacked by Indians. Le train précédent a été attaqué par des Indiens.

price [praɪs] **n** prix*

And for that **price**, I want good quality!
As usual...

— Et à ce **prix**-là, je veux de la bonne qualité !
— Comme d'habitude...

pride [praɪd] **n**
1. orgueil
His pride is his worst fault. Son orgueil est son plus gros défaut.
2. fierté
She looked at her son with pride. Elle a regardé son fils avec fierté.
3. *Idiom* **to take pride in** être fier de

priest [priːst] **n** prêtre

prime

prime [praɪm]
- **adj**
1. principal
The Indians are our prime concern. Les Indiens sont notre principal souci.
2. de premier ordre, de première qualité
Prime beef. Bœuf de première qualité.
- **n**
Idiom **in one's prime** dans la fleur de l'âge
• **Prime Minister** Premier ministre

prince [prɪns] **n** prince

princess [prɪnˈses] **n** princesse
Wow, you look like a princess, Calamity! Waouh, tu ressembles à une princesse, Calamity !

principal [ˈprɪnsəpl]
- **adj** principal
It was one of the principal towns of the West. C'était l'une des principales villes de l'Ouest.
- **n** directeur
The teacher sent him to see the principal. Le professeur l'a envoyé voir le directeur.

principle [ˈprɪnsəpl] **n** principe
She refuses to speak to them as a matter of principle. Elle refuse de leur parler par principe.

print [prɪnt]
- **vt**
1. imprimer
The book was printed in Italy. Le livre a été imprimé en Italie.
2. écrire en majuscules
Print your name and address. Écrivez votre nom et votre adresse en majuscules.
- **n**
1. caractères
The print is too small to read. Les caractères sont trop petits, on n'arrive pas à les lire.
2. épreuve
He burnt the prints and the negatives. Il a brûlé les épreuves et les négatifs.

prison [ˈprɪzn] **n** prison*

private [ˈpraɪvɪt]
- **adj** privé
I don't want them prying into my private life. Je ne veux pas qu'ils viennent fouiller dans ma vie privée.
He's a private detective. C'est un détective privé.
- **n**
1. privé
Can I talk to the sheriff in private? Puis-je parler au shérif en privé ?
2. simple soldat
A private in the Confederate army. Un simple soldat dans l'armée des Confédérés.
• **private school** école privée
(voir page 252)

prize [praɪz] **n** prix*

probably [ˈprɒbəblɪ] **adv** probablement
The desperados will probably attack when it gets dark. Les desperados attaqueront probablement quand il fera nuit.

problem [ˈprɒbləm]
- **n** problème
Jolly Jumper had a problem with one of his shoes. Jolly Jumper a eu un problème avec un de ses fers.
No problem! Pas de problème !
- **adj** difficile
She was a bit of a problem child. C'était une enfant un peu difficile.

proceed [prəˈsiːd] **vi**
1. avancer
The wagons were proceeding slowly. Les chariots avançaient lentement.

Joe looks confused.
*Yes, I think **prison** life is starting to affect him.*

— Joe a l'air perturbé.
— Oui, je pense que la vie en **prison** commence à l'affecter.

*The **prize** for the best tart goes to... Mrs O'Timmins!*

— Le **prix** de la meilleure tarte est décerné à... Mme O'Timmins !

2. se mettre
They proceeded to destroy the saloon. Ils se sont mis à tout casser dans le saloon.
3. procéder, s'y prendre
I don't know how to proceed. Je ne sais pas comment m'y prendre.
4. continuer, poursuivre
Proceed with your work. Continuez votre travail.

process [ˈprəʊses]
✲ **n**
1. processus, procédé
He explained the production process to me. Il m'a expliqué le processus de production.
2. *Idiom* **in process** en cours
✲ **vt** traiter
These computers can process huge amounts of information. Ces ordinateurs peuvent traiter des quantités énormes de données.

produce [prəˈdjuːs] **vt**
1. produire
They produce cars. Ils produisent des voitures.
2. présenter
You have to produce your passport. Il faut présenter son passeport.
3. sortir
Averell suddenly produced a revolver. Tout d'un coup, Averell a sorti un revolver.
4. provoquer, causer
His joke didn't produce much laughter. Sa plaisanterie n'a pas provoqué beaucoup d'éclats de rire.
5. mettre en scène, monter
He's always dreamt of producing Hamlet. Il a toujours rêvé de monter *Hamlet*.

producer [prəˈdjuːsər] **n** producteur*

product [ˈprɒdʌkt] **n** produit
They have a shop where they sell their products. Ils ont un magasin où ils vendent leurs produits.

professor [prəˈfesər] **n** professeur
En anglais britannique, "professor" désigne un professeur d'université titulaire d'une chaire. En américain, le terme est plus général, comme "professeur" en français.
(voir page 252)

program [ˈprəʊgræm]
✲ **n**
1. Am ➜ **programme**
2. programme, logiciel
He's bought a new game program. Il a acheté un nouveau logiciel de jeu.
✲ **vt, vi**
1. Am ➜ **programme**
2. programmer
Can you program in HTML? Savez-vous programmer en HTML ?

programme [ˈprəʊgræm] (**Am**: program)
✲ **n**
1. programme
What's the programme for the meeting? Quel est le programme de la réunion ?
2. émission
I watched a programme on whales last night. J'ai regardé une émission sur les baleines hier soir.
✲ **vt** programmer

progress
Le nom se prononce [ˈprəʊgres], le verbe [prəˈgres].
✲ **n** progrès
We don't seem to have made much progress. On dirait que nous n'avons pas fait beaucoup de progrès.
✲ **vi** progresser, faire des progrès
She's progressed enormously since she changed schools. Elle a fait d'énormes progrès depuis qu'elle a changé d'école.

prohibit [prəˈhɪbɪt] **vt** interdire, défendre
Smoking is prohibited here. Il est interdit de fumer ici.

project [ˈprɒdʒekt] **n** projet
There is a project to build a new railway. La construction d'un nouveau chemin de fer est en projet.

promise [ˈprɒmɪs]
✲ **n** promesse
He always keeps his promises. Il tient toujours ses promesses.
✲ **vt** promettre
Joe, promise you'll never be nasty to Averell again! Joe, promets que tu ne seras plus jamais méchant avec Averell !

promotion [prəˈməʊʃn] **n** avancement, promotion*

– Vous avez eu une *promotion* ?
– Oui !

pronoun [ˈprəʊnaʊn] **n** pronom
Personal pronoun. Pronom personnel.
(voir page 186)

pronounce [prəˈnaʊns] **vt** prononcer
"Jewellery" is a very difficult word to pronounce. "Jewellery" est un mot très difficile à prononcer.

pronunciation [prənʌnsɪˈeɪʃən] **n** prononciation
(voir page 226)

– Your show's great! You aren't looking for a *producer* by any chance, are you?

– Votre spectacle est formidable ! Vous ne cherchez pas un *producteur*, par hasard ?

proof

Here is the property your uncle left you, but...

I know it's dangerous, but that ranch is mine and I want to live there!

— Voici la **propriété** que votre oncle vous a laissée, mais...
— Je sais que c'est dangereux, mais ce ranch est à moi et je veux y vivre !

proof [pruːf] **n** preuve
We have no proof that it was the Daltons who did it. Nous n'avons pas la preuve que ce sont les Dalton qui l'ont fait.

proper ['prɒpə'] **adj**
1. vrai
A proper cowboy would never dress like that! Un vrai cow-boy ne s'habillerait jamais comme ça !
2. bon, correct
He showed me the proper way to shoe a horse. Il m'a montré la bonne façon de ferrer un cheval.
3. convenable
It's not proper to do that. Ce n'est pas convenable de faire ça.

properly ['prɒpəlɪ] **adv**
1. correctement, comme il faut
You're not holding that rifle properly. Tu ne tiens pas ce fusil comme il faut.
2. convenablement, comme il faut
Try to behave properly for once! Essaie de te conduire convenablement pour une fois !

property ['prɒpətɪ] **n**
1. propriété, biens
Billy the Kid started to steal other people's property when he was very young. Billy the Kid a commencé à voler les biens des autres quand il était très jeune.
That trunk is my property! Cette malle m'appartient !
2. propriété*
Private property. Propriété privée.

prosecute ['prɒsɪkjuːt] **vt**
1. poursuivre en justice
The police decided not to prosecute him. La police a décidé de ne pas le poursuivre en justice.
2. *Idiom* **trespassers will be prosecuted** défense d'entrer sous peine de poursuites

protect [prə'tekt] **vt** protéger*

Protect us, Billy the Kid! Protect us!

Please protect us!

— **Protégez**-nous, Billy the Kid !
Protégez-nous !
— S'il vous plaît, **protégez**-nous !

protest
Le nom se prononce ['prəʊtest], le verbe [prə'test].
◆ **n** protestation
The committee decided to resign in protest against the mayor's decision. Le comité a décidé de démissionner en signe de protestation contre la décision du maire.

PRONONCIATION

◆ La prononciation est transcrite au moyen de l'alphabet phonétique (voir le tableau des signes phonétiques page 5).

◆ Tout mot anglais de deux syllabes et plus porte un **accent tonique** [ˈ].
Il existe aussi un **accent secondaire** [ˌ] qui porte sur une autre syllabe du mot et qui a moins d'intensité que l'accent tonique.
Attention, si vous ne placez pas l'accent au bon endroit, vous risquez de ne pas être compris !

◆ Dans une phrase anglaise :
• la voix descend sur la dernière syllabe accentuée d'une phrase déclarative ou impérative ;
• la voix monte sur la dernière syllabe accentuée d'une interrogation ou d'une demande polie.

◆ L'intonation anglaise est très marquée : soyez attentifs à la musique de la langue et n'hésitez pas à forcer le trait.

public

vi protester
They're protesting against the new law. Ils protestent contre la nouvelle loi.

proud [praʊd] **adj**
1. fier*

– Ne t'inquiète pas, je m'en occupe !
– Je suis si **fière** de lui !

2. orgueilleux, fier
He was too proud to ask Lucky Luke to help him. Il était trop orgueilleux pour demander à Lucky Luke de l'aider.

prove [pruːv]
"To prove" est régulier en anglais britannique, mais le participe passé est "proven" [ˈpruːvən] en américain.
vt prouver
Can you prove that Billy the Kid is the culprit? Pouvez-vous prouver que c'est Billy the Kid le coupable ?
vi s'avérer, se révéler
Your advice proved to be useful. Vos conseils se sont avérés utiles.

provide [prəˈvaɪd] **vt** fournir
They provide the breeders with cattle feed. Ils fournissent les éleveurs en aliments pour bétail.

pub [pʌb] **n Br** pub
We had lunch in a pub. Nous avons déjeuné dans un pub.
(voir encadré ci-contre)

public [ˈpʌblɪk]
adj
1. public
They invited the townspeople to a public meeting. Ils ont invité les habitants de la ville à une réunion publique.
2. municipal
A public library/swimming pool. Une bibliothèque/piscine municipale.
n public
It's not open to the public today. Ce n'est pas ouvert au public aujourd'hui.
In public. En public.

PUBS

Les pubs (abréviation de *public houses*) sont une véritable institution en Grande-Bretagne.

Il règne une atmosphère chaleureuse et accueillante dans ces établissements souvent très anciens. Certains proposent plusieurs salons : le *public bar*, le *lounge bar* (plus confortable), ou encore le *private bar* (réservé aux clubs). Autour du comptoir où l'on va chercher sa consommation auprès du *publican* (propriétaire du pub), les conversations s'animent entre les habitués (*the regulars*).

Les Britanniques aiment s'y retrouver pour discuter, prendre un verre ou encore disputer une partie de fléchettes (*darts*). La bière, première des consommations, est servie en *pints* (50 cl) ou *half-pints* (25 cl). On y déguste le fameux *ploughman's lunch* (salade composée avec un gros morceau de fromage, Cheddar ou Stilton) ainsi que toutes sortes de *pies* (voir page 105). Les noms des pubs font souvent référence à la tradition locale (*The Ploughman* – Le Laboureur, *The Fox and Hounds* – Le renard et les chiens) ou à l'histoire nationale (*The King's Head* qui rappelle que Charles Ier fut décapité sur ordre de Cromwell). *The Sherlock Holmes* à Londres est un véritable musée à la gloire du célèbre détective.

Depuis 1988, les pubs ont l'autorisation de rester ouverts toute la journée ainsi que le dimanche (midi et soir). La législation était auparavant très stricte, le gouvernement ayant imposé des heures d'ouverture afin d'éviter que les ouvriers ne s'adonnent à la boisson !

Les mineurs de moins de 14 ans doivent être accompagnés par un adulte.

• **public holiday Br** jour férié
• **public house Br** pub
"Public house" est la désignation officielle et administrative d'un pub.
• **public transport** transports en commun
• **public school**
1. Br: école privée
2. Am: école publique
En Angleterre, les "public schools" sont des établissements d'enseignement secondaire payants qui ont un statut et un standing

publicity

particuliers qui les différencient des "private schools" (établissements privés ordinaires).
(voir page 252)

publicity [pʌbˈlɪsɪtɪ] **n** publicité
She tries to avoid publicity. Elle essaie d'éviter la publicité.

publish [ˈpʌblɪʃ] **vt** publier, éditer
The news was published in the local paper. La nouvelle a été publiée dans le journal local.

publishing [ˈpʌblɪʃɪŋ] **n** édition
She works in publishing. Elle travaille dans l'édition.

pudding [ˈpʊdɪŋ] **n**
1. Br dessert
That was very nice, what's for pudding? C'était très bon, qu'est-ce qu'il y a comme dessert ?
2. pudding
She makes a very good fruit pudding. Elle fait un excellent pudding aux fruits.

pull [pʊl]
◉ **vt**
1. tirer*

Jolly Jumper pulled him by his braces.

Jolly Jumper le tira par les bretelles.

2. froisser
He pulled a muscle in his thigh. Il s'est froissé un muscle de la cuisse.
3. attirer
His speech had pulled a large crowd. Son discours avait attiré une foule importante.
4. sortir
He pulled his wallet from his pocket. Il a sorti son portefeuille de sa poche.
◉ **n**
1. Se traduit souvent par une expression comportant le verbe "tirer".

The stagecoach pulled in along the pavement.

La diligence s'est rangée le long du trottoir.

He gave the rope a sharp pull. Il a tiré sèchement sur la corde.
He felt a pull at his sleeve. Il a senti quelqu'un tirer sur sa manche.
2. attraction, attirance
The pull of the sea. L'attirance de la mer.

• **pull away vi**
1. partir
The car started and pulled away slowly. La voiture a démarré et elle est partie lentement.
2. prendre de l'avance
He's pulling away from the other runners. Il prend de l'avance sur les autres coureurs.

• **pull down vt** démolir*
"Pull down" est séparable.

• **pull in vi** se ranger*
• **pull off vt**
1. enlever, ôter
He pulled his shirt off. Il a ôté sa chemise.
2. réussir
If we pull off this holdup, we'll be rich! Si nous réussissons ce hold-up, nous serons riches !
"Pull off" est séparable.

• **pull out**
◉ **vt** arracher
The dentist pulled two of my teeth out. Le dentiste m'a arraché deux dents.
"Pull out" est séparable.
◉ **vi**
1. se retirer

What are you doing?
I'm pulling down my saloon, that'll save the O'Haras and the O'Timminses some work.

– Que faites-vous ?
– Je démolis mon saloon, ça évitera du travail aux O'Hara et aux O'Timmins.

put

The cavalry have pulled out. La cavalerie s'est retirée.
2. déboîter, partir
A yellow car suddenly pulled out. Une voiture jaune a déboîté tout à coup.
• **pull through vi** s'en sortir
Don't worry, we'll pull through! Ne t'inquiète pas, on s'en sortira !
• **pull up**
○ **vt**
1. remonter
He pulled his trousers up. Il remonta son pantalon.
2. approcher
Pull up a chair and sit down. Approche une chaise et assieds-toi.
"Pull up" est séparable.
○ **vi** s'arrêter
The stagecoach pulled up outside the saloon. La diligence s'est arrêtée devant le saloon.

pullover ['pʊləʊvəʳ] **n** pull
Put your pullover on, it's cold outside. Mets ton pull, il fait froid dehors.

pump [pʌmp]
○ **n** pompe
Petrol pump. Pompe à essence.
○ **vt** pomper

pumpkin ['pʌmpkɪn] **n** potiron

punch [pʌntʃ]
○ **n**
1. coup de poing
The punch nearly knocked the man out. Le coup de poing a failli mettre l'homme K.-O.
2. punch
Another glass of punch? Encore un verre de punch ?
○ **vt**
1. donner un (des) coup(s) de poing à
He punched him on the jaw. Il lui a donné un coup de poing à la mâchoire.
2. poinçonner
The inspector punched my ticket. Le contrôleur a poinçonné mon billet.

puncture ['pʌŋktʃəʳ] (Am: flat) **n**
1. crevaison
He repaired the puncture. Il a réparé la crevaison.
2. *Idiom* **to have a puncture** crever

punish ['pʌnɪʃ] **vt** punir
The culprits will be punished. Les coupables seront punis.

punishment ['pʌnɪʃmənt] **n** punition, châtiment
The culprits will not escape punishment! Les coupables n'échapperont pas au châtiment !

pupil ['pjuːpl] **n**
1. élève
She's always been a model pupil. Elle a toujours été une élève modèle.
2. pupille
His pupils were dilated. Ses pupilles étaient dilatées.

puppy ['pʌpɪ] **n** chiot
What a lovely puppy! Quel adorable chiot !

purchase ['pɜːtʃɪs]
○ **vt** acheter
He has purchased a ranch near Daisy Town. Il a acheté un ranch près de Daisy Town.
○ **n** achat

purple ['pɜːpl] **adj, n** violet
The Queen wore a very nice purple dress. La reine portait une très jolie robe violette.

purpose ['pɜːpəs] **n**
1. but
What is the purpose of their visit? Quel est le but de leur visite ?
2. *Idiom* **on purpose** exprès
Did you hit him on purpose? As-tu fait exprès de le frapper ?

purse [pɜːs] **n**
1. porte-monnaie
She had a few coins in her purse. Elle avait quelques pièces dans son porte-monnaie.
2. **Am** → **handbag**

push [pʊʃ]
○ **vt**
1. pousser
They all got out to push the stagecoach. Ils sont tous descendus pour pousser la diligence.
2. appuyer sur
She pushed the button but nothing happened. Elle a appuyé sur le bouton mais il ne s'est rien passé.
3. inciter, pousser
He was pushed into doing it by his brothers. Ses frères l'ont poussé à le faire.
○ **vi**
1. pousser*

– Ne **poussez** pas !

2. faire pression
The townspeople are pushing for a new sheriff. Les habitants de la ville font pression pour obtenir un nouveau shérif.
○ **n** poussée
He knocked the pile of bricks over with one push. Il a fait tomber la pile de briques d'une seule poussée.
• **push around vt** *informal* marcher sur les pieds de
I'm not going to let them push me around any longer! Je ne vais plus les laisser me marcher sur les pieds !
"Push around" est séparable.
• **push in vi** resquiller
There was a long queue so they tried to push in. Il y avait une longue file d'attente, alors ils ont essayé de resquiller.

put [pʊt], **put** [pʊt], **put** [pʊt] **vt**
1. mettre, poser
He put his revolver on the table. Il a posé son revolver sur la table.
2. exprimer
Let me put it another way. Laissez-moi exprimer cela autrement.
3. présenter
She puts her case very well. Elle présente très bien ses arguments.
• **put away vt** ranger
They put all their toys away. Ils ont rangé tous leurs jouets.
"Put away" est séparable.

puzzle

- **put back** vt
1. remettre (à sa place)
He put the vase back on the shelf. Il a remis le vase sur l'étagère.
2. remettre, reporter
The meeting has been put back for a week. La réunion a été reportée d'une semaine.
"Put back" est séparable.
- **put down** vt poser
Put that rifle down immediately! Pose ce fusil immédiatement !
"Put down" est séparable.
- **put off** vt
1. remettre, reporter
The match has been put off. Le match a été reporté.
2. éteindre
Put the light off. Éteins la lumière.
3. **Br** déranger
She put him off just when he was going to shoot. Elle l'a dérangé juste au moment où il allait tirer.
4. dissuader
They were determined to go and I couldn't put them off. Ils étaient déterminés à y aller et je n'ai pas pu les en dissuader.
5. Idiom **Br**
It put me off my food. Cela m'a coupé l'appétit.
"Put off" est séparable.
- **put on** vt
1. mettre*
2. allumer
Put the TV on. Allume la télé.
3. organiser, monter
They decided to put on a show. Ils ont décidé de monter un spectacle.
4. feindre
He put on an air of surprise. Il a feint la surprise.
5. prendre
She's afraid of putting on weight. Elle a peur de prendre du poids.
"Put on" est séparable.
- **put out** vt
1. mettre dehors
I put the cat out. J'ai mis le chat dehors.
2. éteindre
It took them hours to put the fire out. Il leur a fallu des heures pour éteindre l'incendie.
3. déranger
I hope I'm not putting you out too much. J'espère que je ne vous dérange pas trop.
"Put out" est séparable.
- **put up** vt
1. ériger
They wanted to put up a statue to Lucky Luke. Ils voulaient ériger une statue en l'honneur de Lucky Luke.
2. accrocher
He put the pictures up on the wall. Il a accroché les tableaux au mur.
3. augmenter
They put their prices up in summer. Ils augmentent leurs prix en été.
4. loger, héberger
I'll put you up for the night. Je vais vous héberger pour la nuit.
"Put up" est séparable.
- **put up with** vt supporter
I can't put up with Averell any longer! Je ne supporte plus Averell !
"Put up with" est inséparable.

puzzle [ˈpʌzl]
✱ n
1. casse-tête
A Chinese puzzle. Un casse-tête chinois.
2. jeu, énigme
Crossword puzzle. Mots croisés.
Jigsaw puzzle. Puzzle.
3. mystère, énigme
The reason he left her is a puzzle to me. La raison pour laquelle il l'a quittée est un mystère pour moi.
✱ vt laisser perplexe
Their attitude really puzzles me. Leur attitude me laisse vraiment perplexe.
- **puzzle out** vt résoudre
Lucky Luke should be able to puzzle the mystery out. Lucky Luke devrait pouvoir résoudre le mystère.
"Puzzle out" est séparable.
- **puzzle over** vt essayer de comprendre
I've been puzzling over what happened yesterday. J'ai essayé de comprendre ce qui s'est passé hier.
"Puzzle over" est inséparable.

puzzled [ˈpʌzld] adj perplexe
Rin Tin Can looked puzzled. Ran Tan Plan avait l'air perplexe.

pyjamas [pəˈdʒɑːməz] (**Am:** pajamas) n pl pyjama
He put on a pair of clean pyjamas. Il a mis un pyjama propre.
His pyjamas were much too big for him. Son pyjama était bien trop grand pour lui.
Attention, "pyjamas" est toujours suivi d'un verbe au pluriel.

— *Mettez ça avant d'entrer, s'il vous plaît, messieurs.*

qualification [kwɒlɪfɪˈkeɪʃən] **n**
1. diplôme
Bring a photocopy of your university qualifications. Apportez une photocopie de vos diplômes universitaires.
2. compétence
The main qualification for the job is the ability to work under pressure. La principale compétence requise pour le poste est la capacité à travailler sous pression.
3. réserve
They accepted the offer without qualification. Ils ont accepté la proposition sans réserve.

quality [ˈkwɒlɪtɪ] **n** qualité
The quality of life is better here. La qualité de vie est meilleure ici.
Quality wines. Vins de qualité.

quantity [ˈkwɒntɪtɪ] **n** quantité
Averell ate vast quantities of tart. Averell a mangé d'énormes quantités de tarte.

quarrel [ˈkwɒrəl]
✪ **n** querelle, dispute
✪ **vi** se quereller*, se disputer
Joe's always quarrelling with Averell. Joe se dispute tout le temps avec Averell.

quarter [ˈkwɔːtəʳ] **n**
1. quart
A quarter of a pound of butter. Un quart de livre de beurre.
It's quarter past five. Il est cinq heures et quart.
2. quartier
We had lunch in the Chinese quarter. Nous avons déjeuné dans le quartier chinois.
3. trimestre
The magazine is published every quarter. La revue est publiée tous les trimestres.
4. Am: pièce de 25 cents

quarterly [ˈkwɔːtəlɪ]
✪ **adj** trimestriel
A quarterly magazine. Une revue trimestrielle.
✪ **adv** trimestriellement, tous les trois mois

Quebec [kwɪˈbek] **n** Québec

queen [kwiːn] **n**
1. reine
The Queen of England. La reine d'Angleterre.
The Queen Mother. La reine mère.
2. dame
The queen of spades. La dame de pique.
(voir page 232)

question [ˈkwestʃən]
✪ **n**
1. question
I need to ask the sheriff a few questions. J'ai besoin de poser quelques questions au shérif.
It's out of the question for me to take that dog! Il est hors de question que j'emmène ce chien !

Stop quarrelling, ladies!

– Arrêtez de **vous quereller**, mesdames !

questionnaire

2. *Idiom* **without question** incontestablement
3. *Idiom* **to call something into question** mettre quelque chose en doute
I don't want to call his honesty into question, but… Je ne veux pas mettre en doute son honnêteté, mais…
✺ **vt**
1. questionner, interroger
They questioned me about my family. Ils m'ont interrogé sur ma famille.
2. mettre en doute
They never question what the sheriff tells them. Ils ne mettent jamais en doute ce que leur dit le shérif.
• **question mark** point d'interrogation

questionnaire [kwestʃəˈneəʳ] **n**
questionnaire

queue [kjuː] (**Am:** line)
✺ **n** queue, file d'attente
There was a long queue outside the dentist's. Il y avait une longue file d'attente devant chez le dentiste.
✺ **vi** faire la queue

So, is everything ready?
Not yet! And look, they're *queuing up* already!

BANK OPENING TODAY

– Alors, tout est prêt ? – Pas encore ! Et regardez, ils **font** déjà **la queue** !
(Ouverture de la banque aujourd'hui)

Please queue at the door. Veuillez faire la queue à la porte.
• **queue up** faire la queue*

quick [kwɪk]
✺ **adj** rapide
He's very quick on the draw. Il est très rapide à la détente.

✺ **adv** vite
Quick, let's get out of here! Vite, partons d'ici !

quickly [ˈkwɪklɪ] **adv** rapidement, vite
She talks too quickly. Elle parle trop vite.

quiet [ˈkwaɪət]
✺ **adj**
1. tranquille, calme
It's so quiet here in the country! C'est tellement tranquille ici à la campagne !
2. bas
They were talking in quiet voices. Ils parlaient à voix basse.
3. silencieux
It's a very quiet car. C'est une voiture très silencieuse.
4. discret
Can I have a quiet word with you? Puis-je avoir un entretien discret avec vous ?
5. *Idiom* **to be quiet** se taire
Be quiet! I can hear the sound of hooves! Taisez-vous ! J'entends un bruit de sabots !
6. *Idiom* **to keep quiet about** ne rien dire au sujet de
✺ **n**
1. *Idiom* **peace and quiet** tranquillité
All I want is a bit of peace and quiet! Tout ce que je veux, c'est un peu de tranquillité !
2. *Idiom* **on the quiet** en douce

THE QUEEN

La devise de la monarchie britannique est *"Dieu et mon droit"*. Le blason royal *"E II R"* (*Elizabeth II Regina*) figure sur tout ce qui appartient aux services publics : des fameuses boîtes aux lettres rouges aux casques des agents de police (*bobbies*).

L'hymne national (*the national anthem*), **God Save the Queen**, est dédié à la gloire de la souveraine :

God save our Gracious Queen, Dieu sauve notre Gracieuse reine,
Long live our Noble Queen, Vive notre noble reine,
God save the Queen! Dieu sauve la reine,
Send her victorious, Qu'il la fasse – victorieuse,
Happy and Glorious, Heureuse et glorieuse –
Long to reign over us, Longtemps régner sur nous,
God save the Queen, Dieu sauve la reine !

Enfin, sachez que les Britanniques ne sont pas des citoyens (*citizens*) mais des sujets (*subjects*) de sa Gracieuse Majesté. Cependant, aujourd'hui, le respect pour la reine et la famille royale n'est plus aussi systématique et le principe même de la royauté est de plus en plus critiqué.

quietly [ˈkwaɪətlɪ] **adv**
1. silencieusement
Lucky Luke slipped quietly into the room. Lucky Luke s'est glissé silencieusement dans la pièce.
2. doucement, à voix basse
They were talking quietly in a corner. Ils parlaient à voix basse dans un coin.
3. tranquillement, calmement
The journey went quietly enough. Le voyage s'est passé assez tranquillement.

quilt [kwɪlt] **n** édredon, couette
There was a heavy quilt on the bed. Il y avait un lourd édredon sur le lit.

quit [kwɪt]
❂ **vt**
1. quitter
He's quit his job. Il a quitté son emploi.
2. arrêter de
He's trying to quit smoking. Il essaie d'arrêter de fumer.
❂ **vi**
1. démissionner
If he doesn't give me a rise, I'll quit! S'il ne m'augmente pas, je vais démissionner !
2. abandonner*

– 78... 79... À 100, *j'abandonne* !

quite [kwaɪt] **adv**
1. assez, plutôt
He's quite a good shot, but Lucky Luke's much better. C'est un assez bon tireur, mais Lucky Luke est beaucoup plus fort.
2. tout à fait, complètement
It's quite clear that the Daltons did it. Il est tout à fait clair que ce sont les Dalton qui l'ont fait.

I've not quite finished. Je n'ai pas tout à fait fini.
3. Br: exactement, parfaitement
– *They should be locked up.* – *Quite!*
– Ils devraient être mis sous les verrous. – Parfaitement !
4. *Idiom* informal
That's quite a car! Pas mal, la voiture !

quiz [kwɪz]
❂ **n** jeu (-concours)
She won a car in a TV quiz. Elle a gagné une voiture dans un jeu télévisé.
❂ **vt** interroger
They quizzed him about life in a big city. Ils l'ont interrogé sur la vie dans une grande ville.

quotation [kwəʊˈteɪʃən] **n** citation
A quotation from Shakespeare. Une citation de Shakespeare.
• **quotation marks** guillemets

quote [kwəʊt]
❂ **n**
1. citation
A quote from Victor Hugo. Une citation de Victor Hugo.
2. devis
He asked the plumber for a quote. Il a demandé un devis au plombier.
❂ **vt, vi** citer
Can I quote you on that? Puis-je citer ce que vous avez dit ?
He's always quoting from the classics. Il cite toujours les auteurs classiques.

– Je le tiens !
– Pauvre petit *lapin* !

rabbit [ˈræbɪt] **n** lapin*

race [reɪs]
❂ **n**
1. course
Who won the horse race? Qui a gagné la course de chevaux ?
It's a race against time. C'est une course contre la montre.
2. race
People of all races and religions. Des gens de toutes les races et de toutes les religions.
❂ **vi**
1. courir, faire la course
Jolly Jumper loves racing. Jolly Jumper adore courir.
They all raced out of the saloon when they heard the shots. Ils sont tous sortis du saloon en courant en entendant les coups de feu.
2. foncer
Lucky Luke raced to the sheriff's office. Lucky Luke a foncé au bureau du shérif.
❂ **vt** faire la course avec
I'll race you home! On fait la course jusqu'à la maison !

racial [ˈreɪʃəl] **adj** racial
Racial discrimination. Discrimination raciale.

racing car [ˈreɪsɪŋ kɑːr] **n** voiture de course

racist [ˈreɪsɪst] **adj, n** raciste
He was accused of being a racist. On l'a accusé d'être raciste.

racket

racket [ˈrækɪt] **n**
1. raquette
A tennis racket. Une raquette de tennis.
2. racket
The police stopped their racket. La police a mis fin à leur racket.

radio [ˈreɪdɪəʊ] **n** radio
I heard it on the radio. Je l'ai entendu à la radio.
Radio stations. Stations de radio.

rag [ræg]
● **n** chiffon
He wiped his hands on an old rag. Il s'est essuyé les mains avec un vieux chiffon.
● **n pl** guenilles
The children were dressed in rags. Les enfants étaient en guenilles.

railway [ˈreɪlweɪ] (**Am:** railroad) **n** chemin de fer, voie ferrée*

rain [reɪn]
● **vi** pleuvoir
Take your umbrella, it's raining. Prends ton parapluie, il pleut.
● **n** pluie
They sheltered from the rain under a tree. Ils se sont abrités de la pluie sous un arbre.

rainbow [ˈreɪnbəʊ] **n** arc-en-ciel

raincoat [ˈreɪnkəʊt] **n** imperméable

rainy [ˈreɪnɪ] **adj** pluvieux, de pluie
Tomorrow will be another rainy day. Demain sera encore une journée pluvieuse.

raise [reɪz]
● **vt**
1. lever
He raised his arm. Il leva le bras.
2. soulever
The holdup raises a number of questions. Le hold-up soulève un certain nombre de questions.
3. augmenter
They raise their prices in the summer. Ils augmentent leurs prix en été.
4. élever
He had to raise his voice to make himself heard. Il a dû élever la voix pour se faire entendre.
5. ériger, élever
They raised a monument to him in Washington. Ils ont érigé un monument en son honneur à Washington.
6. élever
He came out West to raise cattle. Il est venu dans l'Ouest pour élever du bétail.
She raised four children on her own. Elle a élevé quatre enfants toute seule.
7. lever, se procurer
They're trying to raise money to build a school. Ils essaient de lever des fonds pour construire une école.
● **n Am** augmentation (de salaire)
She asked her boss for a raise. Elle a demandé une augmentation à son patron.

raisin [ˈreɪzən] **n** raisin sec

ran → **run**

random [ˈrændəm]
● **adj** fait au hasard, aléatoire
A random sample. Un échantillon prélevé au hasard.
He was hit by a random bullet. Il a été touché par une balle perdue.
● **n** *Idiom* **at random** au hasard

rang → **ring**

range [reɪndʒ]
● **n**
1. gamme, choix
We sell a wide range of saddles. Nous avons un grand choix de selles.
2. éventail
What price range did you have in mind? À quel éventail de prix pensiez-vous ?
3. portée
Don't shoot yet, they're still out of range. Ne tirez pas encore, ils sont encore hors de portée.
4. chaîne
They crossed the mountain range. Ils ont traversé la chaîne de montagnes.
5. Am: prairie
All the cowboys are out on the range. Tous les cow-boys sont dans la prairie.
● **vi** varier
The prices range from $1 to more than $5. Les prix varient de un à plus de cinq dollars.

ranger [ˈreɪndʒəʳ] **n** garde forestier

rapid [ˈræpɪd] **adj** rapide
Nobody expected such a rapid change. Personne ne s'était attendu à un changement aussi rapide.

rare [reəʳ] **adj**
1. rare
A very rare species of bird. Une espèce d'oiseau très rare.

The railway appears to stop here!

— On dirait que la **voie ferrée** s'arrête ici !

2. saignant*

He'd ordered a rare steak, but it was overcooked.

Il avait demandé un steak saignant, mais il était trop cuit.

rarely [ˈreəlɪ] **adv** rarement
We rarely see Indians around here. On voit rarement des Indiens par ici.

raspberry [ˈrɑːzbərɪ] **n** framboise

rat [ræt] **n**
1. rat*
2. informal ordure
Joe Dalton, you're a rat! Joe Dalton, tu es une ordure !

rate [reɪt]
✲ **n**
1. taux
Interest rates have fallen. Les taux d'intérêt ont baissé.
2. fréquence
The buses run at a rate of about three an hour. Les bus circulent à une fréquence d'à peu près trois à l'heure.
3. tarif
They offer reduced rates for students. Ils proposent des tarifs réduits pour les étudiants.
4. Idiom **at this rate** à ce rythme-là, à ce train-là*

We'll never get to Dry Gulch by nightfall at this rate!

— À ce train-là, nous n'arriverons jamais à Dry Gulch avant la tombée de la nuit !

5. Idiom **at any rate** en tout cas, quoi qu'il en soit
✲ **n pl Br** impôts locaux
The rates have gone up again. Les impôts locaux ont encore augmenté.

rather [ˈrɑːðər] **adv**
1. plutôt

It looks like this town is completely deserted.
Yes, apart from that rat!

— On dirait que cette ville est complètement déserte.
— Oui, à part ce rat !

They decided to go by stagecoach rather than by train. Ils ont décidé d'y aller en diligence plutôt que par le train.
2. assez, plutôt
It's a rather dangerous town. C'est une ville assez dangereuse.
3. "Would" + "rather" se traduit souvent par le verbe "préférer".
Would you rather stay at home? Est-ce que tu préférerais rester à la maison ?

raven [ˈreɪvən] **n** corbeau

raw [rɔː] **adj**
1. cru
He ate a raw carrot. Il a mangé une carotte crue.
2. à vif
My bottom was raw after a day in the saddle. J'avais les fesses à vif après une journée en selle.
• **raw material** matière première

razor [ˈreɪzər] **n** rasoir
Razor blade. Lame de rasoir.

reach [riːtʃ]
✲ **vt**
1. atteindre
I can't reach the pans on the top shelf. Je ne peux pas atteindre les casseroles sur l'étagère du haut.
2. arriver à, atteindre
We should reach El Paso by nightfall. Nous devrions arriver à El Paso avant la tombée de la nuit.
3. parvenir à, arriver à
The farmers reached an agreement with the cattle breeders. Les fermiers sont parvenus à un accord avec les éleveurs de bétail.
4. joindre, contacter
Where can we reach you in emergencies? Où pouvons-nous vous joindre en cas d'urgence ?
✲ **n**
1. portée
Keep them out of reach of children. Gardez-les hors de portée des enfants.
2. proximité
Within easy reach of shops and public transport. À proximité des commerces et des transports en commun.
• **reach out vi** tendre la main

reaction [rɪˈækʃən] **n**
1. réaction

read

What was their reaction when you told them the news? Quelle a été leur réaction quand tu leur as annoncé la nouvelle ?
2. réflexe
His reactions are almost as fast as Lucky Luke's. Ses réflexes sont presque aussi rapides que ceux de Lucky Luke.

read [riːd], **read** [red], **read** [red]
✪ **vt**
1. lire
2. dire, indiquer
What does the thermometer read? Qu'indique le thermomètre ?
3. relever
He came to read the meter. Il est venu relever le compteur.
4. Br: étudier
He read French at Oxford. Il a étudié le français à Oxford.
✪ **vi** lire
He learnt to read at the age of two. Il a appris à lire à l'âge de 2 ans.
• **read out vt** lire à haute voix
She read a passage out to the class. Elle a lu un passage à haute voix devant la classe.
"Read out" est séparable.

reading [ˈriːdɪŋ] **n**
1. lecture
She's always been fond of reading. Elle a toujours aimé la lecture.
2. interprétation
Their reading of the law is a bit different here. Ici, leur interprétation de la loi est un peu différente.

ready [ˈredɪ] **adj**
1. prêt*

— *Right, ladies, are you ready?*
— *Bon, mesdames, êtes-vous prêtes ?*

2. *Idiom* **to get ready** se préparer

ready-to-wear [ˈredɪtuweər] **n**
prêt-à-porter

real [rɪəl] **adj**
1. vrai, véritable
A real cowboy would never dress like that! Un vrai cow-boy ne s'habillerait jamais comme ça !
2. réel
In real time. En temps réel.
3. *Idiom* **informal for real** pour de vrai
• **real estate** l'immobilier

realize [ˈrɪəlaɪz] **vt** se rendre compte de
I don't think you realize the extent of the problem. Je ne pense pas que vous vous rendiez compte de l'importance du problème.

really [ˈrɪəlɪ]
✪ **adv**
1. vraiment
Jolly Jumper is a really clever horse. Jolly Jumper est un cheval vraiment intelligent.
2. en réalité
He's not a cowboy, he's really a bank clerk. Ce n'est pas un cow-boy, en réalité c'est un employé de banque.
✪ **excl**
1. ah bon ?
– *I met Lucky Luke in town today.* – *Really?* – J'ai rencontré Lucky Luke en ville aujourd'hui. – Ah bon ?
2. franchement, ça alors

— *This is the contract I've received, what do you think of it?*
— *That...*
— *Voici le contrat que j'ai reçu, qu'en pensez-vous ?*
— *Ceci...*

Really, this can't go on! Franchement, ceci ne peut pas durer !

rear [rɪər]
✪ **adj** arrière, de derrière
Sit in the rear seat. Assieds-toi sur le siège arrière.
✪ **n** arrière
The rear of the car was damaged. L'arrière de la voiture a été endommagé.
✪ **vt** élever
They rear pigs. Ils élèvent des cochons.

reason [ˈriːzn]
✪ **n** raison
Did he tell you the reason for his visit? Est-ce qu'il t'a donné la raison de sa visite ?
The Daltons won't listen to reason. On ne peut pas faire entendre raison aux Dalton.
✪ **vi** raisonner, réfléchir
He always acts without reasoning. Il agit toujours sans réfléchir.

receive [rɪˈsiːv] **vt**
1. recevoir*
2. accueillir, recevoir
His proposal was received with laughter. Sa proposition a été accueillie par des rires.
3. capter
We can only receive two channels here. Nous ne pouvons capter que deux chaînes ici.

recent [ˈriːsənt] **adj**
1. récent

The schoolhouse is a recent building. L'école est un bâtiment récent.
2. *Idiom* **in recent weeks/years** ces dernières semaines/années

recently [ˈriːsntlɪ] **adv** récemment, dernièrement
Have you seen Joe recently? Avez-vous vu Joe dernièrement ?

reception [rɪˈsepʃən] **n**
1. réception
The mayor organized a reception for the visitors. Le maire a organisé une réception pour les visiteurs.
2. accueil, réception
Leave your key at reception. Laissez votre clé à l'accueil.

receptionist [rɪˈsepʃənɪst] **n** réceptionniste

recess [rɪˈses] **n**
1. niche
A recess containing a statuette. Une niche contenant une statuette.
2. vacances
Parliament is in recess. Le parlement est en vacances.

recipe [ˈresɪpɪ] **n** recette
You'll tell me what you think of this recipe! Vous me direz des nouvelles de cette recette !

reckon [ˈrekn] **vt** penser, estimer, considérer
I reckon it'll take us two hours. Je pense que ça nous prendra deux heures.
The damage is reckoned at a million dollars. Les dégâts sont estimés à un million de dollars.
• **reckon with vt** s'attendre à
I hadn't reckoned with the Daltons coming. Je ne m'attendais pas à ce que les Dalton viennent.
"Reckon with" est inséparable.

recognize [ˈrekəgnaɪz] **vt** reconnaître*
S'écrit aussi "recognise" en anglais britannique.

record
Le nom et l'adjectif se prononcent [ˈrekɔːd], le verbe [rɪˈkɔːd].
❋ **n**
1. rapport, dossier, registre
This is where we keep the records of all our meetings. C'est ici que nous gardons les rapports de toutes nos réunions.
2. casier
He has a criminal record. Il a un casier judiciaire.
3. record
Lucky Luke broke two records at the rodeo. Lucky Luke a battu deux records au rodéo.
4. disque
We listened to his old rock records. Nous avons écouté ses vieux disques de rock.
❋ **adj** record
Record temperatures for the time of the year. Des températures record pour la saison.
❋ **vt**
1. consigner, noter
He recorded his thoughts on paper. Il a consigné ses pensées par écrit.
2. enregistrer
She didn't know their conversation was being recorded. Elle ne savait pas que leur conversation était enregistrée.
• **record player** tourne-disque

recover [rɪˈkʌvər]
❋ **vt**
1. récupérer, retrouver
You'll never recover your money. Vous ne récupérerez jamais votre argent.
2. *Idiom* **to recover consciousness** revenir à soi
❋ **vi**
1. récupérer, se remettre
She hasn't completely recovered from her flu. Elle ne s'est pas complètement remise de sa grippe.
2. se redresser, reprendre
The European economy is recovering slowly. L'économie européenne se redresse lentement.

recovery [rɪˈkʌvərɪ] **n**
1. récupération, rétablissement
We wish you a quick recovery. Nous vous souhaitons un prompt rétablissement.
2. redressement, reprise
An economic recovery. Une reprise économique.
3. récupération
They're offering a reward for the recovery of the stolen goods. Ils offrent une récompense pour la récupération des objets volés.

recycle [ˌriːˈsaɪkl] **vt** recycler
In certain countries, glass is recycled. Dans certains pays, le verre est recyclé.

red [red] **adj, n**
1. rouge
The light turned red. Le feu est passé au rouge.
2. roux
She has red hair. Elle a les cheveux roux.

redecorate [ˌriːˈdekəreɪt] **vt** refaire, repeindre, retapisser
We're having the bathroom redecorated. Nous faisons refaire la salle de bains.

redhead [ˈredhed] **n** roux, rousse
A tall redhead. Une grande rousse.

reduce [rɪˈdjuːs] **vt** réduire
What a good idea: they reduced the taxes. Quelle bonne idée : ils ont réduit les impôts.

redundant [rɪˈdʌndənt] **adj Br**
1. au chômage
A redundant miner. Un mineur au chômage.
2. *Idiom* **to be made redundant** être licencié

referee [ˌrefəˈriː] **n** arbitre
Attention, en général "arbitre" se traduit par "referee", mais pour certains sports (le tennis, le cricket...), on emploie "umpire".

— *Vite, ils nous ont reconnus !*
Quick, they've recognized us!

refuse

refuse
Le verbe se prononce [rɪˈfjuːz], le nom [ˈrefjuːs].
● **vt, vi** refuser*

— Voudriez-vous une tasse de thé ?
— Non merci, je n'ai pas le temps.
— Vous n'allez tout de même pas **refuser** ?

● **n** ordures, détritus
They throw their refuse in the street. Ils jettent leurs détritus dans la rue.
"Refuse" est toujours suivi d'un verbe au singulier.

regard [rɪˈgɑːd]
● **n**
1. respect, estime
They hold Lucky Luke in high regard. Ils ont beaucoup d'estime pour Lucky Luke.
2. *Idiom* **in this regard** à cet égard
3. *Idiom* **with regard to** concernant, en ce qui concerne
● **n pl**
1. amitiés
Give my regards to your parents. Fais mes amitiés à tes parents.
2. *Idiom* **(with) best regards** amicalement
● **vt**
1. considérer
He was regarded as the best shot in the West. Il était considéré comme le meilleur tireur de l'Ouest.
2. *Idiom* **to regard somebody highly** tenir quelqu'un en haute estime
3. *Idiom* **as regards** concernant, en ce qui concerne

register [ˈredʒɪstər]
● **n** registre
He signed the register. Il a signé le registre.
● **vt** déclarer
He almost forgot to register his daughter's birth. Il a failli oublier de déclarer la naissance de sa fille.
● **vi** s'inscrire
Too many students have registered for the course. Trop d'étudiants se sont inscrits au cours.

regular [ˈregjʊlər] **adj**
1. régulier
Her breathing became more regular. Sa respiration est devenue plus régulière.
Regular verbs. Verbes réguliers.
2. habituel
Are you regular customers? Êtes-vous des clients habituels ?

regularly [ˈregjʊləlɪ] **adv** régulièrement
He regularly goes to Dodge City. Il va régulièrement à Dodge City.

rehearsal [rɪˈhɜːsəl] **n** répétition*

— Qui ose interrompre notre **répétition** ?

rehearse [rɪˈhɜːs] **vt** répéter
Pamela is rehearsing her role. Pamela répète son rôle.

reign [reɪn]
● **n** règne
● **vi** régner

relative [ˈrelətɪv]
● **n** parent
He invited all his friends and close relatives. Il a invité tous ses amis et proches parents.
● **adj** relatif
After a period of relative calm. Après une période de calme relatif.

relax [rɪˈlæks]
● **vi** se détendre*

Il **se détendait** avec un livre.

● **vt** détendre
I find that this music relaxes me. Je trouve que cette musique me détend.

release [rɪˈliːs]
● **vt**
1. libérer
They released the wrong prisoner. Ils ont libéré le mauvais prisonnier.
2. lâcher
He finally released my hand. Il a enfin lâché ma main.
3. sortir
They've released a new album. Ils ont sorti un nouvel album.
4. publier
The government will release a statement tomorrow. Le gouvernement publiera une déclaration demain.
● **n**
1. libération
They demanded the release of all the prisoners. Ils ont réclamé la libération de tous les prisonniers.
2. sortie
We're looking forward to the release of his new film. Nous attendons avec impatience la sortie de son nouveau film.
3. communiqué
A press release. Un communiqué de presse.

report

reliable [rɪˈlaɪəbl] **adj** fiable
There's no horse more reliable than Jolly Jumper. Il n'y a pas de cheval plus fiable que Jolly Jumper.

relief [rɪˈliːf] **n**
1. soulagement
Lucky Luke! It's you! What a relief! Lucky Luke ! C'est vous ! Quel soulagement !
2. aide (humanitaire)
Relief has been sent to the famine zone. De l'aide a été acheminée vers la région touchée par la famine.

relieved [rɪˈliːvd] **adj** soulagé

religion [rɪˈlɪdʒn] **n** religion
What religion are you? Quelle est votre religion ?

religious [rɪˈlɪdʒəs] **adj** religieux

reluctant [rɪˈlʌktənt] **adj** peu enthousiaste, peu disposé

rely [rɪˈlaɪ] **vi**
1. compter
Don't worry, you can rely on me. Ne vous inquiétez pas, vous pouvez compter sur moi.
2. dépendre
They rely too much on state subsidies. Ils dépendent trop des subventions de l'État.

remain [rɪˈmeɪn]
◉ **vi, vt** rester
Jesse James remains the main threat. Jesse James reste la menace principale.
◉ **n pl**
1. restes
Averell finished up the remains of the meal. Averell a fini les restes du repas.
2. vestiges
Roman remains. Vestiges romains.

remember [rɪˈmembər]
◉ **vt** se souvenir de, se rappeler
Do you remember what I told you last week? Tu te souviens de ce que je t'ai dit la semaine dernière ?
◉ **vi** se souvenir, se rappeler
– What happened next? – I don't remember. – Que s'est-il passé ensuite ? – Je ne me souviens pas.

remind [rɪˈmaɪnd] **vt** rappeler
He reminds me of someone. Il me rappelle quelqu'un.

remove [rɪˈmuːv] **vt** enlever, ôter
Calamity removed all the glasses from the bar. Calamity a enlevé tous les verres du bar.

rent [rent]
◉ **n** loyer
I haven't got enough money to pay the rent. Je n'ai pas assez d'argent pour payer le loyer.
◉ **vt** louer
We rented a house in Ireland. Nous avons loué une maison en Irlande.

rental [ˈrentəl]
◉ **n** location
Car rental. Location de voitures.
◉ **adj** de location
A rental car. Une voiture de location.

repair [rɪˈpeər]
◉ **vt** réparer*
◉ **n**
1. réparation
The stagecoach needed a few repairs. La diligence avait besoin de quelques réparations.
2. *Idiom* **in good/bad repair** en bon/mauvais état

repairman [rɪˈpeəmən] **n** réparateur

repeat [rɪˈpiːt]
◉ **vt** répéter
Can you repeat what I just said, Averell? Peux-tu répéter ce que je viens de dire, Averell ?
◉ **n** rediffusion
They seem to show only repeats in the summer. On dirait qu'ils ne passent que des rediffusions en été.

replace [rɪˈpleɪs] **vt**
1. remplacer
The sheriff has been replaced. Le shérif a été remplacé.
2. remettre
He replaced his revolver in the holster. Il a remis son revolver dans l'étui.

reply [rɪˈplaɪ]
◉ **vi, vt** répondre
He never replied to her letter. Il n'a jamais répondu à sa lettre.
◉ **n** réponse
I didn't hear his reply to my question. Je n'ai pas entendu sa réponse à ma question.

report [rɪˈpɔːt]
◉ **vt**
1. signaler
She reported the theft to the police. Elle a signalé le vol à la police.
Fifty people are reported injured. On signale une cinquantaine de blessés.
2. dénoncer
I'll report you to the sheriff! Je vais vous dénoncer au shérif !
◉ **vi**
1. faire un rapport
The scouts came back to report to the general. Les éclaireurs sont revenus faire leur rapport au général.
2. faire un reportage
The journalists sent to report on the strike. Les journalistes envoyés pour faire un reportage sur la grève.
3. se présenter
Report to the sheriff's office tomorrow. Présentez-vous au bureau du shérif demain.

— Quand pourrai-je rentrer les meubles ?
— Quand j'aurai fini de **réparer** le toit !

reporter

n
1. rapport, compte rendu
He gave a detailed report. Il a donné un compte rendu détaillé.
2. reportage, article
There's a report in today's paper about the fire. Il y a un article sur l'incendie dans le journal d'aujourd'hui.
3. (**Am:** report card) bulletin
Have you seen his school report? As-tu vu son bulletin scolaire ?

reporter [rɪˈpɔːtəʳ] **n** reporter, journaliste

republic [rɪˈpʌblɪk] **n** république

republican [rɪˈpʌblɪkən] **adj, n** républicain
The Republican Party. Le parti républicain.

request [rɪˈkwest]
n demande
The sheriff granted his request. Le shérif a accédé à sa demande.
vt demander
He requested a meeting with the Indian chief. Il a demandé une audience au chef indien.
• **request stop Br** arrêt facultatif

require [rɪˈkwaɪəʳ] **vt**
1. avoir besoin de, nécessiter
The situation requires immediate action. La situation nécessite des mesures immédiates.
2. exiger, attendre
I'm not quite sure what's required of me. Je ne suis pas tout à fait sûr de ce que l'on attend de moi.

rescue [ˈreskjuː]
vt sauver, secourir
He rescued them from the burning house. Il les a sauvés de la maison en flammes.
n sauvetage, secours
A major rescue operation was mounted. Une importante opération de sauvetage a été mise sur pied.

research [rɪˈsɜːtʃ] **n** recherche
Cancer research. Recherche sur le cancer.

reservation [ˌrezəˈveɪʃən] **n**
1. réservation
A reservation for a table for five. Une réservation pour cinq couverts.
2. réserve
I have some reservations about his plan. J'ai quelques réserves au sujet de son projet.
3. réserve
An Indian reservation. Une réserve indienne.

reserve [rɪˈzɜːv]
n
1. réserve
How much ammunition do we have in reserve? Combien de munitions avons-nous en réserve ?
2. remplaçant(e)
He's the reserve goalkeeper. C'est le gardien de but remplaçant.
vt réserver
I reserved a table for six. J'ai réservé une table pour six.

resign [rɪˈzaɪn] **vi** démissionner*

– Où vas-tu ?
– Je *démissionne* et je quitte la ville !

resist [rɪˈzɪst] **vt**
1. résister à
To resist temptation. Résister à la tentation.
2. Idiom
Averell couldn't resist eating the whole cake. Averell n'a pas pu s'empêcher de manger tout le gâteau.

resort [rɪˈzɔːt]
n
1. lieu de vacances, station
A seaside/ski resort. Une station balnéaire/de ski.
2. recours
As a last resort they called on Lucky Luke. En dernier recours, ils ont fait appel à Lucky Luke.
vi recourir, avoir recours
We don't want to resort to violence. Nous ne voulons pas avoir recours à la violence.

responsible [rɪˈspɒnsəbl] **adj** responsable

rest [rest]
n
1. repos
You need a few days' rest. Vous avez besoin de quelques jours de repos.
2. reste
Averell finished off the rest of the cake. Averell a fini le reste du gâteau.
3. autres
I stayed at home while the rest went to the saloon. Je suis resté à la maison pendant que les autres allaient au saloon.
4. support
He placed the telescope on the rest. Il a mis le télescope sur le support.
vi
1. se reposer
They stopped to rest for a while. Ils se sont arrêtés pour se reposer quelques instants.
2. s'appuyer
Her head rested on my shoulder. Sa tête s'appuyait sur mon épaule.
vt
1. laisser se reposer
We ought to stop to rest the horses. On devrait s'arrêter pour laisser les chevaux se reposer.
2. appuyer
He rested his rifle against the wall. Il appuya son fusil contre le mur.

restaurant [ˈrestərɒnt] **n** restaurant

result [rɪˈzʌlt]
n
1. résultat
The election results will be announced tomorrow. Les résultats des élections seront annoncés demain.
2. conséquence
All this is the result of your carelessness, Averell! Tout ceci est la conséquence de ta négligence, Averell !

rice

> I've decided to **retire** and to hand my job over to Lucky Luke!
>
> Yippee!
>
> Hurrah!

— J'ai décidé de **prendre ma retraite** et de laisser ma place à Lucky Luke !
— Youpi ! — Hourra !

❂ **vi**
1. résulter
The fire resulted from a short circuit. L'incendie résultait d'un court-circuit.
2. aboutir, finir
The talks with the Indians resulted in an agreement. Les pourparlers avec les Indiens ont abouti à un accord.

retail ['riːteɪl] **n** détail
Retail sales. Ventes au détail.

retire [rɪ'taɪəʳ] **vi** prendre sa retraite*

return [rɪ'tɜːn]
❂ **n**
1. retour
They were all awaiting Joe's return. Ils attendaient tous le retour de Joe.
2. (**Am:** round trip) aller-retour
A return (ticket) to London, please. Un aller-retour pour Londres, s'il vous plaît.
3. *Idiom* **in return for** en échange de
❂ **n pl** *Idiom* **Many happy returns!** Bon anniversaire !
❂ **vi** retourner, revenir
He returned to the ranch the following day. Il est revenu au ranch le lendemain.
❂ **vt**
1. rendre
He returned the book I had lent him. Il a rendu le livre que je lui avais prêté.
2. renvoyer
She returned all my letters. Elle m'a renvoyé toutes mes lettres.
3. remettre
He returned the pack of cards to his pocket. Il a remis le jeu de cartes dans sa poche.

revenge [rɪ'vendʒ]
❂ **n** vengeance
The Daltons are planning their revenge. Les Dalton préparent leur vengeance.
❂ **vt** venger
The townspeople want to revenge the attack. Les habitants de la ville veulent se venger de l'attaque.

reverse [rɪ'vɜːs]
❂ **n**
1. marche arrière
She put the car into reverse by mistake. Elle a passé la marche arrière par erreur.
2. inverse, contraire
Why does that dog always do the reverse of what I tell him? Pourquoi ce chien fait-il toujours l'inverse de ce que je lui dis ?
❂ **vt** inverser
We reversed the usual order. Nous avons inversé l'ordre habituel.
❂ **vi** faire marche arrière
She reversed out of the garage. Elle est sortie du garage en marche arrière.

revolution [revə'luːʃən] **n** révolution

reward [rɪ'wɔːd]
❂ **n** récompense*

> There's a $5,000 **reward** for his capture.
>
> WANTED! BLOODY BART $5,000

— Il y a une **récompense** de 5 000 dollars pour sa capture.

❂ **vt** récompenser
He should be rewarded for his efforts. Il devrait être récompensé de ses efforts.

rhinoceros [raɪ'nɒsərəs] **n** rhinocéros
Souvent abrégé en "rhino" en anglais courant.

rib [rɪb] **n** côte
He broke two ribs. Il s'est cassé deux côtes.

ribbon ['rɪbən] **n** ruban

rice [raɪs] **n** riz*
• **rice pudding** riz au lait

> Why don't you like **rice** and tea?

— Pourquoi n'aimes-tu pas le **riz** et le thé ?

rich

rich [rɪtʃ]
- **adj** riche*

He was one of the richest men in town.
C'était l'un des hommes les **plus riches** de la ville.

- **n pl the rich** les riches

He stole from the rich to give to the poor. Il volait les riches pour donner aux pauvres.

rid
Le prétérit de "to rid" est généralement "rid" [rɪd] et plus rarement "ridded" [rɪdəd].
- **vt** débarrasser

We're going to rid the region of cattle thieves! Nous allons débarrasser la région des voleurs de bétail !
- **adj**
1. débarrassé

It's good to be rid of that dog! C'est bien d'être débarrassé de ce chien !
2. *Idiom* **to get rid of** se débarrasser de

ride [raɪd], **rode** [rəʊd], **ridden** [ˈrɪdn]
- **vt** monter à

Can you ride a horse/bicycle? Savez-vous monter à cheval/bicyclette ?
They rode their horses into town. Ils sont entrés dans la ville à cheval.
He rode Jolly Jumper down the steps. Il a descendu les marches sur Jolly Jumper.
She was riding a bicycle. Elle faisait de la bicyclette.
- **vi**
1. monter à cheval

I've never ridden before. Je ne suis jamais monté à cheval.
We had been riding all day. Nous avions passé toute la journée à cheval.
2. aller, voyager

She rides to work by bicycle/bus. Elle va à son travail à bicyclette/en autobus.
He prefers to ride by car. Il préfère voyager en voiture.
- **n** promenade, tour

Do you want to come for a ride with us? Voulez-vous faire une promenade avec nous ?
He took them for a ride in his new car. Il les a emmenés faire un tour dans sa nouvelle voiture.

rider [ˈraɪdər] **n**
1. cavalier(ère)*

The horses of the Wild West aren't used to this sort of rider.
Les chevaux du Far West n'ont pas l'habitude de ce genre de **cavalier**.

2. cycliste
3. motocycliste

ridiculous [rɪˈdɪkjʊləs] **adj** ridicule

right [raɪt]
- **adj**
1. droit

He fired with his right hand. Il a tiré de la main droite.
2. exact, juste, bon

Only two pupils had the right answer. Seuls deux élèves avaient la bonne réponse.
Have you got the right time? Avez-vous l'heure exacte ?
3. bon

Are you sure we're going in the right direction? Es-tu sûr que nous allons dans la bonne direction ?
4. bien

I don't think it's right to lie to them like that. Je ne pense pas que ce soit bien de leur mentir comme ça.
5. *Idiom* **to be right** avoir raison

Jolly Jumper was right, as usual. Jolly Jumper avait raison, comme d'habitude.
- **adv**
1. à droite

Turn right at the end of the main street. Tournez à droite au bout de la rue principale.
2. correctement, comme il faut

Try and do it right this time, Averell! Essaie de le faire comme il faut cette fois-ci, Averell !
3. droit, directement

The Indian stood right in front of him. L'Indien s'est mis droit devant lui.
4. tout, complètement

It's right at the end of the street, past the sheriff's office. C'est tout au bout de la rue, après le bureau du shérif.
5. *Idiom* **right away/right now** tout de suite
6. *Idiom* **right in the middle** en plein milieu
- **n**
1. droite

The sheriff's office is on your right. Le bureau du shérif est sur votre droite.
2. bien

I only want to do what's right. Je veux seulement faire ce qui est bien.
3. droit

You have no right to cross my fields with your cattle! Vous n'avez pas le droit de traverser mes champs avec votre bétail !
Human rights. Les droits de l'homme.
4. *Idiom* **right of way** priorité
- **vt** réparer, redresser

To right a wrong. Redresser un tort.
- **excl** bon

Right, let's go! Bon, on y va !
- **right angle** angle droit

right-hand [raɪtˈhænd] **adj** droit, de droite

Keep to the right-hand side of the road. Restez sur le côté droit de la route.

right-handed [raɪtˈhændəd] **adj**
droitier

riot [ˈraɪət] **n**
1. émeute
The demonstration degenerated into a riot. La manifestation a dégénéré en émeute.
2. *Idiom* **to run riot** se déchaîner

ring [rɪŋ], **rang** [ræŋ], **rung** [rʌŋ]
● **vt**
1. (faire) sonner
He rang the doorbell. Il a sonné à la porte.
2. **Br:** appeler, téléphoner à
You shouldn't ring me at work. Tu ne devrais pas m'appeler au travail.
● **vi**
1. sonner
Someone rang at the door. Quelqu'un a sonné à la porte.
2. **Br:** appeler, téléphoner
Mary rang while you were out. Mary a appelé pendant que tu étais sorti.
● **n**
1. anneau
The bull had a ring through its nose. Le taureau avait un anneau dans le nez.
2. anneau, bague*

Her rings are very pretty.

Ses **bagues** sont très jolies.

3. rond
Napkin ring. Rond de serviette.
4. cercle, rond
They all stood in a ring around Lucky Luke. Ils se sont tous mis en cercle autour de Lucky Luke.
5. ring
The boxers climbed into the ring. Les boxeurs sont montés sur le ring.

Put that back!
Alright, alright! In any case it's not ripe!

– Remets ça à sa place !
– D'accord, d'accord ! De toute façon, elle n'est pas **mûre** !

6. sonnerie
I heard the ring of a bicycle bell. J'ai entendu la sonnerie d'un vélo.
7. coup de téléphone, coup de fil
I'll give you a ring tomorrow. Je vous passerai un coup de fil demain.
● **ring back vt Br** rappeler
I'll ring you back later. Je te rappellerai tout à l'heure.
"Ring back" est séparable.
● **ring off vi Br** raccrocher
She rang off without saying goodbye. Elle a raccroché sans dire au revoir.
● **ring up vt Br** appeler, téléphoner à
You can't ring them up at this time of night! Tu ne peux pas les appeler en pleine nuit !
"Ring up" est séparable.

ripe [raɪp] **adj** mûr*

rise [raɪz], **rose** [rəʊz], **risen** [ˈrɪzən]
● **vi**
1. s'élever, monter
The road began to rise towards the mountains. La route a commencé à monter vers la montagne.
2. augmenter, monter
The temperature is rising. La température monte.
3. se lever
What time does the sun rise? À quelle heure le soleil se lève-t-il ?
He rose to greet her. Il s'est levé pour la saluer.
4. *Idiom* **to rise to the occasion** se montrer à la hauteur de la situation

● **n**
1. augmentation, hausse
There's been a rise in the number of bank robberies. Il y a eu une augmentation du nombre d'attaques de banque.
2. (**Am:** raise) augmentation (de salaire)
She asked her boss for a rise. Elle a demandé une augmentation à son patron.
3. ascension
His rise to power. Son ascension au pouvoir.
4. côte
We'll stop for a rest at the top of this rise. Nous nous arrêterons pour nous reposer en haut de cette côte.
5. *Idiom* **to give rise to** donner lieu à

risk [rɪsk]
● **n**
1. risque
Don't take too many risks. Ne prenez pas trop de risques.
2. *Idiom* **at risk** en danger
The settlers' lives are at risk. La vie des colons est en danger.
● **vt**
1. risquer
Lucky Luke risked his life to save them. Lucky Luke a risqué sa vie pour les sauver.
2. se risquer à
I wouldn't risk going into the saloon by myself. Je ne me risquerais pas à entrer tout seul dans le saloon.

risky

Faster! Faster!

Are you sure we'll make it across the river like this?

– Plus vite ! Plus vite !
– Êtes-vous sûr que nous réussirons à traverser la rivière comme ça ?

risky ['rɪskɪ] **adj** périlleux, risqué

river ['rɪvəʳ] **n** rivière*, fleuve

riverside ['rɪvəsaɪd]
◎ **n** bord de la rivière, bord du fleuve, rive
We camped by the riverside. Nous avons campé au bord de la rivière.
◎ **adj** au bord de la rivière, au bord du fleuve
A riverside café. Un café au bord de la rivière.

road [rəʊd] **n**
1. route*
2. rue
The saloon is on the other side of the road. Le saloon est de l'autre côté de la rue.
• **road map** carte routière
• **road works** Br travaux (sur la route)
We were delayed by road works. Nous avons été retardés par des travaux.

roar [rɔːʳ]
◎ **vi** rugir, hurler
He roared with anger. Il a rugi de colère.
◎ **n** rugissement, hurlement

roast [rəʊst]
◎ **vt** faire rôtir
Roast the meat in a hot oven. Faites rôtir la viande à four chaud.
◎ **adj** rôti
I love roast chicken. J'adore le poulet rôti.
◎ **n** rôti
We always have a roast for lunch on Sundays. Nous mangeons toujours un rôti le dimanche midi.
• **roast beef** rôti de bœuf, rosbif

They took the road to Canada.

Ils prirent la route du Canada.

rob [rɒb] **vt** voler, dévaliser
They robbed all the stagecoach passengers. Ils ont dévalisé tous les passagers de la diligence.

robbery ['rɒbərɪ] **n** vol
Nobody dared to accuse Billy the Kid of robbery. Personne n'a osé accuser Billy the Kid de vol.

robin ['rɒbɪn] **n** rouge-gorge

rock [rɒk]
◎ **n**
1. rocher, roc
They had to bore through the rock. Ils ont dû forer à travers le rocher.
2. rocher
He pushed a rock off the top of the cliff. Il a fait tomber un rocher du haut de la falaise.
3. rock
I prefer rock to jazz. Je préfère le rock au jazz.
◎ **adj** (de) rock
A rock group. Un groupe de rock.
◎ **vt**
1. bercer
She rocked the baby in her arms. Elle berça le bébé dans ses bras.
2. ballotter
The waves rocked the small boat. Les vagues ballottaient le petit bateau.
◎ **vi** se balancer
She sat rocking in her chair. Elle se balançait dans son fauteuil.

rocket ['rɒkɪt] **n** fusée

rode → **ride**

roll [rəʊl]
◎ **n**
1. rouleau
A roll of material. Un rouleau de tissu.
2. petit pain
A cheese roll. Un petit pain au fromage.
◎ **vi** rouler
The ball rolled under the sideboard. La balle a roulé sous le buffet.
◎ **vt**
1. rouler
He rolled another cigarette. Il s'est roulé une autre cigarette.
2. faire rouler
Help me roll this rock in front of the mine entrance. Aidez-moi à faire

The roof of the saloon was blown off by the explosion.

Le **toit** du saloon a été soufflé par l'explosion.

rouler ce rocher devant l'entrée de la mine.
- **roll up** vt
1. rouler
They rolled up the carpet. Ils ont roulé la moquette.
2. retrousser
She rolled her sleeves up. Elle a retroussé ses manches.
"Roll up" est séparable.

roller-skate [ˈrəʊləskeɪt]
✪ **n** patin à roulettes, roller
✪ **vi** faire du patin à roulettes, faire du roller
She roller-skates to work. Elle va au travail en patins à roulettes.

roller-skater [ˈrəʊləskeɪtər] **n** patineur(euse) (à roulettes)

roof [ruːf] (**pl**: roofs) **n** toit*
- **roof rack** galerie

room [ruːm, rʊm] **n**
1. pièce
There are three rooms downstairs. Il y a trois pièces en bas.
2. chambre*
3. place
There wasn't much room left in the stagecoach. Il ne restait pas beaucoup de place dans la diligence.

root [ruːt] **n** racine
He tripped over a tree root. Il a trébuché sur une racine d'arbre.
What's the square root of 36? Quelle est la racine carrée de 36 ?

rope [rəʊp] **n** corde

rose [rəʊz]
✪ **vi** → **rise**
✪ **n** rose
A dozen red roses. Une douzaine de roses rouges.

rotten [ˈrɒtən] **adj**
1. pourri
Be careful, the floorboards are rotten. Faites attention, le plancher est pourri.
2. informal sale, moche
They played a rotten trick on me. Ils m'ont joué un sale tour.
3. informal mal fichu
I felt really rotten the next morning. Je me sentais vraiment mal fichu le lendemain matin.

rough [rʌf]
✪ **adj**
1. rugueux

Is the room all right for you?
It's fine!

– *La chambre vous convient ?*
– *Elle est très bien !*

round

The surface is rough to the touch. La surface est rugueuse au toucher.
2. accidenté
A rough track leads to the old mine. Un chemin accidenté mène à la vieille mine.
3. agité
The sea's rough today. La mer est agitée aujourd'hui.
4. rude, fruste
Cowboys led a rough life. Les cowboys menaient une vie rude.
5. brutal
Don't be rough with Calamity Jane! Ne sois pas brutal avec Calamity Jane !
6. mal fréquenté
The saloon is in a rough part of town. Le saloon se trouve dans un quartier mal fréquenté.
7. approximatif
A rough translation. Une traduction approximative.
8. Idiom **Br to sleep rough** dormir à la dure

round [raʊnd]
✪ **adj** rond
He has a round face. Il a le visage rond.
✪ **prep** (**Am:** around)
1. autour de
He put up a barbed-wire fence all round the farm. Il a mis une clôture en barbelés tout autour de la ferme.
2. Se traduit par une expression.
They drove round the block. Ils ont fait le tour du pâté de maisons.
They drove round the obstacle. Ils ont contourné l'obstacle.
They looked round the ranch. Ils ont visité le ranch.
3. Idiom **round here** par ici, dans le coin
✪ **adv** (**Am:** around)
1. autour
The town is in a valley, with high mountains all round. La ville est dans une vallée, avec de hautes montagnes tout autour.
2. vers, environ
It must be round seven. Il doit être environ sept heures.
3. Ne se traduit pas dans les verbes à particule.
Don't turn round. Ne te retourne pas.
I showed them round. Je leur ai fait visiter les lieux.

roundabout

Come round and have coffee some time. Passez prendre un café un de ces jours.

✪ n
1. série
Another round of talks will start next month. Une autre série de négociations commencera le mois prochain.
2. tournée
The postman had finished his round. Le facteur avait fini sa tournée.
3. tournée
Barman, it's my round! Barman, c'est ma tournée !
4. reprise, round
He was knocked out in the first round. Il a été mis K.-O. à la première reprise.
• **round up** vt rassembler
They're rounding up the cattle to take them to market. Ils rassemblent les bêtes pour les conduire au marché.
"Round up" est séparable.

roundabout [ˈraʊndəbaʊt]
✪ n
1. (**Am:** traffic circle) rond-point
Turn left at the second roundabout. Tournez à gauche au deuxième rond-point.
2. (**Am:** merry-go-round) manège
The children wanted to go on the roundabout. Les enfants voulaient faire un tour de manège.
✪ adj détourné
They came by a roundabout route. Ils sont venus par un chemin détourné.

route [ruːt] n itinéraire, chemin
What's the most direct route to Dry Gulch? Quel est le chemin le plus direct pour aller à Dry Gulch ?

row [rəʊ]
✪ n
1. rangée
A row of identical houses. Une rangée de maisons identiques.
2. rang
They sat in the back row. Ils se sont assis au dernier rang.
3. série
A row of six consecutive defeats. Une série de six défaites consécutives.

4. Idiom **in a row** de suite, d'affilée
✪ vi ramer
Row faster, the current's getting stronger! Ramez plus vite, le courant devient plus fort !

row [raʊ]
✪ n
1. dispute
They never made it up after their last row. Ils ne se sont jamais réconciliés après leur dernière dispute.
2. vacarme
Stop that row, I'm trying to think! Arrêtez ce vacarme, j'essaie de penser !
3. Idiom **to have a row with** se disputer avec
✪ vi se disputer
Joe's always rowing with his brothers. Joe se dispute sans cesse avec ses frères.

rowing [ˈrəʊɪŋ] n aviron*

– J'y arriverai ! J'étais champion d'**aviron** à Oxford !

royal [ˈrɔɪəl]
✪ adj royal
The Royal Family. La famille royale.
✪ n informal membre de la famille royale

rub [rʌb] vt, vi frotter*
• **rub out** vt gommer, effacer
He rubbed the name out. Il effaça le nom.
"Rub out" est séparable.

rubber [ˈrʌbər]
✪ n
1. caoutchouc
The soles are made of rubber. Les semelles sont en caoutchouc.
2. (**Am:** eraser) gomme
You need a piece of paper, a pencil and a rubber. Il vous faut du papier, un crayon et une gomme.
✪ adj en caoutchouc
Rubber boots. Bottes en caoutchouc.
• **rubber band** élastique

rubbish [ˈrʌbɪʃ]
✪ n
1. (**Am:** garbage, trash) détritus, ordures
They throw all their rubbish in the river. Ils jettent toutes leurs ordures dans la rivière.
2. camelote
These cheap footballs are rubbish! Ces ballons de foot pas chers, c'est de la camelote !
3. bêtises
You're talking rubbish, Averell! Tu dis des bêtises, Averell !
✪ adj Br informal nul
I'm rubbish at poker. Je suis nul au poker.
• **rubbish dump** Br déchetterie

rude [ruːd] adj
1. impoli, malpoli
He was rude to his teacher. Il a été impoli avec son instituteur.
2. grossier
I won't put up with such rude language in my house! Je ne tolèrerai pas ce langage grossier chez moi !
3. brutal
It was a rude shock for them. Ce fut un choc brutal pour eux.

– Ça devient intéressant !
– Pourquoi te **frottes**-tu les mains ?

rug [rʌg] **n**
1. tapis
There was a rug in front of the fireplace. Il y avait un tapis devant la cheminée.
2. Br couverture
She pulled the rug over her knees. Elle a tiré la couverture sur ses genoux.

rugby [ˈrʌgbɪ] **n** rugby

ruin [ˈruːɪn]
✿ **n**
1. ruine(s)
We visited the Greek ruins. Nous avons visité les ruines grecques.
They left the town in ruins. Ils ont laissé la ville en ruine.
2. ruine
The company is on the brink of ruin. La compagnie est au bord de la ruine.
✿ **vt**
1. ruiner
The stock market crash ruined him. Le krach boursier l'a ruiné.
2. abîmer
You're ruining your health! Tu es en train de t'abîmer la santé !

rule [ruːl]
✿ **n**
1. règle, règlement
That's against the prison rules. C'est contraire au règlement de la prison.
I don't drink coffee as a rule. Je ne bois pas de café en règle générale.
2. autorité, domination
The country spent years under foreign rule. Le pays a subi la domination étrangère pendant des années.
✿ **vt**
1. gouverner
He ruled firmly but fairly. Il a gouverné fermement mais avec justice.
2. déclarer, décider
The judge ruled that the evidence was admissible. Le juge a déclaré que le témoignage était recevable.
3. tirer
To rule a line. Tirer un trait.
• **rule out vt** exclure, écarter
We can't rule out that possibility. Nous ne pouvons pas exclure cette possibilité.
"Rule out" est séparable.

They all started *running*.

Elles se mirent toutes à *courir*.

ruler [ˈruːləʳ] **n**
1. chef d'État
The rulers of the world's richest countries. Les chefs d'État des pays les plus riches du monde.
2. règle
Use a ruler to draw the line. Utilisez une règle pour tirer le trait.

run [rʌn], **ran** [ræn], **run** [rʌn]
✿ **vi**
1. courir*
2. passer
The road runs along a river. La route passe le long d'une rivière.
3. circuler
In our town, buses don't run on Sundays. Dans notre ville, les bus ne circulent pas le dimanche.
4. marcher, fonctionner, tourner
The engine wasn't running. Le moteur ne tournait pas.
It runs on gas. Ça marche au gaz.
5. couler
Leave the tap running. Laisse couler le robinet.
6. déteindre
Her new dress ran in the wash. Sa nouvelle robe a déteint au lavage.
7. filer
Oh no, my tights have run! Oh non, mon collant a filé !
8. être candidat
He's running for president. Il est candidat à la présidence.
✿ **vt**
1. courir
Have you ever run a marathon? As-tu déjà couru le marathon ?

2. passer
He ran his hand through his hair. Il passa sa main dans ses cheveux.
3. conduire, accompagner (en voiture)
She offered to run us home. Elle a proposé de nous conduire jusqu'à la maison.
4. diriger, gérer
This company is so badly run! Cette société est vraiment mal gérée !
5. tenir
I'm running the shop while they're away. Je tiens la boutique pendant leur absence.
6. organiser
They run classes in modern languages. Ils organisent des cours de langues vivantes.
7. faire couler
I ran myself a nice hot bath. Je me suis fait couler un bon bain chaud.
✿ **n**
1. course (à pied)
She goes for a long run every morning. Elle fait une grande course à pied tous les matins.
2. tour, promenade
They went for a run in the car. Ils sont allés faire un tour en voiture.
3. série, suite
A run of six consecutive defeats. Une série de six défaites consécutives.
4. piste
A ski run. Une piste de ski.
5. Au cricket, au baseball : point
He scored three runs. Il a marqué trois points.

runner

6. *Idiom* **on the run** en cavale
7. *Idiom* **in the short/long run** à court/long terme

• **run away** vi
1. se sauver, s'enfuir*

He ran away.
Il s'est enfui.

2. *Idiom* **to run away from home** faire une fugue

• **run down**
○ vt
1. renverser, écraser
She was almost run down by the stagecoach. Elle a failli se faire écraser par la diligence.
2. dire du mal de
Why are you always running me down? Pourquoi faut-il toujours que tu dises du mal de moi ?
"Run down" est séparable.
○ vi
1. s'arrêter
Don't let the clock run down. Ne laisse pas l'horloge s'arrêter.
2. se décharger
The batteries are running down. Les piles sont en train de se décharger.

• **run into** vt
1. rentrer dans, heurter
The car ran into a lamppost. La voiture est rentrée dans un réverbère.
2. tomber sur
Guess who I ran into this morning? Devine sur qui je suis tombé ce matin ?
3. se heurter à, rencontrer
I knew we'd run into difficulties! Je savais qu'on allait rencontrer des difficultés !
"Run into" est inséparable.

• **run off** vi
1. se sauver, s'enfuir
They ran off when she screamed. Ils se sont sauvés quand elle a crié.
2. partir
He ran off with all my money. Il est parti avec tout mon argent.

• **run out** vi s'épuiser, (commencer à) manquer
Their ammunition is running out. Leurs munitions s'épuisent.
We've run out of coffee. Nous n'avons plus de café.

• **run over** vt renverser, écraser
The car swerved to avoid running her over. La voiture a fait une embardée pour éviter de l'écraser.
"Run over" est séparable.

rung → ring

runner ['rʌnər] n
1. coureur(euse)
The marathon runners are warming up. Les coureurs du marathon s'échauffent.
2. coursier(ère)
The message was sent by runner. Le message a été envoyé par coursier.

running ['rʌnɪŋ]
○ adj
1. courant
They don't have running water in the house. Ils n'ont pas l'eau courante dans leur maison.
2. de suite
It rained six days running. Il a plu six jours de suite.
○ n
1. course à pied
Running is her favourite sport. La course à pied est son sport préféré.
2. gestion
He's in charge of the day-to-day running of the company. Il est responsable de la gestion de la société au quotidien.

rush [rʌʃ]
○ vi se précipiter*

He rushed out of the saloon.
Il s'est précipité hors du saloon.

○ vt
1. faire à la hâte
It's a job that can't be rushed. C'est une tâche qu'on ne peut pas faire à la hâte.
2. transporter d'urgence
They rushed her to hospital. Ils l'ont transportée d'urgence à l'hôpital.
3. bousculer
I won't be rushed into taking a decision. Je ne me laisserai pas bousculer pour prendre ma décision.
4. prendre d'assaut
The townspeople tried to rush the jail. Les habitants de la ville ont essayé de prendre la prison d'assaut.
○ n
1. ruée
There was a rush for the exits. Il y a eu une ruée vers les sorties.
2. *Idiom* **to be in a rush** être pressé
3. *Idiom*
I did it in a rush. Je l'ai fait à toute vitesse.

• **rush hour** heure de pointe

Russia ['rʌʃə] n Russie

Russian ['rʌʃən] adj, n russe, Russe
Attention, l'anglais prend toujours une majuscule.

rye [raɪ] n seigle
Rye bread. Pain de seigle.

sack [sæk]
✱ n
1. sac
A sack of coal. Un sac de charbon.
2. *Idiom* **to give somebody the sack** renvoyer quelqu'un
✱ vt renvoyer
He was too lazy, so he got sacked. Il était trop paresseux, alors il s'est fait renvoyer.

sad [sæd] adj triste*

saddle [ˈsædəl] n selle
Lucky Luke got into the saddle. Lucky Luke s'est mis en selle.

safe [seɪf]
✱ adj
1. sûr, en sécurité
They felt safe now that Lucky Luke had found them. Ils se sentaient en sécurité maintenant que Lucky Luke les avait trouvés.
2. *Idiom* **to be safe from** être à l'abri de
3. *Idiom* **to play safe** ne pas prendre de risques
4. *Idiom* **safe and sound** sain et sauf
✱ n coffre-fort
The Daltons were having trouble opening the safe. Les Dalton avaient du mal à ouvrir le coffre-fort.

safety [ˈseɪftɪ] n sécurité
• **safety belt** ceinture de sécurité*
• **safety net** filet de sécurité

said → say

sail [seɪl]
✱ vi
1. Quand un bateau prend le large : prendre la mer, partir
The ship sails at noon. Le bateau part à midi.
2. Quand on voyage en bateau.
To sail down the Mississippi. Descendre le Mississippi en bateau.
They sailed across the Atlantic on a big liner. Ils ont traversé l'Atlantique sur un grand paquebot.
3. Quand il s'agit de loisir.
To go sailing. Faire de la voile.
✱ vt traverser en bateau
They sailed the Atlantic. Ils ont traversé l'Atlantique en voilier.
✱ n
1. voile
The sails of a ship. La voilure d'un bateau.
2. *Idiom* **to set sail** prendre la mer

sailor [ˈseɪlər] n marin
I've been a sailor since I was a child.

He was making a safety belt.
Il fabriquait une *ceinture de sécurité*.

— Comme tu as l'air *triste*, Jolly Jumper ! Qu'est-ce qu'il y a ?

saint

Je suis marin depuis ma plus tendre enfance.

saint [seɪnt] **n** saint(e)

salad [ˈsæləd] **n** salade
• **salad dressing** vinaigrette

salary [ˈsælərɪ] **n** salaire
She gets a good salary. Elle touche un bon salaire.

sale [seɪl] **n**
1. soldes
I got some good bargains in the sale. J'ai fait quelques bonnes affaires pendant les soldes.
"Sale" s'emploie aussi au pluriel dans ce sens.
2. *Idiom* **to be for sale** être à vendre*

— Je voudrais acheter une femme.
— Les dames ne sont pas *à vendre*, grand chef !

3. *Idiom* **to be on sale** être en vente (**Am:** être en solde)

salesgirl [ˈseɪlzgɜːl] **n** vendeuse

salesman [ˈseɪlzmən] **n** vendeur

salmon [ˈsæmən] (**pl:** salmon) **n** saumon

salt [sɔːlt, sɒlt] **n**
1. sel
2. *Idiom* **to rub salt into the wound** retourner le couteau dans la plaie

same [seɪm]
◦ **adj**
1. même*
Don't all talk at the same time. Ne parlez pas tous en même temps.

The Daltons all slept in the same room. Les Dalton dormaient tous dans la même chambre.
2. pareil
The houses in the town all looked the same. Les maisons dans la ville étaient toutes pareilles.
3. *Idiom* **it's all the same to me** ça m'est égal
◦ **pron**
1. la même chose
Lucky Luke had a beer and the sheriff had the same. Lucky Luke a pris une bière et le shérif a pris la même chose.
Joe took out his gun and Averell did the same. Joe a sorti son fusil et Averell a fait comme lui.
2. *Idiom* **The same to you!** À toi aussi !
— *Good luck! – The same to you!*
— Bonne chance ! — À toi aussi !

sand [sænd]
◦ **n** sable
A beach of golden sand. Une plage de sable doré.
◦ **vt** poncer
To sand the floor. Poncer le sol.

sandwich [ˈsænwɪdʒ] **n** sandwich
A ham sandwich. Un sandwich au jambon.

sane [seɪn] **adj** sain d'esprit

sang → **sing**

sank → **sink**

Their noses all look the *same*!

Ils ont tous le *même* nez !

Santa Claus [ˈsæntə ˌklɔːz] **n** le père Noël
Santa Claus preferred travelling with his reindeer rather than with horses. Le père Noël préférait voyager avec ses rennes plutôt qu'avec des chevaux.

sat → **sit**

satchel [ˈsætʃəl] **n** cartable

satellite dish [ˈsætəlaɪt ˈdɪʃ] **n** antenne parabolique

Saturday [ˈsætədɪ] **n** samedi
Attention, les noms de jours prennent toujours une majuscule en anglais.
(voir page 71)

sauce [sɔːs] **n** sauce
Mint sauce. Sauce à la menthe.

saucepan [ˈsɔːspən] **n** casserole*

He dropped his *saucepan!*

Il a lâché sa *casserole* !

saucer [ˈsɔːsər] **n** soucoupe

sausage [ˈsɒsɪdʒ] **n** saucisse

save [seɪv]
◦ **vt**
1. sauver
To save someone from drowning. Sauver quelqu'un de la noyade.
2. économiser, mettre de côté
To save money. Économiser (de l'argent).
We need to save time. Il faut que nous gagnions du temps.
3. garder, mettre de côté
She saved some bread for the ducks. Elle a gardé du pain pour les canards.

4. collectionner
To save stamps. Collectionner les timbres.
5. En informatique : sauvegarder
To save a file. Sauvegarder un fichier.
6. Au football : arrêter
To save a goal. Arrêter un but.
7. *Idiom* **to save someone doing something** éviter à quelqu'un de faire quelque chose
Averell did the washing up to save his mother doing it later. Averell a fait la vaisselle pour éviter à sa mère de la faire plus tard.
8. *Idiom* **to save the day** sauver la situation
Lucky Luke saved the day. Lucky Luke a sauvé la situation.
9. *Idiom* **to save one's skin** sauver sa peau
◎ **vi** faire des économies, économiser
They were saving to go on holiday. Ils faisaient des économies pour partir en vacances.
◎ **prep** sauf
All the prisoners were released, save the Daltons. Tous les prisonniers ont été libérés, sauf les Dalton.
• **save up**
◎ **vi** faire des économies, économiser
They were saving up to buy a new car. Ils faisaient des économies pour acheter une nouvelle voiture.
◎ **vt** économiser
Their Uncle Marcel had saved a lot of money up. Leur oncle Marcel avait économisé beaucoup d'argent.
"Save up" est séparable.

savings ['seɪvɪŋz] **n pl** économies

saw [sɔː]
◎ **vt** scier
Le verbe "to saw" peut être soit régulier : saw, sawed, sawed ; soit irrégulier : saw, sawed [sɔːd], sawn [sɔːn].
He sawed the log in two. Il a scié la bûche en deux.
◎ **n** scie

saw → **see**

say [seɪ], **said** [sed], **said** [sed]
◎ **vt** dire*
To say hallo to someone. Dire bonjour à quelqu'un.

What does the sign say? Que dit le panneau ?
◎ **n** *Idiom* **to have a say in the matter** avoir voix au chapitre

scale [skeɪl]
◎ **n**
1. échelle
On a scale of 1 to 10. Sur une échelle allant de 1 à 10.
2. étendue, ampleur
The scale of the crisis. L'étendue de la crise.
3. *Idiom* **on a large scale** à grande échelle
4. En musique : gamme
5. Sur un poisson : écaille
◎ **n pl** balance
She weighed the flour on the scales. Elle a pesé la farine sur la balance.
◎ **vt** escalader
To scale a wall. Escalader un mur.

scare [skeəʳ] **vt** effrayer, faire peur
Billy the Kid jumped out and scared the stagecoach driver. Billy the Kid a surgi et a effrayé le conducteur de diligence.

scarecrow ['skeəkrəʊ] **n** épouvantail

scared [skeəd] **adj** effrayé*

scarf [skɑːf] (**pl**: scarves) **n**
1. écharpe
2. foulard
Lucky Luke wears a scarf around his neck. Lucky Luke porte un foulard autour du cou.

scenery ['siːnərɪ] **n** paysages
The scenery around Cow Gulch is beautiful. Les paysages autour de Cow Gulch sont magnifiques.
Attention, "scenery" est toujours suivi d'un verbe au singulier.

scent [sent] **n** parfum
I love the scent of the flowers you gave me. J'adore le parfum des fleurs que tu m'as offertes.

schedule ['ʃedjuːl]
◎ **n**
1. horaire
Do you have the train schedule? As-tu l'horaire des trains ?

scheme

2. programme
They are working to a very tight schedule. Ils ont un programme de travail très serré.
3. Idiom *to be on/behind/ahead of schedule* être à l'heure/en retard/en avance
⊛ **vt**
Se traduit par une expression.
The train is scheduled to arrive at 3 o'clock. Selon l'horaire, le train doit arriver à 3 heures.

scheme [skiːm] **n**
1. projet, plan
Lucky Luke had devised a scheme to trap the Daltons. Lucky Luke avait conçu un projet pour piéger les Dalton.
2. régime
Pension scheme. Régime de retraite.

• **housing scheme** Br lotissement

scholar [ˈskɒlər] **n** érudit(e)

scholarship [ˈskɒləʃɪp] **n** bourse (d'études)
He won a scholarship to Harvard. Il a obtenu une bourse pour étudier à Harvard.

school [skuːl] **n** école
To go to school. Aller à l'école.
(voir encadré ci-dessous)

schoolbag [ˈskuːlbæg] **n** cartable

schoolchild [ˈskuːltʃaɪld] (**pl**: schoolchildren) **n** écolier(ère), élève

schoolfriend [ˈskuːlfrend], **schoolmate** [ˈskuːlmeɪt] **n** camarade d'école

science [ˈsaɪəns] **n** science

science fiction [ˈsaɪəns ˈfɪkʃən] **n** science-fiction

scientist [ˈsaɪəntɪst] **n** scientifique
Their uncle is a scientist. Leur oncle est un scientifique.

scissors [ˈsɪzəz] **n pl** ciseaux
A pair of scissors. Une paire de ciseaux.

score [skɔːr]
⊛ **vt**
1. marquer
To score a goal. Marquer un but.
2. Avoir (un résultat de)
To score 4 out of 5. Avoir un résultat de 4 sur 5.
⊛ **vi** Selon le sport pratiqué, la traduction sera "marquer un point", "marquer un but", "marquer un panier", etc.

SCHOOL

En Grande-Bretagne
- De 4 à 5 ans, on va à la **nursery school** ;
- de 5 à 12 ans, à la **primary school** (*infant school* jusqu'à 7 ans, et *junior school* ensuite) ;
- de 12 à 18 ans, à la **secondary school** (*1st form* à *6th form*).

L'équivalent du bac est le **A level** (*Advanced level*), que l'on passe en *6th form*. À la fin du *5th form*, à l'âge de 16 ans, on passe le **GCSE** (examen permettant le passage en *6th form*).

Il existe plusieurs types d'écoles secondaires : les **public schools**, écoles privées, élitistes et très chères, dont les plus connues sont Eton, Harrow, Winchester et Rugby ; et les **state schools** (écoles publiques) qui sont de deux types : les **grammar schools** où l'on est admis sur examen, et les **comprehensive schools**, établissements d'enseignement général, ouverts à tous.

Vers 9 heures, la journée commence avec l'**assembly** (réunion où professeurs et élèves se retrouvent pour discuter de la vie de l'école) et se termine vers 15 heures 30.

Aux États-Unis
- De 4 à 6 ans, on va au **kindergarten** ;
- de 6 à 12 ans, à la **grade/elementary school** (*1st grade* à *6th grade*) ;
- de 12 à 15 ans, à la **junior high school** ou **middle school** (*7th grade* à *9th grade*) ;
- de 15 à 18 ans, à la **senior high school** ou **high school** (*10th grade* à *12th grade*).

Le **high school diploma**, qui sanctionne la fin des études secondaires, s'obtient en passant des unités de valeur. Ce diplôme ne peut pas être considéré comme un équivalent du bac français puisqu'il ne donne pas accès à l'université. Pour être admis en faculté, les élèves doivent passer les *SATs* (*Scholastic Aptitude Tests*). Ils doivent aussi tenter d'obtenir des bourses, car les frais de scolarité de l'enseignement supérieur sont encore plus élevés aux États-Unis qu'en Grande-Bretagne.

La journée débute vers 8 heures 30, par le **homeroom** : les élèves se retrouvent pour l'appel et jurent fidélité aux États-Unis sur le drapeau américain ; les cours se terminent en général vers 15 heures.

n
1. score*

– Le meilleur score est celui des O'Hara !
– Youpi !

2. *Dans un examen ou un test :* résultat, note
3. *En musique :* partition

scorn [skɔːn]
n mépris
The Daltons had nothing but scorn for the sheriff. Les Dalton n'avaient que mépris pour le shérif.
vt mépriser

scornful [ˈskɔːnfʊl] **adj** méprisant

Scot [skɒt] **n** Écossais, Écossaise

Scotland [ˈskɒtlənd] **n** Écosse
Edinburgh is the capital of Scotland. Édimbourg est la capitale de l'Écosse.
(voir page 173)

Scotland Yard [ˈskɒtlənd jɑːd] **n** Siège de la police judiciaire britannique à Londres.

Scottish [ˈskɒtɪʃ] **adj** écossais, écossaise*
Attention, l'anglais prend toujours une majuscule.

scratch [skrætʃ]
vt
1. gratter
Lucky Luke scratched his head. Lucky Luke s'est gratté la tête.
2. griffer
The cat scratched him on the hand. Le chat lui a griffé la main.
3. graver
Averell scratched his initials on a tree trunk. Averell a gravé ses initiales sur un tronc d'arbre.
4. égratigner
The thorns scratched Rin Tin Can's legs. Les épines ont égratigné les pattes de Ran Tan Plan.
5. érafler
The barbed wire scratched the side of the car. Le fil barbelé a éraflé le côté de la voiture.
n
1. *Sur une partie du corps :* égratignure
2. *Sur une surface :* éraflure

scream [skriːm]
vt crier
"Help!", she screamed. « Au secours ! », cria-t-elle.
vi crier, hurler*

He screamed in pain.
– Ouille !
Il hurla de douleur.

n cri
Lucky Luke heard screams coming from the bank. Lucky Luke entendit des cris venant de la banque.

My mother was Scottish!
– Ma mère était écossaise !

screen [skriːn] **n** écran
Television screen. Écran de télévision.

screw [skruː]
n vis
vt visser
He screwed the lid on tight. Il a bien vissé le couvercle.

screwdriver [ˈskruːdraɪvəʳ] **n** tournevis

sea [siː] **n** mer
By the sea. Au bord de la mer.
They went swimming in the sea. Ils sont allés se baigner dans la mer.

seagull [ˈsiːɡʌl] **n** mouette

seal [siːl]
n
1. phoque
2. *Sur une lettre ou un document :* cachet, sceau
vt
1. fermer
To seal an envelope. Fermer une enveloppe.
2. cacheter
To seal a letter. Cacheter une lettre.

search [sɜːtʃ]
vi chercher
Lucky Luke was searching for the Daltons. Lucky Luke cherchait les Dalton.
vt
1. fouiller dans
Calamity Jane searched the cupboard. Calamity Jane a fouillé dans le placard.
2. fouiller
The sheriff searched the Daltons for weapons. Le shérif a fouillé les Dalton pour voir s'ils portaient des armes.
n recherche, recherches
Lucky Luke organized a search for the missing child. Lucky Luke a organisé des recherches pour retrouver l'enfant perdu.

seashell [ˈsiːʃel] **n** coquillage

seaside [ˈsiːsaɪd] **n**
At the seaside. Au bord de la mer.
Ma Dalton had never been to the seaside. Ma Dalton n'était jamais allée au bord de la mer.

season

season [ˈsiːzn] **n** saison
Spring was his favourite season. Le printemps était sa saison préférée.

seat [siːt] **n**
1. siège*
Have a seat! Asseyez-vous !
2. siège, banquette
The back seat of the car. La banquette arrière de la voiture.
3. place
To book a theatre seat. Réserver une place de théâtre.

seat belt [ˈsiːt belt] **n** ceinture de sécurité

second [ˈsekənd]
✿ **adj**
1. deuxième, second
2. *Idiom* **every second Saturday** un samedi sur deux
✿ **n**
1. **Lorsqu'on parle du temps:** seconde
There are 60 seconds in 1 minute. Il y a 60 secondes dans une minute.
2. deux
The second of April. Le 2 avril.
3. *Idiom* **in a second** dans un instant
I'll be there in a second! J'arrive dans un instant !
(voir page 195)

secondary school [ˈsekəndəri skuːl] **n** école secondaire

second-hand [ˈsekəndhænd] **adj** d'occasion
A second-hand car. Une voiture d'occasion.

secret [ˈsiːkrɪt]
✿ **n**
1. secret
It's a secret! C'est un secret !
2. *Idiom* **in secret** en secret, en cachette
Billy the Kid ate all the toffee in secret. Billy the Kid a mangé tous les caramels en cachette.
✿ **adj** secret
The Daltons hid the loot in a secret place. Les Dalton ont caché le butin dans un endroit secret.

secretary [ˈsekrətri] **n** secrétaire

secure [sɪˈkjʊəʳ]
✿ **adj**
1. en sécurité
He didn't feel very secure without his gun. Il ne se sentait pas très en sécurité sans son fusil.
2. sûr
A secure place. Un endroit sûr.
✿ **vt**
1. bien fermer
They secured all the windows because a storm was forecast. Ils ont bien fermé toutes les fenêtres parce qu'on avait annoncé une tempête.
2. attacher
Lucky Luke secured the rope to the post. Lucky Luke attacha la corde au poteau.
3. se procurer, obtenir
The firm secured the contract. L'entreprise a obtenu le contrat.

security [sɪˈkjʊərɪtɪ] **n** sécurité
Job security. La sécurité de l'emploi.

– *Voilà vos deux sièges là-bas !*

see [siː], **saw** [sɔː], **seen** [siːn]
✿ **vt**
1. voir*
We see a lot of each other. On se voit beaucoup.
2. **Dans les salutations.**
See you! Salut !
See you later! À plus tard !
See you tomorrow! À demain !
3. *Idiom* **to see someone home** raccompagner quelqu'un chez lui
I'll see you to the bus stop. Je t'accompagne jusqu'à l'arrêt d'autobus.
✿ **vi**
1. voir
I'll go and see. Je vais aller voir.
2. *Idiom* **we'll have to wait and see** on verra bien
• **see off vt** dire au revoir à
They went to see him off. Ils sont allés lui dire au revoir.
"See off" est séparable.

He didn't want them to see where he was taking them.

Il ne voulait pas qu'ils puissent voir où il les emmenait.

two hundred and fifty-four • 254 • deux cent cinquante-quatre

sense

• **see to** **vt** s'occuper de
Calamity Jane said she'd see to it. Calamity Jane a dit qu'elle allait s'en occuper.
"See to" est inséparable.

seed [siːd] **n** graine
Lettuce seeds. Des graines de laitue.

seek [siːk], **sought** [sɔːt], **sought** [sɔːt]
◊ **vt** chercher
To seek one's fortune. Chercher fortune.
◊ **vi** chercher
To seek for something. Chercher quelque chose.

seem [siːm] **vi**
1. avoir l'air
She seemed pleased. Elle avait l'air contente.
2. sembler
The situation seems very serious. La situation semble très grave.
It seems to me that he's not telling the truth. J'ai l'impression qu'il ne dit pas la vérité.

seen → see

seldom ['seldəm] **adv** rarement
Ma Dalton seldom had visitors. Ma Dalton avait rarement des visiteurs.

self-confidence [self'kɒnfɪdəns] **n** assurance, confiance en soi

self-confident [self'kɒnfɪdənt] **adj** assuré, sûr de soi

self-control [selfkən'trəʊl] **n** sang-froid*
He lost his self-control. Il a perdu son sang-froid.

selfish ['selfɪʃ] **adj** égoïste

sell [sel], **sold** [səʊld], **sold** [səʊld]
◊ **vt** vendre
He sold him the horse for 50 dollars. Il lui a vendu le cheval pour 50 dollars.
◊ **vi** se vendre
Her books are selling well. Ses livres se vendent bien.

semi-detached ['semɪdɪ'tætʃt] **Br adj** jumelé
They live in a semi-detached house. Ils habitent dans une maison jumelée.

send [send], **sent** [sent], **sent** [sent] **vt**
1. envoyer*

Send these telegrams immediately!
— *Envoie ces télégrammes tout de suite!*

2. transmettre
Send him my regards! Transmettez-lui mes amitiés!
3. *Idiom* **to send someone to sleep** endormir quelqu'un

• **send back** **vt** renvoyer
The stew was cold so they sent it back to the kitchen. Le ragoût était froid, alors ils l'ont renvoyé à la cuisine.
"Send back" est séparable.

• **send for** **vt** appeler
She sent for a doctor. Elle a appelé le médecin.
"Send for" est inséparable.

senior ['siːnjər]
◊ **adj**
1. plus âgé, père
Joe is senior to Averell. Joe est plus âgé qu'Averell.
Mr Wallace Senior and Mr Wallace Junior. M. Wallace père et M. Wallace fils.
2. haut, important
A lady of senior rank. Une dame de haut rang.
She occupies a senior post in the firm. Elle a un poste important dans l'entreprise.
◊ **n**
1. aîné
He is two years my senior. Il a deux ans de plus que moi.
2. Dans un lycée américain: élève de terminale
3. Dans une école britannique: élève dans les grandes classes
• **senior high school** **Am** lycée

sense [sens] **n**
1. sens
To have a sense of humour. Avoir le sens de l'humour.
He has no sense of direction. Il n'a aucun sens de l'orientation.
Sense of smell/taste/sight/touch/hearing. Odorat/goût/vue/toucher/ouïe.
2. sentiment
A sense of guilt. Un sentiment de culpabilité.
3. bon sens
He should have had more sense than to do that. Il aurait dû avoir assez de bon sens pour ne pas faire ça.

— *We're sinking! — We're sinking! Keep your self-control!*
— *Nous coulons! — Nous coulons! Gardez votre sang-froid!*

sensible

*Oh! It's a **serious** accident!*

CRRRAAC!

— *Oh! C'est un accident **grave**!*

4. *Idiom* **to make sense** avoir un sens
It makes no sense. Ça n'a pas de sens./Ça ne veut rien dire.

sensible [ˈsensəbl] **adj** raisonnable, sensé
He had always been a sensible boy. Il avait toujours été un garçon raisonnable.

sensitive [ˈsensɪtɪv] **adj** sensible*

*I'm very **sensitive**, you know!*

— *Vous savez, je suis quelqu'un de très **sensible**!*

sent → **send**

sentence [ˈsentəns]
✪ **n**
1. phrase
Use short sentences. Utilisez des phrases courtes.
(voir encadré ci-contre)
2. peine
The death sentence. La peine de mort.
To be given a life sentence. Être condamné à perpétuité.

✪ **vt** condamner
Billy the Kid has been sentenced to 47 years' imprisonment! Billy the Kid a été condamné à 47 ans de prison!

separate [ˈseprət]
✪ **adj** différent
That's a separate matter. C'est un problème différent.
They sleep in separate rooms. Ils ont chacun leur chambre.
✪ **vt** séparer

separately [ˈseprətli] **adv** séparément

September [sepˈtembəʳ] **n** septembre
Attention, les noms de mois prennent toujours une majuscule en anglais. (voir page 71)

serial [ˈsɪərɪəl] **n** feuilleton
A television serial. Un feuilleton télévisé.

series [ˈsɪəriːz] **n**
1. série, séquence
A series of accidents. Une série d'accidents.
2. série
An American series. Une série américaine.

serious [ˈsɪərɪəs] **adj**
1. grave*
2. sérieux
Are you serious? Tu es sérieux?
3. Lorsqu'on parle de la presse ou de la littérature: de qualité
A serious newspaper. Un journal de qualité.

seriously [ˈsɪərɪəslɪ] **adv**
1. gravement*
2. sérieusement
You're not talking seriously? Tu ne parles pas sérieusement?
To take something seriously. Prendre quelque chose au sérieux.

*Don't worry! I'm not **seriously** injured! I'm used to it!*

— *Ne vous inquiétez pas! Je ne suis pas **gravement** blessé! J'ai l'habitude!*

LES STRUCTURES DE LA PHRASE

LA STRUCTURE AFFIRMATIVE

◆ La structure de base de la phrase affirmative est la suivante, quel que soit le temps utilisé :

> **groupe sujet + groupe verbal (+ compléments).**

◆ Le groupe verbal peut apparaître à différents temps et aspects.
*I **live** in France:* je vis en France.
  S V

*John **is watching** television in the living room:* John regarde la télévision dans le salon.
  S   V

*My father **left** home ten minutes ago:* mon père est parti il y a dix minutes.
  S   V

LA STRUCTURE INTERROGATIVE

Il existe deux types de questions en anglais.
● **Les questions "fermées"** ou ***yes-no questions*** auxquelles on ne peut répondre que par oui ou non, ou par une expression proche (pas du tout, tout à fait, certainement…).
● **Les questions "ouvertes"** ou ***WH-questions*** qui permettent d'obtenir des réponses plus variées, et qui sont introduites par des mots interrogatifs comme ***what, who, why, when, how…***

◆ **Pour poser une question fermée**, on a besoin d'un opérateur qui déclenche la question. Il se place au début de la phrase ; il peut s'agir de ***do**, **be**, **have***, ou d'un **auxiliaire modal**. Il faut bien sûr accorder l'opérateur au sujet selon le temps de la phrase.
(Par exemple : ***do**, **does**, **did*** pour ***do*** ; ***is**, **are*** pour ***be***, etc.)

> **opérateur + groupe sujet + groupe verbal (+ compléments) ?**

***Are** you working?* Est-ce que tu es en train de travailler ? Es-tu en train de travailler ?
***Can** I come in?* Est-ce que je peux entrer ? Puis-je entrer ?
***Does** Tim like reading?* Est-ce que Tim aime lire ? Tim aime-t-il lire ?
***Did** you watch the match?* Est-ce que tu as regardé le match ? As-tu regardé le match ?

◆ **Pour poser une question ouverte**, il faut toujours commencer par le mot interrogatif.

> **mot interrogatif + opérateur + groupe sujet + groupe verbal (+ compléments) ?**

***What** did she say?* Qu'a-t-elle dit ?
***Where** will he sleep?* Où dormira-t-il ?
***How** do you come to school?* Comment viens-tu à l'école ?

LA STRUCTURE NÉGATIVE

◆ La négation en anglais se construit principalement avec ***not*** (souvent contracté en ***-n't***), qui suit directement l'opérateur.

> **groupe sujet + opérateur + *not (ou -n't)* + groupe verbal (+ compléments).**

*They **don't** understand the question:* ils ne comprennent pas la question.
*He **isn't** listening to what I say:* il n'écoute pas ce que je dis.
*Susan **didn't** manage to do the exercise:* Susan n'a pas réussi à faire l'exercice.

servant

servant [ˈsɜːvənt] **n** domestique

serve [sɜːv]
● **vt**
1. servir
To serve one's country. Servir sa patrie.
The waiter served them fish. Le serveur leur a servi du poisson.
2. desservir
The area is served by several buses. Le quartier est desservi par plusieurs autobus.
3. purger
To serve a prison sentence. Purger une peine de prison.
● **vi** servir
To serve in the army. Servir dans l'armée.
● **n** service
A beautiful serve by Agassi. Splendide service d'Agassi.

service [ˈsɜːvɪs] **n**
1. service
At your service! À votre service !
There is a good train service in this town. Cette ville est bien desservie par les trains.
2. office
The Sunday service. L'office du dimanche.
3. service
Service not included. Service non compris.
4. service
This tennis player's services are fast. Les services de ce joueur de tennis sont très rapides.

set [set], **set** [set], **set** [set]
● **n**
1. jeu
A set of keys. Un jeu de clés.
2. collection
A complete set of Shakespeare's plays. Une collection complète des pièces de Shakespeare.
3. série
An unfortunate set of events. Une série d'événements malheureux.
4. service
A beautiful china tea set. Un très beau service à thé en porcelaine.
5. Au tennis : set
6. poste
Television set. Poste de télévision.
● **adj**
1. fixe
A set price. Un prix fixe.

A set menu. Un menu à prix fixe.
2. prêt
They were all set to go. Ils étaient tous prêts à partir.
3. *Idiom* **to be set on something** tenir absolument à faire quelque chose
● **vt**
1. mettre, poser
He set the lamp on the table. Il a posé la lampe sur la table.
2. fixer, établir
They set a date for the meeting. Ils ont fixé une date pour la réunion.
The athlete set a new world record. L'athlète a établi un nouveau record du monde.
3. mettre, régler
Have you set the alarm clock? As-tu mis le réveil ?
4. se passer
The story is set in Venice. L'histoire se passe à Venise.
5. *Idiom* **to set the table** mettre le couvert
6. Se traduit différemment selon les contextes.
To set fire to something. Mettre le feu à quelque chose.
To set someone free. Libérer quelqu'un.
To set someone thinking. Donner à réfléchir à quelqu'un.
To set someone a good example. Montrer le bon exemple à quelqu'un.
The teacher set them homework. Le professeur leur a donné des devoirs.
● **vi**
1. se coucher

The sun sets in the west. Le soleil se couche à l'ouest.
2. se ressouder
The bone won't set. L'os ne se ressoude pas.
3. *Idiom* **to set to work** se mettre au travail
● **set about vt** se mettre à
He set about his work. Il s'est mis à travailler.
"Set about" est inséparable.
● **set aside vt** mettre de côté
He had set some money aside for the holidays. Il avait mis de l'argent de côté pour les vacances.
"Set aside" est séparable.
● **set off**
● **vi** partir
They set off at dawn. Ils sont partis à l'aube.
● **vt**
1. faire exploser
To set off a bomb. Faire exploser une bombe./Faire sauter une bombe.
2. déclencher
To set off a burglar alarm. Déclencher une alarme.
"Set off" est séparable.
● **set out vi** se mettre en route, partir
● **set up vt**
1. monter
I intend to set up a business. J'ai l'intention de monter une affaire.
2. organiser
To set up a meeting. Organiser une réunion.
"Set up" est séparable.

settle [ˈsetl]
● **vi** s'installer*

I've decided to settle in this town, does anybody object?

— J'ai décidé de m'installer dans cette ville, cela dérange quelqu'un ?

shame

vt
1. résoudre
To settle a problem. Résoudre un problème.
2. décider, fixer
Nothing has been settled yet. Rien n'est encore décidé.
3. régler
To settle the bill. Régler l'addition.

• **settle down** **vi**
1. s'installer
It took them a while to settle down in their new home. Ils ont mis du temps à s'installer dans leur nouvelle maison.
2. se ranger
Ma Dalton wanted Averell to get married and settle down. Ma Dalton souhaitait qu'Averell se marie et se range.

• **settle for** **vt** se contenter de
They had to settle for a small room. Ils ont dû se contenter d'une petite chambre.
"Settle for" est inséparable.

settlement ['setlmənt] **n**
1. règlement
An amicable settlement would be ideal. Un règlement à l'amiable serait idéal.
2. village
They came to a small Indian settlement. Ils sont arrivés dans un petit village indien.
3. colonie
The first pioneer settlements in the West. Les premières colonies de pionniers dans l'Ouest.

settler ['setlə'] **n** colon

seven ['sevn] **adj num, n** sept
(voir page 195)

seventeen [sevn'ti:n] **adj num, n** dix-sept
(voir page 195)

seventy ['sevntɪ] **adj num, n** soixante-dix
(voir page 195)

several ['sevrəl]
◊ **adj** plusieurs
Several people. Plusieurs personnes.
◊ **pron** plusieurs
Several of them. Plusieurs d'entre eux.

sew [səʊ] **vi, vt** coudre*
Le verbe "to sew" peut être soit régulier : sew, sewed, sewed ; soit irrégulier : sew, sewed [səʊd], sewn [səʊn].

I love sewing!

— *J'adore coudre !*

sewing machine ['səʊɪŋ məʃi:n] **n** machine à coudre

sewn → **sew**

sex [seks] **n**
1. sexe
2. *Idiom* **to have sex** avoir des rapports sexuels

sexual ['sekʃʊəl] **adj** sexuel

shabby ['ʃæbɪ] **adj**
1. usé, miteux
The gold diggers live in shabby shacks. Les chercheurs d'or vivent dans des cabanes miteuses.
2. aux habits miteux, en haillons
A shabby beggar. Un mendiant en haillons.

shade [ʃeɪd] **n**
1. ombre
In the shade. À l'ombre.
2. abat-jour
Pamela put a blue shade on the lamp. Pamela a mis un abat-jour bleu sur la lampe.
3. ton, nuance
What a nice shade of pink! Quelle jolie nuance de rose !

shadow ['ʃædəʊ] **n** ombre
The fire threw shadows on the walls. Le feu projetait des ombres sur les murs.

shake [ʃeɪk], **shook** [ʃʊk], **shaken** [ʃeɪkən]
◊ **vt**
1. secouer
Joe shook the cashier to make him hand over the money. Joe a secoué le caissier pour qu'il lui donne l'argent.
2. agiter
The barman shook the bottle. Le barman a agité la bouteille.
3. *Idiom* **to shake hands** serrer la main à quelqu'un
They shook hands on it. Ils se sont serré la main en signe d'accord.
◊ **vi** trembler
He was shaking with fear. Il tremblait de peur.

shall [ʃəl, ʃæl] **v auxiliaire**
1. Pour exprimer l'intention, le futur.
I shall go there. Je vais y aller./J'irai là-bas.
2. Dans les suggestions.
Shall we have a game of chess? Si on jouait aux échecs ?
La forme négative "shan't" est peu utilisée, surtout en américain.
(voir page 184)

shallow ['ʃæləʊ]
1. peu profond*

Luckily it's a shallow river!
Glug glug glug!

— *Heureusement que la rivière est peu profonde !*

2. superficiel
He is nice but a bit shallow. Il est gentil mais un peu superficiel.

shame [ʃeɪm] **n**
1. honte
To put someone to shame. Faire honte à quelqu'un.

shampoo

2. *Idiom* **What a shame!** Quel dommage !

shampoo [ʃæmˈpuː] **n** shampooing

shan't → **shall**

shape [ʃeɪp] **n**
1. forme
In the shape of a diamond. En forme de diamant.
2. *Idiom* **to be in good shape** être en forme

share [ʃeəʳ]
● **vt** partager*

– Regardez tout l'argent que j'ai gagné ! Et je n'ai pas l'intention de le *partager* !

● **n**
1. part
I want my share of the money. Je veux ma part de l'argent.
2. À la Bourse : action
● **share out vt** répartir
Ma Dalton shared out the loot between her four boys. Ma Dalton a réparti le butin entre ses quatre garçons.
"Share out" est séparable.

sharp [ʃɑːp] **adj**
1. tranchant
A sharp knife. Un couteau tranchant.
2. Lorsqu'on parle de la vue ou de l'ouïe.
To have sharp eyesight. Avoir une vue perçante.
To have sharp hearing. Avoir l'ouïe fine.

3. anguleux
He has sharp features. Il a des traits anguleux.
4. brusque, abrupt
A sharp bend. Un virage brusque.
5. acide, acerbe
I don't like the sharp taste of lemon. Je n'aime pas la saveur acide du citron.
6. net
The photograph was nice and sharp. La photo était bien nette.

shave [ʃeɪv]
● **vt** raser*
To shave oneself. Se raser.
● **n** *Idiom* **to have a shave** se raser

Il se faisait raser chez le coiffeur tous les matins.

shaver [ˈʃeɪvəʳ] **n** rasoir
Electric shaver. Rasoir électrique.

she [ʃiː] **pron** elle
She's a doctor. Elle est médecin.
She's a rich woman. C'est une femme riche.
There she is! La voilà !
(voir page 131)

shed [ʃed] **n**
1. abri
Bicycle shed. Abri à vélos.
2. hangar
The plane shed. Le hangar à avions.

sheep [ʃiːp] (**pl:** sheep) **n** mouton
A flock of sheep. Un troupeau de moutons.

sheet [ʃiːt] **n**
1. drap
Clean sheets. Des draps propres.
2. feuille
What is written on this sheet of paper? Qu'est-ce qui est écrit sur cette feuille de papier ?

shelf [ʃelf] (**pl:** shelves) **n**
1. rayon
The shelves at the grocer's were empty. Les rayons de l'épicerie étaient vides.
2. étagère
He put up some shelves in the bedroom. Il a installé des étagères dans la chambre.

shell [ʃel] **n**
1. coquille
Averell, don't eat the egg shell! Averell, ne mange pas la coquille de l'œuf !
2. carapace
He cracked the crab shell open. Il a cassé la carapace du crabe.

shelter [ˈʃeltəʳ]
● **n** abri
● **vt** abriter, protéger
The stable sheltered the horses from the rain. L'écurie protégeait les chevaux de la pluie.
● **vi** se mettre à l'abri
They sheltered from the rain in a cave. Ils se sont mis à l'abri de la pluie dans une grotte.

shepherd [ˈʃepəd] **n** berger

shift [ʃɪft]
● **n**
1. changement, passage
The shift from summer time to winter time. Le passage de l'heure d'été à l'heure d'hiver.
2. équipe
He's on the night shift. Il est dans l'équipe de nuit.
● **vt** déplacer, bouger
I can't shift this box, it's much too heavy. Je n'arrive pas à déplacer cette caisse, elle est beaucoup trop lourde.
● **vi** passer
To shift into third gear. Passer en troisième.

shine [ʃaɪn], **shone** [ʃɒn], **shone** [ʃɒn]
● **vi** briller
The sun was shining. Le soleil brillait.

shorts

vt faire briller*

Jolly Jumper liked having his horseshoes shone.

Jolly Jumper aimait que l'on fasse briller ses fers.

n éclat, brillant

shiny [ˈʃaɪnɪ] **adj** brillant
Jolly Jumper's shoes are nice and shiny. Les fers de Jolly Jumper sont bien brillants.

ship [ʃɪp] **n** navire*

shirt [ʃɜːt] **n** chemise

shocking [ˈʃɒkɪŋ] **adj** choquant, scandaleux

shoe [ʃuː] **n**
1. chaussure
A pair of shoes. Une paire de chaussures.
2. fer
Jolly Jumper's shoes need changing. Il faudrait changer les fers de Jolly Jumper.

shone → shine

shook → shake

shoot [ʃuːt], **shot** [ʃɒt], **shot** [ʃɒt]
vt
1. Lorsque l'objet est une personne : tirer sur
He shot him in the chest. Il lui a tiré dans la poitrine.
They shot him dead. Ils l'ont abattu.
2. Lorsque l'objet est une balle ou une flèche : tirer
3. tourner
To shoot a film. Tourner un film.

The two ships were having a race.

Les deux navires faisaient la course.

vi tirer
He shot at me. Il m'a tiré dessus.

shop [ʃɒp] **n** magasin
Go to the shop and get me some bread. Va au magasin et achète-moi du pain.
• **shop assistant** vendeur(euse)
• **shop window** vitrine, devanture

shopkeeper [ˈʃɒpkiːpə(r)] **n** commerçant(e)

shopping [ˈʃɒpɪŋ] **n** courses
To go shopping. Aller faire les courses.
Attention, "shopping" est toujours au singulier.

shore [ʃɔː(r)] **n**
1. Quand il s'agit d'un lac : rive
2. Quand il s'agit de la mer : côte

short [ʃɔːt] **adj**
1. court*

To have short hair. Avoir les cheveux courts.
The days were getting shorter. Les jours raccourcissaient.
2. Pour parler de la taille de quelqu'un : petit
Joe was the shortest of the Daltons. Joe était le plus petit des Dalton.
3. *Idiom* **to be short of something** manquer de quelque chose, être à court de quelque chose
The Daltons were short of money. Les Dalton étaient à court d'argent.

shortbread [ˈʃɔːtbred] **n** (biscuit) sablé

shorts [ʃɔːts] **n pl** short
He was wearing shorts. Il portait un short.
Attention, "shorts" est toujours suivi d'un verbe au pluriel.
His shorts were too tight. Son short était trop étroit.

Rin Tin Can wanted to jump into Lucky Luke's arms.

Too short!

Ran Tan Plan avait voulu sauter dans les bras de Lucky Luke. – Trop court !

two hundred and sixty-one • 261 • deux cent soixante et un

short story [ˈʃɔːt ˈstɔːrɪ] n nouvelle
A collection of short stories. Un recueil de nouvelles.

shot [ʃɒt] n
1. coup de feu
To fire a shot. Tirer un coup de feu.
2. Au football : tir
Good shot! Bien joué !
3. Au tennis : coup

shot → shoot

should [ʃʊd] v auxiliaire
Le verbe auxiliaire modal "should" se traduit par le conditionnel du verbe "devoir" ; la forme du passé "should have" se traduit par le conditionnel passé.
1. Pour dire que quelque chose est souhaitable.
He should go home. Il devrait rentrer chez lui.
She should have phoned him. Elle aurait dû lui téléphoner.
2. Pour exprimer la possibilité ou la probabilité.
They should be here by six o'clock. Ils devraient être là vers 6 heures.
She should be here tomorrow. Elle devrait être là demain.
(voir page 185)

shoulder [ˈʃəʊldəʳ] n épaule
He had a gun slung over his shoulder. Il avait un fusil à l'épaule.

shout [ʃaʊt]
✼ n cri
✼ vi crier
To shout at someone. Crier après quelqu'un.
✼ vt crier
"Get out of here!", he shouted. "Sortez d'ici !", cria-t-il.

shovel [ˈʃʌvəl] n pelle

show [ʃəʊ]
Le verbe "to show" peut être soit régulier : show, showed, showed ; soit irrégulier : show, showed [ʃəʊd], shown [ʃəʊn].
✼ n
1. spectacle*
2. émission
A live show. Une émission en direct.
3. exposition
Flower show. Exposition florale.
✼ vt
1. montrer
I'll show you the person you're looking for! Je vais vous montrer celui que vous cherchez !
2. indiquer
He showed them the way to the station. Il leur a indiqué le chemin de la gare.

• **show off** vt
1. faire admirer
He was showing his new car off. Il faisait admirer sa nouvelle voiture.
2. faire étalage de
He liked to show off his wealth. Il aimait faire étalage de sa richesse.
"Show off" est séparable.

• **show round** (Am: show around) vt faire visiter
She didn't want to show them round the house because it was untidy. Elle ne voulait pas leur faire visiter la maison parce qu'elle était en désordre.
"Show round" est séparable.

• **show up** vi informal se pointer, arriver
The police were waiting for him but he never showed up. Les policiers l'attendaient mais il ne s'est jamais pointé.

shower [ˈʃaʊəʳ] n
1. douche
To have a shower. Prendre une douche.
2. averse
There will be showers tomorrow. Il y aura des averses demain.

shown → show

shrink [ʃrɪŋk], **shrank** [ʃræŋk], **shrunk** [ʃrʌŋk] vi, vt rétrécir
Le prétérit de "to shrink" peut être "shrank" ou "shrunk".
Her dress had shrunk in the wash. Sa robe avait rétréci au lavage.

shut [ʃʌt], **shut** [ʃʌt], **shut** [ʃʌt]
✼ vt fermer
To shut the door. Fermer la porte.
✼ vi fermer
The shops shut at 6 p.m. Les magasins ferment à 6 heures.
✼ adj fermé
His eyes were shut. Il avait les yeux fermés.

• **shut up** vi informal se taire*

You should go to bed, Joe…
Shut up and get me an aspirin!

– Tu devrais aller te coucher, Joe…
– Tais-toi et va me chercher une aspirine !

Quiet, the show is about to begin! The curtain is going up!
Quiet! Quiet!
Quiet! Quiet!
Quiet! Quiet!
Quiet!

– Taisez-vous, le spectacle va commencer ! Le rideau se lève !
– Silence ! Silence ! Silence !

silent

God, I feel so sick! — *So do I!* — *Same here!*

— Mon Dieu, je me sens si **mal** ! — Moi aussi ! — Et moi donc !

shutter [ˈʃʌtər] **n** volet

shuttle [ˈʃʌtl] **n** navette
There is a shuttle service between the station and the airport. Il y a une navette entre la gare et l'aéroport.

shy [ʃaɪ] **adj** timide

sick [sɪk] **adj**
1. malade, mal*
She was off work sick. Elle ne travaillait pas parce qu'elle était malade.
2. malsain
A sick joke. Une plaisanterie malsaine.
3. *Idiom* **to be sick** vomir
Billy the Kid was sick because he had eaten too much toffee. Billy the Kid a vomi parce qu'il avait mangé trop de caramels.
4. *Idiom* **to feel sick** se sentir mal, avoir envie de vomir
5. *Idiom* **to be sick of something** en avoir assez de quelque chose
The sheriff was sick of the Daltons. Le shérif en avait assez des Dalton.

side [saɪd] **n**
1. côté
On the other side of the street. De l'autre côté de la rue.
On his right side. À sa droite.
2. *Idiom* **side by side** côte à côte
They were sitting side by side. Ils étaient assis côte à côte.

sidewalk → **pavement**

sigh [saɪ]
❉ **n** soupir
❉ **vi** soupirer

sight [saɪt]
❉ **n**
1. vue
At first sight. À première vue.
He fainted at the sight of the blood. Il s'est évanoui à la vue du sang.
2. *Idiom* **to keep something out of sight** cacher quelque chose
3. *Idiom* **to catch sight of** apercevoir
Lucky Luke caught sight of some smoke signals. Lucky Luke a aperçu des signaux de fumée.
4. *Idiom*
I can't stand the sight of him! Je ne peux pas le supporter !
❉ **n pl** attractions touristiques
To see the sights. Faire du tourisme.

sightseeing [ˈsaɪtsiːɪŋ] **n** tourisme
To go sightseeing. Faire du tourisme.

sign [saɪn]
❉ **n**
1. signe
That's a good sign. C'est bon signe.
There was no sign of Rin Tin Can. On ne voyait Ran Tan Plan nulle part./Ran Tan Plan était introuvable.
2. panneau, pancarte
The road sign to El Plomo. Le panneau indiquant la direction de El Plomo.
3. enseigne
Neon sign. Enseigne au néon.
❉ **vt** signer
He signed the letter. Il a signé la lettre.
❉ **vi** signer*

Where should I sign? — Here!

— Où dois-je **signer** ? — Ici !

signal [ˈsɪɡnəl] **n** signal*

signpost [ˈsaɪnpəʊst] **n** panneau indicateur

silence [ˈsaɪləns] **n** silence
In silence. En silence.

silent [ˈsaɪlənt] **adj** silencieux

He saw the signal.

Il vit le **signal**.

silk

He remained silent. Il est resté silencieux.

silk [sɪlk]
- **n** soie
- **adj** en soie

A silk blouse. Un chemisier en soie.

silly [ˈsɪlɪ] **adj** stupide, bête

silver [ˈsɪlvəʳ]
- **n** argent
- **adj** en argent

A silver watch. Une montre en argent.

similar [ˈsɪmɪləʳ] **adj** similaire, semblable

Averell is very similar to his mother. Averell ressemble beaucoup à sa mère.

simple [ˈsɪmpl] **adj**
1. simple

The answer is quite simple. La réponse est vraiment simple.

2. simplet

Sometimes Joe wondered if Averell wasn't a bit simple. Parfois Joe se demandait si Averell n'était pas un peu simplet.

simply [ˈsɪmplɪ] **adv** simplement

sin [sɪn] **n** péché*

— *It's a sin to play with those machines!*
— C'est un péché de jouer avec ces machines !

since [sɪns]
- **prep** depuis

Attention, dans les constructions avec "since", les temps employés en anglais ne sont pas les mêmes que ceux employés en français, sauf dans les constructions négatives.

I've been waiting since 8 o'clock. J'attends depuis 8 heures.
I had been waiting since 8 o'clock. J'attendais depuis 8 heures.
I haven't seen him since Monday. Je ne l'ai pas vu depuis lundi.

- **conj**
1. depuis que

Since I've been working in this town. Depuis que je travaille dans cette ville.
I've lived here since I was a child. J'habite ici depuis que je suis enfant.

2. comme, puisque

Since it was raining, they stayed inside. Comme il pleuvait, ils sont restés à l'intérieur.

sincerely [sɪnˈsɪəlɪ] **adv**
1. sincèrement
2. Dans une lettre.

Yours sincerely (**Am:** Sincerely yours). Veuillez agréer, Madame, Monsieur, l'expression de mes salutations distinguées.

sing [sɪŋ], **sang** [sæŋ], **sung** [sʌŋ] **vt, vi** chanter

singer [ˈsɪŋəʳ] **n** chanteur(euse)

single [ˈsɪŋgl] **adj**
1. seul, unique

They met one single time. Ils se sont rencontrés une seule fois.

2. célibataire

All the Daltons are single. Tous les Dalton sont célibataires.

3. *Idiom* **every single day** tous les jours sans exception

singular [ˈsɪŋgjʊləʳ] **adj**
1. au singulier

A singular noun. Un nom au singulier.

2. singulier, bizarre

A singular character entered the saloon. Un personnage bizarre entra dans le saloon.

sink [sɪŋk], **sank** [sæŋk], **sunk** [sʌŋk]
- **vi**
1. couler*
2. baisser

The sun was sinking on the horizon. Le soleil baissait à l'horizon.

3. s'enfoncer, s'effondrer

— *The ship was sinking!*
— *Help!!!*
— Le navire était en train de couler !
— Au secours !!!

The building suddenly sank. Le bâtiment s'est soudain effondré.
4. Se traduit différemment selon les contextes.
To sink into an armchair. S'affaler dans un fauteuil.
To sink into a deep sleep. S'endormir profondément.
◦ **vt** couler
To sink a ship. Couler un navire.
◦ **n**
1. **Dans une cuisine :** évier
2. **Dans une salle de bains :** lavabo

sip [sɪp] **vi, vt** boire à petites gorgées

sir [sɜːʳ] **n**
1. monsieur
Yes, sir. Oui, monsieur.
2. **Dans une lettre.**
Dear Sir, ... Monsieur, ...

sister [ˈsɪstəʳ] **n** sœur

sit [sɪt], **sat** [sæt], **sat** [sæt] **vi**
1. s'asseoir
He was sitting in an armchair. Il était assis dans un fauteuil.
2. *Idiom* **Sit still!** Tiens-toi/Tenez-vous tranquille !
3. *Idiom* **Br to sit for an exam** se présenter à un examen
• **sit down vi** s'asseoir
To sit down in a chair. S'asseoir dans un fauteuil.
• **sit up vi** se redresser (sur sa chaise)

sitcom [ˈsɪtkɒm] **n** sitcom

site [saɪt] **n**
1. terrain
A camping site. Un terrain de camping.
2. chantier
The railway site is closed to the public. Le chantier du chemin de fer est interdit au public.
3. emplacement
This is the site of the old gold mine. Ceci est l'emplacement de l'ancienne mine d'or.

sitting room [ˈsɪtɪŋ rʊm] **n** salon

situate [ˈsɪtjʊeɪt] **vt** situer
A town situated in Arizona. Une ville située en Arizona.

situation [ˌsɪtjʊˈeɪʃən] **n** situation
The situation is very serious. La situation est très grave.

six [sɪks] **adj num, n** six (voir page 195)

sixteen [ˌsɪksˈtiːn] **adj num, n** seize (voir page 195)

sixty [ˈsɪkstɪ] **adj num, n** soixante (voir page 195)

size [saɪz] **n**
1. taille
It's about the size of a pebble. C'est à peu près de la taille d'un caillou.
2. grandeur, dimensions
What's the size of this room? Quelles sont les dimensions de cette pièce ?
3. taille
What size do you take? Quelle taille faites-vous ?
4. pointure
What size do you take? Vous chaussez du combien ?

skate [skeɪt]
◦ **n**
1. patin à glace
2. patin à roulettes
◦ **vi** patiner

skeleton [ˈskelɪtən] **n** squelette

ski [skiː]
◦ **n** ski
◦ **vi** faire du ski

skid [skɪd] **vi** déraper
The car skidded on the ice. La voiture a dérapé sur la glace.

skiing [ˈskiːɪŋ] **n** ski
To go skiing. Faire du ski.
• **skiing resort** station de ski

skill [skɪl] **n**
1. habileté, adresse
His skill as a marksman. Son habileté au tir.
2. compétence, aptitude
His skills as a linguist. Ses compétences linguistiques.

skilled [skɪld] **adj**
1. habile*, doué
A skilled musician. Un musicien doué.
2. qualifié
The railway company is looking for skilled workers. La compagnie de chemin de fer recherche des ouvriers qualifiés.

skin [skɪn] **n** peau

skirt [skɜːt] **n** jupe*

– Come on, Calamity!
– Hang on, I can't run in this *skirt*!

– Venez, Calamity !
– Attendez, ma *jupe* m'empêche de courir !

sky [skaɪ] **n** ciel

skyscraper [ˈskaɪˌskreɪpəʳ] **n** gratte-ciel

slam [slæm] **vt** claquer
He slammed the door. Il a claqué la porte.

slate [sleɪt] **n** ardoise

slave [sleɪv] **n** esclave

sleep [sliːp], **slept** [slept], **slept** [slept]
◦ **n** sommeil

I'll show them how *skilled* I am!

– Je vais leur montrer comme je suis *habile* !

sleepy

He was losing sleep over it. Il en perdait le sommeil.
To go to sleep. S'endormir.
✪ **vi**
1. dormir*

> ZZZZZ...
> He's *sleeping*!
>
> Il *dort* !

2. *Idiom* **Sleep tight!** Dors/Dormez bien !
3. *Idiom* **to sleep like a log** dormir comme une souche

sleepy [ˈsliːpɪ] **adj**
To be sleepy. Avoir sommeil.

sleeve [sliːv] **n**
1. manche*

> It's not the first time I've seen someone with a revolver hidden up his *sleeve*!
>
> KLONK...
>
> – Ce n'est pas la première fois que je vois quelqu'un cacher un revolver dans sa *manche* !

2. pochette
The record fell out of its sleeve. Le disque est tombé de la pochette.

slept → sleep

slice [slaɪs]
✪ **n** tranche
A slice of cake. Une tranche de gâteau.
✪ **vt** trancher

slide [slaɪd], **slid** [slɪd], **slid** [slɪd]
✪ **n**
1. toboggan
Averell, get down! Slides are for children! Averell, descends de là ! Les toboggans, c'est pour les enfants !
2. diapositive
She showed us slides of her holiday. Elle nous a montré les diapositives de ses vacances.
✪ **vi** glisser
He slid down the bannisters. Il a descendu l'escalier (en glissant) sur la rampe.

slight [slaɪt] **adj** léger
A slight improvement. Une légère amélioration.
A slight risk of infection. Un léger risque d'infection.

slim [slɪm] **adj** mince

slip [slɪp] **vi** glisser
Averell slipped on the ice and fell. Averell a glissé sur la glace et il est tombé.
The pen slipped out of his hands. Le stylo lui a échappé des mains.

slipper [ˈslɪpəʳ] **n** pantoufle
A pair of slippers. Une paire de pantoufles.

slippery [ˈslɪpərɪ] **adj** glissant

slope [sləʊp]
✪ **n** pente
The stagecoach had trouble going up the slope. La diligence a eu du mal à monter la pente.
✪ **vi** être en pente
The road sloped gently down to the sea. La route descendait en pente douce vers la mer.

sloppy [ˈslɒpɪ] **adj**
1. débraillé, négligé
Joe, you look really sloppy! Tuck your shirt in! Joe, tu as l'air vraiment débraillé ! Rentre ta chemise dans ton pantalon !
2. peu soigné
You've done a sloppy job. Tu as fait un travail peu soigné.

slow [sləʊ] **adj**
1. lent
The train to Dalton City was very slow. Le train pour Dalton City était très lent.
2. lent d'esprit
Averell had always been a bit slow. Averell avait toujours été un peu lent d'esprit.
3. *Idiom* **to be slow** retarder
My watch is 10 minutes slow. Ma montre retarde de 10 minutes.
• **slow down vi** ralentir

slowly [ˈsləʊlɪ] **adv** lentement

slum [slʌm] **n**
1. taudis
This house is a real slum! Cette maison est un vrai taudis !
2. quartier pauvre
She had grown up in the slums of New York. Elle avait grandi dans les quartiers pauvres de New York.

small [smɔːl] **adj**
1. petit
A small town. Une petite ville.
Joe Dalton was the smallest of the four brothers. Joe Dalton était le plus petit des quatre frères.
2. Lorqu'on parle des lettres ou des caractères : minuscule
It's written with a small "j". Ça s'écrit avec un "j" minuscule.

smart [smɑːt] **adj**
1. malin, intelligent
He thought his plan to rob the bank was very smart. Il pensait que son plan pour dévaliser la banque était très malin.
2. chic, élégant
They live in a smart neighbourhood. Ils habitent un quartier chic.

smash [smæʃ]
✪ **vt** briser, fracasser
The robbers smashed the shop window. Les voleurs ont fracassé la vitrine du magasin.
✪ **vi** s'écraser
The car smashed into a tree. La voiture s'est écrasée contre un arbre.

smell [smel]
"To smell" peut être soit régulier : smell, smelled, smelled ; soit irrégulier : smell, smelt [smelt], smelt [smelt].

soccer

○ vt sentir*

– Tiens, **sens** ça !
– Snif, snif !

○ vi sentir
That stew smells good. Ce ragoût sent bon.
○ n
1. odeur
There's a smell of burning! Il y a une odeur de brûlé !
2. *Idiom* **sense of smell** odorat

smile [smaɪl]
○ vi sourire
Lucky Luke smiled at the barmaid. Lucky Luke a souri à la serveuse.
○ n sourire
She had a happy smile on her face. Elle souriait, l'air heureux.

smoke [sməʊk]
○ n fumée
○ vt fumer*
○ vi fumer

smooth [smuːð] adj
1. lisse
To have smooth skin. Avoir la peau lisse.
2. plan, égal
A smooth surface. Une surface plane.

snack [snæk] n
1. casse-croûte
To have a snack. Manger un casse-croûte.
2. amuse-gueule
Pamela offered them drinks and snacks. Pamela leur a proposé des boissons et des amuse-gueule.

snail [sneɪl] n escargot

snake [sneɪk] n serpent*

*He dropped the **snake** on them.*

– Allez, hop !
Il lâcha le **serpent** sur eux.

sneak [sniːk] vi
Se traduit différemment selon les contextes.
To sneak into a room. Entrer furtivement dans une pièce.
They sneaked into the cinema without paying. Ils se sont introduits dans le cinéma sans payer.

sneeze [sniːz]
○ vi éternuer
○ n éternuement

snore [snɔːʳ] vi ronfler

*They didn't like **smoking** the peace pipe!*

Ils n'aimaient pas **fumer** le calumet de la paix !
– Berk !

snow [snəʊ]
○ n neige
○ vi neiger
And it's started snowing! Et voilà qu'il neige !

snowball [ˈsnəʊbɔːl] n boule de neige

snowman [ˈsnəʊmæn] (**pl:** snowmen) n bonhomme de neige

so [səʊ]
○ adv
1. si, tellement
Rin Tin Can was so stupid that he was always getting lost. Ran Tan Plan était tellement stupide qu'il se perdait tout le temps.
2. aussi
He is French and so is she. Il est français et elle aussi.
3. Dans les constructions comparatives : aussi
He is not so clever as his sister. Il n'est pas aussi malin que sa sœur.
4. Pour reprendre ce qui a été dit.
I hope so. J'espère bien.
I think so. Je pense que oui.
I told you so! Je te l'avais bien dit !
Is that so? C'est vrai ?
5. Pour estimer un nombre, une quantité.
Twenty or so. Une vingtaine/à peu près vingt.
6. *Idiom* **so as to do something** afin de faire quelque chose
He entered the room quietly so as not to wake the children. Il est entré dans la pièce discrètement afin de ne pas réveiller les enfants.
7. *Idiom* **so far** jusqu'ici, jusque-là
So far there have been no problems. Jusqu'ici il n'y a pas eu de problèmes.
8. *Idiom* **so that** pour que
She turned out the light so that he could sleep. Elle a éteint la lumière pour qu'il puisse dormir.
9. *Idiom* **So what?** Et alors ?
○ conj alors, donc
He didn't feel well so he stayed in bed. Il ne se sentait pas bien, alors il est resté au lit.
So there you are! Vous voilà enfin !

soap [səʊp] n savon

soccer [ˈsɒkəʳ] n football
To play soccer. Jouer au football.

social

social [ˈsəʊʃl] **adj** social
Social problems. Des problèmes sociaux.

society [səˈsaɪətɪ] **n**
1. société
American society. La société américaine.
Dans ce sens, "society" s'utilise sans l'article défini.
2. société, club*

– En tant que présidente du *club* de théâtre...

sock [sɒk] **n** chaussette
Ma Dalton was washing her sons' socks. Ma Dalton lavait les chaussettes de ses fils.

soft [sɒft] **adj**
1. doux
Lulu has lovely soft skin. Lulu a vraiment la peau douce.
2. moelleux
Lucky Luke was glad to sleep in a soft bed at last. Lucky Luke était content de dormir enfin dans un lit moelleux.
3. souple
A saddle made of soft leather. Une selle en cuir souple.
4. mou
Billy the Kid loves soft toffees. Billy the Kid adore les caramels mous.
5. indulgent
Ma Dalton was always soft with Averell. Ma Dalton était toujours indulgente avec Averell.

sold → **sell**

soldier [ˈsəʊldʒəʳ] **n** soldat
My father was a soldier. Mon père était un soldat.

sole [səʊl]
○ **adj** seul, unique
His sole luxury. Son seul luxe.
○ **n**
1. Lorsqu'il s'agit de chaussures : semelle
2. *Idiom* **the soles of one's feet** la plante des pieds

solicitor [səˈlɪsɪtəʳ] **n Br** avocat(e)

some [sʌm]
○ **adj**
1. Lorsqu'il s'agit de noms indénombrables : du, de la, de l'
Some butter. Du beurre.
Some money. De l'argent.
2. Lorsqu'il s'agit de noms dénombrables : des, quelques*

– Je prendrais bien *quelques* caramels.

3. certain
Some people think he should be put in prison. Certaines personnes pensent qu'on devrait le mettre en prison.
In some parts of Texas. Dans certaines régions du Texas.
4. un certain
You need to have some experience of journalism. Il faut avoir une certaine expérience du journalisme.
5. Pour marquer l'imprécision.
I hope to go to Dallas some day. J'espère aller à Dallas un jour.
I haven't had a holiday for some time. Ça fait quelque temps que je n'ai pas eu de vacances.
Daisy Town was some distance from Dalton City. Daisy Town était assez loin de Dalton City.
○ **pron**
1. en
He had no winter clothes so he went out and bought some. Il n'avait pas de vêtements d'hiver, alors il est allé en acheter.
Can I have some more? Puis-je en reprendre ?
2. certains, quelques-uns
Some of them were very poor. Certains d'entre eux étaient très pauvres.
I want to buy some of those. Je veux en acheter quelques-uns.
(voir page 19)

somebody [ˈsʌmbədɪ], **someone** [ˈsʌmwʌn] **pron** quelqu'un
Somebody else. Quelqu'un d'autre.
Someone rich. Quelqu'un de riche.

something [ˈsʌmθɪŋ] **pron** quelque chose
Something strange happened. Il est arrivé quelque chose de bizarre.

sometimes [ˈsʌmtaɪmz] **adv** parfois
Sometimes Lucky Luke wished that the Daltons would go and live somewhere else. Parfois Lucky Luke aurait aimé que les Dalton aillent vivre ailleurs.

somewhere [ˈsʌmweəʳ] **adv** quelque part
He's somewhere upstairs. Il est quelque part en haut.
They decided to go somewhere else. Ils ont décidé d'aller ailleurs.

son [sʌn] **n** fils*

What a stupid *son* I have!

– J'ai vraiment un *fils* idiot !

song [ʃɒŋ] **n** chanson

son-in-law [ˈsʌnɪnˌlɔː] **n** gendre

soon [suːn] **adv**
1. bientôt
See you soon! À bientôt !
Soon afterwards he left. Il est parti peu de temps après.
2. vite
They soon discovered the truth. Ils ont vite appris la vérité.
3. tôt
Sooner or later. Tôt ou tard.
The sooner the better. Le plus tôt sera le mieux.
4. Pour exprimer une préférence.
I would sooner not meet them. J'aime autant ne pas les rencontrer.
5. Idiom **as soon as** dès que
As soon as possible. Dès que possible.
As soon as it gets dark. Dès que la nuit tombe.

sore [sɔːʳ] **adj** qui fait mal
My arm is sore. Mon bras me fait mal.
To have a sore throat. Avoir mal à la gorge.

sorrow [ˈsɒrəʊ] **n** tristesse, douleur

sorry [ˈsɒrɪ]
✱ **adj**
1. désolé*

– Ça va commencer !
– Je suis désolé, mais vos plumes me gênent.

Sorry, but your feathers are in my way.
It's about to begin!

To say sorry. S'excuser.
2. Idiom **to feel sorry for someone** plaindre quelqu'un
He was feeling sorry for himself. Il s'apitoyait sur son propre sort.
✱ **excl** pardon !
– You're standing on my foot!
– Sorry! – Vous me marchez sur le pied ! – Pardon !

sort [sɔːt]
✱ **n** sorte, genre
All sorts of animals. Des animaux de toutes sortes.
He's not that sort of man. Ce n'est pas son genre.
What sort of place is it? Quelle sorte d'endroit est-ce ?
✱ **vt** trier
• **sort out vt**
1. arranger, régler
Lucky Luke will sort things out! Lucky Luke va arranger ça !
2. s'occuper de
His secretary sorted the matter out. Sa secrétaire s'est occupée de cette affaire.
"Sort out" est séparable.

sought → **seek**

soul [səʊl] **n** âme

sound [saʊnd]
✱ **n**
1. son
The sound of her voice. Le son de sa voix.
2. bruit
Without making a sound. Sans faire le moindre bruit.
3. son
He turned up the sound. Il a monté le son.
✱ **vi**
It sounds interesting. Ça a l'air intéressant.
✱ **adj** bon
He gave them some sound advice. Il leur a donné de bons conseils.
To be in sound health. Être en bonne santé.
✱ **adv** Idiom **to be sound asleep** dormir à poings fermés

soup [suːp] **n** soupe*

sour [ˈsaʊəʳ] **adj** aigre, acide

south [saʊθ]
✱ **n** sud
In the south of France. Dans le sud de la France.
✱ **adj**
1. sud
The South district of the town. Le quartier sud de la ville.
2. du sud
A south wind was blowing. Il soufflait un vent du sud.
✱ **adv** vers le sud
They decided to head south. Ils ont décidé d'aller vers le sud.

South Africa [ˈsaʊθ ˈæfrɪkə] **n** Afrique du Sud

South America [ˈsaʊθ əˈmerɪkə] **n** Amérique du Sud

southern [ˈsʌðən] **adj** du sud

sow [səʊ], **sowed** [səʊd], **sown** [səʊn] **vt**
1. semer
He's watering the seeds he's sown. Il arrose les graines qu'il a semées.
2. ensemencer
The farmers were sowing their fields. Les fermiers ensemençaient leurs champs.

space [speɪs] **n**
1. espace
To explore outer space. Explorer l'espace.
There were spaces between the houses. Il y avait des espaces entre les maisons.
2. place
There isn't enough space for a piano. Il n'y a pas assez de place pour un piano.

Some soup, please!

– Un peu de soupe, s'il te plaît !

spaceship

spaceship [ˈspeɪsʃɪp] **n** vaisseau spatial

spacesuit [ˈspeɪssuːt] **n** combinaison spatiale

Spain [speɪn] **n** Espagne

Spanish [ˈspænɪʃ] **adj, n** espagnol, espagnole, Espagnol, Espagnole
Attention, l'anglais prend toujours une majuscule.

spare [speəʳ]
✺ **adj**
1. en plus, de trop
She had two spare tickets for the concert. Elle avait deux billets de trop pour le concert.
2. libre, disponible
The sheriff had very little spare time. Le shérif avait très peu de temps libre.
3. de rechange
A spare part. Une pièce de rechange.
✺ **vt** épargner
I beg you, spare me! Je vous en supplie, épargnez-moi !
• **spare room** chambre d'amis
• **spare tyre** roue de secours

sparrow [ˈspærəʊ] **n** moineau

spat → **spit**

speak [spiːk], **spoke** [spəʊk], **spoken** [ˈspəʊkən] **vi**
1. parler
To speak to someone. Parler à quelqu'un.
He can speak Italian. Il sait parler italien.
2. se parler
They're not speaking. Ils ne se parlent pas.
3. Au téléphone.
Who's speaking? Qui est à l'appareil ?
This is Lucky Luke speaking. Lucky Luke à l'appareil.
• **speak up vi** parler plus fort*

special [ˈspeʃl] **adj**
1. spécial
A special offer. Une offre spéciale.
Nothing special. Rien de spécial.
2. grand
He was Rin Tin Can's special friend. C'était le grand ami de Ran Tan Plan.

species [ˈspiːʃiːz] **n** espèce

I've never seen a horse plough at such speed!

— Je n'ai jamais vu un cheval labourer à cette vitesse !

This species is becoming extinct. C'est une espèce en voie de disparition.
Attention, "species" prend toujours un "s", même au singulier.

spectacles [ˈspektəklz] **n pl** lunettes
She was wearing spectacles. Elle portait des lunettes.

spectator [spekˈteɪtəʳ] **n** spectateur(trice)

sped → **speed**

speech [spiːtʃ] **n** discours

speed [spiːd]
Le verbe "to speed" peut être soit régulier : speed, speeded, speeded ; soit irrégulier : speed, sped [sped], sped [sped].
✺ **n**
1. vitesse*
2. rapidité
Lucky Luke's speed at shooting is amazing. La rapidité de Lucky Luke au tir est stupéfiante.
✺ **vi**
1. aller à toute allure
They sped away in their car. Ils sont partis à toute allure dans leur voiture.
2. conduire trop vite
He was fined for speeding. Il a eu une contravention pour excès de vitesse.

spell [spel]
Le verbe "to spell" peut être soit régulier : spell, spelled, spelled ; soit irrégulier : spell, spelt [spelt], spelt [spelt].
✺ **vt**
1. épeler
Can you spell it for me? Pouvez-vous me l'épeler ?
2. écrire
How do you spell it? Comment est-ce que ça s'écrit ?
✺ **vi**
To learn to spell. Apprendre l'orthographe.

spelling [ˈspelɪŋ] **n** orthographe

spelt → **spell**

spend [spend], **spent** [spent], **spent** [spent] **vt**
1. dépenser
To spend too much money. Dépenser trop d'argent.

Have you heard of...?
Speak up, if you want me to hear you!

— Avez-vous entendu parler de... ?
— *Parlez plus fort* si vous voulez que je vous entende !

2. passer
He spent all his time in bed. Il passait tout son temps au lit.

spent → **spend**

spice [spaɪs] **n** épice

spicy [ˈspaɪsɪ] **adj** épicé*

— C'est trop **épicé** ?

spider [ˈspaɪdəʳ] **n** araignée
A spider's web. Une toile d'araignée.

spill [spɪl]
Le verbe "to spill" peut être soit régulier : spill, spilled, spilled ; soit irrégulier : spill, spilt [spɪlt], spilt [spɪlt].
⊛ **vt** renverser
He spilt the water all over the floor. Il a renversé de l'eau partout sur le sol.
⊛ **vi** se répandre
The milk spilled on the table. Le lait s'est répandu sur la table.

spine [spaɪn] **n**
1. colonne vertébrale
He fell off his horse and hurt his spine. Il s'est fait mal à la colonne vertébrale en tombant de cheval.
2. épine, piquant
He pricked himself on a porcupine's spines. Il s'est piqué sur les piquants d'un porc-épic.
3. dos
The spine of the book is damaged. Le dos du livre est abîmé.

spit [spɪt], **spat** [spæt], **spat** [spæt]
⊛ **vi** cracher*

⊛ **n**
1. salive
2. *Idiom* **informal** **to be the spit of someone** être le portrait craché de quelqu'un
Ma Dalton thought that Averell was the spit of his father. Ma Dalton trouvait qu'Averell était le portrait craché de son père.

spite [spaɪt] **n**
1. rancune, dépit
2. *Idiom* **in spite of** malgré, en dépit de
In spite of the bad weather. Malgré le mauvais temps.

split [splɪt], **split** [splɪt], **split** [splɪt]
⊛ **vt**
1. fendre
He split the log in two with an axe. Il a fendu la bûche en deux avec une hache.
2. déchirer
His shirt was split during the fight. Sa chemise s'est déchirée pendant la bagarre.
3. partager, diviser
They split the money between them. Ils ont partagé l'argent entre eux.
⊛ **n**
1. fissure
There were splits in the rock. Il y avait des fissures dans la roche.
2. déchirure
Change your shirt, there's a split in the sleeve. Change de chemise, celle-ci a une déchirure à la manche.

— Vous éteignez toujours le feu en **crachant** dessus?

3. rupture
There has been a split within the Daltons' gang. Il y a eu une rupture au sein de la bande des Dalton.
• **split up**
⊛ **vi** se séparer
⊛ **vt** séparer
They split the class up into small groups. Ils ont séparé la classe en petits groupes.
"Split up" est séparable.

spoil [spɔɪl] **vt**
Le verbe "to spoil" peut être soit régulier : spoil, spoiled, spoiled ; soit irrégulier : spoil, spoilt [spɔɪlt], spoilt [spɔɪlt].
1. abîmer
The rain spoiled her new hat. La pluie a abîmé son chapeau neuf.
2. gâcher
The bad weather spoiled their holiday. Le mauvais temps a gâché leurs vacances.
To spoil someone's appetite. Couper l'appétit à quelqu'un.
3. gâter*

— Ça suffit maintenant, Billy, tu n'es qu'un enfant **gâté** !

spoke, spoken → **speak**

spokesman, spokeswoman [ˈspəʊksmən, ˈspəʊkswʊmən] (**pl:** spokesmen, spokeswomen) **n** porte-parole

sponge [spʌndʒ] **n** éponge

sponge cake [ˈspʌndʒ keɪk] **n** génoise

spoon [spuːn] **n** cuillère, cuiller

SPORTS

Le sport occupe une grande place dans la vie des Anglo-Saxons : dès leur plus jeune âge, les enfants pratiquent une activité sportive, chaque université a son équipe et le *fair play* est de rigueur lors des compétitions ou des tournois (*tournaments*) organisés. Ainsi les universités d'Oxford et de Cambridge s'affrontent-elles en aviron ou au cricket lors du *Eights Week*, avec le soutien de tous les étudiants.

Aucun Britannique ne manquerait son sport favori, qu'il s'agisse de cricket, tennis, rugby, football ou golf. Il est à noter que l'on arbore fièrement l'insigne du club sportif auquel on appartient sur son pull-over ou son polo.

Contrairement à la France où ils ont longtemps été réservés à une couche privilégiée de la population, le golf, le tennis et l'équitation sont des sports pratiqués de longue date. Tous les villages anglais ont depuis des siècles des terrains de golf ou de tennis communaux. Ces derniers ont été pour la plupart installés sur les *commons*, vastes espaces où les villageois faisaient paître leurs moutons.

Le cricket est le sport anglais par excellence : ses origines remontent au XVIe siècle, mais c'est en 1728 qu'eut lieu le premier match avec des règles bien définies. À la fin du XVIIe siècle fut fondé le *Marylebone Cricket Club* (*MCC*) qui demeure le garant des règles de ce sport pratiqué en Grande-Bretagne, mais aussi en Australie, au Canada, en Afrique du Sud ou encore en Inde, anciennes colonies britanniques. Le cricket passionne les Anglo-Saxons pour qui les règles du jeu (incompréhensibles pour les non-initiés) n'ont pas de secret.

Le langage courant est le reflet de l'importance du cricket dans la civilisation britannique : de nombreuses expressions y font référence, la plus célèbre étant *"it's not cricket"* que l'on emploie pour dire que quelque chose est vraiment inadmissible.

Quant au rugby, il doit sa création à une fantaisie de l'étudiant William Webb Ellis qui, en 1823 à Rugby, prit le ballon dans ses mains au cours d'un match de football : le rugby était né. Il devait s'étendre aux universités, puis à l'ensemble du pays et enfin à toutes les colonies de l'Empire, devenant ainsi sport national en Nouvelle-Zélande ou en Afrique du Sud.

Aux États-Unis, le base-ball, dérivé du cricket, suscite les passions et draine les foules dans des stades gigantesques. Il se pratique aussi en famille, sur les pelouses des parcs (on parle alors de *softball*). Le football américain (à ne pas confondre avec le football européen) ou le basket-ball sont aussi très populaires et les équipes (*teams*) ont leurs groupes de *cheerleaders* qui dansent et chantent pour encourager (*to cheer*) les joueurs.

Le *Super Bowl*, qui désigne l'équipe championne de l'année en football américain, est l'événement sportif le plus important du pays.

---

sport [spɔːt] **n**
1. sport
He does a lot of sport. Il fait beaucoup de sport.
He's good at sports. Il est bon en sport.

2. *Idiom* **to be a good sport** être beau joueur
Nobody wants to play with him because he's not a good sport. Personne ne veut jouer avec lui parce qu'il est mauvais joueur.

sports ground [spɔːts graʊnd] **n** terrain de sport

sportsman, sportswoman [ˈspɔːtsmən, ˈspɔːtsˌwʊmən] (**pl:** sportsmen, sportswomen) **n** sportif, sportive

sporty [ˈspɔːtɪ] **adj** sportif

spot [spɒt]
- **n**
1. tache
The spots on a leopard's coat. Les taches sur le pelage d'un léopard.
2. point
A spot of light. Un point de lumière.
3. pois
A blue tie with red spots. Une cravate bleue à pois rouges.
4. bouton*

His face is covered with spots.

Il a le visage couvert de boutons.

5. endroit
A nice spot for a picnic. Un endroit agréable pour faire un pique-nique.
- **vt** voir, apercevoir

sprang → spring

spray [spreɪ]
- **n**
1. Lorsqu'il s'agit des vagues ou de la mer : embruns
Attention, dans ce sens "spray" est toujours suivi d'un verbe au singulier.
2. vaporisateur, atomiseur
Lucky Luke gave Calamity a perfume spray. Lucky Luke a offert un atomiseur de parfum à Calamity.
3. aérosol, bombe
An insect spray. Une bombe insecticide.
- **vt**
1. vaporiser
She sprayed some perfume on her neck. Elle se vaporisa du parfum dans le cou.

2. asperger, vaporiser
He sprayed the plants with water. Il a vaporisé les plantes.

spread [spred], **spread** [spred], **spread** [spred]
- **vt**
1. répandre
To spread the news. Répandre la nouvelle.
2. étaler*, étendre

Stop! Don't remove the honey we've spread on him!

— Arrête ! N'enlève pas le miel que nous avons étalé sur lui !

3. déployer
The eagle spread its wings. L'aigle déploya ses ailes.
4. semer
To spread panic. Semer la panique.
- **vi**
1. s'étendre
The fire spread to the first floor. Le feu s'est étendu jusqu'au premier étage.
2. s'étaler
Butter spreads more easily when it's not too cold. Le beurre s'étale plus facilement quand il n'est pas trop froid.
3. circuler, courir
A rumour was spreading that the Daltons were going to be arrested. Le bruit courait que les Dalton allaient être arrêtés.

spring [sprɪŋ], **sprang** [spræŋ], **sprung** [sprʌŋ]
- **n**
1. ressort
The bed springs are broken. Les ressorts du lit sont cassés.
2. printemps
In the spring. Au printemps.

3. source
They get water from the spring. Ils vont chercher l'eau à la source.
- **vi** bondir
The tiger sprang at its prey. Le tigre bondit sur sa proie.
- **spring up vi** apparaître, surgir

spy [spaɪ]
- **n** espion
He had been a spy during the war. Il avait été espion pendant la guerre.
- **vi** espionner
The Indians were spying on the cowboys. Les Indiens espionnaient les cow-boys.

square [skweəʳ]
- **n**
1. En géométrie : carré
2. Sur un échiquier, dans les mots croisés : case
3. Dans une ville : place
The town square. La grand-place.
- **adj** carré
12 square metres. 12 mètres carrés.

squash [skwɒʃ]
- **n** squash
- **vt** écraser

squirrel [ˈskwɪrəl] **n** écureuil

stable [ˈsteɪbl] **n** écurie*

What's he up to? I've been waiting for him in this stable for an hour.

— Mais que fait-il ? Cela fait une heure que je l'attends dans cette écurie.

stadium [ˈsteɪdjəm] **n** stade
Football stadium. Stade de foot.

staff [stɑːf] **n** personnel
A member of staff. Un membre du personnel.

staff-room

The company has a staff of 30. L'entreprise a 30 employés.

staff-room [ˈstɑːfrʊm] **n Br** salle des professeurs

stage [steɪdʒ]
- **n**
1. scène
The public clapped as soon as Sarah Bernhardt came on stage. Le public a applaudi dès que Sarah Bernhardt est entrée sur scène.
2. étape
The next stage in the journey. La prochaine étape du voyage.
3. stade
At this stage. À ce stade.
- **vt**
1. monter
To stage a play. Monter une pièce.
2. organiser
To stage a demonstration. Organiser une manifestation.

stain [steɪn]
- **n** tache
To leave a stain. Faire une tache.
There were blood stains on the floor. Il y avait des taches de sang sur le plancher.
- **vt** tacher

staircase [ˈsteəkeɪs] **n** escalier

stairs [steəz] **n** escalier
These stairs are very steep. Cet escalier est très raide.
Attention, "stairs" est toujours suivi d'un verbe au pluriel.

stamp [stæmp]
- **n** timbre
- **vt**
1. affranchir
In a stamped envelope. Sous pli affranchi.
2. tamponner
The official stamped the saloon licence. Le fonctionnaire tamponna la licence du saloon.
3. *Idiom* **to stamp one's foot** taper du pied

stand [stænd], **stood** [stʊd], **stood** [stʊd]
- **vi**
1. se tenir debout
He remained standing. Il est resté debout.
2. marcher
He stood on my foot. Il m'a marché sur le pied.
3. se trouver, être
The saloon stood at the end of the street. Le saloon se trouvait au bout de la rue.
4. *Idiom* **Br to stand for election** se présenter aux élections
- **vt** supporter
I can't stand him! Je ne peux pas le supporter !

• **stand for vt**
1. vouloir dire, représenter
What does this abbreviation stand for? Que veut dire cette abréviation ?
2. tolérer, supporter
I won't stand for this kind of behaviour! Je ne tolérerai pas ce genre de comportement !
"Stand for" est inséparable.

• **stand up vi** se lever
Stand up! Levez-vous !

stank → **stink**

star [stɑːʳ] **n**
1. étoile*

– Choisis l'**étoile** que tu veux.
– Voyons, voyons...

2. vedette, star
A film star. Une vedette de cinéma.

stare [steəʳ] **vi** regarder fixement*

start [stɑːt]
- **vt**
1. commencer
He started working. Il a commencé à travailler./Il s'est mis au travail.
2. lancer
To start a fashion. Lancer une mode.
3. déclencher
They started a war. Ils ont déclenché une guerre.
4. faire démarrer
He couldn't start the locomotive. Il n'arrivait pas à faire démarrer la locomotive.
- **vi**
1. commencer
Let's start again. Recommençons.
2. démarrer
The engine won't start. Le moteur ne veut pas démarrer.
- **n** début
At the start. Au début.
From start to finish. Du début à la fin.

starving [ˈstɑːvɪŋ] **adj**
1. affamé
2. *Idiom* **informal**
I'm starving! Je meurs de faim !

state [steɪt]
- **n**
1. état
Look at the state of this saloon! Regardez l'état de ce saloon !
2. État
The state of Arkansas. L'État de l'Arkansas.
- **vt** dire, affirmer
He stated that this was the truth. Il affirma que c'était la vérité.
• **state school Br** école publique (voir page 252)

States [steɪts] **n pl informal**
The States. Les États-Unis.
His uncle lives in the States. Son oncle vit aux États-Unis.

*She started **staring** at him.*

Elle se mit à le **fixer** du regard.

stew

station ['steɪʃn] **n**
1. gare
2. chaîne, station
It's my favourite radio station. C'est ma station de radio préférée.
3. commissariat
Police station. Commissariat de police.

stationery ['steɪʃnərɪ] **n** fournitures (de bureau), papeterie
Attention, "stationery" est toujours suivi d'un verbe au singulier.

statue ['stætʃuː] **n** statue

stay [steɪ]
✱ **vi**
1. rester*

— *Stay where you are!*

— *Restez où vous êtes !*

2. séjourner
They stayed in a luxurious hotel. Ils ont séjourné dans un hôtel de luxe.
✱ **n** séjour
During their stay in Chicago. Pendant leur séjour à Chicago.
• **stay in vi** rester à la maison
They stayed in because it was raining. Ils sont restés à la maison parce qu'il pleuvait.
• **stay up vi** ne pas se coucher
The children were allowed to stay up late on Saturday nights. Les enfants étaient autorisés à se coucher tard le samedi soir.

steady ['stedɪ] **adj**
1. régulier
They were making steady progress. Ils faisaient des progrès réguliers.
2. ferme
In a steady voice. D'une voix ferme.
3. *Idiom* **Br Steady on!** Du calme !*

steak [steɪk] **n** steak*

— *Can't I eat my steak in peace?!*

— *Est-ce qu'on va me laisser manger mon steak en paix ?!*

• **steak and kidney pie Br** tourte au bœuf et aux rognons

steal [stiːl], **stole** [stəʊl], **stolen** ['stəʊlən]
✱ **vt** voler
The Daltons had stolen her handbag! Les Dalton avaient volé son sac à main !
✱ **vi** voler
He was put in prison for stealing. Il a été mis en prison pour vol.

steam [stiːm] **n**
1. vapeur
Steam engine. Locomotive à vapeur.
2. buée
She wiped the steam off the mirror. Elle a essuyé la buée du miroir.

steel [stiːl] **n** acier

— *Steady on, Joe, steady on!*

— *Du calme, Joe, du calme !*

steep [stiːp] **adj**
1. raide
It's a very steep climb! La pente est très raide !
2. escarpé
A steep road. Une route escarpée.

steering wheel ['stɪərɪŋ wiːl] **n** volant

step [step]
✱ **vi** marcher
Averell stepped on a banana skin. Averell a marché sur une peau de banane.
They stepped into the boat. Ils sont montés dans le bateau.
✱ **n**
1. pas*

— *Take one step backwards.* — *Aaaah!!!* — *Aaaah!!!*

— *Faites un pas en arrière.*

2. marche
Calamity Jane tripped on the step. Calamity Jane a trébuché sur la marche.

stepfather ['step,fɑːðər] **n** beau-père
Attention, "stepfather" désigne le mari de la mère, tandis que "father-in-law" désigne le père du conjoint.

stepmother ['step,mʌðər] **n** belle-mère
Attention, "stepmother" désigne la femme du père, tandis que "mother-in-law" désigne la mère du conjoint.

stew [stjuː] **n** ragoût
Nobody liked Calamity Jane's Irish stew. Personne n'aimait le ragoût irlandais de Calamity Jane.

stick

stick [stɪk], **stuck** [stʌk], **stuck** [stʌk]
- **n**
1. bâton
Rin Tin Can, fetch the stick! Ran Tan Plan, rapporte le bâton !
2. canne
He needs a stick to walk with. Il a besoin d'une canne pour marcher.
- **vt**
1. coller
He stuck the stamp onto the envelope. Il a collé le timbre sur l'enveloppe.
2. planter
She stuck the knife into the cake. Elle a planté le couteau dans le gâteau.
- **vi**
1. coller
This stamp won't stick. Ce timbre ne colle pas.
2. se coincer
The drawer is stuck. Le tiroir s'est coincé.

• **stick out**
- **vi** dépasser
Her petticoat is sticking out. Son jupon dépasse.
- **vt** *Idiom* **to stick one's tongue out at someone** tirer la langue à quelqu'un

"Stick out" est séparable.

• **stick up vt**
1. afficher
The sheriff stuck up wanted posters everywhere. Le shérif a affiché des avis de recherche partout.
2. lever
He stuck his hand up. Il a levé la main.

"Stick up" est séparable.

still [stɪl]
- **adv**
1. toujours, encore
He still didn't know where they had hidden the money. Il ne savait toujours pas où ils avaient caché l'argent.
2. encore
He might still come. Il pourrait encore venir.
3. Se traduit par une expression.
The meal wasn't very good. Still, it was cheap. Le repas n'était pas très bon, mais au moins ce n'était pas cher.
- **adj** calme
The sea was very still. La mer était très calme.
• **still water n** eau plate

sting [stɪŋ], **stung** [stʌŋ], **stung** [stʌŋ]
- **vt** piquer
He got stung by a bee. Il s'est fait piquer par une abeille.
- **n** piqûre
A bee sting. Une piqûre d'abeille.

stink [stɪŋk], **stank** [stæŋk], **stunk** [stʌŋk]
- **vi** puer
- **n** puanteur

stir [stɜːʳ] **vt** remuer
He stirred the sugar into his coffee. Il a remué le sucre dans son café.

stirrups [ˈstɪrəps] **n pl** étriers

stocking [ˈstɒkɪŋ] **n** bas
Silk stockings. Des bas de soie.

stole, stolen → **steal**

stomach [ˈstʌmək] **n** estomac
He had a pain in his stomach. Il avait mal au ventre.

stone [stəʊn] **n**
1. pierre
Joe threw a stone at Rin Tin Can. Joe a jeté une pierre sur Ran Tan Plan.
2. noyau
A peach stone. Un noyau de pêche.

stood → **stand**

stool [stuːl] **n** tabouret
Come and sit on this stool. Venez vous asseoir sur ce tabouret.

stop [stɒp]
- **vi** s'arrêter
The train stopped at every station. Le train s'est arrêté dans chaque gare.
- **vt** arrêter
She decided to stop smoking. Elle a décidé d'arrêter de fumer.
- **n** arrêt
Bus stop. Arrêt d'autobus.
- **excl** stop !*

– *Stop* ! J'ai dit *stop* !
– Oui, s'il vous plaît, *stop* !

store [stɔːʳ] **n** magasin
The big stores. Les grands magasins.

storey [ˈstɔːrɪ] (**Am:** story) **n** étage
The second storey of the house. Le deuxième étage de la maison.
Attention, aux États-Unis, le "first story" est le rez-de-chaussée ; le premier étage est donc le "second story".

storm [stɔːm] **n**
1. tempête*

– La tempête est finie !

2. orage

story [ˈstɔːrɪ] **n**
1. histoire
To tell someone a story. Raconter une histoire à quelqu'un.
2. **Am** → storey

stove [stəʊv] **n**
1. cuisinière
2. poêle

straight [streɪt]
◦ **adj**
1. droit
A straight line. Une ligne droite.
2. raide
She has straight hair. Elle a les cheveux raides.
3. franc
To be straight with someone. Être franc avec quelqu'un, jouer franc jeu avec quelqu'un.
4. honnête, droit
He was always straight with his clients. Il a toujours été honnête avec ses clients.
◦ **adv**
1. droit
Lucky Luke stared straight ahead. Lucky Luke a regardé droit devant lui.
2. directement
He went straight home. Il est rentré directement chez lui.

strange [streɪndʒ] **adj**
1. étrange, bizarre
She heard a strange noise. Elle a entendu un bruit étrange.
2. inconnu
A strange face. Un visage inconnu.

stranger [ˈstreɪndʒəʳ] **n** étranger
What's your name, stranger? Quel est ton nom, étranger ?
He's a stranger in this town. Il n'est pas d'ici.

strawberry [ˈstrɔːbərɪ] **n** fraise

stream [striːm] **n** ruisseau

street [striːt] **n** rue
To cross the street. Traverser la rue.

streetcar → tram

strength [streŋθ] **n** force
To build up one's strength. Reprendre des forces.

stretch [stretʃ]
◦ **vi**
1. s'étirer*

Ah! How nice to stretch!

– Ah ! Comme c'est agréable de s'étirer !

2. s'étendre
The road stretched out in front of them. La route s'étendait devant eux.
◦ **vt**
1. étirer
To stretch a piece of elastic. Étirer un élastique.
2. déployer
The bird stretched its wings. L'oiseau déploya ses ailes.

stricken → strike

strict [strɪkt] **adj** strict
The headmistress was very strict. La directrice était très stricte.

strike [straɪk], **struck** [strʌk], **struck** [strʌk]
Le participe passé de "to strike" peut être "struck" ou "stricken" [ˈstrɪkn].
◦ **vt**
1. frapper
He struck him over the head with a stick. Il l'a frappé à la tête avec un bâton.
She struck him across the face. Elle l'a giflé.
2. heurter
The car struck the lamppost. La voiture a heurté le réverbère.
3. gratter
He struck a match. Il gratta une allumette.
4. sonner
The clock struck midnight. Minuit a sonné.
◦ **vi** frapper
Disaster struck! Et ce fut la catastrophe !
◦ **n** grève
To go on strike. Se mettre en grève.
The factory workers are on strike. Les ouvriers de l'usine sont en grève.
• **strike off** **vt** rayer
His name was struck off the list. Son nom a été rayé de la liste.
"Strike off" est séparable.

string [strɪŋ] **n**
1. ficelle
A piece of string. Un bout de ficelle.
2. Quand il s'agit d'un instrument de musique, d'une raquette de tennis : corde

stripe [straɪp] **n** rayure
A shirt with blue stripes. Une chemise à rayures bleues.

striped [straɪpt] **adj** rayé

stroke [strəʊk]
◦ **n**
1. coup
In a single stroke. D'un seul coup.
2. attaque

strong

He had a stroke. Il a eu une attaque.
3. trait
With one stroke of her pen. D'un seul trait de stylo.
- vt caresser
He stroked Jolly Jumper's mane. Il caressa la crinière de Jolly Jumper.

strong [strɒŋ] **adj** fort
The coffee tasted very strong. Le café avait un goût très fort.

strong-willed [ˈstrɒŋwɪld] **adj** volontaire, résolu

struck → strike

struggle [ˈstrʌgl]
- vi lutter
He struggled with his attackers. Il a lutté contre ses agresseurs.
- n lutte

stubborn [ˈstʌbən] **adj** têtu, entêté

stuck → stick

student [ˈstjuːdnt] **n**
1. étudiant
He's a university student. Il est étudiant (à l'université).
2. élève
Students of 12 to 16 years old. Les élèves de 12 à 16 ans.

study [ˈstʌdɪ]
- vi étudier, faire des études
Averell had never liked studying. Averell n'avait jamais aimé étudier.
- vt étudier*, faire des études de

I always wanted to study these primitive peoples!

– J'ai toujours eu envie d'**étudier** ces peuples primitifs !

- n bureau
The judge locked himself in his study. Le juge s'est enfermé dans son bureau.

stuff [stʌf]
- vt
1. rembourrer
2. farcir
A stuffed turkey. Une dinde farcie.
3. informal fourrer
He stuffed the clothes into a bag. Il a fourré les vêtements dans un sac.
4. *Idiom* informal **to stuff oneself with something** se goinfrer de quelque chose
- n informal
1. trucs
Throw out all that stuff! Jetez tous ces trucs !
2. truc
What's that stuff you're drinking? C'est quoi ce truc que tu es en train de boire ?
"Stuff" est toujours suivi d'un verbe au singulier.

stung → sting

stunk → stink

stupid [ˈstjuːpɪd] **adj** stupide, idiot*

I end up getting upset by people saying that I'm stupid!

– Cela finit par me faire de la peine que l'on dise que je suis **idiot** !

style [staɪl] **n**
1. style
He loves Shakespeare's style. Il adore le style de Shakespeare.
Houses of all styles. Des maisons de tous les styles.
2. classe, allure
She has lots of style. Elle a beaucoup de classe.

3. modèle
A new style of hat. Un nouveau modèle de chapeau.
4. Quand on parle de cheveux : coupe (de cheveux), coiffure
What kind of style would you like? Quel genre de coupe voulez-vous ?

subject [ˈsʌbdʒekt] **n**
1. sujet
He decided to change the subject. Il a décidé de changer de sujet.
2. matière, discipline
French was his favourite subject. Le français était sa matière préférée.

submarine [sʌbməˈriːn] **n** sous-marin

subscribe [səbˈskraɪb] **vi** s'abonner
To subscribe to a magazine. S'abonner à une revue.

subsidiary [səbˈsɪdɪərɪ]
- adj secondaire
- n filiale

subtle [ˈsʌtl] **adj** subtil

suburb [ˈsʌbɜːb] **n** banlieue
They lived in the suburbs. Ils habitaient en banlieue.

subway [ˈsʌbweɪ] **n**
1. **Br:** passage souterrain
2. **Am:** métro

succeed [səkˈsiːd] **vi** réussir
They hoped she would succeed. Ils espéraient qu'elle allait réussir.

success [səkˈses] **n** succès, réussite
Thanks to you, our expedition has been a success! Grâce à vous, notre expédition a été un succès !
The party was a great success. La soirée était très réussie.

successful [səkˈsesfʊl] **adj** qui a du succès, qui réussit
A successful novelist. Un romancier à succès.

such [sʌtʃ]
- adj
1. tel, pareil
It was such a shock. Ça a été un tel choc.
I had never heard of such a thing! Je n'avais jamais entendu une chose pareille !

sun

2. tellement
He was in such pain that he screamed. Il souffrait tellement qu'il a crié.
3. *Idiom* **in such a way** de telle façon que
4. *Idiom* **There's no such thing!** Ça n'existe pas ! C'est impossible !
● **adv**
1. tellement
They have such a lot of friends. Ils ont tellement d'amis.
2. vraiment
He's such a stupid dog! C'est un chien vraiment stupide !

suck [sʌk] **vt** sucer
He was sucking a lollipop. Il suçait une sucette.

sudden [ˈsʌdən] **adj**
1. soudain, subit
2. *Idiom* **all of a sudden** tout à coup, tout d'un coup
All of a sudden there was an explosion. Tout d'un coup, il y a eu une explosion.

suddenly [ˈsʌdnlɪ] **adv** tout d'un coup, subitement*

suffer [ˈsʌfər]
● **vi** souffrir
Ma Dalton suffered from rheumatism. Ma Dalton souffrait de rhumatismes.
● **vt** subir
The army suffered heavy losses. L'armée a subi de lourdes pertes.

— *They had to leave town very suddenly…*
— *Yes, so it would seem!*
— *Ils ont dû quitter la ville très subitement…*
— *Oui, on dirait !*

The sugar, you've forgotten the sugar!
— *Le sucre, vous avez oublié le sucre !*

sugar [ˈʃʊgər] **n** sucre*

suggest [səˈdʒest] **vt** suggérer

suit [suːt]
● **vt**
1. convenir à, arranger
What time suits you best? Quelle heure vous convient le mieux ?
It doesn't suit me to go away this weekend. Cela ne m'arrange pas de partir ce week-end.
2. aller bien à
His new hat suited him. Son nouveau chapeau lui allait bien.
● **n**
"Suit" se traduit par "costume" lorsqu'il s'agit d'un vêtement masculin, par "tailleur" lorsqu'il s'agit d'un vêtement féminin.
I don't really feel comfortable in this suit. Je ne me sens pas vraiment à l'aise dans ce costume.

suitable [ˈsjuːtəbəl] **adj** approprié
It's not a suitable time to phone. Ce n'est pas une heure appropriée pour téléphoner.
It's not a suitable film for children. Ce n'est pas un film pour les enfants.

suitcase [ˈsuːtkeɪs] **n** valise

sum [sʌm] **n**
1. montant, somme
A cheque for the sum of 10,000 dollars. Un chèque d'un montant de 10 000 dollars.
A considerable sum of money. Une somme importante.
2. calcul
Averell was no good at sums. Averell n'était pas bon en calcul.

summer [ˈsʌmər] **n** été
During the summer. Pendant l'été.
• **summer camp** **Am** colonie de vacances
• **summer holidays** (**Am:** summer vacation) vacances d'été, grandes vacances

sun [sʌn] **n** soleil
The sun was beating down! Le soleil tapait fort !

two hundred and seventy-nine • 279 • deux cent soixante-dix-neuf

sunbathe

sunbathe [ˈsʌnbeɪð] **vi** se faire bronzer

sunburn [ˈsʌnbɜːn] **n** coup de soleil

sunburnt [ˈsʌnbɜːnt] **adj**
Idiom to get sunburnt attraper un coup de soleil*

Yes, I got sunburnt, so what?

— Oui, j'ai attrapé un coup de soleil, et alors ?

Sunday [ˈsʌndɪ] **n** dimanche
Attention, les noms de jours prennent toujours une majuscule en anglais.
(voir page 71)
• **Sunday school** catéchisme

sundries [ˈsʌndrɪz] **n pl** objets/articles divers

sung → sing

sunglasses [ˈsʌnglɑːsɪz] **n pl** lunettes de soleil

sunk → sink

sunny [ˈsʌnɪ] **adj** ensoleillé

sunrise [ˈsʌnraɪz] **n** lever du soleil

sunset [ˈsʌnset] **n** coucher du soleil

suntan [ˈsʌntæn] **n**
1. bronzage
2. *Idiom* to get a suntan bronzer

superior [suːˈpɪərɪəʳ] **adj** supérieur
This wine is of superior quality. Ce vin est de qualité supérieure.

supermarket [ˈsuːpəmɑːkɪt] **n** supermarché

supervise [ˈsuːpəvaɪz] **vt** surveiller

supervisor [ˈsuːpəvaɪzəʳ] **n** surveillant(e)

supper [ˈsʌpəʳ] **n**
1. dîner*
2. souper
Ma Dalton was cooking supper. Ma Dalton préparait le souper.

supply [səˈplaɪ]
○ **vt** fournir
They supplied the Indians with whisky. Ils fournissaient du whisky aux Indiens.
○ **n**
1. réserve, provision
They got in a supply of coal. Ils se sont approvisionnés en charbon.
2. alimentation
The electricity supply was cut off. L'alimentation en électricité a été coupée.

support [səˈpɔːt] **vt** soutenir

suppose [səˈpəʊz] **vt**
1. supposer
I suppose so. Je suppose (que oui).
2. *Idiom* to be supposed to do something être censé faire quelque chose
She's supposed to know about these things. Elle est censée être au courant de ces choses-là.

supposing [səˈpəʊzɪŋ] **conj** à supposer que, si
Supposing she doesn't come? Et si elle ne venait pas ? À supposer qu'elle ne vienne pas.

sure [ʃʊəʳ]
○ **adj**
1. sûr
Are you sure? En êtes-vous sûr ?
2. *Idiom* to make sure that s'assurer que
He made sure that the door was locked. Il s'est assuré que la porte était fermée.
3. *Idiom* that's for sure une chose est sûre, c'est sûr
He's going to end up in prison, and that's for sure! Une chose est sûre, il va finir en prison !

Hurry up, they're coming!

Yes, hurry up, the supper must be ready on time!

— Dépêchez-vous, ils vont arriver !
— Oui, dépêchez-vous, il faut que le dîner soit prêt à temps !

⚙ **excl informal** bien sûr !
– *Do you think you can catch him?*
– *Sure!* – Vous pensez que vous pouvez l'attraper ? – Bien sûr !

surely [ˈʃʊəlɪ] **adv**
1. sûrement, certainement
The Daltons will surely go to prison. Les Dalton vont sûrement aller en prison.
2. tout de même
Surely you've heard of Billy the Kid? Vous avez entendu parler de Billy the Kid, tout de même ?
3. Am: bien sûr
– *May I use your phone?* – *Surely!*
– Puis-je me servir de votre téléphone ? – Bien sûr !

surgeon [ˈsɜːdʒən] **n** chirurgien(enne)
His father is a surgeon. Son père est chirurgien.

surname [ˈsɜːneɪm] **n** nom de famille

surprise [səˈpraɪz]
⚙ **n**
1. surprise, étonnement
The bank manager looked at Ma Dalton in surprise. Le directeur de la banque regarda Ma Dalton d'un air surpris.
2. surprise
What a surprise! Quelle surprise !
3. Idiom by surprise au dépourvu, par surprise
⚙ **vt**
1. surprendre, étonner*

– Vous êtes *surpris*, hein ?

2. surprendre
Lucky Luke surprised the Daltons trying to rob the bank. Lucky Luke a surpris les Dalton alors qu'ils tentaient de dévaliser la banque.

surprising [səˈpraɪzɪŋ] **adj** étonnant, surprenant
How surprising! C'est étonnant !

survive [səˈvaɪv]
⚙ **vt** survivre à
The town survived the earthquake. La ville a survécu au tremblement de terre.
⚙ **vi** survivre
How will you survive in the desert without water? Comment vas-tu survivre sans eau dans le désert ?

suspect
Le verbe se prononce [səˈspekt], le nom se prononce [ˈsʌspekt].
⚙ **vt** soupçonner
The Daltons were suspected of having stolen the money. On soupçonnait les Dalton d'avoir volé l'argent.
⚙ **n** suspect
Billy the Kid was the principal suspect in the case. Billy the Kid était le principal suspect dans cette affaire.

suspicious [səˈspɪʃəs] **adj** méfiant
He gave her a suspicious look. Il lui lança un regard méfiant.
They were suspicious of him. Ils se méfiaient de lui.

swallow [ˈswɒləʊ]
vt, vi avaler*

What has he swallowed?

– Qu'a-t-il donc *avalé* ?

swallow [ˈswɒləʊ] **n** hirondelle

swam → **swim**

swamp [swɒmp] **n** marécage, marais

swap [swɒp]
⚙ **vt** échanger
Averell and Joe swapped jackets. Averell et Joe ont échangé leurs vestes.
⚙ **n** échange

swear [sweəʳ], **swore** [swɔːʳ], **sworn** [swɔːn]
⚙ **vt** jurer
Lucky Luke was sworn to secrecy. On a fait jurer à Lucky Luke de garder le secret.
⚙ **vi**
1. jurer
Calamity Jane was always swearing. Calamity Jane était toujours en train de jurer.
2. *Idiom* **to swear at someone** injurier quelqu'un

sweat [swet]
⚙ **n** sueur
Lucky Luke wiped the sweat from his brow. Lucky Luke épongea la sueur de son front.
⚙ **vi** transpirer

sweater [ˈswetəʳ] **n** pull

Sweden [ˈswiːdn] **n** Suède

Swedish [ˈswiːdɪʃ] **adj, n** suédois, suédoise, Suédois, Suédoise
Attention, l'anglais prend toujours une majuscule.

sweep [swiːp], **swept** [swept], **swept** [swept] **vt**
1. balayer
To sweep the floor. Balayer.
2. emporter
The wave swept him out to sea. Il a été emporté par la vague.

sweet [swiːt]
⚙ **n Br**
1. (**Am:** candy) bonbon
Billy the Kid was very fond of sweets. Billy the Kid aimait beaucoup les bonbons.
2. dessert
⚙ **adj**
1. doux
She spoke in a sweet voice. Elle parlait d'une voix douce.
2. sucré
The wine tasted too sweet. Le vin était trop sucré.

swell

3. bon
The roses smelt sweet. Les roses sentaient bon.
4. adorable
What a sweet child! Quel enfant adorable !

swell [swel]
Le verbe "to swell" peut être soit régulier : swell, swelled, swelled ; soit irrégulier : swell, swelled [sweld], swollen ['swəʊlən].
◉ **vi** enfler
Joe's cheek started swelling after the fight. La joue de Joe a commencé à enfler après la bagarre.
◉ **adj Am informal** formidable/super

swept → sweep

swim [swɪm], **swam** [swæm], **swum** [swʌm]
◉ **vi** nager
She swam across the river. Elle a traversé la rivière à la nage.
◉ **n** baignade
To go for a swim. Aller se baigner.

swimming ['swɪmɪŋ] **n** natation
• **swimming pool** piscine

swimsuit ['swɪmsuːt] **n** maillot de bain
On dit aussi "swimming costume" lorsqu'il s'agit d'un maillot de bain de femme et "swimming trunks" lorsqu'il s'agit d'un maillot de bain d'homme.

swing [swɪŋ], **swung** [swʌŋ], **swung** [swʌŋ]
◉ **n** balançoire
◉ **vi** se balancer
Stop swinging all the time on your chair! Arrête de te balancer tout le temps sur ta chaise !
◉ **vt** balancer
She was swinging her bag as she walked down the street. Elle descendait la rue en balançant son sac.

Swiss [swɪs] **adj, n** suisse*, Suisse
Attention, l'anglais prend toujours une majuscule.

switch [swɪtʃ]
◉ **n**
Se traduit par "interrupteur" lorsqu'il s'agit de l'électricité, par "bouton" sur un appareil.
◉ **vt** changer de
They switched places. Ils ont changé de place.
• **switch off vt** éteindre
She switched off the television. Elle a éteint la télévision.
"Switch off" est séparable.
• **switch on vt** allumer
He switched on the radio. Il a allumé la radio.
"Switch on" est séparable.

Switzerland ['swɪtsələnd] **n** Suisse

swollen
◉ **adj** enflé*
◉ → swell

swore, sworn → swear

swum → swim

sympathetic [sɪmpə'θetɪk] **adj**
1. compatissant
She was very sympathetic when she heard my father had just died. Elle a été très compatissante lorsqu'elle a appris que mon père venait de mourir.
2. compréhensif

The judge was not very sympathetic to the Daltons. Le juge n'a pas été très compréhensif envers les Dalton.

sympathy ['sɪmpəθɪ] **n** compassion
To feel sympathy for someone. Éprouver de la compassion pour quelqu'un.

system ['sɪstəm] **n** système
A computer system. Un système informatique.

syrup ['sɪrəp] **n** sirop

— My finger is so **swollen** that I can't pull the trigger!
— Mon doigt est tellement **enflé** que je ne peux pas appuyer sur la gachette !

I can see that this surprises you, but it's a **Swiss** speciality!
— Je vois que cela vous étonne, mais c'est une spécialité **suisse** !

T

tab [tæb] **n**
1. **Am:** addition, note
To pick up the tab. Payer l'addition.
2. Sur une boîte de conserve : languette

table ['teɪbl] **n** table
They hid under the table. Ils se sont cachés sous la table.

tablet ['tæblɪt] **n** comprimé

tag [tæg] **n** étiquette
The price tag has fallen off the skirt. L'étiquette du prix s'est détachée de la jupe.
• **tag question** question-tag (voir encadré ci-contre)

tail [teɪl]
✿ **n** queue
Rin Tin Can wagged his tail. Ran Tan Plan agita la queue.
✿ **vt** prendre en filature, suivre
The sheriff's men were tailing the Daltons. Les hommes du shérif avaient pris les Dalton en filature.

tailor ['teɪlər] **n** tailleur
His father was a tailor. Son père était tailleur.

take [teɪk], **took** [tʊk], **taken** ['teɪkn]
✿ **vt**
1. prendre
Take another biscuit! Prends un autre biscuit !
They took a taxi to the airport. Ils ont pris un taxi pour aller à l'aéroport.
I'm taking a holiday next week. Je

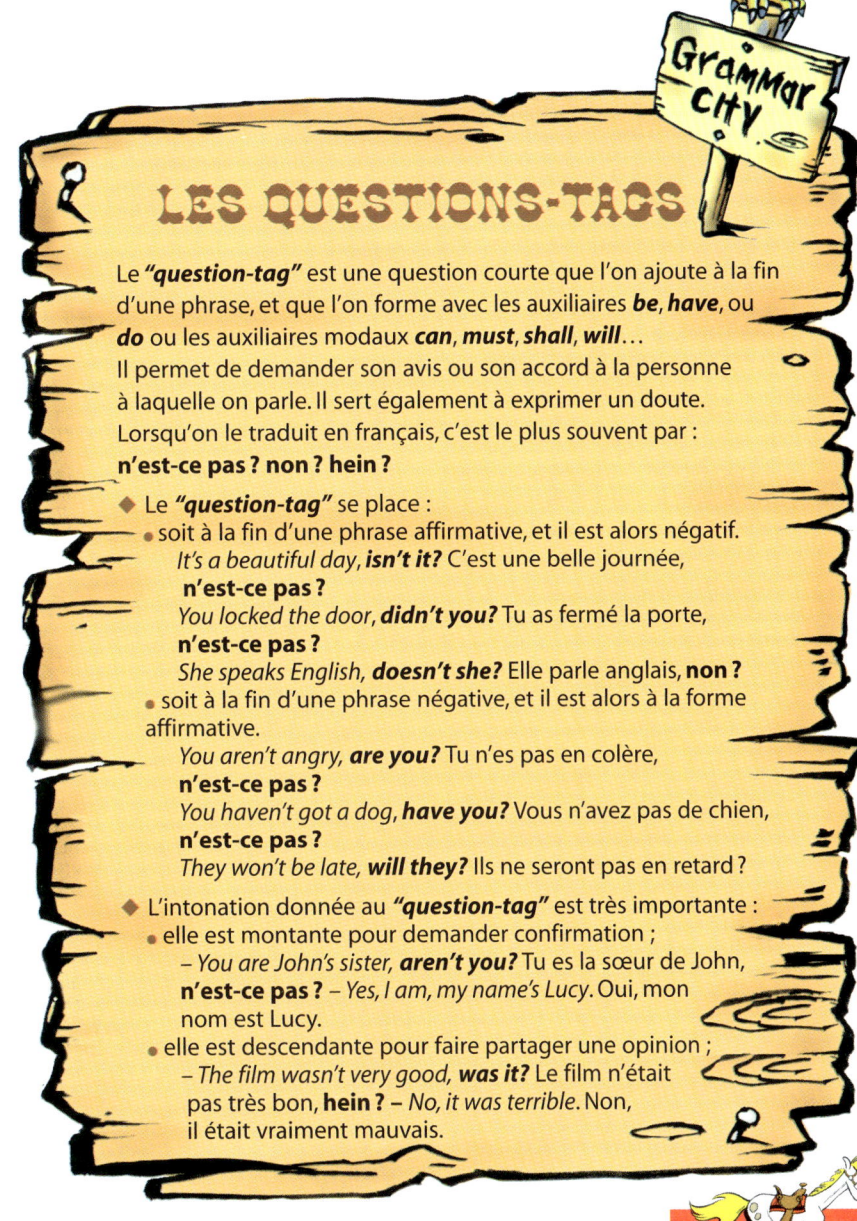

LES QUESTIONS-TAGS

Le *"question-tag"* est une question courte que l'on ajoute à la fin d'une phrase, et que l'on forme avec les auxiliaires **be**, **have**, ou **do** ou les auxiliaires modaux **can**, **must**, **shall**, **will**…
Il permet de demander son avis ou son accord à la personne à laquelle on parle. Il sert également à exprimer un doute. Lorsqu'on le traduit en français, c'est le plus souvent par : **n'est-ce pas ? non ? hein ?**

◆ Le *"question-tag"* se place :
• soit à la fin d'une phrase affirmative, et il est alors négatif.
  *It's a beautiful day, **isn't it?*** C'est une belle journée, **n'est-ce pas ?**
  *You locked the door, **didn't you?*** Tu as fermé la porte, **n'est-ce pas ?**
  *She speaks English, **doesn't she?*** Elle parle anglais, **non ?**
• soit à la fin d'une phrase négative, et il est alors à la forme affirmative.
  *You aren't angry, **are you?*** Tu n'es pas en colère, **n'est-ce pas ?**
  *You haven't got a dog, **have you?*** Vous n'avez pas de chien, **n'est-ce pas ?**
  *They won't be late, **will they?*** Ils ne seront pas en retard ?

◆ L'intonation donnée au *"question-tag"* est très importante :
• elle est montante pour demander confirmation ;
  *– You are John's sister, **aren't you?*** Tu es la sœur de John, **n'est-ce pas ?** *– Yes, I am, my name's Lucy.* Oui, mon nom est Lucy.
• elle est descendante pour faire partager une opinion ;
  *– The film wasn't very good, **was it?*** Le film n'était pas très bon, **hein ?** *– No, it was terrible.* Non, il était vraiment mauvais.

takeaway

prends des vacances la semaine prochaine.
2. apporter
They took Ma Dalton some flowers. Ils ont apporté des fleurs à Ma Dalton.
3. emmener
She took the children to school. Elle a emmené les enfants à l'école.
He took them home in his car. Il les a raccompagnés en voiture.
4. Lorsqu'on parle de ce qui est nécessaire pour faire quelque chose.
It didn't take long. Ça n'a pas pris longtemps.
It takes a lot of willpower to work that hard. Il faut avoir beaucoup de volonté pour travailler aussi dur.
5. supporter
He can't take criticism. Il ne supporte pas qu'on le critique.
6. passer
To take an exam. Passer un examen.
7. faire
What size do you take? Quelle taille/pointure faites-vous ?

• **take away** vt
1. enlever, emporter
The waitress took the tray away. La serveuse a emporté le plateau.
2. emmener
The police took the Daltons away. Les policiers ont emmené les Dalton.
"Take away" est séparable.

• **take off**
○ vi décoller
The plane was about to take off. L'avion allait décoller.
○ vt enlever
He took off his coat. Il a enlevé son manteau.
To take one's clothes off. Se déshabiller.
"Take off" est séparable.

• **take on** vt accepter
He has taken too much work on. Il a accepté trop de travail.
"Take on" est séparable.

• **take out** vt
1. sortir
Averell took his hands out of his pockets. Averell a sorti ses mains de ses poches.
2. retirer
To take money out of one's bank account. Retirer de l'argent de son compte.
"Take out" est séparable.

• **take over** vt prendre le contrôle de
The army had taken over the city. L'armée avait pris le contrôle de la ville.
"Take over" est séparable.

• **take up** vt
1. prendre
The wardrobe takes up too much space. L'armoire prend trop de place.
2. se mettre
He took up tennis. Il s'est mis au tennis.
"Take up" est inséparable.

takeaway [teɪkə'weɪ] (**Am:** takeout) n
1. plat à emporter
2. boutique où l'on peut acheter des plats à emporter

taken → take

takeout → takeaway

tale [teɪl] **n** histoire, conte

talent ['tælənt] **n** talent, don
He has a talent for languages. Il est doué pour les langues.

talk [tɔːk]
○ **vi** parler
Lucky Luke was talking to the sheriff. Lucky Luke parlait au shérif.
To talk to oneself. Parler tout seul.
○ **n**
1. conférence, exposé
She gave a talk about China. Elle a fait une conférence sur la Chine.
2. *Idiom* **to have a talk with someone** avoir une conversation avec quelqu'un

○ **n pl** négociations
The talks broke down. Les négociations ont échoué.

tall [tɔːl] **adj**
1. grand
He is very tall. Il est très grand.
He is over six feet tall. Il mesure plus d'un mètre quatre-vingts.
He has got taller. Il a grandi.
2. haut
A very tall building. Un immeuble très haut.

tame [teɪm]
○ **adj** apprivoisé
○ **vt** apprivoiser*

tan [tæn]
○ **n** bronzage
To get a tan. Bronzer.
○ **vi** bronzer
He tans easily. Il bronze facilement.

tank [tæŋk] **n**
1. réservoir
Petrol tank. Réservoir à essence.
2. citerne
The farmer stores water in a tank. Le fermier stocke l'eau dans une citerne.
3. aquarium
There are several fish tanks in the pet shop. Il y a plusieurs aquariums dans l'animalerie.
4. char (de combat)
The town was surrounded by tanks. La ville était encerclée par des chars.

tanker ['tæŋkəʳ] **n** navire-citerne
Oil tanker. Pétrolier.

— On pourrait essayer de l'*apprivoiser*.

tap [tæp]
● n (**Am:** faucet) robinet
Don't touch that tap! Ne touche pas à ce robinet !
● vt taper
They were tapping their feet. Ils tapaient du pied.

tape [teɪp]
● n
1. bande magnétique
The data is stored on tapes. Les données sont enregistrées sur bande magnétique.
2. cassette
I've just bought a tape of my favourite singer. Je viens d'acheter une cassette de mon chanteur préféré.
3. Scotch
If you don't shut up, I'll put tape on your mouth! Si tu ne te tais pas, je vais te coller du Scotch sur la bouche !
"Scotch" est un nom déposé.
● vt enregistrer
To tape a song. Enregistrer une chanson.

target [ˈtɑːgɪt] **n**
1. cible
Lucky Luke always hits the target bang in the middle. Lucky Luke atteint toujours le centre de la cible.
2. objectif, but
We've reached our target of 3,000 dollars. Nous avons atteint notre objectif de 3 000 dollars.

taste [teɪst]
● n
1. goût
He liked the taste of the honey. Il a aimé le goût du miel.
2. Idiom **to be in bad taste** être de mauvais goût
● vt goûter*
● vi Se traduit par une expression.
To taste bitter. Avoir un goût amer.
It tastes like lemon. Ça a un goût de citron.

taught → **teach**

tax [tæks]
● n
1. impôt
To pay taxes. Payer des impôts.
2. taxe
A tax on imports. Une taxe à l'importation.
● vt imposer

taxi [ˈtæksɪ] **n** taxi

taxpayer [ˈtæksˌpeɪəʳ] **n** contribuable

tea [tiː] **n**
1. thé*

– Entrez, le **thé** est tout chaud !

2. Idiom **it's not my cup of tea** ce n'est pas mon genre/ça ne me plaît pas du tout
(voir page 286)

teach [tiːtʃ], **taught** [tɔːt], **taught** [tɔːt]
● vt
1. enseigner, apprendre
She teaches maths. Elle enseigne les mathématiques.
2. enseigner à
He teaches young children. Il enseigne aux jeunes enfants.
● vi enseigner
He didn't like teaching. Il n'aimait pas enseigner.

teacher [ˈtiːtʃəʳ] **n**
1. professeur, enseignant(e)
She is a teacher. Elle est professeur.
The French teacher. Le professeur de français.
2. Dans une école primaire : instituteur(trice), professeur d'école

teacup [ˈtiːkʌp] **n** tasse à thé

team [tiːm] **n** équipe
A football team. Une équipe de football.

teapot [ˈtiːpɒt] **n** théière

tear [teəʳ], **tore** [tɔːʳ], **torn** [tɔːn]
● vt
1. déchirer
He tore the page in two. Il a déchiré la page en deux.
2. faire un accroc à, déchirer
She tore her skirt on the brambles. Elle a déchiré sa jupe dans les broussailles.
Averell had torn a hole in his trousers. Averell avait fait un accroc à son pantalon.
● vi se déchirer
A fabric that tears easily. Un tissu qui se déchire facilement.
● n déchirure, accroc
His trousers have got a tear in them. Son pantalon est déchiré.
• **tear out** vt arracher

– Qui veut *goûter* mes délicieux gâteaux ?
– Euh... – Euh... – Non merci ! – Non merci !

two hundred and eighty-five • **285** • deux cent quatre-vingt-cinq

tear

She tore a page out of her notebook. Elle a arraché une page de son cahier.
"Tear out" est séparable.
• **tear up** **vt** déchirer
He tore up the contract. Il déchira le contrat.
"Tear up" est séparable.

tear [tɪəʳ] **n** larme
To burst into tears. Fondre en larmes.

tease [tiːz] **vt** taquiner

teaspoon [ˈtiːspuːn] **n** petite cuillère

teatime [ˈtiːtaɪm] **n** l'heure du thé
(voir encadré ci-dessous)

technology [tekˈnɒlədʒɪ] **n** technologie

teenager [ˈtiːneɪdʒəʳ] **n** adolescent(e)

tee-shirt [ˈtiːʃɜːt] **n** T-shirt, tee-shirt

teeth → tooth

telephone → phone

television [ˈtelɪvɪʒn] **n** télévision
I saw my favourite singer on television. J'ai vu mon chanteur préféré à la télévision.
(voir page ci-contre)

tell [tel], **told** [təʊld], **told** [təʊld]
✵ **vt**
1. dire à*
He told him to shut the door. Il lui a dit de fermer la porte.
The children did as they were told. Les enfants ont fait ce qu'on leur disait.
2. raconter
To tell jokes. Raconter des blagues.
3. *Idiom* **to tell apart** distinguer
It's hard to tell the two brothers apart. Il est difficile de distinguer un frère de l'autre.
"Tell apart" est séparable.
4. Pour dire que l'on se rend compte de quelque chose.
You could tell he was upset. On voyait bien qu'il était bouleversé.
✵ **vi**
1. répéter
I won't tell! Je ne le répéterai à personne !
2. savoir
As far as I can tell. Autant que je sache.
• **tell off** **vt** gronder
Ma Dalton told Joe off. Ma Dalton a grondé Joe.
"Tell off" est séparable.
• **tell on** **vt** dénoncer
She told on him and he was punished. Elle l'a dénoncé et il a été puni.
"Tell on" est inséparable.

temper [ˈtempəʳ] **n**
1. humeur
To be in a good/bad temper. Être de bonne/mauvaise humeur.
2. caractère
Joe Dalton had a bad temper. Joe Dalton avait mauvais caractère.
3. *Idiom* **to lose one's temper** se mettre en colère
He lost his temper. Il s'est mis en colère.

temperature [ˈtemprətʃəʳ] **n** température
Averell was feeling ill, so Ma Dalton took his temperature. Averell ne se sentait pas bien, aussi Ma Dalton a-t-elle pris sa température.

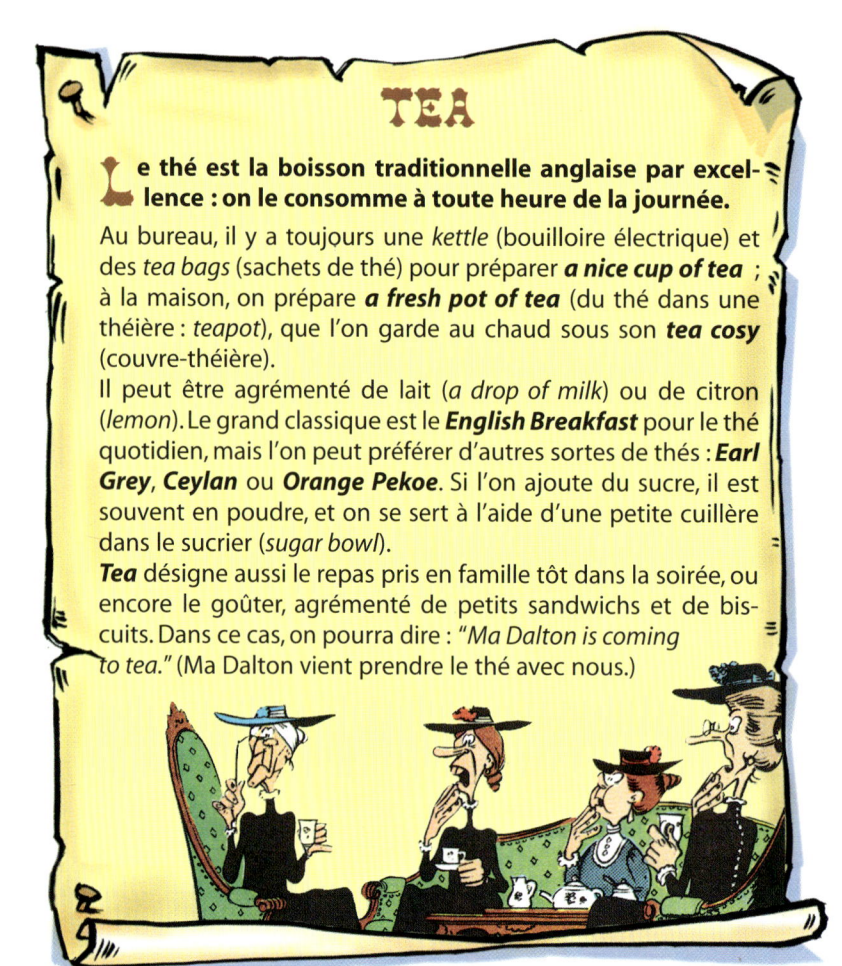

---

*I don't think he recognizes us. **Tell** him who we are, Averell.*

– Je crois qu'il ne nous reconnaît pas. **Dis**-lui qui nous sommes, Averell.

TEA

Le thé est la boisson traditionnelle anglaise par excellence : on le consomme à toute heure de la journée.
Au bureau, il y a toujours une *kettle* (bouilloire électrique) et des *tea bags* (sachets de thé) pour préparer **a nice cup of tea** ; à la maison, on prépare **a fresh pot of tea** (du thé dans une théière : *teapot*), que l'on garde au chaud sous son **tea cosy** (couvre-théière).
Il peut être agrémenté de lait (*a drop of milk*) ou de citron (*lemon*). Le grand classique est le **English Breakfast** pour le thé quotidien, mais l'on peut préférer d'autres sortes de thés : **Earl Grey**, **Ceylan** ou **Orange Pekoe**. Si l'on ajoute du sucre, il est souvent en poudre, et on se sert à l'aide d'une petite cuillère dans le sucrier (*sugar bowl*).
Tea désigne aussi le repas pris en famille tôt dans la soirée, ou encore le goûter, agrémenté de petits sandwichs et de biscuits. Dans ce cas, on pourra dire : "*Ma Dalton is coming to tea.*" (Ma Dalton vient prendre le thé avec nous.)

TELEVISION

Installé devant la télé (*telly/the box*), le spectateur (*TV-viewer*) a les yeux rivés sur l'écran (*screen*), la télécommande (*remote control*) à la main : science-fiction (*sci-fi*), séries ou feuilletons (*soaps* ou *sitcoms*), documentaires (*documentaries*), actualités (*news*), films (*films*)…, le choix de programmes (*TV programmes*) est vaste.

En Grande-Bretagne, les principales chaînes (*channels*) sont : **BBC 1 & 2** (*British Broadcasting Corporation*), **ITV**, **Channel 4 & 5**.

Aux États-Unis, les principaux réseaux (*networks*) sont **ABC**, **CBS** et **NBC** ; à côté de **CNN**, chaîne d'informations en continu, existent de nombreuses chaînes câblées (*cable TV*). **The Cosby Show** compte parmi les séries les plus populaires et certains **sitcoms** tels que **Friends** et **X-Files** ont fait l'objet d'un véritable culte. Certains dessins animés (*cartoons*) comme **The Simpsons** ou **South Park** ont acquis une notoriété mondiale. Enfin, les "accros" à la télévision sont surnommés "*couch potatoes*", littéralement : "patates de canapé" !

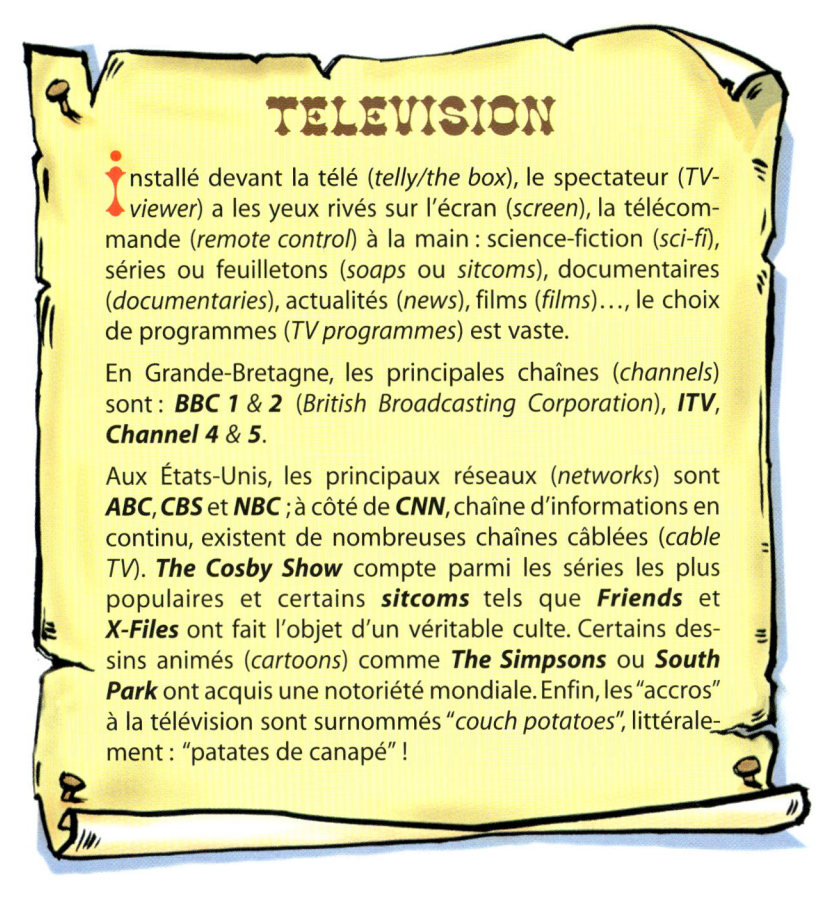

ten [ten] **adj num, n** dix (voir page 195)

tender [ˈtendə^r] **adj** tendre
This steak doesn't look very tender. Ce steak n'a pas l'air très tendre.

tennis [ˈtenɪs] **n** tennis
Can you play tennis? Est-ce que tu sais jouer au tennis ?

tent [tent] **n** tente
We slept in a tent. On a dormi sous la tente.

term [tɜːm] **n**
1. terme, mot
A legal term. Un terme juridique.
2. (**Am**: trimester) trimestre
Her results were better in the second term. Ses résultats se sont améliorés au deuxième trimestre.

terrace [ˈterəs] **n**
1. terrasse
They had coffee on the terrace. Ils ont pris le café sur la terrasse.
2. **Br**: rangée de maisons mitoyennes et identiques

terraced house [ˈterəst haʊs] **n**
Br maison dans une rangée de maisons mitoyennes et identiques
Voir commentaire à "house", page 129.

terrible [ˈterəbl] **adj** terrible, épouvantable
They had terrible weather while they were on holiday. Ils ont eu un temps épouvantable pendant leurs vacances.

terrific [təˈrɪfɪk] **adj**
1. **informal** formidable, magnifique
You were terrific! Tu as été formidable !
She looks terrific in that orange dress! Elle est magnifique dans cette robe orange !
2. épouvantable
A terrific storm. Une tempête épouvantable.

terrifying [ˈterɪfaɪɪŋ] **adj** terrifiant*, effroyable

Don't I frighten you?
No, Lucky Luke is much more terrifying than you!

– Mais, je ne vous fais pas peur ?
– Mais non, Lucky Luke est beaucoup plus **terrifiant** que vous !

test [test]
● **n**
1. test, épreuve
Aptitude test. Test d'aptitude.
Driving test. Examen du permis de conduire.
2. analyse, examen
To have a blood test. Se faire faire une analyse de sang.
He had an eye test. Il s'est fait examiner les yeux.
3. **À l'école :** contrôle, épreuve
He failed his maths test again. Il a encore raté son contrôle de maths.
4. essai
Nuclear tests. Essais nucléaires.
● **vt**
1. contrôler, tester
To test the pupils' knowledge. Contrôler les connaissances des élèves.
2. **En médecine.**
She had her eyes tested. Elle a fait faire un examen de ses yeux.

textbook [ˈtekstbʊk] **n** manuel, livre scolaire

the Thames [temz] **n** la Tamise

than [ðən, ðæn]
● **prep**
1. que
He's taller than me. Il est plus grand que moi.
2. **Lorsqu'on parle d'une quantité :** de

thank

Less than 50 dollars. Moins de 50 dollars.
More than half of the houses were destroyed. Plus de la moitié des maisons ont été détruites.
○ **conj** que
She's taller than I am. Elle est plus grande que moi.
(voir page 181)

thank [θæŋk] **vt** remercier
She thanked him for the gift. Elle l'a remercié pour le cadeau.

thanks [θæŋks] **adv**
1. merci
Thanks a lot! Merci beaucoup !
2. *Idiom* **thanks to** grâce à
Thanks to you, Lucky Luke, the bandits are in jail. Grâce à toi, Lucky Luke, les bandits sont en prison.

thank you [θæŋk juː] **adv** merci
Thank you very much! Merci beaucoup !
Thank you for the present. Merci pour le cadeau.

Thanksgiving [ˈθæŋksgɪvɪŋ] **n Am**
Fête traditionnelle aux États-Unis.
(voir pages 54-55)

that [ðæt, ðət] (**pl**: those)
○ **adj**
1. ce, cette, cet, ces
That dog is hungry. Ce chien a faim.
At that time. À cette époque-là.
That animal is dangerous. Cet animal est dangereux.
Those cowboys are drunk. Ces cowboys sont ivres.
That's possible. C'est possible.
2. Pour insister.
I prefer this colour but he prefers that one. Je préfère cette couleur-ci mais il préfère celle-là.
○ **pron démonstratif**
1. ça, cela
What's that? Qu'est-ce que c'est que ça ?
Who's that? Qui est-ce ?
That's the Daltons' cell. C'est la cellule des Dalton.
2. Pour insister : celui-là, celle-là, ceux-là, celles-là
I prefer this to that. Je préfère celui-ci à celui-là.
(voir encadré ci-dessus)

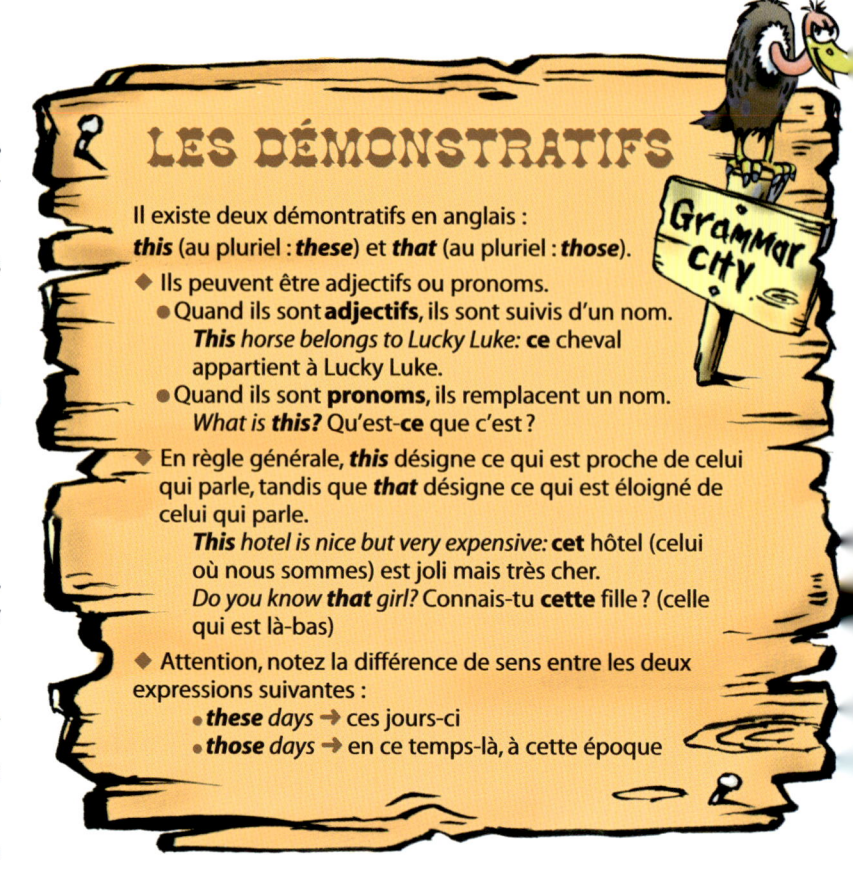

LES DÉMONSTRATIFS

Il existe deux démonstratifs en anglais : **this** (au pluriel : **these**) et **that** (au pluriel : **those**).

◆ Ils peuvent être adjectifs ou pronoms.
• Quand ils sont **adjectifs**, ils sont suivis d'un nom.
This horse belongs to Lucky Luke: **ce** cheval appartient à Lucky Luke.
• Quand ils sont **pronoms**, ils remplacent un nom.
What is this? Qu'est-**ce** que c'est ?

◆ En règle générale, **this** désigne ce qui est proche de celui qui parle, tandis que **that** désigne ce qui est éloigné de celui qui parle.
This hotel is nice but very expensive: **cet** hôtel (celui où nous sommes) est joli mais très cher.
Do you know that girl? Connais-tu **cette** fille ? (celle qui est là-bas)

◆ Attention, notez la différence de sens entre les deux expressions suivantes :
• **these** days → ces jours-ci
• **those** days → en ce temps-là, à cette époque

○ **pron relatif**
1. Lorsqu'il s'agit du sujet : qui
The dog that was barking. Le chien qui aboyait.
2. Lorsqu'il s'agit de l'objet : que
The dog that he loved. Le chien qu'il aimait.
Dans ce sens, "that" peut être omis.
The dog he loved. Le chien qu'il aimait.
3. Lorsqu'il y a une préposition : lequel, laquelle, lesquels, lesquelles
The bed that he was sleeping in. Le lit dans lequel il dormait.
The streets that the Dalton brothers were walking through. Les rues dans lesquelles les frères Dalton se promenaient.
(voir page 317)
○ **conj** que
He said that it was raining. Il a dit qu'il pleuvait.
○ **adv** si, aussi
I can't work that fast. Je ne peux pas travailler aussi vite.
It's not that hot! Il ne fait pas si chaud que ça !

the [ðə, ðɪ, ðiː] **art**
1. le, la, l', les
In the garden. Dans le jardin.
In the house. Dans la maison.
The man who lives here. L'homme qui habite ici.
The trees in the forest. Les arbres dans la forêt.
Attention, en anglais, l'article défini ne varie pas en fonction du genre ou du nombre du substantif auquel il est associé.
2. Dans les titres : *Louis the Fourteenth.* Louis XIV.
Elizabeth the First. Élisabeth 1re.
(voir page 23)

theatre [ˈθɪətər] (**Am**: theater) **n**
théâtre

their [ðeər] **adj** leur, leurs
Their car is blue. Leur voiture est bleue.
Their parents are rich. Leurs parents sont riches.
(voir page 186)

theirs [ðeərz] **pron**
1. le leur, la leur, les leurs
My horse is fast, but theirs are faster. Mon cheval est rapide mais les leurs le sont encore plus.

this

2. à eux, à elles
Those hats are theirs. Ces chapeaux sont à eux.
(voir page 186)

them [ðəm, ðem] **pron**
1. Lorsque "them" est complément d'objet direct : les
I saw them. Je les ai vus.
Catch them! Attrapez-les !
2. Lorsque "them" est complément d'objet indirect : leur
He gave the money to them. Il leur a donné l'argent.
3. Lorsque "them" est attribut : eux, elles
It's them! C'est eux/elles !
(voir page 131)

theme park [θi:m pɑ:k] **n** parc à thème

themselves [ðəmˈselvz] **pron**
1. eux-mêmes, elles-mêmes
They did it themselves. Ils l'ont fait eux-mêmes.
2. se
They washed themselves. Ils se sont lavés.
They enjoyed themselves. Ils se sont bien amusés.
(voir page 325)

then [ðen] **adv**
1. puis, ensuite
She opened the door, then she went outside. Elle a ouvert la porte, puis elle est sortie.
2. alors
Until then. Jusqu'alors, jusque-là.
He was younger then. Il était plus jeune à l'époque.
From then on. À partir de ce moment-là.

there [ðəʳ, ðeəʳ]
◉ **pron**
1. il y a
There is a mistake. Il y a une erreur.
There is no food left. Il ne reste plus de nourriture.
There are five of them. Il y en a cinq.
2. voilà
There's my wallet! Voilà mon portefeuille !
◉ **adv** là
Over there. Là-bas.
Who's there? Qui est là ?

these → **this**

they [ðeɪ] **pron**
1. ils, elles
They are ill. Elles sont malades.
They are nice boys. Ce sont de gentils garçons.
There they are! Les voilà !
2. Dans les emplois impersonnels : on
They say that he is very rich. On dit qu'il est très riche.
(voir page 131)

thick [θɪk] **adj** épais
He has thick hair. Il a les cheveux épais.

thief [θi:f] (**pl:** thieves) **n** voleur (euse)*

– Pourquoi es-tu ici ?
– Je suis un **voleur**.

thin [θɪn] **adj** maigre, mince
To get thinner. Maigrir.

thing [θɪŋ]
◉ **n**
1. chose, truc
He bought a newspaper and some other things. Il a acheté un journal et quelques autres choses.
What's this thing for? À quoi sert ce truc ?
I can't hear a thing! Je n'entends rien !
2. Lorsqu'on s'adresse à une personne ou à un animal.
You stupid thing! Espèce d'idiot !
Are you cold, you poor thing? Tu as froid, pauvre petit ?
3. *Idiom* *How are things?* Comment ça va ?
◉ **n pl** affaires
She forgot her sewing things. Elle a oublié ses affaires de couture.

think [θɪŋk], **thought** [θɔ:t], **thought** [θɔ:t]
◉ **vt** penser, croire
I think she's right. Je pense qu'elle a raison.
– Is he back yet? – I don't think so.
– Est-ce qu'il est rentré ? – Je ne crois pas.
◉ **vi**
1. penser
I thought of you when I saw that film. J'ai pensé à toi quand j'ai vu ce film.
2. réfléchir*

– Que faites-vous ?
– Je **réfléchis**.

3. *Idiom* **to be thinking of doing something** envisager de faire quelque chose
He's thinking of getting another job. Il envisage de changer de travail.

third [θɜ:d] **adj num, n** troisième
(voir page 195)

thirst [θɜ:st] **n** soif

thirsty [ˈθɜ:stɪ] **adj**
Idiom **to be thirsty** avoir soif

thirteen [θɜ:ˈti:n] **adj num, n** treize
(voir page 195)

thirty [ˈθɜ:tɪ] **adj num, n** trente
(voir page 195)

this [ðɪs] (**pl:** these)
◉ **adj** ce, cette, cet, ces
This boy. Ce garçon.
This house. Cette maison.

though

> The dog will set us free, that's what dogs usually do.
>
> Not **this** one!
>
> Who are those two men? I'm sure I've seen them before!

– Le chien va nous libérer, c'est ce que font les chiens d'habitude.
– Pas **celui-ci** !
– Qui sont ces deux hommes ? Je suis sûr de les avoir déjà vus !

This man. Cet homme.
These books. Ces livres.
✲ **pron**
1. ce, ceci
Whose is this? À qui appartient ceci ?
What's this? Qu'est-ce que c'est ?
Who's this? Qui est-ce ?
This is my room. Voici ma chambre.
2. Pour insister : celui-ci*, celle-ci, ceux-ci, celles-ci
I prefer this to that. Je préfère celui-ci à celui-là.
✲ **adv**
We won't stop now that we've got this far. Nous n'allons pas nous arrêter maintenant que nous sommes arrivés jusqu'ici.
(voir page 288)

those → **that**

though [ðəʊ] **conj** bien que, quoique
He ate the meal though he wasn't hungry. Il a tout mangé bien qu'il n'eût pas faim.

thought → **think**

thousand [ˈθaʊznd] **n** mille
Two thousand dollars. Deux mille dollars.
(voir page 195)

thread [θred] **n** fil

threaten [ˈθretn] **vt** menacer

three [θriː] **adj num, n** trois
(voir page 195)

threw → **throw**

thrill [θrɪl]
✲ **vt** ravir
The children were thrilled with their new toys. Les enfants étaient ravis de leurs nouveaux jouets.
✲ **n** frisson

thriller [ˈθrɪlər] **n** thriller

thrilling [ˈθrɪlɪŋ] **adj** exaltant

throat [θrəʊt] **n** gorge
He had a sore throat. Il avait mal à la gorge.

through [θruː]
✲ **prep**
1. à travers*

The arrow went **through** his hat.

La flèche est passée **à travers** son chapeau.

Rin Tin Can went through a hole in the fence. Ran Tan Plan est passé à travers un trou dans le grillage.
2. par
He looked out through the window. Il a regardé par la fenêtre.
3. Pour évoquer le temps : pendant
All through the year, right through the year. Pendant toute l'année.
4. Pour évoquer un intermédiaire.
He got the job through a friend of his. Il a eu le poste grâce à un de ses amis.
5. Idiom to go through a red light brûler un feu rouge
✲ **adv**
1. Pour évoquer le mouvement.
To get through, to go through. Passer.
To let someone through. Laisser passer quelqu'un.
2. Lorsqu'on parle au téléphone.
To get through to someone. Joindre quelqu'un.
I'll put you through to him. Je vous le passe.

throw [θrəʊ], **threw** [θruː], **thrown** [θrəʊn] **vt**
1. jeter
He threw the papers on the ground. Il a jeté les papiers par terre.
2. lancer
They threw stones at him. Ils lui ont lancé des pierres.
• **throw away vt** jeter
If the glass is broken, throw it away! Si le verre est cassé, jette-le !
"Throw away" est séparable.

thumb [θʌm] **n** pouce

thunder [ˈθʌndər] **n** tonnerre
There was a clap of thunder. Il y a eu un coup de tonnerre.

Thursday [ˈθɜːzdɪ] **n** jeudi
Attention, les noms de jours prennent toujours une majuscule en anglais.
(voir page 71)

ticket [ˈtɪkɪt] **n** billet, ticket
A train ticket. Un billet de train.
A bus ticket. Un ticket de bus.

tickle [ˈtɪkl] **vt** chatouiller

tide [taɪd] **n** marée
The tide is coming in/going out. La marée monte/descend.

The tide is in/out. C'est la marée haute/basse.

tidy ['taɪdɪ]
- **adj**
1. bien rangé
Jenny's house was very tidy. La maison de Jenny était très bien rangée.
2. soigné
His appearance was not very tidy. Son aspect n'était pas très soigné.
- **vt** ranger
• **tidy up**
- **vi** ranger
It took them ages to tidy up after the party. Ils ont mis très longtemps à ranger après la fête.
- **vt** ranger
He tidied up his room. Il a rangé sa chambre.
"Tidy up" est séparable.

tie [taɪ]
- **vt** attacher, nouer
The Indians tied him to a tree. Les Indiens l'ont attaché à un arbre.
He tied his shoelaces. Il a noué ses lacets.
To tie a knot. Faire un nœud.
- **n**
1. cravate
2. match nul
• **tie up** **vt** ligoter, attacher
Catch him and tie him up! Attrapez-le et attachez-le !
"Tie up" est séparable.

tiger ['taɪgər] **n** tigre

tight [taɪt] **adj** serré
My shoes are too tight. Mes chaussures sont trop serrées.

tights [taɪts] **n pl** collant

till → **until**

time [taɪm] **n**
1. temps
It took a long time. Ça a pris beaucoup de temps.
A long time ago. Il y a longtemps.
The Daltons had been living in the town for a long time. Ça faisait longtemps que les Dalton habitaient la ville.
Take your time! Prenez votre temps !
From time to time. De temps en temps.
2. heure
What time is it? Quelle heure est-il ?
It's time to go home. Il est l'heure de rentrer.
To be on time. Être à l'heure.
3. moment
You need to choose the right time. Il faut choisir le bon moment.
4. fois
The last time it happened. La dernière fois que c'est arrivé.
Three times three equals nine. Trois fois trois égalent neuf.
5. Lorsqu'on parle de l'avenir.
In a week's time. D'ici huit jours.
This time next week. La semaine prochaine à la même heure.
6. horaire
What are the train times? Quels sont les horaires des trains ? (voir page 292)

timetable ['taɪmteɪbl] **n**
1. horaire
Bus timetable. Horaire des autobus.
2. emploi du temps
I have a very busy timetable. J'ai un emploi du temps très chargé.

tin [tɪn] **n Br** boîte
• **tin can** boîte de conserve

tinned [tɪnd] **adj Br** en conserve, en boîte
Tinned salmon. Saumon en boîte.

tin-opener [tɪn'əʊpnər] **n Br** ouvre-boîtes

tiny ['taɪnɪ] **adj** tout petit, minuscule*

– Regardez de quoi est capable ce *minuscule* animal !

tip [tɪp] **n**
1. pointe
With the tip of his sword. De la pointe de son épée.
2. bout
He touched it with the tip of his finger. Il l'a touché du bout du doigt.
3. pourboire
He gave the waiter a tip. Il a donné un pourboire au serveur.

tire ['taɪər]
- **vt** fatiguer
- **n Am** → **tyre**

tired ['taɪəd] **adj**
1. fatigué
The hard work had made them tired. Ils étaient fatigués après ce dur travail.
2. *Idiom* **to be tired of something** en avoir assez de quelque chose
He was getting tired of the Daltons' behaviour. Il commençait à en avoir assez du comportement des Dalton.

tiring ['taɪərɪŋ] **adj** fatigant*

– C'est la partie du voyage la moins *fatigante* !

tissue ['tɪʃuː] **n** mouchoir en papier

title ['taɪtl] **n** titre

to [tuː, tʊ, tə] **prep**
1. à, en, chez
He's going to Dallas. Il va à Dallas.
I'm going to France. Je vais en France.
He's going to work. Il va au travail.
He's gone to the doctor's. Il est allé chez le médecin.

toad

TIME

• **Pour demander l'heure :**
What time is it? What's the time? Quelle heure est-il ?
Have you got the time? Quelle heure avez-vous ?

• **Pour dire l'heure :**

It's twelve o'clock: il est douze heures.
It's midday/midnight: il est midi/minuit.

It's two o'clock: il est deux heures.
It's two sharp: il est deux heures pile.

It's ten past three: il est trois heures dix.

It's twenty to nine: il est neuf heures moins vingt.

It's half past seven: il est sept heures et demie.
It's seven thirty: il est sept heures trente.

It's a quarter to eight: il est huit heures moins le quart.
It's seven forty-five: il est sept heures quarante-cinq.

• **Matin ou après-midi ?**
3 a.m. → *three in the morning:* trois heures du matin.
5 p.m. → *five in the afternoon:* cinq heures de l'après-midi ou du soir.

2. Pour introduire un complément d'objet direct : à
He gave the money to his mother. Il a donné de l'argent à sa mère.
3. pour
He went into the saloon to have a drink. Il est entré dans le saloon pour prendre un verre.
4. Pour dire l'heure : moins
It's ten to eleven. Il est onze heures moins dix.

toad [təʊd] **n** crapaud

toast [təʊst] **n** pain grillé
A slice of toast. Une tranche de pain grillé.
Attention, dans ce sens, "toast" est toujours au singulier.

tobacco [təˈbækəʊ] **n** tabac

today [təˈdeɪ] **n** aujourd'hui
Today is Friday. Aujourd'hui on est vendredi.

toe [təʊ] **n** orteil

toffee [ˈtɒfɪ] **n Br** caramel
Averell has eaten all the toffees! Averell a mangé tous les caramels !

together [təˈgeðəʳ] **adv**
1. ensemble*

– *Nous allons nous exercer tous* **ensemble** *!*

2. à la fois, en même temps
Don't all talk together! Ne parlez pas tous à la fois !

toilet [ˈtɔɪlɪt] (**Am:** washroom) **n** toilettes
To go to the toilet. Aller aux toilettes.

tolerant [ˈtɒlərənt] **adj** tolérant

tomato [tə'mɑːtəʊ] **n** tomate*

Throwing tomatoes at people when they cost that much!

– Bombarder les gens de tomates, au prix où elles sont !

tomorrow [tə'mɒrəʊ] **adv** demain
See you tomorrow! À demain !

tongue [tʌŋ] **n** langue
She stuck her tongue out at him. Elle lui a tiré la langue.

tonight [tə'naɪt] **adv**
1. ce soir
We're going to a party tonight. Nous allons à une fête ce soir.
2. cette nuit
I hope I'll sleep well tonight. J'espère que je vais bien dormir cette nuit.

too [tuː] **adv**
1. aussi
Joe Dalton was sent to prison and his brothers too. Joe Dalton a été envoyé en prison et ses frères aussi.
2. trop
The film was too long. Le film était trop long.
3. *Idiom* **Too bad!** Tant pis !

took → take

tool [tuːl] **n** outil

tooth [tuːθ] (**pl**: teeth) **n** dent

toothache ['tuːθeɪk] **n** mal de dents
To have a toothache. Avoir mal aux dents.

toothbrush ['tuːθbrʌʃ] **n** brosse à dents

toothpaste ['tuːθpeɪst] **n** dentifrice

top [tɒp]
◯ **n**
1. haut
At the top of the page. En haut de la page.
2. sommet
At the top of the mountain. Au sommet de la montagne.
3. dessus
The top of the table was scratched. Le dessus de la table était rayé.
4. *Idiom* **on top of** sur
The bottle was on top of the table. La bouteille était sur la table.
5. **D'une bouteille :** bouchon, capsule
6. **D'un stylo :** capuchon
◯ **adj**
1. dernier
The top floor of the building. Le dernier étage du bâtiment.
2. du haut
It's in the top drawer. C'est dans le tiroir du haut.
3. maximum
He paid the top price. Il a payé le prix maximum.
At top speed. À toute vitesse.
4. meilleur
She got top marks. Elle a eu la meilleure note.
He was in the top three. Il était parmi les trois premiers.

topic ['tɒpɪk] **n** sujet
A controversial topic. Un sujet controversé.

tore, torn → tear

tornado [tɔː'neɪdəʊ] **n** tornade*

Toronto [tə'rɒntəʊ] **n** Toronto

tortoise ['tɔːtəs] **n** tortue

total ['təʊtl] **adj** total, global
The total cost of the repairs. Le coût total des réparations.

totally ['təʊtəlɪ] **adv** complètement, totalement

touch [tʌtʃ]
◯ **n**
1. toucher
It was soft to the touch. C'était doux au toucher.
2. contact
The touch of his hand. Le contact de sa main.
3. *Idiom* **in touch** en contact
To get in touch with someone. Contacter quelqu'un
To put someone in touch with someone. Mettre quelqu'un en contact avec quelqu'un.
To stay in touch. Rester en contact.
4. *Idiom* **to be out of touch with reality** ne plus avoir le sens des réalités

The wagons were swept away by a tornado!

Les chariots ont été emportés par une tornade !

tough

vt
1. toucher
He was afraid to touch the cat. Il avait peur de toucher le chat.
2. toucher à
She didn't touch her meal. Elle n'a pas touché à son repas.
3. toucher, émouvoir
They were touched by his kindness. Ils ont été touchés par sa gentillesse.

vi toucher
"Do not touch." "Ne pas toucher."

tough [tʌf] **adj**
1. dur
The Daltons were tough guys. Les Dalton étaient des durs.
2. difficile
The exam was very tough. L'examen était très difficile.
3. coriace, dur
The steak was tough. Le steak était coriace.

tour [tʊəʳ]
n
1. tournée
To be on tour. Être en tournée.
2. visite
He took them on a tour of the house. Il leur a fait visiter la maison.
3. excursion, voyage
They went on a day tour to London. Ils ont fait une excursion d'une journée à Londres.
They went on a tour of Europe. Ils ont fait un voyage en Europe.
vt visiter
They are touring Scotland. Ils visitent l'Écosse.

tourist [ˈtʊərɪst] **n** touriste

towards [təˈwɔːdz] (**Am:** toward) **prep**
1. vers, en direction de
He was heading towards the west. Il se dirigeait vers l'ouest.
2. envers, avec
To be friendly towards someone. Être amical avec quelqu'un.

towel [ˈtaʊəl] **n** serviette

tower [ˈtaʊəʳ] **n** tour

town [taʊn] **n** ville
To go into town. Aller en ville.

town hall [taʊn hɔːl] **n** hôtel de ville

toy [tɔɪ] **n** jouet*

— Daddy, someone tried to take my toy from me!
zzz...

— Papa, on a voulu me prendre mon jouet !

track [træk] **n**
1. sentier, chemin
This track leads to the old gold mine. Ce sentier mène à l'ancienne mine d'or.
2. piste
Athletics track. Piste d'athlétisme.
3. trace*

That way, we'll be able to follow their tracks...
... without making any noise!

— Comme ça, nous pourrons suivre leurs traces...
— ... sans faire de bruit !

• **railway track** voie ferrée

tracksuit [ˈtræksuːt] **n** survêtement

trade [treɪd] **n**
1. commerce
They did some trade with Indian tribes. Ils faisaient du commerce avec les tribus indiennes.
2. métier
He is a plumber by trade. Il est plombier.

trademark [ˈtreɪdmɑːk] **n** marque déposée

trade union [ˈtreɪd ˈjuːnjən] **n** syndicat

tradition [trəˈdɪʃn] **n** tradition

traffic [ˈtræfɪk] **n** circulation

traffic jam [ˈtræfɪk dʒæm] **n** embouteillage

traffic lights [ˈtræfɪk laɪts] **n pl** feux (de signalisation)

traffic warden [ˈtræfɪk ˈwɔːdn] **n Br** contractuel(elle)

trail [treɪl] **n**
1. piste, trace
The police were on his trail. Les policiers étaient sur sa piste.
2. sentier, chemin
Jolly Jumper was having trouble climbing up the trail. Jolly Jumper avait du mal à gravir le sentier.
3. traînée
A trail of smoke. Une traînée de fumée.

train [treɪn]
n train
The train was late. Le train était en retard.
vt
1. former
They're training the new recruits. Ils forment les nouvelles recrues.
2. dresser
Rin Tin Can has obviously not been trained very well! Ran Tan Plan n'a pas l'air d'avoir été très bien dressé !
vi
1. suivre une formation
He is training to be a pilot. Il suit une formation de pilote.
2. s'entraîner
The O'Timminses are training for the competition. Les O'Timmins s'entraînent pour la compétition.

trainers [ˈtreɪnəʳz] (**Am:** sneakers) **n pl** tennis, baskets

training [ˈtreɪnɪŋ] **n**
1. formation
What sort of training do you have

to do to become a sheriff? Quelle formation faut-il suivre pour devenir shérif ?
2. entraînement
An intensive training session. Une séance d'entraînement intensif.
• **training course** stage (de formation)

tram [træm] (**Am:** streetcar) **n** tramway

translate [trænz'leɪt] **vt** traduire*
He translated the paragraph into French. Il a traduit le paragraphe en français.

– Je suis ici pour **traduire** tout ce que Son Altesse souhaite vous dire !

translation [trænz'leɪʃn] **n** traduction

transport ['trænspɔːt] (**Am:** transportation) **n** transport
They had no means of transport. Ils n'avaient aucun moyen de transport.
To travel by public transport. Utiliser les transports en commun.

trap [træp]
◎ **n** piège
To set a trap for someone. Tendre un piège à quelqu'un.
◎ **vt**
1. prendre au piège, piéger
How are we going to trap the Daltons? Comment allons-nous piéger les Dalton ?
2. coincer
He trapped his finger in the door. Il s'est coincé le doigt dans la porte.

trash → rubbish

travel ['trævl]
◎ **n** voyages
She doesn't like foreign travel. Elle n'aime pas les voyages à l'étranger.
Attention, on ne traduit pas "un voyage" par "a travel" mais par "a trip" ou par "a journey".
◎ **vi** voyager
To travel by train. Voyager par le train.

travel agency ['trævl 'eɪdʒənt] **n** agence de voyages

tray [treɪ] **n** plateau

treasure ['treʒəʳ] **n** trésor*

– J'ai trouvé de l'or ! Ce sac en est rempli ! C'est mon **trésor** !

treat [triːt] **vt** traiter
The Indians treated him well. Les Indiens l'ont bien traité.
To treat someone badly. Maltraiter quelqu'un.

treatment ['triːtmənt] **n**
1. traitement
The treatment isn't working. Le traitement n'agit pas.
2. soins
Medical treatment. Soins médicaux.
Attention, "treatment" est toujours suivi d'un verbe au singulier.

tree [triː] **n** arbre

trekking ['trekɪŋ] **n** randonnée
To go trekking. Faire de la randonnée.

tremendous [trɪ'mendəs] **adj**
1. informal formidable
Lucky Luke is a tremendous guy. Lucky Luke est un type formidable.
2. épouvantable
A tremendous storm. Une tempête épouvantable.
3. énorme
He made a tremendous effort. Il a fait un énorme effort.

trendy ['trendɪ] **adj** branché, dans le vent
A trendy bar. Un bar branché.

trespass ['trespəs] **vi** pénétrer illégalement
The breeders trespassed on his farm. Les éleveurs ont pénétré illégalement dans sa ferme.
• **no trespassing** défense d'entrer

trial ['traɪəl] **n** procès
To go on trial. Passer en jugement.

tribe [traɪb] **n** tribu

trick [trɪk] **n**
1. tour*

– C'est encore un de tes **tours** ?

To play a trick on someone. Jouer un tour à quelqu'un.
2. ruse, astuce
It's a trick to make him give them his money. C'est une ruse pour qu'il leur donne son argent.
3. *Idiom* **This will do the trick!** Ça fera l'affaire !

trip [trɪp] **n** voyage
To go on a trip. Partir en voyage.

trip [trɪp] **vi** trébucher
He tripped on a stone. Il a trébuché sur une pierre.

trolley

And we're going to decorate our ship with this magnificent trophy!

— Et nous allons décorer notre bateau avec ce magnifique **trophée** !

trolley ['trɒlɪ] **n**
1. Br: Dans un supermarché : chariot, Caddie
His trolley was full of cakes and pizzas. Son chariot était plein de gâteaux et de pizzas.
2. Am: tram, tramway
We'll take the trolley to the center. Nous allons prendre le tram pour aller en ville.

trophy ['trəʊfɪ] **n** trophée*

trouble ['trʌbl]
✪ **n**
1. ennuis, problèmes*
To get someone into trouble. Créer des ennuis à quelqu'un.
Attention, "trouble" est toujours au singulier.

You can sleep soundly, there'll be no more trouble.

— Vous pouvez dormir tranquille, il n'y aura plus de **problèmes**.

2. peine
He took the trouble to write to them. Il s'est donné la peine de leur écrire.
We don't want to put you to any trouble. Nous ne voulons pas vous déranger.
✪ **vt** déranger
I'm sorry to have troubled you. Je suis désolé de t'avoir dérangé.

troublesome ['trʌblsəm] **adj** pénible

trousers ['traʊzəz] **n pl** pantalon
He bought a new pair of trousers. Il a acheté un nouveau pantalon.
Attention, "trousers" est toujours suivi d'un verbe au pluriel.

truck [trʌk] **n** camion

truck driver [trʌk 'draɪvəʳ] **n** camionneur

true [truː] **adj** vrai
A true story. Une histoire vraie.

truly ['truːlɪ] **adv**
1. vraiment
You're truly useless, Rin Tin Can! Tu n'es vraiment bon à rien, Ran Tan Plan !
2. Pour terminer une lettre.
Yours truly. Veuillez agréer, Madame, Monsieur, l'expression de mes sentiments distingués.

trunk [trʌŋk] **n**
1. tronc
A tree trunk. Un tronc d'arbre.
2. Quand il s'agit d'un éléphant : trompe
3. Am: coffre
They put their suitcases in the trunk. Ils ont mis leurs valises dans le coffre.
4. malle*

He used to travel with a big trunk.

Il voyageait toujours avec une grosse **malle**.

trunks [trʌŋks] **n pl** maillot de bain
Attention, "trunks" est toujours suivi d'un verbe au pluriel.

trust [trʌst]
✪ **vt**
1. faire confiance à, avoir confiance en
I know I can trust you! Je sais que je peux vous faire confiance !
2. se fier à
Don't trust his promises. Ne vous fiez pas à ses promesses.
✪ **n** confiance

truth [truːθ] **n** vérité
To tell the truth. Dire la vérité.

try [traɪ], **tried** [traɪd], **tried** [traɪd]
✪ **vt** essayer
He tried to open the door. Il a essayé d'ouvrir la porte.
✪ **vi** essayer
If it doesn't work the first time, try again. Si ça ne marche pas la première fois, essaie encore.
✪ **n** essai
• **try on vt** essayer
She tried another hat on. Elle a essayé un autre chapeau.
"Try on" est séparable.

T-shirt → tee-shirt

Tuesday ['tjuːzdɪ] **n** mardi
Attention, les noms de jours prennent toujours une majuscule en anglais.
(voir page 71)

turn

Didn't you like my tune, cowboy?

— Tu n'as pas aimé l'*air* que j'ai chanté, cow-boy ?

tune [tju:n] **n**
1. air*
2. *Idiom* **to sing out of tune** chanter faux

Tunisia [tju:ˈnɪzɪə] **n** Tunisie

Tunisian [tju:ˈnɪzɪən] **adj, n** tunisien, tunisienne, Tunisien, Tunisienne
Attention, l'anglais prend toujours une majuscule.

turkey [ˈtɜ:kɪ] **n** dinde

Turkey [ˈtɜ:kɪ] **n** Turquie

Turkish [ˈtɜ:kɪʃ] **adj, n** turc, turque, Turc, Turque
Attention, l'anglais prend toujours une majuscule.

turn [tɜ:n]
○ **vt**
1. tourner
To turn the page. Tourner la page.
He turned his back on them. Il leur a tourné le dos.
2. transformer
The witch turned him into a toad. La sorcière l'a transformé en crapaud.
The oil turned the water black. Le pétrole a noirci l'eau.
○ **vi**
1. tourner
To turn right. Tourner à droite.
2. se retourner
He turned and smiled at me. Il s'est retourné et m'a souri.
3. *Idiom* **to turn into something** se transformer en quelque chose

To turn red. Rougir.
To turn black. Noircir.
4. *Idiom* **to turn to something** se tourner vers/se mettre à faire quelque chose
Calamity Jane had turned to drink. Calamity Jane s'était mise à boire.
○ **n**
1. tournant, virage
Watch out, there's a bad turn here. Faites attention, le virage est mauvais ici.
2. tour*
It's your turn to do the washing up. C'est ton tour de faire la vaisselle.
3. *Idiom* **to do someone a good turn** rendre service à quelqu'un
One good turn deserves another. C'est un prêté pour un rendu.

• **turn around Br turn round vi** se retourner
• **turn back vi** faire demi-tour
They had to turn back because they were afraid of the Indians. Ils ont dû faire demi-tour parce qu'ils avaient peur des Indiens.
• **turn down vt**
1. baisser
He turned the radio down. Il a baissé la radio.
2. refuser
He applied for the job but he was turned down. Il a posé sa candidature pour le poste mais il a été refusé.
"Turn down" est séparable.
• **turn off vt** éteindre
He turned the television off. Il a éteint la télévision.
"Turn off" est séparable.
• **turn on vt** allumer
She turned the light on. Elle a allumé la lumière.
"Turn on" est séparable.
• **turn out vi** Se traduit différemment selon les contextes.
To turn out well/badly. Bien/Mal se terminer.
It turned out to be a disaster. Ça a tourné à la catastrophe.
• **turn over**
○ **vi** se retourner
○ **vt** tourner
He turned over the page. Il a tourné la page.
"Turn over" est séparable.
• **turn up**
○ **vi** arriver, venir

— À ton *tour*, William...
— Merci, Joe...

turnip

They never turned up. Finalement, ils ne sont pas venus.
◉ **vt** augmenter
To turn up the volume. Augmenter le volume.
She turned the music up. Elle a mis la musique plus fort.
"Turn up" est séparable.

turnip ['tɜ:nɪp] **n** navet

TV [ti:vi:] **n** télévision
On TV. À la télévision.

twelve [twelv] **adj num, n** douze (voir page 195)

twenty ['twentɪ] **adj num, n** vingt (voir page 195)

twice [twaɪs] **adv** deux fois
Twice a week. Deux fois par semaine.
Twice as much money. Deux fois plus d'argent.

twin [twɪn]
◉ **n** jumeau(elle)*
◉ **adj**
He's my twin brother. C'est mon frère jumeau.
◉ **vt** jumeler
Their town is twinned with a town in France. Leur ville est jumelée avec une ville française.

twinkle ['twɪŋkl] **vi** scintiller, briller

twist [twɪst]
◉ **vt**
1. tordre
To twist one's ankle. Se tordre la cheville.
2. dévisser
You need to twist the lid of the jar to open it. Il faut dévisser le couvercle du bocal pour l'ouvrir.
◉ **vi**
1. s'entortiller
The rope twisted around Jolly Jumper's legs. La corde s'est entortillée autour des pattes de Jolly Jumper.

2. serpenter
The road twists through the forest. La route serpente à travers la forêt.

twitter ['twɪtə'] **vi** gazouiller

two [tu:] **adj num, n** deux (voir page 195)

type [taɪp]
◉ **n**
1. type, genre
Different types of houses. Des maisons de genres différents.

He's not my type. Ce n'est pas mon genre.
2. caractères
In small type. En petits caractères.
Attention, dans ce sens, "type" est toujours suivi d'un verbe au pluriel.
◉ **vt, vi** taper (à la machine)

typewriter ['taɪpˌraɪtə'] **n** machine à écrire

typical ['tɪpɪkl] **adj** typique

tyre ['taɪə'] (**Am:** tire) **n** pneu

– Nous sommes désolés, Lucky Luke, vraiment désolés...
– Comme le dit mon *jumeau*, nous sommes vraiment désolés...

– Je n'ai jamais vu des *jumeaux* aussi idiots...

U V

ugh [ʌg] **excl** berk !
Ugh, that's disgusting! Berk, c'est dégoûtant !

ugly [ˈʌglɪ] **adj**
1. laid
It's an ugly town. Cette ville est laide.
2. menaçant
The situation was getting ugly. La situation devenait menaçante.

UK [juːˈkeɪ] **abbreviation** R.-U. (Royaume-Uni)
"UK" est l'abréviation de "United Kingdom".

ultimate [ˈʌltɪmət] **adj**
1. final*, ultime
2. ultime, suprême
Ultimate power lies in the hands of parliament. Le pouvoir suprême est entre les mains du Parlement.

umbrella [ʌmˈbrelə] **n**
1. parapluie
Take your umbrella, it's raining. Prends ton parapluie, il pleut.
2. parasol
We forgot to bring the beach umbrella. Nous avons oublié d'apporter le parasol.

UN [juːˈen] **abbreviation** O.N.U. (Organisation des Nations unies)
UN troops. Des troupes de l'O.N.U.

"UN" est l'abréviation de "United Nations".

unable [ʌnˈeɪbəl] **adj**
Idiom **to be unable to** ne pas pouvoir
I was unable to help them. Je n'ai pas pu les aider.

uncle [ˈʌŋkl] **n** oncle

under [ˈʌndər]
✪ **prep**
1. sous, au-dessous de
Rin Tin Can hid under the table. Ran Tan Plan s'est caché sous la table.
2. moins de
Children under twelve. Les enfants de moins de douze ans.
3. selon
Under the terms of your contract. Selon les termes de votre contrat.
✪ **adv**
1. dessous, en dessous
She lifted the blankets and crept under. Elle souleva les couvertures et se glissa dessous.
2. sous l'eau
A hand pushed his head under. Une main a poussé sa tête sous l'eau.
3. moins, au-dessous
Children of eight and under. Les enfants de huit ans et moins.

underground [ˈʌndəgraʊnd]
✪ **adj**
1. souterrain
An underground passage leads to the old mine. Un passage souterrain mène à la vieille mine.

– Qui sait quelle sera l'issue *finale* ?

underline

2. clandestin
An underground movement. Un mouvement clandestin.
✲ **n**
1. **Br:** métro
She goes to work by underground. Elle va travailler en métro.
2. résistance
They sent weapons to the underground. Ils ont envoyé des armes à la résistance.

underline ['ʌndəlaɪn] **vt** souligner

underneath [ʌndə'niːθ]
✲ **prep** sous, au-dessous de
I sheltered underneath a tree. Je me suis abrité sous un arbre.
✲ **adv**
1. dessous, en dessous
They lifted the trunk to look underneath. Ils ont soulevé la malle pour regarder en dessous.
2. au fond
I think that underneath he's quite generous. Je crois qu'au fond il est assez généreux.

underpants ['ʌndəpænts] **n** slip
Two pairs of underpants. Deux slips.
Attention, "underpants" est toujours suivi d'un verbe au pluriel.

understand [ʌndə'stænd], **understood** [ʌndə'stʊd], **understood** [ʌndə'stʊd] **vt, vi** comprendre
Do you understand what the Indians are saying? Est-ce que vous comprenez ce que les Indiens disent ?

understanding [ʌndə'stændɪŋ]
✲ **n**
1. accord
They came to an understanding with the Indians. Ils sont parvenus à un accord avec les Indiens.
2. compréhension
Her understanding of the situation. Sa compréhension de la situation.
✲ **adj** compréhensif
He was very understanding. Il s'est montré très compréhensif.

undertake [ʌndə'teɪk], **undertook** [ʌndə'tʊk], **undertaken** [ʌndə'teɪkən] **vt**
1. entreprendre
It's a big job to undertake alone. C'est un grand travail à entreprendre tout seul.
2. s'engager, promettre
He undertook to take them to Denver. Il s'est engagé à les emmener à Denver.

underwear [ʌndə'weər] **n** sous-vêtements
Your underwear is in the bottom drawer. Tes sous-vêtements sont dans le tiroir du bas.
Attention, "underwear" est toujours suivi d'un verbe au singulier.

undress [ʌn'dres]
✲ **vt** déshabiller
✲ **vi** se déshabiller*

He began to undress.

Il commença à se déshabiller.

unemployed [ʌnɪm'plɔɪd]
✲ **adj** sans emploi, au chômage
He's been unemployed for two years now. Cela fait maintenant deux ans qu'il est au chômage.
✲ **n pl** chômeurs
There are more than ten million unemployed in this country. Il y a plus de dix millions de chômeurs dans ce pays.

unemployment [ʌnɪm'plɔɪmənt] **n** chômage
Do you get unemployment benefit? Est-ce que vous touchez des indemnités de chômage ?

unexpected [ʌnɪks'pektɪd] **adj** inattendu
An unexpected event. Un événement inattendu.

unfair [ʌn'feər] **adj** injuste

unfortunately [ʌn'fɔːtʃnətlɪ] **adv** malheureusement
Unfortunately, Rin Tin Can can't swim. Malheureusement, Ran Tan Plan ne sait pas nager.

unhappy [ʌn'hæpɪ] **adj** malheureux*

I'm so unhappy!

– Je suis si malheureux !

uniform ['juːnɪfɔːm] **n** uniforme

union ['juːnjən] **n**
1. syndicat
The unions called a strike. Les syndicats ont appelé à la grève.
2. union
The European Union. L'Union européenne.

unit [juːnɪt] **n**
1. unité
The inch is a unit of measure. Le pouce est une unité de mesure.
A cavalry unit. Une unité de cavalerie.
2. élément
She's trying to assemble the new kitchen units. Elle essaie de monter les nouveaux éléments de cuisine.

United Kingdom [juː'naɪtɪd 'kɪŋdəm] **n** Royaume-Uni
Le nom officiel du Royaume-Uni en anglais est : "the United Kingdom of Great Britain and Northern Ireland". (voir page 116)

United Nations [juː'naɪtɪd 'neɪʃnz] **n pl** Nations unies

unsafe

Please don't touch my little baby! Please, Sir! Please!

***Unless** you marry me, I'll kidnap him!*

– S'il vous plaît, ne touchez pas à mon bébé ! Je vous en prie, Monsieur !
– **À moins** que tu ne m'épouses, je vais l'enlever !

2. déballer
She unpacked all her clothes. Elle a déballé tous ses vêtements.

unpleasant [ʌnˈpleznt] **adj** désagréable

unsafe [ʌnˈseɪf] **adj**
1. peu sûr, dangereux
The streets of Painful Gulch are unsafe at night. Les rues de Painful Gulch sont peu sûres la nuit.
2. pas en sécurité
I feel unsafe without my rifle. Je ne me sens pas en sécurité sans mon fusil.

United States [juːˈnaɪtɪd ˈsteɪts] **n** États-Unis
(voir encadré ci-contre)

university [juːnɪˈvɜːsətɪ] **n** université
She studied French at university. Elle a étudié le français à l'université.
(voir page 302)

unknown [ʌnˈnəʊn] **adj** inconnu

unleaded [ʌnˈledɪd] **adj** sans plomb

unless [ənˈles] **conj** à moins que*

unlike [ʌnˈlaɪk]
◊ **adj** différent, peu semblable
Averell and Joe are so unlike! Averell et Joe sont si différents !
◊ **prep**
1. différent de
She's very unlike her sister. Elle est très différente de sa sœur.
2. à la différence de
Unlike Lucky Luke, he never wears a hat. À la différence de Lucky Luke, il ne porte jamais de chapeau.

unlikely [ʌnˈlaɪklɪ] **adj** improbable, peu probable
It's unlikely that the stagecoach will arrive on time. Il est peu probable que la diligence arrive à l'heure.

unpack [ʌnˈpæk]
◊ **vi** défaire ses valises
They left town again without even unpacking. Ils sont repartis sans même défaire leurs valises.
◊ **vt**
1. défaire, vider
Help me unpack the bags. Aide-moi à défaire les valises.

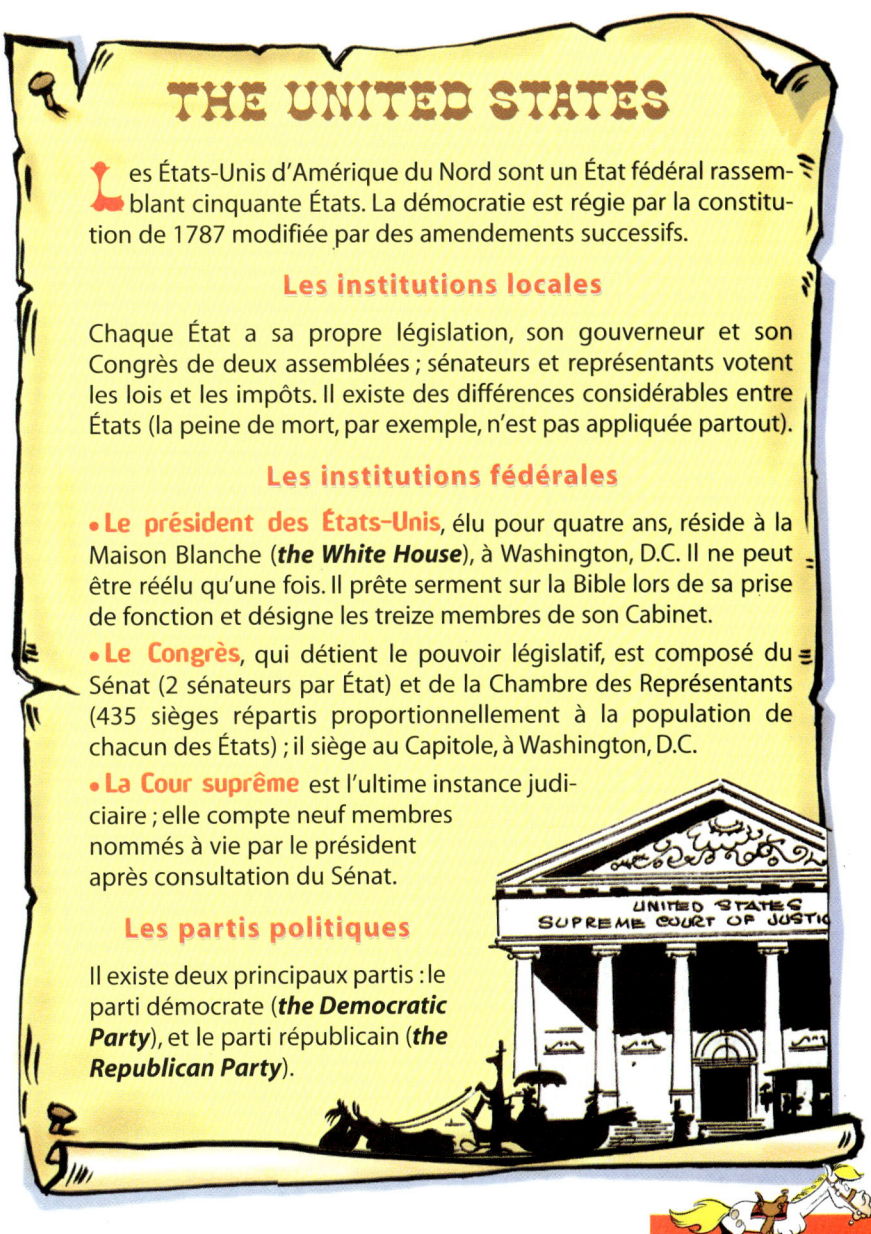

THE UNITED STATES

Les États-Unis d'Amérique du Nord sont un État fédéral rassemblant cinquante États. La démocratie est régie par la constitution de 1787 modifiée par des amendements successifs.

Les institutions locales

Chaque État a sa propre législation, son gouverneur et son Congrès de deux assemblées ; sénateurs et représentants votent les lois et les impôts. Il existe des différences considérables entre États (la peine de mort, par exemple, n'est pas appliquée partout).

Les institutions fédérales

• **Le président des États-Unis**, élu pour quatre ans, réside à la Maison Blanche (**the White House**), à Washington, D.C. Il ne peut être réélu qu'une fois. Il prête serment sur la Bible lors de sa prise de fonction et désigne les treize membres de son Cabinet.

• **Le Congrès**, qui détient le pouvoir législatif, est composé du Sénat (2 sénateurs par État) et de la Chambre des Représentants (435 sièges répartis proportionnellement à la population de chacun des États) ; il siège au Capitole, à Washington, D.C.

• **La Cour suprême** est l'ultime instance judiciaire ; elle compte neuf membres nommés à vie par le président après consultation du Sénat.

Les partis politiques

Il existe deux principaux partis : le parti démocrate (**the Democratic Party**), et le parti républicain (**the Republican Party**).

unskilled

UNIVERSITY

En Grande-Bretagne

Oxford, fondée au XIIe siècle, et **Cambridge**, fondée au XIIIe siècle, comptent parmi les plus prestigieuses universités du monde : leurs **colleges** assurent la formation des meilleurs étudiants dans un cadre historique privilégié. Autrefois réservées aux élites de la nation, elles accueillent aujourd'hui des étudiants boursiers.

Parmi les diplômes universitaires figurent : le **BA** (*Bachelor of Arts*) qui correspond à la licence, le **MA** (*Master of Arts*) à la maîtrise et le **PhD** (*Doctor of Philosophy*) au doctorat.

Aux États-Unis

Les plus célèbres universités américaines font partie de l'**Ivy League**, ainsi nommée car du lierre (*ivy*) court sur leurs murs : Brown, Columbia, Cornell, Dartmouth, Harvard, Université de Pennsylvanie, Princeton, Yale.

Les étudiants vivent sur les campus.

Les diplômes universitaires sont : le **bachelor's degree** qui correspond à la licence ; le **master's degree** qui correspond à la maîtrise ; le **doctorate** au doctorat.

---

unskilled [ʌnˈskɪld] **adj** non qualifié
There are few jobs for unskilled workers. Il y a peu d'emplois pour les ouvriers non qualifiés.

until [ənˈtɪl]
✸ **prep**
1. jusqu'à
I stayed in bed until noon. Je suis resté au lit jusqu'à midi.
2. **Dans les phrases négatives :** avant
The cavalry won't be here until tomorrow. La cavalerie ne sera pas là avant demain.
✸ **conj**
1. jusqu'à ce que
Stay here until I come back! Restez ici jusqu'à ce que je revienne !
2. **Dans les phrases négatives :** avant que
Don't fire until I give the order. Ne tirez pas avant que j'en donne l'ordre.

unusual [ʌnˈjuːʒl] **adj** rare, inhabituel*

unwilling [ʌnˈwɪlɪŋ] **adj** peu disposé
They were unwilling to help them. Ils étaient peu disposés à les aider.

unwrap [ʌnˈræp] **vt** déballer, défaire
She unwrapped the parcel carefully. Elle a déballé le colis avec soin.

up [ʌp]
✸ **prep**
1. en haut de
The ranch is just up this hill. Le ranch est juste en haut de cette colline.
2. **Souvent traduit par des verbes de mouvement.**
They walked up the street hand in hand. Ils montèrent la rue main dans la main.
She ran up the slope. Elle a monté la côte en courant.
✸ **adv**
1. en haut, vers le haut
Don't look up! Ne regarde pas vers le haut !
2. **Souvent traduit par des verbes de mouvement.**
He climbed up onto the roof. Il a grimpé sur le toit.
Prices have gone up. Les prix ont augmenté.
He stood up to shake my hand. Il s'est levé pour me serrer la main.
3. *Idiom* **up with** vive
Up with the sheriff! Vive le shérif !
✸ **adj**
1. levé
I've been up for hours already. Ça fait déjà des heures que je suis levé.
2. fini, terminé
The delay we gave you is nearly up. Le délai que nous vous avions accordé est presque terminé.
3. **Pour exprimer le fait qu'il y a un problème.**
What's up? Qu'est-ce qu'il y a ?
I'm sure there's something up! Je suis sûr qu'il y a quelque chose qui ne va pas !

*It was a rather **unusual** situation for the Daltons!*

Nobody move! This is a holdup!

– Que personne ne bouge ! Ceci est un hold-up !
C'était une situation assez *inhabituelle* pour les Dalton !

• **up to** prep
1. jusqu'à
The water came up to his neck. L'eau lui arrivait jusqu'au cou.
2. à
– What shall we do? – It's up to you. – Qu'est-ce qu'on fait ? – C'est à toi de décider.
3. *Locution*
I don't feel up to going out tonight. Je ne me sens pas assez en forme pour sortir ce soir.
4. *Idiom* **to be up to** manigancer, mijoter
I'm sure the Daltons are up to something! Je suis sûr que les Dalton manigancent quelque chose !

upon [əˈpɒn] **prep**
1. sur
She placed it upon the shelf. Elle le posa sur l'étagère.
2. en
Upon arriving in town, they went straight to the saloon. En arrivant en ville, ils sont allés directement au saloon.

upper-class [ˈʌpəklɑːs] **adj** aristocratique, de la haute bourgeoisie

upset [ʌpˈset], **upset** [ʌpˈset], **upset** [ʌpˈset]
✪ **vt**
1. peiner, faire de la peine à
It upsets Ma Dalton to think of her sons in prison. Cela fait de la peine à Ma Dalton de penser que ses fils sont en prison.
2. contrarier, vexer
Joe's in a good mood for once, don't upset him! Pour une fois que Joe est de bonne humeur, ne le contrarie pas !
3. déranger
I hope this doesn't upset your plans. J'espère que ceci ne dérange pas vos projets.
4. renverser
He upset his glass. Il a renversé son verre.
✪ **adj**
1. contrarié, vexé
You look upset, what's the matter? Tu as l'air contrarié, qu'est-ce qu'il y a ?
2. dérangé
Rin Tin Can has an upset stomach. Ran Tan Plan a l'estomac dérangé.

upstairs [ʌpˈsteəz]
✪ **adv** en haut*

*Apparently, his bedroom is **upstairs**.*

*Apparemment, sa chambre est **en haut**.*

The children have gone upstairs. Les enfants sont montés à l'étage.
✪ **adj** d'en haut, à l'étage
Their house has three upstairs bedrooms. Leur maison a trois chambres à l'étage.

upward [ˈʌpwəd]
✪ **adj** vers le haut
An upward movement. Un mouvement vers le haut.
✪ **adv** Am → **upwards**

upwards [ˈʌpwədz] (**Am:** upward) **adv** vers le haut
If Calamity Jane had looked upwards at that moment, she would have seen me. Si Calamity Jane avait regardé vers le haut à ce moment-là, elle m'aurait vu.

urgent [ˈɜːdʒənt] **adj** urgent
Yesterday, Lucky Luke brought the sheriff an urgent message. Hier, Lucky Luke a apporté un message urgent au shérif.

urgently [ˈɜːdʒəntlɪ] **adv** d'urgence
I must meet him urgently. Il faut que je le rencontre d'urgence.

us [ʌs] **pron** nous
Why's that stupid dog following us? Pourquoi ce chien stupide nous suit-il ?
– Who's there? – It's us! – Qui est là ? – C'est nous !
(voir page 131)

USA [juːesˈeɪ] **n abbreviation** E.-U. (États-Unis)
"USA" est l'abréviation de "United States of America". L'abréviation "US" est également utilisée.
The US president. Le président des États-Unis.
(voir page 301)

use
Le nom se prononce [juːs], le verbe [juːz].
✪ **n**
1. utilisation, emploi
The use of oil for heating. L'utilisation du mazout pour le chauffage.
2. usage
He lost the use of his left hand. Il a perdu l'usage de sa main gauche.
3. utilité
It's no longer of any great use to us. Cela ne nous est plus d'une grande utilité.
4. *Idiom* **it's no use** ça ne sert à rien
5. *Idiom*
What's the use of learning French? À quoi ça sert d'apprendre le français ?
✪ **vt**
1. utiliser, se servir de*

*I **use** it to file the cat's claws.*

*– Je m'en **sers** pour limer les griffes du chat.*

2. consommer
It uses too much electricity. Cela consomme trop d'électricité.
• **use up vt** épuiser, finir
You've used up all the sun cream! Tu as fini toute la crème solaire !
"Use up" est séparable.

used

I'm going home, I'm not used to fighting Indians!

– Je rentre chez moi, je n'ai pas l'habitude de me battre contre les Indiens !

used [juːsd] **adj**
1. sale
Put the used towels in the linen basket. Mets les serviettes sales dans le panier à linge.
2. d'occasion
A used car. Une voiture d'occasion.

used [juːzd] **adj**
1. habitué, accoutumé*
2. *Idiom* **to get used to** s'habituer à
You'll soon get used to life on a ranch. Tu t'habitueras vite à la vie dans un ranch.

used to [juːst tuː] **v auxiliaire**
S'utilise pour désigner une action effectuée dans le passé, ou un état qui n'existe plus.
I used to speak better French. Avant, je parlais mieux le français.
Painful Gulch used to be a quiet town. Autrefois, Painful Gulch était une ville tranquille.
Didn't you use to go out with Sandra? Tu ne sortais pas avec Sandra, dans le temps ?

> **Grammar city**
> Le négatif de "used to" est "didn't use to".
> Attention, il ne faut pas confondre "used to" et "be used to" qui signifie "être habitué à".
> Comparez les deux phrases suivantes : "I used to get up early" = "avant, je me levais tôt", et "I'm used to getting up early" = "je suis habitué à me lever tôt/j'ai l'habitude de me lever tôt".

useful [ˈjuːsfʊl] **adj** utile
It's a very useful device. C'est un appareil très utile.

useless [ˈjuːslɪs] **adj**
1. inutile
It's useless trying to escape. Il est inutile d'essayer de s'échapper.
2. *informal* nul
I'm useless at maths. Je suis nul en maths.

usual [ˈjuːʒl] **adj**
1. habituel*
2. *Idiom* **as usual** comme d'habitude

usually [ˈjuːʒəlɪ] **adv** d'habitude
Lucky Luke never usually stays so long in the same town. D'habitude, Lucky Luke ne reste jamais si longtemps dans la même ville.

utterly [ˈʌtəlɪ] **adv** complètement
I'm utterly exhausted. Je suis complètement épuisé.

vacancy [ˈveɪkənsɪ] **n**
1. chambre libre
None of the hotels has any vacancies. Aucun des hôtels n'a de chambres libres.
2. poste à pourvoir
We have vacancies for bar staff. Nous avons des postes d'employés de bar à pourvoir.

vacant [ˈveɪkənt] **adj**
1. libre, inoccupé
Is this seat vacant? Cette place est-elle libre ?
2. à pourvoir
I'm afraid we have no vacant posts. Je regrette, mais nous n'avons pas de postes à pourvoir.
3. absent
She looked around with a vacant expression. Elle regarda autour d'elle, l'air absent.

vacation → **holiday**

vacuum [ˈvækjʊm]
n
1. vide
Nature abhors a vacuum. La nature a horreur du vide.
2. aspirateur
vt passer l'aspirateur dans
I haven't vacuumed the bedrooms

It seems to be going much faster than usual, doesn't it?

– Il me semble qu'il va beaucoup plus vite que d'habitude, non ?

view

yet. Je n'ai pas encore passé l'aspirateur dans les chambres.
- **vacuum cleaner** aspirateur

valley [ˈvælɪ] **n** vallée*

valuable [ˈvæljʊəbəl]
○ **adj** précieux, de valeur
That's a very valuable watch. C'est une montre de grande valeur.
○ **n pl** objets de valeur*

It's terrible to have to throw away all these valuables!
Don't think about it!

— C'est horrible d'être obligé de jeter tous ces objets de valeur !
— N'y pense pas !

value [ˈvæljuː]
○ **n** valeur
The value of the land has increased. La valeur de la terre a augmenté.
○ **vt**
1. apprécier, tenir à
I really value her friendship. Je tiens vraiment à son amitié.
2. estimer
You should get that watch valued. Tu devrais faire estimer cette montre.

van [væn] **n** camionnette

various [ˈveərɪəs] **adj** divers
The train is usually late, for various reasons. Le train est habituellement en retard, pour des raisons diverses.

VCR [viːsiːˈɑːʳ] **n** magnétoscope
"VCR" est l'abréviation de "video cassette recorder".

veal [viːl] **n** veau
Attention, on emploie "veal" quand il s'agit de la viande et "calf" quand il s'agit de l'animal.

Welcome to Death Valley, gentlemen.

— Bienvenue dans la Vallée de la Mort, messieurs.

vegetable [ˈvedʒtəbl] **n** légume

vegetarian [vedʒɪˈteərɪən] **adj, n** végétarien(enne)

vehicle [ˈviːɪkəl] **n** véhicule

verb [vɜːb] **n** verbe
(voir pages 138-139 et 306-307)

versus [ˈvɜːsəs] **prep** contre
Manchester versus Lyon. Manchester contre Lyon.

very [ˈverɪ]
○ **adv**
1. très
Rin Tin Can is not very clever. Ran Tan Plan n'est pas très intelligent.
2. tout
They waited until the very last minute. Ils ont attendu le tout dernier moment.
3. *Idiom* **very much** beaucoup
Thank you very much! Merci beaucoup !
○ **adj** même
At that very moment. À ce moment même.
Lucky Luke! You're the very man we need! Lucky Luke ! Vous êtes exactement l'homme qu'il nous faut !

vet [vet] **n** vétérinaire
He took Rin Tin Can to the vet. Il a amené Ran Tan Plan chez le vétérinaire.
"Vet" est la forme abrégée, utilisée dans le langage courant, de "veterinary surgeon" (**Am:** veterinarian).

vicar [ˈvɪkəʳ] **n** pasteur

vice-president [vaɪsˈprezɪdənt] **n** vice-président(e)

vicious [ˈvɪʃəs] **adj**
1. brutal
A band of particularly vicious desperados. Une bande de desperados particulièrement brutaux.
2. violent
The horse gave him a vicious kick. Le cheval lui a décoché une violente ruade.

victory [ˈvɪktərɪ] **n** victoire

video [ˈvɪdɪəʊ] **n**
1. vidéo
His main hobby is video. La vidéo est son passe-temps favori.
2. magnétoscope
She showed me how to programme the video. Elle m'a montré comment programmer le magnétoscope.
3. (vidéo) cassette
We rented a video yesterday evening. Nous avons loué une cassette hier soir.
- **video camera** caméra vidéo
- **video game** jeu vidéo
- **video recorder** magnétoscope

view [vjuː]
○ **n**
1. vue, panorama
There's a magnificent view from the top of the hill. Il y a une vue magnifique du haut de la colline.
2. vue
You're blocking my view. Tu me bouches la vue.
3. avis, vue

LES TEMPS ET LES

LE PRÉSENT SIMPLE

Il est formé à partir de la base verbale. On l'emploie pour exprimer :

❶ **une vérité générale,**
> The Earth **goes** round the sun: la Terre tourne autour du Soleil.

❷ **une habitude, une action qui se répète,**
> I always **get up** at seven: je me lève toujours à sept heures.

❸ **des opinions, des goûts, des désirs, des préférences** (avec les verbes *think, know, want, like*…),
> She **doesn't drink** coffee. She **prefers** tea: elle ne boit pas de café. Elle préfère le thé.

Attention ! À la forme affirmative, à la **troisième personne du singulier**, on ajoute un "**s**" à la base verbale.
Pour les formes interrogative et négative, on se sert de l'opérateur *do* qui devient *does* à la troisième personne du singulier.

LE PRÉSENT PROGRESSIF ET LE PRÉTÉRIT PROGRESSIF

Ce sont tous les deux des temps composés, formés de **be** (au présent pour le premier, au prétérit pour le second) et de la base verbale + **ing**.

❶ Le présent progressif commente **une action ou une situation en cours de déroulement**.
> Please be quiet, Dad **is working**: ne faites pas de bruit, Papa travaille.

❷ Le prétérit progressif décrit **les circonstances d'un événement passé précis**.
> It **was raining** when we went out of the cinema: il pleuvait quand nous sommes sortis du cinéma.

LE PRÉTÉRIT SIMPLE

Il est formé à partir de la base verbale à laquelle on ajoute **-ed** quand le verbe est régulier. **Les verbes irréguliers ont un prétérit et un participe passé irréguliers** qu'il faut apprendre (voir pages 138-139).
On emploie le prétérit simple pour évoquer **un événement ou un fait qui appartiennent au passé et qui n'ont pas de lien avec le présent**. On le rencontre souvent avec des expressions de temps telles que *yesterday, last year, last week, ago*…
> I **enjoyed** the party last night, I **danced** a lot: je me suis amusé(e) à la soirée hier, j'ai beaucoup dansé.

Aux formes interrogative et négative, la marque du prétérit se fait sur l'opérateur *do* (qui devient *did* au prétérit).
> **Did** you **have** a nice holiday? As-tu passé de bonnes vacances ?
> I **didn't phone** yesterday evening, it was too late: je n'ai pas appelé hier soir, il était trop tard.

LE PRESENT PERFECT

Il est formé de l'auxiliaire *have* au présent et du **participe passé du verbe**.
Il est employé pour :

❶ **faire le bilan d'expériences passées**,
> I **have** never **been** to the United States: je ne suis jamais allé(e) aux États-Unis.

❷ **constater le résultat présent d'un événement passé**,
> I **have lost** my keys: j'ai perdu mes clés.

❸ **créer un lien entre le passé et le présent**,
> I **have known** Lucy for a long time: je connais Lucy depuis longtemps.

Le *present perfect* est souvent associé à des marqueurs de temps comme *ever, already, not…yet, just*…
Attention, on utilise le plus souvent la forme contractée de *have* : *I've been, she's left, they've seen*…
Il existe aussi une **forme progressive du present perfect**, employée surtout dans le cas du **bilan d'une activité passée** et pour évoquer une **notion de durée**.
On la forme avec *be* conjugué au *present perfect* + base verbale + *ing*.
> It **has been raining** for three hours: il pleut depuis trois heures.
> How long **have** you **been learning** English? For five years: depuis combien de temps apprenez-vous l'anglais ? Depuis 5 ans.

ASPECTS DU VERBE

LE PAST PERFECT

Il est formé de **l'auxiliaire *have* au passé** (*had*) **suivi du participe passé du verbe**. On l'emploie pour décrire une action ou un état du passé antérieurs à une autre action passée. Il correspond au plus-que-parfait français.

> She **had** already **left** when I arrived : elle était déjà partie quand je suis arrivée.
> The film **had started** when he came back : le film avait commencé quand il est revenu.

L'EXPRESSION DU FUTUR

Il n'existe pas en anglais de temps grammatical futur, mais on dispose de **trois façons de parler de l'avenir**.

❶ **Le présent progressif**, accompagné d'un adverbe de temps, exprime **l'intention de celui qui parle de faire quelque chose**.
> What **are** you **doing tonight**? I**'m having** dinner with some friends : que faites-vous ce soir ? Je dîne avec des amis.

❷ **La structure *be going to* + base verbale** exprime la certitude qu'**une action va se produire dans l'avenir**. L'auxiliaire *be* se conjugue au présent.
> Look at those clouds! It**'s going to** rain : regarde ces nuages ! Il va pleuvoir.

❸ **L'auxiliaire modal *will*** (forme négative : ***won't***) **suivi de la base verbale** exprime souvent **une décision déjà prise** (projet...) et aussi un **futur inévitable**.
> I**'ll do** the gardening next Saturday : je ferai du jardinage samedi prochain.
> My son **will be** fifteen next week : mon fils aura quinze ans la semaine prochaine.

LE GÉRONDIF

Il se construit à partir de la **base verbale + *ing***. Il fonctionne comme un groupe nominal et peut en avoir toutes les fonctions.

On le rencontre :

❶ **après toutes les prépositions** comme *before, after, without, at, instead of...* sauf le *to* de l'infinitif,
> Do your work before **playing** : fais ton travail avant de jouer.
> She left without **saying** a word : elle est partie sans dire un mot.

❷ **après les verbes exprimant le début, la continuation ou la fin d'une action** tels que *start, go on, keep, stop...*
> I start **working** very early : je commence à travailler très tôt.
> He keeps **talking** all the time : il n'arrête pas de parler.

❸ **après les verbes exprimant des goûts ou des préférences** tels que *enjoy, like, love, prefer, hate...*
> I hate **waiting** : je déteste attendre.
> My father loves **cooking** : mon père adore cuisiner.

❹ **après les expressions suivantes** : *can't help, be worth, look forward to, what about, how about,* et après les verbes *need* et *mind*.
> My bike needs **mending** : mon vélo a besoin d'être réparé.
> What about **visiting** a museum? Et si on visitait un musée ?
> I'm looking forward to **seeing** you : je suis impatiente de te voir.

viewer

In my view, the Indians should accept our offer. À mon avis, les Indiens devraient accepter notre proposition.
4. *Idiom* **in view of** étant donné
✺ vt
1. visiter
They came to view the house. Ils sont venus visiter la maison.
2. considérer
They view the Wild West as a land of great promise. Ils considèrent le Far West comme une terre d'avenir.

viewer ['vjuːəʳ] **n** téléspectateur(trice)
Good night to all our viewers. Bonne nuit à tous nos téléspectateurs.

village ['vɪlɪdʒ] **n** village

vinegar ['vɪnɪgəʳ] **n** vinaigre

violence ['vaɪələns] **n** violence
We must try to prevent an escalation of violence. Il faut essayer d'empêcher une escalade de la violence.

violent ['vaɪələnt] **adj** violent
Billy the Kid can be very violent. Billy the Kid peut être très violent.

violin [vaɪə'lɪn] **n** violon
Do you play the violin? Jouez-vous du violon ?

violinist [vaɪə'lɪnɪst] **n** violoniste

visa ['viːzə] **n** visa
Do you know if I need a visa to go to the States? Est-ce que tu sais si j'ai besoin d'un visa pour aller aux États-Unis ?

vision ['vɪʒən] **n**
1. vue
It affected his vision. Cela a affecté sa vue.
2. vision
I don't like his vision for the future of this town. Je n'aime pas sa vision de l'avenir de cette ville.

visit ['vɪzɪt]
✺ **n** visite
He decided to pay a visit to Ma Dalton. Il a décidé de rendre visite à Ma Dalton.

✺ vt
1. rendre visite à
She's gone to visit her cousins in San Francisco. Elle est allée rendre visite à ses cousins de San Francisco.
2. visiter
Thousands of tourists visit the castle every month. Des milliers de touristes visitent le château tous les mois.

visitor ['vɪzɪtəʳ] **n**
1. invité(e)
We have some visitors from England staying at the moment. En ce moment, nous avons des invités qui viennent d'Angleterre.
2. visiteur(euse)
The nature reserve attracts thousands of visitors. Le parc naturel attire des milliers de visiteurs.

voice [vɔɪs]
✺ **n** voix*

Tralalala...
*They loved her **voice**.*
*Ils adoraient sa **voix**.*

✺ vt exprimer
I didn't voice my doubts. Je n'ai pas exprimé mes doutes.
• **voice mail** messagerie vocale

volcano [vɒl'keɪnəʊ] **n** volcan
The volcano erupted. Le volcan est entré en éruption.

volunteer [vɒlən'tɪəʳ]
✺ n
1. volontaire
As usual, there were no volunteers for peeling the potatoes. Comme d'habitude, il n'y avait pas de volontaires pour éplucher les pommes de terre.
2. bénévole
The home is run by volunteers. Le foyer est géré par des bénévoles.
✺ vi se porter volontaire
He volunteered to take the message to me. Il s'est porté volontaire pour m'apporter le message.

vote [vəʊt]
✺ n
1. voix, vote
The motion was carried by 21 votes to 17. La motion a été adoptée par 21 voix contre 17.
Let's take a vote. Passons au vote.
2. droit de vote
When did women get the vote? Quand les femmes ont-elles obtenu le droit de vote ?
✺ vt
1. élire
He was voted footballer of the year. Il a été élu footballeur de l'année.
2. voter
He has always voted Labour. Il a toujours voté travailliste.
✺ vi voter
He voted against the project. Il a voté contre le projet.

voucher ['vaʊtʃəʳ] **n** coupon, bon
Get 5p off with this voucher. 5 pence de réduction avec ce bon.

vulture ['vʌltʃəʳ] **n** vautour*

*Look, the **vultures** are watching us already!*

*– Regardez, les **vautours** nous guettent déjà !*

WXYZ

wage [weɪdʒ] **n** salaire, paie
It's a boring job, but the wages are good. C'est un travail ennuyeux, mais le salaire est bon.
"Wage" (au singulier) et "wages" (au pluriel) ont la même signification, mais la forme plurielle est plus courante.

wagon [ˈwægən] **n**
1. charrette, chariot
The wagon was pulled by two oxen. La charrette était tirée par deux bœufs.
2. (**Am:** car) wagon
They attached a goods wagon to the back of the train. Ils ont attaché un wagon de marchandises à l'arrière du train.
"Wagon" s'écrit aussi "waggon" en anglais britannique.

waist [weɪst] **n** taille
What's your waist measurement? Quel est votre tour de taille ?

waistcoat [ˈweɪstkəʊt] (**Am:** vest) **n** gilet

wait [weɪt]
○ **vi** attendre
Wait, I haven't finished yet! Attendez, je n'ai pas encore fini !
○ **n** attente
There's always a long wait at the vet's. L'attente est toujours longue chez le vétérinaire.
• **wait for vt** attendre*
"Wait for" est inséparable.
• **wait on vt** servir
He's got ten servants to wait on him. Il a dix domestiques pour le servir.
"Wait on" est inséparable.

Wait for me! Don't go without me!

— *Attendez-moi ! Ne partez pas sans moi !*

waiter [ˈweɪtəʳ] **n** garçon, serveur
Waiter, a coffee, please! Garçon, un café, s'il vous plaît !

waiting room [ˈweɪtɪŋ rʊm] **n** salle d'attente*

waitress [ˈweɪtrɪs] **n** serveuse
The waitress took their order. La serveuse a pris leur commande.

wake [weɪk]
Le verbe "to wake" peut être soit régulier : wake, waked, waked ; soit irrégulier : wake, woke [wəʊk], woken [ˈwəʊkn].
○ **vi** se réveiller
○ **vt** réveiller
• **wake up**
○ **vi** se réveiller
I woke up in the middle of the night. Je me suis réveillé en pleine nuit.
○ **vt** réveiller

This is the waiting room. He's waiting for next month's train...

— *Voici la salle d'attente. Il attend le train du mois prochain...*

Wales

Wake me up at six. Réveillez-moi à six heures.
"Wake up" est séparable.
"Wake" et "wake up" ont la même signification, mais "wake up" est plus courant.

Wales [weilz] **n** pays de Galles

walk [wɔːk]
⊛ **vi**
1. marcher
I've hurt my foot, I can't walk. Je me suis fait mal au pied, je ne peux pas marcher.
2. se promener
He was walking along the river. Il se promenait le long de la rivière.
3. aller à pied
If you miss the bus, you'll have to walk to school. Si tu rates le bus, il faudra que tu ailles à l'école à pied.
⊛ **vt**
1. promener
He walks the dog every evening. Il promène le chien tous les soirs.
2. accompagner (à pied)
I'll walk you home. Je vais t'accompagner chez toi.
⊛ **n**
1. marche
It's an hour's walk from here. C'est à une heure de marche d'ici.
2. promenade
I like to go for a short walk after dinner. J'aime faire une petite promenade après le dîner.

wall [wɔːl] **n**
1. mur*
2. paroi
The trail ended at a wall of rock. La piste aboutissait à une paroi rocheuse.

wallet [ˈwɒlɪt] **n** portefeuille
He took ten dollars from his wallet. Il a pris dix dollars dans son portefeuille.

walnut [ˈwɔːlnʌt] **n** noix
• **walnut tree** noyer

wander [ˈwɒndəʳ] **vi**
1. errer
He found them wandering in the desert. Il les a trouvés errant dans le désert.
2. s'égarer
My thoughts started to wander. Mes pensées commençaient à s'égarer.

want [wɒnt]
⊛ **vt**
1. vouloir
What do you want to do tomorrow? Que voulez-vous faire demain ?
2. rechercher
He's wanted by the police. Il est recherché par la police.
⊛ **n**
1. besoin
Too many people still live in want. Trop de gens vivent encore dans le besoin.
2. manque
The plants are dying for want of water. Les plantes meurent par manque d'eau.

war [wɔːʳ] **n** guerre*

warden [ˈwɔːdn] **n**
1. gardien(enne)
He works as a warden in a game reserve. Il travaille comme gardien dans une réserve de chasse.
2. Br: directeur(trice)
The warden of the retirement home. Le directeur de la maison de retraite.
3. *Idiom* **Br: traffic warden** contractuel(elle)

The Indians were preparing for war.
Les Indiens préparaient la guerre.

The Daltons have broken through the wall again!
Les Dalton ont encore percé le mur !

water

wardrobe [ˈwɔːdrəʊb] **n**
1. armoire, penderie
She hung her clothes in the wardrobe. Elle a accroché ses vêtements dans la penderie.
2. garde-robe
Jenny wants Lucky Luke to renew his wardrobe. Jenny veut que Lucky Luke renouvelle sa garde-robe.

warm [wɔːm]
● **adj**
1. chaud
It's a warm day today. Il fait chaud aujourd'hui.
2. chaleureux
They gave Lucky Luke a warm reception. Ils ont réservé un accueil chaleureux à Lucky Luke.
● **vt** chauffer
He stood by the fireplace to warm his hands. Il s'est mis près de la cheminée pour se chauffer les mains.
● **warm up**
● **vt** (faire) réchauffer
I'll warm the soup up. Je vais faire réchauffer la soupe.
"Warm up" est séparable.
● **vi**
1. se réchauffer
The room began to warm up at last. La pièce a enfin commencé à se réchauffer.
2. s'échauffer
It's important to warm up before a match. Il est important de s'échauffer avant un match.
3. chauffer
Let the engine warm up for a few minutes. Laisse chauffer le moteur quelques minutes.

warmth [wɔːmθ] **n** chaleur
I could hardly feel the warmth from the fire. Je sentais à peine la chaleur du feu.

warn [wɔːn] **vt** prévenir, avertir
Quick, run and warn Lucky Luke! Vite, cours prévenir Lucky Luke !

was → **be**

wash [wɒʃ]
● **vt** laver*
● **vi** se laver
I haven't washed for a week! Je ne me suis pas lavé depuis une semaine !
● **n**
1. lavage

— *Votre revolver était sale, alors je l'ai lavé.*

Her skirt ran in the wash. Sa jupe a déteint au lavage.
2. *Idiom* **to have a wash** Br se laver
● **wash up vi** Br faire la vaisselle
If you clear the table, I'll wash up. Si tu débarrasses la table, je ferai la vaisselle.

washing [ˈwɒʃɪŋ] **n**
1. lessive
Have you done the washing? As-tu fait la lessive ?
2. linge
A pile of dirty washing. Un tas de linge sale.
● **washing machine** machine à laver, lave-linge
● **washing powder** lessive (en poudre)
● **washing liquid** lessive (liquide)

washing-up [ˈwɒʃɪŋʌp] **n** Br vaisselle
I hate doing the washing-up! Je déteste faire la vaisselle !
● **washing-up liquid** liquide vaisselle

washroom → **toilet**

wasp [wɒsp] **n** guêpe

waste [weɪst]
● **n**
1. gaspillage, gâchis
What a waste to throw away all that food! Quel gaspillage de jeter toute cette nourriture !
2. perte
It's a waste of time. C'est une perte de temps.
3. déchets
Most of the waste is recycled. La plupart des déchets sont recyclés.
● **vt**
1. gaspiller
Don't waste your ammunition! Ne gaspillez pas vos munitions !
2. perdre
We have no time to waste. Nous n'avons pas de temps à perdre.

watch [wɒtʃ]
● **vt**
1. regarder
They watch television every evening. Ils regardent la télévision tous les soirs.
2. surveiller, observer
I have a feeling that we're being watched. J'ai l'impression qu'on nous surveille.
3. faire attention à
Watch your step! Regarde bien où tu mets le pied !
● **n**
1. montre
He was wearing a gold watch. Il portait une montre en or.
2. guet
Averell, you keep watch. Averell, tu fais le guet.
● **watch out vi** faire attention, prendre garde
Watch out, he's got a pistol! (Faites) attention, il a un pistolet !

water [ˈwɔːtər]
● **n** eau*

Il l'a réveillé à l'aide d'un seau d'eau froide.

● **vt** arroser
Don't forget to water the plants. N'oublie pas d'arroser les plantes.
● **vi**

watercolour

1. pleurer
The onions made my eyes water. Les oignons m'ont fait pleurer.
2. *Idiom*
My mouth was watering. J'avais l'eau à la bouche.
• **water lily** nénuphar
• **water skiing** ski nautique

watercolour [ˈwɔːtəkʌləʳ] **n** aquarelle
She paints lovely watercolours. Elle peint de ravissantes aquarelles.

waterproof [ˈwɔːtəpruːf] **adj**
1. imperméable
The tent isn't waterproof. La tente n'est pas imperméable.
2. étanche
A waterproof watch. Une montre étanche.

wave [weɪv]
◦ **vi**
1. faire signe de la main
Look, there's somebody waving to us. Regarde, il y a quelqu'un qui nous fait signe de la main.
They waved goodbye as the train pulled out. Ils nous ont fait au revoir de la main tandis que le train démarrait.
2. flotter
The flags were waving in the breeze. Les drapeaux flottaient dans la brise.
◦ **vt** agiter
They were waving their handkerchiefs on the station platform. Ils agitaient leurs mouchoirs sur le quai de la gare.
◦ **n**
1. vague
A particularly high wave almost overturned the boat. Une vague particulièrement haute a failli faire chavirer le bateau.
2. onde
They broadcast on medium wave. Ils émettent sur ondes moyennes.
3. geste, signe (de la main)
He gave a little wave. Il a fait un petit signe de la main.
• **wave down vt** faire signe de s'arrêter à
The policeman waved us down. L'agent nous a fait signe de nous arrêter.
"Wave down" est séparable.

way [weɪ]
◦ **n**
1. façon, manière
I don't like the way she dresses. Je n'aime pas la façon dont elle s'habille.
In a way, I like him better than his brother. D'une certaine façon, je le préfère à son frère.
2. chemin, route
Could you tell me the way to the sheriff's office? Pourriez-vous m'indiquer le chemin du bureau du shérif ?
They're no doubt on their way by now. Ils sont sans doute en route à l'heure qu'il est.
3. sens, côté*

– Which *way*?
– That *way*!
– That *way*!

– De quel *côté* ?
– Par là ! – Par là !

4. *Idiom* **to be in the way** gêner
5. *Idiom* **to get one's way** obtenir ce qu'on veut
6. *Idiom* **to give way** céder
7. *Idiom* **the wrong way round** (**Am:** around) à l'envers
8. *Idiom* **No way!** Pas question !
◦ **adv** beaucoup
Their ranch is way bigger than ours. Leur ranch est beaucoup plus grand que le nôtre.
• **way in** entrée
• **way out** sortie

we [wiː] **pron** nous
We went to the saloon. Nous sommes allés au saloon.
(voir page 131 et page 325)

weak [wiːk] **adj**
1. faible
I'm getting better, but I still feel a bit weak. Je vais mieux, mais je me sens encore un peu faible.
2. léger
This coffee's too weak, I don't like it! Ce café est trop léger, je ne l'aime pas !

wealthy [ˈwelθɪ] **adj** riche
The undertaker is the wealthiest man in town. Le croque-mort est l'homme le plus riche de la ville.

weapon [ˈwepən] **n** arme*

– A lady doesn't carry a *weapon* but a sunshade, Calamity!
– A sunshade?

– Une dame ne porte pas une *arme*, mais une ombrelle, Calamity !
– Une ombrelle ?

wear [weəʳ], **wore** [wɔːʳ], **worn** [wɔːn]
◦ **vt**
1. porter
He was wearing a cowboy hat. Il portait un chapeau de cow-boy.
2. user
The carpet is worn. La moquette est usée.
◦ **vi**
1. s'user
The carpet has started to wear. La moquette commence à s'user.
2. durer, faire de l'usage
These boots have certainly worn well! Ces bottes ont vraiment fait de l'usage !
• **wear off vi** disparaître, s'estomper
The pain will soon wear off. La douleur disparaîtra bientôt.
• **wear out**
◦ **vt**
1. user
He wears his shoes out very quickly. Il use ses chaussures très vite.
2. épuiser

weight

It was a lovely wedding.

Ce fut un beau mariage.

That walk has worn me out! Cette promenade m'a épuisé !
"Wear out" est séparable.
○ **vi** s'user
His shoes have worn out already. Ses chaussures sont déjà usées.

weather ['weðəʳ] **n** temps
What's the weather like in London? Quel temps fait-il à Londres ?
• **weather forecast** météo, prévisions météorologiques
Attention, "weather forecast" est toujours au singulier.

weave [wi:v], **wove** [wəʊv], **woven** ['wəʊvn] **vt, vi** tisser
She wove a blanket. Elle a tissé une couverture.

wedding ['wedɪŋ] **n** mariage*
• **wedding anniversary** anniversaire de mariage
• **wedding dress** robe de mariée
• **wedding ring** alliance

Wednesday ['wenzdɪ] **n** mercredi
Attention, les noms de jours prennent toujours une majuscule en anglais. (voir page 71)

weed [wi:d]
○ **n** mauvaise herbe
My garden is full of weeds. Mon jardin est plein de mauvaises herbes.
○ **vt, vi** désherber

week [wi:k] **n** semaine
He left town last week. Il a quitté la ville la semaine dernière.

weekend [wi:k'end] **n** week-end, fin de semaine
We usually get up late at the weekend. En général, le week-end, nous nous levons tard.

He's got a weekend job. Il travaille le week-end.

weekly ['wi:klɪ]
○ **adj** hebdomadaire
A weekly subscription. Un abonnement hebdomadaire.
○ **adv** toutes les semaines, chaque semaine
The magazine is published weekly. La revue paraît toutes les semaines.
○ **n** hebdomadaire

He subscribes to several business weeklies. Il est abonné à plusieurs hebdomadaires d'affaires.

weep [wi:p], **wept** [wept], **wept** [wept] **vi** pleurer
Even the men wept. Même les hommes ont pleuré.

weigh [weɪ] **vt** peser
She weighed the ham. Elle a pesé le jambon.
How much do you weigh? Combien pesez-vous ?
• **weigh up vt Br**
1. examiner
We have to weigh up the arguments for and against. Il faut examiner le pour et le contre.
2. juger, prendre la mesure de
He weighed his opponent up quickly. Il a vite pris la mesure de son adversaire.
"Weigh up" est séparable.

weight [weɪt] **n** poids
To lose weight. Perdre du poids.

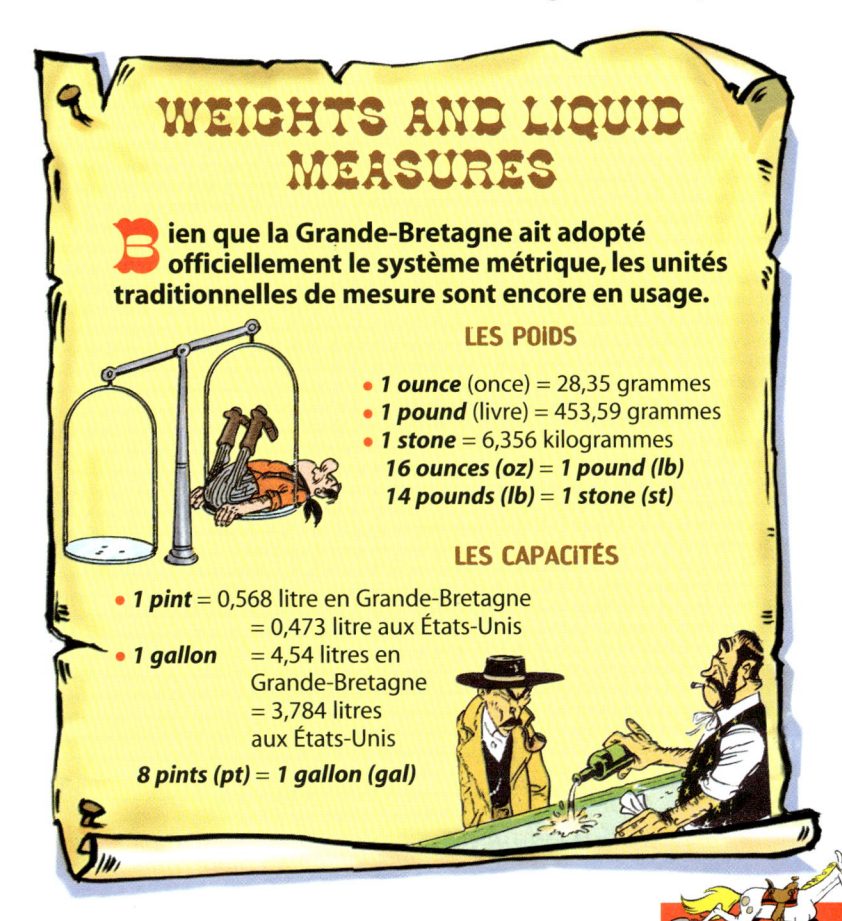

WEIGHTS AND LIQUID MEASURES

Bien que la Grande-Bretagne ait adopté officiellement le système métrique, les unités traditionnelles de mesure sont encore en usage.

LES POIDS

• **1 ounce** (once) = 28,35 grammes
• **1 pound** (livre) = 453,59 grammes
• **1 stone** = 6,356 kilogrammes
  16 ounces (oz) = 1 pound (lb)
  14 pounds (lb) = 1 stone (st)

LES CAPACITÉS

• **1 pint** = 0,568 litre en Grande-Bretagne
       = 0,473 litre aux États-Unis
• **1 gallon** = 4,54 litres en Grande-Bretagne
          = 3,784 litres aux États-Unis
  8 pints (pt) = 1 gallon (gal)

welcome

welcome [ˈwelkəm]
- **excl** bienvenue
Welcome to Daisy Town! Bienvenue à Daisy Town !
- **vt**
1. accueillir, souhaiter la bienvenue à
They all came out to welcome him to Dry Gulch. Ils sont tous sortis pour lui souhaiter la bienvenue à Dry Gulch.
2. accepter avec plaisir
She welcomed his offer of help. Elle a accepté son aide avec plaisir.
- **n** accueil
I wasn't expecting such a warm welcome! Je ne m'attendais pas à un accueil aussi chaleureux !
- **adj**
1. bienvenu
All suggestions are welcome. Toutes les propositions sont les bienvenues.
2. *Idiom*
– Thank you. – You're welcome. – Merci. – Il n'y a pas de quoi./De rien.
3. *Idiom*
You're welcome to try. N'hésitez pas à essayer.

well [wel], **compar better** [ˈbetər], **superl best** [best]
- **adv, adj**
1. bien
She rides very well. Elle monte très bien à cheval.
Are you well? Vous allez bien ?
2. *Idiom* **Well done!** Bravo !
3. *Idiom* **as well** aussi
Can I come as well? Puis-je venir aussi ?
4. *Idiom*
We might as well go home. On ferait aussi bien de rentrer.
5. *Idiom* **as well as** aussi bien que, en plus de
We had cheese as well as dessert. Nous avons pris un dessert en plus du fromage.
- **n** puits
They dug a well in the garden. Ils ont creusé un puits dans le jardin.
- **excl**
1. eh bien
Well, what shall we do now? Eh bien, qu'est-ce qu'on fait maintenant ?
2. tiens
Well, what a surprise! Tiens, quelle surprise !

well-known [welˈnəʊn] **adj** connu, célèbre
A well-known bandit. Un bandit célèbre.

well-off [welˈɒf] **adj** riche
She comes from a well-off family. Elle est issue d'une famille riche.

Welsh [welʃ] **adj, n** gallois, galloise, Gallois, Galloise
Attention, l'anglais prend toujours une majuscule.

went → go

wept → weep

west [west]
- **n** ouest
The Indians came from the west. Les Indiens sont venus de l'ouest.
He's the best shot in the West. C'est le meilleur tireur de l'Ouest.
- **adj**
1. ouest
On the west bank of the river. Sur la rive ouest du fleuve.
2. de l'ouest
West Africa. Afrique de l'Ouest.
- **adv** à l'ouest, vers l'ouest
The riders headed west. Les cavaliers se sont dirigés vers l'ouest.
• **West Indian** antillais, antillaise, Antillais, Antillaise
Attention, l'anglais prend toujours une majuscule.
• **West Indies** Antilles

western [ˈwestən]
- **adj** de l'ouest, occidental
In Western Europe. En Europe de l'Ouest.
- **n** western
There's a good western on television tonight. Il y a un bon western à la télévision ce soir.

wet [wet]
- **adj**
1. mouillé*
2. pluvieux, humide
I'm fed up with this wet weather! J'en ai assez de ce temps pluvieux !
3. frais
Wet paint. Peinture fraîche.
- **vt** mouiller

whale [weɪl] **n** baleine

what [wɒt]
- **adj**
1. Dans les questions : quel, quelle
What nationality are they? De quelle nationalité sont-ils ?
She asked me what time it was. Elle m'a demandé quelle heure il était.
2. Dans les exclamations : quel
What a pity! Quel dommage !
- **pron**
1. Lorsque "what" est sujet : qu'est-ce qui
What's wrong? Qu'est-ce qui ne va pas ?
2. Lorsque "what" est complément d'objet direct : qu'est-ce que*

What do you want me to do?
I want you to help me to get rid of Lucky Luke.

– *Qu'est-ce que* tu veux que je fasse ?
– Je veux que tu m'aides à me débarrasser de Lucky Luke.

3. Avec une préposition : quoi
What are you afraid of? De quoi as-tu peur ?

*Come on, come out of there. You're all **wet**!*
*I hate being **wet**!*

– Allons, sortez de là. Vous êtes tout *mouillé* !
– Je déteste être *mouillé*.

4. Dans une subordonnée, lorsque "what" est sujet : ce qui
Tell me what happened. Dis-moi ce qui s'est passé.
5. Dans une subordonnée, lorsque "what" est complément : ce que
Give him what he asked for. Donne-lui ce qu'il a demandé.
6. Idiom what for pourquoi
What did you do that for? Pourquoi as-tu fait ça ?
7. Idiom What's your name? Comment vous appelez-vous ?
✲ **excl** quoi, comment
– *I've decided that I'm not coming with you, Joe. – What?* – J'ai décidé que je ne viendrais pas avec toi, Joe. – Quoi ?
(voir encadré ci-contre et page 317)

whatever [wɒtˈevəʳ]
✲ **conj**
1. quoi que
Whatever happens, don't panic! Quoi qu'il arrive, ne paniquez pas !
2. tout ce que
Do whatever you want. Faites tout ce que vous voulez.
✲ **pron**
1. Lorsque "whatever" est sujet : mais qu'est-ce qui
Whatever happened? Mais qu'est-ce qui s'est passé ?
2. Lorsque "whatever" est complément : mais qu'est-ce que
Whatever are they doing? Mais qu'est-ce qu'ils font ?
✲ **adj**
1. quel que soit
Whatever decision we take, they'll oppose it. Quelle que soit la décision que nous prenions, ils s'y opposeront.
2. tout
Give me whatever money you have. Donnez-moi tout l'argent que vous avez.
✲ **adv** du tout
They had nothing whatever to say. Ils n'avaient rien à dire du tout.

wheat [wiːt] n blé
They grow wheat and barley. Ils cultivent du blé et de l'orge.

wheel [wiːl] n
1. roue
A wheel fell off the stagecoach. La diligence a perdu une roue.
2. volant
I'll take the wheel tonight if you're tired. Je prendrai le volant ce soir si tu es fatigué.

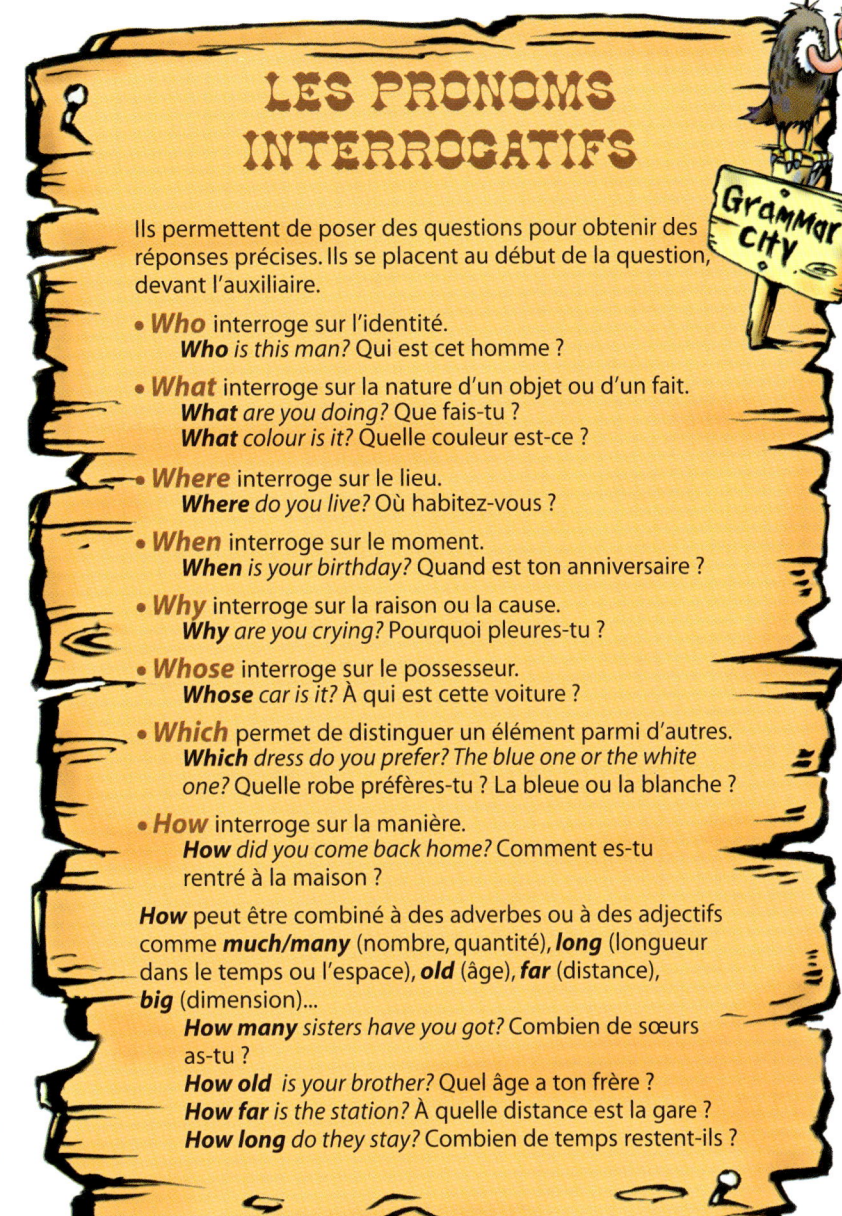

when [wen]
✲ **adv** quand
When does the stagecoach leave? Quand part la diligence ?
✲ **conj** quand, lorsque
I met him when I was living in Dry Gulch. Je l'ai rencontré quand j'habitais à Dry Gulch.

LES PRONOMS INTERROGATIFS

Ils permettent de poser des questions pour obtenir des réponses précises. Ils se placent au début de la question, devant l'auxiliaire.

• **Who** interroge sur l'identité.
   Who is this man? Qui est cet homme ?
• **What** interroge sur la nature d'un objet ou d'un fait.
   What are you doing? Que fais-tu ?
   What colour is it? Quelle couleur est-ce ?
• **Where** interroge sur le lieu.
   Where do you live? Où habitez-vous ?
• **When** interroge sur le moment.
   When is your birthday? Quand est ton anniversaire ?
• **Why** interroge sur la raison ou la cause.
   Why are you crying? Pourquoi pleures-tu ?
• **Whose** interroge sur le possesseur.
   Whose car is it? À qui est cette voiture ?
• **Which** permet de distinguer un élément parmi d'autres.
   Which dress do you prefer? The blue one or the white one? Quelle robe préfères-tu ? La bleue ou la blanche ?
• **How** interroge sur la manière.
   How did you come back home? Comment es-tu rentré à la maison ?

How peut être combiné à des adverbes ou à des adjectifs comme **much/many** (nombre, quantité), **long** (longueur dans le temps ou l'espace), **old** (âge), **far** (distance), **big** (dimension)...
   How many sisters have you got? Combien de sœurs as-tu ?
   How old is your brother? Quel âge a ton frère ?
   How far is the station? À quelle distance est la gare ?
   How long do they stay? Combien de temps restent-ils ?

---

whenever [wenˈevəʳ]
✲ **conj**
1. quand
Come back and see us whenever you want! Reviens nous voir quand tu veux !
2. chaque fois que
I visit her whenever I go to El Plomo. Je lui rends visite chaque fois que je vais à El Plomo.
✲ **adv** quand donc, mais quand
Whenever are they coming back? Quand donc reviendront-ils ?

where

where [weəʳ]
● **adv** où*

Where's Lulu?
Over there.

— Où est Lulu ?
— Là-bas.

● **conj** où, là où
Tell me where you hid the money! Dis-moi où tu as caché l'argent !

whereas [weəʳˈæz] **conj** alors que, tandis que
Joe's very short, whereas Averell's very tall. Joe est très petit, alors qu'Averell est très grand.

wherever [weəʳˈevəʳ]
● **conj** où que
Wherever the Daltons are hiding, Lucky Luke will find them. Où que les Dalton se cachent, Lucky Luke les trouvera.
● **adv** où donc, mais où
I was so worried, wherever have you been? Mais où étais-tu ? J'étais tellement inquiet.

whether [ˈweðəʳ] **conj**
1. si
I don't know whether it's Joe or Averell. Je ne sais pas si c'est Joe ou Averell.
2. que
You're coming with me whether you like it or not! Tu viens avec moi, que tu le veuilles ou non !

which [wɪtʃ]
● **adj** quel
Which horse won the race? Quel cheval a gagné la course ?
● **pron**
1. lequel
Which of you stole my wallet? Lequel d'entre vous a volé mon portefeuille ?
2. Lorsque l'antécédent est sujet : qui
He went to the sheriff's office, which was just opposite the saloon. Il est allé au bureau du shérif, qui était juste en face du saloon.
3. Lorsque l'antécédent est complément : que
Here are the articles which you ordered. Voici les articles que vous avez commandés.
4. Lorsque la proposition à laquelle se rapporte "which" est sujet : ce qui
She didn't hear her alarm, which could happen to anybody. Elle n'a pas entendu son réveil, ce qui peut arriver à tout le monde.
5. Lorsque la proposition à laquelle se rapporte "which" est complément : ce que
They had escaped, which the mayor found embarrassing. Ils s'étaient évadés, ce que le maire trouvait gênant.
(voir page 315 et page 317)

while [waɪl]
● **conj**
1. pendant que
They stole his horse while he was asleep. Ils ont volé son cheval pendant qu'il dormait.
2. tant que
I won't put up with it while I'm sheriff of this town! Je ne supporterai pas cela tant que je serai le shérif de cette ville !
3. tandis que, alors que
Joe's very short, while Averell's very tall. Joe est très petit, alors qu'Averell est très grand.
● **n**
1. moment
Let's rest for a while. Reposons-nous un moment.
2. *Idiom* **a long while** longtemps

whisper [ˈwɪspəʳ] **vt, vi** chuchoter*

whistle [ˈwɪsl]
● **vt, vi** siffler
He whistled to his dog. Il a sifflé son chien.
● **n**
1. sifflet
The referee lost his whistle. L'arbitre a perdu son sifflet.
2. sifflement
They heard the whistle of a train. Ils ont entendu le sifflement d'un train.

white [waɪt]
● **adj**
1. blanc
A white dress. Une robe blanche.
2. **Br:** au lait
White coffee. Café au lait.
● **n** blanc

who [huː] **pron**
1. qui
Who stole my wallet? Qui a volé mon portefeuille ?
2. que
She's the woman who I met on the train. C'est la femme que j'ai rencontrée dans le train.
(voir encadré ci-contre et page 315)

whoever [huːˈevəʳ] **pron**
1. quiconque, qui que
Whoever did this will regret it! Qui que ce soit qui ait fait cela, il va le regretter !
Come in, whoever you are. Entrez, qui que vous soyez.
2. qui donc, mais qui
Whoever can that be at this time of night? Mais qui cela peut-il bien être à cette heure de la nuit ?

whole [həʊl]
● **adj**
1. entier, tout
Averell ate the whole tart. Averell a mangé toute la tarte.

Listen, I'm going to tell you a secret...
What can he be whispering in his ear?

— Écoute, je vais te dire un secret...
Que peut-il bien lui **chuchoter** à l'oreille ?

LES PRONOMS RELATIFS

Le pronom relatif varie en fonction de la **nature de son antécédent** (personne ou chose) et de sa **fonction dans la phrase relative** (sujet ou complément).

◆ **Les pronoms relatifs sujets : who, which, that** s'emploient quand ils sont sujets de la proposition relative.

● On utilise **who** lorsque l'antécédent est une personne.
*I know a **man who** speaks four languages:* je connais un homme qui parle quatre langues.

● On utilise **that** quand l'antécédent est soit un objet, soit une personne, soit un animal.
*She is wearing a **dress that** doesn't suit her:* elle porte une robe qui ne lui va pas.
*The **people that** live next door are very friendly:* les gens qui habitent à côté sont très gentils.

● On utilise **which** seulement quand l'antécédent est une chose ou un objet.
*Give me the **book which** is on the desk:* donne-moi le livre qui est sur le bureau.

◆ **Les pronoms relatifs compléments.** On retrouve **who, which** et **that**, mais ils sont très souvent omis quand ils ont la fonction de complément.
*I liked the dinner **(that)** you cooked:* j'ai aimé le dîner que tu as préparé.
*The people **(who)** we met were Spanish:* les gens que nous avons rencontrés étaient espagnols.

◆ Le pronom relatif **whose** est l'équivalent du pronom relatif français **dont** : sa fonction est complément de nom. Il n'est jamais suivi d'un article.
*Do you know the boy **whose** name is Ted?* Connais-tu le garçon dont le prénom est Ted ?

◆ Le pronom relatif **whom**, complément d'objet direct ou indirect, appartient au langage soutenu, et s'utilise surtout à l'écrit ; en anglais courant, il est remplacé par **who**.

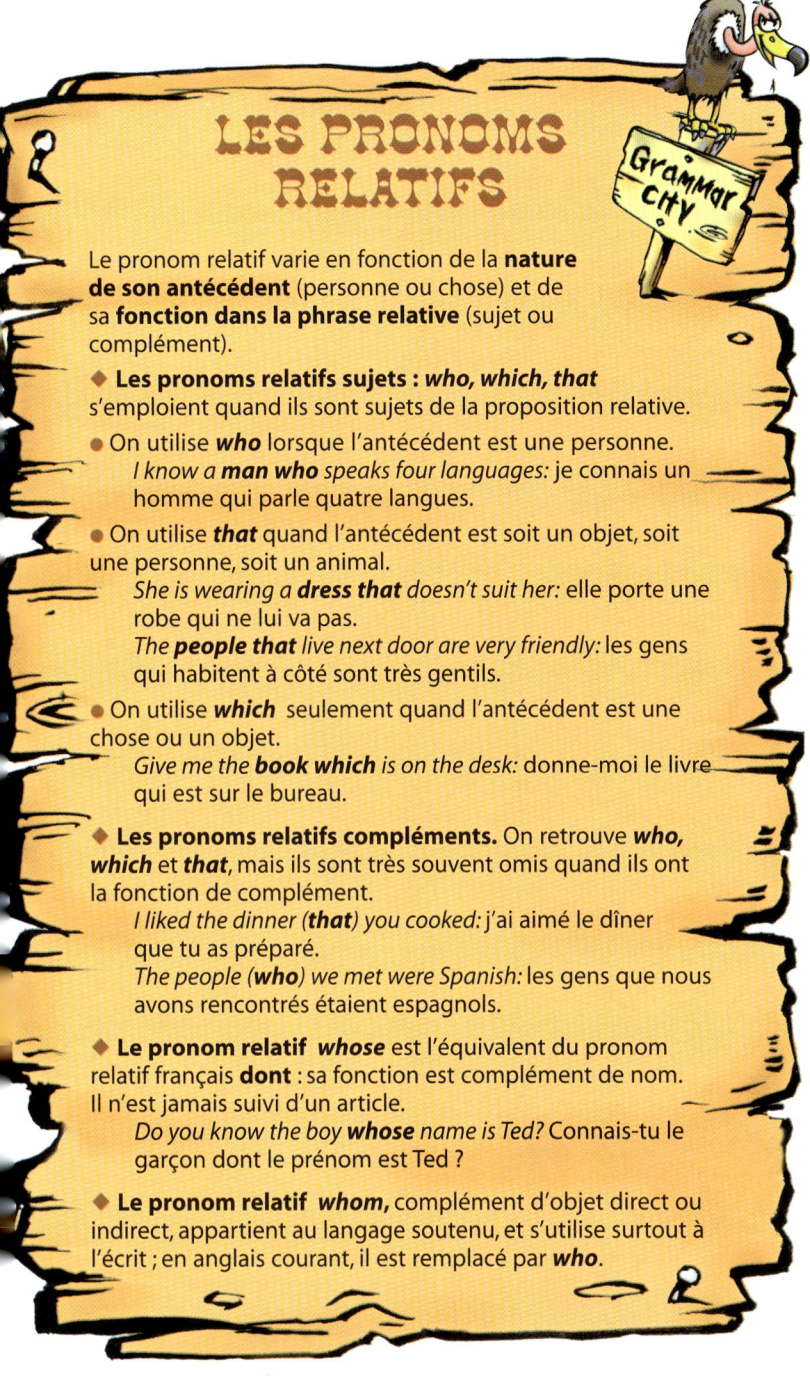

2. *Se traduit par une expression.*
I feel a whole lot better. Je me sens beaucoup mieux.
It was a whole new world for them. C'était un monde tout nouveau pour eux.
✸ **n** tout
The different parts that form the whole. Les différentes parties qui forment le tout.

whom [huːm] **pron**
1. qui
To whom is the parcel addressed? À qui le colis est-il adressé ?
2. que
That's Calamity, the woman whom I met on the train. C'est Calamity, la femme que j'ai rencontrée dans le train.
(voir encadré ci-dessus)

whose [huːz]
✸ **adj**
1. à qui
Whose horse is that? À qui est ce cheval ?
2. dont
The woman whose four sons are in prison. La femme dont les quatre fils sont en prison.
✸ **pron** à qui
Whose is that horse? À qui est ce cheval ?
(voir encadré ci-contre)

why [waɪ]
✸ **adv, conj** pourquoi
– **Why did you do that, Averell?** – **Why not?** – Pourquoi as-tu fait ça, Averell ? – Pourquoi pas ?
✸ **excl** tiens
Why, it's Lucky Luke! Tiens, c'est Lucky Luke !
(voir page 315)

wicked [ˈwɪkɪd] **adj**
1. mauvais, méchant
He's a very wicked man. C'est un homme très mauvais.
2. malicieux
Billy the Kid had a wicked smile on his face. Billy the Kid avait un sourire malicieux.

wide [waɪd]
✸ **adj** large
The river's wide but it's not very deep. La rivière est large mais elle n'est pas très profonde.
✸ **adv**
1. grand
Her eyes were open wide. Ses yeux étaient grands ouverts.
2. à côté
The bullet went wide. La balle est passée à côté.

widow [ˈwɪdəʊ] **n** veuve

widower [ˈwɪdəʊə] **n** veuf

width [wɪdθ] **n** largeur
They measured the width of the room. Ils ont mesuré la largeur de la pièce.

wife [waɪf] (**pl:** wives) **n** femme, épouse
I've invited John McKenzie and his wife. J'ai invité John McKenzie et sa femme.

wig

wig [wɪg] **n** perruque
The Daltons were wearing wigs so that nobody would recognize them. Les Dalton portaient une perruque pour que personne ne puisse les reconnaître.

wild [waɪld] **adj**
1. sauvage
There are bears and other wild animals in the forest. Il y a des ours et d'autres animaux sauvages dans la forêt.
2. fou
Another of his wild plans! Encore un de ses projets fous !
3. Idiom
At a wild guess, I'd say that there were five of them. À tout hasard, je dirais qu'ils étaient cinq.

will [wɪl]
⊛ **v auxiliaire**
1. Pour former le futur.
What will Joe do if we tell him? Que fera Joe si on le lui dit ?
The plumber says he'll come next week. Le plombier dit qu'il viendra la semaine prochaine.
2. Pour indiquer la volonté.
Will you have another cup of coffee? Voulez-vous une autre tasse de café ?
He won't talk to her. Il refuse de lui parler.
3. Pour exprimer un ordre.
Will you sit down! Veux-tu t'asseoir !
4. Pour indiquer une action, un état habituel.
The car will never start when it's cold. La voiture ne démarre jamais quand il fait froid.
Dans l'anglais parlé, "will" est généralement abrégé en "'ll" dans les phrases affirmatives, et "will not" en "won't" dans les phrases négatives. Le passé de "will" est "would" : he won't talk to her = il refuse de lui parler ; he wouldn't talk to her = il a refusé de lui parler.
⊛ **n**
1. volonté, gré
He has a will of iron. Il a une volonté de fer.
Against my will. Contre mon gré.
2. testament
She didn't leave a will. Elle n'a pas laissé de testament.
(voir pages 306-307)

willing [ˈwɪlɪŋ] **adj**
1. prêt, disposé
Nobody was willing to help him. Personne n'était disposé à l'aider.
2. plein de bonne volonté
Willing workers. Des travailleurs pleins de bonne volonté.

willow [ˈwɪləʊ] **n** saule

win [wɪn], **won** [wʌn], **won** [wʌn]
⊛ **vt, vi** gagner*

– J'ai gagné !

⊛ **n** victoire
A run of six consecutive wins. Une série de six victoires consécutives.

wind [wɪnd] **n**
1. vent
A cold wind was blowing. Il soufflait un vent froid.
2. souffle
I stopped to get my wind back. Je me suis arrêté pour reprendre mon souffle.

wind [waɪnd], **wound** [waʊnd], **wound** [waʊnd]
⊛ **vi** serpenter
The road winds down into the valley. La route serpente jusque dans la vallée.
⊛ **vt**
1. enrouler
She wound the wool into a ball. Elle a enroulé la laine en pelote.
2. remonter
Don't forget to wind the alarm clock. N'oublie pas de remonter le réveil.
• **wind up** **vt**
1. remonter
He wound his watch up. Il remonta sa montre.
2. terminer
It's time to wind up the debate. Il est temps de terminer le débat.
3. Br informal faire marcher
They tried to wind the teacher up. Ils ont essayé de faire marcher l'instituteur.
"Wind up" est séparable.

window [ˈwɪndəʊ] **n**
1. fenêtre*
2. vitre
The bullet broke a window. La balle a cassé une vitre.
3. vitrine
Can I try on those shoes you have in the window? Est-ce que je peux essayer ces chaussures que vous avez en vitrine ?

windscreen [ˈwɪndskriːn] (**Am**: windshield) **n** pare-brise
• **windscreen wiper** essuie-glace

Joe, I've already told you not to jump through the window! Joe!!!

– Joe, je t'ai déjà dit de ne pas sauter par la fenêtre ! Joe !!!

with

windsurfing [ˈwɪndˌsɜːfɪŋ] **n**
planche à voile

windy [ˈwɪndɪ] **adj** venteux
A windy day. Une journée venteuse.
It's windy today. Il y a du vent aujourd'hui.

wine [waɪn] **n** vin

wing [wɪŋ] **n** aile
The bird has hurt its wing. L'oiseau s'est blessé à l'aile.

wink [wɪŋk]
✪ **vi** faire un clin d'œil
She winked at Joe and he blushed. Elle a fait un clin d'œil à Joe et il a rougi.
✪ **n** clin d'œil

winner [ˈwɪnər] **n** gagnant(e)

winter [ˈwɪntər] **n** hiver
It gets very cold here in winter. Il fait très froid ici en hiver.
• **winter sports** sports d'hiver

wipe [waɪp] **vt** essuyer
Wipe your feet before you come in, please. Essuyez vos pieds avant d'entrer, s'il vous plaît.
• **wipe out vt**
1. effacer
He wrote a figure on the blackboard and then wiped it out. Il a écrit un chiffre au tableau, puis il l'a effacé.
2. anéantir
The natives were almost wiped out. Les indigènes ont été pratiquement anéantis.
"Wipe out" est séparable.

wire [ˈwaɪər] **n**
1. fil de fer
Barbed wire. Fil de fer barbelé.
2. fil*

This wire was cut deliberately, that's for sure!

— Ce fil a été coupé exprès, c'est sûr !

3. télégramme
A wire for Lucky Luke from Washington! Un télégramme de Washington pour Lucky Luke !

wise [waɪz] **adj** sage
You get wiser with age. On devient plus sage avec l'âge.

wish [wɪʃ]
✪ **n**
1. souhait, désir
His secret wish was to become a cowboy. Son désir secret était de devenir cow-boy.
2. vœu
Throw a coin in the fountain and make a wish. Jette une pièce dans la fontaine et fais un vœu.
✪ **vt**
1. souhaiter
You can come with us if you wish. Vous pouvez venir avec nous si vous le souhaitez.
2. Se traduit par une expression.
I wish he could be here with me! Si seulement il pouvait être là avec moi !
I wish they'd be quiet! J'aimerais bien qu'ils se taisent !
• **wish for vt** souhaiter
She has everything she could wish for. Elle a tout ce qu'elle peut souhaiter.
"Wish for" est inséparable.

wit [wɪt] **n**
1. esprit
This book is full of wit. Ce livre est plein d'esprit.
2. intelligence
He hasn't got the wit to do it by himself. Il n'a pas l'intelligence de le faire tout seul.
3. *Idiom* **to keep one's wits about one** rester attentif/sur ses gardes

witch [wɪtʃ] **n** sorcière
They accused her of being a witch. Ils l'ont accusée d'être une sorcière.

with [wɪð] **prep**
1. avec*
2. à
The woman with red hair. La femme aux cheveux roux.
3. de
I was trembling with cold. Je tremblais de froid.

Hey, you! Come back here with us!

— Hé, toi ! Reviens ici avec nous !

withdraw

4. chez
They stayed with us for a week. Ils sont restés une semaine chez nous.

withdraw [wɪð'drɔː], **withdrew** [wɪð'druː], **withdrawn** [wɪð'drɔːn]
◎ **vt**
1. sortir
He withdrew a pack of cards from his pocket. Il a sorti un jeu de cartes de sa poche.
2. retirer
If they carry on like this, I'm going to withdraw my offer! S'ils continuent comme ça, je vais retirer mon offre !
◎ **vi** se retirer
He's withdrawn from the race. Il s'est retiré de la course.

within [wɪ'ðɪn] **prep**
1. dans, à l'intérieur de
There are different tendencies within the party. Il y a diverses tendances à l'intérieur du parti.
2. à moins de
The ranch is within a day's ride. Le ranch est à moins d'une journée de cheval.
3. d'ici
Within a few years, the railway will come as far as Dry Gulch. D'ici quelques années, le chemin de fer arrivera jusqu'à Dry Gulch.

without [wɪð'aʊt] **prep**
1. sans
The only man in the room without a hat. Le seul homme sans chapeau dans la pièce.
I never go to El Plomo without visiting the sheriff. Je ne vais jamais à El Plomo sans rendre visite au shérif.
2. Idiom **to do without, to go without** se passer de
We'll just have to do without sugar. Il faudra qu'on se passe de sucre.

witness ['wɪtnɪs]
◎ **n** témoin*
◎ **vt**
1. être témoin de
She witnessed a terrible accident. Elle a été témoin d'un accident terrible.
2. assister à
I've witnessed a lot of changes in my life! J'ai assisté à beaucoup de changements au cours de ma vie !

witty ['wɪtɪ] **adj** spirituel
His witty remarks make everybody laugh. Ses remarques spirituelles font rire tout le monde.

wives → **wife**

woke, woken → **wake**

wolf [wʊlf] (**pl:** wolves) **n** loup

woman ['wʊmən] (**pl:** women) **n** femme
Calamity Jane is an exceptional woman. Calamity Jane est une femme exceptionnelle.
A woman doctor. Une femme médecin.

won → **win**

wonder ['wʌndər]
◎ **vt**
1. se demander*
2. Dans les formules de politesse.
I wonder if you could help me with my case? Cela vous ennuierait-il de porter ma valise ?
◎ **vi** s'émerveiller
I sometimes wonder at his stupidity! Je m'émerveille parfois de sa bêtise !
◎ **n**
1. émerveillement
They were all watching with wonder. Ils regardaient tous avec émerveillement.
2. merveille
The wonders of modern science. Les merveilles de la science moderne.
3. miracle
It's really a wonder that the stagecoach got through. C'est vraiment un miracle que la diligence ait réussi à passer.
4. Idiom **no wonder** pas étonnant
No wonder you're tired! Pas étonnant que vous soyez fatigué !

wonderful ['wʌndəfʊl] **adj** merveilleux*

world

won't → **will**

wood [wʊd] **n** bois
All the furniture is made of wood. Tous les meubles sont en bois.
We went for a walk in the wood. Nous sommes allés nous promener dans le bois.

wooden [ˈwʊdn] **adj** en bois, de bois
A wooden horse. Un cheval de bois.

wool [wʊl] **n** laine

woollen [ˈwʊlən] (**Am:** woolen)
⚙ **adj** en laine, de laine
He was wearing a woollen scarf. Il portait une écharpe en laine.
⚙ **n pl** lainages
It's time to get out the winter woollens. C'est le moment de sortir les lainages d'hiver.

word [wɜːd] **n**
1. mot
He didn't say a word all evening. Il n'a pas dit un seul mot de toute la soirée.
2. paroles
She knows the words of all their songs. Elle connaît les paroles de toutes leurs chansons.
3. nouvelles
We haven't had any word from her for weeks. Cela fait des semaines que nous n'avons pas de nouvelles d'elle.
4. parole
He gave them his word that he would capture the Daltons. Il leur a donné sa parole qu'il capturerait les Dalton.
5. *Idiom* **in other words** en d'autres termes
6. *Idiom* **to have a word with** parler à
• **word processing** traitement de texte

wore → **wear**

work [wɜːk]
⚙ **n**
1. travail, emploi
He's looking for work as a cowboy. Il cherche un emploi de cow-boy.
She cycles to work. Elle va au travail à bicyclette.
2. travail
I've got a lot of work to do today. J'ai beaucoup de travail aujourd'hui.
3. œuvre
The works of Shakespeare. Les œuvres de Shakespeare.
4. *Idiom* **out of work** au chômage
Voir aussi "works".
⚙ **vi**
1. travailler
He works in a bank. Il travaille dans une banque.
2. fonctionner, marcher*

— Montrez-moi comment ça *marche*.
— Oh, c'est très facile, je vais vous montrer ça tout de suite.

⚙ **vt**
1. faire marcher
Do you know how to work this machine? Savez-vous faire marcher cette machine ?
2. travailler
The farmers who work the land in this region. Les fermiers qui travaillent la terre dans cette région.
3. faire travailler
He works his employees hard. Il fait beaucoup travailler ses employés.
• **work out**
⚙ **vt**
1. trouver
Haven't you worked the answer out yet? Vous n'avez pas encore trouvé la réponse ?
2. comprendre
I couldn't work out what they were doing. Je n'ai pas réussi à comprendre ce qu'ils faisaient.
3. élaborer, mettre au point
Joe has worked out a plan. Joe a mis au point un plan.
"Work out" est séparable.
⚙ **vi**
1. monter, s'élever
The bill works out at two dollars each. L'addition s'élève à deux dollars par tête.
2. se passer, se dérouler
How is your new job working out? Comment se passe ton nouveau travail ?
3. faire de l'exercice
I try and work out every morning. J'essaie de faire de l'exercice tous les matins.

worker [ˈwɜːkəʳ] **n** employé
Office workers. Employés de bureau.

workman [ˈwɜːkmən] (**pl:** workmen) **n** ouvrier

works [wɜːks] **n**
1. usine
There's a chemical works near the town. Il y a une usine chimique près de la ville.
Dans ce sens, le verbe qui suit "works" peut être singulier ou pluriel : "the printing works has/have moved" = "l'imprimerie a déménagé".
2. mécanisme
He opened the clock to look at the works. Il a ouvert l'horloge pour regarder le mécanisme.
3. **Br:** travaux
They've completed the road works. Ils ont terminé les travaux routiers.

workshop [ˈwɜːkʃɒp] **n** atelier*

He was working in his workshop.

Il travaillait dans son *atelier*.

world [wɜːld]
⚙ **n** monde
The biggest country in the world. Le plus grand pays du monde.

worm

The world of finance. Le monde de la finance.
● **adj**
1. mondial
A world war. Une guerre mondiale.
2. universel
English has become the world language. L'anglais est devenu la langue universelle.
3. du monde
She's the world champion. Elle est championne du monde.

worm [wɜːm] **n** ver
These apples are full of worms! Ces pommes sont pleines de vers !

worn → **wear**

worried [ˈwʌrɪd] **adj** inquiet*

worry [ˈwʌrɪ]
● **vi** s'inquiéter
Don't worry about me, I'll be alright! Ne vous inquiétez pas pour moi, ça ira !
● **vt** inquiéter
He said nothing because he didn't want to worry them. Il n'a rien dit car il ne voulait pas les inquiéter.
● **n** souci
All our worries are over! Nous n'avons plus de soucis à nous faire !

worse [wɜːs] forme comparative de **bad**
● **adj**
1. pire, plus mauvais
She is worse at languages than at maths. Elle est plus mauvaise en langues qu'en maths.
The situation is getting worse: the Daltons are coming! La situation empire : les Dalton arrivent !
2. Lorsqu'on parle de la santé : plus mal, moins bien
I feel even worse today than yesterday. Je me sens encore moins bien aujourd'hui qu'hier.
● **adv** plus mal
Don't worry, I sing even worse than you. Ne t'inquiète pas, je chante encore plus mal que toi.
● **n** pire
There's worse still to come: the Daltons are coming! On n'a pas encore vu le pire : les Dalton arrivent !

worship [ˈwɜːʃɪp]
● **n** culte
This is a place of worship. Ceci est un lieu de culte.
● **vt** adorer
We really don't worship the same gods. Nous n'adorons vraiment pas les même dieux.

worst [wɜːst] forme superlative de **bad**
● **adj** le pire, le plus mauvais
He's the worst shot in the West. C'est le plus mauvais tireur de l'Ouest.
● **adv** le plus mal
He sings worst of all. C'est lui qui chante le plus mal de tous.
● **n** le pire
The worst was still to come. Le pire n'était pas encore arrivé.
At the worst. Au pire.

worth [wɜːθ]
● **adj** Idiom **to be worth** valoir
How much is that horse worth? Combien vaut ce cheval ?
They stole a watch worth at least $20. Ils ont volé une montre qui valait au moins 20 dollars.
It's not worth worrying about. Cela ne vaut pas la peine de s'inquiéter.
● **n**
1. valeur
A man of great worth. Un homme de grande valeur.
2. Idiom
A few dollars' worth of vegetables. Pour quelques dollars de légumes.

would [wʊd] **v auxiliaire**
Dans les sens les plus courants (1-3), "would" se traduit généralement en français par la forme conditionnelle du verbe.
1. Passé de will.
He didn't think he would succeed. Il ne pensait pas qu'il réussirait.
I wouldn't have come if I'd known! Si j'avais su, je ne serais pas venu !
2. Pour donner des conseils.
If I were you, I wouldn't play poker with him! À ta place, je ne jouerais pas au poker avec lui !
3. Dans les formules de politesse*.
Would you be so kind as to close the window? Auriez-vous l'obligeation de fermer la fenêtre ?

– Je voulais vous dire que...
– D'abord, **aimeriez**-vous une tasse de thé ?

4. Pour exprimer l'évidence.
It would rain on my birthday! Évidemment, il pleut le jour de mon anniversaire !

– Ah, le voilà, je commençais à être **inquiet** !

wrong

5. *Pour indiquer une action habituelle dans le passé.*
He would often steal sweets on his way home. Il volait souvent des bonbons en rentrant chez lui.
Dans les phrases affirmatives, en anglais parlé, "would" s'abrège généralement en "'d".
(voir page 184)

wound [wu:nd]
✪ **n** blessure
She bandaged his wounds. Elle a pansé ses blessures.
✪ **vt** blesser*

— C'est curieux, il n'est pas blessé mais il ne bouge pas !

wound → **wind**

wove, woven → **weave**

wrap [ræp] **vt**
1. envelopper, emballer
The parcel was wrapped in newspaper. Le colis était enveloppé dans du papier journal.
2. enrouler
She wrapped the scarf around her neck. Elle enroula l'écharpe autour de son cou.
• **wrap up**
✪ **vt** envelopper, emballer*
"Wrap up" est séparable.
✪ **vi** se couvrir
Wrap up well, it's cold outside! Couvrez-vous bien, il fait froid dehors !

wreck [rek]
✪ **n** épave
The car was a complete wreck. La voiture n'était plus qu'une épave.

✪ **vt**
1. détruire
He wrecked his father's car. Il a détruit la voiture de son père.
2. gâcher
The bad news wrecked our holidays. La mauvaise nouvelle a gâché nos vacances.
3. abîmer
You're wrecking your eyes! Tu es en train de t'abîmer les yeux !
4. *Idiom*
The ship was wrecked. Le bateau a fait naufrage.

wrinkle [ˈrɪŋkl]
✪ **n**
1. ride
He's got wrinkles around his eyes. Il a des rides autour des yeux.
2. pli
There's a wrinkle in the tablecloth. Il y a un pli sur la nappe.
✪ **vi** se rider, (se) plisser
My skin is beginning to wrinkle. Ma peau commence à se rider.

wrist [rɪst] **n** poignet
She grabbed him by the wrist. Elle l'a saisi par le poignet.

write [raɪt], **wrote** [rəʊt], **written** [ˈrɪtn]
✪ **vt** écrire*
✪ **vi** écrire
She writes to him every day. Elle lui écrit tous les jours.

— Quick, I'll take this! Keep the change!
— Shall I wrap it up for you?
— Vite, je prends ça ! Gardez la monnaie !
— Voulez-vous que je vous l'emballe ?

Write your name and address.
— Écrivez votre nom et votre adresse.

• **write down vt** noter, écrire
He wrote the address down on the back of an envelope. Il a noté l'adresse au dos d'une enveloppe.
"Write down" est séparable.
• **write off vt**
1. faire une croix sur
I think we can write our plans off. Je crois qu'on peut faire une croix sur nos projets.
2. Br: détruire
She wrote her mother's car off. Elle a détruit la voiture de sa mère.
"Write off" est séparable.

writer [ˈraɪtəʳ] **n** écrivain, auteur
She's one of my favourite writers. C'est un de mes auteurs préférés.

writing [ˈraɪtɪŋ] **n**
1. écriture
I can't read his writing. Je n'arrive pas à lire son écriture.
2. écrit
They have published his complete writings. Ils ont édité l'intégralité de ses écrits.
3. *Idiom* **in writing** par écrit

written → **write**

wrong [rɒŋ]
✪ **adj**
1. faux, erroné
Most of their answers were wrong. La plupart de leurs réponses étaient fausses.
2. mauvais
I'm sure we're going the wrong way! Je suis sûr qu'on va du mauvais côté !

wrote

*Hold on! There's something **wrong**!*

— Un instant ! Il y a quelque chose **qui ne va pas** !

3. qui ne va pas*
4. mal
It's wrong to lie. C'est mal de mentir.
5. injuste
It's wrong that they have to beg. C'est injuste qu'ils doivent mendier.
6. *Idiom* **to be wrong** avoir tort
OK, I was wrong, I'm sorry. D'accord, j'avais tort, excuse-moi.
◉ **adv**
1. mal
He pronounced my name wrong. Il a mal prononcé mon nom.
2. *Idiom* **to go wrong** échouer
Joe's plan went wrong again. Le plan de Joe a encore échoué.
◉ **n**
1. mal
You've done wrong. Vous avez mal agi.
2. tort
To right a wrong. Redresser un tort.

wrote → **write**

Xmas **n** Noël
En général, "Xmas" se prononce ['krɪsməs], mais on entend également la forme facétieuse ['eksməs]. "Xmas" est l'abréviation de "Christmas".

X-ray ['eksreɪ] **n** radiographie, radio

yacht [jɒt] **n**
1. voilier
Their small yacht had overturned. Leur petit voilier avait chaviré.
2. yacht, bateau de plaisance
They invited us for cocktails on their yacht. Ils nous ont invités à boire un cocktail sur leur yacht.

Yankee ['jænkɪ] **adj, n** yankee, Yankee
"Yankee" était le surnom donné par les Sudistes aux Nordistes pendant la guerre de Sécession. Aujourd'hui, le terme est utilisé péjorativement pour désigner tout Américain. Attention, l'anglais prend toujours une majuscule.

yard [jɑːd] **n**
1. 0,914 mètre
It's nearly 200 yards away. C'est à presque 200 mètres d'ici.
En abrégé : **yd**.
(voir page 178)
2. cour
They keep their bicycles in the yard. Ils mettent leurs vélos dans la cour.

yawn [jɔːn]
◉ **vi** bâiller*
◉ **n** bâillement

Aaaahhh...
*He started **yawning**.*

Il se mit à **bâiller**.

yd → **yard**

year [jɪəʳ] **n** an, année
He must be at least 90 years old! Il doit avoir au moins 90 ans !
I haven't seen her for years. Cela fait des années que je ne l'ai pas vue.

yearly ['jɪəlɪ]
◉ **adj** annuel
A yearly subscription. Une cotisation annuelle.
◉ **adv** annuellement, tous les ans
The market is held yearly. Le marché a lieu tous les ans.
Twice yearly. Deux fois par an.

yell [jel]
◉ **vi, vt** hurler*

Sweeeeeetie!!!
*Don't **yell** like that, you'll wake the whole town up!*

— Sweeeeeetie !!!
— Ne **hurle** pas comme ça, tu vas réveiller toute la ville !

◉ **n** hurlement

yellow ['jeləʊ] **adj, n** jaune
The queen wore a pink coat and a yellow hat. La reine portait un manteau rose et un chapeau jaune.

yes [jes] **adv**
1. oui
— Another cup of tea? — Yes please. — Encore une tasse de thé ? — Oui, s'il vous plaît.
2. si
— That's not Lucky Luke! — Yes, it is! — Ce n'est pas Lucky Luke ! — Si, c'est lui !

yesterday ['jestədɪ] **adv** hier
The bank was held up yesterday. La banque a été attaquée hier.
The day before yesterday. Avant-hier.

yet [jet]
◎ **adv**
1. encore*

*— Et je ne vous ai pas **encore** tout dit !*

2. déjà
Have you done your homework yet? Est-ce que tu as déjà fait tes devoirs ?
3. *Idiom* **as yet** pour l'instant, jusqu'ici
◎ **conj** mais, et pourtant
He's very young, yet everyone's afraid of him. Il est très jeune, et pourtant tout le monde a peur de lui.

yolk [jəʊk] n jaune (d'œuf)*

*— Mettez les **jaunes** dans un bol, c'est facile à dire !*

you [juː] pron
1. tu, vous
How are you? Comment vas-tu ? Comment allez-vous ?
2. te, t', vous
I'll write to you soon! Je t'écrirai bientôt ! Je vous écrirai bientôt !
3. toi, vous
It's you I'm talking to! C'est à toi que je parle ! C'est à vous que je parle !
4. **Usage indéfini:** on
How do you get to Dry Gulch from here? Comment fait-on pour aller à Dry Gulch d'ici ?

**Attention, on ne fait pas la différence entre "tu" et "vous" en anglais.
Au sens 4 (usage indéfini), on utilise plutôt "you" ; le pronom "one" est rare dans l'anglais courant.**
(voir page 131)

young [jʌŋ]
◎ **adj**
Billy the Kid is very young. Billy the Kid est très jeune.
◎ **n pl**
1. jeunes
There's nothing for the young to do in this town. Il n'y a aucune distraction pour les jeunes dans cette ville.

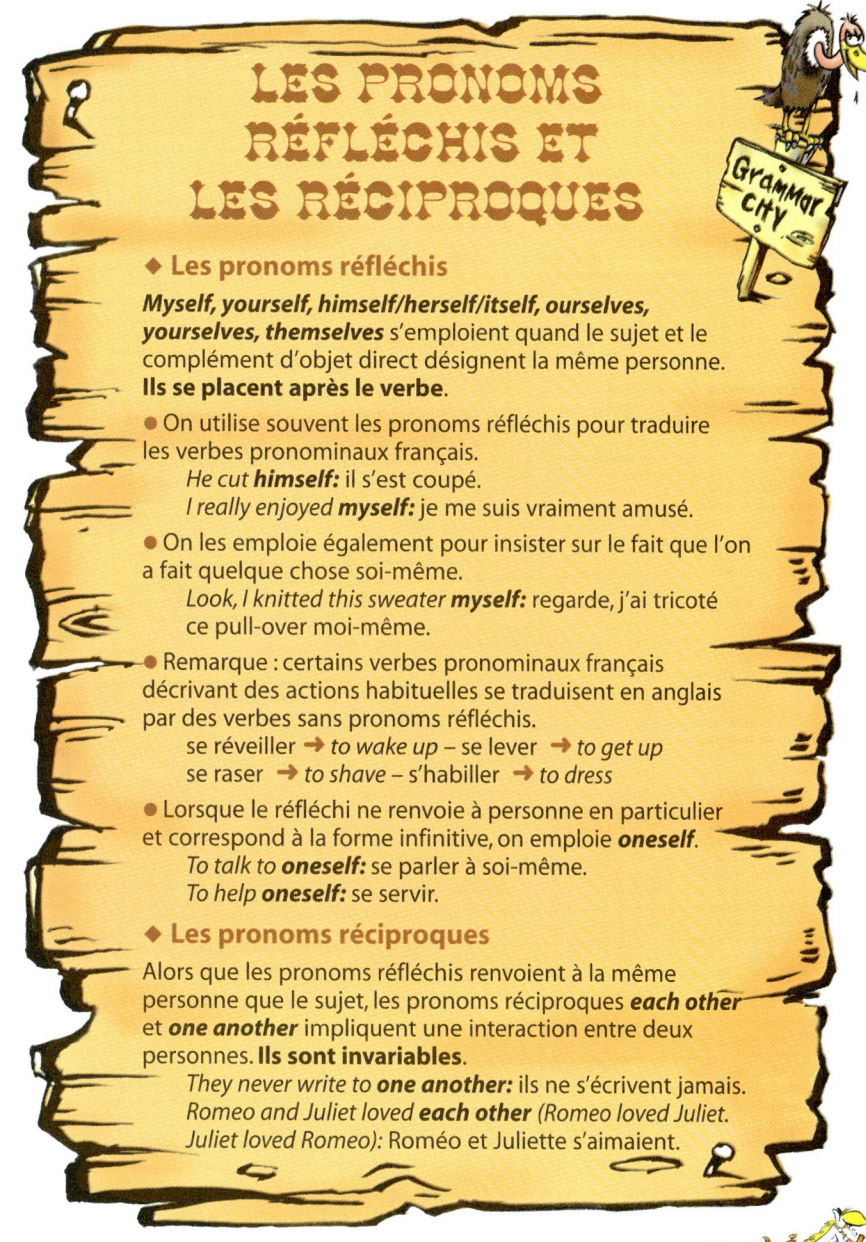

LES PRONOMS RÉFLÉCHIS ET LES RÉCIPROQUES

◆ **Les pronoms réfléchis**

Myself, yourself, himself/herself/itself, ourselves, yourselves, themselves s'emploient quand le sujet et le complément d'objet direct désignent la même personne. **Ils se placent après le verbe**.

● On utilise souvent les pronoms réfléchis pour traduire les verbes pronominaux français.
*He cut **himself**:* il s'est coupé.
*I really enjoyed **myself**:* je me suis vraiment amusé.

● On les emploie également pour insister sur le fait que l'on a fait quelque chose soi-même.
*Look, I knitted this sweater **myself**:* regarde, j'ai tricoté ce pull-over moi-même.

● Remarque : certains verbes pronominaux français décrivant des actions habituelles se traduisent en anglais par des verbes sans pronoms réfléchis.
se réveiller → to wake up – se lever → to get up
se raser → to shave – s'habiller → to dress

● Lorsque le réfléchi ne renvoie à personne en particulier et correspond à la forme infinitive, on emploie **oneself**.
*To talk to **oneself**:* se parler à soi-même.
*To help **oneself**:* se servir.

◆ **Les pronoms réciproques**

Alors que les pronoms réfléchis renvoient à la même personne que le sujet, les pronoms réciproques **each other** et **one another** impliquent une interaction entre deux personnes. **Ils sont invariables**.
*They never write to **one another**:* ils ne s'écrivent jamais.
*Romeo and Juliet loved **each other*** (Romeo loved Juliet. Juliet loved Romeo): Roméo et Juliette s'aimaient.

youngster

2. petits
The duck tried to protect its young. La cane a essayé de protéger ses petits.

youngster [ˈjʌŋstəʳ] **n** jeune, jeune homme
A group of youngsters. Un groupe de jeunes.

your [jɔːʳ] **adj**
1. ton, ta, tes, votre, vos
Give me your revolver, Averell. Donne-moi ton revolver, Averell.
Is this your horse? Est-ce que c'est votre cheval ?
2. Usage indéfini : son, sa, ses
What do you have to do if you lose your passport? Qu'est-ce qu'il faut faire si on perd son passeport ?
Voir le commentaire à "you" et à la page 186.

yours [jɔːz] **pron**
1. le tien, à toi, le vôtre, à vous
I've finished my steak, can I have yours, Joe? J'ai fini mon steak, est-ce que je peux prendre le tien, Joe ?
2. Idiom **a friend of yours** un de tes amis, un de vos amis

Voir le commentaire à "you" et à la page 186.

yourself [jɔːˈself] (**pl:** yourselves) **pron**
1. te, vous*
Have you hurt yourself? Est-ce que tu t'es fait mal ?
2. toi-même, vous-même, vous-mêmes
Don't try and do it yourself, Averell. N'essaie pas de le faire toi-même, Averell.
3. Usage indéfini : se
It's easy to hurt yourself. C'est facile de se blesser.
4. Usage indéfini : soi-même
It's not something you can easily do yourself. Ce n'est pas quelque chose que l'on peut aisément faire soi-même.
5. Idiom **(all) by yourself** tout seul
Voir le commentaire à "you" et à la page 325.

youth [juːθ] **n**
1. jeunesse
In my youth I wanted to be a cowboy. Dans ma jeunesse, je voulais être cow-boy.

2. jeune
A gang of youths. Une bande de jeunes.
3. jeunes
The youth of today are more independent. Les jeunes d'aujourd'hui sont plus indépendants.
Attention, "youth" dans ce sens est toujours suivi d'un verbe au pluriel.
• **youth hostel** auberge de jeunesse

zebra [ˈzebrə] **n** zèbre
• **zebra crossing** **Br** passage pour piétons

zero [ˈzɪərəʊ] **adj num, n** zéro
The temperature is well below zero. La température est bien au-dessous de zéro.
(voir page 195)

zip [zɪp] (**Am:** zipper) **n** fermeture Éclair
"Fermeture Éclair" est un nom déposé.
• **zip code** → postcode

zoo [zuː] **n** zoo

zucchini [zuːˈkiːnɪ] **n Am** courgette
Le pluriel peut être soit "zucchini", soit "zucchinis".

> Come on, this is the end of the first part of the dictionary, try and behave *yourselves*!

— Allons, c'est la fin de la première partie du dictionnaire, essayez de bien *vous* tenir !

A

à [a] **prép**
1. *Pour parler du lieu où l'on est* : in, at
Il passe sa vie au saloon. He spends his whole life in the saloon.
Je te retrouve au cinéma. I'll meet you at the cinema. (**Am** : movie house)
2. *Pour parler du lieu où l'on va* : to*

— Let's go to Dalton City, Jolly Jumper...

3. *Pour parler de l'heure* : at
Les cours finissent toujours à dix-sept heures. Classes always finish at five p.m.
4. *Avec un complément d'attribution* : to
Ma Dalton écrit parfois à ses fils qui sont en prison. Ma Dalton sometimes writes to her sons who are in jail.
5. *Pour parler d'une caractéristique* : with
Regardez cet homme au chapeau blanc, c'est Lucky Luke. Look at that man with a white hat, it's Lucky Luke.
6. *Pour parler de quelque chose que l'on possède* : on emploie un pronom possessif ou le cas possessif.
Cet argent est à moi/à toi/à lui/à elle/à nous/à vous/à eux. This money is mine/yours/his/hers/ours/yours/theirs.
Savez-vous si ces lunettes sont à William ? Do you know whether these glasses are William's?
7. *Locution* **À demain ! /À la semaine prochaine !** See you tomorrow! /See you next week!

abandonner [abɑ̃dɔne]
✪ **vt** to abandon*
✪ **vi** to give up
C'est trop dur, je n'y arrive pas, j'abandonne ! It's too hard, I can't do it, I give up!

— *C'est une ville abandonnée, je me demande ce qui s'est passé.*

— It's an *abandoned* town, I wonder what happened.

abat-jour [abaʒuʁ] **nm inv** lamp-shade

abeille [abɛj] **nf** bee

abîmer [abime]
✪ **vt** to damage
Billy a abîmé le fusil de sa grand-mère. Billy damaged his grandmother's gun.
✪ **s'abîmer vpr** to get damaged
Ne pose pas ton livre comme ça, il va s'abîmer. Don't put your book down like that, it'll get damaged.

aboyer [abwaje] **vi** to bark
Ran Tan Plan aboie après les Dalton. Rin Tin Can is barking at the Daltons.

abréviation [abʁevjasjɔ̃] **nf** abbreviation

abri

abri [abri] **nm**
1. shelter
Ils ont construit un abri avec des branches. They've built a shelter with some branches.
2. *Locution* **se mettre à l'abri** to take shelter*

— Quick, *let's take shelter!*

abricot [abriko] **nm** apricot

abriter [abrite]
✱ **vt** to shelter
Je vais t'abriter avec mon parapluie. I'll shelter you under my umbrella.
✱ **s'abriter** **vpr** to shelter, to take shelter
Elle s'est mise sous un arbre pour s'abriter de la pluie. She stood under a tree to take shelter from the rain.

absence [apsɑ̃s] **nf**
1. absence
Averell a mangé tous les gâteaux en l'absence de ses frères. Averell ate all the cakes in his brothers' absence.
2. lack
L'absence totale de bon sens de Ran Tan Plan. Rin Tin Can's total lack of common sense.

absent, e [apsɑ̃, ɑ̃t]
✱ **adj**
1. absent
Six élèves étaient absents hier. Six pupils were absent yesterday.
2. missing*
✱ **nm, nf** absentee
Il y avait trois absents en cours de maths. There were three absentees from the maths class.

absolument [apsɔlymɑ̃] **adv**
absolutely
Le croque-mort porte une veste rouge, c'est absolument incroyable ! The undertaker is wearing a red jacket, it's absolutely incredible!

accélérer [akselere] **vi** to accelerate
Accélère, sinon on ne le doublera jamais ! Accelerate or we'll never overtake him!

accent [aksɑ̃] **nm**
1. accent
Le blanchisseur chinois a un drôle d'accent. The Chinese laundryman has a funny accent.
2. accent
Un accent aigu/grave/circonflexe. An acute/a grave/a circumflex accent.

accepter [aksɛpte] **vt**
1. to accept
Il a accepté leur offre. He accepted their offer.
2. to agree
Ce bandit exagère, j'accepte de vous aider ! This bandit has gone too far, I agree to help you!

accident [aksidɑ̃] **nm** accident
Je jure que c'est un accident, je ne l'ai pas fait exprès ! I swear it's an accident, I didn't do it on purpose!

accompagner [akɔ̃paɲe]
✱ **vt**
1. to come with
Tu m'accompagnes jusqu'au bout de la rue ? Will you come with me to the end of the street?
2. to take*

Allez, je t'accompagne à la prison.
Snif... Snif...

— Come on, I'm *taking* you to jail.
— Boo-hoo...

✱ **s'accompagner** **vpr** to accompany oneself
Il chantait sa chanson en s'accompagnant au banjo. He was singing his song and accompanying himself on the banjo.

accoucher [akuʃe] **vi** to give birth
Elle a accouché d'un petit garçon de quatre kilos. She gave birth to a four-kilo baby boy.

accrocher [akrɔʃe]
✱ **vt**
1. to hang up

Je vous ramène les Dalton, ne les laissez pas s'échapper trop vite !
Merci, Lucky Luke, ils n'auront pas été absents trop longtemps cette fois...

— I'm bringing the Daltons back, don't let them escape too quickly!
— Thanks, Lucky Luke, they haven't been *missing* for too long this time...

Il a accroché le portrait de son grand-père au mur. He hung up his grandfather's portrait on the wall.
2. to catch
Billy the Kid a accroché son pantalon aux barbelés. Billy the Kid caught his trousers on the barbed wire.
⊙ **s'accrocher** **vpr** to hang on
Il s'accrochait à la taille de Lucky Luke pour ne pas tomber de cheval. He was hanging on to Lucky Luke's waist so as not to fall off the horse.

accueillir [akœjir] vt
1. to welcome*

Entrez, je vous en prie, je suis heureuse de vous accueillir dans mon salon de thé.

– Do come in, I'm pleased to welcome you to my tearoom.

2. to give a welcome
Ils ne nous ont pas très bien accueillis. They didn't give us a very warm welcome.

accusé, e [akyze] nm, nf defendant, accused

accuser [akyze] vt to accuse
Les Dalton sont accusés d'au moins quarante hold-up. The Daltons are accused of at least forty holdups.

achats [aʃa]
1. nm pl
Se traduit par une expression.
Montre-moi un peu tes achats. Show me what you bought.
2. *Locution* **faire ses achats** to go shopping
Elle fait toujours ses achats le samedi après-midi. She always goes shopping on Saturday afternoons.

C'est ainsi que Ma Dalton achetait de la viande.

That's how Ma Dalton used to buy meat.

acheter [aʃte]
⊙ **vt** to buy*
⊙ **s'acheter** **vpr** to buy (oneself)
Avec le butin, les Dalton ont décidé de s'acheter une maison. With the loot, the Daltons decided to buy a house.

acide [asid] adj sour
Cette orange est trop acide, j'en veux une autre. This orange is too sour, I would like another one.

acier [asje] nm steel
Un couteau en acier. A steel knife.

acte [akt] nm
1. act, action
Grâce à cet acte courageux, la ville est débarrassée de ces bandits ! Thanks to that act of bravery, the town is rid of those bandits!
2. **Dans une pièce de théâtre :** act
Acte I, scène II. Act I, Scene 2.

acteur, actrice [aktœr, aktris] nm, nf actor, actress

action [aksjɔ̃] nf
1. deed
Pour une fois, Joe a décidé de faire une bonne action. For once, Joe decided to do a good deed.
2. action
Un film d'action. An action film.
3. share
Elle a acheté cinq actions de la compagnie des chemins de fer. She bought five shares in the railway company.

actrice → acteur

actualité [aktyalite]
1. nf news
2. nf pl news*

Le Daily Star est arrivé dans votre ville. Toute l'actualité de la région dans votre nouveau quotidien !

– The Daily Star has come to your town. Read all the regional news in your new daily!

Je regarde toujours les actualités de vingt heures. I always watch the eight o'clock news.
Les nouvelles ne sont pas bonnes. The news isn't good.
Attention, le verbe qui suit "news" est toujours au singulier.

actuel, elle [aktyɛl] adj present, current
La situation actuelle est très bonne. The current situation is very good.

actuellement [aktyɛlmɑ̃] adv at present, currently

adapter

Lucky Luke est actuellement sur la piste d'un dangereux criminel. Lucky Luke is currently on the trail of a dangerous criminal.

adapter [adapte]
◎ **vt** to adapt
Il faut adapter les étriers pour Joe. The stirrups have to be adapted for Joe.
◎ **s'adapter vpr** to adapt
Tu pourrais faire un effort pour t'adapter. You could make an effort to adapt.

addition [adisjɔ̃] nf
1. sum
Il s'entraîne à faire des additions. He is practising his sums.
2. bill* (**Am** : check)

L'addition lui a paru fort chère.

He found the **bill** terribly expensive.

adieu [adjø]
1. **nm** farewell
Elle pleurait en leur faisant ses adieux. She was crying as she said her farewells to them.
2. **excl** goodbye, farewell

adjectif [adʒɛktif] nm adjective

admettre [admɛtr] vt to admit
J'admets que j'ai eu tort. I admit I was wrong.

admirable [admirabl] adj admirable
Il a fait preuve d'un courage admirable. He showed admirable courage.

admirer [admire] vt to admire
Tout le monde admire Lucky Luke. Everybody admires Lucky Luke.

adolescence [adɔlesɑ̃s] nf adolescence

adolescent, e [adɔlesɑ̃, ɑ̃t] nm, nf
teenager, adolescent
Tu verras, il y aura sûrement d'autres adolescents là-bas. You'll see, there will probably be other teenagers there.

adopter [adɔpte] vt to adopt
Un enfant adopté. An adopted child.

adorable [adɔrabl] adj adorable, lovely
Quel chat adorable, ce Sweetie ! Sweetie is such an adorable cat!

adorer [adɔre] vt to love
Ran Tan Plan adore manger. Rin Tin Can loves eating.

adresse [adrɛs] nf
1. address*

Je vais mettre l'adresse de la prison sur l'enveloppe. J'espère qu'ils y sont encore !

– I'll put the prison **address** on the envelope. I hope they're still there!

2. skill
Lucky Luke fait preuve d'une grande adresse au tir. Lucky Luke shows great skill with a gun.

adresser [adrese]
◎ **vt**
1. to address
Cette lettre t'est adressée. This letter is addressed to you.
2. *Locution* **adresser la parole à quelqu'un** to speak to somebody
Il ne m'a pas adressé la parole de toute la soirée. He didn't speak to me all evening.

◎ **s'adresser vpr**
1. to speak
C'est à moi que vous vous adressez ? Are you speaking to me?
2. to ask
Si vous cherchez le shérif, adressez-vous là. If you're looking for the sheriff, ask over there.

adroit, e [adrwa, at] adj skilful
Je n'ai jamais vu quelqu'un d'aussi adroit que Lucky Luke. I have never seen anybody as skilful as Lucky Luke.

adulte [adylt]
◎ adj adult, grown-up
Sois un peu adulte ! Be a bit more grown-up!
◎ **nm, nf** adult, grown-up
Averell, tu es peut-être un adulte, mais tu mérites quand même une bonne correction ! Averell, you may be an adult, but you still deserve a good hiding!

adverbe [advɛrb] nm adverb

adversaire [advɛrsɛr] nm, nf
opponent
Le combat allait se dérouler entre deux adversaires de classe internationale. The fight was to take place between two opponents of international standing.

aéroport [aerɔpɔr] nm airport

affaire [afɛr]
◎ nf
1. matter
J'ai à vous parler d'une affaire délicate. I need to talk to you about a delicate matter.
2. bargain
Ce cheval est magnifique, vous avez fait une affaire. This horse is beautiful, you got a bargain there.
3. *Locution* **avoir affaire à** to deal with
Si tu continues comme ça, tu auras affaire à moi ! If you carry on like this, you'll have me to deal with!
◎ **nf pl**
1. things
Ramasse tes affaires, elles me gênent. Pick up your things, they're in my way.
2. business
C'est un plaisir de faire des affaires

agent de police

avec vous. It's a pleasure to do business with you.
3. *Locution* **s'occuper de ses affaires** to mind one's own business
Je ne t'ai rien demandé, occupe-toi de tes affaires ! I didn't ask you anything, mind your own business!

affamé, e [afame] **adj** starving*

– I'm **starving**!
– Hey, do I eat out of your plate?

affectueux, euse [afɛktɥø, øz] **adj** affectionate
Ran Tan Plan est souvent trop affectueux avec les prisonniers ! Rin Tin Can is often too affectionate towards the inmates!

affiche [afiʃ] **nf** poster

afficher [afiʃe] **vt**
1. to put up
Ils ont affiché un avis de recherche pour les Dalton. They've put up a "Wanted" poster for the Daltons.
Il a affiché un poster dans sa chambre. He put a poster up in his bedroom.
2. to display
Les résultats de l'examen seront affichés lundi. The exam results will be displayed on Monday.

affirmer [afirme] **vt** to maintain

affreux, euse [afrø, øz] **adj**
1. hideous
Non seulement il est affreux, mais en plus il est stupide ! Not only is he hideous, he's also stupid!
2. dreadful
Ce qui s'est passé est affreux. What happened is dreadful.

afin [afɛ̃]
✪ **afin de prép** in order to
Les Dalton ont été placés dans une cellule à part afin de protéger les autres prisonniers. The Daltons were put in a separate cell in order to protect the other prisoners.
✪ **afin que conj** so that
Je partirai tôt afin que tout soit prêt pour leur arrivée. I'll leave early so that everything is ready for their arrival.

africain, e [afrikɛ̃, ɛn] **adj, nm, nf** African
Un garçon africain. An African boy.
Les Africains. Africans.
Attention, l'anglais prend toujours une majuscule.

Afrique [afrik] **nf** Africa
Je suis allée en Afrique l'année dernière. I went to Africa last year.

âge [aʒ] **nm**
1. age
À son âge, Billy ne devrait pas jouer avec des armes. At his age, Billy shouldn't play with weapons.
2. *Locution* **Quel âge as-tu ?** How old are you?

âgé, e [aʒe] **adj**
1. old, elderly
Lucky Luke est toujours très prévenant avec les personnes âgées. Lucky Luke is always very considerate towards elderly people.
2. *Locution* **être âgé de** to be… old
Elle est âgée de 35 ans. She's 35 years old.

agence [aʒɑ̃s] **nf** agency

agenda [aʒɛ̃da] **nm** diary

s'agenouiller [saʒnuje] **vpr** to kneel, to kneel down*

agent de police [aʒɑ̃dəpɔlis] **nm** police officer

– Why are they **kneeling down**?

agile

Jolly Jumper est un cheval vraiment agile !
Doucement, Jolly Jumper, doucement...

Jolly Jumper is a really agile horse!
– Slowly, Jolly Jumper, slowly...

agile [aʒil] **adj** agile*, nimble

agir [aʒir] **vi**
1. to act
Assez parlé, il faut agir ! Enough talk, we must act!
2. *Locution* **il s'agit de** it's about, it is
De quoi s'agit-il ? What is it about? What is it?

agiter [aʒite]
✲ **vt**
1. to shake
Ne m'obligez pas à agiter sans cesse cette cloche pour vous faire taire ! Don't make me shake this bell all the time to make you keep quiet!
2. to wave
Ils agitaient leurs mouchoirs pour dire au revoir. They were waving goodbye with their handkerchiefs.
✲ **s'agiter vpr** to fidget
Arrête de t'agiter comme ça. Stop fidgeting like that.

agneau [aɲo] **nm**
1. lamb
La brebis et ses agneaux. The ewe and her lambs.
2. lambskin
Une veste en agneau. A lambskin jacket.

agrafe [agraf] **nf**
1. Pour les vêtements : hook
2. Pour les papiers : staple

agréable [agreabl] **adj** pleasant, nice

agriculture [agrikyltyr] **nf** agriculture, farming

L'agriculture est l'activité principale des pionniers. Farming is the pioneers' main activity.

aide [ɛd]
✲ **nf**
1. help
2. *Locution* **A l'aide !** Help!
À l'aide ! La banque est attaquée ! Help! The bank is being held up!
3. *Locution* **à l'aide de** with
Bloque la roue à l'aide d'une pierre. Block the wheel with a stone.
✲ **nm, nf** assistant
Le jardinier et ses aides. The gardener and his assistants.

aider [ede]
✲ **vt** to help*
✲ **s'aider vpr** to help each other
Vous réussirez plus facilement en vous aidant les uns les autres. You'll succeed more easily if you help each other.

aïe [aj] **excl** ouch

aigle [ɛgl] **nm** eagle

aigre [ɛgr] **adj** sour

aigu, aiguë [egy] **adj**
1. high-pitched
Elle a une voix très aiguë. She has a very high-pitched voice.
2. → accent

aiguille [eɡɥij] **nf**
1. needle*

Puis-je vous aider, madame ?
Volontiers, jeune homme, je vais en face.

– May I help you, madam?
– Yes please, young man, I'm going across the road.

Même à cheval, il est capable d'enfiler une aiguille !

He can thread a needle even when he's riding a horse!

2. hand
La petite/la grande aiguille de la montre. The hour/the minute hand of the watch.

ail [aj] **nm** garlic

aile [ɛl] **nf**
1. wing
Le vautour déploie ses ailes. The vulture spreads its wings.
2. wing (**Am** : fender)
L'aile gauche de la voiture est abîmée. The left wing of the car is damaged.
3. sail
Les ailes des moulins. The sails of the windmills.

ailleurs [ajœr] **adv**
1. elsewhere, somewhere else
Si tu ne le trouves pas ici, cherche ailleurs. If you don't find it here, look elsewhere.

2. *Locution* **partout, nulle part ailleurs** everywhere, nowhere else
3. *Locution* **d'ailleurs** by the way
Tiens, d'ailleurs, ça me rappelle que… Oh, by the way, this reminds me that…

aimable [ɛmabl] **adj** kind*, nice

— Merci, jeune homme, c'est très *aimable* à vous.

— Thank you, young man, it's very *kind* of you.

aimer [eme]
✲ **vt**
1. to like
Jolly Jumper aimait beaucoup Lucky Luke. Jolly Jumper liked Lucky Luke a lot.
Lucky Luke n'aime pas que son cheval soit triste. Lucky Luke doesn't like his horse being sad.
2. to love
Il était trop timide pour lui dire qu'il l'aimait. He was too shy to tell her that he loved her.
3. *Locution* **aimer faire quelque chose** to like doing something
Averell aime manger. Averell likes eating.
4. *Locution* **aimer bien** to like
Il est gentil, je l'aime bien. He's nice, I like him.
5. *Locution* **j'aime mieux, tu aimes mieux** I'd rather, you'd rather
J'aimerais mieux jouer. I'd rather play.
✲ **s'aimer vpr** to be in love with each other, to love each other
Ils s'aiment en secret. They are secretly in love with each other.

aîné, e [ene] **adj, nm, nf** elder, eldest
On distingue entre l'aîné de deux enfants (elder) et l'aîné de plus de deux enfants (eldest).

L'aîné de mes deux fils. The elder of my two sons.
C'est l'aîné des quatre frères Dalton. He's the eldest of the four Dalton brothers.

ainsi [ɛ̃si] **adv**
1. like this
Il faut s'y prendre ainsi :… You have to do it like this:…
2. *Locution* **et ainsi de suite** and so on, and so forth
3. *Locution* **ainsi que** as well as
Le patron du saloon ainsi que les danseuses. The owner of the saloon as well as the dancers.

air [ɛr] **nm**
1. air
L'air est frais dans les plaines de l'Ouest. The air is fresh in the Western plains.
2. tune
Tout le monde connaît le petit air que fredonne Lucky Luke. Everybody knows the tune that Lucky Luke hums.
3. *Locution* **avoir l'air…** to look…
Joe Dalton a toujours l'air fâché. Joe Dalton always looks angry.
Tu as l'air de trouver ça bizarre. You look as if you think this is strange.
4. *Locution* **en plein air** outside
Lucky Luke aime dormir en plein air. Lucky Luke likes sleeping outside.
5. *Locution* **prendre l'air** to get some fresh air

ajouter [aʒute] **vt** to add
"Et revenez nous voir", ajouta-t-il. "Come and see us again", he added.

alarme [alarm] **nf** alarm
Lucky Luke tire le signal d'alarme. Lucky Luke pulls the alarm cord.

album [albɔm] **nm** album
Un album de photos. A photo album.

alcool [alkɔl] **nm** alcohol
Le vieil homme propose de l'alcool à l'Indien. The old man offers the Indian some alcohol.

alentours [alɑ̃tur] **nm pl**
1. surroundings
Les alentours de la ville ne sont pas très beaux. The surroundings of the city aren't very pretty.
2. *Locution* **aux alentours de** around
Tout est calme aux alentours du camp indien. Everything is quiet around the Indian camp.

algèbre [alʒɛbr] **nf** algebra

Algérie [alʒeri] **nf** Algeria
L'Algérie est un pays très chaud. Algeria is a very hot country.

algérien, enne [alʒerjɛ̃, ɛn] **adj, nm, nf** Algerian
Un garçon algérien. An Algerian boy.
Les Algériens. Algerians.
Attention, l'anglais prend toujours une majuscule.

aliment [alimɑ̃] **nm** food*
"Food" s'emploie le plus souvent au singulier.

— Évidemment, vous n'êtes peut-être pas habitué à ce genre d'*aliments*.

— Of course, maybe you're not used to this kind of *food*.

alimentation [alimɑ̃tasjɔ̃] **nf**
1. diet
Les Indiens n'avaient pas une alimentation très variée. The Indians didn't have a very varied diet.
2. grocer's
Il y a un magasin d'alimentation au coin de la rue. There's a grocer's on the corner of the street.

allée [ale] **nf**
1. path
Nous nous sommes promenés dans les allées du parc. We had a walk along the paths in the park.
2. aisle
Les allées du supermarché. The supermarket aisles.

Allemagne

Allemagne [almaɲ] **nf** Germany
Nous sommes voisins de l'Allemagne. We are Germany's neighbours.

allemand, e [almɑ̃, ɑ̃d] **adj, nm, nf** German
Un garçon allemand. A German boy.
Les Allemands. Germans.
Elle parle bien allemand. She speaks good German.
Attention, l'anglais prend toujours une majuscule.

aller [ale]
◌ **vi**
1. to go
Ils sont allés à Dalton City en diligence. They went to Dalton City by stagecoach.
2. to be
Comment allez-vous ? How are you?
3. *Location* **aller à quelqu'un** to suit, to fit somebody
Cette robe ne lui va pas très bien. This dress doesn't suit her very well.
4. *Location* **Allez !** Come on!
Allez, Ran Tan Plan, cherche les bandits ! Come on, Rin Tin Can, look for the bandits!
◌ **s'en aller vpr** to go
Bon, moi, je m'en vais ! Well, I'm going!
• La construction "aller + infinitif" se traduit par "to be going to + infinitif".
Si les Dalton continuent comme ça, je vais me fâcher ! If the Daltons carry on like this, I'm going to get angry!

allô [alo] **excl** hello

allonger [alɔ̃ʒe]
◌ **vt** to lengthen
◌ **s'allonger vpr** to lie down
Il s'était allongé par terre pour dormir. He had gone to lie down on the floor to sleep.

allumer [alyme]
◌ **vt**
1. to light*

– Well, it's not easy to **light** a fire like this!

2. to switch on
Allume la lumière/la télévision. Switch the light/the TV on.

◌ **s'allumer vpr** to come on
Toutes les lumières se sont allumées. All the lights came on.

allumette [alymɛt] **nf** match

allure [alyr] **nf**
1. style
Il a beaucoup d'allure. He has a lot of style.
2. **avoir une drôle d'allure** to look funny
3. *Location* **à toute allure** at top speed
La voiture est arrivée à toute allure. The car arrived at top speed.

alors [alɔr] **adv**
1. so
Billy the Kid a fait une bêtise, alors Lucky Luke lui a donné une fessée. Billy the Kid did something naughty, so Lucky Luke gave him a spanking.
2. so
Alors, tu viens ? So, are you coming?
3. then
Le juge prit alors la décision de condamner les Dalton à un an de prison. The judge then decided to sentence the Daltons to one year in prison.
4. *Location* **alors que** even though, whereas
Ran Tan Plan aime les Dalton alors qu'il devrait les détester. Rin Tin Can likes the Daltons even though he should hate them.
Dans leur pays il fait chaud, alors qu'ici, il pleut toujours. It's hot in their country, whereas here it's always raining.

alphabet [alfabɛ] **nm** alphabet

altitude [altityd] **nf** altitude
À 1 000 mètres d'altitude. At an altitude of 1,000 metres.

amande [amɑ̃d] **nf** almond

ambiance [ɑ̃bjɑ̃s] **nf**
1. atmosphere
Il y a une très bonne ambiance ici. There's a really good atmosphere here.
2. *Location* **mettre de l'ambiance** to liven things up*

C'est vrai, ça met de l'ambiance.
Bravo, vous êtes très doués !

– That's true, it does **liven things up**.
– Well done, you're very good at this!

ambitieux, euse [ɑ̃bisjø, øz] **adj** ambitious

ambition [ɑ̃bisjɔ̃] **nf**
Locution **avoir de l'ambition** to be ambitious
Ran Tan Plan n'a aucune ambition. Rin Tin Can isn't ambitious at all.

ambulance [ɑ̃bylɑ̃s] **nf** ambulance

âme [am] **nf** soul

améliorer [ameljɔre]
✿ **vt** to improve
Il a beaucoup travaillé pour améliorer ses résultats en maths. He worked a lot to improve his maths results.
✿ **s'améliorer vpr** to improve*

– Pan! Pan!
– Bravo! Tu t'améliores!
– Bang! Bang!
– Well done! You're improving!

amende [amɑ̃d] **nf** fine
J'ai eu 500 euros d'amende. I got a 500-euro fine.

amener [amne] **vt** to bring
Il a amené son ami chez nous. He brought his friend to our house.

amer, ère [amɛr] **adj** bitter

américain, e [amerikɛ̃, ɛn] **adj, nm, nf** American
Un garçon américain. An American boy.
Les Américains. Americans.
Attention, l'anglais prend toujours une majuscule.

Amérique [amerik] **nf** America
Ils sont partis pour l'Amérique en 1825. They left for America in 1825.

ami, e [ami]
✿ **adj** être ami avec quelqu'un to be friends with somebody
Est-ce que tu es amie avec lui ? Are you friends with him?
✿ **nm, nf**
1. friend*

Venez, Martins, nous allons nous associer..
Quel bonheur d'avoir un ami tel que vous!

– Come on, Martins, we'll go into partnership.
– What a pleasure it is to have a friend like you!

2. boyfriend (**f** : girlfriend)
Elle est venue avec son (petit) ami. She came with her boyfriend.

amical, ale, aux [amikal, o] **adj** friendly
Il ne s'est pas montré très amical. He wasn't very friendly.

amicalement [amikalmɑ̃] **adv**
1. in a friendly way
Ils nous ont accueillis très amicalement. They greeted us in a very friendly way.
2. Pour traduire la formule de fin de lettre "amicalement" : best wishes
J'espère vous revoir bientôt. Amicalement… I hope to see you again soon. Best wishes…

amitié [amitje] **nf** friendship
Rien ne pourra briser leur amitié. Nothing could break up their friendship.

amour [amur] **nm** love

amoureux, euse [amurø, øz]
✿ **adj**
Locution être/tomber amoureux de quelqu'un to be/to fall in love with somebody*

✿ **nm pl** lovers
Deux amoureux qui se tenaient par la main. Two lovers who where holding hands.

ampoule [ɑ̃pul] **nf**
1. bulb
L'ampoule est grillée, il faut la changer. The bulb has blown, we need to change it.
2. phial
Le médecin m'a donné des ampoules à prendre tous les matins. The doctor gave me some phials to take every morning.
3. blister
J'ai trop marché, j'ai des ampoules aux pieds. I've walked for too long, I have blisters on my feet.

amusant, e [amyzɑ̃, ɑ̃t] **adj** funny

amuser [amyze]
✿ **vt** to amuse
✿ **s'amuser vpr**
1. to have fun, to have a good time
Ils se sont bien amusés avec leurs cousins. They had a very good time with their cousins.
2. to have fun, to amuse oneself
Billy the Kid s'amuse à faire peur aux gens. Billy the Kid has great fun scaring people.

an [ɑ̃] **nm**
1. year
L'an prochain, j'irai au lycée. Next year I'll go to high school.
2. *Locution* avoir… ans to be… (years old)

J'ai compris! Tu es amoureux d'elle!

– I get it! You're in love with her!

ananas

Elle a quinze ans. She's fifteen (years old).

ananas [anana, ananas] **nm** pineapple

ancêtre [ãsɛtr] **nm, nf** ancestor

ancien, enne [ãsjɛ̃, ɛn] **adj**
1. old
Un bâtiment très ancien. A very old building.
2. former
C'est une de mes anciennes élèves. She's a former pupil of mine.
3. old
Je préférais son ancienne voiture. I preferred his old car.

âne [an] **nm**
1. donkey
Les ânes étaient très utiles aux chercheurs d'or. Donkeys were very useful to gold diggers.
2. **familier** ass
Ce Ran Tan Plan, quel âne, il ne comprend jamais rien ! What an ass Rin Tin Can is, he never understands anything!

anglais, e [ãglɛ, ɛz] **adj, nm, nf** English
Un garçon anglais. An English boy.
Les Anglais. The English.
Elle parle bien anglais. She speaks good English.
"English" s'applique aux habitants de la région qui s'appelle England. Lorsqu'on veut parler des habitants de la Grande-Bretagne, il faut dire "British".
Attention, l'anglais prend toujours une majuscule.
(voir page 116 et 151)

Angleterre [ãglətɛr] **nf** England
Nous sommes passés par l'Angleterre. We went through England.
(voir page 116)

anglophone [ãglɔfɔn]
✱ **adj** English-speaking
Les pays anglophones. English-speaking countries.
✱ **nm, nf** English speaker
Les anglophones sont avantagés. English speakers are at an advantage.

angoisse [ãgwas] **nf** anguish

angoissé, e [ãgwase] **adj** anxious

— Je me demande d'où sort cet *animal*, il est vraiment étrange !

— I wonder where this *animal* has come from, it's really strange!

animal [animal] **nm** animal*
• **animal familier** pet

anis [anis] **nm** aniseed
Du sirop d'anis. Some aniseed cordial.

année [ane] **nf**
1. year
L'année dernière, Lucky Luke a arrêté plus de cent bandits. Last year Lucky Luke arrested more than a hundred bandits.
L'année scolaire. The school year.
2. *Location* **Bonne année !** Happy New Year!

anniversaire [anivɛrsɛr] **nm**
1. birthday*

Bon *anniversaire*, cher ami !
Bon *anniversaire* !

— Happy *birthday*, dear friend!
— Happy *birthday*!

2. anniversary
Leur anniversaire de mariage est le 15 juillet. Their wedding anniversary is on the 15th of July.

annonce [anɔ̃s] **nf Br** advert, ad
Il y a sûrement des annonces qui t'intéressent dans ce journal. There are probably some adverts you'll find interesting in this paper.

annoncer [anɔ̃se] **vt** to announce

annuaire [anɥɛr] **nm** telephone directory, phone book

annuler [anyle] **vt** to cancel

antenne [ãtɛn] **nf**
1. aerial, antenna
L'antenne de télévision est cassée. The TV aerial is broken.
2. antenna
Les antennes du papillon. The butterfly's antennae.
• **antenne parabolique** satellite dish

Antilles [ãtij] **nf pl** West Indies

antiquité [ãtikite] **nf** antique
Un magasin d'antiquités. An antique shop.
• **l'Antiquité grecque/romaine** ancient Greece/Rome

août [u, ut] **nm** August
Attention, les noms de mois prennent toujours une majuscule en anglais.
(voir page 71)

apartheid [apartɛd] **nm** apartheid

apercevoir [apɛrsəvwar]
✱ **vt** to see
J'aperçois quelque chose qui va régler notre problème. I can see something that is going to solve our problem.

trois cent trente-six • **336** • three hundred and thirty-six

apprendre

s'apercevoir vpr to notice
Personne ne s'était aperçu que les Dalton s'étaient échappés. Nobody had noticed that the Daltons had escaped.

apéritif [aperitif] nm aperitif
Passez donc prendre l'apéritif à la maison. Come and have an aperitif at our place.

ap. J.-C. abréviation AD
En l'an 47 ap. J.-C. In 47 AD.
"AD" est l'abréviation du latin "Anno Domini".

apparaître [aparɛtr] vi to appear

appareil [aparɛj] nm
1. device
C'est un appareil qui sert à mesurer la vitesse. It's a device used to measure speed.
2. appliance
Un appareil électroménager. A household appliance.
3. aircraft
L'appareil s'est posé en catastrophe. The aircraft made an emergency landing.
4. braces
Elle doit porter un appareil parce que ses dents sont tordues. She must wear braces because her teeth are crooked.
5. *Locution* **à l'appareil** speaking
– Qui est à l'appareil ? – Blandine à l'appareil. – Who's speaking? – Blandine speaking.
• **appareil photo** camera*

– What a beautiful camera!

appartement [apartəmã] nm flat (**Am** : apartment)

appartenir [apartənir] vi to belong*

Je vous dis que cet animal nous appartient.

– I tell you this animal belongs to us.

appel [apɛl] nm
1. phone call
Il y a eu plusieurs appels pour vous aujourd'hui. There were several phone calls for you today.
2. call
On entend des appels au secours qui venaient de la banque. Calls for help could be heard coming from the bank.
3. *Locution* **faire l'appel** to take the register
Le professeur fait l'appel au début du cours. The teacher takes the register at the start of the class.

appeler [aple]
◦ vt
1. to call
Il a appelé Ran Tan Plan, qui n'a pas réagi. He called Rin Tin Can, who didn't react.
2. to call, to ring
Tu m'appelles ce soir ? Will you call me tonight?
3. to call
Les Dalton appellent leur mère "Ma". The Daltons call their mother "Ma".
◦ **s'appeler** vpr *Se traduit par une expression.*
Comment t'appelles-tu ? What's your name?
Le chef sioux s'appelle Cheval Agile. The Sioux chief's name is Agile Horse.

appétissant, e [apetisɑ̃, ɑ̃t] adj appetizing

appétit [apeti] nm
1. appetite
Averell a très bon appétit. Averell has a very good appetite.
Ça m'a coupé l'appétit. It spoilt my appetite.
2. *Locution* **Bon appétit !** Enjoy your meal!*

Voilà pour vous. Bon appétit !

– Here you are. Enjoy your meal!

applaudir [aplodir]
◦ vi to clap, to applaud
◦ vt to applaud
Ils se mirent tous à applaudir Lucky Luke. They all started applauding Lucky Luke.

appliquer [aplike]
◦ vt to apply
◦ **s'appliquer** vpr to apply oneself
Il faut vous appliquer si vous voulez avoir de meilleures notes. You have to apply yourselves if you want better marks.

apporter [aporte] vt to bring
Apporte-moi la clé de la prison. Bring me the prison key.

apprécier [apresje] vt to like
Personne n'apprécie les plaisanteries de Billy the Kid. Nobody likes Billy the Kid's jokes.

apprendre [aprɑ̃dr] vt
1. to learn
Calamity Jane n'a jamais appris à faire la cuisine. Calamity Jane never learnt how to cook.

trois cent trente-sept • **337** • three hundred and thirty-seven

apprenti

2. to teach*

— Ne bouge pas, je vais t'**apprendre** à tricoter.

— Don't move, I'll **teach** you how to knit.

3. to hear
Toute la ville a appris la nouvelle par le télégraphe. The whole town heard the news by telegraph.
4. Location **Ça t'apprendra !** That'll teach you!

apprenti, e [aprɑ̃ti] **nm, nf** apprentice
Un apprenti boulanger. A baker's apprentice.

apprentissage [aprɑ̃tisaʒ] **nm**
1. apprenticeship
Il est en apprentissage chez le maréchal-ferrant de Dalton City. He's doing his apprenticeship with Dalton City's blacksmith.
2. learning
L'apprentissage des langues. Language learning.

s'apprêter [saprete] **vpr** to get ready
Justement, nous nous apprêtions à partir. We were just getting ready to leave.

apprivoiser [aprivwaze] **vt** to tame

approcher [aprɔʃe]
○ **vt** to bring closer
Il a approché son fauteuil de la télé. He brought his armchair closer to the TV.
○ **vi** to get closer
Les Dalton sont heureux car le moment de leur libération approche. The Daltons are happy because their release is getting closer.

○ **s'approcher vpr** to approach, to get closer*

— J'entends le train qui **s'approche** !

— I can hear the train **getting closer**!

approuver [apruve] **vt** to approve of
Lucky Luke n'approuvait pas la décision du maire. Lucky Luke didn't approve of the mayor's decision.

appuyer [apɥije]
○ **vt** to press
Averell appuyait son front contre la vitrine, fasciné par les gâteaux. Averell was pressing his forehead on the shop window, fascinated by the cakes.
○ **vi** to press*

— Bon, alors, maintenant j'**appuie** sur le bouton...

— So, now I'll **press** the button...

○ **s'appuyer vpr** to lean
Le Mexicain s'appuya contre un pilier pour faire la sieste. The Mexican leant against a pillar to have a nap.

après [aprɛ]
○ **prép**
1. after
Après vous, je vous en prie ! After you, please!
Après avoir fait son devoir, Lucky Luke s'éloigne vers le soleil couchant. After doing his duty, Lucky Luke rides into the sunset.
2. Location **d'après lui/elle** according to him/her
D'après lui, ce n'est pas grave. According to him, it's not serious.
3. Location **d'après moi** in my opinion
D'après moi, ça ne marchera pas. In my opinion, it won't work.
4. Location **après tout** after all
Après tout, ce n'est pas mon problème ! After all, it's not my problem!
○ **adv** afterwards
Tenez mon vieux, buvez cela, vous irez beaucoup mieux après. Here you are, old chap, drink this, you'll feel much better afterwards.

après-demain [aprɛdmɛ̃] **adv** the day after tomorrow
On se voit après-demain, alors ? See you the day after tomorrow, then?

après-midi [aprɛmidi] **nm** afternoon
Ran Tan Plan fait toujours une promenade l'après-midi. Rin Tin Can always has a walk in the afternoon.
Demain après-midi. Tomorrow afternoon.

aptitude [aptityd] **nf** ability
Se traduit souvent par une expression.
Ce concurrent semble avoir de grandes aptitudes pour le rodéo ! This contestant seems to be very competent at rodeo!

arabe [arab]
1. **adj, nm, nf** Arab
Un garçon arabe. An Arab boy.
Les Arabes. The Arabs.
2. **nm** Arabic
Elle parle bien arabe. She speaks good Arabic.
Attention, l'anglais prend toujours une majuscule.

trois cent trente-huit • 338 • three hundred and thirty-eight

araignée [aʁɛɲe] **nf** spider

arbitre [aʁbitʁ] **nm**
Se traduit en général par "referee", mais pour certains sports comme le tennis et le cricket, on emploie "umpire".
L'arbitre d'un match de tennis. The umpire of a tennis match.

arbre [aʁbʁ] **nm** tree

arc [aʁk] **nm** bow
Il se sert de son arc pour envoyer un message. He uses his bow to send a message.

arc-en-ciel [aʁkɑ̃sjɛl] **nm** rainbow

arête [aʁɛt] **nf** bone
Du poisson plein d'arêtes. Fish full of bones.

argent [aʁʒɑ̃] **nm**
1. money*

— Look, here is your money!

2. silver
Des éperons d'argent. Silver spurs.
• **argent de poche** pocket money

argot [aʁgo] **nm** slang

arme [aʁm] **nf** weapon*
• **arme à feu** firearm

armée [aʁme] **nf** army

armoire [aʁmwaʁ] **nf** wardrobe

arôme [aʁom] **nm**
1. aroma
Mmm, le délicieux arôme du café tout frais ! Hmmm, the delicious aroma of fresh coffee!
2. flavour (**Am** : flavor)
Arôme fraise. Strawberry flavour.

arracher [aʁaʃe] **vt**
1. to pull out
Le jardinier arrache les mauvaises herbes. The gardener pulls out the weeds.
Il a arraché les clous. He pulled the nails out.
2. to tear down
Le bandit arrache l'affiche ! The bandit is tearing down the poster!
3. to snatch
Joe a arraché son sac à la vieille dame. Joe snatched the handbag from the old lady.

arranger [aʁɑ̃ʒe]
◯ **vt**
1. to arrange
Ils ont arrangé les tables du saloon de façon à ce que l'on puisse danser. They arranged the saloon tables so that people could dance.
2. to settle
Lucky Luke arrange n'importe quel problème sans difficulté. Lucky Luke settles any problem without difficulty.
3. to fix
Montre-moi ton fer, Jolly Jumper, je vais te l'arranger. Show me your shoe, Jolly Jumper, I'll fix it for you.
4. to suit
Mardi, ça ne m'arrange pas du tout. Tuesday doesn't suit me at all.
◯ **s'arranger vpr**
1. to work out
Ne t'inquiète pas, tout finira par s'arranger. Don't worry, things will work out in the end.

Tout petit déjà, Billy aimait jouer avec les armes.

From an early age, Billy liked playing with weapons.

2. to come to an agreement
Les O'Hara et les O'Timmins se sont finalement arrangés à l'amiable. The O'Haras and O'Timminses finally came to a friendly agreement.
3. *Locution* **s'arranger pour faire quelque chose** to make sure to do something
Et arrange-toi pour être à l'heure ! And make sure you're on time!

arrêt [aʁɛ] **nm**
1. stop
Ne pas descendre avant l'arrêt complet du train. Do not get off before the train has come to a complete stop.
2. stop
Je l'ai vue qui attendait à l'arrêt de bus. I saw her waiting at the bus stop.
3. *Locution* **sans arrêt** constantly
Il a plu sans arrêt. It rained constantly.

arrêter [aʁete]
◯ **vt**
1. to stop
Arrête de dire des bêtises ! Stop talking nonsense!
2. to switch off
Elle a arrêté la radio. She switched the radio off.
3. to arrest
Ils ont arrêté les Dalton. The Daltons have been arrested.
◯ **s'arrêter vpr** to stop
Arrêtez-vous, ceci est un hold-up ! Stop, this is a holdup!

arrière [aʁjɛʁ]
◯ **adj** back
Son revolver était dans sa poche arrière. His gun was in his back pocket.
◯ **nm**
1. back
L'arrière de la diligence a basculé sur le côté. The back of the stagecoach toppled over to one side.
2. *Locution* **en arrière** backwards
Il est tombé en arrière. He fell backwards.

arrière-plan [aʁjɛʁplɑ̃] **nm** background
À l'arrière-plan, on voit le panneau de Cactus Junction. In the background you can see the Cactus Junction sign.

arrivée

arrivée [arive] **nf** arrival
L'arrivée du train de 6 heures. The arrival of the six o'clock train.
Depuis/après l'arrivée du nouveau shérif. Since/after the new sheriff arrived.
Attention, ce mot se traduit souvent par le verbe "to arrive".

arriver [arive]
◊ **vi**
1. to arrive, to come*

– Get up, the train's coming!
Lève-toi, le train arrive !

2. *Location* **arriver à faire quelque chose** to manage to do something
Averell n'est pas arrivé à convaincre sa mère. Averell didn't manage to convince his mother.
◊ **v impersonnel**
1. to happen
Qu'est-il arrivé à Billy the Kid hier soir ? What happened to Billy the Kid last night?
2. Lorsqu'on veut parler de quelque chose d'occasionnel, on utilise le mot "sometimes".
Il arrive même à Lucky Luke de se tromper. Sometimes even Lucky Luke gets it wrong.

arroser [aroze] **vt** to water
Il va arroser ses fleurs. He's going to water his flowers.

art [ar] **nm** art

artichaut [artiʃo] **nm** artichoke

article [artikl] **nm** article

artisan, e [artizã, ane] **nm, nf** craftsman (**f** : craftswoman)

artiste [artist] **nm, nf**
1. artist
2. Lorsqu'on parle d'un artiste qui est acteur, musicien ou chanteur, on utilise un mot plus précis en anglais (actor, musician, singer).
C'est vous l'artiste ? Are you the actor?

as [as] **nm** ace

ascenseur [asãsœr] **nm** lift (**Am** : elevator)

asiatique [azjatik] **adj, nm, nf** Asian
Un garçon asiatique. An Asian boy.
Les Asiatiques. Asians.
Au Royaume-Uni, "Asians" désigne avant tout les Indiens et les Pakistanais.
Attention, l'anglais prend toujours une majuscule.

Asie [azi] **nf** Asia
Il a voyagé dans toute l'Asie. He travelled throughout Asia.

aspect [aspɛ] **nm** appearance

asperge [aspɛrʒ] **nf** asparagus

aspirateur [aspiratœr] **nm**
1. vacuum cleaner
2. *Location* **passer l'aspirateur** to vacuum (a room)

assaisonnement [asɛzɔnmã] **nm**
1. seasoning*

Cette viande est infecte.
C'est vrai, ce n'est pas très bon. Elle manque un peu d'assaisonnement.

– This meat is horrible.
– It's true, it's not very good. It doesn't have much seasoning.

2. dressing
Elle met de la moutarde dans l'assaisonnement de ses salades. She puts mustard in her salad dressings.

assassin [asasɛ̃] **nm** murderer

assassiner [asasine] **vt** to murder

s'asseoir [saswar] **vpr** to sit down

assez [ase] **adv**
1. enough
J'ai assez travaillé pour aujourd'hui. I've worked enough for today.
2. quite, rather
L'inventeur est un personnage assez sympathique. The inventor is quite a nice character.
3. *Location* **assez de** enough
Certains fermiers du Far West n'ont pas assez d'eau pour cultiver leurs terres. Some Wild West farmers don't have enough water to cultivate their land.
4. *Location* **en avoir assez** to have had enough
Assez ! Assez ! Puisque je vous dis que j'en ai assez ! Enough! Enough! I've had enough, I'm telling you!

assiette [asjɛt] **nf** plate
• **assiette plate/creuse/à dessert** dinner/soup/dessert plate

assis, e [asi, iz] **adj** sitting (down)
Les Indiens sont assis en rond autour du feu. The Indians are sitting in a circle around the fire.

assistance [asistãs] **nf**
1. audience
Y a-t-il un médecin dans l'assistance ? Is there a doctor in the audience?
2. assistance
Prêter assistance à quelqu'un. To give somebody assistance.

assistant, e [asistã, ãt] **nm, nf** assistant
Elle est l'assistante d'un dentiste. She works as a dentist's assistant.

assister [asiste] **vt**
1. to assist, to help
Je pars à la poursuite des bandits, et j'ai besoin de volontaires pour m'assister dans cette tâche. I'm setting off in pursuit of the bandits, and I need volunteers to help me in that task.
2. *Location* **assister à** to attend

attacher

Ils vont assister au nouveau spectacle. They're going to attend the new show.

association [asɔsjasjɔ̃] **nf** association

associer [asɔsje]
- **vt** to associate
J'associe toujours la plage aux vacances d'été. I always associate the beach with the summer holidays.
- **s'associer vpr** to go into partnership
Les deux compagnies se sont associées pour exploiter la nouvelle ligne de chemin de fer. The two companies went into partnership to operate the new railway line.

assommer [asɔme] **vt** to knock senseless*

L'Indien vient de se faire assommer.

The Indian has just been knocked senseless.

assorti, e [asɔrti] **adj**
1. matching
Un costume gris et un chapeau assorti. A grey suit and a matching hat.
2. Locution **assorti à**
Se traduit par un verbe.
Les Indiens portent un bandeau assorti à leur ceinture. The Indians wear a headband that matches their belt.

s'assoupir [sasupir] **vpr** to doze off

assurance [asyrɑ̃s] **nf**
1. self-assurance

"Pas question", dit-il avec assurance. "No way", he said with self-assurance.
2. insurance
Le patron du saloon a pris une assurance contre la casse. The owner of the saloon has taken out insurance against breakages.

assurer [asyre]
- **vt**
1. to assure
Crois-moi, je t'assure que c'est vrai ! Believe me, I assure you it's true!
2. to insure
La maison est assurée contre les incendies. The house is insured against fire.
- **s'assurer vpr**
1. to insure oneself
Il s'est assuré contre les chutes de cheval. He insured himself against falling from his horse.
2. to make sure
Assurez-vous que les Dalton ne peuvent pas s'évader. Make sure the Daltons can't escape.

asthme [asm] **nm** asthma
Elle a de l'asthme. She suffers from asthma.

astronaute [astrɔnot] **nm, nf** astronaut

atelier [atəlje] **nm** workshop*

athlète [atlɛt] **nm, nf** athlete

athlétisme [atletism] **nm** athletics (**Am** : track and field)
L'athlétisme est un sport olympique. Athletics is an Olympic sport.
Attention, le verbe qui suit "athletics" est toujours au singulier.

atome [atom] **nm** atom

atomique [atɔmik] **adj** atomic

attacher [ataʃe]
- **vt**
1. to tie*

J'ai une idée : attachez ce lasso autour du rocher.

– I have an idea: tie this lasso around the rock.

2. to do up
Attache tes lacets, tu vas tomber. Do your laces up, you're going to fall.
- **s'attacher vpr** to become attached

Tiens, voilà Lucky Luke. Comment trouves-tu notre atelier ? C'est bien, non ?

– Oh, here is Lucky Luke.
– What do you think of our workshop?
– It's nice, isn't it?

attaque

Au fil des années, Lucky Luke s'est beaucoup attaché à Jolly Jumper. As the years went by, Lucky Luke became very attached to Jolly Jumper.

attaque [atak] **nf**
1. attack
2. *Locution* **À l'attaque !** Attack!

attaquer [atake] **vt**
1. to attack
Ils ont été attaqués par les Indiens. They were attacked by the Indians.
2. to hold up
Les Dalton ont attaqué une banque. The Daltons have held a bank up.

atteindre [atɛ̃dr] **vt**
1. to reach*

— One more try, Averell, and I'll reach the top!

2. to hit
Lucky Luke atteint la cible même en lui tournant le dos. Lucky Luke hits the target even when he's facing in the opposite direction.

attendre [atɑ̃dr]
○ **vt**
1. to wait for
Ils attendaient la diligence. They were waiting for the stagecoach.
Ses frères attendaient patiemment qu'Averell ait fini de manger. His brothers were waiting patiently for Averell to finish eating.
2. to expect
Elle attend un bébé. She's expecting a baby.
○ **s'attendre à vpr** to expect

Je ne m'attendais pas du tout à cette réponse. I wasn't expecting this answer at all.

attentat [atɑ̃ta] **nm** attack
Il y a eu un attentat à la bombe dans la gare. There was a bomb attack in the station.

attention [atɑ̃sjɔ̃]
○ **nf**
1. attention
Il détourna leur attention. He distracted their attention.
2. *Locution* **avec attention** attentively
Ils écoutaient avec attention. They were listening attentively.
3. *Locution*
"Faire attention" se traduit différemment selon les contextes.
Fais bien attention à ce que je dis. Pay attention to what I'm saying.
Les Dalton ont fait attention de ne pas laisser d'indices en s'enfuyant. The Daltons took care not to leave any clues behind when they ran away.
Fais attention, Jolly Jumper, ça glisse ! Be careful, Jolly Jumper, it's slippery!
○ **excl** look out! watch out!

atterrir [aterir] **vi** to land
Son avion vient d'atterrir. His plane has just landed.

atterrissage [aterisaʒ] **nm** landing

attirer [atire] **vt**
1. to attract*

— I love you too! I felt attracted to you as soon as I saw you!

2. *Locution* **attirer l'attention de quelqu'un** to attract somebody's attention

attitude [atityd] **nf** attitude

attraper [atrape] **vt** to catch
Il va attraper le chat. He's going to catch the cat.
Jolly Jumper a attrapé un rhume. Jolly Jumper caught a cold.

attribuer [atribɥe] **vt** to allocate, to assign
On a attribué deux hectares à chaque fermier. Each farmer has been allocated two hectares.

auberge [obɛrʒ] **nf** inn
Les cow-boys ont passé la nuit dans une auberge. The cowboys spent a night in an inn.
• **auberge de jeunesse** youth hostel

aucun, e [okœ̃, yn]
○ **adj** no/not… any
Ran Tan Plan n'a aucune aptitude pour le travail de détective. Rin Tin Can has no ability/doesn't have any ability for detective work.
○ **pron** neither, none
On emploie "neither" quand on parle de deux éléments, "none" quand il y en a plus de deux.
Aucun des deux troupeaux ne lui appartient. Neither of the two herds belongs to him.
Aucun des habitants de Daisy Town n'est assez courageux pour aider le shérif. None of the inhabitants of Daisy Town is brave enough to help the sheriff.

au-delà [odəla]
○ **adv** beyond
○ **au-delà de prép** beyond
Au-delà de Cheyenne, ce sont les Rocheuses. Beyond Cheyenne are the Rocky Mountains.

au-dessous [odəsu]
○ **adv**
1. below, underneath
Le bureau de l'Evening Star est là, et les pompes funèbres sont au-dessous. The *Evening Star*'s office is there, and the funeral parlour is underneath.
2. under

Les enfants de quatre ans et au-dessous. Children of four and under.
- **au-dessous de** prép
1. below, under
J'ai rangé les tasses au-dessous des assiettes. I've put the cups under the plates.
2. below, under
Le prix de l'or est tombé au-dessous de vingt dollars l'once. The price of gold has dropped below twenty dollars an ounce.

au-dessus [odəsy]
- **adv** above
Le shérif habite au-dessus du saloon. The sheriff lives above the saloon.
Les enfants de six ans et au-dessus. Children of six and above.
- **au-dessus de** prép
1. above*

Mais qu'y avait-il au-dessus de son lit ?

But what was **above** his bed?

2. above, over
Les températures montent rarement au-dessus de zéro pendant la nuit. Temperatures seldom rise above zero at night.

au-devant [odəvɑ̃] prép
Locution **aller au-devant de** to go to meet
Toute la famille est allée au-devant de la diligence quand elle est arrivée. The whole family went to meet the stagecoach when it arrived.

audiovisuel, elle [odjovizɥɛl]
- **adj** audiovisual
- **nm** audiovisual equipment

auditeur, trice [oditœr, tris] nm, nf listener

augmentation [ogmɑ̃tasjɔ̃] nf
1. increase
Une augmentation de 10 cents du prix de la viande. A 10-cent increase in the price of meat.
2. rise (**Am** : raise)
Les cow-boys ont demandé une augmentation de salaire à leur patron. The cowboys asked their boss for a pay rise.
3. *Locution* **en augmentation** increasing
Le nombre de hold-up est en augmentation. The number of holdups has been increasing.

augmenter [ogmɑ̃te] vt, vi to increase

aujourd'hui [oʒurdɥi] adv
1. today*

Joe, regarde, c'est aujourd'hui que finit notre période de probation !

— Joe, look, our probation period finishes **today**!

2. nowadays, today
Aujourd'hui les jeunes sont plus libres qu'autrefois. Nowadays young people are freer than they used to be.

auparavant [oparavɑ̃] adv
1. before, earlier
Trois ans auparavant. Three years earlier.
2. first
D'accord, mais auparavant il faut s'occuper des Dalton. OK, but first we must deal with the Daltons.

aussi [osi]
- **adv**
1. too, as well, also
Moi aussi je parle espagnol. I speak Spanish too.
Il a aussi emporté son fusil. He also took his gun.
2. so
Il n'a jamais fait aussi chaud. It has never been so hot.

Attention, lorsque l'adjectif qui suit "aussi" est épithète, on emploie "such a".*

Je n'ai jamais vu un chien aussi bête !

— I've never seen **such a** stupid dog!

3. *Locution* **aussi... que** as... as
Heureusement que tous les Dalton ne sont pas aussi nerveux que Joe. Fortunately all the Daltons aren't as nervous as Joe.
- **conj** so
Son cheval s'est échappé, aussi a-t-il dû rentrer à pied. His horse ran away, so he had to go back on foot.

aussitôt [osito] adv
1. immediately
Aussitôt après avoir donné de l'argent aux pauvres, Jesse le leur reprend. Immediately after giving money to the poor, Jesse takes it back.
2. *Locution* **aussitôt que** as soon as

Australie [ostrali] nf Australia
L'Australie est le pays des kangourous. Australia is the country of kangaroos.

australien, enne [ostraljɛ̃, ɛn] adj, nm, nf Australian
Un garçon australien. An Australian boy.

autant

Les Australiens. Australians.
Attention, l'anglais prend toujours une majuscule.

autant [otã] **adv**
La traduction de "autant" dépend de ce dont on parle : s'il n'y a qu'une seule chose indénombrable (de la soupe, de la délinquance), on utilise "so much" ou "as much" ; s'il y a plusieurs choses (des haricots, des bandits), on utilise "so many" ou "as many".
1. Pour exprimer la quantité : so much/so many
Tu me donnes trop de soupe, je n'en veux pas autant ! You're giving me too much soup, I don't want so much!
Je ne savais pas qu'il y avait autant de bandits dans le Far West. I didn't know there were so many bandits in the Wild West.
2. Pour exprimer l'égalité : as much/as many
Ce fermier-ci n'a pas autant de terrain que celui-là. This farmer hasn't got as much land as that one.
Il y a autant de Chinois à Nothing Gulch qu'à Soapy Smith. There are as many Chinese people in Nothing Gulch as in Soapy Smith.
3. *Locution* **d'autant plus que** especially since
Joe était furieux, d'autant plus qu'il avait tout expliqué plusieurs fois à Averell. Joe was furious, especially since he'd explained everything to Averell several times.

auteur [otœr] **nm**
1. author
Shakespeare est mon auteur favori. Shakespeare is my favourite author.
2. Dans d'autres contextes, "auteur" se traduit par un verbe.
Qui est l'auteur de cette chanson ? Who wrote this song?
Si jamais j'attrape l'auteur de cette plaisanterie… If I ever catch whoever made this joke…

auto [oto] **nf** car
Les autos tamponneuses. Bumper cars.

autobus [otobys] **nm** bus

autocar [otokar] **nm** bus, coach

autocollant, e [otokolã, ãt]
✲ **adj** self-adhesive
✲ **nm** sticker

automatique [otomatik] **adj** automatic

automne [oton] **nm** autumn (**Am :** fall)
En automne, les arbres perdent leurs feuilles. In autumn, trees lose their leaves.

automobile [otomobil] **adj, nf** car (**Am :** automobile)
Une course automobile. A car race/a motor race.

automobiliste [otomobilist] **nm, nf** motorist

autorisation [otorizasjɔ̃] **nf** permission
Si vous voulez aller aux toilettes, il faut demander l'autorisation au gardien de la prison. If you want to go to the toilet, you have to ask the warder's permission.

autoriser [otorize] **vt** to authorize, to allow
Les pionniers n'ont pas été autorisés à s'installer sur ces terres. The pioneers weren't allowed to settle on that land.

autorité [otorite] **nf** authority
Les autorités de la ville ont décidé d'organiser une grande fête. The city authorities decided to organize a big celebration.

autoroute [otorut] **nf** motorway (**Am :** freeway)

auto-stop [otostop] **nm**
• **faire de l'auto-stop** to hitchhike
Elles ont traversé le Portugal en auto-stop. They hitchhiked through Portugal.

autour [otur] **adv**
1. around it/them, etc.
Une ferme avec des champs autour. A farm with fields around it.
2. *Locution* **autour de** around*

*Ils dansent **autour** des prisonniers.*
They're dancing **around** the prisoners.

Elle porte un collier autour du cou. She's wearing a necklace around her neck.

autre [otr]

adj

1. other
Jolly Jumper est parti de l'autre côté. Jolly Jumper went the other way.
Attention, "un autre" se traduit par "another" en un seul mot.
Va attaquer une autre banque, moi j'attaque celle-ci. Go and hold up another bank, I'll hold up this one.
2. else
Quoi/qui d'autre ? What/who else?
Personne/rien d'autre. Nobody/nothing else.

pron

1. Au singulier : other one
J'ai trouvé un éperon, mais où est l'autre ? I've found one spur, but where's the other one?
Attention, "un autre" se traduit par "another one".
J'en ai assez de ce chien idiot, je vais en acheter un autre ! I'm fed up with this stupid dog, I'm going to buy another one!
2. Au pluriel : others, other ones
Ces fusils ne marchent pas bien, il nous en faut d'autres. These guns don't work properly, we need others.
Joe s'est avancé, mais les autres sont restés en arrière. Joe went forward, but the others stayed behind.

autrefois [otrəfwa] adv

1. in the past*

Ah ! Autrefois les militaires avaient belle allure !

– Well! *In the past* soldiers used to cut a fine figure!

2. Locution **d'autrefois** old
Les trains d'autrefois marchaient à la vapeur. Old trains were steam-powered.

autrement [otrəmɑ̃] adv

1. differently
Il faut t'y prendre autrement. You have to do it differently.
2. otherwise, or
Rendez vos armes, autrement je tire ! Give up your weapons or I'll shoot!
3. Locution **autrement dit** in other words

Autriche [otriʃ] nf Austria

L'Autriche est l'endroit idéal pour faire du ski. Austria is the perfect place to go skiing.

autrichien, enne [otriʃjɛ̃, ɛn] adj, nm, nf Austrian

Un garçon autrichien. An Austrian boy.
Les Autrichiens. Austrians.
Attention, l'anglais prend toujours une majuscule.

autruche [otryʃ] nf ostrich

avaler [avale] vt to swallow*

Ils essaient d'avaler les gâteaux de Calamity Jane.

They're trying to *swallow* Calamity Jane's cakes.

avance [avɑ̃s] nf

1. lead
Les hors-la-loi ont au moins cinq minutes d'avance sur leurs poursuivants. The outlaws have at least a five-minute lead over their pursuers.
2. Locution **avoir un an d'avance** to be a year ahead

3. Locution **en avance** early
Lucky Luke est arrivé en avance au rendez-vous avec les Dalton. Lucky Luke arrived early for his meeting with the Daltons.

avancer [avɑ̃se]

vt to move forward

vi

1. to step/to move forward
Avance si tu es un homme ! Step forward if you're a man!
2. to be fast
Ma montre avance de trois minutes. My watch is three minutes fast.

s'avancer vpr

1. to step/to move forward
Jesse James s'avança d'un air menaçant. Jesse James stepped forward with a menacing air.
2. to get ahead
J'ai fait mes devoirs pour demain et je me suis avancé pour la semaine prochaine. I've done my homework for tomorrow and I've also got ahead for next week.

avant [avɑ̃]

prép before
Avant l'arrivée de Lucky Luke, la ville était pleine de criminels. Before Lucky Luke came, the town was full of criminals.

adv

1. before
Si j'avais su ça avant... Had I known that before...
2. first
Je te donnerai à manger, Ran Tan Plan, mais avant il faut que tu cherches les Dalton. I'll feed you, Rin Tin Can, but first you must look for the Daltons.
3. Locution **d'avant** previous
L'année d'avant, la récolte avait été bonne. The previous year the harvest was good.
4. Locution **en avant** forward
Ne te penche pas en avant, tu vas tomber. Don't bend forward or you'll fall.

nm front
L'avant du chariot a basculé. The front of the wagon toppled over.

avant-dernier, ère [avɑ̃dɛrnje, ɛr] adj, nm, nf last but one

avant-hier

avant-hier [avɑ̃tjɛr] **adv** the day before yesterday

avare [avar]
- **adj** mean, miserly
- **nm, nf** miser

avarice [avaris] **nf** meanness, miserliness

avec [avɛk] **prép**
1. with
Bonjour, je suis venu avec mon associé. Hello, I've come with my partner.
2. to
Joe, tu n'es pas gentil avec Ran Tan Plan. Joe, you're not kind to Rin Tin Can.

avenir [avnir] **nm** future

aventure [avɑ̃tyr] **nf** adventure
Les pionniers partaient à l'aventure dans le Far West. Pioneers went off in search of adventure in the Wild West.

avenue [avny] **nf** avenue

averse [avɛrs] **nf** shower

avertir [avɛrtir] **vt** to warn*

– Go and warn Lucky Luke that they've arrived!

avertissement [avɛrtismɑ̃] **nm** warning
Il a eu un avertissement parce qu'il n'écoutait rien en classe. He got a warning because he wasn't paying any attention in class.

aveugle [avœgl]

– Stop, I'm going to defend them, I'm a lawyer!
– OK! – Yes, OK!

- **adj** blind
- **nm, nf** blind man (**pl** : blind men) (**f** : blind woman, **pl** : blind women)

avion [avjɔ̃] **nm** plane
Ils sont allés en Espagne en avion. They went to Spain by plane.

avis [avi] **nm** opinion
À mon avis, ils sont coupables. In my opinion they're guilty.

av. J.-C. **abréviation** BC
En l'an 47 av. J.-C. In 47 BC.
"BC" est l'abréviation de "before Christ".

avocat, e [avɔka, at] **nm, nf** lawyer*

avocat **nm** avocado
Une salade d'avocat et de crevettes. An avocado and prawn salad.

avoine [avwan] **nf** oats
L'avoine sert à nourrir les chevaux. Oats are used to feed horses.
Attention, "oats" est toujours suivi d'un verbe au pluriel.

avoir [avwar]
- **vt**
1. to have (got)
Jolly Jumper ne veut pas d'une nouvelle selle, il en a déjà une ! Jolly Jumper doesn't want a new saddle, he's already got one!
2. to wear
La reine a de beaux chapeaux roses. The Queen wears nice pink hats.
3. to pass
Alors, tu as eu ton examen ? So, did you pass your exam?
4. to catch
Ils ont eu le train de justesse. They only just caught the train.
5. *Locution* Qu'est-ce que tu as, Qu'est-ce qu'il a ? What's wrong?
Qu'est-ce que tu as, tu ne te sens pas bien ? What's wrong? Are you not feeling well?
6. *Locution* n'avoir qu'à
Se traduit différemment selon les contextes.
Vous n'avez qu'à les arrêter. Just arrest them.
Vous n'aviez qu'à pas me traiter de buveur de chocolat ! You shouldn't have called me hot chocolate-drinker!
- Lorsqu'il sert à former les temps composés, le verbe "avoir" se traduit par "to have", sauf lorsque le prétérit anglais est nécessaire.
(voir page 306 et 307)
Je n'ai pas encore terminé. I haven't finished yet.
Le procès des Dalton a commencé hier. The Daltons' trial started yesterday.

avouer [avwe]
- **vt** to confess to
Billy the Kid a fini par avouer le crime. Billy the Kid ended up confessing to the crime.
- **vi** to confess
Vous allez avouer, oui ?! Are you going to confess?!

avril [avril] **nm** April
Le premier avril. April Fools' Day.
Attention, les noms de mois prennent toujours une majuscule en anglais.
(voir page 71)

B

bac [bak] **nm** ferry
Ils ont traversé le fleuve en bac. They crossed the river by ferry.
• *bac à glace* ice tray
• *bac à légumes* vegetable compartment

baccalauréat [bakalɔrea], **bac** [bak] **nm** A levels
Il passe son bac cette année. He's taking his A levels this year.
(voir page 252)

bacon [bekɔn] **nm** bacon

bagage [bagaʒ]
◎ **nm** piece of luggage
Il n'avait qu'un seul bagage. He had only one piece of luggage.
◎ **nm pl** luggage
Mes bagages sont trop lourds! My luggage is too heavy!
Attention, "luggage" est toujours suivi d'un verbe au singulier.

bague [bag] **nf** ring
Elle a de très jolies bagues. She has some very nice rings.

baguette [bagɛt] **nf**
1. stick
Il donna un coup de baguette sur la table. He hit the table with his stick.
2. French stick, baguette
Une bonne baguette bien fraîche! A nice fresh baguette!
3. chopstick
Sais-tu manger avec des baguettes? Can you eat with chopsticks?

baignade [bɛɲad] **nf** swimming

baigner [beɲe]
◎ **vt** to bath (**Am** : to bathe)
C'est l'heure de baigner les petits. It's time to bath the little ones.
◎ **se baigner vpr** to go for a swim
Et si on allait se baigner? How about going for a swim?

baignoire [bɛɲwar] **nf** bath*

Je ne peux jamais être tranquille dans ma baignoire!

– There's never any peace and quiet when I'm in the bath!

bâiller [baje] **vi**
1. to yawn
Averell n'arrêtait pas de bâiller. Averell kept yawning.
2. to gape
Le col de sa chemise bâillait. The collar of his shirt was gaping.

bain [bɛ̃] **nm**
1. bath
Lucky Luke prend son bain. Lucky Luke is having a bath.
2. *Locution prendre un bain de soleil* to sunbathe

baiser [beze] **nm** kiss*

Mon héros!

Elle lui donne un baiser.

– My hero! She gives him a kiss.

baisser [bese]
◎ **vt**
1. to lower
Baisser la voix. To lower one's voice.
2. to turn down
Tu veux bien baisser le son? Could you turn the sound down?
◎ **vi**
1. to go down
Méfiez-vous, la température baisse brusquement la nuit. Be careful, the temperature goes down suddenly at night.

bal

2. to fail
Je crois que ma vue baisse. I think my eyesight is failing.
3. to fall
Le prix du bois a baissé. The price of wood has fallen.
✪ **se baisser** **vpr** to bend down
Lucky Luke se baissa pour éviter le projectile. Lucky Luke bent down to avoid the projectile.

bal [bal] **nm** ball
La ville donna un bal en l'honneur de Lucky Luke. The town gave a ball in honour of Lucky Luke.

baladeur [baladœr] **nm** Walkman
"Walkman" est un nom déposé.

balai [balɛ] **nm** broom

balance [balɑ̃s] **nf**
1. scales*
Attention, "scales" est toujours au pluriel.

On dirait que la balance est bloquée.

It looks like the scales are stuck.

2. balance
La balance commerciale. The balance of trade.

balancer [balɑ̃se]
✪ **vt** to swing
Il avança vers le shérif en balançant les bras. He walked towards the sheriff with his arms swinging.
✪ **se balancer** **vpr**
1. to rock
Arrête de te balancer sur ta chaise, tu me donnes le tournis ! Stop rocking on your chair, you make me feel seasick!
2. to swing

On l'a retrouvé qui se balançait au bout d'une corde. They found him swinging from the end of a rope.

balayer [baleje] **vt** to sweep

balcon [balkɔ̃] **nm** balcony

baleine [balɛn] **nf**
1. whale
La baleine est un mammifère marin. The whale is a sea mammal.
2. rib
J'ai cassé une baleine de mon parapluie. I broke a rib from my umbrella.

balle [bal] **nf**
1. bullet*

Mais, mais... Cette balle a failli l'atteindre !

– Hey! That bullet nearly hit him!

2. ball
Ran Tan Plan refusait de lâcher la balle. Rin Tin Can wouldn't let go of the ball.

ballon [balɔ̃] **nm**
1. ball
Les Dalton jouaient au ballon dans la cour du pénitencier. The Daltons were playing with a ball in the prison yard.
2. balloon
Le saloon était décoré de guirlandes et de ballons. The saloon was decorated with garlands and balloons.

banane [banan] **nf** banana

banc [bɑ̃] **nm** bench
Il était assis sur un banc. He was sitting on a bench.
• **banc de sable** sandbank

bande [bɑ̃d] **nf**
1. strip
Il était occupé à découper des bandes de papier. He was busy cutting out strips of paper.
2. bandage
Le médecin lui a mis une bande autour du poignet. The doctor put a bandage around his wrist.
3. group
Il est parti en vacances avec une bande d'amis. He's away on holiday with a group of friends.
4. gang
La bande des Dalton. The Daltons gang.

bander [bɑ̃de] **vt**
1. to blindfold
Allez, bandez-leur les yeux ! Come on, blindfold them!
2. to bandage
Le médecin a bandé la blessure. The doctor bandaged the wound.

bandit [bɑ̃di] **nm** bandit*

Halte !

Le bandit arrête la diligence.

– Stop right there! The bandit stops the stagecoach.

banlieue [bɑ̃ljø] **nf** suburb
Il habite en banlieue. He lives in the suburbs.
Une banlieue de Londres. A suburb of London.

banque [bɑ̃k] **nf** bank

banquier, ère [bɑ̃kje, ɛr] **nm, nf** banker

bar [bar] **nm** bar
Les hommes passaient toutes leurs soirées au bar. The men spent all their evenings in the bar.

bâtiment

barbe [barb] **nf** beard
Se laisser pousser la barbe. To grow a beard.
• **barbe à papa** candy floss (**Am** : cotton candy)

barbu, e [barby]
◦ **adj** bearded
◦ **nm** man with a beard
Un barbu est passé vous voir. A man with a beard came to see you.

barque [bark] **nf** small boat
Les Dalton ont réussi à s'échapper en barque. The Daltons managed to escape in a small boat.

barrage [baraʒ] **nm**
1. roadblock
Le shérif a fait dresser un barrage. The sheriff had a roadblock erected.
2. dam
S'il n'arrête pas de pleuvoir, le barrage va céder. If the rain doesn't stop, the dam will collapse.

barre [bar] **nf**
1. bar
Les Dalton ont assommé le gardien avec une barre de fer. The Daltons knocked the warder out with an iron bar.
2. helm
Le capitaine était à la barre. The captain was at the helm.
3. line
Les Dalton traçaient des barres sur le mur de leur cellule. The Daltons drew lines on the wall of their cell.

barrer [bare] **vt**
1. to block
Les bandits ont barré la voie avec un tronc d'arbre. The bandits have blocked the track with a tree trunk.
2. to cross out
Tout un paragraphe était barré. A whole paragraph was crossed out.

barrière [barjɛr] **nf**
1. fence
Les animaux sont derrière la barrière. The animals are behind the fence.
2. gate
Pour entrer, ouvrez la barrière. To go in, open the gate.

bas, basse [ba, bas]
◦ **adj** low

La cible est trop basse, remonte-la un peu. The target is too low, move it up a bit.
◦ **nm**
1. bottom
Il retroussa le bas de son pantalon. He turned the bottom of his trousers up.
2. stocking
Elle préfère les bas aux collants. She prefers stockings to tights.
◦ **nf** bass
Il joue de la basse. He plays the bass.
◦ **adv** low
Il parlait tout bas, je n'ai rien compris. He was speaking in such a low voice, I didn't understand a thing.
• **en bas** downstairs
J'étais en bas dans la cuisine lorsque j'ai entendu un grand bruit. I was downstairs in the kitchen when I heard a loud noise.
• **en bas de** at the bottom of
Averell s'était endormi en bas de la colline. Averell had fallen asleep at the bottom of the hill.

basculer [baskyle] **vi**
1. to topple, to fall over
Il a basculé et s'est retrouvé les quatre fers en l'air. He toppled and fell flat on his back.
2. to tip up
La table a basculé lorsque Joe s'est assis dessus. The table tipped up when Joe sat on it.

base [baz] **nf**
1. base
Elle a un grain de beauté à la base du cou. She has a beauty spot at the base of her neck.
2. basis
Les bases de l'accord ont été établies. The basis for the agreement has been worked out.
• **base de données** database

basket-ball [baskɛtbol] **nm** basketball

baskets [basket] **nf pl** trainers, sport shoes (**Am** : sneakers)
Une belle paire de baskets. A nice pair of trainers.

bassin [basɛ̃] **nm**
1. pond
Il y a un bassin dans le parc. There's a pond in the park.
2. pool
Le petit bassin. The children's pool.
Le grand bassin. The main pool.
3. pelvis
On lui a fait une radio du bassin. He had his pelvis x-rayed.

bataille [bataj] **nf**
1. battle*, fight
2. *Locution*
Elle a les cheveux en bataille. Her hair is a mess.

bateau [bato] **nm** boat, ship
Les bateaux rentrent au port. The boats are returning to the harbour.

bâtiment [batimɑ̃] **nm**
1. building
L'explosion a secoué le bâtiment. The explosion shook the building.
2. building trade

Ils partent à la bataille.

– Chaaarge! – Ta-ta-tara-tara!
They head off into **battle**.

bâtir

Il travaille dans le bâtiment. He's in the building trade.

bâtir [batir] **vt** to build
Il a bâti sa maison lui-même. He built his house himself.

bâton [batɔ̃] **nm** stick*

— What shall I do with that stick?
— Fight...

(Que faire avec ce bâton ? — Te battre...)

battre [batr]
○ **vi** to beat
Son cœur battait très fort. His heart was beating wildly.
○ **vt** to beat
Ne t'inquiète pas, tu vas le battre haut la main. Don't worry, you'll beat him easily.
○ **se battre vpr** to fight
Tu veux te battre avec Billy the Kid ? Do you want to fight with Billy the Kid?

bavard, e [bavar, ard]
○ **adj** talkative
Qu'est-ce qu'il est bavard ! He's so talkative!
○ **nm, nf** chatterbox
C'est une grande bavarde ! She's a real chatterbox!

bavardage [bavardaʒ] **nm** chatting

bavarder [bavarde] **vi** to chat, to talk*

baver [bave] **vi**
1. to dribble
Le bébé bave beaucoup, il doit faire ses dents. The baby is dribbling a lot, he must be teething.
2. to slaver

Arrête de baver, Ran Tan Plan, cet os n'est pas pour toi. Stop slavering, Rin Tin Can, this bone is not for you.

beau, bel, belle, beaux [bo, bɛl, bɛl, bo]
○ **adj**
1. beautiful
Ce tableau est très beau. This picture is very beautiful.
2. good-looking
Vous êtes si belle, Jane ! You're so good-looking, Jane!
3. fine, good
On a eu beau temps hier. The weather was fine yesterday.
4. big, nice
Il a un bel appétit. He's got a big appetite.
Un beau steak. A nice steak.
5. Avec ironie.
C'est du beau travail, il n'y a plus qu'à recommencer maintenant ! Well done, now we'll have to start all over again!
○ **adv**
1. Locution *il fait beau* the weather is good
2. Locution
J'ai beau essayer, je n'y arrive pas. However hard I try, I can't do it.

beaucoup [boku] **adv**
1. a lot
Le bébé pleure beaucoup en ce moment. The baby cries a lot at the moment.

Elles n'arrêtaient pas de bavarder.
Bla, bla, bla...
Bla, bla, bla, bla, bla, bla, bla, bla...

They wouldn't stop talking.

2. much, a lot
C'est beaucoup mieux comme ça. It's much better like that.
Il a beaucoup plus de vaches que moi. He's got a lot more cows than I have.
● **beaucoup de** a lot of
Les Dalton passent beaucoup de temps en prison. The Daltons spend a lot of time in jail.

beau-fils [bofis] **nm**
1. Quand il s'agit du mari de la fille : son-in-law
2. Quand il s'agit du fils du conjoint : stepson

beau-frère [bofrɛr] **nm** brother-in-law

beau-père [bopɛr] **nm**
1. Quand il s'agit du père du conjoint : father-in-law
2. Quand il s'agit du mari de la mère : stepfather

beauté [bote] **nf** beauty
Joe n'était pas insensible à la beauté de Lulu. Joe wasn't indifferent to Lulu's beauty.

beaux-parents [boparɑ̃] **nm pl** parents-in-law

bébé [bebe] **nm** baby

bec [bɛk] **nm**
1. beak
L'oiseau attrapa le ver avec son bec. The bird caught the worm in its beak.
2. spout
Le bec de la théière est cassé. The spout of the teapot is broken.

beige [bɛʒ] **adj, nm** beige

bel → **beau**

belge [bɛlʒ] **adj, nm, nf** Belgian
Un garçon belge. A Belgian boy.
Les Belges. Belgians.
Attention, l'anglais prend toujours une majuscule.

Belgique [bɛlʒik] **nf** Belgium
Ils partent en Belgique. They're going to Belgium.

belle → **beau**

belle-fille [bɛlfij] **nf**

bicyclette

*Et le **bétail** entre dans le saloon...*

*And the **cattle** enter the saloon...*

1. *Quand il s'agit de la femme du fils :* daughter-in-law
2. *Quand il s'agit de la fille du conjoint :* stepdaughter

belle-mère [bɛlmɛr] **nf**
1. *Quand il s'agit de la mère du conjoint :* mother-in-law
2. *Quand il s'agit de la femme du père :* stepmother

belle-sœur [bɛlsœr] **nf** sister-in-law

bénéfice [benefis] **nm**
1. profit*

*Il va faire un bon **bénéfice**.*

*He's going to make a good **profit**.*

2. benefit
Laissons-lui le bénéfice du doute. Let's give him the benefit of the doubt.

bénévole [benevɔl]
○ **adj** voluntary
Il fait un travail bénévole. He does voluntary work.
○ **nm, nf** volunteer

De nombreuses associations caritatives ont besoin de bénévoles. Many charities need volunteers.

berceau [bɛrso] **nm** cradle

bercer [bɛrse] **vt** to rock
Il a bercé le bébé pour l'endormir. He rocked the baby to sleep.

berger, ère [bɛrʒe, ɛr] **nm, nf** shepherd (**f** : shepherdess)
Les bergers gardaient leurs moutons. The shepherds were watching over their sheep.

besoin [bəzwɛ̃] **nm**
1. need
2. *Locution* **avoir besoin de** to need
J'ai besoin d'un remontant ! I need a tonic!
Lucky Luke avait besoin d'aller en ville. Lucky Luke needed to go into town.
3. *Locution* **faire ses besoins** to relieve oneself

bétail [betaj] **nm** cattle*
Le bétail est dans le pré. The cattle are in the meadow.
Attention, "cattle" est toujours suivi d'un verbe au pluriel.

bête [bɛt]
○ **adj** stupid
Mais qu'il est bête, ce chien ! That dog is so stupid!
○ **nf** animal
Faites attention, il y a beaucoup de bêtes sauvages par ici. Watch out, there are a lot of wild animals around.

bêtise [betiz] **nf**
1. stupidity

Il ne supporte pas la bêtise. He can't stand stupidity.
2. *Locution* **faire une bêtise** to do something stupid

béton [betɔ̃] **nm** concrete

beurre [bœr] **nm** butter

Bible [bibl] **nf** Bible*

*Attendez, laissez-moi vous lire la **Bible**.*

*– Wait, let me read you the **Bible**.*

bibliothèque [biblijɔtɛk] **nf**
1. library
La nouvelle bibliothèque est ouverte. The new library is open.
2. bookcase
J'ai acheté du bois pour me faire une bibliothèque. I bought some wood to make a bookcase.

bicyclette [bisiklɛt] **nf** bicycle
Il n'est jamais trop tard pour apprendre à faire de la bicyclette. It's never too late to learn how to ride a bicycle.

bien

bien [bjɛ̃]
○ **adj inv**
1. good
Il est très bien, ce jeu. This game is very good.
2. well
Je ne me sens pas très bien tout d'un coup. I don't feel very well, all of a sudden.
3. nice
Dis donc, elles sont bien tes chaussures ! Wow, your shoes are nice!
4. good-looking
Il est très bien de sa personne. He's a very good-looking man.
5. comfortable
On est bien sur ce canapé. This sofa is really comfortable.
6. nice, decent
Tu peux compter sur eux, ce sont des gens très bien. You can rely on them, they are very decent people.
○ **adv**
1. well
Je vais bien dormir cette nuit. I'll sleep well tonight.
2. really, very
C'est bien agréable de rentrer chez soi. It's really nice to come home.
3. at least
Il y a bien deux heures qu'il est parti. He's been gone for at least two hours.
4. *Location* **bien de, bien des** quite a lot of
Bien des gens auraient accepté à sa place. Quite a lot of people would have accepted in his place.
Il a eu bien du mal à terminer ses devoirs. He had quite a lot of trouble finishing his homework.
5. *Location*
C'est bien fait pour toi ! It serves you right!
6. *Location*
Nous ferions bien de prévenir Lucky Luke. We'd do well to let Lucky Luke know.
7. Pour insister.
C'est bien Billy the Kid. It really is Billy the Kid.
C'est bien ce que je craignais. That's just what I feared.
○ **excl** right
Bien ! On y va ? Right! Shall we go?
○ **nm**
1. good
C'est pour ton bien que je te dis ça. I'm telling you this for your own good.
2. *Location* **dire du bien de** to speak well of, to say good things about
On m'a dit beaucoup de bien de vous, Lucky Luke. People have spoken well of you, Lucky Luke.
3. *Location*
Une bonne nuit de sommeil vous fera du bien. A good night's sleep will do you good.
○ **nm pl** property
Il a beaucoup de biens. He's got a lot of property.
Attention, "property" est toujours au singulier dans ce sens.

bientôt [bjɛ̃to] **adv** soon
À bientôt, Lucky Luke ! See you soon, Lucky Luke!

bienvenu, e [bjɛ̃vny]
○ **adj** welcome
○ **nm, nf**
1. Se traduit par une expression.
Soyez les bienvenus ! Welcome!
2. *Location* **souhaiter la bienvenue à quelqu'un** to welcome somebody
Allons leur souhaiter la bienvenue. Let's go and welcome them.

bière [bjɛr] **nf** beer

bifteck [biftɛk] **nm** steak
Averell mangea son troisième bifteck. Averell ate his third steak.

bijou [biʒu] **nm** jewel
Lulu portait ses plus beaux bijoux. Lulu was wearing her most beautiful jewels.

billard [bijar] **nm** billiards
Une petite partie de billard. A little game of billiards.
Le billard est un jeu difficile. Billiards is a difficult game.
Attention, "billiards" est toujours suivi d'un verbe au singulier.

bille [bij] **nf** marble
Tu veux jouer aux billes avec moi ? Do you want to play marbles with me?

billet [bijɛ] **nm**
1. note (**Am** : bill)
Un billet de banque. A note, a banknote.
2. ticket*
J'ai acheté mon billet de train. I've bought my train ticket.

bimensuel, elle [bimɑ̃sɥɛl] **adj** fortnightly

biologie [bjɔlɔʒi] **nf** biology

bis [bis]
○ **adv** Dans une adresse.
Il habite dans cette rue, au 13 bis. He lives on this street at number 13 a.

— *Il me reste encore quelques billets pour le spectacle.* — *Pour moi ! Pour moi !*
— I still have a few tickets left for the show.
— For me! — For me!

excl encore
Les spectateurs criaient "bis, bis"! The audience was shouting "encore, encore"!

biscuit [biskɥi] **nm** biscuit (**Am** : cookie)

bizarre [bizar] **adj** strange, odd*

Lucky Luke trouve son comportement bizarre.
Lucky Luke finds his behaviour odd.

blanc, blanche [blɑ̃, blɑ̃ʃ]
adj
1. white
Il a mis sa belle chemise blanche. He has put his nice white shirt on.
2. blank
J'ai rendu une copie blanche. I handed in a blank sheet of paper.
3. pale
Pourquoi le maire est-il tout blanc? Why is the mayor so pale?

nm
1. white
C'est plus joli en blanc. It's nicer in white.
2. blank space
Laisse un blanc au milieu de la ligne. Leave a blank space in the middle of the line.
Un chèque en blanc. A blank cheque.
3. Dans des expressions.
• **blanc de poulet** chicken breast
• **blanc d'œuf** egg white

nf En musique : minim (**Am** : half note)

nm, nf white man (**f** : white woman)
Les Blancs. White people.

blanchir [blɑ̃ʃir]
vt to whitewash
Les murs ont besoin d'être blanchis. The walls need to be whitewashed.
vi to turn white
Ses cheveux ont blanchi! His hair has turned white!

blazer [blazɛr] **nm** blazer

blé [ble] **nm** wheat
Les fermiers récoltent le blé. The farmers are harvesting the wheat.

blesser [blese]
vt
1. to injure, to hurt
Il a été gravement blessé lors de l'attaque. He was seriously injured during the assault.
2. to upset, to hurt
Ta remarque l'a blessée. Your comment upset her.

se blesser vpr
1. to hurt oneself, to injure oneself*

— You should be careful, you've **injured yourself** three times while you were shooting.

2. to injure, to hurt
Il s'est blessé à la main. He injured his hand.

blessure [blesyr] **nf** wound
Le médecin a pansé sa blessure. The doctor dressed his wound.

bleu, bleue [blø]
adj
1. blue
Il a les yeux bleus. He's got blue eyes.
2. very rare
Un steak bleu. A very rare steak.

nm
1. blue
Le bleu lui va bien. He looks very nice in blue.
2. bruise
Billy the Kid avait des bleus partout. Billy the Kid was covered in bruises.
3. overalls
Il portait son bleu de travail. He was wearing his overalls.

bloc [blɔk] **nm**
1. block
Un gros bloc de pierre est tombé sur la route. A big block of stone fell onto the road.
2. pad
J'ai acheté un bloc de papier à lettres. I bought a writing pad.

blond, e [blɔ̃, blɔ̃d]
adj blond*

— So you're my fiancé?
— Yes, and I'm very pleased you've got **blond** hair!

nm, nf blond man (**f** : blond woman)
Une grande blonde. A tall blond woman.
• **bière blonde** light ale, lager

bloquer [blɔke]
vt
1. to block
Un grand arbre bloquait le passage. A tall tree blocked the way.
2. to jam
Il a bloqué le mécanisme. He jammed the mechanism.

blouse

3. to freeze
On a bloqué les salaires. The wages have been frozen.
4. *Locution* **être bloqué** to be stuck
J'étais bloqué chez moi avec la grippe. I was stuck at home with flu.
◦ **se bloquer** **vpr** to jam
La porte s'est bloquée à cause de l'humidité. The door jammed because of the damp.

blouse [bluz] **nf** overall (**Am** : smock)
Mets une blouse si tu ne veux pas te salir. You should wear an overall if you don't want to get dirty.

blouson [bluzɔ̃] **nm** jacket

bœuf [bœf, bø] **nm**
1. ox (**pl** : oxen)
Ils élèvent des bœufs. They raise oxen.
2. beef
J'aime beaucoup la viande de bœuf. I like beef very much.

boire [bwar]
◦ **vt**
1. to drink
Je ne bois pas de vin. I don't drink wine.
2. to soak up
La plante a bu toute l'eau. The plant soaked up all the water.
◦ **vi** to drink
Il ne boit pas beaucoup. He doesn't drink much.

bois [bwa] **nm** wood
Il a fait une flèche avec un bout de bois. He made an arrow with a bit of wood.

boisson [bwasɔ̃] **nf** drink
Le thé est ma boisson préférée. Tea is my favourite drink.

boîte [bwat] **nf**
1. box
Qu'y a-t-il dans cette boîte ? What's in this box?
2. tin, can (**Am** : can)
Une boîte de petits pois. A tin of peas.
• **boîte aux lettres**
1. *Dans un immeuble* : letterbox (**Am** : mailbox)
Je l'ai trouvé dans ma boîte aux lettres. I found it in my letterbox.
2. *Dans la rue* : postbox (**Am** : mailbox)
Y a-t-il une boîte aux lettres près d'ici ? Where's the nearest postbox?

bol [bɔl] **nm** bowl*

— *C'est vraiment infect ! Je ne peux pas manger ça. Je vais lui donner mon bol.*

— *It's really disgusting! I can't eat it. I'll give him my bowl.*

bombe [bɔ̃b] **nf**
1. bomb
Heureusement, la bombe n'a pas explosé. Fortunately, the bomb didn't go off.
2. spray
Une bombe insecticide. An insecticide spray.
3. riding hat
Je ne peux pas monter à cheval, je n'ai pas de bombe. I can't go horse-riding, I don't have a riding hat.

bon, bonne [bɔ̃, bɔn]
◦ **adj**
1. good
Je ne suis pas très bon en maths. I'm not very good at maths.
La natation, c'est bon pour toi. Swimming is good for you.
2. right
Tu es sûr que c'est la bonne adresse ? Are you sure it's the right address?
3. valid
Ce billet n'est plus bon. This ticket is no longer valid.
4. good
J'ai attendu pendant une bonne demi-heure. I waited for a good half an hour.
5. *Locution* **n'être bon à rien** to be useless*
6. *Locution* **c'est bon à savoir** it's worth knowing
7. *Locution* **pour de bon** for good
Je crois que cette fois, ils sont sous les verrous pour de bon. I think this time they are locked away for good.
8. **Pour exprimer des souhaits.**
Bon anniversaire, Ma Dalton ! Happy birthday, Ma Dalton!
Bonne chance ! Good luck!
Bonne journée ! Have a nice day!
Bonne nuit ! Goodnight!
◦ **adv Dans des expressions.**
Il fait bon aujourd'hui. The weather's fine today.
Ton parfum sent bon ! Your perfume smells good!
◦ **excl**
1. right!

Averell, tu n'es vraiment bon à rien !
J'ai juste ouvert le coffre comme tu me l'as demandé.

— *Averell, you're really useless!*
— *I just opened the safe as you told me.*

Bon! C'est fini pour aujourd'hui! Right! That's it for today!
2. really?
Ah bon? Il ne t'a rien dit? Really? He didn't tell you?
3. all right!
C'est bon! On y va. All right! Let's go.
✺ **nm**
1. voucher
Il faut cinq bons pour recevoir le cadeau. You need five vouchers to get the gift.
2. form
Veuillez remplir et signer le bon de commande. Please fill in and sign the order form.

bonbon [bɔ̃bɔ̃] nm sweet (Am : candy)
Si vous êtes sages, les enfants, vous aurez des bonbons. If you behave, children, you'll get some sweets.

bond [bɔ̃] nm
1. leap, jump
Lucky Luke se leva d'un bond. Lucky Luke jumped up.
2. *Location* **faire un bond** to leap
Jolly Jumper fit un bond en avant. Jolly Jumper leapt forward.

bondé, e [bɔ̃de] adj packed
Le saloon était bondé lorsque Lucky Luke est arrivé. The saloon was packed when Lucky Luke arrived.

bondir [bɔ̃dir] vi
1. to leap*

Ran Tan Plan bondit en avant.

Rin Tin Can **leaps** forward.

2. to rush
Lorsque la bagarre a éclaté, il a bondi vers la sortie. When the fighting started, he rushed to the door.

3. *Location* **bondir sur quelque chose** to pounce on something
Averell a bondi sur les biscuits. Averell pounced on the biscuits.

bonheur [bɔnœr] nm
1. happiness
Je vous souhaite beaucoup de bonheur. I wish you every happiness.
2. good luck, luck
Ce fer à cheval vous portera bonheur. This horseshoe will bring you good luck.

bonhomme [bɔnɔm] nm
1. fellow, chap
C'est un drôle de bonhomme. He's an odd fellow.
2. man, little man
Dessine-moi un bonhomme. Draw me a little man.
• **bonhomme de neige** snowman
Faisons un bonhomme de neige. Let's make a snowman.

bonjour [bɔ̃ʒur] nm
1. Le matin, on dit : hello, good morning*

Bonjour tout le monde!

— **Good morning**, everybody!

2. L'après-midi, on dit : hello, good afternoon

bonne [bɔn]
✺ **nf** maid
Je ne suis pas ta bonne! I'm not the maid!
✺ **adj** ➔ bon

bonnet [bɔnɛ] nm hat*
• **bonnet de bain** swimming cap

bonsoir [bɔ̃swar] nm
1. Quand on arrive, on dit : hello, good evening
Bonsoir! Comment allez-vous? Good evening! How are you?
2. Au moment de se coucher, on dit : goodnight
Je vais me coucher, bonsoir! I'm going to bed, goodnight!

bonté [bɔ̃te] nf
1. kindness
Sa bonté l'a rendue célèbre. She became famous for her kindness.
2. *Location* **avoir la bonté de** to be so kind as to
Auriez-vous la bonté de m'aider? Would you be so kind as to help me?

bord [bɔr] nm
1. edge
Le bord de la table est abîmé. The edge of the table is damaged.
2. rim
Le bord de la tasse est ébréché. The rim of the cup is chipped.
• **au bord de**
1. at the edge of
Il était assis au bord de la falaise. He was sitting at the edge of the cliff.
2. on the verge of
Tu n'aurais pas dû lui dire, il était au bord des larmes. You shouldn't have told him, he was on the verge of tears.
3. *Location* **au bord de la mer** at/to the seaside
Nous sommes allés au bord de la mer l'été dernier. We went to the seaside last summer.

Que fais-tu avec ton bonnet et ton fusil?

— What are you doing with your **hat** and your rifle?

border

4. *Location* **au bord de la route** by the roadside
Averell montait la garde au bord de la route. Averell kept watch by the roadside.
• **à bord**
1. on board
Ran Tan Plan n'a pas voulu rester à bord. Rin Tin Can didn't want to stay on board.
2. *Location* **monter à bord de** to board
Est-ce qu'il est monté à bord du navire ? Did he board the ship?

border [bɔrde] **vt**
1. to line
La route est bordée d'arbres. The road is lined with trees.
2. to trim, to edge
Elle portait un chemisier bordé de dentelle. She was wearing a shirt trimmed with lace.
3. to tuck in
Va te coucher, je viendrai te border. Go to bed, I'll come and tuck you in.

bosse [bɔs] **nf**
1. bump*

– Mais qu'avez-vous à me regarder comme ça ?
– Ben… C'est que vous avez une belle **bosse** sur la tête !

– What are you staring at me for?
– Well… That's quite a **bump** you've got on your head!

2. hump
Le chameau a deux bosses. The camel has two humps.

botte [bɔt] **nf**
1. boot
Lucky Luke enfile ses bottes. Lucky Luke puts his boots on.
2. bunch
Une botte de radis. A bunch of radishes.

bouche [buʃ] **nf** mouth
Lucky Luke a toujours un brin d'herbe à la bouche. Lucky Luke always has a blade of grass in his mouth.
• **bouche de métro** metro entrance

boucher [buʃe] **vt**
1. to fill up
Il faut boucher ce trou avant le lever du jour. We need to fill that hole up before the morning.
2. to put a cork in, to cork
Est-ce que tu as bouché la bouteille ? Did you put a cork in the bottle?
3. to block
Les grands arbres leur bouchaient la vue. The tall trees blocked their view.

boucher, ère [buʃe, ɛr] **nm, nf** butcher
Allons chez le boucher. Let's go to the butcher's.

boucherie [buʃri] **nf** butcher's, butcher's shop

bouchon [buʃɔ̃] **nm**
1. top
Où est le bouchon de ce tube de dentifrice ? Where is the top for this tube of toothpaste?
2. cork
Il fit sauter le bouchon de champagne. He popped the champagne cork.
3. traffic jam
Il y a un bouchon sur l'autoroute. There's a traffic jam on the motorway.

boucle [bukl] **nf**
1. buckle
La boucle de ma ceinture est cassée. My belt buckle is broken.
2. curl*
3. loop
Faisons une boucle avec cette corde. Let's make a loop with this rope.
• **boucle d'oreille** earring

bouclé, e [bukle] **adj** curly
Il est tout bouclé. He's got very curly hair.

– Quelles jolies **boucles** !
– Ah, c'est drôle !

– What lovely **curls**!
– Very funny!

bouder [bude]
❋ **vi** to sulk
Mais qu'as-tu encore à bouder ? Why on earth are you sulking now?
❋ **vt** to avoid
Elle me boude depuis notre retour de vacances. She has been avoiding me ever since we came back from our holiday.
Ils ont tous boudé mon gâteau. Nobody wanted to try my cake.

boue [bu] **nf** mud
Le chariot s'est enlisé dans la boue. The wagon got stuck in the mud.

bougeoir [buʒwar] **nm** candlestick

bouger [buʒe]
❋ **vi**
1. to move*

Ne **bouge** pas, surtout ne **bouge** pas !

– Don't **move**, don't make the slightest move!

bouton

2. *Locution* **avoir une dent qui bouge** to have a loose tooth
3. to change
Nos prix n'ont pas bougé depuis l'année dernière. Our prices haven't changed since last year.
◊ **vt** to move

bougie [buʒi] **nf**
1. candle
Il a soufflé toutes les bougies d'un coup. He blew all the candles out in one go.
2. spark plug
J'ai apporté ma voiture au garage, il faut changer les bougies. I took my car to the garage, the spark plugs need changing.

bouillir [bujir] **vi** to boil*

– I **boil** the soup and...

bouillonner [bujɔne] **vi** to bubble

boulanger, ère [bulɑ̃ʒe, ɛr] **nm, nf** baker

boulangerie [bulɑ̃ʒri] **nf** baker's, bakery, baker's shop

boule [bul] **nf** ball
• **boule de neige** snowball*
• **boule de pétanque** bowl
Et si on jouait aux boules ! Let's play bowls!

bouquet [bukɛ] **nm** bunch
Un bouquet (de fleurs). A bunch of flowers.

bourgeois, e [burʒwa, az]
◊ **adj** middle-class, bourgeois
Un quartier bourgeois. A middle-class area.
◊ **nm, nf** bourgeois

bourgeoisie [burʒwazi] **nf** middle class

bourse [burs] **nf**
1. purse
Ne touchez pas à ma bourse ! Leave my purse alone!
2. grant
Il a obtenu une bourse pour faire de la recherche. He got a grant to do some research.
• **la Bourse** the Stock Exchange
Il a gagné beaucoup d'argent à la Bourse. He made a lot of money on the Stock Exchange.

bousculade [buskylad] **nf**
1. scramble
Il y a eu une bousculade vers la sortie. There was a scramble towards the exit.
2. rush
C'est la bousculade tous les matins. It's a real rush every morning.

bousculer [buskyle] **vt**
1. to jostle
Il m'a bousculé et il ne s'est même pas excusé. He jostled me and didn't even apologize.
2. to rush
Ne me bouscule pas, je ne peux pas aller plus vite. Don't rush me, I can't go any faster.
3. to upset
Il n'aime pas qu'on bouscule ses habitudes. He doesn't like his routine to be upset.

boussole [busɔl] **nf** compass
Cette boussole vous sera très utile pendant le voyage. You'll find this compass very helpful on the journey.

bout [bu] **nm**
1. end
Il habite à l'autre bout de la ville. He lives at the far end of town.
2. bit, piece
Il ne reste qu'un petit bout de pain. There's only a small piece of bread left.
• **au bout de** after
Au bout d'une heure, ils sont repartis. After an hour, they set off again.

bouteille [butɛj] **nf** bottle
Qu'y a-t-il dans cette bouteille ? What's in that bottle?

boutique [butik] **nf** shop

bouton [butɔ̃] **nm**
1. button
Si tu n'appuies pas sur le bouton, ça ne peut pas marcher. If you don't press the button, it won't work.
2. spot (**Am** : pimple)
Le chocolat lui donne des boutons. Chocolate gives him spots.
3. knob
Tourne le bouton pour allumer le four. Turn the knob to switch the oven on.
4. bud
Les roses étaient en bouton. The roses were in bud.

Quelle étrange boule de neige !

That's a very odd **snowball**!

trois cent cinquante-sept • 357 • three hundred and fifty-seven

boutonner

boutonner [butɔne] **vt** to button, to button up
Boutonnez bien votre manteau, Luke ! Button your coat up properly, Luke!

boxe [bɔks] **nf** boxing

boxeur [bɔksœr] **nm** boxer*

— I'm telling you I'm a real *boxer*.
— Well done!
— Go for it!

bracelet [braslɛ] **nm**
1. bracelet
Ce bracelet me plaît beaucoup. I like this bracelet very much.
2. strap
Je cherche un bracelet pour ma montre. I'm looking for a strap for my watch.

branche [brɑ̃ʃ] **nf**
1. branch
Je vais scier cette branche. I'm going to saw that branch.
2. arm
Les branches de mes lunettes sont très fragiles. The arms of my glasses are very fragile.

brancher [brɑ̃ʃe] **vt**
1. to plug in
La télévision n'est pas branchée. The television is not plugged in.
2. to connect
L'électricité n'est pas encore branchée. The electricity hasn't been connected yet.

brandir [brɑ̃dir] **vt** to wave, to brandish

bras [bra] **nm** arm*

— Put your *arms* down, it's nothing!

brave [brav] **adj**
1. brave
Vous êtes très brave, Lucky Luke ! You're very brave, Lucky Luke!
2. decent
De braves gens. Decent people.

bravo [bravo] **excl** bravo, well done

bref, brève [brɛf, brɛv]
◉ **adj** short*, brief

— This was a very *short* performance!

◉ **adv** in short
Bref, c'est fini. In short, it's finished.

bretelle [brətɛl]
◉ **nf**
1. strap
La bretelle de ma robe n'arrête pas de glisser. The strap of my dress keeps falling down.
2. slip/access road
Une bretelle d'autoroute. A motorway slip road.

◉ **nf pl** braces (**Am** : suspenders)
Je suis sûr que vous serez très content de ces bretelles. I'm sure you'll be very pleased with these braces.

bricolage [brikɔlaʒ] **nm** do-it-yourself, DIY
Il fait beaucoup de bricolage. He does a lot of DIY.

bricoler [brikɔle]
◉ **vi** to do DIY, to carry out home improvements
Elle est toujours en train de bricoler. She's always doing DIY.
◉ **vt** to make
C'est moi qui ai bricolé ces étagères. I made these shelves myself.

brillant, e [brijɑ̃, ɑ̃t] **adj**
1. shiny
Ce shampooing rend les cheveux brillants. This shampoo leaves your hair shiny.
2. brilliant
Les résultats ne sont pas brillants. The results are not brilliant.

briller [brije] **vi** to shine

brin [brɛ̃] **nm**
1. blade*

— Would you like a *blade* of grass?
— No, no, thank you very much.

2. sprig
Il lui a offert un brin de muguet. He gave her a sprig of lily of the valley.
3. strand
Un brin de laine. A strand of wool.

4. *Location* **un brin de** a bit of
S'il avait un brin de bon sens, il n'irait pas. If he had a bit of common sense, he wouldn't go.

brique [brik] **nf**
1. brick
C'est une maison en brique. It's a house made of brick.
2. carton
Tu veux bien mettre la brique de lait au réfrigérateur ? Could you put the carton of milk in the fridge?

briquet [brikɛ] **nm** (cigarette) lighter

brise [briz] **nf** breeze

britannique [britanik]
⚬ **adj** British
Le drapeau britannique. The British flag.
⚬ **nm, nf** British person, Briton
Les Britanniques. The British.
Attention, l'anglais prend toujours une majuscule.

broche [brɔʃ] **nf**
1. brooch
Son mari lui a offert une broche. Her husband gave her a brooch.
2. spit
Nous avons fait cuire le poulet à la broche. We roasted the chicken on a spit.

brochette [brɔʃɛt] **nf**
1. skewer
Il enfila les morceaux de viande sur la brochette. He threaded the pieces of meat onto the skewer.
2. kebab
Nous avons mangé des brochettes d'agneau. We ate lamb kebabs.

broderie [brɔdri] **nf** embroidery

bronzer [brɔ̃ze] **vi**
1. to tan
Il a une peau qui bronze facilement. His skin tans easily.
2. to get a suntan
Averell se faisait bronzer. Averell was getting a suntan.

brosse [brɔs] **nf**
1. brush
Est-ce que tu as une brosse à chaussures ? Have you got a shoe brush?
2. *Location* **avoir les cheveux en brosse** to have a crew cut
• **brosse à cheveux** hairbrush
• **brosse à dents** toothbrush

brosser [brɔse] **vt** to brush

brouillard [brujar] **nm** fog
Il y avait beaucoup de brouillard. There was a lot of fog.

brouillon, onne [brujɔ̃, ɔn]
⚬ **adj** untidy
Il est très brouillon quand il travaille. He's very untidy at work.
⚬ **nm**
1. rough draft, rough copy
Fais un brouillon d'abord. Make a rough draft first.
2. *Location* **au brouillon** in rough
Il rédigea d'abord la lettre au brouillon. He wrote the letter in rough first.

bruit [brɥi] **nm**
1. noise, sound
J'ai entendu des bruits de pas. I heard the sound of footsteps.
Le bruit le fit sursauter. The noise made him jump.
2. noise
Je ne supporte pas le bruit lorsque je travaille. I can't stand noise when I'm working.
3. rumour
Le bruit court que les Dalton sont de retour. There's a rumour that the Daltons are back.

brûlant, e [brylɑ̃, ɑ̃t] **adj**
1. boiling hot*
Il aime boire son café brûlant. He likes to drink his coffee boiling hot.
2. burning hot
Attention, le plat est brûlant. Watch out, the dish is burning hot.

brûler [bryle]
⚬ **vt**
1. to burn
Ils ont brûlé toutes les preuves. They burnt all the evidence.
2. to sting
La fumée me brûlait les yeux. The smoke stung my eyes.
3. *Location* **brûler un feu rouge** to go through a red light
4. *Location* **brûler un stop** to ignore a stop sign

⚬ **vi**
1. to burn, to be on fire
La maison brûle. The house is on fire.
2. to be burning
Attention, ça brûle ! Watch out, it's burning!
3. *Location* **brûler d'impatience de** to be longing to
Lucky Luke brûlait d'impatience de repartir. Lucky Luke was longing to set off again.

⚬ **se brûler** **vpr**
1. to burn oneself
Il s'est brûlé avec le fer à repasser. He burnt himself with the iron.
2. to burn
Il s'est brûlé la langue en buvant son chocolat. He burnt his tongue while drinking his hot chocolate.

brûlure [brylyr] **nf** burn
Il y avait des brûlures de cigarette sur le tapis. There were cigarette burns on the rug.
• **brûlures d'estomac** heartburn
Ce médicament peut donner des brûlures d'estomac. This drug can cause heartburn.

brun, brune [brœ, bryn]
⚬ **adj**
1. brown, dark
Il a les cheveux bruns. He's got dark hair.
2. brown
De la bière brune. Brown ale.

— Aargh! It's true, it's really *boiling hot!*

brusque

◉ **nm, nf** dark-haired man (**f** : dark-haired woman)
Lulu Carabine a un faible pour les bruns. Lulu Carabine has a soft spot for dark-haired men.

brusque [brysk] **adj**
1. abrupt, brusque
Il est très brusque avec son petit frère. He's very abrupt with his little brother.
2. sudden
Ce changement a été très brusque. This change was very sudden.

brusquement [bryskəmã] **adv**
1. abruptly
Il a raccroché brusquement. He hung up abruptly.
2. suddenly
Il a brusquement changé d'avis. He suddenly changed his mind.

brut, e [bryt] **adj**
1. crude, raw
Du pétrole brut. Crude oil.
2. gross
S'agit-il du salaire brut ou net ? Is the salary gross or net?
3. dry
Je préfère le champagne brut. I prefer dry champagne.

brutal, e, aux [brytal, o] **adj**
1. brutal, violent
C'est un homme brutal. He's a brutal man.
2. sudden
Le changement a été très brutal. The change was very sudden.
3. blunt
Sa réponse a été très brutale. His answer was very blunt.

brute [bryt] **nf** brute*

bruyant, e [brɥijã, ãt] **adj** noisy

bûche [byʃ] **nf** log
Une bûche brûlait dans la cheminée. A log was burning in the fire.
• **bûche de Noël** Yule log

bûcheron, onne [byʃrɔ̃, ɔn] **nm, nf** lumberjack*

– Beware of **lumberjacks**!

buisson [bɥisɔ̃] **nm** bush
Il ne vit pas Lucky Luke qui se cachait derrière les buissons. He didn't see Lucky Luke who was hiding behind the bushes.

bulle [byl] **nf**
1. bubble
Ran Tan Plan faisait des bulles après avoir avalé le savon. Rin Tin Can was blowing bubbles after he had swallowed the soap.
2. speech bubble, balloon
Que dit cette bulle ? What's written in this speech bubble?

bulletin [byltɛ̃] **nm**
1. bulletin, report
Tout le monde attendait avec impatience le bulletin de Notting Gulch. Everybody was eagerly waiting for the Notting Gulch bulletin.
2. report, school report (**Am** : report card)
Les bulletins ne sont pas très bons ce trimestre. The reports this term are not very good.
3. form
Veuillez remplir le bulletin de commande. Please fill in the order form.
• **bulletin météorologique** weather forecast
• **bulletin de paie** payslip
• **bulletin de vote** ballot paper

bureau [byro] **nm**
1. office
Viens dans mon bureau. Come into my office.
2. desk
Le shérif était assis à son bureau. The sheriff was sitting at his desk.
• **bureau de poste** post office
• **bureau de tabac** tobacconist's (**Am** : tobacco shop)
En Grande-Bretagne, les "tobacconists" ne vendent que des articles pour fumeurs, les timbres s'achètent chez les marchands de journaux et dans les bureaux de poste.

bus [bys] **nm** bus
Allons-y en bus. Let's go by bus. (voir page 43)

buste [byst] **nm** bust
Il y avait un buste de Mozart sur la cheminée. There was a bust of Mozart on the mantlepiece.

but [byt] **nm**
1. aim, purpose
Notre but est d'attraper les bandits. Our aim is to catch the bandits.
Quel est le but de votre visite ? What's the purpose of your visit?
2. goal
Ils ont marqué trois buts. They scored three goals.
4. *Locution* **de but en blanc** suddenly, point-blank
Il m'a demandé de but en blanc si je pouvais le remplacer. He asked me point-blank if I could stand in for him.

C

c' → ce

ça [sa] **pron**
1. that
Ça là-bas, c'est un tipi. That over there is a tepee.
2. this
Tiens, prends ça. Here, take this.
3. it
Les Dalton se sont évadés ? Ça ne m'étonne pas ! The Daltons have escaped? It doesn't surprise me!
4. *Locution* **ça y est** that's it
Ça y est, je suis prêt ! That's it, I'm ready!

cabane [kaban] **nf** hut
Allez, entrez dans cette cabane. Come on, go into that hut.

cabinet [kabinɛ]
✪ **nm**
1. office
On l'a vue entrer dans le cabinet de l'avocat. She was seen going into the lawyer's office.
2. surgery (**Am** : office)
Le cabinet médical est ouvert jusqu'à 18 heures. The doctor's surgery is open until 6 p.m.
✪ **nm pl** toilet
Madame, je peux aller aux cabinets, s'il vous plaît ? Can I go to the toilet, Miss, please?
• **cabinet de toilette** small bathroom

câble [kabl] **nm** cable

cacahouète [kakawɛt] **nf** peanut

cacao [kakao] **nm** cocoa

cacher [kaʃe]
✪ **vt**
1. to hide
Ran Tan Plan, où as-tu caché les indices ? Rin Tin Can, where have you hidden the clues?
2. not to tell
Ils m'ont caché qu'il était malade. They didn't tell me he was ill.
✪ **se cacher vpr** to hide

cachet [kaʃɛ] **nm**
1. tablet
Prenez trois cachets par jour. Take three tablets a day.
2. mark
Le cachet de la poste. The postmark.

cachette [kaʃɛt] **nf**
1. hiding place*

J'espère que je vais bientôt pouvoir sortir de ma cachette.

— I hope I'll soon be able to come out of my **hiding place**.

2. *Locution* **en cachette** secretly
Ils se rencontrent en cachette. They meet secretly.

Caddie [kadi] **nm** shopping trolley (**Am** : shopping cart)
"Caddie" est un nom déposé.

cadeau [kado] **nm**
1. present*

C'est pour vous, de la part de Lucky Luke.
Oh, un cadeau de mariage !

— This is for you, from Lucky Luke.
— Oh, a wedding **present**!

2. *Locution* **faire cadeau de quelque chose à quelqu'un** to give somebody something
Tenez, je vous fais cadeau de mon chapeau en souvenir. Here you are, I'm giving you my hat as a keepsake.

cadran [kadrã] **nm** face
Le cadran de l'horloge. The clock face.

cadre

- **cadran solaire** sundial

cadre [kadr] **nm**
1. frame
Jack a mis la photo de Ma Dalton dans un cadre. Jack put Ma Dalton's photograph in a frame.
2. setting
Une rivière, un bois : quel cadre charmant ! A river, a wood: what a lovely setting!

cafard [kafar] **nm**
1. cockroach
La cellule était pleine de cafards. The cell was full of cockroaches.
2. *Locution* **familier** avoir le cafard to feel low
Le croque-mort avait le cafard car les affaires n'étaient pas bonnes. The undertaker was feeling low because business wasn't good.

café [kafe] **nm**
1. coffee
Je prendrais bien un peu de ce café chaud. I wouldn't mind some of this hot coffee.
Les bons gâteaux au café de Calamity Jane. Calamity Jane's nice coffee cakes.
2. café
Elles ont pris une bière dans un café. They had a beer in a café.
- **café au lait** white coffee (**Am** : coffee with milk)
- **café noir** black coffee

cafetière [kaftjɛr] **nf** coffee pot
- **cafetière électrique** coffee machine

cage [kaʒ] **nf**
1. cage
La cage du lion. The lion's cage.
2. hutch
Il élève des lapins dans des cages. He breeds rabbits in hutches.
3. *Locution* **en cage** caged
Je n'aime pas voir les animaux en cage. I don't like seeing caged animals.

cahier [kaje] **nm** exercise book
- **cahier de brouillon** rough book (**Am** : notebook)
- **cahier de textes** homework book

caillou [kaju] **nm** stone

caisse [kɛs] **nf**
1. case
Ils ont découvert une caisse pleine d'armes à feu. They discovered a case full of firearms.
2. cashdesk*
3. till
Le commerçant a retiré de l'argent de la caisse. The shopkeeper took some money out of the till.
- **caisse d'épargne** savings bank

caissier, ère [kesje, ɛr] **nm, nf** cashier

calculer [kalkyle]
✪ **vt**
1. to calculate, to work out
Le fermier a calculé la superficie de son champ. The farmer calculated the area of his field.
2. to work out
Lucky Luke a calculé qu'il les aurait rattrapés dans une heure. Lucky Luke worked out that he would catch up with them in an hour.
✪ **vi** to calculate
Savez-vous calculer ? Can you calculate?

calculette [kalkylɛt] **nf** pocket calculator

caleçon [kalsɔ̃] **nm**
1. boxer shorts* (**Am** : shorts)

Il a un beau caleçon !
He's got nice **boxer shorts**!

2. leggings
Elle porte un caleçon pour son cours de gym. She wears leggings for her exercise class.
Son caleçon est rouge. His boxer shorts/her leggings are red.
Attention, le verbe qui suit "boxer shorts" ou "leggings" est toujours au pluriel.

calendrier [kalɑ̃drije] **nm** calendar

calme [kalm]
✪ **adj**
1. calm
Ceci est un hold-up ! Restez calmes ! This is a holdup! Keep calm!
2. quiet
Une petite ville bien calme. A very quiet little town.
✪ **nm**
1. peace and quiet
J'ai besoin de calme pour réfléchir. I need some peace and quiet to think.
2. calm
Le calme est revenu à Tombstone après l'arrestation de Billy. Calm

— *C'est moi qui vais tenir la caisse de la banque.*
— I'm going to be in charge of the **cashdesk**.

cantine

has returned to Tombstone after Billy's arrest.
3. Locution
"Du calme" se traduit différemment selon les contextes.
Du calme les enfants, je n'entends rien ! Quiet, children, I can't hear a thing!
Du calme, ce n'était qu'une fausse alerte ! Keep calm, it was just a false alarm!

calmer [kalme]
vt to calm down
Personne ne savait comment calmer Joe. Nobody knew how to calm Joe down.
se calmer vpr
1. to calm down*

– *Calm down*, Joe!

2. to die down
La tempête s'est enfin calmée. The storm finally died down.

camarade [kamarad] **nm, nf** friend
J'ai joué aux billes avec mes camarades. I played marbles with my friends.
• **camarade de classe** classmate

cambrioler [kɑ̃brijɔle] **vt** to burgle (**Am** : to burglarize)

caméra [kamera] **nf** camera
Une caméra vidéo. A video camera.

camion [kamjɔ̃] **nm** lorry (**Am**: truck)

camp [kɑ̃] **nm**
1. camp
Un camp militaire. A military camp.

2. side
Dans quel camp es-tu ? Les rouges ou les bleus ? Which side are you on? The blue side or the red side?
• **camp de vacances** holiday camp (**Am** : summer camp)

campagne [kɑ̃paɲ] **nf**
1. country
Vivre à la campagne n'est pas toujours facile. Living in the country isn't always easy.
2. countryside
Que la campagne est jolie en Oklahoma ! Oklahoma's countryside is so lovely!
3. campaign
La campagne électorale du sénateur a été couronnée de succès. The senator's electoral campaign was successful.

camper [kɑ̃pe] **vi** to camp
Nous avons campé près d'un lac. We camped near a lake.

camping [kɑ̃piŋ] **nm**
1. camping
Faire du camping. To go camping.
2. campsite
Il y a un camping près de la forêt. There's a campsite near the forest.

Canada [kanada] **nm** Canada
Le Canada est un pays immense. Canada is a huge country.

canadien, enne [kanadjɛ̃, ɛn] **adj, nm, nf** Canadian
Un garçon canadien. A Canadian boy.
Les Canadiens. Canadians.
Attention, l'anglais prend toujours une majuscule.

canal, aux [kanal, o] **nm** canal

canapé [kanape] **nm**
1. sofa
Mes vêtements ne sont pas sur le canapé ? Aren't my clothes on the sofa?
2. canapé
Un buffet avec des canapés et du champagne. A buffet with canapés and champagne.

canard [kanar] **nm** duck

candidat, e [kɑ̃dida, at] **nm, nf**
1. candidate*
2. Locution
"Être candidat à quelque chose" se traduit différemment selon les contextes.
Le shérif est candidat aux élections. The sheriff is standing for election.

canne [kan] **nf** walking stick
Il marchait à l'aide d'une canne. He was walking with a stick.
• **canne à pêche** fishing rod

canoë [kanɔe] **nm** canoe

cantine [kɑ̃tin] **nf**
1. dining hall
La cantine du collège est petite. The school dining hall is small.

– *This is why I'm candidate for this job!*
– *Bravo, bravo!*

trois cent soixante-trois • 363 • three hundred and sixty-three

caoutchouc

2. *Locution* **manger à la cantine** to have school meals

caoutchouc [kautʃu] **nm** rubber
Des gants en caoutchouc. Rubber gloves.

capable [kapabl] **adj** capable*, able

Je ne suis même pas capable de faire la cuisine !

– I'm not even capable of cooking!

capitaine [kapitɛn] **nm** captain

capitale [kapital] **nf** capital (city)

capot [kapo] **nm** bonnet (**Am** : hood)

capturer [kaptyre] **vt** to capture, to catch

capuchon [kapyʃɔ̃] **nm**
1. hood
Mets ton capuchon, il pleut. Put your hood on, it's raining.
2. cap
Le capuchon du stylo. The pen cap.

car [kar] **conj** because
Calamity Jane s'est énervée car personne ne voulait de ses gâteaux. Calamity Jane got annoyed because nobody wanted her cakes.

car [kar] **nm** bus
Le car de ramassage scolaire. The school bus.

caractère [karaktɛr] **nm**
1. character, letter
En caractères d'imprimerie. In block letters.
2. *Locution* **avoir bon caractère** to be good-natured

Ne vous approchez pas de lui, il a trop mauvais caractère !

– Don't go near him, he's too bad-tempered!

3. *Locution* **avoir mauvais caractère** to be bad-tempered*

carafe [karaf] **nf** jug

carapace [karapas] **nf** shell

caravane [karavan] **nf**
1. caravan (**Am** : trailer)
Ils ont acheté une caravane pour partir en vacances. They bought a caravan to go on holiday with.
2. caravan
La caravane avançait dans le désert. The caravan was travelling through the desert.

carburant [karbyrɑ̃] **nm** fuel

caresse [karɛs] **nf**
1. stroke
2. *Locution* **faire des caresses à quelqu'un/à un animal** to stroke somebody/an animal

caresser [karese] **vt** to stroke
Ran Tan Plan adore qu'on le caresse. Rin Tin Can loves being stroked.

carnet [karnɛ] **nm** notebook
Le shérif notait les témoignages sur un petit carnet. The sheriff was writing witness statements in a small notebook.
• **carnet d'adresses** address book
• **carnet de notes** school report (**Am** : report card)

carotte [karɔt] **nf** carrot

carré, e [kare]
◎ **adj**
1. square

Son champ est carré. His field is square.
2. broad-shouldered
Joe aurait voulu être plus grand et plus carré. Joe wishes he was taller and more broad-shouldered.
◎ **nm** square

carreau [karo] **nm**
1. check
Un pantalon à carreaux. Check(ed) trousers.
2. tile
Jenny leur a fait laver les carreaux de la cuisine. Jenny made them wash the kitchen tiles.
3. pane
Il a cassé un carreau de la fenêtre. He broke a window pane.
4. *Locution* **faire les carreaux** to clean the windows

carrefour [karfur] **nm** crossroads, junction (**Am** : intersection)
Ce carrefour est dangereux. This crossroads is dangerous.
Attention, "crossroads" prend toujours un "s", même au singulier.

carrière [karjɛr] **nf**
1. career
Elle a fait carrière dans le théâtre. She made a career in the theatre.
2. quarry
On l'a condamné aux travaux forcés dans une carrière. He was sentenced to hard labour in a quarry.

cartable [kartabl] **nm** schoolbag

carte [kart] **nf**
1. card

cause

Le promoteur immobilier remet sa carte de visite aux fermiers. The property developer is giving his business card to the farmers.
2. card
Ils ont joué aux cartes autour du feu de camp. They played cards around the campfire.
3. card
Lucky Luke a reçu une carte d'anniversaire de Jenny. Lucky Luke got a birthday card from Jenny.
4. map
Sans carte, nous nous serions perdus. Without a map we would have got lost.
5. menu
La carte, s'il vous plaît, garçon. The menu, please, waiter.
6. *Locution* **à la carte** à la carte
• **carte postale** postcard

carton [kartɔ̃] **nm**
1. cardboard
Une boîte en carton. A cardboard box.
2. box
Nous avons tout mis dans des cartons avant de déménager. We put everything into boxes before we moved out.

cartouche [kartuʃ] **nf**
1. cartridge*

– Quick, my *cartridges*, I must hurry!

2. carton
Une cartouche de cigarettes. A carton of cigarettes.

cas [ka] **nm**
1. case
C'est un cas exceptionnel. It's an exceptional case.

Dans ce cas, je suis d'accord. In that case, I agree.
2. *Locution* **en cas de** in case of
En cas d'urgence, allez chercher Lucky Luke. In case of an emergency, go and get Lucky Luke.
3. *Locution* **au cas où** in case
Prenez votre fusil au cas où vous rencontreriez des Indiens. Take your gun in case you meet Indians.
4. *Locution* **en tout cas** in any case

case [kaz] **nf**
1. square
Si tu fais deux, tu avances de deux cases. If you throw two, you move forward two squares.
2. box
Averell, tu es un homme, écris "M" dans cette case, pas "F" ! Averell, you're a man, write "M" in this box, not "F"!

casque [kask] **nm**
1. helmet
Il faut porter un casque quand on fait de la moto. You have to wear a helmet when you ride a motorbike.
2. headphones
Il met un casque pour que la musique ne la dérange pas. He wears headphones so that the music doesn't disturb her.
Mon casque est cassé. My headphones are broken.
Attention, le verbe qui suit "headphones" est toujours au pluriel.

casquette [kaskɛt] **nf** cap

casser [kase]
✪ **vt**
1. to break
Billy a cassé la tasse qui contenait son chocolat chaud. Billy broke the cup which contained his hot chocolate.
2. *Locution* **familier casser les pieds à quelqu'un** to get on somebody's nerves
Frank James me casse les pieds avec ses citations littéraires. Frank James is getting on my nerves with his literary quotes.
✪ **vi** to break
La corde de son arc a cassé. His bow string broke.
✪ **se casser vpr**
1. to break

L'essieu s'est cassé et la diligence s'est renversée. The axle broke and the stagecoach overturned.
Il s'est cassé la jambe en tombant de cheval. He fell off his horse and broke his leg.
2. *Locution* **familier se casser la figure** to fall over
Je me casse la figure et ça vous fait rire ? I fall over and you think it's funny?

casserole [kasrɔl] **nf** pan, saucepan

cassette [kasɛt] **nf** cassette, tape
Une cassette vidéo. A video (cassette).

catalogue [katalɔg] **nm** catalogue (**Am** : catalog)

catastrophe [katastrɔf] **nf** disaster

catholique [katɔlik] **adj, nm, nf** Catholic
Attention, l'anglais prend toujours une majuscule.

cauchemar [kɔʃmar] **nm** nightmare*

Il fit un horrible **cauchemar**.

He had a horrible **nightmare**.

cause [koz] **nf**
1. reason
Personne ne connaît la cause de son départ. Nobody knows the reason why he left.
2. *Locution* **à cause de** because of
Leur plan a échoué à cause de l'erreur d'Averell. Their plan failed because of Averell's mistake.

cavalier

cavalier, ère [kavalje, ɛr] **nm, nf**
1. horseman (**f** : horsewoman)
La silhouette d'un cavalier se dessina à l'horizon. The silhouette of a horseman loomed up on the horizon.
2. partner
Choisissez vos cavaliers et en place pour le quadrille ! Choose your partners and get ready for the quadrille!

cave [kav] **nf** cellar

ce, c' [sə] **pron**
1. **Pour désigner une personne ou un objet proches :** this (**pl** : these)
Voilà, c'est mon ami Lucky Luke. Here you are, this is my friend Lucky Luke.
Ce sont mes enfants, ils voudraient vous demander un autographe. These are my children, they'd like to ask you for an autograph.
2. **Pour désigner une personne ou un objet lointains :** that (**pl** : those)
Billy the Kid ? C'est lui, là-bas. Billy the Kid? That's him over there.
Ce sont les Dalton que vous voyez au fond du saloon. Those are the Daltons, at the back of the saloon.
3. **Remplace "il", "elle", "ils", "elles" :** it, he, she, they
C'est vraiment joli. It's really nice.
Ce sont de dangereux criminels. They're dangerous criminals.
4. **Avec un pronom relatif :** what*
Dites-moi ce que je peux faire. Tell me what I can do.
Personne ne sait ce qui s'est passé. Nobody knows what happened.
5. **Dans une exclamation.**
Ce que tu peux être bête, Averell ! You're so stupid, Averell!
6. **Pour insister.**
C'est lui qui a cassé le verre, pas moi ! HE broke the glass, not me!
Ce sont eux les coupables. THEY are responsible.

ce, cet, cette, ces [sə, sɛt, se] **adj**
1. **Pour désigner une personne ou un objet proches :** this (**pl** : these)
Je voudrais ce chapeau, s'il vous plaît. I'd like this hat, please.
Prenez ces fleurs, elles sont pour vous. Take these flowers, they're for you.
Cette selle-ci est plus confortable. This saddle is more comfortable.

Et maintenant, je vais vous dire ce qu'on va faire, et vous avez intérêt à m'obéir ! O.K. Joe. O.K. O.K.
– And now, I'll tell you **what** we're going to do and you'd better obey me. – OK, Joe. – OK. – OK.

2. **Pour désigner une personne ou un objet éloignés :** that (**pl** : those)
Cette ville là-bas, c'est Coyote Gulch. That town over there is Coyote Gulch.
Vous voyez ces vaches au fond du champ ? Can you see those cows at the end of the field?
Ces hommes-là sont sans scrupules. Those men have no scruples.

ceci [səsi] **pron** this

céder [sede]
◦ **vt**
1. to give up
Lucky Luke a cédé sa place à la vieille dame. Lucky Luke gave his seat up to the elderly lady.
2. to sell
Le chercheur d'or lui a cédé sa concession pour une bouchée de pain. The gold digger sold his concession to him for next to nothing.
◦ **vi**
1. to give in
Continuez à négocier, il finira bien par céder. Keep negotiating, he'll end up giving in.
2. to give way
Le plancher a cédé sous leur poids. The floor gave way under their weight.

ceinture [sɛ̃tyr] **nf** belt
• **ceinture de sécurité** seatbelt

cela [səla] **pron** that

célèbre [selɛbr] **adj** famous

célibataire [selibatɛr]
◦ **adj** single
◦ **nm** single man (**f** : single woman)

celle, celle-ci, celle-là → **celui, celui-ci, celui-là**

cellule [selyl] **nf** cell*

Ceci est notre meilleure cellule !
– This is our best **cell**!

celui, celle, ceux [səlɥi, sɛl, sø] **pron**
1. **Pour désigner une ou plusieurs choses :** the one (**pl** : the ones)
Ce ranch est celui qu'a construit Bill. This ranch is the one Bill built.
Ces maisons, tu sais, celles qui sont près du saloon ? Those houses, you know, the ones near the saloon?
2. **Pour désigner une ou plusieurs personnes :** the one (**pl** : those)
Cet homme est celui que tous les shérifs recherchent. This man is the one all the sheriffs are looking for.

cesser

Que ceux qui ne sont pas d'accord lèvent la main ! All those who don't agree, raise your hands!
3. Pour indiquer la possession.
Ce cheval est celui du juge. This horse is the judge's.

celui-ci, celle-ci, ceux-ci [səlɥisi, sɛlsi, søsi] **pron**
1. S'il y a un seul élément : this one
Tu préfères celui-ci, alors ? You prefer this one, then?
2. S'il y a plusieurs éléments : these (ones)
Achetez plutôt celles-ci, les autres ont l'air moins bonnes. Buy these (ones), the others don't look as good.

celui-là, celle-là, ceux-là [səlɥila, sɛlla, søla] **pron**
1. S'il y a un seul élément : that one
Tu préfères celui-là, alors ? You prefer that one, then?
2. S'il y a plusieurs éléments : those (ones)
Achetez plutôt celles-là, celles-ci ont l'air moins bonnes. Buy those (ones), these don't look as good.

cendre [sɑ̃dr] **nf** ash

cent [sɑ̃] **adj num**
1. a hundred, one hundred
Trois cents fermiers vivent sur ces terres. Three hundred farmers live on that land.
Cinq cent quatre-vingts dollars. Five hundred and eighty dollars.
2. Locution pour cent per cent
Soixante pour cent des habitants sont favorables à la réforme. Sixty per cent of inhabitants are in favour of the reform.
(voir page 195)

centaine [sɑ̃tɛn] **nf**
1. about a hundred
Il y avait une centaine de chariots dans le convoi. There were about a hundred wagons in the convoy.
2. Locution des centaines hundreds
Frank James connaît des centaines de citations de Shakespeare. Frank James knows hundreds of quotes from Shakespeare.

centenaire [sɑ̃tnɛr]
✲ **adj être centenaire** to be a hundred years old
✲ **nm** centenary (**Am :** centennial)

centime [sɑ̃tim] **nm** centime

centimètre [sɑ̃timɛtr] **nm** centimetre* (**Am :** centimeter)

Je dois mesurer mes clients au centimètre près.
— *I must measure my clients to within one centimetre.*

central, e, aux [sɑ̃tral, o] **adj** central

centrale [sɑ̃tral] **nf** power station
• **centrale nucléaire** nuclear power station

centre [sɑ̃tr] **nm** centre (**Am :** center)
Le désert se trouve au centre de la région. The desert is in the centre of the region.
• **centre commercial** shopping centre (**Am :** mall)

cependant [səpɑ̃dɑ̃] **conj** however, yet

cercle [sɛrkl] **nm** circle
Les Indiens étaient assis en cercle autour du feu. The Indians were sitting in a circle around the fire.

cercueil [sɛrkœj] **nm** coffin*

céréale [sereal] **nf** cereal
Je mange toujours des céréales au petit déjeuner. I always eat cereal for breakfast.
Les céréales sont bonnes pour la santé. Cereal is good for you.
Attention, le verbe qui suit "cereal" est toujours au singulier.

cerise [səriz] **nf** cherry

Il portait le cercueil sur son dos.
He was carrying the coffin on his back.

certain, e [sɛrtɛ̃, ɛn]
✲ **adj**
1. certain
Ce sont les Dalton, j'en suis certain ! It's the Daltons, I'm certain of it!
2. some
Il a fallu un certain temps pour le convaincre. It took some time to convince him.
Certains habitants sont opposés à la construction de la voie ferrée. Some inhabitants are against the building of the railway.
✲ **pron pl** some people
Certains pensent qu'il faudrait arrêter Billy the Kid. Some people think Billy the Kid should be arrested.
Certaines d'entre elles. Some of them.

certainement [sɛrtɛnmɑ̃] **adv**
1. probably
Ils sont certainement partis par là. They probably went that way.
2. certainly
– *Pourriez-vous m'aider ?* – *Mais certainement !* – Could you help me? – Certainly!

cerveau [sɛrvo] **nm** brain

ces → **ce**

cesser [sese] **vt, vi** to stop
Il faut que ça cesse ! It has to stop!
Si tu ne cesses pas de boire du chocolat, tu vas te rendre malade !

c'est-à-dire

If you don't stop drinking hot chocolate, you'll make yourself sick!

c'est-à-dire [setadir] **adv** that is (to say)
Le shérif, c'est-à-dire le responsable du maintien de l'ordre. The sheriff, that is (to say) the person responsible for law and order.

cet, cette → ce

ceux, ceux-ci, ceux-là → celui, celui-ci, celui-là

chacun, e [ʃakœ̃, yn] **pron**
1. each one, each
Chacun de ces fusils vaut cinquante dollars. Each of these rifles costs fifty dollars.
2. everyone, everybody
Il faut que chacun décide si l'accusé est coupable ou non. Everyone has to decide whether the defendant is guilty or not.
3. *Locution* **chacun ses goûts** everyone to his or her own taste

chagrin [ʃagʁɛ̃] **nm**
1. grief
2. *Locution* **avoir du chagrin** to be upset*

Oh le pauvre petit, il a un gros chagrin!

– Poor thing, he's very **upset**!

chaîne [ʃɛn] **nf**
1. chain
Ran Tan Plan était attaché au bout de cette chaîne, mais il n'y est plus... Rin Tin Can was tied to the end of this chain, but he's not there anymore...
2. channel
Sur quelle chaîne passe le match ? What channel is the match on?
3. hi-fi
Une chaîne avec lecteur de DVD. A hi-fi with a DVD player.
• **chaîne de montagnes** mountain range

chair [ʃɛʁ] **nf**
1. flesh
2. *Locution* **avoir la chair de poule** to have goose pimples (**Am** : to have goose bumps)

chaise [ʃɛz] **nf** chair
• **chaise longue** deckchair

chaleur [ʃalœʁ] **nf**
1. heat
La chaleur du désert est insupportable. The heat in the desert is unbearable.
Il fait une chaleur ! It's so hot!
2. warmth
Ah, la douce chaleur d'une soirée d'été... Oh the warmth of a nice summer evening...
Attention, "heat" s'utilise lorsque la chaleur est jugée excessive ; "warmth" désigne en revanche une chaleur agréable.

chambre [ʃɑ̃bʁ] **nf**
1. bedroom
Il entra dans sa chambre. He went into his bedroom.
2. room
Il a réservé une chambre à l'hôtel de Palomino City. He booked a room in Palomino City's hotel.
• **Chambre des députés** Chamber of Deputies

chameau [ʃamo] **nm** camel

champ [ʃɑ̃] **nm** field
• **champ de bataille** battlefield
• **champ de courses** racecourse (**Am** : racetrack)

champignon [ʃɑ̃piɲɔ̃] **nm** mushroom
Une sauce aux champignons de Paris. A sauce with button mushrooms.

champion, onne [ʃɑ̃pjɔ̃, ɔn] **nm, nf** champion*

championnat [ʃɑ̃pjɔna] **nm** championship

C'est le champion !

He's the **champion**!

Les championnats d'Europe. The European championships.

chance [ʃɑ̃s] **nf**
1. luck
Bonne chance, Lucky Luke ! Good luck, Lucky Luke!
2. chance
Je ne crois pas qu'elle ait beaucoup de chances de gagner. I don't think she has much chance of winning.
3. *Locution* **avoir de la chance/ne pas avoir de chance** to be lucky*/to be unlucky

Enfin, j'ai de la chance !

– Finally, I'm **lucky**!

changement [ʃɑ̃ʒmɑ̃] **nm** change

changer [ʃɑ̃ʒe]
✱ **vt** to change
Le Daily Star a changé ses gros titres. The *Daily Star* changed its headlines.
✱ **vi** to change

Les Dalton n'ont pas beaucoup changé malgré leur séjour en prison. The Daltons haven't changed much despite their time in jail.
Le shérif a dû changer de cheval car le sien était épuisé. The sheriff had to change horses because his was exhausted.

◎ **se changer** vpr
1. to get changed
Sarah Bernhardt s'est changée après le spectacle. Sarah Bernhardt got changed after the show.
2. *Locution* **se changer en** to change into, to turn into
La citrouille se changea en carrosse. The pumpkin turned into a coach.

chanson [ʃɑ̃sɔ̃] **nf** song

chanter [ʃɑ̃te]
◎ **vt** to sing
◎ **vi**
1. to sing
Et elle se mit à chanter. And she started singing.
2. *Locution* **familier si ça te/vous chante** if you fancy it

chanteur, euse [ʃɑ̃tœr, øz] **nm, nf** singer

chapeau [ʃapo] **nm**
1. hat*

Je déteste tirer ce chariot.
AIGLE REDOUTABLE HOMME-MÉDECINE
– I hate pulling this **wagon**.

Tu n'es pas content d'avoir un si beau chapeau ?
– Aren't you pleased to have such a lovely **hat**?

2. informal well done
Tu as réussi à les capturer ? Chapeau ! You managed to catch them? Well done!

chapitre [ʃapitr] **nm** chapter

chaque [ʃak] **adj** each, every
Chaque fois que les Dalton s'évadent… Every time the Daltons escape….

charade [ʃarad] **nf** riddle

charbon [ʃarbɔ̃] **nm** coal

charcuterie [ʃarkytri] **nf**
1. pork butcher's
Y a-t-il une charcuterie à Cow Gulch ? Is there a pork butcher's in Cow Gulch?
2. cooked pork meats
En Allemagne, on mange beaucoup de charcuterie. In Germany, people eat a lot of cooked pork meats.

charge [ʃarʒ] **nf**
1. load
Les chevaux peinaient sous leur lourde charge. The horses were straining under their heavy load.
2. *Locution* **prendre quelqu'un/quelque chose en charge** to take charge of somebody/something
Lucky Luke a pris en charge les opérations de sabotage. Lucky Luke took charge of the sabotage operations.

charger [ʃarʒe]
◎ **vt**
1. to load
Ils chargèrent la machine à sous sur le chariot. They loaded the one-armed bandit onto the wagon.
2. *Locution* **charger quelqu'un de quelque chose** to entrust somebody with something
Je vais vous charger d'une mission importante. I'm going to entrust you with an important mission.
3. *Locution* **charger quelqu'un de faire quelque chose** to give somebody responsibility for doing something
On les a chargés de surveiller le camp indien. They were given responsibility for watching the Indian camp.
◎ **se charger de** vpr to take care of
Ne vous inquiétez pas, Lucky Luke se charge de Billy. Don't worry, Lucky Luke will take care of Billy.

chariot [ʃarjo] **nm**
1. wagon*
2. trolley (**Am** : cart)
Il poussait son chariot dans les allées du supermarché. He was pushing his trolley in the aisles of the supermarket.

charité [ʃarite] **nf**
1. charity
Un mendiant demandait la charité devant l'église. A beggar was asking for charity in front of the church.
2. kindness
Il a fait ça par charité. He did that out of kindness.

charmant, e [ʃarmɑ̃, ɑ̃t] **adj** charming
– **Vous savez que je vous trouve vraiment charmante !** – I find you really charming, you know!

charpente [ʃarpɑ̃t] **nf** framework

charrette [ʃarɛt] **nf** cart

chasse [ʃas] **nf** hunting
Ils sont allés à la chasse. They went hunting.
• **chasse d'eau** flush

chasser

N'oublie pas de tirer la chasse d'eau ! Don't forget to flush the toilet!

chasser [ʃase] vt
1. to hunt
Les Indiens chassent le bison. Indians hunt bisons.
2. to throw out
Lucky Luke a chassé Billy the Kid du saloon. Lucky Luke threw Billy the Kid out of the saloon.

chasseur, euse [ʃasœr, øz] nm, nf
hunter

chat, chatte [ʃa, ʃat] nm, nf
1. cat*

Le chat n'a pas l'air content !

The cat doesn't look happy!

2. *Locution* **avoir un chat dans la gorge** to have a frog in one's throat
J'ai un chat dans la gorge. I have a frog in my throat.

château [ʃato] nm
1. castle
Un château fort. A fortified castle.
2. palace
Le château de Versailles. The palace of Versailles.

chaton [ʃatɔ̃] nm kitten

chatouilles [ʃatuj] nf pl
Locution **faire des chatouilles à quelqu'un** to tickle somebody

chatouiller [ʃatuje] vt to tickle

chaud, e [ʃo, od]
✲ adj
1. warm
L'eau est chaude, c'est agréable. The water's warm, it's nice.
2. hot
Ce café est trop chaud ! This coffee's too hot!

Attention, "warm" désigne une chaleur agréable, et "hot" s'utilise lorsque la chaleur est plus forte.

✲ nm
1. *Locution* **avoir chaud** to be hot
2. *Locution* **il fait chaud** it's hot

chauffage [ʃofaʒ] nm heating
Il n'y a pas de chauffage central. There's no central heating.

chauffer [ʃofe]
✲ vt
1. to heat
La pièce est bien chauffée. The room is well heated.
2. *Locution* **faire chauffer quelque chose** to heat something up
✲ **se chauffer** vpr
1. to warm oneself
Ran Tan Plan se chauffait près du poêle. Rin Tin Can was warming himself near the stove.
2. to warm up
Il se chauffe les pieds. He's warming his feet up.

chauffeur [ʃofœr] nm driver
Un chauffeur de taxi. A taxi driver.

chaussée [ʃose] nf road, roadway

chausser [ʃose]
✲ vt to put on
Il chausse ses bottes. He puts his boots on.
✲ vi *Se traduit par une expression.*
Il chausse du 40. He takes a size 40.
✲ **se chausser** vpr to put one's shoes on
Il s'est chaussé et il est sorti. He put his shoes on and went out.

chaussette [ʃosɛt] nf sock
Ran Tan Plan, arrête de jouer avec mes chaussettes ! Rin Tin Can, stop playing with my socks!

chausson [ʃosɔ̃] nm slipper
Le shérif était encore en chaussons lorsque nous sommes arrivés. The sheriff was still wearing his slippers when we arrived.
• **chausson de danse** ballet shoe

chaussure [ʃosyr] nf shoe*

chauve [ʃov] adj bald

Il est complètement chauve. He's completely bald.

chef [ʃɛf] nm
1. head, leader
Les chefs d'État se sont réunis. The heads of state had a meeting.
2. manager, boss
Elle est chef d'entreprise. She's a company manager.
3. *Quand on parle d'un cuisinier :* chef
Je vais goûter la spécialité du chef. I'll try the chef's speciality.
• **chef de gare** stationmaster
• **chef d'orchestre** conductor

chemin [ʃəmɛ̃] nm
1. path
Ce chemin mène à la gare. This path leads to the station.
2. way
J'ai rencontré Lucky Luke en chemin. I met Lucky Luke on the way.

chemin de fer [ʃəmɛ̃dəfɛr] nm
railway (**Am** : railroad)
La ligne de chemin de fer est presque terminée. The railway line is nearly finished.

cheminée [ʃəmine] nf
1. fireplace
Nous avons fait un feu dans la cheminée. We lit a fire in the fireplace.
2. mantelpiece
L'horloge sur la cheminée indiquait dix heures. It was ten o'clock according to the clock on the mantelpiece.
3. chimney

Hum, cette chaussure a l'air d'être cuite à point !

– Mmm, this shoe looks well done!

De la fumée s'échappait des cheminées des immeubles. Smoke rose from the chimneys of the buildings.

chemise [ʃəmiz] nf
1. shirt
Mets ta chemise verte. Put your green shirt on.
2. folder
J'ai mis tous les documents dans cette chemise. I've put all the documents in this folder.
- **chemise de nuit** nightdress (**Am :** nightbown)

chêne [ʃɛn] nm
1. oak (tree)
Il y a un grand chêne dans le jardin. There's a tall oak in the garden.
2. oak
Ils ont une table en chêne dans la salle à manger. They have an oak table in their dining room.

chèque [ʃɛk] nm cheque (**Am :** check)
Il a fait un chèque sans provision. His cheque bounced.

chéquier [ʃekje] nm chequebook (**Am :** checkbook)

cher, chère [ʃɛr]
✪ **adj**
1. dear
Chère Jane, cher Lucky Luke ! Dear Jane, dear Lucky Luke!
2. expensive
Vous n'avez rien de moins cher ? Do you have anything less expensive?
✪ **adv** *Locution* **coûter cher** to be expensive, to cost a lot

chercher [ʃɛrʃe] vt to look for*

– What you're *looking for* is there!

- **aller chercher**
Allez chercher Lucky Luke ! Go and get Lucky Luke!
Je suis allé le chercher à la gare. I went to pick him up at the station.
- **venir chercher**
Il est venu me chercher à la gare. He came to pick me up at the station.
- **chercher à** to try to
Les Dalton cherchent à s'échapper. The Daltons are trying to escape.

chéri, e [ʃeri]
✪ **adj** darling, dear
✪ **nm, nf** darling*, dear

– My *darling*!
– Oh my *darling*! My little *darling*!

cheval, aux [ʃəval, o] nm
1. horse*

– I'm not a run-of-the-mill *horse*!

2. *Locution* **faire du cheval** horse-riding (**Am :** horseback riding)
Elle aime beaucoup faire du cheval. She loves horse-riding.
3. *Locution* **être à cheval sur**
Billy the Kid était à cheval sur le mur. Billy the Kid was sitting astride the wall.
Mes vacances sont à cheval sur le mois de juillet et le mois d'août. My holiday runs from July into August.

cheveu [ʃəvø] nm hair
Ses cheveux sont vraiment très beaux. Her hair is really beautiful.
Dans le sens de "cheveux", "hair" est toujours au singulier.

cheville [ʃəvij] nf ankle
Il s'est tordu la cheville. He twisted his ankle.

chèvre [ʃɛvr] nf goat

chez [ʃe] prép
1. Dans la maison de.
Je crois qu'il est chez lui. I think he's at home.
Je préfère rentrer chez moi. I prefer to go home.
Et si on allait chez toi ? Let's go to your place!
Pourquoi ne viens-tu pas habiter chez nous ? Why don't you come and stay with us?
2. Dans un magasin.
Je dois aller chez le coiffeur. I need to go to the hairdresser's.
Il était encore chez le coiffeur il y a une demi-heure. He was still at the barber's half an hour ago.
3. Dans une adresse : c/o
Paul Petit chez Mme Smith. Paul Petit c/o Mrs Smith.
4. En parlant d'une personne.
Ce que j'aime chez lui, c'est son sens de l'humour. What I like about him is his sense of humour.

chic [ʃik]
✪ **adj** smart
Vous êtes très chic, Lulu ! You look very smart, Lulu!
✪ **nm** style
Il a beaucoup de chic. He's got lots of style.
✪ **excl** great
Chic ! Lucky Luke ne nous a pas vus ! Great! Lucky Luke didn't see us!

chien, chienne [ʃjɛ̃, ʃjɛn] nm, nf
dog (**f :** bitch)
J'en ai assez que ce chien me suive ! I've had enough of this dog following me!

chiffon

chiffon nm [ʃifɔ̃] cloth
Il n'y a que des vieux chiffons dans ce sac. There are only old cloths in this bag.
• *chiffon à poussière* duster (**Am** : dust cloth)

chiffre [ʃifr] nm
1. figure, number*
Écrivez la somme en chiffres. Write the amount out in figures.

Il a écrit le chiffre 6 sur le sol !

– He wrote the number 6 on the ground!

2. figure
Les chiffres du chômage ne sont pas encore connus. The unemployment figures haven't been announced yet.
• *chiffre d'affaires* turnover
• *chiffre arabe* Arabic numeral
• *chiffre romain* Roman numeral

chimie [ʃimi] nf chemistry
J'ai toujours été bon en chimie. I've always been good at chemistry.

Chine [ʃin] nf China
Il part demain pour la Chine. He's leaving tomorrow for China.

chinois, e [ʃinwa, az] adj, nm, nf
Un garçon chinois. A Chinese boy.
Les Chinois. The Chinese.
Attention, l'anglais prend toujours une majuscule.

chips [ʃips] nf pl crisps (**Am** : chips)
Il a fini le paquet de chips. He finished the bag of crisps.
Attention, en anglais britannique, "chips" signifie "frites".

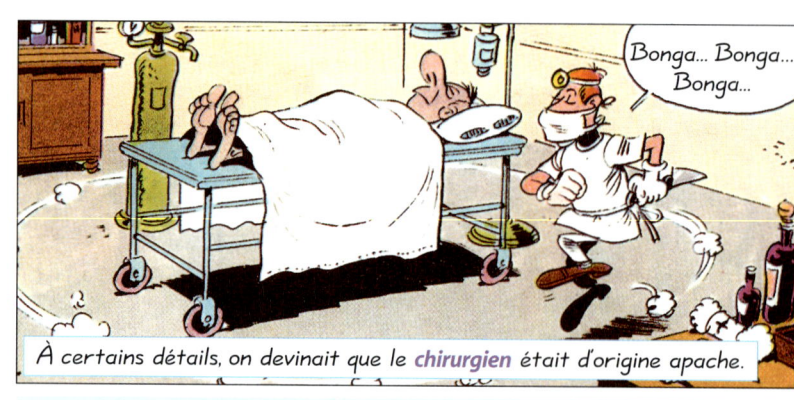

À certains détails, on devinait que le chirurgien était d'origine apache.

From certain details, it was possible to guess that the surgeon was of Apache origin.

chirurgien, enne [ʃiryrʒjɛ̃, ɛn] nm, nf surgeon*

choc [ʃɔk] nm
1. impact, collision
Il a été projeté hors de la voiture par la violence du choc. He was thrown out of the car by the force of the impact.
2. shock
Ça leur a fait un choc de vous revoir, Lucky Luke ! It gave them a shock to see you again, Lucky Luke!

chocolat [ʃɔkɔla] nm
1. chocolate*

Du chocolat ?
Hum, qu'est-ce que c'est ?
Hum !
Hum !

– Chocolate?
– Mmm, what is it? – Mmm!!

Je préfère le chocolat noir au chocolat au lait. I prefer plain chocolate to milk chocolate.
2. hot chocolate
Billy the Kid est un grand buveur de chocolat. Billy the Kid is a great hot-chocolate drinker.

choisir [ʃwazir] vt to choose
Averell choisit toujours la plus grosse part. Averell always chooses the biggest portion.

choix [ʃwa] nm
1. choice
Fromage ou dessert au choix. A choice of cheese or dessert.
2. Pour parler de qualité, se traduit par des expressions.
Des légumes de premier choix, des légumes de second choix. Top quality vegetables, grade two vegetables.

chômage [ʃomaʒ] nm unemployment
• *Locution être au chômage* to be unemployed
Il est au chômage depuis un mois. He's been unemployed for a month.

chômeur, euse [ʃomœr, øz] nm, nf unemployed person
• *chômeur de longue durée* long-term unemployed person

chose [ʃoz] nf thing
C'est pour qui toutes ces choses ? Who are all these things for?

chou [ʃu]
❃ nm
1. cabbage
Ces choux sont délicieux ! These cabbages are delicious!
2. puff, choux bun (**Am** : cream puff)
Oh, des choux à la crème, j'adore ça ! Oh, cream puffs, I love them!
❃ adj inv sweet, cute
Ce qu'elle est chou ! She's so cute!

• **chou de Bruxelles** Brussels sprout

chouette [ʃwɛt] **nf** owl
N'aie pas peur, ce n'est qu'une chouette ! Don't be scared, it's only an owl!

chou-fleur [ʃuflœr] **nm** cauliflower

chrétien, enne [kretjɛ̃, ɛn] **adj, nm, nf** Christian
L'ère chrétienne. The Christian era.
Attention, "Christian" prend toujours une majuscule en anglais.

chronomètre [krɔnɔmɛtr] **nm** stopwatch

chuchoter [ʃyʃɔte] **vt, vi** to whisper

chut ! [ʃyt] **excl** sh!, hush!

chute [ʃyt] **nf** fall*
• **chute d'eau** waterfall
• **chute de neige** snowfall

cible [sibl] **nf** target
Lucky Luke ne rate jamais sa cible. Lucky Luke never misses his target.

cicatrice [sikatris] **nf** scar
Il a une cicatrice sur la joue. He has a scar on his cheek.

ciel [sjɛl] **nm** sky
Le ciel est dégagé aujourd'hui. The sky is clear today.

cigarette [sigarɛt] **nf** cigarette

cil [sil] **nm** eyelash, lash
Il a de longs cils. He's got long eyelashes.

cimetière [simtjɛr] **nm** cemetery

cinéma [sinema] **nm** cinema (**Am** : movies)

cinq [sɛ̃k] **adj num, nm** five
(voir page 195)

cinquante [sɛ̃kɑ̃t] **adj num, nm** fifty
(voir page 195)

cinquième [sɛ̃kjɛm]
❶ **adj, nm, nf** fifth
❷ **nf** second form (**Am** : seventh grade)
(voir pages 195 et 252)

cirage [siraʒ] **nm** shoe polish

circulation [sirkylasjɔ̃] **nf**
1. traffic
Il y a beaucoup de circulation dans la grand-rue. There's a lot of traffic in the main street.
2. circulation
La circulation sanguine. Blood circulation.

circuler [sirkyle] **vi**
1. to move
Les Dalton peuvent circuler librement à l'intérieur de la ville. The Daltons can move freely within the town.
2. to run
Est-ce que les trains circulent ? Are the trains running?

3. to circulate
Le sang circule dans les veines. Blood circulates in the veins.

cirer [sire] **vt** to polish
Il cire ses chaussures. He's polishing his shoes.

cirque [sirk] **nm** circus

ciseaux [sizo] **nm pl** scissors

citadin, e [sitadɛ̃, in]
❶ **adj** city, town
La vie citadine. City life.
Attention, "town" et "city" ont ici une valeur d'adjectif et se placent obligatoirement devant le nom.
❷ **nm, nf** city dweller
De nombreux citadins passent leurs week-ends à la campagne. Many city dwellers spend their weekends in the countryside.

citation [sitasjɔ̃] **nf** quote, quotation*

Hé bien voilà (Richard III, acte I, scène II), j'arrive (Hamlet, acte II, scène I), avec mes livres (Le Roi Lear, acte II, scène III)…
Il ne parlait qu'à l'aide de citations.

– Well, here I am (Richard III, Act I, Scene 2), I'm coming (Hamlet, Act II, Scene 1), with my books (King Lear, Act II, Scene 3)… He spoke only in quotations.

cité [site] **nf**
1. housing estate (**Am** : housing project)
Il habite dans une cité. He lives on a housing estate.
2. city
La Cité du Vatican. Vatican City.
• **cité universitaire** hall of residence

citoyen, enne [sitwajɛ̃, ɛn] **nm, nf** citizen

citron [sitrɔ̃] **nm** lemon
• **citron vert** lime

Quelle chute !

– What a fall!

civilisation

civilisation [sivilizasjɔ̃] **nf** civilization

civique [sivik] **adj** civic

clair, e [klɛr]
- **adj**
1. clear
L'eau est très claire à cet endroit. The water is very clear in this spot.
2. bright
Cette pièce est très claire. This room is very bright.
3. light
Elle préfère les couleurs claires. She prefers light colours.
4. clear
Ses explications sont toujours très claires. His explanations are always very clear.
- **adv** *Locution* **voir clair**
Je ne vois plus clair, il me faut des lunettes. I can't see properly any more, I need glasses.
J'aimerais y voir clair dans cette affaire. I'd like to have a clear understanding of this matter.
• **clair de lune** moonlight

clairière [klɛrjɛr] **nf** clearing

claquer [klake]
- **vt** to slam
Ne claque pas la porte ! Don't slam the door!
- **vi**
1. to bang
La porte a claqué à cause du courant d'air. The draught made the door bang.
2. **Dans des expressions***.
Il a claqué des doigts. He clicked his fingers.

Le barman claquait des dents. The barman's teeth were chattering.
- **se claquer vpr**
Locution **se claquer un muscle** to pull a muscle

clarté [klarte] **nf**
1. light
La bougie répandait une douce clarté. The candle shed a soft light.
2. clarity
Ses explications manquent de clarté. His explanations lack clarity.

classe [klas] **nf**
1. classroom
Ils sont entrés dans la classe en file indienne. They went into the classroom in single file.
2. class
C'est le premier de la classe. He's top of the class.
3. school
Il n'y a pas classe aujourd'hui. There's no school today.
4. class
Il voyage toujours en première classe. He always travels first class.
• **classe de neige** school skiing trip
• **classe verte** school field trip

classer [klase]
- **vt**
1. to file (away)
Je voudrais bien classer ce rapport. I'd like to file this report away.
2. to classify
Il a classé toutes les fiches par ordre alphabétique. He classified all the cards in alphabetical order.
- **se classer vpr** to finish, to come
Il s'est classé quatrième. He finished/came fourth.

classeur [klasœr] **nm** binder, folder

classique [klasik] **adj**
1. classical
Il adore la musique classique. He loves classical music.
2. classic
Il a des goûts très classiques. He has very classic tastes.

clavier [klavje] **nm** keyboard
Il joue une note au clavier. He plays one note on the keyboard.

clé [kle] **nf**
1. key
Voici les clés. Here are the keys.
2. spanner (**Am** : wrench)
Il me faut une clé pour serrer l'écrou. I need a spanner to tighten the nut.
3. **En musique :** clef
La clé de sol. The treble clef.

client, e [kliɑ̃, ɑ̃t] **nm, nf**
1. customer
Il y avait deux clients dans le magasin lorsque les Dalton sont entrés. There were two customers in the shop when the Daltons came in.
2. client
Ce notaire n'a pas beaucoup de clients. This lawyer doesn't have many clients.

clignotant, e [kliɲɔtɑ̃, ɑ̃t]
- **adj** flashing
Un feu clignotant signalait les travaux. The roadworks were indicated by a flashing light.
- **nm** indicator (**Am** : turn signal)
Il a tourné sans mettre son clignotant. He turned without using his indicator.

climat [klima] **nm** climate

clin d'œil [klɛ̃dœj] **nm**
1. wink
2. *Locution* **faire un clin d'œil à quelqu'un** to wink to somebody
3. *Locution* **en un clin d'œil** in a flash

clinique [klinik]
- **adj** clinical
- **nf** private hospital
Elle s'est fait opérer de l'appendicite à la clinique. She had her appendix removed in a private hospital.

*Il fit **claquer** son fouet !*

CLAC !

He **cracked** his whip!

cloche [klɔʃ] **nf** bell

clou [klu]
1. nm nail*

– What are you doing, Joe?
– Can't you see that I'm hammering a nail in, you idiot!

2. nm pl pedestrian crossing (**Am** : crosswalk)
Traversez bien dans les clous ! Make sure you cross the road at the pedestrian crossing!
• **clou de girofle** clove

clouer [klue] **vt** to nail

clown [klun] **nm**
1. clown
J'ai adoré le numéro du clown. I loved the clown's act.
2. *Locution* **faire le clown** to clown around
Arrête de faire le clown ! Stop clowning around!

club [klœb] **nm** club

cochon [kɔʃɔ̃] **nm** pig

code [kɔd] **nm** code
• **code postal** postcode (**Am** : zip code)

cœur [kœr] **nm**
1. heart
Il a une maladie du cœur. He has a heart condition.
2. *Locution* **avoir mal au cœur** to feel sick
3. *Locution* **apprendre par cœur** to learn by heart
Averell a appris sa leçon par cœur. Averell learned his lesson by heart.

4. *Locution*
Elle nous a aidé de bon cœur. She willingly helped us.

coffre [kɔfr] **nm**
1. chest, box
Un coffre à jouets. A toy chest.
2. safe*

– Can I come out of the safe?

3. boot (**Am** : trunk)
La valise ne rentre pas dans le coffre de la voiture. The suitcase won't fit in the boot of the car.

coffret [kɔfrɛ] **nm** box
Elle a rangé ses bagues dans son coffret à bijoux. She put her rings away in her jewellery box.

coiffer [kwafe]
❂ **vt** *Se traduit par une expression.*
Qui vous a coiffée la dernière fois ? Who did your hair last time?
❂ **se coiffer vpr** to do one's hair
Lulu se coiffait devant la glace. Lulu was doing her hair in front of the mirror.

coiffeur, euse [kwafœr, øz] **nm, nf** hairdresser*
J'ai rendez-vous chez le coiffeur demain après-midi. I've got an appointment at the hairdresser's tomorrow afternoon.

coiffure [kwafyr] **nf** hairstyle

coin [kwɛ̃] **nm**
1. corner
Il y a une boulangerie au coin de la rue. There's a baker's on the corner of the street.

2. spot, place
Les Dalton cherchaient un coin tranquille pour discuter. The Daltons were looking for a quiet spot to talk.
3. *Locution* **dans le coin** in the area
Il y a beaucoup de bandits dans le coin. There are a lot of bandits in the area.

coincer [kwɛ̃se]
❂ **vt** to jam
Le tiroir est coincé, je n'arrive pas à l'ouvrir. The drawer is jammed, I can't open it.
❂ **se coincer vpr**
1. to jam
La fermeture de mon sac s'est coincée. The zip of my bag is jammed.
2. to catch
Averell s'est coincé le doigt dans la porte. Averell caught his finger in the door.

col [kɔl] **nm**
1. collar
Je n'aime pas le col de cette chemise. I don't like the collar of this shirt.
2. pass
Le col du Simplon. The Simplon pass.

colère [kɔlɛr] **nf**
1. anger
Joe était rouge de colère. Joe was flushed with anger.
2. *Locution* **en colère** angry
Vous semblez en colère. You look angry.

colis [kɔli] **nm** parcel (**Am** : package)

There was even a *hairdresser*.

collant

collant, e [kɔlɑ̃, ɑ̃t]
◦ **adj**
1. sticky
J'ai les mains collantes. My hands are sticky.
2. skin-tight
Elle portait un pull collant. She was wearing a skin-tight sweater.
◦ **nm** tights (**Am :** pantyhose)
Ce collant est trop foncé. These tights are too dark.
Attention, "tights" est toujours suivi d'un verbe au pluriel.

colle [kɔl] **nf** glue
Il me faut de la colle forte pour recoller ces morceaux. I need strong glue to stick these pieces back together.

collection [kɔlɛksjɔ̃] **nf** collection*

collectionner [kɔlɛksjɔne] **vt** to collect

collège [kɔlɛʒ] **nm** secondary school (**Am :** junior high school)
Attention, "collège" ne doit pas se traduire par "college" qui correspond à un établissement d'enseignement supérieur.
(voir page 252)

collégien, enne [kɔleʒjɛ̃, ɛn] **nm, nf** schoolboy (**f :** schoolgirl)

coller [kɔle]
◦ **vt**
1. to stick*

Le bâton de dynamite resta collé sur sa main !

The stick of dynamite stuck to his hand!

2. to press
Joe collait son oreille contre le mur pour guetter le gardien. Joe was pressing his ear against the wall to listen out for the warder.
◦ **se coller vpr** to press oneself
Le shérif s'est collé contre le mur. The sheriff pressed himself flat against the wall.

collier [kɔlje] **nm**
1. necklace
Elle portait un collier de perles. She was wearing a pearl necklace.
2. collar
Tiens, ce chien n'a pas de collier. Ah, this dog hasn't got a collar.

colline [kɔlin] **nf** hill

colonne [kɔlɔn] **nf** column
• **colonne vertébrale** spine

colorer [kɔlɔre] **vt** to colour (**Am :** to color)

colorier [kɔlɔrje] **vt** to colour in (**Am :** to color in)
Il a colorié les nuages en vert. He coloured in the clouds in green.

combat [kɔ̃ba] **nm**
1. battle, fight
Les soldats sont partis au combat. The soldiers have set off for battle.
2. fight
Ce combat est truqué. This fight is rigged.

combattre [kɔ̃batr]
◦ **vt** to fight (against)
Il a combattu la maladie avec beaucoup de courage. He fought against the illness with a lot of courage.
◦ **vi** to fight

combien [kɔ̃bjɛ̃] **adv** how much
Combien ça coûte ? How much is it?
• **combien de**
1. *Devant un nom au singulier :* how much
Combien d'argent as-tu dépensé ? How much money did you spend?
2. *Devant un nom au pluriel :* how many
Combien de personnes as-tu invitées ? How many people did you invite?
3. *Locution* **Combien de temps ?** How long?
Combien de temps met-on pour aller jusqu'à la gare ? How long does it take to get to the station?

comédie [kɔmedi] **nf** comedy

comédien, enne [kɔmedjɛ̃, ɛn] **nm, nf** actor (**f :** actress)

comestible [kɔmɛstibl] **adj** edible
Averell, ne touche pas à ça, ce n'est pas comestible ! Averell, don't touch that, it's not edible!

comique [kɔmik]
◦ **adj**
1. comic

Que penses-tu de ma collection de scalps ?

– What do you think of my collection of scalps?

trois cent soixante-seize • 376 • three hundred and seventy-six

Il aime beaucoup les films comiques. He loves comic films.
2. comical, funny
Tu es comique avec ce chapeau ! You look comical with that hat on!
⊙ **nm, nf** comic actor (**f** : comic actress)
C'est l'un des plus grands comiques de l'Ouest. He's one of the greatest comic actors in the Wild West.

commande [kɔmɑ̃d] **nf**
1. order*

— Come on, place your orders!

2. control
Le pilote a pris les commandes. The pilot took over the controls.

commander [kɔmɑ̃de]
⊙ **vt**
1. to command
Il commande un régiment. He commands a regiment.
2. to order
Billy the Kid a commandé un chocolat. Billy the Kid ordered a hot chocolate.
3. to control
Ce levier commande le frein. This lever controls the brake.
⊙ **vi** to be in charge
C'est Joe qui commande. Joe is in charge.

comme [kɔm]
⊙ **conj**
1. Dans une comparaison : like
Averell a une moustache, comme tous ses frères. Averell has a moustache, like all his brothers.
2. Pour exprimer la manière : as
La diligence arrivera demain comme prévu. The stagecoach will arrive tomorrow as planned.
Faites comme vous voulez, Lucky Luke. Do as you like, Lucky Luke.
3. Pour donner un exemple : like, such as
Les arbres comme le chêne peuvent vivre très longtemps. Trees such as the oak can live for a very long time.
4. Pour signifier "en tant que" : as
Il travaille comme serveur. He works as a waiter.
5. Pour signifier "étant donné que" : as, since
Comme il n'arrêtait pas de pleuvoir, nous sommes rentrés. Since it was raining nonstop, we came back.
⊙ **adv** Dans une exclamation.
Comme tu as grandi, Billy ! How you've grown, Billy!
Comme c'est difficile ! It's so difficult!

commencement [kɔmɑ̃smɑ̃] **nm**
beginning, start

commencer [kɔmɑ̃se]
⊙ **vt** to begin*, to start

— Attention, le spectacle va commencer !
Bravo ! Bravo !
— Attention, please, the show is about to begin!
— Bravo! Bravo!

Il a commencé son nouveau travail. He's started his new job.
⊙ **vi** to begin, to start
Il a commencé à faire ses devoirs. He's started to do his homework.
Je vais commencer par laver le sol. I'll start by cleaning the floor.

comment [kɔmɑ̃] **adv**
1. how
Comment allez-vous, Lucky Luke ? How are you, Lucky Luke?
2. what
Comment t'appelles-tu ? What's your name?
3. sorry (**Am** : excuse me)
Comment ? Pouvez-vous répéter ? Sorry? Can you say that again?

commerçant, e [kɔmɛrsɑ̃, ɑ̃t]
⊙ **nm, nf** shopkeeper (**Am** : storekeeper)
Ce commerçant n'est pas aimable. This shopkeeper isn't friendly.
⊙ **adj** shopping
Une rue commerçante. A shopping street.

commerce [kɔmɛrs] **nm**
1. trade
Le commerce intérieur, le commerce extérieur. Domestic trade, foreign trade.
2. shop (**Am** : store)
Il tient un commerce. He runs a shop.

commissariat [kɔmisarja] **nm**
police station

commission [kɔmisjɔ̃]
⊙ **nf**
1. committee, commission
La commission se réunira demain. The committee will meet tomorrow.
2. message
Je te parie qu'il a oublié de lui faire la commission. I bet he forgot to give her the message.
3. commission
Il touche une commission sur toutes les ventes. He gets a commission on all sales.
⊙ **nf pl** shopping
Je sors faire les commissions. I'm going out to do the shopping.

commode [kɔmɔd]
⊙ **adj**
1. convenient, handy
C'est bien commode d'avoir un four à micro-ondes. It's really handy to have a microwave oven.
2. easy
Ce n'est pas commode à expliquer. It's not easy to explain.
⊙ **nf** chest of drawers

commun, e [kɔmœ̃, yn] **adj**
1. common

commune

Billy et les Dalton ont un ennemi commun : Lucky Luke. Billy and the Daltons have a common enemy: Lucky Luke.
2. communal, shared
Ils ont une cuisine commune. They have a communal kitchen.
3. common, usual
C'est une plante très commune. It's a very common plant.

commune [kɔmyn] **nf** town

communication [kɔmynikasjɔ̃] **nf** communication
• **communication téléphonique** phone call, call

communiquer [kɔmynike]
✱ **vt**
1. to announce, to communicate
La nouvelle doit être communiquée. The new has to be announced.
2. to pass on, to transmit
Il nous a communiqué son goût de l'aventure. He's passed his taste for adventure on to us.
✱ **vi**
1. to communicate
Les Dalton ne communiquent pas toujours très bien entre eux. The Daltons don't always communicate well with each other.
2. to communicate
Les deux pièces communiquent. The two rooms communicate.

compagnie [kɔ̃paɲi] **nf**
1. company
Et maintenant, Mme Sarah Bernhardt et sa célèbre compagnie de théâtre ! And now, Mrs Sarah Bernhardt and her famous theatre company!
2. *Locution* **tenir compagnie à quelqu'un** to keep somebody company

comparaison [kɔ̃parɛzɔ̃] **nf**
1. comparison
2. *Locution* **par comparaison avec** compared with, compared to

comparer [kɔ̃pare]
✱ **vt** to compare*
✱ **se comparer vpr** to compare oneself
Arrête de te comparer aux grands criminels, Billy ! Stop comparing yourself to well-known criminals, Billy!

compartiment [kɔ̃partimɑ̃] **nm** compartment
• **compartiment fumeurs/non-fumeurs** smoking/no-smoking compartment

compétent, e [kɔ̃petɑ̃, ɑ̃t] **adj** competent

compétition [kɔ̃petisjɔ̃] **nf**
1. competition
Ils ont organisé une compétition de tir entre les O'Hara et les O'Timmins. They organized a shooting competition between the O'Haras and the O'Timminses.
2. *Locution* **faire de la compétition** to compete

complément [kɔ̃plemɑ̃] **nm** complement
• **complément d'objet direct** direct object
• **complément d'objet indirect** indirect object

complet, ète [kɔ̃plɛ, ɛt] **adj**
1. complete
Les Indiens ont déclaré un arrêt complet des hostilités. The Indians declared a complete stop to hostilities.
2. whole
La réparation de la voie ferrée a pris une semaine complète. Repair work on the railway tracks took a whole week.
3. wholemeal (**Am :** wholewheat)
Aimes-tu le pain complet ? Do you like wholemeal bread?

complètement [kɔ̃plɛtmɑ̃] **adv** completely

compléter [kɔ̃plete] **vt**
1. to complete
Frank James a enfin réussi à compléter sa collection d'œuvres de Shakespeare. Frank James finally managed to complete his collection of works by Shakespeare.
2. to fill in
Veuillez compléter ce questionnaire. Please fill in this questionnaire.

complication [kɔ̃plikasjɔ̃] **nf** complication
Que de complications ! So many complications!

complice [kɔ̃plis] **nm, nf** accomplice*

Il entre avec son complice.

He's coming in with his *accomplice*.

Ils vont comparer les différents gâteaux.

They're going to *compare* the different cakes.

concombre

– Take that, you nasty creature!
– Stop behaving like a hooligan!

compliment [kɔ̃plimɑ̃] **nm**
1. compliment
2. *Locution* **faire un compliment à quelqu'un** to pay somebody a compliment

compliquer [kɔ̃plike]
○ **vt** to complicate
○ **se compliquer vpr** to get complicated
Hou là, ça se complique ! Oh dear, things are getting complicated!

comporter [kɔ̃pɔrte]
○ **vt**
1. to include
Une ville du Far West comporte toujours un saloon et une prison. A Wild West town always includes a saloon and a prison.
2. to involve
Vous savez que cette mission comporte des risques, n'est-ce pas ? You know this mission involves risks, don't you?
○ **se comporter vpr** to behave*

compositeur, trice [kɔ̃pozitœr, tris] **nm, nf** composer

composition [kɔ̃pozisjɔ̃] **nf**
1. composition
On ne connaît pas encore la composition du gouvernement. The composition of the government is not yet known.
2. ingredients
Composition : fraises, sucre. Ingredients: strawberries, sugar.

compréhensible [kɔ̃preɑ̃sibl] **adj**
1. understandable
Vous vous êtes affolé, c'est tout à fait compréhensible. You panicked, it's perfectly understandable.
2. comprehensible
Son explication n'était pas très compréhensible. Her explanation wasn't very comprehensible.

comprendre [kɔ̃prɑ̃dr]
○ **vt**
1. to understand
Ran Tan Plan ne comprend jamais rien. Rin Tin Can never understands a thing.
2. to consist of, to be made up of
La prison comprend trois cellules et un bureau. The prison consists of three cells and an office.
3. to include
Le prix ne comprend pas le petit déjeuner. The price doesn't include breakfast.
○ **vi** to understand*

– Ça y est, j'ai compris !
C'est bien, Joe !

– That's it, I understand now!
– Well done, Joe!

○ **se comprendre vpr** to understand each other
Ran Tan Plan et Averell se comprennent. Rin Tin Can and Averell understand each other.

comptable [kɔ̃tabl] **nm, nf**
accountant

compte [kɔ̃t] **nm**
1. account
Le patron de l'hôtel fait ses comptes tous les soirs. The hotel owner does his accounts every evening.
2. *Locution* **être à son compte** to be self-employed
3. *Locution* **tenir compte de quelque chose** to take something into account
4. *Locution* **tout compte fait** all things considered
• **compte en banque** bank account

compter [kɔ̃te]
○ **vt**
1. to count
2. *Locution* **compter faire quelque chose** to intend to do something
Prends garde, car je compte me venger, Lucky Luke ! Be careful, I intend to take revenge, Lucky Luke!
○ **vi**
1. to count
Averell a eu du mal à apprendre à compter. Averell had trouble learning how to count.
2. to count
Ça ne compte pas, tu triches ! It doesn't count, you're cheating!
• **compter sur** to count on, to rely on
On peut toujours compter sur Lucky Luke. You can always rely on Lucky Luke.

comptoir [kɔ̃twar] **nm**
1. counter
Le comptoir de l'épicerie. The counter in the grocer's shop.
2. bar
Ils sont accoudés au comptoir du bar. They're leaning against the saloon bar.

concert [kɔ̃sɛr] **nm** concert

conclusion [kɔ̃klyzjɔ̃] **nf** conclusion

concombre [kɔ̃kɔ̃br] **nm** cucumber

concours

Elles font un concours de tricot.

They're having a knitting competition.

concours [kɔ̃kur] **nm**
1. competition*
2. competitive examination
Il faut passer un concours pour entrer dans cette école. You have to take a competitive examination to enter that school.

concurrent, e [kɔ̃kyrɑ̃, ɑ̃t] **nm, nf**
competitor

condamnation [kɔ̃danasjɔ̃] **nf**
1. conviction
Les Dalton en sont à leur trentième condamnation. This is the Daltons' thirtieth conviction.
2. sentence
Seule la condamnation à perpétuité nous débarrasserait de Billy. Only a life sentence would rid us of Billy.

condamner [kɔ̃dane] **vt**
1. to convict
Billy va sans doute être condamné ! Billy is probably going to get convicted!
2. to sentence
Les voleurs de bétail ont été condamnés à un an de prison. The cattle thieves were sentenced to one year's imprisonment.

condition [kɔ̃disjɔ̃] **nf**
1. condition
Je vous libère à une condition : … I'll release you on one condition: …
Les conditions de travail sont difficiles sur la voie ferrée. Working conditions are harsh on the railways.
2. *Locution* **à condition de/que** provided/providing that
Je vous libère à condition que vous ne mettiez plus les pieds ici. I'm letting you go providing (that) you never set foot here again.

conducteur, trice [kɔ̃dyktœr, tris] **nm, nf** driver

conduire [kɔ̃dɥir]
◦ **vt**
1. to drive
Qui conduisait le camion ? Who was driving the lorry?
2. to ride
Elle conduit une grosse moto. She rides a big motorbike.
3. to take
Je vais vous conduire auprès de Lucky Luke. I'll take you to Lucky Luke.
◦ **vi** to drive
Je ne sais pas conduire. I can't drive.
◦ **se conduire vpr** to behave

conduite [kɔ̃dɥit] **nf**
1. driving
Prendre des leçons de conduite. To take driving lessons.
2. behaviour (**Am** : behavior)
Sa conduite est impardonnable ! His behaviour is unforgivable!

conférence [kɔ̃ferɑ̃s] **nf** conference

confiance [kɔ̃fjɑ̃s] **nf**
1. trust
Lucky Luke a gagné la confiance de Ran Tan Plan en lui donnant un os. Lucky Luke won Rin Tin Can's trust by giving him a bone.
2. *Locution* **avoir confiance en quelqu'un** to trust somebody
3. *Locution* **faire confiance à quelqu'un** to trust somebody

confidence [kɔ̃fidɑ̃s] **nf**
Locution **faire des confidences à quelqu'un** to confide in somebody

confier [kɔ̃fje]
◦ **vt**
1. to entrust
Je vous confie ces sacs de pièces. I'm entrusting you with these bags of coins.
2. to confide
Elle m'a confié qu'elle était amoureuse de Lucky Luke. She confided to me that she was in love with Lucky Luke.
◦ **se confier vpr** to confide
Il s'est confié à moi. He confided in me.

confiserie [kɔ̃fizri]
◦ **nf** sweet shop (**Am** : candy store)
Billy vient de sortir de la confiserie. Billy's just come out of the sweet shop.
◦ **nf pl** sweets* (**Am** : candy)

J'adore les confiseries.

– I love sweets.

trois cent quatre-vingts • 380 • three hundred and eighty

Les confiseries sont mauvaises pour les dents. Candy is bad for your teeth.
Attention, le verbe qui suit "candy" est toujours au singulier.

confisquer [kɔ̃fiske] **vt** to confiscate
Le gardien a confisqué son os à Ran Tan Plan. The warder confiscated the bone from Rin Tin Can.

confiture [kɔ̃fityr] **nf** jam
De la confiture d'abricots. Apricot jam.
De la confiture d'oranges. Marmalade.

confort [kɔ̃fɔr] **nm** comfort

confortable [kɔ̃fɔrtabl] **adj** comfortable
J'espère que vous trouverez ma maison confortable. I hope you'll find my house comfortable.

congé [kɔ̃ʒe] **nm** leave, days off
Il a pris trois jours de congé. He took three days' leave/three days off.
• *congés payés* paid leave

congélateur [kɔ̃ʒelatœr] **nm** freezer

conjugaison [kɔ̃ʒygɛzɔ̃] **nf** conjugation

conjuguer [kɔ̃ʒyge]
◦ **vt** to conjugate
◦ **se conjuguer vpr** to be conjugated
Ces deux verbes se conjuguent de la même façon. These two verbs are conjugated in the same way.

connaissance [kɔnɛsɑ̃s]
◦ **nf**
1. acquaintance
L'une de ses connaissances. One of her acquaintances.
2. *Locution* **faire la connaissance de quelqu'un** to meet somebody
◦ **nf pl** knowledge
Il a de bonnes connaissances en informatique. He has a good knowledge of computing.
Ses connaissances lui ont permis de réussir. His knowledge has enabled him to succeed.
Attention, le verbe qui suit "knowledge" est toujours au singulier.

connaître [kɔnɛtr]
◦ **vt**
1. to know
Calamity Jane n'y connaît rien en cuisine. Calamity Jane doesn't know a thing about cooking.
2. to meet
Où avez-vous connu Lucky Luke ? Where did you meet Lucky Luke?
◦ **se connaître vpr**
1. to know each other
J'ai l'impression qu'ils se connaissent. I get the impression they know each other.
2. to meet
Elles se sont connues à l'école. They met at school.

conquête [kɔ̃kɛt] **nf** conquest

conseil [kɔ̃sɛj]
◦ **nm** piece of advice
◦ **nm pl** advice
Ses conseils sont toujours utiles. His advice is always helpful.
Attention, le verbe qui suit "advice" est toujours au singulier.

conseiller [kɔ̃seje] **vt**
1. to advise
Le shérif leur a conseillé de disparaître. The sheriff advised them to disappear.
2. to recommend
Je vous conseille cet hôtel. I recommend this hotel.

conseiller, ère [kɔ̃seje, ɛr] **nm, nf** adviser
Conseiller d'orientation. Careers adviser.

conséquence [kɔ̃sekɑ̃s] **nf** consequence

conserve [kɔ̃sɛrv] **nf**
1. preserve
Calamity Jane a essayé sans succès de faire des conserves. Calamity Jane tried unsuccessfully to make preserves.
2. *Locution* **en conserve** canned
Des petits pois en conserve. Canned peas.

conserver [kɔ̃sɛrve] **vt** to keep

considérable [kɔ̃siderabl] **adj** considerable

considérer [kɔ̃sidere] **vt** to consider
Ran Tan Plan est considéré comme le chien le plus bête du Far West. Rin Tin Can is considered to be the most stupid dog in the Wild West.

consigne [kɔ̃siɲ] **nf**
1. orders*

Vous allez transmettre ces consignes à vos troupes.
À vos ordres !

— You'll give these orders to your troops.
— Yes sir!

2. left-luggage office (**Am :** checkroom)
Veuillez laisser vos affaires à la consigne. Please leave your things at the left-luggage office.

console [kɔ̃sɔl] **nf** console
Une console de jeux vidéo. A games console.

consommateur, trice [kɔ̃sɔmatœr, tris] **nm, nf** consumer

consommation [kɔ̃sɔmasjɔ̃] **nf**
1. consumption
Une consommation d'essence élevée. A high fuel consumption.
2. drink
C'est 5 euros la consommation. Drinks are 5 euros.

consommer [kɔ̃sɔme]
◦ **vt** to use up, to consume
Ce radiateur consomme beaucoup d'électricité. This heater uses up a lot of electricity.
◦ **vi** to drink
On ne peut pas rester dans le café sans consommer. You can't stay in the café without drinking.

consonne [kɔ̃sɔn] **nf** consonant

constater [kɔ̃state] **vt**

construction

1. to note
Je constate que rien n'a changé. I note that nothing has changed.
2. to see*

construction [kɔ̃stryksjɔ̃] **nf**
1. building
2. *Locution* **en construction** under construction

construire [kɔ̃strɥir] **vt** to build

contact [kɔtakt] **nm** contact, touch
Il vous faudra prendre contact avec votre avocat. You'll have to get in contact/touch with your lawyer.

contagieux, euse [kɔ̃taʒjø, øz] **adj**
1. contagious
Une maladie contagieuse. A contagious illness.
2. infectious
Un rire contagieux. An infectious laugh.

conte [kɔ̃t] **nm** tale
• **conte de fées** fairy tale

contenir [kɔ̃tnir] **vt** to contain*

— *Regarde, Annabelle, regarde ! Tu peux* **constater** *comme moi que ces troupeaux saccagent tout !*
— *Hélas, c'est vrai !*

— Look, Annabelle, look! You can **see** as well as I can how those herds have destroyed everything!
— Unfortunately it's true!

— *Ce produit* **contient** *des vitamines qui vont vous faire du bien.*

— This product **contains** vitamins which will do you good.

content, e [kɔ̃tɑ̃, ɑ̃t] **adj**
1. happy*
2. pleased
Alors, tu es content de toi ? So, are you pleased with yourself?

continent [kɔ̃tinɑ̃] **nm** continent

continuer [kɔ̃tinɥe]
◎ **vt, vi** to continue
• **continuer à, continuer de** to continue, to carry on
Continue à lire ! Carry on reading!

contraire [kɔ̃trɛr] **nm**
1. opposite
Non, non, c'est le contraire. No, no, it's the opposite.
2. *Locution* **au contraire** on the contrary

contrat [kɔ̃tra] **nm** contract

contravention [kɔ̃travɑ̃sjɔ̃] **nf** fine

contre [kɔ̃tr] **prép**
1. against
Le Mexicain dormait, appuyé contre un mur. The Mexican was sleeping against a wall.
2. *Locution* **par contre** on the other hand

Je suis **content** *!*
Moi aussi !

— I'm **happy**!
— So am I!

contredire [kɔ̃trədir] **vt** to contradict*

Qu'y a-t-il ?
Si je peux me permettre de te **contredire**, *ma chère...*

— What is it?
— If I may **contradict** you, my dear...

contrôle [kɔ̃trol] **nm** test
Tu as eu combien au contrôle d'histoire ? What mark did you get in the history test?

contrôler [kɔ̃trole] **vt** to check
Les passeports sont contrôlés à la frontière. Passports are checked at the border.

convaincre [kɔ̃vɛ̃kr] **vt**
1. to convince
2. *Locution* **convaincre quelqu'un**

de faire quelque chose to persuade somebody to do something
Le hors-la-loi a convaincu son gardien de le libérer. The outlaw persuaded the warder to release him.

convenir à [kɔ̃vnira] **vt** to suit
Est-ce que cette date convient à tous ? Does this date suit everybody?

conversation [kɔ̃vɛrsasjɔ̃] **nf** conversation
La vieille dame lui a fait la conversation. The old lady made conversation with him.

convoquer [kɔ̃vɔke] **vt** to summon
J'ai été convoqué chez le proviseur. I was summoned to the headmaster's office.

copain, copine [kɔpɛ̃, in] **nm, nf**
1. friend
Veux-tu être mon copain ou pas ? Do you want to be my friend or not?
2. boyfriend (**f** : girlfriend)
Lucky Luke n'a pas de copine. Lucky Luke doesn't have a girlfriend.
• **copain de classe** classmate

copie [kɔpi] **nf**
1. copy
Faites une copie du contrat. Make a copy of the contract.
2. paper
Je vais ramasser les copies. I'll collect the papers.
Elle a rendu copie blanche. She handed in a blank paper.

copier [kɔpje] **vt** to copy
Averell a tout copié sur Jack. Averell copied everything from Jack.
N'oublie pas de copier le fichier sur disquette. Don't forget to copy the file on to a floppy.

copine → **copain**

coq [kɔk] **nm** cock (**Am** : rooster)

coquillage [kɔkijaʒ] **nm** shell

coquille [kɔkij] **nf** shell

Coran [kɔrɑ̃] **nm** Koran

corbeille [kɔrbɛj] **nf** basket
Il a jeté la lettre dans la corbeille à papiers. He threw the letter into the wastepaper basket.

corde [kɔrd] **nf**
1. rope*

La corde était prête...
The rope was ready...

2. string
Les cordes du banjo. The strings of the banjo.
• **corde lisse** climbing rope
• **corde à sauter** skipping rope (**Am** : jump rope)
• **cordes vocales** vocal cords

corne [kɔrn] **nf** horn
Il attrape le taureau par les cornes. He's grabbing hold of the bull by the horns.

cornichon [kɔrniʃɔ̃] **nm** gherkin

corps [kɔr] **nm** body
Il avait le corps couvert de bleus. His body was covered with bruises.

correct, e [kɔrɛkt] **adj**
1. correct
Le résultat de vos calculs n'est pas correct. The result of your calculations isn't correct.
2. reasonable
Un repas correct, sans plus. A reasonable meal, but nothing more.

correction [kɔrɛksjɔ̃] **nf**
1. correction
Il y avait beaucoup de corrections dans la marge. There were a lot of corrections in the margin.
2. hiding
Si tu continues comme ça, tu vas prendre une correction ! If you go on like this, you'll get a good hiding!

correspondance [kɔrɛspɔ̃dɑ̃s] **nf**
1. letters
Je viendrai quand j'aurai terminé ma correspondance. I'll come when I've finished my letters.
Sa correspondance avec Proust est très intéressante. His letters to Proust are very interesting.
Attention, le verbe qui suit "letters" est toujours au pluriel.
2. connection
Dépêchons-nous ou nous allons rater la correspondance ! Let's hurry up or we'll miss the connection!

correspondant, e [kɔrɛspɔ̃dɑ̃, ɑ̃t]
◉ **adj** corresponding
◉ **nm, nf**
1. pen pal
Elle a une correspondante américaine. She has an American pen pal.
2. correspondent
De notre correspondant permanent à Cow Gulch. From our permanent correspondent in Cow Gulch.

correspondre [kɔrɛspɔ̃dr] **vi** to correspond
Elle correspond avec un jeune Espagnol. She corresponds with a young Spaniard.
• **correspondre à** to match
Votre témoignage ne correspond pas à celui de vos frères. Your evidence doesn't match your brothers'.

corriger [kɔriʒe] **vt**
1. to correct
Veuillez corriger cette erreur. Please correct this error.
2. to give a hiding to
Lucky Luke a sévèrement corrigé Billy. Lucky Luke gave Billy a severe hiding.

costume [kɔstym] **nm**
1. suit
Ce costume te va très bien. This suit looks great on you.
2. costume
Le costume régional breton. The Breton regional costume.

côte [kot] **nf**
1. coast
Le bateau s'approchait de la côte. The boat was getting closer to the coast.
2. rib
Il s'est cassé une côte en

côté

tombant de cheval. He fell from his horse and broke a rib.
3. hill
Jolly Jumper avait du mal à monter la côte. Jolly Jumper was having trouble going up the hill.
• côte à côte side by side

côté [kote] nm
1. side
Le troupeau est de l'autre côté. The herd is on the other side.
2. way
De quel côté sont-ils partis ? Which way did they go?
• à côté de
1. next to
L'armurerie est à côté de la prison. The gunsmith's is next to the jail.
2. compared to
À côté de Joe Dalton, Billy the Kid est un ange. Compared to Joe Dalton, Billy the Kid is an angel.

coton [kɔtɔ̃] nm
1. cotton
Une chemise en coton. A cotton shirt.
2. cotton wool (**Am**: cotton)
Jenny tamponnait leurs blessures avec du coton. Jenny was dabbing their wounds with some cotton wool.

cou [ku] nm neck*

Je vais lui tordre le cou !
– I'll wring his **neck**!

coucher [kuʃe] nm bedtime
• coucher de soleil sunset

coucher [kuʃe]
◦ vi to sleep
Les cow-boys couchent souvent à la belle étoile. Cowboys often sleep outside.
◦ **se coucher** vpr
1. to lie down
Ran Tan Plan s'est couché aux pieds d'Averell. Rin Tin Can lay down at Averell's feet.
2. to go to bed
Va te coucher, tu es fatigué. Go to bed, you're tired.

coude [kud] nm elbow

coudre [kudr] vt, vi to sew*

Elle coud de superbes rideaux.
She's **sewing** beautiful curtains.

couler [kule] vi
1. to flow
La rivière coule paisiblement. The river flows peacefully.
2. to run
J'ai le nez qui coule. My nose is running.
3. to sink
Le bateau a coulé au milieu du Pacifique. The boat sank in the middle of the Pacific.

couleur [kulœr] nf
1. colour (**Am**: color)
De quelle couleur est le foulard de Lucky Luke ? What colour is Lucky Luke's scarf?
2. Locution en couleur(s) colour
Une photo en couleur(s). A colour photograph.

couloir [kulwar] nm
1. corridor
Ils m'ont fait attendre dans le couloir. They made me wait in the corridor.
2. lane
Le couloir d'autobus. The bus lane.
Les couloirs de la piscine. The pool lanes.

coup [ku] nm
1. knock
On a entendu trois coups à la porte. There were three knocks on the door.
2. *Lorsqu'il s'agit d'actions violentes, il existe souvent un verbe particulier pour traduire "donner un coup (de...)"*.

Il lui donne un coup de pied.
He's **kicking** him.

Elle lui a donné un coup pour qu'il se calme. She hit him to calm him down.
Joe lui a donné un grand coup de poing. Joe punched him violently.
3. Locution donner un coup de main à quelqu'un to give somebody a hand
4. Locution prendre un coup de soleil to get sunburnt
5. Locution tout à coup, tout d'un coup suddenly
• coup de feu shot

coupable [kupabl]
◦ adj guilty
◦ nm, nf culprit

couper [kupe]
◦ vt
1. to cut
Ils ont coupé les barbelés. They cut the barbed wire.
2. to turn off
Ils ont coupé l'eau avant de commencer les travaux. They turned the water off before starting the work.

coûter

◎ **vi**
1. to cut
Coupons à travers champs pour les rattraper plus vite ! Let's cut across the fields, we'll catch them quicker!
2. to be sharp
Attention, ça coupe ! Be careful, it's sharp!

◎ **se couper vpr**
1. to cut oneself
Billy s'est coupé en jouant avec un rasoir. Billy cut himself while playing with a razor.
2. to cut
Aïe, je me suis coupé le doigt ! Ouch, I've cut my finger!

couple [kupl] **nm** couple

coupure [kupyr] **nf** cut
• **coupure de courant** power cut

cour [kur] **nf**
1. yard*

Ran Tan Plan était couché au milieu de la cour.
ZZZ...
Rin Tin Can was lying in the middle of the yard.

2. playground (**Am** : schoolyard)
Tous les élèves sont sortis dans la cour. All the pupils went out into the playground.
3. court
La cour de Louis XIV. The court of Louis XIV.

courage [kuraʒ] **nm**
1. courage, bravery
Il s'est battu contre les Indiens avec beaucoup de courage. He fought the Indians with great courage.
2. energy
Je n'ai pas le courage de me lever. I don't have the energy to get up.

3. *Locution* **Bon courage !** Good luck!

courageux, euse [kuraʒø, øz] **adj** brave

couramment [kuramɑ̃] **adv** fluently
Elle parle couramment anglais. She speaks English fluently.

courant [kurɑ̃] **nm**
1. current
2. *Locution* **être au courant de quelque chose** to know about something
• **courant d'air** draught (**Am** : draft)

courant, e [kurɑ̃, ɑ̃t] **adj** common
Ce n'est pas un mot très courant. It's not a very common word.

courgette [kurʒɛt] **nf** courgette (**Am** : zucchini)

courir [kurir]
◎ **vi** to run
Cours, ou tu vas rater le train ! Run or you'll miss the train!
Dès qu'Averell a entendu le mot "manger", il est parti en courant. As soon as Averell heard the word "eat", he ran off.
Elles ont monté la colline en courant. They ran up the hill.
◎ **vt** to run
Lucky Luke court un grand risque en poursuivant les bandits. Lucky Luke is running a great risk by chasing the bandits.
Jolly Jumper voulait courir le 3 000 mètres. Jolly Jumper wanted to run the 3,000 metres.

couronne [kurɔn] **nf** crown

courrier [kurje] **nm** mail
• **courrier électronique** e-mail, email

cours [kur] **nm**
1. lesson
J'ai cours d'histoire le mardi matin. I have a history lesson on Tuesday mornings.
2. *Locution* **au cours de** during
Au cours de ses voyages. During her travels.
3. *Locution* **en cours de route** on the way
• **cours particuliers** private tuition
Les cours particuliers coûtent assez cher. Private tuition costs quite a lot.

Attention, le verbe qui suit "tuition" est toujours au singulier.

course [kurs]
◎ **nf**
1. race
Le Tour de France est une célèbre course cycliste. The Tour de France is a famous cycle race.
2. Dans des expressions.
On fait la course ? I'll race you?
◎ **nf pl** shopping
• **faire des courses** to go shopping
Ils font leurs courses le samedi. They go shopping on Saturdays.

court [kur] **nm** (tennis) court

court, courte [kur, kurt] **adj**
1. short
2. *Locution* **être à court de** to be short of
Nous sommes à court de munitions, que faire ? We're short of ammunition, what can we do?

cousin, e [kuzɛ̃, in] **nm, nf** cousin
• **cousin germain, cousine germaine** first cousin

coussin [kusɛ̃] **nm** cushion

coût [ku] **nm** cost

couteau [kuto] **nm** knife* (**pl** : knives)

Les couteaux ne lui faisaient pas peur.
TCHAC
TCHAC
TCHAC
He wasn't scared of knives.

coûter [kute] **vi** to cost
Combien ça coûte ? How much is it?/How much does it cost?

coutume

Ça coûte cher. It costs a lot./It's expensive.

coutume [kutym] **nf** custom*

couture [kutyR] **nf**
1. seam
La couture de son pantalon s'est défaite. The seam on his trousers came undone.
2. *Locution* **faire de la couture** to sew

couvercle [kuvɛRkl] **nm** lid

couvert [kuvɛR] **nm**
1. knife and fork
Je n'ai pas de couvert. I haven't got a knife and fork.
2. *Locution* **mettre le couvert** to lay/set the table

couvert, e [kuvɛR, ɛRt] **adj**
1. overcast
Le ciel est couvert aujourd'hui. The sky is overcast today.
2. covered
Le mur était couvert d'avis de recherche pour les Dalton. The wall was covered in wanted posters for the Daltons.

couverture [kuvɛRtyR] **nf**
1. blanket
Lucky Luke s'est enroulé dans sa couverture et s'est endormi. Lucky Luke wrapped himself up in his blanket and fell asleep.
2. cover
La couverture de mon cahier est tout abîmée. My exercise book cover is damaged.

couvrir [kuvRiR]
❂ **vt** to cover
Le juge a couvert deux pages de notes. The judge covered two pages with notes.
❂ **se couvrir vpr**
1. to wrap up
Couvrez-vous bien, il fait froid. Wrap up well, it's cold outside.
2. to cloud over
Le ciel se couvre. The sky is clouding over.

crabe [kRab] **nm** crab

cracher [kRaʃe] **vi** to spit*

craie [kRɛ] **nf** chalk

Les Dalton trouvent cette coutume étrange.

The Daltons find this custom strange.

crâne [kRan] **nm** skull

crapaud [kRapo] **nm** toad*

Mais je vais l'attraper, ce crapaud !

– I'm going to catch this toad!

craquer [kRake]
❂ **vi**
1. to creak
Le plancher craquait sous leurs pas. The floor was creaking under their footsteps.
2. to rip
Il s'est penché et son pantalon a craqué. He bent over and his trousers ripped.
3. to snap
Jolly Jumper a tiré d'un coup et la corde a craqué. Jolly Jumper gave a sudden pull and the rope snapped.
4. to crack up
Il a été shérif pendant vingt ans, et il a craqué. He was a sheriff for twenty years and he just cracked up.
❂ **vt** to rip
Oh non, j'ai craqué mon pantalon ! Oh no, I've ripped my trousers!

cravate [kRavat] **nf** tie
Mais dites donc, vous avez une très belle cravate ! Wow, you have a beautiful tie!

crayon [kRɛjɔ̃] **nm** pencil
• **crayon de couleur** coloured pencil (**Am** : colored pencil)

crédit [kRedi] **nm** credit
Le fermier a acheté une charrue à crédit. The farmer bought a plough on credit.

créer [kRee] **vt** to create

crème [kRɛm] **nf** cream
• **crème Chantilly** whipped cream with sugar
• **crème fraîche** crème fraîche

crêpe [kRɛp] **nf** pancake
Ma Dalton a fait des crêpes. Ma Dalton made some pancakes.

Pourquoi une dame ne pourrait-elle pas cracher ?

BDOING!

– Why could a lady not spit?

creuser [krøse]
- **vt**
1. to dig
Ils ont creusé une tranchée pour se défendre contre les Indiens. They dug a trench to defend themselves against the Indians.
2. to dig holes in
Le fermier creusait son champ pour y planter des pommes de terre. The farmer was digging holes in his field to plant potatoes.
- **vi** to dig
Il commença à creuser. He started digging.
- **se creuser vpr**
Locution **familier** **se creuser la cervelle** to rack one's brains

creux, euse [krø, øz]
- **adj** hollow
- **nm**
1. hollow
2. *Locution* **avoir un creux** to be feeling peckish (**Am** : to have the munchies)

crevé, e [krəve] **adj familier** shattered (**Am** : bushed)

crever [krəve]
- **vt** to burst
Billy a crevé le ballon de la petite fille. Billy burst the little girl's balloon.
- **vi** to burst
Le pneu a crevé. The tyre burst.

crevette [krəvɛt] **nf** prawn

cri [kri] **nm** shout, cry
Un cri de joie. A cry of joy.

crier [krije] **vt, vi** to shout
Arrête de crier comme ça ! Stop shouting like that!
Les pionniers crièrent de joie quand il se mit à pleuvoir. The pioneers shouted for joy when it started raining.

crime [krim] **nm**
1. crime
Ce n'est pas un crime ! It's no crime!
2. murder
L'arme du crime. The murder weapon.

crise [kriz]
1. crisis
La crise du pétrole. The oil crisis.
2. attack
Une crise d'asthme. An asthma attack.
- **crise cardiaque** heart attack
- **crise de foie** indigestion
- **crise de nerfs** fit of hysterics*

Encore une crise de nerfs !

— Another **fit of hysterics**!

critiquer [kritike] **vt** to criticize

crochet [krɔʃɛ] **nm**
1. hook
Il suspendit sa selle à un crochet. He hung his saddle on a hook.
2. detour
Nous avons fait un crochet par Cactus Junction. We made a detour via Cactus Junction.

crocodile [krɔkɔdil] **nm** crocodile

croire [krwar]
- **vt**
1. to believe
Je ne te crois pas. I don't believe you.
2. to think
Vous croyez que nous allons les retrouver ? Do you think we'll find them?
- **se croire vpr**
Il se croit intelligent et beau. He thinks he's intelligent and handsome.
- **croire à** to believe in
Il croit au Père Noël. He believes in Santa Claus.
- **croire en** to believe in

croisement [krwazmɑ̃] **nm** crossroads (**Am** : intersection)
Ce croisement est dangereux. This crossroads is dangerous.

Attention, "crossroads" prend toujours un "s", même au singulier.

croiser [krwaze]
- **vt**
1. to cross
Elle a croisé les jambes. She crossed her legs.
2. to fold*

Il les attendait, les bras croisés.

He was waiting for them with arms **folded**.

3. to pass
Je l'ai croisée dans la rue. I passed her in the street.
- **se croiser vpr** to pass each other
Nous nous sommes croisés. We passed each other.

croissant [krwasɑ̃] **nm** croissant
Un café et deux croissants, s'il vous plaît. A coffee and two croissants, please.
- **croissant de lune** crescent moon

croix [krwa] **nf** cross
Ils ont mis une croix sur la tombe. They put a cross on the grave.

croquer [krɔke] **vt** to crunch
Billy croquait des bonbons. Billy was crunching sweets.
- **croquer dans** to bite into
Elle croqua dans une belle pomme rouge. She bit into a lovely red apple.

croûte [krut] **nf**
1. crust
La croûte du pain. The crust of the bread.
2. scab
Il avait une croûte au genou. He had a scab on his knee.

cru

Ah, vous cueillez des pommes !
PAN!
– Oh, you're picking apples!

cru, e [kry] **adj** raw

crudités [krydite] **nf pl**
1. raw vegetables
2. *Sur un menu* : mixed salads, assorted salads

cruel, elle [kryɛl] **adj** cruel
Joe est parfois cruel envers Ran Tan Plan. Joe is sometimes cruel to Rin Tin Can.

cube nm
1. cube
Couper les pommes de terre en cubes. Cut the potatoes into cubes.
2. building block
Il adore jouer avec ses cubes. He loves playing with his building blocks.

cueillir [kœjir] **vt** to pick*

cuillère [kɥijɛr] **nf**
1. spoon
As-tu mis les cuillères sur la table ? Have you put the spoons on the table?
2. spoonful
Deux cuillères de cacao. Two spoonfuls of cocoa.
• **cuillère à café, petite cuillère** teaspoon
• **cuillère à soupe**
1. *Pour manger* : soupspoon
2. *Pour mesurer* : tablespoon
Deux cuillères à soupe de farine. Two tablespoons of flour.

cuillerée [kɥijere] **nf** spoonful
• **cuillerée à café** teaspoonful
• **cuillerée à soupe** tablespoonful

cuir [kɥir] **nm** leather
Des bottes en cuir. Leather boots.

cuire [kɥir]
◦ **vt** to cook
C'est cuit ! It's cooked!
◦ **vi**
1. to cook
Les œufs cuisent en trois minutes. Eggs cook in three minutes.
2. *Location* **faire cuire** to cook

cuisine [kɥizin] **nf**
1. kitchen
Il est dans la cuisine. He's in the kitchen.
2. food
J'aime la cuisine indienne. I like Indian food.
3. *Location* **faire la cuisine** to cook
Calamity Jane ne sait pas faire la cuisine. Calamity Jane can't cook.

cuisiner [kɥizine] **vt, vi** to cook

cuisinier, ère [kɥizinje, ɛr]
◦ **nm, nf** cook
◦ **nf** cooker (**Am** : stove)
Une cuisinière à gaz. A gas cooker.

cuisse [kɥis] **nf**
1. thigh
Il a été blessé à la cuisse. He got wounded in the thigh.
2. leg
Une cuisse de poulet. A chicken leg.

cuivre [kɥivr] **nm** copper

culotte [kylɔt] **nf** knickers (**Am** : panties)
Sa culotte séchait sur une corde. Her knickers were drying on a rope.
Attention, le verbe qui suit "knickers" est toujours au pluriel.

cultivé, e [kyltive] **adj** cultured, cultivated
Elle est très cultivée. She's very cultured.

cultiver [kyltive]
◦ **vt**
1. to cultivate
Certains pionniers cultivent la terre. Some pioneers cultivate the land.
2. to grow
Que cultivez-vous dans ce champ ? What do you grow in this field?
◦ **se cultiver vpr** to improve one's mind
Averell et William essaient de se cultiver en prison. Averell and William try and improve their minds in prison.

culture [kyltyr]
◦ **nf**
1. growing
La culture du maïs. Maize growing.
2. culture
La culture japonaise. Japanese culture.
◦ **nf pl** crops
La grêle a saccagé les cultures. Hail wrecked the crops.
• **culture générale** general knowledge

curé [kyre] **nm** priest

curieux, euse [kyrjø, øz] **adj**
1. curious
Je ne suis pas curieux, mais... I'm not curious, but...
2. strange, curious
Tiens, c'est curieux, mon livre a disparu. That's strange, my book has disappeared.

curiosité [kyrjozite] **nf** curiosity
La curiosité est un vilain défaut. Curiosity killed the cat.

cyclisme [siklism] **nm** cycling

cycliste [siklist] **nm, nf** cyclist

cygne [siɲ] **nm** swan

dame [dam]
✿ **nf**
1. lady*

– I can see you know how to treat a *lady*!

Je vois que vous savez comment vous comporter avec une dame !

2. queen
Il a joué la dame de cœur. He played the queen of hearts.
✿ **nf pl** draughts (**Am** : checkers)
• **jouer aux dames** to play draughts

Danemark [danmark] **nm** Denmark
Connais-tu le Danemark ? Do you know Denmark?

danger [dɑ̃ʒe] **nm** danger*

dangereux, euse [dɑ̃ʒrø, øz] **adj** dangerous

– What *danger*?

danois, e [danwa, az]
✿ **adj, nm** Danish
Un garçon danois. A Danish boy.
Il parle le danois couramment. He speaks fluent Danish.
✿ **nm, nf** Dane
Les Danois. The Danes.
Attention, l'anglais prend toujours une majuscule.

dans [dɑ̃] **prép**
1. **Dans le temps, dans l'espace :** in
La diligence doit arriver dans deux jours. The stagecoach should arrive in two days.
Il habite dans le sud de la France. He lives in the South of France.
2. **Pour indiquer un mouvement :** into
Jessie James est entré dans le saloon. Jessie James walked into the saloon.
3. **Pour indiquer une approximation :** around, about
Ça coûte dans les 20 euros. It costs around 20 euros.

danse [dɑ̃s] **nf**
1. dancing
Jane déteste la danse classique. Jane hates ballet dancing.
2. dance
M'accorderez-vous cette danse ? May I have this dance?

danser [dɑ̃se] **vt, vi** to dance
Allez, dansez maintenant ! **Go on, dance now!**

danseur, euse [dɑ̃sœr, øz] **nm, nf** dancer

date [dat] **nf** date
Quelle est votre date de naissance ? What's your date of birth?

dater [date] **vt** to date
Sa lettre est datée du 6 juillet. His letter is dated 6th July (**Am** : July 6th).
• **dater de** to date from
Cette église date du XIIe siècle. This church dates from the 12th century.

de, du [də, dy]
✿ **prép**
1. **Pour indiquer la provenance :** from
Il arrive d'Italie. He's just come from Italy.
2. **Pour indiquer l'appartenance :** of
Il a tourné au coin de la rue. He turned at the corner of the street.
Attention, souvent "de" ne se traduit pas en anglais.

déballer

Ouvre la fenêtre de ta chambre. Open your bedroom window.
Lorsque le possesseur est une personne, on emploie le cas possessif.
Le cheval de Lucky Luke. Lucky Luke's horse.
3. Pour indiquer la détermination, la qualité.
Il a bu un verre d'eau. He drank a glass of water.
Il a pris le train de 10 heures. He took the 10 o'clock train.
Ils sont dans la salle de réunion. They are in the meeting room.
4. *Locution de…* à from… to
Je pars en vacances du 15 juillet au 15 août. I'm going on holiday from the 15th July to the 15th August.
❂ **art**
1. Dans une phrase affirmative : some
Il a acheté du lait. He bought some milk.
2. Dans une interrogation ou une négation : some, any
Est-ce qu'il reste du pain ? Is there any bread left?
Veux-tu du café ? Would you like some coffee?
Nous n'avons pas de beurre. We don't have any butter.

déballer [debale] **vt** to unpack

débarquer [debarke]
❂ **vt** to unload
Ils ont débarqué les marchandises sur le quai. They unloaded the goods onto the quay.
❂ **vi** to disembark*, to land

Et ils débarquèrent…
And they disembarked…

débarrasser [debarase] **vt**
1. to clear
Aidez-moi à débarrasser la table. Help me to clear the table.
2. Se traduit différemment selon les contextes.
Laisse-moi te débarrasser de tes valises. Let me take your bags.
• **se débarrasser de** to get rid of
Les Dalton n'arrivent pas à se débarrasser de Ran Tan Plan. The Daltons can't get rid of Rin Tin Can.
Lucky Luke nous a enfin débarrassés des Dalton. At last, Lucky Luke got rid of the Daltons for us.

debout [dəbu] **adv**
1. standing, standing up
Ils étaient tous debout. They were all standing up.
2. up
Tu es déjà debout à cette heure ? You're already up at this time?
3. Dans des expressions.
Mettre quelque chose debout to stand something up
Se mettre debout to stand up

début [deby] **nm** beginning, start
Au début, tout allait bien. In the beginning, everything was all right.

débutant, e [debytɑ̃, ɑ̃t] **nm, nf** beginner

débuter [debyte] **vi**
1. to start
Le spectacle a débuté par un tour de magie. The show started with a magic trick.
2. to start out
Vous débutez dans le métier ? Are you just starting out in the job?

décembre [desɑ̃br] **nm** December
Attention, les noms de mois prennent toujours une majuscule en anglais. (voir page 71)

déception [desɛpsjɔ̃] **nf** disappointment

décevoir [desəvwar] **vt** to disappoint
Tu me déçois beaucoup. I'm very disappointed in you.

déchets [deʃɛ] **nm pl** waste
Les rivières sont polluées par les déchets industriels. Rivers are polluted with industrial waste.
Attention, "waste" est toujours au singulier.

déchirer [deʃire]
❂ **vt**
1. to tear up
Le directeur déchira le contrat. The director tore up the contract.
2. to tear
J'ai déchiré la doublure de ma veste. I've torn the lining of my jacket.
❂ **se déchirer vpr**
1. to tear
Ma robe s'est déchirée. My dress is torn.
2. to tear
Il s'est déchiré un muscle. He tore a muscle.

décidément [desidemɑ̃] **adv** really
Décidément, vous n'avez pas de chance ! You really don't have much luck!

décider [deside]
❂ **vt**
1. to decide
Les Dalton ont décidé de se rendre. The Daltons have decided to give themselves up.
2. to persuade
Comment as-tu fait pour le décider à rester ? How did you manage to persuade him to stay?
❂ **se décider vpr** to make up one's mind
Il s'est enfin décidé à changer de travail. At last, he's made up his mind to change his job.

décision [desizjɔ̃] **nf** decision

déclaration [deklarasjɔ̃] **nf** declaration
• **déclaration d'impôts** tax return

déclarer [deklare]
❂ **vt**
1. to declare
Le maire a déclaré qu'il allait rétablir l'ordre. The mayor declared that he would restore order.
2. to report
Vous devez déclarer le vol au commissariat. You must report the theft at the police station.
❂ **se déclarer vpr** to break out
L'incendie s'est déclaré dans la grange. The fire broke out in the barn.

Et le corbillard décolla !
And then the hearse took off!

décollage [dekɔlaʒ] **nm** take-off

décoller [dekɔle]
◎ **vt** to unstick
Je n'arrive pas à décoller cette étiquette. I can't unstick this label.
◎ **vi** to take off*

décorer [dekɔre] **vt** to decorate*

Il décorait sa blanchisserie.
He was decorating his laundry.

découper [dekupe] **vt**
1. to cut out
Il découpait des photos dans le journal. He was cutting pictures out of the paper.
2. to cut, to cut up
Ma Dalton découpa le gâteau en cinq parts égales. Ma Dalton cut the cake into five equal parts.

découverte [dekuvɛrt] **nf** discovery

découvrir [dekuvrir] **vt** to discover
Lucky Luke a découvert la cachette des Dalton. Lucky Luke discovered the Daltons' hideout.

décrire [dekrir] **vt** to describe

déçu, e [desy] **adj** disappointed

dedans [dədɑ̃] **adv, nm** inside

déesse [deɛs] **nf** goddess

défaite [defɛt] **nf** defeat

défaut [defo] **nm**
1. fault
Averell a beaucoup de défauts mais on l'aime bien ! Averell has a lot of faults, but we like him!
2. flaw*
• **à défaut de** for lack of

défendre [defɑ̃dr]
◎ **vt**
1. to defend
Heureusement que Lucky Luke était là pour nous défendre ! It's a good thing that Lucky Luke was here to defend us!
2. to forbid
Je te défends de sortir ! I forbid you to go out!
◎ **se défendre vpr** to defend oneself
Aidez-nous à nous défendre. Help us to defend ourselves.

défense [defɑ̃s] **nf**
1. defence (**Am** : defense)
Lucky Luke a pris notre défense. Lucky Luke came to our defence.
2. tusk
L'éléphant souleva le tronc d'arbre à l'aide de ses défenses. The elephant picked up the tree trunk using his tusks.
3. Sur des panneaux.
Défense d'entrer. No entry.
Défense de stationner. No parking.

définir [definir] **vt** to define

définition [definisjɔ̃] **nf** definition

dégât [dega] **nm** damage
Faire des dégâts. To cause damage.
Attention, dans ce sens "damage" est toujours au singulier.
Ran Tan Plan fait beaucoup de dégâts. Rin Tin Can causes a lot of damage.

degré [dəgre] **nm** degree
La température a baissé de cinq degrés cette nuit. The temperature fell by five degrees last night.

déguiser [degize]
◎ **vt** to disguise

Ces chapeaux ont un petit défaut, mais...
– These hats have a little flaw, but...

dehors

○ **se déguiser** vpr
1. to disguise oneself
Il s'est déguisé en chercheur d'or pour qu'on ne le reconnaisse pas. He disguised himself as a gold digger so as not to be recognized.
2. to dress up
Le maire s'est déguisé en pirate pour le bal masqué. The mayor dressed up as a pirate for the fancy-dress party.

dehors [dəɔr] adv
1. outside
Pourquoi n'allez-vous pas jouer dehors ? Why don't you go and play outside?
2. out*
Mettre quelqu'un dehors. To throw somebody out.

Dehors, Rin Tan Plan !
— *Out, Rin Tin Can!*

• **en dehors de**
1. outside
Sa ferme est en dehors de la ville. His farm is outside the town.
2. apart from
En dehors de sa famille, il ne veut voir personne. He doesn't want to see anybody apart from his family.

déjà [deʒa] adv
1. already
Tout bébé, Billy avait déjà mauvais caractère. Even as a baby, Billy was already bad-tempered.
2. before
J'ai l'impression de l'avoir déjà vu quelque part. I have a feeling I've seen him somewhere before.

déjeuner [deʒœne]
○ vi
1. to have lunch
Où déjeunes-tu à midi ? Where are you having lunch today?
2. to have breakfast
Je n'ai pas eu le temps de déjeuner ce matin. I didn't have time to have breakfast this morning.
○ nm lunch
Il est sorti après le déjeuner. He went out after lunch.

délai [delɛ] nm
1. deadline, time limit
La compagnie de chemins de fer n'a pas respecté les délais. The railway company didn't stick to the deadline.
2. extension
Ils ont demandé un délai supplémentaire pour finir les travaux. They asked for an extension to finish the work.

délicieux, euse [delisjø, øz] adj
delicious

délivrer [delivre] vt
1. to release, to free
Lucky Luke est venu les délivrer. Lucky Luke has come to free them.
2. to issue
Le gardien a délivré un certificat de bonne conduite aux Dalton. The warder issued a certificate of good behaviour to the Daltons.
Attention, "délivrer" ne se traduit pas par "deliver" qui signifie "livrer".

demain [dəmɛ̃] adv tomorrow
À demain ! See you tomorrow!

demander [dəmɑ̃de]
○ vt
1. to ask for
Billy lui a demandé tous ses caramels. Billy asked him for all of his toffees.
2. to ask
Demande à ton père si tu peux venir. Ask your father if you can come.
3. *Idiom*
On vous demande au téléphone. You're wanted on the telephone.
4. to require
Un hold-up demande une longue préparation. A hold-up requires lengthy preparation.
○ **se demander** vpr to wonder
Je me demande si les Indiens vont tomber dans le piège. I wonder if the Indians will fall into the trap.

démarrer [demare] vt, vi to start
La voiture a démarré du premier coup. The car started first time.

déménagement [demenaʒmɑ̃] nm
1. move
Le déménagement s'est bien passé. The move went well.
2. removal
Nous attendons le camion de déménagement. We're waiting for the removal van.

déménager [demenaʒe] vi to move (house)* (**Am** : to move)

Ne va pas si vite, voyons !
Il le faut !
Ils avaient décidé de déménager.
— *Hey, don't go so fast!*
— *We have to!*
They had decided to move house.

dépenser

demi, ie [dəmi] **adj** half
Il est deux heures et demie. It's half past two.
Un kilo et demi de pommes. One and a half kilos of apples.
Il avait les yeux à demi fermés. His eyes were half-closed.

demi-frère [dəmifrɛr] **nm** half-brother

demi-journée [dəmiʒurne] **nf** half-day, half-a-day

demi-litre [dəmilitr] **nm** half-a-litre, half-litre (**Am :** half-a-liter, half-liter)

demi-pensionnaire [dəmipɑ̃sjɔnɛr] **nm, nf** day pupil, pupil who has school dinners

demi-sœur [dəmisœr] **nf** half-sister

démission [demisjɔ̃] **nf** resignation*

– *Puisque c'est ainsi, je vous donne ma démission !*

– Since that's the way things are, I'm handing in my resignation!

demi-tarif [dəmitarif]
✿ **adj** half-price
✿ **nm** half-price ticket

demi-tour [dəmitur] **nm**
1. about-turn (**Am :** about-face)
Demi-tour, droite ! Right about-turn!
2. U-turn
La voiture a fait un demi-tour. The car made a U-turn.

démocrate [demɔkrat]
✿ **adj** democratic
✿ **nm, nf** democrat

démocratie [demɔkrasi] **nf** democracy

démolir [demɔlir] **vt** to demolish*

Il se mit à démolir le saloon.
He started to demolish the saloon.

dent [dɑ̃] **nf** tooth (**pl :** teeth)
• **dent de lait** milk tooth
• **dent de sagesse** wisdom tooth

dentifrice [dɑ̃tifris] **nm** toothpaste

dentiste [dɑ̃tist] **nm, nf** dentist*

Aïe !
Le dentiste est un peu trop brutal !

– Ouch!
The dentist is a bit too rough!

dépannage [depanaʒ] **nm** repair

dépanner [depane] **vt** to fix, to repair

Le garagiste va vous dépanner. The mechanic is going to fix your car.

départ [depar] **nm**
1. departure
L'incident a retardé le départ de la diligence. The incident delayed the departure of the stagecoach.
2. start
Les coureurs sont sur la ligne de départ. The runners are lined up at the start.
• **au départ** at first

dépasser [depase]
✿ **vt**
1. to overtake (**Am :** to pass)
Allez, accélère, il faut les dépasser ! Come on, speed up, we have to overtake them!
2. to be taller than
Averell dépasse Joe d'au moins deux têtes. Averell is at least two heads taller than Joe.
3. to exceed
Fais attention à ne pas dépasser la dose prescrite. Watch you don't exceed the prescribed dose.
4. to pass
Je crois que nous avons dépassé sa rue. I think we have passed his street.
✿ **vi** to stick out
Sa robe dépasse de son manteau. Her dress sticks out under her coat.

se dépêcher [sə depeʃe] **vpr** to hurry up
Dépêchez-vous, il faut arriver avant lui ! Hurry up, we must get there before him!

dépendre de [depɑ̃dr də] **vt** to depend on
Ça dépend de ce que tu préfères. It depends on what you like best.
– *Tu veux venir avec nous ? – Ça dépend.* – Do you want to come with us? – It depends.

dépense [depɑ̃s] **nf** expense

dépenser [depɑ̃se]
✿ **vt** to spend
Il a dépensé tout son argent. He spent all his money.
✿ **se dépenser vpr** to exert oneself
Il s'est beaucoup dépensé au parc aujourd'hui. He really exerted himself at the park today.

déplacer

déplacer [deplase]
- **vt** to move*

— I had no idea those stones would be so difficult to move!

Je ne pensais pas que ces pierres seraient si difficiles à déplacer !

- **se déplacer** vpr
1. to move
Il s'est déplacé pour me laisser passer. He moved to let me pass.
2. to travel
Elle se déplace beaucoup pour son travail. She travels a lot in her job.

déplaisant, e [deplɛzɑ̃, ɑ̃t] **adj**
unpleasant

déposer [depoze] **vt**
1. to put down, to lay down
Dépose tes affaires dans l'entrée. Put your things down in the hall.
2. to leave
Quelqu'un a déposé un paquet pour vous. Somebody left a parcel for you.
3. to deposit
Il est allé déposer de l'argent à la banque. He's gone to the bank to deposit some money.
4. to drop off, to drop
Est-ce que je peux vous déposer quelque part ? Can I drop you off somewhere?

dépôt [depo] **nm**
1. deposit
Je voudrais faire un dépôt. I'd like to make a deposit.
2. warehouse
Les marchandises sont restées au dépôt. The goods have been left in the warehouse.
3. depot
Cet autobus n'est pas en service, il rentre au dépôt. This bus is not in service, it's going back to the depot.

depuis [dəpɥi]
- **prép**
1. À partir d'une date ou d'un moment précis : since
Je ne l'ai pas vu depuis mardi. I haven't seen him since Tuesday.
Nous n'avons pas de nouvelles de Lucky Luke depuis qu'il est parti. We haven't heard from Lucky Luke since he went away.
2. Pour exprimer la durée : for
Lucky Luke est sur la trace des Dalton depuis deux jours. Lucky Luke has been on the Daltons trail for two days.
3. *Location* **depuis quand** how long
Depuis quand êtes-vous là ? How long have you been here?
- **adv** since, since then
Nous ne l'avons pas revu depuis. We haven't seen him since.

député, e [depyte] **nm nf** Member of Parliament (**Am** : Representative)

déranger [derɑ̃ʒe]
- **vt**
1. to disturb*

— Who's disturbing me?

Qui me dérange ?

2. to bother
J'espère que le bruit ne vous dérange pas. I hope the noise doesn't bother you.
3. to mix up
Il a dérangé toutes mes affaires. He's mixed up all my things.
4. *Location*
Ça vous dérange si je fume ? Do you mind if I smoke?

- **se déranger** vpr to move
Ne vous dérangez pas, j'y vais. Don't move, I'm going.

dernier, ère [dɛrnje, ɛr]
- **adj**
1. last
Il est parti la semaine dernière. He left last week.
2. latest
Je n'ai pas lu son dernier roman. I haven't read her latest novel.
- **nm, nf** last
Averell est toujours le dernier. Averell is always last.
- **en dernier** last
Je passerai chez lui en dernier. I'll go and see him last.

derrière [dɛrjɛr]
- **prép** behind
Billy the Kid se cachait derrière un arbre. Billy the Kid was hiding behind a tree.
- **adv**
1. behind
Jolly Jumper a laissé les autres chevaux loin derrière. Jolly Jumper left the other horses far behind.
2. in the back
Je suis malade en voiture lorsque je m'assois derrière. I get carsick if I sit in the back.
- **nm**
1. back
Passe par la porte de derrière. Go in through the back door.
2. bottom, backside
Joe lui a mis un coup de pied au derrière. Joe gave him a kick up the backside.

des → **un**

dès [dɛ] **prép**
1. from
Dès le 20 juillet, je serai en vacances. From the 20th July, I'll be on holiday.
2. as soon as
Nous en parlerons à Lucky Luke dès son retour. We'll mention it to Lucky Luke as soon as he comes back.
- **dès que** as soon as

désastre [dezastr] **nm** disaster

descendre [desɑ̃dr]
- **vt**
1. to go down

Il a descendu l'escalier à toute vitesse. He went down the stairs double quick.
2. to take down/to bring down
"Descendre" se traduit par "to take down" lorsque l'on se trouve en haut ; par "to bring down" lorsque l'on se trouve en bas.
Aidez-moi à descendre cette malle à la cave. Help me to take this trunk down to the cellar.
Tu veux bien me descendre mon sac ? Can you bring my bag down for me?
3. to lower
Descends l'étagère, elle est trop haute. Lower the shelf, it's too high.
◎ **vi**
1. to go down /to come down*

— You can come down, they've gone.

"Descendre" se traduit par "to go down" lorsque l'on se trouve en haut ; par "to come down" lorsque l'on se trouve en bas.
Descends à la cave chercher une autre bouteille. Go down to the cellar and get another bottle.
2. to fall
La température est descendue au-dessous de zéro la nuit dernière. The temperature fell below zero last night.
3. to get off, to get out
Tous les passagers ont dû descendre du train. All the passengers had to get off the train.
4. to go out
La marée descend lentement. The tide goes out slowly.

descente [desɑ̃t] **nf**
1. descent
L'avion a commencé sa descente sur Londres. The plane has started its descent towards London.
2. slope
Attention, la descente est rapide ! Watch out, it's a steep slope!

description [dɛskripsjɔ̃] **nf** description

désert, e [dezɛr, rt]
◎ **adj** deserted
La ville était déserte. The town was deserted.
• *une île déserte* a desert island
◎ **nm** desert
Il devait traverser le désert. He had to cross the desert.

désespéré, e [dezɛspere] **adj**
1. desperate*
2. hopeless
C'est une situation désespérée. It's a hopeless situation.

désespoir [dezɛspwar] **nm** despair*

déshabiller [dezabije]
◎ **vt** to undress
◎ **se déshabiller vpr** to get undressed
Il se déshabille. He's getting undressed.

désigner [dezine] **vt**
1. to point out, to point to
Averell a désigné du doigt le plus gros gâteau. Averell pointed out the biggest cake.
2. to appoint
Nous avons désigné un nouveau chef. We have appointed a new leader.
3. to refer to
Ce mot désigne plusieurs choses. This word refers to several things.

désirer [dezire] **vt** to want, to wish
Le maire désire vous parler. The mayor wishes to speak to you.

désobéir [dezɔbeir] **vi** to disobey
• *désobéir à quelqu'un* to disobey somebody
Je t'avais dit de rester ici. Tu m'as désobéi ! I told you to stay here. You disobeyed me!

désobéissant, e [dezɔbeisɑ̃, ɑ̃t] **adj** disobedient

désolé, e [dezɔle] **adj** sorry
Je suis désolé de ne pas pouvoir venir. I'm sorry I can't come.

désordre [dezɔrdr] **nm**
1. mess
Quel désordre ! What a mess!
2. chaos
Le désordre régnait dans la ville. Chaos reigned in the town.

desquels, desquelles → **lequel**

dessert [desɛr] **nm** dessert

dessin [desɛ̃] **nm** drawing
• *dessin animé* cartoon

dessiner [desine] **vt, vi** to draw
J'adore dessiner. I love drawing.

— Ne soyez pas *désespéré*, nous allons arranger ça.
— Son *désespoir* fait peur à voir.

— Don't be so *desperate*, we'll sort something out.
— His *despair* is frightening.

dessous

dessous [dəsu]
● **adv** underneath
Il y a une étiquette dessous. There's a label underneath.
● **nm**
1. bottom, underside
Fais attention, le dessous de l'assiette est fêlé ! Be careful, the bottom of the plate is cracked!
2. downstairs
Les voisins du dessous sont très bruyants. The downstairs neighbours are very noisy.
• **en dessous** underneath
• **en dessous de** below

dessus [dəsy]
● **adv** on top, on it
J'ai mis mon chapeau par terre et il a posé sa valise dessus. I put my hat on the floor and he put his suitcase on top of it!
Cette chaise est cassée, ne t'assois pas dessus ! This chair is broken, don't sit on it!
● **nm**
1. top
Le dessus de la table est rayé. The top of the table is scratched.
2. upstairs
Les voisins du dessus sont très sympathiques. The upstairs neighbours are very nice.
3. *Location* **avoir le dessus** to have the upper hand

destination [dɛstinasjɔ̃] **nf** destination
• **à destination de** to, for
Le vol à destination de Glasgow. The flight to Glasgow.

destruction [dɛstryksjɔ̃] **nf** destruction

détacher [detaʃe]
● **vt**
1. to untie*
2. to undo, to unfasten
Il a détaché sa ceinture. He undid his belt.
3. to detach
Détachez le coupon-réponse en suivant le pointillé. Detach the reply coupon along the dotted line.
● **se détacher** **vpr** to come off
La poignée de la valise s'est détachée. The handle of the suitcase came off.

détail [detaj] **nm** detail
• **en détail** in detail
Joe a expliqué le plan en détail à ses frères. Joe explained the plan in detail to his brothers.
• **au détail** retail
Vente au détail. Retail selling.

détendre [detɑ̃dr]
● **vt**
1. to loosen, to slacken
Les Dalton ont réussi à détendre la corde. The Daltons managed to loosen the rope.
2. to relax
Il a raconté une blague pour détendre l'atmosphère. He told a joke to relax the atmosphere.
● **se détendre** **vpr**
1. to become slack, to slacken
L'élastique s'est détendu au lavage. The elastic became slack in the wash.
2. to relax
Il se détendait. He was relaxing.

détester [detɛste] **vt** to hate, to detest
Joe déteste Lucky Luke. Joe hates Lucky Luke.

détour [detur] **nm** detour
Nous avons fait un détour pour éviter les embouteillages. We made a detour to avoid the traffic jams.

détruire [detrɥir] **vt** to destroy

dette [dɛt] **nf** debt

deux [dø] **adj num, nm** two*
(voir page 195)

Il a coupé le billet en deux !

He sliced the note in two!

deux-points [døpwɛ] **nm inv** colon

devant [dəvɑ̃]
● **prép**
1. in front of
Joe s'est énervé devant tout le monde. Joe lost his temper in front of everybody.
2. past
Il est passé devant moi sans s'arrêter. He walked past me without stopping.
● **adv**
1. in front
Viens devant, tu verras mieux. Come in front, you'll get a better view.

Content de te voir, Jolly Jumper. Maintenant, dépêche-toi de me détacher.

– Pleased to see you, Jolly Jumper. Now, hurry up and untie me.

2. ahead
Pars devant, nous te rattraperons. Go ahead, we'll catch up with you.
◉ **nm** front
Elle a presque terminé le devant du pull. She's nearly finished the front of the sweater.
• **de devant** front
Les pattes de devant. The front legs.

développement [devlɔpmã] **nm**
1. development
Le pays veut favoriser le développement économique. The country wants to promote economic development.
2. developing
Le développement des photos a pris une heure. Developing the pictures took one hour.

devenir [dəvnir] **vi** to become
Billy the Kid devient de plus en plus agressif. Billy the Kid is becoming more and more agressive.

deviner [dəvine] **vt** to guess

devoir [dəvwar]
◉ **nm**
1. duty
Le devoir nous appelle, Jolly Jumper ! Duty calls, Jolly Jumper!
2. exercise
Je n'ai pas fini mon devoir d'anglais. I haven't finished my English exercise.
◉ **nm pl** homework
Attention, "homework" est toujours au singulier.
Je fais mes devoirs. I'm doing my homework.

devoir [dəvwar] **vt**
1. to owe
Il me doit de l'argent. He owes me some money.
2. Pour exprimer l'obligation : to have to, must
Nous devons prévenir Lucky Luke. We have to warn Lucky Luke.
Tu ne dois pas mentir. You mustn't lie.
3. Pour exprimer la probabilité.
Il doit être dans le train à l'heure qu'il est. He must be on the train by now.
Ça devrait aller mieux demain. It should be better tomorrow.

4. Pour faire une suggestion.
Ce gâteau est très bon, vous devriez le goûter. This cake is very good, you should try it.
5. Pour exprimer le regret.
Je n'aurais pas dû y aller. I shouldn't have gone.
6. Pour exprimer le futur, l'intention.
La diligence doit arriver demain. The stagecoach is due to arrive tomorrow.
Nous devions partir hier mais la voiture est tombée en panne. We were going to go yesterday but the car broke down.

dévorer [devɔre] **vt** to devour
Ran Tan Plan a dévoré le poulet. Rin Tin Can devoured the chicken.

diable [djabl] **nm** devil

diamant [djamã] **nm** diamond

dictée [dikte] **nf** dictation*

– Vous êtes prêts ? Je vais commencer la **dictée** !

– Are you ready? I'm going to start the **dictation**!

dicter [dikte] **vt** to dictate

dictionnaire [diksjɔnɛr] **nm** dictionary

dieu [djø] **nm** god
Mon Dieu ! My God!

différence [diferãs] **nf** difference
Voyez-vous une différence entre ces jumeaux ? Can you see any difference between these twins?

différent, e [diferã, ãt] **adj** different
Averell a toujours été différent de ses frères. Averell has always been different from his brothers.

diplôme

difficile [difisil] **adj**
1. difficult
Cet exercice est vraiment très difficile. This exercise is really difficult.
2. fussy
Averell n'est pas difficile, il mange de tout ! Averell is not fussy, he eats everything!

digérer [diʒere] **vt** to digest

digestion [diʒɛstjɔ̃] **nf** digestion

dimanche [dimɑ̃ʃ] **nm** Sunday
Attention, les noms de jours prennent toujours une majuscule en anglais.
(voir page 71)

diminuer [diminɥe]
◉ **vt** to reduce
Tu devrais diminuer ta consommation de chocolat, Billy ! You should reduce your chocolate intake, Billy!
◉ **vi** to decrease
Nos réserves diminuent. Our stock is decreasing.

dinde [dɛ̃d] **nf** turkey

dîner [dine]
◉ **nm** dinner*

– J'espère que monsieur a apprécié ce **dîner**.

– I hope you liked your **dinner**, sir.

◉ **vi** to have dinner
À quelle heure voulez-vous dîner ? At what time do you want to have dinner?

dinosaure [dinozɔr] **nm** dinosaur

diplôme [diplom] **nm** diploma

trois cent quatre-vingt-dix-sept • three hundred and ninety-seven

dire

dire [dir]
○ **vt**
1. to say
Il a dit non. He said no.
Dis bonjour à la dame. Say hello to the lady.
2. to tell
Je dis la vérité. I'm telling the truth.
Il m'a dit que ce n'était pas possible. He told me that it wasn't possible.
Les Dalton nous ont dit de ne pas bouger. The Daltons told us not to move.
3. Pour donner son avis.
Qu'est-ce que tu en dis ? What do you think?
Que diriez-vous d'une partie de cartes ? What would you say to a game of cards?
4. Locution
On dirait qu'il va pleuvoir. It looks like it's going to rain.
5. Locution
Ça ne me dit rien de sortir. I don't feel like going out.
○ **se dire vpr**
1. to say to oneself
Averell s'est dit qu'il valait mieux ne rien dire. Averell said to himself that it was best not to say anything.
2. Locution
Ça ne se dit pas. You can't say that.

direct, e [dirɛkt]
○ **adj** direct
Vous n'avez pas choisi le chemin le plus direct. You haven't chosen the most direct route.
○ *Locution* **en direct** live
Le match sera retransmis en direct. The match will be broadcast live.

directement [dirɛktəmɑ̃] **adv**
directly

directeur, trice [dirɛktœr, tris] **nm, nf**
1. director, manager
Je me présente, je suis le directeur. Let me introduce myself, I'm the director.
2. head teacher
La directrice de l'école est très sévère. The head teacher of the school is very strict.

direction [dirɛksjɔ̃] **nf**
1. direction*

– I'm going to make a speech!

Je vais faire un discours !

2. management
La direction a accepté de négocier. The management agreed to negotiate.

diriger [diriʒe] **vt**
1. to manage
Elle dirige l'entreprise depuis deux ans. She has been managing the company for two years.

Il est parti dans cette direction !
– He went off in that direction!

2. to aim
Le bandit a dirigé son arme sur nous. The bandit aimed his gun at us.
3. to conduct
Il dirige un orchestre. He conducts an orchestra.
4. to steer
Il a dirigé la voiture vers le parking. He steered the car towards the car park.
• **se diriger vers** to head for, to go towards
Ils se sont tous dirigés vers la sortie. They all headed for the exit.

discours [diskur] **nm** speech*

discussion [diskysjɔ̃] **nf**
1. discussion
Elles ont eu une longue discussion. They had a long discussion.
2. argument
Pas de discussion ! No argument!

discuter [diskyte] **vi**
1. to talk
Ils ont discuté pendant des heures. They talked for hours.

2. to argue
Il a accepté sans discuter. He accepted without arguing.
• **discuter de** to discuss
J'ai discuté de cette affaire avec Lucky Luke. I discussed this matter with Lucky Luke.

disparaître [disparɛtr] **vi** to disappear

disparition [disparisjɔ̃] **nf**
1. disappearance
Sa disparition reste inexpliquée. His disappearance remains a mystery.
2. extinction
Cette espèce est menacée de disparition. This species is threatened with extinction.

disponible [dispɔnibl] **adj** available

se disputer [sə dispyte] **vpr** to fight*

– I'm going to hit him!
– Stop it! I've had enough of you **fighting** all the time!

disque [disk] **nm**
1. record
Un disque de jazz. A jazz record.
2. En informatique : disk
Un disque dur. A hard disk, a hard drive.
3. disc (**Am** : disk)
Un disque compact. A compact disc.

disquette [diskɛt] **nf** floppy disk, diskette

distance [distɑ̃s] **nf**
1. distance
Jolly Jumper est habitué à parcourir de longues distances. Jolly Jumper is used to covering long distances.
2. Locution
On voit le clocher à une distance de 10 kilomètres. You can see the belltower from 10 kilometres away.

distinguer [distɛ̃ge]
✺ **vt**
1. to distinguish
Il est incapable de distinguer une vache d'un taureau. He's unable to distinguish a cow from a bull.
2. to make out
On ne distinguait pas ce qu'il disait. One couldn't make out what he was saying.
• **se distinguer de** to differ from
Averell se distingue de ses frères par sa taille. Averell differs from his brothers in height.

distraction [distraksjɔ̃] **nf**
1. absent-mindedness
Il fait beaucoup d'erreurs par distraction. He makes a lot of mistakes through absent-mindedness.
2. pastime
Le cinéma est sa distraction préférée. Cinema is her favourite pastime.

distrait, e [distrɛ, ɛt] **adj** absent-minded

distribuer [distribye] **vt**
1. to distribute
Joe distribua les armes à ses frères. Joe distributed the weapons among his brothers.
2. to deliver
Le facteur a distribué le courrier. The postman delivered the mail.
3. to deal*

divers, e [divɛr, ɛrs] **adj** various
Les Dalton ont essayé de s'échapper à diverses reprises. The Daltons tried to escape on various occasions.

divertir [divɛrtir]
✺ **vt** to entertain
✺ **se divertir** **vpr** to enjoy oneself
Lucky Luke n'a pas souvent l'occasion de se divertir. Lucky Luke doesn't often have the opportunity to enjoy himself.

divertissement [divɛrtismɑ̃] **nm** pastime, relaxation
Aller au saloon est leur seul divertissement. Going to the saloon is their only pastime.

diviser [divize] **vt**
1. to divide up
Ma Dalton a divisé le butin en cinq parts égales. Ma Dalton divided the loot up into five equal parts.
2. to divide
6 divisé par 2 égale 3. 6 divided by 2 makes 3.

division [divizjɔ̃] **nf** division

divorce [divɔrs] **nm** divorce

divorcer [divɔrse] **vi** to get a divorce
Ils sont divorcés. They are divorced.

dix [dis] **adj num, nm** ten
(voir page 195)

dizaine [dizɛn] **nf**
1. ten
La colonne des dizaines. The tens column.
2. Locution **une dizaine de** about ten
Les Dalton ont déjà essayé de s'échapper une dizaine de fois. The Daltons have already tried to escape about ten times.

docteur [dɔktœr] **nm** doctor
Le docteur va te guérir. The doctor will cure you.

document [dɔkymɑ̃] **nm** document

documentaire [dɔkymɑ̃tɛr] **nm** documentary

– First, I'll teach you how to **deal** the cards.

doigt

doigt [dwa] **nm** finger
Averell s'est donné un coup de marteau sur le doigt. Averell hit his finger with the hammer.
• **doigt de pied** toe

domaine [dɔmɛn] **nm**
1. estate
Ce grand domaine est la propriété du maire. This large estate belongs to the mayor.
2. field
La mécanique, c'est son domaine ! Mechanics is his field!

domestique [dɔmɛstik]
✻ **adj**
1. household
Joe n'aime pas beaucoup les travaux domestiques. Joe doesn't enjoy household chores very much.
2. domestic
Le chien est un animal domestique. Dogs are domestic animals.
✻ **nm, nf** servant*

Jasper était un domestique hors pair.

Jasper was an outstanding servant.

domicile [dɔmisil] **nm** home
• **à domicile** at home

dommage [dɔmaʒ]
✻ **nm Pour exprimer le regret.**
Dommage ! What a shame!
C'est vraiment dommage que Lucky Luke ne puisse pas venir ! It's a great shame that Lucky Luke can't come!
✻ **nm pl** damage
La tempête a causé des dommages importants. The storm caused severe damage.

Attention, dans ce sens "damage" est toujours au singulier.

donc [dɔ̃k] **conj** so
Je disais donc que le tunnel devrait être terminé demain. So, I was saying that the tunnel should be finished tomorrow.

donner [dɔne] **vt**
1. to give
Donner quelque chose à quelqu'un. To give somebody something, to give something to somebody.
Joe lui a donné sa valise à porter. Joe gave him his suitcase to carry.
2. *Locution* **donner chaud/froid/faim/soif à quelqu'un** to make somebody hot/cold/hungry/thirsty
Le travail, ça donne soif ! Work makes you thirsty!
• **donner sur** to look out onto
La fenêtre de notre cellule donne sur la cour. Our cell window looks out onto the courtyard.

dont [dɔ̃] **pron**
1. **Complément du verbe ou de l'adjectif.**
C'est l'endroit dont il nous a parlé. This is the place he told us about.
Joe a une moustache dont il est très fier. Joe has a moustache of which he's very proud.
2. **Complément d'un nom d'objet :** whose, of which
C'est un bijou dont la valeur est surtout sentimentale. It's a piece of jewellery whose value is mostly sentimental.
3. **Complément d'un nom de personne :** whose
C'est celui dont les frères sont en prison. He's the one whose brothers are in jail.
4. **Pour désigner une partie d'un ensemble.**
J'ai vu quatre hommes, dont un très grand. I saw four men, one of whom was very tall.
Nous n'avons que deux tournevis, dont un qui est cassé. We only have two screwdrivers, one of which is broken.

dormir [dɔrmir] **vi** to sleep*

dortoir [dɔrtwar] **nm** dormitory

dos [do] **nm** back

• **au dos de** on the back of
• **de dos** from behind

dossier [dosje] **nm**
1. back
Le dossier de cette chaise n'est pas très confortable. The back of this chair is not very comfortable.
2. file
Le shérif a un gros dossier sur les Dalton. The sheriff has a big file on the Daltons.

douane [dwan] **nf** customs
Attention, "customs" est toujours au pluriel.
Ils ne réussiront jamais à passer la douane. They'll never manage to get through customs.

douanier, ère [dwanje, ɛr] **nm, nf** customs officer

double [dubl]
✻ **adj, adv** double
Il avait l'impression de voir double. He had the feeling he was seeing double.
✻ **nm**
1. double, twice
C'est le double de ce que nous avons payé ! That's double what we paid!
2. copy
Avez-vous gardé un double de la lettre ? Did you keep a copy of the letter?

Les Dalton dormaient tout en montant la garde.

The Daltons were sleeping and keeping watch at the same time.

doubler [duble]
vt
1. to double
Avec ce nouveau plan, nous doublons nos chances de réussite. With this new plan, we double our chances of success.
2. to line
Son manteau est doublé de fourrure. His coat is lined with fur.
3. to overtake (**Am** : to pass)
Il nous a doublés dans le virage. He overtook us on the corner.
4. to dub
Le film est-il doublé ? Is the film dubbed?
vi to double
Les prix ont doublé depuis l'année dernière. Prices have doubled since last year.

doucement [dusmã] **adv**
1. gently
Doucement, Averell, c'est fragile ! Gently, Averell, it's fragile!
2. slowly
Le convoi avançait doucement. The convoy was progressing slowly.
3. quietly*

Ils avançaient aussi doucement que possible.
They moved forward as quietly as they could.

douceur [dusœr] **nf**
1. softness
Admirez la douceur de ce tissu ! Admire the softness of this fabric!
2. gentleness
La douceur de sa voix m'a rassuré. The gentleness of her voice reassured me.
3. mildness
J'aime cette région pour la douceur de son climat. I like this region for the mildness of its climate.

douche [duʃ] **nf** shower*

Quelle douche !
What a shower!

doué, e [dwe] **adj**
1. gifted, talented
Vous êtes vraiment doué, Lucky Luke ! You're really gifted, Lucky Luke!
2. *Locution* **être doué pour quelque chose** to have a gift for something

douleur [dulœr] **nf** pain
Averell est très douillet, il ne supporte pas la douleur. Averell is very sensitive, he can't stand pain.

douloureux, euse [dulurø, øz] **adj** painful

doute [dut] **nm** doubt
Ce sont les Dalton les responsables, il n'y a pas de doute. The Daltons are responsible, there's no doubt.
• **sans doute** no doubt
• **sans aucun doute** without any doubt

douter [dute]
vt to doubt
Cette fois, je doute que les Dalton puissent s'échapper. This time, I doubt that the Daltons will be able to escape.
se douter vpr to suspect
Je me doute qu'il n'a pas dû être content. I suspect that he wasn't very pleased.

• **douter de** to doubt
Je doute de son honnêteté. I doubt his honesty.
• **se douter de** to suspect
Lucky Luke se doute de quelque chose. Lucky Luke suspects something.

doux, douce [du, dus] **adj**
1. mild
L'hiver a été très doux cette année. The winter has been very mild this year.
2. soft
Cette couverture est très douce au toucher. This blanket is very soft to the touch.
3. gentle
Averell est très doux avec les animaux. Averell is very gentle with animals.

douzaine [duzɛn] **nf**
1. dozen
Je voudrais deux douzaines d'œufs. I'd like two dozen eggs.
2. *Locution* **une douzaine de** about twelve
Il a lu une douzaine de pages et il s'est endormi. He read about twelve pages and fell asleep.

douze [duz] **adj num, nm** twelve
(voir page 195)

drap [dra] **nm** sheet

drapeau [drapo] **nm** flag*
(voir page 102)

Oh ! Le drapeau va tomber !
Oh! The flag is going to fall!

dresser

dresser [drese]
◯ **vt**
1. to put up
Lucky Luke a dressé sa tente près de la rivière. Lucky Luke put his tent up near the river.
2. to train*

— Allez, montre que tu es bien dressé !
zzz... zzz...
CLAC

— Come on, show me you're well **trained**!

3. to draw up, to make out
Calamity Jane a dressé la liste des invités. Calamity Jane has drawn up the guest list.
◯ **se dresser** **vpr** to stand up, to stand
Ran Tan Plan se dressa sur ses pattes arrière. Rin Tin Can stood up on his hind legs.

drogue [drɔg] **nf** drug
La lutte contre la drogue. The fight against drugs.

droit, droite [drwa, drwat]
◯ **adj**
1. straight
Ce mur n'est pas droit. This wall isn't straight.
2. right
Montre-moi ta main droite. Show me your right hand.

◯ **adv** straight
Il nous a dit de continuer tout droit. He told us to carry straight on.
◯ **nf** right
C'est sur la droite. It's on the right.

droit [drwa] **nm**
1. right
Vous avez le droit de refuser. You have the right to refuse.
2. law
Le droit anglais est très différent du droit français. English law is very different from French law.
3. *Location* **avoir droit à quelque chose** to be entitled to something

drôle [drol] **adj** funny*

Mais c'est très drôle !
Il n'y a pas de quoi rire !

— There's nothing to laugh about!
— Oh but it's so **funny**!

du → **de**

dur, dure [dyr]
◯ **adj**
1. hard*
2. tough
Cette viande est si dure que même Ran Tan Plan n'en veut pas ! This meat is so tough that even Rin Tin Can doesn't want any!

3. harsh
Ne sois pas si dur avec ton frère ! Don't be so harsh with your brother!
◯ **adv** hard
Travailler dur. To work hard.

durant [dyrã] **prép**
1. during
Les Dalton se sont échappés durant la cérémonie. The Daltons ran away during the ceremony.
2. for
Il a plu cinq jours durant. It rained for five days.

durée [dyre] **nf**
1. length
Il a dormi pendant toute la durée du voyage. He slept for the whole length of the journey.
2. period
Les Dalton sont en prison pour une durée indéterminée. The Daltons are in prison for an unlimited period.

durer [dyre] **vi** to last
Combien de temps dure le spectacle ? How long does the show last?

Cette roche est vraiment très dure !
CLONNNK

This rock is really very **hard**!

eau [o] **nf** water
- **eau de mer** sea water
- **eau de toilette** toilet water
- **eau gazeuse** sparkling water
- **eau minérale** mineral water

écarter [ekarte]
✪ **vt**
1. to move out of the way
Le shérif a écarté les curieux. The sheriff moved the bystanders out of the way.
2. to open, to spread
Écarter les bras. To spread one's arms.
✪ **s'écarter vpr** to get out of the way
Écartez-vous, la diligence arrive! Get out of the way, the stagecoach is coming!

échange [eʃɑ̃ʒ] **nm** exchange
Joe lui a donné un os en échange de la clé. Joe gave him a bone in exchange for the key.

échanger [eʃɑ̃ʒe] **vt** to exchange
Les Indiens échangeaient des peaux de bête contre de l'alcool. The Indians exchanged animal skins for alcohol.

échapper [eʃape]
✪ **échapper à vt**
1. to get away from
Les hors-la-loi ont échappé à leurs poursuivants. The outlaws got away from their pursuers.
2. to escape
Son nom m'échappe. Her name escapes me.

✪ **s'échapper vpr** to escape, to get away*

— Watch out...
he's *getting away*!

Attention, regardez, il s'*échappe*!

écharpe [eʃarp] **nf**
1. scarf
2. *Locution* **en écharpe** in a sling
Il a eu un accident et maintenant il a le bras en écharpe. He had an accident and now he has his arm in a sling.

échec [eʃɛk]
✪ **nm** failure
L'attaque du train a été un échec complet. The attack on the train was a complete failure.
✪ **nm pl** chess
Les échecs sont un jeu passionnant. Chess is a fascinating game.
Attention, le verbe qui suit "chess" est toujours au singulier.

échelle [eʃɛl] **nf**
1. ladder
Les voleurs se sont servi d'une échelle pour atteindre la fenêtre. The burglars used a ladder to reach the window.
2. *Locution* **faire la courte échelle à quelqu'un** to give somebody a leg up

échouer [eʃwe]
✪ **vi** to fail
La tentative d'évasion des Dalton a échoué. The Daltons' attempted escape failed.
✪ **s'échouer vpr** to run aground
Le bateau s'est échoué près de la côte. The boat ran aground near the coast.

éclair [eklɛr] **nm**
1. flash of lightning, lightning
Un éclair a traversé le ciel. A flash of lightning went across the sky.
Les éclairs étaient aveuglants. The lightning was dazzling.
Attention, le verbe qui suit "lightning" est toujours au singulier.
2. éclair
J'adore les éclairs au café. I love coffee éclairs.

éclairage [eklɛraʒ] **nm** lighting

éclairer [eklere]
✪ **vt**
1. to light
Une lampe à pétrole éclairait la pièce. The room was lit by a paraffin lamp.

éclat

2. to give some light to
Éclaire-moi, je n'y vois rien ! Give me some light, I can't see a thing!
◦ **s'éclairer** **vpr**
1. to light up
Soudain toute la ville s'est éclairée. Suddenly the whole town lit up.
2. *Se traduit par une expression.*
Il s'éclaire avec une allumette. He's using a match to light his way.

éclat [ekla] nm
1. splinter
Des éclats de verre. Glass splinters.
2. *Locution* **voler en éclats** to shatter
La glace vola en éclats. The mirror shattered.
• **éclat de rire** burst of laughter

éclater [eklate]
◦ **vi**
1. to burst
Le pneu a éclaté. The tyre burst.
2. *Locution* **éclater de rire** to burst out laughing
3. *Locution* **éclater en sanglots** to burst into tears
◦ **s'éclater** **vpr** *familier* to have a really good time

école [ekɔl] nf school*
• **école maternelle** nursery school
• **école primaire** primary school
• **école privée** private school
(voir page 252)

écolier, ère [ekɔlje, ɛr] nm, nf
schoolboy (f : schoolgirl)

écologique [ekɔlɔʒik] adj
1. environmental, ecological
Une catastrophe écologique. An environmental disaster.
2. environmentally friendly
Des produits nettoyants écologiques. Environmentally friendly cleaning products.

économie [ekɔnɔmi]
◦ **nf** economy
L'économie du pays est en piètre état. The country's economy is in a sorry state.
◦ **nf pl**
1. savings
Joe a volé les économies de la vieille dame. Joe stole the old lady's savings.
2. *Locution* **faire des économies** to save up
Billy préfère voler que de faire des économies. Billy would rather steal than save up.
3. *Locution* **faire des économies d'énergie** to save energy

économique [ekɔnɔmik] adj
1. economic
La situation économique. The economic situation.
2. economical
Achète un grand paquet, c'est plus économique. Buy a big packet, it's more economical.

économiser [ekɔnɔmize]
◦ **vt** to save (up)
Elle a économisé deux cents dollars. She saved (up) two hundred dollars.
◦ **vi** to save up

écossais, e [ekɔsɛ, ɛz]
◦ **adj**
1. Scottish
Un garçon écossais. A Scottish boy.
2. tartan
Une jupe écossaise. A tartan skirt.
◦ **nm, nf** Scot
Les Écossais. The Scots.
Attention, quand il s'agit de la nationalité, l'anglais prend toujours une majuscule.

Écosse [ekɔs] nf Scotland
L'Écosse possède son propre parlement. Scotland has its own parliament.

écouter [ekute]
◦ **vt** to listen to
Écoutez bien Lucky Luke, il va vous expliquer ce qu'il faut faire. Listen carefully to Lucky Luke, he'll explain what we have to do.
◦ **vi** to listen*

Écoute, il y a une grande nouvelle !
Youpi !

– *Listen*, there's great news!
– Yippee!

écran [ekrɑ̃] nm screen

écraser [ekraze]
◦ **vt**
1. to crush
Joe a fait exprès d'écraser la patte de Ran Tan Plan. Joe deliberately crushed Rin Tin Can's paw.
2. to run over
La diligence a failli l'écraser. The stagecoach almost ran him over.
◦ **s'écraser** **vpr** to crash
L'avion s'est écrasé dans les Andes. The plane crashed in the Andes.

Ils avaient même installé une école.
They'd even set up a school.

écrire [ekrir]
◦ **vt, vi** to write
Ma Dalton écrit à ses enfants. Ma Dalton writes to her children.
◦ **s'écrire vpr** to be spelt
Ça s'écrit P-E-A-R. It's spelt P-E-A-R. *Comment ça s'écrit ?* How do you spell it?

écriture [ekrityr] nf handwriting
Il a une drôle d'écriture. He has strange handwriting.

écrivain [ekrivɛ̃] nm writer

éducation [edykasjɔ̃] nf
1. education
Les professeurs sont responsables de notre éducation. Teachers are responsible for our education.
2. manners
Averell, tu n'as aucune éducation ! Dis bonjour à la dame ! Averell, you have no manners! Say hello to the lady!
• **éducation sexuelle** sex education

éduquer [edyke] vt to educate

effacer [efase] vt
1. **Avec une gomme :** to rub out (**Am :** to erase)
Efface ce mot, il est mal écrit. Rub that word out, it's spelt incorrectly.
2. to delete
Elle a effacé un fichier par mégarde sur son disque dur. She mistakenly deleted a file from her hard drive.

effet [efɛ] nm
1. effect
Les attentions de Jenny n'ont pas beaucoup d'effet sur Lucky Luke. Jenny's attentions don't have much effect on Lucky Luke.
2. *Locution* **en effet**
Se traduit différemment selon le contexte.
Les Dalton ont en effet disparu de leur cellule. The Daltons have indeed disappeared from their cell.
En effet, vous avez raison. Yes, you're right.
• **effet de serre** greenhouse effect
• **effets spéciaux** special effects

efficace [efikas] adj
1. effective
Un remède efficace contre les maux de tête. An effective remedy against headaches.
2. efficient
Ran Tan Plan est plein de bonne volonté mais il n'est pas très efficace. Rin Tin Can tries hard but he's not very efficient.

effort [efɔr] nm
1. effort*

Un dernier effort... et la pierre tombe !
One last effort... and the rock comes falling down!

2. *Locution* **faire des efforts** to make an effort

effrayant, e [efrɛjɑ̃, ɑ̃t] adj frightening*

Voilà, j'espère que comme ça il sera assez effrayant !
– There, I hope it'll be frightening enough like this!

effrayer [efreje] vt to frighten, to scare

égal, e, aux [egal, o] adj
1. equal
2. *Locution* **ça m'est égal**
Si l'on veut exprimer l'indifférence, la traduction est "I don't mind either way"; si l'on veut exprimer l'agacement, la traduction est "I don't care".
Lundi ou mardi, ça m'est égal. Monday or Tuesday, I don't mind either way.
Ils peuvent dire ce qu'ils veulent, ça m'est bien égal ! They can say what they want, I don't care!

égalité [egalite] nf
1. equality
Les Indiens d'Amérique n'ont jamais obtenu l'égalité avec les Blancs. American Indians have never achieved equality with Whites.
2. *Locution* **être à égalité** to be level
Les O'Timmins et les O'Hara sont à égalité ! The O'Timminses and the O'Haras are level!

église [egliz] nf church
Elle va à l'église tous les dimanches. She goes to church every Sunday.

égoïsme [egɔism] nm selfishness

égoïste [egɔist]
◦ **adj** selfish
◦ **nm, nf** selfish boy/man (**f :** selfish girl/woman)
Billy, tu es un égoïste ! Billy, you're a selfish boy!

eh [e] excl
1. hey
Eh, vous là-bas, l'homme au chapeau noir ! Hey, you over there, the man with the black hat!
2. *Locution* **Eh bien !** Well!

électeur, trice [elɛktœr, tris] nm, nf voter

élection [elɛksjɔ̃] nf election
Participer à une élection. To take part in an election.

électricien, enne [elɛktrisjɛ̃, ɛn] nm, nf electrician

électricité [elɛktrisite] nf electricity

électrique [elɛktrik] adj electric

électronique [elɛktrɔnik]
◦ **adj** electronic
◦ **nf** electronics
En Europe aujourd'hui, l'électronique est une industrie importante.

élégance

In Europe today, electronics is an important industry.
Attention, le verbe qui suit "electronics" est toujours au singulier.

élégance [elegɑ̃s] **nf**
1. elegance
2. *Locution* **avec élégance** elegantly

élégant, e [elegɑ̃, ɑ̃t] **adj** elegant, smart*

Calamity, permettez-moi d'offrir ce parfum à la femme la plus élégante du Texas!

— Calamity, let me offer this perfume to the smartest woman in Texas!

élément [elemɑ̃] **nm**
1. element
Un élément très important de notre politique. A very important element of our policy.
2. unit
Des éléments de cuisine en bois clair. Wooden kitchen units.

éléphant [elefɑ̃] **nm** elephant*

élève [elɛv] **nm, nf** pupil, student

élever [elve]
○ **vt**
1. to bring up
Ma Dalton a élevé ses fils d'une drôle de façon. Ma Dalton brought her sons up in a strange manner.
2. **Lorsqu'on parle d'animaux, s'il s'agit de bétail, on traduit par "to breed, to rear"; s'il s'agit de volaille ou de lapins, on traduit par "to keep".**
○ **s'élever** **vpr**
1. to rise
À partir de juin, la température s'élève très nettement. From June, the temperature starts rising very steeply.
2. to rise (up)
La montgolfière s'élève dans les airs. The balloon is rising up into the air.

éliminer [elimine] **vt** to eliminate
L'équipe a été éliminée au premier tour. The team was eliminated in the first round.

elle [ɛl] **pron**
1. Lorsque "elle" est sujet, la traduction est "she" pour les personnes ou les animaux familiers, et "it" pour les objets ou les animaux non familiers.
Elle m'a demandé si je voulais danser. She asked me if I wanted to dance.
La diligence arrive ; elle est pleine de voyageurs. The stagecoach is coming; it's full of travellers.
2. Lorsque "elle" reprend le sujet dans une question, il n'y a pas de traduction.
Jenny est-elle venue vous voir ? Has Jenny come to see you?
3. Lorsque "elle" est complément, la traduction est "her" pour les personnes ou les animaux familiers, et "it" pour les objets ou les animaux non familiers.
Ces fleurs sont pour elle. These flowers are for her.
(voir page 131 et page 325)

elles [ɛl] **pron**
1. Lorsque "elles" est sujet : they
Elles aident leurs maris à labourer les champs. They help their husbands to plough the fields.
2. Lorsque "elles" reprend le sujet dans une question, il n'y a pas de traduction.
Vos bêtes sont-elles vaccinées ? Are your animals vaccinated?
3. Lorsque "elles" est complément : them
Il comptait sur elles pour surveiller Billy. He was counting on them to watch Billy.
(voir page 131 et page 325)

éloigner [elwaɲe]
○ **vt** to move away
Éloigne ce revolver de moi, tu vas me blesser ! Move that gun away from me or you'll hurt me!
○ **s'éloigner** **vpr**
1. to move away
Éloignez-vous, vous êtes trop près de l'appareil photo. Move away, you're too close to the camera.
2. to walk away
Il s'éloigne en sifflotant. He whistles a tune as he walks away.

emballage [ɑ̃balaʒ] **nm** packaging
Des emballages vides traînaient sur le sol. There was some empty packaging lying on the floor.
Attention, le verbe qui suit "packaging" est toujours au singulier.

emballer [ɑ̃bale]
○ **vt** to wrap
Je vous l'emballe ? Shall I wrap it for you?

Il va capturer l'éléphant.

He is about to capture the elephant.

emporter

Attendez-moi !
Il a bien failli ne pas embarquer.

– Wait for me!
He almost didn't **board**.

○ **s'emballer** **vpr** to bolt
Jolly Jumper est bien dressé, il ne s'emballe jamais. Jolly Jumper is well trained, he never bolts.

embarquer [ãbarke]
○ **vt** to load
Les matelots embarquaient toutes sortes de marchandises. The sailors were loading all sorts of goods.
○ **vi** to board*
○ **s'embarquer** **vpr** to board

embaucher [ãboʃe] **vt** to hire

embêter [ãbɛte] **familier**
○ **vt**
1. to annoy
Joe, arrête d'embêter Ran Tan Plan ! Joe, stop annoying Rin Tin Can!
2. to bother
Ça m'embête de devoir vous demander ça. It bothers me to have to ask you this.
○ **s'embêter** **vpr** to be bored
Les Dalton s'embêtaient en prison. The Daltons were bored in jail.

embouteillage [ãbutɛjaʒ] **nm** traffic jam

embrasser [ãbrase]
○ **vt** to kiss
○ **s'embrasser** **vpr** to kiss (each other)

émigration [emigrasjɔ̃] **nf** emigration

émigrer [emigre] **vi** to emigrate

émission [emisjɔ̃] **nf** programme (**Am** : program)
Tu as vu l'émission sur les baleines hier soir ? Did you see the programme about whales last night?

emménager [ãmenaʒe] **vi** to move in
Ils ont emménagé jeudi. They moved in on Thursday.

emmener [ãmne] **vt**
1. to take away*

Vous n'avez pas le droit de m'emmener comme ça !

– You have no right to **take** me **away** like this!

2. to take
Lucky Luke a emmené Calamity faire des courses. Lucky Luke took Calamity shopping.

émotion [emosjɔ̃] **nf** emotion

empêcher [ãpeʃe]
○ **vt** to prevent
Personne n'a pu empêcher les Dalton de s'évader. Nobody could prevent the Daltons from escaping.
○ **s'empêcher** **vpr**
Ran Tan Plan n'a pas pu s'empêcher de voler un os. Rin Tin Can couldn't resist stealing a bone.
Je n'ai pas pu m'empêcher de rire. I couldn't help laughing.

empereur [ãprœr] **nm** emperor

empire [ãpir] **nm** empire

emploi [ãplwa] **nm**
1. job
Il recherche un emploi. He's looking for a job.
2. employment
La situation de l'emploi empire. The employment situation is getting worse.
• **emploi du temps** timetable

employé, e [ãplwaje] **nm, nf** employee

employer [ãplwaje] **vt**
1. to employ*

Le Daily Star emploie même des chevaux !

– The Daily Star even **employs** horses!

2. to use
Frank James emploie constamment des citations de Shakespeare. Frank James constantly uses quotes from Shakespeare.

emporter [ãpɔrte] **vt**
1. to take
Les cambrioleurs ont emporté tout

empreinte

l'argent de la banque. The burglars took all the money from the bank.
2. to sweep away
La rivière a emporté les maisons des pionniers. The river swept away the pioneers' houses.
3. *Locution* l'emporter to win
Les O'Hara étaient sur le point de l'emporter. The O'Haras were about to win.

empreinte [ãprɛ̃t] **nf** footprint
Le shérif et ses hommes suivaient les empreintes des Indiens. The sheriff and his men were following the Indians' footprints.
- **empreintes digitales** fingerprints

emprunter [ãprœ̃te] **vt** to borrow*

— Permettez-moi de vous **emprunter** cette bouteille !

— Please allow me to **borrow** this bottle!

ému, e [emy] **adj**
1. moved*

— Je suis très **ému**...

— I'm very **moved**...

C'est fatigant de voyager **en** diligence !

Travelling **by** stagecoach is tiring!

2. full of emotion
"Tu vas me manquer", dit-elle d'une voix émue. "I'll miss you", she said with a voice full of emotion.

en [ã] **prép**
1. *Pour parler du lieu où l'on est* : in
Il habite en Amérique. He lives in America.
2. *Pour parler du lieu où l'on va* : to
Je vais en Inde cet été. I'm going to India this summer.
3. *Pour parler de la date ou de la durée* : in
Elle est née en 1985. She was born in 1985.
Il a fait ses devoirs en une demi-heure. He did his homework in half an hour.
4. *Pour parler du moyen de transport* : by*
5. *Pour parler de l'état d'un objet ou d'une personne* : in
Le texte est en anglais. The text is in English.
Elle est toujours en noir. She's always in black.
6. *Pour parler d'une transformation* : into
Traduisez ceci en espagnol. Translate this into Spanish.
Vous devez changer vos euros en dollars. You have to change your euros into dollars.
7. *Lorsque "en" est suivi d'un gérondif, la traduction varie selon que l'on veut exprimer la simultanéité, la cause, la manière, le moyen, etc.*
Les ouvriers chinois chantaient en travaillant. The Chinese workers were singing as they worked.
En sortant, je me suis aperçu qu'il pleuvait. When I went out, I realized it was raining.
Il s'est blessé en tombant de cheval. He fell off his horse and hurt himself.
Elle m'a regardé en souriant. She looked at me with a smile.
Ils sont partis/montés en courant. They ran off/up.
Ils ont réussi à s'échapper en assommant le gardien. They managed to escape by knocking the warder out.

en [ã] **pron**
1. *Avec les verbes et les adjectifs, la traduction de "en" varie selon la préposition utilisée avec le verbe ou l'adjectif anglais.*
Qu'en pensez-vous ? What do you think of it?
Jolly Jumper a une nouvelle selle, il en est très content. Jolly Jumper has a new saddle, he's very pleased with it.
2. *Lorsque "en" remplace un nom, la traduction est "some" dans les phrases affirmatives, et "any" dans les phrases interrogatives ou négatives.*
Mais si, j'en veux ! Yes, I do want some!
J'ai acheté des bonbons, tu en veux ? I've bought some sweets, do you want any?

Il y avait de la soupe, mais je n'en ai pas mangé. There was some soup, but I didn't eat any.

encombrer [ãkɔ̃bre] vt
1. to clutter up
Toutes sortes de vieilleries encombraient le grenier. All sorts of old things were cluttering up the attic.
2. *Locution* **encombrer quelqu'un** to be in somebody's way
Sors de là, tu m'encombres ! Get out of there, you're in my way!

encore [ãkɔr] adv
1. still
Averell a trente ans et il se conduit encore comme un enfant. Averell is thirty and he still behaves like a child.
2. again
La diligence a encore été attaquée par les Dalton. The stagecoach has been attacked by the Daltons again.
3. more
Je voudrais encore de ces délicieux gâteaux, Calamity. I'd like some more of those delicious cakes, Calamity.
4. even
Ran Tan Plan est encore plus sot que je ne pensais. Rin Tin Can is even sillier than I thought.
5. *Locution* **pas encore** not yet
Le bateau n'est pas encore arrivé. The ship hasn't arrived yet.

encre [ãkr] nf ink
• **encre de Chine** Indian ink

endormir [ãdɔrmir]
◎ **vt** to send to sleep
Son discours a endormi les spectateurs. His speech sent the audience to sleep.
◎ **s'endormir vpr** to fall asleep
Il s'était endormi sous un arbre. He'd fallen asleep under a tree.

endroit [ãdrwa] nm
1. place
Palomino City est un endroit très paisible. Palomino City is a very quiet place.
2. *Locution* **A quel endroit ?** Where?
À quel endroit se trouve le bureau du télégraphe ? Where is the telegraph office?

3. *Locution* **à l'endroit**
Se traduit par "the right way up" lorsqu'on parle du haut et du bas, et par "the right way round" lorsqu'on parle du devant et du derrière.
Si tu tenais ton livre à l'endroit, tu arriverais peut-être à lire ! If you were holding your book the right way up, you might be able to read!
Remets ton T-shirt à l'endroit. Put on your T-shirt the right way round.

énergie [enɛrʒi] nf energy

énergique [enɛrʒik] adj energetic
Ma Dalton est une petite femme très énergique. Ma Dalton is a very energetic little woman.

énervant, e [enɛrvã, ãt] adj irritating

énerver [enɛrve]
◎ **vt** to get on somebody's nerves
Averell, tu commences à m'énerver avec tes questions ! Averell, you're starting to get on my nerves with your questions!
◎ **s'énerver vpr** to get worked up*

enfance [ãfãs] nf
1. childhood
L'enfance est un âge heureux. Childhood is a happy time.
2. *Dans certaines tournures, se traduit par une expression*.*

enfant [ãfã] nm, nf child (pl : children)

Dès son enfance, il voulut être imprimeur.

From an **early age** he wanted to be a printer.

• **enfant de chœur** altar boy

enfer [ãfɛr] nm hell

enfermer [ãfɛrme]
◎ **vt**
1. to shut up
Ils l'ont enfermé dans la cave. They shut him up in the cellar.
2. *Locution* **enfermer à clé** to lock up
Les Dalton sont enfermés à clé dans leur cellule. The Daltons are locked up in their cell.
◎ **s'enfermer vpr**
1. to shut oneself up
Il s'enferme dans son bureau pour travailler. He shuts himself up in his office to work.

Alors, on triche ?
Ne vous énervez pas !

– So we're cheating, are we?
– Don't **get worked up**!

enfin

2. *Locution*
Les cambrioleurs se sont enfermés à clé dans la banque. The burglars locked themselves in the bank.

enfin [ãfɛ̃] **adv**
1. lastly, finally
Je voudrais enfin remercier le shérif de Palomino City. Finally, I'd like to thank Palomino City's sheriff.
2. at last
Ah, enfin, vous voilà! Here you are at last!
3. for heaven's sake
Mais enfin, monsieur Dalton, calmez-vous! For heaven's sake, Mr Dalton, calm down!

enfoncer [ãfɔ̃se]
✪ **vt**
1. to push in
Enfonce bien la punaise. Push the drawing pin in hard.
2. to knock in
Le fermier enfonce des piquets autour de son champ. The farmer's knocking stakes in around his field.
✪ **s'enfoncer vpr** to sink
Le bateau s'est lentement enfoncé. The boat slowly sank.

s'enfuir [sãfɥiʀ] **vpr**
1. to run away
La princesse s'enfuit avec son amoureux. The princess ran away with her lover.
2. to escape
Ils cherchaient à s'enfuir de prison. They were trying to escape from jail.

enlèvement [ãlɛvmã] **nm** kidnapping, abduction
L'enlèvement du maire a fait la une des journaux. The mayor's abduction made the headlines.

enlever [ãlve] **vt**
1. to remove
Ces taches sont très difficiles à enlever. These stains are very difficult to remove.
2. to take off
Il a enlevé son chapeau car il avait trop chaud. He took his hat off because he was too hot.
3. to kidnap, to abduct
Lucky Luke est à la poursuite des bandits qui ont enlevé le maire. Lucky Luke is chasing the criminals who abducted the mayor.

ennemi, e [ɛnmi] **adj, nm, nf** enemy

ennui [ãnɥi] **nm** problem, trouble
Vous avez des ennuis? Are you having some trouble?

ennuyer [ãnɥije]
✪ **vt**
1. to bother
Ça m'ennuie de devoir les libérer. It bothers me to have to release them.
2. *Dans les formules de politesse.*
Ça vous ennuierait de m'aider? Would you mind helping me?
3. to bore*
✪ **s'ennuyer vpr** to be bored

... et nos chers concitoyens, bla bla bla... bla bla bla... bla bla bla... bla bla bla...

Le discours du maire les ennuyait.

– ... and our dear fellow citizens, blah blah blah...
The mayor's speech bored them.

ennuyeux, euse [ãnɥijø, øz] **adj**
1. annoying
J'ai perdu mon fusil, c'est très ennuyeux. I've lost my rifle, it's very annoying.
2. boring
Que Frank James est ennuyeux avec ses citations! Frank James is so boring with his quotes!

énorme [enɔʀm] **adj** huge, enormous

enregistrer [ãʀəʒistʀe] **vt** to record, to tape
Tu pourrais m'enregistrer son dernier album? Could you tape her last album for me?

s'enrhumer [sãʀyme] **vpr** to catch a cold*

enseignant, e [ãsɛɲã, ãt] **nm, nf** teacher

enseignement [ãsɛɲmã] **nm**
1. teaching
Il veut faire de l'enseignement. He wants to go into teaching/to become a teacher.
2. education
L'enseignement secondaire/supérieur. Secondary/higher education.

enseigner [ãsɛɲe]
✪ **vt** to teach
Personne n'a réussi à enseigner quoi que ce soit à Ran Tan Plan. Nobody has managed to teach Rin Tin Can anything.
✪ **vi** to teach, to be a teacher
Elle enseigne dans le secondaire. She teaches in a secondary school/she's a secondary-school teacher.

ensemble [ãsãbl]
✪ **nm**
1. outfit
Elle portait un très joli ensemble rouge. She was wearing a very pretty red outfit.
2. *Locution* **dans l'ensemble** on the whole
✪ **adv**
1. together
Je les ai vus partir ensemble. I saw them leave together.
2. at the same time
Ne parlez pas tous ensemble! Don't all talk at the same time!

ensoleillé, e [ãsɔleje] **adj** sunny

ensuite [ãsɥit] **adv** then

entendre [ãtãdʀ]
✪ **vt**
1. to hear

Oh là là, je me suis enrhumé!

– Oh dear, I've caught a cold!

entrer

*Allez les enfants, mettez le couvert, j'ai apporté un quartier de bœuf **entier** !*

— Come on children, lay the table, I've brought a **whole** quarter of beef!

Je l'ai entendue chanter. I heard her sing.
2. to mean
Qu'entendez-vous par là ? What do you mean by that?
3. *Location* **entendre dire que** to hear that
4. *Location* **entendre parler de** to hear of
Je n'ai jamais entendu parler de lui. I've never heard of him.
❂ **vi** to hear
Je n'ai pas bien entendu. I didn't hear properly.
❂ **s'entendre vpr**
1. to get on (**Am** : to get along)
Lucky Luke et Jolly Jumper s'entendent à merveille. Lucky Luke and Jolly Jumper get on marvellously.
2. to agree
Le fermier et son voisin se sont entendus sur un prix. The farmer and his neighbour agreed on a price.

enterrer [ɑ̃tere] **vt** to bury
Dieu sait où Ran Tan Plan a enterré son os. God knows where Rin Tin Can buried his bone.

entier, ère [ɑ̃tje, ɛr] **adj**
1. whole*
2. *Location* **en entier** whole
Frank James a lu l'œuvre de Shakespeare en entier. Frank James has read the whole of Shakespeare's work.

entièrement [ɑ̃tjɛrmɑ̃] **adv** entirely

entourer [ɑ̃ture] **vt** to surround

La clôture qui entoure le champ. The fence that surrounds the field.

entraîner [ɑ̃trene]
❂ **vt**
1. to train
Jolly Jumper est très bien entraîné. Jolly Jumper is very well trained.
2. to lead to
Le succès du chemin de fer a entraîné une hausse des actions. The success of the railway led to an increase in its share price.
3. to take
Ils l'ont entraîné dans la forêt pour le dévaliser. They took him into the forest to rob him.
❂ **s'entraîner vpr**
1. to train
Les cow-boys s'entraînent avant le rodéo. Cowboys train before the rodeo.
2. *Location* **s'entraîner à faire quelque chose** to practise doing something
Lucky Luke s'entraîne à tirer la tête en bas. Lucky Luke practises shooting with his head down.

entraîneur, euse [ɑ̃trɛnœr, øz] **nm, nf** coach

entre [ɑ̃tr] **prép**
1. between*
2. *Location*
Plusieurs d'entre eux sont américains. Several of them are American.

entrée [ɑ̃tre] **nf**
1. entrance
On se retrouve à l'entrée du cinéma. We'll meet at the cinema entrance.
2. hall
Ils l'ont fait attendre dans l'entrée. They kept him waiting in the hall.
3. starter
Et comme entrée, qu'est-ce que vous prendrez ? What will you have as a starter?
4. ticket
Deux entrées pour le spectacle de Sarah Bernhardt. Two tickets for Sarah Bernhardt's show.
5. *Location* **entrée interdite** no entry

entrepôt [ɑ̃trəpo] **nm** warehouse
Il y avait un vaste entrepôt à côté du saloon. There was a big warehouse next to the saloon.

entreprise [ɑ̃trəpriz] **nf** firm
Une entreprise de travaux publics. A civil engineering firm.

entrer [ɑ̃tre] **vi**
1. to come in/to go in
"Entrer" se traduit par "to come in" lorsqu'on se trouve dedans et par "to go in" lorsqu'on se trouve dehors.
Entrez, entrez, je vous attendais. Come in, I was waiting for you.
Entrez, je vous suis. Go in, I'll follow you.
2. to get in
Ils sont entrés dans la banque par la fenêtre. They got into the bank through the window.
3. to fit
Il y avait trop de voyageurs, ils n'entraient pas tous dans la diligence. There were too many passengers, they didn't all fit in the stagecoach.

*Mais je me sens très bien **entre** vous deux.*

— But I feel really fine **between** you two.

entretien

4. to go
Il entre au lycée en septembre. He's going to high school in September.

entretien [ɑ̃trətjɛ̃] **nm**
1. interview
Lucky Luke a eu un entretien avec le gouverneur. Lucky Luke had an interview with the governor.
2. maintenance
La voie ferrée demande beaucoup d'entretien. The railway requires a lot of maintenance.

envahir [ɑ̃vair] **vt** to invade

enveloppe [ɑ̃vlɔp] **nf** envelope

envelopper [ɑ̃vlɔpe]
◉ **vt** to wrap
◉ **s'envelopper vpr** to wrap oneself up
Le cow-boy s'est enveloppé dans une couverture près du feu de camp. The cowboy wrapped himself up in a blanket by the campfire.

envers [ɑ̃vɛr] **prép** to, towards
Le juge s'est montré sévère envers les accusés. The judge was harsh towards the accused.

envers [ɑ̃vɛr] **nm**
1. back
Elle avait écrit son adresse sur l'envers de la feuille. She'd written her address on the back of the sheet.
2. *Location* **à l'envers***
Se traduit par "inside out" lorsqu'on met l'intérieur à l'extérieur ; par "the wrong way up" ou "upside down" lorsqu'on met le bas en haut ; par "the wrong way round" lorsqu'on met le derrière sur le devant.
Regarde, tu as mis ton pull à l'envers, on voit les coutures. Look, you've put on your sweater inside out, you can see the seams.
L'espion s'est trahi car il tenait son journal à l'envers. The spy gave himself away because he was holding his newspaper upside down.

envie [ɑ̃vi] **nf**
1. desire
J'ai eu une envie soudaine de partir. I got a sudden desire to leave.
2. envy
Averell regardait l'os de Ran Tan Plan avec envie. Averell was looking at Rin Tin Can's bone with envy.
3. *Location* **avoir envie de faire quelque chose**
Se traduit en général par "to want to do something", mais aussi par "to feel like doing something", notamment lorsqu'il s'agit d'une envie passagère ou de quelque chose de physique.
Il a envie de tout abandonner et de recommencer sa vie. He wants to drop everything and start his life again.
J'avais envie de pleurer. I felt like crying.

environ [ɑ̃virɔ̃]
◉ **adv** about, around
Il y a environ cinquante habitants à Coyoteville. There are about fifty inhabitants in Coyoteville.
◉ **nm pl**
1. area
Est-ce qu'il y a un saloon dans les environs ? Is there a saloon in the area?
2. *Location* **aux environs de**
Se traduit différemment selon les contextes.
Ils habitent aux environs de Philadelphie. They live in the vicinity of Philadelphia.
Les travaux devraient être terminés aux environs de fin juin. The work should be finished around the end of June.

environnement [ɑ̃virɔnmɑ̃] **nm** environment

s'envoler [sɑ̃vɔle] **vpr**
1. to fly away
Le vautour s'est envolé. The vulture flew away.
2. to take off
L'avion s'est envolé doucement. The plane took off slowly.
3. to blow away
Tous les papiers se sont envolés. All the papers blew away.
4. to blow off
Son chapeau s'est envolé. His hat blew off.

envoyer [ɑ̃vwaje] **vt** to send
Joe a envoyé ses frères voler des armes. Joe sent his brothers to steal weapons.

épais, aisse [epɛ, ɛs] **adj** thick

épaule [epol] **nf** shoulder*

— Joe, je crains que ce ne soit trop lourd pour mes épaules...

— Joe, I'm afraid it might be too heavy for my shoulders...

épeler [eple] **vt** to spell
Épelez votre nom. Spell your name.

épice [epis] **nf** spice

épicerie [episri] **nf** grocer's
• **épicerie fine** delicatessen

épicier, ère [episje, ɛr] **nm, nf** grocer

épine [epin] **nf** thorn

épingle [epɛ̃gl] **nf** pin
• **épingle à cheveux** hairpin
• **épingle à nourrice** safety pin

épisode [epizɔd] **nm** episode

— I think I'm the wrong way round.

Quand vous aurez fini d'éplucher les pommes de terre, vous ferez cuire ça.

— When you've finished **peeling** the potatoes, you can cook this.

éplucher [eplyʃe] **vt** to peel*

éponge [epɔ̃ʒ] **nf** sponge

époque [epɔk] **nf**
1. time
À l'époque, on avait peu de respect pour les lois. At that time, people didn't have much respect for the law.
2. era
L'époque napoléonienne. The Napoleonic era.

épouse → **époux**

épouser [epuze] **vt** to marry*

Vive les mariés !

Jasper vient d'épouser Mattie.

— Bless the bride and groom! Jasper has just **married** Mattie.

épouvantable [epuvɑ̃tabl] **adj** dreadful, appalling

époux, épouse [epu, epuz]
◌ **nm, nf** husband (**f** : wife)
◌ **nm pl** **les époux** the married couple

épreuve [eprœv] **nf**
1. exam
C'est l'épreuve de géo que j'ai trouvée la plus dure. I found the geography exam the most difficult.
2. event
Ils ont assisté à l'épreuve de saut en longueur. They watched the long-jump event.
3. ordeal
La tempête fut une rude épreuve pour les fermiers. The storm was a terrible ordeal for the farmers.

épuisé, e [epɥize] **adj** exhausted
Je suis épuisé ! I'm exhausted!

équilibre [ekilibr] **nm** balance*

équipe [ekip] **nf** team

équipement [ekipmɑ̃] **nm** equipment

équiper [ekipe]
◌ **vt** to provide with
Ma Dalton a équipé ses fils de gros pulls pour leur séjour en prison. Ma Dalton provided her sons with big sweaters for their stay in jail.
◌ **s'équiper vpr** to equip oneself
Le cow-boy s'est équipé d'un lasso pour attraper le taureau. The cowboy equipped himself with a lasso in order to catch the bull.

équitation [ekitasjɔ̃] **nf** riding, horse-riding (**Am** : horseback riding)
Faire de l'équitation. To go riding/to go horse-riding.

erreur [ɛrœr] **nf** mistake
Il a fait une erreur en s'inscrivant à l'hôtel sous son vrai nom. He made a mistake by registering at the hotel under his real name.

escalade [eskalad] **nf** climbing
Faire de l'escalade. To go climbing.

escalier [eskalje] **nm** stairs
Les Dalton montent l'escalier qui mène au premier étage. The Daltons are going up the stairs that lead to the first floor.
Attention, le verbe qui suit "stairs" est toujours au pluriel.
• **escalier roulant, escalier mécanique** escalator

Je n'ai pas intérêt à perdre l'équilibre !

— I'd better not lose my **balance**!

escargot

escargot [eskargo] **nm** snail

esclave [ɛsklav] **nm, nf** slave

espace [ɛspas] **nm** space
- **espace vert** park

Espagne [ɛspaɲ] **nf** Spain
Ils ont traversé l'Espagne pour arriver au Maroc. They crossed Spain to get to Morocco.

espagnol, e [ɛspaɲɔl]
○ **adj, nm** Spanish
Elle parle parfaitement espagnol. She speaks perfect Spanish.
○ **nm, nf**
La traduction varie selon qu'il s'agit du singulier ou du pluriel.
Un Espagnol. A Spaniard.
Les Espagnols. The Spanish.
Attention, l'anglais prend toujours une majuscule.

espèce [ɛspɛs] **nf**
1. species
Attention, "species" prend toujours un "s", même au singulier.
Ce perroquet appartient à une espèce très rare. This parrot belongs to a very rare species.
Plusieurs espèces de perroquets. Several species of parrot.
2. sort
Une espèce de chemisier avec une capuche. A sort of blouse with a hood.
3. *Locution* **familier** *Espèce d'imbécile !* You idiot!

espérer [ɛspere] **vt** to hope
J'espère que Lucky Luke va s'en sortir sain et sauf. I hope (that) Lucky Luke will escape unharmed.
J'espère avoir terminé demain. I hope (that) I'll have finished by tomorrow.
– Tu crois qu'il va venir ? – J'espère ! – Do you think he'll come? – I hope so!

espion, onne [ɛspjɔ̃, ɔn] **nm, nf** spy

espionner [ɛspjɔne] **vt** to spy on*

espoir [ɛspwar] **nm** hope
Vous ne devez pas perdre espoir. You mustn't lose hope.

esprit [ɛspri] **nm**
1. mind
L'esprit de Ran Tan Plan est concentré sur un seul objectif : manger. Rin Tin Can's mind is focussed on one thing: eating.
2. spirit
On dit que la cabane du chercheur d'or est hantée par des esprits. The gold digger's hut is said to be haunted by spirits.

essai [esɛ] **nm**
1. try
Au troisième essai, il parvint à attraper le cheval au lasso. On the third try, he managed to lasso the horse.
2. essay
As-tu lu les **Essais** *de Montaigne ?* Have you read Montaigne's *Essays*?
3. try
Le pays de Galles a marqué un essai magnifique. Wales scored a beautiful try.

essayer [eseje] **vt**
1. to try
Averell essaie en vain de comprendre. Averell is trying in vain to understand.
2. to try on
Essayez ce pantalon, je suis sûre qu'il vous ira bien. Try these trousers on, I'm sure they'll suit you.

essence [esɑ̃s] **nf** petrol (**Am** : gasoline)

essuie-glace [esɥiglas] **nm** windscreen wiper (**Am** : windshield wiper)

essuyer [esɥije]
○ **vt**
1. to dry*

– I'll **dry** this glass and I'll serve you straight away!

2. to wipe
Il essuya la table avec une éponge. He wiped the table with a sponge.
○ **s'essuyer** **vpr**
1. to dry oneself
Il sortit du bain et s'essuya. He got out of the bath and he dried himself.
2. to wipe
Elle s'est essuyé la bouche du revers de la main. She wiped her mouth with the back of her hand.

est [ɛst]
○ **nm** east
Le désert est situé à l'est de Grasstown. The desert is east of Grasstown.
○ **adj** east

Lucky Luke didn't know that somebody was **spying on** him.

La côte est des États-Unis. The east coast of the United States.

est-ce que [ɛskə] **adv**
Se traduit par la forme interrogative.
Est-ce que tu as faim ? Are you hungry?
Est-ce que vous connaissez cet homme ? Do you know this man?

estomac [ɛstɔma] **nm** stomach

et [e] **prép**
1. and
Lucky Luke et Jolly Jumper sont inséparables. Lucky Luke and Jolly Jumper are inseparable.
2. what about
J'ai envie de partir, et vous ? I feel like leaving, what about you?
3. Dans certains nombres, "et" ne se traduit pas.
Il a vingt et un ans. He's twenty-one.

étage [etaʒ] **nm** floor
Attention, aux États-Unis, le "first floor" est le rez-de-chaussée ; le premier étage est donc le "second floor".
Il est au troisième étage. He's on the third floor (**Am** : He's on the fourth floor).

étagère [etaʒɛr] **nf** shelf (**pl** : shelves)

étaler [etale] **vt**
1. to spread
Il étala du beurre sur sa tartine. He spread butter on his bread.
2. to spread out
Le major étala la carte du territoire indien sur la table. The major spread out the map of the Indian territory on the table.

étang [etã] **nm** pond

état [eta] **nm**
1. state
Il était dans un état lamentable après la bagarre. He was in a terrible state after the fight.
Une affaire d'État. A state affair.
2. *Locution* être en bon/mauvais état to be in good/bad condition

États-Unis [etazyni] **nm pl** United States
Ils sont en vacances aux États-Unis. They're on holiday in the United States.
(voir page 301)

été [ete] **nm** summer
En été, la chaleur est insupportable. In (the) summer, the heat is unbearable.

éteindre [etɛ̃dr]
● **vt**
1. to put out*
2. to turn off, to switch off
Éteins la télé. Switch the TV off.
● **s'éteindre vpr** to go out
Le feu s'est éteint tout seul. The fire went out on its own.

étendre [etɑ̃dr]
● **vt**
1. to stretch
Étendez vos bras et inspirez. Stretch your arms and breathe in.
2. to hang out
Ma Dalton étend son linge. Ma Dalton is hanging her washing out.
3. to lay down
Ils étendirent les blessés sur le sol. They laid the wounded down on the ground.
● **s'étendre vpr**
1. to lie down
Je vais m'étendre un moment. I'm going to lie down for a while.
2. to spread
L'incendie s'est étendu aux champs avoisinants. The fire spread to the nearby fields.

éternuer [etɛrnɥe] **vi** to sneeze*

Mais qu'est-ce qui peut bien vous faire éternuer comme ça?
AATCHOUMM
– What on earth is making you sneeze like that?

étincelle [etɛ̃sɛl] **nf** spark

étiquette [etikɛt] **nf** label

étoile [etwal] **nf**
1. star
2. *Locution* dormir/coucher à la belle étoile to sleep out in the open
● étoile filante shooting star

étonnant, e [etɔnɑ̃, ɑ̃t] **adj** surprising

étonner [etɔne] **vt**
1. to surprise
2. *Locution* ça m'étonnerait I'd be surprised
Ça m'étonnerait que Lucky Luke ne les retrouve pas. I'd be surprised if Lucky Luke didn't find them.

étouffer [etufe]
● **vt** to suffocate
● **vi**
1. to suffocate

Ils s'y sont tous mis pour éteindre le feu.
They all set to work to put the fire out.

étourdi

2. *Locution*
On étouffe ici ! It's stifling in here!
○ **s'étouffer** vpr
1. to choke
Elle s'est étouffée en avalant une arête. She choked on a bone.
2. to suffocate
*– **Comment est-il mort ? – Il s'est étouffé.*** – How did he die? – He suffocated.

étourdi, e [eturdi]
○ **adj** absent-minded*
○ **nm, nf** scatterbrain

*Comme ce chien est **étourdi** !*

How **absent-minded** that dog is!

étourdir [eturdir] **vt**
1. to stun, to daze
2. to make dizzy
Tu m'étourdis avec toutes ces questions ! You're making me dizzy with all these questions!

étrange [etrɑ̃ʒ] **adj** strange

étranger, ère [etrɑ̃ʒe, ɛr]
○ **adj** foreign
Des travailleurs étrangers. Foreign workers.
○ **nm, nf**
1. foreigner*
2. stranger, outsider
Les étrangers étaient très mal reçus à Painful Gulch. Strangers were not at all welcome at Painful Gulch.
Ils me traitent comme un étranger car je ne suis pas un cow-boy. They treat me as an outsider because I'm not a cowboy.
3. *nm Locution* **à l'étranger** abroad
Ils sont partis vivre à l'étranger. They went to live abroad.

*Beaucoup d'**étrangers** venaient chercher de l'or.*

A lot of **foreigners** came looking for gold.

être [ɛtr]
○ **vi**
1. to be
Lucky Luke est le meilleur tireur de l'Ouest. Lucky Luke is the best shot in the West.
Il est comment, ton prof de maths ? What's your maths teacher like?
Elle est danseuse de saloon. She's a saloon dancer.
Où est-elle ? Where is she?
Personne ne sait d'où est cet étranger. Nobody knows where this stranger is from.
Nous sommes le 16 mars. It's the 16th of March today.
Êtes-vous déjà allés à Cactus Junction ? Have you ever been to Cactus Junction?
2. *Locution* **en être à**
Se traduit différemment selon les cas.
J'en suis presque à la fin. I'm almost at the end.
Où en êtes-vous de votre enquête ? How far have you got with your enquiry?
○ **v auxiliaire**
1. Lorsqu'il sert à former les temps composés, "être" se traduit le plus souvent par "to have", sauf lorsque le prétérit anglais est nécessaire. (voir pages 306 et 307)
Ils ne sont pas encore partis. They haven't left yet.
Billy était monté sur une chaise pour regarder dans le placard. Billy had climbed onto a chair to look in the cupboard.
2. Lorsqu'il sert à former le passif, "être" se traduit par "to be".
Jolly Jumper a été très bien dressé par Lucky Luke. Jolly Jumper was very well trained by Lucky Luke.
○ **v impersonnel** to be
Il est huit heures. It's eight o'clock.
Il est impossible de savoir ce qui se passe. It's impossible to know what's going on.

étroit, e [etrwa, at] **adj** narrow

étude [etyd]
○ **nf**
1. study
L'étude des langues. The study of languages.
2. study period
J'ai une heure d'étude avant le cours d'économie. I've got a one-hour study period before the economics class.
3. study room (**Am** : study hall)
L'étude est à côté de la bibliothèque. The study room is next to the library.
○ **nf pl**
1. *Locution* **faire des études** to go to university (**Am** : to go to college)
2. *Locution* **faire des études de** to study
Elle fait des études de philosophie. She's studying philosophy.

étudiant, e [etydjɑ̃, ɑ̃t] **nm, nf** student

étudier [etydje] **vt, vi** to study

Europe [ørɔp] **nf** Europe
Nous avons parlé de l'Europe. We talked about Europe.

Mais si, je vous assure que j'ai l'heure exacte !

ding ! dong !

— I do assure you I have the right time!

européen, enne [ørɔpeɛ̃, ɛn] **adj, nm, nf** European
L'intégration européenne. European integration.
Les Européens. Europeans.
Attention, l'anglais prend toujours une majuscule.

eux [ø] **pron**
1. Lorsque "eux" est sujet : they
Nous y allons, eux pas. We're going but they aren't.
2. Lorsque "eux" est complément : them
Mes fils sont en prison, ces oranges sont pour eux. My sons are in jail, these oranges are for them.
(voir page 131 et page 325)

s'évader [sevade] **vpr** to escape

s'évanouir [sevanwir] **vpr** to faint

évasion [evazjɔ̃] **nf** escape

éveiller [eveje]
◯ **vt**
Se traduit différemment selon les contextes.
Cela a éveillé sa curiosité. It's aroused his curiosity.
Un léger bruit l'éveilla. A slight noise woke him up.
◯ **s'éveiller vpr** to wake up

événement [evɛnmɑ̃] **nm** event
Un événement très important va avoir lieu. A major event is going to take place.

évidemment [evidamɑ̃] **adv** of course

évident, e [evidɑ̃, ɑ̃t] **adj**
1. obvious
Il est évident que nous n'arriverons pas à temps. It's obvious that we won't get there on time.
2. Location **familier pas évident** difficult
Jolly Jumper sait faire des acrobaties pas évidentes. Jolly Jumper can perform difficult acrobatics.

évier [evje] **nm** sink

éviter [evite] **vt** to avoid
Il s'est accroché pour éviter de tomber de son cheval. He held tight so as to avoid falling from his horse.

exact, e [egzakt] **adj** correct, right*

exactement [egzaktəmɑ̃] **adv** exactly

exagérer [egzaʒere] **vi**
1. to exaggerate
Il dit qu'il a gagné un million, mais il exagère. He says he won a million, but he's exaggerating.
2. to go too far
Tout de même, tu exagères ! You're going too far!

examen [egzamɛ̃] **nm** examination, exam
Elle a réussi son examen. She passed her exam.
• **examen blanc** mock exam
• **examen d'entrée** entrance exam
• **visite médicale** medical examination

examiner [egzamine] **vt** to examine*

Je crois qu'il faut que j'examine cette photo de plus près.

— I think I need to examine this picture more closely.

excellent, e [ɛkselɑ̃, ɑ̃t] **adj** excellent*

Voilà, je vais bien suivre la recette et je suis sûr que ça va être excellent.

— There, I'll follow the recipe closely and I'm sure it'll be excellent.

exception [ɛksɛpsjɔ̃] **nf** exception
Faire une exception. To make an exception.

exceptionnel, elle [ɛksɛpsjɔnɛl] **adj** exceptional

excité, e [ɛksite] **adj** excited

exclamation [ɛksklamasjɔ̃] **nf** exclamation

s'exclamer [sɛksklame] **vpr** to exclaim
"Tire, si tu es un homme !" s'exclama-t-il. "Shoot if you're a man!" he exclaimed.

excursion [ɛkskyrsjɔ̃] **nf** trip, excursion
Ils sont partis en excursion dans les Rocheuses. They went on a trip to the Rocky Mountains.

excuse [ɛkskyz]
◯ **nf** excuse
Il trouve toujours des excuses. He always finds excuses.
◯ **nf pl** apologies
Il nous a fait des excuses. He offered his apologies to us.

excuser [ɛkskyze]
◯ **vt**
1. to excuse
Nous ne pouvons pas excuser une telle conduite. We cannot excuse such behaviour.

quatre cent dix-sept • **417** • four hundred and seventeen

exemple

2. *Locution* **excuse-moi/excusez-moi**
Se traduit par "I'm sorry" si l'on a fait une erreur, et par "excuse me" si l'on veut attirer l'attention de la personne.
Oh, excusez-moi, je ne vous avais pas vue! Oh, I'm sorry, I didn't see you!
Excuse-moi de te déranger. I'm sorry to disturb you.
Excusez-moi, jeune homme, pouvez-vous m'indiquer la prison? Excuse me, young man, could you tell me where the prison is?

◎ **s'excuser** **vpr**
1. to apologize
Le croque-mort s'est excusé d'être en retard. The undertaker apologized for being late.
"Apologize" s'écrit aussi "apologise" en anglais britannique.
2. *Locution* **Je m'excuse!** I'm sorry!

exemple [εgzᾶpl] **nm**
1. example
2. *Locution* **par exemple** for example, for instance

s'exercer [sεgzεrse] **vpr** to practise* (**Am :** to practice)

exercice [εgzεrsis] **nm**
1. exercise
2. *Locution* **faire de l'exercice** to exercise

exiger [εgziʒe] **vt** to demand
Billy a exigé une troisième tasse de chocolat chaud. Billy demanded a third cup of hot chocolate.
Les kidnappeurs ont exigé que la rançon soit versée immédiatement. The kidnappers demanded that the ransom be paid immediately.

exister [εgziste]
◎ **vi** to exist
◎ **v impersonnel** **il existe** there is/there are
Il existe plusieurs possibilités. There are several possibilities.

expédier [εkspedje] **vt** to send
Le courrier a été expédié par la diligence. The mail was sent on the stagecoach.

expédition [εkspedisjɔ̃] **nf** expedition
Ils sont partis en expédition sur le territoire indien. They went on an expedition to Indian territory.

expérience [εksperjᾶs] **nf**
1. experiment*

Voyons voir ce que va donner l'expérience…

– Let's see what comes out of the **experiment**…

2. experience
Billy voudrait être un grand criminel, mais il manque d'expérience. Billy would like to be a great criminal, but he lacks experience.

explication [εksplikasjɔ̃] **nf**
1. explanation
J'exige une explication! I demand an explanation!
2. argument
Ils ont eu une sérieuse explication. They had a serious argument.

Ils s'exerçaient tous à tirer.

They were all **practising** shooting.

expliquer [εksplike]
◎ **vt** to explain
◎ **s'expliquer** **vpr**
1. to explain oneself
Si vous continuez, il faudra vous expliquer devant le tribunal. If you continue, you'll have to explain yourself before the court.
2. to have an argument
Allez vous expliquer dehors, mon saloon est un établissement respectable! Go and have your argument outside, my saloon is a respectable establishment!

exploit [εksplwa] **nm** feat*

Et voilà!

Lucky Luke vient encore de réaliser un exploit.

– There you are! Lucky Luke has pulled off yet another **feat**.

exploiter [ɛksplwate] **vt**
1. to exploit
La compagnie de chemins de fer exploite les travailleurs chinois. The railway company exploits Chinese workers.
2. to work
Cinq cents prospecteurs exploitent cette mine d'or. Five hundred gold diggers work this mine.
3. to farm
Ils exploitent la terre dans la vallée. They farm the land in the valley.

explorer [ɛksplɔre] **vt** to explore
Ils ont décidé d'explorer la ville abandonnée. They decided to explore the abandoned town.

exploser [ɛksploze] **vi** to explode
La prison a explosé. The prison exploded.

exporter [ɛkspɔrte] **vt** to export

exposer [ɛkspoze] **vt** to display*

exposition [ɛkspozisjɔ̃] **nf** exhibition
As-tu vu l'exposition Rembrandt? Have you seen the Rembrandt exhibition?

exprès [ɛksprɛ] **adv**
1. on purpose, deliberately
Je ne l'ai pas fait exprès. I didn't do it on purpose.
2. specially
Les reporters sont venus exprès de Washington pour interviewer Lucky Luke. The reporters came specially from Washington to interview Lucky Luke.

expression [ɛkspresjɔ̃] **nf** expression

exprimer [ɛksprime]
○ **vt** to express
○ **s'exprimer vpr** to express oneself
Elle s'exprime facilement en français. She expresses herself easily in French.

extérieur, e [ɛksterjœr]
○ **adj** outside
Les cambrioleurs sont passés par l'escalier extérieur. The burglars took the outside stairs.
○ **nm**
1. outside
L'extérieur de la cabane est peint en bleu. The outside of the hut is painted blue.
2. *Locution* **à l'extérieur** outside*

Je suis sûr que j'ai entendu un bruit à l'extérieur.
— I'm sure I heard a noise outside.

externe [ɛkstɛrn]
○ **adj** outer, external
La paroi externe de l'abdomen. The outer wall of the abdomen.
○ **nm, nf** day pupil
Il y a plus d'externes que d'internes au lycée. There are more day pupils than boarders at school.

extrait [ɛkstrɛ] **nm** extract

extraordinaire [ɛkstraɔrdinɛr] **adj**
1. extraordinary
Une coïncidence extraordinaire. An extraordinary coincidence.
2. fantastic*

Jolly Jumper est vraiment un cheval extraordinaire!
Jolly Jumper is a truly fantastic horse!

extrêmement [ɛkstrɛmmɑ̃] **adv**
extremely

Hein, Sweetie, tu as vu comme ils sont beaux?
Ma Dalton avait exposé les portraits de ses fils.
— Look, Sweetie, have you seen how handsome they are? Ma Dalton had displayed her sons' portraits.

F

fabriquer [fabrike] **vt**
1. to make
Il a fabriqué un arc avec de la corde et une branche. He made a bow with some rope and a branch.
2. to manufacture*

Ils fabriquent des diligences.
They manufacture stagecoaches.

3. familier to do
Qu'est-ce que tu fabriques ? What are you doing?

fabuleux, euse [fabylø, øz] **adj**
fabulous

façade [fasad] **nf** front*, facade

face [fas] **nf**
1. side
Je préfère la face A du disque. I prefer the A side of the record.
2. Locution **face à** facing
Il s'est retrouvé face aux bandits. He found himself facing the bandits.
3. Locution
Regarde-moi. Look me in the face.
4. Locution **en face de** opposite
L'armurerie est en face de l'épicerie. The gunsmith's is opposite the grocer's.

se fâcher [sə faʃe] **vpr**
1. to get angry
Ne vous fâchez pas ! Don't get angry!
2. to fall out
Joe et William se sont fâchés à cause d'une femme. Joe and William fell out because of a woman.

facile [fasil] **adj** easy

facilement [fasilmã] **adv** easily

façon [fasɔ̃]

Il pose la façade de la prison.
He's putting up the front of the prison.

◉ **nf**
1. way
C'est la meilleure façon de nous évader. It's the best way to escape.
2. Locution **De quelle façon ?** How?
De quelle façon dois-je leur annoncer la nouvelle ? How should I tell them the news?
3. Locution **de toute façon** anyway
◉ **nf pl**
1. manners
Les façons de Pamela déplaisent à Sarah Bernhardt. Sarah Bernhardt doesn't like Pamela's manners.
2. Locution **non merci, sans façons** no thank you, really

facteur, trice [faktœr, tris] **nm, nf**
postman (**f** : postwoman) (**Am** : mailman, **f** : mailwoman)

facture [faktyr] **nf** invoice

faible [fɛbl] **adj**
1. weak
Calamity Jane n'est pas un être faible et sans défense. Calamity Jane isn't a weak, defenceless creature.
2. small
Il n'y a qu'une faible différence entre eux. There's only a small difference between them.

faiblesse [fɛblɛs] **nf** weakness

faim [fɛ̃] **nf**
1. hunger
Faire la grève de la faim. To go on hunger strike.
2. Locution **avoir faim** to be hungry

fameux

*Billy leur a **fait** boire du chocolat chaud alors qu'ils détestent ça.*
Billy **made** them drink hot chocolate although they hate it.

Averell a tellement faim qu'il en a des hallucinations. Averell is so hungry he's hallucinating.

faire [fɛr]
vt
1. to make
Ils ont fait un matelas avec un sac et des feuilles. They made a mattress with a bag and some leaves.
2. to do
Mais qu'est-ce que tu fais, Ran Tan Plan ? Cherche les voleurs ! What are you doing, Rin Tin Can? Look for the burglars!
Je me demande ce que j'ai fait de mon chapeau. I wonder what I've done with my hat.
Les cow-boys font des dizaines de kilomètres dans une journée. Cowboys do dozens of miles in a day.
3. to have
Lucky Luke a fait remplacer les fers de Jolly Jumper. Lucky Luke had Jolly Jumper's shoes replaced.
4. *Lorsque "faire" est suivi d'un infinitif et d'un complément de personne, la traduction varie selon les contextes.*
Venez, madame, je vais vous faire traverser. Come on, I'll help you across.

vi
1. to do
Faites comme vous voudrez. Do as you please.
2. to be
Lucky Luke fait 1,90 m. Lucky Luke is over 6 foot 2.
3. to look
Comme elle fait jeune ! She looks so young!
4. *Pour indiquer la durée :* for
Ça fait deux heures que la diligence est partie. The stagecoach has been gone for two hours.

se faire vpr
1. to make oneself
Averell se dit : "Je vais me faire un sandwich". Averell thought: "I'll make myself a sandwich".
2. to be the done thing
Ça ne se fait pas de montrer les gens du doigt. It's not the done thing to point at people.
3. *Lorsque "se faire" est suivi d'un infinitif, la traduction est "to get" si l'acte est subi involontairement, et "to have" s'il est subi volontairement.*
Les bandits se sont fait insulter par la foule. The criminals got abused by the crowd.
Il s'est fait couper les cheveux. He had his hair cut.
4. *Locution* **s'en faire** to worry

Ne vous en faites pas, nous allons retrouver le coupable. Don't worry, we'll find the culprit.

fait [fɛ] nm
1. fact
2. *Locution* **au fait** by the way
3. *Locution* **en fait** in fact
• **fait divers** news item

falloir [falwar] v impersonnel
1. *"Il faut" se traduit souvent par "we need".*
Il faut deux kilos de farine pour cette recette. We need two kilos of flour for this recipe.
2. *"Il me faut/il lui faut" se traduit par "I need/he needs", sauf lorsqu'on veut exprimer la durée, auquel cas la traduction est "it takes me/it takes him".*
Il nous faut des chevaux et des armes, et tout de suite ! We need horses and weapons now!
Il m'a fallu trois jours pour les retrouver. It took me three days to find them.
3. *"Il faut que" se traduit par sujet + "must" ou "have to" + infinitif.*
Il faut que nous surveillions le village indien. We have to watch the Indian village.
4. *"Il faudrait que" se traduit par sujet + "ought to" + infinitif.*
Il faudrait que tu lui dises la vérité. You ought to tell her the truth.

fameux, euse [famø, øz] adj
1. excellent*
2. famous

*Si vous voulez mon avis, je trouve cette viande **fameuse**.* *Oh oui, **fameuse** !*
– If you want my opinion, I think this meat is **excellent**.
– Oh yes, **excellent**!

familial

C'est lui le fameux Billy the Kid ? Is that the famous Billy the Kid?

familial, e, aux [familjal, o] **adj**
family
La vie familiale. Family life.

familier, ère [familje, ɛr] **adj**
1. colloquial, informal
"Bike" est un mot légèrement familier. "Bike" is a slightly colloquial word.
2. familiar
Ne soyez pas si familier avec moi, jeune homme ! Don't be so familiar with me, young man!
Ton visage m'est familier. Your face is familiar to me.

famille [famij] **nf**
1. family
2. *Locution* **en famille** with one's family
Les pionniers passent souvent leurs dimanches en famille. The pioneers often spend their Sundays with their families.
• **famille nombreuse** large family

famine [famin] **nf** famine

fan [fan] **nm, nf familier** fan

fantastique [fɑ̃tastik] **adj**
1. fantastic*
2. fantasy

Il avait inventé une machine fantastique !

He'd invented a fantastic machine!

J'aime les films fantastiques. I like fantasy films.

fantôme [fɑ̃tom] **nm** ghost

C'était une farce idiote...

It was a stupid practical joke...

farce [fars] **nf**
1. practical joke*
2. stuffing
Une dinde garnie de farce. A turkey with stuffing.

farine [farin] **nf** flour

fatigant, e [fatigɑ̃, ɑ̃t] **adj**
1. tiring
C'est fatigant de faire du cheval toute la journée. It's tiring to ride a horse all day long.
2. tiresome
Ce que tu peux être fatigant, Averell ! You're so tiresome, Averell!

fatigue [fatig] **nf**
1. tiredness
2. *Locution* **être mort de fatigue, tomber de fatigue** to be dead tired

fatiguer [fatige]
◦ **vt**
1. to tire out
Cette marche m'a vraiment fatiguée. This walk has really tired me out.
2. to wear out
Billy, tu nous fatigues avec tes blagues idiotes ! Billy, you're wearing us out with your stupid jokes!
◦ **se fatiguer vpr** to tire oneself out
Ne vous fatiguez pas trop, vous êtes encore faible. Don't tire yourself out too much, you're still weak.

faute [fot] **nf**
1. mistake

Tu as fait une faute, là. You've made a mistake there.
2. fault
Ce n'est pas de ma faute ! It's not my fault!
• **faute d'étourderie** careless mistake
• **faute d'orthographe** spelling mistake

fauteuil [fotœj] **nm** armchair
• **fauteuil roulant** wheelchair

faux, fausse [fo, fos]
◦ **adj**
1. wrong
Tous leurs calculs étaient faux. All their calculations were wrong.
2. false
Jack portait de fausses moustaches pour passer inaperçu. Jack was wearing a false moustache so as to go unnoticed.
3. forged
Il jouait au casino avec de faux billets. He was gambling in the casino with forged banknotes.
◦ **adv** out of tune
Le patron du saloon l'a licenciée parce qu'elle chantait faux. The owner of the saloon sacked her because she sang out of tune.

favori, ite [favɔri, it] **adj, n** favourite (**Am** : favorite)

fax [faks] **nm**
1. fax
Envoie-moi un fax. Send me a fax.

2. fax (machine)
Elle a acheté un fax ultramoderne. She bought an ultramodern fax machine.

fée [fe] **nf** fairy

félicitations [felisitasjɔ̃] **nf pl** congratulations
Félicitations, mon cher Lucky Luke ! Congratulations, my dear Lucky Luke!

féliciter [felisite] **vt** to congratulate
Je vous félicite d'avoir retrouvé les fugitifs si rapidement. Let me congratulate you on finding the fugitives so quickly.

femelle [fəmɛl] **nf** female*

féminin, e [feminɛ̃, in]
◎ **adj**
1. female
La population féminine. The female population.
2. women's
La presse féminine. Women's magazines.
3. feminine
Un adjectif féminin. A feminine adjective.
◎ **nm** feminine

femme [fam] **nf**
1. woman
Calamity Jane est une femme peu ordinaire. Calamity Jane is no ordinary woman.
2. wife
Les femmes des fermiers travaillent elles aussi dans les champs. Farmers' wives work in the fields as well.
• **femme au foyer** housewife
• **femme de ménage** cleaning lady

fendre [fɑ̃dr]
◎ **vt**
1. to split
Il fendait des bûches derrière la maison. He was splitting logs behind the house.
2. to crack
Elle a fendu le vase en le cognant contre la cheminée. She banged the vase against the fireplace and cracked it.
◎ **se fendre vpr** to crack

Le miroir s'est fendu lors de la bagarre. The mirror cracked during the fight.

fenêtre [fənɛtr] **nf** window
Fingers veut surveiller la banque par la fenêtre ! Fingers wants to keep an eye on the bank through the window!

fente [fɑ̃t] **nf**
1. slot
Introduisez 3 dollars dans la fente. Put 3 dollars in the slot.
2. crack
Il y a plusieurs petites fentes sur le vase. There are several little cracks in the vase.

fer [fɛr] **nm** iron
Un seau en fer. An iron bucket.
• **fer à cheval** horseshoe*
• **fer à repasser** iron

ferme [fɛrm] **nf** farm
Il possède une ferme près de Palomino Town. He owns a farm near Palomino Town.

ferme [fɛrm] **adj** firm
De beaux fruits bien fermes. Some nice, firm fruit.

fermer [fɛrme]
◎ **vt**
1. to close, to shut
Pourriez-vous fermer la porte, s'il vous plaît ? Could you please shut the door?
2. to turn off
Ils ont fermé le gaz quand ils sont partis en vacances. They turned the gas off when they went on holiday.
3. *Locution* **fermer à clé** to lock
◎ **vi**
1. to close, to shut
Cette fenêtre ne ferme pas bien. This window doesn't shut properly.
2. to close down
L'épicerie a fermé. The grocer's has closed down.
◎ **se fermer vpr** to close, to shut

fermeture [fɛrmətyr] **nf** closing
L'heure de fermeture des magasins. Closing time.

Clouons ce fer à cheval à l'envers pour les tromper.

— Let's nail this horseshoe on the wrong way round, that'll fool them.

Hum, je vois que vous avez une très belle jument.

Oui, elle ferait une bonne femelle pour votre étalon.

— Hmm, I see you have a beautiful mare.
— Yes, she'd be a good female for your stallion.

fermier

*— Come this way! When there's a **fair**, there's always something for us to eat.*

- **fermeture Éclair** zip (**Am** : zipper)
"Fermeture Éclair" est un nom déposé.

fermier, ère [fɛrmje, ɛr] **nm, nf**
farmer

fesses [fɛs] **nf pl** bottom

fessée [fese] **nf**
- **donner une fessée à quelqu'un**
to smack somebody's bottom

fête [fɛt] **nf**
1. fair*
2. party
Je fais une fête samedi soir. I'm having a party on Saturday night.
3. saint's day
Il ne faut pas que j'oublie de lui souhaiter sa fête. I mustn't forget to wish her a happy saint's day.
4. holiday
Les fêtes de fin d'année. The Christmas and New Year holidays.
5. *Locution* **familier faire la fête** to party
- **fête des Mères** Mother's Day
- **fête des Pères** Father's Day

fêter [fete] **vt** to celebrate

feu [fø] **nm**
1. fire*
2. light
Auriez-vous du feu, s'il vous plaît ? Have you got a light, please?
3. lights
Le feu était rouge mais la voiture ne s'est pas arrêtée. The lights were red but the car didn't stop.
4. *Locution* **en feu** on fire
5. *Locution* **mettre le feu à quelque chose** to set fire to something
6. *Locution* **prendre feu** to catch fire
- **feu d'artifice** firework display
- **feu de camp** campfire

feuille [fœj] **nf**
1. leaf
Les arbres perdaient leurs feuilles. The trees were shedding their leaves.
2. sheet
Prenez une feuille blanche et écrivez votre nom. Take a blank sheet and write your name on it.

feuilleton [fœjtɔ̃] **nm** serial

février [fevrije] **nm** February
Attention, les noms de mois prennent toujours une majuscule en anglais. (voir page 71)

fiançailles [fijɑ̃saj] **nf pl** engagement

fiancé, e [fijɑ̃se] **nm, nf** fiancé (**f** : fiancée)

se fiancer [sə fijɑ̃se] **vpr** to get engaged
Jenny espérait se fiancer avec Lucky Luke. Jenny was hoping to get engaged to Lucky Luke.

ficelle [fisɛl] **nf** string
Une ficelle. A piece of string.

fiche [fiʃ] **nf** card
Il avait noté l'adresse sur une petite fiche. He'd written the address on a little card.

fidèle [fidɛl] **adj** faithful

fidélité [fidelite] **nf** faithfulness
La fidélité de Ran Tan Plan énerve Joe ! Rin Tin Can's faithfulness gets on Joe's nerves!

fier, fière [fjɛr] **adj** proud
L'inventeur était très fier de sa machine. The inventor was very proud of his machine.

fièvre [fjɛvr] **nf** fever, temperature
Il a de la fièvre. He has a temperature/he has a fever.

figure [figyr] **nf**
1. face
Il a reçu le ballon en pleine figure. The ball hit him in the face.
2. figure
Une figure géométrique. A geometrical figure.

*— Arriba couroucoucou popof!
He's asking him to relight the **fire**!*

financier

fil [fil] **nm**
1. thread
Fil à coudre. Sewing thread.
2. wire
L'oiseau s'est posé sur le fil. The bird landed on the wire.
3. *Location* **donner du fil à retordre à quelqu'un** to give somebody trouble
Ce Billy nous a donné du fil à retordre ! That Billy has given us some trouble!
• **fil de fer** wire
Du fil de fer barbelé. Barbed wire.
• **coup de fil** call
Passe-moi un coup de fil quand tu sauras. Give me a call when you know.

file [fil] **nf**
1. queue* (**Am** : line)

— Hello! Everyone in the queue was terrified of Billy the Kid.

2. line
Mettez-vous en file que je puisse vous compter ! Get into line so that I can count you!
3. **Quand il s'agit d'une autoroute :** lane
Reste bien dans la file de droite. Keep in the right-hand lane.
4. *Location* **à la file** in a row
Averell a mangé quatre cuisses de poulet à la file. Averell ate four chicken legs in a row.

filer [file]
❂ **vt**
1. *Location* **filer ses collants** to get a run in one's tights
2. **familier** to give
Tu me files deux dollars pour acheter des bonbons ? Can you give me two dollars to buy sweets?
❂ **vi**
1. to dash
Il faut que je file, le shérif m'attend. I must dash, the sheriff's waiting for me.
2. to clear off
File, petit voyou, et que je ne te revoie plus ! Clear off, you little rascal, and don't come back!

filet [filɛ] **nm**
1. net
Les pêcheurs réparent leurs filets. The fishermen are mending their nets.
2. fillet
Deux filets de sole, s'il vous plaît. Two fillets of sole, please.

fille [fij] **nf**
1. girl*
C'est une jeune fille de 17 ans. She's a seventeen-year-old girl.

— What a pretty little girl!
— Here are some flowers.

2. daughter
Ma Dalton n'a jamais eu de fille. Ma Dalton never had a daughter.

film [film] **nm** film (**Am** : movie)
Un film d'aventures/d'horreur. An adventure/a horror film.

fils [fis] **nm** son*

fin, fine [fɛ̃, fin] **adj**
1. thin
Je voudrais une fine tranche de jambon. I'd like a thin slice of ham.
2. fine
Une pluie fine tombait sur les prairies de l'Ouest. A fine rain was falling on the Western prairies.

fin [fɛ̃] **nf**
1. end
C'est la fin d'une nouvelle aventure de Lucky Luke. It's the end of another of Lucky Luke's adventures.
2. end
Ce hors-la-loi est prêt à tout pour parvenir à ses fins. This outlaw would do anything to achieve his ends.
3. *Location* **prendre fin** to come to an end
C'est ainsi que leur aventure prit fin. And so their adventure came to an end.

final, e, als ou **aux** [final, o] **adj** final
La scène finale du film était très émouvante. The final scene of the film was very moving.

finale [final] **nf** final
Il a perdu en finale au rodéo. He lost in the rodeo final.

finalement [finalmɑ̃] **adv**
1. in the end, finally
Finalement, le juge déclara Billy the Kid coupable. In the end the judge found Billy the Kid guilty.
2. after all
Finalement, Lucky Luke, je crois que tu as raison. I think you're right after all, Lucky Luke.

financier, ère [finɑ̃sje, ɛr] **adj** financial

— My son! My Averell! I'm so happy!

finir

finir [finir]
◉ **vt** to finish
Ran Tan Plan, as-tu fini ton os ? Rin Tin Can, have you finished your bone?
Ils ont fini de marquer le bétail à la tombée de la nuit. They finished branding the cattle at nightfall.
◉ **vi**
1. to finish, to end
Quand le spectacle a été fini, tout le monde a applaudi Sarah Bernhardt. When the show finished, everybody applauded Sarah Bernhardt.
2. *Locution* **finir par faire quelque chose** to end up doing something
Si tu continues à jouer avec ce fusil, tu vas finir par te blesser ! If you keep playing with that rifle, you'll end up injuring yourself!

fixe [fiks] **adj** fixed

fixer [fikse] **vt**
1. to stare at
L'Indien le fixait, l'air féroce. The Indian was staring at him fiercely.
2. to set
Fixons une date pour le procès des Dalton. Let's set a date for the Daltons' trial.

flacon [flakɔ̃] **nm** small bottle

flair [flɛr] **nm** sense of smell*

Jolly Jumper a beaucoup de flair.

Jolly Jumper has a very good sense of smell.

flamber [flɑ̃be] **vi** to burn down
L'entrepôt a flambé en quelques minutes. The warehouse burned down in a few minutes.

flamme [flam] **nf**
1. flame
On voyait les flammes de très loin. You could see the flames from a long way off.
2. *Locution* **en flammes** in flames

flan [flɑ̃] **nm** custard tart (**Am** : custard flan)

flanc [flɑ̃] **nm** side
Une flèche a atteint le cheval au flanc. An arrow hit the horse in the side.

flatter [flate] **vt** to flatter
– Calamity, vous êtes d'une élégance ! – Vous dites ça pour me flatter ! – Calamity, you're so elegant! – You're just saying that to flatter me!

flèche [flɛʃ] **nf** arrow*

Tirez !
Les flèches n'atteignent pas leur cible.
– Shoot! The arrows don't reach their target.

fleur [flœr] **nf**
1. flower
Puis-je vous offrir cette fleur, madame ? May I give you this flower, madam?
2. *Locution* **à fleurs** floral, flowery
Une jolie jupe à fleurs. A pretty floral skirt.

fleuve [flœv] **nm** river
Ils traversaient le fleuve. They were crossing the river.

flocon [flɔkɔ̃] **nm** flake
Un flocon de neige. A snowflake.
Des flocons d'avoine. Oat flakes.

flotter [flɔte] **vi**
1. to float
Tu es sûr que le bateau va flotter ? Are you sure that the boat is going to float?
2. to flutter
La bannière étoilée flottait au vent. The star-spangled banner was fluttering in the wind.

flou, e [flu] **adj** blurred
Toutes nos photos de vacances sont floues. All our holiday photographs are blurred.

fluo [flyɔ] **adj** fluorescent
Elle portait une robe orange fluo. She was wearing a fluorescent orange dress.

flûte [flyt]
◉ **nf**
1. flute
Il joue de la flûte traversière. He plays the flute.
2. French stick
Va m'acheter une flûte à la boulangerie. Go and buy me a French stick at the baker's.
◉ **excl** damn
Flûte ! J'ai oublié le lait ! Damn! I forgot the milk!
• **flûte à bec** recorder
Je joue de la flûte à bec à l'école. I play the recorder at school.
• **flûte à champagne** champagne flute

foi [fwa] **nf**
1. faith
2. *Locution* **être de bonne/mauvaise foi** to be sincere/insincere

foie [fwa] **nm** liver
• **foie gras** foie gras

foin [fwɛ̃] **nm** hay
Jolly Jumper adore le foin. Jolly Jumper loves hay.

foire [fwar] **nf**
1. funfair (**Am** : amusement park)
Il y avait une foire avec une grande roue. There was a funfair with a big wheel.
2. fair
Bronco Gulch est célèbre pour sa foire aux bestiaux. Bronco Gulch is famous for its cattle fair.

force

fois [fwa] **nf**
1. time
Attention, avec un chiffre, "time" ne s'emploie qu'à partir de trois. "Une fois" se dit "once" et "deux fois" se dit "twice".
Les Dalton passent au tribunal au moins deux fois par an. The Daltons go on trial at least twice a year.
Ran Tan Plan est quatre fois plus grand que le chihuahua mexicain. Rin Tin Can is four times as big as the Mexican chihuahua.
2. *Locution* **à la fois** at the same time
Ne parlez pas tous à la fois ! Don't all speak at the same time!
3. *Locution* **une fois pour toutes** once and for all
4. *Locution* **pour une fois** for once

folie [fɔli] **nf**
1. madness
2. *Locution* **aimer quelqu'un à la folie** to be madly in love with somebody

folle → **fou**

foncé, e [fɔ̃se] **adj** dark*

— That's strange, this horse didn't seem so *dark* before!

foncer [fɔ̃se] **vi**
1. to get a move on
Fonce, Jolly Jumper, il faut les rattraper ! Get a move on, Jolly Jumper, we must catch up with them!
2. to rush
Averell, qui avait très faim, a foncé sur le buffet. Averell, who was very hungry, rushed towards the buffet.

3. to charge
Le bison a foncé sur les Indiens. The buffalo charged at the Indians.

fonctionner [fɔ̃ksjɔne] **vi** to work*

Alors, ça *fonctionne* ou pas ?

— So, is it *working* or not?

fond [fɔ̃] **nm**
1. bottom
On voyait les chariots des pionniers au fond du canyon. You could see the pioneers' wagons at the bottom of the canyon.
2. back
Billy boudait au fond de sa cellule. Billy was sulking at the back of his cell.
3. *Locution* **à fond**
Se traduit différemment selon les contextes.
Il a mis la radio à fond. He turned the radio right up.
Ma Dalton a nettoyé toute la maison à fond. Ma Dalton cleaned the whole house thoroughly.
4. *Locution* **à fond de train** at full tilt
5. *Locution* **au fond** in fact
Au fond, les Dalton sont plutôt sympathiques. In fact, the Daltons are quite likeable.
• **fond de teint** foundation

fondre [fɔ̃dr] **vi**
1. to melt
La neige avait fondu sur les pics des Rocheuses. The snow had melted on the peaks of the Rocky Mountains.
2. to dissolve
Le sucre fond dans le café. Sugar dissolves in coffee.
3. *Locution* **fondre en larmes** to burst into tears

fontaine [fɔ̃tɛn] **nf**
1. fountain
Le maire a fait construire une fontaine au milieu de la grand-rue. The mayor had a fountain built in the middle of the high street.
2. spring
Va chercher de l'eau à la fontaine. Go and get some water from the spring.

foot, football [fut, futbol] **nm** football (**Am :** soccer)
Il joue au foot. He plays football.
• **football américain** American football (**Am :** football)

footballeur, euse [futbolœr, øz] **nm, nf** footballer (**Am :** soccer player)

force [fɔrs] **nf**
1. strength
2. *Locution*
"À force de" se traduit différemment selon les contextes.
À force d'insister, elle a fini par le convaincre. She insisted so much that she managed to convince him.
Billy, tu vas te rendre malade à force de boire tout ce chocolat. Billy, you'll make yourself sick if you keep drinking all this hot chocolate.
3. *Locution* **de force** by force
Les aides du shérif ont emmené le bandit de force. The sheriff's assistants took away the bandit by force.
4. *Locution* **de toutes mes/ses forces** with all my/his strength*

Il serra la gueule du crocodile *de toutes ses forces*.

CLONK !

He squeezed the crocodile's mouth *with all his strength*.

quatre cent vingt-sept • **427** • four hundred and twenty-seven

forêt

forêt [fɔrɛ] **nf** forest
• **forêt vierge** virgin forest

forme [fɔrm] **nf**
1. shape
Ce verre a une drôle de forme. This glass is a funny shape.
Des éperons en forme d'étoile. Star-shaped spurs.
2. *Locution* **en forme** on form (**Am** : in form)
Tu n'as pas l'air très en forme aujourd'hui. You don't seem to be on very good form today.

former [fɔrme]
✪ **vt**
1. to form
Le gouvernement n'est pas encore formé. The government hasn't been formed yet.
2. to make
Lucky Luke et Jolly Jumper forment une excellente équipe. Lucky Luke and Jolly Jumper make a great team.
3. to train
Son rôle est de former les futurs juges. His role is to train future judges.
✪ **se former vpr** to form
Des gouttelettes se formèrent à la surface. Droplets formed on the surface.

formidable [fɔrmidabl] **adj** great, fantastic

fort, e [fɔr, fɔrt]
✪ **adj**
1. strong
Joe Dalton est petit et pas très fort. Joe Dalton is small and not very strong.
Tout à coup il y a eu une forte odeur de brûlé. Suddenly there was a strong smell of burning.
2. loud
"Entrez !", dit-il d'une voix forte. "Come in!", he said in a loud voice.
3. large
Une forte somme d'argent. A large sum of money.
4. good
Elle est forte en anglais. She's good at English.
✪ **adv**
1. loud
Parle plus fort, je n'entends rien. Speak louder, I can't hear a thing.

Le psychiatre lui-même semblait un peu fou.

The psychiatrist himself seemed a bit mad.

2. hard
Le cheval tirait fort pour se détacher. The horse was pulling hard to free itself.
3. very
Ces gâteaux sont fort bons. These cakes are very good.

fortune [fɔrtyn] **nf** fortune
Il a fait fortune en achetant et en vendant du bétail. He made his fortune by buying and selling cattle.

fossé [fose] **nm** ditch

fou, folle [fu, fɔl]
✪ **adj**
1. mad*
2. crazy
Il est fou de rugby. He's crazy about rugby.
3. huge
Sarah Bernhardt a eu un succès fou. Sarah Bernhardt had a huge success.
4. *Locution* **fou de joie** beside oneself with happiness
5. *Locution* **fou de rage** mad with rage
6. *Locution* **avoir le fou rire** to have the giggles
✪ **nm, nf** madman (**f** : madwoman)

foudre [fudr] **nf** lightning
• **coup de foudre**
Joe a eu le coup de foudre pour Lulu. Joe fell in love with Lulu as soon as he saw her.
C'était le coup de foudre. It was love at first sight.

fouet [fwɛ] **nm**
1. whip*

Il fit claquer son fouet.

He cracked his whip.

2. whisk
Calamity battait les œufs avec un fouet. Calamity was beating the eggs with a whisk.

fouiller [fuje] **vt, vi** to search
Fouille dans le placard ! Search in the cupboard!

foulard [fular] **nm** scarf
Mets un foulard, il fait froid dehors. Wear a scarf, it's cold outside.

foule [ful] **nf** crowd

four [fur] **nm** oven
Un four à gaz/électrique. A gas/an electric oven.

fourchette [fuʃɛt] **nf** fork

fourmi [furmi] **nf** ant

fourrure [furyr] **nf** fur
Un manteau de fourrure. A fur coat.

fracture [fraktyr] **nf** fracture
Heureusement, ce n'était qu'une petite fracture. Fortunately, it was only a minor fracture.

fragile [fraʒil] **adj**
1. fragile*

– Oups!
– Be careful, it's fragile!

2. delicate
Je ne peux pas goûter vos gâteaux, Calamity, j'ai l'estomac fragile. I can't try your cakes, Calamity, I have a delicate stomach.

fraîcheur [frɛʃœr] **nf**
1. coolness
La bonne fraîcheur du soir. The lovely coolness of the evening.
2. freshness
Nous garantissons la fraîcheur de tous nos produits. We guarantee the freshness of all our products.

frais [frɛ] **nm pl** expenses
• *frais de scolarité* school fees

frais, fraîche [frɛ, frɛʃ] **adj**
1. cool
De l'eau bien fraîche pour mon cheval, s'il vous plaît. Some nice, cool water for my horse, please.
2. fresh*

fraise [frɛz] **nf** strawberry
De la glace à la fraise. Strawberry ice cream.

framboise [frɑ̃bwaz] **nf** raspberry
Du yaourt à la framboise. Raspberry yoghurt.

franc, franche [frɑ̃, frɑ̃ʃ] **adj** frank

français, e [frɑ̃sɛ, ɛz] **adj, nm, nf** French
Un garçon français. A French boy.
Les Français. The French.
Elle apprend le français à l'école. She's learning French at school.
Attention, l'anglais prend toujours une majuscule.

France [frɑ̃s] **nf** France
La France a gagné la Coupe du monde de football en 1998. France won the football World Cup in 1998.

frapper [frape]
◯ **vt**
1. to hit
Il l'a frappé en pleine figure. He hit him in the face.
2. to strike
Tout le monde a été frappé par la ressemblance entre les Dalton. Everybody was struck by how alike the Daltons look.
◯ **vi**
1. to knock
Je crois qu'on a frappé à la porte. I think somebody just knocked on the door.
2. *Locution* **frapper dans ses mains** to clap one's hands

frein [frɛ̃] **nm** brake
• *frein à main* handbrake

freiner [frene] **vi** to brake

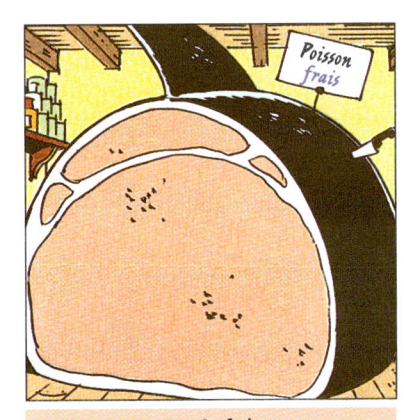

Poisson frais

Fresh fish.

frère [frɛr] **nm** brother*

Je suis fier de toi, mon frère.
Moi aussi.

– I'm proud of you, brother.
– So am I.

friandises [frijɑ̃diz] **nf pl** sweets (**Am** : candy)
Les friandises sont mauvaises pour les dents. Candy is bad for your teeth.
Attention, "candy" est toujours suivi d'un verbe au singulier.

frigo [frigo] **nm familier** fridge

frire [frir] **vt, vi** to fry
Les cow-boys ont fait frire des œufs pour leur petit déjeuner. The cowboys fried some eggs for their breakfast.

frisé, e [frize] **adj**
La traduction est "curly" lorsqu'on parle des cheveux. Lorsqu'on parle d'une personne, il faut traduire par une locution.
Elle a les cheveux frisés. She has curly hair.
Un petit garçon tout frisé. A curly-haired little boy.
Elle est frisée. She has curly hair.

frite [frit] **nf** chip (**Am** : French fry)

froid, e [frwa, ad]
◯ **adj** cold
◯ **nm**
1. cold
Ne sortez pas par ce froid. Don't go out in this cold.
2. *Locution* **avoir froid** to be cold
3. *Locution* **il fait froid** it's cold
4. *Locution* **attraper/prendre froid** to catch cold

fromage

> Mais regardez, ça **fuit** !
>
> Je sais ! Ça ne **fuirait** pas si ces chapeaux n'étaient pas troués !

– But look, it's **leaking**!
– I know! It wouldn't be **leaking** if these hats didn't have holes in them!

fromage [frɔmaʒ] **nm** cheese
• **fromage blanc** fromage frais

front [frɔ̃] **nm**
1. forehead
La flèche l'a atteint au front. The arrow hit him in the forehead.
2. *Locution* **de front** head-on
Les deux chariots se sont heurtés de front. The two wagons collided head-on.

frontière [frɔ̃tjɛr] **nf** border

frotter [frɔte]
✺ **vt**
1. to rub
Veux-tu que je te frotte le dos ? Do you want me to rub your back?
2. to scrub
Il avait beau frotter, la tache ne partait pas. However much he scrubbed, the stain wouldn't come out.
3. to strike
Lucky Luke frotta une allumette pour faire du feu. Lucky Luke struck a match to light a fire.
✺ **se frotter vpr** to rub oneself
Le cheval se frottait contre un piquet. The horse was rubbing itself against a post.

fruit [frɥi] **nm** fruit
Je prendrais bien un fruit. I'd like some fruit, I'd like a piece of fruit.
Les fruits sont rares dans le Far West. Fruit is rare in the Wild West.
Attention, "fruit" ne prend pas de "s", et il est suivi en général d'un verbe au singulier.
• **fruits confits** candied fruit, crystallized fruit
• **fruits secs** dried fruit

fuir [fɥir]
✺ **vi**
1. to run away
Les pionniers fuirent lorsqu'ils virent approcher les Indiens. The pioneers ran away when they saw the Indians coming.
2. to leak*
✺ **vt** to avoid
Pourquoi me fuyez-vous ? Why are you avoiding me?

fuite [fɥit] **nf**
1. flight
Les desperados ont pris la fuite. The desperadoes have taken flight.
2. leak
Il y a une fuite dans la baignoire. There's a leak in the bath.

fumée [fyme] **nf**
1. smoke*
2. fumes
Les fumées des pots d'échappement. Exhaust fumes.

fumer [fyme]
✺ **vt** to smoke
Le télégraphiste de Daisy Town fume la pipe. Daisy Town's telegrapher smokes a pipe.
✺ **vi**
1. to smoke
Fumer est mauvais pour la santé. Smoking is bad for your health.
2. to steam
Le café fumait dans la tasse. The coffee was steaming in the cup.

fumeur, euse [fymœr, øz] **nm, nf** smoker

furieux, euse [fyrjø, øz] **adj** furious

fusée [fyze] **nf** rocket

fusil [fyzi] **nm** gun, rifle
• **fusil de chasse** shotgun

futur, e [fytyr]
✺ **adj** future
Le futur maire de Canyon City. The future mayor of Canyon City.
✺ **nm** future
Mettez ce verbe au futur. Put this verb in the future.

*Une épaisse **fumée** s'échappait du saloon.*

Thick **smoke** was coming out of the saloon.

G

gâcher [gaʃe] **vt**
1. to waste
Je n'aime pas que l'on gâche la nourriture ! I don't like food to be wasted!
2. to spoil
Mon plan était parfait, c'est Averell qui a tout gâché ! My plan was perfect, but Averell spoiled everything!

gâchis [gaʃi] **nm** waste
Quel gâchis ! What a waste!

gaffe [gaf] **nf**
1. blunder
2. *Locution* **familier faire une gaffe** to put one's foot in it
Averell a encore fait une gaffe. Averell has put his foot in it again.

gagnant, e [gaɲɑ̃, ɑ̃t]
✪ **adj** winning
Qui a tiré le numéro gagnant ? Who has drawn the winning number?
✪ **nm, nf** winner
Et le gagnant est Jolly Jumper ! And the winner is Jolly Jumper!

gagner [gaɲe]
✪ **vt**
1. to earn
Les cow-boys ne gagnent pas beaucoup d'argent. Cowboys don't earn a lot of money.
2. to win*
3. *Locution* **gagner du temps** to save time
Prends un raccourci pour gagner du temps. Take a shortcut to save time.
4. to reach
Ils essaient de gagner la frontière. They are trying to reach the border.
✪ **vi** to win
Ce sont toujours les mêmes qui gagnent ! It's always the same ones who win!

gai, e [gɛ] **adj**
1. cheerful
Le croque-mort est bien gai aujourd'hui ! The undertaker is very cheerful today!
2. bright
Il porte toujours des couleurs gaies. He always wears bright colours.

gaieté [gete] **nf** cheerfulness

gallois, e [galwa, az]
✪ **adj** Welsh

– *Et Pamela **gagne** le premier prix !*
– *Bravo ! Bravo !*
– And Pamela **wins** first prize!
– Bravo! Bravo!

L'équipe galloise a gagné le match. The Welsh team won the match.
✪ **nm, nf** Welshman (**f :** Welshwoman)
Les Gallois. The Welsh.
Attention, l'anglais prend toujours une majuscule.

galoper [galɔpe] **vi** to gallop*

*Allez, **galope**, plus vite !*   *Doucement !*
– Come on, faster, **gallop**!
– Easy!

gant [gɑ̃] **nm** glove
Mets tes gants, il fait froid. Put your gloves on, it's cold.
• **gant de toilette** face cloth

garage [gaʁaʒ] **nm** garage

garagiste [gaʁaʒist] **nm, nf**
1. Lorsque "garagiste" désigne le propriétaire du garage, on traduit par : garage owner

garantie

2. Lorsque "garagiste" désigne le mécanicien, on traduit par : mechanic

garantie [garãti] **nf** guarantee

garantir [garãtir] **vt** to guarantee
Lucky Luke m'a garanti qu'il n'y avait aucun danger. Lucky Luke guaranteed that there wasn't any danger.

garçon [garsɔ̃] **nm** boy*

— Qui t'a fait ça, mon garçon ?
— Un garçon de la grande classe, madame.

— Who did that to you, my boy?
— A boy in the upper form, Miss.

garder [garde]
○ **vt**
1. to keep
Vous pouvez garder cette montre, je vous la donne. You can keep this watch, I'm giving it to you.
2. to keep on
Si nous gardons ces vêtements, nous allons nous faire repérer. If we keep these clothes on, we're going to get caught.
3. to look after
Je cherche quelqu'un pour garder ma fille. I'm looking for somebody to look after my daughter.
4. to guard
Ran Tan Plan est censé garder l'entrée du pénitencier. Rin Tin Can is supposed to guard the entrance to the jail.
5. to have
Averell garde un bon souvenir de son dernier séjour en prison. Averell has good memories of his last spell in jail.
○ **se garder vpr** to keep
Ça se garde un jour au frigidaire. It keeps for one day in the fridge.

Vous êtes arrivés à la gare de Big Bridge !

— You've now arrived at Big Bridge station!

gardien, enne [gardjɛ̃, ɛn] **nm, nf**
1. warder (**Am** : guard)
Le gardien de la prison se méfie des Dalton. The prison warder is suspicious of the Daltons.
2. caretaker (**Am** : janitor)
Laisse la clé à la gardienne de l'immeuble. Leave the key with the caretaker.
• **gardien de but** goalkeeper
• **gardien de nuit** night watchman

gare [gar] **nf** station*

garer [gare]
○ **vt** to park
Elle a garé sa voiture devant l'épicerie. She parked her car in front of the grocer's.
○ **se garer vpr** to park
Gare-toi là-bas. Park over there.

garniture [garnityr] **nf** vegetables
Cette viande est servie sans garniture. This meat is served without any vegetables.

gâteau [gato] **nm** cake*
• **gâteau sec** biscuit (**Am** : cookie)

gâter [gate]
○ **vt** to spoil
Joe trouve que Ma Dalton gâte trop Averell. Joe thinks that Ma Dalton spoils Averell too much.
○ **se gâter vpr**
1. to go bad
Les poires se sont gâtées à cause de la chaleur. The pears went bad because of the heat.
2. to go wrong
Les choses se sont gâtées lorsque Joe s'en est mêlé. Things started to go wrong when Joe got involved.

gauche [goʃ]
○ **adj**
1. left
Montre-moi ta main gauche. Show me your left hand.
2. clumsy
Attention, Averell ! Qu'est-ce que tu peux être gauche ! Careful, Averell! You're so clumsy!
○ **nf** left
C'est à gauche après le carrefour. It's on the left after the junction.

gaucher, ère [goʃe, ɛr] **adj** left-handed

gaz [gaz] **nm inv** gas

gazon [gazɔ̃] **nm**
1. grass
Le gazon a bien poussé devant la maison. The grass grew well in front of the house.

Mangez ces gâteaux, ou… ???

— Eat these cakes, or else…

géographie

2. lawn
Tondre le gazon. To mow the lawn.

géant, e [ʒeã, ãt]
- **adj** giant, gigantic
- **nm, nf** giant

Je ne suis pas petit, c'est mon frère qui est un géant ! I'm not short, it's my brother who's a giant!

geler [ʒəle]
- **vt** to freeze
- **vi**
1. to freeze
Cette eau a gelé, je ne peux pas la boire. This water has frozen, I can't drink it.
2. to be freezing
On gèle ici ! It's freezing in here!

gémir [ʒemir] **vi** to moan, to whine
Arrête de gémir, Ran Tan Plan, tu vas les revoir les Dalton ! Stop whining, Rin Tin Can, you'll see the Daltons again!

gendarme [ʒãdarm] **nm** policeman

gendarmerie [ʒãdarməri] **nf**
1. police force
Son père est dans la gendarmerie. His father is in the police force.
2. police station
Vous allez me suivre à la gendarmerie. You're going to come with me to the police station.

gêne [ʒɛn] **nf**
1. difficulty
Il éprouve de la gêne pour marcher. He has difficulty walking.
2. embarrassment
Elle s'est imposée sans la moindre gêne. She imposed herself without any hint of embarrassment.

gêner [ʒene]
- **vt**
1. to embarrass
Tu le gênes avec toutes tes questions ! You're embarrassing him with all your questions!
2. to be in the way
Ne bougez pas, vous ne me gênez pas du tout. Don't move, you're not in my way at all.
3. to bother
Est-ce que la musique vous gêne ? Is the music bothering you?

4. Locution
Ça vous gêne si j'ouvre la fenêtre ? Do you mind if I open the window?
- **se gêner vpr**
Locution
Ne vous gênez pas avec moi. Don't mind me.

général, e, aux [ʒeneral, o]
- **adj** general
- **nm** general
- **en général** generally, in general

généralement [ʒeneralmã] **adv** generally

génie [ʒeni] **nm** genius

genou [ʒənu] **nm**
1. knee
2. Locution **à genoux** kneeling down*

Elle s'est retrouvée à genoux dans l'eau.
???
Gloub !

She ended up **kneeling down** in the water.

genre [ʒãr] **nm**
1. kind, sort, type
Je n'aime pas ce genre de plaisanteries. I don't like this kind of joke.
2. style
Je n'aime pas beaucoup son genre. I don't like his style very much.
3. gender
Quel est le genre de ce nom ? Est-il féminin ou masculin ? What's the gender of this noun? Is it feminine or masculine?

gens [ʒã] **nm pl** people
Beaucoup de gens ont peur de Billy the Kid. A lot of people are afraid of Billy the Kid.

gentil, ille [ʒãti, ij] **adj** nice, kind
Les Dalton ont été très gentils avec nous. The Daltons have been very nice to us.
C'est très gentil à toi d'être venu. It's very kind of you to come.

gentillesse [ʒãtijɛs] **nf** kindness
Merci de votre gentillesse. Thank you for your kindness.

gentiment [ʒãtimã] **adv**
1. kindly
Lucky Luke nous a gentiment proposé de nous accompagner. Lucky Luke kindly offered to come with us.
2. nicely*

géographie [ʒeɔgrafi] **nf** geography
Si tu étais meilleur en géographie, on ne se serait pas perdus ! If you

Je m'exerce au rodéo.
Mais pourquoi ne joues-tu pas gentiment comme les autres enfants ?

– I'm practising rodeo.
– But why don't you play **nicely** like other children?

quatre cent trente-trois • 433 • four hundred and thirty-three

geste

were better at geography, we wouldn't have got lost!

geste [ʒɛst] **nm**
1. gesture*

Il fait des gestes pour raconter ce qui s'est passé.

He's using gestures to explain what happened.

2. movement
Averell a eu un geste maladroit et le verre est tombé par terre. Averell made a clumsy movement and the glass fall on the floor.
3. *Locution* **faire un geste de la main** to wave
Il a fait un geste de la main pour nous dire au revoir. He waved goodbye to us.

gibier [ʒibje] **nm** game

gifle [ʒifl] **nf** slap
Donner une gifle à quelqu'un. To slap someone.

gigot [ʒigo] **nm** leg*
Un gigot d'agneau. A leg of lamb.

Ran Tan Plan jonglait avec les gigots.

Rin Tin Can was juggling with the legs of lamb.

girafe [ʒiraf] **nf** giraffe

glace [glas] **nf**
1. ice
Il patine sur la glace. He's skating on the ice.
2. ice cream
Elle a un faible pour la glace à la vanille. She has a weakness for vanilla ice cream.
3. mirror
Il passe des heures à s'admirer devant la glace. He spends hours admiring himself in front of the mirror.

glacier [glasje] **nm**
1. glacier
Les skieurs ont atteint un glacier. The skiers reached a glacier.
2. ice-cream parlour
Il attendait l'ouverture du glacier. He was waiting for the ice-cream parlour to open.

glaçon [glasɔ̃] **nm**
1. ice cube
Il suçait un glaçon pour se rafraîchir. He was sucking an ice cube to cool down.
2. ice
Je voudrais un jus d'orange avec des glaçons. I'd like an orange juice with ice.

glisser [glise]
✪ **vi**
1. to slip
Averell a glissé sur une peau de banane. Averell slipped on a banana skin.
2. to slide
Les enfants s'amusaient à glisser le long de l'allée verglacée. The children were having fun sliding along the frozen path.
3. to be slippery
Attention, ça glisse ! Watch out, it's slippery!
✪ **vt** to slip
Billy glissa la main dans le bocal à bonbons. Billy slipped his hand in the jar of sweets.

goal [gol] **nm** goalkeeper

golf [gɔlf] **nm**
1. golf
Il joue au golf tous les samedis. He plays golf every Saturday.
2. golf course

Il y a un golf en face de chez nous. There's a golf course opposite our house.

gomme [gɔm] **nf** rubber (**Am** : eraser)
Est-ce que tu as une gomme à encre ? Have you got an ink rubber?

gommer [gɔme] **vt** to rub out, to erase
Qui a gommé mon dessin ? Who rubbed my drawing out?

gonfler [gɔ̃fle]
✪ **vt** to blow up
Il gonflait un ballon. He was blowing up a balloon.
✪ **vi**
1. to swell
Averell sentit sa lèvre gonfler. Averell felt his lip begin to swell.
2. to rise
Le gâteau a bien gonflé. The cake rose well.

gorge [gɔrʒ] **nf** throat*

Il lui sauta à la gorge.

He jumped at his throat.

gourmand, e [gurmɑ̃, ɑ̃d]
✪ **adj** greedy
C'est un crime d'être gourmand ? Is it a crime to be greedy?
✪ **nm, nf**
Se traduit par une expression.
C'est un gourmand. He loves his food a bit too much.

goût [gu] **nm** taste
Cette plaisanterie est de mauvais goût ! That joke is in bad taste!

grand-mère

goûter [gute]
- **nm** afternoon snack
Averell a mangé un jambon entier pour son goûter. Averell ate an entire ham for his afternoon snack.
- **vt** to taste
Je t'ai demandé de goûter la sauce, pas de tout manger ! I asked you to taste the sauce, not to eat it all!
- **vi** to have an afternoon snack
Nous goûtons tous les jours à la même heure. We have an afternoon snack every day at the same time.

goutte [gut]
- **nf** drop
Des gouttes de pluie. Drops of rain.
- **nf pl** drops
Le médecin m'a prescrit des gouttes pour les yeux. The doctor prescribed eyedrops for me.

gouvernement [guvɛrnəmɑ̃] **nm** government

gouverner [guvɛrne] **vt** to govern

grâce [gras] **nf** grace
Elle a accepté ma décision de bonne grâce. She accepted my decision with good grace.

grâce à [grasa] **prép** thanks to*

– *Thanks to this handkerchief, we'll follow her trail!*
– *Do you think so?*

gracieux, euse [grasjø, øz] **adj** graceful
On ne peut pas dire que Calamity Jane soit très gracieuse. Calamity Jane is not exactly graceful.

grain [grɛ̃] **nm**
1. grain
J'ai un grain de sable dans l'œil. I have a grain of sand in my eye.
2. speck
Il n'y a pas un grain de poussière chez elle. There isn't a speck of dust in her house.
- **grain de beauté** beauty spot
- **grain de raisin** grape
- **café en grains** coffee beans

graine [grɛn] **nf** seed*

– *I sow these seeds and…*

graisse [grɛs] **nf**
1. fat
Le maire devrait manger moins de graisse. The mayor should eat less fat.
2. grease
Le mécanicien était couvert de graisse. The mechanic was covered in grease.

grammaire [gramɛr] **nf** grammar
Je n'ai jamais été très fort en grammaire. I have never been very good at grammar.

gramme [gram] **nm**
1. gram, gramme
Donnez-moi 500 grammes de bonbons, et que ça saute ! Give me 500 grams of sweets, and make it snappy!
2. *Locution* **pas un gramme de** not an ounce of
Ce chien n'a pas un gramme de bon sens. This dog hasn't an ounce of common sense.

grand, e [grɑ̃, ɑ̃d]
- **adj**
1. big, large
Ce pantalon est trop grand pour moi. These trousers are too big for me.
2. tall
Averell est très grand par rapport à ses frères. Averell is very tall compared to his brothers.
3. great, large
Un grand nombre de bandits en veulent à Lucky Luke. A great number of bandits bear a grudge against Lucky Luke.
4. long
Jolly Jumper a l'habitude de parcourir de grandes distances. Jolly Jumper is used to travelling long distances.
5. big, older
Mon grand frère n'aime pas qu'on se moque de lui. My big brother doesn't like people making fun of him.
6. grown-up
Ses enfants sont grands maintenant. Her children are grown-up now.
7. great
Vous ne saviez pas ? Joe est un grand poète. Didn't you know? Joe is a great poet.
- **adv** *Locution* **grand ouvert** wide-open
- **grand magasin** department store
- **grandes vacances** summer holidays (**Am :** summer vacation)

Grande-Bretagne [grɑ̃dbrətaɲ] **nf** Great Britain, Britain
Jasper est originaire de Grande-Bretagne. Jasper comes from Great Britain.
(voir page 116)

grandeur [grɑ̃dœr] **nf** size
Ils sont de la même grandeur. They are the same size.
- **grandeur nature** life-size

grandir [grɑ̃dir]
- **vt** *Se traduit par une expression.*
Ce costume te grandit, Joe. This suit makes you look taller, Joe.
- **vi** to grow
Mange ta soupe si tu veux grandir ! Eat your soup if you want to grow!

grand-mère [grɑ̃mɛr] **nf** grandmother

grand-père

grand-père [grɑ̃pɛr] **nm** grandfather*

Les deux grands-pères étaient devenus inséparables.
The two grandfathers had become inseparable.

grands-parents [grɑ̃parɑ̃] **nm pl** grandparents

grange [grɑ̃ʒ] **nf** barn

grappe [grap] **nf** bunch
Une grappe de raisin. A bunch of grapes.

gras, grasse [gra, gras]
◦ **adj**
1. fat*

Il est encore plus gras que je ne pensais.
– He's even fatter than I thought.

2. greasy
Il a les cheveux gras. He has greasy hair.
3. fatty
Cette viande est trop grasse. This meat is too fatty.
4. bold
Le titre est en caractères gras. The title is in bold type.
5. Locution *faire la grasse matinée* to have a lie-in (**Am** : to sleep late)
◦ **nm** fat
Ran Tan Plan espérait qu'on lui donnerait le gras du jambon. Rin Tin Can hoped that they would give him the fat of the ham.

gratte-ciel [gratsjɛl] **nm inv** skyscraper

gratter [grate]
◦ **vt**
1. to scratch
Tu veux bien me gratter le dos ? Can you scratch my back, please?
2. to scrape
Ran Tan Plan grattait le sol dans l'espoir de trouver un os. Rin Tin Can scraped the ground hoping to find a bone.
3. to itch, to be itchy
Je n'aime pas ce pull, il me gratte. I don't like this sweater, it itches.
◦ **se gratter vpr**
1. to scratch oneself
Arrête de te gratter, Ran Tan Plan ! Stop scratching yourself, Rin Tin Can!
2. to scratch
Averell avait beau se gratter la tête, il ne comprenait pas. However hard Averell scratched his head, he didn't understand.

gratuit, e [gratɥi, it] **adj**
1. free
L'entrée du musée est gratuite le dimanche. Entry to the museum is free on Sundays.
2. gratuitous
Il s'agit apparemment d'un crime gratuit. Apparently, it's a gratuitous crime.

grave [grav] **adj**
1. serious
Est-ce que c'est grave, docteur ? Is it serious, doctor?
2. deep
Il a une voix grave. He has a deep voice.
3. grave, solemn
Le maire nous a annoncé la nouvelle d'un air grave. The mayor announced the news with a grave expression.
4. Locution *ce n'est pas grave* it doesn't matter

gravement [gravmɑ̃] **adv** seriously

grec, grecque [grɛk] **adj, nm, nf** Greek
J'aime beaucoup la cuisine grecque. I love Greek cooking.
Les Grecs. The Greeks.
Il parle le grec couramment. He speaks fluent Greek.
Attention, l'anglais prend toujours une majuscule.

Grèce [grɛs] **nf** Greece
Il a toujours été fasciné par la Grèce. He's always been fascinated by Greece.

grêle [grɛl] **nf** hail
La grêle a détruit la récolte. Hail destroyed the harvest.

grelotter [grəlɔte] **vi** to shiver*

Ils grelottaient de froid.
They were shivering with cold.

grenier [grənje] **nm** attic, loft
Ils ont trouvé de vieux vêtements dans une malle au grenier. They found some old clothes in a trunk in the attic.

grenouille [grənuj] **nf** frog

grève [grɛv] **nf** strike
• *faire grève* to go on strike
Les Dalton ont décidé de faire une grève de la faim. The Daltons have decided to go on a hunger strike.

gréviste [grevist] **nm, nf** striker

griffe [grif] **nf** claw
Le chat sortit ses griffes. The cat showed its claws.

griffer [grife] **vt** to scratch

grillade [grijad] **nf** grilled meat

gros

grille [grij] **nf**
1. gate
Il y a quelqu'un à la grille, je vais aller voir. There's somebody at the gate, I'll go and see.
2. bar
Il y a des grilles à toutes les fenêtres. There are bars on all the windows.
3. grill, grille
Ma Dalton parlait à ses fils à travers la grille du parloir. Ma Dalton talked to her sons through the grill of the visitors' room.
4. grid
Cette grille de mots croisés a quarante cases. This crossword grid has forty squares.

griller [grije] **vt**
1. to grill (**Am** : to broil)
Nous avons grillé de la viande au barbecue. We grilled some meat on the barbecue.
2. to toast
Ils ont grillé du pain pour le petit-déjeuner. They toasted some bread for breakfast.
3. *Locution* **griller un feu rouge** to go through a red light

grimace [grimas] **nf**
1. *Locution* **faire des grimaces à quelqu'un** to make faces at somebody
Cesse de me faire des grimaces ! Stop making faces at me!
2. *Locution* **faire une grimace** to make a face
Il a fait une grimace quand il a vu le ragoût. He made a face when he saw the stew.

grimper [grɛ̃pe]
◌ **vt** to climb
Ils chantaient en grimpant la côte. They sang as they climbed the hill.
◌ **vi** to climb*

grincer [grɛ̃se] **vi**
1. to creak, to squeak
Essaie d'ouvrir la porte sans la faire grincer. Try not to make the door creak when you open it.
2. *Locution* **grincer des dents** to gnash one's teeth
Averell grinçait des dents en dormant. Averell was gnashing his teeth in his sleep.

grippe [grip] **nf** flu
J'ai la grippe. I've got flu.

gris, grise [gri, griz] **adj, nm** grey

gronder [grɔ̃de]
◌ **vt** to tell off*, to scold
◌ **vi**
1. to growl
J'ai juste regardé le jambon et Ran Tan Plan s'est mis à gronder. I just looked at the ham and Rin Tin Can started to growl.
2. to rumble
On entendait le tonnerre gronder au loin. We could hear the thunder rumbling in the distance.

Tu veux que je te gronde comme quand tu étais petit ?

– *Do you want me to* **tell** *you* **off** *like when you were little?*

Il n'aurait vraiment pas dû grimper là-haut !

– *He really shouldn't have* **climbed** *up there!*

gros, grosse [gro, gros]
◌ **adj**
1. big, large
Comme d'habitude, Averell a pris le plus gros morceau. As usual, Averell took the biggest piece.
2. fat, big
Il mange beaucoup mais il n'est pas gros. He eats a lot but he's not fat.
3. loud
On a entendu un gros bruit qui venait du saloon. We heard a loud noise coming from the saloon.
4. serious
Si tu continues comme ça, tu vas avoir de gros ennuis. If you carry on like that, you'll end up in serious trouble.
◌ **adv**
1. *Se traduit par une expression.*
Cette fois-ci, je sens que nous allons gagner gros. This time, I can feel we're going to have a big win.
2. big
Pouvez-vous écrire plus gros, on ne voit rien d'ici. Can you write bigger, we can't see anything from here.
◌ **nm** *Locution* **le gros de** the main part of
Le gros du travail est terminé. The main part of the job is finished.
• **en gros**
1. roughly
Il nous a raconté en gros ce qui s'était passé. He told us roughly what had happened.
2. wholesale
Ce magasin ne fait que de la vente en gros. This shop only does wholesale.

groseille

- **gros mot** swearword

groseille [grozɛj] **nf** redcurrant

grosseur [grosœr] **nf**
1. size
Ces pommes sont toutes de la même grosseur. These apples are all the same size.
2. lump
Il a une grosseur au cou. He has a lump on his neck.

grossier, ère [grosje, ɛr] **adj**
1. rude
Quel grossier personnage ! What a rude individual!
2. rough
Ce n'est qu'une estimation grossière des dégâts. It's only a rough estimate of the damage.
3. coarse
Il a des traits grossiers. He has coarse features.
4. stupid
Vous faites là une grossière erreur. You're making a stupid mistake.

grossir [grosir]
✺ **vt**
1. to magnify, to enlarge
Cette loupe grossit les objets dix fois. This glass magnifies objects ten times.
2. to exaggerate
Les journaux ont grossi l'incident. The newspapers exaggerated the incident.
3. Se traduit par une expression.
Cette robe orange la grossit. This orange dress makes her look fatter.
✺ **vi**
1. to put on weight
Il ne grossit pas, malgré tout ce qu'il mange. He doesn't put on any weight, in spite of everything he eats.
Il a grossi de cinq kilos. He's put on five kilos.
2. to grow
Il sentait la bosse grossir sur son front. He could feel the bump growing on his forehead.

groupe [grup] **nm** group
Les pionniers sont arrivés par petits groupes. The pioneers arrived in small groups.
- **groupe sanguin** blood group

guêpe [gɛp] **nf** wasp

guérir [gerir]
✺ **vt** to cure*

— Regardez mon cheval ! Il faut le *guérir* !
???

— Look at my horse! You must *cure* him!

✺ **vi**
1. to recover, to get better
Il est complètement guéri. He has fully recovered.
2. to heal
Sa blessure guérit lentement. His wound is healing slowly.

guérison [gerizɔ̃] **nf** recovery

guerre [gɛr] **nf** war
Les deux pays sont maintenant en guerre. The two countries are now at war.
Une guerre mondiale. A world war.

guerrier, ère [gɛrje, ɛr] **nm, nf** warrior

guetter [gete] **vt**
1. to keep watch for, to watch for
Il guette l'ennemi. He's keeping watch for the enemy.
2. to watch out for, to be on the look-out for
Ran Tan Plan guettait l'arrivée du livreur. Rin Tin Can was watching out for the delivery man.

guichet [giʃɛ] **nm**
1. counter
Je vais chercher mon argent au guichet. I'm going to get my money at the counter.
2. ticket office
Le guichet du théâtre est fermé le lundi. The ticket office at the theatre is closed on Mondays.
- **guichet automatique** cash dispenser

guide [gid] **nm**
1. guide
Lucky Luke a accepté de nous servir de guide. Lucky Luke has agreed to be our guide.
2. guidebook, guide
Ce guide du Texas est très intéressant. This guidebook of Texas is very interesting.

guider [gide] **vt** to guide

guitare [gitar] **nf** guitar*

Cette *guitare* est cassée, j'en veux une autre !

— This *guitar* is broken, I want another one!

gymnase [ʒimnaz] **nm** gym, gymnasium

gymnastique [ʒimnastik] **nf**
1. gymnastics
Attention, "gymnastics" est toujours suivi d'un verbe au singulier.
La gymnastique, c'est super ! Gymnastics is great!
2. exercises
Attention, "exercises" est toujours au pluriel dans ce sens.

ha [a] **excl**
1. oh
Ha, c'est déjà fini ? Oh, it's finished already?
2. ha-ha
Ha ! Ha ! Tu es vraiment drôle avec ton chapeau, Joe ! Ha-ha! You're really funny with your hat on, Joe!

habile [abil] **adj**
1. skilful (**Am** : skillful)
Lucky Luke est un tireur très habile. Lucky Luke is a very skilful shot.
2. clever
Il a piégé les Dalton grâce à un habile stratagème. He trapped the Daltons thanks to a clever ruse.

habileté [abilte] **nf**
1. skill
L'habileté au tir de Lucky Luke est sans pareille. Lucky Luke's skill at shooting is unequalled.
2. cleverness
Il a négocié avec les Indiens avec beaucoup d'habileté. He showed great cleverness in his negotiations with the Indians.

habiller [abije]
✪ **vt** to dress
✪ **s'habiller vpr**
1. to get dressed*
2. to dress
Il s'habille vraiment mal. He really dresses badly.
3. to dress up
Elle aime bien s'habiller pour sortir. She likes dressing up to go out.

habits [abi] **nm pl** clothes

habitant, e [abitɑ̃, ɑ̃t] **nm, nf**
1. inhabitant
Les habitants de Dalton City attendaient l'arrivée du train. The inhabitants of Dalton City were waiting for the train.
2. *Location* **loger chez l'habitant** to stay with a family

habiter [abite]
✪ **vt** to live in
Ils habitent la maison au bout du village. They live in the house at the end of the village.
✪ **vi** to live
Sa famille habite à Notting Gulch. His family lives in Notting Gulch.

habitude [abityd] **nf** habit
Les Dalton ont pour habitude de disparaître sans prévenir. The Daltons are in the habit of disappearing without warning.
• **d'habitude** usually
• **comme d'habitude** as usual

habituel, elle [abitɥɛl] **adj** usual

habituellement [abitɥɛlmɑ̃] **adv** usually

habituer [abitɥe] **vt** to accustom
Les Dalton sont habitués à aller en prison. The Daltons are accustomed to going to prison.
• **s'habituer à** to get used to
Les Dalton ont du mal à s'habituer à travailler. The Daltons find it difficult to get used to working.

hache ['aʃ] **nf** axe

— OK, I'll **get dressed** and we'll go!
Bon, je m'habille et on y va !

haie

Il veut leur faire croire que la ville est hantée.
– Whoooo whoooo whoooo! He wants them to believe that the town is haunted.

haie ['ɛ] **nf**
1. hedge
La maison est entourée d'une haie. The house is surrounded by a hedge.
2. hurdle
Une course de haies. A hurdle race.

haine ['ɛn] **nf** hatred

haïr ['air] **vt** to hate
Billy the Kid hait Lucky Luke. Billy the Kid hates Lucky Luke.

hanter ['ɑ̃te] **vt** to haunt*

haricot ['ariko] **nm** bean
Haricot blanc/haricot vert/haricot rouge. Haricot bean/French bean/kidney bean.

hasard ['azar] **nm**
1. chance
Rien n'a été laissé au hasard lors de leur dernière évasion. Nothing was left to chance during their last escape.
2. coincidence
Lucky Luke ! Quel hasard ! Lucky Luke! What a coincidence!
• **au hasard** at random
• **à tout hasard** just in case
• **par hasard** by chance

haut, e ['o, 'ot]
○ **adj** high*
○ **adv** high
Joe a visé trop haut. Joe aimed too high.
○ **nm**
1. top

Les draps sont dans le haut de l'armoire. The sheets are at the top of the wardrobe.
2. *Locution*
La cellule fait trois mètres de haut. The cell is three metres high.
• **de haut en bas** from top to bottom
• **du haut de** from the top of
• **en haut**
1. at the top
Ouvre le placard, les assiettes sont en haut. Open the cupboard, the plates are at the top.

Oui, c'est très haut, c'est sûr, mais nous devons quand même traverser.
– Sure, it's very high, but we still need to get across.

2. upstairs
Les bandits sont entrés par en haut. The bandits got in upstairs.
• **en haut de** at the top of

hauteur ['otœr] **nf**
1. height
Les panneaux ne sont pas à la même hauteur. The signs are not at the same height.
2. *Locution* **être à la hauteur** to be up to it
Le shérif n'est pas à la hauteur. The sheriff isn't up to it.

hé ['e] **excl** hey
Hé ! vous, là-bas ! Hey, you over there!

hebdomadaire [ɛbdɔmadɛr] **adj, nm** weekly

hélas ['elas] **excl** unfortunately
Hélas, les bandits nous ont tout pris ! Unfortunately, the bandits took everything!

hélicoptère [elikɔptɛr] **nm** helicopter

herbe [ɛrb] **nf**
1. grass*

Pouvez-vous me dire où l'on trouve cette sorte d'herbe ?
– Can you tell me where you can find this kind of grass?

2. herb
Mettez du persil et d'autres herbes. Put some parsley and other herbs in.

héros ['ero] **nm** hero
Je lève mon verre à notre héros ! I raise my glass to our hero!

hésiter [ezite] **vi** to hesitate
N'hésitez pas à m'appeler. Don't hesitate to call me.

Averell a longtemps hésité entre les deux gâteaux. Averell hesitated for a long time between the two cakes.

heure [œr] nf
1. hour
Ça fait plus d'une heure que je t'attends ! I've been waiting for you for over an hour!
Il faisait au moins du 150 km à l'heure. He was doing at least 150 km per hour.
2. time
Quelle heure est-il ? What time is it?
Lucky Luke est toujours à l'heure. Lucky Luke is always on time.
Attention, souvent "heure" ne se traduit pas en anglais.
Il est deux heures. It's two o'clock.
Il est six heures et quart. It's a quarter past six.
- **de bonne heure** early
- **les heures de pointe** the rush hour (voir page 292)

heureusement [œrøzmã] adv
luckily, fortunately

heureux, euse [œrø, øz] adj
1. happy, glad
Ils ont gagné ! Ils sont heureux ! They won! They're happy!
2. lucky, fortunate
Lucky Luke est l'heureux gagnant de notre concours de tir. Lucky Luke is the lucky winner of our shooting contest.

hibou ['ibu] nm owl

hier [ijɛr] adv yesterday
Les Dalton se sont échappés hier matin. The Daltons escaped yesterday morning.

hippopotame [ipɔpɔtam] nm
hippopotamus

hirondelle [irɔ̃dɛl] nf swallow

histoire [istwar] nf
1. history
Billy s'ennuyait pendant le cours d'histoire. Billy was getting bored during the history class.
2. story
Allez Ma, raconte-nous une histoire de bandits ! Come on, Ma, tell us a story about bandits!
3. fuss

Jack ne fait jamais d'histoires, lui ! Jack never makes any fuss!
4. trouble
Tu vas finir par nous attirer des histoires ! You'll end up getting us into trouble!

hiver [ivɛr] nm winter
Il n'y a pas grand-chose à faire ici en hiver. There's not much to do here in winter.

ho ['o] excl hey
Ho ! vous là-bas ! Hey, you over there!

hollandais, e ['ɔlɑ̃dɛ, ɛz]
✱ adj, nm Dutch
J'aime beaucoup les fromages hollandais. I like Dutch cheeses a lot.
Il parle le hollandais couramment. He speaks fluent Dutch.
✱ nm, nf Dutchman (f : Dutchwoman)
Les Hollandais. The Dutch.
Attention, l'anglais prend toujours une majuscule.

Hollande ['ɔlɑ̃d] nf Holland
Connaissez-vous la Hollande ? Do you know Holland?

homme [ɔm] nm man
- **homme d'affaires** businessman
- **homme politique** politician

honnête [ɔnɛt] adj
1. honest*

– Vous voulez me faire croire que ce jeu est honnête ?
– You want me to believe that this game is honest?

2. decent
Le salaire est honnête. The salary is decent.

honte ['ɔ̃t] nf
1. shame
Lucky Luke a fait rougir de honte Billy the Kid. Lucky Luke made Billy the Kid blush with shame.
2. *Locution* **avoir honte de faire quelque chose** to be ashamed of doing something*

– Vous n'avez pas honte de vous attaquer à une pauvre femme et à son chat ?
– Aren't you ashamed of attacking a poor woman and her cat?

honteux, euse ['ɔ̃tø, øz] adj
1. ashamed
Le gardien était honteux d'avoir laissé les Dalton s'échapper. The warder was ashamed that he had let the Daltons escape.
2. disgraceful, shameful
C'est honteux de s'en prendre aux honnêtes gens ! It's disgraceful to attack decent people!

hôpital, aux [ɔpital, o] nm hospital

horaire [ɔrɛr] nm
1. timetable, schedule
Le shérif a consulté l'horaire du train. The sheriff looked at the train timetable.
2. hours
Quels sont les horaires d'ouverture du magasin ? What are the opening hours of the shop?

horloge [ɔrlɔʒ] nf clock

horreur [ɔrœr] nf
1. horror
Elles poussèrent un cri d'horreur lorsqu'elles virent la souris. They screamed in horror when they saw the mouse.

horrible

2. *Locution* **avoir horreur de quelque chose** to hate something
Il a horreur qu'on le dérange ! He hates being disturbed!
3. *Locution*
Quelle horreur ! How awful!

horrible [ɔribl] **adj**
1. horrible
Nous avons entendu des cris horribles et nous sommes accourus. We heard horrible screams and came running.
2. terrible, dreadful
La chaleur était horrible. The heat was terrible.

hors-d'œuvre [ˈɔrdœvr] **nm inv**
starter

hors de [ˈɔrdə] **prép** out of, outside
Les Dalton sont maintenant hors de la ville. The Daltons are out of town now.

hospitalité [ɔspitalite] **nf** hospitality
Merci de votre hospitalité. Thank you for your hospitality.

hôte, hôtesse [ot, otɛs]
◦ **nm, nf** host (f : hostess)
Nos hôtes nous ont très bien reçus. Our hosts made us feel very welcome.
◦ **nm** guest*
• **hôtesse de l'air** air hostess, stewardess

hôtel [otɛl] **nm** hotel
Y a-t-il encore de la place dans votre hôtel ? Do you have any vacancies left in your hotel?
• **hôtel de ville** town hall
• **hôtel particulier** private mansion

hourra [ˈura] **excl** hurrah

huile [ɥil] **nf** oil
Huile d'arachide/huile d'olive. Peanut oil/olive oil.

huit [ˈɥit, ˈɥi] **adj num, nm** eight
(voir page 195)

huitaine [ˈɥitɛn] **nf**
Locution **une huitaine de jours** about a week
La diligence devrait arriver dans une huitaine de jours. The stagecoach should arrive in about a week.

huître [ɥitr] **nf** oyster
Averell n'a jamais mangé d'huîtres. Averell has never eaten oysters.

– Help me to finish the decorations, Annabelle!
– OK, OK, but hurry up, our *guests* are about to arrive.
– Well, well, I can see that you're putting yourself out for your *guests*.

humain, e [ymɛ̃, ɛn]
◦ **adj**
1. human
C'est humain ! It's only human!
2. understanding, humane
Il est très humain avec ses employés. He's very understanding with his staff.
◦ **nm** human (being)

humanité [ymanite] **nf** humanity

humeur [ymœr] **nf**
1. mood*

– Yes, I'm in a bad *mood*!

2. temper
Joe se distingue par son humeur querelleuse. Joe is noted for his quarrelsome temper.

humide [ymid] **adj** damp
Ne bougez pas, je vais nettoyer la plaie avec une serviette humide. Don't move, I'll clean the wound with a damp towel.

humour [ymur] **nm** humour (**Am** : humor)
Jolly Jumper a beaucoup d'humour. Jolly Jumper has a good sense of humour.

hurler [ˈyrle] **vi** to howl
Les coyotes hurlent dans la nuit. The coyotes howl at night.

hymne [imn] **nm** hymn
• **hymne national** national anthem

I

ici [isi] **adv** here*

— What is it he wants now?
— Come here, Rin Tin Can! Come here, I order you!

Mais qu'est-ce qu'il me veut encore celui-là ?
Ici Ran Tan Plan ! Ici, je te dis !

- **d'ici là** by then
- **d'ici peu** before long
- **par ici**
1. this way
Venez par ici. Come this way.
2. around here
Les gens ne sont pas très courageux par ici. People aren't very brave around here.

idée [ide] **nf**
1. idea
Avez-vous une idée du prix de ce tableau ? Do you have any idea of the price of this picture?
2. *Locution* **se faire des idées** to imagine things

identité [idɑ̃tite] **nf** identity

idiot, e [idjo, ɔt]
- **adj** stupid*
- **nm, nf** idiot*

ignorer [iɲɔre] **vt**
1. Se traduit par le verbe "to know" à la forme négative.
J'ignore où ils sont. I don't know where they are.
2. to ignore*

il [il] **pron**
1. Pour désigner une personne ou un animal de compagnie : he
Ne dérangez pas le maire, il est en réunion. Don't disturb the mayor, he's in a meeting.
Je dois emmener mon chien chez le vétérinaire, il s'est blessé. I have to take my dog to the vet, he's hurt himself.

2. Pour désigner une chose ou un animal : it
Rends-moi ce livre, il est à moi. Give me this book back, it's mine.

Ran Tan Plan *ignore* Lucky Luke.

Rin Tin Can is *ignoring* Lucky Luke.

Pourquoi dit-on toujours que je suis un idiot ?
Parce que tu es idiot !

— Why does everybody always call me an *idiot*?
— Because you're *stupid*!

quatre cent quarante-trois • **443** • four hundred and forty-three

île

Ne t'approche pas trop de ce cheval, il pourrait te mordre. Don't go too near that horse, it might bite you.
3. Sujet d'un verbe impersonnel : it
Il neige. It's snowing.
(voir page 131)

île [il] **nf** island

illustration [ilystrasjɔ̃] **nf** illustration

illustrer [ilystre] **vt** to illustrate

ils [il] **pron** they
Je ne comprends pas, ils devraient être là. I don't understand, they should be here.
(voir page 131)

image [imaʒ] **nf** picture
Il n'y a pas beaucoup d'images dans ce livre. There aren't many pictures in this book.

imaginer [imaʒine]
◉ **vt**
1. to imagine
J'imagine sa tête quand elle va apprendre la nouvelle ! I can imagine her expression when she hears the news!
2. to think up
Joe a imaginé un plan diabolique. Joe thought up a diabolical plan.
3. to suppose
J'imagine que Lucky Luke vous a déjà prévenu. I suppose that Lucky Luke has already told you.
◉ **s'imaginer vpr**
1. to picture oneself
Les Dalton s'imaginaient déjà régnant sur la ville. The Daltons already pictured themselves ruling over the town.
2. to think, to imagine
S'il s'imagine que nous avons peur de lui, il se trompe. If he thinks we're scared of him, he's mistaken.

imiter [imite] **vt**
1. to look like*, to imitate
2. to do an impression of
Il est très drôle lorsqu'il imite le shérif. He's very funny when he does an impression of the sheriff.

immédiatement [imedjatmɑ̃] **adv** immediately

immense [imɑ̃s] **adj** huge

immeuble [imœbl] **nm** building

immigration [imigrasjɔ̃] **nf** immigration

immigré, e [imigre] **adj, nm, nf** immigrant

immobile [imɔbil] **adj** still*

– So you're telling me he's been *still* like that for several days?
– Yes, and I don't know why.

impair, e [ɛ̃pɛr] **adj** odd
19 est un nombre impair. 19 is an odd number.

impatient, e [ɛ̃pasjɑ̃, ɑ̃t] **adj** impatient

impératrice [ɛ̃peratris] **nf** empress

– Si tu tiens à m'*imiter*, tu dois raser ta moustache.
– Oui, Ma !

– If you really want to *look like* me, you need to shave your moustache.
– Yes, Ma!

imperméable [ɛ̃pɛrmeabl]
◉ **adj** waterproof
Ce tissu est imperméable. This fabric is waterproof.
◉ **nm** raincoat
Il mit la main dans la poche de son imperméable. He put his hand in his raincoat pocket.

importance [ɛ̃pɔrtɑ̃s] **nf**
1. importance
Cette affaire est de la plus haute importance. This matter is of the utmost importance.
2. *Locution* **avoir de l'importance** to matter, to be important
Cela n'a pas d'importance. It doesn't matter.

important, e [ɛ̃pɔrtɑ̃, ɑ̃t] **adj**
1. important
Je suis quelqu'un de très important, vous savez ! I'm very important, you know!
2. large, considerable
Il a touché une prime importante. He earned a large bounty.

importer [ɛ̃pɔrte]
◉ **vt** to import
Il importe des cigares. He imports cigars.
◉ **vi** to matter, to be important
Peu importe ! It doesn't matter!
• **n'importe quand** at any time
• **n'importe quel** any
• **n'importe qui** anyone

impossible [ɛ̃pɔsibl] **adj** impossible
Il est impossible qu'ils se soient déjà échappés ! It's impossible that they've already escaped!
Il est impossible de faire confiance à Joe. It's impossible to trust Joe.

impôt [ɛ̃po] **nm** tax
Il a payé 20 000 euros d'impôts. He paid 20,000 euros in tax.

impression [ɛ̃presjɔ̃] **nf**
1. impression
Billy the Kid n'a pas fait bonne impression. Billy the Kid didn't make a good impression.
2. printing
Impression en couleur. Colour printing.
3. *Locution* **avoir l'impression que** to have the feeling that

informatique

Je reprendrais bien un peu de soupe.
Tu vas avoir une indigestion !

– I would love some more soup.
– You're going to have indigestion!

incendie [ɛ̃sɑ̃di] **nm** fire

inconnu, e [ɛ̃kɔny]
◉ **adj** unknown
La pièce est jouée par des acteurs inconnus. The play is performed by unknown actors.
◉ **nm, nf** stranger
L'inconnu entra dans le saloon. The stranger entered the saloon.

inconvénient [ɛ̃kɔ̃venjɑ̃] **nm** disadvantage, drawback
Voyager en diligence comportait bien des inconvénients. Travelling by stagecoach had its drawbacks.
Attention, "inconvénient" ne doit pas être traduit par "inconvenient", un adjectif qui signifie "malcommode", "pas pratique".

incroyable [ɛ̃krwajabl] **adj** incredible, unbelievable
Ce que tu dis est incroyable ! What you say is incredible!

Inde [ɛ̃d] **nf** India
Il rêve de visiter l'Inde. His dream is to visit India.

indépendance [ɛ̃depɑ̃dɑ̃s] **nf** independence

indien, enne [ɛ̃djɛ̃, ɛn] **adj, nm, nf**
1. Lorsqu'il s'agit des habitants de l'Inde : Indian
2. Lorsqu'il s'agit des Indiens d'Amérique : (American) Indian, Native American

Attention, l'anglais prend toujours une majuscule.

indigestion [ɛ̃diʒɛstjɔ̃] **nf** indigestion*

indiquer [ɛ̃dike] **vt**
1. to indicate
Ceci indique que la situation s'améliore. This indicates that the situation is improving.
2. to point out
Il m'a indiqué la porte du doigt. He pointed the door out to me.
3. to show
Pouvez-vous m'indiquer le chemin de Dalton City ? Can you show me the way to Dalton City?
4. to say
L'horloge indiquait six heures. The clock said that it was six o'clock.
5. to recommend
Pouvez-vous nous indiquer un bon restaurant ? Can you recommend a good restaurant?

indispensable [ɛ̃dispɑ̃sabl] **adj** essential, indispensable
Votre aide nous est indispensable. Your help is essential to us.

indulgent, e [ɛ̃dylʒɑ̃, ɑ̃t] **adj**
1. lenient
Je vous dirai tout, mais soyez indulgent ! I'm going to tell you everything, but be lenient!
2. indulgent
Ma est trop indulgente avec Joe. Ma is too indulgent towards Joe.

industrie [ɛ̃dystri] **nf** industry

infirmerie [ɛ̃firməri] **nf** sick room, sick bay

infirmier, ère [ɛ̃firmje, ɛr] **nm, nf** nurse

information [ɛ̃fɔrmasjɔ̃]
◉ **nf**
1. information
Si vous voulez plus d'informations, adressez-vous au shérif. If you want more information, speak to the sheriff.
Attention, "information" est toujours suivi d'un verbe au singulier et s'emploie sans article.
2. news*

L'information le stupéfia !

The news stunned him!

◉ **nf pl** news
Les informations sont sur l'autre chaîne. The news is on the other channel.
Attention, "news" est toujours suivi d'un verbe au singulier.

informatique [ɛ̃fɔrmatik]
◉ **adj** computer
Nous avons un nouveau système informatique. We've got a new computer system.
◉ **nf**
1. computing
Son frère travaille dans l'informatique. Her brother works in computing.
2. computers
Il s'y connaît en informatique. He knows about computers.

quatre cent quarante-cinq • 445 • four hundred and forty-five

informer

Vous êtes sur mes terres ! À chaque inondation, c'est la même chose !

— You're on my land! Every time there's a flood, it's the same thing!

informer [ɛ̃fɔrme] **vt**
✿ to inform
On vient de m'informer de l'évasion des Dalton. I've just been informed of the Daltons' escape.
✿ **s'informer sur vpr** to ask about
Je vais m'informer sur les horaires du train. I'm going to ask about the train times.

ingénieur [ɛ̃ʒenjœr] **nm** engineer

inondation [inɔ̃dasjɔ̃] **nf** flood*

inquiet, ète [ɛ̃kjɛ, ɛt] **adj** worried

inquiéter [ɛ̃kjete]
✿ **vi** to worry
✿ **s'inquiéter vpr** to worry
Ne t'inquiète pas, tu vas la revoir, ta maman ! Don't worry, you'll see your mummy again!

insecte [ɛ̃sɛkt] **nm** insect

installation [ɛ̃stalasjɔ̃] **nf**
1. installation
Nous attendons le plombier pour l'installation du chauffage. We're expecting the plumber for the installation of the heating.
2. settling in
Je les inviterai dès que nous aurons terminé notre installation. I'll invite them as soon as we've finished settling in.
• **installation électrique** wiring
• **installations sanitaires** sanitary fittings, sanitary installations

installer [ɛ̃stale]
✿ **vt**
1. to install, to put in
Le chauffage central n'a pas encore été installé. Central heating hasn't been installed yet.
2. to put up
J'ai installé des étagères dans la chambre. I've put shelves up in the bedroom.
✿ **s'installer vpr**
1. to settle in
Je viendrai vous voir quand vous aurez fini de vous installer. I'll come and see you once you've settled in.
2. to settle down
Installez-vous dans le fauteuil, je reviens tout de suite. Settle down in the armchair, I'll be back straight away.
3. to set up
Elle s'est installée à son compte. She's set up her own business.

instant [ɛ̃stɑ̃] **nm** instant
• **à l'instant**
Se traduit différemment selon les contextes.
Je l'ai vue à l'instant. I saw her a minute ago.
Il faut le faire à l'instant. We have to do it this instant.
• **pour l'instant** for the moment

instituteur, trice [ɛ̃stitytœr, tris] **nm, nf** teacher, primary-school teacher (**Am :** grade-school teacher) (voir page 252)

instruction [ɛ̃stryksjɔ̃]
✿ **nf** education
Il n'a pas beaucoup d'instruction. He doesn't have much education.
✿ **nf pl** instructions
C'est facile, il suffit de suivre les instructions. It's easy, it's just a matter of following the instructions.

instrument [ɛ̃strymɑ̃] **nm** instrument*

Averell a trouvé un instrument de musique qui lui convient !

Averell has found a musical instrument perfect for him!

insupportable [ɛ̃sypɔrtabl] **adj** unbearable

intelligence [ɛ̃teliʒɑ̃s] **nf** intelligence

intelligent, e [ɛ̃teliʒɑ̃, ɑ̃t] **adj** intelligent

intention [ɛ̃tɑ̃sjɔ̃] **nf**
1. intention
J'ai tout de suite deviné leurs intentions. I guessed their intentions straight away.
2. *Locution* **avoir l'intention de faire quelque chose** to intend to do something

interdire [ɛ̃tɛrdir] **vt** to forbid
Je t'avais pourtant interdit de faire du feu ! I did forbid you to light a fire!

interdit, e [ɛ̃tɛrdi, it] **adj**
1. forbidden
Il est interdit de jouer au ballon. Ball games are forbidden.
2. Sur des panneaux.
Baignade interdite. No swimming.
Entrée interdite. No entry.

quatre cent quarante-six • **446** • four hundred and forty-six

italien

intéressant, e [ɛ̃teresɑ̃, ɑ̃t] **adj**
1. interesting*

Vous avez lu le journal ? C'est très intéressant.
Oui, très intéressant !

– Have you read the paper? It's very interesting.
– Yes, very interesting!

2. good
J'ai acheté ce cheval à un prix très intéressant. I bought this horse at a very good price.

intéresser [ɛ̃terese]
❂ **vt**
1. to interest
Ma proposition vous intéresse-t-elle ? Does my offer interest you?
2. to concern
Ces mesures intéressent tout le monde. These measures concern everybody.
❂ **s'intéresser à vpr** to be interested in
Il s'intéresse surtout au sport. He's especially interested in sport.

internat [ɛ̃terna] **nm** boarding school
Il est en internat. He's at a boarding school.

international, e, aux [ɛ̃ternasjɔnal, o] **adj** international

interne [ɛ̃tɛrn]
❂ **adj** internal
Une hémorragie interne. An internal haemorrhage.
❂ **nm, nf** boarder
Les internes ne rentrent chez eux que le week-end. Boarders only go home at the weekend.

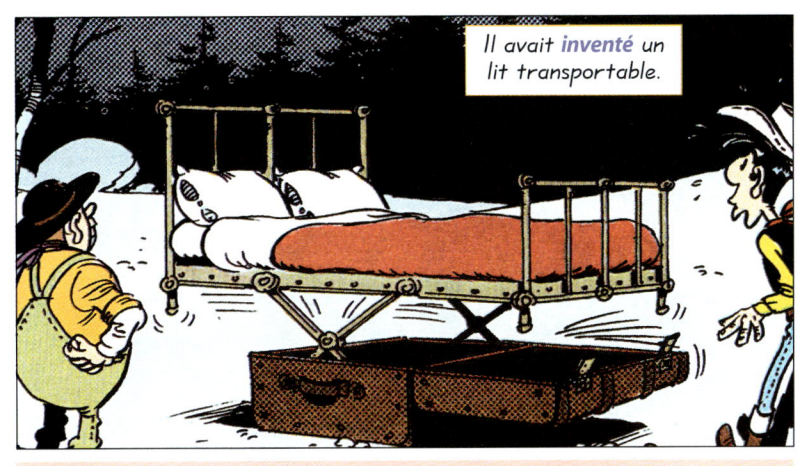

interroger [ɛ̃terɔʒe] **vt**
1. to question*

Le juge va interroger Billy the Kid.

The judge is going to question Billy the Kid.

2. to test
Le professeur d'anglais m'a interrogé sur les verbes irréguliers. The English teacher tested me on irregular verbs.

inutile [inytil] **adj** useless
Tous mes efforts ont été inutiles. All my efforts were useless.

inventer [ɛ̃vɑ̃te] **vt**
1. to invent*

Il avait inventé un lit transportable.

He had invented a portable bed.

2. to make up, to think up
Averell inventait toujours une excuse pour ne pas aller en cours. Averell always made up excuses to avoid going to class.

invitation [ɛ̃vitasjɔ̃] **nf** invitation

inviter [ɛ̃vite] **vt** to invite
Il nous a invités à dîner. He's invited us to dinner.

irlandais, e [irlɑ̃dɛ, ɛz]
❂ **adj, nm** Irish
Elle est d'origine irlandaise. She's of Irish origin.
❂ **nm, nf** Irishman (**f :** Irishwoman)
Les Irlandais. The Irish.
Attention, l'anglais prend toujours une majuscule.

Irlande [irlɑ̃d] **nf** Ireland
Il a quitté l'Irlande du Nord lorsqu'il avait dix ans. He left Northern Ireland when he was ten years old.

Italie [itali] **nf** Italy
L'été dernier, nous avons traversé toute l'Italie. Last summer, we crossed the whole of Italy.

italien, enne [italjɛ̃, ɛn] **adj, nm, nf** Italian
Elle parle l'italien couramment. She speaks fluent Italian.
Les Italiens. The Italians.
Attention, l'anglais prend toujours une majuscule.

j' → je

jaillir [ʒajir] **vi** to gush out*, to gush

Et le pétrole a jailli !
And the oil gushed out!

jaloux, ouse [ʒalu, uz] **adj** jealous

jamais [ʒamɛ] **adv**
1. **Dans un sens négatif :** never
Je ne remettrai jamais plus les pieds dans cette ville ! I'll never set foot in this town again!
2. **Dans un sens positif :** ever
C'est le chien le plus stupide que j'aie jamais vu ! It's the most stupid dog I've ever seen!
3. *Locution*
Si jamais tu le vois, dis-lui de m'appeler. If by any chance you meet him, ask him to call me.

jambe [ʒɑ̃b] **nf** leg

jambon [ʒɑ̃bɔ̃] **nm** ham*

Tiens, il apporte un jambon.
– Look, he's bringing a ham.

janvier [ʒɑ̃vje] **nm** January
Attention, les noms de mois prennent toujours une majuscule en anglais. (voir page 71)

Japon [ʒapɔ̃] **nm** Japan
Il part pour le Japon demain matin. He's leaving for Japan tomorrow morning.

japonais, e [ʒapɔnɛ, ɛz]
◉ **adj, nm** Japanese
Il parle le japonais couramment. He speaks fluent Japanese.
◉ **nm, nf** Japanese, Japanese person
Les Japonais. The Japanese.
Attention, l'anglais prend toujours une majuscule.

jardin [ʒardɛ̃] **nm** garden
• **jardin public** park

jardinage [ʒardinaʒ] **nm** gardening

jardinier, ère [ʒardinje, ɛr] **nm, nf** gardener

jaune [ʒon] **adj, nm** yellow
• **jaune d'œuf** egg yolk

je, j' [ʒə] **pron** I
Je suis le shérif. I'm the sheriff.
J'aime la danse. I like dancing.
(voir page 131)

jeter [ʒəte] **vt**
1. to throw away
Ils ont jeté tous les vieux journaux. They threw away all the old newspapers.

2. to throw*

Fais comme moi, jette ton verre !
– Do as I do, throw your glass!

• **se jeter dans** vpr to flow into
La Tamise se jette dans la mer du Nord. The Thames flows into the North sea.
• **se jeter sur** vpr to pounce on
Joe s'est jeté sur Ran Tan Plan. Joe pounced on Rin Tin Can.

jeton [ʒətɔ̃] **nm**
1. *Lorsqu'il s'agit d'un jeton de téléphone :* token
2. *Lorsqu'il s'agit du jeton d'un jeu de société :* counter
3. *Lorsqu'il s'agit d'un jeton pour jouer au casino :* chip

jeu [ʒø] **nm**
1. game
Je vais vous expliquer les règles du jeu. I'm going to explain the rules of the game to you.
2. set
Avez-vous un autre jeu de clés ? Have you got another set of keys?
3. gambling
Il a tout perdu au jeu. He lost everything at gambling.
4. play
La porte de ma chambre ne ferme pas bien, il y a du jeu. My bedroom door doesn't shut properly, there's a bit of play.
• **jeu de cartes** pack of cards
• **jeu de mots** pun
• **jeux Olympiques** Olympic Games
• **jeu de société** board game
• **jeu vidéo** video game

jeudi [ʒødi] **nm** Thursday
Attention, les noms de jours prennent toujours une majuscule en anglais. (voir page 71)

jeune [ʒœn]
✪ **adj** young*

Lorsqu'il était jeune, Lucky Luke était déjà bon tireur.
When he was young, Lucky Luke was already a good shot.

✪ **nm, nf** young person
Les jeunes. Young people.
• **jeune fille** girl
• **jeune homme** young man

jeunesse [ʒœnɛs] **nf**
1. youth
Jesse a fait de la prison dans sa jeunesse. Jesse was in jail in his youth.
2. young people
Il n'y a pas beaucoup de bonnes émissions pour la jeunesse. There aren't many good programmes for young people.

joie [ʒwa] **nf** joy

joli, e [ʒɔli] **adj**
1. pretty
Joe trouve Lulu très jolie. Joe finds Lulu very pretty.
2. nice, tidy
Bill Colorado a remporté une jolie somme au poker. Bill Colorado won a tidy sum at poker.

joue [ʒu] **nf** cheek

jouer [ʒwe]
✪ **vt**
1. to play
Jouons une dernière partie. Let's play one last game.
Il joue le rôle du bandit. He plays the part of the bandit.
2. to bet
Il a joué 500 euros sur Jolly Jumper. He bet 500 euros on Jolly Jumper.
3. to perform
Cette pièce a été jouée dans le monde entier. This play has been performed all over the world.
✪ **vi**
1. to play
Il joue au football tous les dimanches. He plays football every Sunday.
Jack joue très bien du banjo. Jack plays the banjo very well.
2. to act
Il a joué dans beaucoup de westerns. He has acted in a lot of westerns.

jouet [ʒwɛ] **nm** toy

joueur, euse [ʒwœr, øz] **nm, nf**
1. player
Il n'y avait que quelques joueurs de cartes au saloon hier soir. There were only a few card players in the saloon last night.
2. gambler
Ce joueur est réputé pour tricher au poker. This gambler is famous for cheating at poker.
• **joueur de football** footballer, football player

jour [ʒur] **nm**
1. day
Le jour de l'an. New Year's Day.
2. *Locution* **il fait jour** it's light
3. *Locution* **mettre quelque chose à jour** to update something
• **de jour** by day
• **de nos jours** nowadays
• **jour de congé** day off
• **jour férié** public holiday
• **jour ouvrable** working day
(voir page 71)

journal, aux [ʒurnal, o] **nm** newspaper, paper
• **journal intime** diary
• **journal télévisé** television news

journaliste [ʒurnalist] **nm, nf** journalist
Je suis journaliste. I'm a journalist.

journée [ʒurne] **nf** day
Je passerai vous voir dans la journée. I'll come and see you during the day.

joyeux

joyeux, euse [jwajø, øz] **adj**
1. happy, joyful
Joe est tout joyeux à l'idée de revoir Lulu. Joe is very happy at the thought of seeing Lulu again.
2. Dans des souhaits.
Joyeux Noël ! Merry Christmas!
Joyeux anniversaire ! Happy birthday!

juge [ʒuʒ] **nm** judge*

— *C'est moi le juge ici !*
— I'm the judge here!

juif, juive [ʒɥif, ʒɥiv]
○ **adj** Jewish
La religion juive. The Jewish religion.
○ **nm, nf** Jew (f : Jewess)
De nombreux Juifs se sont installés en Israël. Many Jews have settled in Israel.
Attention, l'anglais prend toujours une majuscule.

juillet [ʒɥijɛ] **nm** July
Attention, les noms de mois prennent toujours une majuscule en anglais.
(voir page 71)

juin [ʒɥɛ̃] **nm** June
Attention, les noms de mois prennent toujours une majuscule en anglais.
(voir page 71)

jumeau, elle [ʒymo, ɛl] **adj, nm, nf** twin*
C'est sa sœur jumelle. It's her twin sister.

jupe [ʒyp] **nf** skirt

jurer [ʒyre]
○ **vt** to swear*

Jurez-vous de dire la vérité, toute la vérité, rien que la vérité ?
Je le jure !

— Do you swear to tell the truth, the whole truth, and nothing but the truth?
— I swear!

○ **vi** to swear
Ce n'est pas bien de jurer, Joe ! It's not nice to swear, Joe!

jury [ʒyri] **nm** jury

jus [ʒy] **nm**
1. Lorsqu'il s'agit du jus des fruits : juice
Le matin, il ne boit que du jus d'orange. He only drinks orange juice in the morning.
2. Lorsqu'il s'agit du jus de viande : gravy

Ce sont certainement des *jumeaux*.
They're probably twins.

jusqu'à [ʒyska] **prép**
1. until
Il a dormi jusqu'à midi. He slept until noon.
Tout allait bien jusqu'à ce que Lucky Luke arrive. Everything was fine until Lucky Luke arrived.
2. as far as
Allez jusqu'à la mairie, puis tournez à gauche. Go as far as the town hall, then turn left.
• **jusqu'à présent** up until now, so far

juste [ʒyst]
○ **adj**
1. fair
Ce n'est pas juste, je n'ai rien fait ! It's not fair, I didn't do anything!
2. right, correct
Si mes calculs sont justes, tout devrait bien se passer. If my calculations are right, everything should go well.
3. tight
Ces bottes sont un peu justes. These boots are a bit tight.
○ **adv**
1. correctly, right
Tu as deviné juste ! You guessed correctly!
2. exactly
Il est deux heures juste. It's exactly two o'clock.
3. just
Ils viennent juste de partir. They've just left.
Lucky Luke est arrivé juste à temps. Lucky Luke arrived just in time.
4. in tune
Elle chante juste. She sings in tune.

justice [ʒystis] **nf** justice

kangourou [kɑ̃guru] **nm** kangaroo

kidnapper [kidnape] **vt** to kidnap
Les Dalton ont kidnappé Jenny ! The Daltons have kidnapped Jenny!

kilogramme [kilɔgram] **nm** kilogram
(voir page 313)

kilomètre [kilɔmɛtr] **nm** kilometre (Am : kilometer)
(voir page 178)

L

l' → la, le

la art → le

la [la] pron
1. Lorsque "la" désigne une personne ou un animal familier : her
Ma Dalton est redoutable et Ran Tan Plan la craint. Ma Dalton is fearsome and Rin Tin Can is afraid of her.
2. Lorsque "la" désigne un objet ou un animal non familier : it
Vous voyez cette ferme là-bas ? J'ai l'intention de l'acheter. Can you see that farm over there? I intend to buy it. (voir page 131)

là [la] adv
1. there
Jolly Jumper est là, près de l'abreuvoir. Jolly Jumper is there, next to the trough.
Attention, lorsque "là" est suivi d'une proposition relative, la traduction est : where
C'est là que la bataille avec les Indiens a eu lieu. That's where the battle against the Indians happened.
2. here
Ah non, désolé, Belle Star n'est pas là aujourd'hui. No, sorry, Belle Star isn't here today.
3. then
Et là, heureusement, la cavalerie est arrivée. And then, fortunately, the cavalry arrived.
Attention, lorsque "là" est suivi d'une proposition relative, la traduction est : when
C'est là que le shérif a crié : "Au nom de la loi, je vous arrête !" That's when the sheriff shouted: "I arrest you in the name of the law!"

là-bas [laba] adv over there
Ils ont émigré aux États-Unis ; là-bas, tout le monde porte une arme. They emigrated to the United States; over there, everyone carries weapons.

laboratoire [labɔratwar] nm laboratory

lac [lak] nm lake*
Le lac Huron. Lake Huron.

Arrêtons-nous près de ce lac.
– Let's stop near this lake.

lacet [lasɛ] nm
1. lace
Attache tes lacets ou tu vas tomber. Tie your laces or you'll fall.
2. hairpin bend
Une route de montagne pleine de lacets. A mountain road full of hairpin bends.

lâche [lɑʃ]
❍ adj
1. loose
Le nœud était lâche et le cheval s'est échappé. The knot was loose and the horse ran away.
2. cowardly
Un Indien lâche, ça n'existe pas ! A cowardly Indian doesn't exist!
❍ nm, nf coward
Viens te battre, espèce de lâche ! Come and fight, you coward!

lâcher [lɑʃe]
❍ vt
1. to let go of*

Demandez-lui de me lâcher !
– Ask him to let go of me!

laid

2. to drop
Elle a lâché le vase qui s'est cassé. She dropped the vase and broke it.
3. to release
Ils ont lâché les chevaux sauvages dans l'enclos. They released the wild horses in the paddock.
◎ **vi**
1. to give way
La corde a lâché et Averell est tombé dans le précipice. The rope gave way and Averell fell into the precipice.
2. to fail
Les freins ont lâché. The brakes failed.

laid, e [lɛ, ɛd] **adj** ugly*

– I hate you!
– So do I!
They're so ugly!

laine [lɛn] **nf** wool
Une couverture en laine. A wool blanket, a woollen blanket.
• **laine de verre** glass wool
• **laine vierge** new wool

laisser [lese]
◎ **vt**
1. to let
Laissez-moi parler à Lucky Luke, c'est important. Let me speak to Lucky Luke, it's important.
Laissez bouillir la soupe pendant une bonne heure. Let the soup boil for a good hour.
2. to leave
Pour une fois, il a laissé Jolly Jumper à l'écurie. For once, he left Jolly Jumper in the stable.

Il vaut mieux laisser Joe tranquille, il est très énervé. We'd better leave Joe alone, he's very worked up.
◎ **se laisser vpr**
1. to let oneself
Le hors-la-loi s'est laissé emmener sans résistance. The outlaw let himself be taken away without putting up any resistance.
2. *Location* **se laisser aller** to let oneself go
3. *Location* **se laisser faire** to let oneself be pushed around
Ne vous laissez pas faire, réagissez ! Don't let yourselves be pushed around, do something!

lait [lɛ] **nm**
1. milk*

– A little glass of milk and off to bed!

2. milk, lotion
Du lait démaquillant. Cleansing milk/lotion.
• **lait demi-écrémé** semi-skimmed milk
• **lait écrémé** skimmed milk
• **lait entier** whole milk
• **lait en poudre** powdered milk

lame [lam] **nf**
1. blade
Une lame de rasoir. A razor blade.
2. strip
Une lame de parquet. A strip of parquet flooring.
3. wave
Les lames viennent se briser sur la plage. Waves break on the beach.

lampadaire [lɑ̃padɛr] **nm**
1. standard lamp (**Am** : floor lamp)

Ils ont acheté un lampadaire pour le salon. They bought a standard lamp for the living room.
2. lamppost
Il l'attendait sous un lampadaire. He was waiting for him under a lamppost.

lampe [lɑ̃p] **nf** lamp
• **lampe de chevet** bedside lamp
• **lampe de poche** torch (**Am** : flashlight)

lancement [lɑ̃smɑ̃] **nm** launch
Le lancement du Daily Star a été une réussite. The launch of the Daily Star was a success.

lancer [lɑ̃se]
◎ **nm**
1. throwing
Le lancer du disque/du javelot. Throwing the discus/the javelin.
2. putting
Le lancer du poids. Putting the shot.
◎ **vt**
1. to throw*

Joe lance une pierre par-dessus le mur.

Joe is throwing a stone over the wall.

2. to fire, to shoot
Les Indiens leur lançaient des flèches. The Indians were shooting arrows at them.
3. to launch
Le shérif de Nothing Gulch a lancé une grande offensive anti-criminalité. The sheriff of Nothing Gulch has launched a big anti-crime offensive.
◎ **se lancer vpr**
1. to jump
Ran Tan Plan s'est lancé dans le précipice sans réfléchir. Rin Tin Can

jumped into the precipice without thinking.
2. to take up
Calamity Jane s'est lancée avec enthousiasme dans la pâtisserie. Calamity Jane has enthusiastically taken up pastry-making.

langue [lɑ̃g] nf
1. tongue*

Jolly Jumper tire la langue à Lucky Luke.

Jolly Jumper is sticking his tongue out at Lucky Luke.

2. language
L'anglais est une langue très différente du français. English is a very different language from French.
3. *Locution* **donner sa langue au chat** to give up
• **langue étrangère** foreign language
• **langue maternelle** mother tongue

lapin [lapɛ̃] nm rabbit
Le magicien a sorti un lapin de son chapeau. The magician pulled a rabbit out of his hat.

large [laʁʒ]
◉ **adj** wide
Les cellules de la prison ne sont pas très larges. The prison cells aren't very wide.
◉ **nm**
1. open sea
2. *Locution* **au large de** off
Au large des côtes américaines. Off the coast of America.
3. *Locution* **faire... de large** to be… wide
Le champ fait cent mètres de large. The field is a hundred metres wide.

largeur [laʁʒœʁ] nf
1. width, breadth
2. *Locution* **faire... de largeur, faire une largeur de...** to be… wide
Le champ fait cent mètres de largeur. The field is a hundred metres wide.

larme [laʁm] nf
1. tear*
Ma Dalton est en larmes à l'idée de revoir ses fils. Ma Dalton is in tears at the thought of seeing her sons again.
Ran Tan Plan est si ému qu'il en a les larmes aux yeux. Rin Tin Can is so moved that he's got tears in his eyes.

Des larmes coulaient sur leurs joues.

– Boo-hoo… Boo-hoo… Boo-hoo… Tears were running down their cheeks.

2. drop
Une larme de whisky avec votre café ? A drop of whisky with your coffee?

lavabo [lavabo]
◉ **nm** washbasin
◉ **nm pl** toilets

lave-linge [lavlɛ̃ʒ] nm inv washing machine

laver [lave]
◉ **vt** to wash
◉ **se laver** vpr
1. to wash
Les cow-boys ne se lavent pas souvent. Cowboys don't wash very often.
"Lavez-vous les mains, les enfants", dit Ma Dalton. "Wash your hands, children", Ma Dalton said.
2. to brush, to clean
Il faut se laver les dents avant de se coucher. You must brush your teeth before going to bed.

lave-vaisselle [lavvɛsɛl] nm inv
dishwasher

le, la, les [lə, la, le] art
1. the
Le cow-boy qui vient de sortir du saloon s'appelle Lucky Luke. The cowboy who's just come out of the saloon is called Lucky Luke.
La ville tout entière était en émoi. The whole town was in turmoil.
Ils ont parlementé avec les tribus apaches. They negotiated with the Apache tribes.
2. Ne se traduit pas dans de nombreux cas.
(voir page 23)
3. Avec les parties du corps, l'article défini se traduit soit par un possessif, soit par un article indéfini.
Il a mal à la jambe. He's got a sore leg.
Lave-toi les mains. Wash your hands.
4. Lorsque "le, la, les" sont synonymes de "par" : a, an
Le terrain vaut dix mille dollars l'hectare. The land costs ten thousand dollars a hectare.
5. Dans les compléments de temps : on, in
Ils vont à la messe le dimanche. They go to church on Sundays.
Nous partirons le soir. We'll leave in the evening.

le [lə] pron
1. Lorsque "le" désigne une personne ou un animal familier : him
Lucky Luke est très attaché à Jolly Jumper et le traite comme un ami. Lucky Luke is very fond of Jolly Jumper and treats him like a friend.
2. Lorsque "le" désigne un objet ou un animal non familier : it
Si tu aimes mon chapeau, je te le donne. If you like my hat, you can have it.
3. Lorsque "le" a une valeur neutre : it, so
Je le lui ai rappelé. I reminded him of it.
Je te l'avais bien dit ! I'd told you so!
(voir page 131)

lécher

lécher [leʃe]
- **vt** to lick
- **se lécher** **vpr** to lick

Ran Tan Plan se léchait les babines. Rin Tin Can was licking his chops.

leçon [ləsɔ̃] **nf** lesson
Il prend des leçons particulières de piano. He takes private piano lessons.
Et que cela vous serve de leçon, sales bandits ! Let that be a lesson to you, you dirty criminals!

lecture [lɛktyr] **nf** reading

légende [leʒɑ̃d] **nf**
1. legend
Une vieille légende indienne. An old Indian legend.
2. caption
Une photo avec la légende "La célèbre actrice Sarah Bernhardt". A photograph with the caption "The famous actress Sarah Bernhardt".
3. key
– Que veut dire cette croix sur la carte ? – Regarde la légende. – What does this cross on the map mean? – Look at the key.

léger, ère [leʒe, ɛr] **adj**
1. light
Pour une fois, le cheval portait un fardeau très léger. For once, the horse was carrying a very light burden.
2. slight
Ce n'est qu'une blessure légère. It's only a slight injury.
3. weak
Ce café est trop léger. This coffee is too weak.
4. *Location* **prendre quelque chose à la légère** not to take something seriously
Il n'aurait pas dû prendre les menaces des Dalton à la légère. He should have taken the Daltons' threats seriously.

légume [legym] **nm** vegetable
- **légumes verts** green vegetables, greens

lendemain [lɑ̃dmɛ̃] **nm**
La traduction varie selon que "le lendemain" est suivi ou non d'un complément.
Le lendemain, le calme était revenu à Daisy Town. The next day, peace had returned to Daisy Town.
Le lendemain de l'arrestation de Billy. The day after Billy's arrest.
Le lendemain matin/après-midi. The next morning/afternoon.

lent, e [lɑ̃, ɑ̃t] **adj** slow

lentement [lɑ̃tmɑ̃] **adv** slowly

les art → **le**

les [le] **pron** them
J'ai fait ces délicieux gâteaux moi-même, tu vas les manger ! I've made these delicious cakes myself, and you're going to eat them!
(voir page 131)

lessive [lesiv] **nf**
1. Si la lessive est en poudre, la traduction est "washing powder" ; si la lessive est liquide, la traduction est "washing liquid".
Quelle lessive utilisez-vous ? What washing powder do you use?
2. washing*

Alors, ça t'amuse de faire la lessive ?

– So, do you enjoy doing the **washing**?

lettre [lɛtr]
- **nf**
1. letter
La première lettre est un "c" ou un "s" ? Is the first letter a "c" or an "s"?
2. letter*
- **nf pl** arts
La faculté de Lettres de Bordeaux. The Bordeaux arts faculty.
(voir page 157)

leur, leurs [lœr]
- **adj** their
Les Dalton aiment beaucoup leur mère. The Daltons love their mother a lot.
- **pron** theirs
J'ai mon opinion, ils ont la leur. I have my opinion, they have theirs.
(voir page 221)

leur [lœr] **pron** them, to them
Donne-leur l'argent. Give them the money./Give the money to them.
Lucky Luke leur a parlé en anglais. Lucky Luke talked to them in English.
(voir page 131)

lever [ləve]
- **vt** to lift, to raise
Lève bien haut tes pattes, Jolly Jumper. Lift your legs high, Jolly Jumper.
Je lève mon verre au succès de Lucky Luke ! I raise my glass to Lucky Luke's success!
- **se lever**
1. to get up
Les fermiers se lèvent très tôt pour labourer leurs champs. Farmers get up very early to plough their fields.
2. to stand up
Le juge arrive, veuillez vous lever. The judge is coming, please stand up.
3. to rise
Rien n'est plus beau que le soleil qui se lève sur la plaine. There's nothing more beautiful than the sun rising over the plains.
4. to lift, to clear
On dirait que le brouillard se lève. It looks like the fog is clearing.

Lucky Luke, j'ai une lettre pour vous !

– Lucky Luke, I've got a **letter** for you!

limiter

Voilà le train.

La ligne de chemin de fer traversait la plaine.

— Here comes the train.
The railway **line** crossed the plain.

lèvre [lɛvr] **nf** lip

lézard [lezar] **nm** lizard

libérer [libere]
○ **vt** to free, to release
○ **se libérer vpr**
1. to free oneself
Joe a réussi à se libérer de ses chaînes. Joe managed to free himself from his chains.
2. to be free
Pouvez-vous essayer de vous libérer mardi ? Can you try and be free on Tuesday?

liberté [libɛrte] **nf**
1. freedom
"Ah, enfin, la liberté !", s'exclama Joe en sortant de prison. "Freedom at last!", Joe exclaimed as he came out of prison.
2. *Locution* **en liberté** free*

Allez, je te remets en liberté.

— Go on, I'm setting you **free**.

librairie [libreri] **nf** bookshop

libre [libr] **adj** free
"Vous serez libres demain", dit le gardien de prison aux Dalton. "You'll be free tomorrow", the prison warder said to the Daltons.
Serez-vous libre pour la cérémonie d'inauguration de la voie ferrée ? Will you be free for the inauguration of the railway?

libre-service [librəsɛrvis] **nm**
1. *Lorsqu'il s'agit d'un magasin :* self-service shop
2. *Lorsqu'il s'agit d'un restaurant :* self-service restaurant

licencier [lisɑ̃sje] **vt**
Lorsque le licenciement est économique, la traduction est: to make redundant (**Am** : to lay off)
Lorsqu'il y a eu faute professionnelle, la traduction est: to dismiss

lier [lje]
○ **vt**
1. to tie up
Il lui a lié les mains avec une corde. He tied his hands up with a rope.
2. to link
L'attaque de la diligence doit être liée à l'évasion des Dalton. The attack on the stagecoach must be linked to the Daltons' escape.
○ **se lier vpr**
Se lier (d'amitié). To strike up a friendship.

lieu [ljø] **nm**
1. place

2. *Locution* **au lieu de** instead of
Au lieu de rêvasser, cherche les bandits, Ran Tan Plan ! Look for the bandits instead of daydreaming, Rin Tin Can!

lièvre [ljɛvr] **nm** hare

ligne [liɲ] **nf**
1. line*
Ma Dalton a écrit quelques lignes à ses fils qui sont en prison. Ma Dalton wrote a few lines to her sons who are in jail.
2. *Locution* **avoir la ligne** to be slim
3. *Locution* **se mettre en ligne** to line up

limite [limit] **nf**
1. limit
Ma patience a des limites, Ran Tan Plan ! There are limits to my patience, Rin Tin Can!
2. boundary
Il a planté des piquets pour marquer la limite de son champ. He stuck some posts in to mark the boundary of his field.
3. *Locution* **à la limite** if it comes to it
À la limite, nous pourrions faire appel à un chasseur de primes. If it comes to it, we could call in a bounty hunter.

limiter [limite]
○ **vt**
1. to limit, to restrict
Si nous voulons limiter la criminalité, il nous faut plus de shérifs. If we want to limit crime, we need more sheriffs.

quatre cent cinquante-cinq • 455 • four hundred and fifty-five

limonade

Tenez, voici du linge à laver.

— Here you are, some **washing** for you to do.

2. to bound
Les champs sont limités par des clôtures. The fields are bounded by fences.
✪ **se limiter** vpr to limit oneself
Billy essaie de se limiter à quatre chocolats chauds par jour. Billy is trying to limit himself to four hot chocolates a day.

limonade [limɔnad] nf lemonade

linge [lɛ̃ʒ] nm
1. linen
Je leur ai offert du linge de table pour leur mariage. I gave them some table linen for their wedding.
2. washing*

lion [ljɔ̃] nm lion*

AAAAH!!

Il n'avait pas vu le lion.

He hadn't seen the **lion**.

lionne [ljɔn] nf lioness

liqueur [likœr] nf liqueur

liquide [likid]
✪ adj liquid
✪ nm
1. liquid
Du liquide vaisselle. Washing-up liquid.
2. cash
Les bandits ont volé tout le liquide de la banque. The bandits stole all the cash from the bank.

lire [lir] vt to read
Jesse James passait tout son temps à lire. Jesse James spent all his time reading.

lisse [lis] adj smooth

liste [list] nf
1. list
2. *Locution* **être sur liste rouge** to be ex-directory (**Am** : to be unlisted)

lit [li] nm bed*

Ouf ! Ils n'ont pas vu que j'étais caché sous le lit...

— Phew! They didn't see I was hiding under the **bed**...

• **lit de camp** camp bed (**Am** : cot)
• **lits jumeaux** twin beds
• **lits superposés** bunk beds
• **grand lit** double bed

litre [litr] nm litre (**Am** : liter)

littérature [literatyr] nf literature
Je suis heureuse que la littérature vous intéresse. I'm pleased to see that you're interested in literature.

livre [livr] nm book
• **livre de poche** paperback
• **livre scolaire** schoolbook, textbook

livre [livr] nf
1. half a kilo
Billy a acheté une livre de bonbons. Billy bought half a kilo of sweets.
2. pound
La livre sterling vaut environ dix francs. One pound sterling is approximately ten francs.

livrer [livre] vt
1. to deliver
Le propriétaire du saloon se fait livrer des caisses de whisky. The saloon owner has crates of whisky delivered.
2. to hand over
Le chasseur de primes a livré les desperados au shérif. The bounty hunter handed over the desperadoes to the sheriff.

louer

location [lɔkasjɔ̃] **nf**
1. renting
La location d'une maison est l'une des solutions possibles. Renting a house is one possible solution.
2. hire, rental
Location de voitures. Car rental, car hire.

loger [lɔʒe]
◆ **vi**
1. to live
Elle loge au centre de Dry Gulch. She lives in the centre of Dry Gulch.
2. to stay
Le négociant en bétail a logé une nuit à l'hôtel. The cattle dealer stayed for one night in the hotel.
◆ **vt** to put up
Nous sommes recherchés, pourrais-tu nous loger quelques jours ? We're wanted, could you put us up for a few days?

loi [lwa] **nf** law

loin [lwɛ̃] **adv**
1. far, a long way
Le désert n'est pas bien loin. The desert isn't very far.
Sommes-nous loin de la mine d'or ? Are we a long way from the gold-mine?
C'est plus loin que je ne le pensais. It's further than I thought.
2. a long time ago
Cette époque est bien loin. That was a long time ago.
3. a long way off
Les vacances ne sont plus très loin. The holidays aren't a long way off.
4. *Location* **au loin** in the distance
On distinguait au loin les signaux de fumée des Indiens. You could see the Indians' smoke signals in the distance.
5. *Location* **de loin**
Se traduit par "from a distance" au sens propre, et par "by far" lorsqu'il signifie "de beaucoup".
Les Indiens les observaient de loin. The Indians were watching them from a distance.
Joe est de loin le plus méchant des Dalton. Joe is by far the nastiest of the Daltons.

lointain, e [lwɛ̃tɛ̃, ɛn] **adj**
1. distant
Les pics lointains des Rocheuses. The distant peaks of the Rocky Mountains.
Dans un avenir lointain. In the distant future.
2. vague
Oui, il y a une lointaine ressemblance entre eux. Yes, there's a vague likeness between them.

loisirs [lwazir] **nm pl**
1. spare time
On n'a pas beaucoup de loisirs lorsqu'on est shérif. Sheriffs don't have much spare time.
2. leisure activities
Quels loisirs pratiques-tu ? What are your leisure activities?

Londres [lɔ̃dr] **n** London (voir page 164)

long, longue [lɔ̃, lɔ̃g]
◆ **adj**
1. long*

Oui, mon nez est très long, et alors ?

– Yes, my nose is very long, so what?

2. slow
Ran Tan Plan est très long à réagir. Rin Tin Can is very slow to react.
◆ **nm**
1. *Location* **faire… de long** to be… long
La nouvelle voie ferrée fait deux cents kilomètres de long. The new railroad is two hundred kilometres long.
2. *Location* **le long de** along
Lucky Luke et Jolly Jumper se promenaient le long de la rivière. Lucky Luke and Jolly Jumper were walking along the river.

longtemps [lɔ̃tɑ̃] **adv**
1. *Dans les phrases affirmatives :* (for) a long time
Le chasseur de primes les a cherchés longtemps. The bounty hunter looked for them for a long time.
2. *Dans les phrases négatives et les questions :* (for) long
Ils ne sont pas restés longtemps en prison. They didn't stay in jail for long.
3. *Locution*
"il y a longtemps" se traduit par "a long time ago" lorsque l'action est terminée, et par "for a long time" lorsqu'elle dure.
Il y a longtemps que le juge a démissionné. The judge resigned a long time ago.
Il y a longtemps qu'elle habite à Stone Plain. She has been living in Stone Plain for a long time.
4. *Location* **pendant longtemps** for a long time

longueur [lɔ̃gœr] **nf**
1. length
2. *Location* **faire… de longueur, faire une longueur de…** to be… long
Son champ fait deux cents mètres de longueur. His field is two hundred metres long.

lorsque [lɔrskə] **conj** when
Prévenez-nous lorsque vous arriverez. Let us know when you get there.

losange [lɔzɑ̃ʒ] **nm** lozenge, diamond

lot [lo] **nm**
1. prize
Le numéro 56 gagne ce splendide lot ! Number 56 wins this superb prize!
2. pack
Cinquante francs le lot de trois paires de chaussettes. Fifty francs for a pack of three pairs of socks.
• **gros lot** jackpot

louer [lwe] **vt**
1. to rent
Peut-on louer des chevaux ici ? Is it possible to rent horses here?
2. to rent out
Ils louent une chambre dans leur maison pour arrondir les fins de mois. They rent out a bedroom in their house to make a little extra.

loup

loup [lu] **nm** wolf*

— But it's not a dog, it's a wolf!

loupe [lup] **nf** magnifying glass

lourd, e [lur, lurd] **adj**
1. heavy*

— I didn't think it was so heavy.
— Yes, it's really heavy!

2. close
Il fait lourd aujourd'hui. It's close today.
3. unsubtle
Les plaisanteries de Billy the Kid sont parfois assez lourdes. Billy the Kid's jokes are sometimes quite unsubtle.

loyer [lwaje] **nm** rent

lui [lɥi] **pron**
1. Lorsque "lui" est sujet, la traduction est "he" pour un homme ou un animal familier et "it" pour un animal non familier.
Nous voulons nous rendre, mais lui insiste pour se battre. We want to surrender, but he insists on fighting.
2. Lorsque "lui" est complément, la traduction est "him" pour un homme ou un animal familier mâle, "her" pour une femme ou un animal familier femelle, "it" pour un animal non familier ou une chose.
Mon fils est en prison, ces oranges sont pour lui. My son is in jail, these oranges are for him.
Cette jument a soif, donnez-lui de l'eau. This mare is thirsty, give it some water.
(voir page 131 et page 325)

luge [lyʒ] **nf** toboggan
Les enfants ont fait de la luge tout l'après-midi. The children tobogganed all afternoon.

luire [lɥir] **vi**
1. to shine
Le soleil luisait dans le ciel. The sun was shining in the sky.
2. to glow
Les braises luisent encore. The embers are still glowing.

lumière [lymjɛr] **nf** light

lundi [lœ̃di] **nm** Monday
Attention, les noms de jour prennent toujours une majuscule en anglais.
(voir page 71)

lune [lyn] **nf**
1. moon*

The moon could be seen in the sky.
On voyait la lune dans le ciel.

C'est la pleine lune. There's a full moon.
2. Locution *être dans la lune* to have one's head in the clouds
Oh pardon, j'étais dans la lune. Oh sorry, I had my head in the clouds.
• **lune de miel** honeymoon

lunettes [lynɛt] **nf pl** glasses
Il portait des lunettes noires pour qu'on ne le reconnaisse pas. He was wearing dark glasses so as not to be recognized.
• **lunettes de soleil** sunglasses

lutte [lyt] **nf**
1. fight, struggle
La longue lutte des Indiens pour l'égalité des droits. The Indians' long struggle for equal rights.
2. wrestling
La lutte est un sport intéressant. Wrestling is an interesting sport.

lutter [lyte] **vi** to fight, to struggle
Lucky Luke lutte contre la criminalité. Lucky Luke is fighting against crime.

luxe [lyks] **nm**
1. luxury
2. Locution *de luxe* luxury
Lucky Luke a offert une selle de luxe à Jolly Jumper. Lucky Luke gave Jolly Jumper a luxury saddle.

Luxembourg [lyksɑ̃bur] **nm** Luxembourg
Passerez-vous par le Luxembourg ? Will you go through Luxembourg?

luxembourgeois, e [lyksɑ̃burʒwa, az]
• **adj** of Luxembourg
• **nm, nf** man/woman from Luxembourg
J'ai rencontré une Luxembourgeoise dans le train. I met a woman from Luxembourg on the train.

luxueux, euse [lyksɥø, øz] **adj** luxurious

lycée [lise] **nm** secondary school (**Am**: high school)
• **lycée professionnel** vocational school
(voir page 252)

M

m' → me

ma → mon

mâcher [maʃe] **vt** to chew*

Ce n'est pas facile à mâcher !

– It's not easy to chew.

machine [maʃin] **nf** machine*
- **machine à écrire** typewriter
- **machine à laver** washing machine

maçon [masɔ̃] **nm** bricklayer

madame [madam] (**pl** : mesdames) **nf**
1. Devant un nom propre, on utilise "Mrs" [ˈmɪsɪz].
2. Pour s'adresser à quelqu'un sans dire son nom, on utilise "madam".
Excusez-moi, madame, pourriez-vous m'indiquer où se trouve la banque ? Excuse me, madam, could you show me where the bank is?
Au pluriel, on utilise "ladies".
Bonsoir mesdames et messieurs. Good evening ladies and gentlemen.
3. Dans une lettre, on utilise "Madam".
Madame. Dear Madam.
Attention, parfois "madame" ne se traduit pas.
Bonjour, madame ! Good morning!
4. Pour appeler son professeur, on dit "Miss!".

mademoiselle [madmwazɛl] (**pl** : mesdemoiselles) **nf**
1. Miss

Voici la machine, monsieur. Elle vous plaît ?
Merveilleux !

– Here's the machine, sir. Do you like it?
– Wonderful!

Mlle Bonnet veut vous voir. Miss Bonnet wants to see you.
Madame, mademoiselle, par ici je vous prie. Madam, Miss, this way please.
2. Au pluriel, on utilise "ladies" pour s'adresser à des adultes, et "girls" pour s'adresser à des enfants.
Mesdames, mesdemoiselles, messieurs... Ladies and gentlemen...
Dépêchez-vous mesdemoiselles, le cours va commencer ! Hurry up, girls, the class is about to begin!
3. Attention, parfois "mademoiselle" ne se traduit pas.
Bonjour, mademoiselle ! Good morning!
4. Dans une lettre.
Mademoiselle. Dear Madam.
5. Pour appeler son professeur, on dit "Miss!".
Au lieu d'employer "Mrs" ou "Miss", on préfère parfois utiliser la forme "Ms" qui ne précise pas si la femme est mariée ou célibataire.

magasin [magazɛ̃] **nm** shop (**Am** : store)

magazine [magazin] **nm** magazine

magique [maʒik] **adj** magic
A-t-il des pouvoirs magiques ? Has he got magic powers?

magnétoscope [maɲetɔskɔp] **nm** video recorder, video, VCR

magnifique [maɲifik] **adj** magnificent, wonderful

mai

*— I am so **thin**, I wonder what on earth I'm doing in this beauty contest!*
*— And me, I'm **thinner** than you! — Same here!*

mai [mɛ] **nm** May
Attention, les noms de mois prennent toujours une majuscule en anglais. (voir page 71)

maigre [mɛgr] **adj**
1. thin*
2. lean
Cette viande est très maigre. This meat is very lean.
3. low-fat
Je préfère les yaourts maigres. I prefer low-fat yoghurts.

maigrir [megrir] **vi**
1. to lose weight
Il a beaucoup maigri. He's lost a lot of weight.
2. to lose
Elle a maigri de trois kilos. She's lost three kilos.

maillot [majo] **nm**
1. jersey
Les maillots de mon équipe sont bleus. My team's jerseys are blue.
2. leotard
As-tu ton maillot pour ton cours de danse ? Do you have your leotard for your dance class?
• **maillot de bain**
1. Lorsqu'il s'agit d'un maillot de bain de femme : swimming costume
2. Lorsqu'il s'agit d'un maillot de bain d'homme : swimming trunks
• **maillot de corps** vest (**Am** : undershirt)

main [mɛ̃] **nf** hand
Donne-moi la main. Hold my hand.
Haut les mains ! Hands up!
• **fait à la main** handmade

maintenant [mɛ̃tnɑ̃] **adv** now
Maintenant que les Dalton sont partis, nous allons être tranquilles ! Now that the Daltons have gone, we can rest easy!

maire [mɛr] **nm** mayor

mairie [meri] **nf** town hall (**Am** : city hall)

mais [mɛ] **conj**
1. but
Non seulement ils se sont sauvés, mais ils ont volé mes vêtements ! Not only did they run away, but they took my clothes!
2. Pour insister.
Mais non ! Of course not!
Mais alors, ils sont encore là ! So, they're still here!

maïs [mais] **nm** maize (**Am** : corn)

maison [mɛzɔ̃]
◦ **nf**
1. house*
2. home
Je suis fatigué, je rentre à la maison. I'm tired, I'm going home.
◦ **adj** homemade, home-made
Une tarte aux pommes maison. A home-made apple pie.

• **maison de campagne** house in the country

maître, esse [mɛtr, ɛs]
◦ **nm, nf**
1. teacher
La maîtresse a donné une punition à Averell. The teacher punished Averell.
2. master (**f** : mistress)
Être maître dans sa maison. To be master in one's house.
◦ **nf** mistress
Tout le monde sait qu'il a une maîtresse. Everybody knows he has a mistress.

*Il s'était fait construire une belle **maison**.*

He had a nice **house** built.

• **maître nageur** swimming instructor

majeur, e [maʒœr]
◉ **adj**
1. major
L'arrestation des Dalton est mon souci majeur. Arresting the Daltons is my major concern.
2. of age, over eighteen
Tu pourras conduire la voiture quand tu seras majeur. You'll be able to drive the car when you come of age.
◉ **nm** middle finger
Elle portait une bague au majeur. She was wearing a ring on her middle finger.

majorité [maʒɔrite] **nf** majority
Ils sont en majorité. They're in the majority.
• **la majorité de** the majority of, most

majuscule [maʒyskyl] **nf** capital letter

mal, maux [mal, mo]
◉ **nm**
1. evil
Le bien et le mal. Good and evil.
2. *Location*
"Avoir mal" se traduit différemment selon les contextes.
J'ai mal. It hurts.
J'ai mal au cœur. I feel sick.
J'ai mal aux dents. I have a toothache.
J'ai mal à la gorge. I have a sore throat.
J'ai mal à la tête. I have a headache.
J'ai mal au ventre. I have a stomachache.
3. *Location*
"Faire mal" se traduit différemment selon les contextes.
Aïe, ça fait mal ! Ouch, it hurts!
Ne lui faites pas de mal ! Don't hurt him!
Je me suis fait mal en jouant au foot. I've hurt myself while playing football.
4. *Location* **se donner du mal pour faire quelque chose** to make an effort to do something
5. *Location* **avoir du mal à faire quelque chose** to have difficulty doing something
6. *Location* **avoir le mal de mer** to be seasick
◉ **adv**
1. badly
Je l'ai traité d'idiot et il l'a très mal pris. I called him stupid and he took it very badly.
2. *Location* **aller mal** to be unwell
Il va mal depuis quelques jours. He's been unwell for the past few days.
3. *Location* **se sentir mal** to feel unwell
• **pas mal** familier not bad
• **pas mal de** familier quite a lot of

malade [malad]
◉ **adj** ill, sick
Je crois que je suis malade. I think I'm ill.
◉ **nm, nf** sick man (f : sick woman)
• **malade mental** mentally ill person

maladie [maladi] **nf** illness

maladresse [maladrɛs] **nf**
1. clumsiness*

*La **maladresse** de ce chien me surprendra toujours.*

— I'll never cease being surprised by this dog's **clumsiness**.

2. blunder
Averell a encore commis une maladresse. Averell has made another blunder.

mâle [mɑl] **adj, nm** male

malgré [malgre] **prép** in spite of, despite
• **malgré tout**
1. in spite of everything
Nous réussirons malgré tout. We'll succeed in spite of everything.
2. all the same
Je l'aime bien malgré tout. All the same, I still like him.

malheur [malœr] **nm**
1. misfortune
Le malheur s'est abattu une fois de plus sur les fermiers. The farmers have once more been struck by misfortune.
2. *Location* **porter malheur à quelqu'un** to bring somebody bad luck
• **par malheur** unfortunately

malheureusement [malœrøzmɑ̃] **adv** unfortunately

malheureux, euse [malœrø, øz] **adj**
1. unhappy*

*Comme je suis **malheureuse** !*

— I'm so **unhappy**!

2. unfortunate
Oublions ce malheureux incident. Let's forget this unfortunate incident.

malin, igne [malɛ̃, iɲ]
◉ **adj** cunning, crafty
Faites attention, Billy the Kid est très malin. Be careful, Billy the Kid is very cunning.
◉ **nm, nf** crafty person

malle [mal] **nf** trunk

maman [mamɑ̃] **nf** mum, mummy (**Am** : mom)
Maman est allée faire les courses avec mes frères. Mummy went shopping with my brothers.

Manche [mɑ̃ʃ] **nf** English Channel
Ils ont traversé la Manche en ferry. They crossed the English Channel by ferry.

manche

manche [mɑ̃ʃ] **nf**
1. sleeve*

Attendez que je retrousse mes manches !
— Just you wait until I've rolled my *sleeves* up!

2. **La manche d'un jeu se traduit par :** round, game
3. **La manche d'un match de tennis se traduit par :** set
- **à manches courtes** short-sleeved
- **à manches longues** long-sleeved

manche [mɑ̃ʃ] **nm** handle*

La balle coupa le manche de son tomahawk.
The bullet sliced the *handle* of his tomahawk.

manger [mɑ̃ʒe]
✺ **vt** to eat
✺ **vi**
1. to eat
Averell ne pense qu'à manger ! Averell is always thinking about eating!

2. *Locution*
"Donner à manger à" se traduit différemment selon les contextes.
Pouvez-vous me donner quelque chose à manger ? Can you give me something to eat?
Est-ce que tu as donné à manger au chat ? Did you feed the cat?

manière [manjɛʁ]
✺ **nf** way
Ils font tout de la même manière. They do everything the same way.
✺ **nf pl**
1. manners
Il a vraiment de mauvaises manières ! He has got really bad manners!
2. *Locution* **faire des manières** to be difficult
- **de toute manière** anyway
- **de manière à** in order to
- **de manière à ce que** so that

manifestation [manifɛstasjɔ̃] **nf**
1. demonstration
Une manifestation contre le nucléaire. A demonstration against nuclear power.
2. event
Painful Gulch a prévu plusieurs manifestations sportives. Painful Gulch has planned several sporting events.

mannequin [manˈkɛ̃] **nm**
1. model
Elle est mannequin. She's a model.
2. dummy
Les mannequins dans la vitrine. The dummies in the shop window.

manquer [mɑ̃ke]
✺ **vt** to miss
Lucky Luke ne manque jamais sa cible. Lucky Luke never misses his target.
✺ **vi**
1. to be absent
Elle ne manque jamais. She's never absent.
2. to be missing
Il manque deux fusils. Two rifles are missing.
3. **Se traduit par une expression.**
Il me manque un euro pour m'acheter ce gâteau. I need one more euro to pay for this cake.
4. **Se traduit par une expression.**
Averell a manqué se casser une jambe. Averell nearly broke his leg.
5. *Locution*
Vous allez me manquer. I'm going to miss you.
- **manquer de** to be short of, to lack
Nous manquons d'argent et de temps. We're short of time and money.

manteau [mɑ̃to] **nm** coat*

Allez, il faut y aller !
Attendez, je mets mon manteau.
— Come on, we need to go!
— Hold on, I'll put my *coat* on.

manuel, elle [manɥɛl] **adj, nm**
1. manual
2. **Lorsqu'il s'agit d'un manuel scolaire :** text book

maquillage [makijaʒ] **nm** make-up

se maquiller [sə makije] **vpr** to put one's make-up on*

Elle se maquille.
She's *putting her make-up on*.

marchand, e [marʃɑ̃, ɑ̃d] **nm, nf** shopkeeper (**Am** : storekeeper)
- **marchand de fruits et légumes** greengrocer (**Am** : fruit-and-vegetable seller)
- **marchand de journaux** newsagent (**Am** : newsdealer)

marche [marʃ] **nf**
1. walking
Nous avons fait beaucoup de marche aujourd'hui. We did a lot of walking today.
2. step
Attention à la marche ! Mind the step!
- **marche arrière** reverse
- **en marche**
1. moving
Les bandits ont sauté du train en marche. The bandits jumped from the moving train.
2. running
Le moteur est en marche. The engine is running.
3. *Locution* **mettre quelque chose en marche** to start something up

marché [marʃe] **nm**
1. market
Elle fait toutes ses courses au marché. She does all her shopping at the market.
2. deal
Marché conclu ! It's a deal!
- **bon marché** cheap
- **marché aux puces** flea market

marcher [marʃe] **vi**
1. to walk
Ils ont marché pendant des heures dans le désert. They walked for hours in the desert.
2. to work
Je suis sûr que ça va marcher ! I'm sure it's going to work!
3. to go well
Tout a très bien marché. Everything went very well.
4. *Locution* familier **faire marcher quelqu'un** to pull somebody's leg

mardi [mardi] **nm** Tuesday
Attention, les noms de jours prennent toujours une majuscule en anglais. (voir page 71)

mare [mar] **nf**
1. pond
Ran Tan Plan observait les canards dans la mare. Rin Tin Can was watching the ducks in the pond.
2. pool
Une mare de sang. A pool of blood.

marécage [marekaʒ] **nm** marsh

marée [mare] **nf** tide
À marée basse/haute. At low/high tide.

mari [mari] **nm** husband

mariage [marjaʒ] **nm**
1. Pour désigner la cérémonie, on traduit par : wedding
2. Pour désigner l'institution, on traduit par : marriage

se marier [sə marje] **vpr**
1. to get married*
2. *Locution* **se marier avec quelqu'un** to marry somebody

marin, e [marɛ̃, in]
◉ **adj** sea
L'air marin nous a fait le plus grand bien. The sea air did us a world of good.
◉ **nm** sailor
Les Dalton ne sont pas de très bons marins. The Daltons are not very good sailors.

marine [marin]
◉ **adj inv, nm** navy blue, navy
Le bleu marine lui va très bien. Navy suits her really well.
◉ **nf** navy
Il est dans la marine. He's in the navy.

Maroc [marɔk] **nm** Morocco
Connais-tu le Maroc ? Do you know Morocco?

marocain, e [marɔkɛ̃, ɛn] **adj, nm, nf** Moroccan
L'équipe marocaine a remporté la première manche. The Moroccan team won the first round.
Les Marocains. The Moroccans.
Attention, l'anglais prend toujours une majuscule.

marque [mark] **nf**
1. mark
Chaque jour les Dalton faisaient une marque sur le mur. Every day the Daltons made a mark on the wall.
2. make, brand
Elle achète toujours la même marque de café. She always buys the same brand of coffee.
3. score
La marque est de 3 à 1. The score is 3 to 1.

marquer [marke] **vt**
1. to mark
Il marqua sur la carte l'emplacement de la banque. He marked on the map the position of the bank.
2. to note down
N'oublie pas de le marquer dans ton cahier. Don't forget to note it down in your notebook.
3. to score
Il a marqué deux buts. He scored two goals.

— Step up here everyone who wants to get married!
(Que tous ceux qui veulent se marier approchent !)

marraine

4. to make an impression on
Cette expérience l'a beaucoup marqué. This experience made a big impression on him.

marraine [marɛn] **nf** godmother

marron [marɔ̃]
● **adj inv** brown
Elle a les yeux marron. She has brown eyes.
● **nm**
1. chestnut
Ils ont fait griller des marrons. They roasted some chestnuts.
2. brown
Le marron lui va très bien. Brown suits him really well.

mars [mars] **nm** March
Attention, les noms de mois prennent toujours une majuscule en anglais. (voir page 71)

marteau [marto] **nm** hammer*
• **marteau piqueur** pneumatic drill (**Am** : jackhammer)

masculin, e [maskylɛ̃, in]
● **adj**
1. male
Le sexe masculin. The male sex.
2. masculine
Un nom masculin. A masculine noun.
● **nm** masculine

masque [mask] **nm** mask

Mais sur quoi allons-nous coucher?
Peu importe, nous avons besoin de tous les matelas.

– But what are we going to sleep on?
– Never mind, we need all the **mattresses**.

masse [mas] **nf**
1. mass
Il vit une masse sombre dans l'escalier. He saw a dark mass on the stairs.
2. *Locution* **une masse de** a lot of
Le shérif a réuni une masse d'informations sur les Dalton. The sheriff gathered a lot of information on the Daltons.
• **en masse** en masse

match [matʃ] **nm**
1. match
Un match de foot. A football match.
2. *Locution* **faire match nul** to draw

matelas [matla] **nm** mattress*
• **matelas pneumatique** airbed

matériel, elle [materjɛl]
● **adj** material
La tempête n'a fait que des dégâts matériels. The storm caused material damage only.
● **nm**
1. equipment
Le fermier est allé en ville pour acheter du matériel. The farmer has gone into town to buy some equipment.
2. hardware
Matériel informatique. Computer hardware.

mathématiques [matematik] **nf pl** mathematics

maths [mat] **nf pl familier** maths (**Am** : math)

matière [matjɛr] **nf**
1. material
Matière première. Raw material.
2. subject
Elle est bonne dans toutes les matières. She's good at all subjects.
• **matières grasses** fat

matin [matɛ̃] **nm** morning
Les Dalton font leur gymnastique le matin. The Daltons do their exercises in the morning.
Ils sont rentrés à deux heures du matin. They came back at two o'clock in the morning.

Allez, dépêchez-vous ! Plus vite avec ce marteau !

– Come on, hurry up! Get a move on with that **hammer**!

membre

matinée [matine] **nf** morning
Je passerai demain dans la matinée. I'll come tomorrow sometime in the morning.

mauvais, e [movɛ, ɛz]
◉ **adj**
1. bad*

C'était un très mauvais élève.

He was a very **bad** pupil.

2. wrong
Averell est parti dans la mauvaise direction. Averell went the wrong way.
3. nasty
Ce chasseur de primes a l'air mauvais. This bounty hunter looks nasty.
◉ **adv** bad
Il fait mauvais. The weather is bad.
Ça sent mauvais. It smells bad.

maximum [maksimɔm] **nm** maximum
• **au maximum** at the most
Lucky Luke sera de retour dans deux jours au maximum. Lucky Luke will be back in two days at the most.

me, m' [mə] **pron**
1. Lorsque "me" est complément d'objet direct : me
Ce chien me suit partout. This dog follows me everywhere.
2. Lorsque "me" est complément d'objet indirect : (to) me
Il me l'a donné. He gave it to me.
Tu me fais mal. You're hurting me.
3. Lorsque "me" a une valeur réfléchie, soit il se traduit par "myself", soit il ne se traduit pas.

Je me suis fait mal. I've hurt myself.
Je me suis lavé et rasé. I washed and shaved.
(voir page 131 et page 325)

mécanicien, enne [mekanisjɛ̃, ɛn] **nm, nf** mechanic

méchant, e [meʃɑ̃, ɑ̃t] **adj** nasty

médaille [medaj] **nf**
1. medal
Le maire de Painful Gulch a remis la médaille d'or au vainqueur. The mayor of Painful Gulch presented the gold medal to the winner.
2. medallion*

Il a reconnu la médaille de son fils !

He recognized his son's **medallion**!

médecin [mɛdsɛ̃] **nm** doctor
Vous devriez aller chez le médecin. You should go to the doctor's.

médicament [medikamɑ̃] **nm** medicine*, drug

Prends ce médicament et ça ira mieux !

– Take this **medicine** and you'll feel better!

se méfier [sə mefje] **vpr** to be careful
Méfie-toi, il est dangereux. Be careful, he's dangerous.
• **se méfier de** to distrust
Lucky Luke se méfie des Dalton. Lucky Luke distrusts the Daltons.

meilleur, e [mɛjœr]
◉ **adj**
1. **Comparatif :** better
C'est meilleur avec de la crème ! It's better with cream!
2. **Superlatif :** best
Lucky Luke est le meilleur tireur de l'Ouest. Lucky Luke is the best shot in the Wild West.
◉ **nm, nf** best
C'est la meilleure de la classe en maths. She's the best in the class at maths.

mélanger [melɑ̃ʒe] **vt**
1. to mix
Mélange bien tous les ingrédients. Mix all the ingredients well.
2. to shuffle
Il a mélangé les cartes. He shuffled the cards.
3. to mix up
Il a mélangé tous mes papiers. He mixed up all my papers.

mêler [mele] **vt**
1. to mix
J'aime bien mêler différents styles. I like mixing several styles.
2. to mix up
Il a mêlé tous les dossiers. He mixed up all the files.
3. *Locution* **mêler quelqu'un à quelque chose** to involve somebody in something
• **se mêler à** to join in
Il s'est mêlé à la conversation. He joined in the conversation.
• **se mêler de** to interfere in
Je n'aime pas qu'on se mêle de mes affaires. I don't like people to interfere in my business.

melon [məlɔ̃] **nm** melon

membre [mɑ̃br] **nm**
1. limb
Membre inférieur/membre supérieur. Lower limb/upper limb.
2. member
Il est membre d'un club de gym. He's a member of a gym.

même

même [mɛm]
- **adj**
1. same
Il a la même coupe de cheveux que tous ses frères. He has the same hairstyle as all his brothers.
2. **Pour insister.**
Ran Tan Plan, c'est la gentillesse même ! Rin Tin Can is kindness itself!
- **pron**
Le même/la même. The same one.
C'est la même que la mienne. It's the same one as mine.
- **adv**
1. even*

Même les oiseaux ont perdu leurs plumes !

Even the birds have lost their feathers!

2. very
Je l'ai rencontré aujourd'hui même. I met him this very day.
3. *Location* **être à même de faire quelque chose** to be able to do something
4. *Location* **faire de même** to do the same
5. *Location*
– **Bonne année ! – Vous de même !**
– Happy New Year! – And the same to you!
6. *Location* **quand même, tout de même** anyway
Il est quand même venu. He came anyway.
- **de même que** just as

mémoire [memwar] **nf** memory
Leur chef a bonne mémoire. Their chief has a good memory.
- **de mémoire** from memory

menacer [mənase] **vt** to threaten
Il a menacé de tout raconter au shé-rif. He threatened to tell the sheriff everything.

ménage [menaʒ] **nm**
1. housework*
2. couple
Un ménage uni. A close couple.

– *I've had enough of her asking us to do the housework!*

mendier [mɑ̃dje] **vi** to beg

mener [məne]
- **vt**
1. to take
Cette route vous mènera au village. This road will take you to the village.
2. to conduct
Le shérif mène l'enquête. The sheriff is conducting the enquiry.
3. to lead
Lucky Luke menait le convoi. Lucky Luke was leading the convoy.
- **vi** to lead
L'équipe écossaise mène deux buts à zéro. The Scottish team is leading by two goals to nil.

mensonge [mɑ̃sɔ̃ʒ] **nm** lie

mensuel, elle [mɑ̃sɥɛl] **adj, nm** monthly

mentir [mɑ̃tir] **vi** to lie
Il m'a menti. He lied to me.

menton [mɑ̃tɔ̃] **nm** chin

menu, e [məny]
- **adj** tiny
Il est très menu pour son âge. He's very tiny for his age.
- **nm** menu
Qu'y a-t-il au menu ? What's on the menu?

mer [mɛr] **nf** sea
- **à la mer** at the seaside
Ils passent leurs vacances à la mer. They spend their holidays at the seaside.

merci [mɛrsi] **excl** thank you*

– *Thank you, thank you very much!*

Merci de m'avoir prévenu. Thank you for letting me know.

mercredi [mɛrkrədi] **nm** Wednesday
Attention, les noms de jours prennent toujours une majuscule en anglais. (voir page 71)

mère [mɛr] **nf** mother

mériter [merite] **vt** to deserve

merveille [mɛrvɛj] **nf** marvel, wonder
- **à merveille** wonderfully

merveilleux, euse [mɛrvɛjø, øz] **adj** wonderful, marvellous

mes → mon

mesdames → madame

mesdemoiselles → mademoiselle

message [mesaʒ] **nm** message

messieurs → monsieur

mesure [məzyr] **nf**
1. measurement
Ne bougez pas, je vais prendre vos mesures. Don't move, I'll take your measurements.
2. measure
Le shérif a pris des mesures d'urgence. The sheriff took emergency measures.
3. time
Averell chantait et battait la mesure du pied. Averell was singing and beating time with his foot.
4. *Location* **dans la mesure du possible** as far as possible
5. *Location* **être en mesure de faire quelque chose** to be in a position to do something
• **sur mesure** made-to-measure
Un costume sur mesure. A made-to-measure suit.

mesurer [məzyre] **vt**
1. to measure*

– Hurry up and **measure** him!
Dépêchez-vous de le mesurer !

2. *Se traduit par une expression.*
Il mesure un mètre quatre-vingts. He's six feet tall.
Cette planche mesure un mètre cinquante. This plank is five feet long.

métal [metal] **nm** metal

météo [meteo] **nf** weather forecast

méthode [metɔd] **nf**
1. method
Je n'aime pas leurs méthodes. I don't like their methods.
2. handbook
Il a acheté une méthode de solfège. He bought a music handbook.

métier [metje] **nm** job*, occupation

*Cet homme est chasseur de primes. C'est son **métier**.*

This man is a bounty hunter. It's his **job**.

mètre [mɛtr] **nm**
1. metre (**Am** : meter)
Leur appartement fait plus de cent mètres carrés. Their flat is over a hundred square metres.
2. rule
Il a pris son mètre pour mesurer la hauteur de la fenêtre. He took his rule to measure the height of the window.

métro [metro] **nm**
1. *Pour désigner le réseau, on traduit par :* underground (**Am** : subway)
2. *Pour désigner le train, on traduit par :* train

mettre [mɛtr]
◉ **vt**
1. to put
Il a mis l'argent sur la table. He put the money on the table.
2. to put on, to wear
Joe a mis son beau costume. Joe has put his nice suit on.
3. to take
La diligence met deux jours pour y arriver. The stagecoach takes two days to get there.
4. to spend
Combien voulez-vous mettre dans cet achat ? How much do you want to spend?
5. to put on, to switch on
Je vais mettre le chauffage. I'll put the heating on.
6. to put in
Nous avons fait mettre le téléphone. We had the telephone put in.
7. to put down, to write
J'ai mis mon nom sur la liste. I've put my name down on the list.
◉ **se mettre vpr**
1. to go
Où se mettent les assiettes ? Where do the plates go?
2. to wear, to put on
Je n'ai rien à me mettre. I haven't got anything to wear.
3. *Se traduit différemment selon les contextes.*
Il s'est mis dans le fauteuil et il s'est endormi. He sat down in the armchair and fell asleep.
Allez, mets-toi au lit. Come on, get into bed.
4. *Location* **se mettre en colère** to get angry
5. *Location* **se mettre à faire quelque chose** to start doing something

meuble [mœbl] **nm** piece of furniture
Des meubles. Furniture.
Ses meubles sont très modernes. His furniture is very modern.
Attention, "furniture" est toujours suivi d'un verbe au singulier.

midi [midi] **nm**
1. midday, twelve
Il est midi. It's midday.
Il est midi et quart. It's quarter past twelve.
2. lunchtime
As-tu prévu quelque chose pour midi ? Are you doing anything this lunchtime?
3. South of France
Il est en vacances dans le Midi. He's on holiday in the South of France.

miel [mjɛl] **nm** honey

le mien, la mienne, les miens, les miennes [lə mjɛ̃, la mjɛn, le mjɛ̃, le mjɛn] **pron** mine

mieux

Ce n'est pas ton tour, c'est le mien ! It's not your turn, it's mine!
Ce n'est pas ta maison, c'est la mienne. It's not your house, it's mine.
Ce ne sont pas tes jouets, ce sont les miens. They're not your toys, they're mine.
Ce ne sont pas tes poupées, ce sont les miennes. They're not your dolls, they're mine.
(voir page 186)

mieux [mjø]
✪ **adv**
1. better*
Vous feriez mieux de vous taire. You would do better to keep quiet.
C'est lui le mieux habillé des deux. He's the better dressed of the two.

— Aren't you any **better**?
— No!

2. best
C'est le chasseur de primes le mieux payé de tout l'Ouest. He's the best paid bounty hunter in the whole West.
✪ **adj** better
C'est mieux que rien. It's better than nothing.
✪ **nm** best
Le mieux, c'est d'attendre la nuit. It's best to wait till it's dark.
Il a fait de son mieux. He did his best.
• *de mieux en mieux* better and better

migraine [migrɛn] **nf** migraine

milieu [miljø] **nm**
1. middle
Les Dalton se sont échappés au milieu de la nuit. The Daltons escaped in the middle of the night.
2. environment
Cette plante pousse en milieu humide. This plant grows in a humid environment.
3. background
Il vient d'un milieu aisé. He comes from a wealthy background.

militaire [militɛr]
✪ **adj** military
La vie militaire. Military life.
✪ **nm** soldier
Les militaires arrivèrent enfin. At last, the soldiers arrived.

mille [mil] **adj num, nm** a thousand, one thousand
Deux mille. Two thousand.
(voir page 195)

milliard [miljar] **nm** thousand million (**Am** : billion)

milliardaire [miljardɛr] **nm** multimillionaire*

millier [milje] **nm** thousand*
Des milliers de personnes. Thousands of people.

Il se demandait ce qu'il pouvait faire avec plusieurs milliers de dollars.

He was wondering what he could do with several **thousand** dollars.

Mais enfin, je suis milliardaire, vous ne le savez pas ?

— But I am a **multimillionaire**, don't you know that?

mobile

Et alors, je n'y suis pour rien s'il n'y a plus d'or dans cette mine.

— So what, it's not my fault if there's no gold left in this mine.

million [miljɔ̃] **nm** million
Il a gagné un million d'euros. He won a million euros.

mince [mɛ̃s] **adj**
1. slim
Elle est très mince. She's very slim.
2. thin
Il a coupé le jambon en tranches minces. He cut the ham in thin slices.

mine [min] **nf**
1. mine*
2. lead
La mine de mon crayon s'est cassée. The lead of my pencil has broken.
3. *Locution* **avoir bonne mine/avoir mauvaise mine** to look well/to look ill
Je trouve que Jolly Jumper a mauvaise mine, pas vous ? I think Jolly Jumper looks ill, don't you?

mineur, e [minœr]
○ **adj**
1. under eighteen, underage
Il est encore mineur. He's still under eighteen.
2. minor
Ce n'est qu'un problème mineur. It's only a minor problem.
○ **nm, nf** minor
Les mineurs doivent apporter une autorisation des parents. Minors need to bring permission from their parents.
○ **nm** miner
Les mineurs sont en grève. The miners are on strike.

minimum [minimɔm] **adj, nm** minimum
• **au minimum** at least

ministère [minister] **nm** ministry (**Am** : department)

ministre [ministr] **nm** minister (**Am** : secretary)
Le Premier ministre. The Prime Minister.

minorité [minɔrite] **nf** minority
Nous sommes en minorité. We're in the minority.

minuit [minɥi] **nm** midnight

minuscule [minyskyl]
○ **adj** tiny*
○ **nf** small letter
Écris en minuscules. Write in small letters.

minute [minyt] **nf** minute
Il devrait arriver d'une minute à l'autre. He should be here any minute now.

miracle [mirakl] **nm**
1. miracle
C'est un miracle que Lucky Luke s'en soit sorti. It's a miracle that Lucky Luke got through it.
2. *Locution* **par miracle** by some miracle

miroir [mirwar] **nm** mirror
Il mit le miroir à l'abri. He put the mirror away in a safe place.

misérable [mizerabl] **adj** poor
Il habite un quartier misérable. He lives in a poor area.

misère [mizɛr]
○ **nf** poverty
Ils vivent dans la misère. They live in poverty.
○ **nf pl** *Locution* **faire des misères à quelqu'un** to give somebody trouble

mission [misjɔ̃] **nf** mission

mi-temps [mitɑ̃] **nf**
1. half
Ils ont marqué à la première mi-temps. They scored in the first half.
2. half-time
Il est allé acheter une glace à la mi-temps. He went to buy an ice cream at half-time.
3. *Locution* **travailler à mi-temps** to work part-time

mixte [mikst] **adj** mixed
Une école mixte. A mixed school.

mobile [mɔbil]
○ **adj** movable
Une cloison mobile. A movable partition.
○ **nm**
1. mobile
Le bébé regarde le mobile au-dessus de son lit. The baby is watching the mobile above its cot.
2. motive
Le mobile du crime. The motive for the crime.

Je me demande ce que cet animal minuscule trouve si drôle ?

Hi hi hi hi !

— I wonder what that tiny animal finds so funny?
— Ha ha ha ha!

quatre cent soixante-neuf • 469 • four hundred and sixty-nine

mobilier

Ils avaient mis tout leur mobilier sur le chariot.
They'd put all their furniture on the wagon.

mobilier [mɔbilje] **nm** furniture*

mode [mɔd] **nf**
1. fashion
Jenny et Pamela aiment bien suivre la mode. Jenny and Pamela like to follow fashion.
2. *Location* **à la mode** fashionable

mode [mɔd] **nm** means
La diligence est le seul mode de transport public dans l'Ouest. Stagecoaches are the only means of public transport in the West.
Un mode de paiement pratique. A practical means of payment.
Tous les modes de paiement sont possibles. All means of payment are available.
Attention, "means" peut être suivi d'un verbe au singulier ou au pluriel.
• **mode d'emploi** instructions

modèle [mɔdɛl] **nm**
1. model
J'admire beaucoup Lucky Luke, il est mon modèle. I admire Lucky Luke a lot, he's my model.
2. model
Ce nouveau modèle de voiture est plus rapide que l'ancien. This new car model is faster than the old one.
• **modèle réduit** (small-scale) model

moderne [mɔdɛrn] **adj** modern

modeste [mɔdɛst] **adj** modest

moi [mwa] **pron**
1. *Lorsque "moi" est sujet :* I
Moi, je les aurais tout de suite arrêtés. I would have arrested them at once.
– *J'ai faim.* – *Moi aussi.* – I'm hungry. – So am I.
2. *Lorsque "moi" est complément :* me
"Cet os est pour moi ?!" s'exclama Ran Tan Plan. "Is this bone for me ?!" Rin Tin Can exclaimed.
(voir page 131 et page 325)

moins [mwɛ̃]
⊙ **adv**
1. less
Averell est moins intelligent que ses frères. Averell is less intelligent than his brothers.
2. least
Ran Tan Plan est le chien le moins rusé de tout le Far West. Rin Tin Can is the least crafty dog in the whole Wild West.
3. *Location* **moins... moins, moins... plus** the less... the less, the less... the more
Moins vous punirez Billy the Kid, plus il deviendra insolent. The less you punish Billy the Kid, the cheekier he'll become.
4. *Location* **de moins, en moins**
La traduction varie selon que l'on parle de quelque chose de dénombrable ou d'indénombrable.
Il y a de l'argent en moins par rapport à la semaine dernière. There's less money compared to last week.
Il y a vingt têtes de bétail de moins. There are twenty fewer head of cattle.
5. *Location* **à moins de, à moins que** unless
À moins d'assommer le gardien, nous n'arriverons jamais à nous évader. Unless we knock the warder out, we'll never manage to escape.
Vous pourriez venir avec moi, à moins que vous ne préfériez rester. You could come with me, unless you'd rather stay here.
6. *Location* **au moins** at least
⊙ **prép**
1. minus*
Dix moins trois font sept. Ten minus three is seven.

Ils arrivent au Canada, il fait moins 20 °C.
They've arrived in Canada, it's minus 20 degrees.

2. to
Il est trois heures moins dix. It's ten to three.

mois [mwa] **nm** month
Attention, "mois" ne se traduit pas dans l'expression "au mois de...".
Sarah Bernhardt part en tournée au mois de mai. Sarah Bernhardt is going on tour in May.
(voir page 71)

moisi, e [mwazi] **adj** mouldy (**Am** : moldy)

moitié [mwatje] **nf**
1. half
La moitié des habitants de Dusty Gulch sont des chercheurs d'or. Half of the inhabitants of Dusty Gulch are gold diggers.
2. *Location* **à moitié** half-
Elle est à moitié indienne. She's half-Indian.

molle ➔ **mou**

mollet [mɔlɛ] **nm** calf

quatre cent soixante-dix • **470** • four hundred and seventy

moment [mɔmɑ̃] nm
1. moment
J'arrive dans un moment. I'll be there in a moment.
En ce moment, le prix de la viande est en baisse. At the moment, meat prices are falling.
2. time
Ah, Lucky Luke, vous arrivez juste au bon moment ! Ah, Lucky Luke, you've come just at the right time!
J'espère que vous passerez un bon moment en sa compagnie. I hope you'll have a good time with him.
3. *Locution* **au moment où** as
La cavalerie est arrivée juste au moment où les Indiens allaient attaquer. The cavalry arrived just as the Indians were going to attack.
4. *Locution* **pour le moment** for the moment, for the time being
Pour le moment, les Dalton n'ont pas du tout l'intention de devenir honnêtes. For the moment, the Daltons have no intention of becoming honest.

mon, ma, mes [mɔ̃, ma, me] adj
my
Mon chapeau. My hat.
Ma robe. My dress.
Mes chaussures. My shoes.
(voir page 186)

monde [mɔ̃d] nm
1. world
Ils ont voyagé dans le monde entier. They've travelled all over the world.
2. people*

Il y a du monde dans cette ville !
– There are a lot of **people** in this town!

mondial, e, aux [mɔ̃djal, o] adj
world
La situation économique mondiale. The world economic situation.

moniteur, trice [mɔnitœr, tris] nm, nf
1. instructor
Mon moniteur d'auto-école. My driving instructor.
2. assistant (**Am** : camp counselor)
Elle est monitrice dans un camp de vacances. She's an assistant in a summer camp.

monnaie [mɔnɛ] nf
1. currency
Comment s'appelle la monnaie tchèque ? What is the Czech currency called?
2. change
Vous pouvez garder la monnaie. You can keep the change.

monsieur [məsjø] (pl : messieurs) nm
1. Devant un nom propre, on utilise "mister", qui s'écrit "Mr".
Bonjour, monsieur Luke. Hello, Mr Luke.
2. Pour s'adresser à quelqu'un sans dire son nom, on utilise "sir".
Excusez-moi, monsieur, pourriez-vous me donner l'heure ? Excuse me, sir, could you tell me the time?
3. "Un monsieur" se dit "a gentleman" (pl : gentlemen).
Quatre messieurs du nom de Dalton viennent d'arriver. Four gentlemen by the name of Dalton have just arrived.

4. Dans une lettre, on utilise "Sir".
Monsieur. Dear Sir.
Attention, parfois "monsieur" ne se traduit pas.
Bonjour monsieur ! Good morning!

monstre [mɔ̃str] nm monster

montagne [mɔ̃taɲ] nf
1. mountain
Les Indiens campaient au sommet de la montagne. The Indians camped at the top of the mountain.
2. mountains
Ils vont chaque année en vacances à la montagne. Every year they go on holiday to the mountains.

monter [mɔ̃te]
◉ vt
1. to go up*, to climb (up)

*Il **monte** l'escalier.*
He's **going up** the stairs.

2. "Monter" se traduit par "to take up" lorsqu'on se trouve en bas, et par "to bring up" lorsqu'on se trouve en haut.
Tu pourrais monter son médicament à ta grand-mère. You could take up her medicine to your grandmother.
Monte-moi un bol de chocolat chaud, s'il te plaît. Bring me up a bowl of hot chocolate, please.
3. to turn up
Monte le son, je n'entends rien. Turn the volume up, I can't hear a thing.
4. to put up, to assemble
Il était occupé à monter des étagères. He was busy putting up shelves.

montre

5. to put up
Il leur suffit de cinq minutes pour monter une tente. It only takes them five minutes to put up a tent.

◎ **vi**
1. "Monter" se traduit par "to go up" lorsqu'on se trouve en bas, et par "to come up" lorsqu'on se trouve en haut.
Monte me chercher mes lunettes, s'il te plaît. Go up and fetch my glasses, please.
Elle est montée me dire la nouvelle. She came up to tell me the news.
2. to rise*

Attention, l'eau monte !

— Be careful, the water is **rising**!

• **monter dans**
1. *Lorsqu'il s'agit d'une voiture :* to get in (to)
Ils sont tous montés dans la voiture et ils sont partis. They all got in(to) the car and left.
2. *Lorsqu'il s'agit d'un train ou d'un car :* to get on (to)
Les passagers sont montés dans le train. The passengers got on(to) the train.
• **monter à cheval** to ride

montre [mɔ̃tr] **nf** watch

montrer [mɔ̃tre] **vt**
1. to show
Montrez-moi votre pistolet. Show me your pistol.
2. to point out
Il a montré la piste des Dalton à Ran Tan Plan. He pointed out the Daltons' trail to Rin Tin Can.
3. *Locution* **montrer du doigt** to point at

Même les chevaux se moquent d'eux !

Even the horses **make fun** of them!

monument [mɔnymɑ̃] **nm** monument
• **monument aux morts** war memorial

se moquer de [sə mɔke də] **vpr**
1. to make fun of*
2. not to care about
Je me moque des menaces des Dalton ! I don't care about the Daltons' threats!

moquette [mɔkɛt] **nf** carpet

moral, e, aux [mɔral, o]
◎ **adj** moral
◎ **nm**
1. *Locution* **avoir le moral** to be in good spirits
2. *Locution* **remonter le moral à quelqu'un** to cheer somebody up

morceau [mɔrso] **nm**
1. piece, bit
Il a arraché un morceau de son pantalon en passant dans les barbelés. He tore a piece out of his trousers when he crossed the barbed wire.
2. lump
Billy the Kid met trois morceaux de sucre dans son chocolat. Billy the Kid puts three lumps of sugar in his chocolate.
3. piece
Il a joué un morceau traditionnel au banjo. He played a traditional piece on the banjo.

mordre [mɔrdr]
◎ **vt** to bite
Ran Tan Plan a mordu Joe à la jambe. Rin Tin Can bit Joe's leg.
◎ **vi** to bite

Averell a mordu dans une belle pomme rouge. Averell bit into a nice red apple.

mort, morte [mɔr, mɔrt]
◎ **adj**
1. dead
Il y avait un coyote mort dans la plaine. There was a dead coyote on the plain.
2. *Locution* **être mort de peur/d'inquiétude** to be scared/worried to death
3. *Locution* **être mort de fatigue** to be dead tired
4. *Locution* **être mort de rire** to fall about laughing
◎ **nm, nf** dead man* (**pl** : dead men, **f** : dead woman, **pl** : dead women)
◎ **nf** death

Ne vous pressez pas, il n'y a encore aucun mort.

— No need to hurry, there aren't any **dead men** yet.

quatre cent soixante-douze • 472 • four hundred and seventy-two

moyen

mosquée [mɔske] **nf** mosque

mot [mo] **nm**
1. word
C'est un mot d'origine anglaise. It's a word of English origin.
Il ne faut pas traduire mot à mot. You shouldn't translate word for word.
2. note
Jenny a écrit un mot à Lucky Luke pour le remercier. Jenny wrote a note to Lucky Luke to thank him.
• **mots croisés** crossword
• **mot de passe** password
• **gros mot** swearword

moteur [mɔtœr] **nm** engine

motif [mɔtif] **nm**
1. pattern
Une couverture indienne à motifs géométriques. An Indian blanket with geometrical patterns.
2. reason
Personne ne connaît le motif de la démission du shérif. Nobody knows the reason for the sheriff's resignation.

moto [mɔto] **nf** motorbike (**Am** : motorcycle)
Elle fait de la moto tous les week-ends. She rides a motorbike every weekend.

motocycliste [mɔtɔsiklist] **nm, nf** motorcyclist

mou, molle [mu, mɔl] **adj** soft

mouche [muʃ] **nf** fly*

se moucher [sə muʃe] **vpr** to blow one's nose
Averell s'est mouché bruyamment alors que Joe avait dit de ne pas faire de bruit. Averell blew his nose noisily although Joe had said not to make any noise.

mouchoir [muʃwar] **nm** handkerchief
• **mouchoir en papier** tissue

mouillé, e [muje] **adj** wet

mouiller [muje]
◦ **vt** to wet
◦ **se mouiller vpr** to get wet
Ran Tan Plan a refusé de se mouiller même les pattes. Rin Tin Can refused to get even his feet wet.

moule [mul] **nf** mussel

moule [mul] **nm** mould (**Am** : mold)
• **moule à gâteaux** cake tin (**Am** : cake pan)

moulin [mulɛ̃] **nm** mill
• **moulin à café** coffee grinder
• **moulin à vent** windmill

mourir [murir] **vi**
1. to die
Dès que quelqu'un meurt, le croque-mort accourt. As soon as somebody dies, the undertaker comes rushing.
2. *Locution* **mourir d'envie de faire quelque chose** to be dying to do something
Je meurs d'envie de rencontrer Billy. I'm dying to meet Billy.
3. *Locution* **mourir de faim** to be starving
Averell meurt de faim, comme d'habitude. Averell is starving, as usual.

mousse [mus] **nf**
1. moss
Ran Tan Plan se roulait sur la mousse dans la forêt. Rin Tin Can was rolling about on the moss in the forest.
2. lather
Il se rasait et son visage était couvert de mousse. He was shaving and his face was covered in lather.
3. mousse
"Miam miam, de la mousse au cho-colat !", s'exclama Averell. "Chocolate mousse, yummy!", Averell exclaimed.
• **mousse à raser** shaving foam

moustache [mustaʃ] **nf** moustache* (**Am** : mustache)

Il a une superbe moustache.

He's got a beautiful moustache.

moustique [mustik] **nm** mosquito

moutarde [mutard] **nf** mustard

mouton [mutɔ̃] **nm**
1. Pour parler de l'animal : sheep
"Sheep" est invariable.
Ce fermier possède 345 moutons. This farmer owns 345 sheep.
2. Pour parler de la viande : mutton
Au Far West, on mange beaucoup de bœuf et peu de mouton. In the Wild West, people eat a lot of beef and not very much mutton.

mouvement [muvmɑ̃] **nm** movement
Avoir des mouvements lents. To be slow in one's movements.

moyen [mwajɛ̃]
◦ **nm**
1. means, way
Trouvons un moyen de les arrêter. Let's find a way to stop them.
2. *Locution* **au moyen de** by means of
Ils se sont évadés au moyen d'un tunnel. They escaped by means of a tunnel.
◦ **nm pl**
Locution
Je n'ai pas les moyens. I can't afford it.
Il n'a pas les moyens d'acheter d'autres terres. He can't afford to buy more land.

moyen

moyen, enne [mwajɛ̃, ɛn]
○ **adj** average
Jack et William sont de taille moyenne. Jack and William are of average height.
○ **nf**
1. average
J'ai eu une moyenne de 12 en maths le trimestre dernier. I got an average of 12 in maths over the last quarter.
2. pass mark (**Am** : passing grade)
Elle n'a pas eu la moyenne à l'épreuve d'économie. She didn't get a pass mark in the economics test.

muet, muette [mɥɛ, mɥɛt]
○ **adj**
1. dumb
Ils ont embauché un espion muet pour plus de sûreté. They hired a spy who was dumb for extra security.
2. silent
Les films muets des années 20. Silent films from the twenties.
○ **nm, nf** mute

multiplication [myltiplikasjɔ̃] **nf** multiplication

multiplier [myltiplije] **vt** to multiply

municipal, e, aux [mynisipal, o] **adj** municipal

mur [myr] **nm** wall
• **mur du son** sound barrier

mûr, e [myr] **adj**
1. ripe
Cette pomme n'est pas mûre. This apple isn't ripe.
2. mature
Billy n'est pas un garçon très mûr. Billy isn't a very mature boy.

mûrir [myrir] **vi**
1. to ripen
Il faut laisser mûrir le blé. We have to leave the wheat to ripen.
2. to mature
Elle a beaucoup mûri ces derniers mois. She has matured a lot these last few months.

murmurer [myrmyre] **vi, vt** to murmur

muscle [myskl] **nm** muscle*

museau [myzo] **nm** muzzle
Le museau de Ran Tan Plan. Rin Tin Can's muzzle.

musée [myze] **nm**
1. Lorsqu'il s'agit d'un musée des sciences, d'histoire naturelle, etc. : museum
2. Lorsqu'il s'agit d'un musée de peinture : gallery

musicien, enne [myzisjɛ̃, ɛn] **nm, nf** musician

musique [myzik] **nf** music*
• **musique classique** classical music

musulman, e [myzylmɑ̃, an] **adj, nm, nf** Muslim

Attention, l'anglais prend toujours une majuscule.

myope [mjɔp] **adj** short-sighted (**Am** : near-sighted)

mystère [mistɛr] **nm** mystery

mystérieux, euse [misterjø, øz] **adj** mysterious

— Look at those **muscles**!

Lucky Luke and Jolly Jumper like to play **music**.

n' → ne

nager [naʒe]
✲ **vi** to swim*

– I think I'd better **swim** fast!

✲ **vt**
1. to swim
Il s'entraîne à nager le 50 mètres. He's training to swim the 50 metres.
2. to do
Elle ne sait pas nager le crawl. She can't do the crawl.

naïf, naïve [naif, naiv] **adj** naive

nain, naine [nɛ̃, nɛn] **adj, nm, nf** dwarf

naissance [nɛsɑ̃s] **nf**
1. birth
Elle a donné naissance à des jumeaux. She gave birth to twins.
2. *Locution*
Ran Tan Plan est bête de naissance. Rin Tin Can was born stupid.

naître [nɛtr] **vi** to be born
En quelle année êtes-vous née ? What year were you born?

nappe [nap] **nf**
1. tablecloth
Ma Dalton avait mis une jolie nappe. Ma Dalton had put a pretty tablecloth on the table.
2. layer
On a trouvé une nappe de pétrole sous son champ de blé. A layer of oil was found under his wheat field.

narine [nariñ] **nf** nostril

natation [natasjɔ̃] **nf**
1. swimming
La natation est mon sport favori. Swimming is my favourite sport.
2. *Locution* **faire de la natation** to swim

national, e, aux [nasjɔnal, o] **adj** national

nationalité [nasjɔnalite] **nf** nationality

natte [nat] **nf** plait* (**Am** : braid)

nature [natyr]
✲ **nf**
1. nature
Les forces de la nature. The forces of nature.
Averell est naïf de nature. Averell is naive by nature.
2. country
J'aime me promener dans la nature. I like to walk in the country.

✲ **adj** plain
Un yaourt nature ou aux fruits ? A plain yoghurt or a fruit yoghurt?

naturel, elle [natyrɛl] **adj** natural

naturellement [natyrɛlmɑ̃] **adv** naturally

naufrage [nofraʒ] **nm**
Locution
"Faire naufrage" se traduit par "to be shipwrecked" si le sujet est une personne ; par "to be wrecked" si le sujet est un bateau.
Le bateau va faire naufrage. The boat is going to be wrecked.

naviguer [navige] **vi** to sail
Il y a des années qu'il naviguait sur le Mississippi. He'd been sailing on the Mississippi for years.

– Let go of that **plait** at once!

navire

navire [navir] **nm** ship

ne [nə] **adv**
Pour savoir comment se construisent les phrases avec "ne", voir : "aucun", "jamais", "pas", "personne", "plus", "rien".

nécessaire [nesesɛr]
◉ **adj** necessary
Il n'est pas nécessaire que vous assistiez au procès des Dalton. It's not necessary for you to attend the Daltons' trial.
◉ **nm** bag
Pamela a un très joli nécessaire de toilette. Pamela has a very nice bag of toiletries.

néerlandais, e [neɛrlɑ̃dɛ, ɛz] **adj, nm, nf** Dutch
Un garçon néerlandais. A Dutch boy.
Les Néerlandais. The Dutch.
Elle apprend le néerlandais. She's learning Dutch.
Attention, l'anglais prend toujours une majuscule.

neige [nɛʒ] **nf**
1. snow
Les habitants de Dry Gulch n'ont jamais vu de neige. The inhabitants of Dry Gulch have never seen snow.
2. *Location* **aller à la neige** to go on a skiing holiday (**Am** : skiing vacation)

neiger [neʒe] **v impersonnel** to snow

nerveux, euse [nɛrvø, øz] **adj** nervous*

– *Ne soyez pas si* **nerveux** *!*
– *Don't be so* **nervous***!*

– *Et dépêchez-vous de* **nettoyer** *vos armes !*
– *Oui, papa.*
– *Hurry up and* **clean** *your weapons!*
– *Yes, dad.*

n'est-ce pas [nɛspa] **adv**
Pour traduire "n'est-ce pas", on utilise des "questions-tags" formés avec les auxiliaires be, have, do, ou les modaux can, must, shall, will... Ces questions courtes sont négatives quand la phrase est affirmative et inversement.
Vous resterez à dîner, n'est-ce pas, Lucky Luke ? You'll stay for dinner, won't you, Lucky Luke?
Tu n'as pas faim, n'est-ce pas, Averell ? You're not hungry, Averell, are you?
(voir page 283)

net, nette [nɛt] **adj**
1. clear
La photo n'est pas très nette. The photograph isn't very clear.
2. clean
Tes mains ne sont pas très nettes, va les laver. Your hands aren't very clean, go and wash them.

nettoyer [nɛtwaje] **vt** to clean*

neuf [nœf] **adj num, nm** nine
(voir page 195)

neuf, neuve [nœf, nœv] **adj** new
Ran Tan Plan est très fier de son collier neuf. Rin Tin Can is very proud of his new collar.

neveu [nəvø] **nm** nephew

New York [nujɔrk] **n** New York
(voir page 191)

nez [ne] **nm**
1. nose*
2. *Location* **se trouver nez à nez**
avec quelqu'un to find oneself face to face with somebody
Et il s'est trouvé nez à nez avec un Indien à l'air féroce. And he found himself face to face with a ferocious-looking Indian.

– *Je vous préviens, ne me parlez pas de mon* **nez** *!*
– *I'm warning you, don't mention my* **nose***!*

ni [ni] **conj**
1. **ni... ni** neither... nor
Ni le shérif ni ses aides n'osent s'attaquer à Billy the Kid. Neither the sheriff nor his assistants dare to tackle Billy the Kid.
2. **sans... ni** without... or
Averell a dû partir sans manger ni boire. Averell had to leave without eating or drinking.

niche [niʃ] **nf**
1. kennel (**Am** : doghouse)

normal

Ran Tan Plan somnolait dans sa niche. Rin Tin Can was dozing in his kennel.
2. niche
Il y avait une statue de Napoléon dans une niche. There was a statue of Napoleon in a niche.

nid [ni] **nm** nest

nièce [njɛs] **nf** niece

n'importe [nɛ̃pɔrt] **adv** any…
N'importe comment. Anyhow.
N'importe lequel. Any one.
N'importe quand. Any time.
N'importe qui. Anybody, anyone.
N'importe quoi. Anything.

niveau [nivo] **nm**
1. level
Le niveau de l'eau a encore monté. The water level has risen again.
2. standard
Votre niveau en géographie est insuffisant. Your standard in geography is not high enough.

noce [nɔs] **nf** wedding
Joe a même invité Lucky Luke à la noce. Joe even invited Lucky Luke to the wedding.
Ils fêtent leurs noces d'argent cette année. They're celebrating their silver wedding this year.

Noël [nɔɛl] **nm** Christmas
Joyeux Noël ! Merry Christmas!, Happy Christmas!

nœud [nø] **nm**
1. knot
Jack a bien serré le nœud pour que la corde ne lâche pas. Jack tightened the knot so that the rope wouldn't break.
2. bow
Jenny porte un nœud dans les cheveux. Jenny wears a bow in her hair.
• **nœud papillon** bow tie

noir, noire [nwar]
◦ **adj**
1. black*
2. dark
Allume la lumière, Pamela il fait noir ici ! Switch the light on, Pamela, it's dark in here!
◦ **nm**
1. black
Le croque-mort est toujours habillé en noir. The undertaker always wears black.
C'est un film en noir et blanc. It's a black-and-white film.
2. dark
Ran Tan Plan a peur du noir. Rin Tin Can is afraid of the dark.
◦ **nm, nf** Black person
Il y a quelques Noirs à Painful Gulch. There are a few Black people in Painful Gulch.

noisette [nwazɛt] **nf** hazelnut

noix [nwa] **nf** walnut
• **noix de coco** coconut

nom [nɔ̃] **nm**
1. name
Les Indiens portent de drôles de noms. The Indians have funny names.
2. noun
"Lucky Luke" est un nom propre. "Lucky Luke" is a proper noun.
3. *Location* **au nom de** in the name of
Au nom de la loi, je vous arrête ! I arrest you, in the name of the law!
• **nom de famille** surname
• **nom de jeune fille** maiden name

nombre [nɔ̃br] **nm**
1. number
Choisissez un nombre entre vingt et cinquante. Choose a number between twenty and fifty.
2. *Location* **un grand nombre de** many
(voir page 195)

nombril [nɔ̃bril] **nm** navel, belly button

nommer [nɔme] **vt**
1. to call
Pourquoi Lucky Luke a-t-il nommé son cheval Jolly Jumper ? Why did Lucky Luke call his horse Jolly Jumper?
2. to appoint
Un nouveau shérif vient d'être nommé à Dawson. A new sheriff has just been appointed in Dawson.

non [nɔ̃] **adv**
1. no
Non, je ne mens pas ! No, I'm not lying!
2. not
Alors, tu viens, oui ou non ? So, are you coming or not?
3. Lorsque "non" signifie "n'est-ce pas", on utilise un "question-tag".
Vous connaissez Jesse James, non ? You know Jesse James, don't you?
Vous êtes Jack Dalton, non ? You're Jack Dalton, aren't you?
(voir page 283)

nord [nɔr]
◦ **nm** north
La mine se trouve au nord de Stony City. The mine is north of Stony City.
◦ **adj** north
Sur la côte nord de l'île. On the north coast of the island.

normal, e, aux [nɔrmal, o] **adj**
1. normal

Lucky Luke était tout noir.

Lucky Luke was completely **black**.

normalement

Ran Tan Plan est-il tout à fait normal ? Is Rin Tin Can totally normal?
2. right
Ah non, ce n'est pas normal, je ne me laisserai pas faire ! No, this isn't right, I won't let myself be pushed around!

normalement [nɔrmalmɑ̃] **adv**
normally

Norvège [nɔrvɛʒ] **nf** Norway
La Norvège possède de magnifiques fjords. Norway has some beautiful fjords.

norvégien, enne [nɔrveʒjɛ̃, ɛn] **adj, nm, nf** Norwegian
Un garçon norvégien. A Norwegian boy.
Les Norvégiens. Norwegians.
Attention, l'anglais prend toujours une majuscule.

nos → notre

note [nɔt] **nf**
1. note
Prendre des notes. To take notes.
Elle a fait une fausse note. She hit a wrong note.
2. mark (**Am** : grade)
J'ai eu une bonne note en espagnol. I got a good mark in Spanish.
3. bill
Il est passé régler la note. He went to pay the bill.

notre, nos [nɔtr, no] **adj** our
Notre maire est M. Parker. Our mayor is Mr Parker.
Nos vêtements sont déchirés. Our clothes are torn.
(voir page 186)

le nôtre, la nôtre, les nôtres [lə notr, la notr, le notr] **pron** ours
Leurs chevaux sont fatigués, ils ne rattraperont jamais les nôtres. Their horses are tired, they'll never catch up with ours.
(voir page 186)

nouer [nwe] **vt**
1. to tie*
2. to tie up
Elle avait noué ses cheveux avec un ruban. She'd tied her hair up with a ribbon.

nouilles [nuj] **nf pl**
1. pasta

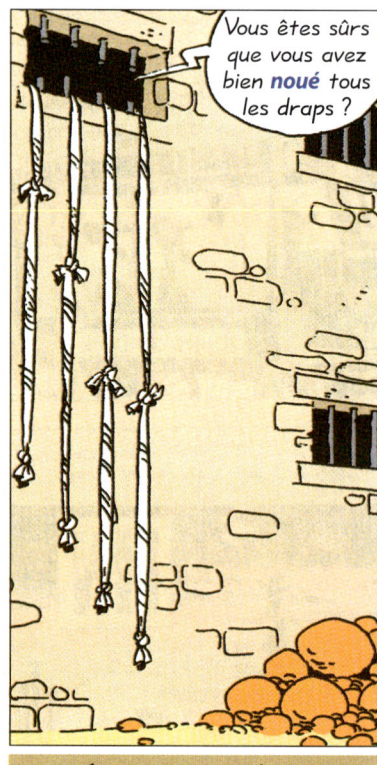

Vous êtes sûrs que vous avez bien noué tous les draps ?

— Are you sure you've **tied** all the sheets properly?

Averell adore les nouilles au fromage. Averell loves pasta with cheese.
Ces nouilles sont trop cuites. This pasta is overcooked.
Attention, "pasta" est toujours suivi d'un verbe au singulier.
2. noodles
Un plat de nouilles chinoises. A dish of Chinese noodles.

nourrir [nurir]
◯ **vt** to feed
Il nourrissait les chevaux tous les soirs. He fed the horses every night.
◯ **se nourrir vpr**
1. to eat
Il faut se nourrir pour vivre. You have to eat to live.
2. *Locution* **se nourrir de quelque chose** to live on something, to eat something
Les Indiens se nourrissaient principalement de viande séchée. The Indians mainly lived on dried meat.

nourriture [nurityr] **nf** food
Pour Averell, seule la nourriture compte. For Averell, only food counts.

nous [nu] **pron**
1. Lorsque "nous" est sujet : we
Nous partirons à l'aube. We'll leave at dawn.
2. Lorsque "nous" est complément d'objet direct ou est précédé d'une préposition : us
Les Dalton nous ont roulés ! The Daltons have conned us!
Ils se sont vengés sur nous. They took their revenge on us.
3. Lorsque "nous" est complément d'objet indirect, il se traduit soit par "us", soit par "to us".
Elle nous a parlé de ses vacances. She talked to us about her holidays.
Mais répondez-nous ! Answer us!
4. Lorsque "nous" a une valeur réfléchie, soit il se traduit par "ourselves", soit il ne se traduit pas.
Nous nous sommes fait mal en tombant. We fell and hurt ourselves.
Nous nous évaderons lundi. We'll escape on Monday.
5. Lorsque "nous" a une valeur réciproque : each other
Nous nous sommes regardés. We looked at each other.
(voir page 131 et page 325)

nouveau, elle [nuvo, ɛl]
◯ **adj**
1. new
Il y a un nouveau shérif à Little Plain. There's a new sheriff in Little Plain.
2. *Locution* **à nouveau, de nouveau** again
Les Dalton ont à nouveau attaqué une diligence ! The Daltons have held up a stagecoach again!
◯ **nm, nf**
Selon le contexte, la traduction sera "new man", "new woman", "new pupil", etc.
Il y a un nouveau dans la classe. There's a new pupil in the class.
Les cow-boys ont fait une fête pour accueillir le nouveau. The cowboys had a party to welcome the new man.

nouvelle [nuvɛl]
◯ **nf**
1. piece of news, news
J'ai une mauvaise nouvelle pour vous. I have some bad news for you.
Attention, "news" est toujours au singulier.

J'ai deux nouvelles : une bonne et une mauvaise. I have two pieces of news: a good one and a bad one.
2. short story
Un recueil de nouvelles de Flaubert. A volume of short stories by Flaubert.
● **nf pl**
1. news
Le Daily Star publie toutes les nouvelles de la région. The *Daily Star* publishes all the regional news.
2. *Locution* **avoir des nouvelles de quelqu'un** to hear from somebody
Cela fait des mois que je n'ai pas de nouvelles d'elle. I haven't heard from her for months.

novembre [nɔvɑ̃br] **nm** November
Attention, les noms de mois prennent toujours une majuscule en anglais. (voir page 71)

noyau [nwajo] **nm** stone (**Am** : pit)
Averell, ne crache pas les noyaux par terre ! Averell, don't spit the stones out onto the floor!

noyer [nwaje]
● **vt** to drown
Joe a essayé de noyer Ran Tan Plan. Joe tried to drown Rin Tin Can.
● **se noyer vpr** to drown

nu, nue [ny]
● **adj**
1. naked*

— I feel **naked** without my saddle...

2. bare
Avoir les bras nus. To have bare arms.
● **nm** nude
Cet artiste a peint beaucoup de nus. This artist painted a lot of nudes.

nuage [nɥaʒ] **nm**
1. cloud*

Ils soulevaient un nuage de poussière.

They raised a **cloud** of dust.

2. drop
Il boit toujours son thé avec un nuage de lait. He always has tea with a drop of milk in it.
3. *Locution* **être dans les nuages** to have one's head in the clouds

nucléaire [nykleɛr]
● **adj** nuclear
● **nm** nuclear power
C'est une manifestation contre le nucléaire. It's a demonstration against nuclear power.

nuit [nɥi] **nf**
1. night
Ils ont attendu que la nuit tombe pour s'évader. They waited for night to fall before escaping.

Regardez, mon chien va vous faire son numéro.

Elle aime bien travailler la nuit. She likes to work at night.
2. *Locution* **de nuit** by night, at night
Nous ferons le trajet de nuit. We'll travel by night.
3. *Locution* **il fait nuit** it's dark
● **nuit blanche** sleepless night
J'ai encore passé une nuit blanche à cause de ces maudits coyotes ! I've had another sleepless night because of the damned coyotes!

nul, nulle [nyl]
● **adj**
1. useless
Ran Tan Plan est nul comme chien policier. Rin Tin Can is a useless police dog.
2. *familier* rubbish
Ce film est nul. This film is rubbish.
3. *Locution* **nulle part** not anywhere
Il n'y en a a nulle part. There isn't any anywhere.
● **pron** nobody, no one
Nul ne sait où sont passés les Dalton. Nobody knows where the Daltons are.

numérique [nymerik] **adj** digital
La télévision numérique. Digital TV.

numéro [nymero] **nm**
1. number
Quel est ton numéro de téléphone ? What's your telephone number?
2. issue
Je n'ai pas reçu le dernier numéro du Daily Star. I haven't received the latest issue of the *Daily Star*.
3. act*

nuque [nyk] **nf** neck

— Watch this, my dog is going to do his **act** for you.

O

obéir à [ɔbeir a] **vi** to obey*

obéissant, e [ɔbeisɑ̃, ɑ̃t] **adj** obedient

objet [ɔbʒɛ] **nm**
1. object
Cet objet est fragile, faites-y attention. This object is fragile, be careful with it.
2. purpose
Quel est l'objet de votre visite ? What's the purpose of your visit?

obligatoire [ɔbligatwar] **adj** obligatory, compulsory

obliger [ɔbliʒe] **vt**
1. to force
On a voulu obliger Ran Tan Plan à traverser la rivière à la nage. Somebody wanted to force Rin Tin Can to swim across the river.
2. *Locution* **être obligé de faire quelque chose** to have to do something
Nous avons été obligés de leur donner tout notre argent. We had to give them all our money.

obscur, e [ɔpskyr] **adj** dark
Une cellule de prison obscure. A dark prison cell.

obscurité [ɔpskyrite] **nf**
1. darkness
L'obscurité tombait sur Dalton City. Darkness was falling on Dalton City.
2. *Locution* **dans l'obscurité** in the dark

observation [ɔpsɛrvasjɔ̃] **nf** observation
Puis-je faire une observation ? May I make an observation?

observer [ɔpsɛrve] **vt**
1. to watch*
Il observait Ma Dalton.
He was watching Ma Dalton.

2. *Locution* **faire observer** to point out
Je vous ferai observer que la banque a déjà été attaquée trente-deux fois. I must point out to you that the bank has already been held up thirty-two times.

obstacle [ɔpstakl] **nm** obstacle

obtenir [ɔptənir] **vt** to get, to obtain

occasion [ɔkazjɔ̃] **nf**
1. opportunity

– *Ma a dit "rentrez !", il faut lui obéir !*
– *Aaaaah!*

– Ma said "go in", we must obey her!
– Aaaaah!

Je profite de l'occasion pour vous mettre en garde contre Billy the Kid. I'm taking this opportunity to warn you about Billy the Kid.

2. occasion
Ma Dalton ne prépare ce plat que pour les grandes occasions. Ma Dalton only prepares this dish on special occasions.
J'ai rencontré Frank James à plusieurs occasions. I've met Frank James on several occasions.

3. *Locution* **d'occasion** second-hand
Ils ont acheté un chariot d'occasion à un pionnier. They bought a second-hand wagon from a pioneer.

occupé, e [ɔkype] adj
1. busy
Le shérif de Coyote Creek est un homme très occupé. Coyote Creek's sheriff is a very busy man.
2. engaged (**Am** : busy)
Je lui ai téléphoné, mais c'était occupé. I called him, but it was engaged.

occuper [ɔkype]
◉ **vt**
1. to occupy
La ville a été occupée par les Allemands. The city was occupied by the Germans.
2. to keep busy
On fait casser des cailloux aux détenus pour les occuper. Convicts are made to break stones to keep them busy.

◉ **s'occuper vpr**
1. to keep oneself busy
Ran Tan Plan s'occupe en poursuivant les chats. Rin Tin Can keeps himself busy by chasing cats.
2. *Locution* **s'occuper de** to look after
Il s'occupe du maintien de l'ordre dans la ville. He looks after law and order in the town.
3. *Locution familier*
Occupe-toi de tes affaires ! Mind your own business!

océan [ɔseã] nm ocean
L'océan Pacifique. The Pacific Ocean.

octobre [ɔktɔbr] nm October
Attention, les noms de mois prennent toujours une majuscule en anglais. (voir page 71)

— Well, I see you like eggs!
— Lucky Luke!!!

odeur [ɔdœr] nf smell
Une bonne odeur venait de la cuisine. A pleasant smell was coming from the kitchen.

œil, yeux [œj, jø] nm
1. eye*
Lulu a de beaux yeux bleus. Lulu has nice blue eyes.

— Ouch, my eye!

2. *Locution* **faire les gros yeux à quelqu'un** to glare at somebody
3. *Locution* **faire de l'œil à quelqu'un** to give somebody the eye
Joe a rougi quand Lulu lui a fait de l'œil. Joe blushed when Lulu gave him the eye.
4. *Locution* **jeter un coup d'œil à** to glance at
Le bandit a jeté un coup d'œil rapide au butin avant de l'emporter. The bandit glanced at the loot quickly before taking it away.

œuf [œf, ø] nm egg*
• **œufs brouillés** scrambled eggs
• **œuf à la coque** boiled egg
• **œuf dur** hard-boiled egg
• **œuf de Pâques** Easter egg
• **œuf au plat, œuf sur le plat** fried egg

œuvre [œvr] nf work
Frank James possède les œuvres complètes de Shakespeare. Frank James owns Shakespeare's complete works.
Allez, mettons-nous à l'œuvre ! Come on, let's get down to work!

offrir [ɔfrir]
◉ **vt**
1. to give
Jenny a offert une montre à Lucky Luke. Jenny gave Lucky Luke a watch.
2. to buy
Laisse-moi t'offrir à boire ! Let me buy you a drink!
3. to offer
On offre deux mille dollars de récompense pour sa capture. A two thousand dollar reward is being offered for his capture.

◉ **s'offrir vpr** to treat oneself to
Averell aimerait bien s'offrir un bon repas au restaurant. Averell would like to treat himself to a nice meal in a restaurant.

oie [wa] nf goose (**pl** : geese)

oignon

*Lucky Luke tire plus vite que son **ombre** !*

Lucky Luke shoots faster than his own **shadow**!

oignon [ɔɲɔ̃] **nm** onion

oiseau [wazo] **nm** bird
- **oiseau de proie** bird of prey

olive [ɔliv] **nf** olive
Quelques olives noires/vertes. Some black/green olives.

ombre [ɔ̃br] **nf**
1. shadow*
2. shade
Le Mexicain dormait à l'ombre. The Mexican was sleeping in the shade.
- **ombre à paupières** eye shadow

omelette [ɔmlɛt] **nf** omelette

on [ɔ̃] **pron**
1. Si "on" désigne des personnes indéterminées : you, people
On peut s'asseoir dans l'herbe. You can sit on the grass.
On dit que la bande de Jimmy est de retour. People say that Jimmy's gang is back.
2. Si "on" équivaut à "quelqu'un" : somebody, someone
Il paraît qu'on a cambriolé la banque. Apparently somebody has held up the bank.
3. Si "on" équivaut à "nous" : we
On part demain matin. We're leaving tomorrow morning.

oncle [ɔ̃kl] **nm** uncle*

ongle [ɔ̃gl] **nm** nail

onze [ɔ̃z] **adj num, nm** eleven (voir page 195)

opéra [ɔpera] **nm**
1. opera
Les grands opéras de Verdi. The great operas of Verdi.
2. opera house
L'opéra de Milan. The Milan Opera House.

opération [ɔperasjɔ̃] **nf**
1. operation
Il a subi une opération. He had an operation.
2. Se traduit par une expression.
Il a du mal à faire les opérations. He has trouble doing sums.

opérer [ɔpere] **vt**
1. to operate on
Un chirurgien célèbre l'a opérée. A famous surgeon operated on her.
2. Locution **se faire opérer** to have an operation
Il s'est fait opérer du foie. He had a liver operation.

opinion [ɔpinjɔ̃] **nf** opinion
L'opinion publique est favorable à la condamnation des Dalton. Public opinion is in favour of sentencing the Daltons.

opposé, e [ɔpoze]
◉ **adj**
1. opposite
Ils sont partis dans la direction opposée. They went in the opposite direction.
2. completely different
Joe et Averell ont des caractères entièrement opposés. Joe and Averell have completely different characters.
◉ **nm** opposite
Cette fille est tout l'opposé de son frère. This girl is the exact opposite of her brother.

opticien, enne [ɔptisjɛ̃, ɛn] **nm, nf** optician

optimiste [ɔptimist]
◉ **adj** optimistic
◉ **nm, nf** optimist

or [ɔr] **nm** gold*

*Je suis Marcel Dalton, ton **oncle**.*

– I'm Marcel Dalton, your **uncle**.

*Le maire lui offre un baril en **or**.*

The mayor is giving him a **gold** barrel.

original

*— Faites taire l'**orchestre**, que nous puissions nous battre !*
— Trala li lalère... Trala li lala...
— C'est ça, battons-nous ! Battons-nous !

— Tell the **band** to shut up so we can fight!
— That's right, let's fight! Let's fight!

or [ɔr] **conj** but
Le shérif veut démissionner, or il n'y a personne pour lui succéder. The sheriff wants to resign, but there isn't anybody to take over from him.

orage [ɔraʒ] **nm** storm

orange [ɔrɑ̃ʒ] **adj, nm, nf** orange
Un sorbet à l'orange. An orange sorbet.

orchestre [ɔrkɛstr] **nm**
1. *Lorsqu'il s'agit de musique classique :* orchestra
2. *Lorsqu'il s'agit de jazz ou de musique folklorique :* band*

ordinaire [ɔrdinɛr]
◦ **adj** ordinary
◦ **nm** *Location* **ça sort de l'ordinaire** it's out of the ordinary

ordinateur [ɔrdinatœr] **nm** computer
• **ordinateur individuel** personal computer
• **ordinateur portable** laptop

ordonnance [ɔrdɔnɑ̃s] **nf** prescription
Le médecin avait oublié de signer l'ordonnance. The doctor had forgotten to sign the prescription.

ordonner [ɔrdɔne] **vt** to order
Joe a ordonné à Averell de voler des chevaux. Joe ordered Averell to steal some horses.

ordre [ɔrdr] **nm**
1. order*
Le chef indien a donné l'ordre aux braves d'attaquer. The Indian chief gave the braves the order to attack.

*Couché ! C'est un **ordre** !*

— Lie down! That's an **order**!

2. order
Les hors-la-loi sont classés par ordre alphabétique sur la liste du shérif. The outlaws are in alphabetical order on the sheriff's list.
3. tidiness
Jenny aime l'ordre et la propreté. Jenny likes tidiness and cleanliness.
4. order
Le rôle du shérif est de maintenir l'ordre. The sheriff's role is to maintain order.
5. *Location* **À vos ordres !** Yes, sir!

ordures [ɔrdyr] **nf pl** rubbish (**Am** : garbage)

oreille [ɔrɛj] **nf**
1. ear*

*Arrêtez de regarder mes **oreilles**...*

— Stop looking at my **ears**...

2. *Location* **être dur d'oreille** to be hard of hearing
Le vieux Jed est un peu dur d'oreille. Old Jed is a bit hard of hearing.

oreiller [ɔrɛje] **nm** pillow

organiser [ɔrganize]
◦ **vt** to organize
◦ **s'organiser vpr** to get organized

original, e, aux [ɔriʒinal, o]
◦ **adj** original
Un totem à l'effigie de Lucky Luke ? Très original ! A totem pole that looks like Lucky Luke? Very original!
◦ **nm, nf** eccentric
Ma Dalton est considérée comme une vieille originale. Ma Dalton is considered an old eccentric.

origine

origine [ɔriʒin] **nf**
1. origin
Beaucoup de pionniers sont d'origine anglaise. A lot of pioneers are of English origin.
2. *Locution* **à l'origine** originally, to start with
À l'origine, Daisy Town était une petite ville tranquille. Originally, Daisy Town was a quiet little town.

orphelin, e [ɔrfəlɛ̃, in] **adj, nm, nf** orphan
Il est orphelin. He's an orphan.

orteil [ɔrtɛj] **nm** toe

orthographe [ɔrtɔgraf] **nf** spelling*

– Does "coyote" take one or two smoke clouds?
– Two. You're useless at **spelling**!

os [ɔs, o] **nm** bone
Ran Tan Plan n'a pas mangé son os. Rin Tin Can didn't eat his bone.

oser [oze] **vt** to dare
Ran Tan Plan n'ose pas désobéir à Ma Dalton. Rin Tin Can doesn't dare to disobey Ma Dalton.

ou [u] **conj**
1. or
Il doit avoir trente ou trente-cinq ans. He must be thirty or thirty-five.
2. *Locution* **ou… ou** either… or
Ou vous me donnez l'argent, ou je tire ! Either you give me the money or I shoot!

où [u]
● **adv** where*
Je me demande d'où vient le nom "Vulture Town". I wonder where the name "Vulture Town" comes from.

Mais **où** sont-ils tous passés ?

– **Where**'s everybody got to?

● **pron**
1. *Lorsqu'on parle du lieu* : where
La ferme où ils habitent est toute délabrée. The farm where they live is completely dilapidated.
2. *Lorsqu'on parle du temps* : when
La cavalerie est arrivée juste au moment où les Apaches attaquaient. The cavalry arrived just when the Apaches were attacking.

oublier [ublije] **vt**
1. to forget
Il n'oublie jamais d'emporter son revolver. He never forgets to take his gun with him.
2. to leave behind
Vous avez oublié vos gants ! You left your gloves behind!

ouest [wɛst]
● **nm** west
Ils habitent à l'ouest de Fargo Hole. They live west of Fargo Hole.
● **adj** west
La côte ouest des États-Unis. The west coast of the United States.

oui [wi] **adv**
1. yes
– *Alors, vous avez retrouvé les fugitifs ? – Oui.* – So, have you found the fugitives? – Yes (I have).
2. so
– *Frank James est-il le frère de Jesse ?*
– *Je crois que oui.* – Is Frank James Jesse's brother? – I think so.
3. *Lorsque "oui" sert à insister, il se traduit souvent par une expression.*
Tu as bientôt fini de rire, oui ? Stop laughing, will you!
Vous venez, oui ou non ? Are you coming or not?

ours [urs] **nm** bear
• **ours blanc** polar bear
• **ours brun** brown bear
• **ours en peluche** teddy bear

outil [uti] **nm** tool

ouverture [uvɛrtyr] **nf** opening
Les heures d'ouverture sont affichées sur la vitrine. Opening times are displayed in the window.

ouvre-boîte [uvrəbwat] **nm** can opener

ouvrier, ère [uvrije, ɛr]
● **nm, nf** worker
Il emploie des ouvriers agricoles. He employs farm workers.
● **adj** working-class
Ils viennent d'un milieu ouvrier. They're from a working-class background.

ouvrir [uvrir]
● **vt**
1. to open
Elle ouvrit la fenêtre et regarda dehors. She opened the window and looked out.
2. to turn on
Ouvre le robinet d'eau froide. Turn the cold water tap on.
3. to open
Il veut ouvrir un institut de beauté. He wants to open a beauty salon.
● **vi** to open the door
Ouvrez, c'est moi, Lucky Luke ! Open the door, it's me, Lucky Luke!
● **s'ouvrir vpr** to open
La porte s'ouvrit et les Dalton entrèrent. The door opened and the Daltons came in.

ovale [ɔval] **adj, nm** oval

oxygène [ɔksiʒɛn] **nm** oxygen

ozone [ɔzon] **nm** ozone

page [paʒ] **nf** page

paille [paj] **nf** straw*

— I love drinking through a **straw**.

pain [pɛ̃] **nm**
1. bread
Joe a jeté un morceau de pain sec à Ran Tan Plan. Joe threw a piece of stale bread to Rin Tin Can.
2. loaf (pl : loaves)
"Deux pains ou je tire !" a dit Ma Dalton au boulanger. "Two loaves or I'll shoot!" Ma Dalton said to the baker.
• **pain d'épices** gingerbread
• **pain de mie** white bread
• **pain aux raisins** currant bun (**Am** : raisin bun)

pair, paire [pɛr]
✪ **adj** even
Les nombres pairs sont à gauche et les impairs à droite. Even numbers are on the left and odd numbers on the right.
✪ **nm** **jeune fille au pair** au pair
Elle travaille au pair en Écosse. She works as an au pair in Scotland.

paire [pɛr] **nf** pair
Une paire de gants. A pair of gloves.

paix [pɛ] **nf** peace
Laisse-moi en paix, Averell ! Leave me in peace, Averell!

palais [palɛ] **nm**
1. palace
Le palais de Buckingham. Buckingham Palace.
2. *Lorsqu'il s'agit de la partie supérieure de la bouche :* palate

pâle [pal] **adj** pale*

palmier [palmje] **nm** palm tree
Il y a de beaux palmiers dans son jardin. There are beautiful palm trees in his garden.

pamplemousse [pɑ̃pləmus] **nm** grapefruit
Un jus de pamplemousse, s'il vous plaît ! A grapefruit juice, please!

pancarte [pɑ̃kart] **nf**
1. sign, notice
Il y a une pancarte sur la porte du saloon. There's a notice on the door of the saloon.
2. placard
Les manifestants brandissaient des pancartes. The demonstrators were carrying placards.

panier [panje] **nm** basket
Elle a marqué quinze paniers à elle toute seule. She scored fifteen baskets by herself.
• **panier à provisions** shopping basket

panique [panik] **nf** panic

panne [pan] **nf**
1. breakdown
2. *Locution* **tomber en panne** to break down
3. *Locution* **tomber en panne d'essence** to run out of petrol (**Am** : gas)
• **panne de courant, panne d'électricité** power failure

— What's the matter? You're so **pale**!
— Oh dear, if only you knew!

quatre cent quatre-vingt-cinq • 485 • four hundred and eighty-five

panneau

panneau [pano] **nm**
1. sign
2. board
Va voir le panneau des arrivées. Go and look at the arrivals board.
- **panneau d'affichage** notice board (**Am** : bulletin board)
- **panneau indicateur** road sign

pansement [pãsmã] **nm** dressing
Il faut refaire votre pansement. Your dressing has to be changed.
- **pansement (adhésif)** (sticking) plaster (**Am** : Band-Aid)
"Band-Aid" est un nom déposé.

pantalon [pãtalõ] **nm** trousers* (**Am** : pants)
Attention, "trousers" et "pants" sont toujours suivis d'un verbe au pluriel.

– Here are my *trousers*!
– Are you sure you want to stake your *trousers*?

panthère [pãtɛr] **nf** panther

pantoufle [pãtufl] **nf** slipper

papa [papa] **nm** dad, daddy
"Daddy" est plus enfantin que "dad".

pape [pap] **nm** pope

papeterie [papɛtri] **nf** stationer's

papier [papje]
✲ **nm**
1. paper
Il me faudrait de l'encre et du papier. I need some ink and some paper.
2. piece of paper
As-tu un papier et un stylo ? Do you have a piece of paper and a pen?

✲ **nm pl** papers
Vos papiers, s'il vous plaît. Can I see your papers, please?
- **papier cadeau** gift wrap
- **papier hygiénique** toilet paper
- **papier journal** newspaper
- **papier à lettres** writing paper
- **papier peint** wallpaper

papillon [papijõ] **nm** butterfly
- **papillon de nuit** moth

Pâques [pak] **nm, nf pl** Easter
Joyeuses Pâques ! Happy Easter!

paquet [pakɛ] **nm**
1. parcel*, package

J'en ai assez de porter ces paquets !

– I've had enough of carrying these *parcels*!

2. bag
Un paquet de bonbons. A bag of sweets.
3. packet (**Am** : pack)
Un paquet d'enveloppes. A packet of envelopes.

par [par] **prép**
1. Lorsque "par" signifie "à travers" : through
Les Dalton se sont échappés par un tunnel. The Daltons escaped through a tunnel.
L'expression "par la fenêtre" est une exception, elle se traduit par : out of the window
Elle regardait par la fenêtre. She was looking out of the window.
2. Lorsque "par" introduit l'agent : by
Il a été capturé par un chasseur de primes. He was caught by a bounty hunter.

3. Lorsque "par" indique le moyen : by
Le shérif a saisi le bandit par le bras. The sheriff grabbed the bandit by the arm.
Ils ont préféré y aller par la diligence. They chose to travel by stagecoach.
4. Lorsque "par" indique la cause : out of
Lucky Luke les a aidés par gentillesse. Lucky Luke helped them out of kindness.
5. Avec des proportions, des durées : a, per, by
Il fait au moins six repas par jour. He has at least six meals a day.
C'est cinquante dollars par personne. It's fifty dollars per person.
Deux par deux. Two by two.
6. Location **par ici**
Se traduit par "around here" lorsqu'il n'y a pas mouvement, et par "this way" lorsqu'il y a mouvement.
Y a-t-il un saloon par ici ? Is there a saloon around here?
Venez par ici, je vais vous montrer votre chambre. Come this way, I'll show you your room.
7. Location **par là**
Se traduit par "over there" lorsqu'il n'y a pas mouvement, et par "that way" lorsqu'il y a mouvement.
Je crois que sa ferme est par là. I think his farm is over there.
Les fugitifs sont partis par là. The fugitives went that way.
8. Location **par-ci, par-là** here and there
Il y a quelques champs de pommes de terre par-ci, par-là. There are a few potato fields here and there.

parachute [paraʃyt] **nm** parachute

paradis [paradi] **nm** heaven, paradise

paragraphe [paragraf] **nm** paragraph

paraître [parɛtr]
✲ **vi**
1. to seem
Sa remarque m'a paru déplacée. Her remark seemed inappropriate to me.
2. to look
Tu parais bien fatigué aujourd'hui. You look really tired today.

quatre cent quatre-vingt-six • **486** • four hundred and eighty-six

parfum

3. to appear
Enfin le bateau parut à l'horizon. At last the boat appeared on the horizon.
○ **v impersonnel**
Il paraît que… Apparently, …

parallèle [paralɛl] **adj** parallel

parapluie [paraplyi] **nm** umbrella

parasol [parasɔl] **nm** beach umbrella

parc [park] **nm**
1. park
Allons nous promener dans le parc. Let's go for a walk in the park.
2. playpen
Le bébé s'amusait dans son parc. The baby was playing in his playpen.
• **parc d'attractions** amusement park
• **parc naturel** nature reserve

parce que [pars kə] **conj** because

par-derrière [pardɛrjɛr]
○ **adv**
1. from behind
Il l'a attaqué par-derrière. He attacked him from behind.
2. round the back (**Am** : around the back)
Passez par-derrière. Go round the back.
○ **prép**
1. behind
Je vais faire passer le fil par derrière. I'll run the cable behind.
2. round the back of (**Am** : around the back of)
Passez par-derrière la maison. Go round the back of the house.

par-dessous [pardəsu]
○ **adv** underneath
Le portail ne s'ouvre pas, passe par-dessous. The gate doesn't open, go underneath.
○ **prép** under, underneath
Passe par-dessous la clôture. Go underneath the fence.

par-dessus [pardəsy]
○ **adv** over (it/them)
Tu vas avoir froid en chemise, mets un pull par-dessus. You'll be cold in your shirt, put a jumper over it.
○ **prép** over
Il a bondi par-dessus le mur. He jumped over the wall.

pardon [pardɔ̃]
○ **nm** *Locution* **demander pardon à quelqu'un** to apologize to somebody
Va demander pardon à ton frère. Go and apologize to your brother.
○ **excl**
1. Pour demander la permission : excuse me
Pardon, je voudrais passer, s'il vous plaît. Excuse me, can I go through, please?
2. Pour s'excuser : sorry, I'm sorry
Oh pardon, je vous ai fait mal ? Oh I'm sorry, did I hurt you?
3. Pour faire répéter : pardon
Pardon ? Vous disiez ? Pardon? What were you saying?

pardonner [pardɔne] **vt** to forgive
Joe ne pardonnera jamais à Lucky Luke. Joe will never forgive Lucky Luke.

pare-brise [parbriz] **nm** windscreen (**Am** : windshield)

pareil, eille [parɛj] **adj**
1. the same
Ces deux manteaux sont pareils. These two coats are the same.
2. such
Un pareil incapable n'aurait jamais dû devenir chien policier. Such an incompetent should never have become a police dog.

parent [parɑ̃]
○ **nm** relative
Marcel est un parent des frères Dalton. Marcel is a relative of the Dalton brothers.
○ **adj** related
Nous ne sommes pas parents. We're not related.

○ **nm pl** parents
Personne ne connaît les parents de Lucky Luke. Nobody knows Lucky Luke's parents.

parenthèse [parɑ̃tɛz] **nf** bracket (**Am** : parenthesis)
Mettez le verbe entre parenthèses. Put the verb in brackets.

paresseux, euse [parɛsø, øz]
○ **adj** lazy*
○ **nm, nf**
Se traduit par l'adjectif.
C'est un grand paresseux. He's so lazy.

parfait, e [parfɛ, ɛt] **adj** perfect

parfois [parfwa] **adv** sometimes

parfum [parfœ̃] **nm**
1. perfume*

– You are putting some **perfume** on?
– Yes, why not?

Je n'ai jamais vu un détenu aussi paresseux.

– I've never seen such a **lazy** prisoner.

quatre cent quatre-vingt-sept • **487** • four hundred and eighty-seven

parier

2. fragrance, scent
Ces fleurs ont un parfum très agréable. These flowers have a very pleasant fragrance.
3. flavour (**Am** : flavor)
Tu veux une glace à quel parfum ? What flavour ice cream do you want?

parier [parje] **vt** to bet
Je parie tout sur Sarah ! I bet everything on Sarah!

parking [parkiŋ] **nm** car park (**Am** : parking lot)

parler [parle]
○ **vt** to speak
Il parle bien anglais. He speaks good English.
○ **vi** to talk, to speak
Parler de quelque chose à quelqu'un. To talk/speak to somebody about something.

parole [parɔl]
○ **nf**
1. word
Les Dalton n'ont pas tenu parole. The Daltons didn't keep their word.
2. *Locution* **adresser la parole à quelqu'un** to speak to somebody
3. *Locution* **couper la parole à quelqu'un** to interrupt somebody
○ **nf pl** lyrics
Je ne me souviens plus des paroles de cette chanson. I've forgotten the lyrics of this song.

parrain [parɛ̃] **nm** godfather

part [par] **nf**
1. portion
Averell a pris la plus grosse part de gâteau. Averell took the biggest portion of cake.
2. share
Il voulait sa part du butin. He wanted his share of the loot.
3. *Locution* **prendre part à quelque chose** to take part in something
• **à part** apart from
À part vous, personne n'est au courant. Nobody knows apart from you.
• **de la part de**
1. from
J'ai un cadeau pour vous de la part de Billy the Kid. I've got a present for you from Billy the Kid.
2. on behalf of
Je vous appelle de la part de M. Pinson. I'm calling on behalf of Mr Pinson.
3. *Au téléphone.*
C'est de la part de qui ? Who's calling?
• **autre part** somewhere else
• **d'autre part** besides
• **d'une part… d'autre part** on the one hand… on the other hand

partager [partaʒe]
○ **vt**
1. to divide up*, to divide

– Hold on a minute, I haven't finished dividing the cake up.

2. to share
Billy ne partageait jamais ses bonbons avec les autres. Billy never shared his sweets with the others.
○ **se partager vpr** to share out
Ils se sont partagé le butin. They shared out the loot.

participer à [partisipe a] **vt**
1. to take part in
Il voulait participer au hold-up. He wanted to take part in the holdup.
2. to contribute to
Tout le monde a participé aux frais. Everybody contributed to the cost.

particulièrement [partikyljɛrmɑ̃] **adv** particularly

partie [parti] **nf**
1. game*
2. part
Il fait partie de la même bande. He's part of the same gang.
• **en partie** partly

partir [partir] **vi**
1. to go, to leave
Ne partez pas sans dire au revoir ! Don't go without saying goodbye!
2. to start
Le moteur ne voulait pas partir. The engine wouldn't start.
3. to go off
Le coup de feu est parti tout seul. The gun went off on its own.
4. to come out
La tache n'est pas partie au lavage. The stain didn't come out in the wash.
• **à partir de** from
• **partir de** to start from
C'est le cinquième en partant de la gauche. It's the fifth one starting from the left.

partout [partu] **adv** everywhere

pas [pa] **nm**
1. step
Nous avons dû revenir sur nos pas. We had to retrace our steps.
2. pace

– May I play with you?
– No, the game has started.

passer

Ils marchaient d'un bon pas. They were walking at a brisk pace.
3. *Locution* **c'est à deux pas d'ici** it's very near here
4. *Locution* **sur le pas de la porte** on the doorstep
5. *Locution* **faire le premier pas** to make the first move
• **pas à pas** step by step

pas [pa] adv
1. not
Joe n'est pas content. Joe is not happy, Joe isn't happy.
Je ne sais pas. I don't know.
Prière de ne pas déranger le shérif. Please do not disturb the sheriff.
Alors, vous venez ou pas ? So, are you coming or not?
Il a accepté, moi pas. He agreed, I didn't.
En anglais on utilise souvent la forme contractée : "didn't", "can't", etc.
2. no, any
Nous n'avons pas d'argent. We have no money, we haven't got any money.
• **pas du tout** not at all

passage [pasaʒ] nm
1. crossing
Passage pour piétons. Pedestrian crossing (**Am** : crosswalk).
Passage à niveau. Level crossing (**Am** : grade crossing).
2. way
Ton sac est dans le passage. Your bag is in the way.
3. passage
Il a découvert un passage secret. He has discovered a secret passage.
Je vais te lire mon passage préféré. I'm going to read you my favourite passage.
4. *Locution* **être de passage** to be passing through
• **passage souterrain** subway (**Am** : underpass)

passager, ère [pasaʒe, ɛr]
◎ adj temporary, passing
Ce n'est qu'une crise passagère. It's only a temporary crisis.
◎ nm, nf passenger*

passant, e [pasã, ãt]
◎ nm, nf passer-by (**pl** : passers-by)
Billy the Kid s'amusait à faire peur aux passants. Billy the Kid was having fun scaring the passers-by.
◎ nm loop, belt loop
Enfile ta ceinture dans les passants. Thread your belt through the loops.

passé, e [pase]
◎ adj
1. past
Il est midi passé. It's past midday.
2. last
Il est parti la semaine passée. He left last week.
3. faded
La couleur des rideaux est passée. The curtain colour is faded.
◎ nm
1. past
Allez, oublions le passé. Come on, let's forget the past.
2. past tense, past
Le texte est au passé. The text is in the past tense.
• **passé composé** present perfect
• **passé simple** past historic

passeport [paspɔr] nm passport

passer [pase]
◎ vt
1. to cross, to go through
Les Dalton ont réussi à passer la frontière. The Daltons managed to cross the border.
2. to spend
Il passe ses vacances à la mer. He spends his holidays at the seaside.
3. to take
Ils doivent passer un examen à la fin de l'année. They have to take an exam at the end of the year.
4. to have
Je refuse de passer la visite médicale. I don't want to have a medical.
5. to pass, to give
Est-ce que tu peux me passer le pain ? Can you pass me some bread?
Il m'a passé son rhume. He gave me his cold.
6. Au téléphone.
Je te passe John. I'll put John on.
7. to go into
Il a accéléré et passé la quatrième. He accelerated and went into fourth gear.
8. to put
Averell réussit à passer sa main sous le grillage. Averell managed to put his hand under the wire netting.
9. to strain*

— *Cette soupe est trop épaisse, il faut la* **passer**.

— That soup is too thick, it needs to be **strained**.

10. *Locution* **passer son tour** to pass

Les **passagers** *étaient installés dans la diligence.*

The **passengers** were sitting in the stagecoach.

passerelle

○ **vi**
1. to get past, to pass
Il y avait trop de monde, nous n'avons pas pu passer. There were too many people, we couldn't get past.
2. to go past, to go by
Nous sommes passés devant chez toi. We went past your house.
3. to run
Une rivière passe derrière la maison. A river runs behind the house.
4. to drop in
Je passerai demain matin. I'll drop in tomorrow morning.
5. to come
Le bus n'est pas encore passé. The bus hasn't come yet.
6. to get past
Ne bouge pas, j'arrive à passer. Don't move, I can get past.
7. *Location* **laisser passer quelqu'un** to let somebody past
8. to move up
Il est passé dans la classe supérieure. He's moved up to the next form.
9. to be on
Il va passer à la télévision. He's going to be on television.
10. to show
Ce film n'est jamais passé à la télévision. This film has never been shown on television.
11. to pass, to go by
Six mois ont passé depuis leur dernière évasion. Six months have passed since their last escape.
12. to go
Les vacances ont passé trop vite. The holiday went too quickly.
13. to go away
Il a pris une aspirine et la douleur a passé. He took an aspirin and the pain went away.
14. to fade
Les couleurs ont passé au soleil. The colours have faded in the sun.
15. *Location* **passer sur quelque chose** to overlook something
Elle passe sur tous ses défauts. She overlooks all his faults.
16. *Location* **passons** let's move on
Ce n'est pas important, passons ! It doesn't matter, let's move on!
○ **se passer** **vpr**
1. to happen*
2. to go

— *Qu'est-ce qui s'est passé ?*
— What **happened**?

Comment ça s'est passé ? How did it go?
Ça s'est bien passé/mal passé. It went well/badly.
3. to put on
Passe-toi de la crème sur les mains. Put some cream on your hands.
4. *Location* **se passer de quelque chose** to do without something
• **passer pour** to be considered
Il passe pour un idiot. He's considered an idiot.

passerelle [pasʀɛl] **nf**
1. *Lorsqu'il s'agit d'un pont :* footbridge
2. *Lorsqu'il s'agit de l'escalier d'accès à un bateau ou à un avion :* gangway

passe-temps [pastɑ̃] **nm inv**
pastime*

passion [pasjɔ̃] **nf** passion
Il a la passion du jeu. He has a passion for gambling.

passionnant, e [pasjɔnɑ̃, ɑ̃t] **adj**
fascinating

pâte [pat]
○ **nf**
1. *Lorsqu'il s'agit de la pâte d'un gâteau ou de la pâte à pain :* dough
2. *Lorsqu'il s'agit de la pâte à tarte :* pastry
○ **nf pl** pasta
Ces pâtes à la sauce tomate sont très bonnes. This pasta with tomato sauce is very good.
Attention, "pasta" est toujours suivi d'un verbe au singulier.
• **pâte d'amande** marzipan
• **pâte de fruits** fruit jelly

pâté [pate] **nm** pâté
Il adore le pâté de foie. He loves liver pâté.
• **pâté de maisons** block of houses, block
• **pâté de sable** sandcastle
• **pâté en croûte** pork pie

patience [pasjɑ̃s] **nf** patience

patient, e [pasjɑ̃, ɑ̃t]
○ **adj** patient
Les chercheurs d'or étaient très patients. The gold diggers were very patient.
○ **nm, nf** patient
Ce médecin n'a pas beaucoup de patients. This doctor hasn't got many patients.

patin [patɛ̃] **nm** skate
• **patins à glace** ice skates
• **patins à roulettes** roller skates

C'était son passe-temps favori.
This was his favourite **pastime**.

peine

patiner [patine] **vi**
1. to skate
Les enfants patinaient sur le lac gelé. The children were skating on the frozen lake.
2. to spin
Les roues de la voiture patinaient dans la boue. The wheels of the car were spinning in the mud.

pâtisserie [patisri] **nf**
1. Lorsqu'il s'agit d'un gâteau : pastry, cake
2. Lorsqu'il s'agit du magasin : cake shop

patron, onne [patrɔ̃, ɔn] **nm, nf** boss

patte [pat]
✿ **nf**
1. Lorsqu'il s'agit d'un chat ou d'un chien : paw
2. Lorsqu'il s'agit d'un oiseau : foot
3. Lorsqu'il s'agit d'un insecte : leg
✿ **nf pl**
Lorsqu'il s'agit de la coiffure : sideburns
• **pattes de derrière** hind legs
• **pattes de devant** forelegs

paume [pom] **nf** palm

paupière [popjɛr] **nf** eyelid

pause [poz] **nf** break
Faisons une pause à une heure. Let's have a break at one o'clock.

pauvre [povr] **adj** poor

pauvreté [povrəte] **nf** poverty

payer [peje] **vt**
1. to pay
Est-ce que je peux payer par carte de crédit ? Can I pay by credit card?
2. to pay for
Combien as-tu payé ce tee-shirt ? How much did you pay for that tee-shirt?
3. *Locution* **payer un verre à quelqu'un** to buy somebody a drink
Je paie pour tout le monde ! I'll buy everybody a drink!

pays [pei] **nm** country
• **pays de Galles** Wales
David est né au pays de Galles. David was born in Wales.

paysage [peizaʒ] **nm** landscape

Je vais peindre ma boutique en noir, ce sera plus gai !

– I'm going to **paint** my shop black, it will be more cheerful!

Pays-Bas [peiba] **nm pl** Netherlands
On emploie souvent "Hollande" pour désigner les Pays-Bas. "Holland" is often used to refer to the Netherlands.

péage [peaʒ] **nm** toll

peau [po] **nf** skin*

Arrête, n'enlève pas la peau de ce lapin !

– Stop, don't take the **skin** off that rabbit!

pêche [pɛʃ] **nf**
1. peach
Cette pêche est délicieuse. This peach is delicious.
2. fishing
Nous allons à la pêche. We're going fishing.

pêcher [peʃe]
✿ **vt** to catch
Il a pêché un énorme poisson. He caught a huge fish.
✿ **vi** to fish*

pédale [pedal] **nf** pedal

peigne [pɛɲ] **nm** comb

peindre [pɛ̃dr] **vt** to paint*

peine [pɛn] **nf**
1. sorrow
Il ne pouvait pas cacher sa peine. He couldn't hide his sorrow.
2. *Locution* **avoir de la peine** to be sad, to be upset
3. *Locution* **faire de la peine à quelqu'un** to upset somebody
4. sentence
Le juge a infligé une lourde peine aux frères Dalton. The judge passed a harsh sentence on the Dalton brothers.
5. difficulty
Ils vont avoir de la peine à s'échapper cette fois ! They'll have difficulty escaping this time!

Pêcher ainsi n'était pas très facile !

Fishing like this wasn't very easy!

peintre

6. trouble
Elle se donne beaucoup de peine pour nous faire plaisir. She goes to a lot of trouble to please us.
• **à peine** hardly
• **peine de mort** death penalty

peintre [pɛ̃tr] **nm** painter

peinture [pɛ̃tyr] **nf**
1. paint
"Peinture fraîche." "Wet paint."
2. painting
Je préfère la peinture à la sculpture. I prefer painting to sculpture.

peler [pəle] **vt** to peel

pelle [pɛl] **nf** shovel

pellicule [pelikyl]
⚙ **nf** film
Je ne peux pas faire de photos, je n'ai pas de pellicule. I can't take any pictures, I don't have any film.
⚙ **nf pl** dandruff
Un shampooing contre les pellicules. A shampoo for dandruff.
Attention, "dandruff" est toujours suivi d'un verbe au singulier.

pelouse [pəluz] **nf** lawn

pencher [pɑ̃ʃe]
⚙ **vt**
1. to tilt
Il a penché la lampe pour mieux voir. He tilted the lamp in order to see better.
2. to bend
Jessie James pencha la tête pour voir ce qui se passait. Jessie James bent his head forward to see what was happening.
⚙ **vi** to lean
Le mur penchait dangereusement. The wall was leaning dangerously.
⚙ **se pencher vpr**
1. to lean over
Averell doit se pencher pour entendre Joe. Averell needs to lean over to be able to hear Joe.
2. to bend down
Il s'est penché pour ramasser son chapeau. He bent down to pick up his hat.

pendant [pɑ̃dɑ̃] **prép**
1. during
Ils se sont échappés pendant la nuit. They escaped during the night.

2. Pour exprimer la durée : for
Il a plu pendant cinq jours. It rained for five days.
• **pendant que** while

pendre [pɑ̃dr]
⚙ **vt, vi** to hang*
⚙ **se pendre vpr** to hang oneself

Ils ont une drôle de manière de pendre les gens, ici !

– They've got funny ways of **hanging** people here!

pendule [pɑ̃dyl] **nf** clock

pénétrer [penetre] **vi**
1. to enter
Il a réussi à pénétrer dans la banque. He managed to enter the bank.
2. to penetrate
Ils ont pénétré en territoire ennemi. They penetrated enemy territory.

pénible [penibl] **adj**
1. tough
Un travail pénible. A tough job.
2. painful
Un souvenir pénible. A painful memory.
3. familier tiresome
Ran Tan Plan est vraiment pénible ! Rin Tin Can is really tiresome!

penser [pɑ̃se]
⚙ **vt** to think
Qu'en pensez-vous ? What do you think?
Je pense que oui. I think so.
Je pense que non. I don't think so.
⚙ **vi**
1. to think
Il ne pense qu'à jouer. He only thinks about playing.
2. to remember
As-tu pensé à donner à manger au chat ? Did you remember to feed the cat?

pension [pɑ̃sjɔ̃] **nf**
1. boarding school
Ses parents l'ont mis en pension. His parents sent him to boarding school.
2. pension
Il touche une pension d'invalidité. He gets a disability pension.
• **pension complète** full board

pensionnaire [pɑ̃sjɔnɛr] **nm, nf**
1. boarder
Les pensionnaires rentrent chez eux le week-end. Boarders go home at the weekend.
2. resident
Les pensionnaires de l'hôtel déjeunent à midi. The hotel residents have their lunch at twelve.

pente [pɑ̃t] **nf** slope
• **en pente** sloping

percer [pɛrse]
⚙ **vt**
1. to pierce
Je me suis fait percer les oreilles. I had my ears pierced.
2. to make a hole in
Les Dalton ont réussi à percer le mur. The Daltons managed to make a hole in the wall.
⚙ **vi**
1. to come through
Ses dents commencent à percer. His teeth have begun to come through.
2. to burst
L'abcès a percé. The abscess has burst.

perdre [pɛrdr]
⚙ **vt**
1. to waste
Ne perds pas ton temps. Don't waste your time.

peser

2. to lose*

*— Oh, I've **lost** something!*

vi to lose
Billy the Kid n'aime pas perdre. Billy the Kid doesn't like to lose.
✪ **se perdre** **vpr** to get lost
Ils se sont perdus dans le désert. They got lost in the desert.

père [pɛr] nm father
• **le père Noël** Father Christmas, Santa Claus

performance [pɛrfɔrmɑ̃s]
✪ **nf** performance
Il a amélioré sa performance au tir. He improved his shooting performance.
✪ **nf pl** performance
Les performances de cette machine sont impressionnantes. This machine's performance is impressive.
Attention, "performance" est toujours suivi d'un verbe au singulier dans ce sens.

périlleux, euse [perijø, øz] adj
perilous, dangerous

période [perjɔd] nf period

perle [pɛrl] nf
1. pearl
Un collier de perles. A pearl necklace.
2. bead
Un bracelet en perles de verre. A bracelet made of glass beads.

permettre [pɛrmɛtr]
✪ **vt**
1. to allow
Ses parents lui ont permis de rentrer plus tard. Her parents allowed her to come home later.
2. *Locution*
Vous permettez ! Excuse me!
✪ **se permettre** **vpr**
1. to afford
Je ne peux pas me permettre d'acheter un nouveau vélo. I can't afford to buy a new bike.
2. *Locution* **se permettre de faire quelque chose** to take the liberty of doing something

permis [pɛrmi] nm licence
• **permis de conduire** driving licence (**Am** : driver's license)

permission [pɛrmisjɔ̃] nf
1. permission
Il a demandé la permission de sortir. He asked permission to go out.
2. leave
Les soldats sont en permission. The soldiers are on leave.

perroquet [pɛrɔkɛ] nm parrot*

*Il ne se sépare jamais de son **perroquet**.*

*He's never without his **parrot**.*

personnage [pɛrsɔnaʒ] nm
1. character
Quel est ton personnage de bande dessinée préféré ? What's your favourite cartoon character?
2. person
Le maire est un personnage important. The mayor is an important person.

personne [pɛrsɔn]
✪ **nf** person (**pl** : people)
Il n'y avait que quelques personnes au saloon. There were only a few people in the saloon.
✪ **pron**
1. Lorsque le verbe anglais est à la forme affirmative : nobody, no one
Personne n'a rien vu. Nobody saw anything.
2. Lorsque le verbe anglais est à la forme négative ou interrogative : anybody, anyone
Nous n'avons vu personne. We didn't see anybody.
• **par personne** per person
• **personne âgée** elderly person

persuader [pɛrsɥade] vt to persuade, to convince
Il m'a persuadé de rester. He persuaded me to stay.

perte [pɛrt] nf
1. loss
Ce n'est pas une grosse perte ! It's no great loss!
2. waste
Quelle perte de temps ! What a waste of time!

peser [pəze]
✪ **vt** to weigh*

*Les chercheurs d'or venaient **peser** leurs pépites.*

*The gold diggers came to **weigh** their nuggets.*

petit

vi to weigh
Ça pèse lourd. It weighs a lot.

petit, e [pəti, it]
adj
1. small, little
Le petit Dalton, c'est Joe. The small Dalton is Joe.
Lorsqu'il était petit, il était très coléreux. When he was little, he used to be very quick-tempered.
Il y a un petit problème. There's a small problem.
2. short
Un petit séjour en prison vous fera le plus grand bien. A short stay in jail will do you a world of good.
nm, nf child (**pl** : children)
Je n'en veux pas, c'est pour les petits ! I don't want any, that's for children!
nm young
La lionne jouait avec ses petits. The lioness was playing with her young.
Attention, "young" est toujours au singulier.
- **petit à petit** little by little
- **petit frère** little brother, younger brother
- **petite sœur** little sister, younger sister

petit déjeuner [pəti deʒœne]
nm breakfast
(voir page 41)

petite-fille [pətitfij] **nf** granddaughter

petit-fils [pətifis] **nm** grandson

petits-enfants [pətizɑ̃fɑ̃] **nm pl** grandchildren

pétrole [petrɔl] **nm** oil*
Attention, "pétrole" ne doit pas être traduit par "petrol" qui signifie "essence".

pétrolier [petrɔlje] **nm** oil tanker

peu [pø] **adv**
1. *Avec un verbe :* not much
Lucky Luke parle peu. Lucky Luke doesn't talk much.
2. *Avec un adjectif ou un adverbe :* not very
Ce hold-up a été peu rentable. This holdup wasn't very profitable.
Il sort peu souvent. He doesn't go out very often.

- **à peu près**
1. about, around
Il était à peu près deux heures. It was about two o'clock.
2. more or less
Il a à peu près compris. He has more or less understood.
- **avant peu** soon, before long
- **peu de**
1. *Suivi d'un nom au singulier :* little, not much
Nous avons peu de temps. We don't have much time.
2. *Suivi d'un nom au pluriel :* few, not many
Il y avait peu de gens dans les rues. There weren't many people in the streets.
- **peu à peu** little by little
- **pour un peu** nearly, almost
- **sous peu** soon, shortly
- **un peu** a little, a bit
- **un peu de** a little

Du pétrole !

– Oil!

peuple [pœpl] **nm** people
Le peuple le soutient. The people are behind him.
Attention, "people" est généralement suivi d'un verbe au pluriel.

peur [pœr] **nf**
1. fear
Elle tremblait de peur. She was shivering with fear.
2. *Locution* **avoir peur de quelque chose/de quelqu'un** to be afraid/to be scared of something/of somebody*

J'ai peur de lui! J'ai très peur !

– I'm scared of him! I'm very scared!

3. *Locution* **avoir peur de faire quelque chose** to be afraid of doing something
4. *Locution* **faire peur à quelqu'un** to frighten/to scare somebody

peut-être [pøtɛtr] **adv** perhaps, maybe
Peut-être qu'ils ont changé d'avis. Perhaps they have changed their mind.

phare [far] **nm**
1. lighthouse
Il est gardien de phare. He's a lighthouse keeper.
2. headlight
Il alluma ses phares. He switched his headlights on.

pharmacie [farmasi] **nf**
1. chemist's, pharmacy (**Am** : drugstore)
Je dois aller à la pharmacie. I need to go to the chemist's.
2. medicine cabinet

quatre cent quatre-vingt-quatorze • 494 • four hundred and ninety-four

Vous pouvez vous arrêter ? Je voudrais prendre une photo...
Au secours !

– Can you stop? I'd like to take a photo...
– Help!

Il y a de l'aspirine dans la pharmacie. There's some aspirin in the medicine cabinet.

pharmacien, enne [farmasjɛ̃, ɛn] **nm, nf** chemist (**Am** : druggist)

photo [fɔtɔ] **nf**
1. photo*, picture
2. photography
Sa passion, c'est la photo. He has a passion for photography.
• **photo d'identité** passport photo

photographie [fɔtɔgrafi] **nf**
1. *Lorsqu'il s'agit de l'activité :* photography
2. *Lorsqu'il s'agit du cliché :* photograph

phrase [fraz] **nf** sentence

physique [fizik] **nf** physics
La physique est sa matière préférée. Physics is his favourite subject.
Attention, "physics" est toujours suivi d'un verbe au singulier.

physique [fizik]
◉ **adj** physical
Il n'aime pas beaucoup l'effort physique. He doesn't like physical effort very much.
◉ **nm**
Se traduit différemment selon les contextes.
Il a un physique ingrat. He's physically unattractive.
Il a un beau physique. He's got good looks.

piano [pjano] **nm** piano*

TCHAC ! *???*

La leçon de piano a été interrompue.

The piano lesson was interrupted.

pièce [pjɛs] **nf**
1. coin
Une pièce de monnaie. A coin.
2. room
Vous serez tranquilles dans cette pièce. You won't be disturbed in this room.
3. piece
Il manque des pièces au puzzle. Some pieces of the puzzle are missing.
4. patch
Leurs pantalons avaient des pièces partout. Their trousers had a lot of patches.
5. each
Ces sombreros coûtent cinq dollars pièce. These sombreros are five dollars each.
• **pièce d'identité** ID, proof of identity
• **pièce de théâtre** play

pied [pje] **nm**
1. foot (**pl** : feet)
Nous sommes à pied. We're on foot.
2. *Locution* **avoir pied** to be able to touch the bottom
3. *Locution* **pieds nus** barefoot
• **au pied de** at the foot of

piège [pjɛʒ] **nm** trap
J'espère qu'ils vont tomber dans le piège ! I hope they fall into the trap!

pierre [pjɛr] **nf** stone
• **pierre précieuse** precious stone

piéton, onne [pjetɔ̃, ɔn] **adj, nm, nf** pedestrian

pieuvre [pjœvr] **nf** octopus

pigeon [piʒɔ̃] **nm** pigeon

pile [pil]
◉ **nf**
1. battery
Les piles sont usées. The batteries are worn out.
2. pile
Une pile de livres. A pile of books.
3. *Locution* **pile ou face ?** heads or tails?
◉ **adv** *familier*
1. on the dot
Il est arrivé à huit heures pile. He arrived at eight o'clock on the dot.
2. just at the right time
Lucky Luke, vous tombez pile ! Lucky Luke, you've arrived just at the right time!

pilote [pilɔte] **nm**
1. *Pour désigner le pilote d'un avion :* pilot
2. *Pour désigner le pilote d'une voiture :* driver

pilule [pilyl] **nf** pill
Elle prend la pilule. She's on the pill.

pin [pɛ̃] **nm** pine

pince [pɛ̃s] **nf**
1. pliers
Coupe le barbelé avec cette pince. Cut the barbed-wire with these pliers.
Attention, "pliers" est toujours au pluriel.

pinceau

2. pincer
Les pinces du crabe. The crab's pincers.
• **pince à épiler** tweezers
Prends cette pince à épiler pour enlever l'écharde. Use these tweezers to pull the splinter out.
Attention, "tweezers" est toujours au pluriel.

pinceau [pɛ̃so] **nm** brush

pincer [pɛ̃se]
◎ **vt** to pinch
Il m'a pincé ! He pinched me!
◎ **se pincer vpr** to catch
Il s'est pincé le doigt dans la porte. He caught his finger in the door.

pion [pjɔ̃] **nm**
1. *Lorsqu'il s'agit du jeu de dames :* piece
2. *Lorsqu'il s'agit du jeu d'échecs :* pawn

pique-nique [piknik] **nm** picnic

piquer [pike]
◎ **vt**
1. to sting
Il s'est fait piquer par une guêpe. He got stung by a wasp.
2. to bite
Il s'est fait piquer par un moustique. He got bitten by a mosquito.
3. to prick
Elle m'a piqué avec une épingle. She pricked me with a pin.
4. to stick*

5. to put down (**Am :** to put to sleep)
Ils ont dû faire piquer leur chien. They had to have their dog put down.
◎ **vi**
1. to sting
J'ai les yeux qui piquent. My eyes are stinging.
2. to be hot
Qu'est-ce qu'elle pique, cette sauce ! This sauce is really hot!

piqûre [pikyr] **nf**
1. sting
Une piqûre de guêpe. A wasp sting.
2. bite
Une piqûre de moustique. A mosquito bite.
3. injection
Le médecin lui a fait une piqûre. The doctor gave him an injection.

pirate [pirat] **adj, nm** pirate
• **pirate de l'air** hijacker
• **pirate informatique** hacker

pire [pir]
◎ **adj**
1. worse
C'est de pire en pire ! It's getting worse and worse!
2. worst
Lucky Luke est son pire ennemi. Lucky Luke is his worst enemy.
◎ **nm** worst
Nous nous attendons au pire. We expect the worst.

piscine [pisin] **nf** swimming pool

piste [pist] **nf**
1. track, trail*
2. lead

Les enquêteurs ont plusieurs pistes. The investigators have several leads.
3. track
Ils sont sortis de la piste et se sont perdus. They left the track and got lost.
• **piste d'atterrissage** runway
• **piste de cirque** circus ring
• **piste cyclable** cycle track (**Am :** bicycle path)
• **piste de danse** dance floor
• **piste de ski** ski run

pistolet [pistɔlɛ] **nm** gun

pitié [pitje] **nf**
1. pity
Elle a pitié de lui. She feels pity for him.
2. mercy
Pitié, ne tirez pas ! Have mercy, don't shoot!
3. Locution
Il me fait pitié. I feel sorry for him.

pittoresque [pitɔrɛsk] **adj** picturesque

placard [plakar] **nm** cupboard

place [plas] **nf**
1. room, space
Cette armoire prend trop de place. This wardrobe takes too much room.
2. place
La clé est toujours à la même place. The key is still in the same place.
Il a pris ma place. He took my place.
3. seat
Est-ce que cette place est libre ? Is this seat free?
4. square
La place du village était déserte. The village square was deserted.

Ce steak est si dur que je n'arrive pas à piquer ma fourchette dedans !

— This steak is so tough that I can't stick my fork in it!

Lucky Luke est sur leur piste.

Lucky Luke is on their trail.

quatre cent quatre-vingt-seize • **496** • four hundred and ninety-six

5. *Locution* **changer quelque chose de place** to move something
6. *Locution*
À ta place, je n'irais pas. If I were you, I wouldn't go.
• **à la place de** instead of

placer [plase]
◉ **vt**
1. to place, to put
Vous me placez dans une situation délicate. You're putting me in a tricky situation.
2. to invest
Il a placé tout son argent. He invested all his money.
◉ **se placer** vpr
1. to sit
Ils se sont placés au premier rang. They sat in the front row.
2. to finish
Elle s'est placée troisième. She finished third.

plafond [plafɔ̃] nm ceiling
Hier, le plafond du saloon s'est écroulé. The ceiling of the saloon collapsed yesterday.

plage [plaʒ] nf beach
Les enfants jouaient sur la plage. The children were playing on the beach.
• **plage arrière** rear shelf
• **plage horaire** time slot

plaie [plɛ] nf wound

plaindre [plɛ̃dr]
◉ **vt** to feel sorry for
Je la plains, avec des fils pareils ! I feel sorry for her, with sons like that!
◉ **se plaindre** vpr to complain
Arrête un peu de te plaindre ! Stop complaining!

plaine [plɛn] nf plain

plainte [plɛ̃t] nf
1. moan
Il entendit une faible plainte. He heard a slight moan.
2. *Locution* **porter plainte** to lodge a complaint
Nous voulons porter plainte contre les Dalton. We want to lodge a complaint against the Daltons.

plaire [plɛr]
◉ **vi**
Il me plaît. I like him.
Ce film m'a beaucoup plu. I liked the film a lot.
◉ **se plaire** vpr
Je me plais bien ici. I like it here.
• **s'il te plaît/s'il vous plaît** please

plaisanter [plɛzɑ̃te] vi to joke*

plaisanterie [plɛzɑ̃tri] nf joke

plaisir [plezir] nm
1. pleasure
J'accepte votre invitation avec plaisir. I accept your invitation with pleasure.
2. *Locution* **faire plaisir à quelqu'un** to please somebody
Ça m'a fait plaisir de le revoir. I was pleased to see him again.

plan [plɑ̃] nm
1. plan
Faites-moi confiance, j'ai un plan ! Trust me, I've got a plan!
2. map
Regarde sur le plan. Look at the map.
3. Se traduit par une expression.
Sur le plan scolaire, il a quelques problèmes. He's having a few problems at school.
• **au premier plan** in the foreground

planche [plɑ̃ʃ] nf
1. plank*

Toutes les planches lui sont tombées dessus.

All the planks fell on top of him.

2. *Locution* **faire la planche** to float on one's back
• **planche à repasser** ironing board
• **planche à roulettes** skateboard
• **planche à voile**
1. sailboard
Il a une planche à voile. He has a sailboard.
2. *Locution* **faire de la planche à voile** to windsurf

plancher [plɑ̃ʃe] nm floor

planète [planɛt] nf planet

plante [plɑ̃t] nf
1. plante
Cette plante a besoin d'être arrosée. This plant needs some water.
2. *Locution* **la plante des pieds** the sole of the foot

planter [plɑ̃te] vt
1. to plant
Il a planté des tomates. He planted some tomatoes.

– Hank Wallys! Come and fight if you're a man!
– Are you **joking** or what? I don't usually fight with my friends!

plaque

2. to stick in, to stick into
Il planta son couteau dans le morceau de viande. He stuck his knife into the piece of meat.
3. to put up
Ils plantaient les poteaux du télégraphe. They were putting up the telegraph poles.

plaque [plak] nf
1. sheet
La plaque de verre s'est brisée en mille morceaux. The glass sheet smashed into bits.
2. patch
Il a glissé sur une plaque de verglas. He skidded on an icy patch.
Il avait le corps couvert de plaques rouges. He had red patches all over his body.
3. plaque
La plaque commémorative avait disparu. The commemorative plaque had disappeared.
• **plaque de chocolat** bar of chocolate
• **plaque d'immatriculation** number plate (**Am** : license plate)

plastique [plastik] adj, nm plastic

plat, plate [pla, plat] adj
1. flat
C'est très plat par ici. It's very flat around here.
2. still
Je préférerais de l'eau plate. I would prefer still water.
3. *Locution* **se mettre à plat ventre** to lie face down
• **à plat** flat
Le pneu était à plat. The tyre was flat.

plat [pla] nm
1. dish
C'est un plat irlandais. It's an Irish dish.
2. course
Averell avait encore faim après le plat de résistance. Averell was still hungry after the main course.
• **plat cuisiné** ready-cooked dish
• **plat du jour** today's special

plateau [plato] nm
1. tray
Mets les verres sur le plateau. Put the glasses on the tray.
2. plateau
Ils ont établi leur camp sur un plateau. They set up camp on a plateau.
3. set
Les acteurs étaient tous sur le plateau. The actors were all on the set.

plâtre [platr] nm
1. plaster
Joe était couvert de plâtre après l'explosion. Joe was covered in plaster following the explosion.
2. cast, plaster cast
Il avait une jambe dans le plâtre. His leg was in a cast.

plein, pleine [plɛ̃, plɛn]
✳ **adj** full
La prison est pleine. The jail is full.
✳ **nm**
Locution **faire le plein d'essence** to fill up with petrol
• **en plein air** in the open air
• **en plein milieu** right in the middle
• **en pleine nuit** in the middle of the night
• **plein de**
1. full of
Les poches de Billy étaient pleines de caramels. Billy's pockets were full of toffees.
2. *familier* lots of
Il a plein d'argent. He's got lots of money.

pleurer [plœre] vi
1. to cry*

– Arrêtez, s'il vous plaît, arrêtez, vous me faites **pleurer**.

– Stop it, please, stop it, you're making me **cry**!

2. to water
J'ai les yeux qui pleurent. My eyes are watering.

pleuvoir [pløvwar] v impersonnel
to rain
Il pleut ! It's raining!

pli [pli] nm
1. pleat
Les plis de sa jupe étaient tout froissés. The pleats of her skirt were all crumpled.
2. crease
Ta chemise est pleine de plis. Your shirt is full of creases.
3. fold
Il replia la carte en suivant les plis. He closed the map following the folds.

plier [plije] vt
1. to fold
Joe plia le plan en deux. Joe folded the map in two.
2. fold up
Aidez-moi à plier la tente. Help me to fold up the tent.
3. to bend
Pliez les jambes ! Bend your legs!

plomb [plɔ̃] nm
1. lead
Le plomb est un métal très lourd. Lead is a very heavy metal.
2. fuse
Les plombs ont sauté ! The fuses have blown!

plombier [plɔ̃bje] nm plumber
La baignoire fuit, il va falloir appeler un plombier. The bath is leaking, we'll have to call a plumber.

plonger [plɔ̃ʒe]
✳ **vi** to dive*

Lui, au moins, il sait **plonger** !

PLOUF!

At least this one can **dive**!

plusieurs

◎ **vt** to plunge
La ville était plongée dans l'obscurité. The town was plunged into darkness.

◎ **se plonger dans** **vpr** to immerse oneself in
Il s'est plongé dans son livre préféré. He immersed himself in his favourite book.

pluie [plɥi] **nf** rain*
Ils sont sortis sous la pluie. They went out in the rain.

plume [plym] **nf**
1. feather
Cet oiseau a de jolies plumes. This bird has nice feathers.
2. nib
La plume de mon stylo s'est cassée. The nib of my pen has broken.

la plupart [la plypar] **nf** most
Ils passent la plupart du temps dans leur cellule. They spend most of the time in their cell.

• **pour la plupart** mostly, for the most part

pluriel [plyrjɛl] **nm** plural
Ce mot est toujours au pluriel. This word is always in the plural.
(voir page 217)

plus [ply, plys]
◎ **adv**
1. Dans une comparaison : more
C'est plus difficile que je ne croyais. It's more difficult than I thought.
Tu devrais venir plus souvent. You should come more often.
Attention, si l'adjectif est court, on ajoute la terminaison "-er" pour former le comparatif.
C'est plus simple comme ça. It's simpler like that.
2. Le superlatif se traduit différemment selon les contextes.
Joe a choisi le lit le plus confortable. Joe chose the most comfortable bed.
Averell est le plus grand de tous. Averell is the tallest of them all.
Le plus souvent, ils ne sont pas d'accord. They disagree most of the time.
Vous devez y aller le plus vite possible. You must go as quickly as possible.
3. Pour indiquer la quantité : more
Je ne peux pas vous en dire plus. I can't tell you any more.
4. Pour exprimer la négation.
On ne les voit plus. We don't see them any more.
Je ne me souviens plus. I don't remember.
5. *Locution*
Plus j'y pense, plus je me dis que c'était une erreur. The more I think about it, the more I'm sure it was a mistake.
◎ **prép** plus
Deux plus trois égale cinq. Two plus three makes five.

• **de plus**
1. more
Il en a pris deux de plus. He took two more.
2. Pour indiquer l'âge.
Il a deux ans de plus que moi. He's two years older than me.

• **de plus en plus** more and more
• **de plus en plus de** more and more
• **en plus**
1. extra
Les boissons sont en plus. Drinks are extra.
2. what's more
Tu as tout gâché et en plus tu trouves ça drôle ? You ruined everything and what's more you find it funny?

• **en plus de** in addition to
• **plus de**
1. more
Je voudrais plus de pâtes. I'd like some more pasta.
2. more than
Ça fait plus d'une semaine que je ne l'ai pas vu. I haven't seen him for more than a week.

• **plus ou moins** more or less
(voir page 181)

plusieurs [plyzjœr] **adj, pron** several
Calamity a plusieurs chapeaux. Calamity has several hats.

— Yippee, the **rain**!
— Yippee! — Yippee! — Yippee!

plutôt

plutôt [plyto] **adv**
1. rather
Plutôt que de rester ici, je préfère retourner au pénitencier ! I'd rather go back to jail than stay here!
2. instead
Vas-y plutôt en train. Take the train instead.

pluvieux, euse [plyvjø, øz] **adj**
rainy

pneu [pnø] **nm** tyre (**Am** : tire)

poche [pɔʃ] **nf**
1. pocket*

Attendez, je crois que je l'ai dans ma poche.

– Hold on, I think I've got it in my pocket.

2. bag
Il a des poches sous les yeux. He has bags under his eyes.
• **de poche** pocket
Pas de panique, je vais consulter mon guide de poche. No need to panic, I'm going to look in my pocket guide.

poêle [pwal] **nm** stove
Venez vous réchauffer à côté du poêle. Come next to the stove to warm up.

poêle [pwal] **nf** frying pan
Est-ce que tu as une poêle pour faire des crêpes ? Have you got a frying pan to make pancakes?

poème [pɔɛm] **nm** poem

poésie [pɔezi] **nf**
1. poetry
Il aime la poésie. He likes poetry.
2. poem

Averell va nous réciter une poésie. Averell is going to say a poem.

poids [pwa] **nm**
1. weight*

Il soulève des poids.

He's lifting weights.

2. shot
Lancer le poids. To put the shot.
• **poids lourd** heavy goods vehicle (**Am** : truck)
Ce pont est interdit aux poids lourds. Heavy goods vehicles are not allowed on this bridge.

poignée [pwaɲe] **nf**
1. handle
La poignée de la porte est cassée. The door handle is broken.
2. handful
Billy a mis une poignée de caramels dans sa poche. Billy put a handful of toffees in his pocket.
• **poignée de main** handshake

poignet [pwaɲɛ] **nm**
1. wrist
Il s'est fait une entorse au poignet. He sprained his wrist.
2. cuff
Les poignets de cette chemise sont usés. The cuffs of this shirt are worn.

poil [pwal] **nm**
1. hair
Le chien perd ses poils. The dog is shedding its hairs.
Attention, "hair" peut être utilisé au singulier lorsqu'on parle des poils d'une personne.
2. bristle
Cette brosse perd ses poils. This brush is losing its bristles.

poing [pwɛ̃] **nm** fist
• **coup de poing** punch*

Ils avaient même inventé une machine à donner des coups de poing.

They had even invented a machine which gave punches.

point [pwɛ̃] **nm**
1. dot, spot
Un point sur la carte indiquait l'emplacement de la banque. A dot on the map showed where the bank was.
2. full stop (**Am** : period)
Il manque le point à la fin de cette phrase. The full stop is missing at the end of this sentence.
3. point
Il reste un point à régler. There is one point left to sort out.
L'équipe adverse a marqué un point. The opposing team scored a point.
4. point, mark
Il lui manque deux points pour avoir la moyenne. He needs two points to pass.
5. stitch
Averell a appris un nouveau point de broderie. Averell has learnt a new embroidery stitch.
• **à point** medium
Un steak à point. A medium steak.
• **mal en point** in a bad way
• **mettre au point**
1. to adjust
Il faut d'abord mettre le mécanisme au point. You need to adjust the mechanism first.
2. to devise
Il a mis au point un plan infaillible. He has devised a perfect plan.

populaire

- **point de côté** stitch
- **point d'exclamation** exclamation mark
- **point d'interrogation** question mark
- **points de suspension** suspension points

pointu, e [pwɛ̃ty] **adj**
1. with a sharp point
Ces ciseaux sont très pointus. These scissors have got a very sharp point.
2. specialized
C'est un domaine très pointu. It's a highly specialized field.

pointure [pwɛ̃tyr] **nf** shoe size, size
Quelle est votre pointure ? What size do you take?

poire [pwar] **nf** pear

poireau [pwaro] **nm** leek

pois [pwa] **nm**
1. pea
Des petits pois. Peas.
2. spot, dot
Elle portait une robe blanche à pois rouges. She was wearing a white dress with red spots.
- **à pois** spotted

poison [pwazɔ̃] **nm** poison

poisson [pwasɔ̃] **nm**
1. fish
2. *Locution* **faire un poisson d'avril à quelqu'un** to play an April Fool's trick on somebody
En Grande-Bretagne, on joue des tours en tous genres le premier avril, mais la tradition du poisson en papier n'existe pas.
- **poisson rouge** goldfish

poitrine [pwatrin] **nf**
1. *Pour désigner le thorax :* chest
2. *Pour désigner les seins :* bust

poivre [pwavr] **nm** pepper

pôle [pol] **nm** pole
Pôle Nord/pôle Sud. North Pole/South Pole.

poli, e [pɔli] **adj**
1. polite
Sois poli. Be polite.
2. polished
Du verre poli. Polished glass.

police [pɔlis] **nf**
1. police
La police va arriver. The police are on their way.
Attention, "police" est toujours suivi d'un verbe au pluriel dans ce sens.
2. policy
Une police d'assurance. An insurance policy.

policier, ère [pɔlisje, ɛr]
✹ **adj**
1. police
Il a pris peur quand il a vu les chiens policiers. He got scared when he saw the police dogs.
2. detective
Il adore les romans policiers. He loves detective novels.
✹ **nm, nf** police officer
Deux policiers surveillaient l'entrée de l'immeuble. Two police officers were guarding the entrance to the building.

politesse [pɔlitɛs] **nf** manners*

Je vais t'apprendre la politesse, tu vas voir !

– I'll teach you some manners, just you wait!

politique [pɔlitik]
✹ **adj** political
Ils ont fondé un nouveau parti politique. They founded a new political party.
✹ **nf**
1. politics
La politique ne les a jamais intéressés. Politics has never interested them.
Attention, "politics" est toujours suivi d'un verbe au singulier.
2. policy
Quelle est la politique du gouvernement en matière d'éducation ? What's the government's education policy?

pollution [pɔlysjɔ̃] **nf** pollution*

La pollution des rivières avait atteint un niveau inquiétant.
Pouah !

The level of pollution in the rivers was disturbingly high. – Yuk!

pomme [pɔm] **nf** apple

pomme de terre [pɔm də tɛr] **nf** potato

pommette [pɔmɛt] **nf** cheekbone

pompier [pɔ̃pje] **nm** fireman (**pl** : firemen)

pont [pɔ̃] **nm**
1. bridge
Il y a beaucoup de ponts sur la Seine. There are a lot of bridges on the Seine.
2. *Quand il s'agit d'un bateau :* deck
Les passagers étaient sur le pont. The passengers were on the deck.
3. *Locution* **faire le pont** to have a long weekend
Le pont du 1er mai. The long weekend around the 1st of May.

populaire [pɔpylɛr] **adj**
1. popular
C'est un chanteur très populaire. He's a very popular singer.
2. working-class
Un quartier populaire. A working-class area.

cinq cent un • 501 • five hundred and one

porc

porc [pɔr] **nm**
1. *Lorsqu'il s'agit de l'animal* : pig
2. *Lorsqu'il s'agit de la viande* : pork

port [pɔr] **nm**
1. port
Ce village est un port de pêche. This village is a fishing port.
2. postage
Port payé. Postage paid.
3. *Se traduit différemment selon les contextes.*
Le port du casque est obligatoire ici. Helmets must be worn at all times here.
Port d'armes. Carrying of weapons.

portail [pɔrtaj] **nm** gate

porte [pɔrt] **nf**
1. door*

On avait dit à Ran Tan Plan de garder la porte !

Rin Tin Can had been told to stand guard at the door!

2. gate
Les portes de la ville. The city gates.
3. *Location* **mettre quelqu'un à la porte** to throw somebody out
• **porte d'embarquement** gate
• **porte d'entrée** front door

porte-bagages [pɔrtbagaʒ] **nm inv**
1. *Lorsqu'il s'agit d'un vélo* : carrier
2. *Lorsqu'il s'agit d'un train* : luggage rack

porte-clés [pɔrtəkle] **nm inv** key ring

portefeuille [pɔrtəfœj] **nm** wallet

portemanteau [pɔrtmɑ̃to] **nm**
1. *Lorsqu'il s'agit d'un portemanteau au mur* : coat rack
2. *Lorsqu'il s'agit d'un portemanteau sur pied* : coat stand

porte-monnaie [pɔrtmɔnɛ] **nm inv** purse

porter [pɔrte]
✪ **vt**
1. to carry*

S'il n'y a personne pour porter mes bagages, je ne reste pas une minute de plus !

– If there's nobody to carry my luggage, I'm not staying a minute longer!

2. to wear
Il porte des lunettes et un chapeau. He's wearing glasses and a hat.
3. to bear
Le coffret portait une mystérieuse inscription. The box bore a mysterious inscription.
4. to take
Porte ce message à Lucky Luke. Take this message to Lucky Luke.
✪ **vi**
1. to carry
Il a une voix qui porte. His voice carries.
2. to hit home
Ta remarque a porté. Your remark hit home.
✪ **se porter vpr**
Location **se porter bien/se porter mal** to be well/to be unwell

portière [pɔrtjɛr] **nf** door

portrait [pɔrtrɛ] **nm** portrait

portugais, e [pɔrtygɛ, ɛz]
✪ **adj, nm** Portuguese
Elle parle le portugais couramment. She speaks fluent Portuguese.
✪ **nm, nf** Portuguese, Portuguese person
Les Portugais. The Portuguese.
Attention, l'anglais prend toujours une majuscule.

Portugal [pɔrtygal] **nm** Portugal
Le Portugal est un très beau pays. Portugal is a beautiful country.

poser [poze]
✪ **vt**
1. to put
Pose ces sacs par terre ! Put those bags on the floor!
2. to put up
Nous avons posé le papier peint dans la chambre. We put the wallpaper up in the bedroom.
3. to fit (**Br** : to lay)
La moquette n'a pas encore été posée. The carpet hasn't been laid yet.
4. to fit
Il faut poser un verrou sur cette porte. A bolt must be fitted on this door.
5. to ask
Arrête de me poser des questions bêtes, Averell ! Stop asking me stupid questions, Averell!
6. to pose
Billy the Kid nous pose un vrai problème. Billy the Kid poses a real problem for us.
✪ **vi** to pose
Les Dalton ont posé pour une photo de famille. The Daltons posed for a family portrait.
✪ **se poser vpr** to land
L'oiseau se posa sur la tête d'Averell. The bird landed on Averell's head.

posséder [pɔsede] **vt**
1. to own, to possess
Il possède une voiture. He owns a car.
2. to have
Elle possède un grand talent. She has a great gift.

possible [pɔsibl]
✪ **adj** possible
Les Dalton creusaient le plus doucement possible. The Daltons were digging as quietly as possible.
✪ **nm**
1. *Location* **faire tout son possible pour faire quelque chose** to do one's utmost to do something
2. *Location* **dans la mesure du possible** as far as possible
• **dès que possible** as soon as possible
• **si possible** if possible

poste [pɔst] **nm**
1. position, post
Il a obtenu un poste à la mairie. He was given a position at the town hall.
2. extension
Pouvez-vous me passer le poste 232 ? Can you give me extension 232?
• **poste de police** police station
• **poste de télévision** television set

poste [pɔst] **nf**
1. post (**Am** : mail)
J'ai envoyé le paquet par la poste. I sent the parcel by post.
2. post office
Je dois aller à la poste. I need to go to the post office.

poster [pɔste] **vt** to post (**Am** : to mail)
Est-ce que tu as posté ma lettre ? Did you post my letter?

postier, ère [pɔstje, ɛr] **nm, nf** postal worker

pot [po] **nm**
1. carton (**Am** : pot)
Il a mangé trois pots de yaourt. He ate three cartons of yoghurt.
2. jar
J'ai surpris Averell la main dans le pot de confiture. I caught Averell with his hand in the jam jar.
• **pot d'échappement** exhaust pipe
• **pot de fleurs** flowerpot
• **pot de peinture** paint pot (**Am** : can of paint)

potable [pɔtabl] **adj** drinkable*

Cette eau n'est plus potable !

— This water isn't drinkable any more.

Locution **eau potable** drinking water

poteau [pɔto] **nm** post
• **poteau indicateur** signpost
• **poteau télégraphique** telegraph pole

poubelle [pubɛl] **nf** dustbin (**Am** : trash can, garbage can)

pouce [pus] **nm** thumb

poudre [pudr] **nf** powder
Ils ont fait sauter la réserve de poudre. They blew up the powder store.
• **chocolat en poudre** drinking chocolate

poule [pul] **nf** hen

poulet [pulɛ] **nm** chicken

poupée [pupe] **nf** doll*

Il avait caché l'argent dans la poupée !

He had hidden the money inside the doll!

pour [pur]
✺ **prép**
1. Pour exprimer la destination, le moment, la durée ou la cause : for
C'est pour toi. It's for you.
Il est parti pour la Chine. He left for China.
Est-ce que ce sera prêt pour lundi ? Will it be ready for Monday?
Ils ont été arrêtés pour avoir cambriolé la banque. They have been arrested for breaking into the bank.
2. Pour exprimer le but : to, in order to
Je suis venu pour vous parler. I've come to talk to you.

3. Pour donner son avis.
Pour moi, c'est toi qui as raison. As far as I'm concerned, you're right.
4. Suivi d'une somme.
Donnez-moi pour cinq euros de gâteaux. Give me five euros worth of cakes.
5. *Locution* **être pour quelque chose** to be in favour of something
✺ **nm inv**
Locution **peser le pour et le contre** to weigh up the pros and the cons
• **pour que** so that, in order that

pourboire [purbwar] **nm** tip
J'ai laissé deux euros de pourboire. I left a tip of two euros.

pourquoi [purkwa] **adv** why
Pourquoi pas ? Why not?
Nous avons été attaqués, c'est pourquoi nous sommes en retard. We were attacked, that's why we're late.
(voir page 315)

pourri, e [puri] **adj** rotten

poursuivre [pursɥivr]
✺ **vt**
1. to chase
Il passe son temps à poursuivre Billy. He spends his time chasing Billy.
2. to continue
Et le maire poursuivit son discours. And the mayor continued his speech.
3. to pursue
Il poursuit un rêve impossible. He's pursuing an impossible dream.
4. *Locution* **poursuivre quelqu'un en justice** to take somebody to court
✺ **se poursuivre** **vpr** to continue
Les recherches se poursuivent. The search continues.

pourtant [purtɑ̃] **adv** all the same, even so
C'est pourtant vrai. It's true all the same.
• **et pourtant** and yet
Et pourtant, nous avions pensé à tout ! And yet we had thought of everything!

pousser [puse]
✺ **vt**
1. to push
Le fermier poussait sa brouette. The farmer was pushing his wheelbarrow.

poussière

2. to move
Tu veux bien pousser tes affaires, elles gênent. Could you move your things, they're in the way.
3. to give
Il a poussé un cri en voyant les Indiens. He gave a shout when he saw the Indians.
4. *Locution* **pousser quelqu'un à faire quelque chose** to urge somebody to do something
◦ **vi**
1. to push
Allez, poussez ! Come on, push!
2. to grow*

Et la plante se mit à pousser.
And the plant started to **grow**.

◦ **se pousser** **vpr** to move up
Pousse-toi un peu pour que nous puissions nous asseoir. Move up a bit so we can sit down.

poussière [pusjɛr] **nf** dust*

Il reçut la poussière en pleine figure !
The **dust** flew right in his face!

pouvoir [puvwar]
◦ **nm** power
• **les pouvoirs publics** the authorities
◦ **vt**
1. can, to be able to
Je ne peux pas aller plus vite. I can't go any faster.
Pourriez-vous ouvrir la fenêtre ? Could you open the window?
Est-ce qu'il pourra venir ? Will he be able to come?
2. can, to be allowed to
Est-ce que je peux sortir ? Can I go out?
3. *Pour indiquer une éventualité.*
Attention, ça pourrait exploser. Be careful, it could explode.
Il peut pleuvoir. It might rain.
◦ **se pouvoir** **vpr**
1. *Locution*
Il se peut qu'il soit déjà parti. He might have left already.
2. *Locution* **ça se pourrait bien** it's quite possible
(voir page 185)

pratique [pratik]
◦ **adj**
1. handy
Ce gadget est très pratique. This gadget is very handy.
2. practical
Il nous a donné des conseils pratiques. He gave us some practical advice.
◦ **nf**
1. practical experience
Il manque de pratique. He lacks practical experience.
2. practice
C'est une pratique courante. It's common practice.

pratiquer [pratike] **vt**
1. to do
Il pratique le judo. He does judo.
2. to play
Il pratique le tennis régulièrement. He plays tennis regularly.
3. to practise (**Am** : to practice)
Il veut pratiquer son anglais. He wants to practise his English.
4. to go to church
Il est catholique mais il ne pratique plus. He's a Catholic but he doesn't go to church any more.

pré [pre] **nm** meadow

précaution [prekosjɔ̃] **nf** precaution
Il est dangereux, vous devriez prendre des précautions. He's dangerous, you should take precautions.
• **avec précaution** carefully

précieux, euse [presjø, øz] **adj** precious

se précipiter [sə presipite] **vpr**
1. to hurl oneself
Il s'est précipité du dernier étage. He hurled himself from the top floor.
2. to rush
Ran Tan Plan s'est précipité sur Joe. Rin Tin Can rushed at Joe.

précision [presizjɔ̃] **nf**
1. precision
Joe avait tout calculé avec précision. Joe had planned everything with precision.
2. detail
J'aimerais apporter quelques précisions. I'd like to add a few details.

préférer [prefere] **vt** to prefer*

C'est lui qu'elle préfère.
Oui.
Taisez-vous à table !
— It's him she **prefers**.
— Yes.
— Be quiet while you're eating!

premier, ère [prəmje, ɛr]
◦ **adj num, nm, nf** first
◦ **nf**
1. first class
Il voyage toujours en première. He always travels first class.
2. lower sixth form (**Am** : eleventh grade)
Il est passé en première. He moved up to the lower sixth form.

président

3. première, opening night
Il a été invité à la première. He's been invited to the première.
• **en premier** first, firstly
• **le premier de l'an** New Year's Day
(voir pages 54-55)

prendre [prɑ̃dr]
◉ **vt**
1. to take*

— *I told you not to take my gold!*

2. to pick up
Je peux passer te prendre, si tu veux. I can come and pick you up, if you want.
3. to have
On va prendre un verre ? Shall we have a drink?
4. to catch
Si nous ne nous déguisons pas, nous allons nous faire prendre. If we don't put on a disguise, we'll get caught.
5. to put on
Il a pris une drôle d'expression. He put on a funny expression.
6. to put on, to gain
Il a encore pris du poids. He's put on more weight.
7. to mistake
Je vous avais pris pour votre frère. I had mistaken you for your brother.
8. to take
Pour qui me prenez-vous ? Who do you take me for?
9. to handle
Joe est si difficile, je ne sais pas comment le prendre. Joe is so difficult, I don't know how to handle him.
10. Locution
Qu'est-ce qui lui prend ? What's the matter with him?

◉ **vi**
1. to set
La gelée commence à prendre. The jelly is starting to set.
2. to catch
La grange a pris feu. The barn caught fire.

◉ **se prendre** vpr
1. Locution
Mais pour qui se prend-il ? Who does he think he is?
2. Locution **s'en prendre à quelqu'un** to take it out on somebody
3. Locution
Tu t'y prends vraiment mal. You're really going the wrong way about it.

prénom [prenɔ̃] **nm** first name

préparer [prepare]
◉ **vt**
1. to prepare
Les Dalton ont préparé leur évasion. The Daltons have prepared their escape.
2. to get ready
Prépare tes affaires, on s'en va. Get your things ready, we're going.
3. to prepare for
Elle prépare un examen. She's preparing for an exam.

◉ **se préparer** vpr
1. to get ready
Prépare-toi, c'est l'heure ! Get ready, it's time to go!
2. Locution
Un orage se prépare. There's a storm brewing.
3. Locution **se préparer à faire quelque chose** to get ready to do something

près [prɛ] **adv** near, close
C'est tout près. It's very near.
• **de près** closely
• **près de**
1. near
Il habite près de l'église. He lives near the church.
2. nearly
Il était près de minuit. It was nearly midnight.

présent, e [prezɑ̃, ɑ̃t]
◉ **adj** present
◉ **nm**
1. present
Oublie le passé et pense au présent. Forget the past and think about the present.

2. present tense, present
Le verbe est au présent. The verb is in the present tense.
• **à présent** now, at present

présenter [prezɑ̃te]
◉ **vt**
1. to introduce
Je vous présente Calamity Jane. Let me introduce Calamity Jane.
2. to present
Le maire a demandé à Lucky Luke de présenter le spectacle. The mayor asked Lucky Luke to present the show.
3. to show
Vous devez présenter votre billet à l'entrée. You need to show your ticket at the entrance.
4. to offer
Il a présenté ses excuses. He offered his apologies.

◉ **se présenter** vpr
1. to introduce oneself*

— *Let me introduce myself, Baltimore, artistic director.*

2. to arise
J'irais volontiers, si l'occasion se présente. I'll go with pleasure, if the opportunity arises.
3. to appear, to show oneself
Tu ne peux pas te présenter comme ça. You can't appear like that.
4. Locution **se présenter à un examen** to take an exam
5. Locution **se présenter aux élections** to stand in the elections (**Am :** to run for election)
(voir page 171)

président, e [prezidɑ̃, ɑ̃t] **nm, nf**
1. chairman (**f :** chairwoman)
Le président de l'association

presque

a fait un discours. The chairman of the association made a speech.
2. president
Le président des États-Unis. The American president.

presque [prɛsk] **adv**
1. Dans des phrases affirmatives : almost, nearly
J'ai presque fini. I've almost finished.
2. Dans des phrases négatives : hardly
Il n'y a presque plus de gâteaux. There are hardly any cakes left.

presser [prese]
✺ **vt**
1. to squeeze
Pressez les oranges ! Squeeze the oranges!
2. to press
Les gens étaient pressés les uns contre les autres. People were pressed against each other.
3. to rush
Ce n'est pas la peine de me presser. There's no need to rush me.
✺ **vi** *Locution* **rien ne presse** there's no rush
✺ **se presser vpr** to hurry
Presse-toi ! Hurry up!

prêt, prête [prɛ, prɛt]
✺ **adj** ready*

— Le cactus est prêt ! À table !

— The cactus is ready! Come and eat!

✺ **nm** loan
Demander un prêt à la banque. To apply for a loan at the bank.

prétentieux, euse [pretɑ̃sjø, øz] **adj** pretentious

prêter [prete] **vt**
1. to lend
Tu me prêtes ton vélo ? Can you lend me your bike?
2. *Locution* **prêter attention à quelque chose** to pay attention to something

preuve [prœv] **nf**
1. proof, evidence
J'ai la preuve que Billy the Kid est coupable. I have proof that Billy the Kid is guilty.
Attention, "proof" s'utilise toujours sans article et au singulier dans ce sens.
2. *Locution* **faire ses preuves**
Cette méthode a fait ses preuves. This method has proved successful.

prévenir [prevnir] **vt**
1. to tell
Il m'a prévenu au dernier moment. He told me at the last minute.
2. to call
Prévenez le shérif ! Call the sheriff!
3. to warn
Je vous préviens, ça va mal finir ! I'm warning you, it will end in tears!
4. to prevent
Prévenir une catastrophe. To prevent a disaster.

prévision [previzjɔ̃] **nf** forecast
• **en prévision de** in anticipation of
• **prévisions météorologiques** weather forecast
Voici les prévisions météorologiques. Here is the weather forecast.
Attention, "weather forecast" est toujours au singulier.

prévoir [prevwar] **vt**
1. to foresee, to anticipate
Nous ne pouvions pas prévoir la suite. We couldn't foresee what was going to happen.
2. to plan
Tout s'est passé comme prévu. Everything went as planned.

prier [prije]
✺ **vt**
1. to pray to
Prier Dieu. To pray to God.
2. *Locution*
Je vous prie de m'écouter. Please listen to me.
3. *Locution* **je vous en prie** you're welcome
— Merci. — Je vous en prie. — Thank you. — You're welcome.
4. *Locution* **je vous en prie** please
Je vous en prie, après vous. Please, after you.
✺ **vi** to pray

primaire [primɛr] **adj**
1. primary
Il va à l'école primaire. He goes to primary school.
2. limited, simple-minded
Je crois qu'il est un peu primaire. I think he's a bit limited.

prince [prɛ̃s] **nm** prince

princesse [prɛ̃sɛs] **nf** princess

principal, e, aux [prɛ̃sipal, o]
✺ **adj** main
L'entrée principale est gardée. The main entrance is guarded.
✺ **nm**
1. headteacher (**Am** : principal)
Il a été convoqué dans le bureau du principal. He's been summoned to the headteacher's office.
2. *Locution* **le principal** the main thing
Le principal, c'est de les retrouver. The main thing is to find them.

printemps [prɛ̃tɑ̃] **nm** spring

priorité [prijorite] **nf**
1. priority
Le gouvernement a donné la priorité à la lutte contre le chômage. The government has given priority to unemployment.
2. right of way
Ralentis, nous n'avons pas la priorité. Slow down, we don't have the right of way.
• **en priorité** first

prise [priz] **nf**
1. hold, grip
Il cherchait une prise pour ne pas glisser. He was looking for a hold so he wouldn't slip.
2. catch
Quatre poissons, c'est une belle prise ! Four fish, that's a good catch!
• **prise de courant**
1. **Lorsqu'il s'agit d'une prise au mur :** socket (**Am** : outlet)
2. **Lorsqu'il s'agit d'une prise mâle :** plug
• **prise de sang** blood test

programme

*En **prison**, je veux bien, mais dans la même cellule !*

Eh oui, c'est comme ça !

– **Prison** I don't mind, but the same cell! – That's the way it is!

prison [pʁizɔ̃] **nf** prison*, jail

priver [pʁive]
◉ **vt** to deprive
Pour une fois, Averell a été privé de nourriture. For once, Averell was deprived of food.
◉ **se priver vpr** to go without
Elle se prive pour ses enfants. She goes without for her children.

prix [pʁi] **nm**
1. price
Demande le prix au vendeur. Ask the assistant the price.
2. prize*
• **à tout prix** at all costs

probablement [pʁɔbabləmɑ̃] **adv** probably

problème [pʁɔblɛm] **nm** problem*

procès [pʁɔsɛ] **nm**
1. trial
2. *Locution* **faire un procès à quelqu'un** to take somebody to court

prochain, e [pʁɔʃɛ̃, ɛn] **adj** next
À la semaine prochaine ! See you next week!

proche [pʁɔʃ]
◉ **adj** near
◉ **nm pl** close relations
Ses proches ont été prévenus. His close relations have been told.
• **proche de**
1. close to, near
Nous sommes proches de la frontière. We're close to the border.
2. close to

Il est très proche de son frère. He's very close to his brother.

producteur, trice [pʁɔdyktœʁ, tʁis] **nm, nf** producer

produit [pʁɔdɥi] **nm** product
• **produits de beauté** beauty products
• **produits d'entretien** cleaning products

professeur [pʁɔfɛsœʁ] **nm** teacher
Le professeur d'anglais a organisé un voyage au pays de Galles. The English teacher organized a trip to Wales.

profession [pʁɔfɛsjɔ̃] **nf** occupation
Quelle est votre profession ? What is your occupation?

profond, e [pʁɔfɔ̃, ɔ̃d] **adj** deep

programme [pʁɔgʁam] **nm**
1. programme (**Am** : program)
Quel est le programme de la journée ? What's the programme for the day?
2. syllabus
Quelles sont les matières au programme cette année ? What are the subjects on this year's syllabus?
3. program
Ils ont installé un nouveau programme sur mon ordinateur. They've installed a new program on my computer.

*Nous avons un **problème** !*

Oui, c'est sûr !

– We have a **problem**!
– Yes, that's for sure!

*Je vais à présent remettre les **prix** aux élèves les plus méritants.*

Ce n'est pas juste !

C'est de la triche !

– I'm now going to give the worthiest pupils their **prizes**.
– That's not fair! – They cheated!

progrès

progrès [prɔgrɛ] **nm** progress
Faire des progrès. To make progress.
Les progrès des élèves ne sont pas brillants. The children's progress is not exactly brilliant.
Attention, "progress" est toujours suivi d'un verbe au singulier et s'emploie sans article dans ce sens.

projet [prɔʒɛ] **nm**
1. plan
Nous avons fait des projets. We've made plans.
2. project
Nous travaillons sur le même projet. We're working on the same project.
• *projet de loi* bill

promenade [prɔmnad] **nf**
1. Lorsqu'il s'agit d'une promenade à pied : walk
Nous avons fait une promenade en forêt. We went for a walk in the forest.
2. Lorsqu'il s'agit d'une promenade à vélo ou en voiture : ride
Nous avons fait une promenade à vélo. We went for a bike ride.
3. promenade
Il y a une jolie promenade au bord de la mer. There's a lovely promenade along the seafront.

se promener [sə prɔmne] **vpr** to go for a walk

promesse [prɔmɛs] **nf** promise
Les Dalton n'ont pas tenu leur promesse. The Daltons didn't keep their promise.

promettre [prɔmɛtr] **vt**
1. to promise
Ils nous ont promis des renforts. They promised us reinforcements.
Il m'a promis qu'il ne dirait rien à personne. He promised me that he wouldn't tell anybody.
2. *Locution*
C'est promis ! It's a promise!

pronom [prɔnɔ̃] **nm** pronoun

proportion [prɔpɔrsjɔ̃] **nf** proportion

proposer [prɔpoze] **vt**
1. to suggest, to propose
Je propose qu'on aille se promener. I suggest we go for a walk.
2. to offer
On lui a proposé une somme importante. He was offered a large sum of money.

propre [prɔpr] **adj**
1. clean
As-tu les mains propres ? Are your hands clean?
2. own
Je l'ai vu de mes propres yeux. I saw it with my own eyes.
3. proper
Un nom propre. A proper noun.

propriétaire [prɔprijetɛr] **nm, nf**
1. owner
Le propriétaire de l'hôtel a reconnu les Dalton. The owner of the hotel recognized the Daltons.
2. landlord (**f** : landlady)
Le propriétaire a augmenté le loyer. The landlord has put the rent up.

prospectus [prɔspɛktys] **nm** advertising leaflet

protéger [prɔteʒe]
✪ **vt** to protect
Lucky Luke sera là pour vous protéger des bandits. Lucky Luke will be there to protect you from bandits.
✪ **se protéger vpr**
1. to protect oneself*

Il ne savait plus quoi faire pour se protéger.

He didn't know what to do to **protect himself**.

2. to shelter
Ils cherchaient un endroit pour se protéger de la pluie. They were looking for somewhere to shelter from the rain.

protestant, e [prɔtɛstɑ̃, ɑ̃t] **adj, nm, nf** Protestant
La religion protestante. The Protestant faith.
Attention, l'anglais prend toujours une majuscule.

protester [prɔtɛste] **vi** to protest

prouver [pruve] **vt**
1. to prove
Lucky Luke a prouvé la culpabilité de Billy the Kid. Lucky Luke proved that Billy the Kid was guilty.
2. to show
Cela prouve que nous avions raison. It shows that we were right.

province [prɔvɛ̃s] **nf** province
• *en province* in the provinces
Ils vivent en province. They live in the provinces.

proviseur [prɔvizœr] **nm** head-teacher (**Am** : principal)

provision [prɔvizjɔ̃]
✪ **nf** supply, stock
Billy a une bonne provision de caramels. Billy has a good supply of toffees.
✪ **nf pl** shopping*, groceries

Voilà les provisions !
Moi aussi, j'ai fait des courses !

– Here's the **shopping**!
– I did some shopping too!

provisoire [prɔvizwar] **adj** temporary

proximité [prɔksimite] **nf** closeness, proximity
• *à proximité* nearby
• *à proximité de* near

prudence [prydɑ̃s] **nf** care, caution
• **avec prudence** carefully

prudent, e [prydɑ̃, ɑ̃t] **adj** careful

prune [pryn] **nf** plum

public, ique [pyblik]
◉ **adj** public
Un lieu public. A public place.
◉ **nm**
1. public
Le musée est ouvert au public tous les jours. The museum is open to the public every day.
2. audience*
• **en public** in public

publicité [pyblisite] **nf**
1. advertising
Elle travaille dans la publicité. She's in advertising.
2. advertisement (**Br** : advert*)
3. publicity
Il y a eu beaucoup trop de publicité autour de cette affaire. There was far too much publicity about it.

puis [pɥi] **adv** then
Prenez à gauche puis à droite. Turn left then right.
• **et puis**
1. and then
Il a pris ses affaires et puis il est sorti. He took his things and then he went out.
2. and what's more
Je n'ai pas le temps, et puis ça ne me dit rien. I haven't got the time, and what's more I don't feel like it.

puisque [pɥiskə] **conj** since
Puisque vous n'arrêtez pas de vous disputer, je vous renvoie en prison. Since you keep arguing, I'll send you back to jail.

puissant, e [pɥisɑ̃, ɑ̃t] **adj** powerful

puissance [pɥisɑ̃s] **nf** power

puits [pɥi] **nm** well

Malgré l'absence du public, le Grand Western Circus va vous présenter son extraordinaire spectacle !

– Despite the lack of an audience, the Great Western Circus is going to present its extraordinary show!

pull-over [pylɔvɛr] **nm** sweater (**Br** : jumper, pullover)

punir [pynir] **vt** to punish
Averell a été puni de sa gourmandise. Averell has been punished for his greediness.

punition [pynisjɔ̃] **nf**
1. punishment
2. *Se traduit par une expression.*
Il n'a pas fini sa punition. He hasn't finished the exercise he was given as punishment.

pupille [pypij] **nf** pupil
Il avait les pupilles dilatées. His pupils were dilated.

pur, pure [pyr] **adj** pure
L'eau de nos rivières est très pure. The water in our rivers is very pure.

purée [pyre] **nf**
1. *Lorsqu'il s'agit d'une purée de pommes de terre :* mashed potatoes
Cette purée est très bonne. These mashed potatoes are very good.
Attention, "mashed potatoes" est toujours suivi d'un verbe au pluriel.
2. *Lorsqu'il s'agit d'une purée de légumes ou de fruits :* purée

pyjama [piʒama] **nm** pyjamas (**Am** : pajamas)
Ce pyjama est trop grand pour moi. These pyjamas are too big for me.
Attention, "pyjamas" est toujours suivi d'un verbe au pluriel.

Bravo, Greely !

Oui, je crois que cette publicité pour le journal est une très bonne idée.

– Well done, Greely!
– Yes, I think this advert for the paper is a very good idea.

cinq cent neuf • **509** • five hundred and nine

Q R

quai [kɛ] **nm**
1. *Quand il s'agit d'un port :* quay
2. *Quand il s'agit d'une gare :* platform

qualité [kalite] **nf** quality
Lucky Luke semble n'avoir que des qualités. Lucky Luke appears to have only qualities.

quand [kã]
○ **adv** when
Quand part la diligence ? When does the stagecoach leave?
Joe se demandait quand ils pourraient s'évader. Joe was wondering when they would be able to escape.
○ **conj** when
Quand Ma Dalton crie, Ran Tan Plan est terrorisé. When Ma Dalton shouts, Rin Tin Can is terrified.
Attention, lorsque la subordonnée est au futur en français, elle est au présent en anglais.
Vous recevrez la récompense quand vous nous livrerez les bandits. You'll get the reward when you hand the bandits over to us.

quant à [kãta] **prép** as for

quantité [kãtite] **nf**
1. quantity
La qualité est préférable à la quantité. Quality is preferable to quantity.
2. *Locution* **une quantité de** lots of*, a lot of
3. *Locution* **en quantité** lots of, a lot of
Il y a de l'or en quantité ici ! There's a lot of gold here!

quarante [karãt] **adj** forty
(voir page 195)

quart [kar] **nm** quarter
Chacun a reçu un quart du butin. Each of them got a quarter of the loot.
Un quart d'heure. A quarter of an hour.
Il est quatre heures moins le quart. It's a quarter to four.
Il est six heures et quart. It's a quarter past six.
Les quarts de finale. The quarter-finals.

quartier [kartje] **nm**
1. district, area
Ils vivent dans un quartier résidentiel de Philadelphie. They live in a residential area in Philadelphia.

Voyons, où l'ai-je mis ?
Il y avait une quantité de revolvers dans son sac.
– Let's see, where did I put it? There were **lots of** guns in his bag.

2. quarter
Un quartier de pomme. A quarter of an apple.
Le premier quartier de la lune. The first quarter of the moon.
3. segment
Un quartier d'orange. An orange segment.

quatorze [katɔrz] **adj** fourteen
(voir page 195)

quatre [katr] **adj**
1. four*

Un, deux, trois, quatre... Pas d'erreur, les Dalton sont là !
– One, two, three, four... The Daltons are here alright!

2. *Locution* **à quatre pattes** on all fours
Il s'est mis à quatre pattes pour se moquer de Ran Tan Plan. He went down on all fours to make fun of Rin Tin Can.

quelconque

3. *Locution* **couper les cheveux en quatre** to split hairs
(voir page 195)

quatre-vingt-dix [katrəvɛ̃dis]
adj ninety
(voir page 195)

quatre-vingt(s) [katrəvɛ̃] **adj**
eighty
(voir page 195)

quatrième [katrijɛm]
✪ **adj, nm, nf** fourth
✪ **nf** third form (**Am** : eighth grade)
Elle est passée en quatrième. She moved up to the third form.
(voir pages 195 et 252)

que [kə]
✪ **conj**
1. that
"That" peut être omis après les verbes d'opinion ou de déclaration ("to think", "to know", "to say"...).
Je pense qu'ils se sont enfuis dans cette direction. I think (that) they escaped in that direction.
2. Avec le verbe "to want", "que" ne se traduit pas.
Le maire veut que la ville soit décorée pour l'arrivée du gouverneur. The mayor wants the town to be decorated for the governor's arrival.
3. Lorsque "que" équivaut à "pour que" : so, so that
Mettez-vous là, que je vous voie. Stand there so (that) I can see you.
4. Dans les comparaisons de supériorité ou d'infériorité : than
Averell est plus grand que Joe. Averell is taller than Joe.
Ces gâteaux sont encore moins bons que ceux de Calamity. These cakes are even worse than Calamity's.
5. Dans les comparaisons d'égalité : as
Certains Indiens sont aussi courageux que Lucky Luke. Some Indians are as brave as Lucky Luke.
6. Dans une alternative : whether
Vous irez en prison, que cela vous plaise ou non. You'll go to jail whether you like it or not.
✪ **pron**
1. Lorsque "que" représente une personne : that, whom
Le shérif, que tout le monde respectait, est devenu un escroc. The sheriff that everybody used to respect has become a crook.
"That" ou "whom" peuvent être omis lorsque la proposition qui suit est une déterminative. "That" tend à remplacer "whom", plus littéraire.
L'homme que tu vois là-bas est Lucky Luke. The man (that) you see over there is Lucky Luke.
2. Lorsque "que" représente une chose ou un animal : that, which
Ceci est le champ que je viens de clôturer. This is the field which I've just fenced.
"That" peut être omis lorsque la proposition qui suit est une déterminative.
C'est la seule ligne de chemin de fer que nous ayons. It's the only railway line (that) we have.
3. Dans une phrase interrogative : what*
✪ **adv** Se traduit par une expression contenant "so".
Que Joe est méchant avec Ran Tan Plan ! Joe is so nasty to Rin Tin Can!
Que vous jouez bien de la guitare ! You play the guitar so well!

quel, quelle [kɛl]
✪ **adj**
1. Lorsque "quel" représente une personne : which
Quel acteur préférez-vous ? Which actor do you prefer?
2. Lorsque "quel" représente une chose ou un animal : which, what
Je ne sais pas quel cheval s'est échappé. I don't know which horse escaped.
Dans quel pénitencier sont-ils ? What jail are they in?
3. Avec "que", s'il s'agit d'une personne : whoever
Tous les shérifs, quels qu'ils soient. All the sheriffs, whoever they are.
4. Avec "que", s'il s'agit d'une chose : whichever, whatever
Vous devez retrouver les Dalton, quels que soient les obstacles que vous rencontrerez. You must find the Daltons, whatever obstacles you may encounter.
5. Dans les phrases exclamatives : what a
Tu l'as déjà lu ? Quel dommage ! You've already read it? What a pity!
✪ **pron** which, which one
Des quatre frères Dalton, quel est le plus intelligent ? Of the four Dalton brothers, which (one) is the most intelligent?

quelconque [kɛlkɔ̃k] **adj**
1. Lorsque "quelconque" équivaut à "n'importe quel", il se traduit par "any" ou "some or other" selon les cas.
Il est parti sous un prétexte quelconque. He left under some pretext or other.
Si vous avez une idée quelconque, faites-nous en part. If you have any idea, let us know.
2. Lorsque "quelconque" équivaut à "ordinaire" : ordinary
Il a trouvé la prestation de Sarah Bernhardt tout à fait quelconque. He found Sarah Bernhardt's performance quite ordinary.

— Mais *que* s'est-il passé ?
— Un petit accident... Je dois nettoyer maintenant.

— But *what* happened?
— A small accident... I must clean up now.

quelque

quelque [kɛlk(ə)] **adj**
1. some
Il est parti il y a quelque temps. He left some time ago.
2. *Avec "que"* : whatever
De quelque côté que l'on regarde, on est dans le désert. Whichever way you look, you're in the desert.
3. *pl* : some, a few
Il y a quelques chercheurs d'or à El Rancho. There are a few gold diggers in El Rancho.
4. *Locution* **et quelques** or so
Il y avait dix mille dollars et quelques dans le coffre-fort. There were ten thousand dollars or so in the safe.

quelque chose [kɛlkə ʃoz] **pron**
1. something
Voulez-vous boire quelque chose ? Do you want something to drink?
Quelque chose d'autre. Something else.
2. *Locution* **ça m'a fait/ça lui a fait quelque chose** I/he was sad
Ça m'a fait quelque chose de le voir partir. I was sad to see him leave.

quelquefois [kɛlkəfwa] **adv** sometimes

quelque part [kɛlkə par] **adv**
1. *Dans les phrases affirmatives* : somewhere
Je vais me cacher quelque part. I'll hide somewhere.
2. *Dans les phrases interrogatives* : anywhere
Tu vas quelque part pour les vacances ? Are you going anywhere for the holidays?

– *Is* **anybody** *in? – Yes!*

quelques-uns, quelques-unes [kɛlkəzœ̃, yn] **pron** some, a few
Quelques-uns des voyageurs étaient des négociants en bétail. Some of the travellers were cattle dealers.

quelqu'un [kɛlkœ̃] **pron**
1. *Dans les phrases affirmatives* : somebody, someone
Quelqu'un vous cherchait. Someone was looking for you.
2. *Dans les phrases interrogatives* : anybody*, anyone

qu'est-ce que [kɛs kə] **pron**
1. *Dans les phrases interrogatives* : what
Qu'est-ce que vous voulez manger ce soir ? What do you want to eat tonight?
2. *Dans les phrases exclamatives, se traduit par une expression contenant "so".*
Qu'est-ce qu'il fait chaud ! It's so hot!

qu'est-ce qui [kɛs ki] **pron** what
Qu'est-ce qui s'est passé ? What happened?

question [kɛstjɔ̃] **nf**
1. question
Lucky Luke a posé des questions à Billy. Lucky Luke asked Billy some questions.
2. question, matter
La construction de la banque est une question très délicate. The building of the bank is a very delicate matter.
3. *Locution* **familier pas question !** no way!

questionnaire [kɛstjɔnɛr] **nm** questionnaire

queue [kø] **nf**
1. tail
Jolly Jumper agitait sa queue. Jolly Jumper was flicking his tail.
2. stalk
Averell mange les cerises avec leur queue. Averell eats cherries stalk and all.
3. handle
Calamity s'est brûlée avec la queue de la poêle. Calamity burned herself on the handle of the frying pan.
4. rear
Leur chariot était en queue du convoi. Their wagon was at the rear of the convoy.
5. queue (**Am** : line)
Il y avait une longue queue devant la banque. There was a long queue in front of the bank.
6. *Locution* **faire la queue** to queue up* (**Am** : to stand in line)

– *Did you see that? Now they're* **queueing up** *to play!*

– Who stole my sweets?
– The one who did it must own up!

– Your daily paper, Mr Jones.

qui [ki] **pron**
1. *Dans les phrases interrogatives :* who*
2. *Lorsque "qui" représente une personne :* who
Le cousin à qui il a emprunté de l'argent. The cousin (who) he borrowed money from.
3. *Lorsque "qui" représente une chose ou un animal :* which, that
Les totems qui se dressent à l'entrée du village. The totem poles that stand at the entrance to the village.
4. *Lorsque "qui" équivaut à "quiconque" :* whoever, anyone
Invite qui tu voudras. Invite whoever you want.
5. *Avec "que" :* whoever
Sortez les mains en l'air, qui que vous soyez ! Come out with your hands up, whoever you are!

quinzaine [kɛ̃zɛn] **nf**
1. about fifteen, fifteen or so
Il possède une quinzaine d'hectares. He has about fifteen hectares/he has fifteen hectares or so.
2. two weeks
La deuxième quinzaine de juillet. The last two weeks in July.

quinze [kɛ̃z] **adj** fifteen
(voir page 195)

quitter [kite]
✪ **vt**
1. to leave
Il quitta la ville. He left town.
2. *Au téléphone.*
Ne quittez pas. Hold the line.
✪ **se quitter vpr** to part
Ils se sont quittés bons amis. They parted on good terms.

quoi [kwa] **pron**
1. *Pour marquer l'interrogation :* what
– *Les Dalton ont ouvert une banque. – Quoi ??* – The Daltons have opened a bank. – What??
Lucky Luke ne savait plus quoi faire. Lucky Luke didn't know what to do anymore.
Alors, quoi de neuf à Old Paso ? So, what's new in Old Paso?
Je me demande à quoi pense Ran Tan Plan. I wonder what Rin Tin Can is thinking about.
2. *Locution* **familier**
Tu es fou ou quoi ? Are you crazy or what?
3. *Lorsque "quoi" est pronom relatif :* what
Ce n'est pas ce pour quoi je suis venue. That isn't what I came for.
4. *Avec "que" :* whatever
Quoi que je fasse, tu n'es jamais content. Whatever I do, you're never happy.
5. *Locution*
– *Merci. – Il n'y a pas de quoi.* – Thank you. – Not at all.

quoique [kwakə] **conj** though, although
Je vais me coucher, quoique je ne sois pas très fatiguée. I'm going to bed though I'm not very tired.

quotidien, enne [kɔtidjɛ̃, ɛn]
✪ **adj** daily
✪ **nm** daily (paper)*
(voir page 190)

race [ras] **nf**
1. *Lorsqu'il s'agit des êtres humains :* race
2. *Lorsqu'il s'agit des animaux :* breed

racine [rasin] **nf** root
• **racine carrée** square root

raciste [rasist] **adj, nm, nf** racist

raconter [rakɔ̃te] **vt** to tell
Il m'a tout raconté. He told me everything.

radiateur [radjatœr] **nm** radiator

radio [radjo] **nf**
1. *Lorsqu'il s'agit de l'appareil :* radio
J'ai entendu mon chanteur préféré à la radio. I heard my favourite singer on the radio.
2. *Lorsqu'il s'agit de la station :* radio station
3. *Lorsqu'il s'agit de l'examen médical :* X-ray
Passer une radio. To have an X-ray.

radis [radi] **nm** radish

rage [raʒ] **nf**
1. rabies
Est-ce que ce chien est vacciné contre la rage ? Is this dog vaccinated against rabies?
Attention, "rabies" s'utilise toujours sans article en anglais.
2. rage
Joe écumait de rage. Joe was foaming with rage.
• **rage de dents** toothache

raide

Attention, ils ont encore déboulonné les rails !

– Watch out, they've removed the bolts from the tracks again!

raide [rɛd] **adj**
1. stiff
Il est extrêmement raide dans ses mouvements. His movements are extremely stiff.
2. straight
Les Dalton ont les cheveux raides. The Daltons have straight hair.
3. steep
La pente est raide. It's a steep slope.

rail [raj] **nm** track*, rail

raisin [rɛzɛ̃] **nm** grapes
Ran Tan Plan adore le raisin. Rin Tin Can loves grapes.
Attention, "grapes" est toujours au pluriel dans ce sens.
• **grain de raisin** grape
• **raisins secs** raisins

raison [rɛzɔ̃] **nf**
1. reason
Il n'y a aucune raison de s'inquiéter. There's no reason to worry.
2. *Location* **avoir raison** to be right
Lucky Luke a eu raison de partir pendant la nuit. Lucky Luke was right to leave during the night.
3. *Location* **donner raison à quelqu'un** to prove somebody right
4. *Location* **se faire une raison** to resign oneself
• **à raison de** at the rate of
• **en raison de** because of, owing to
Le vol a été annulé en raison des grèves. The flight has been cancelled because of the strikes.

ralentir [ralɑ̃tir] **vt, vi** to slow down

ramasser [ramase] **vt**
1. to pick up
Ils ramassaient les pièces qui étaient tombées. They were picking up the coins which had fallen on the ground.
2. to gather, to pick
Il ramassait du bois. He was gathering wood.

rame [ram] **nf**
1. oar
Les rames du bateau avaient disparu. The boat's oars had disappeared.
2. train
Une rame de métro. An underground train.

ramer [rame] **vi** to row*

Allez, ramez !
Pourquoi suis-je toujours dans le mauvais sens ?

– Come on, row!
– Why am I always facing the wrong way?

rampe [rɑ̃p] **nf** banister
Il tenait la rampe de peur de tomber. He was holding on to the banister to prevent himself from falling.
• **rampe d'accès** ramp

randonnée [rɑ̃dɔne] **nf**
1. *Lorsqu'il s'agit d'une randonnée à pied :* hike
Nous avons fait une randonnée. We went for a hike.
2. *Lorsqu'il s'agit d'une randonnée à vélo ou à cheval :* ride
Nous avons fait une randonnée à bicyclette. We went for a bike ride.

rang [rɑ̃] **nm**
1. row
Il s'asseoit toujours au premier rang. He always sits in the first row.
2. *Location* **se mettre en rang** to line up
3. rank
Silence dans les rangs ! Silence in the ranks!

rangée [rɑ̃ʒe] **nf** row

ranger [rɑ̃ʒe]
✪ **vt**
1. to tidy up, to tidy
Va ranger ta chambre ! Go and tidy up your bedroom!
2. to put away
Allez, rangez vos affaires. Come on, put your things away.
✪ **se ranger vpr**
1. to line up
Rangez-vous deux par deux. Line up in twos.
2. to pull over
La voiture s'est rangée pour laisser passer le bus. The car pulled over to let the bus go past.
3. to step aside
Ils se sont rangés pour laisser entrer le maire. They stepped aside to let the mayor in.

rassembler

râper [rape] **vt** to grate

rapide [rapid] **adj**
1. fast
Jolly Jumper est très rapide. Jolly Jumper is very fast.
2. quick*

Une fois de plus, il a eu la détente rapide !

Once again, he was quick on the draw!

rapidement [rapidmã] **adv** quickly

rappeler [raple]
❃ **vt**
1. to call back
Rappelle-le avant qu'il ne s'en aille. Call him back before he goes.
2. *Location* **rappeler quelque chose à quelqu'un** to remind somebody of something
Il me rappelle mon oncle. He reminds me of my uncle.
Je vous rappelle que nous avons une banque à cambrioler. I wish to remind you that we have a bank to rob.
❃ **se rappeler vpr** to remember
Je ne me rappelle pas ce qui s'est passé. I don't remember what happened.

rapporter [raporte]
❃ **vt**
1. to take back
Rapporte les livres à la bibliothèque. Take the books back to the library.
2. to bring back*
3. to bring in
Ce hold-up devrait nous rapporter beaucoup d'argent. This holdup should bring in a lot of money.

4. to yield
Ce placement rapporte 7 % par an. This investment yields 7% per year.
❃ **vi**
1. to be lucrative
Ça rapporte beaucoup. It's very lucrative.
2. **familier** to tell tales
Ce n'est pas bien de rapporter. It's not nice to tell tales.

rapprocher [raprɔʃe]
❃ **vt** to bring closer
Rapproche la chaise de la fenêtre. Bring the chair closer to the window.
❃ **se rapprocher vpr** to come closer
Rapproche-toi de moi. Come closer to me.
• **se rapprocher de**
1. to get/to become closer to
Il s'est rapproché de sa famille après son divorce. He became closer to his family after his divorce.
2. to be similar to
Ce n'est pas la même couleur, mais ça s'en rapproche. It's not the same colour, but it's very similar to it.

raquette [rakɛt] **nf**
1. *Lorsqu'il s'agit d'une raquette de tennis :* racket
2. *Lorsqu'il s'agit d'une raquette de ping-pong :* bat (**Am :** paddle)
3. *Lorsqu'il s'agit de la semelle pour marcher dans la neige :* snowshoe

rare [rar] **adj**
1. rare
Ce vase est très rare. It's a very rare vase.

Le revolver, Ran Tan Plan, rapporte-moi le revolver !

– The gun, Rin Tin Can, bring me back the gun!

2. few
Les clients sont rares en hiver. There are few customers in winter.

rarement [rarmã] **adv** rarely
J'ai rarement vu un chien aussi stupide ! I've rarely seen such a stupid dog!

raser [raze]
❃ **vt**
1. to shave
Le coiffeur a rasé le crâne des Dalton. The hairdresser shaved the Daltons' heads.
2. to shave off
Joe a rasé sa moustache pour ne pas être reconnu. Joe shaved his moustache off so as not to be recognized.
3. *Location* **raser les murs** to hug the walls
❃ **se raser vpr** to shave*

Il se rasait souvent à cheval.

He often shaved on horseback.

rasoir [razwar] **nm** razor
• **rasoir électrique** electric shaver

rassembler [rasãble]
❃ **vt** to gather
Le shérif a rassemblé quelques hommes pour accompagner le convoi. The sheriff gathered a few men to accompany the wagon train.
❃ **se rassembler vpr**
1. to gather
Les manifestants se sont rassemblés devant la mairie. The demonstrators gathered in front of the town hall.
2. to get together
Toute la famille s'est rassemblée pour Noël. The whole family got together for Christmas.

rassurer

rassurer [rasyre]
- **vt** to reassure
Les fermiers sont inquiets, il faut les rassurer. The farmers are worried, we must reassure them.
- **se rassurer vpr** to reassure oneself
Il a dit ça pour se rassurer. He said that to reassure himself.

rat [ra] **nm** rat

rater [rate]
- **vt**
1. to miss
Nous avons raté la diligence à cause d'Averell. We missed the stagecoach because of Averell.
2. to fail
Il a raté son examen. He failed his exam.
- **vi** to fail
Ce n'est pas de ma faute si le hold-up a raté. It's not my fault if the holdup failed.

rattraper [ratrape]
- **vt**
1. to recapture
Lucky Luke réussit toujours à rattraper les Dalton. Lucky Luke always manages to recapture the Daltons.
2. to make up
Il faut rattraper le temps perdu. We need to make up for lost time.
3. to catch
Rattrape la balle ! Catch the ball!
4. to catch up with
J'ai essayé de le rattraper. I tried to catch up with him.
- **se rattraper vpr**
1. *Locution* **se rattraper à quelque chose** to catch hold of something
2. to make up for it
Il s'est rattrapé en préparant le dîner. He made dinner to make up for it.
3. to catch up
Il s'est rattrapé au troisième trimestre. He caught up in the third term.

ravi, e [ravi] **adj** delighted
Ravi de vous connaître ! Delighted to meet you!

ravissant, e [ravisã, ãt] **adj** beautiful*

— Je vous trouve *ravissante*.
— Vraiment ?
— I think you're *beautiful*. — Really?

rayé, e [rɛje] **adj**
1. striped
Un costume rayé. A striped suit.
2. crossed out
Son nom était rayé. His name was crossed out.
3. scratched
Ce disque est rayé. This record is scratched.

rayon [rɛjɔ̃]
- **nm**
1. ray, beam
Un rayon de soleil. A ray of sunlight.
2. spoke
Les rayons de la roue. The spokes of the wheel.
3. radius
Le rayon est égal à la moitié du diamètre. The radius equals half the diameter.
4. department
Je cherche le rayon des jouets. I'm looking for the toy department.
- **nm pl** rays
Les rayons X. X-rays.

raz de marée [ra də mare] **nm inv** tidal wave

réaction [reaksjɔ̃] **nf** reaction

réaliser [realize]
- **vt**
1. to carry out
Nous allons réaliser le hold-up du siècle. We're going to carry out the holdup of the century.
2. to achieve
Lucky Luke a réalisé un véritable exploit. Lucky Luke has achieved quite a feat.
3. to make
Elle a réalisé un nouveau film. She has made a new film.
4. **familier** to realize
Le gardien n'avait pas réalisé que les Dalton s'étaient échappés. The warder hadn't realized that the Daltons had escaped.
- **se réaliser vpr** to come true
Son rêve le plus cher s'est réalisé. His fondest dream has come true.

réalité [realite] **nf** reality

rebondir [rəbɔ̃dir] **vi** to bounce

récemment [resamã] **adv** recently

récent, e [resã, ãt] **adj** recent

réception [resɛpsjɔ̃] **nf**
1. reception*, party

— Je trouve cette *réception* très réussie.
— I think this *reception* is a real success.

La recette dit de casser les œufs.

D'accord, d'accord, mais ce n'est pas si facile !

– The **recipe** says you should break the eggs.
– OK, OK, but it's not that easy!

2. reception
Je vais demander à la réception. I'll ask at reception.
3. receipt
Payer à la réception des marchandises. To pay on receipt of the goods.

recette [rəsɛt] **nf**
1. recipe*
2. takings
La recette a été bonne aujourd'hui. The takings were good today.
Attention, "takings" est toujours suivi d'un verbe au pluriel.

recevoir [rəsəvwar] **vt**
1. to receive
Les Dalton ont reçu une lettre. The Daltons received a letter.
2. to get
Averell a reçu un coup sur la tête. Averell got hit on the head.
3. to welcome
Ils nous ont reçus à bras ouverts. They welcomed us with open arms.
4. Locution **être reçu à un examen** to pass an exam

réchauffer [reʃofe]
○ **vt**
1. to reheat
Je vais réchauffer la soupe. I'll reheat the soup.
2. to warm up
Bois ça, ça va te réchauffer. Drink this, it will warm you up.
○ **se réchauffer vpr**
1. to get warmer
Le temps se réchauffe. The weather is getting warmer.

2. to warm up
Un bon chocolat, il n'y a rien de tel pour se réchauffer. There's nothing like a nice hot chocolate to warm you up.
3. to warm
Il se réchauffait les mains près du feu. He warmed his hands by the fire.

recherche [rəʃɛrʃ] **nf**
1. research
La recherche scientifique. Scientific research.
2. search
Les recherches de la police n'ont rien donné. The police search drew a blank.
Attention, "search" est toujours au singulier dans ce sens.

rechercher [rəʃɛrʃe] **vt** to look for, to search for
Je recherche cet homme. I'm looking for this man.

réclamation [reklamasjɔ̃] **nf** complaint
Je voudrais faire une réclamation au sujet des frères Dalton. I'd like to make a complaint about the Dalton brothers.

récolte [rekɔlt] **nf** harvest
La récolte n'est pas très bonne cette année. The harvest is not very good this year.

recommandation [rəkɔmɑ̃dasjɔ̃] **nf** recommendation

recommander [rəkɔmɑ̃de] **vt**
1. to recommend
Je lui ai recommandé mon médecin. I recommended my doctor to him.
2. to advise
Ma nous a recommandé de faire très attention. Ma advised us to be very careful.

recommencer [rəkɔmɑ̃se] **vt, vi** to start again

récompense [rekɔ̃pɑ̃s] **nf** reward

réconcilier [rekɔ̃silje]
○ **vt** to reconcile, to bring together
Lucky Luke a réussi à les réconcilier. Lucky Luke managed to reconcile them.
○ **se réconcilier vpr** to make up*

Et ils se réconcilièrent...

And they **made up**...

réconforter [rekɔ̃fɔrte] **vt** to comfort

reconnaître [rəkɔnɛtr] **vt**
1. to recognize
Je la reconnais ! I recognize her!
2. to admit
Je reconnais que j'ai eu tort. I admit that I was wrong.

record [rəkɔr] **nm** record
Il a battu le record mondial. He broke the world record.

récréation [rekreasjɔ̃] **nf** break (**Am** : recess)
Ils se sont battus à la récréation. They had a fight during break.

rectangle [rɛktɑ̃gl] **nm** rectangle

reculer

reculer [ʀəkyle]
- **vt**
1. to move back
Peux-tu reculer ta chaise ? Can you move your chair back?
2. to postpone
Ils ont reculé la date de l'examen. They've postponed the exam.
- **vi** to move back
Recule un peu ! Move back a bit!

recycler [ʀəsikle] **vt**
1. to recycle
Nous recyclons le verre. We recycle glass.
2. to retrain
Ils ont prévu une formation accélérée pour recycler le personnel. They've planned intensive courses to retrain the staff.

rédaction [ʀedaksjɔ̃] **nf** essay
Je n'ai pas terminé ma rédaction. I haven't finished my essay.

rédiger [ʀediʒe] **vt** to write

redoubler [ʀəduble]
- **vt**
1. to repeat
Il a redoublé une classe. He repeated a year.
2. to intensify
Ils ont redoublé d'efforts pour finir avant la nuit. They intensified their efforts to finish before dark.
- **vi**
1. to repeat a year
Il a déjà redoublé. He has already repeated a year.
2. to intensify
La pluie a redoublé. The rain intensified.

redouter [ʀədute] **vt** to dread*, to fear

Vous avez l'air de redouter quelque chose...
Euh... Euh...
– You seem to be dreading something... – Er... Er...

réduction [ʀedyksjɔ̃] **nf**
1. discount
Il m'a fait une réduction de 10 %. He gave me a 10% discount.
2. reduction
La direction a annoncé une réduction du personnel. The management announced a staff reduction.

réduire [ʀedɥiʀ] **vt** to reduce
Nous devons réduire nos dépenses. We must reduce our expenses.

réel, réelle [ʀeɛl] **adj** real

réellement [ʀeɛlmɑ̃] **adv** really

réfléchir [ʀefleʃiʀ]
- **vi** to think
Je vais y réfléchir. I'll think about it.
- **vt** to reflect
L'aluminium réfléchit la chaleur. Aluminium reflects heat.

refléter [ʀəflete]
- **vt** to reflect
- **se refléter vpr** to be reflected
Son visage se reflétait dans l'eau. His face was reflected in the water.

refrain [ʀəfʀɛ̃] **nm** chorus

réfrigérateur [ʀefʀiʒeʀatœʀ] **nm** refrigerator

refroidir [ʀəfʀwadiʀ]
- **vi** to cool down, to cool
Attends que le gâteau refroidisse un peu, Averell ! Wait until the cake cools down a bit, Averell!
- **vt**
1. to cool
La pluie a refroidi l'air. The rain cooled the air.
2. to discourage
Sa réaction m'a refroidi. His reaction discouraged me.
- **se refroidir vpr** to get colder
Le temps se refroidit. The weather is getting colder.

refuser [ʀəfyze] **vt**
1. to refuse
Ma ne peut rien lui refuser. Ma can't refuse him anything.
2. *Locution* être refusé à un examen to fail an exam

regard [ʀəgaʀ] **nm** look

regarder [ʀəgaʀde]
- **vt**
1. to look at
Regarde-moi, Lucky Luke ! Look at me, Lucky Luke!
2. to watch*
3. *Locution* ça ne te regarde pas ! it's none of your business!

La vache regardait passer le train.

The cow was watching the train go by.

✿ **vi** to look
J'ai regardé partout mais je ne l'ai pas trouvé. I looked everywhere but I didn't find it.
Regarde dans le dictionnaire ! Look in the dictionary!

✿ **se regarder** **vpr**
1. to look at oneself
Pamela passe des heures à se regarder dans la glace. Pamela spends hours looking at herself in the mirror.
2. to look at each other
Les cow-boys se sont regardés méchamment avant de tirer. The cowboys looked at each other spitefully before shooting.

• **regarder à**
1. *Locution* **acheter sans regarder à la dépense** to buy things regardless of the expense
2. *Locution* **y regarder à deux fois avant de faire quelque chose** to think twice before doing something

régime [reʒim] nm
1. diet
Être au régime. To be on a diet.
2. regime
Ce pays a connu plusieurs changements de régime. This country has gone through several changes of regime.
3. system
Les Dalton s'habituent mal au régime pénitentiaire. The Daltons have trouble getting used to the prison system.
4. speed
Le moteur tournait à plein régime. The engine was going at full speed.

région [reʒjɔ̃] nf region

règle [rɛgl]
✿ **nf**
1. ruler
J'ai besoin d'une règle pour faire ce dessin. I need a ruler to do this drawing.
2. rule
C'est la règle. That's the rule.
3. *Locution*
Ses papiers sont en règle. His papers are in order.
✿ **nf pl** period
J'ai mes règles. I've got my period.
Attention, "period" est au singulier dans ce sens.
• **en règle générale** as a rule

règlement [rɛgləmɑ̃] nm
1. regulations, rules
Le règlement est très strict. The regulations are very strict.
Attention, "regulations" et "rules" sont toujours suivis d'un verbe au pluriel dans ce sens.
2. payment
Veuillez effectuer votre règlement à la caisse. Please make your payment at the till.
3. *Locution* **règlement de comptes** settling of scores*

— *Il y a eu un règlement de comptes entre les O'Timmins et les O'Hara.*

— There's been a settling of scores between the O'Timminses and the O'Haras.

régler [regle] vt
1. to sort out
J'ai demandé à Lucky Luke de régler ce problème. I've asked Lucky Luke to sort this problem out.
2. to adjust
Je n'arrive pas à régler l'image. I can't adjust the picture.
3. to pay
Ils ont tout réglé en espèces. They paid cash for everything.

règne [rɛɲ] nm
1. reign
Sous le règne de Louis XIV. Under the reign of Louis XIV.
2. kingdom
Le règne animal/végétal. The animal/plant kingdom.

régner [reɲe] vi to reign
Il régnait sur un grand royaume. He reigned over a large kingdom.

regretter [rəgrete] vt
1. to regret*
2. to be sorry
Je regrette de ne pas pouvoir venir. I'm sorry I can't come.
3. to miss
Nous allons vous regretter, Lucky Luke ! We'll miss you, Lucky Luke!

régulier, ère [regylje, ɛr] adj
1. regular
Je dois manger à heure régulière. I need to eat at regular times.
2. steady
Sa respiration est régulière. His breathing is steady.
3. legal
Cette affaire est tout à fait régulière. This deal is entirely legal.

régulièrement [regyljɛrmɑ̃] adv
1. regularly
Elle voit ses fils régulièrement. She sees her sons regularly.
2. steadily
Les provisions diminuaient régulièrement. Food was steadily running out.

rein [rɛ̃]
✿ **nm**
Lorsqu'il s'agit de l'organe : kidney
✿ **nm pl**
Lorsqu'il s'agit du bas du dos : small of the back
J'ai mal aux reins. I have a pain in the small of my back.
Attention, "small of the back" est toujours au singulier.

— *Tu vas le regretter !*
— *Doucement, Joe, il n'a pas voulu te vexer. Il regrette sûrement déjà ce qu'il t'a dit !*

— You're going to regret this!
— Easy, Joe, he didn't mean to upset you. He probably regrets what he told you already!

reine

reine [rɛn] **nf** queen

réjouir [reʒwir]
● **vt** to delight
L'idée de revoir les Dalton ne me réjouit pas. I'm less than delighted at the thought of seeing the Daltons again.
● **se réjouir vpr** to be delighted

relatif, ive [rəlatif, iv] **adj** relative
Tout est relatif. Everything is relative.
Pronom relatif. Relative pronoun.

relever [rələve]
● **vt**
1. to lift
Il a relevé la tête en entendant son nom. He lifted his head when he heard his name.
2. to turn up
Joe releva le col de son manteau pour masquer son visage. Joe turned up the collar of his coat to hide his face.
3. to pick up
Je suis tombé et c'est Lucky Luke qui m'a relevé. I fell and Lucky Luke picked me up.
4. to collect
Le professeur a relevé les copies. The teacher collected the papers.
5. to notice
J'ai relevé plusieurs erreurs dans ce texte. I've noticed several mistakes in this text.
6. to raise, to increase
Ils ont relevé toutes les notes d'un point. They raised all the marks by one point.
7. to spice up
J'ai relevé la sauce avec un peu de moutarde. I spiced the sauce up with a bit of mustard.
8. to read
L'employé du gaz a relevé le compteur. The gas man read the meter.
9. to record
Le shérif a relevé les empreintes digitales. The sheriff recorded the fingerprints.
● **se relever vpr** to get up*
● **relever de** to be a matter for, to come under
Cela relève des tribunaux. It's a matter for the courts.

relief [rəljɛf] **nm** relief
Une carte en relief. A relief map.

religion [rəliʒɔ̃] **nf** religion

remarquable [rəmarkabl] **adj** remarkable

remarquer [rəmarke] **vt**
1. to notice
Personne n'a remarqué que les Dalton n'étaient plus là. Nobody noticed that the Daltons weren't there anymore.
2. *Location* **faire remarquer quelque chose à quelqu'un** to point something out to somebody
3. to remark
"Il est en retard", remarqua-t-il. "He's late", he remarked.
4. *Location* **se faire remarquer** to draw attention to oneself
5. *Location*
Remarque, il a peut-être raison. Mind you, he might be right.

rembourser [rɑ̃burse] **vt** to pay back
Je te rembourserai la semaine prochaine. I'll pay you back next week.

remercier [rəmɛrsje] **vt** to thank
Nous vous remercions de nous avoir aidés. Thank you for helping us.

remettre [rəmɛtr]
● **vt**
1. to put back
Remets cette bouteille là où tu l'as trouvée ! Put the bottle back where you found it!
2. to put back on
Je remets mon pull, ça s'est rafraî-

Relevez-vous doucement.
Merci, merci beaucoup.

– *Get up* slowly.
– Thank you, thank you very much.

chi. I'll put my jumper back on, it's getting colder.
3. to give
Va remettre cette lettre à Lulu. Go and give this letter to Lulu.
4. to present
On lui a remis une médaille. He was presented with a medal.
5. to put off
Ils ont remis la réunion à la semaine prochaine. They put the meeting off until next week.
6. *Se traduit différemment selon les contextes.*
Remettre quelque chose en marche. To restart something.
Remettre quelque chose en état. To repair something.
● **se remettre de vpr** to recover from, to get over
Il s'est remis de son accident. He's recovered from his accident.
● **se remettre à vpr**
1. *Location* **se remettre à quelque chose** to take up something again
Elle s'est remise au dessin. She's taken up drawing again.
2. *Location* **se remettre à faire quelque chose** to start doing something again
3. *Se traduit différemment selon les contextes.*
Se remettre au lit. To go back to bed.
Se remettre debout. To stand up again.

remonter [rəmɔ̃te]
● **vt**
1. to go back up / to come back up
"Remonter" se traduit par "to go back up" lorsqu'on se trouve en bas et par "to come back up" lorsqu'on se trouve en haut.
J'ai dû remonter les escaliers car j'avais oublié mon sac. I had to go back up the stairs as I had left my bag.
Il a remonté la pente pour nous rejoindre. He came back up the slope to meet us.
2. to raise
Remonte l'étagère de deux centimètres. Raise the shelf by two centimetres.
3. to pull up
Remonte tes chaussettes. Pull your socks up.

4. to put together again
Il faut remonter le moteur. You've to put the engine together again.
5. to wind up
J'ai oublié de remonter ma montre. I forgot to wind my watch up.
6. *Location* **remonter le moral à quelqu'un** to cheer somebody up
✺ **vi**
1. to go back up / to come back up
"Remonter" se traduit par "to go back up" lorsqu'on se trouve en bas et par "to come back up" lorsqu'on se trouve en haut.
J'ai dû remonter jusqu'au dernier étage. I had to go back up to the top floor.
Remonte, tu as oublié tes clés. Come back up, you left your keys.
2. to get back
Remonte dans la voiture. Get back into the car.
Elle est remontée dans le train. She got back onto the train.
3. to rise
Le baromètre remonte. The barometer is rising.
• **remonter à** to go back to
Cela remonte à l'année dernière. This goes back to last year.

remords [rəmɔr] **nm** remorse

remplacer [rɑ̃plase] **vt**
1. to replace
J'ai remplacé la vieille selle par une toute neuve. I replaced the old saddle with a brand new one.
2. to stand in for
Je remplace le shérif pendant son absence. I'm standing in for the sheriff while he's away.

remplir [rɑ̃plir] **vt**
1. to fill*
2. to fill out, to fill in
Vous devez remplir ce formulaire. You have to fill in this form.

remuer [rəmɥe]
✺ **vt**
1. to move
Il ne peut pas bouger le bras. He can't move his arm.
2. to stir
Il faut bien remuer la sauce. You need to stir the sauce well.
3. to toss
Je n'ai pas remué la salade. I haven't tossed the salad.

✺ **vi** to move
Arrête de remuer comme ça ! Stop moving like that!

renard [rənar] **nm** fox

rencontrer [rɑ̃kɔ̃tre]
✺ **vt** to meet
Je l'ai rencontré hier. I met him yesterday.
✺ **se rencontrer vpr** to meet
Calamity et Lucky Luke se sont rencontrés à Cactus Junction. Calamity and Lucky Luke met in Cactus Junction.

rendez-vous [rɑ̃devu] **nm**
1. appointment
J'ai rendez-vous chez le médecin. I've got an appointment with the doctor.
2. Se traduit différemment selon les contextes.
J'ai rendez-vous avec un ami. I'm meeting a friend.
J'ai donné rendez-vous à Lucky Luke. I've arranged to meet Lucky Luke.
3. meeting place
Ce saloon est le rendez-vous de tous les bandits. This saloon is the meeting place for all the bandits.
4. date
Joe has a date with Lulu. Joe a un rendez-vous avec Lulu.

rendre [rɑ̃dr]
✺ **vt**
1. to give back
Cet imbécile d'Averell a rendu les clés au gardien ! That idiot Averell gave the keys back to the warder!
2. *Location* **rendre quelqu'un malade** to make somebody ill
Ça rend Billy the Kid malade d'être en prison. Being in jail makes Billy the Kid ill.
3. to bring up, to vomit
Il a tout rendu. He has brought everything up.
✺ **se rendre vpr**
1. to surrender
Nous nous rendons. We surrender.
2. *Location*
Ran Tan Plan ne savait plus quoi faire pour se rendre utile. Rin Tin Can didn't know what to do to make himself useful.
3. to go to
Il s'est rendu à Notting Gulch en train. He went to Notting Gulch by train.

renifler [rənifle] **vi, vt** to sniff*

Jolly Jumper a beau renifler, il ne sent rien.

However hard Jolly Jumper sniffs, he can't smell anything.

— *Attendez, je remplis la bouteille.*
— Hold on, I'm filling the bottle.

renseignement [rɑ̃sɛɲəmɑ̃]
✺ **nm** information
Le shérif voulait obtenir des renseignements sur les Dalton. The sheriff wanted to get some information about the Daltons.
Attention, "information" est toujours au singulier.
✺ **nm pl** directory enquiries (**Am** : information)
Tu devrais appeler les renseignements. You should phone directory enquiries.

renseigner

renseigner [rɑ̃seɲe]
⊛ vt
Locution **renseigner quelqu'un** to give somebody information
⊛ **se renseigner** vpr
1. to find out
Je me suis renseigné sur lui, il est très dangereux. I found out about him, he's very dangerous.
2. to ask for information
Renseigne-toi auprès du shérif. Ask the sheriff for information.

rentrée [rɑ̃tre] nf start of the school year
La rentrée des classes a lieu en septembre. The start of the school year is in September.
• **à la rentrée** after the summer break
• **rentrée d'argent** money (coming in)
J'attends une rentrée d'argent. I'm expecting some money.

rentrer [rɑ̃tre]
⊛ vi
1. to go in / to come in
"Rentrer" se traduit par "to go in" lorsqu'on se trouve à l'extérieur et par "to come in" lorsqu'on se trouve à l'intérieur.
Nous ne pouvons pas rentrer, nous n'avons pas les clés. We can't go in, we don't have the keys.
Ne restez pas dehors, rentrez. Don't stay outside, come in.
2. to go back / to come back, to go home / to come home
"Rentrer" se traduit par "to go back" ou "to go home" lorsqu'on se trouve à l'extérieur et par "to come back" ou "to come home" lorsqu'on se trouve à l'intérieur.
Je vais rentrer, je ne me sens pas très bien. I'm going back, I don't feel too well.
Ne rentre pas trop tard. Don't come back too late.
3. to fit, to go in
Les boîtes rentrent les unes dans les autres. The boxes fit inside one another.
4. *Locution* **rentrer dans quelque chose** to crash into something
La voiture est rentrée dans un arbre. The car crashed into a tree.
⊛ vt
1. to bring in / to take in
"Rentrer" se traduit par "to bring in" lorsqu'on se trouve à l'intérieur et par "to take in" lorsqu'on se trouve à l'extérieur.
Rentre la table, il va pleuvoir. Bring the table in, it's going to rain.
Je vais rentrer les plantes, il fait trop froid dehors. I'll take the plants in, it's too cold outside.
2. to put in
Il n'arrivait pas à rentrer la clé dans la serrure. He couldn't put the key into the lock.
3. to tuck in
Rentre ta chemise dans ton pantalon. Tuck your shirt into your trousers.
4. to pull in
Rentre ton ventre ! Pull your stomach in!
5. to draw in
Je préférerais qu'il rentre ses griffes. I would rather he drew his claws in.

renverser [rɑ̃vɛrse]
⊛ vt
1. to spill*

Oh, désolé ! J'ai renversé mon verre...

– Oh, sorry! I've spilt my drink...

2. to knock over
Il a trébuché et a renversé la chaise. He stumbled and knocked over the chair.
3. to run over
Il s'est fait renverser par une voiture. He was run over by a car.
4. to tilt back
Il renversa la tête en arrière. He tilted his head back.
5. to overthrow
Les militaires ont renversé le gouvernement. The army overthrew the government.
⊛ **se renverser** vpr
1. to fall over
La bouteille s'est renversée. The bottle fell over.
2. to spill
Le café s'est renversé sur le tapis. The coffee spilt on the carpet.

renvoyer [rɑ̃vwaje] vt
1. to send back
Les Dalton ont été renvoyés à l'école. The Daltons have been sent back to school.
2. to throw back
Renvoie la balle ! Throw the ball back!
3. to expel
Il a été renvoyé de l'école. He was expelled from school.
4. to dismiss
La direction veut le renvoyer. Management wants to dismiss him.
5. to postpone, to put off
La réunion est renvoyée à la semaine prochaine. The meeting has been postponed until next week.
6. to reflect
Le miroir renvoyait une image déformée. The mirror reflected a distorted image.
• **renvoyer à** to refer to
Les numéros renvoient aux notes en bas de page. The numbers refer to footnotes.

répandre [repɑ̃dr]
⊛ vt
1. to spill
Il a répandu l'encre sur son cahier. He spilled the ink over his notebook.
2. to spread
Ils ont répandu du sable sur la route. They spread sand on the road.
3. to give off
Le ragoût répandait une drôle d'odeur. The stew gave off a funny smell.
⊛ **se répandre** vpr
1. to spill
La soupe s'est répandue sur la table. The soup spilt on the table.
2. to spread
La nouvelle s'est répandue dans toute la ville. The news spread across the whole town.

réparer [repare] **vt** to mend, to repair*, to fix

Il répare le fer de Jolly Jumper.

He's repairing Jolly Jumper's shoe.

Tu es là ? Réponds !
Oui, oui !

– Are you in? Answer!
– Yes, yes!

repas [rəpa] **nm** meal
Nous avons fait un bon repas. We had a good meal.

repasser [rəpase]
❃ **vi**
1. to come back / to go back
"Repasser" se traduit par "to come back" lorsqu'on se trouve à l'intérieur et par "to go back" lorsqu'on se trouve à l'extérieur.
Il n'est pas là, repassez un peu plus tard. He's not there, come back a bit later.
Ce n'est pas la peine de repasser par Cactus Junction. There's no need to go back through Cactus Junction.
2. to go past
J'y pense à chaque fois que je repasse devant chez lui. I think about it every time I go past his house.
3. to be on again
Son film repasse au cinéma. His film is on again at the cinema.
❃ **vt**
1. to iron*
2. to take again (**Br** : to resit)
Il doit repasser son examen. He has to take his exam again.
3. to cross again
Ils ont repassé la frontière. They crossed the border again.

répéter [repete]
❃ **vt**
1. to repeat

Il répète toujours la même chose. He always repeats the same thing.
2. to rehearse
Il répète son rôle. He's rehearsing his part.
❃ **se répéter vpr**
1. to repeat oneself
Tu te répètes ! You're repeating yourself!
2. to happen again
Que cela ne se répète pas ! Don't let it happen again!

répétition [repetisjɔ̃] **nf**
1. repetition
Il y a beaucoup de répétitions dans ce texte. There are a lot of repetitions in this text.
2. rehearsal

Il avait beaucoup de choses à repasser.

He had a lot of things to iron.

Les acteurs se préparent pour la répétition générale. The actors are getting ready for the dress rehearsal.

répondre [repɔ̃dr]
❃ **vi**
1. to answer*
2. to answer back
Je n'aime pas qu'on me réponde ! I don't like being answered back!
❃ **vt** to answer, to reply
Il a répondu que ce n'était pas possible. He answered that it wasn't possible.

réponse [repɔ̃s] **nf** answer

repos [rəpo] **nm** rest
Vous avez besoin de repos. You need some rest.
• **jour de repos** day off
Le lundi est son jour de repos. Monday is his day off.

reposer [rəpoze]
❃ **vt**
1. to put back
Repose ce livre où tu l'as trouvé ! Put that book back where you found it!
2. to ask again
Il a reposé la même question. He asked the same question again.
3. to rest
Repose ta tête sur l'oreiller. Rest your head on the pillow.
❃ **vi**
1. to stand
Il faut laisser reposer la pâte. You need to leave the dough to stand.

reprendre

2. to rest
Qu'il repose en paix. May he rest in peace.
● **se reposer** vpr to have a rest, to rest
Repose-toi bien. Have a good rest.
● **se reposer sur** to rely on
Tout le monde se repose sur Lucky Luke. Everyone relies on Lucky Luke.

reprendre [rəprɑ̃dr]
● vt
1. to take back
Je suis venu reprendre mes affaires. I've come to take back my belongings.
2. to pick up
Je passerai te reprendre ce soir. I'll come and pick you up tonight.
3. Se traduit différemment selon les contextes.
Je reprendrais bien du poulet. I would love some more chicken.
Reprends un biscuit, Averell ! Have another biscuit, Averell!
4. to continue
Reprenons notre lecture. Let's continue our reading.
5. to take up again
Il a repris la natation. He's taken up swimming again.
6. to recapture
Nous comptons sur Lucky Luke pour reprendre les fugitifs. We're relying on Lucky Luke to recapture the runaways.
7. to take over
Ils ont repris une petite affaire à Cactus Junction. They've taken over a little business in Cactus Junction.
8. to correct
Il m'énerve, il n'arrête pas de me reprendre ! He's getting on my nerves, he keeps correcting me!
9. *Location* **reprendre son souffle** to get one's breath back
● vi to start again
Les cours reprendront sans doute en mars. Classes will probably start again in March.
● **se reprendre** vpr
1. to pull oneself together
Allez, reprends-toi ! Come on, pull yourself together!
2. to correct oneself
Il s'est trompé mais il s'est tout de suite repris. He made a mistake but he corrected himself straightaway.

représentation [rəprezɑ̃tasjɔ̃] nf
1. performance*

La représentation fut un triomphe.
The **performance** was a great success.

2. representation
C'est une représentation très fidèle de la situation. This is a very accurate representation of the situation.

république [repyblik] nf republic

requin [rəkɛ̃] nm shark
Il y avait des requins tout autour du bateau. There were sharks all around the boat.

réserve [rezɛrv] nf
1. reserve, stock
J'ai plusieurs bouteilles en réserve. I have a few bottles in reserve.
2. storeroom
Je vais voir dans la réserve s'il en reste. I'll go and check in the storeroom if there are any left.
3. reservation
Nous avons quelques réserves à propos de ce projet. We have some reservations about this project.
4. reserve
Il est sorti de sa réserve habituelle et s'est mis à danser. He put aside his usual reserve and started to dance.
● **réserve naturelle** nature reserve

réserver [rezɛrve]
● vt
1. to reserve, to book
J'ai réservé une chambre à Daisy Town. I reserved a room in Daisy Town.
2. to keep
Je vous ai réservé la meilleure place. I kept the best seat for you.
3. to have in store
Nous réservons une petite surprise à Lucky Luke. We have a little surprise in store for Lucky Luke.
● **se réserver** vpr
1. to save oneself
Il se réserve pour le dessert. He's saving himself for the dessert.
2. to reserve
Je me réserve le droit de refuser. I reserve the right to refuse.

réservoir [rezɛrvwar] nm tank*

Il n'aurait pas dû rester sous le réservoir.
He shouldn't have stayed under the **tank**.

résister à [reziste a] vt
1. to resist
Nous ne pourrons pas leur résister, ils sont trop nombreux. We won't be able to resist them, there are too many of them.
2. to withstand
Le mur ne résistera pas à l'explosion. The wall won't withstand the explosion.

respecter [rɛspɛkte] vt to respect

respiration [rɛspirasjɔ̃] nf
1. *Lorsqu'il s'agit de l'action de respirer* : breathing
Sa respiration est régulière. His breathing is regular.
2. *Lorsqu'il s'agit du souffle* : breath
Il retenait sa respiration pour ne pas être découvert. He was holding his breath in order not to get caught.

retourner

respirer [rɛspire]
- **vi** to breathe*

Il va bien se remettre à respirer !

– Surely he will start **breathing** again!

- **vt**
1. to breathe in, to breathe
Respirez l'air pur ! Breathe in the clean air!
2. to radiate
On ne peut pas dire qu'il respire la santé. He doesn't exactly radiate good health.

responsable [rɛspɔ̃sabl]
- **adj** responsible
Je suis responsable de ce malentendu. I'm responsible for this misunderstanding.
- **nm, nf**
1. person responsible (**pl** : people responsible)
Lucky Luke doit retrouver les responsables de l'accident. Lucky Luke has to find the people responsible for the accident.
2. person in charge (**pl** : people in charge)
Je veux parler au responsable. I want to speak to the person in charge.

ressembler à [rəsɑ̃ble a]
- **vt**
1. to look like
Même sans moustache, il ressemble à ses frères. Even without his moustache, he looks like his brothers.
2. to be like
Avec son mauvais caractère, il ressemble bien à son père. With his bad temper, he's really like his father.
3. Locution

Ça ne ressemble pas à Lucky Luke d'arriver en retard. It's not like Lucky Luke to be late.
- **se ressembler vpr**
1. to look alike
Les Dalton se ressemblent beaucoup. The Daltons really look alike.
2. to be alike
Ils se ressemblent trop pour bien s'entendre. They're too alike to get on.

restaurant [rɛstɔrɑ̃] **nm** restaurant*

rester [rɛste]
- **vi**
1. to stay
Restez là, je reviens tout de suite. Stay here, I'll be right back.
2. Se traduit par une expression.
C'est tout ce qui nous reste. That's all we have left.
Profitons du peu de temps qui reste. Let's make the most of the little time that's left.
3. to remain
Ils sont restés assis. They remained seated.
- **v impersonnel**

Se traduit différemment selon les contextes.
Est-ce qu'il reste du gâteau ? Is there any cake left?
Il en reste encore un peu. There's still a little bit left.
Il ne reste plus rien à faire. There's nothing left to be done.

résultat [rezylta] **nm** result
Les résultats ne sont pas brillants ce trimestre. The results aren't too good this term.

résumé [rezyme] **nm** summary
- **en résumé** in short

résumer [rezyme] **vt** to summarize
Peux-tu me résumer ce qui s'est dit à la réunion ? Can you summarize what was said at the meeting?

retard [rətar] **nm**
1. delay
Prévenez-moi sans retard. Let me know without delay.
2. Locution **être en retard** to be late
Ils ont une heure de retard. They're an hour late.
3. Locution **être en retard dans ses études** to be behind in one's studies

retour [rətur] **nm**
1. return
Le retour des Dalton a semé la panique dans la ville. The Daltons' return caused mayhem in town.
2. return journey
Le retour a été plus agréable que l'aller. The return journey was more pleasant than the outward journey.
3. Locution **être de retour** to be back
4. Locution **à mon/ton retour** when I/you get back

retourner [rəturne]
- **vi** to go back, to return
Joe refuse de retourner au pénitencier. Joe refuses to go back to jail.
- **vt**
1. to turn over
Retournez le matelas, l'argent doit être en dessous. Turn the mattress over, the money must be under it.
2. to turn inside out
Il a retourné ses poches, mais elles

Il prenait ses repas dans le même restaurant que les policiers.

He had his meals in the same **restaurant** as the police officers.

retraite

étaient vides. He turned his pockets inside out, but they were empty.
3. to send back, to return
Je lui ai retourné sa lettre. I sent back his letter.

● **se retourner** vpr
1. to turn over
La caravane s'est retournée. The caravan turned over.
2. to turn round (**Am** : to turn around)
Retourne-toi, cow-boy ! Turn round, cowboy!

retraite [rətrɛt] **nf**
1. retirement
Il est trop jeune pour penser à la retraite. He's too young to be thinking about retirement.
2. pension
Il touche une bonne retraite. He gets a good pension.
3. *Location* **être à la retraite** to be retired
4. *Location* **prendre sa retraite** to retire

rétrécir [retresir]
● **vi** to shrink
Ce pull a rétréci au lavage. This sweater shrank in the wash.
● **se rétrécir** vpr to narrow
La route se rétrécit à cet endroit. The road narrows here.

retrouver [rətruve]
● **vt**
1. to find
Enfin je te retrouve ! At last I've found you!
2. to recover
Averell n'a pas eu de mal à retrouver l'appétit. Averell didn't have any trouble recovering his appetite.
3. to meet, to see
Retrouve-moi au saloon. Meet me at the saloon.
● **se retrouver** vpr
1. to meet
Retrouvons-nous après le déjeuner. Let's meet after lunch.
2. to meet up again
Ils se sont retrouvés dix ans plus tard. They met up again ten years later.
3. to find oneself
Averell s'est retrouvé enfermé dans la grange. Averell found himself locked in the barn.

4. to find one's way
Sans plan, tu vas avoir du mal à t'y retrouver. Without a map, you'll have trouble finding your way.

rétroviseur [retrɔvizœr] **nm**
1. *Lorsqu'il s'agit du rétroviseur intérieur :* rearview mirror
2. *Lorsqu'il s'agit du rétroviseur extérieur, on traduit par :* wing mirror (**Am** : side-view mirror)

réunion [reynjɔ̃] **nf**
1. meeting*
2. gathering, reunion
Elle n'aime pas beaucoup les réunions de famille. She doesn't like family gatherings very much.

réussir [reysir]
● **vi**
1. to be successful, to succeed
Le hold-up n'a pas réussi. The hold-up wasn't successful.
2. *Location* **réussir à faire quelque chose** to manage to do something
Ils ont réussi à s'évader. They managed to escape.
3. *Location* **réussir à quelqu'un** to agree with somebody
Je crois que trop de chocolat ne lui réussit pas. I think that too much chocolate doesn't agree with him.
● **vt**
1. to make a success of
Cette fois, nous allons réussir notre évasion. This time, we'll make a success of our escape.
2. to pass
Il a réussi son examen. He passed his exam.

– Come in, Lucky Luke. The meeting has just started.

rêve [rɛv] **nm** dream
J'ai fait un drôle de rêve la nuit dernière. I had a funny dream last night.

réveil [revɛj] **nm**
1. alarm clock
Le réveil n'a pas sonné. The alarm clock didn't go off.
2. *Se traduit par une expression.*
À mon réveil, tout avait disparu. When I woke up, everything was gone.

réveiller [reveje]
● **vt**
1. to wake up*

– You woke me up!

2. to revive
Ça réveille de vieux souvenirs. This revives old memories.
● **se réveiller** vpr
1. to wake up
Il s'est réveillé en sursaut. He woke up with a start.

2. *Locution*
La douleur se réveille. The pain is coming back.

revenir [rəvnir]
◉ **vi**
1. to come back
Le shérif n'est pas là, revenez tout à l'heure. The sheriff's not here, come back later.
2. *Locution* **revenir cher** to be expensive
3. *Locution*
Je n'en reviens pas ! I can't get over it!
◉ **v impersonnel**
Se traduit par une expression.
C'est à lui qu'il revient de décider. It's up to him to decide.
• **revenir à**
1. to cost, to amount to
Ça nous est revenu à mille euros. It cost us a thousand euros.
2. *Locution*
Ça revient au même. It amounts to the same thing.
3. *Locution*
Attends, ça me revient ! Hold on, I remember!
• **revenir sur**
1. to go over again
Ce n'est pas la peine de revenir sur cette question. There's no need to go over this matter again.
2. to go back on
Le shérif est revenu sur sa décision. The sheriff went back on his decision.

rêver [reve]
◉ **vi**
1. to dream*

Joe rêvait d'une belle piscine !

Joe was dreaming about a nice swimming pool!

Parfaitement, c'est une révolte. Nous ne voulons pas de Calamity Jane ici. Ah, ça non ! Non, non et non !
Non ! Non ! Non ! Non !

— *Absolutely, this is a revolt. We don't want Calamity Jane here. No, no, no!*
— *No! — No! — No! — No!*

2. to daydream
Aide-nous au lieu de rêver ! Help us instead of daydreaming!
3. *Locution* **rêver de faire quelque chose** to be longing to do something
Joe rêve d'épouser Lulu. Joe is longing to marry Lulu.
◉ **vt** to dream
Cette nuit, j'ai rêvé que nous attaquions la diligence. Last night, I dreamt that we were attacking the stagecoach.

réviser [revize] vt
1. to revise (**Am** : to review)
Je dois réviser mes cours avant de sortir. I have to revise my lessons before I go out.
2. to check
Vous devriez faire réviser le moteur. You should have the engine checked.

revoir [rəvwar]
◉ **vt**
1. to see again
Le gardien de la prison ne pensait pas revoir les Dalton de sitôt. The prison warder didn't expect to see the Daltons again so soon.
2. to revise (**Am** : to review)
Je dois revoir mon anglais. I have to revise my English.
◉ **se revoir vpr** to see each other again
Nous nous reverrons bientôt ! We'll see each other again soon!
• **au revoir** goodbye

révolte [revɔlt] nf revolt*, rebellion

révolution [revɔlysjɔ̃] nf revolution

revue [rəvy] nf
1. *Lorsqu'il s'agit d'un magazine :* magazine
2. *Lorsqu'il s'agit d'un spectacle :* revue

rez-de-chaussée [redʃose] nm inv ground floor (**Am** : first floor)

rhume [rym] nm cold
• **rhume des foins** hay fever

riche [riʃ]
◉ **adj** rich
Nous allons être riches ! We're going to be rich!
◉ **nm, nf** rich man (**f** : rich woman)
Ils ne volent que les riches. They only steal from the rich.

richesse [riʃɛs]
◉ **nf** wealth
Ils étalent leur richesse. They flaunt their wealth.
◉ **nf pl**
1. wealth
Ils ont accumulé des richesses. They accumulated wealth.
Attention, "wealth" est toujours au singulier.
2. resources
Cela fait partie des richesses naturelles de mon pays. This is part of the natural resources of my country.

ride

ride [rid] **nf**
1. wrinkle, line
Elle a quelques rides au coin des yeux. She has a few wrinkles at the corners of her eyes.
2. ripple
Le vent traçait des rides sur l'eau. The wind was making ripples on the water.

rideau [rido] **nm** curtain

ridicule [ridikyl]
○ **adj** ridiculous*

He suddenly felt ridiculous.

○ **nm**
Locution **couvrir quelqu'un de ridicule** to ridicule somebody

rien [rjɛ̃]
○ **pron**
1. Avec "ne" : nothing
Ce n'est rien. It's nothing.
Attention, lorsque le verbe anglais est à la forme négative ou interrogative, on emploie "anything".
Je n'ai rien fait, Ma ! I haven't done anything, Ma!
2. nothing
– Qu'est-ce que tu fais ? – Rien. – What are you doing? – Nothing.
J'y suis allé pour rien. I went there for nothing.
3. anything
Il nous regardait sans rien dire. He was watching us without saying anything.
4. *Locution* **ça ne fait rien** it doesn't matter
○ **nm**
Locution **un rien** the slightest thing
• **de rien** not at all

– Merci ! – De rien ! – Thank you! – Not at all!
• **rien que**
1. just, only
Je me sens mal rien que d'y penser. I feel sick just thinking about it.
2. nothing but
La vérité, rien que la vérité. The truth and nothing but the truth.

rincer [rɛ̃se] **vt** to rinse

rire [rir]
○ **nm**
1. laugh
Il a un rire communicatif. He has an infectious laugh.
2. laughter
On entendit des rires. We heard laughter.
○ **vi** to laugh*

Et ils se mirent tous à rire.

And everybody started to laugh.

risque [risk] **nm**
1. risk
Nous ne pouvons prendre aucun risque. We can't take any risks.
2. *Locution*
À vos risques et périls ! At your own risk!

risquer [riske]
○ **vt**
1. to risk
Lucky Luke a risqué sa vie pour les fermiers. Lucky Luke risked his life for the farmers.
2. to venture
Joe risqua un œil dehors. Joe ventured a look outside.
○ **se risquer vpr**
1. to venture
Si j'étais toi, je ne me risquerais pas dehors par ce temps. If I were you,

I wouldn't venture outside in this weather.
2. *Locution* **se risquer à faire quelque chose** to dare to do something
• **risquer de**
1. to run the risk of
Tu risques de te faire prendre. You run the risk of being caught.
2. to be likely
Ça risque de mal se terminer. It's likely to end in tears.

rive [riv] **nf** bank

rivière [rivjɛr] **nf** river

riz [ri] **nm** rice*

Je déteste le riz !

– I hate rice!

robe [rɔb] **nf**
1. dress
2. coat
Ce cheval a une robe magnifique. This horse has a beautiful coat.
• **robe de chambre** dressing gown

robinet [rɔbinɛ] **nm** tap (**Am :** faucet)

rocher [rɔʃe] **nm** rock
Cache-toi derrière ce rocher, Ran Tan Plan. Hide behind this rock, Rin Tin Can.

roi [rwa] **nm** king
• **la fête des Rois** Twelfth Night

rôle [rol] **nm** role, part

roman [rɔmɑ̃] **nm** novel

rond, ronde [rɔ̃, rɔ̃d]
○ **adj**
1. round
La Terre est ronde. The Earth is round.

Russie

2. chubby, plump
Il a de bonnes joues rondes. He has chubby cheeks.
✪ **nm**
1. circle
Il tournait en rond depuis des heures. He had been going round in circles for hours.
2. ring
Un rond de serviette. A napkin ring.
✪ **nf**
1. patrol
Les policiers font leur ronde. The police officers are on patrol.
2. *Lorsqu'il s'agit de la danse :* round (dance)

ronfler [rɔ̃fle] **vi**
1. to snore
Je ne veux plus dormir dans cette cellule : Averell ronfle ! I don't want to sleep in this cell any more: Averell snores!
2. to purr
Le moteur ronflait. The engine was purring.

rose [roz]
✪ **adj, nm** pink
Il portait sa belle chemise rose. He was wearing his nice pink shirt.
✪ **nf** rose
Les roses sont ses fleurs préférées. Roses are her favourite flowers.

rosée [roze] **nf** dew

rôti, e [roti]
✪ **adj** roast
Nous avons mangé du poulet rôti. We ate roast chicken.
✪ **nm**
1. *Lorsqu'il s'agit du rôti avant la cuisson :* joint (**Am :** roast)
J'ai acheté un rôti de porc. I bought a joint of pork.
2. *Lorsqu'il s'agit du rôti après la cuisson :* roast
J'ai mangé du rôti de porc. I ate roast pork.

roue [ru] **nf** wheel
• **roue de secours** spare wheel

rouge [ruʒ]
✪ **nm** red
Le feu est passé au rouge. The light has turned red.
✪ **adj**
1. red
La reine portait une jolie robe rouge. The Queen was wearing a nice red dress.
2. red-hot
Le fer était rouge. The brand was red-hot.
• **rouge à lèvres** lipstick

rouler [rule]
✪ **vt**
1. to roll up
Rouler un tapis. To roll a carpet up.
2. *Location* **rouler des yeux** to roll one's eyes
3. *familier* to swindle
Billy the Kid nous a roulés. Billy the Kid swindled us.
✪ **vi**
1. to roll
Le coffre roula jusqu'en bas de la colline. The box rolled down to the bottom of the hill.
2. to go
La voiture ne roulait pas très vite. The car wasn't going very fast.
3. to drive
Nous avons roulé pendant des heures sans nous arrêter. We drove for hours without stopping.
✪ **se rouler vpr** to roll

route [rut] **nf**
1. road
Prenez la première route à gauche. Take the first road on the left.
2. way
J'ai rencontré Lucky Luke en route. I met Lucky Luke on the way.
3. *Location* **mettre le moteur en route** to start the engine up
4. *Location* **se mettre en route** to set off

roux, rousse [ru, rus]
✪ **adj**
1. red
Il a les cheveux roux. He has red hair.
2. red-haired
Elle est rousse. She's red-haired.
✪ **nm, nf** redhead
C'est un grand roux. He's a tall redhead.

royaume [rwajom] **nm** kingdom

Royaume-Uni [rwajomyni] **nm** United Kingdom
(voir pages 102 et 173)

rue [ry] **nf** street

rugby [rygbi] **nm** rugby

ruine [rɥin]
✪ **nf** ruin
La ferme n'était plus qu'une ruine. The farmhouse was nothing more than a ruin.
✪ **nf pl** ruins
Nous avons vu beaucoup de ruines. We saw a lot of ruins.
• **en ruine**
1. ruined
Ils se sont cachés dans un château en ruine. They hid in a ruined castle.
2. *Location* **tomber en ruine** to fall into ruin

ruisseau [rɥiso] **nm** stream

ruse [ryz] **nf**
1. trick*

C'était une ruse !
It was a trick!

2. cunning
Nous allons devoir recourir à la ruse pour nous évader de cette prison. We'll have to resort to cunning in order to escape from this prison.

ruser [ryze] **vi** to be crafty
Il va falloir ruser pour sortir d'ici. We'll have to be crafty to get out of here.

russe [rys] **adj, nm, nf** Russian
Il parle le russe couramment. He speaks fluent Russian.
Attention, l'anglais prend toujours une majuscule.

Russie [rysi] **nf** Russia

sa → **son**

sable [sabl] **nm** sand
- **sables mouvants** quicksand

Il faut faire attention aux sables mouvants dans cette région. You need to watch out for quicksands in this area.

Attention, "quicksand" peut s'employer soit au pluriel soit au singulier.

sac [sak] **nm**
1. bag

Mes clés sont dans mon sac. My keys are in my bag.

2. sack

Vite, cachez-vous dans ce sac à pommes de terre ! Quick, hide in this potato sack!
- **sac de couchage** sleeping bag
- **sac à dos** rucksack
- **sac à main** handbag

sage [saʒ] **adj**
1. good, well-behaved

Il avait pourtant l'air sage. And yet he looked like a good boy.

2. wise

Notre chef est un homme très sage. Our chief is a very wise man.

saigner [seɲe] **vi, vt** to bleed

Il saigne du nez. His nose is bleeding./He has a nosebleed.

sain, saine [sɛ̃, sɛn] **adj**
1. healthy

Respirez l'air sain de la montagne ! Breathe in the healthy mountain air!

2. sane

Je crois qu'il n'est pas très sain d'esprit. I don't think he's very sane.
- **sain et sauf** safe and sound*

saint, sainte [sɛ̃, sɛ̃t]
⚙ **adj**
1. holy

Il mène une vie sainte. He leads a holy life.

2. Saint

Saint Pierre. Saint Peter.
Sainte Blandine. Saint Blandine.
⚙ **nm, nf** saint

Cette femme est une sainte ! This woman is a saint!

saison [sɛzɔ̃] **nf** season
- **basse saison** low season
- **haute saison** high season

salade [salad] **nf**
1. lettuce

Ma Dalton a planté des salades dans son jardin. Ma Dalton planted lettuces in her garden.

2. salad

J'adore la salade de concombre. I love cucumber salad.
- **salade composée** mixed salad
- **salade de fruits** fruit salad

salaire [salɛr] **nm** salary, wage

sale [sal] **adj**
1. dirty

Voilà du linge sale, j'aimerais bien que vous le laviez ! Here's some dirty linen, I'd like you to wash it!

2. **familier** nasty

Joe a vraiment un sale caractère. Joe has really got a nasty temper.

saler [sale] **vt** to salt

saleté [salte] **nf**
1. dirtiness

Je ne supporte pas la saleté. I can't stand dirtiness.

2. dirt

Essuie la table, il y a des saletés

BIENVENUE A LA DILIGENCE

Terminus ! Tout le monde descend ! Je vous l'avais dit qu'on arriverait sains et saufs !

– Last stop! All change! I told you we would arrive **safe and sound**!

Mais enfin, mais enfin...
Votre salle de bains est très confortable.

— But... but...
— Your bathroom is very comfortable.

partout ! Wipe the table, there's dirt everywhere!
Attention, "dirt" est toujours suivi d'un verbe au singulier.

salive [saliv] **nf** saliva

salle [sal] **nf**
1. room
Il y a trois personnes dans la salle d'attente. There are three people in the waiting room.
2. hall
La fête aura lieu dans la grande salle de la mairie. The party will take place in the large hall at the town hall.
3. screen
Ce cinéma comprend trois salles. This cinema has three screens.
• **salle de bains** bathroom*
• **salle de classe** classroom
• **salle de concert** concert hall
• **salle d'embarquement** departure lounge
• **salle à manger** dining room

salon [salɔ̃] **nm**
1. living room
Le salon de leur nouvelle maison est très confortable. The living room of their new house is very comfortable.
2. show
Les fermiers sont tous allés au Salon de l'agriculture. The farmers have all gone to the agricultural show.
• **salon de coiffure** hairdresser's
• **salon de thé** tearoom

saluer [salɥe] **vt**
1. Pour dire bonjour : to greet, to say hello to
Il m'a salué quand il m'a vu. He greeted me when he saw me.
2. D'un signe de tête : to nod to
Le shérif le salua d'un signe de tête. The sheriff nodded to him.
3. D'un signe de la main : to wave to
Elle m'a salué d'un signe de la main. She waved to me.
4. Pour dire au revoir : to say goodbye to
Je voulais juste saluer le gardien avant de partir ! I just wanted to say goodbye to the warder before we left!
5. Lorsqu'il s'agit d'un militaire : to salute

salut [saly]
◎ **excl familier**
1. Pour dire bonjour : hi!
2. Pour dire au revoir : see you!
◎ **nm**
1. Pour dire bonjour : greeting
Elle n'a pas répondu à mon salut. She didn't return my greeting.
2. *Location* **faire un salut de la main à quelqu'un** to wave to somebody
3. *Location* **faire un salut de la tête à quelqu'un** to nod to somebody
4. Lorsqu'il s'agit d'un militaire : salute

samedi [samdi] **nm** Saturday
Attention, les noms de jours prennent toujours une majuscule en anglais. (voir page 71)

sang [sɑ̃] **nm** blood

sangloter [sɑ̃glɔte] **vi** to sob

sans [sɑ̃] **prép** without*

J'ai horreur de monter sans selle.

— I hate riding without a saddle.

Je suis sorti sans argent. I went out without any money.
Les Dalton se sont glissés vers la sortie sans faire de bruit. The Daltons slipped towards the exit without making any noise.

santé [sɑ̃te] **nf**
1. health
Elle est en bonne/mauvaise santé. She's in good/poor health.
2. *Location* **À votre santé !** Cheers!

sapin [sapɛ̃] **nm** fir
• **sapin de Noël** Christmas tree

satisfait, e [satisfɛ, ɛt] **adj** satisfied*

Je suis très satisfait de vous !

— I'm very satisfied with you!

sauce

sauce [sos] **nf** sauce

saucisse [sosis] **nf** sausage

sauf [sof] **prép**
1. except
Ils ont tous peur de Billy the Kid, sauf Lucky Luke. They're all scared of Billy the Kid, except Lucky Luke.
2. Se traduit différemment selon les contextes.
Sauf erreur de ma part, le train ne devrait pas tarder. If I'm not mistaken, the train shouldn't be long now.
Je reviendrai demain, sauf imprévu. I'll come back tomorrow, unless anything unforeseen happens.

sauter [sote]
◎ **vi**
1. to jump*, to leap

— He's going to jump on my back again!

2. to blow up
Les O'Hara ont fait sauter le pont. The O'Haras blew up the bridge.
3. to blow
Les plombs ont encore sauté. The fuses have blown again.
4. to pop
Le bouchon de champagne a sauté. The champagne cork popped.
5. *Location* **sauter au cou de quelqu'un** to throw one's arms around somebody
6. *Location* **faire sauter des pommes de terre** to sauté potatoes
◎ **vt**
1. to jump over
Le cheval a sauté les obstacles. The horse jumped over the fences.

2. to skip
Ça m'étonnerait qu'Averell accepte de sauter un repas. I'd be surprised if Averell agreed to skip a meal.

sauterelle [sotʁɛl] **nf** grasshopper

sauvage [sovaʒ]
◎ **adj**
1. wild
Faites attention, il y a beaucoup d'animaux sauvages par ici. Be careful, there are many wild animals around here.
2. unsociable
Elle est très sauvage, elle ne veut jamais voir personne. She's very unsociable, she never wants to see anybody.
3. savage
Ils ont des mœurs sauvages. They have savage customs.
◎ **nm, nf**
1. savage
Ils se sont comportés comme de vrais sauvages. They acted like real savages.
2. recluse
C'est un vrai sauvage, il ne sort jamais de chez lui. He's a real recluse, he never leaves his house.

sauver [sove]
◎ **vt** to save
Lucky Luke nous a sauvés de la noyade. Lucky Luke saved us from drowning.
◎ **se sauver vpr** to run away
Sauvons-nous, ils arrivent ! Let's run away, they're coming!

savoir [savwaʁ]
◎ **vt**
1. to know
Si j'avais su, je serais resté au pénitencier. If I had known, I would have stayed in jail.
– Est-ce qu'il a retrouvé les Dalton ? – Pas que je sache. – Has he found the Daltons? – Not as far as I know.
2. Se traduit par l'auxiliaire modal "can" ou par la locution "to be able to".
Est-ce que tu sais nager ? Can you swim?
Il a su lui parler. He was able to talk to him.
◎ **nm** learning, knowledge
Notre chef est un homme d'un grand savoir. Our chief is a man of great learning.

savon [savɔ̃] **nm** soap*

Allez, mange ce savon !

???

— Come on, eat this soap!

scène [sɛn] **nf**
1. stage
Les artistes étaient tous en scène. The performers were all on the stage.
2. scene
La scène finale est très surprenante. The last scene is very surprising.
3. *Location* **mettre en scène** to direct
Il a mis en scène sa première pièce. He directed his first play.

scie [si] **nf** saw

science [sjɑ̃s] **nf** science
• **sciences naturelles** natural sciences

scientifique [sjɑ̃tifik]
◎ **adj** scientific
Il s'agit d'une importante découverte scientifique. This is an important scientific discovery.
◎ **nm, nf** scientist
Tous les scientifiques ne sont pas d'accord sur ce point. Not all the scientists agree on this point.

scier [sje] **vt** to saw

scolaire [skɔlɛʁ] **adj** school
Les vacances scolaires sont bientôt terminées. The school holidays are nearly over.

score [skɔʁ] **nm** score

se [sə] **pron**
1. Lorsque "se" représente une personne indéfinie, soit il se traduit par "oneself", soit il ne se traduit pas.

Se brûler. To burn oneself.
S'habiller. To get dressed.
2. Lorsque "se" représente une personne ou un animal domestique, soit il se traduit par "himself" (f : herself, pl : themselves), soit il ne se traduit pas.
Il a besoin de s'exprimer. He needs to express himself.
Les Dalton se sont cachés dans la grange. The Daltons hid in the barn.
3. Lorsque "se" représente une chose ou un animal non domestique, soit il se traduit par "itself" (pl : themselves), soit il ne se traduit pas.
L'éléphant s'est aspergé d'eau. The elephant sprayed itself with water.
La belette se cachait derrière la haie. The weasel was hiding behind the hedge.
4. Lorsque "se" a une valeur réciproque, soit il se traduit par "each other", soit il ne se traduit pas.
Ils s'écrivent tous les jours lorsqu'il est en prison. They write to each other every day when he is in jail.
Ils se sont quittés bons amis. They parted on good terms.
5. Lorsque "se" a une valeur de possessif, il se traduit par l'adjectif possessif en anglais.
Il ne s'est pas lavé les mains. He hasn't washed his hands.
Elle s'est cassé la jambe. She broke her leg.
6. Lorsque "se" a une valeur passive, il se traduit différemment selon les contextes.
Ce produit se trouve facilement. This product is easy to find.
Ça ne se mange pas. You can't eat that.
(voir page 325)

séance [seɑ̃s] nf
1. session
Les Dalton se préparent pour leur séance d'entraînement. The Daltons are getting ready for their training session.
2. show, performance
J'aime bien aller au cinéma à la séance de six heures. I like going to the cinema for the six o'clock show.

sec, sèche [sɛk, sɛʃ] adj
1. dry
Le linge n'est pas tout à fait sec. The washing isn't quite dry.
2. dried
J'adore les fruits secs. I love dried fruit.
3. curt
Il m'a parlé sur un ton sec. He spoke to me curtly.

sécher [seʃe]
✺ vt
1. to dry
Sèche tes larmes, tu la reverras ta maman ! Dry your tears, you'll see your mummy again soon!
2. *Locution* familier **sécher les cours** to play truant (**Am** : to play hooky)
✺ vi
1. to dry
Ses vêtements séchaient sur le fil. His clothes were drying on the line.
2. *Locution* familier to dry up
Il a séché en histoire. He dried up in the history exam.

sécheresse [sɛʃrɛs] nf
1. drought
La récolte a été mauvaise à cause de la sécheresse. The crop has been bad because of the drought.
2. dryness
Ces plantes ne poussent pas à cause de la sécheresse de la terre. These plants don't grow because of the dryness of the soil.

second, e [səɡɔ̃, ɔ̃d] adj num, nm, nf
second
(voir page 195)

seconde [səɡɔ̃d] nf
1. second
Tu as 30 secondes pour partir. You've got 30 seconds to leave.
2. fifth form (**Am** : tenth grade)
Il est passé en seconde. He moved up to the fifth form.

secouer [səkwe] vt
1. to shake*

Il se mit à le secouer.
He started to shake him.

2. to shake up
Il a été secoué par la nouvelle. He was shaken up by the news.

secourir [səkuʀiʀ] vt
1. to rescue
Il est toujours prêt à secourir les personnes en danger. He's always ready to rescue people in danger.
2. to help
Nous devons secourir les plus démunis. We must help those most in need.

secours [səkuʀ] nm
1. help*
2. *Locution* **Au secours !** Help!*
3. aid
Les secours d'urgence. Emergency aid.

Au secours ! Au secours !
Allez chercher du secours !

– Help! Help!
– Go and get some help!

secret

Attention, dans ce sens "aid" est toujours suivi d'un verbe au singulier.

secret, ète [səkrɛ, ɛt]
adj
1. secret
Les Dalton ont découvert un passage secret. The Daltons have discovered a secret passage.
2. secretive
Elle est très secrète. She's very secretive.

nm secret
Averell est incapable de garder un secret. Averell is unable to keep a secret.

secrétaire [səkretɛr]
nm, nf secretary
Elle est secrétaire bilingue. She's a bilingual secretary.

nm
Lorsqu'il s'agit du meuble : writing desk

sécurité [sekyrite] nf
1. safety
Lucky Luke assurera votre sécurité. Lucky Luke will ensure your safety.
2. security
Le shérif a pris des mesures de sécurité. The sheriff took some security measures.
- **en sécurité** safe
Vous serez en sécurité ici. You'll be safe here.
- **Sécurité sociale** French social security system

sein [sɛ̃] nm breast
- **au sein de** within

seize [sɛz] adj num, nm sixteen
(voir page 195)

séjour [seʒur] nm
1. stay
Un séjour à la montagne vous fera le plus grand bien. A stay in the mountains will do you a world of good.
2. living room
Allons dans le séjour. Let's go in the living room.
- **séjour linguistique** language study holiday

sel [sɛl] nm salt

selon [səlɔ̃] prép
1. according to
Nous avons tout fait selon les règles. We did everything according to the rules.
2. depending on
C'est différent selon les cas. It's different depending on each case.
3. *Location* **selon moi** in my opinion
La traduction varie en fonction de la personne qui s'exprime.
Selon lui, Billy n'est qu'un gamin. In his opinion, Billy is only a kid.
- **selon que** depending on whether

semaine [səmɛn] nf week
Il ne sort jamais en semaine. He never goes out during the week.

semblable [sãblabl] adj
1. similar
Cette cellule est semblable à toutes les autres. This cell is similar to all the others.
2. *Se traduit par une expression.*
Je n'avais jamais rien vu de semblable ! I had never seen anything like it!

semblant [sãblã] nm
Location **faire semblant de faire quelque chose** to pretend to do something*

sembler [sãble]
vi to seem
Les Dalton semblaient inquiets. The Daltons seemed worried.

v impersonnel
1. *Location* **il semble que** it seems that
Il semble que ça ne soit pas possible. It seems that it's not possible.
2. *Location* **il me semble** I think
Il me semble que c'est risqué de les attaquer maintenant. I think it would be risky to attack them now.

semelle [səmɛl] nf sole*

Je vais reclouer cette semelle en un rien de temps !

— I'm going to nail this sole back in no time at all!

semer [səme] vt
1. to sow
Les fermiers de Dry Gulch n'ont pas fini de semer le blé. The farmers in Dry Gulch haven't finished sowing the wheat.
2. to shake off
Nous devons trouver un moyen de semer Lucky Luke ! We must find a way to shake Lucky Luke off!

Que font-ils ? Ils font semblant d'éplucher des pommes de terre. Ce n'est pas parce qu'il n'y a plus de pommes de terre qu'ils doivent rester sans rien faire !

— What are they doing?
— They're pretending to peel potatoes. Just because there aren't any potatoes left doesn't mean that they should do nothing!

sens [sɑ̃s] **nm**
1. direction
Vous allez dans le mauvais sens. You're going in the wrong direction.
2. meaning
Ce mot a plusieurs sens. This word has several meanings.
3. sense
Heureusement que j'ai le sens de l'humour ! It's lucky that I have a sense of humour!
Averell n'a pas un grain de bon sens. Averell hasn't got an ounce of common sense.
4. *Locution* **dans le sens contraire des aiguilles d'une montre** anti-clockwise (**Am :** counterclockwise)
• **sens dessus dessous** upside down
• **sens interdit**
1. *Lorsqu'il s'agit du panneau :* no-entry sign
2. *Lorsqu'il s'agit de la rue :* one-way street
• **sens unique** one-way street

sensation [sɑ̃sasjɔ̃] **nf**
1. feeling, sensation
Les Dalton avaient la sensation d'être suivis. The Daltons had a feeling they were being followed.
2. *Locution* **faire sensation** to cause a stir

sensible [sɑ̃sibl] **adj**
1. sensitive
Averell est très sensible. Averell is very sensitive.
2. noticeable
Il n'y a pas de différence sensible. There is no noticeable difference.
Attention, "sensible" ne doit pas être traduit par l'adjectif anglais "sensible" qui signifie "sensé".

sentiment [sɑ̃timɑ̃] **nm** feeling

sentir [sɑ̃tir]
◯ **vt**
1. to smell
Sens ces roses ! Smell these roses!
2. to feel
L'infirmière m'a fait une piqûre, mais je n'ai rien senti. The nurse gave me an injection but I didn't feel a thing.
3. to taste
On sent qu'il y a de l'ail dans la sauce. You can taste the garlic in the sauce.

4. *Se traduit différemment selon les contextes.*
Ça sent le gaz. It smells of gas.
Ça sent bon le poulet rôti. There's a nice smell of roast chicken.
5. to feel, to sense
Billy the Kid sentait qu'on le suivait. Billy the Kid felt that he was being followed.
◯ **vi** to smell*

– *Smell* that, Rin Tin Can...
– It *smells* bad!

◯ **se sentir vpr**
1. to feel
Je ne me sens pas très bien. I don't feel too well.
2. to show
Quand Pamela est de mauvaise humeur, ça se sent ! When Pamela is in a bad mood, it shows!

séparer [separe]
◯ **vt**
1. to separate
Il va falloir que je les sépare. I will have to separate them.
2. to divide
Ils ont séparé la pièce en deux. They divided the room in two.
◯ **se séparer vpr**
1. to split up
Ses parents se sont séparés. His parents have split up.
2. to divide
La route se sépare en deux. The road divides into two.
• **se séparer de**
1. to separate from
Il s'est séparé de sa femme. He's separated from his wife.

2. *Se traduit par une expression.*
Lucky Luke ne se sépare jamais de Jolly Jumper. Lucky Luke is never without Jolly Jumper.

sept [sɛt] **adj num, nm** seven
(voir page 195)

septembre [sɛptɑ̃br] **nm** September
Attention, les noms de mois prennent toujours une majuscule en anglais.
(voir page 71)

série [seri] **nf**
1. series (**pl :** series)
Cette série de cambriolages est l'œuvre des Dalton. This series of robberies is the handiwork of the Daltons.
2. set
J'ai acheté une série de casseroles. I've bought a set of saucepans.
• **série télévisée** television series

sérieux, euse [serjø, øz]
◯ **adj** serious
Il est très sérieux dans son travail. He's very serious about his work.
◯ **nm**
1. *Locution* **prendre quelque chose au sérieux** to take something seriously
2. *Locution* **garder son sérieux** to keep a straight face

seringue [sərɛ̃g] **nf** syringe

serpent [sɛrpɑ̃] **nm** snake*

Je déteste les serpents.

– I hate *snakes*.

serrer [sere]
◯ **vt**
1. to grip, to hold tight

serrure

Il serra la clé dans sa main lorsqu'il vit les Dalton. He gripped the key in his hand when he saw the Daltons.
2. to hug
Il la serra dans ses bras. He hugged her.
3. *Locution* **être serré** to be packed together
4. to clench
William, qui ne pouvait cacher sa colère, serrait les poings. William, who couldn't hide his anger, clenched his fists.
5. to be tight
Ce pantalon me serre un peu trop à la taille. These trousers are too tight around the waist.
6. to tighten
Il ne me reste qu'à serrer cet écrou. All I've got to do is tighten this bolt.
7. to pack tightly
Serre bien tes affaires, la valise est déjà pleine. Pack your things tightly, the suitcase is already full.
8. *Locution* **serrer la main à quelqu'un** to shake somebody's hand
✺ **vi**
Locution **serrer à droite/gauche** to keep right/left
✺ **se serrer** vpr
1. to squeeze up
Serrez-vous un peu pour lui faire de la place. Squeeze up a bit to make some room for him.
2. *Locution* **se serrer contre quelqu'un** to huddle up against somebody

serrure [seryr] **nf** lock

serveur, euse [servœr, øz] **nm, nf** waiter (**f :** waitress)

service [servis] **nm**
1. service
Le service n'est pas assuré le dimanche. There's no service on Sundays.
Est-ce que le service est compris ? Is service included?
2. favour (**Am :** favor)
Pourrais-tu me rendre un service ? Could you do me a favour?
3. department
Adressez-vous au service du personnel. You should contact the human resources department.
4. duty
Le shérif de Daisy Town n'est pas de service aujourd'hui. The sheriff of Daisy Town isn't on duty today.
5. set
Va chercher le service à thé. Go and get the tea set.
6. serve
Ce joueur a un excellent service. This player has a very good serve.
7. *Locution* **être hors service** to be out of order
• **service militaire** military service

serviette [servjɛt] **nf**
1. *Lorsqu'il s'agit d'une serviette de table :* napkin (**Br :** serviette)
2. *Lorsqu'il s'agit d'une serviette de toilette :* towel
3. *Lorsqu'il s'agit du cartable :* briefcase

servir [servir]
✺ **vt** to serve*

Je suis obligé de vous servir, mais je n'ai pas à vous donner un verre !

– I'm obliged to serve you, but I don't have to give you a glass!

✺ **vi**
1. to be of use, to be useful
Garde la boîte, ça peut toujours servir. Keep the box, it might be useful.
2. *Locution* **servir à quelque chose** to be used for something
3. *Locution* **servir à faire quelque chose** to be used for doing something
Cette machine sert à fabriquer des faux billets. This machine is used for forging banknotes.
4. *Locution* **ça ne sert à rien** it's pointless
Ça ne sert à rien d'insister. It's pointless to insist.
✺ **se servir** vpr to help oneself
Averell s'est déjà servi de la soupe ! Averell has already helped himself to some soup!
• **servir de**
1. to act as
Lucky Luke nous servira d'intermédiaire. Lucky Luke will act as our intermediary.
2. to be used as
Cette petite cabane peut servir de cachette. This small cabin can be used as a hiding place.
• **se servir de** to use
Je ne sais pas me servir de cette machine. I don't know how to use this machine.

ses → **son**

seul, seule [sœl]
✺ **adj**
1. alone
Lucky Luke est venu seul. Lucky Luke came alone.
2. lonely
Il se sent très seul. He feels very lonely.
3. only
C'est la seule chose à faire. It's the only thing to do.
4. single
Pas un seul homme n'a osé affronter Billy the Kid. Not a single man dared to face Billy the Kid.
✺ **nm, nf** only one
Tu es le seul en qui j'ai confiance. You're the only one I trust.
• **tout seul**
1. by oneself
Il a arrêté les quatre bandits tout seul. He arrested the four bandits by himself.
2. to oneself
Ne t'inquiète pas, il parle tout seul. Don't worry, he's talking to himself.

seulement [sœlmɑ̃] **adv** only
Non seulement il ne fait rien, mais en plus il se plaint ! Not only does he not do anything, but he also complains!

sévère [sevɛr] **adj**
1. strict
Ne m'oblige pas à être encore plus sévère avec toi ! Don't force me to be even stricter with you!
2. severe

siffler

Ils faisaient tous la sieste.

They were all having a nap.

Cette fois-ci, la punition va être sévère. This time, the punishment will be severe.

sexe [sɛks] **nm**
1. Pour désigner le sexe masculin ou le sexe féminin : sex
2. Pour désigner les organes génitaux : genitals
Attention, "genitals" est toujours suivi d'un verbe au pluriel.

shampooing [ʃɑ̃pwɛ̃] **nm** shampoo

short [ʃɔrt] **nm** shorts, pair of shorts
Ce short est trop grand pour moi. These shorts are too big for me.
Attention, "shorts" est toujours suivi d'un verbe au pluriel.

si [si]
◎ **conj**
1. if
Si vous voulez, je peux aller les chercher. If you want, I can go and fetch them.
Si tu m'avais écouté, nous ne serions pas en prison aujourd'hui. If you had listened to me, we wouldn't be in jail today.
Si seulement nous pouvions nous débarrasser de Lucky Luke ! If only we could get rid of Lucky Luke!
2. if, whether
Je me demande si Averell a compris. I wonder if Averell has understood.
3. Pour introduire une suggestion.
Et si on faisait un pique-nique ? How about going for a picnic?

◎ **adv**
1. so
Il est si mignon ! He's so cute!
Il a eu si peur qu'il s'est caché sous le lit. He was so scared that he hid under the bed.
2. Lorsque l'adjectif est épithète : such
Vous avez une si belle maison ! You have such a beautiful house!
3. yes
– Tu n'es pas d'accord ? – Si. – Don't you agree? – Yes, I do.
• **si bien que** with the result that

sida [sida] **nm** Aids

siècle [sjɛkl] **nm** century
L'histoire se déroule au XIXᵉ siècle. The story takes place in the 19th century.

siège [sjɛʒ] **nm**
1. seat
Prenez un siège. Take a seat.
2. head office
Le siège de notre société est en Allemagne. Our company's head office is in Germany.
3. siege
Le siège de la ville dura trois jours. The siege of the town lasted for three days.

le sien, la sienne, les siens, les siennes [lə sjɛ̃, la sjɛn, le sjɛ̃, le sjɛn] **pron**
1. Lorsque le possesseur est un homme : his
Il n'a pas besoin de ta voiture, il a la sienne. He doesn't need your car, he's got his.
2. Lorsque le possesseur est une femme : hers
Comme je ne retrouvais pas mes palmes, elle m'a prêté les siennes. Since I couldn't find my flippers, she lent me hers.
3. Lorsque le possesseur est un animal non familier ou une chose : its own
Toutes les vaches ont une clochette, mais celle-ci a perdu la sienne. All the cows have a bell, but this one has lost its own.
(voir page 186)

sieste [sjɛst] **nf** nap*

siffler [sifle]
◎ **vi** to whistle*

Il sifflait pour appeler Jolly Jumper.

He whistled to call Jolly Jumper.

◎ **vt**
1. to whistle
Il sifflait un petit air. He whistled a little tune.

signal

2. to boo
Tout le monde l'a sifflé dès son entrée en scène. Everybody booed him as soon as he walked on the stage.
3. to whistle for
Tu n'as qu'à siffler Ran Tan Plan, il aime rendre service. Just whistle for Rin Tin Can, he's always happy to help.
4. to whistle at
Il passe son temps à siffler les filles. He spends his time whistling at girls.

signal, aux [siɲal, o] **nm** signal*

- **signal d'alarme** alarm signal

signaler [siɲale] **vt**
1. to point out
Je vous signale que nous sommes en retard. Let me point out to you that we're late.
2. to report, to notify
Il faut signaler ce vol au shérif. We need to report this theft to the sheriff.
3. to signal
Il a mis son clignotant pour signaler qu'il allait tourner. He used his indicator to signal that he was turning.
4. to signpost
Le virage n'est pas bien signalé. The bend is badly signposted.

signe [siɲ] **nm**
1. sign
On n'entend pas les Dalton, c'est mauvais signe. We can't hear the Daltons, it's a bad sign.

2. *Locution* **faire signe à quelqu'un** to signal to somebody
Il m'a fait signe d'avancer. He signalled to me to come forward.
3. mark
Les signes de ponctuation. Punctuation marks.

signer [siɲe] **vt, vi** to sign
Signez ici ! Sign here!

signifier [siɲifje] **vt** to mean
Que signifie ce mot ? What does this word mean?

silence [silɑ̃s] **nm**
1. silence
Il régnait un silence de mort dans la ville. There was a deathly silence in the town.
2. Pour demander à quelqu'un de ne pas faire de bruit.
Un peu de silence, s'il vous plaît ! Be quiet, please!

silhouette [silwɛt] **nf**
1. outline, silhouette
Leurs silhouettes se dessinaient au loin. You could see their outline in the distance.
2. figure
Elle a une jolie silhouette. She's got a nice figure.

simple [sɛ̃pl] **adj**
1. simple
C'est pourtant simple ! But it's quite simple!
2. single (**Am** : one-way)
Ils ont réservé un aller simple. They booked a single ticket.
3. mere
Ce n'est qu'une simple formalité. It's a mere formality.

sincère [sɛ̃sɛr] **adj** sincere

singe [sɛ̃ʒ] **nm** monkey

singulier [sɛ̃gylje] **nm** singular

sinon [sinɔ̃] **conj**
1. otherwise, or else
Soyez sages, sinon Ma va se fâcher. Behave yourselves, otherwise Ma will get angry.
2. if not
C'est difficile, sinon impossible. It's difficult, if not impossible.

sirène [sirɛn] **nf** siren
La sirène s'est déclenchée. The siren went off.

sirop [siro] **nm**
1. Lorsqu'il s'agit du sirop dilué : cordial
Il adore le sirop de menthe. He loves mint cordial.
2. Lorsqu'il s'agit du sirop concentré : syrup
3. Lorsqu'il s'agit du médicament : mixture
Il m'a donné un sirop contre la toux. He gave me some cough mixture.

site [sit] **nm** site
Ils ont découvert un site archéologique. They found an archaeological site.
- **site touristique** tourist attraction

situation [situasjɔ̃] **nf**
1. situation
Lucky Luke s'est retrouvé dans une situation délicate. Lucky Luke found himself in an awkward situation.
2. location, position
L'hôtel jouit d'une situation privilégiée. The hotel is in an excellent location.
3. job
Elle a une bonne situation. She has a good job.

situer [situe]
○ **vt** to locate, to place
Je n'arrive pas à situer la ville sur la carte. I can't locate the town on the map.
○ **se situer** **vpr** to be situated
La banque se situe ici. The bank is situated here.

six [sis] **adj num, nm** six
(voir page 195)

sixième [sizjɛm]
○ **adj num, nm, nf** sixth
○ **nf** first form (**Am** : sixth grade)
Il a redoublé sa sixième. He repeated his first form.
(voir page 195 et page 252)

ski [ski] **nm**
1. Pour désigner l'équipement : ski
2. Pour désigner l'activité : skiing
Nous avons fait du ski cette année. We went skiing this year.
- **ski alpin** downhill skiing
- **ski de fond** cross-country skiing
- **ski nautique** water-skiing

soirée

Je sais que tu n'as pas l'habitude de skier, Jolly Jumper, mais...

— I know you're not used to skiing, Jolly Jumper, but...

skier [skje] **vi** to ski*

slip [slip] **nm**
1. Quand il s'agit du sous-vêtement féminin : knickers (**Am** : panties)
Attention, "knickers" est toujours suivi d'un verbe au pluriel.
2. Quand il s'agit du sous-vêtement masculin : (under)pants (**Am** : shorts)
Attention, "pants" et "shorts" sont toujours suivis d'un verbe au pluriel.
Que fait mon slip ici ? What are my pants doing there?
Attention, "slip" ne doit pas être traduit par le nom anglais "slip" qui signifie "combinaison".

social, e, iaux [sɔsjal, jo] **adj**
social

société [sɔsjete] **nf**
1. society*
2. company
Nous travaillons dans la même société. We work in the same company.

sœur [sœr] **nf** sister
C'est ma grande/petite sœur. She's my big/little sister.

soi [swa] **pron**
1. oneself
Être content de soi. To be pleased with oneself.
2. *Locution* **cela va de soi** that goes without saying
(voir page 325)

soie [swa] **nf** silk

soif [swaf] **nf**
1. thirst
Je meurs de soif ! I'm dying of thirst!
2. *Locution* **avoir soif** to be thirsty*

On dirait que vous avez soif !

— It looks like you're thirsty!

soigner [swaɲe] **vt**
1. to treat
Il faut soigner cette infection avec des antibiotiques. We must treat this infection with antibiotics.
2. to look after
Elle soigne son jardin. She looks after her garden.
3. to take care over
Vous devriez soigner la présentation. You should take care over the presentation.

soin [swɛ̃]
○ **nm** care
Il ne prend pas soin de ses affaires. He doesn't take care of his belongings.
Prends soin de fermer la porte à clé. Take care to lock the door.
○ **nm pl** care
Attention, "care" est toujours au singulier dans ce sens.
Il a besoin de soins médicaux. He needs medical care.
• **premiers soins** first aid
Attention, "first aid" est toujours au singulier.

soir [swar] **nm**
1. evening
Il ne sort jamais le soir. He never goes out in the evening.
2. *Locution* **ce soir** tonight
À ce soir ! See you tonight!

soirée [sware] **nf**
1. evening
Il a un alibi : il a passé la soirée avec son frère. He has an alibi: he spent the evening with his brother.

En tant que représentante de la bonne société de cette ville...

— As a representative of polite society in this town...

cinq cent trente-neuf • 539 • five hundred and thirty-nine

soit

2. party
Nous sommes invités à une soirée. We've been invited to a party.

soit [swa] *conj*
1. that is
Ils ont volé toutes mes économies, soit six cents francs. They stole all my savings, that is six hundred francs.
2. *Locution* **soit… soit…** either… or…
C'est soit l'un, soit l'autre, pas les deux. It's either one or the other, not both.
Soit il vient, soit il reste, mais qu'il se décide. Either he comes with us or stays here, but he must decide.

soixante [swasɑ̃t] *adj num, nm*
sixty
(voir page 195)

soixante-dix [swasɑ̃tdis] *adj num, nm* seventy
(voir page 195)

sol [sɔl] *nm*
1. floor
Le matelas était posé à même le sol de la chambre. The mattress was on the bedroom floor.
2. ground
Enfoncez bien les piquets dans le sol. Drive the stakes firmly into the ground.
3. soil
Le sol est très sec dans cette région. The soil is very dry in this area.

soldat [sɔlda] *nm* soldier*

solde [sɔld]
○ *nm*
1. balance
Vous devez payer le solde à la livraison. You have to pay the balance on delivery.
2. *Locution* **acheter quelque chose en solde** to buy something in a sale
○ *nm pl* sales
Les soldes commencent la première semaine de janvier. The sales start the first week of January.

soleil [sɔlɛj] *nm*
1. sun
2. *Locution* **il y a du soleil** it's sunny
• **au soleil** in the sun

solide [sɔlid] *adj*
1. solid
Ces barreaux sont très solides. These bars are very solid.
2. strong
C'est un garçon solide, il peut porter votre malle. He's a strong boy, he can carry your trunk.

solitaire [sɔlitɛr]
○ *adj* lonely
Je suis un cow-boy solitaire. I'm a lonely cowboy.
○ *nm, nf* loner
C'est un solitaire, il ne sort jamais. He's a loner, he never goes out.

solitude [sɔlityd] *nf*
1. solitude
Elle aime la solitude. She enjoys solitude.
2. loneliness
Il ressent parfois une grande solitude. He sometimes has a feeling of great loneliness.

solution [sɔlysjɔ̃] *nf* solution

sombre [sɔ̃br] *adj*
1. dark*

*Il a attendu qu'il fasse **sombre** pour les attaquer.*
He waited until it was **dark** before attacking them.

Soldats! Garde à vous!
– **Soldiers!** Attention!

2. gloomy
Les Dalton étaient plongés dans de sombres réflexions. The Daltons were absorbed in gloomy thoughts.

somme [sɔm] nf
1. sum
Jesse James doit une grosse somme d'argent à son complice. Jesse James owes his accomplice a large sum of money.
2. *Locution* **faire la somme de deux nombres** to add two numbers up
• **en somme** in short

sommeil [sɔmɛj] nm
1. sleep
Vous manquez de sommeil, Lucky Luke. You haven't been getting enough sleep, Lucky Luke.
2. *Locution* **avoir sommeil** to be sleepy

sommet [sɔmɛ] nm
1. top
Ran Tan Plan a grimpé au sommet de l'arbre. Rin Tin Can climbed to the top of the tree.
2. peak
Ils ont atteint le sommet de la montagne. They reached the peak of the mountain.

son [sɔ̃] nm sound
On a entendu un son étouffé. We heard a muffled sound.

son, sa, ses [sɔ̃, sa, se] adj
1. Lorsque le possesseur est un homme ou un animal domestique mâle : his
Le maire est venu avec sa femme et ses enfants. The mayor came with his wife and his children.
2. Lorsque le possesseur est une femme ou un animal domestique femelle : her
Elle m'a prêté son vélo. She lent me her bike.
3. Lorsque le possesseur est un animal non domestique ou une chose : its
Le lion léchait sa blessure. The lion was licking its wound.
(voir page 186)

sondage [sɔ̃daʒ] nm survey

sonner [sɔne]
◦ **vi** to ring
J'ai sonné chez lui mais il n'y avait personne. I rang his doorbell but there wasn't anybody in.
◦ **vt**
1. to ring
Il faut sonner le tocsin pour les prévenir ! We must ring the alarm to warn them!
2. to strike
L'horloge vient de sonner six heures. The clock has just struck six.

sonnette [sɔnɛt] nf bell
• **sonnette d'alarme** alarm bell

sort [sɔr] nm
1. fate
Notre sort est entre vos mains, Lucky Luke. Our fate is in your hands, Lucky Luke.
2. lot
Il n'est jamais content de son sort. He's never happy with his lot.
3. spell
Il nous a jeté un sort. He cast a spell on us.
4. *Locution* **tirer au sort** to draw lots

sorte [sɔrt] nf sort, kind
Il portait une sorte de médaillon autour du cou. He was wearing a sort of medallion around his neck.
• **de telle sorte que** so that
• **en quelque sorte** in a way

sortie [sɔrti] nf
1. exit* (**Br** : way out)

Pour une fois, il a raté sa sortie.

For once, he fluffed his **exit**.

2. Se traduit différemment selon les contextes.
Je te retrouverai à ma sortie de prison ! I'll come and find you when I get out of jail!
Retrouve-moi à la sortie de l'école. Meet me after school.
3. outing
Nous avons fait une sortie avec l'école. We went on a school outing.
4. evening out
Il attendait avec impatience sa sortie du samedi soir. He was looking forward to his usual evening out on Saturday.
5. publication
La sortie de son livre est très attendue. The publication of her book is eagerly awaited.
6. release
La sortie de son nouvel album est prévue au mois de septembre. The release of her new album is planned for September.
• **sortie de secours** emergency exit

sortir [sɔrtir]
◦ **vi**
1. to go out/to come out
"Sortir" se traduit par "to go out" lorsqu'on se trouve à l'intérieur et par "to come out" lorsqu'on se trouve à l'extérieur.
Le médecin m'a interdit de sortir. The doctor told me not to go out.
J'ai sonné chez elle, mais elle a refusé de sortir. I rang her bell but she refused to come out.
2. to go out
Il sort tous les soirs. He goes out every evening.
3. to come out
Son livre n'est pas encore sorti. Her book hasn't come out yet.
◦ **vt**
1. to take out
Est-ce que tu as sorti le chien ? Did you take the dog out?
Ma a sorti un revolver de son sac. Ma took a gun out of her bag.
2. to bring out
Ils ont sorti un nouveau produit. They brought out a new product.
◦ **se sortir de** vpr
1. to get out of
Je ne sais pas comment me sortir de cette situation. I don't know how to get out of this situation.
2. *Locution* **s'en sortir** to pull through
Ne vous inquiétez pas, William va s'en sortir. Don't worry, William will pull through.

sosie

*Joe est **sorti de** prison.*

Joe has **come out of** jail.

- **sortir de**
1. *Lorsqu'on se trouve à l'extérieur :* to come out of*
Allez, sors de cette boîte, Ran Tan Plan. Come on, come out of that box, Rin Tin Can.
2. *Lorsqu'on se trouve à l'intérieur :* to leave
Il est sorti de la réunion avant tout le monde. He left the meeting before everybody else.
3. to get out of
Il ne voulait pas sortir du lit. He refused to get out of bed.
Sortez d'ici ! Get out of here!

sosie [sɔzi] **nm** double

souci [susi] **nm**
1. worry
Les fils de Ma Dalton lui causent bien du souci. Ma Dalton's sons are a constant worry to her.
2. *Locution* **se faire du souci pour quelqu'un** to worry about somebody
Ne vous faites pas de souci ! Don't worry!

se soucier de [sə susje də] **vpr** to care about

soucoupe [sukup] **nf** saucer
- **soucoupe volante** flying saucer

soudain, e [sudɛ̃, ɛn]
○ **adj** sudden
Ran Tan Plan a eu une illumination soudaine. Rin Tin Can had a sudden flash of inspiration.
○ **adv** all of a sudden, suddenly
Soudain, on a entendu un gros bruit. All of a sudden, we heard a loud noise.

souffler [sufle]
○ **vt**
1. to blow out
Il a soufflé toutes les bougies d'un coup. He blew all the candles out in one go.
2. to blow
Ce cow-boy a osé me souffler sa fumée à la figure. This cowboy dared to blow his smoke in my face.
3. to whisper
Mais que lui souffle-t-elle à l'oreille ? I wonder what she's whispering into his ear.
○ **vi**
1. to breathe out
N'oubliez pas de souffler ! Don't forget to breathe out!
2. to puff, to pant
Les Dalton soufflaient en grimpant la côte. The Daltons were puffing as they climbed the hill.
3. to blow
Le vent soufflait par rafales. The wind blew in gusts.

souffrir [sufrir] **vi**
1. to suffer, to be in pain
Il souffre de rhumatismes. He suffers from rheumatism.
2. *Locution* **faire souffrir** to hurt*

souhait [swɛ] **nm**
1. wish

C'est son souhait le plus cher. It's her dearest wish.
2. *Locution* **À tes/vos souhaits !** Bless you!

souhaiter [swete] **vt**
1. to wish
Elle m'a souhaité bonne chance. She wished me luck.
2. to hope
Je souhaite que tout se passe bien. I hope that everything goes well.
3. Se traduit par une expression.
Il souhaite vous accompagner. He would like to come with you.

soulager [sulaʒe] **vt** to relieve

soulever [sulve]
○ **vt**
1. to lift
Ils soulevèrent la malle. They lifted the trunk.
2. to arouse
La déclaration du maire a soulevé une tempête de protestations. The mayor's declaration aroused a storm of protest.
3. to bring up, to raise
Il a soulevé plusieurs points importants. He brought up several important points.
○ **se soulever** **vpr**
1. to raise oneself up
Je l'ai aidé à se soulever. I helped him to raise himself up.
2. to rise up
Le peuple s'est soulevé contre l'oppresseur. The people rose up against the oppressor.

Oh, je vois la dent qui vous fait souffrir...

– Oh, I can see the tooth which is **hurting** you...

souterrain

souligner [suliɲe] **vt**
1. to underline
N'oubliez pas de souligner les titres. Don't forget to underline the titles.
2. to emphasize
Je tiens à souligner l'importance de cette mission. I'd like to emphasize the importance of this mission.

soupçonner [supsɔne] **vt** to suspect
Il soupçonne Billy d'avoir commis ce vol. He suspects Billy of having committed this theft.

soupe [sup] **nf** soup

soupir [supir] **nm** sigh
Elle poussa un soupir de soulagement. She let out a sigh of relief.

soupirer [supire] **vi** to sigh

souple [supl] **adj**
1. supple
La danse rend souple. Dancing makes you supple.
2. flexible
Ce fil est très souple. This wire is very flexible.

source [surs] **nf**
1. spring
La source est à sec. The spring has dried up.
2. source
Lucky Luke est la source de tous nos ennuis. Lucky Luke is the source of all our trouble.

sourcil [sursil] **nm**
1. eyebrow
Il a des sourcils épais. He has bushy eyebrows.
2. *Locution* **froncer les sourcils** to frown

sourd, sourde [sur, surd]
✱ **adj**
1. deaf
Parlez plus fort, je suis sourde ! Speak up, I'm deaf!
2. muffled
On a entendu un bruit sourd. We heard a muffled sound.
✱ **nm, nf** deaf person
Le film est sous-titré pour les sourds. The film is subtitled for deaf people.

souriant, e [surjɑ̃, ɑ̃t] **adj** smiling

sourire [surir]
✱ **nm** smile*

Que pensez-vous du sourire de Jolly Jumper ?

What do you think of Jolly Jumper's smile?

✱ **vi** to smile
Elle m'a souri timidement. She smiled at me shyly.

souris [suri] **nf** mouse (**pl** : mice)

sous [su] **prép**
1. under*
2. *Locution* **sous la pluie** in the rain

sous-marin, e [sumarɛ̃, in]
✱ **adj** underwater
Il fait de la photographie sous-marine. He does underwater photography.
✱ **nm** submarine
Le sous-marin fit surface. The submarine surfaced.

sous-sol [susɔl] **nm**
1. subsoil
Le sous-sol est riche en pétrole. The subsoil is rich in oil.
2. basement
Averell a peur de descendre au sous-sol. Averell is afraid of going down to the basement.

soustraction [sustraksjɔ̃] **nf** subtraction

sous-vêtements [suvɛtmɑ̃] **nm pl** underwear
Où sont mes sous-vêtements ? Where is my underwear?
Attention, "underwear" est toujours suivi d'un verbe au singulier.

soutenir [sutnir] **vt**
1. to support
Le toit est soutenu par de grosses poutres. The roof is supported by large beams.
2. to maintain
Il soutient que ce n'est pas possible. He maintains that it's not possible.

souterrain, e [sutɛrɛ̃, ɛn]
✱ **adj** underground
Les Dalton ont creusé une galerie souterraine. The Daltons dug an underground tunnel.
✱ **nm** underground passage
Les Dalton ont creusé un souterrain pour s'évader. The Daltons dug an underground passage to escape.
• **passage souterrain**
1. **Dans un château :** underground passage
2. **Pour traverser une rue :** subway (**Am** : underpass)

Je sais bien que je ne devrais pas être sous le mulet mais dessus !

— I know very well that I shouldn't be under the mule but on top of it!

souvenir

souvenir [suvnir] **nm**
1. memory
Bientôt, ce ne sera plus qu'un mauvais souvenir. Soon, it will be just a bad memory.
2. souvenir
Il m'a rapporté un souvenir de Londres. He brought me a souvenir from London.

se souvenir [sə suvnir] **vpr** to remember
Tu te souviens où tu as garé ta voiture ? Do you remember where you parked your car?

souvent [suvɑ̃] **adv** often

spécial, e, aux [spesjal, o] **adj**
1. special
Il faut une autorisation spéciale pour entrer. You need special authorization to go in.
2. odd
Méfie-toi, il est spécial. Watch out, he's a bit odd.

spécialement [spesjalmɑ̃] **adv**
1. specially
Je suis venu spécialement pour vous voir. I came specially to see you.
2. especially
Elle aime les fruits de mer, spécialement les huîtres. She likes seafood, especially oysters.

spectacle [spɛktakl] **nm**
1. show
Ce spectacle était vraiment magnifique ! This show was really wonderful!
2. sight
La ville offrait un triste spectacle après le passage des Dalton. The town was a sorry sight after the Daltons' visit.

spectateur, trice [spɛktatœr, tris] **nm, nf**
1. Au théâtre : member of the audience
Attention, le pluriel "les spectateurs" se traduit par "the audience" qui est toujours suivi d'un verbe au singulier.
Les spectateurs étaient très nombreux. There was a very large audience.
2. Dans un stade, dans la rue : spectator, witness

splendide [splɑ̃did] **adj** magnificent*, splendid

– *Magnificent!* This show is truly *magnificent!*

sport [spɔr] **nm** sport*

sportif, ive [spɔrtif, iv]
◦ **adj**
1. sports
Il lit le journal sportif tous les jours. He reads the sports paper every day.
2. sporty
Averell n'est pas très sportif. Averell is not very sporty.
◦ **nm, nf** sportsman (**f** : sportswoman)
C'est un sportif. He's a sportsman.

square [skwar] **nm** small public garden
Attention, "square" ne doit pas être traduit par le nom anglais "square" qui signifie "place".

squelette [skəlɛt] **nm** skeleton

stade [stad] **nm**
1. stadium
Il y a eu une bousculade pour entrer dans le stade. There was a crush to enter the stadium.
2. stage
À ce stade de l'enquête, nous ne pouvons rien dire. At this stage of the investigation, we can't say anything.

stage [staʒ] **nm**
1. work placement (**Am** : job training)
Il a fait un stage dans l'entreprise de son père. He went on a work placement at his father's company.
2. intensive course
J'ai fait un stage d'équitation. I went on an intensive riding course.

stagiaire [staʒjɛr] **nm, nf** trainee

station [stasjɔ̃] **nf**
1. station
La station de métro est au bout de la rue. The underground station is at the end of the street.
Il écoute toujours la même station de radio. He always listens to the same radio station.
2. resort
Cette station balnéaire est très animée l'été. This seaside resort is very lively in the summer.
• **station de taxis** taxi rank (**Am** : cabstand)

– *I know a thing or two about sport! Let's get on with it, young man!*

cinq cent quarante-quatre • 544 • five hundred and forty-four

stationner [stasjɔne] **vi** to park

statue [staty] **nf** statue

steak [stɛk] **nm** steak

stop [stɔp]
- **excl** stop!
Stop ! Pas un geste ou je tire ! Stop! Don't move or I'll shoot!
- **nm**
1. stop sign
Le conducteur n'a pas vu le stop. The driver didn't see the stop sign.
2. *Locution* **faire du stop** to hitchhike

stopper [stɔpe] **vt, vi** to stop

stupéfaction [stypefaksjɔ̃] **nf** amazement, stupefaction

stupéfait, e [stypefɛ, ɛt] **adj** astounded

stupide [stypid] **adj** stupid*

– Is he ill?
– No, **stupid**!

style [stil] **nm** style

stylo [stilo] **nm** pen
- **stylo bille** ballpoint pen
- **stylo plume** fountain pen

succès [syksɛ] **nm**
1. success
Son succès a fait des jaloux. His success made people jealous.
2. *Locution* **avoir du succès** to be successful

sucer [syse] **vt** to suck

sucette [sysɛt] **nf** lollipop
Averell adore les sucettes. Averell loves lollipops.

sucre [sykr] **nm**
1. sugar
Je préfère le sucre en poudre au sucre en morceaux. I prefer caster sugar to sugar lumps.
2. Pour désigner un morceau de sucre : sugar lump

sud [syd]
- **nm** south
Ils habitent au sud de Paris. They live south of Paris.
- **adj** south
La côte sud de la Corse. The south coast of Corsica.

Suède [sɥɛd] **nf** Sweden
Elle a toujours voulu visiter la Suède. She's always wanted to visit Sweden.

suédois, e [sɥedwa, waz]
- **adj, nm** Swedish
Il parle le suédois couramment. He speaks fluent Swedish.
Attention, l'anglais prend toujours une majuscule.
- **nm, nf** Swede
Les Suédois. The Swedes.

sueur [sɥœr] **nf**
1. sweat
Sa chemise était trempée de sueur. His shirt was soaked in sweat.
2. *Locution* **être en sueur** to be sweating*

– I'm **sweating**!

suffire [syfir]
- **vi** to be enough
Une assiette de soupe ne lui suffit pas. A plateful of soup is not enough for him.
- **v impersonnel**
Se traduit différemment selon les contextes.
Il suffit de faire attention et tout se passera bien. All we have to do is be careful and everything will be all right.
Il suffit d'un rien pour que Joe s'énerve. It only takes the slightest thing to make Joe lose his temper.
Il suffit que je m'absente pour que vous vous disputiez ! I only have to go out and you're arguing!

suggérer [sygʒere] **vt** to suggest
Je suggère qu'on y aille. I suggest that we go.
Elle nous a suggéré de partir avant la nuit. She suggested that we should leave before nightfall.

se suicider [sə sɥiside] **vpr** to commit suicide

Suisse [sɥis] **nf** Switzerland
Ils habitent en Suisse. They live in Switzerland.

suisse [sɥis]
- **adj** Swiss
Il est parti aux sports d'hiver dans les Alpes suisses. He's gone skiing in the Swiss Alps.
Attention, l'anglais prend toujours une majuscule.
- **nm, nf** Swiss, Swiss person
Les Suisses. The Swiss.

suite [sɥit]
- **nf**
1. rest
Je vous raconterai la suite de l'histoire demain. I'll tell you the rest of the story tomorrow.
2. series (**pl** : series)
Le départ du train a été retardé par une suite d'incidents. The departure of the train was delayed by a series of incidents.
- **nf pl** repercussions, consequences
Cette affaire n'a pas eu de suites. This matter had no repercussions.
- **à la suite** one after the other
- **à la suite de** following
- **de suite** in a row

suivant

Averell a mangé deux poulets de suite. Averell ate two chickens in a row.
- **par suite de** because of

suivant, e [sɥivɑ̃, ɑ̃t]
◉ **adj** next
Le chapitre suivant est beaucoup plus intéressant. The next chapter is much more interesting.
◉ **nm, nf**
1. next one
Ne venez pas ce lundi, mais le suivant. Don't come this coming Monday, but the next one.
2. *Locution* **Au suivant !** Next!

suivre [sɥivr]
◉ **vt** to follow
Si vous voulez bien me suivre... If you'd like to follow me...
◉ **vi**
1. to keep up
Il a du mal à suivre en maths. He's having difficulty keeping up in maths.
2. *Locution* **faire suivre une lettre** to forward a letter
◉ **se suivre vpr** to follow one another
- **à suivre** to be continued

sujet [syʒɛ] **nm** subject
- **au sujet de** about

supérieur, e [syperjœr]
◉ **adj**
1. upper
Sa chambre est à l'étage supérieur. His room is on the upper floor.
2. superior
Je cherche quelque chose de qualité supérieure. I'm looking for something of superior quality.
Notre armée est supérieure à la leur. Our army is superior to theirs.
Le maire de Painful Gulch a pris un air supérieur. The mayor of Painful Gulch adopted a superior air.
3. higher
Les températures sont supérieures à la moyenne. Temperatures are higher than the average.
◉ **nm, nf** superior
Je dois demander à mon supérieur hiérarchique. I must ask my superior.

supermarché [sypɛrmarʃe] **nm** supermarket

supplément [syplemɑ̃] **nm**
1. supplement, extra charge
Vous devez payer un supplément pour ce train. You have to pay a supplement for this train.
2. *Locution* **un supplément de** additional, extra
J'ai demandé un supplément d'informations. I asked for additional information.
- **en supplément** extra
Les boissons sont en supplément. Drinks are extra.

supplémentaire [syplemɑ̃tɛr] **adj** additional, extra

supplier [syplije] **vt** to beg*

– I beg you, Lucky Luke, help me!

Je vous en supplie, Lucky Luke, aidez-moi !

supposer [sypoze] **vt**
1. to suppose, to assume
Je suppose que Lucky Luke vous a averti. I suppose that Lucky Luke told you.
2. to require
Cela suppose du courage. It requires courage.
- **à supposer que** supposing that

supposition [sypozisjɔ̃] **nf** supposition

supprimer [syprime] **vt**
1. to remove
Il a réussi à supprimer tous les obstacles. He managed to remove all the obstacles.
2. to delete
Il a supprimé un paragraphe entier. He deleted a whole paragraph.
3. to eliminate
Ce médicament supprime la douleur. This drug eliminates pain.
4. to do away with
Les Dalton veulent supprimer Lucky Luke. The Daltons want to do away with Lucky Luke.

sur [syr] **prép**
1. **Pour indiquer la position :** on*
Les assiettes sont sur la table. The plates are on the table.

Il grimpe sur le toit.

He's climbing up on the roof.

2. **Lorsque "sur" signifie "au-dessus de" :** over, above
L'orage s'est abattu sur la ville. The storm broke over the town.
3. **Pour indiquer la direction :** to, towards
La mairie est sur votre gauche. The town hall is to your left.
4. **Pour indiquer la distance :** for
Il y a des embouteillages sur cinq kilomètres. There are traffic jams for five kilometres.
5. **Lorsque "sur" signifie "au sujet de" :** on, about
Le shérif a un gros dossier sur les Dalton. The sheriff has a big file on the Daltons.
6. **Pour indiquer une proportion :** out of
Six élèves sur dix ont réussi l'examen. Six pupils out of ten passed the exam.
7. **Pour indiquer une mesure :** by
La cellule fait trois mètres sur quatre. The cell is three metres by four.
8. *Locution* **un jour sur deux** every other day

surveiller

Il ne s'attendait pas à voir surgir un train.

— He didn't expect to see a train **suddenly appear**.

9. *Locution* **un mercredi sur trois** every third Wednesday

sûr, sûre [syr] adj
1. sure, certain
Je suis sûr que Lucky Luke va venir. I'm sure that Lucky Luke will come.
Je suis sûr de l'avoir vu. I'm sure I've seen him.
2. safe
J'ai mis l'argent en lieu sûr. I put the money in a safe place.
3. reliable
Ma mémoire n'est pas très sûre. My memory is not very reliable.
4. *Locution* **être sûr de soi** to be self-confident

sûrement [syrmɑ̃] adv
1. probably
Il a sûrement été retardé. He has probably been delayed.
2. certainly
Sûrement pas ! Certainly not!

surface [syrfas] nf
1. surface
Le plongeur est remonté à la surface. The diver rose to the surface.
2. surface area, area
La maison a une surface de cent mètres carrés. The house covers a surface area of one hundred square metres.

surgelé, e [syrʒəle]
○ **adj** frozen
Il a acheté une pizza surgelée. He bought a frozen pizza.

○ **nm** frozen food
Il ne mange que des surgelés. He eats only frozen food.
Attention, "frozen food" est toujours au singulier.

surgir [syrʒir] vi
1. to appear suddenly*
2. to arise
Il a disparu dès que les premières difficultés ont surgi. He disappeared as soon as the first difficulties arose.

surnom [syrnɔ̃] nm nickname

surprenant, e [syrprənɑ̃, ɑ̃t] adj
surprising, amazing

surprendre [syrprɑ̃dr] vt
1. to surprise
Sa décision a surpris tout le monde. His decision surprised everyone.
2. to catch
Il a surpris les Dalton en train d'essayer de s'échapper. He caught the Daltons trying to escape.
3. to overhear
Elle a surpris leur conversation. She overheard their conversation.

surprise [syrpriz] nf surprise
Quelle surprise ! What a surprise!

sursauter [syrsote] vi to jump, to start
Tu m'as fait sursauter ! You made me jump!

surtout [syrtu] adv
1. above all
Averell aime surtout manger. Above all, Averell likes to eat.
2. especially
Les Dalton sont dangereux, surtout le petit. The Daltons are dangerous, especially the short one.
3. Pour insister.
Surtout, ne dis rien à personne ! You absolutely must not tell anybody!
• **surtout que** familier especially as

surveillant, e [syrvɛjɑ̃, ɑ̃t] nm, nf
1. Dans une école : supervisor
2. Dans une prison : warder (**Am** : guard)
3. Dans un magasin : store detective

surveiller [syrvɛje] vt
1. to watch*
2. to supervise

À mon tour de le surveiller !

— It's my turn to **watch** him!

survêtement

On m'a demandé de surveiller les examens. I was asked to supervise the exams.

survêtement [syrvɛtmã] **nm** tracksuit

survivre [syrvivr] **vi** to survive
Il n'a pas survécu à l'accident. He didn't survive the accident.

suspect, e [syspɛ, ɛkt]
✺ **adj** suspicious*, suspect
✺ **nm, nf** suspect
Le shérif a arrêté plusieurs suspects. The sheriff arrested several suspects.

suspendre [syspãdr] **vt**
1. to hang*, to hang up
2. to suspend
L'adjoint au maire a été suspendu. The deputy mayor has been suspended.

symbole [sɛ̃bɔl] **nm** symbol

sympathique [sɛ̃patik] **adj** nice, friendly
Tes voisins sont sympathiques. Your neighbours are nice.

synagogue [synagɔg] **nf** synagogue

syndicaliste [sɛ̃dikalist] **nm, nf** trade unionist

syndicat [sɛ̃dika] **nm** trade union, union (**Am** : labor union)

Lucky Luke a entendu un bruit suspect.

Lucky Luke heard a suspicious noise.

Nous voilà suspendus à un fil !

– We are hanging by a thread!

• **syndicat d'initiative** tourist office

synonyme [sinɔnim]
✺ **nm** synonym
Cherchez un synonyme de ce mot. Find a synonym for this word.
✺ **adj** synonymous
Ces deux mots ne sont pas synonymes. These two words are not synonymous.

système [sistɛm] **nm** system
• **système nerveux** nervous system

T

t' → te

ta → ton

tabac [taba] **nm**
1. tobacco
Autrefois, les cow-boys chiquaient du tabac. Cowboys used to chew tobacco.
2. tobacconist's (**Am** : tobacco store)
Je vais acheter une carte de téléphone au tabac du coin. I'll go and buy a phonecard from the tobacconist's round the corner.

table [tabl] **nf**
1. table
Ma Dalton a demandé à ses fils de mettre la table. Ma Dalton asked her sons to set the table.
2. table
As-tu appris tes tables de multiplication ? Did you learn your multiplication tables?
3. Locution
"À table" se traduit différemment selon les contextes.
Ils étaient à table lorsque le téléphone a sonné. They were eating when the phone rang.
Se mettre à table. To sit down at the table.
• **table de chevet/de nuit** bedside table
• **table des matières** table of contents

tableau [tablo] **nm**
1. blackboard
Averell écrivit la multiplication sur le tableau. Averell wrote the multiplication on the blackboard.
2. board
Le tableau des départs/des arrivées. The departures/arrivals board.
3. painting, picture*
• **tableau d'affichage** notice board (**Am** : bulletin board)
• **tableau de bord** dashboard

tablette [tablɛt] **nf**
1. bar
Billy a mangé deux tablettes de chocolat à la file. Billy ate two bars of chocolate in a row.
2. shelf
Sur la tablette arrière de la voiture. On the back shelf of the car.

tablier [tablije] **nm** apron
Calamity a mis son tablier pour faire la cuisine. Calamity put her apron on to cook.

tabouret [taburɛ] **nm** stool

tache [taʃ] **nf**
1. stain
Tu as fait une tache à ta chemise. You've got a stain on your shirt.
Une tache de boue. A mud stain.
2. splash
Des taches de peinture. Some paint splashes.
• **taches de rousseur** freckles

tacher [taʃe]
❂ **vt** to stain
❂ **se tacher vpr** to stain one's clothes

*Il y avait de jolis **tableaux** sur le mur de sa chambre.*
There were some nice **pictures** on his bedroom wall.

cinq cent quarante-neuf • 549 • five hundred and forty-nine

tâcher de

Averell, regarde, tu t'es encore taché ! Look, Averell, you've stained your clothes again!

tâcher de [taʃe də] vt to try to
Je vous condamne à six mois de prison, et tâchez de ne pas recommencer ! I'm sentencing you to six months in prison, and try not to do it again!

taille [taj] nf
1. size
Il a trouvé une pépite d'or de la taille du poing. He found a gold nugget the size of a fist.
Quelle taille faites-vous ? What size do you take? What size are you?
2. height
William Dalton est de taille moyenne. William Dalton is of average height.
3. waist
Sarah Bernhardt a la taille très fine. Sarah Bernhardt has a very slim waist.
4. *Locution* **de petite/grande taille**
Se traduit par "small/big" si l'on parle de dimensions en général, et par "short/tall" si l'on parle de la hauteur d'une personne.
Un objet de petite taille. A small object.
C'était une femme de grande taille. She was a tall woman.

se taire [sə tɛr] vpr
1. to stop talking, to fall silent
Tout le monde s'est tu lorsqu'il est entré dans le saloon. Everybody stopped talking when he entered the saloon.
2. to say nothing, to be silent
Quand on ne connaît pas la réponse, il vaut mieux se taire. If you don't know the answer, it's better to say nothing.
3. *Locution* **faire taire quelqu'un** to make somebody be quiet
Personne n'arrivait à faire taire Joe. Nobody could make Joe be quiet.

talent [talɑ̃] nm
1. talent
2. *Locution* **avoir du talent** to be talented
Sarah Bernhardt a beaucoup de talent. Sarah Bernhardt is very talented.

talon [talɔ̃] nm
1. heel
Calamity n'a jamais porté de talons hauts. Calamity has never worn high heels.
2. stub
Le talon d'un chèque. A cheque stub.

tambour [tɑ̃bur] nm drum

la Tamise [la tamiz] nf the Thames

tampon [tɑ̃pɔ̃] nm stamp
Le gouverneur apposa son tampon sur le document. The governor put his stamp on the document.

tandis que [tɑ̃di kə] conj
1. while, whereas
Joe est petit, tandis qu'Averell est très grand. Joe is short, whereas Averell is very tall.
2. while
Il faisait le guet tandis que ses frères attaquaient la banque. He was on the lookout while his brothers robbed the bank.

tant [tɑ̃] adv
1. so much
Averell, ne mange pas tant ! Averell, don't eat so much!
2. *Locution* **tant de...**
Se traduit par "so much..." s'il n'y a qu'une chose indénombrable (du chocolat, de l'argent), et par "so many..." s'il y a plusieurs choses dénombrables (des arbres, des hommes).
Billy a bu tant de chocolat qu'il a été malade. Billy drank so much hot chocolate he was sick.
Je ne savais pas qu'il y avait tant de hors-la-loi à Daisy Town. I didn't know there were so many outlaws in Daisy Town.
3. *Locution* **tant mieux** good
Tant mieux pour lui s'il a trouvé une grosse pépite d'or ! Good for him if he found a big nugget!
4. *Locution* **tant pis** too bad
Tant pis pour toi, tu n'avais qu'à être à l'heure ! Too bad for you, you should have been there on time!
5. *Locution* **en tant que** as
En tant que citoyen, je trouve cela scandaleux ! As a citizen, I find this outrageous!

tante [tɑ̃t] nf aunt

tantôt [tɑ̃to] adv sometimes
Les Dalton sont tantôt en prison, tantôt en cavale. The Daltons are sometimes in jail and sometimes on the run.

taper [tape]
◉ vt
1. to hit
Ne tape pas ton petit frère ! Don't hit your little brother!
2. to type
Je vais taper le texte à la machine. I'm going to type the text.
◉ vi
1. to knock
Nous avons tapé plusieurs fois à la porte. We knocked on the door several times.
2. to slap*

Lucky Luke lui tapa dans le dos.

Lucky Luke **slapped** him on the back.

3. to type
Elle apprend à taper à la machine. She's learning to type.
4. *Locution* **taper du pied** to stamp one's foot
Il tapait du pied, impatient. He was stamping his foot impatiently.
5. *Locution* **taper du poing** to bang
Calamity tapa du poing sur la table et appela le barman. Calamity banged on the table and called the barman.
◉ **se taper** vpr to bang
Joe était tellement enragé qu'il se tapait la tête contre le mur. Joe was so enraged that he was banging his head on the wall.

taxe

— Bonjour, Grand Chef, je voudrais vous parler.
— Vous ne voyez pas que je compte mes tapis ?

— Hello, Chief, I'd like to talk to you.
— Can't you see I'm counting my rugs?

tapis [tapi] **nm** carpet, rug*
• tapis roulant
Se traduit par "carousel" lorsqu'il sert au transport de bagages et par "moving walkway" lorsqu'il sert au déplacement de piétons.

tapisserie [tapisri] **nf**
1. tapestry
Une très belle tapisserie médiévale. A very beautiful medieval tapestry.
2. wallpaper
Il y avait de la tapisserie à fleurs sur les murs de sa chambre. There was some flowery wallpaper on the walls of her bedroom.

taquiner [takine] **vt** to tease

tard [tar] **adv** late
Elle est rentrée tard hier soir. She came back late last night.
À plus tard ! See you later!

tarif [tarif] **nm**
1. rate
Il s'agit de retrouver quatre hors-la-loi évadés. Quel est votre tarif ? You'll have to find four outlaws on the run. What's your rate?
2. fare
Un billet plein tarif pour El Paso, s'il vous plaît. One full-fare ticket for El Paso, please.
Tarif réduit. Reduced fare.
3. price list
Le patron du saloon a affiché le tarif derrière le comptoir. The saloon owner displayed the price list behind the bar.

tarte [tart] **nf** tart (**Am** : pie)
Ma Dalton fait une délicieuse tarte aux pommes. Ma Dalton makes a delicious apple tart.

tartine [tartin] **nf** slice of bread and butter
Averell a mangé quinze tartines avec son café. Averell had fifteen slices of bread and butter with his coffee.
Une tartine de confiture. A slice of bread and jam.

tas [ta] **nm**
1. pile, heap
Ils découvrirent un énorme tas de bois. They discovered a huge pile of wood.
2. Locution **mettre en tas** to pile up
Rendez-vous et mettez vos pistolets en tas sur le sol ! Surrender and pile your guns up on the ground!
3. Locution **familier un tas de/des tas de** loads of
Les Indiens ont capturé des tas de bisons. The Indians captured loads of bisons.

tasse [tas] **nf** cup
Attention, ne pas confondre la traduction de "tasse à café/tasse à thé" = "coffee cup/tea cup" et celle de "tasse de café/tasse de thé" = "cup of coffee/cup of tea".
Une tasse à thé en porcelaine. A china tea cup.
Trois tasses de café, s'il vous plaît. Three cups of coffee, please.

taureau [tɔro] **nm** bull*

taux [to] **nm**
1. rate
Taux d'intérêt. Interest rate.
2. level
Son taux de cholestérol est trop élevé. His cholesterol level is too high.

taxe [taks] **nf** tax
La taxe sur la valeur ajoutée (TVA). Value-added tax (VAT).

Vous avez déjà arrêté un taureau ?
Non, jamais… Au secours ! À l'aide ! Aaaah !

— Have you ever stopped a bull?
— No, never… Help! Help! Aaaargh!

taxi

taxi [taksi] **nm** taxi
Elle a pris un taxi pour aller à la gare. She took a taxi to the station.

te [tə] **pron**
1. you
Je ne veux pas te déranger. I don't want to disturb you.
Il n'arrête pas de te regarder. He can't stop looking at you.
Je te prête mon VTT, si tu veux. I'll lend you my mountain bike, if you want.
2. *Lorsque "te" a une valeur réfléchie, soit il se traduit par "yourself", soit il ne se traduit pas.*
Tu t'es fait mal ? Did you hurt yourself?
Je crois que tu t'es trompé. I think you made a mistake.
(voir pages 131 et 325)

technique [tɛknik]
- **adj** technical
- **nf** technique

tee-shirt [tiʃœrt] **nm** T-shirt, tee-shirt

teindre [tɛ̃dr]
- **vt** to dye
- **se teindre vpr** to dye
Les Dalton s'étaient teint les cheveux en blond pour passer inaperçus. The Daltons had dyed their hair blond so as to go unnoticed.

teint [tɛ̃] **nm** complexion
Elle a un très joli teint. She has a very nice complexion.

tel, telle [tɛl] **adj**
1. such
De tels crimes ne peuvent pas rester impunis. Such crimes cannot go unpunished.
2. *Lorsqu'on veut exprimer l'intensité, la traduction varie.*
Ils avaient de tels problèmes qu'ils ont dû faire appel à Lucky Luke. They had such problems that they had to call in Lucky Luke.
Ce chien m'énerve à tel point que... This dog annoys me so much that...
Il fait une telle chaleur que toutes les plantes ont séché. It's so hot that all the plants have dried up.
3. *Locution* **tel que** like
Les villes telles que Painful Gulch. Towns like Painful Gulch.
4. *Locution* **tel quel, telle quelle** as it is/was
Il a tout laissé tel quel, sans rien ranger. He left everything as it was, without tidying anything up.

télécommande [telekɔmɑ̃d] **nf** remote control

télégramme [telegram] **nm** telegram*

— Listen to what this **telegram** says! It's incredible!

téléphone [telefɔn] **nm**
1. telephone, phone
Ils n'ont pas le téléphone. They're not on the telephone.
Ne me dérange pas, je suis au téléphone. Don't disturb me, I'm on the phone.
Passer un coup de téléphone. To make a phone call.
2. phone number
J'ai noté son numéro de téléphone sur un morceau de papier. I wrote her phone number on a piece of paper.
- **téléphone mobile** mobile phone
- **téléphone sans fil** cordless phone

téléphoner [telefɔne]
- **vi** to phone, to telephone
Je te téléphonerai si j'ai des nouvelles. I'll phone you if I hear anything.
- **se téléphoner vpr** to phone each other

télévision [televizjɔ̃] **nf** television
Qu'y a-t-il ce soir à la télévision ? What's on television tonight?
Tu regardes trop la télévision. You watch too much television.
Ils ont acheté une télévision couleur. They bought a colour television.
- **télévision par câble** cable television

(voir page 287)

tellement [tɛlmɑ̃] **adv**
1. so*

— They were **so** rude that I had to punish them!

2. so much
Averell a tellement mangé qu'il s'est rendu malade. Averell ate so much that he made himself sick.
3. *Locution*
"Tellement de" se traduit par "so much" s'il n'y a qu'une chose indénombrable (du chocolat, de l'argent), et par "so many" s'il y a plusieurs choses dénombrables (des arbres, des hommes).
Billy the Kid a bu tellement de chocolat qu'il a eu mal au ventre. Billy the Kid drank so much hot chocolate that he had a stomachache.
Il y a tellement de hors-la-loi dans la région que le shérif est débordé. There are so many outlaws in the area that the sheriff can't cope.
4. *Locution*
"Pas tellement" se traduit par "not very" devant un adjectif, et par "not much" lorsqu'il accompagne un verbe.
Il n'est pas tellement intelligent. He isn't very intelligent.
Jolly Jumper n'aime pas tellement

tenir

Ran Tan Plan. Jolly Jumper doesn't like Rin Tin Can very much.

témoin [temwɛ̃] **nm** witness
Aucun témoin ne s'est manifesté après le hold-up. No witnesses came forward after the holdup.

tempe [tɑ̃p] **nf** temple

température [tɑ̃peratyr] **nf** temperature
Je crois que j'ai de la température. I think I have a temperature.
(voir page 178)

tempête [tɑ̃pɛt] **nf**
Se traduit par "gale" lorsqu'il ne pleut pas, et par "storm*" lorsqu'il pleut.

– It looks like the **storm** is getting closer.
*On dirait que la **tempête** se rapproche.*

temps [tɑ̃] **nm**
1. time
Billy, je n'ai pas le temps de m'occuper de faux bandits comme toi ! Billy, I don't have time to deal with fake criminals like you!
La cavalerie est arrivée juste à temps. The cavalry arrived just in time.
Jolly Jumper, il est temps de rentrer à l'écurie. Jolly Jumper, it's time to go back to the stable.
De temps en temps. From time to time.
En même temps. At the same time.
Tout le temps. All the time.
2. weather
Il a fait un temps affreux. The weather was terrible.
Quel temps fait-il chez vous ? What's the weather like over there?
3. Locution **ces temps-ci** these days
4. Locution **dans le temps** in the old days
Dans le temps, on s'éclairait à la lampe à pétrole. In the old days we used to have paraffin lamps.
5. Locution **du temps de...** at the time of...
Du temps de la conquête de l'Ouest. At the time of the conquest of the Wild West.

tendre [tɑ̃dr] **adj**
1. tender
Cette viande est très tendre. This meat is very tender.
2. loving
Ma Dalton est très tendre avec Averell. Ma Dalton is very loving towards Averell.

tendre [tɑ̃dr]
✪ **vt**
1. to stretch
Ils tendirent une corde en travers du chemin pour faire tomber Lucky Luke. They stretched a rope across the path to make Lucky Luke fall.
2. to tighten
La corde n'est pas bien tendue. The rope isn't tightened properly.
3. to hold out
Elle tendit le bras pour attraper le plat. She held her arm out to grab the dish.
4. to hand, to hold out
Il lui tendit le message. He handed him the message.
5. Locution **tendre un piège à quelqu'un** to set a trap for somebody
Nous allons tendre un piège à ces idiots de visages pâles ! We'll set a trap for these silly palefaces!
✪ **se tendre vpr** to tighten
La corde se tendit soudain sous les pieds du cheval. The rope suddenly tightened under the horse's feet.

tendresse [tɑ̃drɛs] **nf** tenderness

tenir [tənir]
✪ **vt**
1. to hold
Il tenait un pistolet dans chaque main. He was holding a gun in each hand.
Tenez-le bien ou il va s'échapper ! Hold him tight or he'll escape!
2. to run
C'est désormais Calamity Jane qui tiendra le saloon. From now on Calamity Jane will be running the saloon.
3. to have
Sarah Bernhardt tient le rôle principal. Sarah Bernhardt has the leading role.
4. to keep
C'est un menteur qui ne tient jamais ses promesses. He's a liar who never keeps his promises.
✪ **vi**
1. to hold
Cette corde ne tiendra jamais, elle est trop fine ! This rope won't hold, it's too thin!
2. to hold out*
3. to stand
Elle ne tient pas debout. She can't stand up.

– We won't **hold out** for long if we don't get reinforcements.
*Nous ne **tiendrons** pas longtemps si les renforts n'arrivent pas.*

tennis

4. to fit
Les passagers ne tiendront pas tous dans la diligence. The passengers won't all fit into the stagecoach.
5. *Location* **tenir à quelque chose** to value something
Rends-toi si tu tiens à la vie, étranger ! Surrender if you value your life, stranger!
6. *Location* **tenir à quelqu'un** to be fond of somebody
Lucky Luke tient beaucoup à Jolly Jumper. Lucky Luke is very fond of Jolly Jumper.
7. *Location* **tenir à faire quelque chose** to be keen to do something
8. *Location* **tenir bon** to hang on
9. *Location* **tenir de quelqu'un** to take after somebody
Physiquement, les Dalton tiennent de leur mère. Physically, the Daltons take after their mother.
❂ **se tenir** vpr
1. to hold on
Elle se tenait à la selle pour ne pas tomber. She was holding on to the saddle so as not to fall.
Tiens-toi bien ! Hold tight!
2. Lorsque "se tenir" signifie "rester", la traduction varie selon que l'on est debout (to stand) ou assis (to sit).
Les aides du shérif se tenaient à ses côtés. The sheriff's assistants were standing beside him.
Billy ne se tient jamais tranquille à table. Billy never sits still at the table.
3. *Location* **bien se tenir** to behave
Ma Dalton a ordonné à ses fils de bien se tenir. Ma Dalton ordered her sons to behave.

tennis [tenis]
❂ **nm** tennis
Je ne sais pas jouer au tennis. I can't play tennis.
❂ **nm** ou **nf** tennis shoe
Mets plutôt des tennis pour aller marcher. You'd better wear tennis shoes for walking.
• **tennis de table** table tennis

tente [tɑ̃t] nf tent

tenter [tɑ̃te] vt
1. to try, to attempt
Les Dalton ont encore tenté de s'évader. The Daltons tried escaping again.
2. to tempt
Personne n'était tenté par les gâteaux de Calamity Jane. Nobody was tempted by Calamity Jane's cakes.
3. *Location* **tenter sa chance** to try one's luck
Il est parti tenter sa chance dans les mines d'or du Klondike. He left to try his luck in the Klondike goldmines.

tenue [təny] nf outfit*

– *C'est ça, ta tenue pour monter à cheval ?*

– Is that your horse-riding **outfit**?

terme [tɛrm] nm
1. term
"Homicide" est un terme juridique. "Homicide" is a legal term.
2. *Location* **en d'autres termes** in other words

terminer [tɛrmine]
❂ **vt** to finish*
❂ **se terminer** vpr to end
Comment s'est terminée la compétition ? How did the competition end?

terrain [tɛrɛ̃] nm
1. pitch
Il y a un terrain de foot au bout de la rue. There's a football pitch at the end of the street.
2. course
Un terrain de golf. A golf course.
3. plot of land
Ils ont acheté un terrain dans le Wyoming. They bought a plot of land in Wyoming.
4. ground
Un terrain accidenté. A piece of uneven ground.
5. *Location* **tout-terrain** all-terrain (**Am :** off-road)
Un véhicule tout-terrain. An all-terrain vehicle.
Attention, "vélo tout-terrain" se traduit par "mountain bike".
• **terrain de camping** campsite
• **terrain vague** waste ground (**Am :** vacant lot)

terrasse [tɛras] nf
1. terrace
Un appartement avec terrasse. A flat with a terrace.
2. outside area
Nous avons pris un café en terrasse. We had a coffee outside.

terre [tɛr] nf
1. earth, soil
La terre est très pauvre ici. The soil is very poor here.
2. ground
Elle s'est retrouvée assise par terre. She ended up sitting on the ground.
3. earth, Earth
La Terre est ronde. The earth is round.
"Earth" peut également s'écrire avec une majuscule dans ce sens.
4. land
Les marins étaient soulagés de toucher terre. The sailors were relieved to reach land.
Il ne permet à personne de pénétrer sur ses terres. He won't let anyone onto his land.
5. clay
Des poteries indiennes en terre. Some Indian clay pottery.
• **terre cuite** terracotta

– PAN! *Terminé !*

– Finished!

terrible [tɛribl] **adj**
1. terrible
L'explosion a fait un bruit terrible. The explosion made a terrible noise.
2. *Locution* **familier pas terrible** not much good
Cet hôtel n'est pas terrible. This hotel isn't much good.

terrifiant, e [tɛrifjɑ̃, ɑ̃t] **adj** terrifying

terroriste [tɛrɔrist] **adj, nm, nf** terrorist

tes → **ton**

test [tɛst] **nm** test

tête [tɛt] **nf**
1. head*

Il lui écrasa le pot sur la tête.
He smashed the pot on his head.

Joe Dalton va avoir mal à la tête. Joe Dalton is going to have a headache.
Ran Tan Plan s'est jeté contre le mur la tête la première. Rin Tin Can threw himself head first against the wall.
Le croque-mort est vêtu de noir de la tête aux pieds. The undertaker wears black from head to foot.
Elle a tout calculé de tête. She worked everything out in her head.
2. face
Cet étranger a une drôle de tête. This stranger has an odd face./This stranger looks odd.
Ne fais pas cette tête, Averell, le repas est presque prêt ! Don't pull such a face, Averell, the meal's almost ready!

3. top
Les candidats en tête de liste. The candidates at the top of the list.
4. front
Les voitures de tête s'arrêtent à Painful Gulch. The front carriages stop at Painful Gulch.
5. *Locution* **faire la tête** to sulk
6. *Locution* **arriver en tête** to come in first
7. *Locution* **être en tête** to be in the lead
Les O'Hara sont en tête pour le moment. The O'Haras are currently in the lead.
• **tête de Turc** whipping boy

têtu, e [tety] **adj** stubborn
Ran Tan Plan, tu es têtu comme une mule ! Rin Tin Can, you're as stubborn as a mule!

texte [tɛkst] **nm**
1. text
Elle a tapé le texte à la machine. She typed the text.
2. words
Le texte de cette chanson n'est pas terrible, mais l'air est joli. The words of this song aren't much good, but the melody is nice.

thé [te] **nm** tea*

Une tasse de thé ?
– A cup of tea?

théâtre [teatr] **nm**
1. theatre (**Am** : theater)
La ville tout entière est allée au théâtre pour voir Sarah Bernhardt. The whole town went to the theatre to watch Sarah Bernhardt.

Un théâtre de marionnettes. A puppet theatre.
2. drama
Elle fait du théâtre à l'école. She does drama at school.

thème [tɛm] **nm** theme, subject
Le thème de notre débat est... The subject of our debate is...

théorie [teɔri] **nf** theory
En théorie c'est possible. In theory it's possible.

thermomètre [tɛrmɔmɛtr] **nm** thermometer

thon [tɔ̃] **nm** tuna

ticket [tikɛ] **nm** ticket
• **ticket de caisse** receipt

tiède [tjɛd] **adj**
1. warm
Une brise tiède soufflait sur Howlingville. A warm breeze was blowing over Howlingville.
2. lukewarm, tepid
Berk, ce café est tiède ! Yuk, this coffee's lukewarm!
Attention, "warm" désigne quelque chose d'agréablement tiède, tandis que "lukewarm" et "tepid" s'utilisent lorsque quelque chose qui devrait être chaud est tiède.

le tien, la tienne, les tiens, les tiennes [lə tjɛ̃, la tjɛn, le tjɛ, le tjɛn] **pron**
1. yours
Je ne trouve pas mon stylo, tu me prêtes le tien ? I can't find my pen, can you lend me yours?
2. *Locution* **À la tienne !** Cheers! (voir page 186)

tiers [tjɛr] **nm** third
Un tiers des habitants de la ville. A third of the townspeople.

tigre [tigr] **nm** tiger

timbre [tɛ̃br] **nm** stamp
Un carnet de timbres, s'il vous plaît. A book of stamps, please.

timide [timid] **adj** shy

tire-bouchon [tirbuʃɔ̃] **nm** corkscrew

tirelire [tirlir] **nf** piggy bank (**Br** : moneybox)

tirer

tirer [tire]
- **vt**

1. to pull
Elle le tirait par la manche pour attirer son attention. She was pulling at his sleeve to attract his attention.

2. to draw
Ils se barricadèrent et tirèrent les rideaux. They barricaded themselves in and drew the curtains.

3. to fire
Quelqu'un a tiré un coup de feu. Somebody fired a shot.

4. to shoot
Les Indiens ont tiré toutes leurs flèches. The Indians shot all their arrows.

5. to draw
Tire un trait sous ton addition. Draw a line under your sum.

6. to get out
Lucky Luke les a tirés d'une situation difficile. Lucky Luke got them out of a tricky situation.

- **vi**

1. to pull
Joe a tiré sur la corde de toutes ses forces. Joe pulled at the rope with all his strength.

2. to shoot*

Elle tirait toujours sans hésiter.
PAN!
She'd always **shoot** without any hesitation.

3. to shoot
Il a tiré mais le ballon est passé au-dessus de la cage. He shot but the ball went over the goal.

- **se tirer** vpr

1. *familier* to clear off
Allez, tire-toi, je t'ai assez vu ! Go on, clear off, I've seen enough of you!

2. *Locution* **se tirer de** to get out of

Lucky Luke se tire toujours des situations les plus compliquées. Lucky Luke always manages to get out of the trickiest situations.

3. *Locution*
"S'en tirer" se traduit par "to pull through" s'il s'agit de survivre à une maladie ou à un accident, et par "to make it" dans d'autres contextes.
Nous ne nous en tirerons jamais sans le secours de la cavalerie. We'll never make it without the cavalry's help.

tiroir [tirwar] **nm** drawer
La clé est sûrement dans le tiroir. The key must be in the drawer.

tisane [tizan] **nf** herbal tea

tissu [tisy] **nm**
1. material*, fabric

C'est exactement le tissu qu'il me fallait.
– This is exactly the kind of **material** I wanted.

2. tissue
Tissu musculaire. Muscle tissue.

titre [titr] **nm**
1. title
Quel est le titre du film ? What's the title of the film?
2. headline
Les titres du Daily Star sont parfois terrifiants. The Daily Star's headlines are sometimes terrifying.

toboggan [tɔbɔgɑ̃] **nm** slide

toi [twa] **pron** you
Toi, tu es un petit malin ! You're a crafty devil!
Je vais me rendre au shérif, et toi aussi. I'm going to surrender to the sheriff, and so are you.

Ces fleurs sont pour toi, Calamity. These flowers are for you, Calamity. (voir pages 131 et 325)

toile [twal] **nf** cloth
- **toile d'araignée** spider's web, cobweb

toilette [twalɛt]
- **nf**

1. outfit
Elle change sans arrêt de toilette. She's always changing outfits.
2. *Locution* **faire sa toilette** to have a wash (**Am** : to wash up)

- **nf pl**

Se traduit par "toilet" (**Am** : bathroom) dans une maison particulière, et par "toilets" (**Am** : restroom) dans un lieu public.
Les toilettes sont au fond de la salle à gauche. The toilets are at the end of the room, on the left.
Toilettes pour dames. Ladies (**Am** : ladies' room).
Toilettes pour hommes. Gents (**Am** : men's room).

toit [twa] **nm** roof

tomate [tɔmat] **nf** tomato

tombe [tɔ̃b] **nf** grave

tomber [tɔ̃be] **vi**
1. to fall*

Ils sont tombés à l'eau.
PLOUF!
They **fell** into the water.

Il est tombé dix centimètres de neige pendant la nuit. Ten centimetres of snow fell overnight.
2. to fall over
Le totem est tombé dans un grand fracas. The totem pole fell over with a great crash.

3. to fall off
Il est monté sur la table et, évidemment, il est tombé ! He climbed onto the table and of course he fell off!
Tomber d'une échelle/d'une chaise. To fall off a ladder/a chair.
4. to fall
Les températures sont tombées en-dessous de zéro. Temperatures fell below zero.
La nuit tombe tôt en cette saison. Night falls early in this season.
Mon anniversaire tombe un dimanche cette année. My birthday falls on a Sunday this year.
5. to drop
Le vent est tombé tout d'un coup. The wind dropped all of a sudden.
6. *Locution* **faire tomber quelque chose** to knock something over
7. *Locution* **laisser tomber quelque chose** to drop something
Vous avez laissé tomber votre revolver, monsieur. You dropped your gun, sir.
8. *Locution* **laisser tomber quelqu'un** to let somebody down
Elle nous a laissés tomber au dernier moment. She let us down at the last minute.
9. *Locution* **ça tombe bien/mal** that's good/that's bad luck
Ça tombe bien, je voulais vous voir. That's good, I wanted to see you.
Ça tombe mal, j'ai une réunion. That's bad luck, I've got a meeting.
10. *Locution* **tomber sur quelque chose** to come across something
Je suis tombée sur la photo de Calamity Jane en lisant le journal. I came across a photograph of Calamity Jane as I was reading the paper.
11. *Locution* **tomber sur quelqu'un** to bump into somebody
Devine sur qui je suis tombée hier ? Lucky Luke ! Guess who I bumped into yesterday? Lucky Luke!

ton, ta, tes [tɔ̃, ta, te] **adj** your
C'est ton cheval ? Is that your horse?
J'aime bien ta jupe. I like your skirt.
Tes frères sont aussi bêtes que toi, Joe Dalton ! Your brothers are as stupid as you are, Joe Dalton!
(voir page 186)

ton [tɔ̃] **nm**
1. tone
Ne me parle pas sur ce ton ! Don't use that tone with me!
2. shade
La reine portait une robe d'un joli ton de rose. The Queen was wearing a dress in a pretty shade of pink.

tonalité [tɔnalite] **nf** dialling tone (**Am** : dial tone)
La ligne doit être coupée, il n'y a pas de tonalité. The line must be cut, there's no dialling tone.

tondre [tɔ̃dr] **vt**
1. to mow*
2. to shave off
On leur a tondu les cheveux en prison. Their hair was shaven off in jail.

tonne [tɔn] **nf** tonne, metric ton
Trois tonnes de charbon. Three tonnes of coal.
Aujourd'hui, j'ai des tonnes de choses à faire. Today, I've got tons of things to do.

tonneau [tɔno] **nm** barrel, cask

tonnerre [tɔnɛr] **nm** thunder

torche [tɔrʃ] **nf** torch
Une torche électrique. A torch (**Am** : a flashlight).

torchon [tɔrʃɔ̃] **nm**
1. tea towel (**Am** : dishtowel)
Prends ce torchon et essuie la vaisselle. Take this tea towel and dry the plates.
2. *familier* mess
Votre devoir est un vrai torchon ! Your homework is a real mess!

tordre [tɔrdr]
◯ **vt**
1. to twist
Elle lui a tordu le bras. She twisted his arm.
2. to bend
Billy a réussi à tordre les barreaux pour s'échapper. Billy managed to bend the bars and escaped.
3. to wring
Ran Tan Plan, je vais te tordre le cou ! Rin Tin Can, I'll wring your neck!
◯ **se tordre vpr**
1. to bend
La barre s'est tordue sous l'effet de la chaleur. The bar bent because of the heat.
2. to twist
Pamela s'est tordu la cheville. Pamela twisted her ankle.
3. *Locution* **familier se tordre de rire** to be doubled up with laughter
Tout le monde se tordait (de rire). Everybody was doubled up with laughter.

torrent [tɔrɑ̃] **nm**
1. torrent
2. *Locution* **il pleut à torrents** it's pouring down

tort [tɔr] **nm**
Locution **avoir tort** to be wrong
Vous avez eu tort de laisser partir ces desperados. You were wrong to let those desperados go.

tortue [tɔrty] **nf**
La tortue marine s'appelle "turtle", la tortue terrestre "tortoise", et la tortue d'eau douce "terrapin". En américain, on dit "turtle" dans tous les cas.

Je finis de tondre la pelouse et je vous rejoins !

– I'll be with you as soon as I finish **mowing** the lawn!

torturer

torturer [tɔrtyre] **vt** to torture

tôt [to] **adv**
1. early
Les pionniers se levèrent tôt pour reprendre la route. The pioneers got up early to resume their journey.
2. *Location* **tôt ou tard** sooner or later

total, e, aux [total, o] **adj, nm** total
Au total, ça fait vingt-sept dollars. It's twenty-seven dollars in total.

totalement [totalmã] **adv** totally, completely

touche [tuʃ] **nf** key
Appuyez sur la touche "Échap". Press the "Esc" key.

toucher [tuʃe]
◆ **vt**
1. to touch
Si vous me touchez, je hurle ! If you touch me, I'll scream!
2. to be next to
Son champ touche le nôtre. His field is next to ours.
3. to hit
Lucky Luke touche toujours sa cible. Lucky Luke always hits his target.
Il a été touché à l'épaule. He was hit in the shoulder.
4. to touch, to move
Je suis très touché de votre sollicitude. I'm very touched by your concern.
5. to affect
Cette nouvelle loi touche l'ensemble de la population. This new law affects the whole population.
6. to get
Le chasseur de primes a touché une récompense de mille dollars. The bounty hunter got a thousand dollar reward.
7. *Location* **toucher à** to touch*
◆ **se toucher** **vpr** to be next to each other
Les deux magasins se touchent. The two shops are next to each other.

toujours [tuʒur] **adv**
1. always
Jolly Jumper est toujours très propre. Jolly Jumper is always very clean.
2. still
Nous attendons toujours une réponse du gouverneur. We're still waiting for the governor's answer.
La diligence n'est toujours pas arrivée. The stagecoach still hasn't arrived.

tour [tur] **nm**
1. turn*

— *C'est à ton tour de lancer, Jolly.*
— It's your turn to throw, Jolly.

À tour de rôle. In turn.
2. revolution
33 tours par minute. 33 revolutions per minute.
3. circumference
Ils ont mesuré le tour du champ. They measured the circumference of the field.
4. *Au sens de "promenade", la traduction varie selon que l'on fait un* tour à pied (walk), à bicyclette ou à cheval (ride), ou en voiture (drive).
Allons faire un tour en voiture. Let's go for a drive.
5. trick
Nous allons jouer un bon tour aux Dalton... We're going to play a trick on the Daltons...
6. *Location* **faire le tour de** to go round (**Am** : to go around)
Ils ont fait le tour du village indien. They went round the Indian village.

tour [tur] **nf**
1. tower
La tour Eiffel. The Eiffel Tower.
2. tower block (**Am** : high rise)
Les tours de La Défense. The tower blocks at La Défense.

touriste [turist] **nm, nf** tourist*

Le canyon attire de nombreux touristes.
The canyon attracts many tourists.

tournant [turnã] **nm** bend

tourner [turne]
◆ **vt**
1. to turn
Tourne la page et tu verras. Turn the page and you'll see.
Joe, vexé, lui a tourné le dos. Joe was hurt and turned his back on him.
2. to stir
Ma Dalton tournait lentement la sauce. Ma Dalton was stirring the sauce slowly.
3. to shoot
Le film a été tourné dans le Grand Canyon. The film was shot in the Grand Canyon.
◆ **vi**
1. to turn
Le chariot va tourner à gauche. The wagon is going to turn left.
2. to go round (**Am** : to go around), to revolve

— *Il n'a pas touché à sa nourriture ! Soit il est parti, soit il est mort !*
— He didn't touch his food! He's either gone or dead!

Le CD tourne trop lentement. The CD is going round too slowly.
La Terre tourne autour du Soleil. The Earth revolves around the Sun.
3. to go off
Mince, le lait a tourné ! Oh, dear, the milk's gone off!
4. to turn out (**Am** : to go bad)
Les aventures de Lucky Luke tournent toujours bien. Lucky Luke's adventures always turn out well.
◯ **se tourner** **vpr**
1. to turn
Tous les yeux se sont tournés vers lui quand il est entré dans le saloon. All eyes turned towards him when he entered the saloon.
Ils se sont tournés vers Lucky Luke lorsqu'ils ont eu besoin d'aide. They turned to Lucky Luke when they needed help.
2. to turn around
Tournez-vous, je ne veux pas que vous me voyiez. Turn around, I don't want you to see me.

tous, toutes [tu, tus, tut]
◯ **adj**
1. all
Billy a mangé tous les bonbons qu'il avait achetés. Billy ate all the sweets he'd bought.
Tous les hommes sont égaux. All men are equal.
Toutes nos cellules peuvent loger jusqu'à quatre personnes. All our cells can accommodate up to four people.
2. every
Il y a un procès presque toutes les semaines. There's a trial almost every week.
◯ **pron** all
Ils étaient tous propres sauf lui. They were all clean except him.

tousser [tuse] **vi** to cough*

tout, toute [tu, tut]
◯ **adj**
1. all, the whole
Toute la ville était là pour accueillir Lucky Luke. The whole town was there to welcome Lucky Luke.
Averell a dépensé tout son argent en gâteaux. Averell spent all his money on cakes.
2. any
Toute tentative d'évasion sera sévèrement punie. Any attempted escape will be severely punished.
◯ **pron**
1. everything
Allez, tu dois tout boire. Come on, you must drink everything.
2. anything
Avec les Dalton, tout peut arriver ! With the Daltons, anything can happen!
◯ **adv**
1. very
Ran Tan Plan était tout content d'avoir retrouvé les bandits. Rin Tin Can was very happy to have found the bandits.
2. all
Le croque-mort de Dalton City est tout en noir. The Dalton City undertaker is all dressed in black.
3. Lorsque "tout" est employé avec le gérondif : as
Lucky Luke tirait tout en courant. Lucky Luke was shooting as he ran.
4. Locution **tout à fait** quite, absolutely
C'est tout à fait exact. It's quite correct.
Je n'ai pas tout à fait fini. I haven't quite finished.
– Êtes-vous d'accord avec moi ? – Tout à fait ! – Do you agree with me? – Absolutely!
5. Locution
"Tout à l'heure" se traduit par "later" s'il s'agit du futur, et par "earlier" s'il s'agit du passé.
Je passerai tout à l'heure. I'll pop round later.
Il a appelé tout à l'heure mais tu n'étais pas là. He called earlier but you weren't in.
À tout à l'heure ! See you later!
6. Locution **tout de suite** straight away, immediately
Ran Tan Plan, reviens tout de suite ! Rin Tin Can, come back here immediately!
◯ **nm**
1. the lot
C'est cinquante dollars le tout. It's fifty dollars for the lot.
2. Locution **pas du tout** not at all
Joe n'aime pas du tout Ran Tan Plan. Joe doesn't like Rin Tin Can at all.
– Est-ce que cela vous gêne ? – Pas du tout. – Do you mind? – Not at all.

toutefois [tutfwa] **adv** however

toux [tu] **nf** cough

trace [tras] **nf**
1. mark
Il y a des traces de peinture partout sur le tapis. There are paint marks everywhere on the rug.
2. trail
J'ai retrouvé sa trace ! I've picked up his trail!
3. trace
On n'a retrouvé aucune trace de l'argent volé. No trace of the stolen money was found.
• **traces de pas** footprints, footmarks

tracer [trase] **vt** to draw
Il traça un cercle sur la carte autour du territoire apache. He drew a circle on the map round the Apache territory.

Le calumet le faisait tousser.
The peace pipe made him cough.

tradition

tradition [tradisjɔ̃] **nf** tradition
Comme le veut la tradition, les Indiens se prosternent devant le totem. As tradition dictates, Indians bow down before the totem pole.

traduction [tradyksjɔ̃] **nf** translation

traduire [tradɥir] **vt** to translate*

— Ha ha ha!
— I'll translate: he's laughing.

trafic [trafɪk] **nm**
1. traffic, trafficking
Le trafic de drogue. Drug trafficking.
Le trafic aérien. Air traffic.
2. *Location* **faire du trafic de** to deal in, to traffic in
Ils font du trafic d'armes sur le territoire indien. They're involved in arms dealing on Indian territory.

tragique [traʒik] **adj** tragic

trahir [trair] **vt** to betray

train [trɛ̃] **nm**
1. train
Lucky Luke est allé à Washington en train. Lucky Luke went to Washington by train.
2. *Location* **être en train de faire quelque chose** to be doing something
Quand il est arrivé, des bandits étaient en train d'attaquer la banque. When he arrived, some bandits were holding up the bank.

traîner [trene]
⚙ **vt** to drag
Petit, Joe avait l'habitude de traî- ner ses frères par les cheveux. As a child, Joe used to drag his brothers by the hair.
Elle a traîné son mari au théâtre. She dragged her husband along to the theatre.
Arrête de traîner les pieds ! Stop dragging your feet!
⚙ **vi**
1. to hang around
Il traîne toute la journée dans les saloons. He hangs around saloons all day long.
2. to lie around
Ne laisse pas traîner tes affaires. Stop leaving your things lying around.
3. to trail
Ta jupe traîne par terre. Your skirt is trailing on the ground.
4. to lag behind
Joe, tu traînes. Dépêche-toi ! You're lagging behind, Joe. Hurry up!
⚙ **se traîner vpr** to crawl
Les blessés se traînaient sur le sol. The injured were crawling on the ground.

trait [trɛ]
⚙ **nm**
1. line, stroke
Chaque jour, il traçait un trait sur le mur de sa cellule. Every day, he drew a line on the wall of his cell.
2. trait, feature
Ils tiennent ce trait de caractère de leur mère. They get that personality trait from their mother.
⚙ **nm pl** features
Elle a les traits fins. She has delicate features.
• **d'un trait** in one go
Billy a bu son chocolat d'un trait. Billy drank his hot chocolate in one go.
• **trait d'union** hyphen

traiter [trete]
⚙ **vt**
1. to treat
Les Dalton m'ont très bien traité. The Daltons treated me very well.
2. to deal with
C'est le shérif qui traite cette affaire. The sheriff is dealing with this matter.
3. *Location* **traiter quelqu'un d'idiot** to call somebody an idiot
⚙ **vi** to negotiate
Nous refusons de traiter avec ces bandits. We refuse to negotiate with these bandits.
• **traiter de** to deal with
Mon livre traite de la Ruée vers l'or. My book deals with the Gold Rush.

traître, esse [trɛtr, ɛs]
⚙ **nm, nf** traitor
Ce traître nous a dénoncés. This traitor gave us away.
⚙ **adj** treacherous
Attention, ce virage est traître. Watch out, this bend is treacherous.

trajet [traʒɛ] **nm**
1. journey
Je ferai le trajet avec vous. I'll go with you on the journey.
2. route
Les Dalton étudient le trajet emprunté par la diligence. The Daltons are studying the route of the stagecoach.

tranche [trɑ̃ʃ] **nf** slice*

— Racontez-moi vos aventures !
— Averell, tu en as déjà mangé six tranches !

— Tell me about your adventures!
— Averell, you've already eaten six slices!

cinq cent soixante • 560 • five hundred and sixty

travailler

Ran Tan Plan ! Laisse ce chat tranquille !

— Rin Tin Can! Leave that cat alone!

• **tranche d'âge** age bracket

tranquille [trãkil] **adj**
1. quiet
Avant l'arrivée des Dalton, cette ville était très tranquille. Before the Daltons arrived, this town was very quiet.
Restez tranquilles ! Keep quiet!
2. *Locution* **laisser quelqu'un/quelque chose tranquille** to leave somebody/something alone*
3. *Locution*
Sois tranquille, tout ira bien. Don't worry, everything will be fine.

transformer [trãsfɔrme]
◉ **vt**
1. to transform
Cette expérience les a complètement transformés. This experience completely transformed them.
2. *Locution* **transformer quelque chose en quelque chose** to turn something into something
Les enfants ont transformé la pièce en champ de bataille. The children have turned the room into a battlefield.
◉ **se transformer vpr**
1. to change
Les Dalton se sont complètement transformés. The Daltons have completely changed.
2. *Locution* **se transformer en quelque chose** to turn into something
La chenille s'est transformée en papillon. The caterpillar turned into a butterfly.

transparent, e [trãsparã, ãt] **adj**
1. transparent
L'eau est transparente à cet endroit. The water is transparent here.
2. see-through, transparent
Ce chemisier est transparent. This shirt is see-through.

transpirer [trãspire] **vi** to sweat, to perspire

transport [trãspɔr] **nm** transport (**Am** : transportation)
Elle préfère prendre les transports en commun. She prefers to use public transport.
Attention, "transport" est toujours au singulier dans ce sens.

transporter [trãspɔrte] **vt**
1. to carry
Il a transporté l'armoire sur son dos. He carried the wardrobe on his back.
2. to transport
Les marchandises sont transportées par bateau. The goods are transported by ship.

travail, aux [travaj, o]
◉ **nm**
1. work
Les Dalton refusent de se mettre au travail. The Daltons are refusing to get down to work.
2. job
Il a perdu son travail. He lost his job.
◉ **nm pl**
1. work
Il a fait faire des travaux dans sa maison. He's had work done in his house.
Attention, "work" est toujours au singulier dans ce sens.
2. building work
Ils font des travaux devant chez moi. There is building work going on in front of my house.
Attention, "building work" est toujours au singulier dans ce sens.
• **travaux manuels** handicrafts

travailler [travaje]
◉ **vi**
1. to work*
2. to warp
C'est le bois qui a travaillé. The wood has warped.
◉ **vt**
1. to work on
Il faut qu'il travaille son anglais. He needs to work on his English.
2. to practise (**Am** : to practice)

Maintenant, soyez sages les enfants...
... papa travaille.

— Now, be good, children... Daddy is working.

cinq cent soixante et un • **561** • five hundred and sixty-one

à travers

Elle travaille son piano. She's practising the piano.

à travers [a travɛr] **adv, prép**
through

de travers [də travɛr] **adv**
1. crooked
Sa cravate était de travers. His tie was crooked.
2. wrong
Averell comprend toujours tout de travers. Averell always gets everything wrong.
3. crooked
Il a le nez de travers. He has a crooked nose.
4. *Locution* **marcher de travers** to stagger
5. *Locution*
J'ai avalé de travers. It went down the wrong way.
6. *Locution* **regarder quelqu'un de travers** to give somebody a funny look

en travers de [ã travɛr də] **prép**
across
Il y avait un arbre en travers de la route. There was a tree across the road.

traversée [travɛrse] **nf** crossing

traverser [travɛrse] **vt**
1. to cross
Ils traversèrent le fleuve. They crossed the river.
2. to go through
La flèche traversa son chapeau. The arrow went through his hat.

treize [trɛz] **adj num, nm** thirteen
(voir page 195)

tremblement [trãbləmã] **nm**
shaking, trembling
• **tremblement de terre** earthquake

trembler [trãble] **vi**
1. to shake*, to tremble
2. to shiver
Il tremblait de froid. He was shivering with cold.

tremper [trãpe]
◦ **vt**
1. to soak
La pluie a trempé toutes mes affaires. The rain soaked all my things.
2. to dip
Averell aime bien tremper son pain dans sa soupe. Averell likes to dip his bread in his soup.
◦ **vi** to soak
Le linge trempe. The washing is soaking.

trente [trãt] **adj num, nm** thirty
(voir page 195)

très [trɛ] **adv** very
Ne faites pas attention à ce chien, il est très bête. Pay no attention to that dog, he's very stupid.

trésor [trezɔr] **nm** treasure

tri [tri] **nm**
1. *Locution* **faire le tri de** to sort out
J'ai fait le tri de ces vieux journaux. I've sorted out these old newspapers.
2. *Locution* **faire un tri parmi** to choose from
Ils ont fait un tri parmi les meilleurs candidats. They've chosen somebody from all the best applicants.

tribunal, aux [tribynal, o] **nm**
court

tricher [triʃe] **vi** to cheat
Il a triché à son examen. He cheated in his exam.
• **tricher sur** to lie about
Il triche sur son âge. He lies about his age.

tricheur, euse [triʃœr, øz] **nm, nf**
cheat

tricoter [trikɔte] **vi, vt** to knit*

trier [trije] **vt**
1. to sort
J'ai fini de trier le courrier. I've finished sorting the post.
2. to select
Nous avons trié les meilleures réponses. We have selected the best answers.

trimestre [trimɛstr] **nm**
1. term (**Am** : trimester)
Le premier/deuxième/troisième trimestre. The autumn/spring/summer term.
2. quarter
Cette revue paraît tous les trimestres. This magazine is published every quarter.

trou

Personne n'osait descendre du trottoir.
Nobody dared to step off the pavement.

triple [tripl]
⚙ **adj** triple
L'acrobate fit un triple saut. The acrobat did a triple jump.
⚙ **nm** Se traduit par une expression.
Ça coûte le triple. It costs three times as much.
Neuf est le triple de trois. Nine is three times three.

triste [trist] **adj**
1. sad
Je me sens triste ! I feel sad!
2. dreary
Cette ville est vraiment triste. This town is really dreary.
3. dull
Il ne porte que des couleurs tristes. He only wears dull colours.
4. sorry
Lorsqu'on a retrouvé Ran Tan Plan, il était dans un triste état. When Rin Tin Can was found, he was in a sorry state.

tristesse [tristɛs] **nf**
1. Lorsqu'il s'agit d'une personne : sadness
2. Lorsqu'il s'agit d'un endroit : dreariness

trois [trwa] **adj num, nm** three
(voir page 195)

tromper [trɔ̃pe]
⚙ **vt**
1. to cheat
Le marchand a essayé de nous tromper. The shopkeeper tried to cheat us.
2. to be unfaithful to
Elle trompe son mari. She's unfaithful to her husband.
3. to deceive
Il nous a trompés avec ses beaux discours. He deceived us with all his fine talk.
⚙ **se tromper vpr** to make a mistake
Je me suis trompé, il nous manque dix dollars. I made a mistake, we're ten dollars short.
• **se tromper de**
Se traduit par une expression.
Averell s'est trompé d'adresse. Averell got the address wrong.

trompette [trɔ̃pɛt] **nf** trumpet

tronc [trɔ̃] **nm** trunk
Un tronc d'arbre barrait la voie. A tree trunk blocked the track.

trop [tro] **adv**
1. Avec un adjectif ou un adverbe : too
Averell est trop bête pour comprendre ! Averell is too stupid to understand!
C'est trop loin. It's too far.
2. Avec un verbe : too much
Allez viens, tu as déjà trop bu ! Come on, you've drunk too much already!
3. Dans des phrases négatives.
Il n'aime pas trop la viande. He doesn't like meat very much.
• **trop de**
1. Lorsque le nom est au singulier en anglais : too much
J'ai fait trop de soupe. I've made too much soup.
2. Lorsque le nom est au pluriel en anglais : too many
Il y a trop de voitures. There are too many cars.
• **de trop, en trop**
1. too much
Tu m'as payé dix dollars de trop. You've paid me ten dollars too much.
2. too many
Il y a une personne en trop. There is one person too many.
3. Locution
Il se sentait de trop. He felt he was in the way.

trottoir [trɔtwar] **nm** pavement* (**Am** : sidewalk)

trou [tru] **nm**
1. hole*
2. gap

Qui a fait ce trou ?

– Who made this hole?

troupe

J'ai un trou dans mon emploi du temps. I have a gap in my timetable.
3. *Locution*
J'ai un trou de mémoire. My mind has gone blank.

troupe [trup] nf
1. troop
Les troupes ne devraient pas tarder. The troops shouldn't be long.
2. company
Elle fait partie d'une troupe de théâtre. She's a member of a theatre company.
• **en troupe** in a group
Ils se déplacent toujours en troupe. They always go about in a group.

troupeau [trupo] nm
1. *Lorsqu'il s'agit de vaches, d'éléphants :* herd
2. *Lorsqu'il s'agit de moutons :* flock

trousse [trus] nf
1. pencil case
Range tes stylos dans ta trousse. Put your pens away in your pencil case.
2. bag
Ma trousse de toilette est dans la valise. My sponge bag is in the suitcase.
• **trousse de secours** first-aid kit

trouver [truve]
◦ **vt**
1. to find
Venez voir ce que j'ai trouvé ! Come and see what I've found!
2. to think
Je trouve ça très bizarre. I think it's very strange.
Je trouve qu'il exagère. I think he's going too far.

◦ **v impersonnel** *Se traduit par une expression.*
Il se trouve que quelqu'un vous a vu. The fact is that somebody saw you.
◦ **se trouver** vpr
1. to be
Le campement des Indiens se trouve à cet endroit. The Indian camp is there.
2. *Locution* **se trouver mal** to faint

trucage, truquage [trykaʒ] nm
1. *Lorsqu'il s'agit d'un film :* special effect
2. *Lorsqu'il s'agit d'une élection :* rigging

tu [ty] pron you
Tu n'as pas honte, Billy, à ton âge ! Aren't you ashamed, Billy, at your age!
(voir page 131)

tube [tyb] nm
1. tube
Apportez vos tubes de peinture pour le cours de dessin, les enfants. Bring your tubes of paint for the art lesson, children.
2. *familier* hit
C'est le tube de l'été. It's the hit of the summer.

tuer [tɥe]
◦ **vt** to kill
Il n'a jamais tué personne. He never killed anybody.
◦ **se tuer** vpr
1. to kill oneself
Il a essayé de se tuer. He tried to kill himself.
2. to be killed

Il s'est tué dans un accident de voiture. He was killed in a car accident.

tuile [tɥil] nf tile
Une tuile est tombée du toit. A tile has fallen off the roof.

Tunisie [tynizi] nf Tunisia
La Tunisie m'a beaucoup plu. I liked Tunisia a lot.

tunisien, enne [tynizjɛ̃, ɛn] adj, nm, nf Tunisian
Elle est d'origine tunisienne. She's of Tunisian origin.
Les Tunisiens. The Tunisians.
Attention, l'anglais prend toujours une majuscule.

tunnel [tynɛl] nm tunnel*
Le tunnel sous la Manche. The Channel Tunnel, The Chunnel.

tuyau [tɥijo] nm pipe
• **tuyau d'arrosage** hosepipe
• **tuyau d'échappement** exhaust pipe

tympan [tɛ̃pɑ̃] nm eardrum

type [tip]
◦ **nm**
1. type
Il y a déjà eu plusieurs cambriolages de ce type. There have already been several burglaries of this type.
2. *familier* guy (**Br** : bloke)
Un grand type avec un costume rayé vous cherchait. A tall guy with a striped suit was looking for you.
◦ **adj** typical
C'est l'homme d'affaires type. He's the typical businessman.

Ils avaient creusé un tunnel dans la montagne.

A *tunnel* had been dug into the mountain.

ultramoderne [yltramɔdɛrn] **adj**
ultramodern

un, une, des, de [œ̃, yn, de, də]
◉ **art**
1. On utilise "a" devant une consonne ou un "h" aspiré et "an" devant une voyelle ou un "h" muet.
Une vache. A cow.
Un Indien. An Indian.
2. Pour insister, se traduit par une expression comprenant "so" ou "such".
Il fait un de ces froids aujourd'hui ! It's so cold today!
J'ai attrapé un de ces rhumes ! I caught such a bad cold!

◉ **art pl**
"Des" peut parfois se traduire par "some" (dans les phrases affirmatives) ou "any" (dans les phrases interrogatives), mais le plus souvent il n'y a pas de traduction.
Lucky Luke a des amis à Golden City. Lucky Luke has friends in Golden City.
Ce sont des totems indiens. These are Indian totem poles.
Je reprendrais bien des haricots. I'd like some more beans.
Connaissez-vous des chasseurs de primes ? Do you know any bounty hunters?
(voir page 23)

◉ **adj num, nm** one
Il n'y a qu'une épicerie pour toute la ville. There is only one grocer for the whole town.
(voir page 195)

◉ **pron**
1. one
– Veux-tu des bonbons ? – Oui, merci, j'en prendrai un. – Do you want any sweets? – Yes, please, I'll have one.
L'un des frères Dalton. One of the Dalton brothers.
C'est l'un ou c'est l'autre, il faut choisir ! It's one or the other, you must choose!
Les Indiens marchaient l'un derrière l'autre. The Indians were walking one behind the other.
2. *Location* **l'un l'autre, l'une l'autre, les uns les autres, les unes les autres** one another, each other
Ils s'accusaient les uns les autres. They were accusing one another.
3. *Location* **ni l'un ni l'autre, ni l'une ni l'autre** neither
Ni l'un ni l'autre ne voulait céder. Neither wanted to give in.

une [yn] **nf** front page
Le hold-up a fait la une du Daily Star. The holdup was on the front page of the *Daily Star*.

uni, e [yni] **adj**
1. plain
Du papier peint uni. Plain wallpaper.
2. close
Les Dalton sont une famille très unie. The Daltons are a very close family.

uniforme [yniform] **nm** uniform*

union [ynjɔ̃] **nf** union
L'Union européenne. The European Union.
• **union libre** cohabitation
Vivre en union libre. To cohabit.

Elle était très impressionnée par son uniforme.

She was very impressed by his uniform.

unique

unique [ynik] **adj**
1. unique
Jolly Jumper est un cheval tout à fait unique. Jolly Jumper is a totally unique horse.
2. only
Lucky Luke est l'unique cow-boy qui sache tirer la tête en bas. Lucky Luke is the only cowboy who can shoot upside down.
Calamity Jane est fille unique. Calamity Jane is an only child.

unité [ynite] **nf**
1. unity
Nous devons empêcher Lucky Luke de détruire l'unité de notre bande ! We must prevent Lucky Luke from destroying our gang's unity!
2. unit
Les unités de mesure anglaises. British units of measurement.
3. *Locution* **l'unité** each
Ils valent cinq dollars l'unité. They cost five dollars each.
• **unité centrale (d'un ordinateur)** central processing unit, CPU

univers [ynivɛr] **nm**
1. universe
Il étudie la formation de l'univers. He studies the formation of the universe.
2. world
Ran Tan Plan vit dans un univers bien à lui. Rin Tin Can lives in his own world.

universel, elle [ynivɛrsɛl] **adj** universal

université [ynivɛrsite] **nf** university
Elle va à l'université. She goes to university.

uranium [yranjɔm] **nm** uranium

urbain, e [yrbɛ̃, ɛn] **adj** urban

urgence [yrʒɑ̃s]
✪ **nf**
1. emergency
En cas d'urgence, appelez Lucky Luke. In an emergency, call Lucky Luke.
2. *Locution* **d'urgence**
Se traduit différemment selon les contextes.
On l'a emmené d'urgence à l'hôpital. He was rushed to hospital.
Faites venir le shérif d'urgence ! Ask the sheriff to come immediately!
✪ **nf pl** casualty (**Am** : emergency room)
Elle a été admise aux urgences. She was admitted to casualty.
Les urgences sont au fond du couloir. Casualty is at the end of the corridor.
Attention, "casualty" est toujours suivi d'un verbe au singulier.

urgent, e [yrʒɑ̃, ɑ̃t] **adj** urgent

usé, e [yze] **adj** worn
Ses vêtements étaient usés. His clothes were worn.

user [yze]
✪ **vt** to wear out
Tu vas user tes chaussures à force de faire ça ! You'll wear your shoes out if you keep doing that!
✪ **s'user vpr** to wear out
C'est un tissu qui s'use vite. It's a material that wears out quickly.

usine [yzin] **nf** factory, plant

ustensile [ystɑ̃sil] **nm** tool, utensil
• **ustensile de cuisine** kitchen utensil

utile [ytil] **adj** useful
Rends-toi un peu utile, Joe ! Make yourself useful, Joe!

utiliser [ytilize] **vt** to use

utilité [ytilite] **nf** usefulness
Son utilité est reconnue par tous. Its usefulness is acknowledged by everyone.
Tu ne nous as pas été d'une grande utilité, Averell ! You weren't very useful to us, Averell!

vacances [vakɑ̃s] **nf pl** holiday (**Am** : vacation)
Les vacances de Noël sont bientôt terminées. The Christmas holiday is nearly over.
Être/partir en vacances. To be/to go on holiday.
Prendre des vacances. To take a holiday.
• **vacances scolaires** school holidays (**Am** : school break)
Attention, "holiday" s'emploie surtout au singulier mais on met le pluriel lorsqu'il s'agit de longues vacances.

vaccin [vaksɛ̃] **nm**
1. vaccine
Le vaccin contre la grippe. The flu vaccine.
2. *Locution* **faire un vaccin à quelqu'un** to vaccinate somebody*

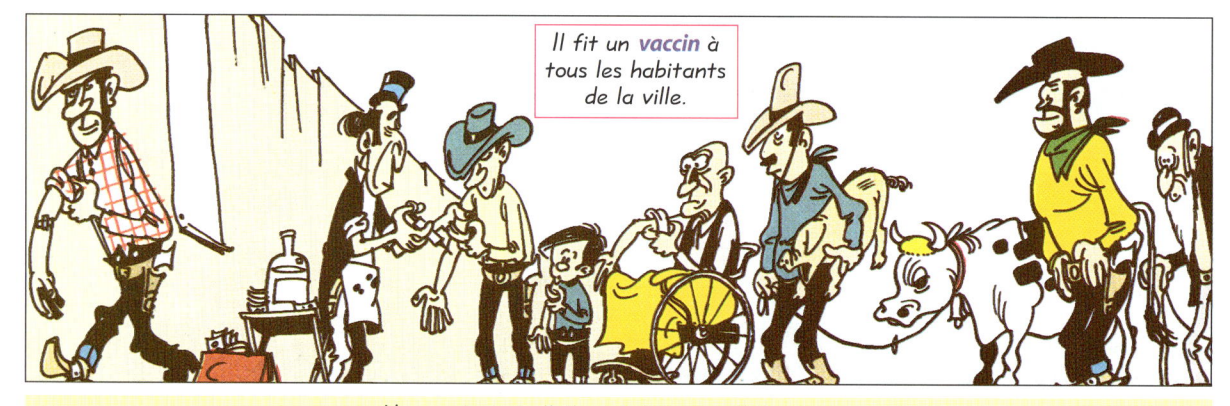

*Il fit un **vaccin** à tous les habitants de la ville.*

He **vaccinated** all the inhabitants of the town.

vache [vaʃ] **nf** cow*

Certaines vaches étaient plus difficiles que d'autres.
Pouah !
SNIF

— Yuk! Some cows were fussier than others.

vague [vag] **nf** wave
De leur cellule, les Dalton entendent le bruit des vagues. From their cell, the Daltons can hear the sound of the waves.
• **vague de chaleur** heatwave
• **vague de froid** cold spell

vaincre [vɛ̃kr] **vt**
1. to defeat
Aidez-nous à vaincre l'ennemi. Help us to defeat the enemy.
2. to overcome
Le maire a vaincu sa peur et s'est approché de Billy the Kid. The mayor overcame his fear and approached Billy the Kid.

vainqueur [vɛ̃kœr] **nm**
1. winner
Il a remis une coupe au vainqueur. He presented a cup to the winner.
2. victor
Ils sont sortis vainqueurs de la bataille. They emerged as victors of the battle.

vaisseau [vɛso] **nm** vessel
Vaisseaux sanguins. Blood vessels.
• **vaisseau spatial** spaceship

vaisselle [vɛsɛl] **nf**
1. crockery
Il faut acheter de la vaisselle. We need to buy some crockery.
2. washing-up* (**Am** : dishes)
Faire la vaisselle. To do the washing-up.

valable [valabl] **adj** valid

valeur [valœr] **nf**
1. value
Prendre de la valeur/perdre de la valeur. To go up in value/to go down in value.
2. *Locution* **avoir de la valeur** to be valuable
• **sans valeur** worthless

valise [valiz] **nf**
1. suitcase (**Br** : case)
2. *Locution* **faire ses valises** to pack

vallée [vale] **nf** valley

valoir [valwar]
✱ **vi**
1. to be worth
Est-ce que ça vaut cher ? Is it worth a lot?
Ce tableau vaut une fortune. This picture is worth a fortune.
Cela vaut la peine d'essayer. It's worth trying.
Ça n'en vaut pas la peine. It's not worth it.
2. *Locution* **Combien ça vaut ?** How much is it?
✱ **v impersonnel**
Se traduit différemment selon les contextes.
Il vaut mieux attendre. It's best to wait.
Il vaut mieux que tu y ailles. You'd better go.
Il vaudrait mieux prévenir Lucky Luke. It would be better if we told Lucky Luke.
✱ **se valoir vpr** to be the same
Ces deux méthodes se valent. These two methods are the same.

se vanter [sə vɑ̃te] **vpr** to boast
Il se vante de pouvoir tirer plus vite que Lucky Luke. He boasts that he can shoot faster than Lucky Luke.

vapeur [vapœr] **nf** steam
• **à vapeur** steam
Les premiers bateaux à vapeur n'étaient pas très rapides. The first steam boats weren't very fast.

variable [varjabl] **adj**
1. changeable
Le temps est très variable en ce moment. The weather is very changeable at the moment.
2. variable
Le taux est variable. The rate is variable.

varier [varje] **vt, vi** to vary

vase nm vase

vase [vaz] **nf** mud, silt
Le radeau s'est enlisé dans la vase. The raft got stuck in the mud.

vautour [votur] **nm** vulture

veau [vo] **nm**
1. *Lorsqu'il s'agit de l'animal :* calf (**pl** : calves)
Va-t-il attraper le veau ? Will he catch the calf?
2. *Lorsqu'il s'agit de la viande :* veal

vedette [vədɛt] **nf**
1. star
C'est une vedette de cinéma. He's a film star.
2. *Lorsqu'il s'agit du bateau :* launch

C'est pas drôle de faire la vaisselle !
Ça c'est vrai ! C'est pas drôle !
Grr... Grr...

— It's not fun having to do the washing-up!
— That's right! It's not fun!

végétation

végétation [veʒetasjɔ̃]
● **nf** vegetation
La végétation dans l'Ouest était plutôt rare. Vegetation in the Wild West was rather sparse.
● **nf pl** adenoids
Il s'est fait opérer des végétations. He had his adenoids removed.

véhicule [veikyl] **nm** vehicle

veille [vɛj] **nf**
1. day before, eve
Il est venu nous voir la veille de son départ. He came to see us the day before he left.
La veille de Noël. Christmas Eve.
2. *Location* **la veille au soir** the evening before

veiller [veje] **vi** to stay up
J'adore veiller au coin du feu. I love staying up sitting round a fire.
• **veiller à** to make sure
Veillez à ce qu'ils ne s'échappent pas ! Make sure that they don't run away!
• **veiller sur** to look after
Ne vous inquiétez pas, je veille sur lui. Don't worry, I'm looking after him.

vélo [velo] **nm**
1. bike*

Elle fait des acrobaties sur un drôle de vélo.
She does acrobatics on a funny kind of bike.

2. *Location* **faire du vélo** to cycle
• **vélo tout-terrain** mountain bike

velours [vəlur] **nm** velvet
• **velours côtelé** corduroy

vendeur, euse [vãdœr, øz] **nm, nf**
1. *Dans un magasin :* sales assistant (**Am** : salesclerk)
2. *Sur un marché ou dans une entreprise :* salesman (**f** : saleswoman)

vendre [vãdr] **vt** to sell
Il m'a vendu son cheval. He sold me his horse.

vendredi [vãdrədi] **nm** Friday
Attention, les noms de jours prennent toujours une majuscule en anglais. (voir page 71)

vengeance [vãʒãs] **nf** revenge, vengeance

se venger [sə vãʒe] **vpr**
1. to get one's revenge*

Nous devons nous venger !
– We must get our revenge!

2. *Location* **se venger de quelqu'un** to take revenge on somebody

venir [vənir] **vi**
1. to come
Il vient de la ville. He comes from the town.
Viens voir ! Come and see!
2. *Location* **venir de faire quelque chose** to have just done something
Lucky Luke vient d'arriver ! Il se dirige par ici ! Lucky Luke has just arrived! He's coming this way!
3. *Location* **faire venir quelqu'un** to send for somebody

vent [vã] **nm** wind

vente [vãt] **nf** sale
Mes parents ont mis leur maison en vente. My parents have put their house up for sale.
• **vente par correspondance** mail order
• **vente aux enchères** auction

ventre [vãtr] **nm** stomach*

Son ventre grossissait à vue d'œil !

His stomach was getting bigger and bigger by the minute!

ver [vɛr] **nm**
Il a des vers. He has worms.
• **ver de terre** earthworm

verbe [vɛrb] **nm** verb
(voir pages 306 et 307)

verglas [vɛrgla] **nm** ice

vérifier [verifje] **vt** to check
Vérifiez que tout est bien là. Check that everything is there.

véritable [veritabl] **adj**
1. real
C'est de l'or véritable. It's real gold.
2. true
Vous êtes un véritable ami, Lucky Luke. You are a true friend, Lucky Luke.

vérité [verite] **nf** truth
Dites-nous la vérité. Tell us the truth.

verre [vɛr] **nm**
1. glass
Je déteste laver les verres. I hate washing glasses.
2. drink
Arrêtons de travailler et allons boire un verre ! Let's stop working and go for a drink!
• **verres de contact** contact lenses

verrue [vɛry] **nf** wart
Il a une verrue sur le nez. He has a wart on his nose.
• **verrue plantaire** verruca

vers [vɛr] **prép**
1. towards
Ils se dirigent vers la frontière. They're going towards the border.
2. around
Ça s'est passé vers midi. It happened around midday.
3. near
Ils se sont arrêtés vers Notting Gulch. They stopped near Notting Gulch.

vers [vɛr] **nm** line
Il a appris les dix premiers vers par cœur. He learnt the first ten lines by heart.
• **en vers** in verse
Il a écrit une pièce en vers. He wrote a play in verse.

verser [vɛrse] **vt**
1. to pour
Elle versa un peu de sirop dans la cuillère. She poured some of the mixture into the spoon.
2. to pay
Il faut verser des arrhes. You must pay a deposit.

vert, verte [vɛr, vɛrt]
✲ **adj**
1. green
Les tomates sont encore vertes. The tomatoes are still green.
2. *Locution* **être vert de peur** to be white with fear*

✲ **nm** green
Le vert lui va très bien. Green suits him very well.

vertèbre [vɛrtɛbr] **nf** vertebra

vertige [vɛrtiʒ] **nm**
1. vertigo, dizziness
Je ne peux pas regarder en bas, ça me donne le vertige. I can't look down, it gives me vertigo/it makes me dizzy.
2. *Locution* **avoir un vertige** to feel dizzy
Il a souvent des vertiges. He often feels dizzy.

veste [vɛst] **nf** jacket
Il portait une veste marron. He was wearing a brown jacket.

vestiaire [vɛstjɛr] **nm**
1. cloakroom
J'ai laissé mon manteau au vestiaire. I left my coat in the cloakroom.
2. changing room (**Am** : locker room)
Ils se sont habillés dans le vestiaire. They got dressed in the changing room.

vêtements [vɛtmã] **nm pl** clothes*

vétérinaire [veterinɛr] **nm, nf** vet (**Br** : veterinary surgeon)

veuf, veuve [vœf, vœv]
✲ **adj** *Locution* **être veuf/être veuve** to be a widower/to be a widow
✲ **nm, nf** widower (**f** : widow)

vexer [vɛkse]
✲ **vt** to offend
Parfaitement, je suis vexé ! Yes, I'm offended now!
✲ **se vexer vpr** to take offence (**Am** : to take offense)
Fais attention, il se vexe facilement. Be careful, he takes offence easily.

viande [vjãd] **nf** meat

vice [vis] **nm** vice

victime [viktim] **nf** victim
Il a été victime d'un accident. He was the victim of an accident.

victoire [viktwar] **nf** victory

vide [vid]
✲ **adj** empty
La maison est vide. The house is empty.
✲ **nm** space
Ran Tan Plan s'est retrouvé suspendu dans le vide. Rin Tin Can found himself dangling in space.
• **sous vide** vacuum-packed
Du café sous vide. Vacuum-packed coffee.

vidéo [video] **adj inv, nf** video
Regardons une vidéo ce soir. Let's watch a video tonight.

vider [vide]
✲ **vt**
1. to empty
Les Dalton ont vidé le coffre-fort. The Daltons have emptied the safe.

Il était vert de peur !

He was white with fear!

Ils pensaient qu'avec ces vêtements on ne les reconnaîtrait pas.

Baisse la tête, Joe !

They thought they wouldn't be recognized with these clothes on.
– Look down, Joe!

vie

2. to clean
Le boucher a vidé le poulet. The butcher cleaned the chicken.
✺ **se vider** **vpr** to empty
Tout à coup, la ville s'est vidée ! All of a sudden, the town emptied!

vie [vi] **nf**
1. life (**pl :** lives)
Vous nous avez sauvé la vie, Lucky Luke ! You saved our lives, Lucky Luke!
2. living
Elle gagne bien sa vie. She earns a good living.
• **en vie** alive
Ouf, il est en vie ! Phew, he's alive!

vieillir [vjejir]
✺ **vi** to get old, to age
Il a beaucoup vieilli. He has aged a lot.
✺ **vt**
Se traduit par une expression.
Cette coiffure te vieillit. This hairstyle makes you look older.

vieux, vieille [vjø, vjɛj]
✺ **adj** old*
✺ **nm, nf** old person (**pl :** old people)
Les vieux n'osaient plus sortir de chez eux. Old people didn't dare to venture out of their homes any more.
• **vieux jeu** old-fashioned

vif, vive [vif, viv] **adj**
1. lively
Cet enfant est très vif. This child is very lively.
2. bright
Il ne porte que des couleurs vives. He only wears bright colours.
3. brisk
Les Dalton marchaient d'un pas vif. The Daltons were walking at a brisk pace.
4. sharp
J'ai ressenti une vive douleur dans le dos. I felt a sharp pain in my back.
5. alive
Mort ou vif. Dead or alive.

village [vilaʒ] **nm** village

ville [vil] **nf**
1. *Lorsqu'il s'agit d'une petite ville ou d'une ville moyenne :* town
Je dois aller en ville. I need to go into town.
2. *Lorsqu'il s'agit d'une grande ville :* city

vin [vɛ̃] **nm** wine

vinaigre [vinɛgr] **nm** vinegar

vingt [vɛ̃] **adj num, nm** twenty (voir page 195)

violence [vjɔlɑ̃s] **nf** violence

violent, e [vjɔlɑ̃, ɑ̃t] **adj** violent

violet, ette [vjɔlɛ, ɛt]
✺ **adj, nm** purple
Ses mains étaient violettes de froid. His hands were purple with cold.
✺ **nf** violet
Il lui a offert un bouquet de violettes. He gave her a bunch of violets.

violon [vjɔlɔ̃] **nm** violin

virage [viraʒ] **nm**
1. bend
Arrêtez-vous après le virage ! Stop after the bend!
2. turn
Les skieurs faisaient des virages. The skiers were making turns.

virgule [virgyl] **nf**
1. *Lorsqu'il s'agit d'une virgule entre des mots :* comma
2. *Lorsqu'il s'agit d'une virgule entre des chiffres :* decimal point, point

vis [vis] **nf** screw

visage [vizaʒ] **nm** face

viser [vize]
✺ **vt**
1. to aim at
Visez la cible avant de tirer. Aim at the target before you shoot.
2. to be aimed at
Cette remarque vise tout le monde. This comment is aimed at everybody.
✺ **vi** to aim*

Il faut qu'il vise bien !

He needs to **aim** correctly!

visible [vizibl] **adj** visible

visiter [vizite] **vt**
1. to visit
C'est la première fois que nous visitons ce pays. This is the first time we've visited this country.
2. *Locution* **faire visiter quelque chose à quelqu'un** to show somebody around something
Il nous a fait visiter sa maison. He showed us around his house.

visser [vise] **vt** to screw on
L'étagère était vissée au mur. The shelf was screwed on to the wall.

*– Do you think I'm too **old** to command respect or what?*

vitamine [vitamin] **nf** vitamin

vite [vit] **adv**
1. fast*, quickly

Allez, plus vite, plus vite !

— Come on, faster, faster!

2. *Locution* **faire vite** to be quick, to hurry up
3. soon
Ils vont vite se fatiguer. They'll soon get tired.

vitesse [vitɛs] **nf**
1. speed
Averell courait à toute vitesse pour échapper à Joe. Averell was running at great speed to escape from Joe.
2. gear
Passer une vitesse. To change gear.

vitre [vitr] **nf**
1. window pane
C'est Averell qui a cassé la vitre. It's Averell who broke the window pane.
2. window
Ça vous dérange si je baisse la vitre ? Do you mind if I wind the window down?

vitrine [vitrin] **nf**
1. window, shop window
Je voudrais le modèle en vitrine. I'd like the model in the window.
2. *Lorsqu'il s'agit du meuble :* display cabinet

vivant, e [vivã, ãt] **adj**
1. alive
Il faut les retrouver vivants. We must find them alive.
2. lively
Ce quartier est très vivant. This area is very lively.

vivre [vivr]
✧ **vi** to live
Il préfère vivre à la campagne. He prefers to live in the countryside.
✧ **vt** to experience
Nous avons vécu des moments difficiles. We experienced difficult times.
• **vivre de** to live on
Joe espérait pouvoir vivre de ses rentes. Joe hoped to be able to live on his private income.

vocabulaire [vɔkabylɛr] **nm** vocabulary

vœu [vø] **nm**
1. wish
Fais un vœu. Make a wish.
Meilleurs vœux. Best wishes.
Tous nos vœux de bonheur ! Our very best wishes for your happiness!
2. vow
Joe a fait le vœu de se venger. Joe made a vow to take his revenge.

voici [vwasi] **prép**
1. *Lorsque "voici" est suivi d'un singulier :* here is
Voici votre reçu. Here's your receipt.
Lucky Luke est en retard. Ah, le voici qui arrive ! Lucky Luke is late. Ah, here he is!
2. *Lorsque "voici" est suivi d'un pluriel :* here are
Voici les clés. Here are the keys.
3. this is
Voici ce qui s'est passé. This is what happened.

voie [vwa] **nf**
1. road
Une voie romaine. A Roman road.
2. lane
Une route à trois voies. A three-lane road.
3. track, line
La voie ferrée est en cours de construction. The railway track is currently being built.
4. platform
Le train entre en gare voie 6. The train is arriving at platform 6.
5. *Location* **être en voie d'amélioration** to be improving
• **voie sans issue** dead end
• **voie à sens unique** one-way street

voilà [vwala] **prép**
1. *Lorsque "voilà" est suivi d'un singulier :* there is
Voilà votre frère. There's your brother.
2. *Lorsque "voilà" est suivi d'un pluriel :* there are
Voilà les clés. There are the keys.
3. this is
Voilà ce qu'il faut faire. This is what we need to do.

voile [vwal] **nf**
1. sail*
2. sailing
Il fait de la voile tous les week-ends. He goes sailing every weekend.

voile [vwal] **nm** veil
La mariée portait un voile. The bride was wearing a veil.

Le vent gonfla la voile.

The wind swelled the sail.

voir

voir [vwar]
❋ **vt**
1. to see
Je ne vois rien. I can't see anything.
Je les ai vus se diriger vers la banque. I saw them going towards the bank.
Voyons ce que nous pouvons faire. Let's see what we can do.
2. *Location* **faire voir quelque chose à quelqu'un** to show somebody something
3. *Location*
Ça n'a rien à voir ! That's got nothing to do with it!
4. *Location*
Voyons ! Tiens-toi bien. Come on now! Behave yourself.
❋ **vi** to see
Il ne voit pas très bien. He can't see very well.
❋ **se voir** **vpr**
1. to show, to be obvious
Ne t'inquiète pas, ça ne se voit pas du tout. Don't worry, it doesn't show at all.
2. to see each other, to see one another
Ils se voient très souvent. They see each other very often.
3. to see oneself
Joe se voyait déjà régnant sur la ville. Joe could already see himself ruling over the town.

voisin, e [vwazɛ̃, in]
❋ **nm, nf** neighbour (**Am** : neighbor)
La voisine d'à côté est très serviable. The next-door neighbour is very helpful.
❋ **adj**
1. neighbouring (**Am** : neighboring)
Les villages voisins étaient toujours très calmes. The neighbouring villages were always very quiet.
2. next door
Ils habitent la maison voisine. They live in the house next door.

voiture [vwatyr] **nf**
1. car
Il a une voiture de sport. He has a sports car.
2. *Lorsqu'il s'agit d'un train* : coach, carriage (**Am** : car)

voix [vwa] **nf**
1. voice
Ils parlaient à voix basse/à voix haute. They were speaking in a low voice/in a loud voice.
2. vote
Le maire a obtenu la majorité des voix. The mayor got the majority of the votes.

vol [vɔl] **nm** theft, robbery
Billy the Kid a encore commis un vol. Billy the Kid has committed another theft.
• **vol à main armée** armed robbery

vol [vɔl] **nm**
1. flight
Il y a une heure de vol entre Paris et Londres. It's a one-hour flight between Paris and London.
2. *Location* **attraper quelque chose au vol** to catch something in mid-air
Il a attrapé la balle au vol. He caught the ball in mid-air.
3. *Location* **à vol d'oiseau** as the crow flies

volant [vɔlɑ̃] **nm**
1. wheel, steering wheel
J'aime bien écouter de la musique lorsque je suis au volant. I like listening to music when I'm behind the wheel.
2. flounce
Calamity Jane s'est pris le pied dans les volants de sa robe. Calamity Jane tripped over the flounces of her dress.

volcan [vɔlkɑ̃] **nm** volcano

voler [vɔle] **vt**
1. to steal*
2. to rob
Ils m'ont volé mon argent et mes vêtements ! They robbed me of my money and my clothes!

voler [vɔle] **vi**
1. to fly
L'avion volait très bas. The plane was flying very low.
Lucky Luke a volé à notre secours. Lucky Luke flew to our assistance.
2. *Location* **voler en éclats** to be smashed to pieces*

*Son pistolet **vola en éclats**.*

His gun **was smashed to pieces**.

volet [vɔlɛ] **nm** shutter

voleur, euse [vɔlœr, øz] **nm, nf** thief

volontaire [vɔlɔ̃tɛr]
❋ **nm, nf** volunteer
Y a-t-il des volontaires pour accompagner Lucky Luke ? Are there any volunteers to go with Lucky Luke?

*Billy **volait** des caramels chaque fois qu'il passait par là.*

Billy **stole** toffees every time he went that way.

vous

Je me doutais bien que c'était une femme volontaire...

– I had a feeling she was quite a **headstrong** woman...

○ **adj**
1. deliberate
C'est une omission volontaire. It's a deliberate omission.
2. voluntary
Il s'agit d'une contribution volontaire. This is a voluntary contribution.
3. headstrong*

volonté [vɔlɔ̃te] **nf**
1. willpower, will
Il manque de volonté. He doesn't have enough willpower.
2. will
Ils ont osé aller contre ma volonté ! They dared to go against my will!
• **à volonté** as much as you like
• **bonne volonté** goodwill
• **mauvaise volonté** lack of goodwill, unwillingness

vomir [vɔmir]
○ **vi**
1. to be sick, to vomit
Il a vomi pendant la traversée. He was sick during the crossing.
2. *Locution* **avoir envie de vomir** to feel sick, to feel nauseous
○ **vt** to bring up, to vomit
Il a tout vomi. He has brought everything up.

vos → votre

voter [vɔte]
○ **vi** to vote*
○ **vt**
1. to pass
Voter une loi. To pass a law.
2. to vote
Voter des crédits. To vote funds.

votre, vos [vɔtr, vo] **adj** your
Est-ce que vous avez votre billet ? Have you got your ticket?
Lorsque l'on s'adresse à plusieurs personnes, le nom qui suit l'adjectif possessif est au pluriel en anglais.
Est-ce que vous avez tous votre billet ? Have you all got your tickets? (voir page 186)

le vôtre, la vôtre, les vôtres [lə votr, la votr, le votr] **pron**
1. yours
Nos chevaux sont beaucoup plus rapides que les vôtres. Our horses are much faster than yours.
2. *Locution* **À la vôtre !** Cheers! (voir page 186)

Si vous voulez voter, c'est ici.

– If you want to **vote**, it's here.

vouloir [vulwar]
○ **vt**
1. to want
Je veux qu'il me demande la permission. I want him to ask me for permission.
Qu'est-ce que vous me voulez ? What do you want from me?
Je ne veux pas de ce chien chez moi ! I don't want this dog in my house!
2. *Se traduit par une expression.*
Voulez-vous boire quelque chose ? Would you like something to drink?
Il voudrait vous parler. He'd like to talk to you.
3. *Locution*
– *Tu veux une glace ? – Oui, je veux bien.* – Would you like an ice cream? – Yes, I'd love one.
4. *Locution* **veuillez me suivre** please follow me
5. *Locution* **en vouloir à quelqu'un** to be annoyed with someone
6. *Locution* **vouloir dire** to mean
Qu'est-ce que ça veut dire ? What does it mean?
○ **s'en vouloir vpr** to be annoyed with oneself
Il s'en veut d'avoir accepté. He's annoyed with himself for having accepted.
• **sans le vouloir** unintentionally

vous [vu] **pron**
1. Lorsque "vous" est sujet : you
Vous êtes prêts ? Are you ready?
2. Lorsque "vous" est complément d'objet direct ou est précédé d'une préposition : you
Le shérif vous avait prévenus. The sheriff had told you so.
3. Lorsque "vous" est complément d'objet indirect, il se traduit soit par "you", soit par "to you".
Je vous ai donné le livre. I gave you the book. / I gave the book to you.
4. Lorsque "vous" a une valeur réfléchie, soit il se traduit par "yourself" ("yourselves" au pluriel), soit il ne se traduit pas.
Est-ce que vous vous êtes fait mal, monsieur ? Did you hurt yourself, sir?
Amusez-vous bien, les enfants ! Enjoy yourselves, children!
Vous vous êtes lavé les mains ? Have you washed your hands?

cinq cent soixante-treize • 573 • five hundred and seventy-three

voyage

Ah, ce voyage commence bien !

— Ah, this trip is off to a good start!

5. Lorsque "vous" a une valeur réciproque : each other
Est-ce que vous vous êtes battus ? Did you fight with each other?
(voir pages 131 et 325)

voyage [vwajaʒ] **nm**
1. trip*
Ils sont partis en voyage. They've gone on a trip.
Bon voyage ! Have a good trip!
2. journey
Le voyage de retour a été très long. The return journey was very long.
• **voyage de noces** honeymoon
• **voyage organisé** package tour

voyager [vwajaʒe] **vi** to travel

voyageur, euse [vwajaʒœr, øz]
nm, nf traveller (**Am** : traveler)

voyelle [vwajɛl] **nf** vowel

vrai, vraie [vrɛ] **adj**
1. true
Est-ce que c'est vrai qu'ils se sont encore échappés ? Is it true that they've escaped again?
C'est vrai. It's true.
2. real
C'est son vrai nom. It's her real name.

3. Locution **à vrai dire** to tell the truth

vraiment [vrɛmã] **adv** really

vu [vy] **adj**
1. Locution
Se traduit différemment selon les contextes.
C'est bien/mal vu de faire cela. It's good/bad form to do that.
Il est bien/mal vu de tout le monde. He's popular/unpopular with everybody.
2. Locution
C'est bien vu ? Is that clear?
• **vu que** given that

vue [vy] **nf**
1. eyesight
Heureusement que Jolly Jumper a une bonne vue ! It's lucky that Jolly Jumper has good eyesight!
2. view*
3. sight
Il ne supporte pas la vue du sang. He can't stand the sight of blood.
4. Locution **connaître quelqu'un de vue** to know somebody by sight
5. Locution **perdre quelqu'un de vue** to lose touch with somebody
6. Locution **à vue d'œil** visibly

vulgaire [vylgɛr] **adj**
1. vulgar
Les dames trouvent que Calamity Jane est trop vulgaire. The ladies think that Calamity Jane is too vulgar.
2. ordinary
Ce n'est qu'un vulgaire saloon. It's just an ordinary saloon.

Je suis ravi d'avoir une si belle vue sur la rue.

— I'm delighted to have such a good view of the street.

WXYZ

wagon [vagɔ̃] **nm** carriage* (**Am :** car)
• **wagon de marchandises** goods wagon (**Am :** freight car)

wagon-restaurant [vagɔ̃ʁɛstɔʁɑ̃] **nm** restaurant car (**Am :** dining room)

Walkman [wɔlkman] **nm** Walkman
"Walkman" est un nom déposé en français comme en anglais.

W.-C. [dubləvese] **nm pl** toilet
Les W.-C. sont au fond du jardin. The toilet is at the back of the garden.
Attention, "toilet" est toujours suivi d'un verbe au singulier.

week-end [wikɛnd] **nm** weekend

western [wɛstɛrn] **nm** western

whisky [wiski] **nm**

On écrit "whisky" si l'on parle de l'alcool écossais, et "whiskey" si l'on parle de l'alcool irlandais ou américain.

xénophobie [ksenɔfɔbi] **nf** xenophobia

y [i] **pron**
1. Lorsque "y" représente le lieu : there
Je suis allé voir les Dalton en prison, mais ils n'y étaient plus. I went to visit the Daltons in jail, but they weren't there any more.
2. Lorsque "y" représente un complément, il se traduit différemment selon le verbe, et souvent il ne se traduit pas.
Il n'y pensait plus. He wasn't thinking about it any more.
Elle ne veut pas y croire. She doesn't want to believe it.
Je n'y comprends rien ! I don't understand a thing!
• **il y a**
1. La traduction est "there is" lorsqu'on parle d'une seule chose ou personne, et "there are" lorsqu'on parle de plusieurs choses ou personnes.
Regardez, il y a un coyote là-bas. Look, there's a coyote over there.
Est-ce qu'il y a des Indiens dans les parages ? Are there any Indians in the area?
Attention à ne pas oublier de mettre le verbe "to be" au temps de la phrase.
Il y avait un avis de recherche sur le mur de la prison. There was a wanted sign on the prison wall.
Ne poussez pas, il y en aura pour tout le monde ! No pushing, there will be enough for everyone!
2. Lorsque "il y a" sert à exprimer la durée, il se traduit selon les cas par "ago" ou par une expression contenant "for".
Ils ont attaqué la banque il y a à peine huit jours. They held up the bank only a week ago.
Il y a des années que Ma Dalton habite ici. Ma Dalton has been living here for years.
3. Lorsque "il y a" sert à exprimer la distance, il se traduit par le verbe "to be".
Il y a au moins deux kilomètres d'ici à la voie ferrée. It's at least two kilometres from here to the railway.
Combien y a-t-il jusqu'à Dodge City ? How far is it to Dodge City?

Le *wagon* s'était détaché.

The *carriage* had unhooked itself.

yaourt

yaourt, yoghourt [jaurt, jɔgurt] **nm** yoghurt
Un yaourt nature/aux fruits. A plain/fruit yoghurt.

yeux → **œil**

yoga [jɔga] **nm** yoga
Elle fait du yoga pour se décontracter. She does yoga to relax.

yoghourt → **yaourt**

zapper [zape] **vi** to channel-hop, to flick channels

zèbre [zɛbr] **nm** zebra

zéro [zero]
◊ **nm**
1. zero
Averell a eu zéro en maths. Averell got a zero in maths.
Un chiffre suivi de trois zéros. A figure followed by three zeros.
2. nil (**Am** : zero)
Le Real Madrid l'a emporté trois à zéro. Real Madrid won three nil.
Attention, au tennis on dit "love".
Deux sets à zéro. Two sets to love.
3. *Locution* **repartir de zéro, repartir à zéro** to go back to square one
◊ **adj num** zero
Il fait zéro degré. It's zero degree.
Elle a fait zéro faute à la dictée. She didn't make any mistakes in the dictation.
(voir page 195)

zigzag [zigzag] **nm**
1. zigzag
2. *Locution* **une route en zigzag** a winding road
3. *Locution* **faire des zigzags** to zigzag along

zone [zon] **nf** zone, area
Toute cette zone est contrôlée par les Indiens. This whole area is under Indian control.

zoo [zo, zoo] **nm** zoo*

zut [zyt] **excl** damn!*

Je vais vous présenter Nelson, notre lion. Nous l'avons trouvé dans un zoo.

— Let me introduce Nelson, our lion. We found him in a zoo.

Zut, c'est la fin du dictionnaire !

— *Damn*! It's the end of the dictionary!